3. Grundprinzipien der Erziehung: Inklusion, Ressourcenorientierung und Gendersensibilität

Inklusion bedeutet, dass allen Menschen von Anfang an in allen gesellschaftlichen Bereichen eine selbstbestimmte und gleichberechtigte Teilhabe möglich ist, unabhängig von Geschlecht, Alter oder Herkunft, von Religionszugehörigkeit oder Bildung, von eventuellen Behinderungen oder sonstigen individuellen Merkmalen.

3.2.4 Der Begriff Inklusion

Inklusion gehört zu den Menschenrechten. Seit 2009 gilt in Deutschland aufgrund der unterzeichneten Behindertenrechtskonvention der Vereinten Nationen das Wunsch- und Wahlrecht der Eltern, ob sie ein Kind mit Behinderung in der Regeleinrichtung bzw. Regelschule erziehen und bilden lassen wollen oder in einer speziellen Fördereinrichtung. Dem Konzept der Inklusion liegt eine neue Vorstellung von Unterschieden zwischen Menschen zugrunde. Es wird die grundsätzliche Verschiedenheit von Menschen angenommen. Jedes Kind hat unterschiedliche Bedürfnisse, Interessen und Begabungen. Für die Kindertageseinrichtungen und Schulen bedeutet dies, dass Kinder und Jugendliche mit Behinderung nicht mehr getrennt von Kindern ohne Behinderung erzogen, betreut und unterrichtet werden. Kinder verschiedener Herkunft, Religionszugehörigkeit und Begabungen besuchen Kindertageseinrichtungen gemeinsam.

Grundvoraussetzung von Inklusion ist die Bereitschaft aller Menschen, sich gegenseitig zu akzeptieren. Nur wenn die Gesellschaft Interesse an Inklusion hat und die Verschiedenartigkeit aller Menschen als Bereicherung empfindet, kann Inklusion gelingen. Jedoch muss auch an die Grenzen von Inklusion gedacht werden. Der Umsetzung von Inklusion sind nicht nur finanzielle Grenzen gesetzt, sondern es profitieren auch viele Kinder mehr von der „Sondereinrichtung" wie einer Förderschule, in der die Fähigkeiten der Kinder in kleinen Klassen mit speziell ausgebildeten Lehrern mehr zum Tragen kommen, statt in einer Klasse mit 30 Schülern der Regelschule „unterzugehen".

Ziel ist es, Kinder bei der Entwicklung ihrer Geschlechtsidentität zu unterstützen, ohne sie in enge Muster zu pressen. Die Unterschiede zwischen Jungen und Mädchen werden weniger betont. Es ist Aufgabe der Kinderpfleger, Jungen und Mädchen zu befähigen, ihre eigene ›Geschlechtsidentität‹ zu finden und mit ihr umgehen zu können.

🌐 Eine Broschüre der UN-Konvention über die Rechte von Menschen mit Behinderungen finden Sie unter:
www.behindertenbeauftragte.de
▸ Wissenswertes
▸ Publikationen
▸ UN-Konvention über die Rechte von Menschen mit Behinderungen

Geschlechtsidentität → S. 352

> **Warum muss ich das für meinen Beruf wissen?**
>
> Für Ihre berufliche Tätigkeit ist es wichtig, dass Sie Kindern unabhängig von Geschlecht, Herkunft, Fähigkeit und Einstellung positiv sowie vorurteilsfrei begegnen und ihre individuelle Entwicklung fördern
>
> Sie wissen, was Inklusion bedeutet und dass Sie verstehen Inklusion als einen gesetzlich verankerten Grundauftrag pädagogischer Einrichtungen in Deutschland. Sie haben gelernt, dass Kinder mit einer Behinderung zur Inklusion spezielle Rahmenbedingungen und unter Umständen die Unterstützung anderer Fachkräfte benötigen. In Ihrem beruflichen Alltag sollten Sie die Stärken von Kindern bestätigen und damit ihr Selbstvertrauen und Selbstwertgefühl steigern.
>
> Sie können kritisch mögliche Vorteile in Ihrem Denken und Handeln hinterfragen und ermöglichen mit konkreten Konzepten Kindern eine gleichberechtigte und offene Entwicklung ihrer Geschlechtsidentität.

KERNAUSSAGE

Wichtige Merksätze sind zum leichteren Lernen besonders hervorgehoben.

ONLINE-VERWEIS

Die Online-Kugel 🌐 weist auf Internetadressen hin, die weitere Informationen zu den behandelten Inhalten liefern.

SEITENVERWEIS

Zu Themen und Inhalten, die an anderen Stellen im Lehrwerk behandelt werden, befindet sich ein Seitenverweis in der Randspalte.

WAS HAT DAS MIT MEINEM BERUF ZU TUN?

Am Ende jedes Kapitels befindet sich eine Zusammenfassung des Gelernten mit Blick auf die berufliche Praxis.

Eine ausführliche Literaturliste finden Sie unter:
www.cornelsen.de/cbb/kinderpflege

Sozialpädagogische Theorie und Praxis

KINDERPFLEGE

herausgegeben von: Dr. paed. Bodo Rödel **Autorinnen und Autoren:** Susanne Berger • Nadja Gärtel • Silvia Gartinger • Caroline Grybeck • Bianca Hempel • Susanne Hoffmann • Franziska Köhler-Dauner • Annette Kessler • Martina Lambertz • Dr. Patricia Liebscher-Schebiella • Tina Mauersberger-Kolibius • Lars Menzel • Bianca Ribic • Dr. paed. Bodo Rödel • Sascha Röser • Kathrin Stöger • Elke Schleth-Tams • Angelika Vollmer

Dieses Buch gibt es auch auf www.scook.de

Es kann dort nach Bestätigung der Allgemeinen Geschäftsbedingungen genutzt werden.

Buchcode: **oxgze-38rap**

Cornelsen

KiNDERPFLEGE Sozialpädagogische Theorie und Praxis

Projektleitung und Redaktion:
Carina vom Hagen

Außenredaktion:
Dietlind Grüne, Mannheim

Redaktionelle Unterstützung:
Stefan Schiefer, Berlin

Covergestaltung:
Rosendahl Grafikdesign, Berlin

Coverfotos:
Glow Images / Corbis; Images/Radius/F1online; First Light / vario images; Shutterstock / Sukpaiboonwat; Lili K./Corbis; picture alliance / PhotoAlto

Layout und technische Umsetzung:
SOFAROBOTNIK GbR, Augsburg & München

Zur Erstellung dieses Werkes wurden Inhalte übernommen und überarbeitet aus:

Sprungbrett Soziales Kinderpflege
(herausgegeben von Silvia Gartinger; Autoren: Silvia Gartinger, Tobias Greiner, Stephanie Kiuncke)

Erzieherinnen + Erzieher Band 1
(herausgegeben von Silvia Gartinger und Rolf Janssen; Autor: Carola Behrend, Ute Eggers)

Erzieherinnen + Erzieher Band 2
(herausgegeben von Silvia Gartinger und Rolf Janssen; Autor: Amelie Ruff)

www.cornelsen.de

Die Webseiten Dritter, deren Internetadressen in diesem Lehrwerk angegeben sind, wurden vor Drucklegung sorgfältig geprüft. Der Verlag übernimmt keine Gewähr für die Aktualität und den Inhalt dieser Adressen und Dateien oder solcher, die mit ihnen verlinkt sind.

Auflage, 1. Druck 2015

©2015 Cornelsen Schulverlag, Berlin

Das Werk und seine Teile sind urheberrechtlich geschützt. Jede Nutzung in anderen als den gesetzlich zugelassenen Fällen bedarf der vorherigen schriftlichen Einwilligung des Verlags. Hinweis zu den §§ 46, 52a UrhG: Weder das Werk noch seine Teile dürfen ohne eine solche Einwilligung eingescannt und in ein Netzwerk eingestellt werden. Dies gilt auch für Intranets in Schulen und sonstigen Bildungseinrichtungen.

Druck:
Firmengruppe APPL, aprinta Druck, Wemding

ISBN:
978-3-06-451111-8

PEFC zertifiziert
Dieses Produkt stammt aus nachhaltig bewirtschafteten Wäldern und kontrollierten Quellen
PEFC/04-32-0928   www.pefc.de

VORWORT

Für Lehrerinnen und Lehrer

Der Band „Kinderpflege – Sozialpädagogische Theorie und Praxis" fasst das Grundlagenwissen aus den Bereichen Pädagogik und Psychologie, Praxis- und Methodenlehre, Sozialpädagogik bzw. Praxis Sozialpädagogik kompakt und fundiert in einem Band zusammen.

Die Inhalte wurden dabei vor allem mit Blick auf die Lehrpläne aus Bayern und Nordrhein-Westfalen zusammengestellt. Der fachsystematische Aufbau des Buches ermöglicht aber den Einsatz unabhängig von unterschiedlichen Lehrplänen, somit auch in verwandten Ausbildungsgängen wie beispielsweise der Sozialassistenz. Die fachlichen Inhalte werden ergänzt durch praxisnahe Lernsituationen, mit denen das Wissen erarbeitet und vertieft werden kann.

Das Layout wurde den modernen Sehgewohnheiten angepasst. Praxisnahe Beispiele, prägnante Kernaussagen und interessante Informationen „Zum Weiterdenken" helfen, die fachlichen Inhalte zu verstehen und aufzunehmen. Am Ende jeden Kapitels wird außerdem gezielt auf die Bedeutung des Fachwissens für die berufliche Praxis hingewiesen. Zahlreiche Querverweise, Worterklärungen und Internetlinks helfen den Schülerinnen und Schülern, das Wissen zu erschließen.

Wir hoffen, dass Sie das Buch bei der Gestaltung Ihres Unterrichts sinnvoll unterstützen kann.

Für Schülerinnen und Schüler

Im Bereich der Kinderpflege oder ähnlicher Ausbildungsgänge zu arbeiten ist eine spannende Herausforderung. Gleichzeitig ist die Arbeit mit anderen Menschen und insbesondere mit Kindern eine sehr verantwortungsvolle Tätigkeit.

In diesem Band finden Sie das grundlegende Fachwissen, um im Berufsleben professionell arbeiten zu können. Verlag und Autoren haben dabei die Inhalte verständlich und modern aufbereitet und zusammengestellt. Praxisnahe Beispiele verdeutlichen die Fachinhalte. Zentrale Inhalte werden noch einmal gesondert hervorgehoben. Im Kasten „Zum Weiterdenken" finden sich zusätzliche interessante Informationen. Schwierige Wörter und Fachvokabular werden direkt im Text erklärt.

Wir wünschen Ihnen viel Erfolg beim Lernen und in Ihrer Ausbildung.

Für das Autorenteam
Dr. paed. Bodo Rödel
KÖLN / BERLIN, JUNI 2015

AUTORENVORSTELLUNG

1. Susanne Berger • Jg. 1975 • **Kap. III.3, III.7**
Diplom-Berufspädagogin (Univ.), StRin im Lehramt berufliche Schulen, Gesundheits- und Krankenpflegerin, Schulpsychologin an einer bayerischen Schulberatungsstelle, Lehrerin an einem Beruflichen Schulzentrum in den Fachbereichen Kinderpflege und Erzieherinnen/Erzieher

2. Nadja Gärtel • Jg. 1977 • **Kap. V**
Rechtsassessorin, war freiberuflich tätig als Redakteurin und Lektorin in Köln und Bonn, ehrenamtliche Mitarbeit im Elternrat der Kita ihrer zwei Kinder

3. Silvia Gartinger • Jg. 1969 • **Kap. II.1**
Diplom-Pädagogin, systemische Therapeutin, Fachbereichsleitung Sozialpädagogik der Sozialen Fachschulen des Evangelischen Johannesstifts Berlin, Vorstandsmitglied im Bundesverband Evangelischer Ausbildungsstätten für Sozialpädagogik (BeA)

4. Caroline Grybeck • Jg. 1983 • **Kap. IV.5, IV.6**
Lehrerin am Elisabeth-Lüders-Berufskolleg in Hamm mit der beruflichen Fachrichtung Sozialpädagogik und Deutsch, Moderatorin für die Umsetzung des länderübergreifenden Lehrplans für Fachschulen für Sozialpädagogik in NRW

5. Bianca Hempel • Jg. 1977 • **Kap. IV.8**
Technikerin für Hauswirtschaft und Ernährung, Meisterin der städtischen Hauswirtschaft, Fachlehrerin an der Berufsfachschule für Pflegehilfe und Sozialwesen Torgau

6. Susanne Hoffmann • Jg. 1960 • **Kap. IV.9**
Studium der Ernährungswissenschaften und Anglistik, Berufsschullehrerin für Sozialpädagogik sowie Leiterin der Abteilung Sozialpädagogik an der Elisabeth-Selbert-Schule in Hameln, Autorin zahlreicher Bücher über Spiel und Spielpädagogik

7. Franziska Köhler-Dauner • Jg. 1987 • **Kap. III.5, IV.2**
Staatlich anerkannte Erzieherin, B.A. Kindheitspädagogin, M.A. Soziale Arbeit, seit 2013 Wissenschaftliche Mitarbeiterin am Universitätsklinikum Ulm

8. Annette Kessler • Jg. 1964 • **Kap. IV.9**
Erzieherin; Sozialpädagogin, Studium der Erziehungswissenschaften, Berufsschullehrerin für Sozialpädagogik sowie Leiterin des Arbeitskreises Schulkind und Jugend an der Elisabeth-Selbert-Schule in Hameln, Autorin zahlreicher Bücher über Spiel und Spielpädagogik

9. Martina Lambertz • Jg. 1967 • **Kap. II.4, III.2, III.3.7.2, III.8**
Dipl. Sozialpädagogin, Erzieherin, Fachschullehrerin und Koordinatorin an einem Düsseldorfer Berufskolleg für Erzieher, Kinderpflege und Heilerziehungshilfe, freiberufliche Fortbildnerin und Referentin in Feldern der Kinder- und Jugendhilfe, freie Mitarbeiterin von PädQUIS gGmbH

10. Dr. Patricia Liebscher-Schebiella • Jg. 1972 • **Kap. IV.4**
Erziehungswissenschaftlerin, Fortbildnerin für Erzieherinnen/Erzieher und Lehrerinnen/Lehrer, Projektleiterin „Fokus Kind", Mitglied im Beirat zum Sächsischen Bildungsplan, Referatsleiterin „Grundlagen der externen Evaluation" am Sächsischen Bildungsinstitut

11. Tina Mauersberger-Kolibius • Jg. 1981 • **Kap. IV.8**
Master of Arts (Sozialpädagogik, Psychologie, Soziologie), Fachlehrerin an der Berufsfachschule für Pflegehilfe und Sozialwesen Torgau und an der Ruth-Pfau-Schule (Berufliches Schulzentrum für Gesundheit und Soziales) in Leipzig

12. Lars Menzel • Jg. 1980 • **Kap. IV.1**
Sozialpädagoge, Leiter des Bildungsinstituts Mitteldeutschland der Johanniter-Akademie, Vorsitzender des Fachverbandes „Evangelische berufsbildende Schulen in Sachsen", beratendes Mitglied im Bundesverband Evangelischer Ausbildungsstätten für Sozialpädagogik (BeA)

13. Bianca Ribic • Jg. 1967 • **Kap. II.4, III.2, III.7.3.2, III.8**
Studiendirektorin, Erzieherin, erweiterte Schulleitung und Bereichsleiterin an einem Düsseldorfer Berufskolleg für Erzieher, Kinderpflege und Heilerziehungshilfe, freiberufliche Fortbildnerin und Referentin der Kinder- und Jugendhilfe in Feldern

14. Dr. paed. Bodo Rödel • Jg. 1971 • **Kap. I.1, I.3, II.3, II.5, V**
arbeitete sozialpädagogisch mit Jugendlichen und Erwachsenen sowie mit schulmüden Schülern, war Senior-Projektmanager in einem Schulbuchverlag, zurzeit Leiter des Arbeitsbereichs Publikationsmanagement/Bibliothek beim Bundesinstitut für Berufsbildung in Bonn, zudem freiberuflicher Aikido-Lehrer in Köln

15. Sascha Röser • Jg. 1984 • **Kap. III.4, III.6**
Erziehungswissenschaftler, Dozent an der Fachschule für Sozialwesen des Bildungsinstituts Mitteldeutschland der Johanniter-Akademie in Leipzig, Ausbildungsschwerpunkte: Soziale Arbeit, Transitionen; Freier Dozent für die Bereiche Didaktik, Methodik, Erziehungswissenschaften und Pädagogik

16. Kathrin Stöger • Jg. 1987 • **Kap. IV.7**
Dipl. Sozialpädagogin, Lehrerin an der Berufsfachschule für Kinderpflege in Miesbach

17. Elke Schleth-Tams • Jg. 1962 • **Kap. I.2, III.1, IV.3**
Dipl. Sozialpädagogin, Erzieherin, derzeit Lehrerin am Berufskolleg Käthe-Kollwitz-Schule in Aachen mit den Fächern Sozialpädagogik/Psychologie

18. Angelika Vollmer • Jg. 1975 • **Kap. II.2**
Lehrerin am Berufskolleg Bergisch Gladbach im Bereich Sozialpädagogik, Studium der beruflichen Fachrichtung Sozialpädagogik, Psychologie und Deutsch

INHALT

I Kinderpflege als Beruf

1 BERUF UND AUSBILDUNG — 20

- 1.1 Berufsmotivation für den Beruf Kinderpflege entwickeln — 20
  - 1.1.1 Persönliche Motivation — 20
  - 1.1.2 Biografische Selbstreflexion — 22
  - 1.1.3 Erwartungen an die Auszubildenden — 24
- 1.2 Berufsfeld Sozialpädagogik — 26
  - 1.2.1 Tätigkeitsfelder der Kinderpflege — 26
  - 1.2.2 Verwandte Berufe und Weiterbildungsmöglichkeiten — 28
  - 1.2.3 Verdienstmöglichkeiten — 28
- 1.3 Kompetenzen der Kinderpfleger — 29
  - 1.3.1 Qualifikationsrahmen — 29
  - 1.3.2 Kompetenzbegriff — 30

2 DIE ROLLE IM PRAKTIKUM — 32

- 2.1 Welchen Stellenwert hat das Praktikum in der Ausbildung? — 32
  - 2.1.1 Was ist eine Rolle? — 33
  - 2.1.2 Die Rolle der Praktikantin — 33
  - 2.1.3 Die Rolle des Praxisanleiters — 35
- 2.2 Welche Aufgaben habe ich im Praktikum? — 36
  - 2.2.1 Aufgabenverteilung — 36
  - 2.2.2 Die Aufgaben im Praktikum bewältigen — 38
- 2.3 Gespräche im Praktikum führen — 39
  - 2.3.1 Anleitungsgespräche — 40
  - 2.3.2 Mit Problemen umgehen — 40
- 2.4 Reflexion als sozialpädagogische Handlung — 41
- 2.5 Rechte und Pflichten im Praktikum — 43
  - 2.5.1 Rechte der Praktikantin — 43
  - 2.5.2 Pflichten der Praktikantin — 43

3 GRUNDLAGEN PROFESSIONELLEN ARBEITENS — 44

- 3.1 Rechtliche Grundlagen — 44
  - 3.1.1 Rechtlicher Rahmen der Ausbildung — 45
  - 3.1.2 Arbeits- und tarifrechtliche Grundlagen — 45
  - 3.1.3 Rechtlicher Rahmen der pädagogischen Arbeit — 46
  - 3.1.4 Weitere rechtliche Rahmenbedingungen — 47
- 3.2 Pädagogische Grundlagen — 48
  - 3.2.1 Das Kind als kompetenten Partner sehen — 48
  - 3.2.2 Bildungs-, Orientierungs- und Erziehungspläne — 49

INHALT

3.3	**Qualität**	**50**
3.3.1	Qualität messen und verbessern	50
3.3.2	Verschiedene Aspekte von Qualität	51
3.4	**Kooperationen**	**52**
3.4.1	Mit anderen Fachleuten zusammenarbeiten	52
3.4.2	Mit den Eltern zusammenarbeiten	52
3.4.3	Sich im Sozialraum vernetzen	53

II Grundlagen der Psychologie

1 WAHRNEHMEN UND BEOBACHTEN — 56

1.1	**Wahrnehmung als alltägliches Handeln**	**56**
1.1.1	Der Prozess der Wahrnehmung	56
1.1.2	Einflussfaktoren auf die Wahrnehmung	58
1.2	**Fachliche Beobachtung als Grundlage der pädagogischen Arbeit**	**59**
1.3	**Grundlagen der fachlichen Beobachtung**	**61**
1.3.1	Beobachtungsziele	61
1.3.2	Beobachtungsmethoden	62
1.3.3	Organisatorische Voraussetzungen für die Beobachtung	64
1.3.4	Beobachtungsthemen	65
1.4	**Der Beobachtungsprozess**	**65**
1.4.1	Beobachtungen planen	66
1.4.2	Beobachtungen durchführen	66
1.4.3	Beobachtungen dokumentieren	66
1.4.4	Auswertung von Beobachtungen	68
1.4.5	Wahrnehmungs- und Beobachtungsfehler	69
1.5	**Beobachtungsergebnisse praktisch umsetzen**	**70**

2 MOTIVATION ALS URSPRUNG MENSCHLICHEN HANDELNS — 72

2.1	**Bedeutung der Motivation für die pädagogische Arbeit**	**72**
2.2	**Motivation und Bedürfnisse**	**73**
2.3	**Ausgewählte Motivationstheorien**	**74**
2.3.1	Triebtheorie nach Clark Hull	74
2.3.2	Maslows Bedürfnishierarchie	75
2.4	**Leistungsmotivation**	**76**
2.4.1	Entwicklung der Leistungsmotivation	77
2.4.2	Leistungsmotivation und Selbstwert	78
2.5	**Pädagogische Konsequenzen**	**80**
2.5.1	Erkenntnisse der Psychologie	80
2.5.2	Einflussfaktoren auf die Leistungsmotivation	82
2.5.3	Die Rolle der Kindertageseinrichtung	84

INHALT

3 LERNEN: KINDLICHE LERNWEGE VERSTEHEN — 86

- 3.1 Grundlegendes zum Thema Lernen — 86
- 3.1.1 Modelle zur Erklärung des Lernens — 88
- 3.1.2 Das Gedächtnis — 88
- 3.2 Beim Lernen neue Verbindungen herstellen — 91
- 3.2.1 Lernen am Erfolg — 91
- 3.2.2 Klassisches Konditionieren — 92
- 3.3 Verhaltensänderungen durch Lernen — 95
- 3.3.1 Ist die Bestrafung von Kindern sinnvoll? — 97
- 3.3.2 Wie kann das Verhalten von Kindern verändert werden? — 99
- 3.3.3 Lernen am Modell — 100
- 3.4 Neuer Wissenserwerb — 103
- 3.4.1 Wie erwerben wir unser Wissen? — 103
- 3.4.2 Wie wird das Wissen im Langzeitgedächtnis abgespeichert? — 104
- 3.4.3 Warum vergessen wir und wie können wir etwas besser behalten? — 105
- 3.5 Was haben Legosteine mit Lernen zu tun? — 106
- 3.6 Ab wann beginnen Kinder zu lernen? — 107

4 DIE KINDLICHE ENTWICKLUNG VON 0 BIS 10 JAHREN — 110

- 4.1 Grundlagen menschlicher Entwicklung — 110
- 4.1.1 Pränatale und frühkindliche Entwicklung — 111
- 4.1.2 Innere Anlagen und äußere Bedingungen wirken zusammen — 113
- 4.1.3 Wachstum, Reifung und Lernen — 118
- 4.1.4 Entwicklungsphasen: Entwicklung ist ein Prozess — 121
- 4.1.5 Menschliche Entwicklung verläuft nach bestimmten Regeln — 122
- 4.2 Entwicklungspsychologie — 125
- 4.3 Bindung ist eine Voraussetzung für Entwicklung — 128
- 4.3.1 Kinder brauchen Bindung zum Überleben — 128
- 4.3.2 Feinfühligkeit ist wichtig für eine sichere Bindung — 131
- 4.3.3 Bindungsbeziehungen haben unterschiedliche Qualität — 133
- 4.3.4 Bindung und Exploration — 136
- 4.4 Übergänge als wichtige Entwicklungsphasen — 139
- 4.4.1 Grundlegendes zu Transitionen — 141
- 4.4.2 Der Übergang in die Schule — 139
- 4.5 Resilienz: Mit Krisen umgehen und Widerstandskräfte entwickeln — 146
- 4.6 Entwicklung als Prozess: Teilbereich der Entwicklungspsychologie von 0 bis 10 Jahren — 150
- 4.6.1 Entwicklungsvielfalt — 150
- 4.6.2 Pränatale Entwicklung — 152
- 4.6.3 Körperliche Entwicklung — 153
- 4.6.4 Motorische Entwicklung — 154
- 4.6.5 Sprachliche Entwicklung — 161
- 4.6.6 Kognitive Entwicklung — 167
- 4.6.7 Sozial-emotionale Entwicklung — 173
- 4.6.8 Psychosexuelle Entwicklung — 180
- 4.6.9 Moralische Entwicklung — 185

INHALT

5 SICH VERSTÄNDIGEN: KOMMUNIKATION UND INTERAKTION — 188

- 5.1 Was ist Kommunikation? — 188
  - 5.1.1 Sich verständigen und aufeinander einwirken — 189
  - 5.1.2 Es gibt verschiedene Möglichkeiten, miteinander zu kommunizieren — 190
- 5.2 Mit Kommunikation Beziehungen gestalten — 191
  - 5.2.1 Das Sender-Empfänger-Modell — 192
  - 5.2.2 Kommunikation als Regelkreis — 193
  - 5.2.3 Das Eisberg-Modell — 194
  - 5.2.4 Paul Watzlawick: Fünf Gesetze der Kommunikation — 195
  - 5.2.5 Friedemann Schulz von Thun: Die vier Seiten einer Äußerung — 197
- 5.3 Mit Schwierigkeiten in der Kommunikation umgehen — 200
  - 5.3.1 Kommunikationsstörungen vorbeugen und beheben — 200
  - 5.3.2 Ich-Botschaften und Du-Botschaften — 201
- 5.4 Mit verschiedenen Zielgruppen sprechen — 202
  - 5.4.1 Mit Kollegen sprechen — 203
  - 5.4.2 Mit Kindern sprechen — 205
  - 5.4.3 Mit externen Partnern sprechen — 206

III Grundlagen der Pädagogik

1 AUFGABEN DER ERZIEHUNG — 210

- 1.1 Der Grundgedanke der Erziehung — 210
  - 1.1.1 Der Erziehungsbegriff früher und heute — 212
  - 1.1.2 Der Mensch ist erziehungsbedürftig — 213
- 1.2 Bedeutung von Anlage und Umwelt in der Erziehung — 213
  - 1.2.1 Frühkindliche Sozialisation — 214
  - 1.2.2 Der Ansatz der Umwelttheorie: Das Kind als unbeschriebenes Blatt — 215
  - 1.2.3 Der Ansatz der Erbtheorie: Der Mensch als festgelegtes Wesen — 216
  - 1.2.4 Anlage und Umwelt wirken zusammen — 216
- 1.3 Werte und Normen sind eine Grundlage für Erziehung — 217
  - 1.3.1 Was sind Normen? — 219
  - 1.3.2 Was sind Werte? — 220
- 1.4 Werte und Erziehungsziele im Wandel — 221
  - 1.4.1 Welche Erziehungsziele gibt es heute? — 222
  - 1.4.2 Erziehungsziele der Gesellschaft — 224
  - 1.4.3 Basiskompetenzen als Erziehungsziele — 226
  - 1.4.4 Mit unterschiedlichen Werten und Zielvorstellungen umgehen — 227
  - 1.4.5 Mit kulturellen Unterschieden umgehen — 229
- 1.5 Intentionale und funktionale Erziehung — 229
  - 1.5.1 Die intentional-planvolle Erziehung — 230
  - 1.5.2 Die funktional-unbewusste Erziehung — 231

1.6	**Kinder entwickeln ihre Persönlichkeit durch Erziehung**	**232**
1.6.1	Zur Persönlichkeit gehören die personale und die soziale Identität	233
1.6.2	Kommunikation ist wichtig für die Persönlichkeitsentwicklung	235
1.6.3	Loben ist wichtig für die Entwicklung des Kindes	236
1.6.4	Erziehungsmaßnahmen und ihre Auswirkungen	236
1.6.5	Pädagogische Zielvorstellungen umsetzen	240

2 SOZIALISATIONSINSTANZEN: WO FINDET ERZIEHUNG STATT? — 242

2.1	**Was ist Sozialisation?**	**242**
2.1.1	Die primären Bezugspersonen sind wichtig für die Sozialisation	244
2.1.2	Sozialisation findet in Phasen statt	245
2.1.3	Wie unterscheiden sich Erziehung und Sozialisation?	247
2.2	**Familie als Sozialisationsinstanz**	**248**
2.2.1	Wie findet Sozialisation in der Familie statt?	249
2.2.2	Armut in der Familie	250
2.2.3	Sozialisation in Scheidungsfamilien	251
2.3	**Sozialisation in Peergroups und Tageseinrichtungen**	**253**
2.3.1	Die Peergroup als Sozialisationsinstanz	253
2.3.2	Sozialisation in der Tageseinrichtung für Kinder	254

3 GRUNDPRINZIPIEN DER ERZIEHUNG — 256

3.1	**Entwicklung einer pädagogischen Grundhaltung**	**256**
3.1.1	Vorstellung der Grundprinzipien	257
3.1.2	Vielfältige Lebenswelten	258
3.1.3	Auseinandersetzung mit den eigenen Vorurteilen	258
3.2	**Das Konzept der inklusiven Pädagogik**	**260**
3.2.1	Der Begriff Inklusion	260
3.2.2	Definitionen von Behinderung	262
3.2.3	Ursachen von Behinderung	263
3.2.4	Formen von Behinderung	265
3.2.5	Die inklusive Kindertagesstätte	265
3.2.6	Zusammenarbeit mit anderen Berufsgruppen	267
3.3	**Ressourcenorientierung in der Erziehung**	**269**
3.4	**Geschlechtsbewusste Erziehung**	**270**
3.4.1	Entwicklung von Rollenvorstellungen	270
3.4.2	Umsetzung von geschlechterbewusster Erziehung in der Kindertageseinrichtung	272

INHALT

4 ERZIEHERISCHES HANDELN — 274

- **4.1 Was ist erzieherisches Handeln?** — 274
  - 4.1.1 Erzieherisches Handeln als planvolles Handeln — 274
  - 4.1.2 Erzieherisches Handeln als komplexe Aufgabe — 275
  - 4.1.3 Äußere Einflüsse auf die Erziehung — 278
- **4.2 Planung als Grundlage für Handlungen** — 279
  - 4.2.1 Verschiedene Formen geplanter Handlungen — 279
  - 4.2.2 Anlässe für die Planung von Angeboten — 280
  - 4.2.3 Die konkrete Aktivitätsplanung — 282
- **4.3 Durchführung pädagogischer Angebote** — 285
  - 4.3.1 Selbstständiges Handeln ermöglichen — 285
  - 4.3.2 Didaktische Prinzipien — 285
- **4.4 Analysieren, Bewerten und Reflektieren** — 287
  - 4.4.1 Evaluation als Abschluss pädagogischer Handlungen — 287
  - 4.4.2 Reflexion als Kernaufgabe — 288

5 AUSGEWÄHLTE PÄDAGOGISCHE KONZEPTE — 290

- **5.1 Was ist ein pädagogisches Konzept?** — 290
- **5.2 Klassische Ansätze** — 291
  - 5.2.1 Jean-Jacques Rousseau — 291
  - 5.2.2 Johann Heinrich Pestalozzi — 293
- **5.3 Reformpädagogische Ansätze** — 294
  - 5.3.1 Die Pädagogik von Maria Montessori — 294
  - 5.3.2 Die Pädagogik nach Janusz Korczak — 296
  - 5.3.3 Die Waldorfpädagogik nach Rudolf Steiner — 298
  - 5.3.4 Die Reggio-Pädagogik nach Loris Malaguzzi — 300
  - 5.3.5 Der Situationsansatz — 301
  - 5.3.6 Die Offene Arbeit in der Kindertagesstätte — 303
  - 5.3.7 Die Natur- und Waldpädagogik — 305
  - 5.3.8 Die (Kleinkind-)Pädagogik nach Emmi Pikler — 307
- **5.4 Pädagogische Konzepte in der Praxis** — 309

6 ERZIEHUNGSSTILE: BEWUSSTES ERZIEHUNGSHANDELN — 312

- **6.1 Grundlagen zu Erziehungsstilen** — 312
  - 6.1.1 Abgrenzung Erziehungsstile und Erziehungskonzepte — 313
  - 6.1.2 Entstehung von Erziehungsstilen — 314
- **6.2 Verschiedene Klassifikationen von Erziehungsstilen** — 315
  - 6.2.1 Erziehungsstilforschung und Definition — 315
  - 6.2.2 Erziehungsstilforschung nach Kurt Lewin — 316
  - 6.2.3 Erziehungsstile nach Anne-Marie und Reinhard Tausch — 319
  - 6.2.4 Die fünf Säulen guter Erziehung nach Sigrid Tschöpe-Scheffler — 320
- **6.3 Kinder beeinflussen den Erziehungsstil** — 323

INHALT

7 ERZIEHUNG UNTER BESONDEREN BEDINGUNGEN — 326

- 7.1 **Grundlegendes zu Verhaltensstörungen bei Kindern** — 326
  - 7.1.1 Der Unterschied zwischen Verhaltensauffälligkeiten und Verhaltensstörungen — 328
  - 7.1.2 Ursachen von Verhaltensstörungen — 329
  - 7.1.3 Verhaltenstipps zur Reaktion auf Verhaltensstörungen — 333
- 7.2 **Ausgewählte Verhaltensstörungen** — 333
  - 7.2.1 Ängste bei Kindern — 333
  - 7.2.2 Aggression bei Kindern — 338
  - 7.2.3 Kinder mit ADHS — 342
  - 7.2.4 Kinder mit autistischen Störungen — 345
  - 7.2.5 Exzessives Schreien bei Säuglingen — 348
- 7.3 **Kinder in besonderen Lebenssituationen** — 350
  - 7.3.1 Kinder mit Behinderungen — 350
  - 7.3.2 Kinder mit chronischen Erkrankungen — 354
  - 7.3.3 Hochbegabte Kinder — 357
  - 7.3.4 Kinder mit Migrationshintergrund — 359

8 GRUPPE UND ERZIEHUNG — 364

- 8.1 **Was ist eine Gruppe?** — 364
- 8.2 **Gruppen sind nützlich** — 366
- 8.3 **Unterschiedliche Formen von Gruppen** — 368
  - 8.3.1 Primär- und Sekundärgruppen — 368
  - 8.3.2 Formelle und informelle Gruppen — 369
  - 8.3.3 Eigengruppe und Fremdgruppe — 370
- 8.4 **Rollen in der sozialen Gruppe** — 371
- 8.5 **Wie entwickelt sich eine Gruppe?** — 372
  - 8.5.1 Fremdheits- oder Orientierungsphase — 372
  - 8.5.2 Machtkampf- oder Rollenklärungsphase — 373
  - 8.5.3 Vertrautheits- oder Intimitätsphase — 374
  - 8.5.4 Differenzierungsphase — 375
  - 8.5.5 Ablösungs- oder Trennungsphase — 375
- 8.6 **Mit Konflikten in Gruppen umgehen** — 376
  - 8.6.1 Wie entstehen Konflikte? — 376
  - 8.6.2 Konflikte lösen — 378

INHALT

IV Grundlagen der Praxisgestaltung

1 KONZEPTIONEN UND BILDUNGSSCHWERPUNKTE VON KINDERTAGESEINRICHTUNGEN — 382

1.1	Wie gestaltet sich die Praxis in sozialpädagogischen Einrichtungen?	382
1.2	Bildungs- und Erziehungspläne der Bundesländer	383
1.3	Konzeptionen und Bildungsschwerpunkte von Kindertageseinrichtungen	386
1.3.1	Grundlagen	386
1.3.2	Auswirkungen der Trägerschaft auf die Ausrichtung der pädagogischen Arbeit	387
1.3.3	Inhalte der Konzeption	387
1.3.4	Konzeptionsentwicklung	388
1.3.5	Konzeptionelle Ansätze in Kindertageseinrichtungen	388
1.4	Bildungsangebote in Kindertageseinrichtungen	389
1.4.1	Planung von Bildungsangeboten	389
1.4.2	Durchführung von Bildungsangeboten	391
1.4.3	Auswertung von Bildungsangeboten	391

2 ELTERN ALS BILDUNGS- UND ERZIEHUNGSPARTNER BETRACHTEN — 392

2.1	Die Bedeutung einer gelingenden Bildungs- und Erziehungspartnerschaft	392
2.2	Grundlagen einer gelingenden Bildungs- und Erziehungspartnerschaft	393
2.2.1	Rechtliche Grundlagen	393
2.2.2	Haltung der pädagogischen Fachkraft	395
2.3	Ziele einer gelingenden Bildungs- und Erziehungspartnerschaft	396
2.3.1	Offenheit zwischen Kindertageseinrichtung und Familie	397
2.3.2	Information und Austausch	397
2.3.3	Stärkung der Erziehungs- und Bildungskompetenz	398
2.3.4	Beratung, Begleitung und Unterstützung	399
2.3.5	Einbezug von Eltern in den Einrichtungsalltag	400
2.3.6	Mitverantwortung und Mitgestaltung	401
2.3.7	Vernetzung von Familien, Kindertageseinrichtungen und anderen Einrichtungen	401
2.4	Formen der Erziehungs- und Bildungspartnerschaft	405
2.5	Zusammenarbeit mit Eltern unterschiedlicher Herkunft	407

INHALT

3 BEDÜRFNIS UND GRUNDBEDÜRFNIS — 410

- 3.1 Der Unterschied zwischen Bedürfnissen und Grundbedürfnissen — 410
- 3.2 Kinder äußern ihre Bedürfnisse ihrem Entwicklungsstand entsprechend — 412
- 3.3 Körperliche, sozial-emotionale und kognitive Bedürfnisse des Kindes — 413
  - 3.3.1 Die körperlichen Bedürfnisse des Kindes — 413
  - 3.3.2 Das sozial-emotionale Bedürfnis des Kindes — 416
  - 3.3.3 Kognitive Bedürfnisse von Kindern — 425
- 3.4 Eine ausgewogene Bedürfnisbefriedigung ermöglichen — 426
  - 3.4.1 Die pädagogische Fachkraft als Bezugsperson — 426
  - 3.4.2 Der bedürfnisgerechte Tagesablauf — 426
- 3.5 Gefahren einer unzureichenden oder übermäßigen Bedürfnisbefriedigung — 431
  - 3.5.1 Unzureichende Befriedigung der körperlichen Bedürfnisse — 431
  - 3.5.2 Ersatzbefriedigung statt Bedürfnisbefriedigung — 432
  - 3.5.3 Überbehütung und Verwöhnung — 432
- 3.6 Räume und Lernorte anregend gestalten — 434
  - 3.6.1 Räume ansprechend gestalten — 435
  - 3.6.2 Sicherheit und Geborgenheit vermitteln — 436
  - 3.6.3 Soziale Kontakte und Einzelbeschäftigung ermöglichen — 437
  - 3.6.4 Das Außengelände bedürfnisgerecht gestalten — 437
- 3.7 Kinder beteiligen und mitwirken lassen — 438
  - 3.7.1 Verschiedene Möglichkeiten der Beteiligung — 438
  - 3.7.2 Beteiligung ist soziales Lernen — 439
- 3.8 Bedürfnisse von Kindern in besonderen Lebenssituationen — 439
  - 3.8.1 Mit Trauer und Trennung umgehen — 440
  - 3.8.2 Besondere Bedürfnisse von Kindern mit Behinderungen — 441
- 3.9 Bedürfnisse von Kindern unter drei Jahren — 441
  - 3.9.1 Bindungsbedürfnis — 441
  - 3.9.2 Bedürfnisorientierte Pflege von Kindern unter drei Jahren — 443

4 ÜBERGÄNGE BEGLEITEN — 446

- 4.1 Übergänge im Kindesalter — 446
  - 4.1.1 Grundlagen zum Transitionsbegriff — 446
  - 4.1.2 Einordnung von Übergängen — 448
  - 4.1.3 Bedeutung von Übergängen für das Kind — 449
  - 4.1.4 Übergänge als Herausforderungen für die Familie — 451
  - 4.1.5 Übergänge und Resilienzentwicklung — 452
- 4.2 Gestaltung von Übergängen — 454
  - 4.2.1 Anforderungen an pädagogische Fachkräfte — 454
  - 4.2.2 Übergang von der Familie in die Kita bzw. Tagespflege — 459
  - 4.2.3 Übergang von der Kita in die Grundschule und den Hort — 462

INHALT

5 SPRACHBILDUNG: DEN KINDLICHEN SPRACHERWERB VERSTEHEN UND UNTERSTÜTZEN — 464

- 5.1 Bedeutung der Sprachbildung für die pädagogische Arbeit — 464
- 5.2 Der kindliche Spracherwerb — 466
  - 5.2.1 Der Sprachbaum nach Wendtland — 466
  - 5.2.2 Zwei- oder mehrsprachiger Sprachbaum — 467
  - 5.2.3 Die Sprachebenen — 469
  - 5.2.4 Phasen des Spracherwerbs — 470
  - 5.2.5 Spracherwerb bei zwei- oder mehrsprachigen Kindern — 473
- 5.3 Den Spracherwerb fördern — 475
  - 5.3.1 Prinzipien zur Sprachförderung — 475
  - 5.3.2 Alltagsintegrierte Sprachfördermöglichkeiten — 478
  - 5.3.3 Gezielte Sprachförderangebote zu den Sprachebenen — 481
- 5.4 Das Konzept der Literacy-Erziehung — 487
  - 5.4.1 Bilderbücher betrachten — 487
  - 5.4.2 Vorlesen und Erzählen — 489
  - 5.4.3 Dichten, Reimen und Singen — 490
  - 5.4.4 Erste Zugänge zur Schrift — 492
- 5.5 Sprachbildung konzeptionell verankern — 493

6 DAS SPIEL DES KINDES — 496

- 6.1 Die Bedeutung des Spiels — 496
  - 6.1.1 Begriffsbestimmung: Was ist Spiel? — 496
  - 6.1.2 Spielen hat Einfluss auf die kindliche Entwicklung — 497
- 6.2 Die Entwicklung des Spielverhaltens — 501
  - 6.2.1 Entwicklung der Kooperationsformen — 501
  - 6.2.2 Entwicklung der Spielformen — 501
- 6.3 Das kindliche Spiel gestalten — 507
  - 6.3.1 Bedingungen des kindlichen Spiels — 507
  - 6.3.2 Die Rolle der Spielleitung — 508
  - 6.3.3 Das kindliche Spiel beobachten — 509
  - 6.3.4 Spiele ordnen und sortieren — 510
  - 6.3.5 Spiele beurteilen und auswählen — 512
  - 6.3.6 Spielangebote planen und durchführen — 515
  - 6.3.7 Komplexe Spielaktionen planen und durchführen — 519
- 6.4 Das Freispiel — 524
  - 6.4.1 Warum ist Freispiel so wichtig? — 524
  - 6.4.2 Freispielbereiche — 525
  - 6.4.3 Die Rolle der pädagogischen Fachkraft im Freispiel — 525
  - 6.4.4 Impulse geben — 527
  - 6.4.5 Das Freispiel sprachlich begleiten — 529
  - 6.4.6 Den Spielraum gestalten — 530
  - 6.4.7 Materialangebot — 532
  - 6.4.8 Grenzen, Regeln und Strukturen des Freispiels — 534

INHALT

7 MEDIEN UND MEDIENKOMPETENZ 538

7.1	Wandel der Medienlandschaft	538
7.2	Bedeutung für Kinder und Jugendliche	540
7.2.1	Aufgaben von Medien	540
7.2.2	Bedeutung der «Neuen Medien» in der heutigen Gesellschaft	541
7.3	Medienerfahrungen von Kindern und Jugendlichen	541
7.4	Chancen und Gefahren modernen Medien	543
7.4.1	Chancen der Mediennutzung	543
7.4.2	Gefahren der Mediennutzung	546
7.5	Beurteilungskriterien zur Auswahl und Regeln im Umgang mit Medien	551
7.5.1	Hinweise zum Umgang mit dem Medium Fernsehen	551
7.5.2	Hinweise zum Umgang mit dem Medium Computer	552
7.5.3	Hinweise zum Umgang mit dem Medium Handy	553
7.6	Kreativer Umgang mit Medien	554
7.6.1	Von der passiven zur aktiven Mediennutzung	554
7.6.2	Projektideen im Bereich Medien	554
7.7	Berufsbezogener Einsatz des Computers	556

8 FESTE UND FEIERTAGE GESTALTEN 558

8.1	Besonderheiten und Bräuche im Jahreskreis	558
8.1.1	Rituale	558
8.1.2	Der Jahreskreis	559
8.1.3	Feier- und Festtage	560
8.2	Jahreszeitliche Aktivitäten in Kindertageseinrichtungen	561
8.2.1	Frühling begrüßen	561
8.2.2	Sommer genießen	562
8.2.3	Herbst gestalten	563
8.2.4	Winter: innehalten	564
8.3	Kindergeburtstage gestalten	565
8.4	Feste in anderen Kulturen	566
8.5	Voneinander lernen – Vielfalt als Ressource	567

9 DIDAKTISCHE UND METHODISCHE HINWEISE FÜR DIE PRAXISGESTALTUNG 568

9.1	Gestaltung von Bildungsangeboten	568
9.1.1	Grundlegende Vorüberlegungen	568
9.1.2	Recherche und Ideenfindung	569
9.1.3	Planung und Aufbau von Bildungsangeboten	570
9.2	Bildungsangebote im Bereich Sprachförderung	572
9.2.1	Ansätze für Bildungsangebote im Bereich Sprachförderung	572
9.2.2	Erläuterung eines Angebotes im Bereich Sprachförderung	575
9.3	Bildungsangebote im Bereich Musik	579
9.3.1	Ansätze für Bildungsangebote im Bereich Musik	579
9.3.2	Erläuterung eines Angebotes im Bereich Musik	581
9.4	Bildungsangebote im Bereich Religion und Werteerziehung	584
9.4.1	Ansätze für Bildungsangebote im Bereich Religion und Werteerziehung	584
9.4.2	Erläuterung eines Angebotes im Bereich Religion und Werteerziehung	586

INHALT

9.5	**Bildungsangebote im Bereich Bewegung**	**590**
9.5.1	Ansätze für Bildungsangebote im Bereich Bewegung	590
9.5.2	Erläuterung eines Angebotes im Bereich Bewegung	592
9.6	**Bildungsangebote im Bereich Umwelt und Gesundheit**	**595**
9.6.1	Ansätze für Bildungsangebote im Bereich Umwelt und Gesundheit	595
9.6.2	Erläuterung eines Angebotes im Bereich Umwelt und Gesundheit	597
9.7	**Bildungsangebote im Bereich Naturwissenschaft und Technik**	**600**
9.7.1	Ansätze für Bildungsangebote im Bereich Naturwissenschaft und Technik	600
9.7.2	Erläuterung eines Angebotes im Bereich Naturwissenschaft und Technik	602
9.8	**Bildungsangebote im Bereich Kunst**	**605**
9.8.1	Ansätze für Bildungsangebote im Bereich Kunst	605
9.8.2	Erläuterung eines Angebotes im Bereich Kunst	607
9.9	**Bildungsangebote im Bereich Verkehrserziehung**	**610**
9.9.1	Ansätze für Bildungsangebote im Bereich Verkehrserziehung	610
9.9.2	Erläuterung eines Angebotes im Bereich Verkehrserziehung	612

V Lernsituationen und Aufgaben

LERNSITUATION 1 — 618
„Finn ist aggressiv"

LERNSITUATION 2 — 620
„Julia kommt in die Krippe"

LERNSITUATION 3 — 622
„Marlene benötigt Sprachförderung"

LERNSITUATION 4 — 624
„Ben hat Trisomie 21"

LERNSITUATION 5 — 626
„Passt Frau Reuter nicht ins Team?"

INHALT

Anhang

STICHWORTVERZEICHNIS 628

BILDQUELLENVERZEICHNIS 639

Kinderpflege als Beruf

1

S. 20–31
Beruf und Ausbildung

Berufsmotivation für den Beruf Kinderpflege entwickeln

Die eigene Biografie und Erwartungen an den Beruf reflektieren

Tätigkeitsfelder der Kinderpflege kennenlernen

Rahmenbedingungen des Berufes einordnen können

2

S. 32–43
Die Rolle im Praktikum

Das Praktikum als Teil der Ausbildung einordnen können

Unterschiedliche Rollen kennenlernen

Die Aufgaben im Praktikum bewältigen

Mit Problemen umgehen können

Rechte und Pflichten als Praktikantin kennenlernen

3

S. 44–53

Grundlagen professionellen Arbeitens

Den rechtlichen Rahmen der pädagogischen Arbeit verstehen

Das Kind als kompetenten Partner sehen

Mit anderen Fachleuten und Eltern zusammenarbeiten

Sich im Sozialraum vernetzen

1 BERUF UND AUSBILDUNG

Warum muss ich all diese Dinge lernen? Ich will doch nur was mit Kindern machen. (11:04)

Was erwarten dann die Eltern der Kinder von mir? (11:12)

Wo kann ich denn später überhaupt mal arbeiten? (12:29)

1.1 Berufsmotivation

1.1.1 Persönliche Motivation

Motivation → S. 72

Warum möchten Sie Kinderpflegerin oder Kinderpfleger werden? Damit eine Ausbildung erfolgreich absolviert werden kann, ist eine hohe ›Motivation‹ die Grundlage. Die Basis für solch eine Motivation ist, dass Sie die eingangs gestellte Frage nach dem „Warum?" klar beantworten können. Dabei sollte diese Antwort für Sie persönlich eindeutig sein. Was andere über ihre Motive denken, ist erst mal nicht entscheidend. Wichtig ist also die persönliche Motivation.

Abb. 1.1 Für seinen Berufswunsch sollte man persönlich motiviert sein.

Um herauszubekommen, welche Gründe zu Ihrer Entscheidung für eine Ausbildung im sozialpädagogischen Bereich geführt haben, könnte es sinnvoll sein, sich folgende Fragen zu stellen:
- Wann habe ich zum ersten Mal vom Beruf „Kinderpflege" gehört?
- Was gefällt mir an der Vorstellung, in diesem Beruf zu arbeiten?
- Gibt es Alternativen zu diesem Berufsbild, die mich interessieren?
- Welche Eigenschaften habe ich, die mich für diesen Beruf besonders geeignet machen?
- Was sagen meine Eltern, Freund oder Bekannte zu meinem Berufswunsch?

Die oben angeführten Fragen sind Hilfsmittel, um Ihre persönliche Motivation zu klären. Meist ist es jedoch ein Zusammenspiel verschiedener Faktoren. Grundsätzlich sollte Ihre Berufswahl aber eine freie Entscheidung sein. Weder ist es ratsam, sich von anderen dazu drängen oder überreden zu lassen, noch wäre es sinnvoll, nur einer plötzlichen Idee zu folgen.

Auch kann es hilfreich sein, mit Menschen zu sprechen, die bereits im Beruf arbeiten, um sich deren Erfahrungen anzuhören.

Die Arbeit im Beruf der Kinderpflege ist eine spannende Herausforderung. Wie in jedem anderen Beruf gibt es jedoch auch hier negative Aspekte, deren man sich vor einer verbindlichen Berufswahl bewusst sein muss – z. B.:
- häufig Lärmbelastung während der Arbeit;
- Herausforderungen beim Umgang mit ›verhaltensauffälligen‹ Kindern
- hohe Arbeitsintensität durch die große ›Verantwortung‹ für die Kinder
- Pausenregelung oft schwierig in der Organisation beim Tagesablauf in der Kindertageseinrichtung
- viele Aufforderungen gleichzeitig durch die Kinder, die Eltern und das Team

Verhaltensauffällige Kinder
→ S. 619
Aufsichtspflicht → S. 47

Abb. 1.2 und 1.3 Jeder Beruf hat Vor- und Nachteile.

1.1.2 Biografische Selbstreflexion

Eine weitere wichtige Möglichkeit, sich seiner Motive (Beweggründe) bewusst zu werden, ist ein Blick auf seine bisherige ›Biografie‹. Diese Methode wird als biografische Selbstreflexion bezeichnet. Das lateinische Wort „Reflexion" bedeutet „zurückbeugen". Damit ist also gemeint, dass Sie über sich selber nachdenken. Warum ist dies sinnvoll?

Wenn Sie als Kinderpflegerin oder Kinderpfleger arbeiten, wird ihr Verhalten wesentlich durch ihre eigenen Erfahrungen in ihrer Kindheit und Jugend geprägt. Die Erfahrungen in ihrer Familie und mit ihrer ›Peergroup‹, ihre soziale Herkunft und ihre ›Sozialisation‹ haben Einfluss darauf, wie sie sich in beruflichen Zusammenhängen verhalten werden.

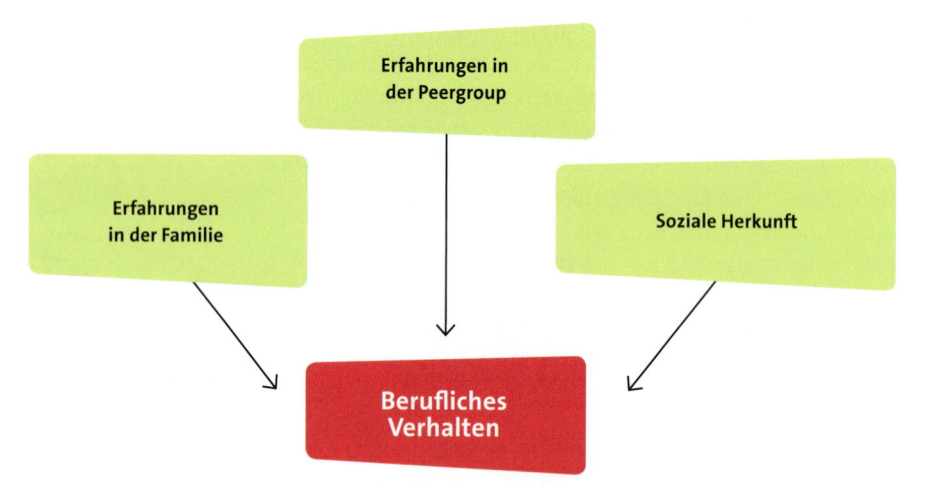

Biografie
griech. bios: Leben,
graphie: schreiben

Peergroup → S. 253
Sozialisation → S. 242

Aus diesem Grund ist es insbesondere in professioneller pädagogischer Arbeit wichtig, über Ihre eigene Biografie nachzudenken und sich deren Auswirkungen auf Ihre Einstellungen, Gefühle und Haltungen bewusst zu machen. Nur so können z. B. Probleme mit den Kindern oder Probleme im Team richtig eingeordnet werden.

> **BEISPIEL** Die Eltern der Kinderpflegerin Lisa haben sich früh getrennt. Sie war deshalb sehr häufig bei ihrer Oma. Diese hat für Lisa gut gesorgt, äußerte sich aber häufig intolerant gegenüber behinderten Menschen, Farbigen oder Menschen aus einem anderen Kulturkreis. Deswegen hatte auch Lisa immer Schwierigkeiten, offen auf solche Menschen zuzugehen. Als Kinderpflegerin arbeitet sie heute in einem Stadtteil mit hohem Migrantenanteil.

Während der Ausbildung und mit der Arbeitserfahrung entwickelt sich eine berufliche Identität. Diese basiert auf

Spracherwerb → S. 464
Sprachförderung → S. 475

- **theoretischem Wissen**, z. B. darüber, wie Kinder ›Sprache‹ erwerben und wie sie dabei unterstützt werden können,
- **praktischen Erfahrungen**, z. B. werden in der Kita gezielt Angebote zur ›Sprachförderung‹ gemacht,
- den **eigenen Erfahrungen**, z. B. haben Ihre Eltern Ihnen häufig Geschichten vorgelesen. Deshalb ist dies auch für Sie im Umgang mit den Kindern selbstverständlich.

Ihre persönliche Biografie ist also ein Teil Ihrer beruflichen Identität.

> Die Persönlichkeit der pädagogischen Fachkraft kann nicht von ihrer professionellen Arbeit abgespalten werden.

Biografische Erfahrungen (...) prägen Einstellungen, die für vielfältige Themenbereiche in der Frühpädagogik bedeutsam sind (Betreuung der unter Dreijährigen, „Sauberwerden", Inklusion usw.) und gegenüber wissenschaftlichen Erkenntnissen ›resistent‹ sein können. Professionelles Handeln zeichnet sich durch eine Distanz zu den eingeschliffenen biografischen Mustern aus und zum anderen durch die bewusste Wahl von Handlungsmöglichkeiten in pädagogischen Situationen. Daneben soll biografische Reflexion dazu beitragen, die eigenen persönlichkeitsbezogenen Stärken und Schwächen zu erkennen, um sie ins Verhältnis zur zukünftigen Tätigkeit und den dort geforderten Handlungsanforderungen, Belastungen und Kompetenzen zu setzen.

Neuss, Norbert/Zeiss, Julia (2013): Biografiearbeit als Bestandteil von Professionalisierung. Theorie und Praxis der Sozialpädagogik 1, S. 23; www.erzieherin.de/assets/files/ausbildung/TPS_1_13_22-25.pdf (Download vom 24.10.2014)

resistent
widerstandsfähig gegen etwas sein

Die eigene Biografie kann unter verschiedenen Aspekten betrachtet werden:

Aspekte	Erklärung	Beispiel
Erziehungsbiografie	fragt nach ›Werten und Normen‹	Kinderpflegerin Nadja ist in einer sehr religiösen Familie aufgewachsen. Sie stört es, dass vor dem Mittagessen in der Kita nicht gebetet wird.
Entwicklungsbiografie	fragt nach Wertschätzung und Demütigung, Stärken und Schwächen, persönlichen Grenzen	Kinderpfleger Cem wurde von seinen Eltern sehr streng erzogen. Er diskutiert häufiger mit seinen Kollegen, was man den Kindern „durchgehen lassen" kann.
Beziehungsbiografie	fragt nach Konfliktkompetenz und Kommunikationsstil	Kinderpflegerin Lisa ist in einer großen Familie als ältestes Kind mit 5 Geschwistern aufgewachsen. Sie bringt daher viel Erfahrung im Umgang mit kleinen Kindern mit.
Lern- und Bildungsbiografie	fragt nach Lernerfahrungen	Die Eltern von Kinderpfleger Michael haben beide eine Ausbildung absolviert und sind berufstätig. Daher ist es auch für Michael „normal." eine Ausbildung zu machen.

Werte und Normen → S. 217

Tab. 1.4 Betrachtungsaspekte von Biografien

Fragen in der Biografiearbeit

Einige typische Fragen aus der Biografiearbeit, die Sie sich selber oder im Partnerinterview stellen können, sind z. B.:

- Welche Erfahrungen habe ich in meiner Herkunftsfamilie z. B. zum Thema Sauberkeitserziehung gemacht?
- Wie hätten meine Eltern reagiert, wenn ich auf eine bestimmte Frage so wie eben geantwortet hätte?
- Wie habe ich die anderen wahrgenommen?
- Was hat mir an einer bestimmten Situation gefallen?
- Wie ist es mir in einer bestimmten Situation ergangen, als ich ein Kind war?

Abb. 1.5 Fragen zur Biografie können auch für sich selbst beantwortet werden.

1.1.3 Erwartungen an die Auszubildenden

Sie sind

Kinderpfleger / -in

und üben eine entsprechende Tätigkeit – bevorzugt in der Arbeit mit Schulkindern – aus oder sind aufgrund gleichwertiger Fähigkeiten und Erfahrungen eine Persönlichkeit, die zu uns passt?

Sie sind darüber hinaus loyal und kommunikativ, arbeiten gern im Team, gehen konsequent und liebevoll mit Kindern um?

Dann freuen wir uns auf Ihre Bewerbung.

Wir bieten eine Vollzeitstelle (39 Std.), Bezahlung analog TVöD, Fortbildungsmöglichkeiten und ein nettes Team.

Senden Sie Ihre Unterlagen an

Renate Schlemmer ...

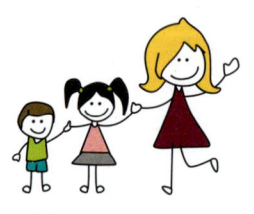

Damit Sie Ihre Ausbildung in der Kinderpflege motiviert abschließen und danach erfolgreich in Ihrem Beruf arbeiten, ist es wichtig, nicht nur Ihre eigenen Motive zu kennen, sondern auch die Erwartungen, die von außen an Sie herangetragen werden. Dabei geht es nicht nur um die Erwartungen Ihrer Eltern, Freunde oder Lebenspartner. Wie Sie der Stellenanzeige oben entnehmen können, hat auch der ›Arbeitgeber‹ Erwartungen an Sie. Unsere Gesellschaft verbindet mit dem Beruf der Kinderpflege oder allgemein mit Berufen im sozialen Bereich ebenfalls bestimmte Erwartungen.

Arbeitgeber → S. 46

> Als „Rolle" wird das bezeichnet, was an Verhaltensweisen von einer bestimmten Person erwartet wird.

Rollenerwartungen

Ein Mensch steckt in ganz unterschiedlichen ›Rollen‹. So sind Sie zugleich Kind, Partner und Arbeitskollege. Die Erwartungen an Sie in Ihrer Rolle als Auszubildende sind manchmal sehr klar formuliert – z. B. in der oben wiedergegebenen Stellenanzeige. Manchmal sind die Anforderungen aber auch nicht so deutlich. So haben Ihre erfahrenen Kolleginnen vielleicht Erwartungen an Sie aufgrund ihrer eigenen beruflichen Erfahrung. Diese können Sie aber als Berufsanfänger weder kennen noch erfüllen. Hier kann es zu Rollenkonflikten kommen.

Rolle → S. 33

> **BEISPIEL** Mit Praktikantin Christiane ist verabredet, dass sie zunächst die Kinder kennenlernen und beobachten soll. Eine ältere Kollegin bittet sie aber schon am zweiten Tag, die Aufsicht beim Freispiel zu übernehmen.

Hier kommt es also zu einem Konflikt zwischen Ihrer ›Rolle als Praktikantin‹ und der Ihnen übertragenen Aufgabe.

Rolle als Praktikantin → S. 32

Rollenkonflikte sind grundsätzlich nichts, Außergewöhnliches sondern ein ganz normaler Bestandteil unseres Lebens in der Gesellschaft. Wichtig ist, sich bewusst zu machen, dass man selber ein bestimmtes Bild seiner Rolle hat. Kollegen, Eltern, Lehrer und auch die Kinder oder Jugendlichen können aber Erwartungen an Sie herantragen, die mit Ihrem Rollenbild nicht übereinstimmen. Häufig ist diese fehlende Passung eine Ursache von Konflikten. Indem Sie sich dieses Problem bewusst machen, können Sie den Konflikt lösen.

> **BEISPIEL** Christiane geht zu ihrer Kollegin und sagt, dass sie sich als Praktikantin mit der Übernahme einer Aufsicht überfordert fühlt. Sie möchte zunächst die Kinder besser kennenlernen. Außerdem wisse sie auch noch nicht genau, was die Kinder dürfen und was nicht.

1.2 Berufsfeld Sozialpädagogik

Das sozialpädagogische Berufsfeld ist sehr spannend, abwechslungsreich, vielfältig und herausfordernd. Fast täglich begegnet man neuen Menschen und kann diese unterstützen. Im sozialpädagogischen Berufsfeld gibt es eine große Bandbreite an Bereichen, Einrichtungsformen und Arbeitsfeldern.

Grundsätzlich lassen sich die Berufe nach ihren Zielgruppen unterscheiden:
- Kinder
- Jugendliche
- Familien
- Menschen mit Behinderung
- alte Menschen

Einen ersten Überblick gibt auch nachfolgende Tabelle.

Angebotsform	Mögliche Arbeitsbereiche	Beispiele für Berufe
Ambulante Angebote	Kindergärten, Krippen oder Hort	Kinderpfleger, Erzieher, Sozialpädagoge
	Betreutes Wohnen	Heilerziehungspfleger
	ambulante Pflegedienste	Altenpfleger
Stationäre Angebote	Kinderheim	Erzieher
	Wohngruppen für Behinderte	Heilerziehungspfleger, Sozialassistent
	Altenpflegeheim	Krankenpfleger, Altenpfleger
Unterstützende Angebote	Familienpflege	Familienpfleger
	Streetworker mit Jugendlichen	Sozialarbeiter
	Essen auf Rädern für alte Menschen	Sozialhelfer

Tab. 1.6 Angebotsformen und Arbeitsbereiche im sozialen Berufsfeld

1.2.1 Tätigkeitsfelder der Kinderpflege

Der gesamte Bereich der pädagogischen Betreuung von Kindern unterliegt seit den letzten zehn Jahren einem starken Wandel. In der öffentlichen Wahrnehmung wird dieses Feld immer wichtiger. Dafür gibt es verschiedene Gründe:

Entwicklungspsychologie
→ S. 125
Entwicklung des Kindes → S. 110

- Die moderne ›entwicklungspsychologische‹ Forschung zeigt, wie wichtig gerade die ersten Jahre für die ›Entwicklung der Kinder‹ sind.
- Es gibt seit dem 1.8.2013 einen Rechtsanspruch auf einen Platz in einer Tageseinrichtung für Kinder vom ersten Geburtstag an bis zur Einschulung. Auch Kinder unter einem Jahr können unter bestimmten Bedingungen solch einen Rechtsanspruch haben.
- Durch den sich in Zukunft vermutlich weiter verschärfenden Mangel an Fachkräften gibt es jetzt nicht nur den politischen Willen, sondern auch die wirtschaftliche Notwendigkeit, dass Frauen als Arbeitskräfte zur Verfügung stehen müssen. Dafür bedarf es einer Betreuung von Kindern.

Nachfolgend sind die verschiedenen Arbeitsfelder für Kinderpfleger und Kinderpflegerinnen aufgelistet.

Einrichtungstyp	Altersspanne	Besonderheiten
Kinderkrippe	0 bis 2–3 Jahre	8–15 Kinder
Kindergarten (als Ergänzungskraft bzw. Zweitkraft neben Erzieherinnen und Erziehern)	2–3 Jahre bis 6 Jahre	geschlechtsgemischt, altersgemischt, ›Inklusion‹, ca. 25 Kinder pro Gruppe
Kindertagesstätte	ab 2 Monate bis 12 Jahre	
Kinderhort	6–12 Jahre	Grundschulkinder nach den Schulstunden, Hausaufgabenbetreuung und Freizeitangebote, ca. 25 Kinder pro Gruppe
Familienzentrum/Kinderhaus	alle oben genannten Altersspannen in einem Haus	Altersgruppen in verschiedenen Kombinationen, zusätzlich: Anlaufstelle für Familien z. B. durch Beratungsangebote
Offener Kinder- und Jugendtreff	Kinder/Jugendliche jeden Alters	Teilnahme erfolgt nur bei Bedarf, unterschiedliche Angebote
Kindertagespflege	0–6 Jahre	oftmals als Selbstständige in eigener Verantwortung
Weitere Einrichtungen der Kinder- und Jugendhilfe (z. B. Heime), ambulante Dienste	gemischt	Arbeit mit ›verhaltensauffälligen Kindern‹, Kinder in sozialen Problemlagen

Inklusion → S. 260

Kinder mit Verhaltensauffälligkeiten → S. 619

Tab. 1.7 Mögliche Arbeitsfelder für Kinderpflegerinnen und Kinderpfleger

Des Weiteren gibt es spezielle Arbeitsfelder, wie z. B. Ferienheime oder Kinderkurkliniken.

www.berufenet.arbeitsagentur.de

Auf der Seite der Bundesagentur für Arbeit finden Sie in der Datenbank BERUFENET viele Informationen zum Beruf der Kinderpflege und zu verwandten Ausbildungsgängen.

Abb. 1.8 Die Arbeitsfelder der Kinderpflege sind vielfältig.

1.2.2 Verwandte Berufe und Weiterbildungsmöglichkeiten

6. WEITERBILDUNGSMÖGLICHKEITEN

gibt es an den Fachakademien für Sozialpädagogik und Heilpädagogik, an der Fachschule für Familienpflege oder an den Berufsfachschulen für Pflege *(siehe Schaubild)*.

Voraussetzungen:
Erfolgreicher Hauptschulabschluss oder 9. Klasse Gymnasium/Realschule

Berufsfachschule für Kinderpflege
2 Jahre
Staatl. geprüfte/r Kinderpfleger/in

mittlerer Schulabschluss mit Durchschnittsnote 3,0 und ausreichenden Englischkenntnissen

der Berufseinstieg:
- Kindertagesstätten und -horte

Fachakademie für Sozialpädagogik
3 Jahre → Erzieher/in

Berufsfachschule für Kranken- und Kinderkrankenpflege
3 Jahre → Gesundh.- u. Krankenpfleger/in

Fachschule für Familienpflege
2 Jahre

Fachschule für Heilerziehungspflege
2 Jahre → Heilerziehungspfleger/in

Berufsfachschule für Altenpflege
3 Jahre → Altenpfleger/in

Die Tätigkeitsfelder teilen sich die Kinderpfleger und Kinderpflegerinnen mit verwandten und alternativen Ausbildungsgängen aus dem sozialen Bereich. Beispiele dafür sind:
- Familienpfleger/-in
- Heilerziehungspflegehelfer/-in
- Sozialpädagogische/-r Assistent/-in

Kinderpfleger und Kinderpflegerinnen haben nach dem Abschluss ihrer Ausbildung die Möglichkeiten, sich weiterzuqualifizieren. Beispiele dafür wären:
- Fachwirt/-in im Erziehungswesen
- Erzieher/-in
- Heilerziehungspfleger/-in

Ist mit dieser weiteren Qualifikation auch ein entsprechender Schulabschluss verbunden, gibt es sogar die Möglichkeit, ein Studium im sozialen Bereich aufzunehmen, wie z. B.:
- Heilpädagogik
- Sozialpädagogik
- Psychologie

Abb. 1.9 Ausriss aus einem Werbeflyer der Diakonie Neuendettelsau mit aufgezeigten Weiterbildungsmöglichkeiten nach dem Abschluss Staatl. geprüfte/-r Kinderpfleger/-in

> **BEISPIEL** Frau Yildiz hat ihren Hauptschulabschluss gemacht und daran anschließend die Ausbildung zur Kinderpflegerin. Mit Abschluss der Ausbildung konnte sie auch ihren Schulabschluss so verbessern, dass sie eine Ausbildung zur Erzieherin begonnen hat, da ihr die Arbeit mit Kindern sehr viel Spaß macht. Mit dem Berufsabschluss zur Erzieherin war es ihr dann möglich, an der Fachhochschule Soziale Arbeit zu studieren. Heute arbeitet sie als Sozialpädagogin in einem Kinderheim.

Viele Informationen über den TVöD finden Sie auf der Internetseite der Gewerkschaft Erziehung und Wissenschaft.
www.gew.de

TVöD
Tarifvertrag öffentlicher Dienst

Monatsbruttoeinkommen
Einkommen ohne Abzug von Steuern und Versicherungen

1.2.3 Verdienstmöglichkeiten

Das Einkommen von Kinderpflegerinnen und Kinderpflegern orientiert sich häufig an der Eingruppierung in die Entgeltgruppen des öffentlichen Dienstes (›TVöD‹). Es schwankt natürlich mit dem Grad der Berufserfahrung oder absolvierter Weiterbildungen und damit verbunden der Übernahme von verantwortungsvollen Tätigkeiten. Ein ›Monatsbruttoeinkommen‹ liegt meist zwischen 2.300 und 2.650 Euro.

1.3 Kompetenzen in der Kinderpflege

1.3.1 Der Deutsche Qualifikationsrahmen

In der Bundesrepublik Deutschland existiert seit einiger Zeit der sogenannte Deutsche Qualifikationsrahmen für lebenslanges Lernen (DQR). Der DQR soll im deutschen Bildungssystem eine Orientierung geben und Qualifikationen in Europa vergleichbar machen. Das europäische Bezugssystem heißt entsprechend Europäischer Qualifikationsrahmen (EQR).

Der DQR ist in acht Niveaustufen unterteilt:

> **Niveau 1**
> beschreibt Kompetenzen zur Erfüllung einfacher Anforderungen in einem überschaubar und stabil strukturierten Lern- oder Arbeitsbereich. Die Erfüllung der Aufgaben erfolgt unter Anleitung.
>
> (…)
>
> **Niveau 4**
> beschreibt Kompetenzen zur selbstständigen Planung und Bearbeitung fachlicher Aufgabenstellungen in einem umfassenden, sich verändernden Lernbereich oder beruflichen Tätigkeitsfeld.
>
> (…)
>
> **Niveau 6**
> beschreibt Kompetenzen zur Planung, Bearbeitung und Auswertung von umfassenden fachlichen Aufgaben- und Problemstellungen sowie zur eigenverantwortlichen Steuerung von Prozessen in Teilbereichen eines wissenschaftlichen Faches oder in einem beruflichen Tätigkeitsfeld. Die Anforderungsstruktur ist durch Komplexität und häufige Veränderungen gekennzeichnet.

Abb. 1.10 Ausgewählte Niveaustufen des DQR (www.dqr.de/content/2315.php; Abruf 28.10.2014)

Internetseite zum Deutschen Qualifikationsrahmen (DQR), dem gemeinsamen Informationsportal des Bundesministeriums für Bildung und Forschung und der Kultusministerkonferenz:

www.dqr.de

Abb. 1.11 Kinderpflegerinnen erlernen in ihrer Ausbildung vielfältige Kompetenzen, die im DQR beschrieben sind.

> Im DQR wird die Ausbildung als Kinderpfleger bzw. Kinderpflegerin dem Niveau 4 zugeordnet. Die fachschulische Ausbildung zur Erzieherin bzw. zum Erzieher wird dem Niveau 6 zugerechnet.

1.3.2 Kompetenzbegriff

Entscheidend für die Zuordnung zu den einzelnen Niveaus des DQR ist der Begriff **Kompetenz**. Unterschieden werden dabei zwei Kompetenzkategorien:
- Fachkompetenz
- personale Kompetenz

Beide Kategorien werden in zwei Unterkategorien aufgeteilt: zum einen Wissen und Fertigkeiten, zum anderen Sozial- und Selbstkompetenz.

Fachkompetenz	personale Kompetenz
Wissen — Fertigkeiten	Sozialkompetenz — Selbstkompetenz

Häufig findet sich auch eine Einteilung nach Fach-, Human und Sozialkompetenz, die dann ebenfalls zur beruflichen Handlungskompetenz führt. Die Humankompetenz bezieht sich auf die Entwicklung der eigenen Persönlichkeit und der eigenen Wertvorstellungen.

Fachkompetenz — Humankompetenz — Sozialkompetenz

Berufliche Handlungskompetenz

Der Kompetenzbegriff spielt im DQR eine bedeutende Rolle. Damit wird das zentrale Ziel aller Bereiche des deutschen Bildungssystems zum Ausdruck gebracht, den Lernenden den Erwerb einer umfassenden Handlungsfähigkeit zu ermöglichen. Es geht nicht um isolierte Kenntnisse und Fertigkeiten, sondern um die Fähigkeit und Bereitschaft zu fachlich fundiertem und verantwortlichem Handeln. Der DQR bezieht die mit einer Qualifikation verbundenen Lernergebnisse auf die berufliche und persönliche Entwicklung des Einzelnen (Fachkompetenz – personale Kompetenz). Dabei nimmt er auch auf persönliche Einstellungen und Haltungen Bezug.

dqr.de/content/2314.php (Abruf 29.10.2014)

Für das Niveau 4 ergeben sich damit folgende Fachkompetenzen und personale Kompetenzen:

Fachkompetenz		Personale Kompetenz	
Wissen	Fertigkeiten	Sozialkompetenz	Selbständigkeit
Sie verfügen über vertieftes allgemeines Wissen oder über fachtheoretisches Wissen in einem Lernbereich oder beruflichen Tätigkeitsfeld.	Sie verfügen über ein breites Spektrum kognitiver und praktischer Fertigkeiten, die eine selbstständige Aufgabenbearbeitung und Problemlösung sowie die Beurteilung von Arbeitsergebnissen und -prozessen unter Einbeziehung von Handlungsalternativen und Wechselwirkungen mit benachbarten Bereichen ermöglichen.	Sie können die Arbeit in einer Gruppe und deren Lern- oder Arbeitsumgebung mitgestalten und kontinuierlich Unterstützung anbieten. Sie können Abläufe und Ergebnisse begründen und über Sachverhalte umfassend kommunizieren.	Sie können sich Lern- und Arbeitsziele setzen, diese reflektieren, realisieren und verantworten.
Sie wissen, wie Kinder Sprache erwerben und kennen, die Entwicklungspsychologischen Zusammenhänge.	Sie planen, ein Kind in Ihrer Einrichtung gezielt beim Spracherwerb zu fördern. Nach zwei Wochen fragen Sie sich, ob die von Ihnen angewandte Methode erfolgreich war, und wechseln dann bewusst zu einer anderen.	Sie sprechen sich mit den anderen Arbeitskollegen ab. Das Kind soll auch in anderen Zusammenhängen gezielt gefördert werden. Sie können, dabei begründen warum eine Förderung Ihrer Meinung nach sinnvoll ist.	Die Idee zur Sprachförderung des Kindes hatten Sie selber auf Grundlage Ihrer eigenen Beobachtung. Sie haben dafür einen Zeitraum von drei Monaten eingeplant.

Tab. 5.12 Erläuterungen zur Fach- und Personalkompetenz

> **Warum muss ich das für meinen Beruf wissen?**
>
> Die Inhalte dieses Kapitels zeigen Ihnen, wieso es sinnvoll ist, über seinen eigenen Werdegang nachzudenken, wenn man in der Kinderpflege arbeiten will.
>
> Deutlich wurde auch, dass Sie vermutlich bestimmte Erwartungen an Ihre Ausbildung und den Beruf haben – Erwartungen werden aber auch von außen an Sie herangetragen.
>
> Schließlich lernen Sie das sozialpädagogische Berufsfeld als Ganzes und das der Kinderpflege im Einzelnen kennen.
>
> Der Kompetenzbegriff ist in der beruflichen Bildung von zentraler Bedeutung. Was sich dahinter verbirgt, haben Sie in Grundzügen kennengelernt.

2 DIE ROLLE IM PRAKTIKUM

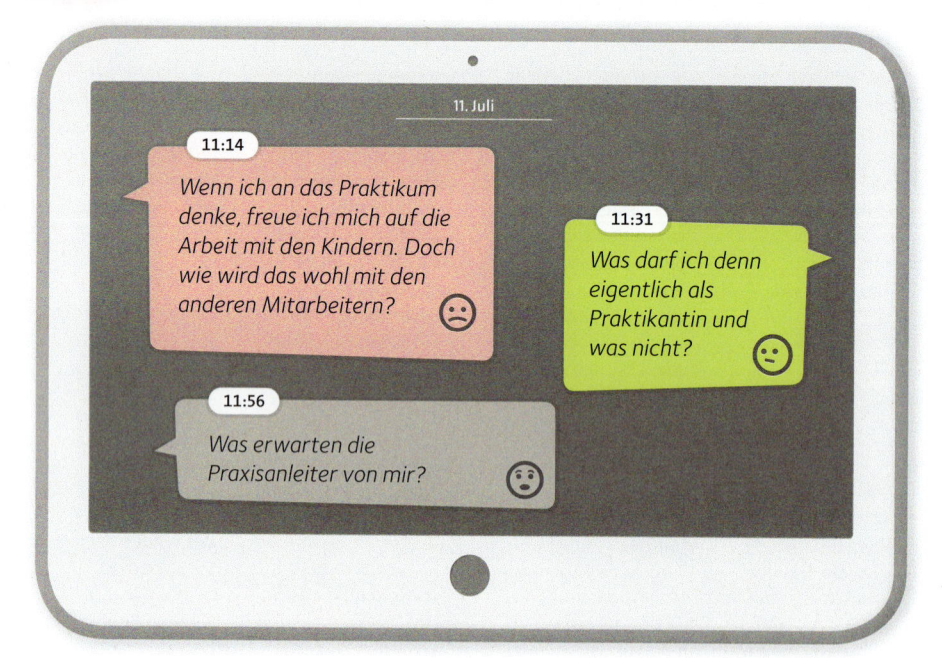

> **11. Juli**
>
> **11:14** Wenn ich an das Praktikum denke, freue ich mich auf die Arbeit mit den Kindern. Doch wie wird das wohl mit den anderen Mitarbeitern? ☹
>
> **11:31** Was darf ich denn eigentlich als Praktikantin und was nicht? 😐
>
> **11:56** Was erwarten die Praxisanleiter von mir? 😐

2.1 Welchen Stellenwert hat das Praktikum in der Ausbildung?

Mit der Entscheidung, Kinderpflegerin zu werden, haben Sie sich auch dafür entschieden, während Ihrer schulischen Ausbildung Praktika zu absolvieren. Als angehende pädagogische Fachkraft müssen Sie also in bestimmten Phasen die Rolle der Praktikantin ausfüllen. Die Phasen der theoretischen Aneignung von Fachwissen in der Schule werden durch Praxisphasen ergänzt. In ihnen kann das theoretische Wissen erprobt und angewendet werden. Die praktischen Erfahrungen sind vor allem für den ›**Kompetenzerwerb**‹ in der Ausbildung von besonderer Bedeutung.

Somit bietet Ihnen die Rolle der Praktikantin die Möglichkeit, in das Berufsfeld der Kinderpflegerin „hineinzuschnuppern", „hineinzuwachsen" und erste Erfahrungen zu sammeln. Diese Erfahrungen können ganz unterschiedlich sein und sind mit verschiedenen individuellen Gefühlen und Eindrücken verbunden.

Auf diesem Weg berät und begleitet Sie Ihre Praxisanleiterin oder Ihr Praxisanleiter. Durch Anleitertreffen in der Schule werden die **Praxisanleiter** auf ihre Aufgabe vorbereitet. Sie kennen die mit dem Praktikum verbundenen Aufgaben. In Gesprächen während des Praktikums sollte es die Möglichkeit geben, sich über die eigenen Lernfortschritte, den Kompetenzerwerb, Erfahrungen und die damit verbundenen Gefühle und Eindrücke auszutauschen.

Kompetenz → S. 30

Abb. 2.1 Mit Beginn der Ausbildung ändern sich auch die Erwartungen, die an Sie gestellt werden.

2.1.1 Was ist eine Rolle?

> **BEISPIEL** Anna, eine 16-jährige Schülerin der Klasse 10, beginnt im August nach den Sommerferien ihre Ausbildung zur Kinderpflegerin. Während der Sommerferien trifft sie sich mit ihrer Clique wie immer auf dem Schulhof der nahe gelegenen Grundschule. Dies ist der Treffpunkt der Freunde und Freundinnen von Anna. An einem schönen warmen Sommerabend treffen sie sich wieder dort und grillen. Einer der Freunde hat einen Kasten Bier mitgebracht, ein anderer den Gettoblaster. Zu fortgeschrittener Stunde wird die Gruppe der Jugendlichen immer lauter, sodass auch Annas Eltern, die im Garten sitzen, aufmerksam werden. Als Anna gegen 23.00 Uhr nach Hause kommt, ist ihr Vater sauer. „Anna, wenn du jetzt bald die Ausbildung zur Kinderpflegerin beginnst, kannst du dir das nicht mehr erlauben. Als Praktikantin in der Kita musst du ein gutes Vorbild sein."

Anna nimmt in dem Moment, in dem sie die Ausbildung beginnt, eine neue ›Rolle‹ an. In der ›Soziologie‹ wird das als **„soziale Rolle"** bezeichnet. An das Verhalten der Menschen in unterschiedlichen Lebenszusammenhängen werden bestimmte Erwartungen gestellt. Diese Lebenszusammenhänge können in Familie, Freundeskreis, unter Kollegen oder in der Nachbarschaft unterschiedlich aussehen. Die Vorstellungen davon, wie sich Menschen in bestimmten Situationen verhalten sollen, haben sich im Laufe der Zeit entwickelt. Sie sind nicht selten geprägt durch die eigene Erziehung und Erfahrungen der Menschen, die sie vertreten. Die jeweilige Rolle ergibt sich aus den Erwartungen der ›Gruppe‹ an das Verhalten des Einzelnen.
Auch mit der Rolle einer angehenden Kinderpflegerin in der Ausbildung sind unterschiedliche Erwartungen verbunden.

Rolle → S. 24

Soziologie
Wissenschaft, die sich mit dem sozialen Verhalten und Zusammenleben von Menschen befasst

Gruppe → S. 364

Abb. 2.2 Als Praktikantin treten Sie in einem professionellen Rahmen auf und haben auch eine Vorbildfunktion.

2.1.2 Die Rolle der Praktikantin

Eine wichtige Frage ist, wie die angehende pädagogische Fachkraft die Rolle in der Einrichtung, in der sie ihr Praktikum absolvieren wird, einnimmt. Ist sie sehr zurückhaltend und beobachtend oder eher offen und wissbegierig?

> Als Praktikantin tragen Sie Mitverantwortung für Ihren Lern- und Entwicklungsprozess. Fragen können nur beantwortet werden, wenn man sie stellt.

BEISPIEL Sabine Klein ist in der Ausbildung zur Kinderpflegerin. Sie absolviert ihr Praktikum in der Tageseinrichtung für Kinder „Regenbogenland", und zwar in der gelben Gruppe. Sie selbst war bereits als Kind in dieser Gruppe. Ihre Anleiterin ist Patricia Schell. Sie arbeitete auch schon in der Gruppe, als Sabine Klein dort in die Kita ging. Nun ist Sabine Klein in der Rolle der angehenden Kinderpflegerin im Team. Doch Patricia Schell sieht in ihr phasenweise noch das Kindergartenkind. Das erschwert es Sabine Klein, die Rolle der Praktikantin einzunehmen. Nach dem ersten Anleitergespräch kommen Patricia Schell und Sabine Klein zu der Entscheidung, dass es besser ist, wenn Sabine in die grüne Gruppe wechselt.

Zusammenarbeit im Team
→ S. 203

Praktikanten gehören für die Dauer des Praktikums zum ›Team‹. In Teams gibt es vielfältige individuelle Vorstellungen von Arbeitsweisen und Anforderungen an die einzelnen Mitarbeiter. Mit Teamarbeit sind zudem unterschiedliche zwischenmenschliche Beziehungen verbunden, die sich auf die Rolle als Praktikantin auswirken.

Die eigene Persönlichkeit wird dazu beitragen, wie die Zeit im Praktikum erlebt wird.

- Praktikantinnen sollten sich neugierig zeigen und **Fragen stellen**. Schließlich möchten Sie das Berufsfeld kennenlernen. Sie können noch nicht alles wissen. Andererseits sollten Sie nicht erwarten, dass Sie umfassend über alle Themen des Praxisfeldes informiert werden.
- Praktikantinnen sollten **Eigenverantwortung** für ihren eigenen Lern- und Entwicklungsprozess übernehmen, ganz nach dem Motto „Nur sprechenden Leuten kann geholfen werden". Sie sollten sich trauen, Fragen zu stellen. Nur so beseitigen Sie Unklarheiten.
- Praktikantinnen übernehmen im Alltag wenig Verantwortung. Dies ermöglicht ihnen, sich zu **erproben** und die eigenen Fähigkeiten kennenzulernen. Alle „Erprobungsexperimente" sollten mit den Anleitern besprochen werden, denn diese tragen die Verantwortung für das Alltagsgeschehen.

Es ist wichtig, dass Sie die Regeln der Einrichtung kennenlernen, in der Sie das Praktikum absolvieren. Das erleichtert vieles und gibt Ihnen eine gute Orientierung darüber, wie die pädagogischen Fachkräfte mit den Kindern umgehen und was der Träger erwartet. Diese Orientierung wiederum gibt Ihnen Sicherheit. In der Zeit als Praktikantin nehmen Sie aktiv am Praxisgeschehen teil. Dabei werden Sie von Ihren **Praxisanleitern** begleitet, beobachtet und beurteilt. Das ist sicherlich nicht immer angenehm. Zu Ihrer Rolle gehört auch, dass Sie **Anweisungen** erhalten und sich in das Team einfinden. Sie haben aber auch die Chance, sich mit Ihren Ideen in das Alltagsgeschehen einzubringen. Sie sollten diese Chance nutzen.

Abb. 2.3 Trauen Sie sich, Ihren Kollegen Fragen zu stellen.

Ängste und Erwartungen

Bevor das Praktikum startet, gehen den meisten Praktikanten viele Dinge durch den Kopf. Damit sind Gedanken und Gefühle verbunden. Sie fragen sich, was sie erwartet und wie es in ihrer Praktikumsstelle sein wird. Auch Ängste sind an dieser Stelle normal und gehören zum Hineinwachsen in die Arbeitswelt.

Als Praktikantin könnten Sie z. B. erwarten, dass Sie
- viel von Ihren Praxisanleitern lernen möchten,
- neue Erfahrungen machen können,
- Anregungen und Hilfestellungen erhalten,
- vielfältig im Praxisfeld eingesetzt werden, damit Sie alles kennenlernen,
- einen guten Kontakt zum Team finden,
- Unterstützung durch Kolleginnen erfahren,
- eine an Ihrem Entwicklungsprozess interessierte Anleitung mit Zeit und Geduld haben,
- das Gefühl haben, dass Ihnen etwas zugetraut wird,
- Sie viel ausprobieren können,
- nicht überfordert werden.

> Ziel des Praktikums ist es, das Arbeitsfeld kennenzulernen und das praktische Handeln mit schulischem Fachwissen zu verbinden.

Abb. 2.4 Welche Erwartungen haben Sie an Ihr Praktikum?

2.1.3 Die Rolle des Praxisanleiters

Praxisanleiter übernehmen während des Praktikums die Hauptverantwortung für die Gestaltung und Durchführung des Bildungsauftrages am Lernort Praxis. Sie gehen mit den Praktikanten eine ›**professionelle Beziehung**‹ ein und stellen allgemeine Erwartungen an sie. In ihrer Rolle sind Praxisanleiter am Entwicklungsprozess der Praktikanten interessiert und unterstützen diese mit ihren Kompetenzen (Fähigkeiten) als ausgebildete Fachkräfte. Eine mehrjährige Berufserfahrung ist wünschenswert. Praxisanleiter sollten gemeinsam mit der Praktikantin das Ziel des Praktikums im Blick haben und Orientierung bieten, was für den Beruf der Kinderpflegerin von Bedeutung ist.

professionelles Arbeiten
→ S. 44

> **BEISPIEL** Torsten Kling führt mit seiner Anleiterin Dagmar Roth ein Anleitergespräch. Sie sprechen über die letzte Praktikumswoche und nehmen dabei auch Thorstens Verhalten in den Blick. Dagmar Roth lobt Torsten, wie er jedes einzelne Kind am Morgen interessiert und freundlich begrüßt hat. Torsten lernt dadurch, dass sein Verhalten in dieser Phase des Tages richtig ist. Dies gibt ihm Sicherheit und Orientierung.

Aber welche Erwartungen haben Praxisanleiter nun an Praktikantinnen? In dieser Rolle sollten Sie

- **Arbeitsbereitschaft** mitbringen und sich engagieren,
- **Interesse** an dem Praxisfeld zeigen (Kindertagesstätte oder Hort),
- **Vereinbarungen** treffen und sich daran halten,
- **Fragen** stellen und Offenheit zeigen,
- sich über Beobachtungen mit Ihrem Anleiter **austauschen**,
- sich **selbstständig** Aufgaben suchen,
- Ihre Aufgabengebiete **sorgsam** erledigen,
- sich auf Ihre Arbeit **vorbereiten**,
- **Gesprächsbereitschaft** zeigen,
- angemessene **Sensibilität** (Feinfühligkeit) und **Flexibilität** zeigen,
- mit allen Personen (Kolleginnen, Eltern, Kindern) **freundlich** umgehen,
- Bereitschaft zur ›Reflexion‹ zeigen,
- Ihre **Rechte und Pflichten** kennen (vor allem die Schweigepflicht einhalten!),
- **Kritik** zulassen und konstruktiv nutzen.

Reflexion → S. 41

Dass Sie pünktlich und zuverlässig sind, wird als selbstverständlich vorausgesetzt. Dazu gehört auch, sich rechtzeitig zu entschuldigen, wenn Sie krank sind, und Pausenzeiten einzuhalten.

Es ist sinnvoll, wenn Sie sich mit den eigenen Schwächen und Stärken auseinandersetzen. Dann stellen Sie fest, wo Sie Lern- und Entwicklungsbedarf haben. Als Praktikantin bringen Sie bereits ›Personal- und Sozialkompetenzen‹ mit, um das Praktikum gut zu absolvieren.

Basiskompetenz → S. 226

Personale Kompetenz	Sozialkompetenz
Auch Humankompetenz genannt. Umfasst Sozial- und Selbstkompetenz. Der Begriff bezeichnet die Fähigkeit und Bereitschaft, <ul><li>sich weiterzuentwickeln und</li><li>das eigene Leben selbstständig und verantwortlich im jeweiligen sozialen, kulturellen bzw. beruflichen Kontext zu gestalten.</li></ul>	Bezeichnet die Fähigkeit und Bereitschaft, <ul><li>zielorientiert mit anderen zusammenzuarbeiten.</li><li>ihre Interessen und sozialen Situationen zu erfassen.</li><li>sich mit ihnen rational und verantwortungsbewusst auseinanderzusetzen und zu verständigen.</li><li>die Arbeits- und Lebenswelt mitzugestalten.</li></ul>

2.2 Welche Aufgaben habe ich im Praktikum?

2.2.1 Aufgabenverteilung

Die Aufgaben, die Praktikanten gestellt werden, unterscheiden sich von Praxisfeld zu Praxisfeld und sind abhängig von den zeitlichen Phasen im Verlauf des Praktikums. In den ersten Tagen werden Sie eher nur zuschauen, in den letzten Tagen des Praktikums werden Sie eigenverantwortlich Aufgaben übernehmen. In einer Tagesstätte für Kinder werden Sie andere Tätigkeiten übernehmen als in einer Offenen Ganztagsschule. Es gibt aber auch Aufgaben, die in allen Einrichtungen von Praktikantinnen übernommen werden.

	Praktikantin	**Praxisanleiterin**
Anfangsphase	Die Praktikantin - orientiert sich und lernt das Arbeitsfeld kennen, - lernt Arbeitsabläufe kennen, - lernt Kollegen kennen, - nimmt erste Kontakte zu Eltern und Kindern auf.	Die Praxisanleiterin - stellt Erprobungs- und Entscheidungsspielraum bereit, - wählt einen dem Entwicklungsstand der Praktikantin entsprechenden Anleitungsstil, - begleitet und reflektiert Vor- und Nachbereitung, - unterstützt die Entwicklung der beruflichen Rolle, - steuert den Gesamtprozess des Praktikums.
Kernphase	- Gelerntes wird erprobt und geübt. - In der Schule gelerntes Fachwissen wird in den beruflichen Alltag übertragen. - Eigene Ideen werden in die Arbeit eingebracht und nach Absprache mit der Anleitung umgesetzt. - Eigene Arbeitsbereiche werden eigenständig bearbeitet. - Eine eigene professionelle Rolle wird entwickelt.	- Aufgaben werden delegiert (übertragen). - Die sich verändernde Rolle der Praktikantin wird reflektiert. - Methoden und praktische Ansätze werden gemeinsam reflektiert und kritisch hinterfragt. - Die Praktikantin wird bei der Planung der zukünftigen beruflichen Situation unterstützt.
Abschluss	- Beziehungen und Bindungen zu Kindern müssen langsam beendet werden. - Gemeinsame Projekte werden beendet.	- Der Ablöseprozess wird begleitet. - Aufgaben werden rückdelegiert (zurückgegeben). - Die Praktikantin wird beurteilt. - Ein Abschlussgespräch findet statt.

Tab. 2.5 Das Phasenmodell – Aufgabenverteilung im Praktikum

> Die Praktikantin soll im Verlaufe des Praktikums Handlungskompetenzen entwickeln, um später im angestrebten Beruf der Kinderpflegerin arbeiten zu können.

Die ›Kompetenzen‹, die im Praktikum erworben werden sollen, lassen sich in vier Bereiche unterteilen: Persönlichkeit (Selbstkompetenz), soziale Ebene (Sozialkompetenz), Wissen über systemische Aspekte und Umgang damit (Fachkompetenz), methodischer Bereich (Methodenkompetenz).

Kompetenz → S. 30

Selbstkompetenz: Ich als Praktikantin	**Sozialkompetenz: Ich, die Anleiterin, die Kinder, Eltern und das Team**
- den Einfluss der eigenen ›Biografie‹ kennen - sich selbst ›reflektieren‹ - persönliche Stärken und Schwächen erkennen und damit umgehen - Selbstsicherheit und professionelle Distanz entwickeln - bereit sein, sich weiterzuentwickeln - die eigene Rolle im zukünftigen Beruf kennen	- mit Kindern, Eltern und Team Kontakt aufnehmen und angemessen umgehen - Beziehungen verstehen und gestalten - eine annehmende, wertfreien Haltung entwickeln - ›im Team zusammenarbeiten‹ - Erfahrungen im Bereich Kommunikation und Konfliktlösung sammeln - Strategien entwickeln
Fachkompetenz: Ich als Praktikant im System Kita	**Methodenkompetenz: Ich und mein Methodenkoffer**
- die aktuellen Entwicklungen im jeweiligen Arbeitsfeld und im Beruf kennen - ›Rechtsgrundlagen‹ kennen - die Bedeutung z. B. von kulturellen Unterschieden kennen - die eigene Rolle im zukünftigen Beruf finden	- pädagogisches, psychologisches und rechtliches Fachwissen in die Praxis umsetzen - pädagogische Angebote planen, durchführen und reflektieren - Konflikte lösen und Gespräche führen

Biografiearbeit → S. 24
Reflexion → S. 41

im Team arbeiten → S. 203

Rechtliche Rahmenbedingungen → S. 44

Tab. 2.6 Kompetenzquadrant für Praktikantinnen; nach Marona-Glock, Karin/Höhl-Spenceley, Uta (2012), Sozialmanagement: Praxisanleitung, Cornelsen, Berlin

2.2.2 Die Aufgaben im Praktikum bewältigen

Das Praktikum ist von wichtiger Bedeutung im **Berufsfindungsprozess**. Praktikanten haben so eine gute Möglichkeit, ihre Berufswahl zu überprüfen und zu erproben. Damit dieser Prozess gut gelingt, ist es wichtig, die Phase des Praktikums mit Blick auf die Ziele zu organisieren, die erreicht werden sollen (zielorientierte Strukturierung).

Informationen wie ein **Ausbildungsleitfaden** sind sehr sinnvoll und erleichtern es den Praktikanten, ihre Aufgaben zu strukturieren und zu bewältigen. Sollte kein solcher Ausbildungsleitfaden vorliegen, können Sie sich selbst die Bewältigung Ihrer Aufgaben erleichtern.

Abb. 2.7 Das Dokumentieren von Aufgaben und Absprachen in einem Praktikumsbuch hilft dabei, den Überblick zu bewahren.

Informieren Sie sich eigenverantwortlich zu folgenden Punkten:

- Angaben zur Einrichtung wie Größe, Team, Kinderzahl, Alter der Kinder
- einzelne ›Gruppenformen und -größen‹ sowie die personelle Zuordnung (Betreuungsschlüssel)
- allgemeine Regeln der Einrichtung
- Kriterien für den Umgang mit Eltern oder Angehörigen von Kindern (z. B. kein Gespräch alleine führen, Datenschutz beachten)
- Übersicht über alle Einrichtungsräume
- Verhaltensregeln (z. B. Freundlichkeit, gepflegtes Erscheinungsbild, Pünktlichkeit, Verhalten im Krankheitsfall)
- Jahresplanung mit allen Festen und Aktivitäten
- Konzept der Einrichtung
- Terminvereinbarungen (z. B. Wann und mit wem kann die Praktikantin reflektieren und planen?)
- Sicherheitsinfos (z. B. Wo sind die Feuerlöscher? Wo ist der Sicherungskasten? Wo findet man den Erste-Hilfe-Schrank?)
- Regelungen in Krankheitsfällen, Urlaubs- und Dienstplangestaltung
- eigene Aufgaben (mit der Anleiterin absprechen)

Gruppe → S. 364

ZUM WEITERDENKEN Legen Sie sich ein Praktikumsbuch mit Kalender zu. Dort können Sie alle Termine und wichtigen Informationen eintragen, auch bereits bekannte Schultermine (z. B. Abgabetermine von Hausarbeiten und anderen Aufgaben). Ebenfalls sollten Sie hier zu erledigende Aufgaben und Absprachen mit Ihrer Anleitung eintragen. Dies erleichtert Ihnen den Überblick und hilft Ihnen bei der Bewältigung der Aufgaben im Praktikum.

2.3 Gespräche im Praktikum führen

BEISPIEL Anna-Lena absolviert ihr Praktikum in der Kita „Bullerbü". Sie ist nun schon vier Wochen dort und hat den Tagesablauf recht gut kennengelernt. Mit viel Engagement hat sie schnell Kontakte zu den Kindern Kontakte geknüpft und sich in den Tagesablauf integriert.

Ihre Anleiterin ist begeistert, wie schnell Anna-Lena sich im Praktikum eingelebt hat. Umso erstaunter ist sie, dass Anna-Lena die hauswirtschaftlichen Tätigkeiten übersieht, die täglich vor allem um die Essenzeiten anfallen. Die Anleiterin hat Anna-Lena schon mehrfach während der Essensphase angesprochen und auf diese Tätigkeiten aufmerksam gemacht. Anna-Lena war jedoch in dieser Phase mit den Kindern beschäftigt, die müde wirkten, und war dadurch abgelenkt.

Dieses Beispiel zeigt, dass Gespräche zur Vermittlung von Informationen einen Rahmen benötigen. Nur so hat die Praktikantin die Chance, die Informationen aufzunehmen. Ein solches Gespräch sollte in ungestörter Atmosphäre in einem separaten Raum stattfinden. Hier wird deutlich, dass es im Rahmen des Praktikums unterschiedliche **Gesprächsformen** gibt.

Im Beispiel wird deutlich, dass ein Anleitungsgespräch in dieser Situation sicher hilfreich ist. In dem Gespräch kann die Anleiterin mit Anna-Lena über das beobachtete Verhalten sprechen.

Tür-und-Angel-Gespräch	Dieses Gespräch erfolgt, um kurze Absprachen zu treffen.
Anleitungsgespräch	Das Gespräch findet regelmäßig und geplant zwischen Praxisanleiterin und Praktikantin statt.
Beratungsgespräch	Das Gespräch findet statt, wenn die Praktikantin unsicher in ihrer Berufswahl ist.
Konfliktgespräch	Das Gespräch findet statt, wenn Konflikte zwischen Kollegen und Praktikanten entstehen.

Tab. 2.8 Unterschiedliche Gesprächsformen

Abb. 2.9 Anleitungsgespräch

2.3.1 Anleitungsgespräche

Zielfördernde **Anleitungsgespräche** sollen dazu dienen, die praktische Ausbildung lernwirksam umzusetzen. Hierfür ist ein eigener Rahmen notwendig, der die folgenden Gesichtspunkte erfüllt:

- Die Gespräche sollten regelmäßig stattfinden.
- Sie sollten zeitlich im Voraus geplant werden.
- Die Dauer des Gesprächs wird zuvor festgelegt.
- Die Beteiligten werden festgelegt: Anleiterin (oder Vertreterin) und Praktikantin.
- Die Inhalte werden von den Beteiligten bestimmt.
- Positive und gelingende Aspekte werden benannt.
- Lernaufgaben werden auf Karteikarten festgehalten und thematisiert.
- Ergebnisse und Absprachen werden protokolliert.
- Lernaufgaben werden formuliert und ins Praktikumsbuch geschrieben.
- Ein Praktikumsbuch (oder Praktikumsjournal) wird geführt. Die Inhalte werden regelmäßig besprochen und im Entwicklungsprozess überprüft.
- Abschließend erfolgt immer ein ›Feedback‹ zum Gespräch.
- Am Ende des Gesprächs fassen Praktikantin und Anleiterin noch einmal zusammen, welche Erkenntnisse sie aus dem Gespräch mitnehmen und wie sie die Gesprächsatmosphäre erlebt haben (Feedback).

Feedback → S. 204

Bei allen Gesprächen, die im Verlaufe des Praktikums geführt werden, sind Fachkenntnisse zum Thema ›Kommunikation‹ sehr hilfreich.

Kommunikation → S. 188

2.3.2 Mit Problemen umgehen

In zwischenmenschlichen Beziehungen kommt es in privaten und beruflichen Kontexten trotz guter Fachkenntnisse über Kommunikation und den Umgang mit Konflikten zu Problemen. Diese ›Konflikte‹ oder Probleme können entstehen, wenn Menschen unterschiedliche Zielsetzungen und Bedürfnisse haben. Verschiedene Gründe können hierfür die Ursache sein.

Umgang mit Konflikten → S. 376

Sollten Probleme während Ihres Praktikums in der Praxisstelle auftreten, ist es sinnvoll, ein **aktives Problemlöseverhalten** zu zeigen. Sprechen Sie den Konflikt an und verdrängen Sie ihn nicht. Hilfreich ist es, das Thema mit sogenannten ›**Ich-Botschaften**‹ anzusprechen.

Ich-Botschaft → S. 201

Abb. 2.10 Sprechen Sie Probleme offen und sachlich an.

> **BEISPIEL** Die Frühstückzeit in der Bärengruppe ist beendet. Kai Johansen, der Praktikant in der Gruppe, bleibt am Tisch sitzen, da ein Kind noch nicht aufgegessen hat. Alle anderen Kinder haben ihre Teller bereits abgeräumt und den Tisch gesäubert. Der Anleiter Paul Gothe fordert Kai ungehalten auf, zu den Kindern in den Waschraum zu gehen, damit sie diesen nicht unter Wasser setzen. Am frühen Nachmittag ist es ruhiger in der Gruppe geworden. Kai beschäftigt die Situation am Morgen noch. Er spricht seinen Anleiter an. „Herr Gothe, ich würde Sie gerne noch mal wegen der Situation heute Morgen nach dem Frühstück sprechen. Wann passt es für Sie?"

Hilfreich ist es, in einer solchen Situation eine **sachliche Grundhaltung** einzunehmen. Gehen Sie auf die Inhalte des Konflikts ein und lassen Sie sich nicht von Gefühlen lenken. Wenn Sie sich bemühen, aktiv zuzuhören, können Sie möglicherweise schnell eine Problemlösung erzielen.

2.4 Reflexion als sozialpädagogische Handlung

Für jede pädagogische Fachkraft gehört Reflexion zum beruflichen Alltag. Das bedeutet die gezielte und systematische (geordnete) Auseinandersetzung mit offenen Fragestellungen, dem eigenen pädagogischen Handeln und Problemsituationen. Vor allem das eigene pädagogische Handeln sollte regelmäßig hinterfragt und überprüft werden. Im Alltag gibt es immer wieder Situationen, die es erforderlich machen, dass sich die Kinderpflegerin mit der eigenen Person und ›Biografie‹ auseinandersetzt.

Biografiearbeit → S. 24

> **BEISPIEL** Die Praktikantin Natascha Seelig hat ihre eigene Kindheit in der stationären Jugendhilfe und bei Pflegefamilien verbracht. Während dieser Zeit hat sie keine unangenehmen Erfahrungen gemacht. In allen Betreuungssituationen gab es feste und klare Strukturen. Diese Erfahrungen haben sie geprägt. Oft hat sie es sich lockerer gewünscht. Natascha Seelig hat bewusst den Beruf der Kinderpflegerin ergriffen. Sie möchte es anders machen, als sie selbst es erfahren hat. Das führt dazu, dass sie den Kindern viele Aufgaben abnimmt und ihnen viele Freiheiten lässt. Ihre Anleiterin Rebecca Kutsch macht sie schließlich darauf aufmerksam und weist darauf hin, dass Kinder durch die Übernahme von Verantwortung Selbstbewusstsein entwickeln. Natascha Seelig nimmt diese Hinweise ernst und beginnt, darüber nachzudenken.

Die Praktikantin in diesem Beispiel öffnet sich für das ›Feedback‹ und denkt darüber nach. Dadurch kann sie die Situation reflektieren.

Feedback → S. 204

Eine Reflexion ist zu unterschiedlichen Zeiten möglich:
- zur Vorbereitung auf eine Situation
- in der Situation
- im Anschluss an eine Situation im Rückblick darauf

Eine Reflexion kann alleine oder zusammen mit Kollegen oder Praxisanleitern durchgeführt werden. Findet eine Reflexion zwischen Praktikantin und Anleiterin statt, sollte dafür entsprechend Zeit eingeplant werden. Die Möglichkeit, über das berufliche Handeln nachzudenken, sollte konstruktiv (gewinnbringend) genutzt werden.

Abb. 2.11 Reflexionsgespräch im Team

In einem Reflexionsgespräch kann die eigene Wahrnehmung bezüglich eines Kindes oder der Gruppe überprüft werden: Entspricht das Verhalten eines Kindes seinem Entwicklungsstand? Zeigt das Kind herausforderndes Verhalten in der Gruppe?
Auch pädagogisches Handeln und Bewertungen können hinterfragt werden. Wirkt z. B. ein vierjähriges Kind von der Größe her wie ein fünfjähriges Kind, wird vielleicht eher das bewertet, was es noch nicht kann, als das, was es schon kann.

Erziehungsziele → S. 222

Die formulierten ›**Erziehungsziele**‹ einer Einrichtung können ebenfalls überprüft werden. So kann Selbstständigkeit ein Ziel sein, während eine pädagogische Fachkraft den Kindern vieles abnimmt. Schließlich können das eigene pädagogische Handeln und die damit verbundenen Erziehungsziele mit den Vorgaben von Träger und Leitung überprüft werden.

Werte und Normen → S. 217

Die Reflexion ermöglicht es der pädagogischen Fachkraft, sich die eigenen ›Werte‹ bewusst zu machen und diese mit dem pädagogischen Handeln in Beziehung zu setzen.
Folgende Fragen können eine Reflexion strukturieren (gliedern):

- Wie werden die Kinder mit ihren Interessen und Bedürfnissen wahrgenommen?
- Ist ein Angebot auf der Grundlage der Interessen und Bedürfnisse der Kinder gewählt?
- Werden die Kinder in die Planung einbezogen?
- Sind die Aktivitäten passend gewählt?
- Ist Flexibilität möglich, wenn es die Situation erfordert?
- Werden die angestrebten Ziele erreicht?
- Woran wird das deutlich?
- Wenn nicht – woran könnte es gelegen haben?
- Wie wird rückblickend die Zielsetzung gesehen?
- War der zeitliche Umfang angemessen?

Abb. 2.12 Persönliche Reflexion

2.5 Rechte und Pflichten im Praktikum

2.5.1 Rechte der Praktikantin

Die Praktikantin ist verpflichtet, einen ›**Praktikumsvertrag**‹ abzuschließen. Durch einen solchen Vertrag werden die Rechte der Praktikanten bestimmt. Da Praktikanten in der Kinderpflege in der Regel noch minderjährig sind, werden die Bestimmungen des Jugendarbeitsschutzgesetzes (JArbSchG) angewendet. Dort sind unter anderem folgende Aspekte geregelt: Arbeitszeit, Ruhepausen, Urlaub und Arbeitsbefreiung für schulische Belange. Arbeitende Jugendliche sollen so vor Überlastung im Arbeitsalltag geschützt werden. Der Praktikumsvertrag regelt auch die Versicherung der Praktikantin.

Der Träger der Einrichtung, in der Sie Ihr Praktikum absolvieren, übernimmt die Verpflichtung, Ihre Ausbildung unter fachgerechter Anleitung und angemessenen Bedingungen zu sichern.

Arbeitsvertrag → S. 45

2.5.2 Pflichten der Praktikantin

Mit dem Vertrag geht die Praktikantin auch Verpflichtungen ein. Zum Beispiel verpflichtet sie sich, dem Arbeitgeber zeitnah Erkrankungen mitzuteilen. Dabei hat das Praktikum den gleichen Stellenwert wie Unterricht in der Berufsschule. Auch während des Praktikums sind also die Aufgaben, die von der Schule gestellt werden, zu erledigen.

In der Ausbildung zum Kinderpfleger oder zur Kinderpflegerin verpflichten sich die Praktikanten zum Datenschutz der Zielgruppen, indem sie der ›**Schweigepflicht**‹ schriftlich oder mündlich zustimmen. Dies ist sehr wichtig, da in der Kindertagesbetreuung persönliche Informationen über Daten von Eltern, Kindern und Jugendlichen Grundlage für eine qualifizierte pädagogische Arbeit sind.

Auf der Homepage des Bundesministeriums für Arbeit und Soziales finden Sie mehr Informationen zu allen arbeitsrechtlichen Belangen:
www.bmas.de

> Sozialdaten sind sensible Daten und dürfen nur zum Zwecke der pädagogischen Arbeit genutzt werden!

Es dürfen also keine Namen und andere Informationen an Dritte außerhalb des Teams weitergegeben werden. Auch nicht in lockeren Gesprächen. Die Nichteinhaltung der Schweigepflicht ist eine Straftat nach § 203 StGB (Strafgesetzbuch).

Schweigepflicht → S. 46

Warum muss ich das für meinen Beruf wissen?

Um Ihren Beruf gewissenhaft zu erlernen, ist es wichtig, dass Sie wissen, welche Rolle Sie im Praktikum einnehmen. Hierzu gehört auch, sich darüber zu informieren, welche Erwartungen und Aufgaben mit dieser Rolle verbunden werden.

In Ihrem Beruf führen Sie viele Gespräche. Deshalb ist es erforderlich, unterschiedliche Gesprächsformen und -regeln zu kennen und anzuwenden. Das Praktikum ist eine gute Gelegenheit, diese unterschiedlichen Formen der ›Kommunikation‹ einzuüben. Als Praktikantin haben Sie bereits Rechte und Pflichten wie später auch als angestellte Arbeitnehmerin. Es ist wichtig, dass Sie diese kennen, um in der praktischen Arbeit Sicherheit zu gewinnen.

Kommunikation → S. 188

3 GRUNDLAGEN PROFESSIONELLEN ARBEITENS

28. November

- 10:50 — Was muss ich und was darf ich eigentlich im Beruf? Und wer sagt mir das?
- 11:05 — Haben Kinder auch Rechte?
- 11:16 — Woher weiß ich später, ob ich gute Arbeit leiste? Wer bewertet das?
- 11:23 — Kann ich Kleinkindern überhaupt schon „Bildung" vermitteln? Warum ist das wichtig?

Das Berufsleben unterscheidet sich stark von Ihrer Schulzeit oder einer ehrenamtlichen Tätigkeit, z. B. in einem Verein. Es ist geprägt durch rechtliche und organisatorische Rahmenbedingungen wie etwa die Arbeitszeit. Auch der Arbeitgeber hat bestimmte Ansprüche an seine Mitarbeiter. Die Ausbildung zur Kinderpflegerin oder zum Kinderpfleger soll Ihnen daher nicht nur das notwendige Fachwissen vermitteln, sondern Sie auch grundsätzlich auf das Berufsleben vorbereiten. In diesem Zusammenhang lernen Sie die Grundlagen ›professionellen‹ Arbeitens kennen.

professionell

von einem Fachmann ausgeführt
lat. profiteri: sich öffentlich zu einem Fach, Beruf bekennen

3.1 Rechtliche Grundlagen

Die Ausbildung zur Kinderpflegerin und die spätere berufliche Tätigkeit sind durch einen rechtlichen Rahmen geregelt. Dieser wird in verschiedenen Gesetzen, Lehrplänen und Rahmenvereinbarungen festgelegt.

Abb. 3.1 Die Ausbildung findet im Klassenverband statt und wird durch Praktika ergänzt.

3.1.1 Rechtlicher Rahmen der Ausbildung

Die Ausbildung zum Kinderpfleger oder zur Kinderpflegerin findet an staatlichen Berufsfachschulen, Berufskollegs und anderen privaten Bildungseinrichtungen statt. Sie dauert zwei bis drei Jahre. Jedes Bundesland legt die Ausbildungsinhalte in eigenen Lehrplänen fest. Grundsätzlich ist die Ausbildung an Berufsfachschulen bundesweit durch eine Rahmenvereinbarung der Kultusministerkonferenz aus dem Jahr 2013 geregelt.

> Die Berufsfachschulen haben das Ziel, Schülern und Schülerinnen Grundlagen für den Erwerb beruflicher ›Handlungsfähigkeit‹ zu vermitteln und zu vertiefen, ihnen berufliche Grundqualifikationen für einen oder mehrere anerkannte Ausbildungsberufe zu vermitteln oder sie zu einem Berufsausbildungsabschluss in einem Beruf zu führen. Sie erweitern die vorher erworbene allgemeine Bildung und können einen darüber hinausgehenden Schulabschluss vermitteln.
>
> Kultusministerkonferenz: Rahmenvereinbarung über die Berufsfachschulen. www.kmk.org/fileadmin/veroeffentlichungen_beschluesse/2013/2013_10_17-RV-Berufsfachschulen.pdf. 21.11.2014

Erzieherisches Handeln → S. 274

Die Auszubildenden gehen in Vollzeit in die Schule, zusätzlich absolvieren (leisten) sie mehrere Praktika von unterschiedlicher Länge. Die Ausbildung unterscheidet sich also deutlich von einer dualen (zweigliedrigen) Ausbildung wie z. B. in der Bank oder im Einzelhandel. Dort wird hauptsächlich im Betrieb gelernt und die Berufsschule wird zusätzlich besucht.

Die Ausbildung in der ›Kinderpflege‹ wird mit einer schriftlichen, einer praktischen und einer mündlichen Prüfung abgeschlossen.

3.1.2 Arbeits- und tarifrechtliche Grundlagen

Wenn Sie als Kinderpflegerin oder Kinderpfleger arbeiten, unterschreiben Sie einen **Arbeitsvertrag**. Dieser kann frei gestaltet werden, solange die gesetzlichen Vorgaben Berücksichtigung finden. Es gibt eine Vielzahl von Gesetzen und Vorgaben, die das Verhältnis zwischen Arbeitnehmern und Arbeitgebern regeln.

Kinderpfleger
heißen
in Österreich „Kindergartenassistent"
auf Englisch „Nursery Assistant"
auf Französisch „Puériculteur/Puéricultrice"

- Grundgesetz (GG)
- Betriebsverfassungsgesetz (BetrVG)
- Personalvertretungsgesetz (PersVG)
- Kündigungsschutzgesetz (KschG)
- Betriebsvereinbarungen
- Bundesurlaubsgesetz (BUrlG)
- Entgeltfortzahlungsgesetz (EntgFG)
- Tarifverträge
- Arbeitszeitgesetz (ArbZG)
- Gesetze und Verordnungen zum Arbeits- und Gesundheitsschutz

> Arbeitnehmer sind angestellt und erhalten eine Lohnzahlung. Arbeitgeber stellen ein und zahlen einen Lohn. Zwischen beiden besteht ein Arbeitsverhältnis.

In der Regel enthält ein Arbeitsvertrag Angaben über den Beginn des Arbeitsverhältnisses (bei befristeten Verträgen auch über das Ende), die Arbeitszeit, den Urlaubsanspruch, die Vergütung (also den Lohn und mögliche Sonderzahlungen wie Weihnachts- oder Urlaubsgeld) sowie die Dauer der Probezeit. Natürlich wird auch der Inhalt der Arbeitstätigkeit festgelegt. Dabei ist es von Vorteil, wenn eine ausführliche Tätigkeitsbeschreibung vorliegt, die die Aufgaben der Arbeitnehmerin oder des Arbeitnehmers klar regelt. Auch eine Kündigungsfrist wird festgelegt.

Arbeitnehmer und Arbeitgeber haben unterschiedliche **Rechte und Pflichten.**

Der Arbeitgeber muss	Der Arbeitnehmer muss
<ul><li>ein Gehalt zahlen,</li><li>den Arbeitnehmer beschäftigen,</li><li>Arbeitnehmer, die die gleichen Tätigkeiten ausführen, auch gleich behandeln,</li><li>die Gesundheit der Arbeitnehmer schützen,</li><li>nach dem Ende des Arbeitsverhältnisses ein Zeugnis ausstellen.</li></ul>	<ul><li>eine Arbeitsleistung erbringen,</li><li>pünktlich sein,</li><li>sorgfältig arbeiten,</li><li>Arbeitsanweisungen befolgen,</li><li>Betriebsgeheimnisse bewahren.</li></ul>

Für Praktikums- und Ausbildungsverträge gibt es zusätzlich noch besondere Regelungen.

Viele Arbeitsverhältnisse – gerade im sozialen Bereich – sind heute befristet oder nur in Teilzeit möglich. Auch hierfür gibt es gesetzliche Regelungen, die das Teilzeit- und Befristungsgesetz (TzBfG) festlegt. Unbefristete Arbeitsverhältnisse müssen schriftlich gekündigt oder durch einen Auflösungsvertrag aufgehoben werden.

3.1.3 Rechtlicher Rahmen der pädagogischen Arbeit

Schweigepflicht und Datenschutz

> **BEISPIEL** Kinderpfleger Murat arbeitet in der Kita „Kleine Hände". Hier lernt er **Lena (3;4)** kennen. Lena lebt bei ihrem Vater. Im Laufe der Zeit bekommt Murat mit, dass Lenas Vater schon seit Längerem arbeitslos ist. Von Lenas Mutter lebt der Vater getrennt. Er hat aber eine neue Lebensgefährtin, die auch zwei Kinder hat.

Wenn Sie als Kinderpflegerin oder Kinderpfleger arbeiten, erfahren Sie viel über die Kinder, aber auch über die Eltern und das weitere Umfeld der Kinder. Außerdem werden bei der Anmeldung des Kindes in einer Kita seine Daten und die seiner Eltern erhoben. Grundsätzlich sind Sie als pädagogische Fachkraft in einer Einrichtung dazu verpflichtet, solche Informationen vertraulich zu behandeln.

> Die Schweigepflicht verbietet es, Privatgeheimnisse, von denen Sie in Ausübung Ihres Berufes erfahren, weiterzuerzählen.

Ist das Kindeswohl gefährdet, ist diese gesetzliche Schweigepflicht aufgehoben.

> Auch die sozialen Daten eines Menschen wie etwa sein Einkommen sind besonders geschützt. Dies wird als Sozialgeheimnis bezeichnet.

Aufsichtspflicht

> **BEISPIEL** In der Kindertagesstätte „Zum Sonnenschein" findet einmal in der Woche ein Waldtag statt. Nach einem Sturm am Wochenende wird dieser Tag vorsichtshalber abgesagt. Die Kinder spielen stattdessen im Außengelände der Kita. Kinderpflegerin Larissa schaut in kurzen Abständen nach dem Rechten. Als **Luis (2;0)** und **Klara (2;8)** beim Streit um eine Schaufel anfangen sich zu hauen und zu schubsen, greift Larissa sofort ein und trennt die beiden. Beim Abholen am Nachmittag erinnert sie die Eltern daran, dass das Tor zum Gelände der Einrichtung stets geschlossen bleiben muss.

Eltern sind dazu verpflichtet, ihre minderjährigen Kinder zu beaufsichtigen. Wenn sie ihr Kind in eine Einrichtung geben, unterzeichnen sie einen Betreuungsvertrag. Damit übertragen sie die Aufsichtspflicht an die Einrichtung. In Kindertageseinrichtungen gilt dies von der Übergabe am Morgen bis zur Abholung durch die Eltern. Aufsichtspflicht bedeutet dabei nicht, alle Gefahrenquellen von den Kindern fernzuhalten. Vielmehr sollen die Kinder unter Aufsicht umsichtiges und verantwortungsvolles Handeln lernen. Was dies in der Praxis genau bedeutet ist immer vom Einzelfall abhängig. Im Allgemeinen können aber folgende **Pflichten zur Aufsichtsführung** beschrieben werden:

Abb. 3.2 Kinder müssen sich motorisch ausprobieren dürfen, die Aufsichtsperson muss mögliche Gefahren individuell einschätzen.

Informationspflicht	Sich und andere über Gefahrenquellen und den Umgang damit informieren.
Beseitigung von Gefahrenquellen	Nicht alle Gefahrenquellen lassen sich beseitigen. Deshalb ist es wichtig, sicherzustellen, dass sie beherrschbar sind. Dazu muss man die Kinder und die Situation individuell einschätzen.
Belehrungspflicht	Verhaltensregeln festlegen, Ge- und Verbote aussprechen.
Pflicht zur Aufsichtsführung	Situationsabhängig überwachen.
Pflicht zum Eingreifen	Bei konkreter Gefahr eingreifen, manchmal bereits im Vorfeld.

3.1.4 Weitere rechtliche Rahmenbedingungen

Die pädagogische Arbeit ist durch einen weit gefassten rechtlichen Rahmen gekennzeichnet. Das heißt, wie mit Kindern umgegangen werden sollte, ist nur ganz allgemein geregelt. Wie diese Regelungen dann im Einzelfall verstanden und umgesetzt werden, kann dagegen nicht festgeschrieben werden.

Das Grundgesetz
Grundsätzlich gilt, dass Kinder Rechte haben. Damit diese Rechte geschützt und umgesetzt werden, sind Kinder auf ihre Eltern bzw. auf den Staat angewiesen.

> *Pflege und Erziehung der Kinder sind das natürliche Recht der Eltern und die zuvörderst ihnen obliegende Pflicht. Über ihre Betätigung wacht die staatliche Gemeinschaft.*
> Parlamentarischer Rat: Grundgesetz für die Bundesrepublik Deutschland, Artikel 6, Absatz 2, www.bundestag.de/grundgesetz. 27.12.2014

Wenn Sie als Kinderpfleger in einer Kindertagesstätte arbeiten, werden für die Zeit der Anwesenheit der Kinder in der Einrichtung die Rechte und Pflichten der Eltern auf Sie übertragen.

Vereinte Nationen
engl. United Nations (UN)

UN-Kinderrechtskonvention

1989 wurde von den ›Vereinten Nationen‹ das „Übereinkommen über die Rechte des Kindes" verabschiedet. Diese Konvention wurde auch von der Bundesrepublik Deutschland ratifiziert (anerkannt). Die Konvention kann in zehn Grundrechten zusammengefasst werden:

1. Recht auf Gleichbehandlung und Schutz vor Diskriminierung, unabhängig von Religion, Herkunft und Geschlecht
2. Recht auf einen Namen und eine Staatszugehörigkeit
3. Recht auf Gesundheit
4. Recht auf Bildung und Ausbildung
5. Recht auf Freizeit, Spiel und Erholung
6. Recht, sich zu informieren, sich mitzuteilen, gehört zu werden und sich zu versammeln
7. Recht auf eine Privatsphäre und eine gewaltfreie Erziehung im Sinne der Gleichberechtigung und des Friedens
8. Recht auf sofortige Hilfe in Katastrophen und Notlagen und auf Schutz vor Grausamkeit, Vernachlässigung, Ausnutzung und Verfolgung
9. Recht auf eine Familie, elterliche Fürsorge und ein sicheres Zuhause
10. Recht auf Betreuung bei Behinderung

3.2 Pädagogische Grundlagen

Pädagogik
griech. Paidagogía: Erziehung, Unterweisung

Wie mit Kindern umgegangen werden soll, ist eine der spannenden Grundfragen in der ›Pädagogik‹. Vor 50, 100 oder 200 Jahren hätte man auf diese Frage sicherlich ganz unterschiedliche Antworten bekommen. In den letzten zwei Jahrzehnten hat sich in der Bundesrepublik Deutschland – zumindest in den Fachkreisen – zunehmend ein neues, modernes Bild vom Kind durchgesetzt. Diese Vorstellung bildet die pädagogische Grundlage für alle weiteren Überlegungen in diesem Lehrwerk.

3.2.1 Das Kind als kompetenten Partner sehen

Kompetenz
lat. competere: zu etwas fähig sein

Kinder werden heute als „›kompetente‹ Kinder" angesehen, die gemeinsam mit den Erwachsenen ihre Erziehung und Bildung selbst gestalten. Vor diesem Hintergrund sind sie als Partner voll zu akzeptieren und zu respektieren. Für die Arbeit mit Kindern bedeutet dies, sie angemessen zu beteiligen: Sie haben Rechte, aber auch Pflichten, und sollen im Rahmen ihrer Möglichkeiten Verantwortung übernehmen.
Pädagogische Ziele sollten sein, die **Autonomie** (Selbstständigkeit) der Kinder zu fördern und sie zu sozialer **Mitverantwortung** zu erziehen. Dafür werden ihnen größtmögliche Freiräume zur Verfügung gestellt. Gleichzeitig wird aber auch sichergestellt, dass sie lernen und über die Konsequenzen ihres eigenen Handelns nachdenken können.

Abb. 3.3 Ältere Kinder haben oft Freude daran, die Kleineren zu unterstützen.

Die Kinder sollen auch dazu befähigt werden, mit Belastungen und Veränderungen in ihrem Lebensumfeld umzugehen und diese erfolgreich zu bewältigen (›Resilienz‹).

Resilienz → S. 146

Im Bereich der vorschulischen Erziehung sollte das zentrale Anliegen sein, den Kindern **Methoden des Lernens** zu vermitteln. Es geht dann also darum, das Lernen selbst zu lernen und nicht nur Faktenwissen zu erwerben. Dabei sollte das Kind auf mehreren Ebenen angesprochen werden: sozial, geistig und emotional (auf der Gefühlsebene).

Zentral ist in der modernen Pädagogik außerdem der Gedanke der ›**Inklusion**‹. Damit ist gemeint, dass Unterschiede mit Blick auf das Geschlecht, die soziale Herkunft, die Religion und Lebensweise, individuelle Stärken und Schwächen (Behinderung) anerkannt werden sollen, aber nicht zu einer Benachteiligung führen dürfen. Alle Kinder müssen die gleichen Entwicklungsmöglichkeiten bekommen.

Inklusion → S. 260

Insbesondere im vorschulischen Bereich erfolgt das Lernen über die **sinnliche Wahrnehmung**, also durch ›Bewegung‹ und ›Spiel‹. Spielen und Lernen sind in dieser Entwicklungsphase eng miteinander verbunden, wie die zwei Seiten einer Medaille. Sogenanntes formalisiertes (schulisches) Lernen hat daher im Alter von null bis sechs Jahren (Elementarbereich) nach der Meinung vieler Fachleute nichts zu suchen.
Der Familien- und Bildungsforscher Wassilios Fthenakis schreibt dazu:

Bewegung → S. 590
Spiel → S. 496

> *Bildung im frühkindlichen Alter wird als sozialer Prozess definiert. Lernen findet in der Regel in einer konkreten sozialen Situation und in ›Interaktionen‹ mit Eltern, Fachkräften, anderen Kindern und Erwachsenen statt. Bildung in diesem Sinne verlangt eine aktive Beteiligung des Kindes, aber auch der Fachkräfte und Eltern am Bildungs- und Erziehungsgeschehen; sie findet im partnerschaftlichen Zusammenwirken aller Beteiligten statt.*
> Fthenakis, Wassilios: Grundsätze und Prinzipien der Erziehungs- und Bildungsarbeit mit Kindern unter sechs Jahren; Deutsche Liga für das Kind, Online-Ausgabe Frühe Kindheit 5/03, http://liga-kind.de/fruehe/503_fthenakis.php

Interaktion

aufeinander bezogenes Handeln

3.2.2 Bildungs-, Orientierungs- und Erziehungspläne

In vielen Bundesländern gibt es mittlerweile sogenannte Bildungs-, Orientierungs- oder Erziehungspläne. Diese wurden seit 2003 entwickelt, als die Bundesrepublik Deutschland bei internationalen Untersuchungen zum Bildungsstand von Schülerinnen und Schülern schlecht abschnitt.
In den ›Bildungsplänen‹ wird versucht, mehr oder weniger ausführlich zu beschreiben, was die Inhalte von „Bildung" in der Arbeit mit Kindern von null bis sechs Jahren sein sollen. Typischerweise werden dabei folgende Bereiche erwähnt:

- geschlechtsbewusste Erziehung
- Gesundheit, Körper und Bewegung
- interkulturelle Bildung
- Kreativität
- Sprach- und Leseförderung
- mathematische Grunderfahrung
- Musik und Tanz
- Natur und Umwelt
- Naturwissenschaft und Technik
- Religion und Ethik

Abb. 3.4 Der Pädagoge, Psychologe und Anthropologe Wassilios Fthenakis

Bildungspläne → S. 383

Eine Übersicht findet sich z. B. hier:

www.gew.de/Bildungsplaene.html

Allerdings unterscheiden sich die Pläne von Bundesland zu Bundesland sehr stark.

3.3 Qualität

Entwicklungspsychologie
→ S. 125

Die moderne ›entwicklungspsychologische‹ Forschung hat festgestellt, dass die Kinderbetreuung in Tageseinrichtungen einen großen Einfluss auf den späteren Lebensweg haben kann. Deswegen ist es sehr wichtig, dass Sie als Kinderpflegerin oder Kinderpfleger und alle anderen Mitarbeiter in so einer Einrichtung Ihre Arbeit besonders gut machen. Was bedeutet es aber, seine Arbeit gut zu machen? Und wie lässt sie sich überhaupt bewerten? Mittlerweile gibt es eine große Zahl von Programmen und Maßnahmen, die sich mit der ›Qualität‹, also der Güte der Arbeit im Bereich der frühkindlichen Einrichtungen, beschäftigen.

Qualität
lat. qualitas: Beschaffenheit, Merkmal, Eigenschaft

3.3.1 Qualität messen und verbessern

Qualität bedeutet, dass bestimmte fachliche Vorgaben (Standards) erfüllt sein müssen, damit die Arbeit eine hohe Güte hat.

BEISPIEL Herr Rieken bringt sein Auto mit klapperndem Auspuff in die Kfz-Werkstatt. Zwei Stunden später informiert ihn der Werkstattmeister, dass der Auspuff durchgerostet ist. Er erklärt dem Kunden, was die Reparatur kosten wird und wann er den Wagen zurückbekommen kann. Am nächsten Tag erhält Herr Rieken sein Auto zurück und bezahlt den Rechnungsbetrag. Zusätzlich hat die Werkstatt das Auto noch durch die Waschanlage gefahren.

Offensichtlich hat in unserem Beispiel die Werkstatt von Herrn Rieken bestimmte Standards, wie mit Kunden umzugehen ist, damit diese zufrieden sind. Im pädagogischen Bereich sind solche Vorgaben leider nicht so einfach zu definieren (festzulegen). Ein bekannter Versuch, dies zu tun, stammt von dem Psychologen und Erziehungswissenschaftler Wolfgang Tietze.

Abb. 3.5 Der Psychologe und Pädagoge Wolfgang Tietze

> Pädagogische Qualität ist in Kindertageseinrichtungen gegeben, wenn diese die Kinder körperlich, emotional, sozial und intellektuell fördert, ihrem Wohlbefinden sowie ihrer gegenwärtigen und zukünftigen Bildung dient und damit auch die Familien in ihrer Bildungs-, Betreuungs- und Erziehungsverantwortung unterstützt.

Tietze, Wolfgang/Viernicke, Susanne (Hrsg.)/Dittrich, Irene/Grenner, Katja u. a. (2012): Pädagogische Qualität in Tageseinrichtungen für Kinder. Ein nationaler Kriterienkatalog. Cornelsen, Berlin, S. 6

Soll es darum gehen, die Qualität zu verbessern, muss eine Einrichtung für sich zunächst einen solchen Idealzustand definieren. Häufig ist dieser **Qualitätsstandard** in der Konzeption der Einrichtung festgelegt. Er muss nun im nächsten Schritt mit der Realität verglichen werden. Dazu können z. B. Fragebögen an die Eltern verteilt oder Interviews durchgeführt werden. Es kann aber auch ein unabhängiger Beobachter von außen gebeten werden, sich die Arbeit in der Einrichtung anzusehen.

Die Ergebnisse dieser Untersuchungen werden dann mit dem Qualitätsstandard der Einrichtung verglichen. Gibt es keine oder zu wenig Übereinstimmung, müssen **Veränderungsprozesse** besprochen werden. Diese sollten genau geplant werden, damit für jeden Mitarbeiter nachvollziehbar ist, wie weit die Veränderungen bereits umgesetzt wurden. Schließlich beginnt der gesamte Prozess wieder von vorne – Qualitätsentwicklung lässt sich daher als ständig neu beginnender Kreislauf verstehen.

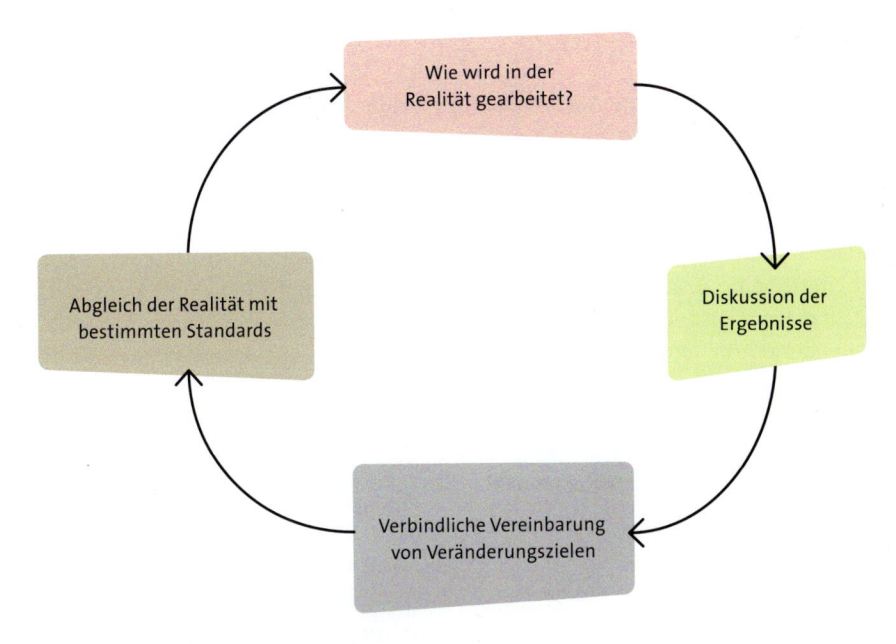

Abb. 3.6 Kreislauf der Qualitätsentwicklung

3.3.2 Verschiedene Aspekte von Qualität

Um den Begriff der Qualität in Kindertageseinrichtungen besser fassen zu können, kann man ihn in unterschiedliche Teile (Dimensionen) zerlegen.

Wolfgang Tietze nennt beispielsweise
- die Prozessqualität,
- die Strukturqualität,
- die Orientierungsqualität.

Die Prozessqualität bezieht sich dabei auf die eigentliche pädagogische Handlung, während sich die Strukturqualität auf die Gegebenheiten der Einrichtung bezieht. Die Orientierungsqualität schließlich bezieht sich auf das pädagogische Konzept.

> **BEISPIEL** Die Kinderpflegerin Susanne kann sich in ihrer Einrichtung regelmäßig fortbilden (Strukturqualität). In ihrer letzten Fortbildung hat sie viel über das Thema Sprachförderung gelernt. In ihrer Einrichtung wurde letztes Jahr die Konzeption überarbeitet. Dies fand während eines gemeinsamen Teamtages statt, sodass alle Mitarbeiter ihre Punkte einbringen konnten. Jetzt versuchen sie gemeinsam, das Konzept auch mit Leben zu füllen (Orientierungsqualität).
> Ein wichtiger Bestandteil des Konzepts ist das Ziel, die Eltern besser über Abläufe in der Einrichtung zu informieren. So werden jetzt aktuelle Nachrichten zum Mitnehmen an ein Brett gehängt (Prozessqualität).

Grundsätzlich sind für die Qualität in sozialpädagogischen Einrichtungen alle beteiligten Personen verantwortlich. Qualität kann nur gemeinsam verbessert werden. Größere Einrichtungen oder Träger haben für diese Prozesse häufig eigene Beauftragte, die das Qualitätsmanagement steuern.

3.4 Kooperationen

Als Kinderpflegerin arbeiten Sie sehr häufig in einem Team. Dies hat viele Vorteile, denn so müssen Sie Probleme nicht alleine bewältigen.

Kooperation
lat. cooperatio:
Zusammenwirkung

3.4.1 Mit anderen Fachleuten zusammenarbeiten

Arbeitsfelder → S. 27

Je nach ›Arbeitsfeld‹ kann so ein Team auch aus verwandten Berufsgruppen (Disziplinen) bestehen, z. B. aus Therapeuten, Heilpädagogen, Logopäden oder Ergotherapeuten. In diesem Zusammenhang spricht man auch von interdisziplinärem (fächerübergreifendem) Arbeiten oder multiprofessionellen Teams.

Erziehungsberatungsstelle — Ehe- und Familienberatungsstelle — Sozialberatungsstelle — **Frühförderstelle**

Psychosoziale Beratungsstelle — Familienbildungsstätte

Kinder- und Jugendlichenpsychotherapeuten — (Kinder-)Ärzte

Schuldnerberatungsstelle — **Kinder Kindertageseinrichtung Eltern** — Logopäden

Gesundheitsamt — Ergotherapeuten

Jugendamt — Sozialamt — Schulvorbereitende Einrichtung — **Mobiler sonderpädagogischer Dienst**

Selbsthilfegruppen — Heilpädagogische Tagesstätte

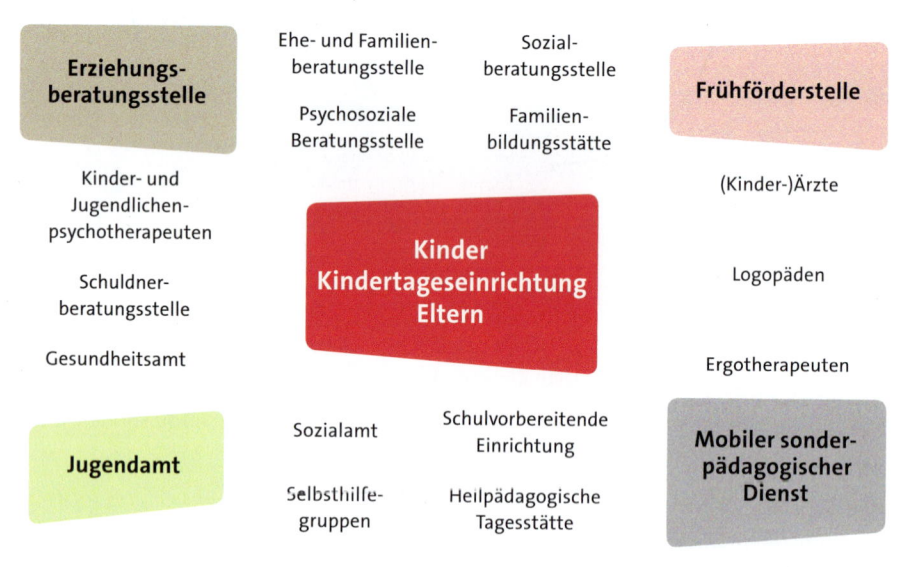

Abb. 3.7 Möglichkeit der Vernetzung einer Kindertageseinrichtung mit externen Institutionen (aus Textor, Martin (2004): Verhaltensauffällige Kinder fördern. Cornelsen Scriptor, Berlin)

Kommunikation → S. 188

In einem multiprofessionellen Team zu arbeiten verlangt von allen Beteiligten eine hohe ›Kommunikationsbereitschaft‹ und Respekt vor anderen Fachdisziplinen. Bei größeren Trägern gibt es häufig eine Vielzahl an Fachdiensten, die die Arbeit des Trägers unterstützen.

3.4.2 Mit den Eltern zusammenarbeiten

Bildungs- und Erziehungspartnerschaften → S. 392

Die Zusammenarbeit der sozialpädagogischen Fachkräfte mit den ›Eltern‹ oder weiteren Bezugspersonen der Kinder wird heute als wichtiger Bestandteil des professionellen Arbeitens angesehen. Dabei sollte angestrebt werden, dass sich alle Beteiligten gegenseitig **informieren** und regelmäßig **austauschen**. Hierfür gibt es je nach Einrichtung unterschiedliche Gestaltungsmöglichkeiten:

- **Aufnahmegespräche** als erster Kontakt zwischen Fachkraft, Kind und Eltern
- **Informationsgespräche** oder unterschiedliche Informationsangebote wie z. B. Elternabende
- **Entwicklungsgespräche**, bei denen mit den Eltern die individuelle Situation und der aktuelle Entwicklungsstand des Kindes in den Blick genommen wird
- **Hilfeplangespräche** als besondere Form in der Kinder- und Jugendhilfe
- **Beratungsgespräche** mit den Eltern, z. B. in Fragen der Erziehung

Die Eltern können auch durch unterschiedliche Aktivitäten in die Arbeit einer Kindertagesstätte mit einbezogen werden. Das können Feste, Projekte oder gemeinsame Wochenendfreizeiten sein.

3.4.3 Sich im Sozialraum vernetzen

> Als Sozialraum wird in der Pädagogik der Ort bezeichnet, an dem der Einzelne oder eine Gruppe lebt: etwa ein Stadtteil, ein Dorf oder eine Straße.

Abb. 3.8 Ein typischer Sozialraum: Marktplatz mit Kirche und Bürgerhäusern

Häufig bemühen sich pädagogische Einrichtungen darum, sich im Sozialraum miteinander zu vernetzen. So kooperieren beispielsweise Kitas miteinander, wenn es darum geht, eine bestimmte Anzahl an Plätzen zur Verfügung zu stellen. Anderswo arbeiten Grundschulen mit Kitas zusammen oder Kitas mit Vereinen in ihrer Nähe, z. B. mit Musikschulen oder Sportvereinen.

Eine gute Vernetzung kann folgende Vorteile bringen:
- Der Austausch von Informationen wird erleichtert.
- Der Koordinationsaufwand für den Einzelnen wird geringer.
- Die Zusammenarbeit der unterschiedlichen Beteiligten wird verbessert.

Warum muss ich das für meinen Beruf wissen?

In diesem Kapitel haben Sie gelernt, was es bedeutet, professionell als Kinderpflegerin oder Kinderpfleger zu arbeiten. Sie sind eine Fachkraft auf Ihrem Gebiet, wenn Sie wissen,
- auf welcher rechtlichen Grundlage Sie tätig werden (dies gilt insbesondere auch für den rechtlichen Rahmen ihrer pädagogischen Arbeit),
- welche pädagogischen „Basics" jenseits der genauen Fachinhalte es gibt,
- was es bedeutet, die Qualität Ihrer Arbeit immer weiter zu verbessern,
- wenn Ihnen klar wird, dass Sie sich innerhalb und außerhalb Ihrer Einrichtung in einem Netzwerk verschiedenster Berufsgruppen, Organisationen und Partner bewegen.

Grundlagen der Psychologie

1

S. 56–71

Wahrnehmen und Beobachten

Wahrnehmung als alltägliches Handeln erleben

Fachliche Beobachtung als Grundlage der pädagogischen Arbeit einordnen

Beobachtungen planen und dokumentieren

Beobachtungsergebnisse praktisch umsetzen

2

S. 72–85

Motivation als Ursprung menschliches Handelns

Die Bedeutung der Motivation für die pädagogische Arbeit begreifen

Sich einen Überblick über die Bedürfnisse von Kindern verschaffen

Motivationstheorien kennenlernen

Pädagogische Konsequenzen aus dem Wissen zu Motivation ziehen

3

S. 86–109

Lernen: Kindliche Lernwege verstehen

Modelle zur Erklärung des Lernens kennenlernen

Lernprozesse bei Kindern begleiten

Neuen Wissenserwerb bei Kindern anbahnen

4

S. 110–187

Die kindliche Entwicklung von 0 bis 10 Jahren

Sich über Grundlagen der menschlichen Entwicklung einen Überblick verschaffen

Bindung als Voraussetzung für Entwicklung einordnen

Übergänge als wichtige Entwicklungsphasen begreifen

Sich Wissen über verschiedene Entwicklungsbereiche aneignen

5

S. 188–207

Sich verständigen: Kommunikation und Interaktion

Mit Kommunikation Beziehungen gestalten

Verschiedene Kommunikationsmodelle kennenlernen

Mit Schwierigkeiten in der Kommunikation umgehen

Mit verschiedenen Zielgruppen sprechen

1 WAHRNEHMEN UND BEOBACHTEN

> **28. September**
>
> **11:15** Ich würde lieber mit den Kindern spielen. Warum soll ich sie nur beobachten?
>
> **11:32** Wie kann ich wissen, ob die Kinder sich ihrem Alter entsprechend verhalten?
>
> **11:41** Und was mache ich dann mit meiner Beobachtung?

1.1 Wahrnehmen als alltägliches Handeln

Wahrnehmen ist etwas Alltägliches. Wir gehen durch die Welt und nehmen diese wahr. Auf diese Weise erschließen wir sie uns. Wir nehmen wahr, was uns umgibt (z. B. die Temperatur im Raum oder die Lichtverhältnisse), und nicht zuletzt die Menschen in unserem näheren und weiteren Umfeld (z. B. ihre Gestalt, ihren Geruch oder ihre Stimme). Wahrnehmungsprozesse sind immer subjektive, also individuell bestimmte Vorgänge. Sie werden z. B. von eigenen früher gemachten Erfahrungen, Interessen und Fähigkeiten beeinflusst. Jeder Mensch ›konstruiert‹ also seine eigene persönliche Wahrnehmung. Deshalb ist es in der pädagogischen Arbeit wichtig, sich im Team über die eigenen Wahrnehmungen und Beobachtungen auszutauschen.

Konstruktivismus → S. 171

| Der Prozess der Wahrnehmung bildet die Voraussetzung für die pädagogische Arbeit.

1.1.1 Der Prozess der Wahrnehmung

Was ist denn nun aber Wahrnehmung genau? Unter diesem Begriff versteht man die Aufnahme von Umweltreizen und deren Verarbeitung im Gehirn. Dieser Prozess verläuft in mehreren Stadien:
- Ein Reiz wird aufgenommen.
- Die Informationen werden verarbeitet und in einen Erfahrungszusammenhang eingeordnet.
- Die Information erhält einen Sinn, z. B.: Ist diese Information gut oder schlecht?

1. Wahrnehmen und Beobachten

Reizaufnahme

Reizverarbeitung

Sinngebung

Abb. 1.1 Person nimmt mit dem Sinnesorgan „Auge" etwas wahr.

Abb. 1.2 Das Gehirn setzt die wahrgenommenen Informationen zu dem bekannten Bild „Hund" zusammen: Fell, vier Beine, Schwanz = Hund

Abb. 1.3 Das Gesehene wird mit Erfahrungen verbunden: Hund wedelt mit dem Schwanz, ist freundlich.

Reize aufnehmen

Alle Umweltreize nehmen wir über die verschiedenen ›**Sinnesorgane**‹ auf. Die Sinne bilden die Voraussetzung dafür, dass Wahrnehmung überhaupt stattfinden kann. Dabei stehen dem Menschen fünf Möglichkeiten der Sinneswahrnehmung zur Verfügung:

- Sehen über das Sinnesorgan Auge
- Hören über das Sinnesorgan Ohr
- Riechen über das Sinnesorgan Nase
- Schmecken über das Sinnesorgan Zunge
- Tasten und Fühlen über das Sinnesorgan Haut

Sinne → S. 167

Weiterhin spricht man vom Sinn für das Spüren von Temperaturen, dem Gleichgewichtssinn oder dem Sinn für das Empfinden des eigenen Körpers (der Lage, der Bewegung und der Kraft).

In den Sinnesorganen befinden sich **Sinneszellen** in unterschiedlicher Anzahl. Diese nehmen die Umweltreize auf und leiten sie an das Gehirn weiter.

Prozess der Wahrnehmung

Reiz → Sinnesorgan → Empfindung → Erfahrung → Reaktion / Reflexion

Abb. 1.4 Der Prozess der Wahrnehmung

> Neben der Wahrnehmung bestimmen Erfahrungswissen und ›Reflexion‹ die eigene professionelle Handlungsfähigkeit.

Reflexion → S. 41

Informationen in einen Erfahrungszusammenhang verarbeiten
In einem zweiten Schritt werden die aufgenommenen Informationen verarbeitet. Dabei werden frühere Erfahrungen herangezogen, um z. B. die Form und Größe des Wahrgenommenen feststellen zu können. So organisiert das Gehirn ein Abbild des wahrgenommenen Gegenstands. Dieses Abbild wird mit Bildern, die wir bereits vielmals gesehen haben, verglichen. So können wir erkennen, worum es sich genau handelt.

Der Information einen Sinn geben
Im Gehirn werden die Informationen hinsichtlich ihrer Funktionen eingeordnet. Dies geschieht im Zusammenhang mit früheren, emotionalen Erfahrungen. Die Informationen (Abbild) erhalten so einen individuellen Sinn.

1.1.2 Einflussfaktoren auf die Wahrnehmung

Es gibt viele Faktoren, die die Wahrnehmung beeinflussen. Ganz praktisch können das Bedingungen sein, die etwas zu tun haben
- mit der **Situation**, in der Wahrnehmung geschieht,
- mit den am Wahrnehmungsprozess beteiligten **Personen** oder
- mit der **Intensität** (Stärke) des Reizes.

> Kinderpfleger müssen sich in ihrer Arbeit der unterschiedlichen Einflussfaktoren auf ihre Wahrnehmung bewusst sein.

	Situationsbezogene Aspekte
	- ungünstige äußere Rahmenbedingungen wie Lärm, Kälte oder Hitze, viele Menschen (viele Reize) oder Dunkelheit **Beispiel:** Herrscht im Klassenzimmer ein hoher Geräuschpegel, ist es schwieriger, dem Unterricht zu folgen.
	Personenbezogene Aspekte
	- das körperliche Befinden (z. B. die Stimmungslage, Hunger, Durst, Schmerz) - eigene Interessen - individuelle körperliche Voraussetzungen (Sinnesleistung, z. B. eine besonders ausgeprägte Fähigkeit, zu schmecken) - soziale Voraussetzungen (z. B. die eigenen Umwelterfahrungen) **Beispiel:** Wenn man mit Hunger einkaufen geht, sieht und riecht man plötzlich viele leckere Lebensmittel.
	Reizbezogene Aspekte
	- Der Reiz an sich beeinflusst die Wahrnehmung, z. B. wenn er besonders intensiv oder häufig auftritt **Beispiel:** Ein schreiendes, trotziges Kind, z. B. in einem Flugzeug oder in einer Bibliothek, wo es sonst eher ruhig ist, fällt einem besonders stark auf.

Je nach Art und Intensität wirken die genannten Einflussfaktoren wahrnehmungsstörend (wahrnehmungseinschränkend) oder wahrnehmungsfördernd.
Eindrucksvoll erfahrbar wird die ›Subjektivität‹ der Wahrnehmung bei optischen Täuschungen. Sie beruhen auf der Tatsache, dass Wahrnehmung ein Konstruktionsprozess ist und vom Gehirn beeinflusst wird.

subjektiv
von persönlichen Gefühlen, Interessen etc. bestimmt

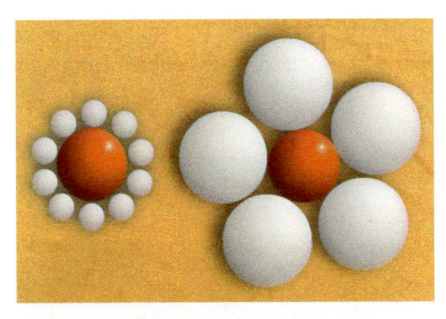

Abb. 1.5 Der linke rote Ball scheint größer als der rechte, obwohl ihre Größe identisch ist.

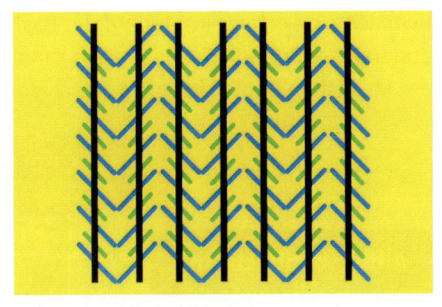

Abb. 1.6 Die Linien scheinen gekrümmt, sind aber gerade und parallel.

Dabei werden bestimmte Gesetzmäßigkeiten berücksichtigt, da die Wahrnehmung immer an bereits gemachte Erfahrungen anschließt. Das Ziel ist das Erkennen eines sinnvollen Ganzen.

Unter dem folgenden Link finden Sie weitere Beispiele für optische Täuschungen:

www.sehtestbilder.de

Gesetz der Ähnlichkeit	Sich ähnelnde Reize werden als zusammengehörig wahrgenommen. Dieses Gesetz spielt auch in der Wahrnehmung von Personen eine Rolle. Je nachdem, in welchem sozialen Kontext wir einen Menschen sehen, werden wir ihn mit den Eigenschaften einer Gruppe oder Umgebung verbinden. Angehörigen einer bestimmten Gruppe werden oft gleiche Eigenschaften zugeschrieben.
Gesetz der Nähe	Beieinanderliegende Elemente werden als zusammengehörig wahrgenommen.
Gesetz der Geschlossenheit	Wahrnehmende Wesen komplettieren Unvollständiges. Einzelne Punkte werden zu Bildern verbunden und unterbrochene Linien ergänzt, sodass das Ganze zu erkennen ist.
Gesetz der Kontinuität	Reize erscheinen uns so, dass wir ein unterbrochenes Element als Fortsetzung einer Sache interpretieren.
Gesetz der gemeinsamen Bewegung	Reize, die sich in die gleiche Richtung bewegen, werden als zusammengehörig interpretiert.
Gesetz der Prägnanz	Bestimmte Merkmale ziehen besonders viel Aufmerksamkeit auf sich. Die Aufmerksamkeit wird nicht in gleicher Weise auf alles gelenkt, sondern wir wählen aus und geben Prägnantem besondere Bedeutung.

Tab. 1.7 Gesetze der Wahrnehmung

1.2 Fachliche Beobachtung als Grundlage der pädagogischen Arbeit

Täglich nehmen wir unsere Umgebung wahr, ohne dass wir damit ein bestimmtes Ziel verfolgen. Erfolgt Wahrnehmung jedoch zielgerichtet, spricht man von **Beobachtung**. Diese bildet die Grundlage für professionelle pädagogische Arbeit, die an der Individualität des einzelnen Menschen ansetzt.

> Beobachtung erfolgt immer dann, wenn ich eine Person bzw. ihr Verhalten unter einem bestimmten Gesichtspunkt einschätzen oder mein Handeln darauf ausrichten möchte.

Beobachtung erfolgt immer auf der Basis einer wertschätzenden Grundhaltung dem anderen gegenüber. Grundsätzlich kann man zwischen der **Alltagsbeobachtung** und der **fachlichen Beobachtung** unterscheiden.

```
           Zielgerichtete Wahrnehmung
                 = Beobachtung
          ↙                        ↘
  Alltagsbeobachtung         Fachliche Beobachtung
```

Alltagsbeobachtung
Will man grundsätzliche Informationen über einen Menschen sammeln, so geschieht das über eine Alltagsbeobachtung.

Im Bereich der Kindertagesbetreuung sollten Sie sich am Anfang Ihres Praxiseinsatzes zunächst einmal auf die Kinder einlassen und ihnen Ihre Aufmerksamkeit schenken. Versuchen Sie herauszufinden, welche Interessen die einzelnen Kinder haben, um z. B. später entsprechende Angebote machen zu können. Es ist wichtig, so viele Informationen wie möglich aufzunehmen, da Sie ja noch nicht wissen, welche in Zukunft bedeutsam sein werden. Wichtige Beobachtungen können z. B. ›Rituale und Gewohnheiten im Tagesablauf‹ sein.

Um keine voreiligen Schlüsse zu ziehen und möglichst viele Aspekte einer Situation zu erfassen, sollten Sie mit einer offenen Grundhaltung beobachten. Ihre Beobachtungen und Erfahrungen können Sie dann später (ein-)ordnen, z. B. im Gespräch mit den Mitarbeitern der jeweiligen Einrichtung. So könnten Sie anschließend gefragt werden, was Ihnen an einer bestimmten Person oder Personengruppe hinsichtlich des Sozialverhaltens aufgefallen ist oder was Sie bezüglich der Körperhaltung feststellen konnten.

Fachliche Beobachtung
Im Gegensatz zur Alltagsbeobachtung ist die fachliche Beobachtung gekennzeichnet durch
- eine ›**Planung**‹ der Beobachtung und
- eine ›**Auswertung**‹ der erfassten Ergebnisse.

Die gewonnenen Informationen sind keine „Zufallsprodukte". Sie wurden zielgerichtet wahrgenommen, um weitere Handlungen anzuschließen oder Sachverhalte zu klären. Bei der fachlichen Beobachtung ist auch eine größtmögliche Objektivität (Unvoreingenommenheit) und Wertfreiheit wichtig. Daher erfolgen Beobachtung und Auswertung strikt voneinander getrennt.

> Nur über eine klar festgelegte und konzentrierte Beobachtung erhalten Sie die Informationen, die Sie benötigen, um die von Ihnen betreuten Menschen individuell und sinnvoll in ihrem Leben zu begleiten und anzuregen.

Um die Menge der beobachteten Informationen zu reduzieren, bietet sich die Konzentration auf bestimmte Bereiche oder Ziele an. Bei einer fachlichen Beobachtung werden wichtige Punkte aus der Vielzahl an beobachtbaren Aspekten herausgegriffen. Auf diese Weise werden Beobachtungsschwerpunkte gesetzt, z. B.:
- das Sozialverhalten eines Kindes in der Gruppe einer Kindertagesstätte
- die ›sprachliche Ausdrucksweise‹ eines Kindes mit Migrationshintergrund
- der Umgang der Kollegin mit einem ›Kind mit besonderem Förderbedarf‹
- das Ernährungsverhalten eines Krippenkindes

Nach der ›Dokumentation‹ und Auswertung können die Ergebnisse in der täglichen pädagogischen Arbeit genutzt werden.

Dokumentation → S. 66

> **BEISPIEL** Der Kinderpflegerin Janina Kringe fällt auf, dass ein bisher eher ruhiges Mädchen in den letzten Wochen ein aggressives Verhalten gegenüber anderen Kindern zeigt. Sie informiert das Team. In der Folge beobachten alle gezielt das betreffende Kind. Dabei wird darauf geachtet, welche Formen das aggressive Verhalten annimmt, gegen wen es sich richtet usw. Die dokumentierten Ergebnisse bilden die Grundlage für ein Elterngespräch, um gemeinsam mögliche Hintergründe zu erkunden und die weiteren Maßnahmen festzulegen.

1.3 Grundlagen der fachlichen Beobachtung

Um eine fachliche Beobachtung sorgfältig planen zu können, bedarf es einiger Vorüberlegungen zu
- dem Beobachtungsziel,
- der Beobachtungsmethode,
- den organisatorischen Voraussetzungen sowie
- dem Beobachtungsthema.

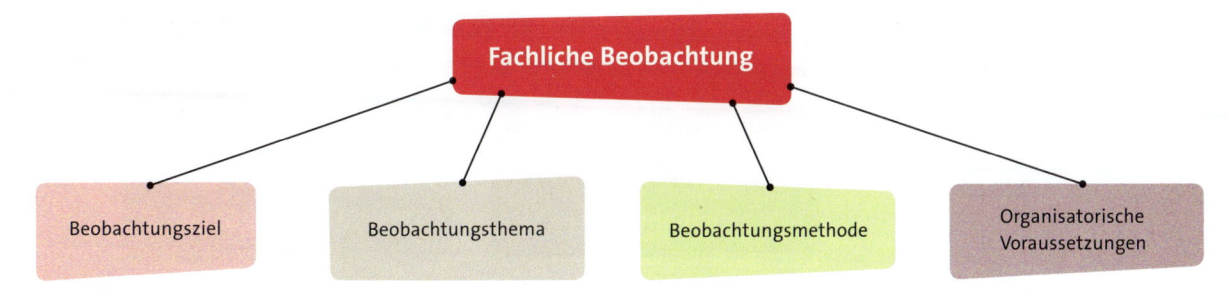

```
                    Fachliche Beobachtung
          ┌─────────────┬─────────────┬─────────────┐
   Beobachtungsziel  Beobachtungsthema  Beobachtungsmethode  Organisatorische
                                                             Voraussetzungen
```

1.3.1 Beobachtungsziele

Soll eine Beobachtung durchgeführt werden, müssen Sie sich im Vorhinein darüber klar werden, welche Ziele mit der Beobachtung erreicht werden sollen. Je nach Beobachtungsziel müssen Sie eine oder mehrere Personen als Zielpersonen für die Beobachtung auswählen.

Der Sozialwissenschaftler Hans Rudolf Leu (*1946) unterscheidet drei Beobachtungsziele:

Beobachtung zur Entwicklung einer ›individualisierten‹ Perspektive	Sie beobachten, um das Verhalten einer Person besser zu verstehen oder diesen Menschen kennenzulernen. **Beispiel:** Das Verhalten eines Kindes, das beim Spielen schlecht verlieren kann
Beobachtung zur Kontrolle von Fortschritten anhand klar definierter Regeln	Sie beobachten, um Informationen über den aktuellen Entwicklungsstand oder das Verhalten eines Kindes zu erhalten, von denen Sie dann z. B. weitere pädagogische Maßnahmen ableiten können. Hierzu benötigen Sie eine Aufstellung klar definierter Regeln, z. B. eine ›Entwicklungstabelle‹. **Beispiel:** Fortschritte bei der Aussprache von „Sch"-Lauten bei einem Kind mit Sprachbeeinträchtigungen
Beobachtung zum frühzeitigen Erkennen von Problemen und Störungen	Sie beobachten, um bereits vorhandene Hinweise auf ›Entwicklungs-‹ bzw. Verhaltensstörungen zu überprüfen. Das bedeutet, dass Sie schon vorher den Eindruck hatten, es könnte eine Beeinträchtigung vorliegen. Diesen Eindruck möchten Sie mit einer gezielten Beobachtung und Auswertung kontrollieren. **Beispiel:** Erfassung der Häufigkeit eines bestimmten Verhaltens bei einem Kind (z. B. Schreien oder selbst- und fremdverletzendes Verhalten)

Individualität
die Einzigartigkeit eines einzelnen Menschen

Entwicklungstabelle → S. 176

Entwicklungsvielfalt → S. 150

Je nach Ausrichtung der Beobachtung stehen verschiedene Möglichkeiten zur Dokumentation und Auswertung zur Verfügung.

> Auch zeitliche Ressourcen (vorhandene Mittel) oder andere Rahmenbedingungen können die Entscheidung für ein Beobachtungsziel beeinflussen.

So setzt die gezielte Beobachtung und Auswertung einer Entwicklungsstörung die Zusammenarbeit mit ›Fachkräften‹ aus anderen Spezialgebieten voraus, z. B. mit Kinderärzten oder Psychologen. Nur so können eine fachlich professionelle Einschätzung des Kindes und die entsprechende Maßnahmenplanung geleistet werden.

Zusammenarbeit mit anderen Fachleuten → S. 267

1.3.2 Beobachtungsmethoden

In der pädagogischen Arbeit werden neben der fachlichen Beobachtung und der Alltagsbeobachtung verschiedene Beobachtungsarten unterschieden. Man kann offen oder verdeckt, teilnehmend oder nicht teilnehmend beobachten. Unabhängig davon können Beobachtungen unstrukturiert oder strukturiert sein.

Offen	Verdeckt
Teilnehmend	Nicht teilnehmend
Strukturiert	Unstrukturiert

Offene und verdeckte Beobachtung

Bei der offenen Beobachtung weiß der Beobachtete davon, dass er beobachtet wird. Diese Form hat den Vorteil, dass die Zielperson informiert ist und sich nicht hintergangen fühlen kann. Allerdings kann das Resultat der Beobachtung dadurch verfälscht werden, dass die beobachtete Person sich nicht mehr „echt" verhält und z. B. vermeintlich unerwünschte Verhaltensweisen unterlässt.

Abb. 1.8 Teilnehmende Beobachtung

Demgegenüber bedeutet die verdeckte Beobachtung, dass die Zielperson nichts von der Beobachtung weiß und somit ein unbeeinflusstes Verhalten zeigt. Der Beobachtete kann sich bei späterer Offenlegung jedoch hintergangen fühlen.

Teilnehmende Beobachtung

Hier nimmt der Beobachter unmittelbar und direkt an der Situation teil, die er beobachten will (z. B. an einem Brettspiel mit Kindern). Dadurch kann er die Handlung, sich selbst, die beobachteten Personen und ihre Beziehung zueinander direkt erleben.

> **BEISPIEL** Der Kinderpfleger Raphael Mönter leitet heute den Morgenkreis bei den unter Dreijährigen. Er übt ein neues Lied mit den Kindern ein, bei dem sie den Liedtext mit Bewegungen begleiten. Alle sind konzentriert bei der Sache und haben viel Spaß.

Nicht teilnehmende Beobachtung

Hier wird die Distanz (der Abstand) zum Geschehen genutzt. Man hat die Möglichkeit, Beziehungen zwischen den Handlungen der beobachteten Personen zu entdecken, die sonst schwer zu erkennen sind. Ist man nicht in das Geschehen eingebunden, fehlen zwar die eigenen Gefühle, aber man kann bestimmte Aspekte besser beobachten, da man nicht abgelenkt ist.

> **BEISPIEL** Die Gruppenleiterin Jalda Schrenk beobachtet das Geschehen im Morgenkreis. Sie sieht, dass ein Kind bei dem Bewegungslied einem anderen aus Versehen ins Gesicht schlägt. Daraufhin beginnt der getroffene Junge zu weinen.

Unstrukturierte Beobachtung

Diese Beobachtungsmethode kommt in der pädagogischen Arbeit sehr häufig vor. Sie wird auch Gelegenheitsbeobachtung genannt. Man hat die Möglichkeit, Hintergrundwissen aufzubauen, Neues und Unerwartetes zu erfahren sowie Entwicklungen, Wünsche, Bedürfnisse zu erkennen, um auf den einzelnen Menschen angemessen reagieren zu können.

Die unstrukturierte Beobachtung entspricht der Alltagsbeobachtung und bildet oft die Vorstufe zu strukturierten Beobachtungen. Sie folgt aber allgemeineren Regeln. Der Blick soll nicht eingeschränkt werden.

> **BEISPIEL** Die Praktikantin Dilara Ay beobachtet beim Wickeln von **Luis (0;6)** eine rötlich gefärbte, raue Stelle auf der Haut im Bereich des Oberarms. Sie setzt ihre Anleiterin darüber in Kenntnis.

Strukturierte Beobachtung

Diese Methode lässt sich noch einmal aufteilen in spezifische oder gezielte Beobachtung und systematische Beobachtung.

Bei der gezielten Beobachtung wird die Aufmerksamkeit auf ein bestimmtes Verhalten gelenkt. Es wird sehr gezielt beobachtet. Hierbei muss keine ›Systematik‹ eingehalten werden. Es kann sich auch um Einzelbeobachtungen handeln.

Bei der systematischen Beobachtung sind die Kontrolle und Wiederholbarkeit des Beobachtungsprozesses besonders wichtig. Die Dokumentation von Ergebnissen erfolgt oft auf vorbereiteten Bögen oder in Listen.

> **BEISPIEL** Die Mitarbeiterinnen in der Kindertagesstätte haben den Eindruck, dass ein Mädchen immer alleine spielt und sich zu Gruppenspielen nur sehr schwer motivieren lässt. Um Klarheit in dieser Frage zu erhalten, beobachten sie gezielt das Spielverhalten des Mädchens über eine gewisse Zeit hinweg und dokumentieren dies auf einem Beobachtungsbogen.

Systematik
planmäßige Gestaltung, bestimmte Ordnung

1.3.3 Organisatorische Voraussetzungen für die Beobachtung

Bevor die Beobachtung überhaupt beginnen kann, müssen Sie verschiedene Dinge organisieren und abklären, z. B.:
- den Zeitpunkt der Beobachtung (z. B. morgens, nachmittags oder abends)
- die Räumlichkeiten (z. B. Innen- oder Außenräume)
- die Art der Dokumentation (z. B. schriftlich, Ton- oder Videoaufnahmen)
- die Personalsituation in der Einrichtung (z. B. Vertretung während der Beobachtung)
- die finanziellen Möglichkeiten zur Beobachtung (z. B. Ausgaben für die Dokumentation)
- die rechtlichen Voraussetzungen (z. B. ›Datenschutz‹)

Datenschutz und Schweigepflicht → S. 46

1.3.4 Beobachtungsthemen

Beobachtungsthemen in der pädagogischen Arbeit sind beispielsweise:
- menschliche Handlungen (z. B. Sozialverhalten, ›Fein- und Grobmotorik‹)
- ›sprachliche und nicht sprachliche Äußerungen‹ (z. B. Mimik, Körpersprache, Gestik, Sprachvermögen)
- Veränderungen des Körpers (z. B. Hautfarbe, Hautveränderungen, Zittern)
- soziale Merkmale (z. B. Kleidung, Symbole)

motorische Entwicklung → S. 154
sprachliche Entwicklung → S. 161

Darüber hinaus leiten sich in der Betreuung von Kindern Inhalte für Beobachtungen oft aus den ›Entwicklungsbereichen‹ und angestrebten ›Kompetenzen‹ ab. Wichtige Themen sind hier z. B.:
- das Sozial- und das Konsumverhalten
- die individuellen ›Lernwege‹ der Kinder
- das ›Spielverhalten‹
- die ›kognitive Entwicklung‹

Entwicklung → S. 110
Kompetenz → S. 30

Lernen → S. 86
Spiel → S. 496
kognitive Entwicklung → S. 167

Abb. 1.9 Je nach Situation müssen Sie entscheiden, was Sie beobachten möchten.

Das soziale Miteinander und der Umgang mit ›Konflikten‹ sind wichtige Themen in Ihrer Arbeit. Aber auch die Beobachtung der ›Sprachentwicklung‹ ist ein Schwerpunkt. Dabei ist es das Ziel, diese frühzeitig zu unterstützen und besonderen Förderbedarf einzelner Kinder rechtzeitig zu erkennen.

Umgang mit Konflikten → S. 376
Sprachentwicklung → S. 162

1.4 Der Beobachtungsprozess

Der fachliche Beobachtungsprozess verläuft in vier Phasen:
- Planung
- Durchführung
- Beschreibung
- Auswertung

1.4.1 Beobachtungen planen

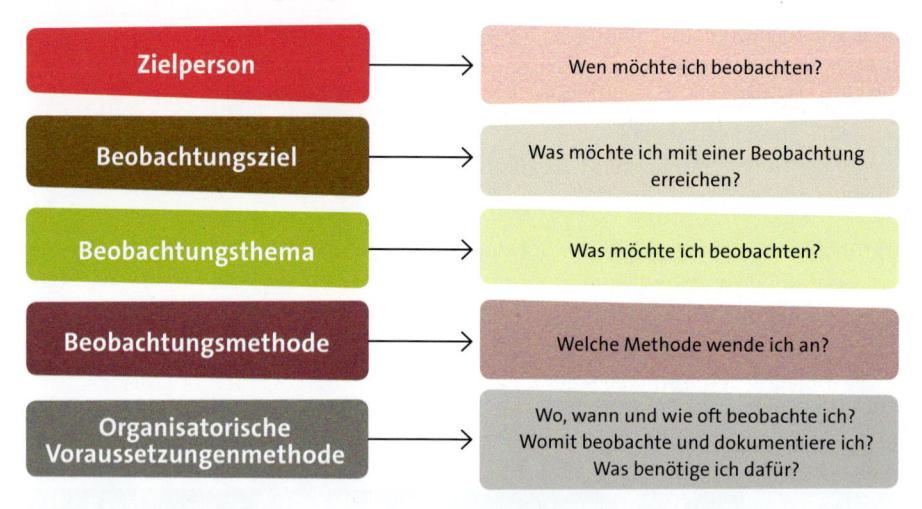

Zielperson →	Wen möchte ich beobachten?
Beobachtungsziel →	Was möchte ich mit einer Beobachtung erreichen?
Beobachtungsthema →	Was möchte ich beobachten?
Beobachtungsmethode →	Welche Methode wende ich an?
Organisatorische Voraussetzungenmethode →	Wo, wann und wie oft beobachte ich? Womit beobachte und dokumentiere ich? Was benötige ich dafür?

Die Beobachtungsplanung wird durch die individuellen (persönlichen) Voraussetzungen des Beobachters sowie des Beobachteten (der Zielperson) beeinflusst. Wichtig sind z. B.:
- die Lebensgeschichte und besondere Erfahrungen (z. B. Verlusterfahrung durch die Trennung der Eltern)
- individuelle Möglichkeiten und Beeinträchtigungen (z. B. eine Behinderung)
- Vorlieben (z. B. Vertrauen nur zu weiblichen Bezugspersonen)

1.4.2 Beobachtungen durchführen

Bei der Durchführung von Beobachtungen ist es wichtig, die Rahmenbedingungen und Vorüberlegungen aus der Beobachtungsplanung möglichst vollständig umzusetzen. Es muss jedoch daran gedacht werden, dass sich plötzlich eine Störung oder Veränderung in der Situation einstellen kann. Möglicherweise kann die Beobachtung dann nicht wie vorher geplant ablaufen.

In diesem Fall ist es entscheidend, dass der Beobachter spontan handelt. Seine Planung muss also auch einen Spielraum für Veränderungen berücksichtigen, wenn die geplante Beobachtung so nicht durchzuführen ist. Die Beobachtung sollte möglichst objektiv (sachlich) ablaufen, ›Beobachtungsfehler‹ sollten vermieden werden.

Wahrnehmungs- und Beobachtungsfehler → S. 69

| Beim Beobachtungsprozess sind Planung *und* spontanes Handeln wichtig.

1.4.3 Beobachtungen dokumentieren

Mit der Dokumentation wird das Ergebnis der Beobachtung festgehalten und die Qualität der Beobachtung gesichert. Die Dokumentation unterstützt die pädagogische Arbeit in vielfacher Hinsicht:
- Sie sichert die Transparenz (Nachvollziehbarkeit) der Beobachtungen für alle Teammitglieder.
- Sie bildet die Grundlage für den fachlichen Austausch sowie die Auswertung im Team.
- Sie unterstützt die Einbeziehung von Angehörigen (z. B. im Elterngespräch).
- Sie dient der Darstellung der eigenen Arbeit nach außen (z. B. für den Träger der Einrichtung oder das Jugendamt).

Die beobachteten Informationen können auf vielerlei Art festgehalten werden. Man kann Situationen und Handlungen aufzeichnen, z. B. durch Videoaufnahmen mit der Kamera oder Tonaufnahmen mit dem Diktiergerät bzw. einem Smartphone. Die häufigste und gebräuchlichste Form der Dokumentation ist jedoch das schriftliche Festhalten. Dafür lassen sich Beobachtungsbögen nutzen, die es in vielen verschiedenen Ausführungen gibt.

Auch wenn das Beschreiben der Beobachtungen zeitintensiv sein kann, sind die gewonnenen Informationen doch unerlässlich für eine gute Betreuungsarbeit.
In der Betreuung von Kindern wird oft auf die Methode der ›systematischen Beobachtung‹ zurückgegriffen. Verhalten oder Entwicklungen werden von den pädagogischen Fachkräften im Rahmen einer Entwicklungs- oder Bildungsdokumentation notiert. Darüber hinaus gibt es viele verschiedene Beobachtungsbögen, die man nutzen kann. Für den Bereich der ›Sprachentwicklung‹ wird z. B. das Sprachlerntagebuch verwendet. Im Bereich der Kindertagesbetreuung werden Beobachtungsergebnisse oft in kreativer Form gesammelt und präsentiert, z. B. als Portfolio.

systematische Beobachtung
→ S. 64

Sprachentwicklung → S. 162

Das Bildungsinterview 1 – Das Kind in seiner Welt	Ben K. Alter: 24 Monate Datum: 21.08.2015
Diese Sprache (Sprachen) sprechen wir in meiner Familie:	Deutsch und Englisch
In welcher Sprache spricht wer mit mir?	Mutter-Deutsch Vater-Englisch
In welcher Sprache spreche ich mit wem?	siehe oben Erzieherin-Deutsch
Diese Sprache spreche ich am liebsten:	Deutsch
Meine Lieblingswörter sind: (eventuell auch für andere Sprachen)	Teddy, Bagger, Banane
Ich kenne schon Worte aus anderen Sprachen, und zwar:	/

Abb. 1.10 Seite aus einem Sprachlerntagebuch

Datenschutz

Alle personenbezogenen Daten, also auch verschriftlichte Beobachtungen, unterliegen den Bestimmungen des ›Datenschutzes‹. Diese werden durch das Sozialgesetzbuch (SGB) geregelt: §§ 61–68 SGB VIII (jugendhilferechtlicher Sozialdatenschutz), § 35 SGB I und §§ 67–85a (allgemeiner Sozialdatenschutz) SGB XI. Die einzelnen Bundesländer haben darüber hinaus auch eigene Datenschutzgesetze. Ein vertraulicher Umgang mit Daten muss also auch bei der Dokumentation von Beobachtungen selbstverständlich sein.
Das bedeutet, dass man für die Aufzeichnung und Weiterverwendung von Daten das Einverständnis der betroffenen Person benötigt. Stehen diese unter (gesetzlicher) Betreuung bzw. sind sie minderjährig, muss das Einverständnis durch die jeweiligen gesetzlichen Betreuungspersonen erfolgen. In der Kinderpflege sind dies im Regelfall die Eltern. Dies sollte man besonders bedenken, wenn die Veröffentlichung von Beobachtungsergebnissen geplant ist. Dabei ist es egal, auf welche Art die Beobachtungen dokumentiert wurden, z. B. als schriftlicher Vermerk oder als Foto.
Personenbezogene Daten unterliegen der Schweigepflicht und müssen in jedem Fall vertraulich behandelt werden. Sie dürfen nicht allgemein zugänglich sein. In der Regel werden sie in verschließbaren Schränken aufbewahrt, sodass Unbefugte keinen Zugriff haben.

Weitere Informationen zum Thema Förderung der Sprachentwicklung finden Sie unter:

www.dbs-ev.de

Datenschutz und Schweigepflicht → S. 46

Weitere Informationen zum Thema Datenschutz finden Sie unter:

www.bfdi.bund.de

Das Bundesdatenschutzgesetz finden Sie unter:

www.gesetze-im-internet.de/bdsg_1990/

1.4.4 Auswertung von Beobachtungen

Ziel der Auswertung ist es, aus den gesammelten und dokumentierten Informationen Konsequenzen für die tägliche Arbeit mit den betreuten Kindern abzuleiten. Zu der Auswertung gehört der Austausch mit anderen Mitarbeitern und den Eltern bzw. anderen Bezugspersonen. Auf diese Weise lassen sich z. B. Beobachtungsfehler erkennen und korrigieren. Außerdem erhält man ein umfassenderes Bild, da man auf unterschiedliche Informationsquellen und Sichtweisen zurückgreifen kann.

Abb. 1.11 Die Dokumentation hilft bei der Auswertung.

> **BEISPIEL** Alle pädagogischen Fachkräfte der Krippengruppe „Biene Maja" treffen sich einmal in der Woche zur Teamsitzung. Dabei ist ein Tagesordnungspunkt immer der Austausch über die eigenen Beobachtungen und Einschätzungen eines bestimmten Kindes der Gruppe.

Um die gewonnenen Informationen auszuwerten, brauchen Sie sogenannte Referenznormen (Vergleichswerte). Anhand dieser können Sie einschätzen, ob z. B. ein beobachtetes Verhalten entwicklungsgerecht ist oder ob Sie pflegerische Maßnahmen ergreifen bzw. eine weitere Fachkraft hinzuziehen müssen.

> Bei der Auswertung von Informationen mithilfe von Referenznormen ist es wichtig, die individuellen ›Entwicklungsunterschiede‹ von Kindern zu berücksichtigen.

Entwicklung → S. 110

Um Entwicklungsverzögerungen und Förderbedarf in der Betreuung von Kindern mit Beeinträchtigungen festzustellen, können Entwicklungstabellen sinnvoll sein. Darüber hinaus gibt es besonders auf die Entwicklung von Kindern und Jugendlichen bezogene Auswertungsinstrumente, die eine Orientierung darüber geben, wo diese sich in ihrer Entwicklung gerade befinden, z. B.:

Kuno Beller → S. 176

- die Grenzsteine der Entwicklung nach Richard Michaelis
- die Entwicklungstabelle nach ›Kuno Beller‹
- Beobachtungsbogen zur Erfassung von Entwicklungsrückständen und Verhaltensauffälligkeiten bei Kindergartenkindern (Staatsinstitut für Frühpädagogik)

Aus den so gewonnenen Beobachtungen können sinnvolle Angebote abgeleitet werden, die dem Kind entsprechen und es in seiner Entwicklung fördern. Auch das Erkennen von Verhaltensauffälligkeiten und Förderbedarf wird so möglich.

1.4.5 Wahrnehmungs- und Beobachtungsfehler

Der Beobachtungsprozess kann u. a. durch folgende Fehler in der Wahrnehmung und Beobachtung gestört werden:

Einstellungsfehler
Die eigene Meinung wird vom Beobachter zum Maßstab genommen. Damit ist er sich nicht mehr bewusst, dass er subjektiv (nicht sachlich) beobachtet.

„Jungs sind ja sowieso wilder …"

Halo-Effekt
Bestimmte Einzeleigenschaften oder besonders hervorstechende Merkmale werden auf die ganze Person verallgemeinert.

„Na, das kann ja nur Ärger geben!"

„Mildeeffekt"
Aus Mitleid werden negativ bewertete Verhaltensformen ausgeblendet.

„Die Arme hat's schon schwer genug, ich räum mal auf."

Kontrastfehler
Hier wird besonders das beobachtet, was im Gegensatz oder Kontrast zu den Persönlichkeitsmerkmalen oder Werteinstellungen des Beobachtenden steht.

„Mann, bist du ordentlich!"

Vorrangeffekt (Primacy-Effekt)
Der erste Eindruck des Beobachtenden beeinflusst das Bild der betroffenen Person entscheidend.

„Ihr Sohn war ja vom ersten Tag an ein ganz Braver …"

Der letzte Eindruck
Häufig tragen wir die letzten Eindrücke, die wir erhalten haben, als besonders prägend mit uns. Sie können nachträglich das Urteil über eine Person oder Situation beeinflussen.

„Tschüss!!" – „Ach, was für ein liebes Kind …"

1.5 Beobachtungsergebnisse praktisch umsetzen

> Beobachtungsergebnisse bilden die Basis für professionelles Handeln im pädagogischen Arbeitsfeld.

Nur durch das bewusste Wahrnehmen von Kindern unterschiedlicher Altersstufen können Sie diese kennenlernen, individuell begleiten, beraten und betreuen. Für alle Aufgabenbereiche ist die Beobachtung unerlässlich.

Man kann ein Kind nicht betreuen und es in seiner Entwicklung fördern, wenn man ihm nicht offen und unvoreingenommen gegenübertritt und es kennenlernt. Dies geschieht z. B. über eine ›unstrukturierte Beobachtung‹ in der ›Eingewöhnungsphase‹ in der Kindertagesstätte.

unstrukturierte Beobachtung
→ S. 64
Eingewöhnung → S. 459

Die pädagogische Fachkraft macht sich ein Bild vom Kind. Und da sich Menschen fortwährend entwickeln, ist es auch wichtig, regelmäßig in gewissen Abständen erneut zu beobachten. Aus den Ergebnissen können dann das Kind anregende und fördernde Angebote entwickelt werden.

> **BEISPIEL** Charlotta Wiesner (1;4) ist neu in der Krippengruppe. In den ersten Tagen der Eingewöhnungszeit erobert sich die Kleine langsam den Gruppenraum. Immer wieder läuft sie dabei zu ihrer Mutter zurück und versichert sich ihrer Anwesenheit. Kinderpfleger Timo Eisele beobachtet, dass Charlotta besonders interessiert in der Bauecke spielt und darüber zunehmend sicherer in der neuen Umgebung wird. Er nutzt diese Beobachtung, um das Mädchen mit gezielten Gruppenangeboten zum Bauen in Kontakt zu den anderen Kindern zu bringen.

In der täglichen Arbeit helfen Beobachtungen, zu erkennen, wie der Umgang miteinander, z. B. in der Gruppe, funktioniert:
- Wer spielt mit wem?
- Gibt es ›Konflikte‹? Wie werden diese bewältigt?
- Sind vielleicht Hilfen von außen notwendig?

Umgang mit Konflikten
→ S. 376

Abb. 1.12 Was passiert beim Spiel in der altersgemischten Gruppe?

1. Wahrnehmen und Beobachten

Kinder durchlaufen unterschiedliche ›Entwicklungsphasen‹. Beobachtungen sollten mit ihnen besprochen werden, um ihre ganz eigene Sicht mit aufnehmen zu können und das Verhalten somit besser zu verstehen. Auch die ›Zusammenarbeit‹ mit den Eltern ist hier besonders wichtig.

Im Gespräch mit Kindern oder Eltern sind aufgeschriebene Beobachtungen eine wichtige Grundlage, um die Situation zu verdeutlichen. Im Bereich der Kindertagesbetreuung werden Bildungstagebücher (z. B. ›Portfolios‹ der Kinder) regelmäßig mit allen Beteiligten besprochen.

> Die Eltern sind als wichtigste Bezugspersonen des Kindes wertvolle Kooperationspartner in der pädagogischen Arbeit.

Entwicklung → S. 110

Erziehungspartnerschaft → S. 392

Portfolio
in der Pädagogik eine Zusammenstellung von Dokumenten, die einen Lernprozess beschreiben

Abb. 1.13 Portfolio

Warum muss ich das für meinen Beruf wissen?

Beobachtung ist eine wichtige Grundlage für Ihre professionelle Arbeit im Tätigkeitsfeld Kinderpflege. Sie kennen nun die einzelnen Phasen des Wahrnehmungsprozesses und können einschätzen, wie verschiedene Faktoren die Wahrnehmung beeinflussen. Diese Kenntnisse helfen Ihnen als pädagogische Fachkraft dabei, wahrnehmungsstörende Bedingungen bei der Gestaltung von Angeboten für Kinder zu vermeiden bzw. zu verringern. Auch bei der ›Raumgestaltung‹ sind diese Erkenntnisse wichtig.
Ihnen ist der Unterschied zwischen Wahrnehmung und fachlicher Beobachtung bekannt. Sie wissen um die unterschiedlichen Beobachtungsarten und wie man diese in der pädagogischen und pflegerischen Arbeit einsetzen kann, um verschiedene Ziele zu erreichen. Von besonderer Bedeutung ist in diesem Zusammenhang die Zusammenarbeit im Team. Außer einer sorgfältigen Planung ist auch situatives, also spontanes Handeln wichtig.
Für die Auswertung und Dokumentation Ihrer Beobachtungen stehen Ihnen unterschiedliche Verfahren zur Verfügung. In der praktischen Arbeit müssen Sie diese kennen, um zu entscheiden, welches Verfahren im einzelnen Beobachtungsfall das beste ist. Schließlich geht es aber vor allem darum, Ihre Beobachtungen in der praktischen Arbeit mit den Kindern umzusetzen und sie dafür zu nutzen.

bedürfnisorientierte Raumgestaltung → S. 434

2 MOTIVATION ALS URSPRUNG MENSCHLICHEN HANDELNS

06. November

15:46 – Warum kann ich mich nicht zum Lernen für die Englisch-Klausur motivieren?

17:04 – Warum bekomme ich die Kinder in meiner Gruppe nicht zum Aufräumen motiviert?

17:16 – Warum läuft jemand einen Marathon zu Ende, obwohl er merkt, dass er unter den letzten Teilnehmern ist?

2.1 Bedeutung der Motivation für die pädagogische Arbeit

> **BEISPIEL** Stellen Sie sich vor, in Ihrer Einrichtung kommt es immer wieder zu Problemen mit dem fünfjährigen **Marc**. Jedes Mal, wenn er eine Aufgabe selbstständig erledigen soll, wie z. B. das Tischdecken, gerät er in Wut, wenn etwas nicht so funktioniert, wie es soll. Heute zum Beispiel hat er versucht, alle 24 Becher für das Mittagessen auf einmal zu tragen. Dabei fielen einige herunter, was bei ihm einen Wutanfall auslöste. Generell sagt er oft: „Ich kann das nicht!" Dabei ist Marc ein Vorschulkind.
> Dann ist da die dreijährige Bahar, die für alles ein Lob einfordert. Egal, ob sie ihre Hausschuhe selber anzieht oder ein Puzzle in den Schrank räumt, ständig fragt sie: „Bahar gut gemacht?"

Diese Situationen spiegeln wider, welche Facetten das Thema „Motivation" im pädagogischen Alltag beinhaltet. Und nicht selten stehen pädagogisches Fachpersonal und Eltern vor der Frage, wie sie auf solche Verhaltensweisen reagieren sollen. Außerdem wird in unserer Leistungsgesellschaft der Ruf nach selbstständigen Persönlichkeiten, die in ihrer Motivation nicht dauerhaft von äußerer Bestätigung abhängig sind, immer lauter. Da die Wurzeln für diesen wichtigen Bereich der Persönlichkeitsentwicklung bereits in frühester Kindheit gelegt werden, kommt dem Thema der Motivation ein großer Stellenwert für die pädagogische Arbeit mit Kindern zu.

Jedes Kind in seiner Persönlichkeitsentwicklung zu begleiten und zu unterstützen, gehört zu den zentralen Aufgaben pädagogischer Fachkräfte. Die ›Bildungspläne für Tageseinrichtungen‹ der verschiedenen Bundesländer orientieren sich ausnahmslos an einem Bild vom Kind, das dessen Selbstbildungspotenzial in den Mittelpunkt stellt und das Ermöglichen kindlicher Selbst- und Mitbestimmung fordert.

Bildungspläne → S. 383

2.2 Motivation und Bedürfnisse

Die Frage, warum sich Menschen in einer bestimmten Situation so verhalten, wie sie es tun, beschäftigt die Wissenschaften schon lange. Die Beweggründe eines Menschen werden unter dem Begriff „Motivation" zusammengefasst.

Motive sind in der Regel nicht sichtbar, sondern psychisch begründet. Zu einem großen Teil wird unsere Motivation durch Triebe und ›Bedürfnisse‹ beeinflusst, wie Hunger und Durst, aber z. B. auch das Bedürfnis nach Lob und Anerkennung spielt für uns eine große Rolle.

Bedürfnisse → S. 410

Wie auch Erwachsene haben Kinder ›primäre‹ und ›sekundäre Bedürfnisse‹. Kinder empfinden schon vor ihrer Geburt Bedürfnisse, z. B. das Bedürfnis, im Mutterleib Fruchtwasser zu trinken. In den ersten Lebensmonaten herrschen die rein biologischen Bedürfnisse wie Hunger, Durst etc. noch vor.
Nach und nach aber gesellen sich andere Bedürfnisse dazu und die Kinder müssen lernen, mit ihnen umzugehen. So kann ein Kind nicht dauerhaft ein Spielzeug für sich alleine beanspruchen, sondern muss lernen, Kompromisse zu schließen. Hier stößt das Bedürfnis nach Besitz auf erste soziale Grenzen.

> Ziel ist es, im Laufe der Entwicklung eine gesunde, gesellschaftsfähige Balance zwischen Selbstverwirklichung und Rücksichtnahme auf die Umwelt zu finden.

Abb. 2.1 Kinder haben das Bedürfnis nach Besitz eines Spielzeuges.

Dieser Prozess, der zur ›Sozialisation‹ gehört, ist grundlegend für die Persönlichkeitsentwicklung. Daher müssen Kinder dabei begleitet und unterstützt werden, ihren Platz in der Gesellschaft zu finden. In pädagogischen Berufen muss sich das Fachpersonal mit einer Vielzahl von kindlichen Bedürfnissen auseinandersetzen. Im U3-Bereich geht es oft um die elementaren Bedürfnisse, z. B. Hunger und Durst zu stillen, Wärme und Geborgenheit zu empfinden, Vertrauen zu empfangen und Vertrauen zu schenken. Mit steigendem Alter steht dann zunehmend der Umgang mit den sekundären Bedürfnissen im Vordergrund. Hier ist vor allem die „Ich-Bezogenheit" zu nennen, bei der das Kind nur sich und sein aktuelles Bedürfnis in den Mittelpunkt stellt, ohne Rücksicht auf seine Umwelt zu nehmen. Die Entwicklungsphasen, in denen sich das Kind im „Kindergartenalter" befindet, sind geprägt von diesem sog. ›„Egozentrismus"‹, da Kinder in den ersten Jahren ihrer Entwicklung nicht in der Lage sind, sich in andere Menschen zu versetzen und ihre Gedanken nachzuvollziehen.

primäre Bedürfnisse → S. 410
sekundäre Bedürfnisse → S. 410
Sozialisation → S. 242

Egozentrismus → S. 170

> **BEISPIEL** Die vierjährige Lina hat Durst, kommt aber nicht an die Becher heran. Sie fragt ihre Mutter, die aber gerade telefoniert und Lina signalisiert, dass sie warten soll. Doch Lina fragt immer weiter und zieht ihre Mutter an der Jacke.

2.3 Ausgewählte Motivationstheorien

> Motivation ist also eine Kraft, die sich aus unseren Trieben und Bedürfnissen ergibt und uns antreibt.

Abb. 2.2, 2.3 und 2.4 Triebe und Bedürfnisse schüren unsere Motivation.

Etliche Wissenschaftler haben sich dem Begriff der Motivation zugewandt und ihre eigenen Theorien dazu aufgestellt. Dabei sind vor allem die Triebtheorie nach Hull und die Bedürfnishierarchie nach Maslow zu nennen.

2.3.1 Triebtheorie nach Clark Hull

Clark Hull (1884–1952) ging davon aus, dass der Mensch ständig nach einem „inneren Gleichgewicht" strebt. Dabei meint Gleichgewicht einen Zustand, in dem die Bedürfnisse erfüllt sind, sodass der Mensch sich zufrieden und ausgeglichen fühlt.
Bei einem Ungleichgewicht strebt der Mensch danach, dieses zu beseitigen und wieder ein Gleichgewicht herzustellen. Motivation wird also als Antrieb nach Beseitigung eines Mangelzustands betrachtet.

> **BEISPIEL** Frieren ist beispielsweise ein Mangelzustand, der die Motivation nach sich ziehen kann, zum Kleiderschrank zu gehen und sich etwas Wärmeres zum Anziehen zu holen. Ist Ihnen warm, ist das Gleichgewicht hergestellt und Sie haben keine Motivation, etwas zu ändern.

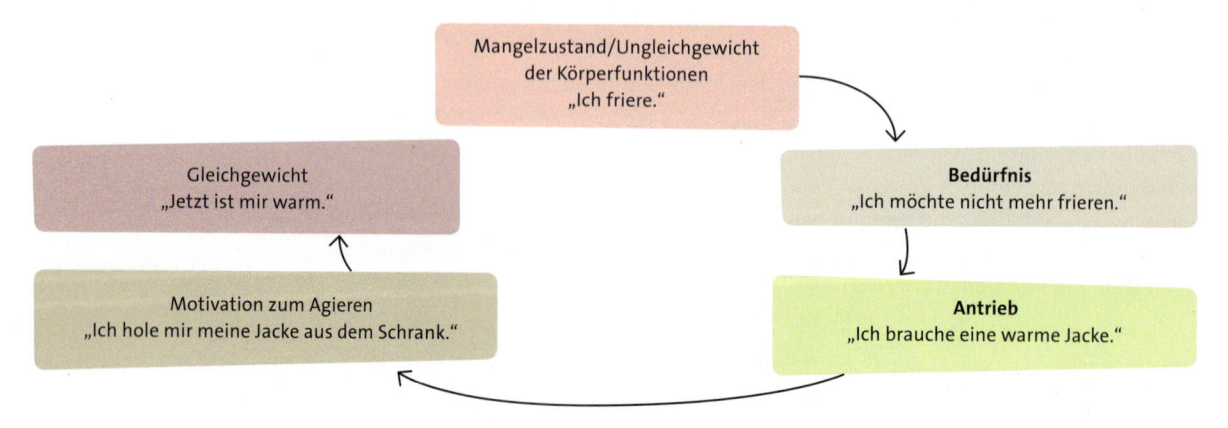

Abb. 2.5 Übersicht der Triebtheorie von Clark Hull

2.3.2 Maslows Bedürfnishierarchie

Abraham Maslow (1908–1970) sieht Motivation ebenso wie Hull als Defizitzustand an, den der Mensch beseitigen will. Er stellte die Theorie auf, dass sich Bedürfnisse nach ihrer „Wichtigkeit" für den Menschen sortieren lassen, und ordnete sie in einer Pyramide an. Maslow ging davon aus, dass der Mensch danach strebt, zuerst das unterste Bedürfnis zu befriedigen, um sich dann dem nächsthöheren zuzuwenden. Dabei kann keine Stufe übersprungen werden.

Nach seiner ›Bedürfnispyramide‹ bilden die unterste Stufe grundlegende **biologische Bedürfnisse** wie das Bedürfnis nach Nahrung, Gesundheit, Ruhe oder Sexualität. Bevor diese Bedürfnisse nicht erfüllt sind, wendet sich der Mensch nicht der nächsthöheren Stufe zu. Diese besteht nach Maslow aus dem Streben nach Sicherheit, z. B. Ruhe, Behaglichkeit, Ausgeglichenheit und der Abwesenheit von Ängsten.

Bedürfnispyramide nach Abraham Maslow → S. 410

Die nächsthöhere Stufe befasst sich mit dem Thema „Bindung", also dem **Bedürfnis nach Freundschaft und Beziehung**. Das Bedürfnis nach ›Lob‹ und Anerkennung von Personen, die als wichtig empfunden werden, spielt auf dieser Stufe eine große Rolle. Man möchte sich selbst mögen und von anderen gemocht werden.

Lob → S. 83, 93

Die nächste Stufe thematisiert die sogenannten **kognitiven Bedürfnisse**, also alles, was mit dem Denken zu tun hat, wie z. B. das Bedürfnis nach Bildung und Verstehen. Das kann sich beispielsweise in dem Wunsch äußern, sich über das politische Weltgeschehen und über naturwissenschaftliche Aspekte der Welt zu informieren oder sich mit philosophischen Betrachtungsweisen des Lebens zu befassen.

Eine Stufe darüber geht es für Maslow um **ästhetische Bedürfnisse**. Damit meint er Bedürfnisse, die etwas mit Schönheit und Ordnung zu tun haben. Ein aufgeräumtes, ansprechend dekoriertes Haus oder ein gepflegter Garten sowie das eigene Erscheinungsbild können Beispiele für diese Stufe sein.

Abb. 2.6 Menschen haben das Bedürfnis nach Lob und Anerkennung.

Die vorletzte Stufe von Maslows Pyramide besteht im **Streben nach Selbstverwirklichung**. Damit ist gemeint, die eigenen Fähigkeiten ausschöpfen zu wollen und sich – unter Rücksicht auf die anderen – selbst zu verwirklichen.

An der Spitze der Pyramide steht ein Bedürfnis, das nicht viele Menschen erreichen; selbst dann, wenn sie die darunter liegende Stufe der Selbstverwirklichung ausfüllen. Maslow nimmt an, dass die höchste Stufe der Bedürfnisse im **Wunsch nach Transzendenz** besteht. Transzendenz meint, eine höhere Form des Bewusstseins einzunehmen. Dies kann sich z. B. dadurch ausdrücken, dass man sich im Klaren über den eigenen Platz im Universum ist. Dieses Bedürfnis zeigt sich darin, dass viele Menschen einer Religion angehören oder sich mit religiösen oder philosophischen Richtungen auseinandersetzen.

2.4 Leistungsmotivation

Menschen entwickeln sich unterschiedlich und gehen dabei verschiedene Wege. Aber wie kommt es dazu,
- dass sich ein Kind besonders für Musik interessiert und im späteren Leben einen Beruf ergreift, der mit Musik zu tun hat?
- dass sich ein anderes Kind für Sport begeistert und eine Karriere als Basketballprofi einschlägt?
- dass ein anderes keinen Schulabschluss und keine Berufsausbildung macht?

Abb. 2.7 und 2.8 Aus bestimmten Interessen ergibt sich auch Motivation.

Zum einen sind **genetische Faktoren** dafür entscheidend – bei einer geringen Körpergröße bietet sich beispielsweise keine Karriere als Basketballprofi an. Zum anderen gibt es aber auch so etwas wie das eigene **Interesse**, das eigene Potenzial möglichst weit auszuschöpfen.

Man spricht in diesem Zusammenhang auch von der sog. **Leistungsmotivation**.

So könnte beispielsweise jemand, der eigentlich zu klein zum Basketballspielen ist, sich trotzdem in dieser Sportart verbessern, auch wenn er andere Grenzen als seine Teamkameraden hat. Die „Kraft", die ihn dazu antreibt, ist die Leistungsmotivation.

> Unter dem Begriff „Leistungsmotivation" versteht man das Bedürfnis eines Menschen, ein Ziel zu erreichen.

Nach Erkenntnissen des Psychologen Heinz Heckhausen (1926–1988) ist für das spätere Leben des Menschen prägend, wie die Entwicklung der Leistungsmotivation in der Kindheit verlaufen ist.

> **BEISPIEL** Eine ungünstige Entwicklung der Leistungsmotivation kann darin bestehen, dass jemand Misserfolge immer wieder auf seine eigene Unfähigkeit zurückführt und infolgedessen ein negatives Bild von sich selbst aufbaut. Dadurch sind berufliche Aufgaben und andere Herausforderungen für ihn eher mit Unsicherheit und Selbstzweifeln verbunden und er bleibt ggf. sein Leben lang unter seinen Möglichkeiten.

2.4.1 Entwicklung der Leistungsmotivation

Bei Kindern sind verschiedene Stufen in der Entwicklung der Leistungsmotivation beobachtbar. Im Wesentlich gibt es vier Stufen der Entwicklung.

Stufe	Alter	Erklärung	Beispiel
1. Stufe Das Kind hat Freude am Effekt	Säuglingsalter, ab ca. 3 Monaten	Hiermit ist gemeint, dass Kinder sich freuen, wenn auf eine Tätigkeit ein merkbares Resultat folgt.	Ein 9 Monate altes Kind wirft immer wieder etwas aus dem Kinderwagen auf den Boden und freut sich sichtlich darüber.
2. Stufe Das Kind entdeckt die Freude am Selbermachen	ab dem 1.–2. Lebensjahr	Zwischen dem ersten und dem zweiten Geburtstag beginnen Kinder, autonom zu werden, d. h. selber essen zu wollen, sich selber anziehen zu wollen etc. Das führt manchmal zu Frustrationserlebnissen, da das Kind sowohl kognitiv als auch motorisch zu komplexen Handlungen noch nicht in der Lage ist. In dieser Phase gewinnt die Außenwirkung an Bedeutung: Lobt ein Erwachsener das Kind nach einem Erfolg, zeigt es auch darüber Freude.	Ein 2-jähriges Kind möchte sich seine Schuhe selber anziehen, bekommt sie aber nicht an. Der Vater hilft ihm gegen seinen Willen, worauf das Kind nun die Schnürsenkel selber zumachen möchte. Auch das klappt nicht, aber die Hilfe des Vaters wird weiterhin konsequent abgelehnt.
3. Stufe Das Kind entdeckt einen Zusammenhang zwischen dem eigenen Handeln und dem Ergebnis	ab ca. 2 Jahren	Ab ca. dem zweiten Geburtstag erkennt das Kind, dass das Handlungsergebnis und sein eigenes Handeln miteinander in Zusammenhang stehen. Diese Stufe stellt eine wichtige Schwelle in der Entwicklung der Motivation dar, weil das Kind das erste Mal Handlung und Ergebnis als zusammengehörige Einheit betrachten kann. Dabei können sowohl positive als auch negative Emotionen die Folge sein.	Ein 2-jähriges Mädchen räumt seine Bauklötze in sein Regal. Zum Schluss betrachtet es das aufgeräumte Zimmer und sagt zu seiner Mutter stolz: „Alles weg! Aufgeräumt!" Im Anschluss stößt es versehentlich ein Glas vom Tisch, das dabei kaputtgeht. Bedrückt sagt es: „Puttemacht."
4. Stufe Das Kind entdeckt einen Zusammenhang zwischen dem eigenen Können und der Schwierigkeit der Aufgabe	ab ca. 5 Jahren	Diese Stufe der Motivationsentwicklung stellt einen wichtigen Meilenstein in der Ausbildung der Persönlichkeit dar. Im Alter von 5 Jahren bildet sich die Fähigkeit des Kindes heraus, zwischen dem eigenen Können und der Schwierigkeit der gestellten Aufgabe zu unterscheiden.	Die 5-jährige Lea holt sich ein Puzzle aus dem Schrank. Sie setzt sich zu der Kinderpflegerin an den Tisch, die gerade mit einem anderen Kind ebenfalls puzzelt. Die Kinderpflegerin fragt Lea, ob sie puzzeln möchte. Lea sagt: „Ja, und das Puzzle ist genau richtig für mich. Das kann ich alleine schaffen!" Die Kinderpflegerin bestärkt Lea, indem sie sagt: „Das glaube ich auch, und wenn etwas nicht klappt, machen wir ein bisschen zusammen weiter!"

Tab. 2.9 Stufen der Entwicklung der Leistungsmotivation

Überforderung und Unterforderung

Ist das Kind mit drei Jahren noch frustriert, wenn es eine (zu) schwierige Aufgabe nicht bewältigt, kann es sich im Alter von ca. fünf Jahren über einen Misserfolg hinwegtrösten, indem es sich darüber im Klaren ist, dass die ihm gestellte Aufgabe zu schwer war. Es erkennt also Überforderung. Genauso ist es sich aber auch darüber im Klaren, dass es nicht ausreichend gefordert ist, wenn eine Aufgabe zu einfach war, und demnach ist sein Stolz nicht groß. Es erkennt also Unterforderung.

Die Fähigkeit, diese Unterscheidung zwischen **Über- und Unterforderung** leisten zu können, ist ein wichtiger Schritt in der Entwicklung der Leistungsmotivation. Ein Abgleich zwischen dem eigenen Können und der Schwierigkeit der Aufgabe ist eine wichtige Voraussetzung, um sich selbst einzuschätzen und sich realistische Ziele setzen zu können. So können Misserfolge verhindert oder mit einer zu hohen Aufgabenschwierigkeit erklärt werden.

Diese vierte Stufe reicht bis ins Grundschulalter hinein.

> **BEISPIEL** Ein Geschwisterpaar (5 und 8 Jahre alt) betrachtet gemeinsam ein Buch. Das ältere Kind ist bereits in der dritten Klasse und kann lesen, während das jüngere erst seit ein paar Wochen die erste Klasse besucht und noch nicht flüssig liest. Abwechselnd wird vorgelesen. Das ältere seufzt irgendwann und sagt: „Ist das langweilig, das ist viel zu einfach für mich", während das jüngere beim Lesen vor sich hin stottert und irgendwann sagt: „Für mich ist das zu schwer, ich kann doch noch gar nicht richtig lesen."

2.4.2 Leistungsmotivation und Selbstwert

Für eine „gesunde" Entwicklung der Leistungsmotivation ist es wichtig, das Kind zu begleiten und zu unterstützen. Verläuft diese nämlich ungünstig, kann das Folgen für das spätere Leben haben. Kann ein Kind beispielsweise schon in den frühen Phasen der ›Entwicklung‹ selten eigenständig handeln und bekommt viel abgenommen, wird es Probleme haben, Eigenständigkeit und damit auch Selbstvertrauen in die eigenen Fähigkeiten zu entwickeln.

Entwicklung → S. 110

> **BEISPIEL** Die mittlerweile sechsjährige **Marlene** war ein Frühchen. Sie kam sieben Wochen zu früh zur Welt und verbrachte viele Wochen im Brutkasten. Ihre Eltern waren daher in den ersten Jahren sehr vorsichtig mit ihr und dieses Verhalten setzte sich auch noch im „Kindergartenalter" fort. Marlene wird heute noch alles abgenommen, sei es das Zerkleinern ihres Mittagessens oder das Zubinden ihrer Schnürsenkel. Dem pädagogischen Fachpersonal fällt auf, dass sich Marlene wenig zutraut. Wenn die Gruppenleiterin sie ermuntert, ein Puzzle zu machen, wird Marlene schnell weinerlich und sagt: „Ich kann das alleine nicht, du musst mir helfen!"

Abb. 2.10 Die Entwicklung des Menschen hat Einfluss auf seine Leistungsmotivation.

Wird ein Kind hingegen oft mit seinen Aufgaben alleingelassen und erhält keine oder selten Unterstützung, wird es häufiger Misserfolge erleben und eventuell eine pessimistische Grundhaltung entwickeln.

> **BEISPIEL** Der vierjährige **Marco** ist schnell frustriert, wenn etwas nicht klappt. Letztens sollte er seine Gummistiefel alleine anziehen. Auf Anhieb klappte es aber nicht. Marco wurde wütend, schimpfte laut: „Ich kann das nicht!", und warf die Stiefel durch den Flur.

Welche Auswirkungen ein ständiges Erleben von Misserfolgen haben kann, zeigt das folgende Experiment.

> ### Das Experiment der erlernten Hilflosigkeit
>
> Das Experiment der erlernten Hilflosigkeit zeigt, welche gravierenden Auswirkungen das ständige Erleben von Misserfolgen hat. Es wurde 1967 von dem Psychologen Martin Seligman durchgeführt und zählt zu den wichtigsten Experimenten in der Geschichte der Psychologie.
>
> **Das Experiment ist in zwei Phasen unterteilt.**
> **Phase 1:** Einem Hund, der in einem Käfig saß, wurde ein schmerzhafter Stromschlag verabreicht. Durch eine bestimmte Verhaltensweise aber, nämlich das Betätigen eines Hebels, konnte er die Stromschläge abstellen.
> Diesen Versuch führte Seligmann mit etlichen Hunden durch, die er „Gruppe A" nannte.
> Eine andere Gruppe von Hunden („Gruppe B") setze er ebenfalls dieser Versuchsanordnung aus. Diese Hunde aber konnten die Stromschläge nicht stoppen, egal, was sie taten. Sie mussten sie ertragen.
> **Phase 2:** Während dieser Phase wurden die Hunde in einen Käfig gesetzt, der aus zwei Boxen bestand. Auch hier erlitten sie einen Elektroschock, konnten diesem aber durch einen Wechsel in die andere Box entgehen.
>
> Gruppe A lernte sehr schnell, auch dem Schock in Phase 2 zu entgehen. Mit der Zeit lernten die Tiere, direkt in die andere Box zu laufen, sobald sie in den Käfig gesetzt wurden, und so gar keine Schocks mehr zu erleben.
> Gruppe B lernte jedoch gar nicht oder nur sehr langsam, die Box zu wechseln, um den Schocks zu entgehen. Es gab etliche Hunde, die gar nicht flüchteten und lethargisch in der Box, in der die elektrischen Schocks erfolgten, liegen blieben. Sie ließen sie über sich ergehen – diese Hilflosigkeit hatten sie in Phase 1 des Experiments „gelernt".

Das Experiment zeigt, dass sich das ständige Erleben von Misserfolgen bei Tieren negativ auf die Motivation auswirkt. Nachfolgende Studien zeigten, dass dieser Effekt auch beim Menschen nachweisbar ist. Zudem besteht durch ständige Misserfolgs- und Kontrollverluste für den Menschen die Gefahr, eine pessimistische Grundhaltung zu entwickeln.

Erfährt man immer wieder, dass man selbst keinen Einfluss hat, wird das eigene Können abgewertet und das Selbstwertgefühl heruntergesetzt und geschwächt. Es kann eine Entwicklung dahingehend stattfinden, dass man dauerhaft Probleme als unveränderlich und Aufgaben als unlösbar betrachtet. Diese Einstellung wirkt sich negativ auf das Selbstwertgefühl aus, weshalb die erlernte Hilflosigkeit als Mitverursacher für die Entstehung von Depressionen verantwortlich gemacht wird.

Die Entwicklung der Leistungsfähigkeit ist somit eng mit der Entwicklung des Selbstwertgefühls verknüpft.

2.5 Pädagogische Konsequenzen

Wie kann sich nun der Erwachsene so verhalten, dass das Kind eine „günstige" Entwicklung durchleben kann? Wie kann die pädagogische Fachkraft mit Verhaltensweisen wie denen von Marlene und Marco umgehen?

2.5.1 Erkenntnisse der Psychologie

Carl Rogers → S. 422

Nach dem Psychologen ›Carl Rogers‹ sind drei Faktoren für die Entwicklung des Selbstwertgefühls von besonderer Bedeutung:

Sichere soziale Basis
Damit ist gemeint, dass der Mensch das sichere Gefühl braucht, von seinen Bezugspersonen bedingungslos geliebt und unterstützt zu werden. Das setzt voraus, dass er diese Erfahrungen als Kind dauerhaft gemacht hat.

Oft erfahren Kinder aber nur für besondere Leistungen eine besondere Aufmerksamkeit ihrer Eltern.

> **BEISPIEL** „Wenn du ein gutes Zeugnis hast, habe ich dich noch viel lieber!"

> **BEISPIEL** „Du hast dich völlig daneben benommen! Willst du, dass ich dich nicht mehr lieb habe?"

Oder sie reagieren auf ein unerwünschtes Verhalten ihrer Kinder mit dem sog. „Liebesentzug".

> **BEISPIEL** „Nein, wir kuscheln jetzt nicht, du hast mich eben sehr geärgert!"

Oft wird nach einem „Fehler" des Kindes nicht mehr oder nur noch sehr kühl mit dem Kind geredet – auch das ist eine Form des Liebesentzugs.

Solche Äußerungen rufen im Kind Gefühle des Versagens und der Hilflosigkeit hervor. Es entsteht eine Verbindung von Leistung und dem Geliebt-Werden und das Kind lernt dabei, dass es nur dann liebenswert ist, wenn es etwas leistet.

Abb. 2.11 Bedingungslose Liebe

Aber nur Kinder, die bedingungslos geliebt werden, können ein stabiles, positives Selbstwertgefühl entwickeln. Liebe darf nicht an Bedingungen, wie an eine Leistung oder an ein bestimmtes Verhalten, geknüpft sein. Auch in schwierigen Situationen muss sich das Kind auf uneingeschränkte und bedingungslose Liebe und Akzeptanz verlassen können.

Selbstwertschätzung

Nach Rogers ist ebenfalls sehr wichtig, dass das Kind ein positives Bild von seiner eigenen Leistungsfähigkeit entwickelt. Das kann z. B. dadurch erreicht werden, dass der Erwachsene bei der Bewertung von Leistungen strikt zwischen Leistung und Resultat trennt. Oft wird der Fehler gemacht, eben diese beiden Faktoren zu verbinden.

> **BEISPIEL** Ein Kind lernt sehr viel für eine Klassenarbeit, erreicht aber nur eine mittelmäßige Note. Das alleine kann schon enttäuschend sein, da Noten oft als Spiegel des eigenen Könnens angesehen werden. Wenn nun auch noch die Eltern enttäuscht sind, dass es trotz der Vorbereitung „nur" zu einer mittelmäßigen Note „gereicht" hat, wirkt sich das negativ aufs Kind aus. Es lernt, dass „etwas" mit ihm selbst „nicht stimmt", da es trotz seiner Anstrengung nicht zum Ziel gekommen ist. Es verliert das Vertrauen in die eigenen Fähigkeiten.

Hier wäre es Aufgabe der Eltern und Lehrer, das Kind für seinen Fleiß (Lernen) und sein Können (gute Anteile in der Klassenarbeit) zu bestärken und es zu ermutigen. Nur so kann es Vertrauen in seine eigenen Fähigkeiten entwickeln und lernen, Misserfolge „einzuordnen" bzw. an seinen Schwächen zu arbeiten.

Selbstwirksamkeit

Unter dem Begriff der Selbstwirksamkeit versteht man das Gefühl, eine Situation beeinflussen zu können. Daher sind Erfahrungen, selbstständig Aufgaben bewältigen zu können, schon in frühen Entwicklungsphasen sehr wichtig. Nur durch selbstständig erzielte Erfolge kann das Kind einen Bezug zwischen den eigenen Fähigkeiten und einer Leistung herstellen.

> **BEISPIEL** Der vierjährige **Lars** möchte sich die Schuhe alleine anziehen. Da sein Vater es aber eilig hat, zieht er ihm schnell die Schuhe an. Lars weint und sagt: „Ich wollte die Schuhe selber anziehen!"

Daher ist es wichtig, Kinder so selbstständig wie möglich agieren zu lassen, damit sich ein stabiles Konzept der Selbstwirksamkeit entwickeln kann. Dazu gehört es, Kinder vor **Überforderung** zu schützen, da diese Erfahrung zwangsläufig Misserfolge nach sich zieht. Macht das Kind häufiger Misserfolgserfahrungen, kann sich das negativ auf die Entwicklung von Selbstwirksamkeit auswirken. Aber auch **Unterforderung** kann Erfolgserlebnisse verhindern, da sie eher Frustration als Stolz bewirkt. Denn so fehlt das Gefühl, gefordert zu sein, da das Kind spürt, dass ihm zu wenig zugetraut wird. Nur „echte" Erfolge stärken den Glauben an das eigene Können und die eigene Wirksamkeit. Daher sollte sich pädagogische Arbeit daran orientieren, dass Kinder Erfolge erzielen können.

> **ZUM WEITERDENKEN** Auch schon sehr junge Kinder sollten so selbstständig wie möglich handeln können, ohne dabei über- oder unterfordert zu werden. Nur so können „echte", selbst erarbeitete Erfolgserlebnisse gemacht werden. In der Montessori-Pädagogik stellt der Aspekt der Selbstständigkeit ein wesentliches Merkmal der pädagogischen Arbeit dar. Deutlich wird dies im wohl bekanntesten Zitat ›Maria Montessoris‹: „Hilf mir, es selbst zu tun!"

Maria Montessori → S. 294

2.5.2 Einflussfaktoren auf die Leistungsmotivation

Lernen am Modell → S. 100

Bei der Entwicklung der Leistungsmotivation spielt das ›Lernen am Modell‹ eine große Rolle.

Beim **Lernen am Modell** wird davon ausgegangen, dass sich Lernvorgänge durch die Beobachtung und Nachahmung von Menschen vollziehen. So kann dies auch in der Entwicklung der Leistungsmotivation geschehen:

> **BEISPIEL** Lebt eine Familie ihren Kindern vor, dass man nicht so schnell aufgibt, z. B. beim Handwerken, wird das positiven Einfluss auf die Motivationsentwicklung der Kinder haben.

Abb. 2.12 Rückmeldungen geben und Vorbild sein

Doch das alleine ist nicht ausreichend. Generell ist es wichtig, das Kind dabei zu unterstützen, sein Können realistisch einzuschätzen und dafür zu sorgen, dass es weder dauerhaft über- noch unterfordert wird. Es muss eine Rückmeldung bekommen, wenn es sich zu schwere Aufgaben sucht und ggf. an ihnen scheitert, damit es lernt, sein Anspruchsniveau realistisch zu stecken.
Im Gegenzug muss es aber aufgefordert und ermutigt werden, angemessen schwierige Aufgaben ggf. mit Unterstützung in Angriff zu nehmen, damit sich keine erlernte Hilflosigkeit entwickelt.

Für die Lösung des Eingangsbeispiels würde dies Folgendes bedeuten:

> **BEISPIEL** Die pädagogische Fachkraft sollte **Marco** ermutigen, Aufgaben in Angriff zu nehmen. Wichtig ist, dass er dabei nicht alleingelassen wird. So kann er immer wieder die Erfahrung machen, dass er Erfolge erzielt, und Vertrauen in sein eigenes Können entwickeln. Wichtig ist dabei, mit Marco zu reflektieren, wie er zum Ziel gekommen ist. So ist der Weg geebnet, Aufgaben nach und nach auch alleine zu bewältigen, und die pädagogische Fachkraft kann sich allmählich zurückziehen.
> Auch **Marlene** braucht immer wieder Ermutigung, Aufgaben in Angriff zu nehmen. Die pädagogische Fachkraft sollte ihre Unterstützung anbieten, aber auch darauf achten, dass Marlene zunehmend eigenständiger wird. Wichtig sind gemeinsame Resümees der bewältigten Aufgaben, sodass Marlene immer wieder selber sieht, was sie geschafft hat.

Um Kindern Lernanreize zu bieten, die sie selbstständig aufgreifen können, ist es wichtig, ihre Umgebung entsprechend zu gestalten, z. B. durch entsprechendes (Spiel-)Material. Diese Idee der sog. **„vorbereiteten Umgebung"** entstammt der Pädagogik Maria Montessoris, die forderte, dass jegliches Material so ausgewählt und angeordnet sein sollte, dass es anregend auf das Kind wirkt. Dadurch, dass das äußere Ziel sichtbar ist, wird das Kind animiert, selbsttätig und aus Eigeninteresse zum Spielmaterial zu greifen.

> **BEISPIEL** Puzzles und Spiele wie Türme aus Bauklötzen, die vollständig und ansprechend sind, liegen in Greifhöhe des Kindes und regen dazu an, mit ihnen zu spielen. Dadurch, dass das fertige Ziel (das fertige Puzzle, das ein Bild ergibt, der korrekt gebaute Turm) für das Kind sicht- und greifbar ist, hat es einen Maßstab, an dem es sich orientieren kann.

An dieser Stelle kommt der pädagogischen Fachkraft die entscheidende Rolle zu, das Kind zu unterstützen oder gewähren zu lassen – je nach dessen Entwicklungsstand. Dazu muss sie es in der Vergangenheit ausreichend beobachtet und die aktuelle Situation auf der Basis dieser Beobachtungen wahrgenommen haben. Nur so kann sie einschätzen, ob das Kind einen „echten" Erfolg erzielt hat, und ihm eine positive Rückmeldung geben.

Des Weiteren sind **Lob und positive Bestärkung** eine wichtige Maßnahme, um das Kind zu unterstützen und die Motivation zu erhöhen.

Erfährt ein Kind nämlich regelmäßig angemessenes Lob und Anerkennung für seine Leistungen, kann es eine optimistische Grundhaltung entwickeln. Das bedeutet, dass es Erfolge auf sein eigenes Können zurückführt. So kann sich ein stabiles Selbstwertgefühl aufbauen, das es ermöglicht, Misserfolge „wegzustecken". Das Kind kann sich ein Scheitern z. B. dadurch erklären, dass es einfach Pech hatte oder sich beim nächsten Mal mehr anstrengen muss.

Bleibt das Lob auf einen Erfolg aus und erfährt das Kind sogar noch einen Tadel bei einem Misserfolg, besteht die Gefahr, dass sich eine pessimistische Grundeinstellung entwickelt.

Lob sollte mit Vorsicht und dem richtigen Maß eingesetzt werden. **Folgende Fehler sind beim Einsatz von Lob** zu vermeiden:

	Erklärung	**Beispiel**
Übermäßiges Loben	Wird ein Kind zu viel gelobt, verliert das Lob an Bedeutung. Das Kind fühlt sich unterschätzt. Außerdem kann übermäßiges Loben auf Dauer abhängig machen, sodass das Kind immer neues Lob einfordert.	Lobt der Vater seinen Sohn für jeden Strich, den er malt, wird der Sohn den Spaß an seinem Bild verlieren und sich vom Vater nicht ernst genommen fühlen.
Übertriebenes Loben	Wird das Kind für einfache Aufgaben gelobt, fühlt es sich nicht ernst genommen. Lob sollte sehr individuell darauf zugeschnitten sein, welche Leistung das Kind im Rahmen seines aktuellen Entwicklungsstandes erbracht hat.	Fällt es einem Kind schwer, Kontakte zu knüpfen, kann es aber sehr gut klettern, sollte es für jeden Schritt auf andere zu gelobt werden, nicht aber für ein „Kletterkunststück".
Pauschales Loben	Erfolgt Lob pauschal, profitiert das Kind weniger davon, als wenn es konkret und sachbezogen gelobt wird.	Statt des pauschalen „Super!" sollte dem Kind rückgemeldet werden, was genau es gut gemacht hat, z. B. dass es sich an eine schwierige Aufgabe herangewagt hat.

Tab. 2.13 Fehler beim Einsatz von Lob

2.5.3 Die Rolle der Kindertageseinrichtung

In der Frühpädagogik hat es sich etabliert, die Entwicklung und das Lernen von Kindern sichtbar zu machen, z. B. in Form von Sammlungen von Bildern, gebastelten Werken oder Fotos. Wenn Kinder sehen und darüber reflektieren können, wie und was sie gelernt haben, zieht das ein Gefühl des Stolzes nach sich und stärkt das Selbstvertrauen. Daher gibt es geeignete Methoden für den Elementarbereich, den Lernweg von Kindern zu ›dokumentieren‹.

Dokumentation → S. 68

Portfolios

Portfolio
lat. portare: tragen, folio: Blatt

Seit einigen Jahren haben die sog. ›Portfolios‹ Einzug in den Kindergarten gehalten und finden mittlerweile auch im U3-Bereich Beachtung. Portfolios stellen eine Möglichkeit dar, Lernfortschritte sowohl für den Erwachsenen als auch für das Kind sichtbar zu machen. Ein Portfolio kann z. B. aus chronologisch geordneten Fotos, Geschichten und Werken (Bilder, Gebasteltes) des Kindes bestehen. Dadurch werden die Bildungserfahrungen und Lernfortschritte des Kindes über die Jahre festgehalten.

Bei der gemeinsamen Befüllung und Betrachtung dieser Sammlung erleben Kinder eine ganz besondere Form der Beachtung und Wertschätzung ihrer eigenen Entwicklung. Sie können zudem etwas tun, was für die Entwicklung der Leistungsmotivation von Vorteil ist: Die Rückschau auf bewältigte Aufgaben („Das habe ich damals gelernt, jetzt kann ich es") macht stolz und hält etwas sehr Wichtiges fest. Kinder leben im „Hier und Jetzt", ihr Verständnis von Zeit und Dauer entwickelt sich nur langsam. Ein regelmäßiger Rückblick in die Vergangenheit führt dem Kind wahrhaft vor Augen, dass es tatsächlich etwas gelernt hat und aus eigener Kraft Einfluss auf seine Entwicklung genommen hat – eine wichtige Erkenntnis und eine positive Erfahrung im Hinblick auf zukünftige Aufgaben.

Lerngeschichten

Die sogenannten Lerngeschichten greifen diesen Gedanken ebenfalls auf. Bei diesem Konzept geht es darum, Kinder nach bestimmten Kriterien zu beobachten. Auf der Grundlage dieser ›Beobachtungen‹ verfasst die pädagogische Fachkraft einen Brief an das Kind, der in angemessener Sprache zusammenfasst, was sie beobachtet hat. Dabei betont sie die bereits vorhandenen Kompetenzen des Kindes. Bestimmte Satzanfänge können das Schreiben von Lerngeschichten erleichtern:

Beobachtung → S. 59

- „Du kannst schon …"
- „Mir hat gut gefallen, dass du …"

Zu fördernde Kompetenzen werden nicht beschrieben, sondern in Form eines „Vorschlags" formuliert („Was hältst du davon, wenn wir …", „Wie wäre es, wenn du …").

Lieber Luis,

ich habe dich letztens auf dem Bauteppich gesehen und konnte beobachten, wie du ganz vorsichtig einen Turm gebaut hast. Vielleicht kannst du dich noch daran erinnern. Er bestand aus den Holzbauklötzen und du hast sehr vorsichtig und geschickt einen Stein auf den anderen gesetzt. Als Max auf den Bauteppich kam, hast du ihn direkt wieder weggejagt, so wichtig war dir dein Turm. Du hast ihn dann noch so hoch gebaut, bis kein Stein mehr da war. Wahrscheinlich war das alles genau so spannend für dich wie für mich, denn dann hast du es bestimmt nicht mehr ausgehalten und den Turm umgeworfen. Dabei hast du gelacht und dich gefreut.
Vielleicht magst du ja beim nächsten Mal mit Max zusammen einen Turm bauen und ihm zeigen, wie geschickt du das schon kannst!

Deine Elke

Abb. 2.14 Beispiel für eine Lerngeschichte

> **Warum muss ich das für meinen Beruf wissen?**

In diesem Kapitel haben Sie erfahren, was der Begriff „Motivation" bedeutet und wie er sich von den Begriffen „Bedürfnis" und „Trieb" abgrenzt.

Sie kennen zwei wichtige Motivationstheorien und verstehen, wie Motivation entsteht. Auch wissen Sie, was Leistungsmotivation ist und dass die Wurzeln für die Entwicklung dieses wichtigen Werkzeugs schon in der frühen Kindheit gelegt werden. Sie verfügen über Wissen, wie die Entwicklung der Leistungsmotivation vom Säuglings- bis zum Grundschulalter verläuft und wie wichtig es ist, diese Entwicklung zu begleiten und zu unterstützen. Der Zusammenhang zwischen der Entwicklung von Leistungsmotivation und dem Aufbau von Selbstwertgefühl ist Ihnen bewusst, ebenso wie Gefahr und Folgen der „erlernten Hilflosigkeit".

Auf der Grundlage dieses Wissens können Sie Verhaltensweisen von Kindern einordnen und verstehen. Sie können nachvollziehen, warum Kinder sich manchmal selbst über- oder unterschätzen und auf Anforderungen hilflos oder frustriert reagieren. Sie können diese Verhaltensweisen deuten und angemessen auf sie reagieren, z. B. durch Ermutigung und Unterstützung sowie durch angemessenes Lob und positive Rückmeldung. Dabei ist Ihnen bewusst, welche vielfältigen Aufgaben Sie als pädagogische Fachkraft haben. Grundlegend ist eine Haltung dem Kind gegenüber, die von Einfühlungsvermögen, Wertschätzung und Zutrauen geprägt ist. Jedes Kind muss auf der Grundlage seiner Persönlichkeit und seines Entwicklungsstandes angemessen behandelt und gefördert werden. Wichtig sind selbstständige Erfahrungen, die Erfolge ermöglichen und das Kind weder über- noch unterfordern.

Sie kennen Methoden zur Dokumentation von Lernvorgängen und wissen, wie wichtig die Beteiligung des Kindes an diesen Dokumentationen ist.

3 LERNEN: KINDLICHE LERNWEGE VERSTEHEN

28. November

15:38 — Bin ich für kleine Kinder ein schlechtes Vorbild, wenn ich z. B. die Ellenbogen beim Essen auf dem Tisch habe?

15:42 — Nutzt dieses ständige Loben der Kinder denn überhaupt was?

15:52 — Ab wann können Kinder eigentlich lernen?

Die Fähigkeit zu lernen ist eines der wesentlichen Merkmale des Menschen. Natürlich können auch Tiere hinzulernen, aber die Evolution hat nur beim Menschen diese Fähigkeit so weiterentwickelt, dass sie dem Menschen zahlreiche Möglichkeiten eröffnet.

3.1 Grundlegendes zum Thema Lernen

Menschen lernen ständig und in ganz unterschiedlichen Zusammenhängen. Die Fähigkeit zu lernen ist ihnen angeboren. Wie diese Fähigkeit genutzt wird, ist aber von Mensch zu Mensch sehr unterschiedlich. Lernen findet dabei manchmal einfach so statt.

> **BEISPIEL** **Sophia (0;6)** lacht und freut sich, wenn ihre Mutter näher kommt, um ihr das Trinkfläschchen zu reichen. **Fritz (2)** sieht, wie seine große Schwester ein Brot mit dem Messer schmiert, und macht dies nach. **James (2;6)** kann schon ziemlich gut Fahrrad fahren. **Lisa (3;6)** kann 5 + 2 = 7 rechnen. **Tom (6)** verprügelt andere Kinder immer dann, wenn sein Vater länger auf Dienstreisen ist.

Sophia hat nebenbei gelernt, dass das Erscheinen der Mutter häufig mit einer leckeren Milchflasche im Zusammenhang steht. Oder es wird gezielt und absichtlich gelernt, z. B. wenn James mit seiner Mutter das Fahrradfahren übt.

> Lernen „nebenbei" wird als inzidentelles Lernen bezeichnet. Lernen mit Absicht wird als intentionales Lernen bezeichnet.

3. Lernen: Kindliche Lernwege verstehen

Lernen kann durch Übung erfolgen oder durch eine einmalige ›Beobachtung‹. So sieht Fritz einmal, wie seine Schwester mit dem Messer umgeht, und versucht dies nachzumachen. Wenn Sie englische Vokabeln lernen, müssen sie diese öfters wiederholen, also üben.

Lernen kann etwas Positives sein, z. B. die Fähigkeit von Lisa, zu rechnen. Lernen kann aber auch eine Verschlechterung mit sich bringen, etwa wenn Tom andere Kinder verprügelt, um Aufmerksamkeit zu bekommen.

Beobachtung → S. 59

ZUM WEITERDENKEN Täglich lernen auch Sie Neues hinzu. Zum Beispiel lernen Sie im Unterricht eine neue Sprache oder wie Lernprozesse grundsätzlich funktionieren (neues Wissen). Sie haben gelernt, mit Ihren Lehren anders zu sprechen als mit Ihren Mitschülern oder Ihren Eltern (Verhaltensweisen). Ihre persönliche Freiheit ist Ihnen wichtig und Rassismus lehnen Sie ab (Einstellungen). Sie sind gerade frisch verliebt. Heute Nachmittag haben Sie einen Zahnarzttermin, vor dem Sie sich jetzt schon fürchten (Gefühle). In Ihrem letzten Test haben Sie ein „sehr gut" bekommen. Gerade machen Sie Ihren Führerschein und lernen dafür die Straßenschilder (Bedeutungen). Heute Nachmittag versuchen Sie einen neuen Trick auf Ihrem Skateboard zu üben (Bewegungen).

Aus den genannten Beispielen und den daran anschließenden Überlegungen wird deutlich, dass es äußerst spannend und vielfältig sein kann, sich mit dem Phänomen Lernen zu beschäftigen. Wie genau aber funktioniert das Lernen?
Viele Wissenschaftler haben sich darüber Gedanken gemacht und Modelle entwickelt, die den Vorgang des Lernens erklären sollen. Waren dies zunächst sehr einfache Modelle, wurden sie bis heute immer ausgefeilter, um die verschiedenen Aspekte des Lernens zu verstehen. Intensiv erforscht wurde das Lernen zu Beginn des 20. Jahrhunderts. Zu dieser Zeit ging man noch davon aus, dass die im Gehirn stattfindenden Prozesse nicht beobachtbar bzw. beschreibbar sind.
Was Forscher sehen konnten, waren immer nur die Resultate eines Lernprozesses – aber nicht den Lernprozess selbst. Das Gehirn wurde daher als sogenannte ›„Black Box"‹ angesehen, in die es nicht möglich sei hineinzuschauen.

Unter **www.gehirnlernen.de** finden Sie weitere Informationen zum Thema.

Abb. 3.1 Gehirn

Black Box
engl.: schwarzer Kasten, in dem man nicht sieht, was passiert

3.1.1 Modelle zur Erklärung des Lernens

Die Modelle zur Erklärung des Lernens lassen sich in vier Kategorien aufteilen:

Assoziation
lat. associare: verbinden, verknüpfen

Strafe → S. 98

Konstruktion
lat. con: zusammen, struere: bauen

Modell	Auffassung über das Lernen	Beispiel
Lernen durch ›Assoziationsbildung‹	Lernen bedeutet Sinneseindrücke, Reize und Handlungen zu verbinden.	Für Sophia schmeckt die Milch aus dem Trinkfläschchen lecker. Sie assoziiert (verbindet) dies mit dem Erscheinen ihrer Mutter.
Lernen als Verhaltensänderung	Lernen erfolgt auf der Grundlage bestimmter Gesetzmäßigkeiten.	Tom wird immer ›bestraft‹, wenn er andere Kinder verprügelt. Deshalb beendet er nach und nach dieses Verhalten.
Lernen als Wissenserwerb	Lernen bedeutet, dass sich geistige Prozesse in unserem Gehirn verändern und wir uns so mehr Wissen über die Welt aneignen.	Lisa hat verstanden, dass man Zahlen addieren kann.
Lernen als ›Konstruktion‹ von Wissen	Lernen bedeutet, dass der Mensch aktiv Erfahrungen interpretiert und Zusammenhänge entdeckt.	Während ihrer Ausbildung machen Sie viele neue Erfahrungen, die dazu führen können, dass sie etwas dazulernen.

Tab. 3.2 Modelle zur Erklärung des Lernens

> Lernen ist ein Prozess, es erfolgt nicht plötzlich. Während dieses Prozesses ändern sich ein Verhalten, unsere Art zu denken oder unser Fühlen dauerhaft. Lernen muss dabei nicht direkt in geändertem Verhalten sichtbar werden, es kann sich auch zu einem späteren Zeitpunkt ändern. Die Änderungen sind die Folge von Erfahrungen oder Einsichten.

3.1.2 Das Gedächtnis

Entscheidend für das Lernen ist unser **Gedächtnis**, denn stark vereinfacht könnte man sagen, dass Lernen bedeutet, sich an gemachte Erfahrungen zu erinnern.

> „(…) Klohs kann sich heute noch keine neuen Namen merken. Er weiß nicht, was er einkaufen soll, was er vor zehn Minuten gesagt hat, welcher Tag ist. Er weiß zwar wegen der sich ständig wiederholenden Fernsehbilder, dass Flugzeuge in das World Trade Center gekracht sind, aber nicht, wer dahinter steckt. Und wenn man ihn nach dem aktuellen Bundeskanzler fragt, dann fragt er mit großen Augen zurück: »Schmidt?« Einmal hat er seine Frau in der Stadt vergessen, ist einfach ohne sie heimgefahren, und Eleonore Klohs stand mit vollen Einkaufstüten vor dem Supermarkt. Manchmal weiß er auch nicht mehr, wo er geparkt hat, dann rennt er herum, drückt hektisch auf den Autoschlüssel und wartet darauf, dass irgendwo Rücklichter aufflackern. Deshalb schickt ihn Eleonore immer in denselben Laden; den steuern sie seit Jahrzehnten an, der Parkplatz ist klein, und die Regale werden nicht umgeräumt. (…)"
>
> Quelle: www.zeit.de/2007/12/M-Gedaechtnisverlust 22.5.2014

Amnesie
griech. a-: ohne, μνήμη mnémē: Gedächtnis; Gedächtnisverlust

Herr Klohs hat ›Amnesie‹, also einen durch einen Unfall oder eine Krankheit hervorgerufenen Gedächtnisverlust. Von Amnesie betroffene Menschen zeigen uns besonders deutlich, wie wichtig das Gedächtnis ist. Stellen Sie sich vor, Sie könnten sich nicht daran erinnern, was Sie gestern gemacht haben – wie sähe Ihr Leben dann aus?

3. Lernen: Kindliche Lernwege verstehen

> **ZUM WEITERDENKEN** Ab wann können wir uns überhaupt an Erlebnisse erinnern? Normalerweise ist es nicht möglich, sich an Erlebnisse zu erinnern, die vor dem zweiten Lebensjahr passiert sind. Dies wird als frühkindliche Amnesie bezeichnet. Vermutlich liegt das mangelnde Erinnerungsvermögen an der Qualität der Speicherung im Gehirn. Sie scheint in den ersten zwei Lebensjahren nicht gut genug zu sein, damit die Erinnerungen überdauern können.

Viele Wissenschaftler gehen heute davon aus, dass das Gedächtnis keine Einheit darstellt, sondern aus verschiedenen Stufen zusammengesetzt ist. Dies wird als **Mehrspeichermodell** bezeichnet. Damit ist gemeint, dass Gedächtnisinhalte durch mehrere Speicher verarbeitet und aufgenommen werden.

Damit etwas in unserem Gedächtnis bleibt, müssen zunächst Informationen durch unsere Sinnesorgane aufgenommen werden.

> **BEISPIEL** **Fritz** sieht seine Schwester, die mit einem Messer etwas schneidet.

Die Informationen gelangen so in das **sensorische Gedächtnis** (oder Ultrakurzzeitgedächtnis). Alles, was Menschen hören, riechen, fühlen oder schmecken, gelangt also zunächst in das sensorische Gedächtnis. Unser Gehirn prüft jetzt, ob es diese Informationen mit bereits bekannten Informationen in Verbindung bringen kann und ob die Informationen für uns wichtig oder unwichtig sind. Dies geschieht im **Arbeitsspeicher** (oder Kurzzeitgedächtnis).

> **BEISPIEL** **Fritz** sieht das Messer in der Hand seiner Schwester und erinnert sich, dass seine Mama es in einer ähnlichen Art und Weise benutzt. Indem sich Fritz an seine Mutter erinnert, ruft er zusätzliche Informationen aus seinem Langzeitgedächtnis ab.

Im Langzeitgedächtnis finden sich Informationen, die dauerhaft gespeichert sind.

> **BEISPIEL** **Fritz** beschließt, sein Messer in derselben Art und Weise zu benutzen, wie er es bei seiner Schwester sieht und wie es seine Mama auch gemacht hat. Er beginnt sein Brot zu schmieren. Fritz hat ein Verhalten dazugelernt.

Im Langzeitgedächtnis werden sehr unterschiedliche Informationen abgespeichert. Unterschieden werden:

- Eigene Erfahrungen im zeitlichen Ablauf – Beispiel: Ein Kind weiß, dass es mit lautem Schreien seinen Willen durchsetzen kann.
- Wissen über die Welt – Beispiel: Ein Messer ist zum Schneiden da.
- Automatisierte Abläufe – Beispiel: Das Kind hat laufen gelernt.

Das Langzeitgedächtnis speichert das Wissen in sogenannten **Kerninhalten** oder **Konzepten**. Diese wiederum sind mit vielen anderen Inhalten verknüpft. Je ausgefeilter dieses Netzwerk ist, desto einfacher fällt es, neue Inhalte einzusortieren, also zu behalten.

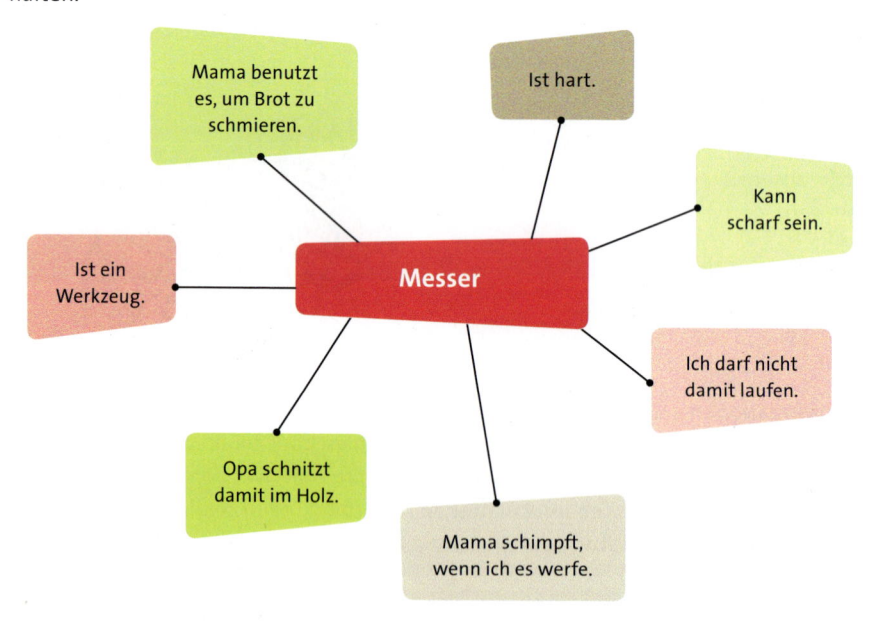

Abb. 3.3 Beispiel für ein Wissensnetzwerk zum Begriff „Messer"

Das **Mehrspeichermodell** geht also davon aus, dass Informationen nacheinander in das sensorische Gedächtnis, das Arbeits- und das Langzeitgedächtnis gelangen. Andere Theorien versuchen zu zeigen, dass das menschliche Gehirn sehr stark als Netzwerk konstruiert ist und viele Speicherprozesse auch gleichzeitig ablaufen. Dabei hat das Gedächtnis grundsätzlich drei verschiedene Fähigkeiten:

- die Fähigkeit der sogenannten Basisprozesse (assoziieren/verbinden, wiedererkennen, Fakten abrufen)
- die Fähigkeit, Strategien einzusetzen (einüben, sortieren, ausarbeiten)
- die Fähigkeit zur **Metakognition**

> Der Begriff *Kognition* ist der Fachbegriff für alle geistigen Prozesse im Menschen wie schlussfolgern, wahrnehmen oder bewerten.
> Als *Metakognition* wird die Fähigkeit bezeichnet, über das Nachdenken selbst nachzudenken.

Denken Sie z. B. darüber nach, wie Sie am besten die Inhalte dieses Buches auswendig lernen können, ist dies Metakognition. Die Fähigkeit zur Metakognition ist entscheidend dafür, ob bestimmte Inhalte gelernt und dauerhaft behalten werden.

3.2 Beim Lernen neue Verbindungen herstellen

BEISPIEL Sophia (0;6) lacht, wenn sie ihre Mutter sieht. Sie hat das Erscheinen der Mutter mit einer positiven Empfindung „Jetzt gibt es etwas Leckeres zu essen" oder „Nun werde ich auf den Arm genommen" in Verbindung gebracht.

> In der Psychologie ist das Fachwort für Verbindungen oder Verknüpfungen ›Assoziation‹.

Assoziation → S. 88

3.2.1 Lernen am Erfolg

Der US-amerikanische Psychologe **Edward L. Thorndike** (1874–1949) entdeckte durch Experimente an Tieren, dass die Grundlage des Lernens die Verknüpfung von Sinneseindrücken („ich sehe meine Mama") mit Handlungen ist („ich freue mich, jetzt gibt es etwas zu essen"). Thorndike formulierte daraufhin Gesetze, die den Mechanismus des Lernens beschreiben sollten:

1. Ein bestimmtes Bedürfnis („Ich habe Hunger!") bringt die Bereitschaft zum Lernen hervor.
2. Oftmals werden mehrere Verhaltensweisen ausprobiert, um zu testen, mit welcher man ein Ziel erreichen kann („Wenn ich das Messer so halte, kann ich die Marmelade auf das Brot streichen").
3. Die Verhaltensweisen, die erfolgreich sind, werden beibehalten, andere gehen verloren (Effektgesetz).
4. Die erfolgreichen Verhaltensweisen müssen eingeübt werden – „Übung macht den Meister".

Abb. 3.4 Edward L. Thorndike

Thorndike ging es in seiner Forschung darum, herauszufinden, wie sich die Folgen eines Verhaltens auf dieses Verhalten selbst auswirken. Er stellte fest, dass erfolgreiche Verhaltensweisen beibehalten werden, erfolglose Verhaltensweisen abnehmen. Diese Beobachtung hat ganz praktische Konsequenzen: Wenn Sie z. B. in einer Kita arbeiten und wollen, dass die Kinder ein bestimmtes Verhalten erlernen, z. B. sich beim Frühstück gut zu benehmen, müssen Sie dafür sorgen, dass die Kinder gutes Benehmen als erfolgreich erleben, indem Sie die Kinder dafür loben oder belohnen.

Abb. 3.5 Gemeinsam zu essen macht viel Spaß.

BEISPIEL In der Kita „Hand in Hand" gibt es für das Mittagessen folgende Regelung: Nur die Kinder, die sich an die Regeln des guten Benehmens halten, bekommen einen Nachtisch. So werden sie für ihr Verhalten belohnt.

3.2.2 Klassisches Konditionieren

Die neue Verknüpfung eines bereits bestehenden Verhaltens mit einem neuen Reiz wird als klassisches Konditionieren bezeichnet. Es funktioniert nach folgendem Schema:

| Ein Reiz (z. B. ein Horrorfilm) ruft eine bestimmte Reaktion (z. B. Angst) hervor. | → | Ein Reiz (z. B. Horrorfilm) zusammen mit einem anderen, neutralen Reiz (z. B. bestimmte Musik) ruft auch die Reaktion (Angst) hervor. | → | Ein anderer Reiz (z. B. Musik) ruft die Reaktion (Angst) hervor ohne den ersten Reiz, also ohne dass der Film zu sehen ist. |

Die Angst, die man beim Anschauen eines Horrorfilms empfunden hat, wurde also mit einem anderen Reiz, nämlich einer bestimmten Musik, verknüpft. Die Musik kann jetzt auch alleine die Angst auslösen.

Der russische Mediziner und Physiologe **Iwan P. Pawlow** (1849–1936) erforschte dieses Lernprinzip mithilfe von Tierexperimenten an Hunden. Er brachte ihnen bei, den Klang einer Glocke mit der Gabe von Futter in Verbindung zu bringen. Schließlich begannen die Hunde zu speicheln, wenn die Glocke ertönte, auch ohne dass das Futter zu sehen war. Die Hunde hatten gelernt, dass der neutrale Reiz „Glockenton" ein Signal für das Futter war. Deshalb wird diese Form des Lernens auch als **Signallernen** bezeichnet. Wichtig dabei ist, dass der Glockenton mehrmals und kurz hintereinander mit der Gabe des Futters ertönt, um die Verbindung herzustellen. Dies wird als Gesetz der ›Kontiguität‹ bezeichnet. Heute weiß man allerdings, dass das klassische Konditionieren auch dann funktioniert, wenn Reiz und Signal zeitlich weiter auseinanderliegen. Es kommt darauf an, dass das Signal zuverlässig das Auftreten des Reizes vorhersagt.

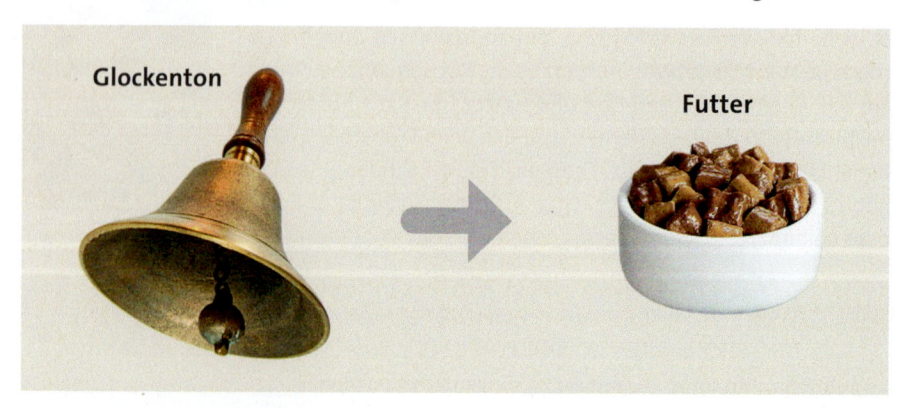

Abb. 3.24 Iwan P. Pawlow

Kontiguität
lat. contiguus: angrenzend

Glockenton → Futter

Das Prinzip des klassischen Konditionierens, zwei Reize miteinander zu verknüpfen, funktioniert nicht nur bei Hunden, sondern auch beim Menschen. Dies zeigt das Beispiel mit dem Horrorfilm. Viele von uns als eklig oder gefährlich erlebte Situationen sind stark konditioniert.

> **BEISPIEL** Würden Sie Limo aus einer Flasche mit einem Totenkopf-Symbol darauf trinken, selbst wenn man Ihnen gesagt hat, dass das Zeichen auf der Flasche ein Fehler ist?

Nicht nur Reaktionen wie Ekel, Angst und Furcht können durch das klassische Konditionieren erklärt werden. Auch positive Reaktionen werden z. B. durch die Werbung genutzt. So versucht die Werbung ein bestimmtes Produkt – beispielsweise ein Deodorant – mit einem bestimmten Gefühl in Verbindung zu bringen: Ein Deo wird von Frauen oder Männern beworben, die gut aussehen und erfolgreich sind. Dahinter steht die Annahme, dass das Produkt selber mit diesen positiven Gefühlen und Eigenschaften in Verbindung gebracht wird.

Lob und Tadel
Für die praktische Arbeit in der Kinderpflege zeigt die Theorie des klassischen Konditionierens, warum z. B. Lob oder Tadel möglichst zeitnah und konsequent zum erwünschten oder unerwünschten Verhalten auftreten sollten. Nur dann wird durch die Kinder das daraus resultierende positive oder negative Gefühl mit dem erwünschten oder unerwünschten Verhalten in Verbindung gebracht.

> Lob oder Tadel müssen zeitnah zum Verhalten ausgesprochen werden, damit sie die gewünschte Wirkung erzielen.

Verhalten, dass durch das klassische Konditionieren erlernt wurde, kann auch wieder verlernt werden. Dies funktioniert folgendermaßen: Der an sich neutrale Reiz (also in den genannten Beispielen der Glockenton oder die Musik) wird immer wieder gegeben, ohne dass anschließend Futter oder ein Horrorfilm erscheint. Die ursprüngliche Bedeutung des neutralen Reizes wird damit gelöscht. Dies bezeichnet man als ›Extinktion‹. Manche Techniken der Verhaltenstherapie funktionieren dementsprechend.

Extinktion
lat. extinctio: Auslöschung

> **BEISPIEL** Ein Mensch mit Höhenangst wird im Rahmen einer Verhaltenstherapie so lange mit einer großen Höhe konfrontiert, bis die Bedeutung von großer Höhe als große Bedrohung, die Angst auslöst, gelöscht wurde.

Es ist auch möglich, dass nicht nur ein bestimmter Reiz eine Reaktion auslöst, sondern ähnliche Reize den Auslösemechanismus in Gang setzen. In Pawlows klassischem Experiment wäre dies z. B. ein etwas höherer oder tieferer Glockenklang. Beim Horrorfilm-Beispiel wäre das eine ähnliche Musik. Dieses Phänomen bezeichnet man als **Reizgeneralisierung**.

Pawlow nutzt in seiner Theorie ein bestimmtes „Vokabular", das Sie kennen sollten. Der Psychologe Robert Siegler beschreibt das klassische Konditionieren als wichtige Lernform für Babys:

Verhalten	Reiz und Reaktion	Erklärung
Die Brustwarze der Mutter ist im Mund des Kindes.	Die Brustwarze wird als unkonditionierter Reiz bezeichnet.	Lernen bedeutet hier: Ein neutraler Reiz (die Brust der Mutter) tritt immer zusammen mit dem unkonditionierten Reiz (Brustwarze im Mund des Kindes) auf.
Ausgelöst wird der Saugreflex.	Der Saugreflex wird als unkonditionierte Reaktion bezeichnet.	
Das Kind sieht die Brust der Mutter.	Die Brust ist der unkonditionierte Reiz; das Kind wird anschließend gestillt bzw. gefüttert.	Schließlich wird der Saugreflex (unkonditionierte Reaktion) durch den Anblick der Brust ausgelöst (konditionierter Reiz).
Das Kind sieht die Brust und macht Saugbewegungen.	Diese Reaktion wird als unkonditionierte Reaktion bezeichnet.	

Tab. 3.6 Klassisches Konditionieren bei Babys (nach Siegler, Robert u. a. [2011]: „Entwicklungspsychologie im Kindes- und Jugendalter. Spektrum, Heidelberg, S. 201)

Die Brust wird für das Baby also ein Signal: „Jetzt gibt's was zu Essen", – weil das tatsächliche Füttern folgt. Schließlich reicht der bloße Hinweis durch die Brust aus, um Saugbewegungen auszulösen. Am Ende des Prozesses genügt das Erscheinen der Mutter für diese Reaktion.

Hier wirkt auch das klassische Konditionieren als eine Form des Lernens, bei der ein an sich neutraler Reiz (Erscheinen der Mutter) mit einem weiteren Reiz (Nahrungsaufnahme) verbunden wird. Schließlich löst der neutrale Reiz die Reaktion aus (Saugbewegungen), die ursprünglich nur beim Nahrungsaufnahme-Reiz (Brustwarze im Mund des Kindes) zu beobachten war.

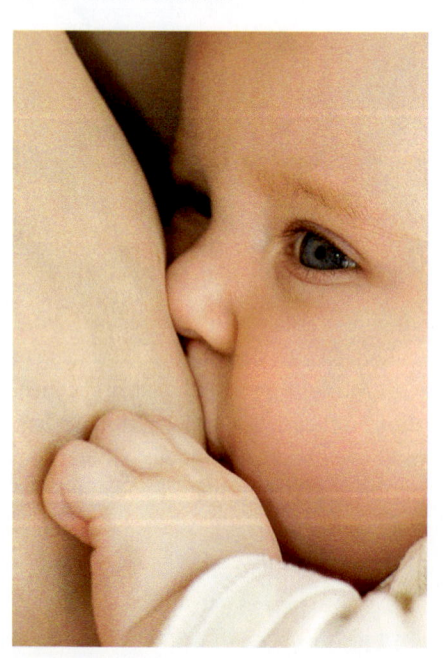

Abb. 3.7 Säugling an der Brust der Mutter

3.3 Verhaltensänderungen durch Lernen

An die Überlegungen von Thorndike und Pawlow anknüpfend entwickelte **John B. Watson** seine Sichtweise des ›Behaviorismus‹. Die wichtigsten Annahmen sind:
- Lernen ist eine Änderung des Verhaltens.
- Änderungen des Verhaltens sind abhängig von Umweltreizen.
- Durch gezielt eingesetzte Umweltreize kann Verhalten gezielt verändert werden.

Der amerikanische Psychologe **Burrhus F. Skinner** (1904–1990) arbeitete in Tierexperimenten bestimmte Gesetzmäßigkeiten heraus, wie Verhalten gezielt zu beeinflussen ist. Dementsprechend wird seine Theorie als **operantes Konditionieren** bezeichnet. Operant bedeutet „die Umwelt beeinflussend". Geht es beim klassischen Konditionieren um die Frage, wie Reize verbunden werden können, um eine bestimmte Reaktion auszulösen, beschäftigte sich Skinner damit, zu klären, wie die Wahrscheinlichkeit erhöht werden kann, damit ein bestimmtes Verhalten auftritt. Er erweiterte das klassische Konditionieren also um einen dritten Bereich: Ein Verhalten kann angenehme oder unangenehme Folgen haben. Je nachdem, welche Folge das Verhalten hat, erhöht oder verringert sich die Wahrscheinlichkeit, dass das Verhalten erneut auftritt.

Behaviorismus
engl. behavior: Verhalten

Abb. 3.8 John B. Watson

Abb. 3.9 Burrhus F. Skinner

Klassisches Konditionieren	Operantes Konditionieren
Wie können Reize verbunden werden, um eine bestimmte Reaktion auszulösen?	Wie kann die Auftretenswahrscheinlichkeit eines Verhaltens erhöht werden?

BEISPIEL Ein Säugling bekommt einen Faden an den Fuß gebunden. Darüber kann er ein Mobile in Bewegung setzen. Der Säugling lernt sehr schnell die Verbindung zwischen Strampeln (Reaktion) und „Mobile bewegt sich" (Belohnung). Der Säugling belohnt sich durch sein Verhalten also selber, indem er das Mobile in Bewegung setzt. Durch die Belohnung wird sein Verhalten positiv verstärkt.

II GRUNDLAGEN DER PSYCHOLOGIE

operantes
Konditionieren → S. 95
klassisches
Konditionieren → S. 92

Positive Verstärkung ist in ihrem Handeln als Kinderpflegerin sehr häufig anzutreffen, nämlich immer dann, wenn Sie ein Kind für ein gezeigtes Verhalten loben. Die Theorien des ›operanten Konditionierens‹ und des ›klassischen Konditionierens‹ erklären damit, warum das Loben bei Kindern so wichtig ist.

Skinner brachte im Tierexperiment Ratten auch dazu, negative Reize zu vermeiden. Dies bezeichnet man als **negative Verstärkung**. So bekamen die Ratten über den Käfigboden einen leichten Stromschlag. Betätigten sie einen Hebel, wurde dieser abgestellt. In der sogenannten Skinner-Box konnten die Ratten auch einen anderen Hebel drücken, sobald ein bestimmtes Licht aufleuchtete. Dann wurden sie mit Futter belohnt.

Abb. 3.10 Skinner-Box

Skinner hatte mit der Skinner-Box also eine sehr einfache Möglichkeit gefunden, **positive** oder **negative Verstärkung** zu simulieren.

Verallgemeinert man Skinners Experimente, geht es beim operanten Konditionieren um eine Form des Lernens, bei der ein (zufällig) auftretendes Verhalten durch die Umwelt verstärkt wird. Dies kann durch Lob und Belohnung oder durch den Wegfall von negativen Reizen geschehen. In beiden Fällen erhöht sich die Wahrscheinlichkeit, dass das gezeigte Verhalten erneut gezeigt wird. Fehlt solch eine Verstärkung oder gibt es sogar eine Bestrafung, führt dies dazu, dass die Wahrscheinlichkeit sinkt.

Dementsprechend lauten Skinners Lernprinzipien folgendermaßen:

Das gezeigte Verhalten führt zu positiven Konsequenzen.	**Positive Verstärkung** Wird ein Verhalten belohnt (z. B. Lob, Schokolade, guten Noten), steigt die Wahrscheinlichkeit, dass das Verhalten erneut gezeigt wird.	Die Praxisanleiterin lobt eine Lernende für ihre besondere Aufmerksamkeit beim Wickeln eines Kleinkindes. Die Lernende wird dieses Verhalten in Zukunft häufiger zeigen.
	Negative Verstärkung Wird durch ein Verhalten etwas Negatives beendet (z. B. Schmerzen, Langeweile, Angst), steigt die Wahrscheinlichkeit, dass das Verhalten erneut gezeigt wird.	Kinderpfleger Andreas hat Rückenschmerzen. Er überwindet sich und geht zum Sport. Die Schmerzen lassen nach. Andreas geht nun häufiger zum Sport.
Das gezeigte Verhalten führt zu negativen Konsequenzen.	**Bestrafung Typ 1** Wird ein Verhalten bestraft (z. B. Tadel, Schläge, Strafarbeit), sinkt die Wahrscheinlichkeit, dass das Verhalten erneut gezeigt wird.	Ein Lernender wird getadelt, weil er erneut zu spät zum Unterricht kommt. Er wird nächstes Mal versuchen, pünktlicher zu sein.
	Bestrafung Typ 2 Wird durch ein Verhalten etwas positiv Gewohntes entzogen (z. B. Taschengeld, Freiheit, Liebe, Nachtisch), sinkt die Wahrscheinlichkeit, dass das Verhalten erneut gezeigt wird.	Der zehnjährige Sebastian ist es gewohnt, jeden Nachmittag eine Stunde fernzusehen. Für sein freches Verhalten am Vormittag wurde das Fernsehen heute gestrichen. Sebastian wird versuchen, morgen besonders brav zu sein.

Tab. 3.11 Lernprinzipien Skinners

Diese Gesetzmäßigkeiten fanden auch ihre pädagogische Anwendung in sogenannten Verstärkungsplänen. Hier wurde also Schritt für Schritt genau geplant, wie ein Verhalten gezielt durch den Einsatz von Verstärkung verändert werden kann.

> **BEISPIEL** Stellen Sie sich vor, in Ihrer Kita schreit ein Kind besonders laut und viel, ohne dass es dafür einen Grund zu geben scheint. Nur selten ist das Kind auch gut gelaunt und spielt mit den anderen Kindern. Dieses Verhalten wird jetzt fortlaufend verstärkt, indem das Kind jedes Mal, wenn es gut gelaunt ist, Ihre volle Aufmerksamkeit erhält und viel Lob bekommt. Im Gegensatz dazu wird es konsequent ignoriert, wenn es schreit.

Abb. 3.12 Aufmerksamkeit wird beim Schreien entzogen.

> Die Belohnung von erwünschtem Verhalten wird als positive Verstärkung bezeichnet. Führt das erwünschte Verhalten zum Wegfall eines negativen Reizes, wird dies als negative Verstärkung bezeichnet.

Gerade als Kinderpfleger müssen Sie sich bewusst machen, wie mächtig der Mechanismus des operanten Konditionierens ist. Je älter die Kinder sind und je enger Verhalten und Belohnung zusammenliegen, desto erfolgreicher ist dabei der Lernprozess. Durch das operante Konditionieren lernen Kinder aber nicht nur die Verbindung von Verhalten und Belohnung. Sie lernen auch, welchen Einfluss sie auf ihre Umgebung haben können und welche Möglichkeiten sie besitzen, diese zu kontrollieren.

> Die Überzeugung, dass das eigene Verhalten einen bestimmten Effekt hat, wird als Selbstwirksamkeit bezeichnet.

> **ZUM WEITERDENKEN** Wie entscheidend die Erfahrung der Selbstwirksamkeit gerade im pädagogischen Bereich ist, wird deutlich, wenn man die Selbstwirksamkeit beschränkt: So konnten Untersuchungen zeigen, dass Kinder von Müttern mit einer ›Depression‹ weniger lächeln und insgesamt weniger Emotionen zeigen. Ursächlich dafür sind vermutlich die Mütter, die aufgrund ihrer Depression die Kinder nicht mit Aufmerksamkeit belohnten. So mussten die Kinder eine Erfahrung geringer Selbstwirksamkeit machen.

Depression → S. 337

3.3.1 Ist die Bestrafung von Kindern sinnvoll?

Wie sieht es jetzt aber mit Bestrafungen als pädagogische Methode aus? Wissenschaftler haben herausgefunden, dass Bestrafung ähnlich effektiv wirken kann wie die positive Verstärkung. Allerdings geht man bei der Anwendung von Bestrafungen das Risiko ein, dass der Bestrafte Angst, Abneigung oder sogar Aggressionen gegen den entwickelt, der ihn bestraft.

Strafen nutzen sich außerdem schnell ab. Wird beispielsweise ein Kind sehr häufig bestraft, wird es sich davon bald nicht mehr abschrecken lassen. Als Reaktion darauf müsste die Strafe weiter verschärft werden. Schließlich kann eine Strafe auch als Form der Aufmerksamkeit oder Zuwendung erlebt werden. Das unerwünschte Verhalten wird dann gerade deswegen gezeigt, um eine Strafe zu bekommen.

Abb. 3.13 Wird ein Kind häufig bestraft, wird es sich möglicherweise bald nicht mehr davon abschrecken lassen.

> Da Strafen problematisch sind, lautet ein pädagogisches Grundprinzip, dass positives Verhalten verstärkt werden sollte. Eine Bestrafung sollte nur sehr zurückhaltend eingesetzt werden.

Werden Strafen übertrieben eingesetzt und so, dass man ihnen gar nicht mehr entgehen kann, kann es zur sogenannten **erlernten Hilflosigkeit** kommen. Der amerikanische Psychologe **Martin E. P. Seligman** (geb. 1942) erforschte dieses Phänomen an Hunden.

BEISPIEL In einem Käfig bekamen Hunde Elektroschocks, denen sie nicht ausweichen konnten. Schließlich wurde das Experiment am nächsten Tag so wiederholt, dass die Hunde diesen Schocks hätten entfliehen können. Die meisten Hunde blieben aber trotzdem am Boden liegen und waren nicht in der Lage zu fliehen. Sie hatten in der ersten Situation ihre Hilflosigkeit erlernt und waren dann nicht mehr imstande, zu reagieren und zu fliehen.

ZUM WEITERDENKEN Forscher untersuchten Kinder, die im Einflugbereich eines Flughafens in Los Angels wohnten und damit einer sehr großen Lärmbelastung ausgesetzt waren, der sie nicht ohne Weiteres ausweichen konnten. Sie hatten hohen Blutdruck, konnten schnell abgelenkt werden und gaben bei schwierigen Puzzlen schnell auf. Damit zeigten sie Anzeichen der erlernten Hilflosigkeit, da sie der hohen Lärmbelastung nicht ausweichen konnten.

3.3.2 Wie kann das Verhalten von Kindern verändert werden?

Es sind noch andere Möglichkeiten aus Sicht des operanten Konditionierens bekannt, um unerwünschtes Verhalten zu verändern:

> **BEISPIEL** Die dreieinhalbjährige **Frieda** sitzt am Mittagstisch und isst. Ab und zu wirft sie aber ihr Essen quer über den Tisch und beginnt Blödsinn zu machen. Ihr wird daraufhin eine Auszeit verordnet. Sie darf so lange nicht mehr am Tisch sitzen, bis sie sich wieder benehmen kann.

Abb. 3.14 Frieda am Mittagstisch

Das heißt, eine für Frieda normale Verstärkung ihres Verhaltens – sie darf mit am Tisch sitzen – wird ihr für einen bestimmten Zeitraum entzogen.

> **BEISPIEL** **Frieda** werden die Folgen ihres Verhaltens deutlich gemacht. Beispielsweise bekommt sie nur einen leckeren Nachtisch, wenn sie sich am Tisch gut benimmt.

Folgen sind immer mit einer bestimmten Handlung verbunden. Begeht ein Fußballspieler ein schweres Foul, sind die Folgen seiner Handlung die rote Karte. Dies setzt voraus, dass es klare Regeln gibt, die alle Beteiligten kennen.

> **BEISPIEL** Jedes Verhalten von **Frieda** wird mit einem Lob positiv verstärkt, z. B. dass sie mit einer Gabel isst, dass sie auch Gemüse probiert, dass sie anderen Kindern etwas abgibt, dass sie richtig am Tisch sitzt – nur das unerwünschte Verhalten (Essen über den Tisch werfen) wird konsequent ignoriert.

Dieses Vorgehen wird als ›**differenzielle**‹ Verstärkung alternativen Verhaltens bezeichnet.

differenziell
unterscheidend

3.3.3 Lernen am Modell

Sicherlich gibt es aber noch eine andere Möglichkeit, Friedas Verhalten zu beeinflussen: wenn sie z. B. sieht, dass alle pädagogischen Fachkräfte um sie herum mit guten Tischmanieren essen oder ihre beste Freundin mit guten Tischmanieren isst und dafür auch noch gelobt wird! Dieses Phänomen bezeichnet man als **Lernen am Modell**. Der kanadische Psychologe **Albert Bandura** (geb. 1925) entwickelte dazu die Theorie zunächst als ›sozio‹-behavioristischen Ansatz.

Er konnte zeigen, dass Verhalten leicht in sozialen Kontexten durch das Imitieren eines geeigneten Modells gelernt wird – es wird also nicht nur über Verstärkung erworben.

Abb. 3.15 Albert Bandura

sozio
„Sozio" oder „sozial" bedeutet so viel wie „zwischenmenschlich".

> **BEISPIEL** Wenn man einem Säugling die Zunge rausstreckt, wird er dieses Verhalten mit hoher Wahrscheinlichkeit nachahmen, auch ohne dass er dafür belohnt wird.

Durch das „Lernen am Modell" – Beobachten und Nachmachen – können Kinder neue

> **BEISPIEL** Ein Ausbilder arbeitet im Ausbildungsbetrieb selber fleißig mit. Die Auszubildenden eifern ihm nach.

> **BEISPIEL** Der 14-jährige **Michael** sieht häufig, wie sein älterer Bruder seine Mitschüler einschüchtert und so „der Boss" in seiner Klasse ist. Michael fängt ebenfalls an, seine Klassenkameraden einzuschüchtern.

Verhaltensweisen erlernen. Wie wirkungsvoll diese Lernform ist, zeigen Versuche mit Kindern, die bereits im Alter von sechs Monaten Erwachsene nachahmen, selbst wenn das beobachtete Verhalten schon etwas zurückliegt. So kann ein Kind mit 14 Monaten ein Verhalten nachmachen, das bereits eine Woche zuvor beobachtet wurde.

> **BEISPIEL** **Tim (1;2)** beobachtet, wie Kinderpfleger Holger nach dem Frühstück den Tisch abwischt. Ein Woche später beginnt er auch mit einem Tuch über den Tisch zu wischen.

Das Lernen am Modell hat dabei den großen Vorteil, dass man nicht alles selber ausprobieren muss, um zu wissen, ob es Erfolg versprechend sein wird. Stellen Sie sich einmal vor, sie müssten Autofahren nur über Versuch und Irrtum lernen. Statt des Lernens über Versuch und Irrtum schaut man sich einfach Modelle mit erfolgreichem Verhalten an.

Das Rocky-Experiment

Besonders bekannt wurde die Theorie Albert Banduras durch das von ihm 1965 durchgeführte sogenannte Rocky-Experiment. Mit diesem Experiment konnte Bandura zeigen, dass aggressives Verhalten durch das Beobachten eines Modells und durch positive Verstärkung gelernt wird:

Phase 1	In einem Kindergarten sieht eine Gruppe von Kindern einen Film, in dem gezeigt wird, wie ein Erwachsener namens Rocky eine Puppe namens Bobo beschimpft, schlägt und mit den Füßen tritt.
Phase 2	Ein Teil der Kinder sieht eine Fortsetzung des Films, in der Rocky für sein Verhalten gelobt und belohnt wird. Ein anderer Teil der Kinder sieht eine Fortsetzung des Films, in der mit Rocky geschimpft und er bestraft wird. Eine dritte Gruppe sah nur den aggressiven Rocky, ohne dass dieser später belohnt oder bestraft wurde.
Phase 3	Im Anschluss an den Film haben die Kinder die Gelegenheit, in einem Raum u. a. mit der Puppe Bobo zu spielen. Dabei kann beobachtet werden, dass die Kinder Rockys Verhalten deutlich stärker nachahmen, wenn sie davor gesehen haben, dass Rocky für sein Verhalten belohnt wurde. Auch die Kinder, die nur das Verhalten von Rocky gesehen haben, machten sein Verhalten nach.
Phase 4	Schließlich wurden Kindern aus allen drei Gruppen Belohnungen angeboten, wenn sie ein aggressives Verhalten Rockys aus dem Film nachmachen konnten. Dies schafften alle Kinder gleich häufig.

Tab. 3.16 Phasen des Rocky-Experiments von Bandura

Bandura zog aus seinem Experiment den Schluss, dass alle Kinder durch ihre Beobachtung von Rocky aggressive Verhaltensweisen gelernt hatten. Dabei war es egal, ob Rocky belohnt oder bestraft wurden, oder ob es überhaupt keine Konsequenzen für sein Verhalten gab. Ob die Kinder im Spiel tatsächlich die Verhaltensweisen nachahmten, war aber abhängig davon, welche Konsequenzen Rocky im Film erfahren hat.

In vielen Experimenten wurde erforscht, welche Eigenschaften ein Modell haben muss, um besonders erfolgreich zu sein. Modelle werden besonders dann imitiert, wenn
- das Verhalten des Modells positive Folgen hat;
- das Modell beliebt ist und respektiert wird;
- Beobachter und Modell sich ähnlich sind;
- der Beobachter dafür belohnt wird, wenn er auf das Modell achtet;
- das Modell gut zu sehen ist und sich von anderen klar abgrenzt.

Ablauf des Lernens am Modell
Albert Bandura beschreibt den Prozess des Lernens am Modell in zwei Schritten:

Aneignungsphase
beinhaltet Aufmerksamkeits- und Gedächtnisprozesse

→

Ausführungsphase
beinhaltet Reproduktions- und Motivationsprozesse

Der Beobachter muss seine Aufmerksamkeit auf ein Modell richten. Das Verhalten des Modells wird dann im Gedächtnis gespeichert. Es muss also nicht direkt wiederholt werden, vielmehr kann das beobachtete Verhalten auch erst Tage später nachgemacht werden. In der sogenannten **Reproduktionsphase** (Wiederholungsphase) wird schließlich das beobachtete Verhalten aus dem Gedächtnis abgerufen und ausgeführt. Die korrekte Ausführung ist dabei nicht immer sofort möglich – z. B. bei komplizierten motorischen Abläufen wie Fahrradfahren lernen. Das Verhalten muss geübt werden. Ob das Verhalten ausgeführt wird, hängt natürlich eng damit zusammen, wie Erfolg versprechend es für den Beobachter ist. Deshalb spielen hier ›**Motivationsprozesse**‹ eine wichtige Rolle.

Interessanterweise neigen Beobachter, die über ein geringes Selbstvertrauen verfügen, eher dazu, Modelle nachzuahmen. Wichtig für das Lernen am Modell sind also nicht nur die Eigenschaften des Modells, sondern auch die des Beobachters.

Motivationsprozesse → S. 72

Abb. 3.17 Lernen am Modell

Dass die unterschiedlichen Lerntheorien nicht isoliert voneinander betrachtet werden können, wird deutlich, wenn Bandura selbst darauf hinweist, dass auch beim Lernen am Modell die Konsequenzen einer Handlung wichtig seien.

Sind beim Lernen am Modell die Folgen des nachgeahmten Verhaltens positiv, erhöht dies die Auftretenswahrscheinlichkeit des Verhaltens. Gleiches gilt, wenn der Beobachter sich für ein bestimmtes Verhalten selber belohnen kann oder er sieht, dass andere Menschen für solch ein Verhalten belohnt werden. Im Unterschied zum ›operanten Konditionieren‹ zeigt Bandura aber, dass das Lernen am Modell auch ohne diese äußeren Verstärker funktioniert.

operantes Konditionieren → S. 95

Albert Bandura gelangt auf der Grundlage seiner Theorie immer mehr zu der Überzeugung, dass die ›mentalen‹ Prozesse im Menschen selber entscheidend für das Lernen sind. Damit legte er den Grundstein für die **sozial-kognitiven Lerntheorien**.

mental
geistig

Die sozial-kognitiven Ansätze beruhen auf zwei Grundannahmen:
- Der Mensch kann sein Verhalten steuern, indem er sich selber Ziele setzt. Er ist also nicht nur von äußerer Verstärkung seines Verhaltens abhängig.
- Auch völlig unabhängig von seiner derzeitigen Umwelt kann der Mensch Beobachtungen und Erfahrungen speichern und aus seinem Gedächtnis abrufen. Damit kann er für die Zukunft planen.

> **BEISPIEL** Sie sitzen bei 30 Grad und Sonnenschein im Klassenraum im Mathematikunterricht. Mathe interessiert Sie nicht und Ihre Freunde haben Sie gefragt, ob Sie „blau" machen und ins Schwimmbad fahren wollen. Sie wissen aber, dass Sie in zwei Wochen Ihre Prüfung haben, die Sie bestehen müssen, um Ihren Abschluss als Kinderpflegerin zu schaffen. Das letzte Praktikum in einer Kita hat Ihnen so gut gefallen, dass Sie den Abschluss unbedingt machen wollen.

3.4 Neuer Wissenserwerb

Beschäftigten sich Forscher wie ›Thorndike‹, ›Skinner‹ und ›Bandura‹ sehr stark mit dem beobachtbaren Verhalten, wendeten sich die Wissenschaftler ab den 1960er Jahren stärker dem schulischen Lernen zu. Wie lernen wir z. B. Mathematik oder eine Sprache? Oder allgemeiner formuliert: Wie verarbeitet unser Gehirn abstrakte Informationen? Entwickelt wurden sogenannte **Informationsverarbeitungsmodelle**. Diese beschäftigen sich zum einen mit der Funktionsweise des menschlichen Gedächtnisses, wie z. B. das ›Mehrspeichermodell‹. Zum anderen versuchen sie zentrale Fragen zum Thema Lernen zu beantworten:

Thorndike → S. 91
Skinner → S. 95
Bandura → S. 100

Mehrspeichermodell → S. 90

- Wie erwerben wir unser Wissen?
- Wie wird das Wissen im Langzeitgedächtnis abgespeichert?
- Warum vergessen wir und wie können wir etwas besser behalten?

3.4.1 Wie erwerben wir unser Wissen?

Für den Erwerb von Wissen lassen sich vier allgemeine Regeln aufstellen:

Regel	Beispiel
Neue Informationen müssen beachtet werden, die Aufmerksamkeit muss sich auf sie richten.	Die Kinderpflegerin Lea puzzelt mit der drei Jahre alten Lili. Sie zeigt ihr ein Puzzleteil und sagt: „Lass uns zuerst die Randteile finden!" So lenkt sie die Aufmerksamkeit von Lili.
Wissen wird durch Übung erworben.	Lea versucht jeden Tag einmal mit Lili zu puzzeln bzw. sie dazu anzuregen.
Neues Wissen muss mit bereits bestehendem Wissen verbunden werden.	Lea macht zunächst ganz einfache Puzzles mit Lili, dann versucht sie, schwierigere mit ihr zu lösen.
Wissen muss verfestigt und mit anderem Wissen verglichen werden.	Ihre Fähigkeit, Puzzles zu lösen, setzt Lili auch bei anderen Aufgaben ein.

Tab. 3.18 Regeln für den Erwerb von Wissen

Besonders erfolgreich scheint der Erwerb neuen Wissens immer dann zu funktionieren, wenn es gelingt, neues Wissen an bereits vorhandenes Wissen anzuknüpfen.

> **BEISPIEL** In **Samiras (4;8)** Kita haben die Kinder mit der Erzieherin eine Projektwoche zum Thema Wasser durchgeführt. Besprochen wurden die Eigenschaften von Wasser, verschiedene Versuche wurden gemacht und eine Kläranlage besucht. Zu Hause erklärt Samira beim Händewaschen ihrem Vater: „Schau mal, das Wasser läuft durch das Abflussrohr des Waschbeckens nach draußen und dann durch ein Rohr zur Kläranlage. Dort wird es sauber gemacht und dann fließt es in den Fluss."

3.4.2 Wie wird das Wissen im Langzeitgedächtnis abgespeichert?

Das Langzeitgedächtnis lässt sich mit einer großen Bibliothek vergleichen. Ständig kommen neue Informationen hinzu. Die Kapazität scheint dabei unbegrenzt zu sein. Wenn es zu Problemen kommt, sich an etwas zu erinnern, geht es häufig darum, die richtigen Informationen abrufen zu können. Dies ähnelt dem falsch einsortierten Buch in der Bibliothek. Das Gedächtnis scheint dabei eher die Bedeutung von Texten, Bildern oder sprachlichen Inhalten abzuspeichern als die konkreten Einzelinformationen. Wissenschaftler unterscheiden dabei zwischen **Propositionen**, **Schemata** und **Skripts** als Formate, in denen Informationen abgespeichert werden.

Format	Beschreibung	Beispiel
Proposition	kleinste Speicherform im Langzeitgedächtnis	Bälle sind rund. Mama ist lieb. Tee ist heiß. Emilie ist meine Freundin.
Schemata	Wissenspakete	Wenn mich Lisa auf den Wickeltisch hebt, wird sie mir nicht nur die Windel wechseln, sondern auch mit mir spielen.
Skripte	komplexe Wissenspakete	Mein Kindergeburtstag verläuft so, dass meine Freunde kommen, mir Geschenke geben, wir Kuchen essen und wir dann spielen.

Tab. 3.19 Formate, in denen Informationen abgespeichert werden

Wissensnetzwerk → S. 90

Das Wissen wird in einem ›Netzwerk‹ organisiert. Hören Sie z. B. das Wort „Kinderpflege", wird in Ihrem Gedächtnis vielleicht folgendes Netzwerk aktiv:

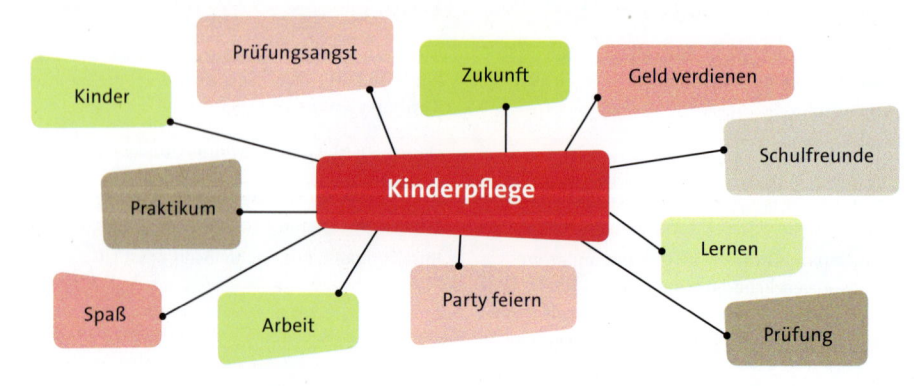

Kinderpflege: Kinder, Prüfungsangst, Zukunft, Geld verdienen, Schulfreunde, Lernen, Prüfung, Party feiern, Arbeit, Spaß, Praktikum

3.4.3 Warum vergessen wir und wie können wir etwas besser behalten?

Leider vergessen wir einmal gelernte Inhalte wieder. Bereits 1885 beschäftigte sich Hermann Ebbinghaus mit diesem Phänomen. Von ihm stammt die bekannte „Vergessenskurve", die den Grad des Vergessens innerhalb einer bestimmten Zeit verdeutlicht:

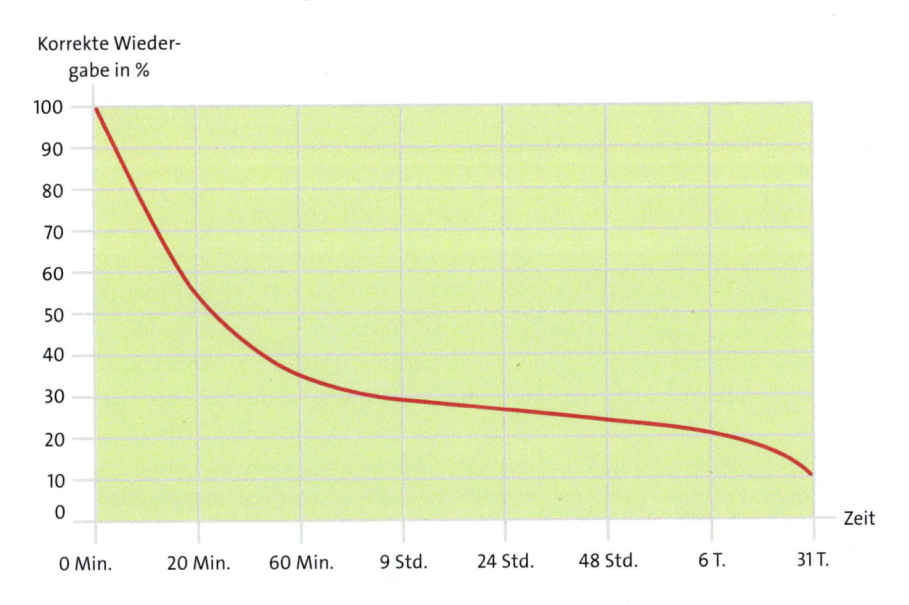

Abb. 3.20 Vergessenskurve nach Ebbinghaus

Aber warum vergessen wird etwas? Dafür gibt es vermutlich drei Gründe:
1. Gelerntes „verblasst" mit der Zeit.
2. Gelerntes wird durch neues Wissen überlagert.
3. Gelerntes kann nicht mehr richtig abgerufen werden.

Je mehr Zeit investiert wird, um zu lernen, desto mehr können wir lernen. Diese einfache Erkenntnis hatte schon Ebbinghaus herausgefunden. Noch effizienter wird das Lernen, wenn neues Wissen über unterschiedliche Kanäle und unter verschiedenen Gesichtspunkten erlernt wird. Hier geht es also entscheidend um die Qualität des Lernens.

> **BEISPIEL** Englische Vokabeln für einen Vokabeltest zu lernen kann schwierig sein. Dieselben Vokabeln lernen Sie aber schnell und dauerhaft bei einem Schüleraustausch in London durch die häufige Nutzung der Landessprache.

Besser lernt man außerdem, wenn der Lernstoff in kleinere Häppchen verteilt und in Abständen wiederholt wird. Dies wird als **Effekt der verteilten Übung** bezeichnet.

> **BEISPIEL** Probieren Sie es selber aus. Entweder Sie lernen 50 Vokabeln auf einmal oder 5 x 10 Vokabeln. Diese fünf Päckchen wiederholen Sie in einem festgelegten Rhythmus. Hierfür eignet sich eine Lernkartei: Die Lerninhalte werden auf Karteikarten geschrieben. Diese werden dann in einem bestimmten Rhythmus bearbeitet.

3.5 Was haben Legosteine mit Lernen zu tun?

Die bis jetzt dargestellten Lerntheorien gehen alle mehr oder weniger davon aus, dass der Mensch auf der Grundlage bestimmter Regeln lernt. Damit ist der Mensch letztendlich bestimmt durch die äußeren Reize und seine inneren Verarbeitungsmechanismen. Mit anderen Worten: Er hat eine relativ passive Rolle. Schon immer haben Forscher aber auch darauf hingewiesen, dass der Mensch aktiv den Lernprozess mitgestaltet. Er konstruiert sein Wissen aktiv. Gesprochen wird in diesem Zusammenhang auch von konstruktivistischen Lerntheorien.

> Konstruktivistische Lerntheorien gehen davon aus, dass Lernen nicht nur bedeutet, Inhalte zu wiederholen (Reproduktion), sondern diese Inhalte aktiv zu verarbeiten und in einer einzigartigen Weise neu zusammenzusetzen (Rekonstruktion).

ZUM WEITERDENKEN In einem Experiment gab man den Versuchsteilnehmern Texte einer indianischen Sage. Teile der Inhalte waren den Menschen fremd und unverständlich. Bat man nun die Teilnehmer, die Geschichte zu wiederholen, veränderten sie diese so, wie sie es am sinnvollsten hielten. Unverständliche Details wurden weggelassen, Unverständliches so interpretiert, dass es verständlich erschien. Der Text wurde also nicht nur einfach wiederholt, sondern neu zusammengesetzt.

Abb. 3.21 Jean Piaget

Metakognition → S. 90

Stellen Sie sich vor, ihr gesamtes Wissen wäre in einzelne Legosteine verpackt. Ständig kommen neue Legosteine hinzu. Gleichzeitig werden die einzelnen Steine aber auch immer wieder neu angeordnet. Das ist die Grundidee der konstruktivistischen Lerntheorien.

Auch der bekannte Schweizer Psychologe **Jean Piaget** (1896–1980) zeigte, dass Lernen als ein Prozess der Neu-Interpretation von Informationen verstanden werden kann. Er nannte dies **Assimilation** (Anpassung). Neue Erfahrungen führen dazu, dass bereits Bekanntes nicht mehr zu neuen Erfahrungen passt. Diese widersprüchlichen Erfahrungen führen dazu, dass bereits vorhandenes Wissen an neue Gegebenheiten angepasst werden muss.

Die konstruktivistischen Lerntheorien gehen also davon aus, dass Lernen ein individueller Prozess ist. Jeder Mensch lernt anders und versteht Wissen in der ihm eigenen Weise:
- Wissen wird aktiv konstruiert und nicht nur passiv aufgenommen.
- Vorerfahrungen bestimmen mit, wie neues Wissen interpretiert wird.
- Derjenige, der lernt, kann seinen Lernprozess selber aktiv steuern (›Metakognition‹).

Insbesondere im Elementarbereich wird gefordert, dass die metakognitiven Kompetenzen von Kindern durch entsprechende Angebote gezielt gefördert werden sollten. Da dies vor allem im Gespräch mit den Kindern geschieht, wird dies auch als **ko-konstruktivistische** Position bezeichnet. Die Silbe „ko-" soll dabei deutlich machen, dass Wissen hier im Dialog mit anderen entsteht.

Aus dem konstruktivistischen Ansatz ergeben sich Prinzipien für das Lehren und Lernen, die gerade auch für die Arbeit als Kinderpflegerin wichtig sind:

Prinzip	Empfehlungen für die Arbeit mit Kindern
Es kann nur das verstanden und gelernt werden, was sich mit bereits vorhandenem Wissen verbinden lässt.	Das Vorwissen der Kinder muss berücksichtigt werden. Neues sollte daran anknüpfen.
Die Konstruktionsprozesse / Lernprozesse sind bei jedem individuell verschieden.	Jedes Kind hat sein eigenes Lerntempo. Jedes Kind lernt für sich anders. Jedes Kind kommt zu einem anderen Lernergebnis.
Lernen erfordert die Umstrukturierung bereits vorhandenen Wissens.	Irritation wird auch als Bedrohungen und Frustration erlebt und erfordert eine verlässliche Lernumgebung und eine gute Beziehung zwischen den Kindern und der Bezugsperson.
Jeder organisiert sich selbst und ist für seinen Lernprozess selbst verantwortlich.	Lernen kann man nicht erzwingen, man kann nur eine für das Lernen anregende und motivierende Lernumgebung schaffen.

Tab. 3.22 Lehr- und Lernprinzipien in der Arbeit mit Kindern

3.6 Ab wann beginnen Kinder zu lernen?

Wissenschaftler haben zuerst in Tierexperimenten an Ratten entdeckt, dass diese bereits im Mutterleib lernen können. Diese Art von Lernen wird als **fetales Lernen** bezeichnet. Die Ratten lernen bereits im Mutterleib den Geruch des Fruchtwassers: Auf diese Weise finden sie nach der Geburt die Brustwarzen der Mutter. Werden die Brustwarzen vom Fruchtwasser gereinigt, mit dem sie während der Geburt in Berührung kommen, können die neugeborenen Ratten diese nicht mehr finden. Aufgrund solcher Ergebnisse begannen Forscher auch nach der Fähigkeit des fetalen Lernens beim Menschen zu suchen. Schließlich konnte festgestellt werden, dass Menschen diese Fähigkeit in den letzten drei Schwangerschaftsmonaten ausbilden. Nachgewiesen wurde das ›pränatale‹ Lernen u. a. für den Geruch des Fruchtwassers, den Geschmack bestimmter Nahrungsmittel sowie die Stimme und die Sprache der Mutter.

pränatal
vorgeburtlich

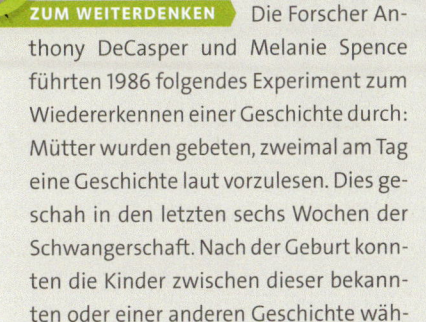

ZUM WEITERDENKEN Die Forscher Anthony DeCasper und Melanie Spence führten 1986 folgendes Experiment zum Wiedererkennen einer Geschichte durch: Mütter wurden gebeten, zweimal am Tag eine Geschichte laut vorzulesen. Dies geschah in den letzten sechs Wochen der Schwangerschaft. Nach der Geburt konnten die Kinder zwischen dieser bekannten oder einer anderen Geschichte wählen, und zwar indem sie in einer bestimmten Häufigkeit an einem Schnuller saugten. Die Kinder zogen die ihnen aus dem Mutterleib bekannte Geschichte vor.

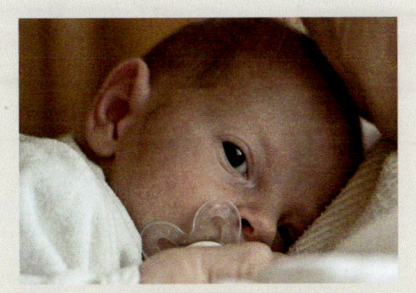

Abb. 3.23 Häufigeres Saugen bei bekannten Geschichten

GRUNDLAGEN DER PSYCHOLOGIE

Eine sehr **einfache Form des Lernens** für das ungeborene Kind ist, sich an bestimmte Dinge zu gewöhnen. Wird ihm z. B. ein Silbenpaar vorgesprochen, reagiert es zunächst mit einem schnelleren Herzschlag: „Das ist aber aufregend!" Schließlich sinkt dieser ab, da sich das ungeborene Kind an die Silben gewöhnt und diese für ihn langweilig werden. Verändert man nun die Silben, steigt die Pulsfrequenz erneut an. Dies zeigt: Das ungeborene Kind hat gelernt, die Silben zu unterscheiden.

Das ungeborene Kind verfügt also bereits über eine große Lernfähigkeit. Moderne Untersuchungsmethoden zeigen, dass zunächst viel mehr Verbindungen zwischen den einzelnen Nervenzellen im Gehirn entstehen, als eigentlich benötigt werden. Regelmäßig genutzte Verbindungen bleiben schließlich bestehen, neue werden aufgebaut. Dieser Vorgang findet erst im Jugendalter sein Ende. Das Gehirn ist also gerade in den ersten Lebensjahren besonders stark veränderbar.

> Da das Gehirn schon vor der Geburt formbar ist, können z. B. Alkohol, Nikotin und Drogen einen großen Schaden bei ungeborenen Kindern anrichten.

In den ersten sechs Lebensjahren werden dann neben dem Inhaltswissen (Bälle sind rund, Kekse sind lecker) grundsätzliche Denkprozesse gelernt. Der Fachausdruck dafür ist, ›**kognitive Grammatik**‹. Diese kognitive Grammatik hat großen Einfluss auf die Art und Weise zu lernen und mit Problemen umzugehen.

Kognition → *S. 90*

Der kindliche Verstand ist also besonders in den frühen Jahren eine Art Laterne, die alles beleuchtet, was interessant sein könnte. Ziel des Kindes ist hier, möglichst viel über die Welt zu erfahren, dann erst wird die Aufmerksamkeit zu einem Scheinwerfer gebündelt.

Kinder lernen sowohl vor als auch direkt nach der Geburt in einem aktiven Prozess der Konstruktion von neuem Wissen. Die Umwelt ist dabei besonders wichtig, um die Lernprozesse positiv zu gestalten. Außerdem hat das emotionale Erleben besonderen Einfluss auf die Möglichkeit zu lernen. Ein positiver Lernerfolg setzt nämlich chemische Stoffe im Gehirn frei, die Glücksgefühle hervorrufen. Lernen macht demnach glücklich.

3. Lernen: Kindliche Lernwege verstehen

Für die Arbeit in der Kinderpflege werden damit zwei Dinge zentral: zum einen eine positive, anregende Umwelt zu schaffen, zum anderen ein positives emotionales Umfeld zu bieten. Da sich Kinder unter drei Jahren sprachlich hierzu in der Regel noch nicht äußern können, ist es besonders wichtig, gezielt die Kinder zu ›beobachten‹ und sich seine eigene wichtige ›Rolle‹ bewusst zu machen.

Beobachtung → S. 59
berufliche Rolle → S. 33

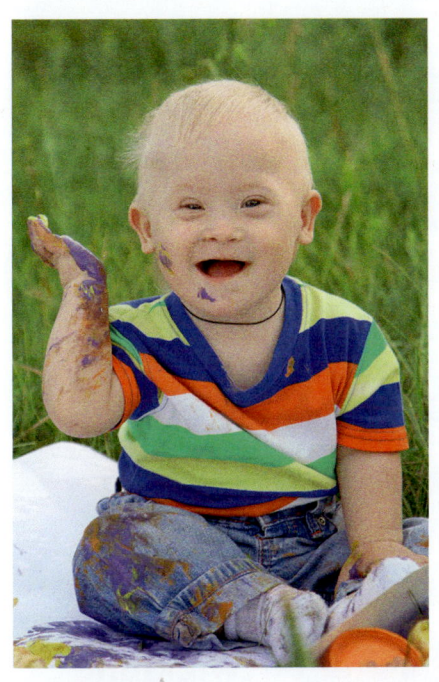

Abb. 3.25 und 3.26 Positive Lernerlebnisse machen glücklich.

Warum muss ich das für meinen Beruf wissen?

Wie Sie in diesem Kapitel gelernt haben, hängen die Themen Lernen und ›Erziehung‹ direkt zusammen. Sie wissen nun, welche verschiedenen Modelle es gibt, die das Lernen verständlich machen. Alle Modelle erklären dabei unterschiedliche Aspekte des Themas Lernen. Zu Ihrer professionellen ›Ausbildung‹ als Kinderpflegerin gehört es, die Grundzüge dieser Theorien zu kennen. So handeln Sie in Ihrer Arbeit oder in Ihren Praktika nicht zufällig, sondern auf der Basis wissenschaftlicher Erkenntnisse. Gleichzeitig können Sie das Verhalten der Kinder besser verstehen und einschätzen. Bei der Arbeit als Kinderpfleger erfahren Sie, wie die ›kognitive Entwicklung‹ des Kindes voranschreitet und sich das Denken des Kindes verändert.

Erziehung → S. 210

Ausbildung → S. 20

kognitive Entwicklung → S. 167

Kinder können dabei auf sehr verschiedenen Wegen lernen und Sie können sich dies bei der Begleitung von Bildungsprozessen zunutze machen. Einfache Beispiele dafür sind:
- der gezielte Einsatz von positiven Verstärkern
- die bewusste Vorbildfunktion
- die Berücksichtigung von Lehr- und Lernprinzipien

109

4 DIE KINDLICHE ENTWICKLUNG VON 0 BIS 10 JAHREN

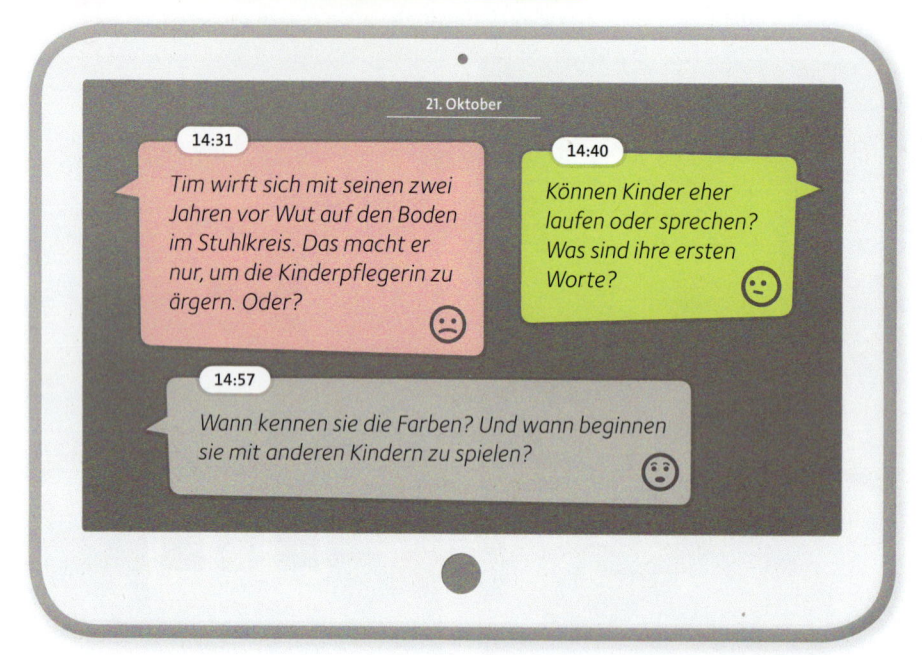

21. Oktober

14:31 Tim wirft sich mit seinen zwei Jahren vor Wut auf den Boden im Stuhlkreis. Das macht er nur, um die Kinderpflegerin zu ärgern. Oder?

14:40 Können Kinder eher laufen oder sprechen? Was sind ihre ersten Worte?

14:57 Wann kennen sie die Farben? Und wann beginnen sie mit anderen Kindern zu spielen?

4.1 Grundlagen menschlicher Entwicklung

Im Laufe seines Lebens passt sich der Mensch immer wieder seiner Umwelt an. Dies ist ein Grundprinzip menschlicher Entwicklung. Die Anpassung geschieht, weil der Mensch auf Impulse (Anreize) und Anforderungen der Umwelt reagiert. Der Entwicklungsverlauf ist dabei abhängig von der jeweiligen biologischen Reife und den Einflüssen der Umwelt.

Auf der Basis dieses Grundprinzips können folgende Aussagen über den Begriff der Entwicklung getroffen werden:

- Entwicklung entsteht nie „aus dem Nichts heraus". Sie baut immer auf bereits gegebenen Voraussetzungen auf.

> **BEISPIEL** Marie (1;2) kann schon alleine mit dem Löffel essen – heute will sie unbedingt eine Gabel ausprobieren.

- Entwicklung bleibt nie ohne Folgen und verändert auch den Umgang mit anderen Menschen.

> **BEISPIEL** Frederick (0;8) „fremdelt". Seine Mutter traut sich kaum noch, Freunde zu besuchen. Überall weint Frederick. Auch in der Kita weint er, wenn die Kinderpflegerin ihn auf den Arm nehmen will.

Abb. 4.1 Entwicklung ist ein fortlaufender Prozess.

- Entwicklung ist ein stetig fortlaufender, lebenslanger Prozess sinnvoller Veränderung. Er wird von inneren und äußeren Einflüssen angestoßen.

> **BEISPIEL** Jan (5;3) hat seine Freunde interessiert beobachtet. Alle von ihnen können schon Fahrrad fahren, nur er nicht. Er übt und übt. Nach zwei Wochen radelt er über den Kindergartenhof.

- Entwicklung beinhaltet die Verfeinerung und Vernetzung schon vorhandener Gegebenheiten. Die Qualität des bereits Vorhandenen wird verbessert.

> **BEISPIEL** Im Kindergarten konnte **Mona (12;6)** schon sehr gut lesen. Zu Hause hat sie erste Bücher „verschlungen". Mittlerweile liest sie innerhalb einer Woche einen Band von „Harry Potter" und diskutiert mit ihren Eltern über den nächsten Band.

- Entwicklung beinhaltet Gewinn und Verlust, Aufbau und Abbau.

> **BEISPIEL** **Tom (9;5)** und **Lena (8;11)** sind seit dem Kindergarten befreundet. In der vierten Klasse will Lena plötzlich immer Toms Hand halten. Tom ist das unangenehm. Er geht lieber in der Pause zum Fußballplatz – ohne Lena.

Die menschliche Entwicklung erstreckt sich vom Embryo im Mutterleib bis ins Erwachsenenalter.

> Entwicklung gilt als lebenslanger Prozess komplexer (vielfältiger) Vorgänge. In seinem Verlauf müssen Entwicklungsaufgaben gelöst und Entwicklungsübergänge gemeistert werden. Entwicklungsaufgaben sind Anforderungen, die in bestimmten Lebensphasen an einen Menschen gestellt werden. Auch die Übergänge von einer Phase in die nächste sind für die Entwicklung von Bedeutung. Es gibt Zeiten rascher Veränderungen und Zeiten scheinbaren Entwicklungsstillstandes. In Letzteren geschieht aber auch etwas: Das Gelernte wird verarbeitet.

Abb. 4.2 Entwicklung ist ein lebenslanger Prozess.

4.1.1 Pränatale und frühkindliche Entwicklung

Die pränatale (vorgeburtliche) Entwicklung und der Entwicklungszeitraum der ersten drei Lebensjahre eines Kindes sind besonders faszinierend. Nie wieder wächst und entwickelt der Mensch sich so schnell wie in dieser Lebensphase.
Schon in der dritten Schwangerschaftswoche bildet sich das zentrale Nervensystem. Eine Woche später sind Augen, Ohren, Nase und Mund erkennbar und das Herz beginnt zu schlagen. Im dritten Monat funktionieren die Wahrnehmungsorgane und erste Hand-Gesichts-Berührungen beginnen. Am Ende des vierten Monats misst der ›Fetus‹ ca. 20 Zentimeter. Die Zeit der Reifung und des Wachstums beginnt. Die Aktivität des gesamten Körpers nimmt zu. In der 26. Schwangerschaftswoche wiegt der Fetus ca. 800 Gramm. Zum Zeitpunkt der Geburt ist der Säugling dann etwa 50 Zentimeter groß und rund 3400 Gramm schwer.

Fetus
Kind im Mutterleib ab dem vierten Schwangerschaftsmonat

Auch die frühkindliche Entwicklung erfolgt in raschen Schritten.

> **BEISPIEL** **Leon** wog bei der Geburt 3250 Gramm. Über seine rasante Entwicklung in den ersten Jahren ist zu staunen: Lag Leon als Neugeborener noch im Arm seiner Eltern und schlief 18 Stunden am Tag, krabbelte er ein paar Monate später bereits durch den Raum und kämpfte mit der Schwerkraft. Bald lief er auf noch etwas wackligen Beinen durch die Welt, schon ein Jahr später war er mit dem Laufrad unterwegs. Fotos zeigen, wie er auf dem Spielplatz herumklettert, Treppen steigt und Fußball spielt. Gab Leon anfangs Gurr- und Lall-Laute von sich, hörten seine Eltern ihn ein Jahr später schon mit Wörtern experimentieren und kurz vor dem dritten Geburtstag diskutierte er schon mithilfe von Haupt- und Nebensätzen. Ruderte er in den ersten Monaten willkürlich mit den Armen und versuchte, mit der ganzen Hand einen Greifring festzuhalten, so konnte er schon einige Monate später einen Löffel festhalten und Krümel auf dem Boden einsammeln. Nach der Geburt sah Leon seinem Vater sehr ähnlich. Mittlerweile sagen alle, dass er viel Ähnlichkeit mit seiner Mutter hat.

Abb. 4.3 Ein Baby entwickelt sich in raschem Tempo.

Viele spätere Eigenschaften und Merkmale des Menschen sind potenziell in seinen Erbinformationen enthalten, gespeichert in den Chromosomen.
Die Entwicklung verläuft wie bei Leon ab der Zeugung nach einem bestimmten „Plan" von innen heraus. Sie wird aber auch von den äußeren Lebensbedingungen beeinflusst und geprägt. Die einzelnen Entwicklungsschritte helfen dem Kind, sich in der Umwelt und in der ›Interaktion‹ mit anderen Menschen besser zurechtzufinden. Seine Fähigkeiten, z. B. seine ›Fein- und Grobmotorik‹ wie auch seine Sprache, verfeinern sich nach und nach.
In den letzten Jahren ist der Erforschung der körperlichen und geistigen Entwicklung junger Kinder große Aufmerksamkeit geschenkt worden. Zahlreiche neue Erkenntnisse zur Entwicklung von Kindern konnten gewonnen werden. Noch vor ca. vierzig Jahren wurde das neugeborene Kind als hilflos angesehen, ein unbeschriebenes weißes Blatt oder leeres Gefäß, das von Eltern und Pädagogen beschrieben bzw. gefüllt werden musste (›Bild vom Kind‹).

Interaktion → S. 188

motorische Entwicklung → S. 154

Bild vom Kind → S. 48

Einige Wissenschaftler stellten sich aufgrund von Forschungsergebnissen gegen diese weitverbreitete Ansicht. Insbesondere die ›Neuropsychologie‹ und die aktuelle Säuglingsforschung der letzten Jahre haben es möglich gemacht, dass wir heute von einem ›kompetenten Säugling‹ sprechen.

> Das Kind wird als hochkommunikativer, anpassungsfähiger Akteur (Handelnder) seiner Entwicklung gesehen.

Jedes Kind bringt von Geburt an die Möglichkeiten mit, sich mit sich selbst sowie seiner sozialen und materiellen (dinglichen) Umwelt auseinanderzusetzen. Der Säugling ist mit allen Kompetenzen (Fähigkeiten) ausgestattet, die er für seine Weiterentwicklung braucht. Dies sind u. a.:
- die Fähigkeit zur Kontaktaufnahme und ›Kommunikation‹, also der Blickkontakt und die nonverbale (nicht sprachliche) Kommunikationsfähigkeit
- die grundlegende Wahrnehmungsfähigkeit durch alle ›Sinne‹
- die inneren Verarbeitungsmöglichkeiten

> Die Bezeichnung „kompetenter Säugling" bedeutet nicht, dass er bereits alles kann, sondern dass er alles lernen kann.

Neuropsychologie
Wissenschaft, die sich vor allem mit kognitiven Prozessen des zentralen Nervensystems beschäftigt. Das sind z. B. Wahrnehmung, Handeln, Denken, Gedächtnis oder Sprache. Auch Persönlichkeit und Affekt bzw. Emotionen sind für Neuropsychologen von Interesse.

kompetenter Säugling → S. 113

Kommunikation → S. 188

Sinne → S. 167

ZUM WEITERDENKEN Wie sieht der Start ins Leben aber für Kinder aus, die zum Beispiel zu früh auf die Welt kommen und lange Zeit im Brutkasten liegen? Hat es Auswirkungen auf die weitere Entwicklung, wenn ein Kind taub geboren wird? Ist es möglich, dass andere Sinne die Aufgaben übernehmen können? Hören ist z. B. die Grundvoraussetzung für die Sprachentwicklung. Geräusche und Töne können von tauben Menschen nicht bzw. nur in sehr geringem Umfang wahrgenommen werden. Die Kommunikation mit der hörenden und sprechenden Umwelt ist erschwert. Es gibt mittlerweile vielfältige Tests und Behandlungsformen, z. B. durch Implantate. Ist keine Operation möglich, werden andere Methoden angewendet. So können sich Taube z. B. mit der Gebärdensprache verständigen.

4.1.2 Innere Anlagen und äußere Bedingungen wirken zusammen

Die Entwicklung von unterschiedlichen Organismen (Lebewesen) auf der Welt hängt von vielfältigen Faktoren (Einflussgrößen) ab.
Die sogenannten ›**endogenen**‹ **Faktoren** (inneren Bedingungen) bezeichnen die Anlagen des Menschen. Der Begriff „Anlage" bezieht sich auf die genetischen Erbinformationen, die in den Chromosomen enthalten sind. Verschiedene Gene werden zu unterschiedlichen Zeitpunkten aktiv und beeinflussen mit ihrer Aktivität die weitere Entwicklung des Menschen.

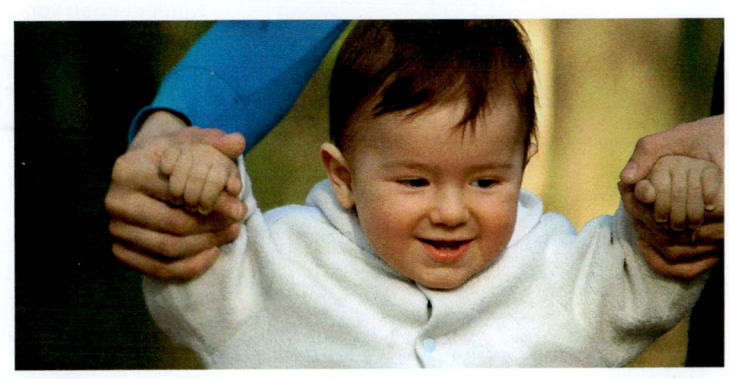

Abb. 4.4 Innere Anlagen wirken sich auf die Entwicklung aus.

Endogene Faktoren setzen bestimmte Prozesse in Gang, z. B. die Funktion des Stoffwechsels, das Wachstum oder die Entwicklung von Organen.

endogen
aus inneren Ursachen entstanden, im Innern erzeugt

exogen
von außen oder durch äußere Ursachen entstanden

Für gute Lern- und Entwicklungsprozesse sind aber auch förderliche äußere Rahmen- oder Umweltbedingungen notwendig, sogenannte ›**exogene**‹ **Faktoren** (äußere Bedingungen). Mit dem Begriff Umwelt werden die materielle und die soziale Umgebung eines Menschen umschrieben.

Zur materiellen Umwelt gehören z. B.:
- die Qualität des Wohnraums
- das Klima
- Spielmaterial und Anreize zum Entdecken
- Schule und Bildungsstätten

> **BEISPIEL** Stellen Sie sich vor, Sie könnten von Geburt an schwimmen. Schwimmen wäre eine angeborene Fähigkeit. Wie müssten dann Ihre äußeren Lebensbedingungen gestaltet sein, um eine positiv entwicklungsfördernde Umgebung zu schaffen? Sie brauchen als anregende Umgebung Wasser. Dabei sind Variationen notwendig, um die Fähigkeiten zu differenzieren: Badewanne, Schwimmbad, Süßwasser, Salzwasser, unterschiedlich warmes Wasser, See, Meer, Wellen, ruhiges Wasser oder Strömung.

Sozialisation → S. 242

Zur ›sozialen‹ Umwelt zählt der Einfluss anderer Menschen auf die Entwicklung:
- der Familie
- des Kindergartens, der Schule
- der Freunde
- von Idolen

> **ZUM WEITERDENKEN** Diese Gesichtspunkte lassen sich noch verfeinern. So kann z. B. die einzelne Geschwisterposition Einfluss auf die Entwicklung nehmen, ebenso wie das Familienklima, in dem ein Kind aufwächst. Bin ich das „Nesthäkchen"? Wird zu Hause viel miteinander gesprochen? Sind meine jüngeren Geschwister für mich eher eine Last oder bin ich gerne ein Vorbild und unterstütze sie?

Lernen am Modell → S. 100
Anlage und Umwelt → S. 216

autogen
aus sich selbst entstehend

Kinder lernen von Anfang an von und mit anderen Kindern und Erwachsenen. Sie beobachten andere Kinder und hören ihnen zu, sie ahmen Verhalten nach (›Lernen am Modell‹), sie unterhalten sich untereinander, diskutieren und geben ihr Wissen weiter. Die Wechselbeziehung zwischen ›Anlage und Umwelt‹ wird durch eine dritte Komponente beeinflusst, die sogenannten ›**autogenen**‹ **Faktoren**. Diese werden auch als aktive **Selbstbildungspotenziale** des Menschen bezeichnet. Dazu gehören das neugierige Forschen, die aktive Auseinandersetzung mit der Umwelt sowie die Motivation, also das Interesse und den Wunsch, selbsttätig werden zu können. Diese zusätzlichen Elemente aktiver Selbstbildung sind für eine positive Entwicklung von großer Bedeutung.

Abb. 4.5 Mithilfe von spielerischen Aktivitäten und durch Nachahmung anderer Kinder erweitern Kinder ihre Fähigkeiten.

Kinder ›lernen‹ z. B.

- aktiv, individuell und neugierig,
- durch Zuschauen, Zuhören, Erkunden und Nachahmen,
- vom Begreifen zum Wissen,
- in sozialen Zusammenhängen und durch spielerische Aktivitäten,
- durch Wiederholung und Anknüpfen an Vorerfahrungen,
- in emotionaler Sicherheit und sozialer Rückversicherung,
- in einer ›anregenden Lern- und Erfahrungsumwelt‹.

Lernen → S. 86

bedürfnisgerechte Raumgestaltung → S. 434

BEISPIEL **Lukas (1;3)** beobachtet neugierig **Erik (6;2)** und **Lisa (6;5)**, die auf dem Bauteppich einen Turm bauen. Er schaut ihnen zu und beginnt dann mit seinen eigenen Bausteinen einen ersten Turm zu bauen. Lisa wendet sich ihm zu und zeigt ihm die ersten Schritte. Sie ermutigt ihn durch Blicke und Worte. Lukas' Bezugserzieherin Christa Haid kommt hinzu. Lukas sucht ihren Blick und sie nickt ihm zu. Dieses Nicken macht ihm Mut. Es ist eine Art Rückversicherung für junge Kinder. Der Turm aus drei Bausteinen kippt um. Lukas erschreckt sich, beginnt aber sofort wieder mit dem Aufbau.

Abb. 4.6 Selbstbildungspotenziale spielen eine wichtige Rolle in der Entwicklung.

> Das komplexe (vielfältige) wechselseitige System innerer und äußerer Faktoren sowie der Selbstbildungspotenziale ist ausschlaggebend für die positive Entwicklung des Menschen.

Aber was beeinflusst nun die menschliche Entwicklung mehr: die Erbanlagen oder die Umwelt? Diese Frage kann nur mit einem „Entweder-oder" beantwortet werden. Es ist sinnvoller, den Blick auf die Bedeutung der Wechselwirkung aller drei Faktoren zu richten.

Intelligenzquotient
Maß für die allgemeine intellektuelle Leistungsfähigkeit

> **BEISPIEL** Ein ›Intelligenzquotient‹ (IQ) kann auf unterschiedliche Weise zustande kommen: ein mittlerer IQ z. B. durch die Kombination einer guten Begabung mit einer ungünstigen Umwelt oder einer schwache Begabung mit einer bestmöglichen Umgebung. Ein Kind aus einer bildungsfernen Familie, das im Elternhaus wenig gefördert und unterstützt wird, kann also einen genauso hohen Intelligenzquotienten haben wie ein Gymnasiast aus einer Familie, in der auf die Förderung und Unterstützung der Kinder viel Wert gelegt wird. Welche Faktoren führen bei beiden Kindern zu dem gemessenen Ergebnis? Sind es exogene Faktoren, also viel oder wenig Förderung und Unterstützung? Spielen endogene Faktoren eine Rolle, indem klügere Eltern die Intelligenz vererben? Oder sind autogene Faktoren bedeutsam, also der Wille, etwas lernen zu wollen?

> Die menschliche Entwicklung ist ein lebenslanger Prozess, der durch Lernen, Reifung und Wachstum zur positiven Entfaltung der Persönlichkeit führen sollte. Die Entwicklung des Menschen wird heute als dynamischer (beweglicher) Interaktionsprozess zwischen der genetischen Ausstattung und den Erfahrungen, die der Mensch macht, verstanden. Jeder Mensch ist einzigartig und ein Individuum im sozialen Kontext.

Die kindliche Entwicklung erfordert also innerhalb der Familie und besonders auch in Bildungseinrichtungen feinfühlige Erwachsene, die das Kind beobachten, sich stark an ihm orientieren und angemessen reagieren.

Ein gutes Zusammenspiel zwischen Anlage und Umwelt ist möglich, wenn der Mensch sich wohlfühlt, motiviert ist und etwas lernen will.

Abb. 4.7 Entwicklung braucht ein positives Umfeld.

> **BEISPIEL** Sie haben sicher schon erlebt, dass es Unterrichtsfächer in Ihrer Schullaufbahn gab, die Sie bisher nicht interessiert haben. Plötzlich freuen Sie sich auf ein Fach. Liegt es an der neuen Schule und dem neuen Lehrer? Am Thema? An den neuen Freunden, die anscheinend gerne mitmachen? Plötzlich nehmen Sie auch aktiver am Unterrichtsgeschehen teil, studieren mehr als früher das Schulbuch und versuchen, sich öfter am Unterrichtsgespräch zu beteiligen. Sie spüren, dass Ihnen das gut gelingt, und erhalten positive Rückmeldungen von Lehrer und Mitschülern. Ihr Selbstbewusstsein wächst. Diese Veränderungen bewirken eine grundsätzlich andere Einstellung zum Lernen. Sie freuen sich über Ihr besseres Zeugnis.

> **ZUM WEITERDENKEN** Der genetische Bauplan jedes einzelnen Menschen mit seinen ca. 25.000 Genen birgt allerdings noch viele Fragen in sich. Und nicht er alleine macht den Menschen zu dem, was er ist. Warum bekommt der eine Mensch eine lebensbedrohliche Krankheit wie z. B. Krebs und ein anderer Mensch mit der gleichen Veranlagung nicht?

Epigenetik

Ein neuerer Forschungszweig der Biologie ist die ›Epigenetik‹. Dabei steht der Zusammenhang zwischen Umwelteinflüssen und Genen im Mittelpunkt. Wissenschaftler haben festgestellt, dass bestimmte Gene innerhalb der Zellen bei bestimmten Menschen aktiviert werden, bei anderen nicht. Woran liegt das? Die Epigenetik hat biochemische Strukturen an und neben den Genen entdeckt, die deren Aktivität dauerhaft regulieren. Diese werden epigenomische Codes genannt. Gene beeinflussen also nicht nur, sie werden auch beeinflusst.

Dieser Zusammenhang wurde besonders durch die Zwillingsforschung deutlich. So fanden Forscher heraus, dass sich der sogenannte epigenetische Code bei jungen Zwillingen kaum unterschied. Dagegen waren die Abweichungen bei älteren Zwillingen enorm groß. Ihre Lebensgewohnheiten und ihre Erfahrungen nahmen Einfluss auf die genetischen Anlagen.

Epigenetik → S. 217

Abb. 4.8 Auch Zwillinge entwickeln sich unterschiedlich.

> Besonders die Ernährung und seelischer Stress, aber auch das Klima, in dem ein Mensch aufwächst, können die Gene vor allem im Kindesalter dauerhaft verändern. Sie nehmen Einfluss auf die psychische (seelische) Stabilität, die Lebenserwartung und die Krankheitsanfälligkeit. Umgangssprachlich wird gesagt, ein bestimmter Lebensstil hinterlasse Spuren.

Die Medizin will mithilfe dieser Erkenntnisse gezielt Krankheiten bekämpfen bzw. vorbeugen. Dies könnte möglich sein, wenn sich die epigenetischen Codes beeinflussen lassen. Auch die ›Resilienzforschung‹ erhält durch die Epigenetik Antworten auf die Frage, warum manche Menschen bei der Bewältigung von Krisen widerstandsfähiger sind als andere Menschen.

Resilienz → S. 146

4.1.3 Wachstum, Reifung und Lernen

Die menschliche Entwicklung wird durch Wachstum, Reifung und Lernen beeinflusst.

> **Wachstum bedeutet in der ›Entwicklungspsychologie‹ die Zunahme und Vergrößerung eines Organismus.**

Entwicklungspsychologie
→ S. 125

Die Proportionen (Größenverhältnisse) des Organismus ändern sich während des Wachstums. Die schnellste Wachstumsphase in der menschlichen Entwicklung ist die während der Schwangerschaft. Eine befruchtete Eizelle ist gerade mal ein Zehntelmillimeter groß. Neun Monate später, bei der Geburt, hat die Länge des Babys um rund das Fünftausendfache zugenommen. Gewicht und Größe sind in den ersten Lebensjahren auch wichtige Indikatoren (Anzeichen) der Gesundheit. Nach den ersten drei Lebensjahren verlangsamt sich das Wachstum. In der Pubertät gibt es dann den nächsten größeren Wachstumsschub.

> **Unter Reifung versteht die Entwicklungspsychologie das von innen gesteuerte Sichentfalten biologischer Eigenschaften, Fähigkeiten und Merkmale.**

Die für die Entwicklung besonders entscheidenden Reifungsprozesse finden in der frühen Kindheit statt. Die Reifung des Nervensystems, der Sinnesorgane oder des Verdauungstraktes eines Säuglings ermöglichen jeweils die Weiterentwicklung bestimmter Entwicklungsbereiche (z. B. der Sprache). Anders gesagt, bedeutet Reifung, dass bestimmte organische Veränderungen bestimmte Fähigkeiten möglich machen, ohne dass zuvor ein Lernprozess stattfindet. In späteren Entwicklungsphasen übernimmt die Reifung keine so große Rolle mehr.

Lernen → S. 86

> **›Lernen‹ bedeutet in der Entwicklungspsychologie den Erwerb neuer Kompetenzen (Fähigkeiten) aufgrund von Erfahrungen und Erlebnissen. Dieser Prozess ist nicht durch Reifung bedingt.**

Beim Lernen werden neu gewonnene Erfahrungen gesammelt, Zusammenhänge werden erkannt, eingeordnet und ausgewertet. Der Mensch
- nutzt seine Selbstbildungspotenziale,
- erlebt Wissenszuwachs,
- erlernt neue Verhaltensweisen,
- erwirbt durch Erfahrungen bestimmte Einstellungen,
- erprobt ›Werte und Normen‹ und
- lernt neue Gefühle kennen.

Werte und Normen → S. 217

Die häufigsten Formen des kindlichen Lernens in den ersten Lebensjahren machen deutlich, dass auch in diesen Abläufen exogene, endogene und autogene Faktoren wichtig sind.

Dabei handelt es sich um folgende Wege des Lernens:
- das Lernen durch Experimentieren (exploratives Lernen)
- das Lernen durch Be-greifen und Be-handeln
- das Lernen durch ›Nachahmung‹ (soziales Lernen)
- das Lernen durch Wiederholung

Lernen durch Nachahmen
→ S. 82

BEISPIEL Eine altersgemischte Kindergruppe macht einen Ausflug in den Wald. Die jüngeren Kinder haben schon begonnen, Steine zu untersuchen. Die älteren Kinder machen sich sofort daran, Stöcke zu sammeln. Sie sind nicht das erste Mal hier unterwegs und wissen, dass sie gleich an eine kleine Brücke kommen, die über einen Bach führt.
Einige der Kinder beginnen damit, die gesammelten Stöcke auf der bachaufwärts gelegenen Seite von der Brücke ins Wasser zu werfen und dann auf die andere Seite zu laufen, um dort freudig erregt auf die Ankunft der „Schiffe" zu warten.
Marie (1;6) schaut fasziniert zu. Auch sie hat einen Stock gesammelt und hält ihn fest in der Hand. Als **Thomas (5;9)** sie auffordert, den Stock auch von der Brücke in den Bach zu werfen, hält sie ihn noch fester in beiden Händen und ruft: „Nein, meins!"
Marie zeigt deutlich, dass es ihr Stock ist. Thomas antwortet darauf etwas altklug: „Oh, das ist doch kein Stock, das ist doch jetzt ein Schiffchen. Und das muss ins Wasser." Marie sieht erst ihn erstaunt an und dann ihren Stock. Thomas nutzt das aus und nimmt ihr den Stock aus der Hand. Er wirft ihn in den Bach und zieht Marie mit auf die andere Seite der Brücke. Als nach kurzer Zeit der Stock tatsächlich mit dem Bach unter ihnen vorbeifließt, ruft Thomas glücklich: „Siehst du, da ist dein Schiffchen!" Marie freut sich, sucht den Blick der Kinderpflegerin Hanna Raschke, zeigt aufgeregt mit dem Finger auf den Stock und ruft: „Da!"
Hanna Raschke ist seit Maries erstem Tag in der Kita ihre Bezugsperson. Sie nickt Marie bestätigend zu. Marie sucht einen zweiten Stock und begibt sich wieder zur Brücke.

Abb. 4.9 Bekannte Erlebnismöglichkeiten im Wald sind die Grundlage für neues Erkundungsverhalten.

Im Laufe der letzten Jahrzehnte haben Wissenschaftler eine Beschleunigung (Akzeleration) der körperlichen und psychischen Entwicklung im Kindes- und Jugendalter beobachtet. Besonders das körperliche Wachstum und die Entwicklung der Geschlechtsreife sind bei einigen Kindern im Vergleich zu Gleichaltrigen überdurchschnittlich beschleunigt.

Abb. 4.10 Mädchen entwickeln sich heute schneller als noch vor einigen Jahrzehnten.

> **ZUM WEITERDENKEN** Vor hundert Jahren waren die europäischen Männer ca. elf Zentimeter kleiner als heute. Es wird vermutet, dass bessere Lebensbedingungen, ein ausgebautes Gesundheitssystem, gesunde Ernährung sowie ein besseres Wissen über Gesundheit Einfluss auf die Entwicklung und das Wachstum von Menschen nehmen. Ein 18-Jähriger ist heute laut Max-Planck-Gesellschaft für demografische Forschung körperlich so weit entwickelt wie ein 22-Jähriger um 1800.

Auch in Bezug auf hochbegabte Kinder und Jugendliche wird der Begriff der Akzeleration verwendet. Häufig werden diese Kinder vorzeitig eingeschult und überspringen Klassen. Kinder und Jugendliche, die sich schneller oder langsamer als Gleichaltrige entwickeln, erleben häufig Konflikte, die Einfluss auf ihr Selbstbild nehmen können.

> **BEISPIEL** **Viktor (3;2)** ist schon sehr groß für sein Alter. In der Kita denken die Praktikanten zu Beginn oft, dass er zu den älteren Kindern gehört. Er wird häufig überfordert.
> **Constance (6;6)** ist noch sehr zierlich und klein. Die pädagogischen Fachkräfte in der Kindertagesstätte gehen manchmal zu vorsichtig mit ihr um und nehmen falsche Rücksicht. Constance wirkt in den letzten Monaten vor der Einschulung immer stiller und trauriger. Sie hat Angst vor der Einschulung. Kein Tornister passt ihr – alle sind zu groß.
> **Tessa (10;5)** ist körperlich weiter entwickelt als ihre Freundinnen. Im Sportunterricht lachen die Jungen sie aus, wenn sie rennt. Sie wiegt 15 Kilo mehr als ihre beste Freundin. Ihre Mutter hat ihr einen Sport-BH gekauft. Tessa will bereits jetzt ihre erste Diät beginnen.
> **Saskia (14;7)** hat noch keine Periode. Ihre Freundinnen reden ständig über das Thema. Sie fühlt sich ausgeschlossen und hofft jeden Monat, dass es endlich so weit ist. Die Freundinnen schminken sich schon alle und reden nur noch über Jungen.
> **Anton (13;9)** ist größer als seine Freunde. Er ist im Stimmbruch und muss sich langsam rasieren. Die Gespräche seiner Klassenkameraden findet er oft kindisch.

4.1.4 Entwicklungsphasen: Entwicklung ist ein Prozess

Die menschliche Entwicklung beginnt bei der Befruchtung und ist ein lebenslanger Prozess, der bis zum Tod weiterläuft. Nicht nur Wachstum, Reifung und Lernen gehören zu diesem Prozess. Im späteren Erwachsenenalter lassen sich der Rückgang von Erlerntem, das Verschwinden von Kompetenzen sowie das Schwinden körperlicher Aktivität und Kräfte beobachten.

Der gesamte Prozess menschlicher Entwicklung kann in einzelne Phasen unterteilt werden.

Alter in Jahren	Phase
Empfängnis bis Geburt	pränatal
0–2	Säugling
3–5	frühe Kindheit
6–11	mittlere Kindheit
12–17	›Adoleszenz‹ (Pubertät)
18–35	frühes Erwachsenenalter
36–50	mittleres Erwachsenenalter
51–65	spätes Erwachsenenalter
ab 65	hohes Erwachsenenalter

Tab. 4.11 Altersabschnitte der Entwicklung über die Lebensspanne hinweg, nach: Pauen (Hrsg.), Sabina (2011): Entwicklungspsychologie im Kindes- und Jugendalter. Spektrum, Heidelberg

Adoleszenz
lat. adolescere: heranwachsen

Abb. 4.12 Menschliche Entwicklung findet in jeder Lebensphase statt.

> **ZUM WEITERDENKEN** Die Entwicklungspsychologie geht davon aus, dass sich der Mensch in jeder Lebensphase entwickelt. Der Blick wird also nicht mehr allein auf die Kindheits- und Jugendphase gerichtet. Die Entwicklung endet nicht spätestens im frühen Erwachsenenalter. Wachstum und Gewinn bzw. Aufbau spielen über die gesamte Lebensspanne hinweg eine Rolle. Das Älterwerden eines Menschen wird nicht nur als geistiger wie körperlicher Abbau und Verlust gesehen, sondern auch als ein Zugewinn an Erfahrungen und Wissen.

Auch wenn im Alter bestimmte Sinnesfunktionen sowie motorische (körperliche) und kognitive (geistige) Fähigkeiten nachlassen, gilt dies nicht allgemein für die Intelligenz bzw. Weisheit. Auch noch im achten Lebensjahrzehnt ist eine Leistungssteigerung kognitiver Kompetenzen mithilfe von Trainingseinheiten möglich. Dabei geht es zum einen um das Erfahrungswissen des Menschen, zum anderen um die Geschwindigkeit der Informationsverarbeitung. Vor allem werden soziale Intelligenz, Expertenwissen und Lebensweisheit als Wachstumsfaktoren im höheren Lebensalter benannt.

Bei der Darstellung der Entwicklungsphasen darf nicht außer Acht gelassen werden, dass die menschliche Entwicklung in jeder Altersphase auch Rückfälle und Einbrüche erfahren kann. Unfälle, psychische Erkrankungen oder Lebenskrisen können zu Rückschritten im Entwicklungsprozess führen.

> **BEISPIEL** Toms Eltern sind in eine andere Stadt umgezogen. **Tom (4;6)** kommt in einen neuen Kindergarten. Kurz darauf wird sein kleiner Bruder geboren. Etwa vier Monate lang spricht Tom mit keiner pädagogischen Fachkraft. Er sitzt jeden Morgen rund eine Stunde am Frühstückstisch. Zu Hause will er wieder im Bett der Eltern schlafen und weint häufiger.

4.1.5 Menschliche Entwicklung verläuft nach bestimmten Regeln

Die Entwicklung verläuft in bestimmten Altersphasen rasanter als in anderen, z. B. in den ersten drei Lebensjahren, in der Pubertät oder im sehr späten Erwachsenalter. Zudem müssen in jeder Entwicklungsphase unterschiedliche **Entwicklungsaufgaben** bewältigt werden. Schon ganz junge Kinder stehen z. B. vor der Entwicklungsaufgabe, mit anderen Kindern in Kontakt zu treten, oder sie lösen die Entwicklungsaufgabe, die eigenen Gefühle zu regulieren, immer besser.

Entwicklung vollzieht sich in bestimmten Teilbereichen wie
- der Sprache,
- der Kognition (Wahrnehmen und Erkennen, Wissen verarbeiten),
- der Motorik (körperlichen Bewegung),
- dem sozial-emotionalen Bereich.

In diesen Entwicklungsbereichen ist zu Beginn eines neuen Entwicklungsverlaufs in der Regel eine starke Zunahme neuer Kompetenzen und Veränderungen zu beobachten. So kennen etwa Kinder mit drei Jahren rund tausend Worte.

Verschiedene **Entwicklungsschritte** treten in einer bestimmten Reihenfolge auf: In der Regel krabbeln und robben Kinder, bevor sie laufen, Einwortsätze werden durch Zweiwortsätze und ganze Sätze abgelöst.

Abb. 4.13 Jedes Alter hat seine Entwicklungsaufgaben.

> Im Laufe der Entwicklung findet eine Differenzierung (Verfeinerung) von Funktionen statt.

> **BEISPIEL** Zappelt **Tom** noch mit drei Monaten mit Armen und Beinen, kann er ein paar Wochen später schon den Arm heben, um einen Greifring zu fassen.

Im Laufe der Entwicklung findet auch eine Integration (Eingliederung) von Einzelfunktionen statt.

> **BEISPIEL** **Nele** schaut mit wenigen Wochen einem Greifring nach, ihre Arme und Beine zappeln dabei. Einige Wochen später kann sie beide Funktionen integrieren (Auge-Hand-Koordination) und greift zielsicher den Greifring.

Der Zeitpunkt des Beginns eines Entwicklungsverlaufs variiert von Mensch zu Mensch.

> **BEISPIEL** **Tim** beginnt schon mit acht Monaten zu laufen, **Florian** dreht sich zu diesem Zeitpunkt erst auf den Bauch und robbt über den Boden. Bei **Lisa** beginnt die Pubertät erst mit 14 Jahren, während bei **Jana** die erste Regel schon mit 9 Jahren einsetzt.

Das Tempo und das Ausmaß der Entwicklung verlaufen nicht gleich. Es gibt zum Teil gewaltige Unterschiede in der Entwicklungsgeschwindigkeit.

> **BEISPIEL** **Sara** lernt sehr schnell laufen, beginnt aber erst mit fast drei Jahren zu sprechen. **Ben** schläft im Alter von vier Wochen noch 18 Stunden pro Tag – **Charlotte** nur noch 14 Stunden. **Simon** ist nur eine Woche gekrabbelt und lief dann los, während **Alexander** ein halbes Jahr gekrabbelt ist.

Bestimmte Entwicklungsbereiche sind stark miteinander vernetzt und bedingen sich gegenseitig.

> **BEISPIEL** **Sebastian (3;6)** spricht kaum. Seine sozialen Kompetenzen werden dadurch beeinflusst. Konflikte mit anderen Kindern löst er noch durch Hauen und Beißen.

Verschiedene Entwicklungsbereiche verstärken sich auch untereinander, z. B. die Identitätsbildung und Sprachentwicklung mit etwa zwei Jahren. Dies zeigt sich an Äußerungen wie „ich", „meins", „alleine" oder „selber machen".

Entwicklung verläuft nicht immer gleichmäßig, sondern auch in **Schüben**. Das heißt, nach deutlich zu beobachtenden Fortschritten treten Phasen auf, in denen die Entwicklung stillzustehen scheint oder gar Rückschritte deutlich werden. Doch auch solche Phasen sind im Entwicklungsverlauf wichtig. In ihnen werden bisherige Erfahrungen eingeordnet und verarbeitet. Das braucht Zeit. Häufig folgen im Anschluss daran neue Entwicklungsveränderungen bzw. eine Differenzierung (Verfeinerung) bereits vorhandener Fähigkeiten.

GRUNDLAGEN DER PSYCHOLOGIE

Pädagogik nach Maria Montessori → S. 294

Ebenso gibt es in der menschlichen Entwicklung Zeitabschnitte, in denen der Erwerb bestimmter angeborener Kompetenzen (z. B. der Sprache) besonders gut gelingt, wenn die Anregungen durch die Umwelt zur rechten Zeit kommen. Pädagogen wie ›Maria Montessori‹ haben diese Annahme in ihre Theorien aufgenommen und sprechen von sogenannten Entwicklungsfenstern oder **sensiblen Phasen**.

ZUM WEITERDENKEN Im Kinofilm „Das Dschungelbuch" wirkt Moglis Leben in der Wildnis unbeschwert und steckt voller Abenteuer.
Was geschieht aber im wahren Leben, wenn wichtige Umweltanregungen in bestimmten Phasen fehlen? Interessant ist hier ein Vergleich mit Berichten zu den sogenannten „Wolfskindern". Solche Kinder wuchsen seit der frühen Kindheit isoliert von anderen Menschen auf und unterschieden sich deshalb stark von normal sozialisierten Kindern. Ein anderes Beispiel ist König Friedrich II., der feststellen wollte, welche Sprache Kinder entwickeln, wenn sie ohne Ansprache und Zuneigung aufwachsen. Die Kinder in seinem Experiment verkümmerten und starben innerhalb kürzester Zeit.

Warum muss ich das für meinen Beruf wissen?

Grundbedürfnis → S. 410

Als Kinderpflegerin ist es Ihre Aufgabe, feinfühlig auf kindliche Signale zu reagieren und die Entwicklungsschritte von Kindern angemessen zu begleiten. Kinder brauchen entwicklungsfördernde äußere Rahmenbedingungen, um ihr Entwicklungspotenzial entfalten zu können. Das Erfüllen der ›Grundbedürfnisse‹ nach Nahrung und Schlaf, die angemessene Nähe vertrauter, verlässlicher Personen, deren Zuwendung durch Blick- und Körperkontakt sowie Kommunikationsbereitschaft schaffen positive Rahmenbedingungen.
Als Kinderpflegerin interessieren Sie sich für die Interessen und Bedürfnisse der Kinder, ihre Anlagen und Talente und bieten sinnvolle Lernarrangements und Entwicklungsmöglichkeiten an. Sie nutzen die Selbstbildungspotenziale von Kindern für die pädagogische Ausgestaltung des Tagesablaufs und für das Raumkonzept.
Wachstum, Reifung und Lernen nehmen Einfluss auf die kindliche Entwicklung. Diese Prozesse dürfen nicht behindert werden. So ist es schädlich für den Organismus, wenn Kinder zu früh hingesetzt werden, bevor sie selbst dazu in der Lage sind. Ebenso kann es im ersten Lebensjahr schädlich für den Verdauungstrakt sein, statt Babybrei schwer verdauliche Lebensmittel zu füttern.
Die Kenntnis von den Gesetzmäßigkeiten menschlicher Entwicklung hilft Ihnen, das kindliche Verhalten besser zu verstehen. In der Planung von Bildungsangeboten berücksichtigen Sie, dass sich bestimmte Entwicklungsbereiche wie z. B. Sprache und Bewegung gegenseitig beeinflussen.
Sie können Eltern in Elterngesprächen mithilfe dieser Erkenntnisse auf die Entwicklungsschritte ihrer Kinder aufmerksam machen. Unter Umständen können Sie so die Eltern junger Kinder beruhigen. Denn häufig werden Sie von Eltern die Frage hören: „Ist mein Kind altersgemäß normal entwickelt?"

4.2 Entwicklungspsychologie

Schon in der Antike, zu Zeiten der großen Philosophen wie Aristoteles und Platon, wurde über wichtige Themen der heutigen ›Soziologie‹ oder Entwicklungspsychologie nachgedacht:

- Hat der Mensch einen freien Willen?
- Ist der Mensch von Geburt an gut oder böse?
- Gibt es Gefühle?
- Kann ich mein Leben ändern?
- Ist der Mensch dazu geboren, in einer Gemeinschaft zu leben?
- Was ist der Sinn und Zweck des Lebens?
- Was ist der Ursprung von ›Moral?‹

Doch erst viel später, im 17. und 18. Jahrhundert, setzten sich Wissenschaftler intensiver mit dem Bereich der menschlichen Entwicklung auseinander. Besonders der französische Philosoph **Jean-Jaques Rousseau** (1712–1778) setzte mit seinem Werk „Emil oder über die Erziehung" einen großen Meilenstein der Entwicklungspsychologie. Er ging davon aus, dass die menschliche Entwicklung immer gleich abläuft, von der Natur festgelegt ist und in Stufen stattfindet.

Etwa ab Mitte des 19. Jahrhunderts interessierten sich Wissenschaftler immer stärker für die kindliche Entwicklung. Sie beobachteten häufig zuerst ihre eigenen Kinder und registrierten Entwicklungsveränderungen, die dann verallgemeinert wurden.
Die Entwicklungspsychologie zählt heute neben der Medizin, der Biologie, der ›Pädagogik‹, der Soziologie, der ›Anthropologie‹ und der ›Neurowissenschaft‹ zu den an der Entwicklungsforschung beteiligten Disziplinen.

> Die Entwicklungspsychologie ist ein Teilbereich der Psychologie. Sie befasst sich mit allen menschlichen Veränderungen von der Empfängnis bis zum Tod.

Diese Veränderungen beziehen sich hauptsächlich auf die körperlichen und geistigen Teilbereiche. Dabei werden z. B. Zeitphasen benannt, in denen bestimmte Fähigkeiten erstmalig auftauchen.

Teilgebiete der Entwicklungspsychologie sind:
- die Beschreibung und Erklärung von Veränderungen im individuellen Entwicklungsprozess und Entwicklungsverlauf
- die Erforschung dieser Veränderungen und ihrer Einflussgrößen
- die Erklärung von Unterschieden im Entwicklungsprozess
- die Ableitung von Prognosen (Vorhersagen) der künftigen Entwicklung
- die Optimierung (Verbesserung) von Entwicklungsverläufen

ZUM WEITERDENKEN Wie kommt die Entwicklungspsychologie zu ihren Erkenntnissen? Sie erhebt ihre Daten in erster Linie durch systematische Beobachtung (Beobachtungsbögen), Entwicklungstests, Experimente, Fallstudien, Interviews und Fragebogenerhebungen.

Soziologie → S. 33

Moral
Gesamtheit aller Werte und Normen einer Gesellschaft

Abb. 4.14 Jean-Jacques Rosseau (1712–1778)

Jean-Jaques Rousseau → S. 291
Pädagogik → S. 48
Anthropologie → S. 211

Neurowissenschaft
Gehirnforschung

In der Entwicklungspsychologie sind zwei unterschiedliche Perspektiven von Bedeutung.
a) **Die intra-individuelle Perspektive:** Der Mensch wird als Individuum betrachtet und Veränderungen werden nur auf das Individuum bezogen.

> **BEISPIEL** **Franka** kann mit 7 Monaten krabbeln. Mit 14 Monaten läuft sie ohne fremde Hilfe.

b) **Inter-individuelle Perspektive:** Der Mensch wird mit anderen Menschen verglichen.

> **BEISPIEL** Im Vergleich zu Franka krabbelt **Ole** erst mit zehn Monaten und läuft schon mit zwölf Monaten.

Die Entwicklungspsychologie liefert Wissen und Erkenntnisse, mit denen menschliches Verhalten besser verstanden und beurteilt werden kann. Auf dieser Grundlage kann überlegt werden, in welcher Form der einzelne Mensch die Unterstützung und entwicklungsfördernde Maßnahmen benötigt. Hier trifft sich die Entwicklungspsychologie mit der Pädagogik und der ›pädagogischen Psychologie‹.

Erkenntnisse der Entwicklungspsychologie sind bedeutsam für die Planung und Gestaltung von Erziehungs- und Bildungsprozessen. Fachkräfte in den Bildungseinrichtungen für Kinder und Jugendliche müssen die kindliche Entwicklung wahrnehmen und verstehen. Hierzu gehört auch nachzuvollziehen, wie Kinder und Jugendliche sich mit ihrer Umwelt auseinandersetzen.

> In Betreuungseinrichtungen für Kinder müssen sich z. B. das Raumkonzept und die Materialauswahl sowie die ›Erzieher-Kind-Interaktion‹ an den Bedürfnissen der Zielgruppe orientieren. Auch jüngste Kinder müssen während des gesamten Aufenthalts bildungs- und entwicklungsfördernd begleitet werden.

pädagogische Psychologie
Teilgebiet der Psychologie mit dem Ziel, Erziehung und Unterricht zu optimieren. Sie beschreibt z. B. Gesetzmäßigkeiten des Lernens.

Interaktion → S. 188

Abb. 4.15 Die Angebote von Bildungseinrichtungen müssen den jeweiligen Entwicklungsstand der Kinder berücksichtigen.

Auf diese Weise sollen die kindlichen Entwicklungspotenziale ausgeschöpft werden. Die Kinder sollen zudem dazu befähigt werden, an den dafür erforderlichen Entscheidungsprozessen zu ›**partizipieren**‹ (teilzunehmen).

Partizipation → S. 438

Der pädagogische Alltag mit Mahlzeiten, Pflege, Schlaf und Spiel muss sich an den Bedürfnissen zum Teil sehr heterogener (in sich unterschiedlicher) Gruppen orientieren. Die pädagogischen Fachkräfte tragen eine hohe Verantwortung für die Entwicklung der ihnen anvertrauten Kinder.

Abb. 4.16 Der pädagogische Alltag muss sich an unterschiedlichen Bedürfnissen orientieren.

Warum muss ich das für meinen Beruf wissen?

Wer die Entwicklungsphasen und Entwicklungsbesonderheiten von Kindern und Jugendlichen kennt, kann die eigene Arbeit als Kinderpfleger wirksamer gestalten.

Pädagogische Fachkräfte tragen dazu bei, dass pädagogische Konzepte in Tageseinrichtungen für Kinder umgesetzt oder weiterentwickelt werden. Dies geschieht auf der Basis frühpädagogischer Methoden sowie der Grundlagen und Erkenntnisse der aktuellen Entwicklungspsychologie (z. B. über Sprach- und Bewegungsentwicklung, sozial-emotionale Entwicklung, kognitive Entwicklung).

Als Kinderpflegerin können Sie mithilfe der Erkenntnisse der Entwicklungspsychologie aus Ihren Beobachtungen sinnvolle Schlussfolgerungen für die Raum- und Materialausstattung, den Tagesablauf, Projekte und Bildungsangebote ziehen.

4.3 Bindung ist eine Voraussetzung für Entwicklung

4.3.1 Kinder brauchen Bindung zum Überleben

Häufig wird in der Kulturforschung das Verhalten von Kleinkindern aus verschiedenen Kulturkreisen untersucht. Das nennt man auch Kulturvergleich. Gibt es Gemeinsamkeiten im Verhalten unterschiedlicher Kulturkreise, so spricht man von kulturunabhängigen Verhaltensweisen. Da sie kulturunabhängig sind, müssen sie sich biologisch begründen lassen.

primäre Bezugsperson → S. 441

> Säuglinge überall auf der Welt haben eine angeborene Bereitschaft, angeborene Fähigkeiten und angeborene Verhaltensweisen zum Überleben. Allerdings brauchen sie die Nähe, Verfügbarkeit und Sensibilität einer ›(primären) Bezugsperson‹, um sich entfalten zu können.

Die früheste Bindung, die ein Mensch eingeht, ist die Bindung an seine primäre Bezugsperson — in der Regel ist dies die Mutter. Der Säugling zeigt intuitive (unbewusste) Verhaltensweisen, die auf das Herstellen und das Aufrechterhalten von Nähe zu einer Bezugsperson ausgerichtet sind. Diese Verhaltensweisen nennt man **Bindungsverhaltensweisen**. Dazu zählen z. B. Weinen, Anlächeln, Rufen, Anklammern, Nachlaufen oder das Ausstrecken der Arme.

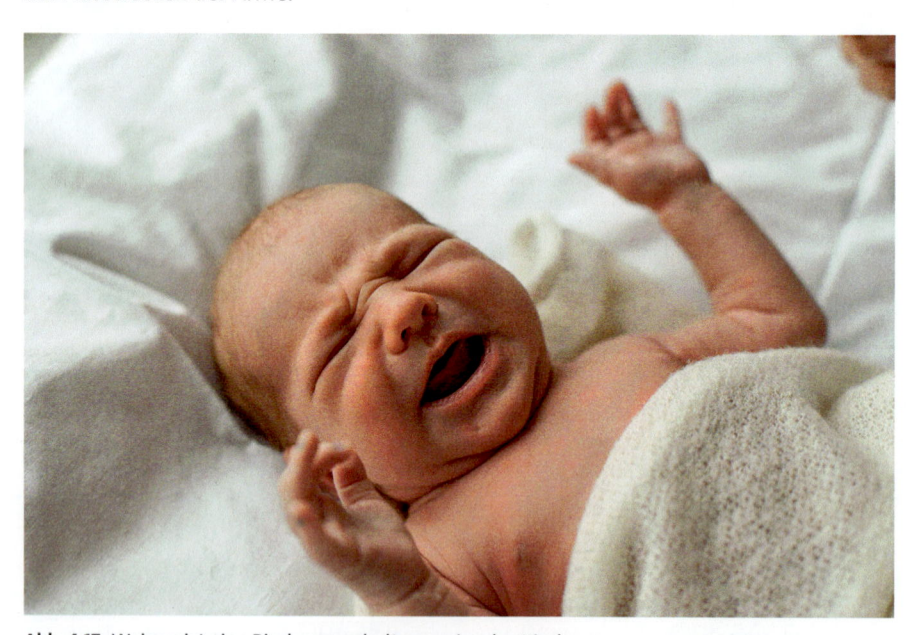

Abb. 4.17 Weinen ist eine Bindungsverhaltensweise des Kindes.

Die Bindungsforscher John Bowlby (1907–1990) und Mary Ainsworth (1913–1999) haben festgestellt, dass das **Bindungssystem** genetisch verankert ist. Es beeinflusst wechselseitig die Emotionen (Gefühle), die Motivation (Antrieb) und das Verhalten von Bezugsperson und Kind.
Auch die Erwachsenen zeigen in diesem System bestimmte angeborene Verhaltensbereitschaften. Zum Teil handelt es sich dabei um genetisch bedingte hormonelle Prozesse, mit denen die Erwachsenen auf die Äußerungen des Kindes in besonderem Maße reagieren.

Bei einer Mutter werden z. B. bereits während der Schwangerschaft und bei der Geburt bestimmte Hormone ausgeschüttet, die sie emotional an ihr Kind binden.

Große „Kulleraugen" berühren Erwachsene emotional und führen häufig dazu, dass sie sich dem Kind zuwenden und Nähe herstellen. Dieses Phänomen wird häufig auch das „Kindchenschema" genannt.

Der Schrei eines Neugeborenen löst bei allen Erwachsenen automatisch einen Schutzmechanismus aus. Durch die vom Säugling ausgehenden Signale wenden sich die Eltern bzw. Bezugspersonen in den ersten Lebensmonaten des Kindes spontan und ›intuitiv‹ dem Säugling zu. Die Verhaltensbiologen und Ärzte Hanus und Mechthild Papoušek prägten für dieses Verhalten den Begriff der **intuitiven Kompetenzen**.

> Intuitive Kompetenzen sind universell (umfassend) und unabhängig von Kultur, Alter oder Geschlecht.

Es gibt zahlreiche Beispiele für Verhaltensweisen, die intuitive Kompetenzen deutlich machen.

Abb. 4.18 Eltern zeigen intuitiv Verhaltensweisen, die das Kind trösten.

Die Bezugspersonen reagieren auf die kindlichen Signale bei ganz jungen Kindern mit einer Geschwindigkeit im Millisekundenbereich (200 bis 600 Millisekunden). Diese Verhaltensweisen geschehen eher unwillkürlich.

Frühkindliches Lernen ist sehr stark auf Wiederholung aufgebaut. Intuitive Verhaltensweisen können beinahe endlos wiederholt werden, ohne dass sie für den Ausführenden ermüdend werden. Dieses Zusammenspiel schafft gute Lernvoraussetzungen.

Intuition
Gedanken und Reaktionen, die aus dem Unterbewusstsein entstehen, ohne dass hierzu bewusst nachgedacht wird

> Ich hätte mir nie vorstellen können, dass ich nachts so schnell wach werde, wenn ich unser Baby weinen höre – aber es funktioniert. Der Wunsch, es zu trösten, sobald es weint, ist riesengroß. Automatisch fange ich beim Tragen an zu schunkeln und lache mich kaputt, wenn ich meinem Mann beim Wickeln zuschaue. Der redet mit unserem Sohn ganz anders. Seine Stimme wird höher, seine Augen größer. Unser Baby verändert uns ganz schön.

> **ZUM WEITERDENKEN** Es gibt auch noch weitere Beispiele für intuitive Verhaltensweisen: Beispielsweise ahmen Säuglinge die Mimik und Laute ihrer Bezugspersonen nach. Die sogenannte „Ammensprache" der Erwachsenen zeichnet sich durch eine höhere Stimmlage mit spezifischem Sprechgesang und Mienenspiel aus. Auf diese Weise versteht der Säugling andere Menschen viel besser. Rhythmisches Tragen wird zahllos wiederholt und beruhigt Säuglinge.

Abb. 4.19 Ein Baby ahmt den Vater nach.

Vertiefende Informationen zu frühkindlichen Verhaltensweisen finden Sie auf den Seiten des Bayerischen Staatsministeriums für Arbeit und Sozialordnung, Familie und Frauen:

www.familienhandbuch.de/familienbildung/programme/fruhe-hilfen-fur-eltern-das-baby-verstehen

Exzessives Schreien → S. 348

Das Bindungssystem ist existenzsichernd. Säuglinge und Kleinkinder in den ersten Lebensjahren sind auf die Unterstützung, Zuwendung und Nähe eines Erwachsenen angewiesen.

> **Eine sichere Bindung ist in den ersten Lebensjahren für Säuglinge und Kleinkinder besonders wichtig. Sie bietet Schutz, Sicherheit und Wohlbefinden sowie das Gefühl des Dazugehörens und der Wertschätzung.**

Eine große Herausforderung für Eltern sind sogenannte „schwierige Babys", ›„Schreibabys"‹ oder „24-Stunden-Babys". Diese Kinder wirken dauerhaft unzufrieden, lassen sich sehr schwer trösten und schreien mehr als drei Stunden täglich. Sie schlafen unruhig oder sind beim Stillen bzw. Füttern sehr unruhig.

Die Eltern werden ununterbrochen gefordert und stehen unter Dauerstress. Diese körperlichen und psychischen Anforderungen führen möglicherweise zu:

- Erschöpfung
- Schlafmangel
- chronischem Stress
- Hilflosigkeit
- ohnmächtiger Wut
- Depression

Weitere Informationen zu Frühen Hilfen:

www.fruehehilfen.de

Eltern erleben in dieser Situation häufig eine große Hilflosigkeit und glauben, sie hätten versagt. Die eigene Mutter- oder Vaterrolle wird angezweifelt. Die intuitiven Fähigkeiten werden stark belastet. Sie scheinen nicht zu wirken. Es entsteht ein Teufelskreis zwischen Kind und Bezugspersonen. Die Kommunikation ist gestört.

In dieser schweren Phase brauchen Eltern Begleiter, die sie unterstützen, ihnen Mut machen und Hilfe anbieten. In Deutschland gibt es mittlerweile unzählige Schreiambulanzen, die Eltern beraten und begleiten. Ziel ist es, die Eltern-Kind-Bindung zu stärken und zu festigen.

Seit vielen Jahren gibt es in Deutschland auch ein Konzept der **„Frühen Hilfen"**. Dabei handelt es sich um lokale und regionale Hilfsangebote für Eltern und Kinder ab Beginn der Schwangerschaft bis in die ersten Lebensjahre. Dazu zählen Hebammensprechstunden, Elternkurse, vielfältige Beratungsangebote, Eltern-Kind-Kurse oder Schreiambulanzen.

Das Ziel dieser Hilfen ist es, durch alltagspraktische Unterstützung die Entwicklungsmöglichkeiten von Kindern und Eltern in Familie und Gesellschaft frühzeitig zu verbessern. Zugleich sollen die intuitiven Kompetenzen innerhalb der Familie gestärkt werden. So wird ein guter Start ins Leben professionell begleitet. Im Vordergrund steht die Förderung der Beziehungs- und Erziehungskompetenz von (werdenden) Müttern und Vätern.

Abb. 4.20 Sogenannte „24-Stunden-Babys" fordern Eltern besonders heraus.

4.3.2 Feinfühligkeit ist wichtig für eine sichere Bindung

Bereits im ersten Lebensjahr lernt ein Kind, ob auf seine primären Bezugspersonen Verlass ist. Verläuft die Interaktion mit der Bezugsperson gut, so entwickelt sich ein sicheres Bindungssystem. Dieses ist für das Überleben des Kindes notwendig.

Daher ist es eine wichtige Entwicklungsaufgabe der ersten Lebensmonate, zu einer Bezugsperson oder einigen wenigen Bezugspersonen eine Beziehung aufzubauen. Meist sind dies Menschen, die das Kind ständig betreuen: Eltern, Großeltern, Tagesmütter oder pädagogische Fachkräfte. Es ist von großer Bedeutung, die Hilflosigkeit und Abhängigkeit ganz junger Kinder wahrzunehmen. Sie können nur mithilfe von körperlichen und nonverbalen Signalen ihre Bedürfnisse wie Hunger, Schlaf, Nähe und ›Interaktion‹ mitteilen.

Interaktion → S. 188

Körperliche Signale	z. B. Temperatur, Körperspannung, Geruch
Nonverbale (nicht sprachliche) Signale	z. B. Schreien, Weinen, Mimik (Gesichtsausdruck)

Früher wurden Kinder anders wahrgenommen. Über Generationen überlieferte Ansichten erschweren in den ersten Lebensmonaten oft die ersten Eltern-Kind-Interaktionen. Eltern fühlen sich verunsichert und reagieren nicht ihren intuitiven Fähigkeiten entsprechend.

> **BEISPIEL** Meine Mutter war fast jeden Tag nach der Geburt bei mir. Sie wollte mir helfen. Leider hat sie mich auch sehr verunsichert mit komischen Ansichten: „Pass auf, dass du dein Kind nicht direkt verwöhnst." – „Ein bisschen Weinen hat noch keinem geschadet. Schreien macht die Lungen frei." – „Vielleicht wird er nicht satt von Muttermilch. Du solltest besser zufüttern." – „Tragt ihn nicht immer herum. Der muss in sein eigenes Bett." Ich war oft nicht überzeugt von diesen Aussagen. Meine Mutter behauptete häufig, dass sie diese Tipps schon von ihrer Mutter bekommen hätte. Mir hätten diese Verhaltensweisen auch nicht geschadet.

> Kleinstkinder und jüngere Kinder brauchen einfühlsame, fürsorgliche Begleiter, um sichere Bindungen und das Erkundungsverhalten aufbauen zu können.

Mary Ainsworth prägte Mitte der 1970er Jahre für dieses Verhalten den Begriff der **Feinfühligkeit**.

Zu feinfühligem Verhalten gehören folgende Aspekte:
- die Signale des Kindes richtig wahrnehmen
- diese Signale richtig interpretieren
- auf diese Signale prompt und angemessen reagieren

Für eine sichere Bindung sind die Haltung der Bezugsperson und die Menge der Erfahrungen positiver Interaktion wichtig. Ein regelmäßiges, immer wiederkehrendes bestimmtes Verhalten von Erwachsenen prägt die ersten Bindungserfahrungen. Damit senden die Bezugspersonen bestimmte Botschaften, die Einfluss auf die ›Selbstwert- und Identitätsentwicklung‹ des Kindes haben.

Abb. 4.21 Feinfühligkeit schafft Bindung.

Identität → S. 233
Selbstbild → S. 232

Positive Bindungserfahrungen in frühester Kindheit sind die beste Voraussetzung dafür, dass ein Kind ein ›**positives Selbstbild**‹ entwickelt und sich sowohl sozial-emotional als auch in seinem Bewegungs- und Forschungsdrang optimal entwickeln kann.
Für eine gesunde psychische (seelische) Entwicklung braucht der Mensch Personen, denen er vertrauen kann, die in belastenden Situationen für ihn da sind und ihn ermutigen, neugierig die Welt kennenzulernen.

> Bindung wird als emotionales Band beschrieben, das über Ort und Zeit hinweg bestehen bleibt. Bindungsbeziehungen sind durch tiefe Verankerung, Stabilität, Verbundenheit und gemeinsame Erlebnisse gekennzeichnet. Bindung bietet dem Menschen Halt, Sicherheit, Unterstützung und Geborgenheit. So wird der Mensch fähig, schwierige Situationen zu meistern, zu lernen und sich weiterzuentwickeln.

BEISPIEL Immer wenn **Julia (4;4)** ihre Tagesmutter auf der Straße oder beim Einkaufen trifft, ist sie begeistert und fliegt ihr in die Arme. Die Tagesmutter hat Julia ab dem fünften Lebensmonat betreut.
Svenja ertappt sich manchmal dabei, wie sie mit ihrer verstorbenen Oma spricht. Sie war für sie fast wie eine Mutter.
Alle drei Jahre trifft sich Robin mit seinem besten Freund Tobias, der mittlerweile in Amerika lebt. Wenn sie sich sehen, haben sie das Gefühl, dass Tobias nie weggewesen ist.
Noch heute besucht **Julian (9;8)** sehr gerne nach der Schule seine ehemalige Kinderpflegerin in der Kindertagesstätte. Sie war für ihn ein wichtiger Halt in einer sehr schweren familiären Krisenzeit.

Abb. 4.22 Die Großeltern sind oft wichtige Bezugspersonen.

4.3.3 Bindungsbeziehungen haben unterschiedliche Qualität

Die Beschaffenheit einer Bindung wird bestimmt durch die Feinfühligkeit, die Verfügbarkeit und die Vorhersagbarkeit der Reaktionen der Bezugsperson. Auch das Temperament des Kindes spielt eine wichtige Rolle. Den größten Einfluss auf die Qualität (Güte) der Bindung nimmt das Ausmaß der Feinfühligkeit der Bezugsperson.
Mary Ainsworth entwickelte in diesem Zusammenhang eine allgemeine Beobachtungsmethode, die sogenannte **„Fremde Situation"**. Dabei wird das Bindungs- und ›Explorationsverhalten‹ junger Kinder zwischen 12 und 20 Monaten in einer Laborsituation untersucht. Es stellten sie folgende Fragen:
- Welches Erkundungsverhalten zeigen junge Kinder, wenn ihre Bezugsperson anwesend ist?
- Wie reagieren junge Kinder, wenn die Bezugsperson den Raum ohne sie verlässt?
- Wie reagieren sie in diesem Augenblick auf eine fremde Person im Raum?
- Wie reagieren sie, wenn die Bezugsperson den Raum wieder betritt?

Exploration

lat. exploratio: Erforschung, Erkundung

Mary Ainsworth und ihr Team gingen davon aus, dass Kinder in der belastenden Situation der Trennung von der Bezugsperson Bindungsverhalten zeigen. In Anwesenheit der Bezugsperson würden sie dagegen das Umfeld erkunden. Die Untersuchung machte jedoch deutlich, dass nicht alle Kinder dieses Verhalten zeigen. Es kristallisierten sich drei verschiedene **Bindungstypen** heraus:
- Gruppe A: unsicher-vermeidend
- Gruppe B: sicher gebunden
- Gruppe C: unsicher-ambivalent

Diese Ergebnisse sind die Grundlage heutiger Bindungstheorien. Die Forscher stellten außerdem fest, dass sich nicht nur die Kinder, sondern auch die Mütter unterschiedlich verhielten.

Abb. 4.23 Situation aus dem Fremde-Situation-Test (gefilmte Szene)

Mittlerweile wird in der Bindungstheorie nach Mary Ainsworth noch ein vierter Bindungstyp unterschieden, da es Kinder gibt, die keinem der drei anderen Typen zugeordnet werden konnten. Sie zeigen ein desorganisiertes Verhalten.

A Unsicher-vermeidende Bindungs-qualität	Der Erwachsene zeigt einen Mangel an Feinfühligkeit, z. B. weist er den Wunsch des Kindes nach Nähe und Trost zurück. Starke Gefühlsausbrüche werden eher als negativ bzw. als Schwäche erlebt. Das Kind kann den Erwachsenen nicht als sichere Basis nutzen. Daher muss es aus eigener Kraft versuchen, emotional belastende Situationen zu bewältigen. Beim Kind ist langfristig zu beobachten, dass es kein offenes und eindeutiges Bindungsverhalten zeigt. Es sucht z. B. keine Nähe, weint nicht und ruft nicht nach der Bezugsperson. Manche Kinder ignorieren sogar den Erwachsenen. Das Kind zeigt auch kaum Gefühle, z. B. weint es nicht bei der Trennung vom Erwachsenen. Ältere Kinder und Jugendliche zeigen eine eher negative Lebenshaltung in schwierigen Lebenslagen und häufig Zweifel an den eigenen Fähigkeiten.
B Sicher gebundene Bindungs-qualität	Der Erwachsene reagiert in hohem Maße feinfühlig auf die Signale des Kindes. Sein Verhalten ist vorhersehbar und zuverlässig; er ist die sichere Basis. Das Kind zeigt offenes und eindeutiges Bindungsverhalten. Es sucht Kontakt und Nähe zur Bezugsperson mit positivem Verhalten ihr gegenüber. Es offenbart seine Gefühle, indem es bei ersten Trennungsversuchen weint. Dann aber beruhigt es sich schnell in der Nähe oder im Körperkontakt mit seiner Bindungsperson. Es ist sich der Erreichbarkeit, Verfügbarkeit und Vorhersagbarkeit der Bindungsperson innerlich sicher. Ältere Kinder und Jugendliche haben ein gutes Selbstwertgefühl und eine positive Lebenshaltung auch in schwierigen Lebenssituationen. Sie sind häufig sehr beliebt und kontaktfreudig.
C Unsicher-ambivalente Bindungs-qualität	Der Erwachsene verhält sich dem Kind gegenüber widersprüchlich. Er reagiert mal sehr feinfühlig, mal ignorierend oder auch feindselig. Der Erwachsene unterbricht sogar das kindliche Spiel, weil der eigene Wunsch nach Zärtlichkeit mit dem Kind Vorrang für ihn hat. Die Beziehung zum Kind bzw. die Interaktion mit ihm ist abhängig von der eigenen Befindlichkeit und für das Kind kaum vorhersehbar. Das Kind zeigt sich ambivalent (widersprüchlich): Es sucht und hält mäßigen bis starken Kontakt und äußert den Wunsch nach Nähe zu der Bezugsperson. Gleichzeitig zeigt es aber auch ärgerliche Zurückweisung in Form von Widerstand gegen entstehenden Kontakt. Zusätzlich ist eine übermäßige Anhänglichkeit zu beobachten. Das Kind hat keine innere Sicherheit über Erreichbarkeit, Verfügbarkeit und Vorhersagbarkeit seiner Bindungsperson.
D Des-organisiertes Bindungs-system	Der Erwachsene löst Furcht aus. Die Bezugsperson wird als „sichere Basis" gesucht, ist aber die Quelle der Gefahr. Dies ist z. B. bei Misshandlungen, Missbrauch oder Gewalt der Fall. Der Erwachsene ist häufig selbst traumatisiert oder psychisch krank. Das Kind kann auf keine organisierte Bindungsstrategie zurückgreifen. Aus diesem Grund sind vielfältige, zum Teil widersprüchliche Verhaltensweisen zu beobachten: stereotype (ständig wiederkehrende) Verhaltensweisen, Furcht vor der Bindungsperson oder Erstarrung in der Körperhaltung. Das Kind zeigt zum Teil weder ein Bindungs- noch ein Explorationsverhalten.

Tab. 4.24 Bindungstypen nach Mary Ainsworth

| **Eine sichere Bindung ist der Schutzfaktor für die Entwicklung eines Menschen.**

Sicher gebundene Kinder und Jugendliche zeigen deutlich:
- ein positives Selbstwertgefühl
- kompetenteres Problemlösungsverhalten
- gutes soziales Verhalten
- ein konzentrierteres Spiel
- hohes Einfühlungsvermögen
- große Selbstständigkeit
- großes Erkundungsverhalten
- Beliebtheit
- ›Resilienz‹

Resilienz → S. 146

Die frühen Erfahrungen, die ein Kind mit seinen Bindungspersonen sammelt, haben also einen großen Einfluss auf sein späteres Erleben und Wahrnehmen der Welt sowie auf die Gestaltung von Beziehungen und Partnerschaften. Diese Beziehungen sind bei sicher gebundenen Menschen durch eine hohe ›Selbstreflexion‹ sowie die Wertschätzung von Autonomie (Unabhängigkeit) und Verbundenheit geprägt. Jugendliche und junge Erwachsene sind später fähig, ihre eigenen Gefühle ebenso wie die des Partners zu erkennen, zu verstehen und angemessen darauf zu reagieren. Sicher gebundene Eltern zeigen dem eigenen Kind gegenüber ein feinfühliges Verhalten.

Reflexion → S. 41

| **Eine gelungene und sichere Bindung mit der Erfahrung, sich lösen zu dürfen, ist ein „guter Start ins Leben".**

Erlerntes Vertrauen oder Misstrauen nimmt Einfluss auf die gesamte weitere Entwicklung und die Bindungsbeziehungen z. B. zu Freunden oder Partner. In neuen Beziehungen dienen die zuerst erlebten Bindungsmuster als Orientierungsrahmen für das wechselseitige Verhalten.

Abb. 4.25 Bindungserfahrungen haben Einfluss auf spätere Beziehungen.

BEISPIEL **Rebekka (16)** erlebt ihre erste große Liebe. Sie kann diese Liebe aber kaum genießen, weil sie rasend vor Eifersucht ist. Kaum spricht ihr Freund mit anderen Mädchen, kommt sie hinzu und nimmt seine Hand. Sie fragt ihn aus und toleriert kaum, dass er mit seinen Kumpels zum Fußball geht. Nur wenn sie in seiner Nähe ist, fühlt sich die Beziehung gut an. Ruft er nicht täglich an, wird ihr übel.
Norbert (42) lebt mit seiner Frau und seinen Kindern zusammen. Körperliche Nähe und „Gefühlsduseleien" sind ihm zuwider. Er nimmt andere Menschen selten in den Arm. Von seinen Kindern erwartet er, dass sie sich in traurigen Momenten zusammenreißen.

Die Bindungsforscher Karin und Klaus Grossmann beschäftigen sich mit den Auswirkungen elterlicher Feinfühligkeit und sicherer Bindung auf die weitere Entwicklung:

www-app.uni-regensburg.de/Fakultaeten/PPS/Psychologie/Grossmann

Ein einmal erworbenes Bindungsmuster bleibt aber nicht notwendigerweise bestehen. Neue Erfahrungen und neue Beziehungen können Bindungsmuster im Leben eines Menschen verändern. So kann sich das Bindungsverhalten im Laufe der Jahre verändern.

II   GRUNDLAGEN DER PSYCHOLOGIE

Die Qualität der Bindung zu verschiedenen Personen ist jeweils für sich zu sehen. So kann ein Kind z. B. eine sichere Bindung zu seinem Vater haben, aber eine unsicher ambivalente Bindung zu seiner Mutter. Das Kind entwickelt auch eigene sogenannte „Arbeitsmodelle", wie es mit den unterschiedlichen Bezugspersonen umgeht. Es kann verschiedene Personen als gleichwichtige Bezugspersonen ansehen, aber auch unterschiedliche Stärken der Bindung zulassen. So sind z. B. die Eltern immer noch wichtiger als die Kinderpflegerin in der Betreuungseinrichtung.

4.3.4 Bindung und Exploration

Bedürfnis → S. 410

Neben dem ›Bedürfnis‹ nach Bindung, Nähe und Sicherheit haben Kinder von Anfang an auch das Bedürfnis, ihre Umwelt zu erkunden (Exploration). Ziel einer sicheren Bindung ist es daher, beide Bedürfnisse in einer angemessenen Balance leben zu können: das Bedürfnis nach Bindung und das Bedürfnis nach ›Exploration‹.

Das **Bindungsverhalten** sorgt dafür, dass die Nähe und An-Bindung des Kindes zur Bezugsperson hergestellt wird. So wird das Überleben gesichert. Zugleich wird das menschliche Bedürfnis nach Zuneigung, liebevoller Zuwendung und Zugehörigkeit befriedigt.

Das **Explorationsverhalten** sorgt dafür, dass ein Kind die Dinge lernt, die es zum Überleben wissen und kennen muss. Außerdem kann es auf diese Weise sein Bedürfnis nach Spielen, Entdecken, dem Beantworten von Fragen, Forschen und Experimentieren stillen. In den ersten Lebensjahren findet ein ständiges Wechselspiel zwischen Bindungs- und Explorationsverhalten statt. Das Bindungsverhalten wird aktiviert, sobald das Kind sich unsicher und ängstlich fühlt oder primäre Bedürfnisse wie Hunger und Schlaf im Vordergrund stehen. Das Erkundungsverhalten tritt in den Hintergrund. Es wird wieder aktiviert, wenn das Kind sich sicher fühlt und alle primären Bedürfnisse gestillt sind. Entdeckt das Kind z. B. ein neues Spielzeug, schaut es kurz zu seiner Bindungsperson, wartet auf ein Nicken oder eine andere Form der Zustimmung und untersucht dann den neuen Gegenstand. Dieses Verhalten nennt man **soziale Rückversicherung** (engl. social-referencing).

Abb. 4.26 Wie der Bergsteiger von seinen Expeditionen zu seinem Basislager zurückkehrt, um seine Vorräte aufzufüllen, so benötigen auch Kinder eine Bindungsperson als Basislager, das sie nach ihren Entdeckertouren immer wieder ansteuern können.

> **BEISPIEL**   Der Bergsteiger Reinhold Messner hat für seine großen Bergtouren immer ein ganzes Team dabei: Trainer, Ärzte, Köche usw. Sie errichten für ihn das Basislager. Im Basislager wird z. B. der Proviant aufgefüllt, Wunden können gepflegt werden, Sauerstoff wird „getankt", Aufstiegspläne werden geschmiedet. Der Wetterbericht wird vorgetragen. Aber der Koch oder der Arzt gehen nicht mit zum Gipfel.

Dieses Bild verdeutlicht die Notwendigkeit eines Basislagers. Doch der Bergsteiger kann nur eins: entweder sich im Basislager aufhalten oder den Berg besteigen.

Im zweiten Lebensjahr entfernen sich junge, sicher gebundene Kinder mit großer Sicherheit weite Strecken von ihren Bezugspersonen, bleiben aber in Sichtkontakt. Verschwindet die Bezugsperson, wird in der Regel blitzartig das Bindungsverhalten aktiviert. Die Kinder beginnen zu weinen und laufen der Bezugsperson hinterher, bis diese sich ihnen wieder nähert und sie auf den Arm nimmt. Häufig ist zu beobachten, dass das Kind sich dann an die Bezugsperson anschmiegt und sich beruhigen lässt. Kurze Zeit später läuft es wieder los.

Unsicher-vermeidende Kinder zeigen kein offensichtliches Bindungsverhalten, wenn sie ihre Bezugsperson in unvertrauten Situationen nicht finden. Doch auch sie aktivieren ihr Bindungssystem. Das zeigt sich deutlich durch einen hormonell messbaren Stressanstieg und einen schnelleren Puls. Das als Stresshormon bekannte Kortisol kann im Speichel dieser Kinder nachgewiesen werden.

Bildung braucht Bindung

Nur in einem positiven Umfeld und durch die Begleitung einer feinfühligen Bezugsperson können Kinder mithilfe ihrer ›Selbstbildungspotenziale‹ die Umwelt erkunden. Sicher gebundene Kinder reagieren mit größerer Widerstandskraft auf belastende, verunsichernde und Stress auslösende Situationen. Sie sind ›resilienter‹ als unsicher gebundene Kinder.

Selbstbildungspotenzial
→ S. 114

Resilienz → S. 146

Abb. 4.27 Nur eine sichere Bindung trägt zum inneren Gleichgewicht des Kindes bei. Das ist nötig, um für schwierige Lebenssituationen gewappnet zu sein.

Wenn ein Kind sich unsicher und womöglich verängstigt fühlt, kann es sich nicht auf Lern- oder Spielerfahrungen einlassen. Es ist damit beschäftigt, sein inneres Gleichgewicht zu festigen und unter Kontrolle zu halten. Aufmerksamkeit und Energie können nicht für die Erkundung der Umgebung, das Lernen und Spielen verwendet werden. In schwierigen Lebenssituationen fehlen diesen Kindern häufig psychische Widerstandskräfte, diese Krisen oder Übergänge zu meistern.

Dieser Zusammenhang hat bedeutungsvolle Konsequenzen für den jeweiligen Lern- und Bildungserfolg des Kindes! In Kindertageseinrichtungen kann der Aufbau einer neuen, sicheren Beziehung zu den pädagogischen Fachkräften positive Auswirkungen auf das Bindungs- und Erkundungsverhalten unsicher gebundener Kinder haben.

Dies scheint bei jüngeren Kindern leichter zu sein. Sie sind offen für neue Bindungen, die anders sein können als diejenigen, mit denen sie bisher Erfahrungen gemacht haben.

BEISPIEL **Nuriye (3;9)** und **Patrick (4;2)** erleben in der Kindertagesstätte zum ersten Mal in ihrem Leben, dass es Erwachsene gibt, die auf ihre Signale angemessen und feinfühlig reagieren. Beide Kinder haben in der frühesten Kindheit unsichere Bindungssysteme erlebt. Nach der gelungenen Eingewöhnungsphase beider Kinder mithilfe des ›Berliner Eingewöhnungsmodells‹ staunen die pädagogischen Fachkräfte über ihre riesigen Entwicklungssprünge. Nuriye konnte mit zwei Jahren kein Wort Deutsch. Ein Jahr später kann sie sich sicher auf Deutsch verständigen. Patrick „klebte" lange Zeit am Bein des Kinderpflegers Richard Kavka. Mittlerweile erobert er die gesamte Kindertagesstätte.

Berliner Eingewöhnungsmodell → S. 460

Kinder mit unsicher-vermeidendem Bindungsverhalten benötigen besonders intensive Zuwendung und Begleitung. Pädagogische Fachkräfte müssen darauf vorbereitet sein, dass sie von unsicher gebundenen Kindern zuerst einmal abgelehnt werden können. Diese Kinder erwarten in der Regel Zurückweisung und teilweise Feindseligkeit in der Interaktion mit Erwachsenen oder anderen Kindern. Hier heißt es, ruhig und geduldig zu bleiben. Pädagogische Fachkräfte bieten sich in dieser Situation verlässlich als Spiel- und Dialogpartner an, nehmen das Verhalten des Kindes nicht persönlich und beobachten das kindliche Verhalten im pädagogischen Alltag. Sie planen aufgrund ihrer Beobachtungen der Stärken des Kindes angemessene Bildungsangebote oder Projekte.

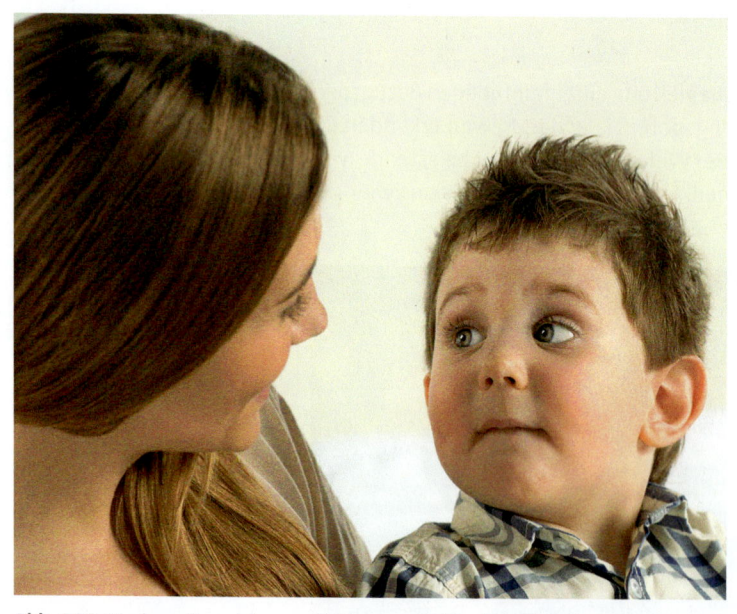

Abb. 4.28 Kinder mit unsicherem Bindungsverhalten brauchen intensive Zuwendung.

Warum muss ich das für meinen Beruf wissen?

Pädagogische Fachkräfte haben in ihrer Arbeit das Ziel, die Eltern-Kind-Beziehung zu stärken. Dieses Ziel dürfen Sie im Umgang mit den Kindern nicht aus dem Blick verlieren. Sie sollen nicht zu Ersatzmüttern oder Ersatzvätern werden.
Als Kinderpflegerin begleiten Sie Kinder nur ein paar Jahre auf ihrem Lebensweg. Diese Zeit gilt es zu nutzen, um die individuelle Entwicklung, die Talente des Kindes und seine ›Resilienz‹ zu stärken. Dazu zählen auch neue bzw. andere Beziehungserfahrungen zu Kindern und Erwachsenen.
Besonders der Übergang von der Familie in die Tageseinrichtung für Kinder muss sensibel und sanft gestaltet werden. Diese ›Eingewöhnung‹ gelingt nur, wenn die Eltern daran beteiligt werden. Dabei sollen die kindlichen Bedürfnisse nach Bindung oder Exploration im Vordergrund stehen.

Resilienz → S. 146

Eingewöhnung → S. 459

4.4 Übergänge als wichtige Entwicklungsphasen

4.4.1 Grundlegendes zu Transitionen

Entwicklung vollzieht sich in der Regel fließend. Allerdings können bestimmte zeitlich begrenzte ›**Transitionen**‹ (Übergänge) im Leben eines Menschen die Entwicklung stark vorantreiben oder hemmen. Dies ist insbesondere bei den Übergängen von einer Lebensphase in die nächste der Fall. In der Psychologie wird auch von biografischen Übergängen oder Wendepunkten gesprochen.

Übergänge gestalten → S. 446

Transitionen können z. B. sein:
- der Übergang von der Familie in den Kindergarten
- der Übergang in die Grundschule bzw. die weiterführende Schule
- der Übergang ins Berufsleben
- der Auszug aus der Herkunftsfamilie und die Gründung einer eigenen Familie
- die Trennung vom Partner oder der Verlust von wichtigen Menschen
- der Übergang in die Zeit nach dem Berufsleben, der Rente oder Pension

Transitionen bringen häufig bedeutsame Veränderungen mit sich. Die Menge der zeitgleich zu bewältigenden Entwicklungsanforderungen steigt in diesen Phasen an. Daher sind sie für den menschlichen Organismus anstrengend und können Krisen hervorrufen.

Innerhalb kurzer Zeit gibt es zahlreiche neue Anforderungen, auf die der Mensch reagieren und an die er sich anpassen muss. Er erbringt in diesen Phasen also umfangreiche **Anpassungsleistungen**. In vielen Fällen erlebt der Mensch Stress und Momente starker Belastung.

Abb. 4.29 Die Pubertät kann ein Übergang ins Erwachsenenleben sein, der mit Konflikten behaftet ist.

> In den intensiven Phasen der Transition stecken Chancen und Herausforderungen, aber auch Risiken und Überforderungen für die menschliche Entwicklung.

Die Forschung spricht von ›**normativen**‹ **Übergängen**, die fast jeder Mensch erlebt. Dies sind z. B. der Übergang in den Kindergarten, in die Schule oder in den Beruf. **Nicht-normativen Übergänge** erlebt nur ein Teil der Gesellschaft. Dabei kann es sich z. B. um die Trennung der Eltern oder den Tod eines Elternteils handeln, um Arbeitslosigkeit oder Krankheiten. Solche Übergänge treten meist unerwartet im Leben eines Menschen auf und lösen häufiger Krisen aus. Die Möglichkeit einer Krisensituation kann steigen, wenn mehrere Übergänge gleichzeitig stattfinden.

normativ
der Norm entsprechend, allgemeingültig

II GRUNDLAGEN DER PSYCHOLOGIE

BEISPIEL Saskia (3;1) soll in den Kindergarten gehen. Bisher hat eine Tagesmutter sie betreut. Beruflich bedingt muss die Familie gerade jetzt von Stuttgart nach Frankfurt umziehen. Saskias Mutter ist schwanger und erwartet bald ihr zweites Kind. Auf Saskia warten viele Entwicklungsaufgaben unterschiedlichster Form: Sie erlebt eine neue Lebensumwelt, lernt einen Kindergarten mit neuen Erwachsenen und Kindern kennen, muss neue Beziehungen aufbauen und sich verabschieden. Hinzu kommt die Geburt des Geschwisterkindes und damit eine neue Rolle innerhalb der Familie. Diese neue Rolle stellt eine Veränderung der Identität dar.

Abb. 4.30 Einfühlsames Handeln der Bezugspersonen erleichtert Transitionen wie bei der Geburt eines Geschwisterkindes.

Transitionen können normalerweise mithilfe von Unterstützungssystemen und eigenen Kräften gut gemeistert werden. Bestimmte Lebensumstände allerdings erschweren den Übergang.

🌐 Wichtige Informationen bietet z. B. das Berliner Eingewöhnungsmodell für Krippen und Tageseinrichtungen für Kinder. Die Säulen dieses Konzeptes berücksichtigen Ergebnisse der Transitionsforschung:
www.infans.de

BEISPIEL Saskias Eltern müssen ihr sehr feinfühlig begegnen. Saskia benötigt in dieser Phase viel Unterstützung von ihnen. Das Einrichten der Wohnung und das Finden eines neuen Freundeskreises sollten für die Eltern nicht im Vordergrund stehen. Eine sanfte und an Saskias Bedürfnis orientierte Eingewöhnung in den Kindergarten ist sinnvoll, ebenso wie eine behutsame Begleitung bei der neuen Rollenfindung als „große Schwester".

Eltern als Bildungs- und Erziehungspartner betrachten ➔ S. 392

🌐 Auch der Deutsche Bildungsserver bietet wichtige Informationen zur Gestaltung von Übergängen:
www.bildungsserver.de/
Uebergang-Kindergarten-
Grundschule-1863.html

An Saskias Beispiel wird deutlich, dass es sich bei einer Transition um einen wechselseitigen Prozess mit vielen Beteiligten handelt – in diesem Fall den ›Eltern‹, den pädagogischen Fachkräften, Saskia und dem neuen Geschwisterkind. Werden alle Beteiligten aktiv mit einbezogen und wird sachlich über Unterstützungsmöglichkeiten kommuniziert, erhöhen sich die Chancen für einen gelungenen Übergang.

ZUM WEITERDENKEN Wie sollte die Eingewöhnung in die Tageseinrichtung für Kinder oder der Übergang von der Tagesstätte in die Schule gestaltet werden? Wie schaffen pädagogische Fachkräfte zusammen mit den Familien sanfte Übergänge? Die Einbeziehung aller Akteure ist bei diesen Übergängen von großer Bedeutung.

Kompetenz ➔ S. 30

Gelingt ein Übergang im Leben eines Menschen gut, werden neue ›Kompetenzen‹ erworben bzw. vertieft:
- Das Selbstbewusstsein wird gestärkt.
- Die Fähigkeit, Hilfen anzunehmen, wird verbessert.
- Strategien zur Überwindung von Krisen werden entwickelt.
- Die Möglichkeit, Widerstandskräfte zu mobilisieren, wird verbessert.
- Neue Gefühle werden wahrgenommen.
- Der Umgang mit Gefühlen wird verbessert.
- Neue Beziehungen werden aufgebaut.

4.4.2 Der Übergang in die Schule

> **BEISPIEL** **Paul (5;8)** kommt bald in die Schule. Ein wenig Angst hat er vor diesem Schritt. Zum Abschied schaut sich der Kinderpfleger Till Petersen zusammen mit Paul noch einmal seinen Portfolio-Ordner in der Tagesstätte an. Paul ist im Alter von zwei Jahren in Till Petersens Gruppe gekommen. Beide sprechen besonders über Pauls erste Zeit in der Kita. Till Petersen liest Paul den Brief vor, den er ihm damals am Ende der Eingewöhnungsphase geschrieben hat. In diesem Brief wird deutlich, wie gut Paul den Übergang von der Familie in die Einrichtung bewältigt hat. Sein Stoffhase Emil war dabei sehr wichtig, aber auch die täglichen Rituale. Paul hat jeden Tag seinem Vater am Fenster nachgewunken und dann zusammen mit Tobias Petersen den Teewagen aus der Küche geholt. Till Petersen macht Paul Mut und entwickelt im Gespräch mit ihm konkrete Tipps für die ersten Schultage.

Abb. 4.31 Der Übergang in die Schule ist ein entscheidender Schritt.

Besonders der Übergang vom Kindergarten in die Grundschule ist für viele Kinder und Familien ein aufregender Schritt. Viele Eltern erleben die Kindergartenzeit als eher spielerische Phase für ihre Kinder. Mit dem Eintritt in die Schule beginnt dann der „Ernst des Lebens". Wie aber werden Kinder auf diesen „Ernst des Lebens" vorbereitet? Was müssen sie vor Eintritt in die Schule können? Wie bereitet die Kindertagesstätte darauf vor? Eltern haben häufig Angst, dass ihr Kind in der Schule versagen könnte, und erschweren durch den elterlichen Druck den Übergang in die Schule.

Noch in den 1970er und 1980er Jahren glaubte man, dass Kinder ›schulreif‹ werden. Ärzte, Lehrer und Eltern achteten sehr stark auf die biologischen Veränderungen wie Größe und Gewicht. Ein Test vor Eintritt in die Schule bestand z. B. darin, dass Kinder mit einer Hand über den Kopf hinweg das gegenüberliegende Ohrläppchen anfassen sollten.

Äußere ›Umwelteinflüsse‹ oder Selbstbildungspotenziale der Kinder wurden dabei außer Acht gelassen. Später kamen vielfältige psychologische Tests hinzu. Diese konnten aber letztendlich nur Aussagen über den Entwicklungsstand eines Kindes zum Testzeitpunkt treffen, nicht über den möglichen Schulerfolg.

Wachstum und Reifung → S. 118

Anlage und Umwelt → S. 216

GRUNDLAGEN DER PSYCHOLOGIE

> Heute wird eher von „Schulfähigkeit" oder „Schulbereitschaft" gesprochen. Allerdings gibt es keine allgemeingültige Definition, was Schulfähigkeit ist.

Die Grundschulen in Deutschland haben in den einzelnen Bundesländern unterschiedliche Profile und verschiedene Formen, wie die Eingangsphase in der Grundschule gestaltet wird. Auch das Einschulungsalter verändert sich und Richtlinien sowie Lehrpläne sind variabel. Die Kindergruppe der neuen Schulkinder ist „bunt gemischt".
In allen Bundesländern ist der Übergang vom Elementarbereich in die Schule fest in den Gesetzen und Bildungsplänen verankert. Beide Bildungseinrichtungen sind gefordert, den Übergang gemeinsam zu gestalten. Es gibt bereits erprobte und erfolgreiche ›Kooperationen‹ von Kindergärten und Grundschulen.

Kooperation → S. 52

BEISPIEL In **Theos (6;3)** Kindergarten ist es heute so weit: Die Grundschule kommt zu Besuch. Letzte Woche hat Theo bereits zusammen mit seinen Freunden die Grundschule besucht. Sie werden in den nächsten Monaten oft mit Schulkindern zusammen sein und gemeinsame Projekte und Unterrichtseinheiten erleben. Die Lehrer und pädagogischen Fachkräfte arbeiten eng zusammen. Theos Eltern haben im Vorfeld eine Informationsveranstaltung besucht, die Schule und Kindertagesstätte gemeinsam durchgeführt haben. In drei Wochen ist das Anmeldegespräch. Da Theos Kindergarten sehr eng mit der Grundschule zusammenarbeitet, wird Theo auch sein Portfolio mit zu diesem Gespräch nehmen. Die Rektorin der Grundschule lässt sich sehr gerne die individuellen Ordner als Bildungs- und Lernbegleiter der Kinder zeigen. Dadurch kommt sie schnell mit Eltern und Kindern ins Gespräch.

Der Begriff „Schulfähigkeit" darf nicht falsch verstanden werden. Er bedeutet nicht, dass Kinder schon alles können müssen, was in der Schule verlangt wird. Vielmehr benötigen sie bestimmte Voraussetzungen, um den Start in das Schulsystem gut zu bewältigen. Bildungs- und Lernprozesse, die in der Kindertagesstätte und im Elternhaus begonnen wurden, sollen weitergeführt werden.

Abb. 4.32 Auf dem Weg in die Schule: Kindergärten und Grundschulen kooperieren im Idealfall eng miteinander.

Renate Niesel vom Staatsinstitut für Frühpädagogik in München benennt folgende Voraussetzungen für die Einschulung:

Körperlich-gesundheitliche Voraussetzungen

Es bestehen Beziehungen zwischen der körperlichen Entwicklung, dem Gesundheitszustand und dem Schulerfolg. Aktive Kinder, die sich viel bewegen, lernen leichter. Eine gute Körperbeherrschung schützt vor Unfällen und ein gutes Körpergefühl trägt zu einem positiven ›Selbstbild‹ bei. Das hilft, auch in schwierig erscheinenden Situationen das Selbstvertrauen zu erhalten. Besondere Aufmerksamkeit ist dem Seh- und Hörvermögen zu schenken, da diese eng mit den Lese- und Schreibleistungen zusammenhängen. Manuelle Geschicklichkeit unterstützt die Feinmotorik des Schreibenlernens.

Selbstbild → S. 232

Kognitive Voraussetzungen

Dazu gehören: differenzierte ›visuelle‹ und ›auditive‹ Wahrnehmung, bestimmte Behaltensleistungen, die Fähigkeit zum konkret-logischen Denken und zur Begriffsbildung, insbesondere von Zahl- und Mengenbegriffen. Denken und Sprechen sind eng miteinander verknüpft. Sowohl das passive Sprachverständnis als auch die sprachliche Ausdrucksfähigkeit sind wichtige Voraussetzungen dafür, dass das Kind dem Unterricht folgen und sich selber einbringen kann.
Die Bildungs- und Erziehungspläne für Kindertageseinrichtungen berücksichtigen und fördern die Entwicklung schulnaher Fähigkeiten und Fertigkeiten bzw. ihre Grundlagen.

visuell
auf das Sehen bezogen

auditiv
auf das Hören bezogen

Motivationale und soziale Voraussetzungen

Dazu gehören Motivation und Anstrengungsbereitschaft, die Fähigkeit zur Selbststeuerung der Aufmerksamkeit und zur Hemmung störender Impulse bzw. Bedürfnisse, sodass die Aufmerksamkeit ausreichend lange aufrechterhalten werden kann. Sein Selbstbewusstsein sollte dem Kind gestatten, angstfrei mit altersgemäßen sozialen Situationen umzugehen, sich sowohl als Gruppenmitglied als auch als Individuum einzufügen und zu behaupten. Seine Selbstständigkeit sollte soweit entwickelt sein, dass es von einer andauernden direkten Zuwendung durch Erwachsene unabhängig ist.

Niesel, Renate: Schulreife oder Schulfähigkeit – was ist darunter zu verstehen?; www.familienhandbuch.de/schule/schulfahigkeitschulreife/schulreife-oder-schulfahigkeit-was-ist-darunter-zu-verstehen (Abruf: 15.3.2015)

Abb. 4.33 Fit für die Schule? Dazu gehören viele verschiedene Voraussetzungen.

II GRUNDLAGEN DER PSYCHOLOGIE

Inklusion → S. 260

ZUM WEITERDENKEN Im Rahmen der Diskussion um ›inklusive‹ Schulen müssen diese Voraussetzungen neu diskutiert werden. Müssen Kinder bestimmte Voraussetzungen mitbringen, um in dem Schulsystem lernen zu können? Oder muss das Schulsystem sich den vorhandenen Voraussetzungen der Kinder anpassen? Diese Fragen werden uns in Deutschland in den nächsten Jahren sicherlich weiter begleiten.

An die Schulkinder werden in der ersten Klasse zahlreiche Anforderungen gestellt. Die neue Situation bietet vielfältige wichtige Entwicklungsanreize. Viele Kinder reagieren darauf mit einer hohen Lernbereitschaft und gestalten damit den Übergang selber mit. Sie benötigen in dieser Zeit besonders feinfühlige Lehrer, pädagogische Fachkräfte und Eltern. Die Schule muss jedem Kind helfen, den Übergang zu meistern. Dies wird unter dem Begriff „Übergangsbegleitung" zusammengefasst.

BEISPIEL Annika (5;8) besucht seit drei Wochen eine Grundschule in ihrem Ort. In der neuen Klasse kennt sie nur ihre beste Freundin. Alle anderen 27 Kinder sind für sie fremd. Der Lehrer Josef Malskotte scheint ganz nett zu sein. Aber seine Schrift kann Annika nicht gut an der Tafel lesen. Ihr Tornister ist sehr schwer. Ihre Mutter begleitet sie jeden Morgen noch mit dem Bus zur Schule. In ein paar Monaten soll sie diesen Weg alleine bewältigen. Gestern hat sie ihre Sportsachen vergessen – an den Stundenplan und das tägliche Packen des Tornisters muss sie sich erst gewöhnen. In der Pause vergisst Annika oft zu frühstücken. Das Spielen mit ihrer Freundin ist wichtiger. Aber mitten im Unterricht hat sie dann Durst und Hunger. Letztens hat sie heimlich im Unterricht vom Brot abgebissen – aber Josef Malskotte hat es doch gesehen. Einige andere Kinder hat sie schon kennengelernt. Manche Mädchen findet sie blöd und zickig. Die Toiletten im Schulgebäude sind eklig, erzählt sie ihren Eltern. Ein Junge in ihrer Klasse kann schon lesen. Annika fragt sich, wann sie das schafft. Gestern hat ein Mädchen über ihren Tornister gelacht, weil auf ihm bunte Blumen abgebildet sind. Nach der Schule geht Annika noch ohne ihre Freundin in die Nachmittagsbetreuung der Offenen Ganztagsschule.

> Die Entwicklungspsychologie geht davon aus, dass gelungene Übergänge positive Effekte (Auswirkungen) auf weitere Übergänge im Leben eines Menschen haben.

Abb. 4.34 Übergänge meistern macht stark.

Die meisten Menschen „wachsen" an den erlebten Übergängen und sind im Nachhinein dankbar für die gemachte Erfahrung. Krisen und Hürden können als Chance gesehen werden.
Um diese Chance nutzen zu können, sind wichtige Kompetenzen notwendig. Hierzu gehören
- Geduld,
- Reflexionsvermögen,
- Widerstandskräfte und
- die Motivation, das eigene Leben aktiv mitzugestalten, also Eigeninitiative.

Abb. 4.35 An Herausforderungen wachsen – auch das ist Entwicklung.

Warum muss ich das für meinen Beruf wissen?

Sie wissen nun, wie bedeutsam Übergänge im Leben des Menschen sein können. Sie nehmen Einfluss auf seine Entwicklung und beinhalten Chancen wie Risiken.
Als Kinderpflegerin tragen Sie dazu bei, dass junge Kinder den häufig ersten Übergang von der Familie in eine Betreuungseinrichtung gut und sanft erleben. Sie bauen eine Brücke zwischen der Familie bzw. der Bezugsperson und den pädagogischen Fachkräften der Einrichtung. Dabei berücksichtigen Sie alle wesentlichen Aspekte einer sanften Eingewöhnung und beziehen alle Akteure aktiv mit ein.
Kinder sollten vielfältige positive Übergänge in ihrem Leben erleben, auf denen sie aufbauen können. Durch Übergänge erwirbt der Mensch unterschiedliche Kompetenzen. Als Kinderpflegerin sollten Sie diese Erfahrungen im Portfolio-Ordner eines Kindes anschaulich festhalten. Dies kann z. B. durch einen Eingewöhnungsbrief geschehen. Auch die Zusammenarbeit mit der zukünftigen Grundschule muss in der Konzeption der Einrichtung „verankert" sein. Hier bieten sich vielfältige Formen der Zusammenarbeit an.

4.5 Resilienz: Mit Krisen umgehen und Widerstandskräfte entwickeln

innere Anlagen und äußere Bedingungen → S. 113

Die wechselseitige Beeinflussung von ›inneren Anlagen‹, äußeren Bedingungen und Selbstbildungspotenzialen kann sich auch ungünstig auf die menschliche Entwicklung und den Gesundheitszustand eines Menschen auswirken. In diesem Zusammenhang wird von **Entwicklungsrisiken** gesprochen.
Diese Entwicklungsrisiken können schon während der Schwangerschaft auftreten und zu Fehlentwicklungen führen.

Exogene Risikofaktoren, also schädigende Einflüsse von außen, sind z. B. Nikotin, Alkohol, gefährliche Strahlen oder Medikamente. **Endogene Risikofaktoren** während der Schwangerschaft sind schädigende Einflüsse durch den Kreislauf der Mutter. Hierzu gehören z. B. Infekte oder Bluthochdruck. Außerdem gibt es genetische Risikofaktoren, die zu Fehlentwicklungen wie der Trisomie 21 (Down-Syndrom) führen können. Auch eine Risikogeburt, z. B. eine Frühgeburt, eine Geburtsdauer über 18 Stunden oder Sauerstoffmangel unter der Geburt können die Entwicklung eines Kindes gefährden.

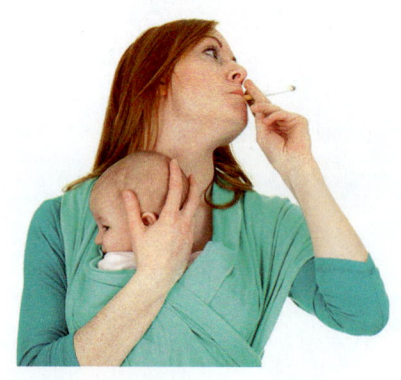

Abb. 4.36 Exogene Risikofaktoren: Das Rauchen einer engen Bezugsperson stellt ein Entwicklungsrisiko für das Kind dar.

Zusätzlich zu den oben genannten Risikofaktoren wird häufig von den **sozialen Risikofaktoren** gesprochen. Dazu zählen z. B.:
- geringer Bildungsstand und Armut der Familie
- autoritärer Erziehungsstil der Eltern
- mangelnde emotionale Zuwendung von Bezugspersonen
- fehlende medizinische Versorgung und Betreuung
- fehlende soziale Netzwerke

> **BEISPIEL** **Katharinas (2;6)** Eltern verbringen wenig Zeit mit ihren Kindern: Die Kinder „laufen so mit". Im Kinderzimmer sind nur ein Fernseher und einige wenige Spielzeuge vorhanden. Katharina wächst in einer sehr reizarmen Umgebung auf. Sie hat viel Zeit im Laufstall verbracht. Die Vorsorgeuntersuchungen haben die Eltern für Katharina nur im ersten Lebensjahr in Anspruch genommen. Nun hilft eine Familienpflegerin der Familie. Seit ein paar Monaten besucht Katharina jetzt eine Krippe. Den pädagogischen Fachkräften fällt auf, dass Katharina noch sehr unsicher läuft. Ihr Sprachverständnis und ihr aktiver Sprachgebrauch sind im Vergleich zu anderen zweijährigen Kindern sehr gering. Schon neun Monate später spricht sie jedoch intensiv und begeistert mit Kindern und pädagogischen Fachkräften und fährt rasant mit dem Bobbycar.

Bestimmte Rahmenbedingungen können also zu (zeitweiligen) Entwicklungsverzögerungen führen. Sie können aber auch durch neue Rahmenbedingungen kompensiert (ausgeglichen) werden.

> Körperliches und psychisches Wohlbefinden sind Grundvoraussetzungen für eine gesunde Persönlichkeitsentwicklung.

Menschen erleben in ihrem Leben in privaten und beruflichen Zusammenhängen immer wieder ›belastende Risikosituationen‹:

- längere Trennungen von wichtigen Bezugspersonen
- den Tod eines Elternteils
- das Leben mit psychisch kranken oder süchtigen Eltern
- Kinderarmut
- Gewalt
- Trennung der Eltern
- Pubertät
- ungünstige Erziehungsstile
- Diskriminierung
- Krankheiten
- körperliche Veränderungen im Alter
- Mobbing
- den Verlust des Arbeitsplatzes

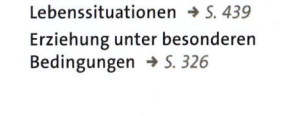

Bedürfnisse in herausfordernden Lebenssituationen → S. 439
Erziehung unter besonderen Bedingungen → S. 326

Treffen mehrere der genannten Risikofaktoren zeitgleich aufeinander, erhöht sich die Wahrscheinlichkeit für psychische Auffälligkeiten deutlich. Deutliche Warnsignale und mögliche Folgen nicht bewältigter Krisensituationen sind:

- Stress
- Burnout
- Depressionen
- Wut
- Isolation
- Ärger
- Kurzschlussreaktionen
- Müdigkeit
- Konflikte
- Appetitlosigkeit
- Erschöpfung
- Aggressionen
- Lustlosigkeit

Einige Menschen wirken widerstandsfähiger (resilienter) als andere im Umgang mit belastenden Situationen und Lebensbedingungen.

> In pädagogischen Zusammenhängen wird unter Resilienz eine besondere seelische Stabilität oder Widerstandskraft verstanden. Sie beinhaltet den erfolgreichen Umgang mit belastenden Lebensumständen und negativen Stressfolgen.

Abb. 4.37 Krisensituationen können zu Stress führen.

Abb. 4.38 Sicher gebundene Kinder sind mutige Kinder.

Doch wie kann ein Mensch aus einer Krise gestärkt hervorgehen? Wie kann er ein Problem als eine Herausforderung annehmen? Was muss er tun, um fit und gesund zu bleiben?

Ressourcen
Potenziale und Stärken, mit denen Aufgaben bewältigt werden können

Selbstwirksamkeit → S. 81

Der Blick der Forschung richtet sich bei der Beantwortung dieser Fragen mittlerweile eher auf schützende Faktoren (›**Ressourcen**‹). Solche schützenden Faktoren verringern die Wahrscheinlichkeit psychischer Störungen und Auffälligkeiten durch belastende Situationen bzw. Lebensbedingungen. Zu ihnen zählen u. a.:
- mindestens eine stabile sichere Bindung zu einer Bezugsperson (emotional warme, offene Beziehung)
- soziale Vorbilder
- soziale Unterstützung außerhalb der Familie (z. B. Kita oder Freunde)
- bestimmte Charaktereigenschaften (z. B. Erfahrungen von ›Selbstwirksamkeit‹, Selbstwahrnehmung, Selbstvertrauen)
- positives Selbstbild, Welt- und Menschenbild
- soziale Verantwortlichkeit, angemessene Leistungsanforderungen
- Gefühl von Kohärenz: Ich weiß, wozu ich lebe
- Hobbys und Interessen

> **Zusammengefasst kann man also sagen: Resilienz steht für Krisenkompetenz.**

Bindung → S. 128

Von hoher Bedeutung für die Entwicklung von Resilienz ist eine sichere ›**Bindung**‹. Sicher gebundene Kinder zeigen folgende Verhaltensweisen deutlich ausgeprägter als nicht sicher gebundene Kinder: Neugierde, Selbstsicherheit, Empathie, Offenheit Fremden gegenüber und Mut.

Diese Verhaltensweisen stärken die Resilienz eines Menschen. Bei sicher gebundenen Kindern ist eine große Widerstandskraft unter emotionalen Belastungen zu beobachten. Sichere Bindungen erweisen sich also als Schutzfaktor, unsichere Bindungen hingegen als Risikofaktor.

Ein widerstandsfähiges Kind mit vielen Kompetenzen
- hat feinfühlige Menschen um sich, denen es vertraut, die Orientierung geben, Grenzen setzen, Vorbilder sind, unterstützen, bestärken, helfen, die Selbstbestimmung und Selbstwirksamkeit fördern.
- ist ein Kind, das wertgeschätzt und geliebt wird, Anteilnahme spürt und zeigt, anderen hilft, respektvoll anderen und sich selbst gegenüber ist, das verantwortungsvoll und zuversichtlich ist.
- kann mit anderen sprechen, wenn es z. B. Sorgen hat, findet Lösungen für Probleme und Konflikte, kann Hilfe holen und das eigene Verhalten in schwierigen Situationen kontrollieren.

Abb. 4.39 Wertschätzung und Orientierung geben Widerstandsfähigkeit.

Warum muss ich das für meinen Beruf wissen?

Als Kinderpflegerin werden Sie in der Berufspraxis mit Krisen im Leben von Kindern und ihren Familien oder Bezugspersonen konfrontiert. Pädagogische Fachkräfte unterstützen Kinder bei der Bewältigung von solchen akuten Lebenskrisen, Problemen und Hindernissen. Außerdem arbeiten sie verstärkt vorbeugend und stärken die Kinder. Dies ist möglich über Wertschätzung und das Aktivieren der ›Selbstbildungspotenziale‹ von Kindern. In Ihrer Arbeit sollten Sie mit einem positiven Blick auf jedes einzelne Kind schauen. Als Kinderpflegerin setzen Sie an den Stärken von Kindern an und fördern diese.

Selbstbildungspotenziale
➔ S. 114

4.6 Entwicklung als Prozess: Teilbereiche der Entwicklungspsychologie von 0 bis 10 Jahren

4.6.1 Entwicklungsvielfalt

> *Jeder junge Mensch hat ein Recht auf Förderung seiner Entwicklung und auf Erziehung zu einer eigenverantwortlichen und gemeinschaftsfähigen Persönlichkeit.*
>
> Bundesministerium der Justiz und für Verbraucherschutz: Sozialgesetzbuch (SGB) – Achtes Buch – Kinder- und Jugendhilfe, § 1, Absatz 1; www.gesetze-im-internet.de/sgb_8/ (Abruf: 18.3.2015)

> Die Merkmale und Grundsätze von Entwicklung zeigen, dass es in der Realität kein Norm-Kind, keinen Norm-Jugendlichen und keinen Norm-Erwachsenen geben kann. Jeder Mensch entwickelt sich nach seinem eigenen inneren Plan in seinem eigenen Tempo.

Studienergebnisse der Entwicklungspsychologie werden zwar in einem Entwicklungsplan eines modellhaften, idealtypischen Durchschnittskindes dargestellt. Dennoch sollten Aussagen über Entwicklungsprozesse und Beobachtungsverfahren lediglich dazu dienen, individuelle Entwicklungsprozesse zu beschreiben, Unterschiede im Entwicklungsprozess zu erklären, Prognosen (Vorhersagen) zur künftigen Entwicklung zu treffen und Entwicklungsverläufe zu optimieren.

Individuelle Abweichungen von der ›Norm‹ werden heute eher als Warnsignal statt direkt als Fehlverhalten oder Störung der Entwicklung gesehen. Bestimmte Entwicklungsaufgaben können bei manchen Menschen einfach schwerer bewältigt werden als bei anderen. Pädagogische Maßnahmen oder Therapien müssen ganzheitlich sein. Das heißt, sie müssen den gesamten Lebenskontext von Kindern und Jugendlichen in den Blick nehmen und die oben genannten gesetzlichen Ziele in den Mittelpunkt stellen:

- Förderung der Entwicklung
- Erziehung zu einer eigenverantwortlichen Persönlichkeit
- Erziehung zu einer gemeinschaftsfähigen Persönlichkeit

Norm
übliche, den Erwartungen entsprechende Beschaffenheit

Die Entwicklungstabelle von Kuno und Simone Beller trägt dem hier dargestellten positiven Menschenbild Rechnung:
www.entwicklungstabelle.de

Abb. 4.40 Jedes Kind ist anders.

Die kindliche Entwicklung verläuft relativ einheitlich. Es sind deutlich erkennbare nacheinander auftretende Abfolgen zu beobachten.

> **BEISPIEL** Überall auf der Welt geben die Kinder in den ersten Monaten ähnliche Laute von sich und nach den ersten zufälligen Wörtern folgen Ein- und Zweiwortsätze.

Das zeitliche Auftreten und die Ausprägung bestimmter Entwicklungsschritte ist aber häufig sehr verschiedenartig. Größe, Gewicht oder Schreiverhalten variieren von Anfang an unter Kindern.

> **BEISPIEL** Ein Kind kann schon mit 15 Monaten ganze Sätze sprechen, ein anderes spricht die gleichen Sätze erst im Alter von drei Jahren. Dafür ist es aber vielleicht motorisch schon weiter entwickelt.

Es wird deutlich, dass jedes Kind einzigartig ist.
Auch wenn diagnostizierte Entwicklungsverzögerungen (**Retardierung**) oder Entwicklungsstörungen vorliegen, ist es wichtig, die individuelle Förderung und Begleitung an den Stärken und Ressourcen der Kinder zu orientieren.
Die Ursachen von Entwicklungsverzögerungen, -henmmungen oder -störungen sind vielfältig. Es können **biologische Ursachen** vorliegen, z. B. Behinderungen oder Stoffwechselerkrankungen, aber auch **Umweltursachen**, wie z. B. Vernachlässigung (›Anlage und Umwelt‹). Im Zentrum der Aufmerksamkeit stehen häufig ein verlangsamtes Wachstum oder eine verzögerte Entwicklung der Intelligenz.

Abb. 4.41 Krabbelgruppe – individuelle Unterschiede sind inbegriffen.

Anlage und Umwelt → S. 216

Im Allgemeinen wird Entwicklung zum besseren Verständnis in die folgenden Teilbereiche aufgeteilt:
- Motorik (Bewegungen des Körpers)
- Sprache
- kognitive Entwicklung (Wahrnehmung und Verstehen, Informationsverarbeitung)
- sozial-emotionale Entwicklung (Gefühle und Beziehungen)

Diese Entwicklungsbereiche bedingen einander und können nie ganz getrennt voneinander verstanden werden. So nimmt die körperliche Entwicklung Einfluss auf die Motorik. Diese ist wiederum eng mit dem Spracherwerb und der kognitiven und sozial-emotionalen Entwicklung verknüpft.

Die Gliederung in einzelne Teilbereiche menschlicher Entwicklung ermöglicht es allerdings, Prozesse und Theorien der Entwicklungspsychologie besser zu verstehen. Letztendlich münden alle Erkenntnisse wieder in einen ganzheitlichen Zusammenhang menschlicher Entwicklung. Viele entwicklungsfördernde Maßnahmen lassen sich auf alle Teilbereiche übertragen.

4.6.2 Pränatale Entwicklung

In der 16. bis 20. Schwangerschaftswoche spüren die meisten Frauen die ersten Bewegungen ihres Kindes. Aber schon ab der 8. Schwangerschaftswoche beginnen kleinste Bewegungen in einem weitestgehend schwerelosen Zustand. Bis zur 14. Schwangerschaftswoche sind alle **Bewegungsmuster** ausgebildet.

Die häufigsten Bewegungsmuster während der Schwangerschaft sind:

- das Bewegen der Arme und Beine
- Schlucken
- Trinken
- den Kopf drehen
- Hand zum Gesicht bewegen
- Schluckauf
- Gähnen
- Strecken und Beugen

Diese Bewegungen sind Vorbereitungen auf das Leben nach der Geburt. Sie dienen der Entwicklung von Organfunktionen, dem Einüben von Bewegungsmustern, der Modellierung der Gliedmaße und dem Eintritt in den Geburtskanal.

Abb. 4.42 Motorische Entwicklung beginnt im Mutterleib.

Trimester	Stadium	Woche	Länge und Gewicht	Wichtigste Entwicklungen
Erstes	Befruchtete Eizelle	1		Die einzellige, befruchtete Eizelle teilt sich und bildet eine Blastozyste.
		2		Die Blastozyste gräbt sich in die Gebärmutterwand ein. Es bilden sich Strukturen, die den Organismus ernähren und schützen, z. B. Mutterkuchen und Nabelschnur.
	Embryo	3 bis 4	6 mm	Ein primitives Gehirn und Rückenmark erscheinen. Herz, Muskeln, Rippen, Wirbelsäule und Verdauungstrakt beginnen sich zu entwickeln.
		5 bis 8	2,5 cm; 4 g	Viele äußere Körperstrukturen bilden sich: Gesicht, Arme, Beine, Zehen, Finger. Innere Organe entstehen. Der Berührungssinn beginnt sich zu entwickeln und der Embryo kann sich bewegen.
	Fetus	9 bis 12	7,6 cm; weniger als 28 g	Eine rapide Zunahme der Größe setzt ein. Nervensystem, Organe und Muskeln werden organisiert und verbunden. Neue Verhaltensfähigkeiten erscheinen: treten, saugen, Öffnen des Mundes, Versuche zu atmen. Die äußeren Genitalien sind im Ansatz sichtbar und das Geschlecht des Fetus steht fest.
Zweites		13 bis 24	30 cm; 820 g	Der Fetus wächst weiterhin sehr schnell. Bewegungen können spürbar werden. Die meisten Nerven des Gehirns sind um die 24. Woche vorhanden. Die Augen sind lichtempfindlich und der Fetus reagiert auf Laute.
Drittes		25 bis 38	50 cm; 3400 g	Der Fetus hat Überlebenschancen, wenn er zu diesem Zeitpunkt geboren wird. Die Lunge reift. Von der Mutter werden Antikörper auf den Fetus übertragen, um ihn vor Krankheiten zu schützen. Die meisten Feten drehen sich in eine aufrechte Position mit Kopf nach unten zur Vorbereitung der Geburt.

Tab. 4.43 Pränatale Entwicklung nach Keith Moore und T.N.V. Persaud

4.6.3 Körperliche Entwicklung

Die ersten Lebensphasen des Menschen sind gekennzeichnet durch starke körperliche Veränderungen. Gewicht und Länge nehmen zu und die Körperproportionen verändern sich deutlich. Schon nach ca. sechs Monaten hat der Säugling sein Geburtsgewicht verdoppelt, mit zwölf Monaten hat er es verdreifacht.

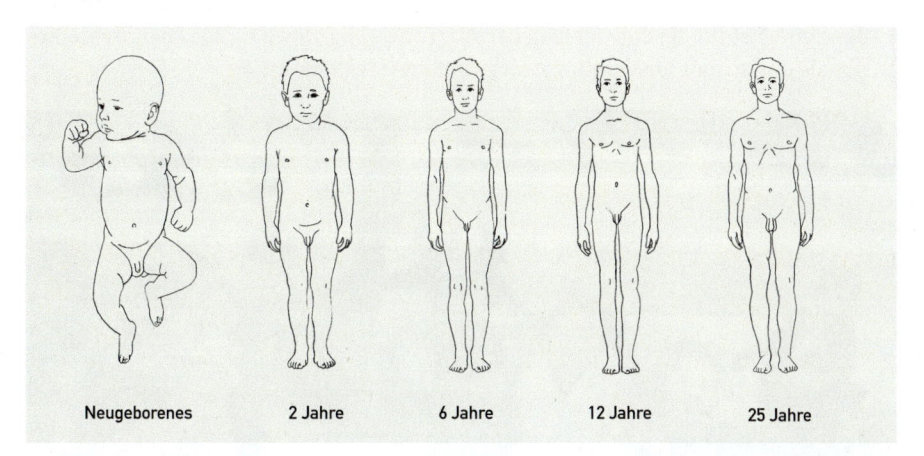

Neugeborenes — 2 Jahre — 6 Jahre — 12 Jahre — 25 Jahre

In den ersten drei Lebensmonaten wächst er rund drei bis vier Zentimeter pro Monat. Der Kopf ist aufgrund der hohen Hirnaktivität zu Beginn im Vergleich zum Körper sehr groß ausgebildet. Das Gehirn eines Babys hat bei der Geburt schon ein Drittel der Gehirngröße eines Erwachsenen erreicht.

Das Längenwachstum ist genetisch festgelegt. Das Körpergewicht dagegen wird durch ›endogene Faktoren‹ wie Anlagen und Hormone, aber auch durch ›exogene Faktoren‹ wie Ernährung und Bewegung beeinflusst.

endogene Faktoren → S. 113
exogene Faktoren → S. 113

> **BEISPIEL** **Eriks (0;5)** weint sehr viel. Seine Mutter setzt ihn häufiger in eine Wippe oder in den Hochstuhl. Dann wirkt er zufrieden. Eriks kann sich noch nicht selbst halten und kippt oft zur Seite. Der Rücken ist stark gebeugt. Die Kinderärztin spricht Eriks Mutter bei einer U-Untersuchung an, nachdem die Mutter ihn auf die Untersuchungsliege gesetzt hat.

Eine vermeintliche Beschleunigung der Entwicklung kann sich schädigend auf das optimale Wachstum eines Kleinkindes auswirken. Wird ein Säugling z. B. zu früh hingesetzt, kann die Entwicklung von Beinen, Hüftknochen und Wirbelsäule beeinträchtigt werden. Erst, wenn das Baby im Liegen bestimmte Bewegungsmuster beherrscht und seine Muskeln kräftig genug sind, richtet es sich über die Seite erstmals auf. Ergotherapeuten, Krankengymnasten und Logopäden warnen vor zu frühem Hinsetzen junger Kinder.

> Die Entwicklungsgeschwindigkeit bei Wachstum und Gewichtszunahme ist von Mensch zu Mensch individuell.

Zum Wachstum zählt auch die Veränderung der Proportionen. Der sogenannte **Gestaltwandel** kommt durch die unterschiedlich schnelle Entwicklung und Reifung der Organe zustande. Ein bedeutender Gestaltwandel findet in der Pubertät statt. In der späten Lebensphase bilden sich bestimmte Körperfunktionen zurück und die Körpergröße nimmt wieder ab.

4.6.4 Motorische Entwicklung

Kinder brauchen Bewegung – nicht allein für ihre gesunde körperliche Entwicklung, sondern auch für ihre geistige, emotionale und soziale Entwicklung. Sie sind neugierig, wollen sich bewegen, zeigen Freude daran, haben Lust auf Neues, wollen sich spüren, Leistung zeigen und Anerkennung bekommen.

> Bewegung ist für die Entwicklung der Wahrnehmung sowie für die kognitive, emotionale und soziale Entwicklung von grundlegender Bedeutung.

Abb. 4.44 Bewegung fördert die körperliche und geistige Entwicklung.

Sinne ➔ S. 167

Durch Bewegung erfährt das Kind etwas über sich und seine Umwelt. Gerade in der frühen Kindheit erfolgt die unmittelbare Erfahrung, das „Begreifen" der Umwelt, vorwiegend durch die Tätigkeit des Kindes, über seine körperlichen und seine ›sinnlichen Erfahrungen‹. Dabei macht es auch Material- und Sozialerfahrungen.
Die unmittelbare Auseinandersetzung mit der Umwelt gilt als wesentlich für die Entwicklung der ›geistigen Fähigkeiten‹, des Denkens und der ›Sprache‹.

kognitive Entwicklung ➔ S. 167
Sprache ➔ S. 464

Für Bewegungserfahrungen braucht das Kleinstkind alle seine Sinne. Es koordiniert (verbindet) die Sinneseindrücke und setzt das Wahrgenommene in Bewegung um. Diese Abläufe bezeichnet man als **sensorische Integration**. Die motorische Entwicklung des Kindes beginnt bereits ›vor der Geburt‹. Bis zur 14. Schwangerschaftswoche sind z. B. alle Bewegungsmuster ausgebildet, die auch bei der Geburt beobachtet werden. Direkt nach der Geburt reagiert der Säugling auf bestimmte äußere Reize mit bestimmten ›**Reflexen**‹. Diese sind angeboren und ermöglichen die ersten Kontakte zur Umwelt. Sie sichern das Überleben und erleichtern die Gewöhnung an die neue Umgebung. Der ›Saugreflex‹ z. B. ist ein lebenserhaltender Reflex und dient der Nahrungsaufnahme. Die meisten Reflexe des Menschen verlieren sich in den ersten Lebensmonaten und werden schließlich von kontrollierten bewussten Bewegungsmustern abgelöst.

pränatale Entwicklung ➔ S. 111, 152

Reflex
unwillkürliche, rasche und gleichartige Reaktion eines Organismus auf einen bestimmten Reiz

Saugreflex ➔ S. 155

> **BEISPIEL** **Nils** ist acht Wochen alt. Seine Eltern haben in diesen ersten Wochen nach der Geburt viel gestaunt. Nils umklammert den Finger von Papa oder Mama, wenn diese einen Finger in seine Handfläche legen. Er dreht seinen Kopf zur Seite, wenn sie ihm die Wange streicheln. Legen sie ihn zu ruckartig auf die Wickelkommode oder wird er durch starkes Licht geblendet, reißt er die Arme weit auf und schließt sie wieder. Zuerst waren die Eltern darüber verunsichert. Ein Gespräch mit dem Kinderarzt, der ihnen Informationsmaterial über kindliche Reflexe bei Neugeborenen zur Verfügung stellte, hat die Eltern beruhigt.

Reflex	Merkmale
Suchreflex	Bei Berührung dreht das Baby den Kopf in Richtung der Berührung und öffnet den Mund, um zu saugen. Es versteht den Berührungsreiz als Signal: Meine Nahrungsquelle ist in der Nähe. Der Suchreflex verliert sich nach einigen Monaten.
Saug- und Schluckreflex	Das Baby nutzt jede Möglichkeit zur Nahrungsaufnahme und beginnt automatisch an allem zu saugen, was es mit dem Mund erwischt. Der Saugreflex wird von Saug- und Nuckelbewegungen abgelöst, die das Baby selbst steuern kann.
Umklammerungsreflex/Moro-Reflex	Wenn das Baby erschrickt (z. B. durch laute Geräusche oder starken Lichteinfall), streckt es Arme und Beine schlagartig von sich und wirft seinen Kopf nach hinten. Gleich darauf rollt es sich wieder zusammen und weint vielleicht. Der Reflex kann durch zu schnelle Bewegungen besonders beim Wickeln unbeabsichtigt ausgelöst werden. Der Moro-Reflex verliert sich ab dem drittem Lebensmonat.
Greifreflex	Wenn ein Finger in die Hand des Babys gelegt wird, wird dieser fest ergriffen. Auch der Fuß wird bei Berührung der Sohle so weit wie möglich eingerollt. Dies ist möglicherweise ein Erbe aus Urzeiten, in denen Babys sich bei Flucht ähnlich wie kleine Äffchen mit Händen und Füßen an ihren Müttern festklammern mussten. Diese Reflexe verschwinden ab dem zweiten Lebensmonat.
Schreitreflex/Schreitreaktion	Direkt nach der Geburt sieht es so aus, als könnte das Baby in aufrechter Position „laufen". Wenn die Fußsohlen die Unterlage berühren, macht es Gehbewegungen. Der Reflex verschwindet nach dem ersten Lebensmonat.

Tab. 4.45 Frühkindliche Reflexe

Gerade in den ersten 24 Lebensmonaten ist der Bereich der motorischen Entwicklung bemerkenswert. Ein zuerst vor allem von Reflexen gesteuerter Säugling wechselt von der horizontalen (liegenden) in eine vertikale (aufrechte) Position, um die Welt zu erkunden. Während dieses Prozesses des Sichaufrichtens verliert der Mensch zunächst an Stabilität und Gleichgewicht. Er gewinnt aber letztlich Bewegungsfreiheit und größere Erfahrungsräume.

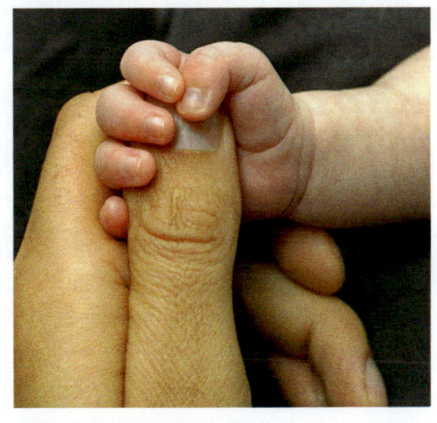

Abb. 4.46 Greifreflex

GRUNDLAGEN DER PSYCHOLOGIE

Für hochdifferenzierte Bewegungsabläufe wie z. B. das Gehen auf zwei Beinen benötigt der Mensch Übung, Erfahrung, Zeit und unzählige Wiederholungen. Für anspruchsvolle Fähigkeiten sind komplexe (vielfältige) körperliche Voraussetzungen nötig.

Anlage und Umwelt → S. 116

> Aus diesem Grund wird heute im Bereich der motorischen Entwicklung von einem lebenslangen Prozess gesprochen, der von ›endogenen, exogenen und autogenen Einflussgrößen‹ bestimmt wird.

Abb. 4.47 Senioren wie der Ruderer und Bodybuilder Charles Eugster sind ein gutes Beispiel dafür, dass Vitalität und Leistungsfähigkeit trotz des Alterungsprozesses sogar zunehmen können.

Körperliche Belastungen im Beruf oder Alltag, körperliches Training, aber auch biologische Reifungs- bzw. Alterungsprozesse beeinflussen die motorische Entwicklung ebenso wie die eigene Motivation und das soziale Umfeld.

BEISPIEL Saskia (18;7) überlegt, mit einer neuen Sportart zu beginnen. Sie fühlt sich aber körperlich nicht gerade sehr fit. Schon beim Treppensteigen spürt sie Atemnot. Ihr Aushilfsjob beansprucht sie zeitlich und körperlich sehr. Sie hat Angst, sich beim Training zu blamieren.

Grundsätzlich kann man nicht sagen, dass die motorischen Fähigkeiten über die Lebensspanne hinweg im Alter nachlassen, auch wenn bestimmte Körperfunktionen abnehmen.
Die motorische Entwicklung, also die Gesamtheit aller Bewegungsabläufe, wird unterteilt in Grobmotorik und Feinmotorik.
- Grobmotorik: alle großen Bewegungsformen, z. B. Laufen, Krabbeln
- Feinmotorik: z. B. zielgerichtetes Greifen, Halten eines Stiftes

Motorische Fähigkeiten können auch eingeteilt werden in
- konditionelle Fähigkeiten (Ausdauer und Kraft) und
- koordinative Fähigkeiten (Verbindung unterschiedlicher Abläufe).

Die motorische Entwicklung folgt außerdem den folgenden wichtigen Prinzipien:

Differenzierung	Aus unkontrollierten Massenbewegungen werden differenzierte Bewegungen.
Integration	Es werden immer gezieltere Einzelbewegungen gezeigt, komplexe Bewegungsmuster entstehen.
Variabilität	Motorische Entwicklung verläuft individuell, die Abfolge der Entwicklungsschritte ist zeitlich nicht genau festgelegt.
Entwicklungsrichtungen	• „Von innen nach außen": Zielgerichtete Bewegungen gelingen zuerst den Körperteilen, die näher an der Körpermitte liegen, z. B. erst den Armen, dann den Fingern. • „Vom Kopf zum Fuß": Die Körperkontrolle wird zuerst über den Kopf erlangt und folgt dann bis zu den Füßen.
Symmetrie und Asymmetrie	Die Körperhälften gleichen einander weitgehend, symmetrische (auf beiden Seiten gleiche) Positionen schaffen durch gleiche Stützpunkte Sicherheit und Stabilität, erlauben aber wenig Bewegungsspielraum. Durch die Verlagerung des Schwerpunktes wird die Symmetrie aufgehoben. So entstehen immer neue Haltungs- und Bewegungsbilder und mehr Mobilität ist möglich. In der Asymmetrie steckt aber auch das Risiko, die Stabilität und das Gleichgewicht zu verlieren. In der Bewegungsentwicklung bauen symmetrische und asymmetrische Bewegungen im Wechsel aufeinander auf.

Tab. 4.48 Prinzipien der motorischen Entwicklung

Symmetrie   **Asymmetrie**

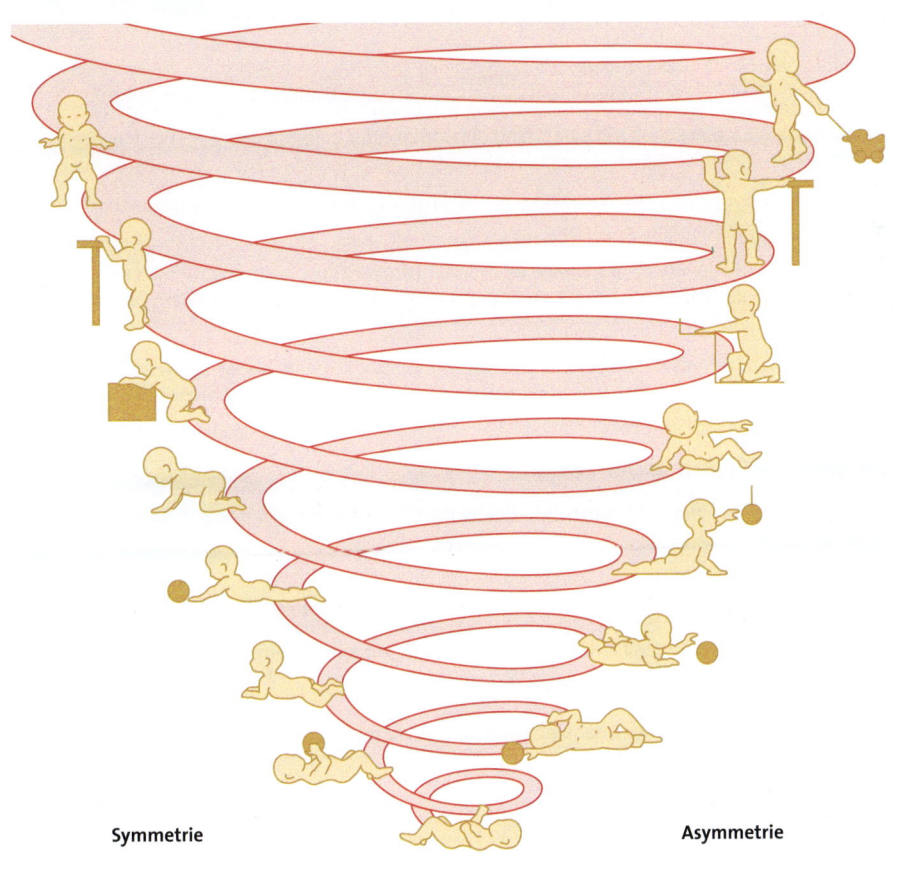

Abb. 4.49 Symmetrische und asymmetrische Bewegungen bauen in der Entwicklung im Wechsel aufeinander auf.

Die motorische Entwicklung der ersten Lebensjahre

Neugeborenes	Das Kind kann sich der Schwerkraft nur wenig entgegenstellen, es liegt hauptsächlich stark gebeugt. Der Kopf kann bereits auf die andere Seite gedreht werden, Arme und Beine bewegen sich, der Körperstamm kann noch nicht bewegt werden. Berührungen oder Lageveränderungen lösen frühkindliche Reflexe aus, die im Laufe der ersten sechs bis zwölf Monate durch differenzierte, willkürliche (erlernte) Bewegungen abgelöst werden.
Bis drei Monate	Kopf und Schultern können gehoben und gehalten werden, Aufstützen auf die Unterarme. In Rückenlage Führung der Hände zur Körpermitte. Gegenstände werden angeschaut und in den Mund gesteckt. Kopf kann ohne Mitbewegung des Rumpfes gedreht werden, das Kind kann sich in der Umgebung umschauen, Objekte verfolgen. Die ersten Greifversuche erfolgen, gezieltes Loslassen ist noch nicht möglich.
Bis sechs Monate	Volle Kopfkontrolle, Drehen von Bauch- in Rückenlage. Greifen zwischen Fingern und Handfläche, Wechsel von Gegenständen von einer Hand in die andere. Sitzen mit Unterstützung, Rollen um die eigene Achse, Schlängeln, Robben, Kriechen. Das Kind hilft mit beim Hochziehen aus der Rückenlage an den Händen. Die verbesserte abwechselnde Rechts-links-Bewegung sowie die statische und dynamische Gleichgewichtskontrolle sind Voraussetzungen für die weitere Körperbeherrschung.
Bis neun Monate	Das Kind setzt sich aus der Bauchlage heraus hin, steht mit festhalten, beginnt auf Knien und Händen zu krabbeln. Gegenstände werden aneinandergehalten oder -geschlagen. Das Kind beherrscht den Pinzettengriff (Gegenstände werden zwischen Daumen und Zeigefinger festgehalten und aktiv losgelassen), isst Zwieback o. Ä. aus der Hand, umfasst Tasse beidhändig und trinkt.
Bis zwölf Monate	Übergang vom Säugling zum Kleinkind. Das Kind krabbelt viel, macht die „ersten Schritte" an der Hand von Erwachsenen, an Möbeln und evtl. bereits selbstständig. Der Vierfüßlergang auf Händen und Füßen kann Krabbeln ablösen, Wechsel von Fortbewegung und Sitzen sind frei möglich. Das Kind führt beim Essen einen Löffel selbstständig zum Mund.
Bis 15 Monate	Guter Langsitz mit gestrecktem Rücken. Aus dem Stand kann das Kind in jede andere Position kommen. Freies Laufen mit Gegenstand in den Händen.
Ab 18 Monate	Freies Gehen mit sicherer Gleichgewichtskontrolle ist möglich. Tragen von Gegenständen in jeder Hand beim Laufen. Aufstehen aus dem Sitzen mit einer Hand. Anstoßen eines Balls mit dem Fuß, Werfen aus dem Stand. Treppensteigen mit Hilfe und nachgezogenem Bein.
Zwei Jahre	Rennen und Hindernisse umsteuern, Drehen um sich selbst, Rückwärtsgehen, auf Zehenspitzen stehen. Buchseiten umblättern oder Bonbons auspacken.
Drei Jahre	Hüpfen von der untersten Treppenstufe, die Treppe alternierend nutzen (Voraussetzung für Klettern), Stehen auf einem Bein, Balancieren auf einem Balken. Tretbewegungen für das Dreiradfahren. Öffnen großer Knöpfe, Bedienen von Wasserhähnen, Schneiden mit der Schere.
Vier Jahre	Koordiniertes Steuern und Treten auf dem Dreirad oder Roller möglich. Kinder können hüpfen sowie schneller und sicherer rennen. Halten eines Malstifts mit drei Fingern, Knoten binden, alleine anziehen und Knöpfe schließen. Mit kleinen Bausteinen anspruchsvolle Konstruktionen bilden.
Fünf Jahre	Springen, Kraft, Schnelligkeit und Großräumigkeit der Bewegungen nehmen zu. Genaueres Malen, Zeichnen, Schreiben ist möglich, Vorlagen können entlang der Begrenzung ausgemalt werden, großflächiges Malen ist aber deutlich früher möglich. Kann Buchstaben zeichnen.
Sechs Jahre	Beidhändiges sicheres Fangen, Binden von Schleifen. Radfahren gelingt besser, ist aber noch nicht verkehrssicher.
Kindheit und Jugend	Vielfältige Bewegungsspezialisierungen und -verbesserungen, Kraft, Ausdauer, Schnelligkeit, Genauigkeit, Koordination verschiedener Bewegungen und deren Kombination. Mit Sportarten werden hochdifferenzierte motorische Leistungen erlernt. Gebrauch von Werkzeug wird erlernt.

Tab. 4.50 Entwicklungsschritte der kindlichen Entwicklung

Ein Meilenstein in der motorischen Entwicklung ist sicherlich der aufrechte Gang. Wie aber gelangt ein Kind in wenigen Monaten in diese Position? Früher glaubte man, dass alle Kinder zuerst robben, dann krabbeln und schließlich über den Vierfüßlergang zum Stehen kommen.

Der Kinderarzt **Remo Largo** (*1943) führte Studien in der Schweiz durch, die aussagen, dass bei 87 % aller untersuchten Kinder die oben beschriebene Entwicklungsabfolge beobachtet wurde. 13 % der Kinder aber nutzen andere Bewegungsformen, die z. T. sehr außergewöhnlich sind, und lassen bestimmte Stadien der Entwicklung aus.

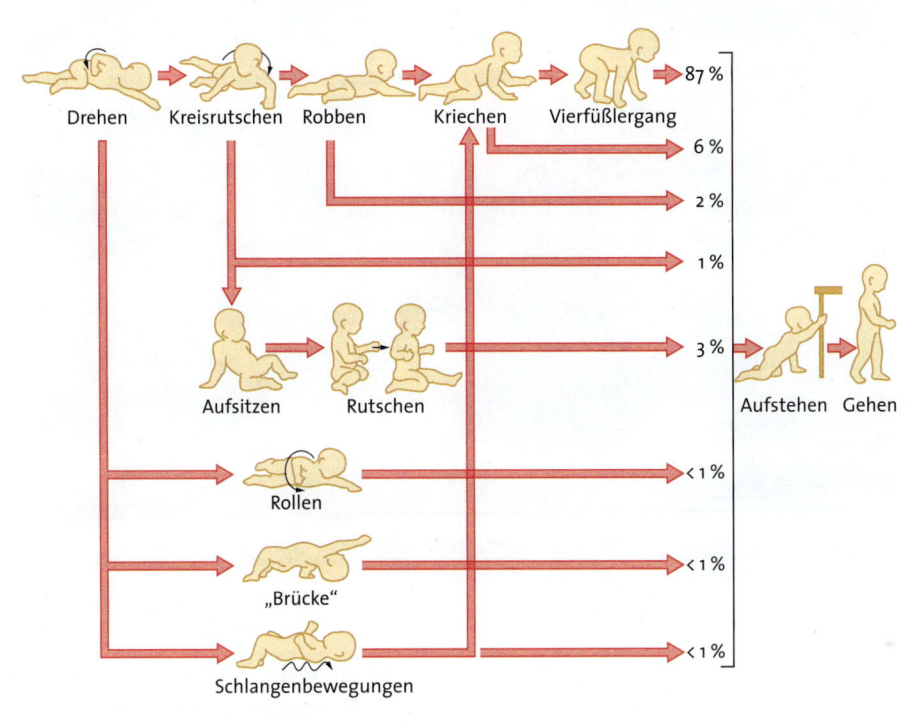

Abb. 4.51 Neue Formen der Lokomotion nach Remo Largo

Die motorische Entwicklung fördern

Bereits Kleinstkinder müssen gezielt darin unterstützt werden, eigenständig ihre Umgebung zu erkunden. Sie brauchen viel Platz zum Fortbewegen, Podeste zum Festhalten und Wege, um das Laufen zu trainieren. Ein Laufstall oder eine Babywippe sind für junge Kinder wenig sinnvoll und nur für kurze Zeiten zu nutzen. Für Kinder ist die Bewegung ein wichtiges Mittel, um Informationen über ihre Umwelt, aber auch über sich selbst zu sammeln. Sie

- erfahren ihren Körper.
- lernen, die eigenen Fähigkeiten einzuschätzen und entwickeln das notwendige Selbstvertrauen.
- sammeln im (Bewegungs-)Spiel mit anderen soziale Lernerfahrungen.

> Kinder benötigen daher möglichst vielfältige Bewegungserfahrungen und Bewegungsfreiräume.

Pädagogische Fachkräfte schaffen im Innen- und Außenbereich von Tagesstätten und Offenen Ganztagsangeboten vielfältige anregende ›Bewegungsmöglichkeiten‹, die Kinder weder unter- noch überfordern.

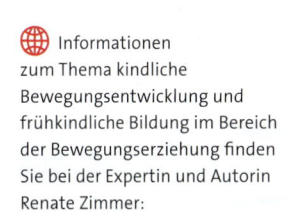

Informationen zum Thema kindliche Bewegungsentwicklung und frühkindliche Bildung im Bereich der Bewegungserziehung finden Sie bei der Expertin und Autorin Renate Zimmer:

www.renatezimmer.de

bedürfnisgerechte Raumgestaltung → S. 434

II GRUNDLAGEN DER PSYCHOLOGIE

BEISPIEL In der Offenen Ganztagsschule „Sonnenberg" wird gerade ein neues Außengelände gestaltet. Es wird große Flächen zum Verstecken, Klettern und auch zum Rückzug geben. Außerdem entsteht eine Skateboard- und Inlinerbahn. Ein Fußballfeld und Basketballkorb sind bereits vorhanden.

Abb. 4.52 Ein Klettergerüst mit Rutsche bietet vielfältige Bewegungserfahrungen.

Basiskompetenz → S. 226

> Vielfältige Bewegungserfahrungen stärken die ›Selbstkompetenz‹, die Sozialkompetenz sowie die Sach- und Methodenkompetenz.

Je älter Kinder werden, desto kräftiger werden ihre Muskeln. Die Knochen wachsen insbesondere bei Schulkindern und die körperlichen Fähigkeiten nehmen zu bzw. werden verfeinert. Dies betrifft vor allem koordinative Fähigkeiten und das Gleichgewicht. Viele Kinder erproben sich im Schulkindalter in Sportvereinen.

> Im Grundschulalter differenzieren sich die Bewegungsformen. Man spricht auch von der Phase der schnellen Zunahme der motorischen Lernfähigkeit.

Unter gleichaltrigen Kindern sind besonders ab dem Grundschulalter die motorischen Fähigkeiten sehr unterschiedlich ausgeprägt. Alter und Geschlecht des Kindes, sein Umfeld und die familiären Anlagen nehmen Einfluss auf die motorischen Fähigkeiten und das Bedürfnis, sich zu bewegen.

ZUM WEITERDENKEN Bewegen sich Jungen mehr als Mädchen? Beeinflusst das Geschlecht die motorische Entwicklung? In der Regel sind laut Aussage vieler Studien Jungen bewegungsaktiver. Während im Alter von 11 bis 15 Jahren 20 Prozent der Jungen die Empfehlungen für körperliche Bewegung erreichen, trifft dies nur noch für 14 Prozent der Mädchen zu. Grundsätzlich bewegen sich alle Kinder in Deutschland zu wenig.

4.6.5 Sprachliche Entwicklung

Die ›Sprache‹ ist das Werkzeug des Menschen, mit dem er Gedanken, Wünsche und Gefühle ausdrücken und mit anderen austauschen kann. Sie ermöglicht den Anschluss an die soziale Gemeinschaft und das kulturelle Wissen.

Sprachbildung → S. 464

Abb. 4.53 Kommunikation mit Bezugspersonen ist die Grundvoraussetzung für den Spracherwerb.

›Kommunikationsfähigkeit‹ entsteht durch den Dialog mit anderen Menschen: Denken, Sprechen und die Fähigkeit, zielgerichtet zu handeln, hängen eng zusammen. Die Sprachentwicklung beginnt lange bevor das Kind die ersten Worte selbst spricht, denn vor dem Sprechen kommt das Hören. Das Kind versteht dann bereits vieles ›intuitiv‹. Schon im Mutterleib nimmt es Geräusche und seine spätere Klangwelt wahr. Die Stimme der Mutter verändert z. B. den Pulsschlag des Fetus.

Kommunikation → S. 188

intuitives Verhalten → S. 129

Die kindliche Vorliebe für Gesichter und für die menschliche Stimme sowie seine Fähigkeit nachzuahmen und der Einsatz von Zeigegesten bereiten auf das aktive Sprechen vor: So lenkt das Kind die Aufmerksamkeit eines Erwachsenen mit dem Zeigefinger und „Da, da"-Rufen auf einen Gegenstand.

Hinzu kommt die Freude an der Lautbildung: dem Gurren, Lallen, Lautieren, Plappern. Das Wechselspiel in der Kommunikation (Sprechen – Zuhören – Sprechen) nutzen Kinder schon etwa im neunten Lebensmonat.

> **BEISPIEL** Felix (0;9) hat vor einigen Wochen die Silbe „ba" entdeckt. Wenn er morgens aufwacht, hören ihn seine Eltern schon lautstark brabbeln. Heute früh klang es ein wenig nach „ma-ma-ma". Stolz nimmt Felix' Mutter ihn auf den Arm und wiederholt die Silben: „Mama".

Der normale Spracherwerb eines körperlich gesunden Kindes mit feinfühligen Bezugspersonen erfolgt eigentlich mühelos und schnell. In nur 14 Jahren lernt ein Kind ca. 60.000 Vokabeln ohne besondere Übungseinheiten und ohne Korrekturen.

II GRUNDLAGEN DER PSYCHOLOGIE

Wolfgang Wendlandt → S. 129

Die folgende Übersicht der einzelnen Phasen der Sprachentwicklung orientiert sich an den Phasen des Diplom-Psychologen und Hochschuldozenten ›Wolfgang Wendlandt‹ (* 1944).

Neugeborenes	Das Neugeborene schreit, um sich mitzuteilen (erstes Kommunikationsmittel). Reagieren die Erwachsenen auf das Schreien, erfährt das Kind erste Prozesse der Selbstwirksamkeit (schreien = Erwachsene reagieren, Kind wird verstanden, hat ein Verhalten beim Erwachsenen bewirkt). Das Sprachverständnis des Neugeborenen lässt sich nicht prüfen, obwohl es schon hören kann.
Die ersten sechs Monate	Das Kleinstkind lernt seinen Artikulations- und Stimmapparat zu gebrauchen: Es probiert z. B. Zunge, Gaumen und Lippen zusammen mit der Stimme aus, wobei eine Reihe von Gurr-, Juchz- und Quietschlauten entstehen. Sie machen dem Kind viel Spaß und motivieren es. Es erprobt die eigene Fähigkeit, Laute, Vokale und nachfolgend Silben von sich zu geben und nach und nach zu umfangreichen Sprachkompetenzen zu gelangen. In dieser ersten Lallphase sind bei Kindern aller Nationen ähnliche Laute vorzufinden. Ein Außenstehender kann nun erkennen, ob das Kleinstkind sich freut, ärgert oder ängstigt. Das erste Lallen führen auch Kinder aus, die nicht hören können, sie „verstummen" aber nach dem 6. Monat.
Bis zum 10. Monat	Das Kind lallt Silben, wobei es zu Silbenverdoppelungen kommen kann (z. B. baba-baba-bab). Das Kind versteht die ersten Namen von Gegenständen und Bezugspersonen und sucht durch Kopfdrehung bekannte Gegenstände, wenn sie benannt werden.
11. und 12. Monat	Das Kind will sich verstärkt mitteilen. Es sind Lallmonologe zu hören, die es vor sich hinplappert, auch wenn es allein ist (z. B. ba-ma-gaga-ba-ma). In dieser Zeit tritt auch ein „Mama" oder „Papa" auf, was aus einer einfachen Silbenverdoppelung entsteht. Die freudigen Reaktionen aus der Umwelt verstärken, dass das Kind diese Silben immer wieder vor sich hin sagt und schließlich auch die Verbindung zur betreffenden Person begreift. Das Kind versteht Bitten und Aufforderungen. Es reagiert auf seinen Namen. So wie „Mama" und „Papa" erlernt wurden, erschließen sich jetzt auch andere neue Worte.
Ein Jahr	Jetzt sollte das Kind zwischen zwei und zehn Wörtern sprechen. Dazu zählen auch Wörter in Kindersprache (z. B. „Wauwau"). Es folgen Einwortsätze. Mit nur einem Wort kann das Kind etwas erbitten oder erfragen oder auch beantworten. Außerdem beginnt die gezielten Lautbildung: Bis zum zweiten Lebensjahr umfasst der Wortschatz eines Kindes 20 bis 50 Wörter; es benennt z. B. einzelne Körperteile. Hauptwörter werden ergänzt mit Verben und Adjektiven. Sätze werden noch im Infinitiv gebildet, z. B. „haben ich will". Neue Laute kommen hinzu wie z. B. w, f, t, d. Das erste Fragealter beginnt. Der passive Wortschatz ist größer als der aktive Wortschatz.
Zweieinhalb Jahre	Der Wortschatz hat stark zugenommen. Es kommt zu kreativen Wortneuschöpfungen und zum ersten Gebrauch der „Ich-Form". Die Sätze stehen vorwiegend noch in der Infinitivform („Hanna laufen"). Die meisten Laute werden beherrscht, jedoch noch nicht alle Lautverbindungen. Es kommt noch zu Fehlern bei der Aussprache, z. B. „Ich tan son selber!" Schwirige Lautverbindungen werden geübt, z. B. kn, bl und gr. Die Zischlaute ch, sch und s müssen noch nicht beherrscht werden. Einfache Sätze und erste Nebensätze entstehen. Dies ist die Zeit des zweiten Fragealters. Die W-Fragen (warum, wieso etc.) werden gestellt.

Tab. 4.54 Schritte der frühen Sprachentwicklung nach Wendlandt

In den ersten Lebensjahren scheinen Kinder für den Spracherwerb sehr empfänglich zu sein (›sensible Phase‹). In diesen Phasen verknüpfen sich die Nervenzellen zu Netzwerken. Wissen und Fertigkeiten werden erworben, verknüpft, verändert und „abgespeichert". Sprache steht in engem Zusammenhang mit dem Denken (›kognitive Entwicklung‹). Das Kind ist bereit, die Erstsprache zu erlernen. Sie wird auch **Muttersprache** genannt.
Je älter der Mensch wird, desto schwieriger verläuft der Spracherwerb.

sensible Phase → S. 295

kognitive Entwicklung → S. 167

ZUM WEITERDENKEN Wie vollzieht sich der Zweitspracherwerb? Wie viele Sprachen kann ein Kind gleichzeitig erlernen? Lernt es direkt von Geburt an eine zweite Sprache, z. B. in bilingualen (zweisprachigen) Familien, dann spricht man vom doppelten Erstspracherwerb. Es ist Kindern möglich, zwei Sprachsysteme aufzubauen. Häufig ist eines der beiden Systeme etwas stärker ausgebaut. Dies ist abhängig davon, wie häufig Kinder die beiden Sprachen hören. Schon wenige Monate nach der Geburt sind sie in der Lage, Sprachen voneinander zu unterscheiden. Viele Kinder auf der Welt wachsen mit zwei oder mehr Sprachen auf. Dennoch gibt es immer noch das Vorurteil, dass Kinder dadurch überfordert werden und Sprachverzögerungen automatisch die Folge sind. Diese Annahme kann nicht durch Studien unterstützt werden.

Abb. 4.55 Immer mehr Kinder wachsen zweisprachig auf.

BEISPIEL Als **Lina** geboren wird, entscheiden sich ihre Eltern, dass Vater Kenshi mit ihr japanisch spricht. Die Mutter Sabine spricht mit ihr deutsch. Im Alltag ist es gar nicht so einfach, die Sprachen nicht zu vermischen. Kenshi und Sabine kennen die verbreitete Ansicht, dass ein Elternteil immer eine Sprache sprechen soll. In einer Beratungsstelle für bilingualen Spracherwerb wurden sie darüber informiert, dass diese Theorie bisher durch keine Studie wirklich belegt wurde. Mittlerweile sprechen beide Elternteile in beiden Sprachen mit Lina. In der Krippe, die Lina besucht, wird Deutsch gesprochen. Mit ca. vier Jahren weigerte sich Lina, japanisch zu sprechen. Erst ein Besuch in Japan bei Kenshis Familie veränderte ihr Sprachverhalten. Mittlerweile ist Lina sieben Jahre alt. Mit ihrem Vater spricht sie fast nur noch japanisch und mit ihrer Mutter deutsch. Es passiert allerdings hin und wieder, dass sie beide Sprachen mischt.

GRUNDLAGEN DER PSYCHOLOGIE

> Sprache wird durch einen stetigen Interaktionsprozess zwischen Kind und Erwachsenen gelernt. Sprechen lernt man durch Kommunikation.

Die Sprache hilft dem Kind auch, seine Umwelt besser zu verstehen. Es erhält immer mehr Informationen über die Natur, die Tiere, die anderen Menschen, die Kultur. Es erfragt, hinterfragt, erklärt und benennt immer mehr Gegenstände, Naturphänomene, Gefühle oder Gedanken. Die Sprache „öffnet" dem Kind die Tür zur Gemeinschaft.

Kinder benötigen Ermutigung, interessierte Bezugspersonen, die auch zuhören können, und eine sprachanregende Umgebung. **Sprachförderung** geschieht, wenn Kinder positive Reaktionen von ihrer Umwelt und vielfältige Anregungen in allen Entwicklungsbereichen erhalten.

Das Interesse von Kindern an Sprache, Lesen und Schreiben (›**Literacy**‹) tritt nicht erst in der Schule auf. Es wird schon im Elementarbereich von pädagogischen Fachkräften beobachtet. Es ist wichtig, diese Interessen in den jeweiligen sensiblen Phasen aufzugreifen und zu unterstützen. Dabei wird den Kindern der Umgang mit Schrift und Buchstaben ermöglicht. In einer ›vorbereiteten Umgebung‹ erfahren Kinder, dass Dinge nicht nur einen Namen haben, sondern auch, wie dieser geschrieben wird.

 Der Film „Wie Kinder zu(m) Wort kommen – Sprachförderung im Alltag" zeigt, wie Kinder in ihrer Sprachentwicklung unterstützt werden können:

av1-shop.de/schulen/339/-wie-kinder-zum-wort-kommen-sprachfoerderung-im-alltag

Literacy → S. 487
bedürfnisorientierte Raumgestaltung → S. 434

Abb. 4.56 Kinder interessieren sich schon früh für Bücher.

> **BEISPIEL** Maja (1;0) holt ihre Hausschuhe aus dem Flur, wenn ihre Mutter sie darum bittet. Maja redet aber noch nicht – sie handelt (nur).

Da sich Kleinstkinder am Anfang stark an der Mimik und dem Stimmklang anderer Menschen orientieren, ist es wichtig, Handlungen während des Tuns sprachlich zu begleiten. Die ›intuitiven Fähigkeiten‹ wie z.B die Ammensprache unterstützen diese erste Kommunikation.

Das Sprachverständnis junger Kinder ist immer weiter ausgeprägt als ihr Ausdrucksvermögen.

intuitive Fähigkeit → S. 129

> Kinder benötigen zum Aufbau des Wortschatzes und zum Erlernen der Grammatik eine sprachanregende Umgebung mit vielen Vorbildern und viel Zeit zum Wiederholen. Diese wird auch als „Sprachbad" bezeichnet.

ZUM WEITERDENKEN Woran lässt sich eine Sprachentwicklungsverzögerung bei jungen Kindern erkennen? Um den zweiten Geburtstag herum haben Kinder oft einen Wortschatz von etwa 100 bis 200 Wörtern. Sie setzen Ein- und Zweiwortsätze ein. „Späte Sprecher", wie sie die Fachliteratur nennt, sprechen zu diesem Zeitpunkt weniger als 50 Worte. Viele Kinder holen diese Verzögerungen auf – aber nicht alle. Sprachentwicklungsverzögerungen oder Sprachstörungen können eine Gefahr für die weitere Entwicklung des Kindes darstellen. Es ist wichtig, Hintergründe und Ursachen zu erforschen. Diese können z. B. Hörprobleme, eine Lernbehinderung, tief greifende Entwicklungsstörungen oder eine extreme Vernachlässigung des Kindes sein.

Abb. 4.57 Eine Verzögerung in der Sprachentwicklung kann verschiedene Ursachen haben.

Anders als Schulkinder lernen junge Kinder in den ersten Lebensjahren Grammatik und Syntax (Satzbau) ihrer Herkunftssprache intuitiv (unbewusst). Folgende Bereiche entwickeln sich dabei in den ersten fünf Lebensjahren:

Hauptwörter (Substantive)	Hund
Eigenschaftswörter (Adjektive)	braun
Tätigkeitwörter (Verben)	rennen
Räumliche Verhältniswörter (Präpositionen)	über
Zeitbegriffe	heute
Kategorien (Klassen)	Haustiere
Mengenbegriffe	viele
Persönliche Fürwörter (Pronomen)	ihr
Kausalbegriffe	warum?

BEISPIEL **Tom (5;8)** kommt aufgeregt zu seiner Mutter gelaufen: „Mama, unsere Nachbarn haben ein neues Haustier. Ihr brauner Hund sprang heute früh über unseren Zaun und rannte durch unseren Garten. Warum macht er das?"

kognitive Entwicklung → S. 167
sozial-emotionale Entwicklung → S. 173

Pädagogische Fachkräfte verstehen, dass der Spracherwerb eng verbunden ist mit der ›kognitiven‹ und ›sozial-kommunikativen Entwicklung‹. Das **Deutsche Jugendinstitut** hat ein Konzept für die frühkindlichen Spracherwerbsprozesse entworfen. Für pädagogische Fachkräfte im Elementarbereich ist es wichtig, die sechs Prinzipien dieses Konzepts in der Praxis zu berücksichtigen.

1. Pädagogische Fachkräfte orientieren sich an den **Kompetenzen** (Fähigkeiten) des Kindes. Kinder nutzen vielfältige Strategien für den Spracherwerb.
2. Pädagogische Fachkräfte nutzen für Kinder **bedeutungsvolle Situationen**, um diese in ihrem Sprachlernprozess zu unterstützen.
3. Sprachbildung wird als Querschnittsaufgabe betrachtet. Sie zieht sich durch den gesamten pädagogischen Alltag (**alltagsintegrierte Sprachförderung**).
4. Im feinfühligen **Dialog** mit Kindern bieten sich pädagogische Fachkräfte als Gesprächspartner und Zuhörer an. Sie folgen dem jeweiligen Thema des Kindes und geben dem Dialog Zeit und Raum. Sie signalisieren durch die Körpersprache und Stimme Wertschätzung und Interesse.
5. Kontinuierliche ›**Beobachtungen**‹ und Dokumentationen sehen Fachkräfte als unverzichtbar an, um individuelle Sprachentwicklungsprozesse wahrnehmen zu können.

> **ZUM WEITERDENKEN** Neben den Methoden und dem vielfältigen Material der Sprachförderung benötigen pädagogische Fachkräfte eine wichtige Fähigkeit: das Zuhören. Im pädagogischen Alltag geben Erzieher und Kinderpfleger über den Tag verteilt einer großen Kindergruppe viele Anweisungen:
> „Alle Kinder gehen jetzt zum Händewaschen."
> „Wir machen einen Morgenkreis. Räumt bitte auf!"
> „Alle bitte anziehen! Wir gehen nach draußen."
> Wie viel Zeit bleibt für wirkliche Dialoge mit Kindern? Wann und wo erleben Kinder Einzel- oder Kleingruppengespräche im Tagesablauf? Finden sie ein Gegenüber, das sinnvolle Fragen stellt, nicht abgelenkt wird und versucht, die kindliche Perspektive einzunehmen?

Abb. 4.58 Kinder brauchen Erwachsene, die ihnen zuhören.

4.6.6 Kognitive Entwicklung

Zur kognitiven Entwicklung gehören zwei großen Bereiche: Zum einen umfasst dieser Begriff die Entwicklung von Funktionen, die für das Erkennen und Erfassen von Gegenständen und Personen der Umgebung sowie der eigenen Person notwendig sind. Zum anderen gehört zur kognitiven Entwicklung auch die Fähigkeit zum Beurteilen von Situationen, in denen ein Problem gelöst werden muss. Dazu zählen z. B.:

- die Wahrnehmungsfunktionen
- das Problemlösen
- die Sprache
- die Aufmerksamkeit
- das Gedächtnis
- die Intelligenz

> Von der ersten Sekunde seines Lebens an empfängt der Mensch Informationen über die Umwelt, über andere Menschen und sich selbst. Die Sinnesorgane sind dabei der Schlüssel zur Welt.

Mit jeder Sinneserfahrung vergrößert sich das Wissen über die Welt. Man kann sagen: „Ich schmecke die Welt, ich fühle die Welt, ich höre die Welt, ich rieche die Welt, ich sehe die Welt." Vielfältige Informationen werden so miteinander verknüpft und angepasst.

Sinne	Reiz	Sinnesorgan	Rezeptor (Nervenzelle)	Empfindung
Sehen	Lichtwellen	Auge	Zapfen und Stäbchen in der Netzhaut	Farben, Helligkeit, Muster, Oberflächenbeschaffenheit
Hören	Schallwellen	Ohr	Haarzellen in der Schnecke des Ohres	Lautstärke, Töne, Geräusche
Empfindung der Haut	äußerer Kontakt, Berührungen jeder Art	Haut	Nervenendungen der Haut	Schmerz, Berührung, Wärme, Kälte
Geruch	Geruchsstoffe, z. B. Parfüm, Nahrung, Blumen	Nase	Haarzellen in der oberen Nasenmuschel	Düfte
Geschmack	Geschmacksstoffe, z. B. Salz, Zucker, Säure	Zunge	Geschmacksknospen der Zunge	Geschmacksempfindungen
Gleichgewicht	Schwerkraft, mechanische Kraft	Innenohr	Haarzellen in den Bogengängen des Innenohrs	Bewegung im Raum
Bewegung	Bewegung	Muskeln, Sehnen, Gelenke	Nervenfasern	Bewegung und Orientierung von Körperteilen im Raum, z. B. das Bewegungsspiel der Beine beim Laufen

Tab. 4.59 Sinne und ihre Strukturen sowie Funktionen

Es wird auch in diesem Entwicklungsbereich deutlich, dass er nicht losgelöst von den anderen Bereichen betrachtet werden kann.

GRUNDLAGEN DER PSYCHOLOGIE

> Eine höhere Beweglichkeit ermöglicht z. B. ein größeres Erfahrungsfeld. Die Entwicklung und Differenzierung der Sinnesorgane vergrößert und verbessert die Wahrnehmungsfähigkeit des Menschen. Die Sprache hilft, Dinge zu verstehen und zu beschreiben und festigt Erkenntnisse. Die Beziehungsqualität zu Menschen nimmt Einfluss auf das Erkundungsverhalten bzw. die Lernbereitschaft und Lernmotivation.

Abb. 4.60 Erkunden von Wasser

BEISPIEL Torben (2;3) spielt mit der Kinderpflegerin Saskia Calliess im Waschraum mit Fingerfarbe und Kleister. Er beobachtet dabei die anderen Kinder, ahmt sie nach und wiederholt seine Tätigkeiten. Er hinterlässt Fingerfarbenspuren auf einem großen Papier und ist sehr stolz dabei. Saskia Calliess bestätigt ihn in seinem Tun. Sie nickt ihm zu und begleitet sein Handeln zum Teil sprachlich: „Du hast einen blauen Handabdruck gemacht", „Der Kleister ist ganz kalt", „Torben, gibst du Julia bitte die rote Farbe?", „Du rutschst auf dem Kleister hin und her".

Das Modell der kognitiven Entwicklung nach Jean Piaget

Jean Piaget → S. 106

Der Schweizer Psychologe ›Jean Piaget‹ (1896–1980) hat die Entwicklungspsychologie auf dem Gebiet der kognitiven Entwicklung stark geprägt. Im Mittelpunkt seiner Forschung stand die kognitive Auseinandersetzung des Kindes mit seiner Umwelt. Bis heute werden seine Erkenntnisse unterrichtet, überprüft und ergänzt, aber auch sehr kritisch korrigiert.

Konstruktion → S. 171

> Piaget vertrat die Meinung, dass das Kind sein Weltverständnis (Wissen) in der selbsttätigen Auseinandersetzung mit seiner Umwelt (Handeln) selbst ›konstruiert‹ (herstellt).

abstrakt
theoretisch, rein begrifflich

Das Kind lernt aus sich selbst heraus und ist aus sich selbst heraus motiviert zu lernen. Piaget hat ein **Stufenmodell** entwickelt, nach dem das konkrete Handeln zum ›abstrakten‹ Denken führt. Seine Beobachtungen beruhen auf Auswertungen von Versuchen mit seinen eigenen Kindern.

Der Mensch integriert nach Piaget neues Wissen und neue Erfahrungen in bisheriges Wissen und die bisherigen Erfahrungen. Dabei müssen sich die vorhandenen kognitiven Strukturen an die neuen Anforderungen der Umgebung anpassen.

Wie gelingt dem Menschen dieser Prozess? Nach Piaget bildet ein **Schema** den Grundbaustein des menschlichen Wissens. Darunter versteht man ein organisiertes Wissens- oder Verhaltensmuster. Ein Schema dient als Wissensvorlage, in die nach bestimmten Regeln Objekte oder Ereignisse eingeordnet werden können. Diese Adaption (Anpassung) umfasst zwei wechselseitige Prozesse, die ineinander übergehen: die **Assimilation** und die **Akkomodation**. Assimilation meint die Veränderung der Umwelt, um diese den eigenen Bedürfnissen und Wünschen anzupassen.

> **BEISPIEL** Jan (1;5) zeigt auf alle Tiere und ruft: „Wauwau." Seine Mutter hatte ihm vor einer Woche einen Hund auf der Straße gezeigt und „Wauwau" gesagt. Jan überträgt sein neues Wissen auf alle vierbeinigen Tiere (Assimilation).
> In der folgenden Woche fahren alle Kindergartenkinder in den Zoo. Dort sieht Jan auch andere Tiere mit langen Hälsen, Flügeln oder langen Rüsseln. Das Hundeschema passt hier nicht mehr. Jan zeigt auf alle Tiere und ruft: „Da, da, da". Die Kinderpflegerin antwortet geduldig: „Eine Giraffe, ein Adler, ein grauer Elefant". Jan lernt viele neue Begriffe (Akkommodation).

Akkommodation bezeichnet die Veränderung des eigenen Verhaltens, um sich selbst den Umweltbedingungen anzupassen. Nach Piaget versucht der Mensch in den meisten Fällen, ein Gleichgewicht zwischen Assimilation und Akkommodation herzustellen. Dieser Prozess wird als Äquilibration bezeichnet. Das bedeutet nichts anderes, als etwas ins Gleichgewicht zu bringen.

Abb. 4.61 Kann eine Situation nicht durch bestehende Schemata erfolgreich bewältigt werden (Assimilation), so muss das entsprechende Schema um die neuen Erkenntnisse erweitert werden (Akkommodation).

Piaget spricht außerdem von der **Tendenz zur Organisation**. Das heißt, eigene Prozesse werden immer in ein komplettes ganzes System eingeordnet. So schaut ein Baby einen Gegenstand erst an oder fasst ihn an. Im Laufe der Entwicklung integriert es beide Prozesse und nutzt das System der Auge-Hand-Koordination.

> **BEISPIEL** Lucy (1;2) kann ohne Probleme ihre Hand nach dem Trinkbecher ausstrecken und diesen hochheben. Noch vor einem Jahr hätte sie den Trinkbecher nur mit den Augen verfolgt.

Piagets Stufenmodell unterscheidet vier Hauptstadien der kognitiven Entwicklung bei Kindern:

Sensumotorische Stufe	
Geburt bis 2. Lebensjahr	• Handlungen sind anfangs überwiegend instinktorientiert. • Sobald Kinder erkennen, dass ihre Handlungen Auswirkungen auf die Umwelt haben, wird auch das Denken angeregt. • Eine wichtige Einsicht ist, dass Objekte auch da sind, wenn sie außerhalb der eigenen Sichtweite liegen (**Objektpermanenz**).
Präoperationale Stufe	
2. bis 6. Lebensjahr	• Kinder sehen die Welt nur aus der eigenen Perspektive und können sich nicht in andere hineinversetzen (**Egozentrismus**). • Kinder können sich nur auf ein Merkmal konzentrieren (**Zentrierung**). • Kinder nehmen an, Dinge sind beseelt und haben Absichten (**magisches Denken**). • Kinder können sich komplexe Dinge merken und in anderen Situationen zur Anwendung bringen.
Konkret-operationale Stufe	
7. bis 10. Lebensjahr	• Konkrete Erfahrungen machen nach und nach Platz für **realistische, logische Betrachtungen**. Zweifel an magischen Figuren führt zu deren individuell schnellerem oder langsamerem Verschwinden. • Kinder können sich auf mehrere Merkmale gleichzeitig konzentrieren. • Im späteren Verlauf der Stufe können Kinder die Perspektive eines anderen einnehmen.
Formal-operationale Stufe	
Ab 11. Lebensjahr	• Das Denken wird **abstrakt** (begrifflich, von Dingen losgelöst). • Kinder können sich systematisch einen Überblick verschaffen, logische Schlussfolgerungen ziehen und neue Lösungen finden. • Kinder sind nicht mehr von einer realen und konkreten Darstellung abhängig.

Tab. 4.62 Die kognitiven Entwicklungsstufen nach Piaget

Kritik an Piagets Modell

Neuere Forschungsergebnisse haben gezeigt, dass die kognitive Entwicklung bei Kindern viel schneller verläuft, als Piaget dies in seinen Studien herausfand. Säuglinge und Kinder sind intelligenter, als Piaget annahm. Besonders die Objektpermanenz ist bei Säuglingen viel früher zu beobachten: Bereits ab dem dritten Monat verstehen sie, dass Dinge auch außerhalb ihrer Sichtweite noch da sind.

Außerdem bleiben in dem Stufenmodell weitere Einflussfaktoren wie Umwelteinflüsse und innere Anlagen (›Anlage und Umwelt‹) für die kognitive Entwicklung fast unberücksichtigt. Dadurch schließt Piaget individuelle Entwicklungsverläufe bei Kindern fast ganz aus.

Im Stufenmodell bleibt auch das heute anerkannte **lebenslange Lernen** unberücksichtigt. Für Piaget war die kognitive Entwicklung des Menschen nach der vierten Stufe abgeschlossen.

Die heutige Säuglingsforschung zeigt auch deutlich, dass kognitive Denkprozesse schon bei Säuglingen zu beobachten sind, die noch nicht selbsttätig sein können. So erkennt z. B. ein Säugling seine Mutter am Geruch oder er erkennt Musik, die sie in der Schwangerschaft häufig gehört hat.

Anlage und Umwelt → S. 116

Weitere Erklärungsansätze kognitiver Entwicklung

In **Theorien der Informationsverarbeitung** wird das menschliche Denken als Prozess betrachtet, in dem Informationen (Daten) im Gehirn verarbeitet und gespeichert werden. Es gibt Ähnlichkeiten zur Computertechnik. Das Gedächtnis (Kurzzeit- und Langzeitgedächtnis) wird in diesem Ansatz als Möglichkeit verstanden, Informationen aufzunehmen, zu speichern und bei Bedarf wieder abzurufen. Man spricht von einer kontinuierlichen (ständig fortschreitenden) Entwicklung von Fertigkeiten und nicht, wie bei Piaget, von Stufen der Entwicklung.

Abb. 4.63 Sozio-kulturelle Theorien sehen kognitive Entwicklung im Miteinander mit kompetenten Älteren.

Sozio-kulturelle Theorien hingegen verdeutlichen, dass Entwicklung im Zusammenhang mit gesellschaftlichen und kulturellen Faktoren zu betrachten ist.
Der Mensch lernt in der Auseinandersetzung mit anderen Menschen. Besonders der Austausch mit älteren Kindern oder Erwachsenen ist für Kinder notwendig, um kognitive Kompetenzen zu entwickeln. Dieser Austausch geschieht z. B. bei der Lösung von Problemen oder Fragen und bei der Bewältigung neuer Aufgaben.
Kinder können sich durch die Auseinandersetzung mit „Experten" Handlungsweisen, Denkformen und Problemlösungsansätze aneignen, die die Kultur einer Gemeinschaft ausmachen.
Ein großer Vertreter des ›Konstruktivismus‹ ist der Psychologe **Lew Wygotski** (1896–1934). Wie Piaget sah auch er Kinder als aktive, konstruktive Wesen an. Allerdings verstand er die kognitive Entwicklung auch als einen stark durch die Gesellschaft vermittelten Prozess. In diesen Zusammenhang gehört der Begriff der ›**Ko-Konstruktion**‹.

> Kinder entwickeln ihr Wissen und ihre Fähigkeiten in diesem Ansatz durch die aktive Auseinandersetzung mit anderen Kindern und mit Erwachsenen. In verschiedenen Situationen mit unterschiedlichen Themen tauschen sie sich aus, stellen Überlegungen an, suchen Lösungen für Probleme, formulieren Ideen und entwickeln ihre sozial-kognitiven Kompetenzen weiter.

Konstruktivismus

Lernen ist ein aktiver Konstruktionsprozess in dem jeder Lernende eine individuelle Repräsentation der Welt erschafft. Was genau ein Lernender lernt, hängt stark von seinem Vorwissen und der konkreten Lernsituation ab.

Ko-Konstruktion

Lernen findet durch Zusammenarbeit statt, wird also von Fachkräften und Kindern gemeinsam ko-konstruiert.

GRUNDLAGEN DER PSYCHOLOGIE

BEISPIEL **Sam (4;1)**, **Noah (4;6)**, **Marina (4;2)** und **Simone (4;7)** entwickeln gemeinsam eine Weltraumstation. Aus großen Kartons wurde der Rumpf einer Rakete gebaut. Nun überlegen sie, wie die Weltraumanzüge gestaltet werden könnten und von wo aus die Rakete starten soll. Sie haben die Kinderpflegerin Tatjana Wolkowa um Hilfe gebeten. Sie holt zusammen mit den Kindern einige Bücher aus der Kita-Bücherei und sucht im Internet einen Dokumentarfilm. Zu Beginn war für Tatjana Wolkowa deutlich zu beobachten, dass Noah die Gruppe durch seine Ideen deutlich vorangebracht und Entscheidungen häufig alleine getroffen hat. Mittlerweile äußern sich die anderen Kinder viel mehr. Sie scheinen mutiger zu werden und suchen miteinander nach Lösungen. Tatjana Wolkowa beobachtet die Kleingruppe intensiv und freut sich über ihre Bildungs- und Lernprozesse. Sie verfasst aus ihren Beobachtungen eine Bildungs- und Lerngeschichte: „Lieber Sam, lieber Noah, liebe Marina, liebe Simone, seit Tagen seid ihr mit einem wichtigen Thema beschäftigt: eurer Weltraumstation. Ich darf euch bei diesem großen Thema begleiten. Mir ist aufgefallen ... Ich hatte den Eindruck ..."

ZUM WEITERDENKEN Mit Bildungs- und Lerngeschichten können pädagogische Fachkräfte kindliche Bildungs- und Lernprozesse auf kindliche Art sichtbar und verständlich machen. Dazu müssen sie sich überlegen, wie diese geschrieben werden. Was gibt es dabei zu beachten? Wie viele Fotos gehören dazu?

Abb. 4.64 Mit Lerngeschichten kann schon im Krippenalter gearbeitet werden.

Abb. 4.65 Die Lerngeschichten werden in Schatzmappen gesammelt.

Die kognitive Entwicklung fördern

In den ersten Lebensjahren ist es wichtig, dass die Umgebung der Kinder ihre Sinne ausreichend stimuliert (anregt). Vor allem Haut-, Körper- und Blickkontakt sind dabei von Bedeutung. ›Visuelle‹, ›akustische‹ und ›taktile‹ Reize sollten vielfältig vorhanden sein. Zugleich muss darauf geachtet werden, dass nicht zu viele Reize gleichzeitig angeboten werden.

Die ›**Selbstbildungspotenziale**‹ der Kinder müssen in der Praxis berücksichtigt werden. Kinder sind forschende Lernende, die spielerisch zusammen mit anderen Kindern und Erwachsenen die Welt erobern. Sie wiederholen Handlungen und wollen aktiv tätig sein. Junge Kinder brauche keine spezielle kognitive Förderung. In einer ›anregenden Umgebung‹ lernen sie aus sich selbst heraus. Sinnvoll ist es auch, die Kinder in ihrem Tun nicht ständig zu unterbrechen.

---

visuell
auf das Sehen bezogen

akustisch
auf das Hören bezogen

taktil
auf den Tastsinn bezogen

Selbstbildungspotenzial
→ S. 114

bedürfnisgerechte
Raumgestaltung → S. 434

Das Denken von Grundschulkindern wird zunehmend differenzierter (verfeinerter). Sie wollen die Welt noch viel genauer verstehen. Sie nehmen z. B. kleine Unterschiede von Gegenständen deutlich wahr und können sich in der Regel über einen längeren Zeitraum auf eine Sache konzentrieren. Ihr Gedächtnis funktioniert deutlich besser als das von jüngeren Kindern. Viele Kinder beginnen in der Grundschule mit dem Sammeln von Gegenständen, z. B. von Steinen oder Sammelkarten.

> **BEISPIEL** **Niklas (7;2)** sammelt Star-Wars-Karten. Er kennt alle sechs Filme und vergisst keinen Namen einer Figur. Er kann die einzelnen Figuren unterscheiden und weiß, wer zu den Guten und wer zu den Bösen gehört. Er kennt die Stärkepunkte auf den Karten, ordnet die Karten und tauscht sie mit anderen Kindern. Er bildet Kategorien (Klassen).

Pädagogische Fachkräfte müssen dem Wunsch der Kinder nach Wissen und Erkenntnissen Raum geben. Kinder forschen in sehr vielfältigen Themenfeldern. Sie beschäftigen sich unterschiedlich lange und unterschiedlich intensiv mit einem Themenfeld. Sie benötigen Räume des Lernens sowie sensible Bildungs- und Lernbegleiter.

Abb. 4.66 Kinder forschen in ihren eigenen Themenfeldern.

4.6.7 Sozial-emotionale Entwicklung

Für die soziale und emotionale Entwicklung des Menschen sind die ersten Lebensjahre besonders wichtig. In dieser Phase spielt auch die Entwicklung der ›**Identität**‹ eine wichtige Rolle.

Identität → S. 233

Die Erfahrung einer sicheren ›**Bindung**‹, der enge Kontakt zwischen Kleinstkind und mindestens einer weiteren engen (erwachsenen) Bezugsperson, legt den Grundstein für psychische (seelische) Sicherheit oder Unsicherheit.

Bindung → S. 128

Der Mensch braucht für eine gesunde Entwicklung seiner Persönlichkeit Erfahrungen sozialer Sicherheit, das Gefühl des Angenommenwerdens sowie kompetente Vorbilder. Die Entwicklung eines Selbstkonzepts ist ein lebenslanger Prozess im ›Kontext‹ der Gesellschaft mit ihren ›Werten und Normen‹.

Sozialisation → S. 242
Werte und Normen → S. 217

Das **Selbstkonzept** jedes Menschen ist die Summe seiner Eigenschaften, Fähigkeiten, Einstellungen und Wertvorstellungen. Durch die laufende Auseinandersetzung mit der Außenwelt entwickelt der Mensch ein Bild von sich selbst, das Selbstkonzept. Dieses verändert sich im Laufe des Lebens auch immer wieder.

Der Mensch entwickelt sein Selbst auf der Basis von drei Informationsquellen:
- dem Verhalten, das andere ihm gegenüber zeigen
- Gesprächen, in denen er von anderen etwas über sich erfährt
- der eigenen Einschätzung

> **BEISPIEL** Die Kinderpflegerin Sarah Mey freut sich über die Entwicklungsschritte der jungen Kinder in ihrer Gruppe. Sie ermutigt die Kinder, neue Schritte zu gehen, zu forschen und zu entdecken. Manchmal geht dabei auch etwas daneben oder kaputt. Sarah Mey bleibt dann ruhig und reagiert angemessen auf die jeweilige Altersgruppe. Letzte Woche hat **Lukas (1;8) Ben (2;3)** beim Streit um ein Bobbycar gebissen. Sarah Mey ist nach einem Aufschrei von Ben hinzugekommen. Sie hat Lukas auf den Arm genommen, Ben getröstet und Lukas durch ihre Gestik und Mimik gezeigt, dass das Beißen Ben wehgetan hat. Lukas hat sofort Bens Arm gestreichelt. Dann hat er Sarah angeschaut, das Bobbycar festgehalten und laut und deutlich „meins" gesagt.

Die Kinderpflegerin in diesem Beispiel unternimmt unterschiedliche Maßnahmen, um das Selbstkonzept der Kinder positiv zu bestärken.

Abb. 4.67 Das Selbst entwickelt sich bereits in den ersten Monaten.

Das Selbst entsteht **in den ersten beiden Lebensmonaten**. Das Kind versucht, Erfahrungen miteinander zu verknüpfen, und beginnt mit seinen Bezugspersonen Kontakt aufzunehmen, indem es sie z. B. anlächelt.

Im **Alter von drei bis neun Monaten** entwickelt das Kind eigene Handlungsmöglichkeiten und Gefühle. Es nimmt sich getrennt von anderen wahr. Durch erste frühe Spiele wie Fingerspiele und körperliche Berührungen wird die Entstehung des Selbst durch die Bezugspersonen gefördert. Das Kind ist auf der Suche nach Tätigkeiten und Spielen, in denen es selbstwirksam sein kann: Es bildet Laute und interessiert sich sehr für Gegenstände wie Rasseln.

Mit zunehmendem Alter entdecken Kinder ihre Fähigkeit, sich anderen mitzuteilen. Dies gelingt über kleine erste Dialoge und die ungeteilte Aufmerksamkeit der Bezugsperson. Sogenannte „Geben-und-Nehmen-Spiele" sind jetzt von Bedeutung.
Ab dem Alter von etwa 15 Monaten entwickelt sich das verbale (sprachliche) Selbst des Kindes. Das Kind kann sich nun durch Sprache mitteilen, kann über sich selbst sprechen („ich", „mein", „meins") und Absichten äußern, indem es z. B. „nein" sagt.

In der Phase des „Fremdelns" ab 15 Monaten scheint das Kind zu verstehen, dass es eine von seinen Bezugspersonen unabhängige Person ist. Es erkennt außerdem seine Bezugspersonen gut. Aus diesem Grund reagiert es mit Angst auf fremde Personen.

Ein wichtiger Entwicklungsschritt in der sozialen und emotionalen Entwicklung des Kindes ist die sogenannte ›**Autonomiephase**‹, die mit etwa anderthalb bis zwei Jahren einsetzt. In dieser Phase macht das Kind die Erfahrungen von Grenzen und übt, seinen Willen zu regulieren. Es erlebt einen Widerspruch zwischen dem Wunsch, die Welt zu erkunden, und den eigenen Fähigkeiten und Möglichkeiten. Die damit verbundenen erlebten Grenzen führen zu Frustrationen.

Ab Ende des zweiten Lebensjahres bilden sich komplexere, sogenannte **Sekundär- bzw. Sozialemotionen** aus. Dazu gehören:

- Stolz
- Scham
- Schuld
- Neid
- Verlegenheit
- Mitleid

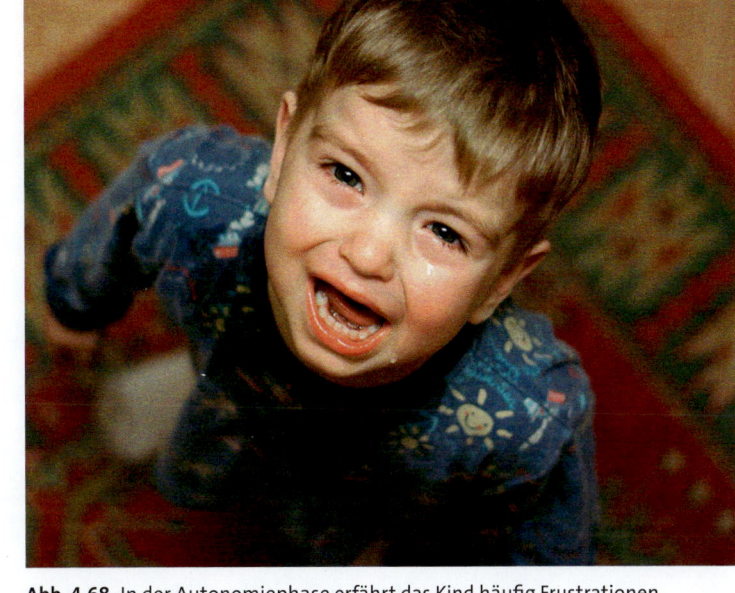

Abb. 4.68 In der Autonomiephase erfährt das Kind häufig Frustrationen.

Autonomiephase → S. 425

Um diese Gefühle empfinden zu können, müssen Kinder in der Lage sein, sich ihrer selbst bewusst zu sein und ›reflektieren‹ zu können. Zunehmend bildet sich die Kompetenz der sogenannten **Emotionsregulation** heraus. Dabei handelt es ich um die Fähigkeit, eigene Gefühle zu kontrollieren und zu regulieren: „Ich bin wütend. Geh weg."

Reflexion → S. 41

> Zur positiven sozial-emotionalen Entwicklung des Selbst sind in den ersten Lebensjahren neben der Erfahrung sicherer Bindung, positiver Beziehungen und Kommunikation mit Erwachsenen auch Interaktionen mit anderen Kindern von großer Bedeutung. Kinder lernen mit- und voneinander.

Kinder müssen die Erfahrung machen können, dass ihre individuellen Bedürfnisse mit denen einer ›Gruppe‹ ausbalanciert werden müssen. Dabei sollten sie auch erleben, dass sie auf ihre Umwelt Einfluss nehmen können – ebenso wie die Umwelt auf das Kind Einfluss nimmt. Im Jugendalter hat die ›Peergroup‹ großen Einfluss auf die Identitätsentwicklung.

Gruppe → S. 364

Peergroup → S. 253

Abb. 4.69 Verlegenheit ist eine komplexe Sozialemotion, die erst ab Ende des zweiten Lebensjahrs zu beobachten ist.

Im Alter zwischen zwei und drei Jahren drücken Kinder Absichten und Wünsche in der Ich-Form aus. Mit zunehmendem Alter gelingt es ihnen auch, ihre Erlebnisse anderen zu erzählen. An dieser Stelle wird die Verknüpfung von sprachlicher Entwicklung und sozial-emotionaler Entwicklung sehr deutlich.

> **BEISPIEL** Lina (2;6) erzählt einer anderen Mutter auf dem Spielplatz: „Ich heiße Lina. Ich bin ein Mädchen. Wir gehen morgen in den Zoo."

Drei- bis vierjährige Kinder beschreiben sich selbst anhand beobachtbarer Eigenschaften oder körperlicher Aktivitäten. Sie können eigene Fähigkeiten, Vorlieben, Besitztümer und psychische Zustände benennen. In der Regel vergleichen sie sich aber noch nicht mit Gleichaltrigen.

> **BEISPIEL** Sinja (3;11) weiß: „Ich habe blaue Augen. Ich esse gerne Pizza. Mir gehört das blaue Fahrrad. Ich bin wütend."

Ab dem fünften Lebensjahr nimmt der Vergleich mit anderen Kindern zu. Kinder vergleichen ihre Leistung mit der Leistung anderer Kinder.

> **BEISPIEL** Yasin (5;7) kommt vom Fußballtraining und erzählt: „Darian ist besser als ich im Tor. Er hält selbst den stärksten Schuss. Ich muss weitertrainieren."

Zwei exemplarische Phasen der sozialen und emotionalen Entwicklung aus dem sechsten Lebensjahr

Der Entwicklungspsychologe **Kuno Beller** (1919–2010) hat eine Entwicklungstabelle aufgestellt, die acht Bereiche unterscheidet. Jeder Entwicklungsbereich wird wiederum in 14 Phasen unterteilt, die das Alter von null bis sechs Jahren darstellen sollen. Für jede Phase werden einzelne beobachtbare Merkmale beschrieben. Hier sollen beispielhaft zwei Phasen aus dem Bereich der sozial-emotionalen Entwicklung nach Kuno Beller zusammengefasst werden.

In der **Phase 11 (48–60 Monate)** zeigt das Kind zunehmend verschiedene Ebenen der Abgrenzung. Zum Beispiel spielt es längere Zeit für sich allein oder setzt Autoritäten ein, um Dinge (nicht) zu tun: „Meine Mama erlaubt mir das aber" oder: „Meine Mama sagt, ich darf das nicht!".

Ausführliche Informationen zu Kuno Bellers Entwicklungstabelle finden Sie unter:
www.entwicklungstabelle.de

Moralische Bewertungen und Empfindungen werden geäußert. Das Kind kann schon ausdrücken, Dinge nicht absichtlich getan zu haben. Es zeigt die stark zugenommene Fähigkeit des Symbolverständnisses, indem es sich z. B. Spielkameraden vorstellt (einen unsichtbaren Freund, den Teddy usw.).

In **Phase 12 (60–66 Monate)** werden soziale und durch Lernen bedingte Verhaltensweisen zunehmend deutlich. Spielsachen werden getauscht und bei Konflikten werden verbale (sprachliche) Lösungen gesucht. Das Kind zieht Konsequenzen aus Misserfolgen, indem es Hilfe zur Unterstützung sucht, bei Misserfolg etwas anders macht oder nach einer Verletzung vorsichtiger ist. Sachliche Kritik und Vorschläge anderer werden angenommen. Das Kind versucht, Eigenverantwortung zu übernehmen, und identifiziert sich zunehmend durch Identifikation mit anderen Personen (Nachahmung von Mimik, Gestik, Sprache oder Argumenten).

Bei Kindern zwischen sieben und elf Jahren festigt sich das Selbstkonzept allmählich. Sie haben umfassende und realistischere Ansichten über sich selbst.

> **BEISPIEL** **Ole (9;4)** besucht seine Großeltern am Wochenende und spricht mit ihnen über seine Woche in der Schule: „Ich bin in Mathematik nicht so gut. Mein bester Freund Christopher ist wirklich besser. Aber Englisch liegt mir. Im Lesen bin ich besser geworden, weil ich geübt habe. Bei den Mädchen bin ich sehr beliebt. Ich glaube, ich sehe ganz gut aus und kann gut zuhören. Christopher sagte letztens zu mir ‚best friend ever' – ich war total stolz auf mich. Manchmal denke ich, ich bin zu klein. Die anderen Jungen sind echt schon größer und stärker. Aber na ja – ich find mich eigentlich o.k.!"

Die psychosoziale Entwicklung nach Erikson

Der US-amerikanische Psychoanalytiker **Erik Homburger Erikson** (1902–1994) entwickelte mehrere psychosoziale Phasen der Ich-Entwicklung. Diese Phasen oder Stufen umfassen jeweils bestimmte Entwicklungsaufgaben, die positiv oder negativ bewältigt werden können. Eriksons Modell geht davon aus, dass jeder Mensch sich in Stufen entwickelt, die von Geburt an angelegt sind. Jede dieser Stufen besitzt einen thematischen Schwerpunkt, den es zu bewältigen gilt. Dabei kann es sich auch um Probleme oder Krisen handeln, die gelöst werden müssen. Wenn die Krise bewältigt wurde, folgt die nächste Stufe. Um eine gesunde Persönlichkeit zu entwickeln, müssen die einzelnen Krisen erfolgreich bewältigt werden.

Abb. 4.70 Erik Homburger Erikson (1902–1994), US-amerikanischer Psychoanalytiker

Stufen der Entwicklung	Wichtige Erfahrungen	Mögliche Risiken mit Auswirkungen auf die weitere Entwicklung
1. Lebensjahr **Vertrauen vs. Misstrauen** „Ich bin, was man mir gibt."	• existenzielle Angewiesenheit auf die Mutter • Ängste und Bedrohungsgefühle bei nicht ausreichender Nahrung, Sicherheit, Geborgenheit, Nähe • Entwicklung eines gewissen Maßes an Misstrauen (Vorsicht)	• Entwicklung eines Ur-Misstrauens: allgemeines Zweifeln an der Vertrauenswürdigkeit anderer; Gefühl, der Umwelt ausgeliefert zu sein, Folge: soziale Isolation • Reiz- oder Erlebnishunger, Depression, starke Abhängigkeitswünsche
3. Lebensjahr **Autonomie vs. Scham und Zweifel** „Ich bin, was ich will."	• zunehmende Autonomieentwicklung (wichtig für positives Selbstkonzept und Identität) • zu starke Einschränkung des Willens führt dazu, dass eigene Wünsche und Bedürfnisse als nicht akzeptabel eingestuft werden • Konflikte mit Regeln	• Scham und Zweifel an der Richtigkeit eigener Bedürfnisse • Umgang mit Regeln wird nicht beherrscht • frühreifes strenges Gewissen, hohe Selbstkritik, Unsicherheit, Selbstzweifel • Kleinlichkeit und Geiz in Bezug auf Liebe, Zeit und Geld; Betonung von Ordnung, Fleiß, Recht
4./5. Lebensjahr **Initiative vs. Schuldgefühle** „Ich bin, was ich mir vorstellen kann zu werden."	• Eltern werden idealisiert, Identifikation mit den Eltern (bildet das Gewissen aus) • Phase der Fantasie, Wissbegierde, Initiative • Scham	• ängstliches, starres Gewissen • unrealistisch überhöhtes Ich-Ideal • Einschränkung der eigenen Wünsche und Gefühle • übersteigertes Leistungsstreben und Aktivität
Mittlere Kindheit **Wertsinn vs. Minderwertigkeit** „Ich bin, was ich lerne."	• Schule: beobachten, teilnehmen, lernen • etwas Nützliches und Gutes machen • Teilnahme an Welt der Erwachsenen • Leistungsbewertung	• Gefühle von Unzulänglichkeit, Minderwertigkeit • Pflichtversessenheit • Angst vor Leistung oder Versagen
Adoleszenz **Identität vs. Rollendiffusion** „Ich bin, was ich bin."	• Identitätsfindung • hohe Bedeutung der Gruppe	• Unausgewogenheit zwischen Hoffnungen und Möglichkeiten • ewige Pubertät, unbefriedigte Identität, vorschnelle Begeisterung • Intoleranz

Tab. 4.71 Entwicklungsstufen des Menschen bis zur Adoleszenz (modifiziert nach Erikson)

Erikson beschreibt die Entwicklungsaufgaben bis ins hohe Alter. Allerdings ist zu beachten, dass die acht Stufen mit ihren spezifischen Krisen vor dem Hintergrund der westlichen Industriegesellschaft beschrieben wurden.

Kritiker sagen, dass Erikson das Modell einer psychosozial „gesunden", normalen Persönlichkeit entwickelte, die weitgehend gesellschaftlich angepasst ist. Das Stufenmodell orientiert sich stark an „normalen", leistungsstarken, ›resilienten‹ Mittelschichtmenschen. Es berücksichtigt zu wenig andere Lebensumstände wie z. B. Arbeitslosigkeit oder Krankheiten. Einige Aussagen in Eriksons Modell sind außerdem sehr vage formuliert. Einzelheiten bleiben unklar und können daher kaum überprüft werden.
Schließlich muss auch der Begriff der Stufen kritisch betrachtet werden. In der heutigen Forschung wird eher von Phasen oder einem lebenslangen Entwicklungsprozess gesprochen. Reichen acht Kategorien wirklich aus, um die Entwicklung des Menschen zu beschreiben? Wo bleibt Raum für Unvorhersehbares?

Resilienz → S. 146

Abb. 4.72 Entwicklungsmodelle müssen auch Raum für Individualität lassen.

Die sozial-emotionale Entwicklung fördern
Im Bereich der sozial-emotionalen Erziehung von ganz jungen Kindern sind ein sensibler und empathischer Umgang und Körperkontakt notwendig. Kindliche Signale, die ein Bedürfnis nach Nähe oder Distanz ausdrücken, müssen wahrgenommen werden. Daher ist es wichtig, eine sichere Beziehung aufzubauen, die dem Kind Rückmeldungen und Kommunikation bietet.
Folgende Fragen können die pädagogische Fachkraft beim Aufbau dieser Beziehung leiten:
- Wie nimmt das Kind Kontakt auf?
- Wie reagiert es auf Kontaktaufnahme?
- Welche Gefühle zeigt es?

Der Erwachsene muss sich klar darüber sein, wie wichtig ›Kommunikation‹, ›Interaktion‹ und wertschätzende Sprache von Anfang an sind. Kritik sollte sich bewusst nur an dem negativen Verhalten und nicht an der ganzen Person festmachen.
Förderlich für die sozial-emotionale Entwicklung ist es auch, Kinder an Entscheidungsprozessen zu ›beteiligen‹ und sie in ihren Entscheidungen zu unterstützen. So können sie ein Bewusstsein der eigenen Gefühle, Bedürfnisse und Abneigungen entwickeln.

Kommunikation → S. 188
Interaktion → S. 188

Partizipation → S. 438

4.6.8 Psychosexuelle Entwicklung

Kinder haben von Geburt an körperliche Bedürfnisse. Sie suchen Kontakt und Wärme. Kinder kuscheln, schmusen und mögen es in der Regel, berührt zu werden und den eigenen Körper zu berühren. Angenehme Berührungen und Hautkontakt sind für die Entwicklung von jungen Kindern in den ersten Lebensmonaten unverzichtbar (›Bindung‹). Kinder sind neugierig – dazu gehört auch, dass sie den eigenen Körper erkunden wollen.

Bindung → S. 128

> **BEISPIEL** Yannick (1;3) genießt das Baden und das anschließende Abtrocknen sehr. Er freut sich schon, wenn er hört, wie das Badewasser einläuft. Nach dem Ausziehen läuft er gerne einige Runden nackt durch die Wohnung. Das warme und weiche Wasser entspannt ihn. Beim Abtrocknen und der anschließenden Babymassage streckt und dehnt sich Yannick nach allen Seiten und strampelt wild. Er und seine Mutter lachen viel dabei. Seinen Bauchnabel untersuchte Yannick letzten Monat mit sichtlicher Freude. In den letzten Tagen hat er seinen Penis entdeckt und versucht, an ihm zu ziehen. Seine Mutter beobachtet beim Wickeln manchmal auch eine Erektion bei ihm. Sie bleibt gelassen.

Abb. 4.73 Körperkontakte sind wichtige Bedürfnisse von Kindern.

> **ZUM WEITERDENKEN** Erektionen bei Säuglingen sind nichts Besonderes und treten in verschiedenen Situationen, z. B. nach dem Schlafen oder beim Stillen auf. Bei jungen Mädchen sind körperliche Reaktionen schwerer zu beobachten. Grundsätzlich untersuchen alle jungen Kinder neugierig jeden Teil ihres Körpers (auch die Genitalien) und genießen einfach das schöne Gefühl, sich zu berühren.

Wie Kinder Berührungen erleben, hängt eng mit den Erfahrungen zusammen, die sie bisher gemacht haben. Gefühle und Gedanken, die durch Berührungen entstehen, werden abgespeichert. Sie beeinflussen die Körperwahrnehmung und den Umgang mit sich selbst.

Selbstbild → S. 232

> Selbsterkundungen des Körpers finden in der gesamten Kindheit statt. Je unbefangener die Bezugspersonen reagieren, desto eher kann ein positives ›Selbstbild‹ entstehen.

Rollenspiel → S. 503

> **ZUM WEITERDENKEN** Sind „Doktorspiele" in Ordnung? Kinder entdecken die Welt spielerisch. Dazu zählen auch ›Rollenspiele‹. Hinter den sogenannten „Doktorspielen" steckt der kindliche Wunsch, den eigenen Körper und den der anderen kennenzulernen. Pädagogische Fachkräfte sollten hier vermitteln, dass andere ihre eigenen Grenzen haben und diese akzeptiert werden müssen. Alle Beteiligten müssen sich bei diesen Spielen wohlfühlen.

Kinder trennen noch nicht zwischen Zärtlichkeit, Sinnlichkeit und Sexualität. Die kindliche Sexualität und der Umgang mit dem eigenen Körper sind unbefangen und spielerisch. Sie unterscheiden sich wesentlich von der Sexualität Erwachsener. Erst in der Pubertät rückt die Sexualität allmählich in die Nähe zur Erwachsenensexualität.

> Sexualität umfasst in allen Lebensphasen körperliche, psychosoziale und emotionale Aspekte wie das Bedürfnis nach Fürsorge und Geborgenheit.

Gegen Ende des zweiten Lebensjahres beginnen Kinder zu verstehen, dass es zwei unterschiedliche Geschlechter gibt. Häufig sind die Kennzeichen für junge Kinder allerdings eher die Haarlänge und die Kleidung als die körperlichen Merkmale („Mädchen tragen Kleider").
In dieser Phase lernen die Kinder auch die ersten Begriffe für die Geschlechtsteile und wollen die verschiedenen Ausscheidungsprozesse verstehen. Dabei interessieren sie sich auch für die Geschlechtsteile anderer. Sie beobachten Geschwister und Eltern oder auch die anderen Kinder in der Tageseinrichtung.

> **BEISPIEL** Nach dem Planschen im Planschbecken trocknet die Kinderpflegerin Eva Sautter alle Kinder ab und hilft beim Umziehen. Plötzlich ruft **Daniel (2;8)** laut über den Hof: „Lotta hat keinen Pipimann!" Eva Sautter antwortet: „Daniel, du hast recht. Lotta ist ein Mädchen und hat keinen Penis." Bei der nächsten Dienstbesprechung erzählt Eva Sautter von der Situation. Einige Kollegen berichten von ähnlichen Situationen und schildern auch die eigene Unsicherheit bei dem Thema. Das Team spricht über die Rolle der Fachkraft im Bereich der Sexualerziehung. Allen Fachkräften ist eine enge und sensible Zusammenarbeit mit den Eltern wichtig. Sie überlegen deshalb, zu diesem Thema die Leiterin der Erziehungsberatungsstelle zu einem gemeinsamen Abend für Eltern und Fachkräfte einzuladen.

Abb. 4.74 Beim gemeinsamen Planschen ist auch der Körper der anderen Kinder interessant.

Le-bens-jahr	Wichtige Entwicklungsschritte und -themen (körperlich und psychisch)	Sinnliche / „sexuelle" Erfahrungen mit dem eigenen Körper
1.	<ul><li>Erste körperliche Leistungen des Neugeborenen: saugen, verdauen, schlafen.</li><li>Erste psychische Leistung des Kindes: Es erlebt sich als eigene Person.</li><li>Erste Denkprozesse.</li><li>Erste Sprachlaute.</li><li>Babys lernen greifen, können sich drehen, sitzen, robben, krabbeln usw.</li><li>Durch feinfühliges Eingehen der Eltern auf die kindlichen Bedürfnisse entsteht eine sichere vertrauensvolle Bindung.</li></ul>	<ul><li>Saugen an Brust oder Flasche; Nuckeln an Schnuller, Fingern etc.</li><li>Ausgeprägte Empfindsamkeit der Haut.</li><li>Das Kind nimmt Zärtlichkeit, Nähe, Körperkontakt etc. mit allen Sinnen wahr.</li><li>Erste lustvolle Erlebnisse durch Berühren der Haut und/oder der Geschlechtsorgane.</li></ul>
2.	<ul><li>Das Kind lernt laufen und wird eigenständiger.</li><li>Es lernt sprechen.</li><li>Es entdeckt die „Macht" über seinen Körper und den eigenen Willen.</li><li>Erste „Machtkämpfe" mit den Eltern entstehen – manchmal auch erste Gefühle von Verlegenheit.</li></ul>	<ul><li>Das Kind erforscht seine Genitalien, wenn das von den Eltern zugelassen wird.</li><li>Die Afterzone wird als Lustquelle entdeckt (bewusstes Loslassen und Festhalten des Stuhlgangs).</li><li>Kinder können sich selbst stimulieren und angenehme Lustgefühle verschaffen.</li></ul>
3.	<ul><li>Das Kind ist stolz auf eigene Leistungen – auch auf seine Ausscheidungen.</li><li>Das Selbstbewusstsein wächst, gegen Ende des dritten Lebensjahrs sprechen die meisten Kinder in der Ich-Form.</li><li>Empathie (emotionales Einfühlungsvermögen) entwickelt sich.</li><li>Sauberkeitserziehung wird ein Thema.</li><li>Die Trotzphase kann beginnen.</li></ul>	<ul><li>Die kindliche Selbstbefriedigung wird „bewusster" (und oft auch zur Beruhigung) eingesetzt.</li><li>Mit dem wachsenden Interesse an Sprache und Abbildungen wächst die sexuelle Neugier für den eigenen Körper.</li></ul>
4.	<ul><li>Das Kind beherrscht seinen Körper und das „große" sowie das „kleine Geschäft".</li><li>Seine Wissbegier wächst.</li><li>Es kann sich zunehmend in die geistige Welt (Absichten, Wünsche, Wissensstand) anderer Menschen einfühlen und dies in seinen Handlungen berücksichtigen.</li></ul>	<ul><li>Die sexuelle Neugier erstreckt sich auf das Forschen und Ausprobieren.</li></ul>
5.	<ul><li>Das Kind wird selbstständiger, unterscheidet zwischen richtig und falsch, gut und schlecht.</li><li>Die ersten „Ablösungsprozesse" von den Eltern setzen ein.</li></ul>	<ul><li>Angaben von Eltern sowie Erzieherinnen und Erziehern legen nahe, dass die meisten Kinder im Alter bis zu sechs Jahren an ihren Genitalien herumspielen.</li></ul>
6.	<ul><li>Das Kind lernt verstärkt Regeln und Grenzen.</li><li>Die rein „spielerische" Erkundung der Welt geht zu Ende, die Schulzeit beginnt.</li></ul>	<ul><li>Auch kindliche Selbstbefriedigung ist weitverbreitet – d. h., Manipulationen bzw. Handlungen, die mit Lust und Erregung verbunden sind.</li></ul>

Lebensjahr	Sinnliche und „sexuelle" Erfahrungen mit anderen (Eltern, Geschwistern, Gleichaltrigen) und persönliche Grenzen	Entwicklung der Geschlechtsidentität und der Geschlechtsrolle	Kindliches Sexualwissen
1.	<ul><li>Sinnliche Körpererfahrungen durch Streicheln und Berühren im Rahmen der Säuglingspflege.</li><li>Erleben von Wohlgefühl, Nähe, Vertrauen – vor allem beim Nacktsein.</li><li>Genuss von großflächigem Körperkontakt beim Stillen und/oder Getragenwerden.</li></ul>	<ul><li>Kind erlebt sich als eigene Person, aber kennt noch keine Personenkategorien.</li></ul>	
2.	<ul><li>Das Kind interessiert sich für die Genitalien anderer – vor allem seiner Eltern und Geschwister, wenn es sie nackt sehen oder auf der Toilette beobachten kann.</li></ul>	<ul><li>Die Personenkategorie männlich/weiblich wird erlernt.</li></ul>	<ul><li>Das Kind stellt erste Fragen zu Geschlechtsunterschieden.</li><li>Geschlechtszuordnungen werden richtig vorgenommen, allerdings ohne Begründung.</li><li>Das Kind lernt erste Begriffe für die Geschlechtsorgane.</li><li>Es bringt die Genitalien mit der Ausscheidungsfunktion in Verbindung.</li></ul>
3.	<ul><li>Die Zeit der Schau- und Zeigelust beginnt.</li><li>Sexuelle Neugier, Freude am Ausprobieren und Vergleichen zeigen sich vor allem im Kontakt mit Geschwistern und Gleichaltrigen.</li><li>Kinder fangen an, unzählige Warum- und Wissens-Fragen zu stellen, Neugier wird sie die nächsten Jahre begleiten.</li><li>Einige Kinder reagieren auch schon schamhaft vor anderen (z. B. bei Ausscheidung, Nacktheit).</li></ul>	<ul><li>Im Spiel werden die geschlechtsspezifischen Unterschiede deutlicher, die eigene Geschlechtsidentität wird erkannt.</li><li>Dies führt zu der Besetzung und Verfestigung der Geschlechtsrolle.</li><li>Erste Vater-Mutter-Kind-Spiele können stattfinden.</li></ul>	<ul><li>Geschlechtszuordnungen werden mit äußeren Merkmalen wie z. B. der Haartracht oder der Kleidung begründet.</li></ul>
4.	<ul><li>Manche Kinder wollen Vater oder Mutter heiraten und/oder sind eifersüchtig auf den gleichgeschlechtlichen Elternteil.</li><li>Gemeinsames Entdecken und Forschen unter Gleichaltrigen (Doktorspiele).</li><li>Nachahmen von anderen (Gleichaltrige, Geschwister, Eltern, andere Erwachsene).</li></ul>	<ul><li>Im vierten Lebensjahr erleben die Kinder mit zahlreichen Fantasie- und Rollenspielen „magische" Zeiten: Fantasie, Spiel und Wirklichkeit, Gedanken und Taten scheinen dasselbe zu sein.</li></ul>	<ul><li>Das Kind stellt erste Fragen zu Schwangerschaft und Geburt und entwickelt ein vages Wissen bzw. Vorstellungen über die Schwangerschaft (intrauterines Wachstum) und den Geburtsweg.</li></ul>
5.	<ul><li>Entstehung inniger Freundschaften, die mit Liebesgefühlen, dem Austausch von Zärtlichkeiten und dem Bedürfnis nach Wärme und Geborgenheit verbunden sein können.</li></ul>	<ul><li>Das Kind entwickelt verstärkt eine eigene Identität.</li><li>Das Kind probiert mit Begeisterung verschiedene Rollen aus (z. B. Verkleiden).</li></ul>	<ul><li>Geschlechtszuordnungen werden erstmalig mit genitalen Unterschieden begründet.</li><li>Das Kind kennt den Geburtsweg über Vagina oder Kaiserschnitt.</li></ul>
6.	<ul><li>Lust an der Provokation, besonders verbal durch sexualisierte Sprache.</li><li>Kinder verfügen größtenteils über Körperscham und ziehen Grenzen im Hinblick auf ihren Körper.</li></ul>	<ul><li>Die Geschlechtsidentität verfestigt sich – das andere Geschlecht wird abgelehnt („Mädchen/Jungen sind doof!").</li><li>Freundschaften beziehen sich zunehmend auf das eigene Geschlecht.</li></ul>	<ul><li>Interesse an weiterführenden Fragen zur Geburt, aber auch zu Empfängnis, Zeugung und zum sexuellen Verhalten der Erwachsenen.</li></ul>

Tab. 4.75 So entwickelt sich die kindliche Sexualität in ihren verschiedenen Bereichen (erstes bis sechstes Lebensjahr). Quelle: Landeszentrale für Gesundheitsförderung in Rheinland-Pfalz e.V., Köln 2009

körperliche Entwicklung
→ S. 153
kognitive Entwicklung
→ S. 167

Zum Umgang mit der eigenen Körperlichkeit zählt bei jungen Kindern auch der Schritt, sauber bzw. trocken zu werden. Dies ist ein großer Entwicklungsschritt, der abhängig ist von der ›körperlichen‹ und ›kognitiven Entwicklung‹ des einzelnen Kindes.
Damit ein Kind lernen kann, auf die Toilette zu gehen, müssen wichtige Voraussetzungen gegeben sein:
- Das Kind versteht, dass das Druckgefühl im Bauch oder in der Blase in Zusammenhang mit den Ausscheidungen steht.
- Das Kind beherrscht die Darm- und Blasenmuskulatur sowie den Schließmuskel sicher (Reifungsprozess).
- Das Kind hat ein angemessenes Zeitgefühl.

BEISPIEL Helga Lemme, die Mutter von **Antonia (2;2)**, bittet die Kinderpflegerin Jelena List, darauf zu achten, dass Antonia regelmäßig zur Toilette geht. Sie soll „trocken werden". Jelena List erklärt Helga Lemme, die pädagogischen Fachkräfte hätten bisher noch keine Signale beobachtet, dass Antonia wirklich schon so weit ist. Sie rät der Mutter, Antonia noch Zeit zu lassen.

Mögliche kindliche Signale für die Bereitschaft zum „Trockenwerden":
- Das Kind meldet im Nachhinein, dass die Windel „voll" ist.
- Das Kind interessiert sich für die Toilette.
- Das Kind wirkt unruhiger, tänzelt hin und her (Harndrang).
- Das Kind will keine Windel mehr tragen.

Kinder benötigen in dieser Phase aufmerksame und sensible Bezugspersonen.

Die pädagogischen Fachkräfte begleiten Kinder auf dem Weg zum Trockenwerden. Sie erinnern während des Spiels an den Toilettengang, ermutigen die Kinder und reagieren gelassen auf „Misserfolge". Es ist wichtig, die Kinder zu loben und zu bestärken und sich mit ihnen über Erfolgserlebnisse zu freuen.

Die psychosexuelle Entwicklung fördern

Sexualerziehung ist weit mehr als die Aufklärung über die Geschlechtsorgane, die Zeugung oder die Geburt. Vielmehr handelt es sich dabei um einen Prozess, der sich durch das Leben eines Kindes und Jugendlichen zieht und von vielfältigen Faktoren geprägt wird. Dazu gehören bewusste Mitteilungen über Sachverhalte, die dem jeweiligen Entwicklungsstand des Kindes entsprechen. Auch das ›Lernen am Modell‹ spielt hier eine Rolle. Wichtig ist es, dass die pädagogischen Fachkräfte in diesem Prozess eng mit den Familien zusammenarbeiten (›Erziehungspartnerschaften‹).

Lernen am Modell → S. 100

Erziehungspartnerschaft
→ S. 392

Erwachsene sind für Kinder auch im Umgang mit Körperlichkeit, Sexualität und den Grenzen anderer Vorbilder. Auch kulturelle, religiöse, soziale und familiäre Vorstellungen beeinflussen die psychosexuelle Entwicklung eines Menschen.
Für viele Erwachsene ist die sexuelle Entwicklung von Kindern und Jugendlichen ein Tabuthema. Aus Angst, etwas Falsches zu tun oder zu sagen, bleiben Fragen ungeklärt oder erste eigene Körpererfahrungen werden verboten.

Körpererfahrungen sollten unterstützt werden, indem das Experimentieren mit dem eigenen Körper erlaubt bleibt. Ebenso sollte auch die kindliche Scham respektiert werden. Erwachsene sollten sich offen zeigen für das Gespräch über Körperwahrnehmungen und Gefühle. Dies ist wichtig für die Entwicklung des Körperbilds, die Stärkung des Selbstwertgefühls und die Identitätsentwicklung von Jungen und Mädchen.

Pädagogische Fachkräfte können die kindliche Sexualentwicklung auf folgende Weise begleiten:

- die kindliche Neugier und das Erkundungsverhalten wahrnehmen und nicht falsch interpretieren
- sich als verlässliche, vertrauensvolle Bindungspersonen und Gesprächspartner anbieten
- eine angemessene Sprache verwenden und vermitteln (z. B. bei der Benennung der Geschlechtsteile)
- Grenzen der Kinder und das kindliche Schamgefühl akzeptieren

Die Bundeszentrale für gesundheitliche Aufklärung gibt weitere Hinweise in der Broschüre „Liebevoll begleiten ... Körperwahrnehmung und körperliche Neugier kleiner Kinder": www.bzga.de

4.6.9 Moralische Entwicklung

Moral ist die Gesamtheit von ›Normen und Werten‹, die das zwischenmenschliche Verhalten einer Gesellschaft regeln. Sie werden von den Mitgliedern einer Gesellschaft als verbindlich akzeptiert. Aber wie entwickelt sich Moral? Kinder kommen zunächst ohne ein Verständnis von Regeln und Normen auf die Welt.
Ein zentraler Aspekt ist hier das sogenannte „Gewissen" des Menschen. Es ist sozusagen seine kontrollierende Instanz, überprüft das eigene Verhalten und beruhigt oder beunruhigt den Menschen.

Werte und Normen → S. 217

Die moralische Entwicklung ist ein wichtiger Teilbereich der ›Sozialisation‹ des Menschen und steht in Zusammenhang mit den anderen Entwicklungsbereichen. Auch sie wird von exogenen, endogenen und autogenen Faktoren (›Anlage und Umwelt‹) beeinflusst. Ein einzelnes Verhalten kann nicht ohne Zusammenhang an sich als moralisch oder unmoralisch gewertet werden.

Sozialisation → S. 242

Anlage und Umwelt → S. 116

> **BEISPIEL** Anton (4;5) hat im Kindergarten Süßigkeiten aus einer Schale genommen, ohne zu fragen. Das ist ein Regelverstoß. Anton kann bestimmte Bedürfnisse noch nicht regulieren. Das Bedürfnis, Süßigkeiten zu essen, ist stärker als der Wunsch, den Regeln zu entsprechen.

II GRUNDLAGEN DER PSYCHOLOGIE

Jean Piaget → *S. 168*

Der Psychologe Lawrence Kohlberg (1927–1987) hat sich mit der moralischen Entwicklung des Menschen beschäftigt. Dabei hat er die Ansichten ›Jean Piagets‹ zur kognitiven Entwicklung weiterentwickelt. Beide Forscher gehen davon aus, dass Moral nicht angeboren ist, sondern erlernt wird. Kohlberg entwickelte ein Stufenmodell mit sechs Entwicklungsstufen. Diese beziehen sich vor allem auf das Denken und die Fähigkeit, zu argumentieren. Nicht jeder Mensch durchläuft in seinem Leben alle diese Stufen.

Während Piaget nur von der moralischen Entwicklung in der Kindheit spricht, versteht Kohlberg diese als lebenslangen Prozess. Gemeinsam ist beiden, dass sie

Abb. 4.76 Lawrence Kohlberg (1927–1987), US-amerikanischer Psychologe und Erziehungswissenschaftler

von einem umfassenden Modell sprechen: Die moralische Entwicklung wird beeinflusst, indem die Fähigkeit, eine andere Perspektive anzunehmen, sowie die Empathiefähigkeit (sich in andere hineinversetzen) verbessert werden.

Menschen orientieren sich auch bei der moralischen Entwicklung an älteren, für sie kompetenteren Menschen (z. B. den Eltern oder pädagogischen Fachkräften). Sie lernen also durch ›Vorbilder‹. Eine wichtige Rolle spielt aber auch die Auseinandersetzung und ›Interaktion‹ mit Gleichaltrigen.

Lernen am Modell → *S. 100*
Interaktion → *S. 188*

präkonventionell
vor einer Übereinkunft

In der kindlichen Entwicklung bis zum Altern von etwa zehn Jahren herrscht die sogenannte ›präkonventionelle‹ Moral vor. Das bedeutet, das Selbstinteresse steht noch im Vordergrund. Kinder akzeptieren von Autoritäten gesetzte Regeln. Sie beurteilen die Schwere eines Verstoßes anhand von dessen Folgen. Verhalten, das bestraft wird, ist schlecht, belohntes Verhalten ist gut.

1. Stufe	**Orientierung an Strafe und Gehorsam, Angst vor Strafe** Kinder unterwerfen sich Autoritäten, um Strafen zu vermeiden. Sie können die Absichten anderer für deren Handlungen noch nicht berücksichtigen. Ob eine Handlung gut oder schlecht ist, hängt von ihren Konsequenzen (Folgen) ab.	Beispiel: Ich stehle nicht, weil die Eltern es verbieten und weil es bestraft wird.
2. Stufe	**Streben nach Lob** Die eigenen Interessen sind das Maß für „gut und böse". Was den eigenen Interessen entgegenkommt, ist gut, was ihnen widerspricht, ist schlecht. Das Prinzip „eine Hand wäscht die andere" oder „Auge um Auge" wird praktiziert.	Beispiel: Ich stehle nicht, weil ich selbst nicht bestohlen werden will.

Tab. 4.77 Die ersten beiden Entwicklungsstufen des moralischen Urteilens nach Kohlberg

Partizipation → *S. 438*
demokratische Haltung → *S. 317*
Umgang mit Konflikten → *S. 376*

Erziehung soll nicht in erster Linie Werte, Normen und Tugenden inhaltlich vermitteln. Vielmehr geht es darum, das moralische Urteilsvermögen und ein angemessenes moralisches Handeln zu fördern. Die Beteiligung (›Partizipation‹) von Kindern und Jugendlichen im Alltag trägt dazu bei. Dafür ist eine ›demokratische Haltung‹ notwendig. In der Lebenswelt der Kinder auftretende ›Konflikte‹ müssen diskutiert und ausgehandelt werden. Kohlberg spricht von sogenannten Dilemmata (uneindeutigen Situationen), die es zu lösen gilt. Damit ist die Notwendigkeit gemeint, sich zwischen zwei oder mehreren gleichwertigen Normen (Regeln) zu entscheiden.

BEISPIEL In der Tageseinrichtung „Starke Kinder" wird einmal in der Woche eine ›Kinderkonferenz‹ durchgeführt. In diesem Gesprächskreis werden Anliegen der Kinder thematisiert, Fragen geklärt, Konflikte und gemeinsame Regeln besprochen. Den pädagogischen Fachkräften ist es wichtig, dass die Regeln für das soziale Miteinander mit den Kindern erarbeitet werden und die Kinder an der Entwicklung teilhaben. Regeln können dabei auch verändert werden. Sie werden nicht willkürlich von den Erwachsenen bestimmt. Die pädagogischen Fachkräfte legen Wert darauf, in diesem Prozess die kindliche Entwicklung zu beachten, um die Kinder nicht zu überfordern.

Kinderkonferenz → S. 344

Warum muss ich das für meinen Beruf wissen?

Sie wissen nun, dass sich die kindliche Entwicklung in unterschiedliche Entwicklungsbereiche unterteilen lässt. Diese Entwicklungsbereiche finden sich auch zum größten Teil in den Bildungsplänen der einzelnen Bundesländer wieder. Als Kinderpflegerin ist es Ihre Aufgabe, für das Kind in der Tageseinrichtung die Rahmenbedingungen zu schaffen, um es in seiner Entwicklung angemessen begleiten zu können.

Pädagogische Fachkräfte benötigen ›Beobachtungszeiten‹, um die Themen und Interessen der Kinder und ihren momentanen Entwicklungsstand in den einzelnen Bereichen wahrnehmen zu können. Räume und Material müssen dem Entwicklungsstand der Kindergruppe angepasst werden. So sehen die Räumlichkeiten einer Krippengruppe anders aus als Räume für ältere Kinder.

Beobachtung → S. 59

Die Kenntnisse der Entwicklungspsychologie ermöglichen es Ihnen, gute Entwicklungsgespräche mit den Eltern der Kinder zu führen. Der positive Blick auf das einzelne Kind muss dabei im Vordergrund stehen.

In vielen Entwicklungsbereichen wurde deutlich dargestellt, dass Entwicklung Zeit braucht. Pädagogische Fachkräfte richten ihren Blick auf das einzelne Kind und entwickeln Angebote, die das Kind weder unter- noch überfordern.

Die „ideale" pädagogische Fachkraft
- verfügt über Kenntnisse der ›Entwicklungspsychologie‹.
- beobachtet Kinder im pädagogischen Alltag.
- dokumentiert die Beobachtungen der Kinder (z. B. in einem Portfolio).
- wertet die Beobachtungen alleine oder mit Kollegen aus.
- zieht Konsequenzen aus den Beobachtungen für das pädagogische Handeln.
- kennt entwicklungsangemessene Bildungsangebote.
- gestaltet den Raum entwicklungsangemessen und setzt sinnvolles Material ein.
- ist sich in allen Entwicklungsbereichen ihrer Vorbildfunktion bewusst.
- nutzt verschiedene ›Lernwege‹ von Kindern, um kindliche Entwicklung zu begleiten, zu unterstützen und zu fördern.
- zieht bei Unsicherheiten im Hinblick auf einzelne Kinder Experten (z. B. Therapeuten) hinzu.

Entwicklungspsychologie → S. 125

Lernen → S. 86

5 SICH VERSTÄNDIGEN: KOMMUNIKATION UND INTERAKTION

08:45 Wie kann ich am besten mit Kindern sprechen?

09:01 Warum kommt es immer wieder zu Missverständnissen?

09:21 Kann man lernen, Gespräche „richtig" zu führen?

09:14 Was hat Kommunikation mit Erziehung zu tun?

5.1 Was ist Kommunikation?

Paul Watzlawick → S. 195

Der österreichische Wissenschaftler ›**Paul Watzlawick**‹ (1921–2007) prägte die Aussage: „Man kann nicht nicht kommunizieren!" Er wollte damit zum Ausdruck bringen, dass Menschen sich immer und in jeder Situation verständigen oder verständlich machen. Dabei ist es egal, wie sie sich verhalten, ob sie gerade sprechen oder schweigen. Gerade in der Kinderpflege ist es sehr wichtig, sich dessen bewusst zu sein und die Kommunikation als Handwerkszeug gezielt einsetzen zu können. Diese Fähigkeit wird als ›**Kommunikationskompetenz**‹ bezeichnet.

Kompetenz → S. 30

> **BEISPIEL** Die Kinderpflegerin Jenny Schöpf schimpft mit **Milena (4;8)**, weil sie ihre Bauklötze nicht aufräumen möchte: „Milena, räume bitte deine Bauklötze weg, bevor du ein Puzzle anfängst! Sie stören sonst die anderen Kinder."
> Jenny Schöpf unterhält sich mit der Kinderpflegerin Yella Moreno über Erlebnisse in der Schule. **Paul (5;4)** versucht immer wieder, die beiden anzusprechen, was sie aber hartnäckig ignorieren.
> Kinderpfleger Nils Pawlik legt im Morgenkreis seinen Zeigefinger vor den Mund. Das ist für die Kinder ein Zeichen, still zu werden.

Diese einfachen Beispiele zeigen, wie unterschiedlich Kommunikation aussehen kann. Sie kann mit Worten, durch Gesten oder einfach durch Ignorieren stattfinden: „Lass uns in Ruhe!"

5.1.1 Sich verständigen und aufeinander einwirken

Sehr allgemein formuliert bezeichnet der Begriff ›Kommunikation‹ einen Austausch von Informationen.

lat. communicatio: Mitteilung

BEISPIEL Ihr Lehrer informiert sie darüber, dass sie nächste Woche eine Klassenarbeit schreiben.

Das ist zunächst einmal eine reine Mitteilung oder Weitergabe von Informationen. Dies kann auf verschiedene Arten erfolgen:
- über Sprache
- über den Gesichtsausdruck (Mimik) und Gestik (z. B. auf den Kalender zeigen und das Klassenarbeitsheft hochhalten)

Indem Ihr Lehrer Ihnen einen Termin für die Klassenarbeit nennt, bewirkt er etwas bei Ihnen: Sie beginnen vielleicht noch besser zuzuhören und bereiten sich auf die Arbeit vor.

Wenn Menschen so aufeinander einwirken, wird dies als Interaktion bezeichnet.

BEISPIEL Milena reagiert trotzig, räumt aber schließlich ihre Bauklötze weg.
Nach dem vierten Versuch gibt Paul seinen Versuch der Kommunikation auf und läuft in den Gruppenraum.
Alle Kinder kennen das Zeichen von Nils Pawlik und beruhigen sich langsam.

Dass wir Menschen miteinander kommunizieren und interagieren können, unterscheidet uns von den Tieren. Natürlich verwenden auch Tiere eine „Sprache", indem sie sich mit Lauten verständigen, aber nur der Mensch hat ein hoch entwickeltes Kommunikationssystem.

Dabei können Menschen auch nur mit sich selbst kommunizieren, z. B. im Selbstgespräch. Wenn wir mit anderen Menschen sprechen, wird dies als **soziale Kommunikation** bezeichnet. Soziale Kommunikation dient häufig auch dazu, andere Menschen zu steuern oder zu beeinflussen. Das ist ein gegenseitiger Prozess, der als **soziale Interaktion** bezeichnet wird.

Soziale Kommunikation und soziale Interaktion sind ineinander verwoben, sie sind nicht voneinander zu trennen: In dem Moment, in dem Menschen miteinander kommunizieren, beeinflussen und steuern sie sich gegenseitig. Wenn sie sich umgekehrt gegenseitig steuern und beeinflussen, kommunizieren sie auch miteinander!

5.1.2 Es gibt verschiedene Möglichkeiten, miteinander zu kommunizieren

Kommunikation kann auf ganz unterschiedliche Weise stattfinden: durch Sprechen, Zeigen oder auch Schweigen. Die modernen Kommunikationstechniken haben unsere Möglichkeiten zu kommunizieren auch noch erweitert. So kann man z. B. twittern, chatten oder Blogs schreiben.

Schließlich kann auch über die Wahl der Kleidung oder über Schmuck kommuniziert werden. Dies wird als **Objektkommunikation** bezeichnet.

Abb. 5.1 Auch der Ausdruck eines bestimmten Stils ist Kommunikation.

Ausdrucksbereich
Ein anderes Wort für „Ausdrucksbereich" ist „Mitteilungsebene".

Ganz grundsätzlich lässt sich die menschliche Kommunikation in drei ›Ausdrucksbereiche‹ unterteilen:
- die verbale,
- die paraverbale und
- die nonverbale Kommunikation.

Verbale Kommunikation (das gesprochene Wort)	Das, was tatsächlich gesagt wird, also die Inhalte: „Milena, räum bitte die Bauklötze weg!"
Paraverbale Kommunikation (Ausdrucksmittel)	Wie etwas gesagt wird. Bestimmend dafür sind der Klang der Stimme, das Sprechtempo und die Stimmlage.
Nonverbale Kommunikation (körpersprachlicher Ausdruck)	Gemeint sind damit die Körperhaltung, Mimik und Gestik.
Objektkommunikation	zum Beispiel Kleider oder Schmuck.

Tab. 5.2 Ausdrucksbereiche menschlicher Kommunikation

> Wichtig ist: Die verbale Kommunikation wird wesentlich von der paraverbalen und nonverbalen Kommunikation mitgeprägt.

Schwierigkeiten in der ›Kommunikation‹ können dann auftauchen, wenn diese drei Ebenen nicht zueinander passen.

> **BEISPIEL** Jenny Schöpf sagt zu Milena: „Räum bitte die Bauklötze weg." Dabei spricht sie leise und zögerlich. Während sie das sagt, schaut sie sich im Gruppenraum nach den anderen Kindern um.

In diesem Beispiel passt also die verbale nicht zur nonverbalen und paraverbalen Kommunikation. Wenn alle drei Ebenen gut zusammenpassen, könnte dies so aussehen:

Kinderpflegerin Sabine Germann sagt zu **Nils (3;6)**: „Räum bitte die Bauklötze weg." (verbale Kommunikation)

Sabine Germann spricht ruhig, klar und deutlich. (paraverbale Kommunikation)

Sabine Germann schaut Nils an und zeigt zuerst auf die Bauklötze und dann auf die Kiste. (nonverbale Kommunikation)

> Kommunikation findet mithilfe von sprachlichen und nichtsprachlichen Zeichen statt. Sie ist Kontaktaufnahme und Interaktion. Ihr Ziel ist die Verständigung.

5.2 Mit Kommunikation Beziehungen gestalten

Kommunikation können wir nutzen, um unsere Beziehung zu anderen Menschen zu gestalten: Sie können Ihre Gefühle mitteilen oder sich verabreden. Sie können Anweisungen geben oder um etwas bitten. Oder Sie signalisieren, dass man Sie heute besser nicht anspricht.

Als Kinderpflegerin sind Sie ›professionelle „Beziehungsgestalterin"‹. Sie gestalten Ihre Beziehung zu den Kindern, deren Eltern, Ihren Kollegen und Ihren Vorgesetzten. Ihr Handwerkszeug ist dabei das Wissen über Kommunikation. Ähnlich wie ein Bäcker wissen muss, welche Zutaten in ein Brot kommen, müssen Sie wissen, wie Kommunikation funktioniert. Dieses Wissen können Sie dann gezielt einsetzen, z. B. um Kinder in eine bestimmte Richtung zu lenken oder zu ›erziehen‹.

Umgang mit schwierigen Kommunikationssituationen
→ S. 200

Maßnahmen der Erziehung
→ S. 236

5.2.1 Das Sender-Empfänger-Modell

Ein sehr einfaches Erklärungsmuster für Kommunikation ist das sogenannte „Sender-Empfänger-Modell". Dieses Modell kommt aus der Technik und den Naturwissenschaften. Es erklärt Kommunikation als die **Übertragung eines Signals** wie z. B. in der Radiotechnik oder beim Funken.

Ein Sender oder Sprecher sendet eine Nachricht an einen Empfänger oder Zuhörer. Dieser sendet wiederum eine Nachricht als Antwort an den Sender zurück. Dabei ist zu beachten, dass selbst das Ignorieren der Nachricht durch den Empfänger eine Antwort darstellt.

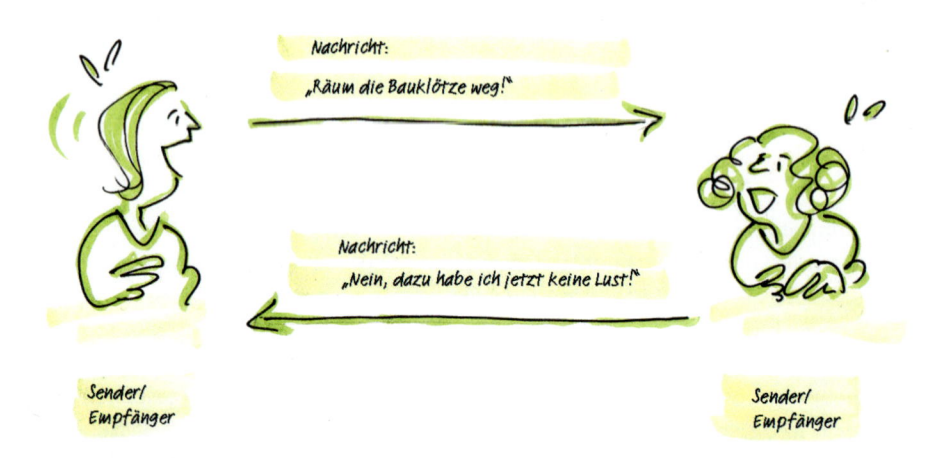

> **BEISPIEL** Kinderpflegerin Christiane Braun sendet ihrem Mitschüler Tom Delius eine SMS: „Gehst du mit mir ins Kino?" Leider antwortet Tom aber nicht – aber auch damit sendet er Christiane eine Nachricht!

> **ZUM WEITERDENKEN** Das „Sender-Empfänger-Modell" vereinfacht den Prozess der Kommunikation sehr stark. So werden z. B. die unterschiedlichen ›Ausdrucksbereiche‹ nicht berücksichtigt. Auch fehlt in diesem Modell eine Erklärung für Kommunikation, die nicht gut läuft, in der Missverständnisse entstehen.

Ausdrucksbereich → S. 190

5.2.2 Kommunikation als Regelkreis

Das Sender-Empfänger-Modell kann zu einem Regelkreismodell erweitert werden. Auch der Begriff „Regelkreis" kommt aus dem technisch-naturwissenschaftlichen Bereich. Ein Regelkreis ist ein **Wirkzusammenhang**, der in sich geschlossen ist. Die einzelnen Elemente wirken in einem Kreislauf aufeinander ein.

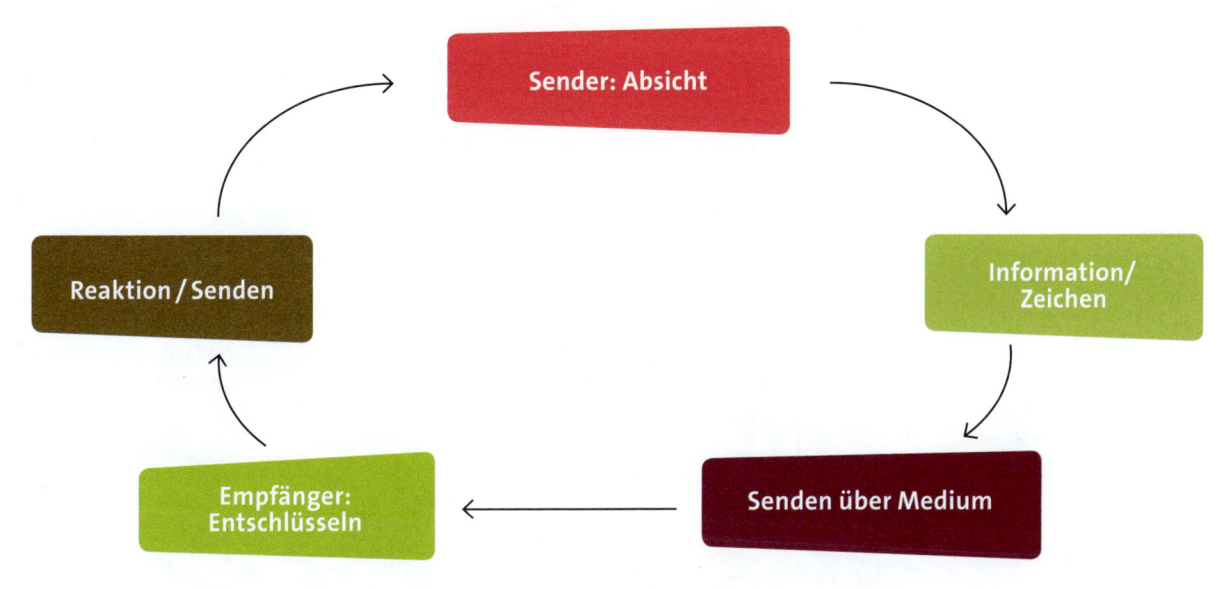

```
         Sender: Absicht
   ↗                      ↘
Reaktion / Senden      Information/Zeichen
   ↑                      ↓
Empfänger:       ←    Senden über Medium
Entschlüsseln
```

1. Der Sender verfolgt eine **Absicht**. Sabine möchte, dass Nils die Bauklötze wegräumt.
2. Er bringt diese Information in bestimmte **Zeichen** (codieren). In unserem Beispiel ist dies das gesprochene Wort: „Räum die Bauklötze weg!"
3. Mithilfe eines **Mediums** und über einen Kanal sendet er Information an den Empfänger. Im Beispiel ist das Medium die Sprache und der Kanal der akustische, also Sprechen und Hören.
4. Der Empfänger **entschlüsselt** (decodiert) die Informationen. Nils hört und versteht, was Sabine sagt.
5. Die erhaltene Information führt beim Empfänger zu einer bestimmten **Reaktion**. Er wird selbst zum Sender und schickt Informationen an den Empfänger zurück: „Nein, dazu habe ich keine Lust!"

> Der ständige ›Rollenwechsel‹ zwischen Sender und Empfänger ist typisch für ›soziale Kommunikation‹.

Rolle → S. 33
soziale Kommunikation → S. 189

Allerdings muss noch ein weiterer entscheidender Punkt gegeben sein: Sender und Empfänger müssen unter der Information dasselbe oder zumindest annährend dasselbe verstehen.

> **BEISPIEL** Für Kinderpflegerin Jenny Schöpf ist dann „aufgeräumt", wenn alle Bauklötze in die Kiste gepackt wurden und diese wieder in der Ecke steht. Für Milena ist dann „aufgeräumt", wenn alle Bauklötze in die Ecke geschoben wurden, sodass sie nicht im Weg herumliegen. So kennt sie es von zu Hause.

> **ZUM WEITERDENKEN** Sicherlich haben Sie viele Erfahrungen in Ihrem Alltag gemacht, die zeigen, dass das Sender-Empfänger-Modell und das Regelkreismodell sehr stark vereinfachen. Häufig ist es schwierig, die passenden Worte zu finden, und oft kommt es zu Missverständnissen.
> Als Kinderpflegerin müssen Sie z. B. auch den kulturellen Hintergrund der Kinder bedenken. So haben gerade nichtsprachliche Zeichen in verschiedenen Kulturen unterschiedliche Bedeutung. Tippen Sie sich in Deutschland mit dem Zeigefinger an die Stirn, bedeutet das: „Du spinnst!". In Nordamerika ist die Bedeutung dieser Geste aber: „Du bist klug!"
> In der Kommunikation gibt es also kein einfaches „Richtig" oder „Falsch". Vielmehr interpretieren (deuten) die Kommunikationsteilnehmer die Informationen.

Konstruktivismus → *S. 171*

Dass jeder Mensch seine persönliche Interpretation, seine persönliche „Wahrheit" herstellt (konstruiert), wird als ›**Konstruktivismus**‹ bezeichnet.
Der Konstruktivismus verdeutlicht, dass es in der Kommunikation keinen einfachen Zusammenhang zwischen Ursache und Wirkung gibt. Wir verstehen nur das, was wir aufgrund unseres Wissens, also der uns vorliegenden Informationen, verstehen können. Was beim Empfänger als Nachricht ankommt, kann sich also von den Vorstellungen des Senders stark unterscheiden.

> **BEISPIEL** **Lotta (3;4)** saugt beim Frühstück die Milch aus ihrem Becher in einen Strohhalm und pustet diese dann quer über den Tisch. Kinderpfleger Cem Oktay reagiert darauf ärgerlich und ermahnt Lotta, vernünftig zu trinken. Lotta denkt: „Dieses Ding ist interessant, ich muss einmal ausprobieren, wie es funktioniert!" Cem Oktay denkt: „Das Kind macht den ganzen Tag nur Unfug und will mich andauernd provozieren!"

Cem und Lotta nehmen die Situation also völlig unterschiedlich wahr: Lotta als Experiment, Cem als Provokation. Dies hat natürlich große Auswirkungen auf ihre Kommunikation und damit auf ihre Beziehung.

5.2.3 Das Eisberg-Modell

Was aber hat nun genau Kommunikation mit dem Thema „Beziehungsgestaltung" zu tun? Die Antwort auf diese Frage wird deutlicher, wenn wir ein weiteres Modell hinzunehmen: das sogenannte Eisberg-Modell.

Dieses Modell zeigt, dass Kommunikation nicht nur als Abfolge sachlicher Argumente verstanden werden kann. Eine sehr wichtige Rolle spielen dabei **Sympathie** (Zuneigung) oder **Antipathie** (Ablehnung) sowie die Stimmung der einzelnen Gesprächsteilnehmer. Das Eisberg-Modell geht also davon aus, dass das gesprochene Wort nur einen relativ kleinen, offen sichtbaren Teil der Kommunikation darstellt. Der weitaus größere Teil ist unsichtbar und unter der Oberfläche der Kommunikation verborgen, wie bei einem Eisberg. Gerade dieser unsichtbare Teil aber ist es, der das Kommunikationsgeschehen entscheidend mit beeinflusst.

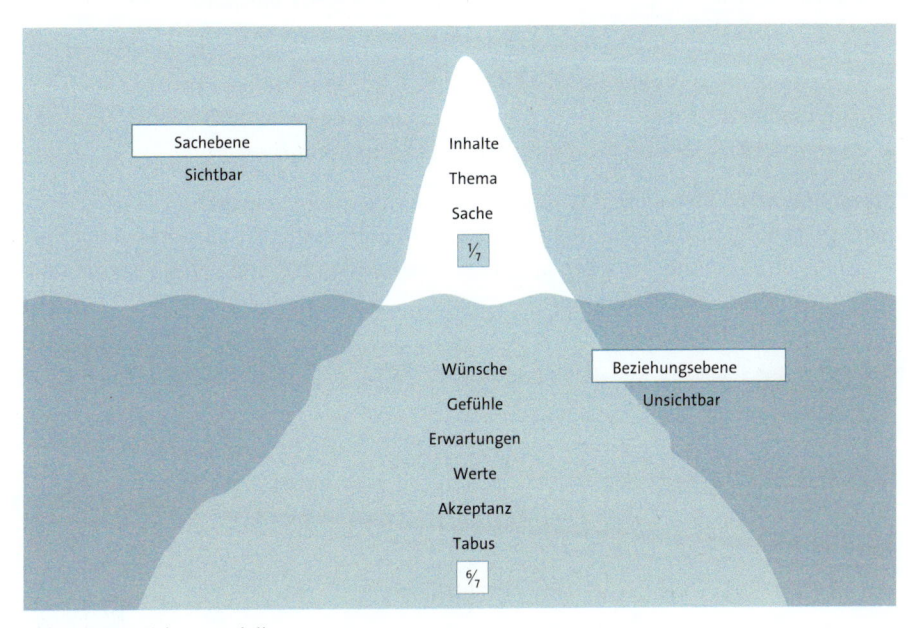

Abb. 5.3 Das Eisbergmodell

> **BEISPIEL** Kinderpflegerin Angelika Melchert hatte am Wochenende Streit mit ihrem Freund und ist deshalb ziemlich schlecht gelaunt. Als ihr Kollege Michael Hausmann sie bittet, ihr beim Aufräumen des Gruppenraums zu helfen, sagt sie unfreundlich: „Dafür habe ich jetzt keine Zeit!" In einer Pause spricht Michael Angelika an. Er fragt sie, was denn los sei, er kenne sie eigentlich als hilfsbereite Kollegin.

5.2.4 Paul Watzlawick: Fünf Gesetze der Kommunikation

Der österreichische Kommunikationswissenschaftler Paul Watzlawick (1921–2007) hat eine der bekanntesten Theorien zur Erklärung menschlicher Kommunikation entwickelt. Seine Überlegungen geben wichtige Anregungen, wie Kommunikation zu einer erfolgreichen Beziehungsgestaltung führen kann.
Watzlawick formulierte **fünf „Gesetze"** (sogenannte Axiome), die seiner Meinung nach Kommunikation kennzeichnen:
1. Man kann nicht nicht kommunizieren.
2. Kommunikation hat einen Beziehungs- und einen Inhaltsaspekt.
3. Kommunikation erfolgt systemisch.
4. Kommunikation erfolgt verbal und nonverbal.
5. Kommunikationsabläufe sind symmetrisch und/oder komplementär.

Abb. 5.4 Paul Watzlawick (1921–2007)

Man kann nicht nicht kommunizieren
Mit diesem Axiom will Watzlawick verdeutlichen, dass wir uns als Menschen immer und grundsätzlich in einer Kommunikationssituation befinden. So können wir uns zwar weigern, miteinander zu sprechen, aber auch diese Verweigerung ist eine Form von Kommunikation.

> **BEISPIEL** Nike (3;11) hält Kinderpfleger Max Sänger ein Bild entgegen und sagt: „Schau, Max, ich habe Auto gemalt!" Max Sänger dreht sich um und geht weg.

> Menschen, die sich gegenseitig wahrnehmen, kommunizieren miteinander. Jedes Verhalten ist auch eine Form der Kommunikation. Weil es nicht möglich ist, sich nicht zu verhalten, ist es auch nicht möglich, nicht zu kommunizieren.

Kommunikation hat einen Beziehungs- und einen Inhaltsaspekt
Menschliche Kommunikation transportiert nicht nur Inhalte. Sie sagt immer auch etwas über die Beziehung zwischen Menschen aus. Häufig bestimmt dabei die Beziehung den Inhalt entscheidend mit.

> **BEISPIEL** Nike (3;11) hält Kinderpfleger Max Sänger ein Bild entgegen und sagt: „Schau, Max, ich habe Auto gemalt!" Max wendet sich ihr zu, kniet sich hin und schaut Nike an. Dann nimmt er ihr Bild und sagt mit ruhiger Stimme: „Hallo, Nike, du hast ein Auto gemalt? Zeig mal her ... Das ist aber ein schönes Auto! Wo ist denn der Motor bei dem Auto?" Max gibt Nike so zu verstehen, dass er sie gerne hat, sich für sie interessiert und sich gerne mit ihr beschäftigt.

Kommunikation erfolgt systemisch
Kommunikation kann ein kompliziertes Geflecht sein: Es besteht aus Fragen und Antworten und neuen Reaktionen auf diese Antworten. Um es zu verstehen, muss manchmal das gesamte Geflecht von außen betrachtet werden.

> **BEISPIEL** Der Kinderpfleger Jonas Kienast führt ein Entwicklungsgespräch mit Beate Sander, der Mutter von **Lotte (4;9)**. Auf das skeptische Gesicht von Beate Sander reagiert Jonas Kienast: „Das müssen Sie doch verstehen, Frau Sander, dass Lotte nicht in die Vorschulgruppe gehen kann." Auf den überheblichen Ton von Jonas Kienast reagiert wiederum Beate Sander: „Ich muss gar nichts und erwarte, dass Sie meine Tochter ihren Möglichkeiten entsprechend fördern." Es entsteht ein Gespräch, in dem beide Parteien nicht von ihrer Meinung Abstand nehmen möchten.

Kommunikation erfolgt verbal und nonverbal
Wir können mit Worten, aber auch ohne Worte kommunizieren – z. B. mit Mimik (Gesichtsausdruck) und Gestik. Paul Watzlawick verwendet für diesen Zusammenhang (etwas verwirrend) die Begriffe „digital" für das gesprochene Wort und „analog" für die nichtsprachlichen Anteile.

> **BEISPIEL** Kinderpflegerin Sabrina Donath legt im Morgenkreis den Zeigefinger vor den Mund. Damit teilt sie den Kindern ohne Worte mit: „Jetzt geht es los – seid bitte still!"

Abb. 5.5 Auch Mimik und Körperhaltung haben Einfluss auf die Kommunikation.

Kommunikationsabläufe sind symmetrisch oder komplementär
Mit diesem Gesetz bezieht sich Watzlawick auf die soziale Position der Gesprächspartner. Diese kann **gleichwertig** (symmetrisch) sein, z. B. bei Arbeitskollegen oder Freunden. Sie kann aber auch ergänzend bzw. **unterschiedlich** (komplementär) sein, z. B. bei der Kommunikation zwischen Eltern und Kindern oder zwischen Vorgesetzten und Mitarbeitern.

> **BEISPIEL** Kinderpfleger Kevin Gruber und Kinderpflegerin Sabrina Kerkhoff unterhalten sich in der Schule über ihr Praktikum in der Kita.

Hier handelt sich es um eine gleichwertige Kommunikation, da beide Gesprächspartner Schüler sind.

> **BEISPIEL** Kevin Gruber spricht später auch mit seiner Lehrerin über sein Praktikum.

Kevin und seine Lehrerin haben unterschiedliche soziale Positionen. Dementsprechend ist ihre Kommunikation komplementär.

5.2.5 Friedemann Schulz von Thun: Die vier Seiten einer Äußerung

Der Psychologe Friedemann Schulz von Thun (*1944) hat die Erkenntnisse von Paul Watzlawick erweitert. In Anlehnung daran entwickelte er das bekannte Modell des **Kommunikationsquadrates**. Er benutzt das Bild einen Quadrates, um deutlich zu machen, dass eine Äußerung immer vier Seiten enthält:
- Sachinformationen
- eine Selbstkundgabe
- Beziehungshinweise
- einen Appell

GRUNDLAGEN DER PSYCHOLOGIE

BEISPIEL Kinderpflegerin Jenny Schöpf sagt zu Milena: „Räum bitte die Bauklötze weg!"

Abb. 5.6 Friedemann Schulz von Thun (*1944)

🌐 Mehr zu Schulz von Thuns Kommunikationsmodellen finden Sie auf:

www.schulz-von-thun.de

Seite der Äußerung	Inhalt	Beispiel
Sachinformation	Welchen Sachinhalt hat die Äußerung: Daten, Fakten, Sachverhalte?	Für Jenny herrscht ein großes Durcheinander im Gruppenraum. Sie möchte, dass vor dem Mittagessen aufgeräumt wird.
Selbstkundgabe	Welche Gefühle, Werte, Bedürfnisse hat derjenige, der spricht?	Jenny fühlt sich mit einem großen Durcheinander ziemlich unwohl, sie mag es, wenn „aufgeräumt" ist.
Beziehungshinweis	Wie stehe ich zu dir?	Jenny kann als Kinderpflegerin den Kindern Anweisungen geben.
Appell	Welche Ratschläge, Wünsche, Anweisungen werden genannt?	Jenny fordert Milena auf, jetzt doch mal loszulegen und aufzuräumen.

Der Sprecher sendet also mit seiner Äußerung vier Inhalte. Ebenso hört nun auch der Empfänger vier verschiedene Teile die Äußerung, sozusagen mit „vier Ohren".

Selbstkundgabe-Ohr
Was ist das für einer?
Was ist mit ihm?

Sach-Ohr
Wie ist der Sachverhalt zu verstehen?

Beziehungs-Ohr
Wie redet der eigentlich mit mir?
Wen glaubt er vor sich zu haben?

Appell-Ohr
Was soll ich tun, denken, fühlen aufgrund seiner Mitteilung?

Abb. 5.7 Das Vier-Ohren-Modell

„Ohr"	Inhalt	Beispiel
Sach-Ohr	Worüber wird gesprochen?	Jenny will, dass ich die Bauklötze wegräume.
Selbstkundgabe-Ohr	Was offenbart sie über sich?	Jenny scheint Ordnung sehr wichtig zu sein.
Beziehungs-Ohr	Wie steht sie zu mir?	Ich mag Jenny und sie darf mir sagen, was ich tun soll.
Appell-Ohr	Was will Sie von mir?	Jenny will, dass ich die Bauklötze in die Kiste packe.

> Probleme in der Kommunikation treten nach diesem Modell häufig dann auf, wenn der Empfänger besonders einen Aspekt der Äußerung gut „hört".

Hört er beispielsweise mit dem Sach-Ohr, achtet er insbesondere auf Daten und Fakten. Hört er mit dem Selbstkundgabe-Ohr, wird er darauf achten, was ihm die Inhalte über sein Gegenüber verraten. Beim Beziehungs-Ohr liegt der Schwerpunkt darauf, was die Äußerung über die Beziehung der Gesprächsteilnehmer aussagt. Wird mit dem Apell-Ohr gehört, hört man vor allem die Handlungsaufforderungen, die sich tatsächlich oder vermeintlich aus dem Gesagten ergeben.

Mit welchem Ohr gehört wird, ist oft eine Frage der Gewohnheit oder das Resultat früherer ›Erfahrungen‹. Problematisch wird es dann, wenn der Hörer ein Ohr besonders betont und dementsprechend die Äußerung interpretiert. Der Gesprächsteilnehmer hat sie aber vielleicht ganz anders gemeint.

Biografiearbeit → S. 24

Interview mit Friedemann Schulz von Thun

Gibt es bei den vier Aspekten einer Äußerung – Sachinformation, Selbstkundgabe, Beziehungshinweise und Appell – einen, den Sie für besonders wichtig halten oder der besonders berücksichtigt werden muss, damit die Kommunikation gut funktioniert?

SvT: Das hängt sehr von der Situation ab. Wenn der Biologielehrer die Vererbungsgesetze erklären will, dann muss er hoch verständlich und anschaulich auf der **Sachebene** kommunizieren, sonst kapiert man einfach die Zusammenhänge nicht! Wenn wir im Konflikt aneinander geraten, dann wird die **Beziehungsebene** sehr bedeutsam. Wer mit seinem empfindlichen Beziehungsohr das Gefühl bekommt, herabgesetzt oder lächerlich gemacht zu werden, der wird seinerseits mit kraftvollen ›Du-Botschaften‹ antworten, und so droht eine Eskalation „unter der Gürtellinie". Wenn Sie eine Beratung aufsuchen, dann wird der Berater besonders hellhörig mit dem **Selbstkundgabe-Ohr** hören, und der Ratsuchende ist herausgefordert, auszusprechen, wie im ums Herz ist und was in ihm vorgeht. Und zum Beispiel bei einer politischen Rede wird die **Appell-Ebene** besonders entscheidend sein. Meistens ist Kommunikation aber ein Spiel, **das auf allen vier Feldern gleichzeitig gespielt wird**. Dabei kann es vorkommen, dass ich auf dem Sachfeld gerade ein Tor schieße, gleichzeitig auf dem Beziehungsfeld ein Eigentor.

Du-Botschaften → S. 201

In der Arbeitswelt – gerade im sozialen Bereich – geht es häufig darum, Gespräche professionell zu führen. Was raten Sie einem Berufsanfänger in diesem Feld, wie sollte er in solch ein Gespräch hineingehen?

SvT: Er sollte „alle beisammen" haben! Zum Beispiel einen, der über sich selbst kraftvoll und differenziert Auskunft geben kann. Sodann jemanden, der das eigene Anliegen vertritt und während des Gespräches nicht aus den Augen verliert. Drittens jemanden, der die Äußerungen seines Gegenübers mit allen vier Ohren hört und gegebenenfalls zurückfragt, ob er diese und jene Botschaft richtig verstanden hat. Und sollte der Kontakt an irgendeiner Stelle schwierig werden, dann gilt die Empfehlung von Ruth Cohn: „…dann sag, was mit dir ist!" (z. B. „Ich merke gerade, dass ich mich irgendwie angeschuldigt fühle, aber ich weiß gar nicht, wie der Vorwurf lautet!").

Interviewer: Dr. Bodo Rödel, Juni 2013

5.3 Mit Schwierigkeiten in der Kommunikation umgehen

5.3.1 Kommunikationsstörungen vorbeugen und beheben

Menschen verfolgen mit ihrer Kommunikation Ziele.

> **BEISPIEL** Kinderpflegerin Sarah sagt zu **Tom (5;0)**: „Räum bitte deinen Teller nach dem Mittagessen auf den Geschirrwagen!"
>
> **Natascha (4;9)** sagt zu **Leonard (5;4)**: „Komm, wir bauen zusammen aus den Bauklötzen einen Turm!"
>
> Die Erzieherin Nora Deckert sagt zur Kinderpfleger Thies Stobbe: „Bitte übernehmen Sie heute die Aufsicht beim Freispiel im Außengelände!"

Kommunikation kann dabei gut funktionieren oder misslingen. Ist die Kommunikation gestört oder misslingt sie, wird das Ziel nicht erreicht. Als Folge davon streiten sich vielleicht die Gesprächsteilnehmer oder verlassen frustriert die Gesprächssituation.

Abb. 5.8 Misslingende Kommunikation führt zu Frustrationen.

Umgang mit Konflikten → S. 376

Wie aber können Sie nun in der praktischen Arbeit mit schwierigen Situationen in Gesprächen umgehen? Aus den zuvor vorgestellten Theorien von Paul Watzlawick und Friedemann Schulz von Thun haben Sie schon eine Menge darüber gelernt, wie Kommunikation erfolgreich gestaltet werden kann. Die wichtigsten zentralen Punkte sollen noch einmal herausgestellt werden. Sie helfen Ihnen auch in Situationen, in denen Missverständnisse oder ›Konflikte‹ auftreten.

- ☑ Sprechen Sie mit Ihrem Gesprächspartner über Ihre **Beziehung** und über die Art und Weise, wie Ihre gegenseitige Kommunikation verläuft. Kommunikation über die Art und Weise, wie Sie kommunizieren, wird als **Metakommunikation** bezeichnet. Häufig entstehen Missverständnisse dadurch, dass die Beziehung zueinander nicht eindeutig geklärt ist (Wer hat was zu sagen? Wer darf bestimmen?). Manchmal sind auch Botschaften anders gemeint, als sie verstanden wurden.

- ☑ Die **Bereitschaft zur Kommunikation** sollte deutlich gemacht werden. Das Gegenüber muss sich ernst genommen und wertgeschätzt fühlen. Es muss deutlich sein, dass eventuelle Gegenargumente angehört und ernst genommen werden.

- ☑ Schaffen Sie eine **positive Kommunikationsatmosphäre**. Zwang und Angst sind „Kommunikationskiller". Deswegen sollte auch bei schwierigen Gesprächen vermieden sein, eine belastete Atmosphäre zu schaffen.

- ☑ **Hören Sie zu!** Oftmals scheitern Gespräche daran, dass das Gegenüber nicht richtig zuhört, den anderen nicht ausreden lässt oder ständig unterbricht.

- ☑ Versuchen Sie, Ihr Gegenüber zu **verstehen** und zu **akzeptieren**. Festgefahrene Meinungen stehen dem entgegen. Daher ist es wichtig, immer wieder selbst über seine eigene Meinung und seine eigenen Ziele nachzudenken. Häufig hilft einfaches Nachfragen, um zu klären, ob man die Inhalte richtig verstanden hat.

- ☑ Teilen Sie ihre **Erwartungen und Bedürfnisse** offen mit! Wenn Sie selbst offen kommunizieren, schaffen Sie eine vetrauensvolle Atmosphäre. Dann kann auch Ihr Gegenüber offen sprechen.

ZUM WEITERDENKEN Oftmals entstehen Kommunikationsstörungen dadurch, dass Erwartungen an den Gesprächspartner oder die eigenen Bedürfnisse nicht offen formuliert werden. Hinter (Verhaltens-)Störungen verbergen sich manchmal verdeckt mitgeteilte Bedürfnisse. Beispielsweise schlägt ein Kind ein anderes Kind, weil es die Aufmerksamkeit von Bezugspersonen erhalten will (›herausforderndes Verhalten‹).

herausforderndes Verhalten
→ S. 326

5.3.2 Ich-Botschaften und Du-Botschaften

Eine besondere Möglichkeit, Kommunikationsstörungen vorzubeugen, ist es, sogenannte Ich-Botschaften zu verwenden. Soziale Kommunikation verläuft immer dann besonders schwierig, wenn die eigenen Wünsche, Gefühle, Anforderungen und Bedürfnisse nicht offen mitgeteilt werden. Dies findet dann meist in Form von sogenannten Du-Botschaften statt.

BEISPIEL „**Du** sollst die Bauklötze wegräumen!"
„**Du** bist viel zu laut!"
„**Du** machst immer nur Unsinn!"
„**Du** sollst beim Essen auf deinem Platz sitzen bleiben!"
„**Du** willst immer deinen Willen durchsetzen!"

Abb. 5.9 Ich-Botschaften sorgen auch im Team für eine klare Kommunikation.

> Du-Botschaften haben den Nachteil, dass sie ihr Gegenüber häufig in eine Verteidigungshaltung bringen. Sie bewerten nämlich oft das Verhalten des anderen und rufen so seinen Widerstand hervor.

Im Gegensatz dazu formulieren Ich-Botschaften Mitteilungen über sich selbst. So wird man sich seiner eigenen Gefühlslage bewusst, und das Gegenüber kann genau erkennen, was gewollt oder gebraucht wird. Auf diese Weise kann eine Verteidigungshaltung beim Gegenüber vermieden werden. Die Beziehung gewinnt außerdem an Klarheit. Sachliche Inhalte werden dann nicht mehr auf der Beziehungsebene ausgetragen.

> Als Ich-Botschaften werden Äußerungen bezeichnet, die die eigenen Gefühle und Ansichten zum Ausdruck bringen.

Abb. 5.10 Die eigenen Ansichten zum Ausdruck bringen

BEISPIEL
„**Ich** möchte, dass du die Bauklötze wegräumst, da ich es hier unordentlich finde!"
„**Ich** fühle mich hier unwohl, wenn es so laut ist!"
„**Ich** möchte, dass du dich an die Spielregeln hältst, da sonst alle durcheinanderkommen!"
„**Ich** finde es sehr ungemütlich, wenn du beim Mittagessen aufstehst und herumläufst."
„**Ich** würde mir wünschen, dass du mehr Rücksicht auf die anderen nimmst."

5.4 Mit verschiedenen Zielgruppen sprechen

Als Kinderpflegerin müssen Sie zu ganz unterschiedlichen Anlässen Kommunikation gezielt einsetzen können.

- Gespräche mit Kollegen (z. B. Absprachen und Koordination)

BEISPIEL Kinderpflegerin Claudia Haffke bespricht mit ihren Kollegen das Programm für die kommenden drei Wochen.

- Gespräche mit Kindern (z. B. Hilfestellung und Anleitung)

> **BEISPIEL** Kinderpfleger Michael Salem soll mit drei Kindern einen Drachen basteln. **Moritz (4;9)** hat dazu aber keine Lust und stört immer. Michael fragt ihn: „Möchtest du vielleicht morgen weiterbasteln und jetzt erst mal draußen spielen gehen?"

- Gespräche mit Eltern (z. B. Beratung und Unterstützung)

> **BEISPIEL** Beim Abholen spricht die Mutter von **Max (5;4)** Kinderpfleger Erich Kubach an und fragt, wie es für Max zurzeit in der Kita so läuft. Max erzähle zu Hause, dass er von den größeren Kindern immer geärgert wird. Erich sagt, dass ihm das in der Kita so noch gar nicht aufgefallen sei. Er würde aber in Zukunft genau darauf achten, ob Max geärgert wird.

- Gespräche mit externen Kontakten (z. B. mit Dienstleistern)

> **BEISPIEL** Ein Mitarbeiter der Firma, die das Mittagessen für die Kita „Sonnenschein" liefert, ruft an und teilt mit, dass sie morgen leider nicht liefern können. Viele Mitarbeiter seien erkrankt.

Abb. 5.11 Gespräch mit Eltern

Abb. 5.12 Gespräch mit externen Dienstleistern

5.4.1 Mit Kollegen sprechen

Die Kommunikation mit den Kollegen gehört in der Kinderpflege zum Berufsalltag, da fast immer im Team gearbeitet wird. Häufig gibt es auch regelmäßig stattfindende Gespräche in Teambesprechungen, um sich untereinander abzustimmen und Informationen weiterzugeben.

Checkliste für die erfolgreiche Teambesprechung:

- ☑ Einladung zur Teambesprechung wurde kommuniziert.
- ☑ Tagesordnung der Besprechung ist allen Teilnehmern bekannt.
- ☑ Die Rahmenbedingungen für eine ungestörte Besprechung sind organisiert (z. B. Materialien für die Teilnehmer, Funktion der Technik, Catering).
- ☑ Gegebenenfalls wurde ein Gesprächsleiter benannt.
- ☑ Protokollführer ist festgelegt.
- ☑ Im Protokoll werden gegebenenfalls auch verteilte Aufgaben festgehalten.

In Teambesprechungen sollten alle Teilnehmer ihre Meinung äußern und mitdiskutieren können. Dafür kann es sinnvoll sein, als Erstes **Gesprächsregeln** zu vereinbaren. Außerdem sollte man konzentriert zuhören, die anderen ausreden lassen und unbedingt nachfragen, wenn etwas unklar geblieben ist. Die eigenen Beiträge sollten möglichst kurz und klar formuliert sein.

Abb. 5.13 Feedback-Gespräch

Das Feedback

Eine besondere Form des Gesprächs unter Kollegen ist das sogenannte Feedback. Dieser englische Ausdruck steht für **„Rückmeldung"**. Gemeint ist damit die gezielte Rückmeldung einer Person zum Verhalten einer anderen Person nach bestimmten Regeln. Ein gezieltes Geben und Nehmen von Feedback kann ein sehr gutes Lerninstrument sein. Damit dies gelingt, sind allerdings folgende Punkte zu beachten:

Checkliste Feedback:

- ☑ Der Empfänger muss dazulernen können. Ist dies nicht möglich, macht Feedback keinen Sinn!
- ☑ Verhalten wird beschrieben und nicht bewertet.
- ☑ Es wird präzise auf eine konkrete Verhaltensweise Bezug genommen.
- ☑ Es werden Wünsche formuliert, keine Forderungen. Feedback erfolgt zeitnah zum gezeigten Verhalten.
- ☑ Es werden neue Gesichtspunkte formuliert, keine Selbstverständlichkeiten. Der Empfänger muss bereit sein, das Feedback anzunehmen.

ZUM WEITERDENKEN Häufig ist es im beruflichen Alltag nicht möglich, all diese Regeln zu berücksichtigen. Wichtig ist jedoch, festzuhalten, dass eine bloße Plauderei oder ein „Heruntermachen" des Gegenübers nichts mit Feedback zu tun hat.

Beim Feedback kommt es entscheidend darauf an, dass der Empfänger für eine Rückmeldung bereit ist. Er muss also gut zuhören und im Zweifelsfall bei Unklarheiten nachfragen. In professionellen bzw. beruflichen Zusammenhängen braucht man sich in der Regel auch nicht zu rechtfertigen. Wichtig ist es, sich das Gesagte zunächst einmal anzuhören und dann seine Schlussfolgerungen daraus zu ziehen.

> **BEISPIEL** Die Erzieherin Tabea Stiebig lädt Kinderpflegerin Isabelle Brand zu einem Gespräch ein. Sie sagt: „Wie du mit den Kindern heute Morgen gebastelt hast, hat mir sehr gut gefallen! Ich habe gesehen, dass Michael Schwierigkeiten hatte, die Schere richtig zu halten. Ich denke, es wäre gut, wenn du ihm das nächste Mal zeigst, wie er die Schere richtig halten soll. Von alleine kommen die meisten Kinder nicht darauf."

5.4.2 Mit Kindern sprechen

Das Gespräch mit Kindern unterschiedlichen Alters gehört, je nach ›Berufsfeld‹, zum Kern der Arbeit in der Kinderpflege. Gezielt mit Kindern kommunizieren zu können erfordert viel Erfahrung und im beruflichen Zusammenhang auch ›methodisches Wissen‹. Ein wichtiger Aspekt ist hier unter anderem das **aktive Zuhören**. Damit ist gemeint, dass der Empfänger einer Nachricht aktiv auf die Botschaften achtet, die versteckt sind und nicht offen zutage treten (›Eisberg-Modell‹).

Berufsfeld → S. 26

mit Schwierigkeiten in der Kommunikation umgehen → S. 200

Eisberg-Modell → S. 194

| Nur wer richtig zuhört, kann auch kommunizieren!

Dies erfordert gerade bei kleinen Kindern viel Geduld und Einfühlungsvermögen. Es gilt, auch auf kleine Zwischentöne zu achten, die Kinder ausreden zu lassen und seine eigene Meinung erst einmal hintanzustellen.

Kinder haben häufig eine andere Wahrheit als die Erwachsenen. Das hat mit dem Stand ihrer ›kognitiven Entwicklung‹ und der ›Sprachentwicklung‹ zu tun. Vorschnelle Urteile wie z. B. „Das kann doch nicht sein!", „Das glaube ich nicht!" oder „Du erzählst schon wieder Quatsch!" sind also wenig hilfreich. Außerdem gilt es, den Kindern auch mit Gestik und Mimik positiv zugewandt zu bleiben.

> **BEISPIEL** Dorothea Acker fragt ihren Sohn **Sascha (3;2)**: „Habt ihr heute draußen gespielt?" Sascha antwortet: „Nein, wir waren im Wald!"

Abb. 5.14 Kinder brauchen aktive Zuhörer.

kognitive Entwicklung → S. 167
Sprachentwicklung → S. 161

Mit Kindern in herausfordernden Situationen sprechen

Die Arbeit als Kinderpflegerin ist nicht nur durch positive Erlebnisse bestimmt. Kinder erleben den Tod von Verwandten, Eltern oder Geschwistern. Sie selbst oder Personen in ihrem unmittelbaren Umfeld werden schwer krank. Ihre Eltern trennen sich und lassen sich scheiden. Auch die Geburt eines Geschwisterchens kann für Kinder nicht nur ein positives Ereignis sein. Solche ›**Krisen-Situationen**‹ erfordern eine besondere Form der Kommunikation und Sensibilität (Einfühlungsvermögen). Häufig ist es nicht leicht zu entscheiden, ob die Kinder direkt auf diese Problematiken angesprochen werden sollten oder ob sie in Ruhe gelassen werden wollen. Daher ist es besonders wichtig, sich intensiv mit Kollegen und anderen Beteiligten auszutauschen, um solche Situationen zu meistern.

Krisen-Situation → S. 146

Abb. 5.15 Zur Kommunikation mit Kindern in Krisensituationen ist Einfühlungsvermögen nötig.

Eine weitere herausfordernde Gesprächssituation kann entstehen, wenn Kinder schlecht oder gar nicht die deutsche **Sprache** sprechen, z. B. weil sie einen Migrationshintergrund haben. Bei der Arbeit mit kleinen Kindern entsteht hier eine besondere Verantwortung. Zum einen müssen die Kinder mit einer vielleicht für sie fremden Kultur zurechtkommen. Zum anderen müssen sie gezielt mit Blick auf den ›Spracherwerb‹ gefördert werden. Parallel dazu müssen Sie auch mit den ›Eltern‹ dieser Kinder kommunizieren. Dies setzt eine offene und unvoreingenommene Haltung gegenüber anderen Kulturen voraus.

Zweitspracherwerb → S. 473
Eltern als Erziehungs-und Bildungspartner → S. 392

5.4.3 Mit externen Partnern sprechen

Als Kinderpflegerin haben Sie auch Kontakte zu ›externen Gesprächspartnern‹. Hierzu gehören etwa Mitarbeiter in Behörden, anderen Einrichtungen oder sozialen Fachdiensten.

Kooperation → S. 52

> Wie Sie mit diesen Partnern kommunizieren, bestimmt entscheidend mit, wie Ihre Einrichtung von außen wahrgenommen wird.

Deswegen sind zwei Punkte zunächst wichtig:
- Bleiben Sie höflich bzw. freundlich und
- kommunizieren Sie verbindlich, d. h. gemachte Zusagen sollten eingehalten werden.

Gerade in der Kommunikation mit externen Partnern ist es wichtig, auf die Einhaltung der ›**Schweigepflicht**‹ zu achten.

Schweigepflicht → S. 46

Es wird bei einer Kommunikation mit externen Partnern nicht unbedingt von Ihnen erwartet, dass Sie auf alles eine Antwort geben können. Wenn Sie in einer Frage unsicher sind, ist es völlig in Ordnung, anzugeben, dass sie zunächst Rücksprache halten müssen.

In der Hektik des Arbeitsalltags ist es von Vorteil, sich dafür z. B. bei Telefonaten vorher klarzumachen, welche Punkte angesprochen werden sollen:

Checkliste Telefonat

- ☑ Der Name des Anrufers sollte aufgeschrieben werden. Dann ist es auch einfach, die Person mit Namen anzusprechen.
- ☑ Benutzen Sie auch in schwierigen Situationen Wörter, die Freundlichkeit und Höflichkeit signalisieren: „gerne", „bitte", „danke".
- ☑ Notieren Sie Terminvorschläge.
- ☑ Fassen Sie gegebenenfalls die besprochenen Inhalte am Ende des Telefonats noch einmal kurz zusammen.
- ☑ Beenden Sie ein Gespräch mit Dank und persönlicher Ansprache: „Vielen Dank für ihren Anruf, Frau Schmitz!"

Abb. 5.16 Überlegen Sie sich vorher, was Sie sagen möchten.

Warum muss ich das für meinen Beruf wissen?

Im sozialen Berufsfeld arbeiten Sie eng mit anderen Menschen zusammen. Dabei bestimmt das, was Sie sagen und wie Sie sich dabei verhalten, wesentlich über den Erfolg oder Misserfolg Ihrer Arbeit. Deswegen gehört es zum professionellen Arbeiten in der Kinderpflege, die grundlegenden Theorien und Techniken zu kennen, mit denen man Kommunikation und Interaktion gestalten kann. Kommunikation und Interaktion passieren nämlich nicht einfach zufällig. Sie folgen bestimmten Regeln und Mustern, die Sie in diesem Kapitel kennengelernt haben.

Sie können sich einzelne Techniken relativ leicht merken und in der Praxis ausprobieren.

Grundlagen der Pädagogik

1

S. 210–241
Aufgaben der Erziehung
Grundgedanken der Erziehung aneignen
Das Wirken von Anlage und Umwelt begreifen
Erziehungsziele kennenlernen

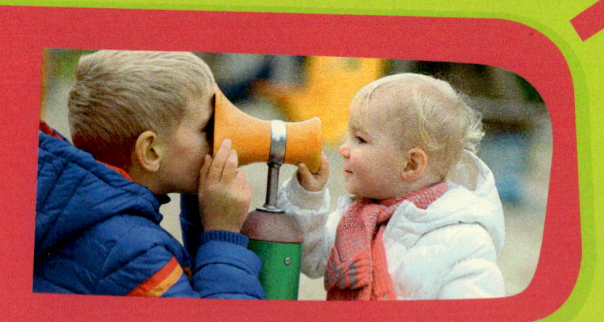

2

S. 242–255
Sozialisationsinstanzen: Wo findet Erziehung statt?
Phasen und Instanzen der Sozialisation kennenlernen
Sozialisation in Tageseinrichtungen für Kinder begleiten

3

S. 256–273
Grundprinzipien der Erziehung
Sich mit Diversität und dem Anderssein auseinandersetzen
Inklusion begleiten
Kinder vorurteils- und geschlechtsbewusst erziehen

4

S. 274–289
Erzieherisches Handeln
Erzieherisches Handeln als planvoll und komplex einordnen
Konkrete Angebote planen, analysieren, bewerten und reflektieren

5

S. 291–311
Ausgewählte pädagogische Konzepte

Sich einen Überblick über pädagogische Konzepte verschaffen

Verschiedene klassische und reformpädagogische Ansätze kennenlernen

Pädagogische Konzepte in der Praxis umsetzen

6

S. 312–325
Erziehungsstile

Grundlagen zu Erziehungsstilen aneignen

Verschiedene Erziehungsstile kennenlernen

Die Beeinflussung des Erziehungsstiles durch Kinder begreifen

7

S. 326–363
Erziehung unter besonderen Bedingungen

Ausgewählte Verhaltensstörungen kennenlernen

Kinder in besonderen Lebenslagen begleiten

8

S. 364–379
Gruppe und Erziehung

Sich einen Überblick über unterschiedliche Formen von Gruppen verschaffen

Rollen und Entwicklungen in Gruppen begreifen

Mit Konflikten in Gruppen umgehen

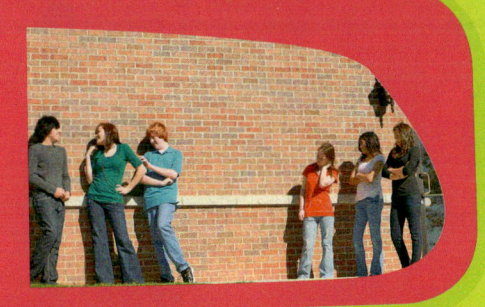

1 AUFGABEN DER ERZIEHUNG

12:32 Was ist denn nun eigentlich „Erziehung"?

12:05 Und wie „erziehe" ich dann im Alltag? Gibt es dafür Vorgaben?

13:16 Kann man Verhaltensweisen oder Eigenschaften eines Kindes überhaupt verändern? Oder sind die angeboren?

1.1 Der Grundgedanke der Erziehung

Viele Menschen sind der Meinung, dass sie sich mit dem Thema Erziehung auskennen, und haben dazu ihre jeweils eigene Theorie. Sie sehen Erziehung als eines der natürlichsten Dinge dieser Welt, für das man nur seinen gesunden Menschenverstand einsetzen muss. Vor allem die Diskussion darüber, was eine „gute" oder eine „schlechte" Erziehung ist, wird schon seit Jahrhunderten geführt. Die Vielfalt der Ansichten zu diesem Thema ist groß.

Abb. 1.1 Gute oder schlechte Erziehung? Das ist von außen nicht immer leicht zu beantworten.

> **BEISPIEL** Herr Murr ist mit seinem Sohn **Leo (2;7)** im Supermarkt einkaufen. Vorne an der Kasse entdeckt Leo die Lutscher, welche auf seiner Augenhöhe in einem Regal angeboten werden. Leo nimmt sich einen Lutscher. Der Vater nimmt Leo den Lutscher aus der Hand und legt ihn zurück. Daraufhin wirft sich Leo schreiend zu Boden. Die Kassiererin Frau Becker beobachtet die Situation und denkt sich: „Das hätte es früher nicht gegeben. Die Eltern haben ihre Kinder wirklich nicht mehr im Griff. Die Kinder heute werden nicht mehr erzogen."

Dieses Beispiel zeigt, wie wichtig es ist, zu klären, was unter dem Begriff „Erziehung" überhaupt zu verstehen ist. Hierfür gibt es sehr unterschiedliche Erklärungsansätze.

1. Aufgaben der Erziehung

Zu jeder Zeit gab es ›Pädagogen‹ und Philosophen, die sich mit dem Thema beschäftigten. Einer von ihnen war **Immanuel Kant**, ein deutscher Philosoph, der von 1724 bis 1804 lebte.

> *Der Mensch ist das einzige Geschöpf, das erzogen werden muß. Unter der Erziehung nämlich verstehen wir die Wartung (Verpflegung, Unterhaltung), Disziplin (Zucht) und Unterweisung nebst der Bildung. Demzufolge ist der Mensch Säugling – Zögling – und Lehrling.*
>
> Kant, Immanuel (1982): Ausgewählte Schriften zur Pädagogik und ihrer Begründung. Ferdinand Schöningh Verlag, Paderborn, S. 9

Pädagogik → S. 48

Wenn man diese über zweihundert Jahre alte Aussage auf die heutige Zeit überträgt, erfolgt Erziehung von der Kinder- und Jugendzeit bis zum Alter von etwa 18 Jahren. Der deutsche Philosoph und ›Anthropologe‹ **Arnold Gehlen** (1904–1976) sieht den Menschen zunächst als hilfloses, unfertiges und beeinflussbares Wesen. Ihm fehlt zwar erst einmal vieles, er ist aber in der Lage, sich weit zu entwickeln. Mit dieser Eigenschaft verbunden ist eine hohe Lernfähigkeit. Ein junger Mensch erwirbt im Verlauf etwa der ersten 18 Lebensjahre die Kompetenzen (Fähigkeiten), die ihm ein eigenes selbstständiges Leben ermöglichen. Er lernt durch Erziehung und Vorbilder.

Anthropologie

die Wissenschaft vom Menschen und seiner Entwicklung

Doch was ist denn nun Erziehung? In der Wissenschaft hat man sich unter anderem auf folgende Definition (Begriffsbestimmung) verständigt:

> Ein erfahrener Mensch versucht, einen weniger erfahrenen Menschen dazu zu befähigen, ein selbstständiges Leben zu führen. Dies geschieht durch bewusste und gezielte erzieherische Handlungen. Der junge Mensch soll seine Persönlichkeit so entwickeln, dass er ein eigenverantwortliches Mitglied der Gesellschaft wird. Erziehende haben somit eine große Verantwortung und tragen dafür Sorge, dass aus jungen Menschen lebenstüchtige Erwachsene werden.

Der Weg dahin wird unterschiedlich beschrieben, je nachdem, wie man Erziehung versteht. Schränkt sie den Menschen in seiner Entwicklung ein oder unterstützt sie diese?

1.1.1 Der Erziehungsbegriff früher und heute

Die Erklärung des Erziehungsbegriffs war und ist einem ständigen Wandel unterworfen. Im Verlauf der Geschichte hat er unterschiedliche Bedeutungen erhalten. Auch heute noch finden sich wesentliche Punkte aus den verschiedenen Erklärungsansätzen zur Erziehung im pädagogischen Handeln wieder.

In früheren Zeiten haben sich die Menschen nicht so viele Gedanken zum Thema Erziehung gemacht. Kinder sollten gehorchen und sich anpassen. Die meisten Familien lebten von der Landwirtschaft. Die jungen Kinder wurden von ihren Müttern mit aufs Feld genommen. Wurden die Kinder älter, blieben sie zu Hause und wurden von der Oma oder von älteren Geschwistern betreut. Sobald es möglich war, mussten die Kinder mitarbeiten. Betreuungseinrichtungen gab es zu dieser Zeit noch nicht.

Abb. 1.2 Kinder klöppeln in Heimarbeit, Holzstich 1847.

Jean-Jacques Rousseau → S. 291

Der Schweizer Philosoph und Pädagoge ›**Jean-Jacques Rousseau**‹ (1712–1778) entdeckte die Kindheit als eigene Phase in der Entwicklung eines Menschen. Das Kind ist von Natur aus gut und wird erst durch Einflüsse von außen verändert. Erziehung sah Rousseau in der Folge als Wiederherstellung der ursprünglichen Natürlichkeit. **Herman Nohl** (1879–1960), ein deutscher Philosoph und Pädagoge, war der Auffassung, dass Erziehung dem Menschen hilft, sein eigenes Leben nach eigenen Vorstellungen zu leben. Erst der deutsche Pädagoge **Klaus Mollenhauer** (1928–1998) prägte „Erziehung als emanzipatorischen Prozess". Das bedeutet, dass Erziehung immer auch politisch ist und im besten Fall der Entwicklung einer freieren und demokratischeren Gesellschaft dient.

Zu jeder Zeit war das Verhältnis zwischen Erziehendem und Kind von Bedeutung. Herman Nohl nannte dieses erzieherische Verhältnis auch **„pädagogischen Bezug"**. Er meinte mit diesem Ausdruck eine Lebensgemeinschaft, die von Liebe, Zuneigung, Vertrauen, Autorität und Gehorsam geprägt sein sollte.

Heute machen sich Eltern viele Gedanken zum Thema Erziehung. Die Kindheit hat einen hohen und prägenden Stellenwert. Der ›**demokratische Erziehungsstil**‹ ermöglicht es den Eltern, ihren Kindern auf Augenhöhe zu begegnen und sie mit ihren Interessen und Bedürfnissen ernst zu nehmen. Sie beziehen ihre Kinder in Entscheidungen ein.

demokratischer Erziehungsstil → S. 317

> **BEISPIEL** Frau Hinsel holte ihre Tochter **Naomi (2;11)** jeden Mittag von der Kita ab. Während sie Naomi anzieht, fragt sie: „Was möchtest du denn heute essen, Nudeln oder Reis zu den Frikadellen?" Naomi möchte Nudeln essen. „Was wollen wir heute Nachmittag machen? Gehen wir auf den Spielplatz oder schwimmen?" Naomi antwortet: „Weiß nicht."

1.1.2 Der Mensch ist erziehungsbedürftig

So lange, bis der Mensch sein eigenes Leben führen kann, ist er erziehungsbedürftig. Ein kleiner Mensch hat von Geburt an zunächst einmal vor allem ›**Bedürfnisse**‹; er ist auf Zuwendung und feinfühlige Pflege angewiesen. Darin unterscheidet er sich von allen anderen Säugetieren. Während Tiere in ihrem Verhalten stark von **Instinkten** bestimmt sind, gibt es diese im menschlichen Verhalten nur noch in Resten. Ein Beispiel dafür ist der Saugreflex beim Säugling. Neugeborene fangen bei Berührung von Lippe und Zunge unbewusst an zu saugen. Im Verlaufe der Entwicklung verliert sich der Saugreflex. Der

Bedürfnisse → S. 410

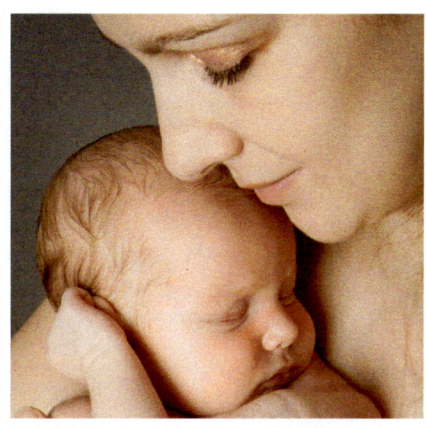

Abb. 1.3 Der Säugling ist auf die Fürsorge von Erwachsenen angewiesen.

Mensch ist zudem nackt, er hat kein Fell und keine natürlichen Angriffswerkzeuge. Somit ist er schutzlos seiner Umwelt ausgeliefert. Schließlich ist er, wie der Schweizer Zoologe **Adolf Portmann** (1897–1982) erklärte, eine **„physiologische Frühgeburt"**. Demnach wird der Mensch viel zu früh geboren. Die für ein eigenständiges Leben notwendigen Entwicklungsprozesse wie der aufrechte Gang oder selbstständiges Essen sind noch nicht abgeschlossen. Ohne umsorgende Menschen könnte er nicht überleben. Die heutige Sichtweise auf ein Neugeborenes ist deutlich positiver. Die neueren Erkenntnisse der Säuglingsforschung haben die Sichtweise von Portmann abgelöst. Im Zentrum steht nun der Begriff des ›**kompetenten Säuglings**‹. Dennoch gibt es für das Kind über die gesamte Lebensspanne viel zu lernen. Erziehende bieten für diese Entwicklung einen Rahmen, indem sie das Kind zielgerichtet und verantwortungsbewusst in seinen Lernprozessen begleiten. Das ist Erziehung und sie ist geprägt von dem jeweiligen Bild, das die Erziehenden vom Kind haben.

kompetenter Säugling → S. 113

1.2 Die Bedeutung von Anlage und Umwelt in der Erziehung

> **BEISPIEL** Hannes (4;8) Jahre besucht die Kindertageseinrichtung „Rasselbande". Er ist in einer Regelgruppe mit 20 Kindern untergebracht. An manchen Tagen zeigt er ein aggressives Verhalten; er schlägt und schubst andere Kinder. Die Erzieherin Julia Howe und Nele Bolz, die Kinderpflegerin, fragen sich, warum Hannes dieses Verhalten zeigt. Sie beschließen, mit den Eltern ein Gespräch zu führen, um der Sache auf den Grund zu gehen. Im Elterngespräch stellt sich heraus, das Hannes' Eltern auch ratlos sind und sich fragen, ob sie Fehler in der Erziehung gemacht haben. Die Eltern erzählen, dass sie gerade intensiv nach einer neuen Wohnung suchen, da ihre jetzige Wohnung sehr hellhörig ist. Hannes wird nachts häufiger durch laute Musik aus der Nebenwohnung geweckt. Nele Bolz und Julia Howe meinen, dies könnte ein Grund für Hannes' Verhalten sein. Ihm fehlt deutlich Schlaf. Die Eltern streben nun ein Gespräch mit dem Nachbarn an, um bis zum Umzug eine Lösung zu finden.

Kinder sind im Verlauf ihrer Entwicklung vielfältigen Einflüssen ausgesetzt. Sie werden von Eltern, Familienangehörigen, pädagogischem Fachpersonal und Freunden begleitet. In diesem Zusammenhang wird häufig die Frage gestellt, welche Eigenschaften einem Menschen anerzogen wurden und welche angeboren, also genetisch bedingt sind. Diese beiden Formen des Einflusses auf den Menschen werden Anlage und Umwelt genannt.

Mit dem Begriff **„Anlage"** ist die genetische Ausstattung des Menschen in den Chromosomen gemeint. Durch Vererbung werden diese Eigenschaften von den Eltern an ein Kind weitergegeben. Der Begriff **„Umwelt"** umfasst dagegen alle Faktoren, die den Menschen sozusagen von außen in seiner Entwicklung beeinflussen.

Diese **Umwelteinflüsse** lassen sich in drei Bereiche unterteilen:

Natürliche Faktoren	z. B. das Land, in dem ein Kind aufwächst, Ernährung oder Klima
Soziale Faktoren	z. B. ›sozioökonomischer Status‹, Größe der Familie
Kulturelle Faktoren	z. B. Bildung, religiöse, politische und andere allgemeingültige Überzeugungen in der Gesellschaft

sozioökonomischer Status
Der Begriff kommt aus der Sozialwissenschaft. Er beschreibt die Lebensumstände von Menschen wie z. B. Schulabschluss, Ausbildung, Beruf, Einkommen, Nutzung kultureller Angebote (Theater, Museen) und Wohnverhältnisse.

1.2.1 Frühkindliche Sozialisation

Normen und Werte → S. 217

Ein Neugeborenes lernt schrittweise die ›Normen und Werte‹ seiner Umwelt kennen und nimmt diese auf. Dieser Prozess wird „frühkindliche Sozialisation" genannt. Zeitgleich entwickelt das Kind eine **Bindung** zu seinen Bezugspersonen. Es wird Mitglied einer sozialen Gemeinschaft wie z. B. der Familie. Ein Teilbereich der ›Sozialisation‹ ist die sogenannte ›**Enkulturation**‹. Dieser Begriff stammt von dem nordamerikanischen Kulturanthropologen Melville H. Herskovits. Der deutsche Erziehungswissenschaftler Werner Loch hat ihn 1968 auf die Pädagogik übertragen.

Sozialisation → S. 242
Enkulturation → S. 225

Enkulturation bedeutet, dass Neugeborene ganz von alleine in die Kultur, in der sie geboren wurden, hineinwachsen. Auf diese Weise wird diese automatisch zu ihrer eigenen Kultur. Dies geschieht, indem der Säugling Handlungen, Verhalten und Denken der Bezugspersonen unbewusst übernimmt.

Auch hier spielt die oben beschriebene Frage nach Anlage und Umwelt eine Rolle. Wie sehr wirkt sich die genetische Herkunft des Kindes auf seine Enkulturation aus?

1.2.2 Der Ansatz der Umwelttheorie: Das Kind als unbeschriebenes Blatt

Geben Sie mir ein Dutzend gesunder Kinder und meine eigene besondere Welt, in der ich sie erziehe! Ich garantiere Ihnen, dass ich blindlings eines davon auswähle und es zum Vertreter irgendeines Berufes erziehe, sei es Arzt, Richter, Künstler, Kaufmann, Bettler, oder Dieb ohne Rücksicht auf seine Talente, Neigungen, Fähigkeiten, Anlagen, Rasse oder Vorfahren.
Watson, James (1930): Behaviorismus. In: Rettenwender, Elisabeth (2013): Psychologie, Veritas, Linz, S. 113

Welchen Einfluss Anlage und Umwelt jeweils auf die Entwicklung und Erziehbarkeit eines Menschen haben, wird heute unterschiedlich gesehen. Eine Sichtweise ist die Umwelttheorie. Ihre Vertreter gingen davon aus, dass der Mensch als leeres, unbeschriebenes Blatt geboren wird, als ›Tabula rasa‹, die ganz nach Wunsch des Erziehenden beschrieben werden kann. Dies bedeutet, dass der Mensch zu jeder beliebigen Persönlichkeit erzogen werden kann. In diesem Zusammenhang steht auch der Begriff des **„pädagogischen ›Optimismus‹"**.

Erziehung hat für die Umwelttheoretiker dementsprechend eine besondere Bedeutung, da sich mit ihrer Hilfe ein Mensch in jede beliebige Richtung entwickeln kann. Die Verantwortung dafür liegt alleine beim Erziehenden und den Umwelteinflüssen. Ein Problem bei dieser Sichtweise ist, dass weitere Faktoren wie z. B. die Selbstverantwortung, Entscheidungsfähigkeit und eigene Möglichkeiten des zu Erziehenden nicht berücksichtigt werden.

Tabula rasa
lat.: unbeschriebene Tafel

Optimismus
Lebensweise, die alles von der besten Seite betrachtet

BEISPIEL **Jendrik (5;3)** kann noch keine Farben unterscheiden. Die Erzieherin Tina Niester ist der Auffassung, dass er das nicht lernen kann und später Schwierigkeiten in der Schule haben wird. Jendriks Eltern sind der Meinung, dass er eine Umgebung braucht, die förderlich für ihn ist, und pädagogische Fachkräfte, die an ihn glauben. Sie sind überzeugt davon, dass er dann durch Vorbilder die Farben und alles Weitere lernen wird. Sie entscheiden sich schließlich für einen Kindergartenwechsel. Jendrik macht dort tatsächlich gute Fortschritte kann bald die Farben erkennen.

Abb. 1.4 Eine fördernde und vertrauensvolle Umwelt hat positive Einflüsse auf die Entwicklung.

III GRUNDLAGEN DER PÄDAGOGIK

1.2.3 Der Ansatz der Erbtheorie: Der Mensch als festgelegtes Wesen

Im Gegensatz zur oben beschriebenen Umwelttheorie steht die Erbtheorie. Nach dieser Auffassung sind das Verhalten und die Eigenschaften des Menschen von Geburt an genetisch festgelegt. Nach der Geburt entwickelt sich der Mensch einem natürlichen, bereits festgelegten Plan folgend. Das bedeutet, dass er sich durch Erziehung nicht oder nur wenig verändert. Aus diesem Grunde spricht man in diesem Zusammenhang auch vom **„pädagogischen ›Pessimismus‹"**

Pessimismus
Lebensweise, bei der alles von der negativen Seite betrachtet wird

Erziehung ist nach dieser Sichtweise nicht möglich und bewirkt nichts beim Zögling. Jede gescheiterte Erziehung kann so natürlich entschuldigt werden.

> **BEISPIEL** Marie (5;9) tanzt sehr gerne. Vor allem im Kindergarten. Sie möchte in jedem Falle Tänzerin werden. Ihre Eltern lassen Marie tanzen. Sie sind der Auffassung, dass ihre Tochter Tänzerin werden kann, wenn sie die entsprechenden Anlagen dazu hat. Sollte Marie ihr Ziel nicht erreichen, ist es die mangelnde Begabung des Kindes, aber nicht ihre Erziehung, die zu diesem Resultat geführt hat.

1.2.4 Anlage und Umwelt wirken zusammen

Nach der Betrachtung der unterschiedlichen Sichtweisen lässt sich für die Praxis zusammenfassend feststellen:

> Die genetische Ausstattung eines Menschen und die Umwelteinflüsse, denen er ausgesetzt ist, wirken zusammen.

Es lässt sich nicht festlegen, was davon einen höheren Einfluss auf die Persönlichkeitsentwicklung des Kindes hat. Jeder Mensch bringt durch Vererbung gewisse Anlagen mit auf die Welt. Ob diese Anlagen sich entwickeln und entfalten können, ist von der Umwelt abhängig, die auf den Menschen wirkt. In diesen Zusammenhang gehört der Begriff des **„pädagogischen ›Realismus‹"**.

Realismus
wirklichkeitsnahe Einstellung

Dabei gilt die Erziehung als wesentlich für die Entwicklung des Menschen. Daraus ergeben sich folgende Konsequenzen:

- Kinder sollten eine Umwelt mit möglichst vielen Anregungen angeboten bekommen, um sich entwickeln zu können.
- Jedes Kind hat aufgrund seiner Anlagen individuelle Grenzen. Für den Erzieher ist es wichtig, diese wahrzunehmen und das Kind entsprechend seiner Fähigkeiten und Möglichkeiten zu begleiten.

Abb. 1.5 Naturmaterialien laden zum Erforschen und Ausprobieren ein.

ZUM WEITERDENKEN Ein neuerer Forschungszweig der Biologie ist die sogenannte **Epigenetik**. Sie beschäftigt sich mit dem Zusammenspiel von Anlagen und äußeren Bedingungen. Durch die Forschungsergebnisse dieser Wissenschaft ist nun bekannt, dass das Erbgut beeinflussbar ist. Ernährung, Verhalten und Fähigkeiten können Spuren im Erbgut, also in den Genen, hinterlassen. Die Lebensumstände, Umwelteinflüsse und Lebensweisen sind somit wesentlich bedeutungsvoller, als bislang angenommen. Bei Kindern spielen vor allem Stress, Ernährung und allgemeiner Lebensstil der Familie eine Rolle. Sie wirken sich positiv oder negativ auf die psychische (seelische) und physische (körperliche) Entwicklung aus.

Die Epigenetik sucht Antworten auf die Frage, warum einige Menschen bei der Bewältigung von Krisen widerstandsfähiger sind als andere. Sie ist somit auch bedeutsam für die ›Resilienzforschung‹.

Resilienz → S. 146

Für die Erziehung ist es wichtig zu wissen, dass sich soziale Faktoren (Armut, Arbeitslosigkeit, Familiensituation), Umweltfaktoren (Gifte in der Nahrung, Smog, Lautstärke, Hochspannungsleitungen) ebenso wie genetische Faktoren (Anlagen) auf die Lern- und Entwicklungsprozesse auswirken.

1.3 Werte und Normen sind eine Grundlage für Erziehung

Die Begriffe „Normen" und „Werte" sind sehr wichtig für die Pädagogik. Auf ihrer Grundlagen werden **Erziehungsziele** festgelegt. Der junge Mensch erfährt schon früh die Bedeutung von Normen und Werten. Erwachsene – in allererster Linie die Eltern – achten darauf, dass sie eingehalten werden.

BEISPIEL **Božidar (6;3)** wird jeden Morgen von seiner Mutter in die Tageseinrichtung gebracht. Für Frau Vucovic ist es wichtig, dass sich Božidar den Regeln in der Einrichtung entsprechend verhält. Diese Regeln sind auch Normen, die sie in der Familie vertreten. Eine wichtige Regel ist z. B., dass man sich anschaut, wenn man miteinander spricht. Die Kinderpflegerin Simone Liskowa begrüßt Božidar, als er in die Gruppe kommt. Dieser ist jedoch durch seinen Freund, der schon am Frühstückstisch sitzt, abgelenkt und läuft hin, ohne Simone anzuschauen. Frau Vucovic geht zu ihrem Sohn und hält ihn an, zurückzugehen und Simone bei der Begrüßung anzuschauen.

> Während Normen Verhaltensregeln beschreiben, beziehen sich Werte auf die persönliche Haltung.

BEISPIEL Das katholische Familienzentrum „Regenbogen" legt den Schwerpunkt auf Werteerziehung. Werte wie Glauben, Rücksichtnahme, Hilfsbereitschaft und Toleranz sind den pädagogischen Fachkräften besonders wichtig in der pädagogischen Arbeit. Dies steht auch so in der Konzeption, sodass Eltern darüber informiert sind.

GRUNDLAGEN DER PÄDAGOGIK

Kannst du mal aufhören zu kleckern und auf deine Tischmanieren achten?

Ist das jetzt eine Norm oder ein Wert?

Eine „gute" Erziehung vermittelt Normen und Werte und ermöglicht dadurch die Sozialisation des Menschen, also seine Eingliederung in die Gesellschaft. Eine wichtige Rolle dabei spielen sogenannte ›**Sozialisationsinstanzen**‹. Das sind z. B.

Sozialisationsinstanzen → S. 242

- die Kindergartengruppe,
- der Freundeskreis (Kinder und Jugendliche unterschiedlichen Alters mit gleichen Interessen),

Peergroup → S. 253

- die ›Peergroup‹ (Gruppe von Gleichaltrigen oder auch von Gleichgestellten, z. B. eine Schulklasse),
- die Schule oder auch
- Medien.

Abb. 1.6 Der Sportverein als Sozialisationsinstanz

Der Umgang miteinander in einer Kindergartengruppe oder im Freundeskreis wirkt sich auf das soziale Verhalten des Kindes aus. So werden automatisch Normen und Werte vermittelt. Kinder lernen auf diese Weise die Regeln der Gesellschaft kennen und erfahren, welches Verhalten von ihnen erwartet wird.

> **BEISPIEL** In der blauen Gruppe findet jeden Morgen um 9.15 Uhr der Morgenkreis statt. Alle Kinder der Gruppe nehmen daran teil. Dabei lernen bereits die unter Dreijährigen die Gesprächsregeln der blauen Gruppe kennen.

In einer idealen Erziehung haben Kinder die Möglichkeit, diese Normen und Werte auch zu hinterfragen und sich so mit der Gesellschaft, in der sie leben, auseinanderzusetzen. So lernt das Kind nicht nur, Normen und Werte zu übernehmen, sondern sie selbst auch zu bewerten. In diesem Fall entscheidet es sich dann freiwillig, den Normen und Werten der Gesellschaft zu folgen. So lernt es **Eigenverantwortung**. Wenn das Kind Normen und Werte annimmt, wird es zunehmend sein Verhalten überprüfen. Zusätzlich lernen junge Menschen so, selbst Verantwortung für ihr soziales Umfeld und ihre Gesellschaft zu übernehmen.

1.3.1 Was sind Normen?

Durch Normen werden die Werte einer Gesellschaft geschützt. Diese Verhaltensregeln sind kulturell geprägt und lange überliefert. Sie werden durch die Gesellschaft, die Kirche, den Staat oder die Schule in der jeweiligen Kultur festgelegt und über Generationen hinweg vermittelt. Konkret verständlich werden sie etwa in landesüblichen Sitten und Gebräuchen.

Jede Gesellschaft hält ihre Normen in Gesetzen und Vorschriften fest. Verstößt jemand gegen diese festgeschriebenen Normen, so erfolgen Sanktionen (Strafen) oder Konsequenzen für den Verursacher.

Abb. 1.7 Normen sind Verhaltensregeln, die z. B. durch Religion entstehen.

> **BEISPIEL** Das Team der Kindertageseinrichtung „An der Mühle" stellt fest, dass sich die Eltern nicht an die Öffnungszeiten halten. Obwohl im Konzept der Einrichtung deutlich steht, dass die Bringzeit um 9 Uhr endet, geben die Eltern ihre Kinder zum Teil viel später am Vormittag ab. Sie klingeln dann an der bereits abgeschlossenen Tür. Für die zu spät gebrachten Kinder ist es immer schwierig, den Einstieg in das Freispiel zu finden. In einer Teamsitzung kommt das pädagogische Fachpersonal zu dem Schluss, dass es im Interesse der Kinder etwas an diesem Verhalten ändern möchte. In einem Elternbrief werden die Eltern freundlich gebeten, die Kinder bis spätestens 9.15 Uhr zu bringen. Das Anliegen wird in einer sinnvollen Begründung erläutert. Zusätzlich wird darauf hingewiesen, dass die Eltern dieser Regel im Betreuungsvertrag zugestimmt haben. Können die Kinder ausnahmsweise nicht rechtzeitig gebracht werden, müssen die Eltern dies vorher ankündigen. Das Team hofft, auf diese Weise eine Veränderung im Verhalten der Eltern bewirken zu können. Indirekt werden so auch die Kinder über die Eltern zu Pünktlichkeit und Verbindlichkeit angehalten.

In dem Beispiel werden zwei Werte genannt: Pünktlichkeit und Verbindlichkeit. Für das Team des Kindergartens sind andere Werte von Bedeutung als für die Eltern. Die genannten Werte sind erstrebenswerte Ziele, die sich das Kindergartenteam setzt, um den Alltag in der Kita sinnvoll zu gestalten.

In der Gesellschaft werden aus Werten Normen. Das bedeutet, dass Normen Verhaltensweisen sind, die aus zusammengefassten Werten bestehen. Sie dienen dazu, dass z. B. die Eltern in der Kindertageseinrichtung „An der Mühle" pünktlich sind und sich verbindlich verhalten. Diese Normen geben Eltern grundsätzlich auch Sicherheit und Orientierung für ihr Verhalten in einer Tageseinrichtung für Kinder.

Sowohl die Eltern als auch das Personal der Einrichtung handeln in dem oben genannten Beispiel aus ihren ›Rollen‹ heraus. Das pädagogische Fachpersonal hat Erwartungen an die Eltern (z. B. Pünktlichkeit und Verbindlichkeit) und die Eltern haben aus ihrer Rolle heraus ebenfalls Erwartungen an die pädagogischen Fachkräfte der Einrichtung (z. B. liebevolle Betreuung für ihr Kind). Alle Menschen erfüllen mehrere Rollen in der Gesellschaft.

Rolle → S. 33

1.3.2 Was sind Werte?

Werte sind gemeinsame Vorstellungen einer sozialen ›Gruppe‹ oder Gesellschaft, die als wünschenswert oder erstrebenswert angesehen werden. Sie vermitteln grundlegende Orientierung, um urteilen und handeln zu können. Somit können sie die Basis einer Gruppe oder Gesellschaft bilden. Wie Normen sind auch Werte kulturell geprägt und über Generationen hinweg überliefert. Dabei gibt es **primäre (grundlegende) und sekundäre (untergeordnete) Werte**. Grundlegende (primäre) Werte, die für alle Menschen Bedeutung haben, sind z. B.:

Gruppe → S. 364

- Sicherheit
- Liebe
- Geborgenheit
- Wertschätzung

In der Erziehung sind vorrangig die primären Werte bedeutsam. Sie können Impulse (Anreize) geben, um Menschen zu einem gewünschten Verhalten zu verhelfen. Die sekundären Werte leiten sich aus den primären Werten ab. Es handelt sich dabei um Ereignisse, Zustände, Dinge oder Eigenschaften, die von primären Werten begleitet werden und mit ihnen im Zusammenhang stehen.

Abb. 1.8 Im Sport ist Fairness ein wichtiger Wert.

> **BEISPIEL** Ein Kind erfährt Geborgenheit und Liebe (primärer Wert), wenn die Mutter mit ihm auf dem Sofa kuschelt. (Körperkontakt ist in diesem Falle der sekundäre Wert.)

| Für Kinder ist es wichtig, die grundlegenden Werte selbst direkt zu erfahren. Nur dann können sie auch andere Werte annehmen.

Werte variieren von Familie zu Familie und von Institution (Einrichtung) zu Institution. Je nach Zusammenhang lassen sie sich weiter unterteilen in **geistige, sittliche, religiöse oder private Werte**.

Jeder Mensch entscheidet selbst, welche Werte ihm am wichtigsten und welche ihm weniger wichtig sind. Diese Wertehierarchie verändert sich im Verlauf der Lebensspanne.

> **ZUM WEITERDENKEN** Viele Werte hat der Mensch verinnerlicht und lebt überwiegend danach, ohne bewusst darüber nachzudenken. Dennoch sind diese Werte im Zusammenleben bedeutsam und bilden die Voraussetzung für ein gelingendes Zusammenleben in der Gesellschaft. Aus diesem Grunde ist der Werteerziehung im pädagogischen Bereich ein hoher Stellenwert beizumessen.

> Werte geben Kindern Orientierung und eine Richtschnur, die ihnen hilft, sich im Leben zurechtzufinden und Entscheidungen treffen zu können.

Die pädagogische Fachkraft soll den Kindern daher ermöglichen, eine **„Wertekompetenz"** zu entwickeln. Damit ist die Fähigkeit gemeint, selbstbestimmt, sachbezogen und der Situation angemessen zu handeln.

Werte als Grundlage für Normen	**moralische Werte:** Treue, Zuverlässigkeit, Gerechtigkeit, Rücksicht, Ehrlichkeit **politisch-soziale Werte:** Einhaltung der Menschenrechte, Toleranz, Gleichheit, Freiheit, Solidarität, Leistung **religiöse Werte:** Gottesfurcht, Nächstenliebe **materielle Werte:** Wohlstand, Besitz
Normen (Verhaltensweisen, die von einer Gruppe anerkannt werden)	z. B. Begrüßungsformen, Höflichkeitsformen, Gesprächsregeln, Kleidervorschriften, Bräuche, Rituale, Umgang in Gefahrensituationen **Normen setzen Werte um.** z. B.: Du sollst nicht stehlen = Ehrlichkeit

1.4 Werte und Erziehungsziele im Wandel

Werte sind abhängig von Kultur, Zeit und Gesellschaft, in denen Menschen leben.

> **BEISPIEL** Im Mittelalter war es von Bedeutung, Kinder zu Gehorsam und Frömmigkeit zu erziehen. Heute stehen Höflichkeit und Ehrlichkeit ganz oben auf der Liste.

Es gibt also keine allgemeingültigen Werte, die überall und zu jeder Zeit Beachtung finden. Was in einer Gesellschaft Bedeutung hat, verändert sich ständig. Jede zeitliche Epoche verknüpfte andere Normen und Werte mit den Erziehungszielen.
Im gesellschaftlichen Zusammenhang hat Erziehung das Ziel, den Fortbestand der Gesellschaft zu sichern. Dabei orientieren sich Erziehende auch an den Erfahrungen, die sie mit ihrer eigenen Erziehung gemacht haben.

- In der **Antike bis zum 4. Jahrhundert n. Chr.** war Kindheit ein Übergangsstadium. Die Kindheitsphase galt als Phase der Unvollkommenheit. Sie endete je nach sozialer Herkunft, wenn die Kinder arbeiten konnten. Die schulische Erziehung begann ab dem sechsten Lebensjahr, wenn Eltern sich einen Lehrer leisten konnten. Gehorsam war ein hoher Wert.
- Im **Mittelalter** war es das Ziel, dass Kinder sobald wie möglich arbeiten konnten, um die Familie zu unterstützen. Bis dahin wurden sie betreut. Höchster Wert war Frömmigkeit.

Abb. 1.9 Kinderstube im 16. Jahrhundert, Holzschnitt 1532

- **Ab dem 18. Jahrhundert** wurde der Wert der Kindheit entdeckt. Neben schulischer Bildung wurde Kindern nun auch Freiraum für ihre Entwicklung zugestanden. Diese war nun auch Erziehungsziel.
- Erst im **19. Jahrhundert** wurde über die Sozialisation der Kinder und ihren Stellenwert in der Gesellschaft diskutiert. Werte und Erziehungsziele waren heftig umstritten. Kinder sollten so früh wie möglich einen Einblick in die Gesellschaft erhalten, um später selbst deren gleichberechtigte Mitglieder werden zu können. Zu diesem Zeitpunkt wurden Kinder in Großfamilien erzogen.
- Erst **Mitte des 20. Jahrhunderts** entwickelte sich das Erziehungsziel, Kinder zu individuellen Persönlichkeiten zu erziehen. Eine grundlegende Voraussetzung für dieses Ziel war die Veränderung familiärer Hierarchien. Auch die Rolle der Eltern wandelte sich: Die Beziehung zwischen Eltern und Kindern wurde zu einem gleichberechtigten, partnerschaftlichen Verhältnis. Disziplinarische (strenge) Erziehungsmaßnahmen wurden nun abgelehnt, da diese die Entwicklung einer selbstbewussten Persönlichkeit beeinträchtigen oder behindern. Wertvorstellungen wie Liebe, Herzlichkeit und Wertschätzung, die für das soziale Zusammenleben in einer Gesellschaft von Bedeutung sind, wurden immer wichtiger.

> **ZUM WEITERDENKEN** An dieser Auflistung wird deutlich, dass sich neben den Werten und Normen auch die gesellschaftliche Stellung des Kindes von Generation zu Generation verändert hat. Nicht außer Acht zu lassen sind dabei die Einflüsse, die außerhalb der Familie auf Kinder einwirken.

1.4.1 Welche Erziehungsziele gibt es heute?

Immer noch ist die Kindererziehung in erster Linie die Aufgabe der Familie. Sie spielt im Familienalltag eine zentrale Rolle. Dabei entwickelt jede Familie ihre eigenen Vorstellungen und Konzepte von Erziehung. Diese sind natürlich abhängig von der gesellschaftlichen Situation. In unserer Gegenwart sind die Anforderungen an die Erziehenden anspruchsvoller, konfliktreicher und widersprüchlicher als zu anderen Zeiten. Die Entscheidung dafür, Kinder zu bekommen, ist eng gekoppelt an die Entscheidung, diese Aufgabe mit ihren Anforderungen und ihrer Verantwortung zu übernehmen.

Von Eltern wird erwartet, dass sie ihre Kinder von Anfang an so gut wie möglich fördern. Zudem sollen sie die kindlichen Bedürfnisse und Wünsche respektieren.

Die **Förderung** der individuellen Persönlichkeit des Kindes beginnt in vielen Familien bereits mit der Geburt. Eltern gehen mit ihren Kindern zum Babyschwimmen, in ›PEKiP-Gruppen‹, zur musikalischen Früherziehung oder in die Malschule. Sie sind um die Entwicklung ihrer Kinder besorgt und wollen nichts verpassen. Auch die Auswahl von Kindergärten und Schulen wird gewissenhaft und kritisch durchgeführt.

Nach einer statistischen Erhebung des Instituts für Demoskopie Allensbach aus dem Jahr 2014 sind die fünf wichtigsten Erziehungsziele von Eltern heute Höflichkeit, Ehrlichkeit, Ordentlichkeit/Gewissenhaftigkeit, Durchsetzungsvermögen und Toleranz.

Das „Prager Eltern-Kind-Programm" (PEKiP)

wurde von dem Prager Psychologen Jaroslav Koch für Eltern mit Kleinkindern entwickelt. Sie treffen sich einmal in der Woche in einer Gruppe. Durch Spiel-, Bewegungs- und Sinnesanregungen sollen die Fähigkeiten der Kinder angesprochen und weiterentwickelt werden.

1. Aufgaben der Erziehung

Welche Erziehungsziele halten Sie für besonders wichtig?

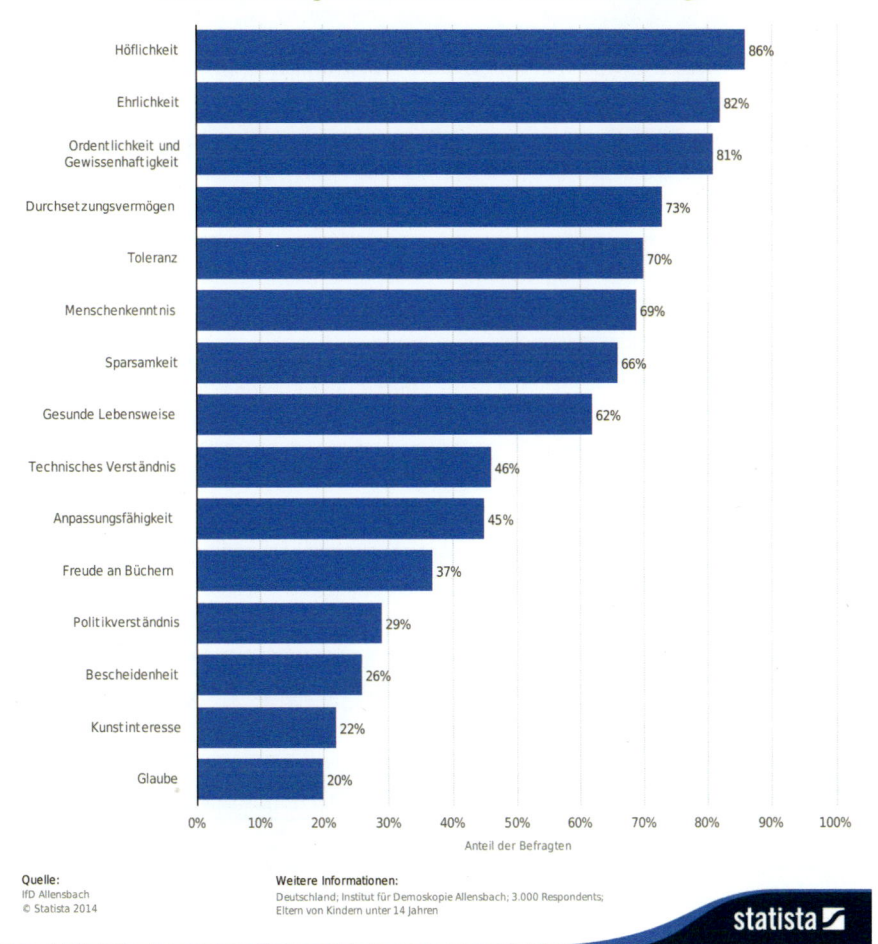

- Höflichkeit: 86%
- Ehrlichkeit: 82%
- Ordentlichkeit und Gewissenhaftigkeit: 81%
- Durchsetzungsvermögen: 73%
- Toleranz: 70%
- Menschenkenntnis: 69%
- Sparsamkeit: 66%
- Gesunde Lebensweise: 62%
- Technisches Verständnis: 46%
- Anpassungsfähigkeit: 45%
- Freude an Büchern: 37%
- Politikverständnis: 29%
- Bescheidenheit: 26%
- Kunstinteresse: 22%
- Glaube: 20%

Anteil der Befragten

Quelle: IfD Allensbach © Statista 2014
Weitere Informationen: Deutschland; Institut für Demoskopie Allensbach; 3.000 Respondents; Eltern von Kindern unter 14 Jahren

statista

Pädagogische Fachkräfte sind in ›Erziehungspartnerschaften‹ mit den Eltern dafür verantwortlich, diese Ziele zu erreichen. Sie unterstützen die Kinder in der Entwicklung ihrer ›Kompetenzen‹. Diese lassen sich unterteilen in:

- Sachkompetenz
- Selbstkompetenz
- Sozialkompetenz
- Lernkompetenz

Erziehungspartnerschaft → S. 392

Basiskompetenzen → S. 226

Die **Sachkompetenz** ist die Fähigkeit, sachbezogen in Bezug auf Natur und Umwelt Urteile treffen und entsprechend handeln zu können. Dazu brauchen Kinder Sachkenntnisse über diesen Bereich, das Wissen, wie sie hier handeln können, und Fertigkeiten, um dieses dann auch umzusetzen.

> **BEISPIEL** Mehmet (4;9) weiß schon sehr genau, dass Müll in den Abfallkorb gehört. Als **Pia (5;6)** Jahre vor dem Kindergarten ihr Butterbrotpapier einfach auf die Straße fallen lässt, sagt er ihr, dass das Papier in den Abfalleimer gehört.

Die **Selbstkompetenz** oder auch Ich-Kompetenz ist die Fähigkeit, sich selbst wahrzunehmen und auszudrücken, Entscheidungen fällen zu können und sich als ›selbstwirksam‹ zu erleben. Das Kind weiß, dass es selbst etwas bewirken und selbstständig handeln kann.

Selbstwirksamkeit → S. 81

Abb. 1.10 Die Beschäftigung mit Wasser bietet viele Möglichkeiten, sich Wissen anzueignen.

> **BEISPIEL** Giang (6;3) möchte den Bauteppich nicht aufräumen, da er stundenlang an seinem Turm gebaut hat. Er vertritt sein Anliegen bei der Kinderpflegerin Tatjana Niehus und überzeugt sie davon, dass der Turm noch zwei Tage stehen bleiben darf.

Die **Sozialkompetenz** ist die Fähigkeit, mit anderen Menschen soziale Beziehungen einzugehen, andere wertzuschätzen und sich empathisch einfühlen zu können.

> **BEISPIEL** Noah (5;9) wurde von der „Blauen Gruppe" zum Gruppensprecher gewählt. Alle Kinder sind der Meinung, dass er immer nett ist und Streit gut schlichten kann.

Die **Lernkompetenz** beinhaltet die Fähigkeit, sich gerne und konzentriert Wissen und Fertigkeiten anzueignen, zu forschen und von anderen zu lernen.

> **BEISPIEL** Berrit (2;2) steht auf einem Hocker am Waschbecken. Hingebungsvoll schüttet sie Wasser von einem Becher in den anderen. Dieser Prozess dauert 25 Minuten.

Damit Kinder diese Kompetenzen erwerben, sind konkrete Handlungen erforderlich. Das Kind erwirbt diese zum Teil durch Selbstbildung oder durch gezielte Angebote und Aktivitäten von Eltern und pädagogischen Fachkräften.

1.4.2 Erziehungsziele der Gesellschaft

Im Rahmen des Bildungssystems wurden sogenannte **Schlüsselqualifikationen** festgelegt, welche die Kinder und Jugendlichen erwerben sollen. Schlüsselqualifikationen sind Fähigkeiten, die einen Menschen in die Lage versetzen sollen, gegenwärtig und zukünftig Aufgaben, vor allem auch im Berufsleben, zu bewältigen.

Dazu gehören z. B.:
- Toleranz
- Verantwortungsbereitschaft
- soziales Verhalten und historisches (geschichtliches) Bewusstsein
- Kreativität

Um diese Schlüsselqualifikationen zu erwerben, müssen drei Voraussetzungen gegeben sein: Enkulturation, Sozialisation und Personalisation.

Enkulturation

Das Kind wächst in eine bestimmte Kultur hinein und nimmt diese als seine eigene an. Dazu gehört, dass es
- die Sprache der Kultur lernt und spricht,
- Gefühle ausdrücken kann,
- die Regeln des Miteinanders gestalten und einhalten kann,
- weiß, welche Lebens- und Arbeitsformen es gibt oder wie z. B. der Lebensunterhalt verdient wird,
- Gesetzmäßigkeiten und Regeln der Gesellschaft kennt.

Sozialisation

Der Mensch verinnerlicht ›Normen und Werte‹ und lebt danach. Durch Erziehung lernt das Kind diese Normen und Werte und versteht zunehmend, wie die Gesellschaft funktioniert, was erlaubt ist und was nicht. Sozialisation ist ein lebenslanger Prozess.

Normen und Werte → S. 217

Personalisation

Der Mensch bildet eine eigene, unverwechselbare Persönlichkeit aus und erkennt diese als seine an. Durch Erziehung entwickelt der Mensch seine Fertigkeiten und Fähigkeiten. Damit dieses Ziel erreicht wird, müssen bestimmte Voraussetzungen gegeben sein. Hierzu gehören:
- die Möglichkeit des freien Handelns
- die Möglichkeit, Entscheidungen frei treffen zu können
- die Möglichkeit, sich zu verändern
- Reflexionsfähigkeit
- Verantwortungsbereitschaft

1.4.3 Basiskompetenzen als Erziehungsziele

Das Bayerische Staatsministerium für Arbeit und Sozialordnung, Familien und Frauen und das Staatsinstitut für Frühpädagogik in München haben im „Bayerischen Bildungs- und Erziehungsplan für Tageseinrichtungen für Kinder bis zur Einschulung" sogenannte Basiskompetenzen als Erziehungsziele festgelegt. Basiskompetenzen sind Persönlichkeitseigenschaften und Fertigkeiten, die Menschen dazu befähigen, sich mit anderen Personen und Dingen in ihrer Umgebung auseinanderzusetzen.

> Basiskompetenzen sollen die Kinder von Anfang an dazu befähigen, die Anforderungen der Welt, in der sie leben, gut bewältigen zu können.

Abb. 1.11 Basiskompetenzen sind wichtig, um den Herausforderungen des Lebens zu begegnen.

Die Lebensbedingungen verändern sich in vielen Lebensbereichen rasant. Zum Beispiel werden Kinder heute schon sehr früh mit Handys, Tablets und Computern konfrontiert. Die Entwicklung in der medialen Welt schreitet unaufhaltsam voran. Um mit diesem Wandel umgehen zu können, müssen die Kinder viele Kompetenzen (Fähigkeiten) in unterschiedlichen Bereichen erwerben.

> **BEISPIEL** Bryan (1;9) möchte seine Butterbrotdose selbst öffnen. Hilfestellungen von Dirk Bauer, dem Kinderpfleger, lehnt er ab. Er ist sehr motiviert, die Dose selbst aufzubekommen. Bryan möchte selbstbestimmt handeln. Dadurch erlebt er sich selbst als kompetent. Nach einigen Minuten des Versuchs hat Bryan es geschafft. Die Brotdose ist offen.

›Personale‹ Kompetenzen	- sich selbst gut kennen - Verantwortung für sich selbst übernehmen - Selbstvertrauen haben - ein positives Bild von sich selbst haben - motivationale Kompetenz: Handlungen selbst bestimmen - kognitive Kompetenz: kreativ sein, Probleme lösen, wahrnehmen, abstrakt denken - physische Kompetenz: Verantwortung für die Gesundheit und den eigenen Körper, übernehmen
Soziale Kompetenzen	- Empathiefähigkeit: sich einfühlen können - Kommunikationsfähigkeit - Konfliktfähigkeit: mit Konflikten umgehen und sie lösen - Kooperationsfähigkeit: mit anderen zusammenarbeiten - Werte- und Orientierungskompetenz: eigene Werte und Standpunkte entwickeln - Verantwortung übernehmen - demokratische Teilhabe: andere tolerieren, unvoreingenommen sein, Andersartigkeit achten, für andere einstehen
Lernmethodische Kompetenzen	- neues Wissen erwerben - Selbstbildung: die eigene Bildung selbst steuern und bestimmen - Wissen anwenden können
Kompetenzen im Umgang mit Belastungen und Veränderung	- ›Resilienz‹ entwickeln: psychische Widerstandskraft aufbauen

personal
eine Person mit all ihren Eigenschaften betreffend

Resilienz → S. 146

1.4.4 Mit unterschiedlichen Werten und Zielvorstellungen umgehen

Es gibt viele verschiedene Träger von Kindertageseinrichtungen, die unterschiedliche Ziele und Werte haben. Kirchliche Einrichtungen haben z. B. das Erziehungsziel, Kinder zu gläubigen Christen zu erziehen, während kommunale (städtische) Einrichtungen die kirchlichen Festtage häufig in einem anderen Rahmen feiern. So wird etwa am christlichen Martinstag ein allgemeineres Lichterfest gefeiert. Doch auch die pädagogischen Fachkräfte, die in der gleichen Einrichtung beschäftigt sind, haben oft unterschiedliche Vorstellungen.

> **BEISPIEL** In der Kindertagesstätte „Sonnenschein" findet ein pädagogischer Tag zum Thema ›Partizipation‹ statt. Die Einrichtung hat fünf Gruppen, zwölf Mitarbeiterinnen nehmen an dem pädagogischen Tag teil. Die Vorstellungen darüber, wie weit die Kinder in Entscheidungsprozesse einbezogen werden können, gehen sehr weit auseinander.
> Für den Außenbereich soll ein neues Klettergerüst angeschafft werden. Beate Strick, pädagogische Fachkraft in der Maulwurfgruppe, ist dafür, die Kinder bei der Auswahl des Gerüstes voll mitbestimmen zu lassen. Kinderpflegerin Elvira Szymek wendet ein, dass die Kinder in diesem Fall noch gar nicht überblicken können, welche Punkte beim Erwerb eines Klettergerüsts von Bedeutung sind.

Partizipation → S. 438

GRUNDLAGEN DER PÄDAGOGIK

Zusammenarbeit im Team
→ S. 203

Unterschiedliche Erziehungsziele können die ›Zusammenarbeit‹ erschweren. Daher ist es besonders wichtig, über diese im Team und mit dem Träger zu sprechen. Die pädagogischen Fachkräfte müssen ihre Erziehungsziele begründen können und sie gegen andere abwägen. Auf diese Weise sollte dann ein **Konsens** (Übereinstimmung) gefunden werden, welche Ziele für die Einrichtung leitend sein sollen. In der Regel werden die Erziehungsziele im Konzept der Einrichtung festgelegt.

> **BEISPIEL** In der Puppenecke der Bärengruppe streiten **Paul (3;11)** und **Leonie (4;7)** um eine Puppe. Der Kinderpfleger Richard Küsters beobachtet die Situation. Er ist der Meinung, dass Kinder lernen müssen, ihre Konflikte selbst zu lösen. Seine Kollegin Barbara Jenicke sieht das anders. Sie ist der Auffassung, Kinder können das in dem Alter noch nicht. Sie beschließt, dies in der nächsten Teamsitzung zu thematisieren und ihre Bedenken zu äußern.

Wenn es gegensätzliche Erziehungsziele gibt, müssen die pädagogischen Fachkräfte zusammen entscheiden, welches Ziel sie gemeinsam übernehmen. Dies sollte in Abwesenheit der Kinder geklärt und auch schriftlich festgehalten werden. Niemals sollten

Mit Konflikten umgehen
→ S. 376

›Meinungsverschiedenheiten‹ vor den Kindern diskutiert werden.
Jede pädagogische Fachkraft sollte sich über die Erziehungsziele Klarheit verschaffen und diese dann konsequent (unbeirrbar) verfolgen. Abweichungen können für Kinder irritierend sein. Eine klare, eindeutige Formulierung von Erziehungszielen (z. B. im Konzept) bringt auch Klarheit in pädagogisches Handeln.

> **ZUM WEITERDENKEN** Um grundlegende Konflikte zu vermeiden, sollten Sie sich vor der Wahl des Arbeitsplatzes mit dem Konzept der jeweiligen Einrichtung auseinandersetzen. Überprüfen Sie, ob Sie die dort festgehaltenen Erziehungsziele vertreten können. Mit der Unterzeichnung des Arbeitsvertrags verpflichtet sich die pädagogische Fachkraft, die Erziehungsziele und Werte des Trägers zu vertreten.

1.4.5 Mit kulturellen Unterschieden umgehen

Jede Kultur oder Gesellschaft hat eigene Werte und Zielvorstellungen. Diese sind durch Traditionen, Religion und die jeweilige Lebensweise der Gesellschaft geprägt. Eltern vermitteln in der Familie ›Normen und Werte‹, die ihrer Kultur entsprechen.
In Kindertageseinrichtungen oder Schulen lernen die Kinder und Jugendlichen häufig andere Zielvorstellungen und Werte kennen. Sie müssen den Spagat schaffen und sich in diesen unterschiedlichen Welten zurechtfinden. Manchmal werden in ihnen sogar noch unterschiedliche Sprachen gesprochen.

Normen und Werte → S. 217

BEISPIEL **Emir (5;7)** besucht seit letztem Sommer die Tageseinrichtung für Kinder „Am blauen Stein." In seiner Familie hat Emir bislang kaum Grenzen erfahren. Er wurde sehr verwöhnt. Seine Selbstständigkeit wurde bislang kaum gefördert. Wenn er sich nun selbstständig anziehen soll, um auf dem Außengelände zu spielen, führt dies zu Konflikten mit den pädagogischen Fachkräften. Nur durch viel Geduld erreicht Kinderpflegerin Nina Zwack, dass Emir sich selbst anzieht.

Informationen zur religiösen Werteerziehung in islamischen Familien finden sich z. B. auf den Seiten des Bundesministeriums für Familie, Senioren, Frauen und Jugend:
www.bmfsfj.de/BMFSFJ/Service/Publikationen/publikationsliste,did=111614.html

Es ist wichtig, dass die pädagogische Fachkraft Erziehungsziele, die sie selbst nicht richtig findet, nicht verurteilt oder abwertet. Stattdessen sollte sie sich mit der anderen Kultur und deren Erziehungszielen, Normen und Werten auseinandersetzen. Auf dieser Grundlage sind dann eine verständnisvolle Annäherung und ›Erziehungspartnerschaft‹ möglich.

Erziehungspartnerschaft → S. 392

Abb. 1.12 Ein interkulturelles Frühstück kann helfen, Unterschiede zu verstehen.

1.5 Intentionale und funktionale Erziehung

In der pädagogischen Praxis wird ganz grundlegend zwischen zwei Formen der Erziehung unterschieden. Dabei handelt es sich um die intentionale (zielgerichtete) und die funktionale (auf die Tätigkeit bezogene) Erziehung. Beide spielen bei der Vermittlung von Werten und Normen eine nicht unerhebliche Rolle.
Die funktionale Erziehung geschieht unbewusst aus einer Situation heraus. Sie findet durch unterschiedliche Einflüsse von außen statt.

> **BEISPIEL** Kathrin (5;7) übernachtet das erste Mal bei ihrer Freundin Hanna (6;1). Hannas Eltern sind sehr locker, vor allem in Bezug auf das Fernsehen. Hanna darf viele Sendungen im Fernsehen anschauen. So kommt es, das Kathrin das erste Mal abends eine Castingshow ansieht, was sie zu Hause nicht darf.

Für die Eltern von Kathrin entsteht so eine unkontrollierbare Situation. Sie erfahren möglicherweise gar nicht, dass Kathrin diese Sendung gesehen hat.

1.5.1 Die intentional-planvolle Erziehung

Bei der intentionalen Erziehung werden bewusst und planvoll Maßnahmen zur Förderung des Kindes eingesetzt. Diese ziehen sich durch den gesamten Alltag des Kindes. So gibt es etwa
- Morgenrituale,
- Tischregeln,
- Aufräumzeiten oder
- Einschlafrituale.

Durch diese festen Phasen im Alltag soll das Kind unter anderem lernen, sich an eine ›Tagesstruktur‹ zu gewöhnen.

Bedürfnisgerechter Tagesablauf → S. 427

Abb. 1.13 Gemeinsames Essen als Ritual

> **BEISPIEL** Die Kinder der Regenbogengruppe haben Turntag. Damit kein Kind allein vorausläuft, stellen sich die Kinder hintereinander auf und bilden einen Zug, in dem sie bis zum Bewegungsraum laufen. Das wird an jedem Turntag so durchgeführt.

> **ZUM WEITERDENKEN** Die Ausprägung der intentionalen Erziehung orientiert sich an den jeweiligen Erziehungszielen der sozialpädagogischen Einrichtung. Pädagogische Fachkräfte verpflichten sich, diese Ziele zu übernehmen und ihr pädagogisches Handeln daraufhin auszurichten.

1.5.2 Die funktional-unbewusste Erziehung

Im Unterschied zur intentionalen Erziehung wird die funktionale Erziehung von unbewussten Faktoren geleitet. Es ist kein Ziel beabsichtigt und pädagogischen Fachkräften oder Eltern ist ihr Handeln in diesem Zusammenhang auch nicht bewusst. Erziehung findet daher ständig, sozusagen nebenbei, statt. Dabei kann es auch zu unbeabsichtigten Ereignissen kommen.

> **BEISPIEL** **Jannika (2;6)** hat einen kleinen Bruder bekommen. Die Mutter geht sehr liebevoll mit ihren Kindern um. Durch die liebevolle Zuwendung, die Jannikas Mutter dem kleinen Bruder Tim zukommen lässt, entwickelt Jannika unbeabsichtigt ein ebenso liebevolles Verhalten zu ihrem Bruder.

Jannikas Mutter legt so, ganz nebenbei durch ihr Vorleben und ohne dass es ihr bewusst ist, Grundlagen, die es Jannika ermöglichen, eine liebevolle Schwester zu sein.

> **ZUM WEITERDENKEN** Zur funktionalen Erziehung gehört auch, dass sich eigene Erfahrungen der pädagogischen Fachkraft, z. B. in Bezug auf Bindung und Beziehungen, auf ihr Erziehungsverhalten auswirken. Daher ist es wichtig, dass sich pädagogische Fachkräfte immer wieder selbst ›reflektieren‹.

Reflexion → S. 41

Die funktionale Erziehung hat einen entscheidenden Einfluss auf die Entwicklung des Kindes. Geht es in eine Kindertageseinrichtung, verbringt es zunehmend mehr Zeit außerhalb der Familie. Der Einfluss von anderen Personen wie Erziehern, Kinderpflegern und anderen Kindern hat also große Bedeutung.
Kinder lernen instinktiv durch ›**Nachahmen**‹. Auf diese Weise wird die Persönlichkeit des Kindes geprägt. Indem es bestimmte gesellschaftliche Regeln und Normen akzeptiert und übernimmt, integriert sich das Kind in eine Gruppe.

Lernen am Modell → S. 100

> **BEISPIEL** **Moritz (2;7)** beobachtet, dass **Ylva (4;9)** die Toilette aufsucht. Als ihn die Kinderpflegerin Mona Schaf das nächste Mal aufs Töpfchen setzten möchte, macht er deutlich, dass er auf die Toilette gehen möchte.

Abb. 1.14 Funktionale Erziehung findet ständig und häufig unbewusst statt.

1.6 Kinder entwickeln ihre Persönlichkeit durch Erziehung

Ein zentrales Erziehungsziel in jeder Kultur ist das Heranreifen der Kinder zu eigenständigen, verantwortungsbewussten Persönlichkeiten. Von großer Bedeutung ist in diesem Zusammenhang die ›Bindungserfahrung‹, die das Kind von Geburt an macht. Im Idealfall ist das Kind ein „sicher gebundener" Mensch, der auf dieser Grundlage ein positives Selbstbild, ein starkes Ich entwickeln kann. Die pädagogische Fachkraft unterstützt diese Entwicklung.

Bindung → S. 128

Sie vermittelt dem Kind ›Fähigkeiten und Fertigkeiten‹, um folgende Ziele zu erreichen:

Basiskompetenzen → S. 226

- Das Kind entwickelt ein gutes Selbstwertgefühl.
- Das Kind kann mit Konflikten umgehen.
- Das Kind kann Entscheidungen treffen.
- Das Kind erlebt sich als selbstwirksam.
- Das Kind übernimmt zunehmend Verantwortung.
- Das Kind findet sich in seiner Umwelt zurecht.
- Das Kind ist in der Lage und bereit, mit anderen zusammenzuarbeiten.

> Damit diese Erziehungsziele erreicht werden können, brauchen Kinder das Gefühl, dass ihnen vertraut wird und dass sie geliebt werden. Sie müssen Sicherheit und Geborgenheit erfahren.

Durch Anerkennung entwickeln Kinder Mut. Ihre Selbstbildungspotenziale werden aktiviert. Das bedeutet, dass sich Kinder durch Neugierde, Erforschen und Experimentieren Wissen aneignen. Dabei machen sie Fehler, die nicht bewertet oder bestraft werden sollten. Wichtig ist auch, dass sie sich ohne Anweisungen erproben dürfen.

Abb. 1.15 Jedes Kind hat seine individuellen Stärken und Schwächen.

Erziehung soll alle positiven Persönlichkeitseigenschaften hervorrufen und stärken.

> 1. Grundvertrauen, also Lebensbejahung, Optimismus, Offenheit, Bindungsfähigkeit und Gottvertrauen;
> 2. Bereitschaft zur Selbsterhaltung durch eigene Anstrengung, also Arbeitswilligkeit, Ausdauer, Zuverlässigkeit, Sorgfalt und Verantwortungsbewusstsein;
> 3. realistisches Welt- und Selbstverständnis, also Wirklichkeitssinn, Sachlichkeit, Wissen, Fähigkeit zur Introspektion und Selbsterkenntnis;
> 4. Gemütsbildung, also Werthaltungen, Gewissen, Ansprechbarkeit für Gutes und Schönes, Taktgefühl und Rechtsempfinden;
> 5. sowie Selbstdisziplin, also Rücksichtnahme, seelische Belastbarkeit und Selbstbeherrschung.
>
> Textor, Martin R. (Hrsg) (1991): Die Persönlichkeitsentwicklung von Kindern und Jugendlichen als Herausforderung an Familie und Schule. In Kindergartenpädagogik. Online-Handbuch. www.kindergartenpaedagogik.de/25.html (Abruf: 25.01.2015)

> Eine langfristige, liebevolle, von Nähe, Fürsorge und Schutz geprägte Beziehung zu einer pädagogischen Fachkraft ist die Voraussetzung für die Entwicklung einer gesunden Persönlichkeit.

1.6.1 Zur Persönlichkeit gehören die personale und die soziale Identität

In seiner Persönlichkeitsentwicklung erkennt sich das Kind mit seiner Einmaligkeit. So entwickelt es eine ›Identität‹. Diese umfasst zwei Kategorien (Gruppen), die personale und die soziale Identität.

Die **personale Identität** beinhaltet das, was den Menschen einmalig macht. Die Person ist unverwechselbar. Es gibt sie nur einmal. Auch ihre Interessen, Bedürfnisse und Wertmaßstäbe sind einmalig und unverwechselbar. Aus diesem Grunde ist jeder Mensch unvergleichbar.

Identität
die als „Selbst" erlebte innere Einheit der Person mit allen individuellen Eigenschaften

Die **soziale Identität** ist dadurch geprägt, wie sich eine Person als Teil einer Gruppe oder Gesellschaft erfährt und erlebt. Dies umfasst das Empfinden von Akzeptanz (Annahme), Wertschätzung, Anerkennung und den respektvollen Umgang miteinander. Die Person nimmt im besten Falle sich selbst und die anderen so an, wie sie sind, ohne zu bewerten.

Des Weiteren ist Wertschätzung bedeutungsvoll. Darunter ist zu verstehen, dass andere Menschen positiv und wohlwollend gesehen werden. Durch Anerkennung wird das, was ein Mensch tut, gesehen und gewürdigt.

Personale Identität	Soziale Identität (soziale Umwelt)
▪ Einmaligkeit der Person ▪ Unverwechselbarkeit der Person ▪ eigene Wertmaßstäbe ▪ Interessen ▪ Bedürfnisse	▪ Akzeptanz ▪ Anerkennung ▪ Wertschätzung ▪ Respekt

Die Entwicklung einer Identität ist Voraussetzung für eine zufriedenstellende Lebensgestaltung. Je besser das Kind sich selbst mit all seinen Interessen und Bedürfnissen wahrnehmen kann, desto besser gelingt ihm die Bewältigung seiner Lebensaufgaben. Dazu gehört es auch, die eigenen Interessen mit der sozialen Umwelt abzustimmen. Kinder in dieser Entwicklung zu unterstützen ist eine grundlegende pädagogische Aufgabe in der sozialpädagogischen Praxis. Dabei müssen die Lebensumstände jedes einzelnen Kindes berücksichtigt und zugleich seine Individualität (Einzigartigkeit) gewahrt werden.

1.6.2 Kommunikation ist wichtig für die Persönlichkeitsentwicklung

Ein grundlegender Schlüssel für die Begleitung von Kindern in ihrer Persönlichkeitsentwicklung ist die ›Kommunikation‹. Eine klare, positive und wertschätzende Kommunikation ermöglicht es Kindern, von Beginn an ein positives Selbstbild aufzubauen.

Kommunikation → S. 188

> **BEISPIEL** Die Kinderpflegerin Samira Shaba beobachtet, wie sich **Taio (3;1)** ein Puzzle mit 200 Teilen aus dem Regal nimmt. **Lina (5;4)** geht zu ihm und sagt: „Das kannst du noch nicht, dazu bist du zu klein." Einen Tag vorher hat sie selbst vergeblich versucht, das Puzzle zu legen. **Leon (6;1)** hat sie gefragt: „Bist du zu dumm, das Puzzle zusammenzusetzen?"

Eine solche Kommunikation verhindert die Entwicklung von Selbstvertrauen. Die Kinder erhalten die Botschaft, zu klein oder zu dumm zu sein. Sinnvoller ist eine unterstützende und wertschätzende Botschaft.

> **BEISPIEL** Samira Shaba geht zu Taio und sagt: „Du kannst es versuchen, ich freue mich zu sehen, wie weit du kommst." Vielleicht bittet sie auch Lina, dazuzukommen und Taio zu helfen. Sie kann Lina loben: „Du gibst dir sehr viel Mühe, das Puzzle zusammenzusetzen."

Kinder wollen ernst genommen werden. Es ist wichtig, ihnen das Gefühl zu vermitteln, dass man ihnen etwas zutraut, auch wenn es ihnen zunächst einmal nur gelingt, mit Unterstützung kleine Fortschritte zu machen. Ein permanentes „Nein" vermittelt Kindern dagegen das Gefühl, nichts richtig machen zu können.

Abb. 1.16 Wertschätzende Kommunikation

1.6.3 Loben ist wichtig für die Entwicklung des Kindes

Zur Kommunikation gehört auch das Lob. Hierbei ist zu beachten, dass Loben nicht nur aus Äußerungen wie „klasse", „sehr gut" oder „super" besteht. Viel wichtiger ist es, ein individuelles Lob auszusprechen.

> **BEISPIEL** Samuele (4;9) geht zu Marianne Kistermann, der Kinderpflegerin, und zeigt ihr sein gemaltes Bild. Marianne schaut sich das Bild genau an. Dann sieht sie Samuele an und sagt: „Die Reifen an dem Auto sind dir gut gelungen. Du hast dir sehr viel Mühe gegeben, damit sie rund werden." Samuele lacht sie an und nickt mit dem Kopf. Dann geht er zurück zum Kreativtisch und malt weiter.

Das Loben wirkt sich positiv auf die Psyche des Menschen aus. Kinder, Jugendliche und Erwachsene fühlen sich gut, wenn sie gelobt werden, sie sind dann stolz auf sich selbst. Durch Lob gewinnen Menschen Selbstvertrauen und Selbstsicherheit. Das wiederum wirkt sich positiv auf das Selbstbild aus. Gezieltes Lob ermöglicht es Kindern, Vertrauen in die eigenen Fähigkeiten aufzubauen. Es motiviert sie. Außerdem können Kinder dadurch besser mit konstruktiver (sachlicher) Kritik umgehen.

> **BEISPIEL** Der Kinderpfleger Alex Wildhaus sitzt am Kreativtisch. **Zofia (5;7)** zeigt ihm ihr Bild. Er sagt: „Zofia, dieses Rot, das du dir ausgesucht hast, gefällt mir sehr gut. Du gibst dir sehr viel Mühe mit deinem Bild."

Diese Grundregeln sind beim Loben zu beachten:
- Loben Sie nur, wenn Sie es ernst meinen.
- Schauen Sie das Kind dabei an und nehmen Sie Blickkontakt auf.
- Loben Sie das, was gut gelungen ist.
- Loben Sie durch nonverbale Kommunikation (lächeln).
- Richten Sie Ihr Lob auf Erreichtes.
- Lob muss wohldosiert sein.

1.6.4 Erziehungsmaßnahmen und ihre Auswirkungen

Erziehungsmaßnahmen sind Handlungen der pädagogischen Fachkraft, mit denen sie das Verhalten des Kindes dauerhaft verändert. Dabei soll es schließlich den gesetzten Erziehungszielen entsprechen. Erziehungsmaßnahmen gehören zum Handwerkszeug der pädagogischen Fachkraft. Sie sollte diese wohldosiert und planvoll einsetzen, um Verhaltensänderungen bei Kindern zu bewirken.
Eine Grundlage für entwicklungsfördernde Erziehungsmaßnahmen sind die **„Fünf Säulen entwicklungsfördernder Erziehung"**, die die Erziehungswissenschaftlerin Sigrid Tschöpe-Scheffler aufgestellt hat.

1. Aufgaben der Erziehung

Liebe | **Achtung** | **Kooperation** | **Struktur** | **Förderung**

Beziehung zwischen Erziehenden und Zu-Erziehenden

1. Durch **Liebe** und emotionale Wärme zeigt die pädagogische Fachkraft, dass sie das Kind wohlwollend wahrnimmt und sich ihm zuwendet. Dies äußert sich durch Anteilnahme in Form einer zugewandten Haltung, durch Lächeln, Zuhören und eventuell körperlichen (nicht erzwungenen) Kontakt.
2. Durch **Achtung** und Respekt zeigt die pädagogische Fachkraft, dass sie das Kind schätzt und ihm vertraut. Eigene Ideen, Interessen und Bedürfnisse des Kindes werden respektiert.
3. Das Kind und die pädagogische Fachkraft **kooperieren** miteinander. Im Sinne der ›Partizipation‹ wird das Kind in Entscheidungsprozesse einbezogen. Dazu gehören auch Regeln, die von beiden Seiten eingehalten werden (z. B.: Wir hören einander zu).
4. Regeln geben klare **Strukturen** und Verbindlichkeiten vor. Das gibt dem Kind Sicherheit. Verbunden mit diesen Regeln sind Konsequenzen. Werden die Regeln nicht eingehalten, sollten vorher vereinbarte Konsequenzen folgen. Sinnvoll ist es, Kinder bei der Erarbeitung von möglichen Konsequenzen einzubeziehen. Auch Rituale strukturieren den Tagesablauf und geben Sicherheit.
5. Eine kindgerechte, vorbereitete Umgebung ermöglicht es den Kindern, Erfahrungen zu sammeln und sich Sinnzusammenhänge zu erschließen. Sie begreifen und verstehen so zunehmend, wie die Welt funktioniert. Durch diese „**Förderung**" entwickeln sich Kinder ganzheitlich weiter.

Partizipation → *S. 438*

Lernen am Modell → S. 100

Vorbild sein
Eine wirkungsvolle Erziehungsmaßnahme leitet sich aus dem ›„Lernen am Modell"‹ ab. Das Vorleben eines gewünschten Verhaltens ermöglicht es dem Kind, dieses nachzuahmen. Allerdings imitieren Kinder nicht jedes Verhalten. Die Nachahmung ist von bestimmten Faktoren abhängig:
- Das Kind muss eine gefestigte Beziehung zu dem Erwachsenen haben und es muss ihn mögen.
- Das gezeigte Verhalten sollte für das Kind einen Reiz ausüben und Erfolg versprechend sein.
- Die gezeigten Handlungen sollten dem Erwachsenen gelingen.

BEISPIEL Nathalie Hoffer ist Praktikantin in der Froschgruppe und bei den Kindern schnell sehr beliebt. Sie räumt täglich den Frühstückstisch ab und säubert ihn anschließend. Bald übernehmen auch die Kinder diese Tätigkeit.

ZUM WEITERDENKEN Das „Lernen am Modell" hat eine zentrale Bedeutung in der Pädagogik. Vor allem das Erlernen von Sprachen gelingt Kindern auf diese Weise. Es hat allerdings auch eine „Kehrseite": So gut es im Positiven funktioniert, so gut funktioniert es auch, wenn ein nicht gewünschtes Verhalten gezeigt wird. Daher sollten Sie als Kinderpfleger sich ständig ihres eigenen Verhaltens bewusst sein und sich so verhalten, wie sie es von den Kindern erwarten. Das bedeutet auch, dass sich die pädagogischen Fachkräfte selbst auch an die Regeln halten, die sie mit Kindern erarbeiten.

BEISPIEL Der Kinderpfleger Sascha Holters bittet die Kinder der Regenbogengruppe aufzuräumen. Die Kinder lassen sich Zeit und scheinen Saschas Bitte gar nicht wahrgenommen zu haben. Sascha ärgert sich. Sehr laut ruft er in den Raum: „Räumt jetzt auf, flott!" **Lilja (6;1)** geht zu ihm und sagt: „Schau mal auf unser Plakat, wir schreien nicht in der Gruppe rum." Sascha sagt: „Stimmt, Lilja, das war so nicht in Ordnung, die Regeln gelten für mich auch."

Abb. 1.17 Bitte vormachen! Das gilt auch für so kleine Dinge wie Händewaschen.

An diesem Beispiel wird deutlich, dass Kinder von Erwachsenen lernen und erwarten, dass auch diese sich an Regeln halten.

Lernen durch Versuch und Irrtum
Eine andere Erziehungsmaßnahme ist das Lernen durch Versuch und Irrtum. Es findet durch **Ausprobieren** statt. So machen die Kinder eigene Erfahrungen und lernen daraus.

BEISPIEL Ein klassisches Beispiel für das Lernen durch Versuch und Irrtum ist das Steckspiel mit verschiedenen Formen. Durch häufig wiederholtes Ausprobieren lernt das Kind schließlich, welches Klötzchen in welches Loch passt. So lernt es nebenbei die Formen zu unterscheiden.

Das Lernen durch Versuch und Irrtum sollte im pädagogischen Kontext immer nur nach guter Abwägung der Situation eingesetzt werden. Die Kinder sollen nicht in gefährliche Situationen gebracht werden, die sie noch nicht überschauen können.
Die pädagogische Fachkraft hat die Verantwortung, die einzelne Situation zu analysieren und entsprechend zu handeln (›Aufsichtspflicht‹). Die Sicherheit der Kinder geht in jedem Falle vor.

Aufsichtspflicht → S. 47

Kinder ermutigen
Kinder brauchen das Gefühl, eine Aufgabe bewältigen zu können. Eine Voraussetzung für die entsprechende Ermutigung ist **Vertrauen** aufseiten der Erziehenden.

> *Ermutigung ist das wichtigste Element in der Erziehung von Kindern. Sie ist so wichtig, dass ihr Fehlen als der hauptsächliche Grund für ein falsches Verhalten betrachtet werden kann. Ein unartiges Kind ist immer ein entmutigtes Kind.*
> Dreikurs, Rudolf/Soltz, Vicky (1994): Kinder fordern uns heraus. Klett, Wien, S. 40

> Kinder brauchen also Ermutigung gerade dann am meisten, wenn sie ihre Bezugspersonen stark herausfordern.

Viele Kinder entwickeln durch seelische Konflikte bereits in frühen Jahren ein Minderwertigkeitsgefühl. Dies äußert sich dann in unerwünschtem Verhalten. Ermutigung stärkt die Persönlichkeit und ist daher ein guter Weg, um das Verhalten zu verändern.
Kinder sollten Aufgaben bekommen, die sie gut bewältigen können und die ihnen Erfolgserlebnisse ermöglichen. Sie sollten daher dem Entwicklungsstand des Kindes angemessen sein. Ansonsten ist die nächste Entmutigung vorprogrammiert und das Kind verliert seine Bereitschaft, sich anzustrengen.

Abb. 1.18 Das kann ich schon alleine – Kinder wollen ermutigt werden.

Die pädagogische Fachkraft sollte
- dem Kind Aufgaben stellen, die es erfüllen kann und durch die es Erfolgserlebnisse hat,
- ruhigere und leistungsschwache Kinder ermutigen,
- dem Kind vermitteln, welchen Sinn sein Tun hat,
- an das Kind glauben,
- kleine Erfolge planen,
- das Kind Fehler machen lassen.

Kinder haben Freude an ihrem Tun, wenn sie merken, dass sie etwas ganz alleine können. Daraus ergibt sich der **Anreiz**, sich anzustrengen.

GRUNDLAGEN DER PÄDAGOGIK

Impuls
lat.: impulsus = Antoß, Anregung

Selbstbildungspotenziale
→ S. 114

›Impulse‹ geben

Kinder entdecken und experimentieren gerne. Dadurch werden ihre ›**Selbstbildungspotenziale**‹ aktiviert, d. h. sie lernen, sich eigenständig Wissen anzueignen. Dabei ist es wichtig, den Kindern keine fertigen Lösungen vorzusetzen, sondern selbst die Fragen der Kinder zu formulieren. So geben Sie ihnen die Möglichkeit, selbst die Lösung zu finden.

> **BEISPIEL** **Jelena (2;9)**, **Lars (2;4)** und **Ben (2;11)** streiten sich im Sandkasten, wer das Sandrad haben darf. Die Kinderpflegerin Nadire Schalcek kommt zu den Kindern. Zunächst beobachtet sie. Dann lässt sie die Kindern im Rahmen ihrer Sprachkompetenz erzählen, worum es geht. Dann fragt sie die Kinder: „Was können wir tun?" Sie unterstützt die Kinder dabei, eine Reihenfolge festzulegen, und achtet darauf, dass sich die Kinder ablösen.

Oft haben die Kinder sehr kreative Ideen, um Lösungen zu finden. Diese werden aber nur entstehen, wenn die pädagogische Fachkraft Vertrauen in die Lösungskompetenz der Kinder hat.

Abb. 1.19 Kinder finden gerne selbst Lösungen.

1.6.5 Pädagogische Zielvorstellungen umsetzen

> *Eine pädagogische Konzeption gibt Auskunft über die reale pädagogische Arbeit in einer konkreten Einrichtung. Es werden also Ziele, Inhalte, Methoden und Rahmenbedingungen der jeweiligen Einrichtung beschrieben und begründet.*
> Brockschnieder, Franz-Josef/Ullrich, Wolfgang (1997): Praxisfeld Erziehung. Didaktik/Methodik für die Fachschule für Sozialpädagogik. Bildungsverlag Eins, Köln, S. 331

Bild vom Kind → S. 48

Pädagogische Zielvorstellungen werden in pädagogischen Konzeptionen und Ansätzen festgelegt. Im Zentrum stehen dabei das Bild vom Kind und seine Entwicklung. Das ›Bild vom Kind‹ entsteht aus den Vorstellungen und dem Einfluss der Gesellschaft. Davon ausgehend werden Erziehungsziele formuliert. Die pädagogische Fachkraft entwickelt hieraus ihr pädagogisches Handeln.

1. Aufgaben der Erziehung

Um Zielvorstellungen in der pädagogischen Arbeit umzusetzen, ›plant‹ die pädagogische Fachkraft einen Erziehungsprozess und führt diesen durch. Grundlage für diese Planung ist zunächst die ›**Beobachtung**‹.

Pädagogische Konzeptionen unterscheiden sich von Einrichtung zu Einrichtung. Öffentliche und private Träger haben ihre eigenen Leitbilder und eine bestimmte pädagogische Ausrichtung, die auf einem ›pädagogischen Konzept‹ basiert. Viele Träger arbeiten nach dem Situationsansatz, der in den 1970er-Jahren entwickelt wurde. Der Situationsansatz ist ein sozialpädagogisches Konzept, welches Kinder bei der Bewältigung von Bildungs- und Lebensprozessen begleitet. Dabei ist es das Ziel, Kinder in ihren individuellen Lebenssituationen zu unterstützen. Durch die pädagogische Arbeit werden Kinder in ihrer Autonomie (Selbstständigkeit), Solidarität (Zusammenhalt) und in ihren Kompetenzen gestärkt.

Planen → S. 279

Wahrnehmung und Beobachtung → S. 56

Ausgewählte pädagogische Konzepte → S. 290

Warum muss ich das für meinen Beruf wissen?

Um Ihren Beruf gewissenhaft ausführen zu können, ist es wichtig zu wissen, was überhaupt Erziehung ist und wie sie sich historisch entwickelt hat.

In Ihrem Beruf unterstützen Sie Kinder in ihrem Entwicklungsprozess. Daher müssen Sie wissen, welche Bedeutung Anlage und Umwelt für die Entwicklung des Kindes haben.

Normen und Werte spielen im Erziehungsprozess eine bedeutsame Rolle. Dies gilt nicht nur in Bezug auf die Kinder, sondern auch für Sie selbst als pädagogische Fachkraft. Sie müssen Ihre eigenen Wertvorstellungen kennen und verstehen, welche Normen und Werte in Ihrer Einrichtung wichtig sind. Nur so können Sie die daraus hervorgehenden Erziehungsziele nachvollziehen und umsetzen.

Sie haben den Unterschied zwischen intentionaler und funktionaler Erziehung kennengelernt. Auf dieser Grundlage können Sie sich in pädagogischen Situationen bewusst und reflektiert verhalten.

Sie haben erfahren, dass Kinder durch Erziehung ihre Persönlichkeit entwickeln. Als Kinderpflegerin haben Sie eine sehr verantwortungsvolle Aufgabe, denn Sie begleiten die Kinder in diesem Prozess.

2 SOZIALISATIONSINSTANZEN: WO FINDET ERZIEHUNG STATT?

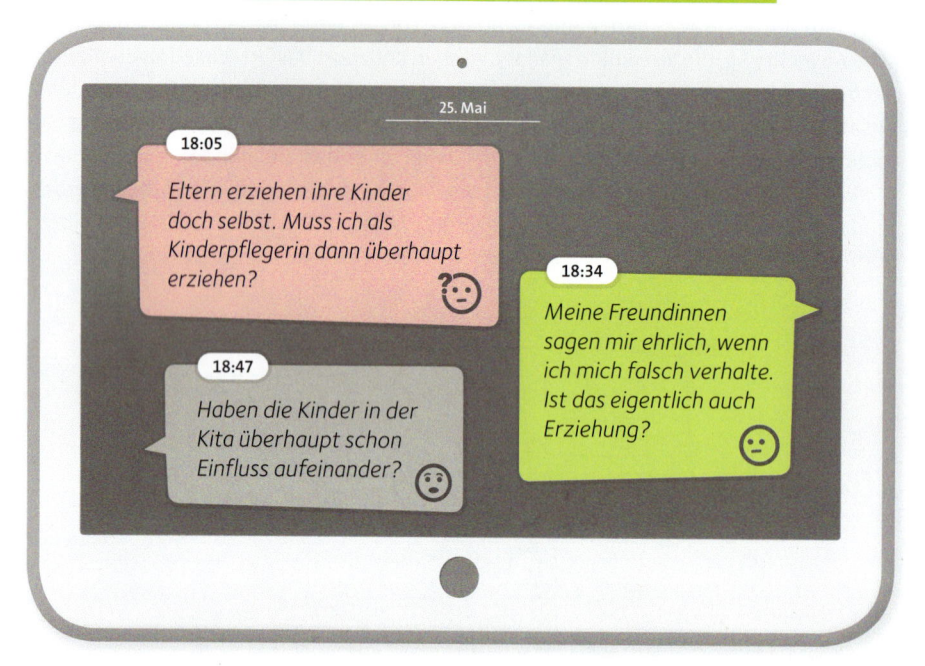

25. Mai

18:05 Eltern erziehen ihre Kinder doch selbst. Muss ich als Kinderpflegerin dann überhaupt erziehen?

18:34 Meine Freundinnen sagen mir ehrlich, wenn ich mich falsch verhalte. Ist das eigentlich auch Erziehung?

18:47 Haben die Kinder in der Kita überhaupt schon Einfluss aufeinander?

2.1 Was ist Sozialisation?

Der Begriff der Sozialisation ist sehr vielschichtig und hat zahlreiche Facetten. Schon 400 Jahre vor Christus betrachtete es der Philosoph **Platon** als Aufgabe des Staates, die Menschen in ihrer Suche nach Selbstbestimmung und nach Orientierung in Lebensfragen bestmöglich zu unterstützen.

- Wie werden Menschen Teil einer Gesellschaft?
- Welchen Einfluss nimmt die Umwelt auf die Entwicklung der Persönlichkeit eines Menschen?

Seit Mitte des 19. Jahrhunderts beschäftigten sich Wissenschaftler intensiv mit diesen Fragen der Sozialisation.

> Im alltäglichen Gebrauch wird unter Sozialisation häufig das Vermitteln von Fertigkeiten und Wissen von einer Generation zur nächsten verstanden. Anders gesagt handelt es sich also um die Eingliederung von Kindern und Jugendlichen in eine Gesellschaftsform.

Die Sozialisation soll das Überleben des einzelnen Menschen in einer bestimmten Umwelt sichern. Dabei wird unter Umwelt zum einen die direkte Umgebung verstanden, wie z. B. das Klima oder der Wohnort, zum anderen die soziale Umwelt, also der Einfluss von Bezugspersonen und Gesellschaft.

Abb. 2.1 Großeltern geben ihr Wissen gerne an die Enkel weiter.

2. Sozialisationsinstanzen: Wo findet Erziehung statt?

BEISPIEL Was heißt es, in verschiedenen Teilen der Erde groß zu werden? Die Lebenswelt von Kindern, die im Regenwald von Kolumbien in einer Großfamilie aufwachsen, ist kaum vergleichbar mit der Lebenswelt eines Einzelkindes mit seiner alleinerziehenden Mutter in einer westeuropäischen Großstadt. Klima, Lebensgewohnheiten, Gefahrenquellen, Bezugspersonen, Nahrung, Sprache, Rituale im Alltag, Regeln für das Zusammenleben, Erziehung, Religion, Werte und Normen unterscheiden sich sehr voneinander. In beiden Fällen prägt die Umwelt die Kinder und sie werden unterschiedlich sozialisiert.

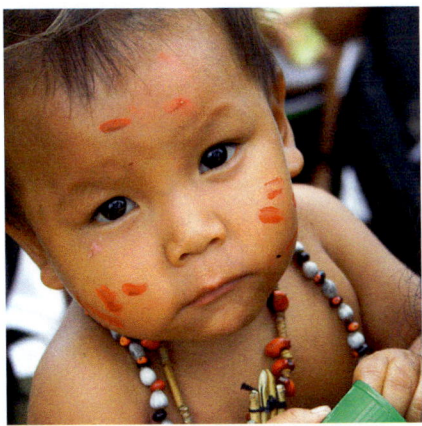

Abb. 2.2 Kind eines Amazonas-Stamms in Kolumbien

Abb. 2.3 Kind aus europäischem Kulturkreis

ZUM WEITERDENKEN In dem französischen Dokumentarfilm „Babys" (2010) werden vier Kinder aus unterschiedlichen Erdteilen in ihrem ersten Lebensjahr begleitet.

Trotz vielfältiger Lebenswelten ist festzuhalten, dass überall auf der Welt die Sozialisation das **Zusammenleben der Menschen** prägt. Eine Bindung des Einzelnen an seine soziale Bezugsgruppe findet normalerweise immer statt.
Durch die Eingliederung in die Gesellschaft erfährt der Einzelne ›Werte und Normen‹, eignet sich Wissen an und übernimmt Schritt für Schritt seine Rolle in der Gesellschaft des jeweiligen Kulturkreises. **Sozialisationsinstanzen** wie Familie, Schule, ›Peergroup‹ und Medien steuern und beeinflussen diesen Prozess.
Soziale Normen werden von den meisten Mitgliedern einer Gesellschaft oder Gruppe akzeptiert.

Werte und Normen → S. 217

Peergroup → S. 253

BEISPIEL Eine bekannte Norm lautet: „Was du nicht willst, das man dir tu, das füg auch keinem andern zu."

Normen schützen die Werte einer Gesellschaft, wie z. B. Zuverlässigkeit, Pünktlichkeit, Ehrlichkeit. Sie geben Orientierung und Sicherheit in der ›Interaktion‹ mit anderen Gruppenmitgliedern. Vorschriften und Regelwerke entlasten den Einzelnen und machen das Handeln und Reagieren der anderen Gruppenmitglieder vorhersagbar.

Interaktion → S. 188

ZUM WEITERDENKEN Ihre persönliche Entwicklung wurde durch unterschiedliche Personen geprägt. Wer hat Sie beeinflusst? In Ihrer Herkunftsfamilie gab es sicherlich Werte und Normen, die besonders wichtig waren. Gab es z. B. ein „Familienmotto", mit dem Sie groß geworden sind? Ein Familienmotto könnte lauten: „Nur zusammen sind wir stark", oder auch: „Wer viel arbeitet, wird belohnt". Es wird sicherlich Werte geben, die Sie auch heute noch als hilfreich empfinden, und andere, die Sie eher einschränken. Bestimmte Werte und Normen nehmen besonderen Einfluss auf die Arbeit im sozialen Bereich. So beeinflusst ein Familienmotto wie „Nur zusammen sind wir stark" Ihre Sichtweise auf die Kinder. Sie machen dann vielleicht viele Angebote, bei denen es um gemeinsames Tun geht und die Lösung nur zusammen zu erreichen ist.

2.1.1 Die primären Bezugspersonen sind wichtig für die Sozialisation

Ein Kind wird zuerst einmal in eine sehr überschaubare Welt mit klaren sozialen Strukturen hineingeboren. Es hat Bezugspersonen, die ihm Nahrung und Schutz bieten, seine kindlichen Signale wahrnehmen und angemessen darauf eingehen. Das sind in den meisten Fällen die Eltern. Außerdem gibt es noch andere Mitmenschen, die es in seiner alltäglichen Umwelt begleiten und erziehen. Das können z. B. die Großeltern oder andere Familienangehörige, aber auch Freunde der Familie sein.

Diese ersten Bezugspersonen vermitteln durch ihre Erfahrungen und als Vorbilder, was soziales Miteinander bedeutet. Sie bieten im besten Fall ein sicheres ›Bindungssystem‹ an. Dabei handelt es sich um einen wechselseitigen Prozess (›Interaktion‹) zwischen Kind und Bezugspersonen.
Der Prozess der Sozialisation wird auch im weiteren Leben immer beeinflusst durch die Interaktion zwischen mindestens zwei Personen. Dabei bringt jede von ihnen ihre eigene Persönlichkeit mit und führt auf eigene, individuelle Weise ihr Leben.

Abb. 2.4 Der Vater ist eine wichtige Bezugsperson für das Kind.

Bindung → S. 128
Interaktion → S. 188

BEISPIEL Die Mutter als Bezugsperson kann beispielsweise als Vorbild für das eigene Leben dienen. Möglicherweise ist sie sportlich und unternimmt viele Ausflüge mit dem Kind in die Natur. Im Laufe des Lebens stellt man selber eine große Bewegungsfreude und einen hohen Bezug zur Natur fest.

Im Laufe der Persönlichkeitsentwicklung erweitert sich der Erfahrungshorizont von Heranwachsenden. Sie beginnen, sich kritisch mit der bisher erlebten Wirklichkeit auseinanderzusetzen. Diese Entwicklung gehört zum Erwachsen werden unbedingt dazu. Werte und Normen verändern sich. Bisher gelebte Verhaltensweisen werden neu beurteilt und es finden Aneignungs- und Auseinandersetzungsprozesse statt.

Das heißt, die Verhaltensweisen der Eltern werden im Laufe der Entwicklung neu betrachtet. Dabei stellt der Jugendliche fest, welche Verhaltensweisen in seine Lebenswirklichkeit passen und welche nicht.

> Früher wurde die Sozialisation eher auf das Kinder- und Jugendalter begrenzt. Heute wird von einem lebenslangen Prozess gesprochen.

ZUM WEITERDENKEN Als Schüler sind Ihnen vielleicht zurzeit eher idealistische und soziale Werte wie z. B. Freiheit oder Gerechtigkeit wichtig. Als Vater oder Mutter könnten Werte wie Verantwortung oder Sicherheit im Mittelpunkt stehen. Als Rentner möchten Sie später vielleicht sagen, dass Sie ein erfülltes individuelles Leben führen, und freuen sich, wenn Sie gesund sind. Die jeweilige Lebenssituation beeinflusst die persönliche Gewichtung von Werten. Diese werden der individuellen Lebenssituation angepasst.

2.1.2 Sozialisation findet in Phasen statt

Im alltäglichen Sprachgebrauch wird Sozialisation häufig auf die Phase der Heranwachsenden begrenzt. Aber auch „sozialisierte" Erwachsene erleben immer wieder Phasen, in denen sie mit anderen Menschen das praktische Zusammenleben aushandeln müssen.

BEISPIEL Im Arbeitsalltag ist es wichtig, dass es eindeutige Vereinbarungen gibt, an die sich alle zu halten haben. Das kann, gerade in kleineren Teams, z. B. die Regelung von Pausenzeiten sein. Sinnvolle Gesprächsregeln können eine Dienstbesprechung in einer Einrichtung der Kinder- und Jugendhilfe optimieren.

Besonders bei **Übergängen** in eine neue Lebensphase sind intensive Anpassungsprozesse zu beobachten. Das kann bei einem Umzug, dem Antritt einer neuen Arbeitsstelle oder der Gründung einer Familie der Fall sein.

Abb. 2.5 Hochzeitsfeier: Übergang in eine neue Lebensphase

GRUNDLAGEN DER PÄDAGOGIK

> **ZUM WEITERDENKEN** Sie haben auch schon wichtige Übergänge und Veränderungen in Ihrem Leben erlebt: z. B. den Schritt vom Kindergarten in die Grundschule oder von der Grundschule in die weiterführende Schule. Vielleicht sind Sie auch schon umgezogen und mussten irgendwo „neu anfangen". Sie haben bereits Praktika im sozialen Bereich absolviert. Denken Sie zurück. Es haben sich in dieser Zeit sicherlich Einstellungen und Gewohnheiten bei Ihnen verändert. Sie haben neue Erkenntnisse und Wissen dazugewonnen und an andere weitergegeben.

In der Fachliteratur wird zwischen **drei Phasen** unterschieden, die zeigen, dass es sich bei Sozialisation um einen lebenslangen Prozess handelt:
- die primäre (erste) Sozialisation
- die sekundäre (zweite) Sozialisation
- die tertiäre (dritte) Sozialisation

Dabei geht man von der heutigen Lebenswelt der westlichen Industriegesellschaft aus. In manchen Schaubildern wird das Erwachsenenalter noch unterteilt in tertiäre (dritte) und quartäre (vierte) Sozialisation. Durch diese Unterteilung kommt der Phase des Ruhestandes und der damit verbundenen Auseinandersetzung mit neuen Lebensbedingungen ohne die Berufstätigkeit eine stärkere Bedeutung zu.

Die folgende Tabelle veranschaulicht, in welcher Alterspanne und durch welche Sozialisationsinstanzen welche Kompetenzen erworben werden.

	Sozialisationsphase	Lebensabschnitt	Kennzeichen/Sozialisationsgeschehen
	primäre Sozialisation	frühe Kindheit	Wechselseitiger Austausch des Kindes mit seiner Familie oder anderen engen Bezugspersonen. → Wesentliche Grundlagen für spätere soziale Lernprozesse werden hier geschaffen.
	sekundäre Sozialisation	frühe oder spätere Kindheit	Die sozialen Beziehungen des Kindes erweitern sich durch den Eintritt in Kindergarten bzw. Schule. → Der Einfluss der Familie sinkt, der Einfluss der Peergroup steigt, Massenmedien gewinnen an Bedeutung.
	tertiäre Sozialisation	frühes und mittleres Erwachsenenalter	Der Mensch handelt nun eigenverantwortlich und hat die Aufgaben, Erfahrungen und Umwelt eines Erwachsenen. → Die Sozialisation findet in Beruf, Partnerschaft, Familiengründung, Freizeitaktivitäten statt.
	quartäre Sozialisation	spätes Erwachsenenalter	Ruhestandsphase. → Im Mittelpunkt steht nun die Auseinandersetzung mit den Umständen, die sich durch das Leben ohne Berufstätigkeit ergeben.

2.1.3 Wie unterscheiden sich Erziehung und Sozialisation?

> Ein wichtiger Bestandteil des Sozialisationsprozesses ist die Interaktion zwischen Kindern und Erwachsenen. Dabei ist es das Ziel, dem Kind das Hineinwachsen in eine Gemeinschaft zu ermöglichen.

Hier wird schon deutlich, dass Sozialisation viel mit Erziehung zu tun hat. Trotzdem ist es sinnvoll, die beiden Begriffe voneinander abzugrenzen. Sozialisation ist viel weiter gefasst als Erziehung. Erziehung- und Bildungsprozesse sind dem Begriff der Sozialisation untergeordnet, das heißt, sie sind ein Teil der Sozialisation.

> Erziehung kann als absichtsvoller, gezielter, bewusster und gesteuerter Prozess bezeichnet werden. Im Mittelpunkt stehen die Interaktion und das bewusste Handeln zwischen Kindern bzw. Jugendlichen und Erwachsenen.

Abb. 2.6 Erziehung ist mehr als nur ein bloßes Eintrichtern von wichtigen Kompetenzen.

Der Erwachsene verfügt über mehr Lebenserfahrung, häufig auch über mehr Wissen und besetzt so scheinbar eine stärkere Position. Er nutzt planvoll verschiedene ›**Methoden**‹, um Kindern und Jugendlichen ›Kompetenzen‹ zu vermitteln. Auf diese Weise nimmt er Einfluss auf deren Bildungs- und Entwicklungsprozess.

Methodische Hinweise für die Praxisgestaltung → S. 568
Erziehungsmaßnahmen → S. 236
Kompetenzen → S. 30

Dabei darf nicht vergessen werden, dass Heranwachsende keine Trichter aufhaben, in die Erwachsene alles ungefragt hineinwerfen können. Kinder sind schon bei der Geburt „kein unbeschriebenes Blatt", das es zu füllen gilt. Vielmehr prägt die Säuglingsforschung den Begriff des ›**kompetenten Säuglings**‹. Das heißt nicht alles schon zu können, aber sich alles aneignen zu können. Heutzutage sieht man auch den jungen Menschen als aktives Subjekt (Ich), das sich Wissen und Kompetenzen erwirbt, Werte und Normen übernimmt, aber gleichzeitig auch die Gesellschaft hinterfragt, beeinflusst, verändert und mitgestaltet.

kompetenter Säugling → S. 113

> Sozialisation meint die Gesamtheit aller Lernprozesse im weitesten Sinne. Dabei spielt es keine Rolle, ob sie geplant oder unbeabsichtigt sind. Sozialisation umfasst alle Bereiche der Persönlichkeitsentwicklung.

Es gibt viele verschiedene Gruppen, die den Menschen prägen und ihm Werte vermitteln. Sie alle werden unter dem Begriff „Sozialisationsinstanzen" zusammengefasst.

> In Sozialisationsinstanzen leben Menschen zusammen und handeln gemeinsam. Auf diese Weise werden Werte und Normen vermittelt und weitergeben.

Die Sozialisation beginnt in allen Kulturen der Welt in der **Familie**. Im Laufe des Lebens kommen weitere Sozialisationsinstanzen wie z. B. **Peergroups** dazu. Weitere Sozialisationsinstanzen sind:
- die besuchte Schulform
- die Medien
- die Ausbildung und Arbeit
- sportliche Aktivitäten

Abb. 2.7a Sozialisationsinstanz Familie    **Abb. 2.7b** Sozialisationsinstanz Peergroup    **Abb. 2.7c** Sozialisationsinstanz Schule

> **BEISPIEL** Tina feiert ihren 18. Geburtstag. Sie lädt alle ihre Freunde ein. Manche kennt sie schon aus dem Kindergarten und der Grundschule. Einige hat sie erst über das Schwimmen im Verein vor einem halben Jahr kennengelernt. Viele ihrer Freunde trinken mit Tina eine große Menge an Alkohol. Luisa, ihrer ältesten Kindergartenfreundin, ist dies ein Dorn im Auge: „Tina, so warst du doch früher nicht! Seit wann trinkst du Alkohol?"

Interaktion → S. 188

Sozialisationsprozesse bewirken also, dass im sozialen Zusammenleben Handlungen zwischen Menschen stattfinden (›Interaktion‹). Hieraus ergibt sich auch die Tendenz von Menschen, sich den jeweils geltenden Normen und Werten der Gesellschaft entsprechend zu verhalten.

> Die Sozialisation eines Menschen gilt als gelungen, wenn er sich den Regeln der Gesellschaft entsprechend verhält.

2.2 Familie als Sozialisationsinstanz

Seit Jahrhunderten gilt die Familie als einer der wesentlichen und ersten Bereiche, in denen die Sozialisation des Menschen stattfindet. Wir werden in eine bestimmte Familie hineingeboren. Damit beginnt eine frühe und sehr nachhaltige Prägung der Persönlichkeit.
Die Lebensform der Familie hat sich in den letzten Jahrhunderten stetig verändert. Das heutige Verständnis von Familie unterscheidet sich deutlich von dem der früheren Jahrhunderte. In der Zeit der ›**Industrialisierung**‹ galt die bäuerliche Großfamilie mit Großeltern, Gesellen, Mägden und weiteren Mitgliedern als normal. Die Großfamilie diente als Wirtschaftsgemeinschaft, das heißt, sie versorgte sich selbst. Deshalb galten auch die Kinder bereits in jungen Jahren als Arbeitskräfte. Außerdem waren sie die einzige Form der Altersvorsorge.

Industrialisierung
Zeitalter seit Ende des 18. Jahrhunderts

In dieser Familienform galt das ›**Patriarchat**‹: Der Mann hatte das Sagen und alle Familienmitglieder hatten sich seinem Wort unterzuordnen. Das Kind lernte, die männliche oder weibliche Rolle umzusetzen, je nachdem, welches Geschlecht es hatte. Ein Junge half in der Landwirtschaft und übernahm Führungsrollen, ein Mädchen wurde hauswirtschaftlich ausgebildet und lernte, sich den Männern unterzuordnen.

Patriarchat
ein von Männern geprägtes soziales System

Mit der Einführung des gesetzlichen Rentensystems und der ›**Sozialgesetzgebung**‹ Anfang des 20. Jahrhunderts veränderte sich die Form der Familie. Eltern bekamen deutlich weniger Kinder, da diese nicht länger als Arbeitskräfte und Altersvorsorge galten. Die **Kernfamilie** bestand jedoch weiterhin aus Vater, Mutter und Kindern.
Durch die Entwicklung von Verhütungsmitteln in den 1970er Jahren konnten Familien schließlich gesichert über die Anzahl der gewünschten Kinder in einer Familie entscheiden.

Sozialgesetzgebung
Sie wurde erstmals 1881 von Otto von Bismarck eingeführt. Heute ist sie im Sozialgesetzbuch (SGB) geregelt.

Die klassische Großfamilie mit dem patriarchalischen Menschenbild wurde zur Ausnahme. Heute stehen **vielfältige Formen von Lebens- und Wohngemeinschaften** nebeneinander. Es gibt gleichgeschlechtliche Paare mit Kindern, Paare, die bewusst ohne Kinder leben, Alleinerziehende und traditionelle Formen der Familie mit Vater, Mutter und Kind. Jede dieser Formen des Zusammenlebens wirkt sich auf die Sozialisation der in ihnen aufwachsenden Kinder aus.

> Die Familie ist die erste Sozialisationsinstanz in unserem Leben. Die Ausrichtung der Familie, ihre Werte und Normen prägen unser soziales Tun und Handeln.

Kernfamilie  · Ein-Eltern-Familie  · Patchworkfamilie  · Großfamilie

2.2.1 Wie findet Sozialisation in der Familie statt?

Als erste Sozialisationsinstanz hat die Familie zahlreiche Aufgaben.

> *In Familien übernehmen Menschen Verantwortung füreinander. Sie erwerben Kenntnisse und Fähigkeiten, die ihr ganzes Leben prägen. Sie lernen Grenzen kennen und Konflikte auszutragen. Mit der Erziehung und Bildung von Kindern eröffnen und sichern Familien nachhaltig Lebenschancen. Familien leisten Alltagsbewältigung und Zukunftsvorsorge. Sie handeln selbständig, sind aber nicht ›autonom‹. Ihre Gestaltungsspielräume hängen von rechtlichen, wirtschaftlichen und lebensräumlichen Rahmenbedingungen ab. Dies gilt in besonderer Weise für Familien ausländischer Herkunft. Von ihnen hängt es entscheidend ab, ob und wie die Weichen für die künftige Integration und Entwicklung der Kinder gestellt werden, ob und wie problematische Situationen mit Arbeitslosigkeit, Krankheit oder im Alter bewältigt werden können.*
>
> Deutscher Bundestag (Hrsg.) (2000): Sechster Familienbericht. Familien ausländischer Herkunft in Deutschland. Leistungen – Belastungen – Herausforderungen; www.bmfsfj.de/doku/Publikationen/familienbericht/download/6_Familienbericht.pdf (Abruf: 26.2.2015)

autonom
unabhängig, nach eigenen Gesetzen lebend

> In der Familie erwerben Kinder von ihren Bezugspersonen Verhaltensweisen, die charakteristisch (kennzeichnend) für diese Familie und ihre ›Rollenbilder‹ sind.

Rolle → S. 33

Töchter und Söhne lernen von Mutter und Vater jeweils verschiedene Verhaltensweisen kennen. Auch die Beziehungen zu Vater und Mutter sind unterschiedlich geprägt. Bei männlichen Vorbildern werden häufiger Werte wie Toleranz, Solidarität und Kooperation beobachtet, bei weiblichen Vorbildern häufiger Emotionalität, Mitgefühl, Zuwendung und Anleitung.

> **BEISPIEL** Gemeinsam mit dem Vater besucht ein Kind z. B. den Fußballverein und lernt, in einer Mannschaft zu kooperieren und auch zu verlieren. Das Kind wird häufig von der Mutter aus der Tageseinrichtung abgeholt und gemeinsam kuscheln sie, bevor sie dann zusammen das Essen zubereiten. Viele Aufgaben des täglichen Lebens werden durch die Mutter angeleitet.

Abb. 2.7 Mädchen und Jungen erlernen meist unterschiedliche Verhaltensweisen.

Stereotype
ein gleichbleibendes oder häufig vorkommendes Muster

Die traditionelle, eher patriarchalisch geprägte Ausrichtung der Familie verändert sich. Heute wird vieles gleichberechtigter gesehen. ›Stereotype‹ **Bilder und Rollen** werden hinterfragt und auch bewusst vermieden. Aussagen wie „So muss eine Frau/ein Mann sein" verlieren an Bedeutung.

Durch **Geschwisterbeziehungen** erlebt ein Kind in der Familie Rangfolgen. Es lernt Kompromisse zu schließen und Fürsorge für andere zu tragen. Jedes Kind wird in eine bestimmte Geschwisterposition hineingeboren.

Diese hat ebenso einen Einfluss auf das Sozialverhalten eines Kindes wie die Form der Familie. **Einzelkinder** kennen die Aufgaben, die durch Geschwisterkinder entstehen, nicht. Sie benötigen den Kontakt zu anderen Kindern außerhalb der Familie, um ein soziales Miteinander mit Gleichaltrigen zu erlernen. **Kinder in Ein-Eltern-Familien** (ein Elternteil und Kind oder Kinder) lernen in der Regel ein hohes Maß an Selbstorganisation und Selbstständigkeit. Auch die soziale und wirtschaftliche Lage einer Familie entscheidet darüber, wie Sozialisation in einer Familie stattfindet.

> **BEISPIEL** Familie Berger lebt am Rande des Existenzminimums und versucht dies vor ihren Mitmenschen zu verstecken. Der Vater ist arbeitslos, obwohl er eine Ausbildung zum Maurer absolvierte und schon einige Bewerbungen geschrieben hat. Die Mutter kümmert sich um die drei Kinder im Alter von vier, sechs und neun Jahren. Die Familie verzichtet auf Ausflüge, Kleidung und spart bei Lebensmitteln. In der letzten Woche wollte **Luise (4;3)** am Kindergartenausflug in den Zoo teilnehmen. Da dieser jedoch 3 € pro Kind kostete, hat die Mutter Luise an diesem Tag in der Tageseinrichtung krankgemeldet.

Zur sozialen Position, in der sich eine Familie befindet, gehören neben ihrer wirtschaftlichen und sozialen Lage Faktoren wie Bildung, Zugang zu Kultur oder gesellschaftlicher Einfluss. Diese Position wird zunächst an die Generation der Kinder weitergegeben. Sie entscheidet mit über deren Bildungschancen.

2.2.2 Armut in der Familie

Immer mehr Familien in Deutschland sind von Armut betroffen. Somit bietet die Sozialisationsinstanz Familie zunehmend weniger Möglichkeiten der Entwicklung und Bildung für die Kinder. Benachteiligte Kinder werden immer stärker von der sozialen Entwicklung in Deutschland abgehängt. Der Staat muss hier mehr Möglichkeiten schaffen, den Kindern die **Teilhabe an der Gesellschaft** zu ermöglichen. Hierzu gehören z. B. die Mitgliedschaft in Sportvereinen, Besuche von kulturellen Einrichtungen und andere Aktionen. Die Kinderhilfsorganisation UNICEF hat in ihrem Bericht zur Lage der Kinder in Deutschland im Jahr 2013 festgestellt, dass 8,6 % aller Kinder und Jugendlichen in Deutschland bereits langfristige Armutserfahrungen gemacht haben. Zum Teil leben Kinder mehrere Jahre (7 bis 11 Jahre) ihrer Kindheit in einem Haushalt, der mit weniger als 60 % Prozent des Durchschnittseinkommens auskommen muss. Diese Armutserfahrungen können negative Auswirkungen auf Kinder haben, wenn sie viele Jahre andauern.

Abb. 2.8 Viele Familien sind auf finanzielle Unterstützung angewiesen.

> *Kinder aus benachteiligten und sozial schwachen Familien treiben weniger Sport, schauen mehr fern und rauchen häufiger. Alltagsroutinen in der Familie wie Essgewohnheiten, Bewegungsverhalten oder Rauchen haben häufig einen lebenslangen Effekt auf Gesundheit und Risikoverhalten. ...*
> *Die suggestive Kraft digitaler Bildschirmmedien kann vor allem bei problembelasteten Kindern und Jugendlichen klinisch relevante Abhängigkeiten hervorrufen. Bei Heranwachsenden, die über ein schlechtes ›Selbstkonzept‹ verfügen und geringe ›Selbstwirksamkeitserfahrungen‹ haben, besteht die Gefahr, dass sie Erfolge und Anerkennung im Extremfall nur noch im Virtuellen suchen.*
> Bertram, Hans (Hrsg.) (2013): Reiche, kluge, glückliche Kinder? – Der UNICEF-Bericht zur Lage der Kinder in Deutschland. Beltz Juventa, Weinheim und Basel; www.unicef.de/blob/25810/469be74c7f7a2bbce02f862196673965/zusammenfassung-bericht-lage-der-kinder-deutschland-2013-data.pdf (Abruf: 26.2.2015)

Selbstkonzept → S. 174
Selbstwirksamkeit → S. 81

Der Staat muss hier den ursprünglichen Aufgaben der Familie nachkommen und Familien finanziell und sozial unterstützen. Neben dem Ausbau von Kinderbetreuungsmöglichkeiten hat der Staat die Zahlung von Elterngeld eingerichtet. Außerdem wurden **Maßnahmen zur Förderung von Bildung und Entwicklung für einkommensschwache Familien** ins Leben gerufen.

2.2.3 Sozialisation in Scheidungsfamilien

In den letzten Jahren wurde statistisch jede dritte Ehe wieder geschieden. 36 % der Ehen sind nur noch ein Bündnis auf Zeit, das belegt die neueste Scheidungsstatistik des Statistischen Bundesamtes. Allerdings setzte sich in den vergangenen Jahren ein Trend zur längeren Ehedauer bis zur Scheidung fort. Die im Jahr 2013 geschiedenen Ehen hatten eine Dauer von durchschnittlich 14 Jahren und 8 Monaten. Vor 20 Jahren waren es nur 11 Jahre und 7 Monate.

Bei **www.destatis.de** handelt es sich um das Internetangebot des Statistischen Bundesamtes mit aktuellen Informationen, Publikationen, Zahlen und Fakten der amtlichen Statistik.

Ehescheidungen in Tsd.

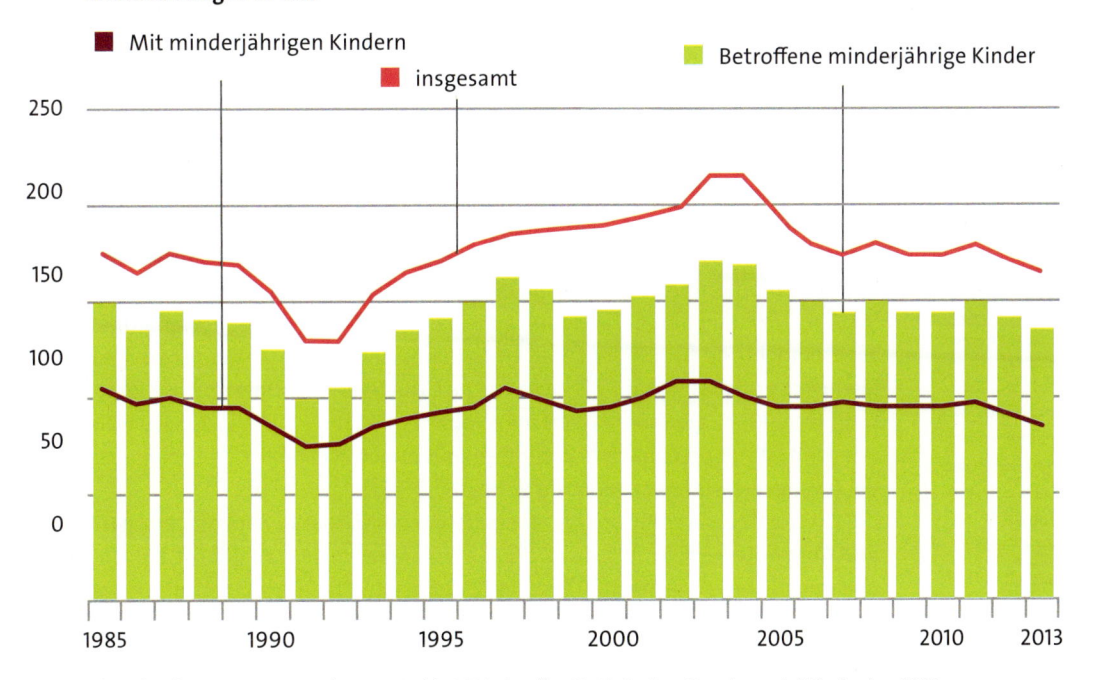

Abb. 2.9 Ehescheidungen in Tausend von 1985 bis 2013. Quelle: Statistisches Bundesamt, Wiesbaden 2014

Die **Folgen** einer Trennung der Eltern für die Kinder sind unterschiedlicher Art. Eine Scheidung kann zu Familienarmut, sozialem Abstieg und auch Krankheit der Eltern wie z. B. Depressionen führen. Neben den Kosten für Scheidung und Unterhalt fallen auch soziale Schwierigkeiten an. Ein möglicher Streit um das Sorgerecht und das Aufenthaltsrecht des Kindes kann zur psychischen Destabilisierung eines Kindes führen.
Der Phase der Trennung oder Scheidung geht häufig eine längere Zeit voraus, in der die Eltern untereinander Konflikte und Beziehungsprobleme austragen. Diese Phase ist für Kinder sehr belastend, da sie sich oft mitverantwortlich für die Probleme fühlen. Sie können die Gründe für die Störungen zwischen den Eltern nicht nachvollziehen.
Häufig kommt es nach einer Scheidung zu dem **Verlust einer Bezugsperson**. Ein Drittel aller Kinder, die von Trennung betroffen sind, lebt mit einem Elternteil alleine. In den meisten Fällen ist dies die Mutter. Jeder vierte Vater verliert den Kontakt zu seinen Kindern. Die Sozialisationsaufgaben des Vaters fallen somit weg. Die betroffenen Kinder haben häufiger größere Schwierigkeiten, mit Aggressionen und Enttäuschungen umzugehen. Es fällt ihnen oft schwer, sich in andere Menschen hineinzuversetzen, wie Studien gezeigt haben.

> Nicht die Scheidung an sich stellt ein Problem für die Sozialisation der Kinder dar. Vielmehr sind es die vorausgehenden Beziehungsprobleme und der Abbruch der Kontakte zu Bezugspersonen.

Abb. 2.10 Alleinerziehende übernehmen die Sozialisationsaufgaben meist ohne fremde Hilfe.

ZUM WEITERDENKEN Die Bezugspersonen sind Vorbilder für die Kinder. Daher werden auch Verhaltensprobleme in der Familie und eine meist nicht angemessene Form der Konfliktlösung übernommen. Dies kann sich im späteren Leben in eigenen Persönlichkeitsproblemen oder Partnerschaftskonflikten zeigen. Die Betroffenen haben selbst – wie ihre früheren Bezugspersonen – Probleme mit der Konfliktlösung und entwickeln keine Strategien, Probleme angemessen zu lösen.

Begleitung von Übergängen
→ S. 446
Erziehung unter besonderen Bedingungen → S. 326

Informationen zum Bildungs- und Teilhabepaket gibt es z. B. auf den Seiten des Ministeriums für Familie, Kinder, Jugend, Kultur und Sport des Landes Nordrhein-Westfalen:
www.mfkjks.nrw.de/familie/finanzielle-hilfe/bildungs-und-teilhabepaket.html

Ein Teil der getrennten Eltern geht neue Beziehungen mit anderen Partnern ein. Es entstehen neue Familienmodelle, die sogenannten Patchworkfamilien. In ihnen leben Lebenspartner mit Kindern zusammen, die sie aus früheren Beziehungen mitbringen. Eine neue Beziehung bedeutet nicht nur einen neuen Partner für das Elternteil. Für das Kind tritt ebenso eine neue Bezugsperson hinzu, die auch erzieht. Diese Situation stellt besondere Anforderungen an das Kind und führt zu notwendigen Anpassungsleistungen.
Die Aufgaben einer Kinderpflegerin sind in einer solchen Situation vielfältiger Art. Die Tageseinrichtung für Kinder sollte ein sicheres Bindungssystem anbieten sowie **Verlässlichkeit und Akzeptanz** als wesentliche Grundwerte vermitteln. Die sichere Begleitung eines Kindes während der ›Eingewöhnung‹ ist nur ein Beispiel dafür. Die Kinderpflegerin ist Ansprechpartnerin für das Kind in unterschiedlichen Lebenssituationen. Bei Traurigkeit wird es zuverlässig getröstet, bei Erfolgen gelobt.
Die Kinderpflegerin sollte auf die ›besondere Lebenssituation‹ abgestimmte **Hilfsmittel und Angebote** kennen und diese den Eltern anbieten. Hierzu gehört z. B. das Wissen über rechtliche Möglichkeiten wie das Bildungs- und Teilhabepaket zur Unterstützung von Familien. Das Gespräch mit den Eltern zur Verbesserung der kindlichen Situation nimmt zunehmend Platz im Erziehungsalltag ein.

2.3 Sozialisation in Peergroups und Tageseinrichtungen

2.3.1 Die Peergroup als Sozialisationsinstanz

Die Jugend ist die Phase zwischen Kindheit und Erwachsensein. Sie beginnt in der späten Kindheit mit zirka zehn Jahren. Hier kommt es zu großen Veränderungen in körperlichen und seelischen Bereichen. Der junge Mensch ist auf der Suche nach einer eigenen ›Identität‹ und löst sich langsam von der ersten Sozialisationsinstanz, der Familie. In dieser Phase bekommt die nächste wichtige Sozialisationsinstanz nach der Familie besondere Bedeutung: die sogenannten ›Peergroups‹. Dabei handelt es sich um Gleichaltrige, die insbesondere im Jugendalter Einfluss auf Verhalten und Persönlichkeitsentwicklung nehmen.

Identität → S. 233

Peergroup → S. 253

Die Kennzeichen einer Peergroup sind:
- Ihre Mitglieder sind im gleichen Alter.
- Sie leben in räumlicher Nähe zueinander.
- Sie haben ähnliche Interessen.
- Sie sind freundschaftlich miteinander verbunden.

> Peergroups sind wichtig, um sich als Jugendlicher ausprobieren zu können und sich zu einer Gruppe zugehörig zu fühlen. Sie geben auf gleicher Ebene Halt und Sicherheit.

BEISPIEL Marina (10;9) hat zum ersten Mal mit einem Jungen Händchen gehalten. Ihren Eltern mag sie dies nicht erzählen, aber ihren Freundinnen, mit denen sie sich nachmittags oft in der Jugendfreizeiteinrichtung trifft. Dort gibt es einen Mädchenraum, in dem sie ungestört über die ersten Beziehungen zum anderen Geschlecht reden können. Es gibt Marina Sicherheit, dass sie nicht die Einzige ist, die einen Freund hat.

Abb. 2.11 Mit zunehmendem Alter bekommt die Peergroup immer mehr Einfluss.

> **ZUM WEITERDENKEN** Es werden jedoch auch jugendtypische riskante Verhaltensweisen wie Mutproben, Rauchen und Drogenkonsum durch eine Peergroup beeinflusst. Die Jugendlichen stehen unter einem großen Gruppendruck und tun vieles, um „dazuzugehören".
> Erwachsene können positiven Einfluss nehmen, indem sie Jugendlichen Raum geben, um sich zu entwickeln. Eine Form ist z. B. die Jugendfreizeiteinrichtung mit einem auf die Jugendlichen zugeschnittenen Sport- und Freizeitangebot.

2.3.2 Sozialisation in der Tageseinrichtung für Kinder

Der Besuch einer Tageseinrichtung stellt mittlerweile für Kinder spätestens ab dem Alter von drei Jahren, häufig auch schon früher, eine Selbstverständlichkeit dar. Die Aufgaben und Bildungspläne für Kindertageseinrichtungen sind so gestaltet, dass das Kind so gut wie möglich **betreut, gefördert und gebildet** wird. Die Persönlichkeit eines jeden Kindes sollte dabei im Vordergrund stehen.

Die Kindheit mit ihren Rahmenbedingungen hat sich heute sehr verändert. Die Geschwisterzahlen sind deutlich zurückgegangen, viele Kinder haben gar keine Geschwister mehr. Die Spielorte liegen häufig in der Stadt und die Kinder sind davon abhängig, dass die Eltern mit dem Auto den Tagesablauf organisieren.

Abb. 2.12 Zusammen die Balance finden. Kinder in einer Tageseinrichtung.

Durch diese Veränderungen gewinnt die Tageseinrichtung für Kinder als Sozialisationsinstanz immer mehr an Bedeutung. Sie ist zu einem zentralen Ort der Begegnung geworden, an dem Kinder ihre Spielkontakte finden. Die ersten Peergroups mit ihren Interaktionsformen treten bereits in der Tageseinrichtung auf.

> **BEISPIEL** **Mathilda (3;1)** und **Larissa (3;5)** kennen sich seit der gemeinsamen Eingewöhnung in die Kita. Sie warten jeden Morgen auf der Bank vor der Gruppe, bis die jeweils andere da ist. Erst dann gehen sie Hand in Hand in den Gruppenraum. Letzte Woche war Mathilda krank. Larissa hat jeden Morgen geweint, weil sie alleine in die Gruppe gehen musste, und sie wollte mit keinem anderen Kind spielen. Die Kinderpflegerin Sabine Forster hat Larissa während der Eingewöhnung begleitet. Sie wendet sich dem Kind behutsam zu und schlägt Larissa vor, gemeinsam mit ihr ein Bild für Mathilda zu malen. Anschließend einigen sie sich darauf, dass Larissa mit anderen Kindern in der Puppenecke spielt.

Erziehungsziele → S. 222

> Das ›Ziel‹ der Sozialisation in der Tageseinrichtung ist es, das Kind zu einer eigenverantwortlichen und gemeinschaftsfähigen Person zu erziehen. Es soll lernen, mit anderen zusammenzuleben, und sich als ein aktives Mitglied der Gesellschaft verstehen.

Abb. 2.13 Rollenspiele sind ein wesentliches Element der Sozialisation.

> **Warum muss ich das für meinen Beruf wissen?**

In diesem Kapitel haben Sie unterschiedliche Sozialisationsinstanzen kennengelernt. Die Familie und gleichaltrige Beziehungen sind für die Entwicklung einer eigenen Identität wichtig. Unterschiedliche Familienformen haben alle ihre Daseinsberechtigung und stehen gleichwertig nebeneinander. Als Kinderpflegerin ist es Ihre Aufgabe, das Kind in den Mittelpunkt Ihres Handelns zu stellen und nicht seine Herkunftsfamilie. Es sollte also nicht Ihr Handeln beeinflussen, ob das Kind mit einer alleinerziehenden Mutter zusammenlebt und beiden nur wenig Geld zur Verfügung steht oder ob es z. B. als Einzelkind mit beiden Elternteilen zusammenwohnt. Das Kind an sich mit seinen individuellen Fähigkeiten und Fertigkeiten ist so, wie es ist, anzunehmen.

Kinder können in ihrer Familie auch Krisen und schwierige Situationen erleben. Hier müssen Sie wissen, welche Möglichkeiten es gibt, die Familien zu unterstützen. Im feinfühligen Gespräch sollten Sie die Eltern anregen, diese Angebote wahrzunehmen. Für Ihre Arbeit ist es sinnvoll, dass Sie auch über Ihre eigene Sozialisation nachdenken: Durch wen haben Sie was gelernt? Wie können Sie positive Erfahrungen an die Kinder weitergeben? Durch die ›Reflexion‹ über die eigene Sozialisation erwerben Sie Wissen über sich selbst. So können Sie die Erwartungen, die Sie möglicherweise an Kinder haben, besser verstehen und verändern. Vielleicht haben Sie aus der eigenen Kindheit die Erwartung übernommen, dass Kinder immer sofort eine Aufgabe selbstständig erledigen müssen. In Ihrer Familie war es so. Bei den Kindern in der Tageseinrichtung können Sie dies aber nicht erwarten. Dort sind Sie Bildungsbegleiterin und die Kinder benötigen Zeit und Anleitung bei Aufgabenstellungen.

Reflexion → S. 41

3 GRUNDPRINZIPIEN DER ERZIEHUNG: INKLUSION, RESSOURCENORIENTIERUNG UND GENDERSENSIBILITÄT

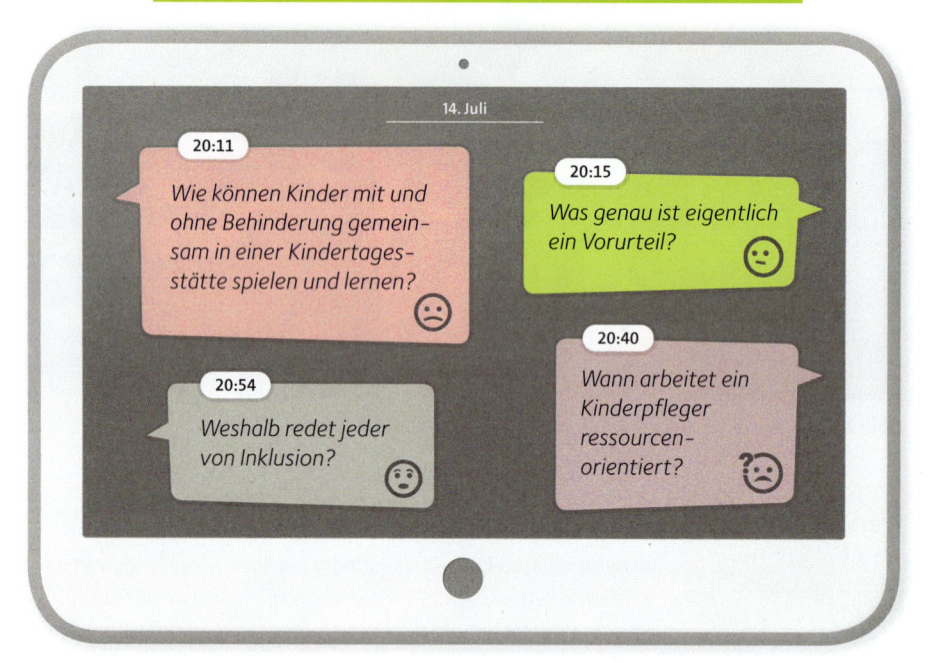

14. Juli

20:11 Wie können Kinder mit und ohne Behinderung gemeinsam in einer Kindertagesstätte spielen und lernen?

20:15 Was genau ist eigentlich ein Vorurteil?

20:54 Weshalb redet jeder von Inklusion?

20:40 Wann arbeitet ein Kinderpfleger ressourcenorientiert?

3.1 Entwicklung einer pädagogischen Grundhaltung

Kinderpfleger arbeiten mit einer pädagogischen Grundhaltung, die sich an den Fähigkeiten des einzelnen Kindes orientiert, unabhängig von seinem Geschlecht, seiner kulturellen Herkunft oder einer vorliegenden Behinderung.

> In Artikel 1 des Grundgesetzes für die Bundesrepublik Deutschland steht: „Die Würde des Menschen ist unantastbar". Damit ist eine wertschätzende, respektvolle und fördernde Haltung jeder pädagogischen Fachkraft in Kindertageseinrichtungen gegenüber anderen Menschen verbunden.

Professionelles pädagogisches Handeln ist von einem bestimmten Menschenbild bzw. einem Bild vom Kind geprägt. Dieses Bild hat sich in den letzten Jahrzehnten stark gewandelt. Früher wurden Kinder eher zu Gehorsam und zur Unterordnung erzogen, es wurde eine Anpassung des Kindes an die ›Normen‹ der Eltern erwartet. Heute werden Kinder als kompetente Gestalter ihrer Umwelt angesehen. Dementsprechend ist die Arbeit der Kinderpfleger auf die individuelle Entwicklung ausgerichtet. Jeder Mensch wird als einzigartig anerkannt. Auf diesem Bild vom Kind beruht die Grundhaltung von Kinderpflegern: Sie suchen nach Ressourcen und fördern diese, sie orientieren sich an der Einzigartigkeit jeden einzelnen Kindes, sorgen für eine von Wertschätzung geprägte Beziehung und unterstützen die Bildung der Kinder.

Normen → S. 219

3.1.1 Vorstellung der Grundprinzipien

Dieser Grundhaltung liegen drei Grundprinzipien der Erziehung zugrunde:
- Inklusion
- Ressourcenorientierung
- Gendersensibilität

›**Inklusion**‹ ist ein Ansatz der Pädagogik, der betont, dass alle Menschen in ihrer Vielfalt und mit ihrer unterschiedlichen Herkunft, ihren Fähigkeiten und Art zu leben, anerkannt werden. Er beschränkt sich also nicht auf die Integration von Menschen mit Behinderung.

Inklusion → S. 260

Abb. 3.1 Inklusion – Anerkennung der Vielfalt aller Menschen

Die ›**Ressourcenorientierung**‹ betont die Fähigkeiten, über die Kinder verfügen. Oft werden diese zu wenig beachtet und berücksichtigt.

Ressourcenorientierung → S. 269

Abb. 3.2 Gendersensible Erziehung – Überdenken der Rollenvorstellungen

Kinderpfleger, die auf eine ›**gendersensible**‹ bzw. **geschlechtsbewusste Erziehung** achten, sind sich dessen bewusst, dass Jungen und Mädchen noch zu oft im Sinne „typisch" weiblicher und männlicher Eigenschaften erzogen werden. Kinderpfleger bemühen sich stattdessen um eine geschlechtsbewusste Erziehung. Sie bieten Mädchen und Jungen eine Vielzahl an Möglichkeiten an, sich als Jungen und Mädchen zu entwickeln. Gesellschaftlich vorgegebene Rollenvorstellungen werden überdacht und der Einfluss der eigenen Geschlechtszugehörigkeit kritisch reflektiert.

geschlechtsbewusste Erziehung → S. 270

Abb. 3.3 Ressourcenorientierung – Orientierung an den Fähigkeiten des Kindes

3.1.2 Vielfältige Lebenswelten

Familie → S. 248

Die Gesellschaft verändert sich und mit ihr die allgemeinen Bildungs- und Erziehungsziele. Beispielsweise haben sich in den letzten Jahrzehnten die ›Familienstrukturen‹ und die gesellschaftliche Rolle der Frau grundlegend verändert. Das bedeutet, dass auch geschlechtsbezogene Erziehung eine andere Richtung genommen hat, ähnlich wie das ökologische Denken und Handeln, die den Menschen erst in den letzten Jahrzehnten bewusst geworden sind, als der Klimawandel offensichtlich wurde.

Kinder wachsen unter anderen Rahmenbedingungen auf: Gleichgeschlechtliche Paare haben Kinder, der Anteil an Migranten an der Bevölkerung nimmt stetig zu und Ehen mit Partnern aus verschiedenen Kulturkreisen werden häufiger. Das Handeln in pädagogischen Einrichtungen stellt sich auf die kulturelle Vielfalt und veränderten Lebensstile ein. Aufgabe von Kinderpflegern ist es, sich mit Verschiedenartigkeit auseinanderzusetzen, eigene Haltungen zu überdenken und ›Heterogenität‹ als Normalität anzusehen. Eine entscheidende pädagogische Grundhaltung ist, die Verschiedenartigkeit jedes einzelnen Menschen wertzuschätzen und offen auf die jeweilige Person zuzugehen – egal, ob Mann, Frau oder Kind.

Heterogenität
Verschiedenartigkeit

🌐 Mehr zum Thema vorurteilsbewusste Erziehung und Bildung unter:
www.kinderwelten.net

> Kinderpfleger sollten sich immer mit gesellschaftlichen Prozessen auseinandersetzen und ihre Erziehungsziele überdenken bzw. anpassen.

3.1.3 Auseinandersetzung mit den eigenen Vorurteilen

Ein zentraler Aspekt für eine inklusive Erziehung und Bildung, egal ob in der Kindertagesstätte oder in der Schule, ist die Auseinandersetzung mit der eigenen inneren Haltung und damit mit den eigenen Vorurteilen.

> Vorurteile sind positive oder negative unreflektierte Bewertungen z. B. Menschen gegenüber, ohne eigene Erfahrungsgrundlage.

Jeder Mensch besitzt Vorurteile, weil der Mensch Erfahrungen auf ähnliche Situationen überträgt. Sie können aber zu einer negativen Meinung führen, die unbegründet ist und negative Handlungen nach sich zieht. Es ist wichtig, sich dessen bewusst zu sein und die Auswirkungen dieser Einstellungen auf das eigene pädagogische Handeln zu reflektieren.

> **BEISPIEL** Der Kinderpfleger Mesut ist der Meinung, Familien mit vielen Kindern sind selber schuld, wenn sie arm sind, sie hätten nicht so viele Kinder bekommen dürfen. Im Elterngespräch zusammen mit der Erzieherin kann er sich nicht beherrschen und fragt Frau Oberrainer, die drei Kinder im Alter von 2,3 bis 5,9 Jahren in der altersgemischten Gruppe „Die blaue Gruppe" hat, wie viele Kinder sie noch bekommen will. Drei wären doch genug und die hätten nicht mal jeden Tag etwas zum Frühstück dabei. Frau Oberrainer ist erst sprachlos, dann sagt sie wütend: „Damit ich mehr bei meinen Kindern bin, setze ich dieses Jahr in der Firma meines Mannes aus. Ich habe ihm die ganze Buchhaltung gemacht, jetzt haben wir dafür eine Sekretärin angestellt."

Bewusstmachung von Vorurteilen

Es ist wichtig, sich Vorurteile bewusst zu machen, damit ein offener Umgang miteinander möglich ist. Ein bewusster Umgang mit Vorurteilen trägt nicht nur dazu bei, Menschen offener zu begegnen und Konfliktsituationen zu entschärfen, sondern führt auch zu einem positiveren Menschenbild, weil negative Erfahrungen überdacht werden.

> **BEISPIEL** Lisa, Kinderpflegepraktikantin, nimmt **Ebrar (4,6)** in der zweiten Eingewöhnungswoche von ihrem Vater, Herrn Karakaya, entgegen. Sie hatte mit Frau Müller, der Mutter von Ebrar, gerechnet, lässt sich aber nichts anmerken.

Der bewusste Umgang mit Vorurteilen trägt dazu bei, dem Gegenüber offener zu begegnen und falsche Vermutungen schneller zu überdenken. Vorurteile gegenüber Menschen mit Behinderung werden als eines der größten Probleme bei der Eingliederung von Menschen mit Behinderung in die Gesellschaft gesehen. Menschen ohne Behinderung haben oft Angst, falsch zu reagieren. Kinder gehen meistens offener und unvoreingenommener mit Menschen mit Behinderung um. Wesentliches Ziel der Erziehung ist daher, dass Kinder offen aufeinander zugehen und gegenseitige Akzeptanz lernen. Kinderpfleger sollten sich selbst ihrer Vorurteile bewusst sein und sich um eine vorurteilsbewusste Erziehung bemühen.

> **ZUM WEITERDENKEN** Aus Kinderbüchern entnehmen Kinder Informationen über die Welt und stellen sich ein Bild von sich selbst und anderen Menschen zusammen. Kinderpfleger sollten deswegen Kinderbücher in der Kindertagesstätte kritisch auf Einseitigkeiten und Verallgemeinerungen überprüfen.

Kein Mensch wird mit Vorurteilen geboren. Kinder übernehmen aber bereits mit drei Jahren Ängste und negative Haltungen ihrer Bezugspersonen. Einzelne Negative Erfahrungen mit einzelnen Vertretern einer anderen Kultur können zur Entstehung eines Vorurteils führen. Vor allem, wenn das gezeigte Verhalten einer Einzelperson verallgemeinert wird. Kinderpfleger sind für die ihnen anvertrauten Kinder Vorbilder. Kinder lernen, indem sie andere Menschen beobachten und nachahmen. Haben Kinderpfleger das Ziel, dass die Kinder ihrer Einrichtung mit Ängsten und Konflikten konstruktiv umgehen, mit Kindern aus einer anderen Kultur Freundschaften schließen und ›Kinder mit Behinderung‹ in die Gruppe integrieren, gehen sie selbst mit gutem Beispiel voran. Diese Vorbildfunktion leben Kinderpfleger im Umgang mit den Kindern, ihrem Verhalten den Eltern gegenüber und gegenüber den Kollegen.

Kinder mit Behinderung
→ S. 350

Abb. 3.4 Kinderpfleger sind ein großes Vorbild.

3.2 Das Konzept der inklusiven Pädagogik

Je nach Zusammensetzung der Gruppen und den damit zusammenhängenden Bedürfnissen der einzelnen Kinder richteten Kindertageseinrichtungen ihre Arbeitsschwerpunkte in den letzten Jahren unterschiedlich aus. Heute gibt es das Konzept der inklusiven Pädagogik, in dem jedes Kind in seiner Einzigartigkeit wahrgenommen wird.

Integrative Erziehung	Kinder mit und ohne Behinderung werden gemeinsam erzogen	
Interkulturelle Erziehung	Kinder verschiedener Kulturen werden gemeinsam erzogen	inklusive Pädagogik
Koedukative Erziehung	gemeinsame Erziehung von Jungen und Mädchen	

Tab. 3.5 Heute werden unterschiedliche Arbeitsschwerpunkte unter dem Konzept der inklusiven Pädagogik vereinigt

Die inklusive Pädagogik hat sich aus der integrativen Pädagogik entwickelt. Die inklusive Pädagogik fordert, dass Kindertagesstätten und Schulen den Bedürfnissen aller Kinder gerecht werden. Es findet keine Trennung mehr von Kindern „mit Förderbedarf" und „ohne Förderbedarf" statt, wie es bei der integrativen Pädagogik der Fall war.

3.2.1 Der Begriff Inklusion

Eine Broschüre der UN-Konvention über die Rechte von Menschen mit Behinderungen finden Sie unter:

www.behindertenbeauftragte.de

▸ Wissenswertes
▸ Publikationen
▸ UN-Konvention über die Rechte von Menschen mit Behinderungen

Bedürfnisse ➔ S. 410

Inklusion gehört zu den Menschenrechten. Seit 2009 gilt in Deutschland aufgrund der unterzeichneten Behindertenrechtskonvention der Vereinten Nationen das Wunsch- und Wahlrecht der Eltern, ob sie ein Kind mit Behinderung in der Regeleinrichtung bzw. Regelschule erziehen und bilden lassen wollen oder in einer speziellen Fördereinrichtung. Dem Konzept der Inklusion liegt eine neue Vorstellung von Unterschieden zwischen Menschen zugrunde. Es wird die grundsätzliche Verschiedenheit von Menschen angenommen. Jedes Kind hat unterschiedliche ›Bedürfnisse‹, Interessen und Begabungen. Für die Kindertageseinrichtungen und Schulen bedeutet dies, dass Kinder und Jugendliche mit Behinderung nicht mehr getrennt von Kindern ohne Behinderung erzogen, betreut und unterrichtet werden. Kinder verschiedener Herkunft, Religionszugehörigkeit und Begabung besuchen Kindertageseinrichtungen gemeinsam.

Grundvoraussetzung von Inklusion ist die Bereitschaft aller Menschen, sich gegenseitig zu akzeptieren. Nur wenn die Gesellschaft Interesse an Inklusion hat und die Verschiedenartigkeit aller Menschen als Bereicherung empfindet, kann Inklusion gelingen. Jedoch muss auch an die Grenzen von Inklusion gedacht werden. Der Umsetzung von Inklusion sind nicht nur finanzielle Grenzen gesetzt, sondern es profitieren auch viele Kinder mehr von der „Sondereinrichtung" wie einer Förderschule, in der die Fähigkeiten der Kinder in kleinen Klassen mit speziell ausgebildeten Lehrern mehr zum Tragen kommen, statt in einer Klasse mit 30 Schülern der Regelschule „unterzugehen".

Solange die Kindergärten nicht ausreichend mit zusätzlichem Personal, Hilfsmitteln und baulicher Anpassung für die Betreuung und Bildung von Kindern mit Behinderung ausgestattet sind, droht das Konzept der Inklusion in Kindertagesstätten zu einer Überforderung und Frustration der pädagogischen Fachkräfte zu führen, was wiederum zu einer Ablehnung des Inklusionsgedankens führen kann.

3. Grundprinzipien der Erziehung: Inklusion, Ressourcenorientierung und Gendersensibilität

Es ist Aufgabe des Bildungssystems, durch die Bereitstellung spezieller Mittel einzelne Kinder besonders zu unterstützen und zu fördern. Dies beginnt bereits im Kindergarten. Nicht das Kind mit Behinderung muss sich an die Kindertagesstätte anpassen, sondern die Kindertagesstätte berücksichtigt die Bedürfnisse aller Kinder.

> **BEISPIEL** **Mariella (5,3)** hat nach einer Masernerkrankung eine geistige Behinderung. Sie kann sich nicht alleine anziehen, braucht Hilfe bei der Körperpflege und beim Essen. Ihre Bewegungsabläufe sind stark verlangsamt. Mariella ist daher auf eine pädagogische Fachkraft angewiesen, die sich speziell um sie kümmert, damit sie an den Aktivitäten des Kindergartens teilnehmen kann.
> Der Kindergarten „Regenbogen" ist eine Elterninitiative, die von Mariellas Eltern mit ins Leben gerufen wurde, als sie für ihren älteren Sohn Flin keinen Betreuungsplatz bekamen. In der Elternversammlung wurde offen abgestimmt, ob alle Eltern die Kosten für den Umbau und eine zusätzliche Fachkraft zur Versorgung Mariellas mitfinanzieren wollen. Mariella hatte Glück: Die Stadt beteiligte sich an den Kosten und ermöglichte alle notwendigen Veränderungen, damit Mariella den Kindergarten „Regenbogen" besuchen kann.

Exklusion   Inklusion   Integration

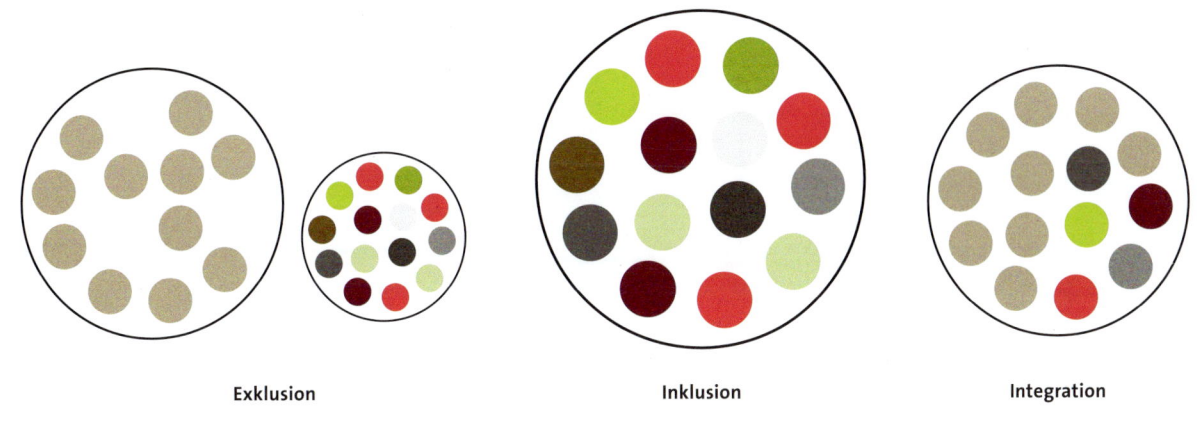

Abb. 3.6 In inklusiven Kindertagesstätten sind alle Kinder gleichberechtigte Teile der Gruppe und haben an ihr Teil. Kein Kind wird ausgeschlossen (Exklusion) oder soll sich einem allgemeingültigen Standard anpassen (Integration).

> **Inklusion bedeutet, dass allen Menschen von Anfang an in allen gesellschaftlichen Bereichen eine selbstbestimmte und gleichberechtigte Teilhabe möglich ist, unabhängig von Geschlecht, Alter oder Herkunft, von Religionszugehörigkeit oder Bildung, von eventuellen Behinderungen oder sonstigen individuellen Merkmalen.**

> **ZUM WEITERDENKEN** Der Begriff der Inklusion wird überwiegend im Zusammenhang mit Behinderung verwendet, ist aber viel weiter gefasst. Anlass für Inklusion sind z. B. auch Sprachschwierigkeiten, die bei 70 % der Migranten auftreten, oder Probleme von Kindern im Sozialverhalten.

3.2.2 Definitionen von Behinderung

Definition nach dem SGB IX

Ein Schwerpunkt der Inklusion ist die Förderung der Chancengleichheit von Menschen mit Behinderung. Um den Begriff der Behinderung zu definieren, benutzt das ›Sozialgesetzbuch SGB IX‹ Rehabilitation und Teilnahme, Paragraph 2, die folgende Definition:

> „Menschen sind behindert, wenn ihre körperliche Funktion, geistige Fähigkeit oder seelische Gesundheit mit hoher Wahrscheinlichkeit länger als sechs Monate von dem für das Lebensalter typischen Zustand abweichen und daher ihre ›Teilhabe‹ am Leben in der Gesellschaft beeinträchtigt ist."

Definition nach WHO

Die ›WHO‹ sieht Behinderung als Folge einer Schädigung, die durch eine Erkrankung oder Störung entstanden ist und zu einer sozialen Beeinträchtigung führt. Aktivitäten, die ein Mensch ohne Behinderung tun könnte, können nicht ausgeführt werden, weil Körper oder Seele des Menschen geschädigt sind. Es hängt auch von der Umwelt und der jeweiligen Person selbst ab, wieweit die Aktivitäten eingeschränkt sind.

Randspalte:

Sozialgesetzbücher
In den Sozialgesetzbüchern finden sich die gesetzlichen Regelungen zu den Sozialversicherungen, z. B. zur Rentenversicherung und Leistungen der Jugendhilfe.

Teilhabe
einbezogen sein in eine Lebenssituation

WHO
World Health Organization; Weltgesundheitsorganisation; Behörde des internationalen Gesundheitswesens

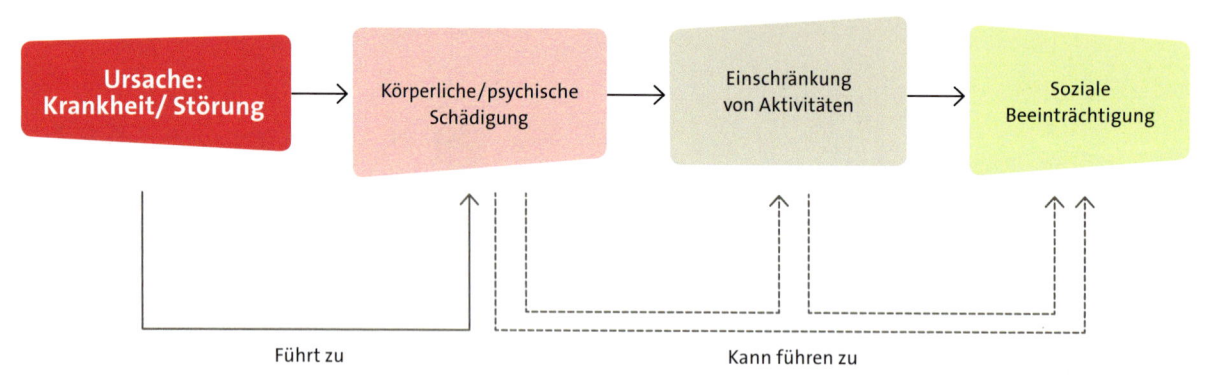

Abb. 3.7 Behinderung wird nach der WHO als Folge einer Krankheit oder Störung angesehen.

Ursache: Krankheit/Störung → Körperliche/psychische Schädigung → Einschränkung von Aktivitäten → Soziale Beeinträchtigung
(Führt zu / Kann führen zu)

Internetlink zu Behinderung:
www.aktion-mensch.de

Inklusion soll unter anderem den schwerbehinderten Menschen helfen, die in Deutschland laut dem Statistischen Bundesamt 9,4% der Bevölkerung ausmachen. Schwerbehinderung ist eine Untergruppe der Behinderung, bei der die Versorgungsämter einen Grad der Behinderung von 50 oder mehr festgestellt haben und ein entsprechender Ausweis ausgehändigt wurde. Da 2% der deutschen Bevölkerung schwerbehinderte Kinder und Jugendliche sind, die bei geeigneter Förderung einen wichtigen Anteil am sozialen und wirtschaftlichen Leben beitragen können, spielt das pädagogische Team eine relevante Rolle bei der Inklusion. In der obigen Definition wird als entscheidendes Merkmal einer Behinderung nicht die Beeinträchtigung des Körpers oder der Seele gesehen, sondern die eingeschränkte Teilhabe am gesellschaftlichen Leben. Grundlagen dieses gesellschaftlichen Lebens werden in Kindertagesstätten durch das pädagogische Team vermittelt und vorgelebt, das gilt natürlich insbesondere für Inklusion.

> Als schwerbehindert gelten Personen, denen von den Versorgungsämtern ein Grad der Behinderung von 50 und mehr zuerkannt sowie ein gültiger Ausweis ausgehändigt wurde.

> **BEISPIEL** **Svenja (5,3)** besucht die Kindergartengruppe „Krabbelmonster". Aufgrund einer spät operierten Augenerkrankung hat sie nur noch 10 % Sehleistung auf beiden Augen. Durch ihre schlechte Sehfähigkeit fällt es ihr immer wieder schwer, sich in die Gruppe zu integrieren. Die Praktikantin Aische muss ihr zusätzliche Hilfe anbieten. Svenja wird von Beginn der Bringzeit bis zur Abholzeit begleitet. Aische hilft ihr beim An- und Auskleiden, wenn die Kinder in den Garten gehen, führt sie im Morgenkreis und bei den Mahlzeiten zu ihrem Stuhl und sitzt bei allen Angeboten neben ihr. Damit Svenja mit anderen Kindern spielen kann, muss die Praktikantin Aische die Kinder zusammenholen und ein Spiel vorbereiten.
>
> Ein Vater spricht Aische an, als er seinen Sohn vom Kindergarten abholt: „Mein Sohn hat erzählt, Sie hätten weniger Zeit für ihn, weil ein Mädchen schlechter sieht und Sie dann mehr Zeit für sie aufwenden. Was soll denn das? Alle Kinder sollen doch gleich gefördert werden!"

Bei vielen Menschen ist die Behinderung nicht offensichtlich. Kinder mit einer Behinderung sitzen nicht immer im Rollstuhl oder tragen eine Sauerstoffmaske.

> **ZUM WEITERDENKEN** Der Begriff „Behinderter" betont, dass die Person von dem abweicht, was die Gesellschaft als „normal" bezeichnet. Es sollte stattdessen die Bezeichnung „Mensch mit Behinderung" verwandt werden, da zuerst der Mensch als Persönlichkeit gesehen wird, erst dann die Behinderung.

3.2.3 Ursachen von Behinderung

Die Ursachen von Behinderung können unterschiedlich sein. Je nach Zeitpunkt der Krankheit oder Störung, die zur Behinderung geführt hat, wird zwischen angeborener und durch Krankheit oder Unfall während oder nach der Geburt erworbener Behinderung unterschieden.

- Durch genetische Krankheiten oder eine Infektion des Ungeborenen im Mutterleib kann ein Kind mit Behinderung auf die Welt kommen.
- Bekommt das Baby während der Geburt zu wenig Sauerstoff, sind die Folgen oft eine geistige und körperliche Behinderung.

> **BEISPIEL** **Alisia (2,8)** lebt seit einem Jahr in Deutschland. Sie ist mit ihren Eltern aus Portugal gekommen. Von Anfang an besucht sie die Krippe „Krabbelmonster". Alisia hat durch einen Autounfall schwere Kopfverletzungen erlitten. Sie ist fast taub. Alisia ist ein fröhliches Mädchen, das schnell mit den anderen Kindern in der Krippe in Kontakt gekommen ist. Begeistert brabbelt sie auf Portugiesisch. Mit dem Praktikanten Steven schaut sie eifrig Bilderbücher an und lässt sich vorlesen.

Down-Syndrom

oder Trisomie 21
Die Behinderung wird durch ein überzähliges Chromosom verursacht. Statt der üblichen zwei haben diese Kinder drei Chromosomen 21.

Entstehung von Behinderung

Die Ursachen, die zu einer Behinderung führen, werden je nach dem Zeitpunkt ihres Auftretens unterschieden. Ursachen von Behinderungen können bereits vor der Geburt (pränatal) auftreten. Liegt eine Schädigung der Gene vor, handelt es sich um eine genetisch bedingte Behinderung. Das sogenannte ›Down-Syndrom‹ ist eine genetisch bedingte Behinderung, deren Folgen sich in einer geistigen Behinderung und Organschädigungen äußern können. Auch eine Medikamenteneinnahme der Mutter während der Schwangerschaft kann zur Schädigung des Ungeborenen führen. Die Folgen können eine geistige Behinderung oder körperliche Missbildung des Kindes sein.

Ursachen können auch während des Geburtsvorganges (perinatal) auftreten. Eine mögliche Ursache kann eine sogenannte Frühgeburt sein, d. h. wenn das Kind vor dem neunten Schwangerschaftsmonat geboren wird. Sauerstoffmangel während der Geburt ist ein weiterer Grund, der in der Folge zu einer Behinderung des Kindes führen kann. So kommt es beispielsweise zu einer Hirnschädigung oder zu Lähmungen.

Ursachen von Behinderungen treten häufig nach der Geburt (postnatal) auf. Eine mögliche Ursache sind Erkrankungen. Viruserkrankungen (z. B. Masern) können zu einer Hirnschädigung führen, die Körperbehinderungen oder Intelligenzminderung zur Folge haben kann. Auch Unfälle mit Verletzung können zu unterschiedlichen Behinderungen führen, z. B. Querschnittslähmung.

Abb. 3.8 Die Ursache einer Behinderung kann zu unterschiedlichen Zeitpunkten im Leben eines Menschen liegen.

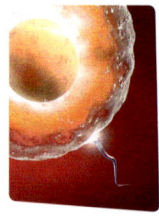

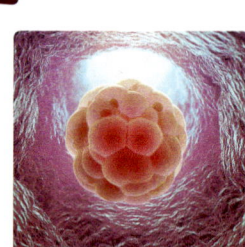

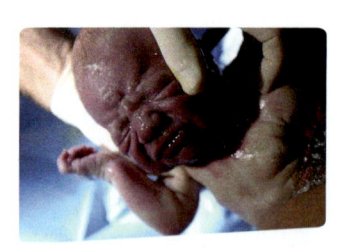

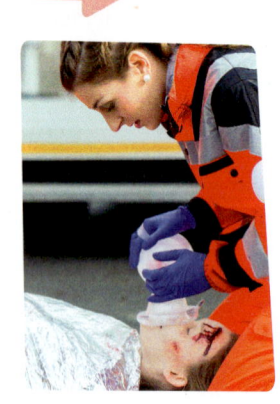

- Behinderung mit pränataler Ursache: geistige Behinderung z. B. aufgrund von Alkoholmissbrauch der Mutter in der Schwangerschaft
- Behinderung mit perinataler Ursache: geistige Behinderung z. B. durch Geburtskomplikationen mit Sauerstoffmangel des Babys
- Behinderung mit postnataler Ursache: Körperbehinderung z. B. nach Verlust eines Beines oder Armes bei einem Autounfall

3.2.4 Formen von Behinderung

Nur 4 % der Behinderungen sind angeboren. Die meisten Behinderungen werden durch einen Unfall oder durch eine Krankheit verursacht. Je nach Fähigkeit des Menschen, der betroffen ist, werden fünf Formen von Behinderungen unterschieden:

- Einschränkung der motorischen Fähigkeiten: Körperbehinderung
- Einschränkung der sensorischen Fähigkeiten: Sinnesbehinderung (Sehbehinderung, Blindheit, Hörbehinderung, Gehörlosigkeit)
- Einschränkung des Sprechens und des Sprachverständnisses: Sprachbehinderung
- Einschränkung der sozialen Fähigkeiten: Behinderung im sozialen und emotionalen Verhalten
- Einschränkung der kognitiven Fähigkeiten: Lernbehinderung/ geistige Behinderung (abhängig von der Stärke der Einschränkung)

Am häufigsten sind bei Kindern Körperbehinderungen, gefolgt von Hörbehinderung und Sehbehinderung. Oft kommen mehrere Beeinträchtigungen gleichzeitig vor, die als Mehrfachbehinderungen bezeichnet werden.

> **BEISPIEL** Alisia (2,8) ist durch ihre Hörbehinderung in der Sprachentwicklung zurückgeblieben. Sie spricht bisher nur Zweiwortsätze. Wenn ihre Mutter sie anspricht, versteht Alisia sie trotz Blickkontakt und Lippenlesen nicht.

3.2.5 Die inklusive Kindertagesstätte

Geschichtliche Entwicklung

In den letzten 40 Jahren fand meist eine Einzelintegration von Kindern mit Behinderung statt, um einzelne Kinder in eine Gruppe aufzunehmen. Teilweise gab es auch Kooperationen von Regel- und Sonderkindergärten. In verschiedenen Bundesländern fanden Modellversuche zur gemeinsamen Erziehung statt.

Die Ergebnisse dieser Modellprojekte führten zu ähnlichen Erkenntnissen:
- Die Familien können vermehrt am gesellschaftlichen Leben teilnehmen.
- Alle Kinder profitieren von Kindern mit unterschiedlichen Voraussetzungen.
- Die besonderen Arbeitsweisen wirken sich auf Kinder mit und ohne Behinderung förderlich aus.

Als Voraussetzungen für ein gutes Gelingen dieses pädagogischen Konzeptes wurden genannt:
- Fortbildung des pädagogischen Personals
- bauliche Anpassung an die Betreuung von Kindern mit und ohne Behinderung
- Ausstattung mit Hilfsmitteln
- Orientierung der unterstützenden Fachkräfte am Kindergartenalltag und Rücksicht auf besondere Bedingungen des Kindergartens

Abb. 3.9 Eine bauliche Anpassung könnte z. B. ein Lift für Rollstühle sein.

In den Bundesländern ist in den letzten Jahren die gemeinsame Erziehung und Bildung in Gesetzen verankert worden. Der Begriff ›Integrations-Kita‹ wurde vor einigen Jahren wieder abgeschafft, da die gemeinsame Erziehung inzwischen Teil jedes Kindertagesstätten-Konzeptes ist.

Integrations-Kita
Kindertagesstätte mit dem Konzept der integrativen Erziehung

Rahmenbedingungen für gelungene Inklusion

Seit der Verabschiedung des Übereinkommens über die Rechte von Menschen mit Behinderung (Behindertenrechtskonvention der Vereinten Nationen) 2009 haben Kinder mit Behinderung ein gesetzlich verankertes Recht auf ein erfülltes und menschenwürdiges Leben. Ihnen steht besondere Betreuung zu, die ihre Selbstständigkeit fördert und eine aktive Teilnahme am Leben ermöglicht.

Kinderpfleger kommen dieser Forderung nach, wenn sie ein Kind mit Behinderung in ihrer Einrichtung betreuen. Die Erziehung und Bildung von Kindern mit Behinderung wird vom Staat mitfinanziert, damit Kinder mit Behinderung und Kinder ohne Behinderung zusammen aufwachsen können. Inklusion ist ein einklagbares Recht auf Teilnahme an der Gesellschaft, daher sind Kindertageseinrichtungen und Schulen dazu verpflichtet, alles ihnen Mögliche zu unternehmen, um Kinder mit und ohne Behinderung gemeinsam aufwachsen zu lassen. Ebenso sollen Aspekte wie Armut oder Religionszugehörigkeit in den Blick genommen werden, da auch diese zum Ausschluss aus dem gesellschaftlichen Leben führen können und im pädagogischen Alltag Berücksichtigung finden sollten.

In Deutschland gelten in den 16 Bundesländern neben Bundesgesetzen die jeweiligen Landesgesetze für die Rahmenbedingungen der pädagogischen Arbeit in Kindertageseinrichtungen. Teilweise spielen ›kommunale Gesetze‹ bei den Ausführungsvorschriften noch eine Rolle, deswegen sind allgemeine Aussagen über Rahmenbedingungen oder Qualitätskriterien in Bezug auf Inklusion für Deutschland nicht vorhanden. Im Bundesland Bayern ist z. B. das Bayerische Kinderbildungs- und Betreuungsgesetz (BayKiBiG) maßgeblich, in Berlin das Berliner Kindertagesförderungsgesetz und in Nordrhein-Westfalen das Kinderbildungsgesetz (KiBiz).

Die Umsetzung der Öffnung von Regelkindergärten für Kinder mit Behinderung ist sehr unterschiedlich. Die Aufnahme von Kindern mit Behinderung in die Regel-Kindertagesstätte findet in verschiedenartiger Form statt:
- integrative Kindertagesstätten, in denen in jede Gruppe Kinder mit Behinderung aufgenommen werden
- integrative Gruppen in Regelkindergärten, in denen in einzelne Gruppen Kinder mit Behinderung aufgenommen werden
- Einzelintegration, bei der ein bis drei Kinder aus dem Wohnumfeld in die Kindertagesstätte aufgenommen werden

Krippe und Hort sind Bereiche, in denen die Aufnahme eines Kindes mit Behinderung eine Ausnahme darstellt

kommunal
eine Gemeinde betreffend, gemeinde-

Abb. 3.10 Integrative Gruppe

Abb. 3.11 Einzelintegration

Alle Einrichtungen haben spezielle ›Konzepte‹ zur Betreuung von Kindern mit und ohne Behinderung entwickelt. Erziehung und Bildung werden vom Staat mitfinanziert. Die Regelung für den Umfang der Fördermaßnahmen und Qualifikation des Fachpersonals ist in den Gesetzen der Bundesländer unterschiedlich festgesetzt. Die Förderung ist kindbezogen, d.h., dass die Träger für bestimmte Gruppen von Kindern eine unterschiedliche Förderung erhalten. Für ein Kind mit Behinderung erhält der Träger einen mehrfach höheren Zuschuss von dem, was er für ein Kind ohne Behinderung bekommt. Es muss dafür entsprechend mehr Personal eingestellt werden. Speziell qualifiziertes Fachpersonal, nämlich Heil-, Sonder- und Sozialpädagogen, können davon aber nur zum Teil finanziert werden. Kinderpflegern kommt daher in der Betreuung eine bedeutende Rolle im pädagogischen Team zu.

Konzept → S. 290

3.2.6 Zusammenarbeit mit anderen Berufsgruppen

Grundsätzlich sollte bedacht werden, dass inklusive Pädagogik im Team beginnt und nicht in der Kindergartengruppe. Unter den pädagogischen Fachkräften ist eine offene Diskussion notwendig, um eine gemeinsame Haltung zu Inklusion zu entwickeln, die alle mittragen. Äußere, z. B. räumliche Bedingungen, sind leicht zu verändern – dagegen die eigene innere Haltung zu verändern ist ein langer Prozess. Das pädagogische Team wird bei seiner Aufgabe von Fachkräften und anderen Berufsgruppen unterstützt. Fachkräfte sind Heilpädagogen, Sozialpädagogen, Logopäden, Ergotherapeuten oder Psychotherapeuten. Auch andere Berufsgruppen, wie Beschäftigte des Jugendamtes, sind wichtige Partner für Kindertagesstätten.

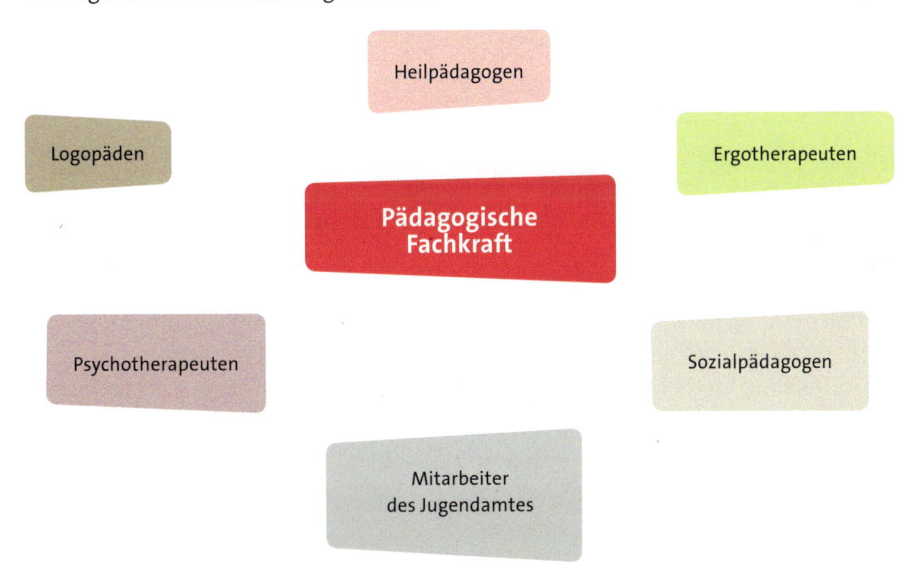

Mit dem Verständnis von Behinderung als eingeschränkte Teilhabe am gesellschaftlichen Leben rückt die ressourcenorientierte Förderung in den Vordergrund. Es geht nicht darum, was das Kind nicht kann, sondern was gestärkt werden muss, damit es an Aktivitäten teilhaben kann. Die Heilpädagogik liefert eine hilfreiche Sichtweise. Ein wichtiger Grundgedanke der Heilpädagogik ist die Ganzheitlichkeit. Nicht allein eine Behinderung oder erschwerte Bedingungen sollen im Blickwinkel stehen, sondern das Kind mit seinen Fähigkeiten und Ressourcen.

Heilpädagogische Fachkräfte können in Kindertagesstätten Inklusion z. B. in folgenden Bereichen unterstützen:
- Erarbeitung eines Förderplanes, in welchem Zeitraum welche Fähigkeiten weiter ausgebaut werden sollen und wie dies erreicht werden kann
- Anleitung der Eltern im ressourcenorientierten Umgang mit dem Kind sowie Beratung, z. B. zur Klärung der Kostenübernahme
- es wird nur so viel Hilfe geleistet, wie notwendig ist, damit die Kinder in ihrer Selbstwirksamkeit und ihrem Selbstbewusstsein gestärkt werden
- Durchführung spezieller Lern-, Bewegungs- und Wahrnehmungsangebote
- durch kreative Anreize wie Malen, Holzarbeiten, Tanzen und Sport lernen die Kinder, sich mit sich selbst und der Umwelt auseinanderzusetzen und Selbstvertrauen zu entwickeln

Das soziale Umfeld ist stets mit einzubeziehen und kann eine wertvolle Ressource sein. Einrichtungen der Heilpädagogik geben Kindern und Jugendlichen Hilfestellung zur Selbstständigkeit, entlasten die Familie in ihrer Erziehungsarbeit und stärken die Eltern in ihrer Erziehungsfähigkeit, um eine stabile Familiensituation zu erreichen.

> **BEISPIEL** Philipp macht in der Heilpädagogischen Tagesstätte von Haus Bambi sein Praktikum. Die Tagesstätte besteht aus zwei Gruppen zu je acht Kindern im Alter von sechs bis zwölf Jahren. Jedes Kind weist eine andere Behinderung auf. Ziel der Arbeit ist es, die Entwicklung der Kinder durch heilpädagogische und therapeutische Hilfen, schulische Förderung, soziales Lernen in der Gruppe und eine intensive Elternarbeit zu unterstützen. Die acht Kinder kommen jeden Mittag nach der Schule und bleiben bis zum Nachmittag.

Um die Erziehungs- und Bildungsziele zu erreichen, arbeitet die Heilpädagogik intensiver und mit anderen Schwerpunkten als eine Regelpädagogik. Besondere Stärken des ganzheitlichen Ansatzes der Heilpädagogik in der Bildung und Betreuung von Kindern sind:
- Für die Betreuung eines Kindes mit Behinderung steht mehr Zeit zur Verfügung, da das Kind länger braucht, um neue Dinge zu lernen, mehr Unterstützung bei der Körperpflege benötigt und sehr sensibel auf Ungeduld reagieren kann.
- Die Nutzung von Hilfsmitteln, z. B. Rollstühlen, ist durch eine behindertengerechte Raumgestaltung möglich.
- Vielfältige Hilfsmittel erlauben eine individualisierte Therapie, z. B. werden bei Kindern mit Autismus Symboltafeln eingesetzt, um die Kommunikationsfähigkeit zu unterstützen.
- Kinder mit Behinderung werden in kleinen Gruppen betreut, sodass eine individuelle Förderung möglich ist und jedes Kind die notwendige Hilfe bekommt, die es benötigt.
- Verschiedene Spezialisten kommen zum Einsatz, um vorhandene Ressourcen weiterzuentwickeln. Zum Beispiel unterstützen Sprachheilpädagogen die Sprachentwicklung und Ergotherapeuten fördern die Motorik.
- Von Anfang an wird großer Wert auf eine Erhaltung und Förderung grundlegender Fähigkeiten wie Sprache, Bewegung, Wahrnehmung und Lernen gelegt.

3.3 Ressourcenorientierung in der Erziehung

Ein wesentliches Merkmal der pädagogischen Grundhaltung ist die Orientierung an den Stärken des Kindes. Die Erziehung von Kindern wird oft dadurch erschwert, dass für Erziehungspersonen die Probleme und scheinbaren Mängel im Vergleich zu anderen Kindern im Vordergrund stehen. Die Ressourcen des betroffenen Kindes werden aus den Augen verloren. So kommt es vor, dass z. B. ›verhaltensauffällige Kinder‹ viel ermahnt werden, anstatt sie für positives Verhalten zu loben, oder ›Kinder mit Migrationshintergrund‹ in ihrer Sprachkompetenz ständig auf Fehler hingewiesen werden, anstatt ihre gute Integration in die Gruppe zu sehen.

verhaltensauffällige Kinder
→ S. 619
Kinder mit
Migrationshintergrund → S. 359

BEISPIEL Der Kinderpfleger Nico führt mit Frau Bienz, der Mutter von **Tom (4,7)**, ein Entwicklungsgespräch. Frau Bienz berichtet über die Situation zu Hause: „Am schwierigsten ist es, wenn sich Tom an Absprachen halten soll, wie Zähneputzen oder sich morgens anziehen. Meine Tochter Lea ist immer so brav. Ist Tom bei Ihnen auch so unmöglich?" Der Kinderpfleger Nico antwortet: „Tom ist ein Energiebündel, der gerne anderen Kindern hilft. Bekommt er von mir Lob und Ansporn, zieht er sich auch schnell an, wenn wir nach draußen zum Spielen wollen."

Prinzip der Ressourcenorientierung

Jedes Kind verfügt über Stärken, die als Ressourcen bezeichnet werden. Dies können ein ausgeglichenes Temperament, Kontaktfreudigkeit, gute Gesundheit oder viele andere positive Eigenschaften sein. Kinderpfleger haben die Aufgabe, bei jedem Kind seine starken Seiten zu finden und zu fördern. Die Bestätigung ihrer guten Eigenschaften lässt das Selbstwertgefühl und das Selbstvertrauen der Kinder wachsen, was sich positiv auf ihre Entwicklung auswirkt.

Ressourcen- oder Stärkenorientierung steht im Gegensatz zu Defizitorientierung. Es geht darum, Kinder zu stärken und ihnen zu helfen, sich zu selbstbestimmten Personen zu entwickeln. Außerdem begründet sich diese Sichtweise auf die Erfahrung, dass Lob, Anerkennung und Belohnungen eher zu gewünschtem Verhalten führen als Strafe und Kritik.

Dimension 1: Stärken des Kindes	Die Fähigkeiten und Stärken des Kindes werden in den Blick genommen, z. B. Kreativität.
Dimension 2: Äußere Ressourcen	Äußere Ressourcen werden sinnvoll genutzt, z. B. Zeit, Material, Raum.

Tab. 3.12 Die zwei Dimensionen der Ressourcenorientierung

3.4 Geschlechtsbewusste Erziehung

3.4.1 Entwicklung von Rollenvorstellungen

Genderforschung
Forschung über die Geschlechtsidentität des Menschen als soziale Kategorie im Hinblick auf z. B. das Rollenverhalten und die Selbstwahrnehmung

Die ›Genderforschung‹ hat Urteile über typisch weibliche oder männliche Rollen als Vorurteile entlarvt. Trotzdem gelten in unserer Gesellschaft immer noch die alten Annahmen, wonach Mädchen sich anpassen, Jungen dagegen durchsetzungsfähig und aktiv zu sein haben. Tatsächlich hat die Gleichbehandlung der Geschlechter erst in der zweiten Hälfte des 20. Jahrhunderts begonnen. Rollen zu hinterfragen ist notwendig, weil die Gleichberechtigung von Mädchen und Frauen trotz gesetzlicher Vorgaben noch nicht Wirklichkeit geworden ist. Kinderpflegern kommt hier eine Schlüsselposition zu: Durch eine Gleichbehandlung von Mädchen und Jungen im Kleinkindalter legen sie den Grundstein gegen spätere Rollenvorurteile und können auch Eltern positiv beeinflussen.

Geschlechtsbewusste Erziehung ist bereits in der Krippe und im Kindergarten sinnvoll, da dadurch das Begabungspotenzial von Mädchen und Jungen voll ausgenutzt wird. Wenn beide Geschlechter nicht in die für sie typischen Muster gedrängt werden, können sie auch für ihr Geschlecht „untypische" Talente entfalten wie Balletttanzen bei Jungen und technisches Geschick bei Mädchen. ›Geschlechtsstereotype‹ werden von Anfang an vermieden.

Aufgabe der Kinderpfleger ist es, eigene Rollenvorstellungen kritisch zu überdenken und diese den Kindern nicht überzustülpen.

Abb. 3.13 Die Geschlechter sollten nicht in bestimmte Muster gedrängt werden.

Geschlechtsstereotype
vermeintlich typische Merkmale von Jungen und Mädchen bzw. Männern und Frauen

> **ZUM WEITERDENKEN** In gemischten Klassen wählen Mädchen als Studienfächer eher „weibliche" Fächer wie Sprachen und soziale Berufe, Jungen überwiegend Naturwissenschaften. In Mädchenklassen werden soziale und naturwissenschaftliche Fächer gleichhäufig gewählt.

In der Gender-Thematik wird zwischen biologischem und sozialem Geschlecht unterschieden:
- Das **biologische Geschlecht** ist das offensichtliche, von außen durch Geschlechtsmerkmale erkennbare Geschlecht.
- Hingegen entwickelt sich das **soziale Geschlecht** durch Einflüsse der Gesellschaft und die Erziehung. Es zeigt sich in geschlechtsangepasstem Verhalten.

Dementsprechend zeigen Jungen und Mädchen teilweise geschlechtsspezifische Verhaltensweisen.

> **BEISPIEL** Nachdem die Eltern **Linus (4,3)** und **Sophie (3,11)** Grimms Märchen vorgelesen haben, verkleidet sich Linus zum Fasching als Ritter. Sophie hingegen möchte wie im Märchen als Prinzessin gehen.

3. Grundprinzipien der Erziehung: Inklusion, Ressourcenorientierung und Gendersensibilität

Kinder unterscheiden bereits im ersten Lebensjahr zwischen Männern und Frauen. Ihres eigenen biologischen Geschlechts werden sie sich bis zum dritten Lebensjahr bewusst. Zwischen dem dritten und fünften Lebensjahr verfestigt sich das Verständnis der Geschlechterrolle durch den Einfluss der Familie, der Medien, des sozialen Umfeldes und der Gesellschaft. Damit beginnt die Entwicklung der Geschlechterrolle.

Abb. 3.14 und 3.15 Geschlechtsstereotype in der Kindertageseinrichtung?

Jedes Kind entwickelt für sich ein Verständnis, welche typische Rolle für eine Frau oder einen Mann in der jeweils herrschenden Kultur und Gesellschaft akzeptiert ist.

> **BEISPIEL** Der Kindergarten „Lummerland" liegt in einem bunt gemischten Viertel mit hohem Migrantenanteil. **Özlem (3,7)** fragt die Praktikantin Anna, wann sie den Kindern Frühstück macht. Anna antwortet: „Heute ist Helmut an der Reihe, mit Euch die Brote zu schmieren." **Hamid (3,6)** mischt sich ein: „Der kann das gar nicht, das ist Frauenarbeit."

Guten Morgen, meine kleine Quasselstrippe. Hast du aber heute ein süßes Kleidchen an. Eine richtige kleine Prinzessin!

3.4.2 Umsetzung von geschlechterbewusster Erziehung in der Kindertageseinrichtung

Seit 1991 klärt das Kinder- und Jugendhilfegesetz die Aufgabe pädagogischer Einrichtungen in diesem Gebiet:

> *Bei der Ausgestaltung der Leistungen und der Erfüllung der Aufgaben sind (...) die unterschiedlichen Lebenslagen von Jungen und Mädchen zu berücksichtigen, Benachteiligungen abzubauen und die Gleichberechtigung von Mädchen und Jungen zu fördern.*
> SGB VIII/KJHG § 9.3

Mainstream
engl.: Hauptströmung
ein Thema in die Aufmerksamkeit der Politik bringen

Vorurteil → S. 258

In diesem Zusammenhang hat der Begriff des Gender-›Mainstreaming‹ an Bedeutung gewonnen. Die Idee dahinter ist, dass ein bewusster Umgang mit den Geschlechtern keine Sonderaufgabe mehr ist, sondern im Alltag (also im Mainstream) selbstverständlich ist. Dies soll dazu führen, Ungerechtigkeiten und ›Vorurteile‹ zwischen den Geschlechtern abzubauen, ohne in eine Gleichmacherei zu verfallen.

Die Institutionen des Staates berücksichtigen bei allen Entscheidungen die verschiedenen Lebenssituationen und Interessen von Frauen und Männern auf allen gesellschaftlichen Ebenen, um so eine Gleichstellung der Geschlechter zu erreichen. Die Chancengleichheit von Frauen und Männern wird als wesentliche Aufgabe betrachtet und bei jeder staatlichen Maßnahme beachtet.

Ziel ist es, Kinder bei der Entwicklung ihrer Geschlechtsidentität zu unterstützen, ohne sie in enge Muster zu pressen. Die Unterschiede zwischen Jungen und Mädchen werden weniger betont. Es ist Aufgabe der Kinderpfleger, Jungen und Mädchen zu befähigen, ihre eigene Geschlechtsidentität zu finden und mit ihr umgehen zu können.

Dazu gehören:
- die Vermeidung von Stereotypen wie z. B. „Mädchen sind künstlerisch begabter als Jungen"
- das Fördern individueller Stärken der Kinder unabhängig von Rollenvorstellungen des pädagogischen Personals
- die Ansprache von Jungen und Mädchen, wenn es um ›Bildungsangebote‹ in Krippe oder Kindergarten geht

Bildungsangebot → S. 389

Abb. 3.16 Mädchen und Jungen sollten bei Bildungsangeboten gleichermaßen angesprochen werden.

3. Grundprinzipien der Erziehung: Inklusion, Ressourcenorientierung und Gendersensibilität

Personalkonzept	Raumkonzept	Pädagogik	Bildungs- und Erziehungspartnerschaft
Männliche und weibliche Fachkräfte leben den Kindern unterschiedliche Rollenmodelle vor. Sie zeigen, dass Männer und Frauen Aufgaben voneinander übernehmen, die traditionell Männern oder Frauen zugesprochen werden.	Die klassische Puppen- und Bauecke ist nicht vorhanden, um die Vorbestimmtheit der Spielorte für Jungen und Mädchen zu vermeiden. Stattdessen werden offene Spielbereiche angeboten, für die Spielzeug in neutralen Rollcontainern angeboten wird.	Kinderpfleger suchen Bücher und Lieder gezielt aus: nicht nur Klassiker mit kochenden Müttern und Vätern, die abends müde von der Arbeit kommen, sondern Kinderbücher, die auf die moderne Rollenverteilung mit tröstenden Vätern und berufstätigen Müttern eingehen.	Informationen für Eltern werden auch gezielt an Väter oder neutral „Liebe Eltern" verfasst. Aus Gewohnheit kommt es vor, dass Bitten an Mütter gerichtet werden. Väter beteiligen sich genauso an der Erziehung der Kinder und sind genauso wie Mütter für die Teilnahme an Ausflügen und Elternabenden gezielt anzusprechen.

Abb. 3.17 Die praktische Umsetzung geschlechtssensibler Erziehung in der Kindertagesstätte baut auf vier Säulen auf.

> **Warum muss ich das für meinen Beruf wissen?**

Für Ihre berufliche Tätigkeit ist es wichtig, dass Sie Kindern unabhängig von Geschlecht, Herkunft, Fähigkeit und Einstellung positiv sowie vorurteilsfrei begegnen und ihre individuelle Entwicklung fördern.

Sie wissen, was Inklusion bedeutet. Sie verstehen Inklusion als einen gesetzlich verankerten Grundauftrag pädagogischer Einrichtungen in Deutschland.

Sie haben gelernt, dass Kinder mit einer Behinderung zur Inklusion spezielle Rahmenbedingungen und unter Umständen die Unterstützung anderer Fachkräfte benötigen. In Ihrem beruflichen Alltag sollten Sie die Stärken von Kindern bestätigen und damit ihr Selbstvertrauen und Selbstwertgefühl steigern.

Sie können kritisch mögliche Vorteile in Ihrem Denken und Handeln hinterfragen und ermöglichen mit konkreten Konzepten Kindern eine gleichberechtigte und offene Entwicklung ihrer Geschlechtsidentität.

4 ERZIEHERISCHES HANDELN

> **11. Oktober**
>
> **13:42** Worauf kommt es beim Erziehen an?
>
> **14:01** Woran muss ich denken, wenn ich plane?
>
> **14:15** Wie komme ich von meinem geplanten Ziel zum tatsächlichen Ergebnis?

4.1 Was ist erzieherisches Handeln?

4.1.1 Erzieherisches Handeln als planvolles Handeln

Bis in die neunziger Jahre des vergangenen Jahrhunderts wurde die Kindertageseinrichtung vor allem als Dienstleister für die Familien angesehen. Hier gaben Eltern ihre Kinder ab, wenn zu Hause niemand da war, der auf sie aufpassen konnte. Die Vorläufer der heutigen Kindertageseinrichtungen waren sogenannte „Kinderverwahranstalten". Sie hatten ausschließlich den Auftrag, darauf zu achten, dass kein Kind zu Schaden kommt.

> Heute haben Kindertageseinrichtungen das Ziel und den Auftrag, die Kinder nicht nur zu beaufsichtigen oder zu pflegen, sondern sich ihnen aktiv zuzuwenden. Kinder sollen gefördert, gebildet und begleitet werden. Dieser Auftrag ist gesetzlich verankert (SGB VIII). Um ihn umzusetzen, ist planvolles Handeln nötig.

Als einer der Ersten erkannte der deutsche Pädagoge **Friedrich Fröbel** (1782–1852), dass es sinnvoll ist, auch schon sehr junge Kinder bewusst zu fördern. Er entwickelte sogenannte **Spielegaben**, die dazu dienen sollten, die kognitiven, motorischen und emotionalen Potenziale der Kinder zu wecken und zu stärken (›ganzheitliche Entwicklung‹). Fröbel war der Überzeugung, dass Kinder sich über das ›Spielen‹ die Welt aneignen. Zudem sollte ihre Umgebung möglichst anregend gestaltet sein. Denn ebenso wie Pflanzen brauchen auch Kinder eine fruchtbare Umgebung, um sich zu entwickeln. So entstand der Begriff „Kindergarten", der sich letztlich im deutschsprachigen Raum durchsetzte. Damit wurde deutlich, dass Kinder nicht nur betreut, sondern auch erzogen, ja sogar gebildet werden sollten.

Abb. 4.1 Friedrich Fröbel (1782–1852)

ganzheitliche Entwicklung
→ S. 293
Spiel → S. 496

Das kindliche Spiel unterteilte Fröbel in vier grundlegende Bereiche:
- Spiel mit Beschäftigungsmitteln („Spielgaben")
- Bewegungsspiele (Lauf-, Tanz-, Kreis- und Darstellungsspiele)
- Gartenarbeit und Tierpflege
- Mutter- und Koselieder

Einige dieser Aktivitätsschwerpunkte finden sich bis heute in den Kindertageseinrichtungen wieder. Auch einige der von Fröbel entwickelten Spielgaben haben Sie sicherlich schon einmal gesehen. Auf den ersten Blick sehen sie „einfach" nach Spielzeug aus, doch sie bauen aufeinander auf und sollten in der pädagogischen Praxis ganz bewusst und planvoll eingesetzt werden.

Abb. 4.2 Wollbälle   **Abb. 4.3** Kugel, Würfel, Walze   **Abb. 4.4** Verschiedene Würfel

Friedrich Fröbel hatte also erkannt, dass man sich schon vorab Gedanken machen muss, wenn man Kinder ›zielgerichtet‹ erziehen und fördern möchte. Ganz grundlegend muss diese **Planung** laut Fröbel folgende drei Punkte berücksichtigen:

Erziehungsziel → S. 222

- Raum
- Material
- Handlung der pädagogischen Fachkraft

> Fröbel hatte ein klares Ziel: Er wollte denkende und selbsttätige Menschen erziehen. Um dieses Ziel zu erreichen, hat er sich einen Plan gemacht.

4.1.2 Erzieherisches Handeln als komplexe Aufgabe

Es ist also notwendig, sich vor dem pädagogischen Handeln Gedanken darum zu machen, was überhaupt geschehen soll. Die pädagogische Arbeit lässt sich in mehrere Teilbereiche unterteilen, z. B. das Wissen der pädagogischen Fachkraft, die Beobachtung und Analyse einer **Situation**, aber auch die Selbstreflexion.

Grundlegend für alle Handlungen der pädagogischen Fachkraft ist die Situation, in der sie sich bewegt. Zahlreiche Einflüsse bestimmen dabei das pädagogische Handeln: etwa die zur Verfügung stehende Zeit oder eine mögliche Unterstützung durch Kollegen.

Das Kompetenzmodell für pädagogische Fachkräfte

Um herauszustellen, worauf es beim Erziehen ankommt, hat das Deutsche Jugendinstitut in München ein Schema entworfen, das den Ablauf einer pädagogischen Handlung verdeutlichen soll. Das Kompetenzmodell für pädagogische Fachkräfte zeigt die Vielschichtigkeit (Komplexität) des erzieherischen Handelns. Die einzelnen Elemente des Modells werden auf den nachfolgenden Seiten erklärt. Das Modell bietet die Möglichkeit, erzieherisches Handeln zu analysieren und zu erklären. Es ist nicht das Abbild der Wirklichkeit, hilft aber, die Wirklichkeit zu verstehen.

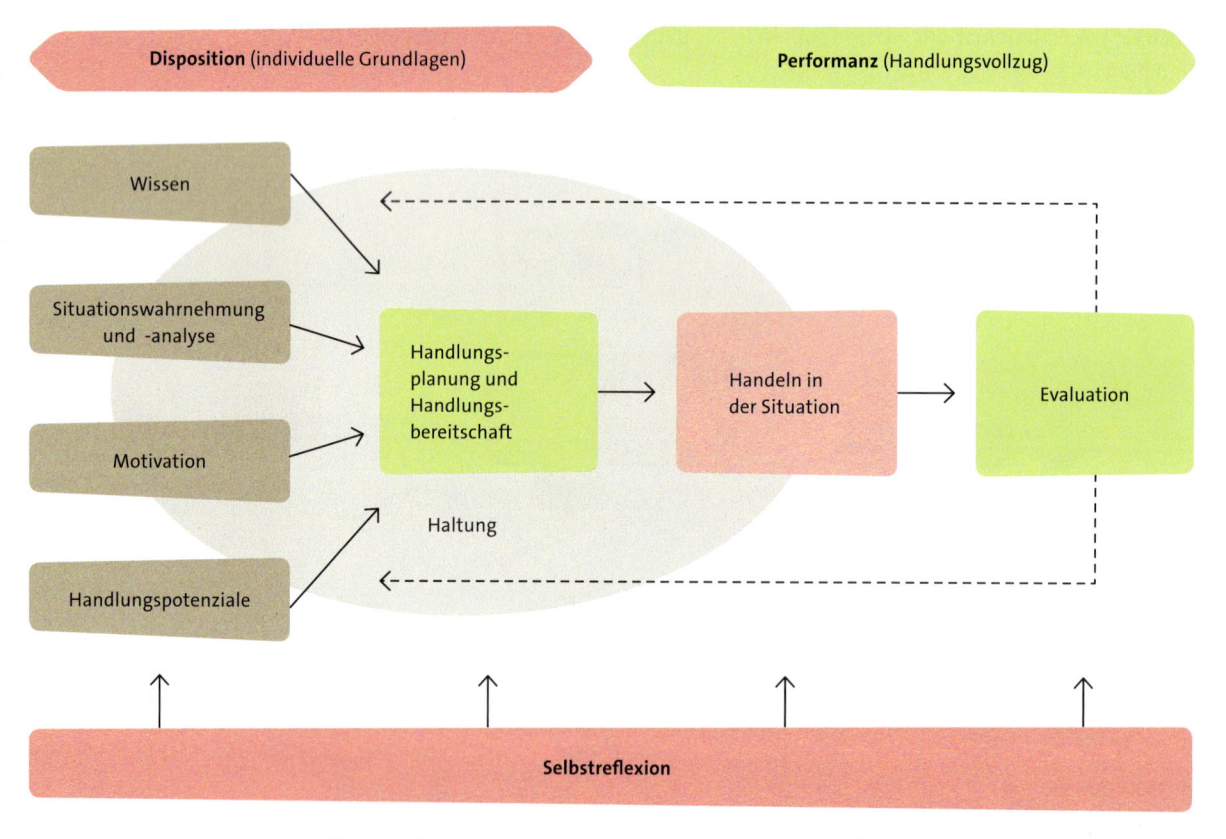

Abb. 4.5 Allgemeines Kompetenzmodell, nach: Fröhlich-Gildhoff, Klaus/Nentwig-Gesemann, Iris/Pietsch, Stefanie (2011): Kompetenzorientierung in der Qualifizierung frühpädagogischer Fachkräfte. Deutsches Jugendinstitut e. V., München, S. 17

Anlässe für die Planung von
Angeboten → S. 570
Beobachtung → S. 59

Eine der Hauptquellen für ›Handlungsanlässe‹ ist sicherlich die ›**Beobachtung**‹ der Kinder. Sie dient dazu, die Situation wahrzunehmen und zu analysieren.

In der Regel sind die jeweiligen Situationen und die mit ihnen einhergehenden Anforderungen an die pädagogischen Fachkräfte sehr unterschiedlich. Manche Situationen sind eindeutig, andere sind mehrdeutig. Das erleichtert oder erschwert die Analyse der Situation.

> Allgemein wird in Bezug auf das erzieherische Handeln zwischen den individuellen Eigenschaften der pädagogischen Fachkraft (Disposition) und der konkreten Handlung (Performanz) unterschieden.

> **BEISPIEL** Kinderpflegerin Petra Bahr ist eine sehr lebensfrohe und aktive Person. Diese individuellen Eigenschaften (Disposition) haben auch Einfluss auf ihren Umgang mit den Kindern (Performanz).

Zu den persönlichen Eigenschaften gehören auch Art und Umfang des **Wissens** einer pädagogischen Fachkraft. Sie hat sich **Fachwissen** angelesen und in einer Ausbildung angeeignet. Darüber hinaus hat sie in unterschiedlichen praktischen Situationen **Erfahrungswissen** erworben.

> Eine weitere wichtige Eigenschaft der pädagogischen Fachkraft ist ihre ›Motivation‹. Sie sollte sich gerne mit pädagogischen Themen, Bildungsbereichen, Inhalten und Lernsituationen beschäftigen.

Berufsmotivation → S. 20

Menschen machen im Laufe ihres Lebens individuelle Erfahrungen und können meist konkret äußern, welche Dinge ihnen Spaß bereiten oder Angst machen. Muss sich eine pädagogische Fachkraft regelrecht überwinden, um ein Thema zu bearbeiten, dann wird das vom Kind wahrgenommen. Es kann sein, dass es die Thematik dann ebenfalls negativ bewertet. Dieses Thema wird dann wahrscheinlich nicht so häufig bearbeitet wie andere.

> **BEISPIEL** Kinderpflegerin Maria Hanel hat kein großes Interesse an Tieren. Sie befasst sich in ihrer Freizeit nicht damit und hatte in ihrer Kindheit nie ein Haustier. In der Kindertageseinrichtung thematisiert sie Tiere nur, wenn es sich nicht umgehen lässt. So lässt Maria Hanel die Bücher über Tiere im Regal liegen und wählt lieber Bücher aus anderen Themengebieten aus.

Abb. 4.6 Individuelle Fähigkeiten können zu erzieherischen Handlungen führen.

Motivation bedeutet auch, dass die pädagogische Fachkraft Freude daran hat, Lernsituationen zu schaffen und zu begleiten. Wenn eine bestimmte Aufgabe Freude bereitet, wird sie höchstwahrscheinlich gerne wieder übernommen.

Der pädagogischen Fachkraft stehen im Alltag verschiedene mögliche Handlungsweisen zur Verfügung. Diese werden als **Handlungspotenziale** bezeichnet. Hierzu gehören besondere Fähigkeiten (z. B. Gitarre spielen oder kreative Betätigung), aber auch ganz allgemeine und grundlegende Handlungen (z. B. jemanden ansprechen, jemandem die Hand reichen). Schon diese grundlegenden Handlungen können – an der richtigen Stelle eingesetzt – sehr wirkungsvoll sein. Daher müssen auch sie zwingend ›reflektiert‹ und als mögliche Handlungsweise in den Blick genommen werden.

Reflexion → S. 41

Sowohl die persönlichen Grundlagen als auch die tatsächliche Handlung und deren Bewertung werden maßgeblich von individuellen Ansichten, ›Werten und Normen‹ der pädagogischen Fachkraft beeinflusst. Dieses Geflecht von verschiedenen ganz persönlichen Überzeugungen und Annahmen wird als **Haltung** bezeichnet. Sie kann durch eine erwünschte bzw. ›professionelle Haltung‹ ergänzt werden. Problematisch wird es, wenn die persönliche Haltung nicht mit der professionellen Haltung übereinstimmt.

Werte und Normen → S. 217

Grundlagen professionellen Handelns → S. 44

GRUNDLAGEN DER PÄDAGOGIK

Reflexion als Kernaufgabe
→ S. 41

Eine Aufgabe zieht sich durch die gesamte Bandbreite pädagogischen Handelns: die ›**Selbstreflexion**‹. Die pädagogische Fachkraft muss in ihrem beruflichen Alltag immer wieder alle Teilbereiche von persönlichen Eigenschaften und konkreten Handlungen kritisch in den Blick nehmen. Dabei sind die Bereiche nicht immer losgelöst voneinander zu betrachten. Gerade die entstehenden Wirkungen aufeinander sollten reflektiert werden. So kann z. B. fehlendes Wissen zu schlechten Handlungen führen. Betrachtet man alle Faktoren in ihrem Zusammenspiel, so kann man die eigene Wirkung umfangreich und aussagekräftig einschätzen. Mögliche Ideen für diese Reflexion finden Sie am Ende dieses Kapitels.

> **ZUM WEITERDENKEN** Alle Bereiche erzieherischen Handelns stehen miteinander in Beziehung. Sie sind sogar voneinander abhängig. Ist eine pädagogische Fachkraft nur in einem Teilbereich kompetent, ist das Erziehungs- oder Bildungsziel in Gefahr. Eine möglichst breit ausgebildete und in allen Teilbereichen kompetente Fachkraft hat sicherlich die besten Voraussetzungen, in der einzelnen Situation zielführend wirksam zu sein. Es ist auch möglich, dass ein Teilbereich besonders deutlich zutage tritt. Aber was nutzt eine Kinderpflegerin, die zwar nett ist, aber nicht erkennt, welche Angebote die Kinder in ihrer Situation fördern?

4.1.3 Äußere Einflüsse auf die Erziehung

In der Pädagogik betrachtet man die Menschen, mit denen man arbeitet, in der Regel aus einer **systemischen Perspektive** heraus. Das bedeutet, nicht nur das Kind allein in den Blick zu nehmen, sondern die gesamten Zusammenhänge, in denen es steht. Zu diesem System gehören andere Menschen wie Familie, Freunde und pädagogische Fachkräfte, aber auch z. B. der Zugang zu Medien, das Lebensumfeld und die Lebensgewohnheiten, geltende ›Werte und Normen‹.

Werte und Normen → S. 217

Die pädagogische Fachkraft muss sich darüber im Klaren sein, dass kein Mensch losgelöst von den Dingen handeln kann, die ihn umgeben. Auch Erziehung und die pädagogische Fachkraft selbst mit ihren Handlungen unterliegen solchen äußeren Einflüssen.

> **BEISPIEL** Zu Beginn des vergangenen Jahrhunderts war in Deutschland Kriegsspielzeug weitverbreitet. Kinder wurden recht früh mit idealisierten (positiv überhöhten) Darstellungen von Soldaten konfrontiert. Das damalige Gesellschaftsideal von Stärke, Gehorsam und Disziplin, die in Europa brodelnde Kriegsgefahr sowie ein durch Kaiser und Obrigkeit geprägtes Gesellschaftssystem wirkten sich direkt auf die Erziehung der Kinder aus. Eine gesellschaftliche Beeinflussung der Erziehung fand auch in der ehemaligen DDR statt, wo vor allem Kollektivität (Gemeinschaftlichkeit) und Anpassung zu den obersten Erziehungszielen gehörten. Die bewusste Beeinflussung von gruppendynamischen Prozessen kennzeichnete zu dieser Zeit das Erziehungshandeln der pädagogischen Fachkräfte. Menschen, die sich dem widersetzten und für mehr Individualität eintraten, mussten Konsequenzen fürchten.

Abb. 4.7 Junge Pioniere in Radebeul 1985

4.2 Planung als Grundlage für Handlungen

4.2.1 Verschiedene Formen geplanter Handlungen

In einer pädagogischen Einrichtung arbeiten alle Fachkräfte auf Grundlage einer vertraglich geregelten Übereinkunft mit dem Träger (›Arbeitsvertrag‹). Dieser Regelung ist oftmals noch eine sogenannte Stellenbeschreibung angefügt. Egal, ob Leitung, pädagogische Fachkraft, Bundesfreiwilligendienstleistender oder ehrenamtliche Helferin: Sie alle sollten einen konkret formulierten Auftrag haben.

Eine pädagogische Fachkraft hat eine ganze Reihe von Aufgaben. Unter anderem wird davon ausgegangen, dass sie in der Lage ist, zielgerichtet geplante erzieherische Handlungen durchzuführen.

> Wenn eine Handlung absichtsvoll und unter Verwendung einer konkreten Struktur (Ordnung) erfolgt, spricht man von einem geplanten Vorgehen. Diesem Vorgehen liegt eine zuvor durchgeführte Handlungsplanung zugrunde.

Wichtig ist, zu wissen, dass es sich bei den geplanten Handlungen nicht nur um Angebote im klassischen Sinne handeln muss. Auch ganz einfache, aber bewusst eingesetzte Tätigkeiten können und sollten im pädagogischen Alltag geplant sein.

Abb. 4.8 Auch einfache pädagogische Handlungen folgen einem Plan.

rechtliche Grundlagen → S. 44

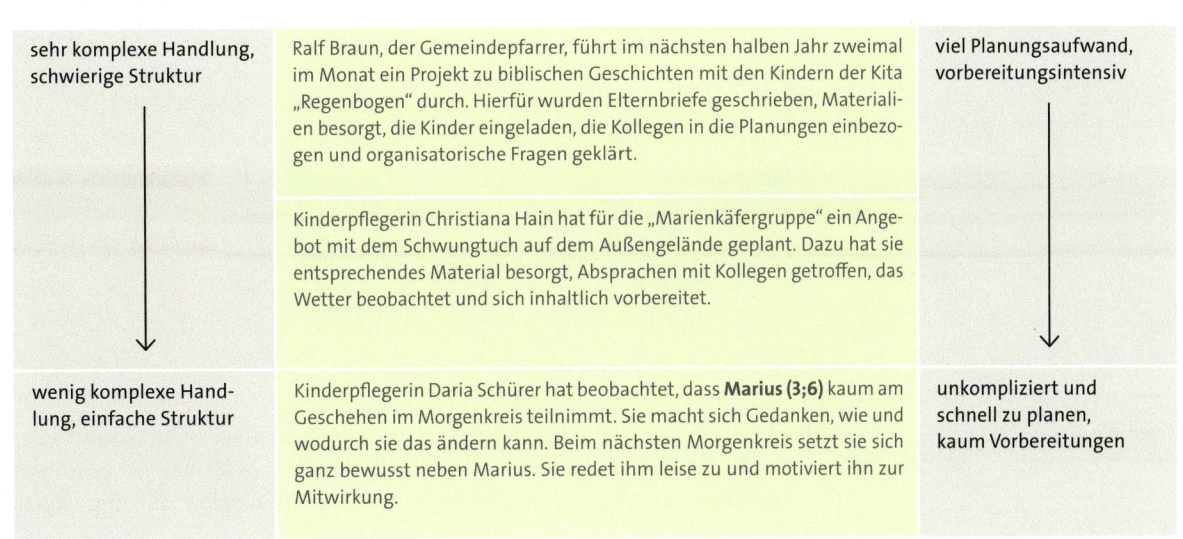

sehr komplexe Handlung, schwierige Struktur	Ralf Braun, der Gemeindepfarrer, führt im nächsten halben Jahr zweimal im Monat ein Projekt zu biblischen Geschichten mit den Kindern der Kita „Regenbogen" durch. Hierfür wurden Elternbriefe geschrieben, Materialien besorgt, die Kinder eingeladen, die Kollegen in die Planungen einbezogen und organisatorische Fragen geklärt.	viel Planungsaufwand, vorbereitungsintensiv
↓	Kinderpflegerin Christiana Hain hat für die „Marienkäfergruppe" ein Angebot mit dem Schwungtuch auf dem Außengelände geplant. Dazu hat sie entsprechendes Material besorgt, Absprachen mit Kollegen getroffen, das Wetter beobachtet und sich inhaltlich vorbereitet.	↓
wenig komplexe Handlung, einfache Struktur	Kinderpflegerin Daria Schürer hat beobachtet, dass **Marius (3;6)** kaum am Geschehen im Morgenkreis teilnimmt. Sie macht sich Gedanken, wie und wodurch sie das ändern kann. Beim nächsten Morgenkreis setzt sie sich ganz bewusst neben Marius. Sie redet ihm leise zu und motiviert ihn zur Mitwirkung.	unkompliziert und schnell zu planen, kaum Vorbereitungen

Tab. 4.9 Beispiele für geplante Handlungen

4.2.2 Anlässe für die Planung von Angeboten

Wie aber können nun konkrete Beschäftigungs- und Bildungsangebote geplant werden? Hier ist zunächst zu fragen, woraus sich das Angebot begründet. Was ist also der **Handlungsanlass** für dieses Angebot?

Neben dem Kind wirken zahlreiche weitere **Interessengruppen** auf die pädagogische Praxis ein:
- Eltern
- Kollegen
- Träger
- das Gemeinwesen (›Sozialraum‹)
- die Gesellschaft im Allgemeinen

Sozialraum → S. 53

Sie alle können Anlässe für pädagogische Handlungen bieten.

Interessen-gruppe	Anlass wird festgestellt durch …	Beispiel
Kind	- Äußerungen - Beobachtung durch die pädagogische Fachkraft (Bildungsthemen, besondere Anlässe, Entwicklungsstand)	Eine Gruppe von Kindern betrachtet die Eisblumen an der Fensterscheibe des Gruppenraumes und wird dabei von Erzieherin Maria Behnke beobachtet. Bei der Vorbereitung auf das Entwicklungsgespräch von **Jakob (4;5)** fällt auf, dass dieser manchmal noch im Nachstellschritt die Treppen hochsteigt.
Eltern	- Äußerungen - Anfragen an die Einrichtung - Elterninitiativen/Elternrat	Michelle Dupont äußert im Entwicklungsgespräch ihre Überzeugung, ihr Kind müsste mehr im feinmotorischen Bereich gefördert werden.
Kollegen	- Äußerungen - kollegiale Fallberatung - Teambesprechung	In der Teambesprechung im Januar wird einstimmig beschlossen, dass im Sommer ein großes Sommerfest stattfinden soll. Es wird festgelegt, wer welche Teile der Planung und der Durchführung übernimmt.
Träger	- pädagogisches Konzept - Leitbild - Stellenbeschreibung - Dienstanweisungen	In der evangelischen Kita „Am Waldweg" wird im Morgenkreis immer ein Gebet gesprochen. Außerdem werden christliche Feste in der Einrichtung geplant und durchgeführt.
Gemeinwesen	- Anfragen - Kooperationsverträge	Zweimal im Jahr singt die große Gruppe der Kita „St. Johann" im benachbarten Altenheim.
Gesellschaft	- Gesetze - Bildungspläne - allgemeingültige Werte und Normen - gesellschaftliche Realität, die thematische Ansatzpunkte bietet	Die Politik hat festgelegt, dass die Kindertageseinrichtungen einen Bildungsauftrag umsetzen müssen. In Deutschland werden zahlreiche christliche Feste gefeiert, z. B. Weihnachten oder Ostern.

Erziehungsziele → S. 222

Aus unterschiedlichen Handlungsanlässen lassen sich ›Ziele‹ für die pädagogische Arbeit entwickeln. Wichtig ist aber, dass der Anlass geklärt ist, bevor das Ziel bestimmt wird. Im Anschluss daran kann dann die methodische (praktische) Umsetzung folgen.

4. Erzieherisches Handeln

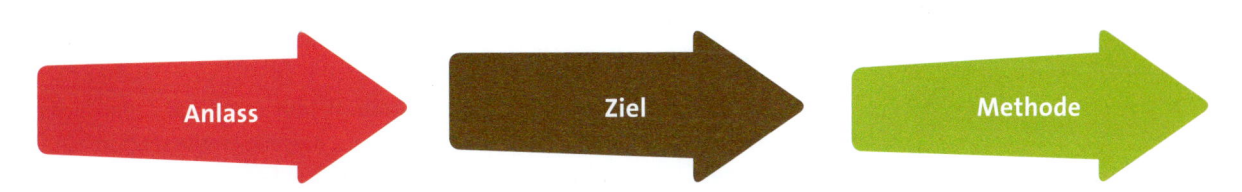

Anlass → **Ziel** → **Methode**

Es ist naheliegend, dass pädagogische Fachkräfte Angebote oder Aktivitäten durchführen möchten, die ihren eigenen Interessen oder Begabungen entsprechen und die ihnen Freude bereiten. Diesen Aktivitäten werden dann nachträglich entsprechende Ziele zugeordnet. Die professionelle Planung sollte aber eine andere Reihenfolge beachten. Ein Angebot darf nicht nur zum Selbstzweck durchgeführt werden, sonst besteht die Gefahr, dass es sich verselbstständigt, ohne dass der ursprüngliche Zweck noch erfüllt wird.

> **BEISPIEL** Auf die Frage eines Vaters, weshalb die Kinder eigentlich zum wiederholten Male Kartoffeldrucke angefertigt haben, weiß Kinderpfleger Marco Rütten keine richtige Antwort. Als er darüber nachdenkt, stellt er fest, dass er selbst gern Kartoffeldrucke anfertigt und den Kindern sehr gern dabei hilft. Bildungs- oder Erziehungsziele wie Feinmotorik, soziales Lernen oder kreativer Ausdruck hatte er bei seinen Handlungen gar nicht berücksichtigt.

Die pädagogischen Fachkräfte sollten ihre Handlungen an ihren jeweiligen Erziehungs- und Bildungszielen ausrichten.

> Für erzieherisches Handeln gilt: Erst wird der Anlass bekannt. Daraus leitet die pädagogische Fachkraft das Ziel ab und dann folgt die methodische Umsetzung.

Bildungsziele sind meist auf Länderebene durch die Bildungspläne mehr oder weniger konkret festgelegt. **Erziehungsziele** dagegen können ganz unterschiedlich formuliert werden. Sie sollten aber realistisch und beobachtbar sein. Außerdem müssen sie für jedes Kind individuell beschrieben werden. Eine Hilfestellung bieten die **vier Zielebenen erzieherischen Handelns** des Pädagogen Wolfgang Brezinka.

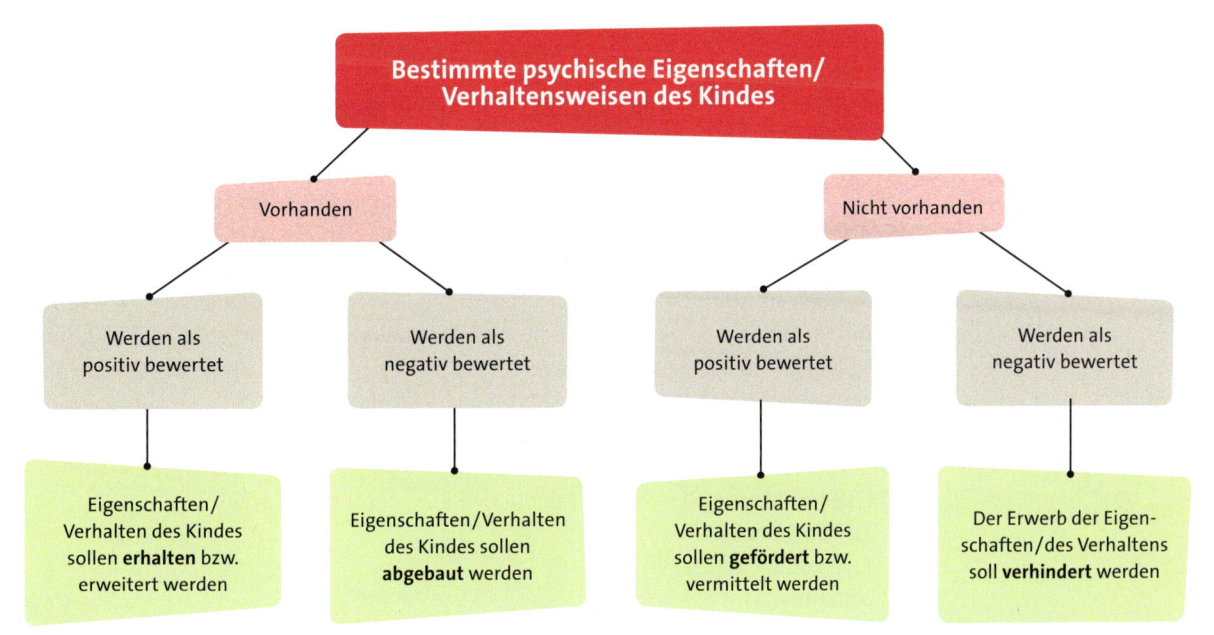

Bestimmte psychische Eigenschaften/Verhaltensweisen des Kindes

- **Vorhanden**
  - Werden als positiv bewertet → Eigenschaften/Verhalten des Kindes sollen **erhalten** bzw. erweitert werden
  - Werden als negativ bewertet → Eigenschaften/Verhalten des Kindes sollen **abgebaut** werden
- **Nicht vorhanden**
  - Werden als positiv bewertet → Eigenschaften/Verhalten des Kindes sollen **gefördert** bzw. vermittelt werden
  - Werden als negativ bewertet → Der Erwerb der Eigenschaften/des Verhaltens soll **verhindert** werden

4.2.3 Die konkrete Aktivitätsplanung

Eine Planung zu erstellen kann aus vielen Gründen sinnvoll sein. Durch das gedankliche „Ablaufen der methodischen Wegstrecke" können Sie verschiedene Einflussfaktoren auf den geplanten Prozess ausmachen. Zudem erarbeiten Sie sich auf diese Weise einen „Methodenvorrat", auf den Sie zu einem späteren Zeitpunkt wieder zurückgreifen können. Wie aber sieht nun eine Planung konkret aus? Hierzu gibt es in der Pädagogik verschiedene Ansätze. Jede pädagogische Fachkraft muss für sich entscheiden, wie sie eine Planung gestaltet und welche Elemente sie dafür verwendet.

> Pläne sollen helfen, Handlungen zu strukturieren und ein angestrebtes Ergebnis sicherzustellen. Sie sollen das pädagogische Handeln aber nicht verkomplizieren. Daher gilt: So viel wie nötig, nicht so viel wie möglich.

Auch wenn sich die verschiedenen Möglichkeiten der Planung in ihrem Aufbau unterscheiden, haben die meisten doch einige Gemeinsamkeiten. Hierzu gehören:
- Übersichtlichkeit und Struktur
- die Zeitebene
- Umsetzungsphasen

Planungen sollten klar gegliedert und übersichtlich gestaltet werden. Die Pläne machen den Ablauf der Handlung klar nachvollziehbar. Dafür eignen sich z. B. Tabellen. Die Inhalte werden kurz, aber präzise formuliert.

Meist wird in einer Planung auch der zeitliche Umfang der Handlung erfasst. Dabei ist es nicht immer einfach, im Vorfeld abzuschätzen, wie viel Zeit ein konkreter Handlungsschritt braucht. Mit etwas Erfahrung gelingt dies aber immer besser. Die zur Verfügung stehende Zeit zwingt den Planenden auch dazu, Entscheidungen über die Bedeutung einzelner Schritte zu treffen: Ist es besonders wichtig, dass die Ergebnisse der Erarbeitungsphase intensiv besprochen werden, so muss der letzte Teil der Aktivität entsprechend lange dauern. Rechnet die pädagogische Fachkraft damit, dass die Aufgabe nicht leicht zu verstehen sein wird, dann muss für die Eingangsphase mehr Zeit eingeplant werden.

Klassischerweise teilt sich ein Angebot in drei wesentliche Phasen:
- Eingangsphase
- Erarbeitungsphase
- Abschluss

Diese Phasen können unterschiedliche Anteile der zur Verfügung stehenden Zeit einnehmen. Dies richtet sich nach den Zielen, die verfolgt werden, und nach den beteiligten Kindern. Außerdem können die drei Phasen in Bezug auf ihre Bedeutung und Wirksamkeit im Gesamtprozess noch weiter voneinander unterschieden werden.
So ist es z. B. sinnvoll, Kinder, die an einem Angebot teilnehmen, noch einmal zu diesem zu begrüßen und die Freude über deren Teilnahme auszudrücken.

Begrüßung	Die Teilnehmer werden begrüßt.
	Beispiel: „Willkommen zu meinem Angebot ‚Malen mit Murmeln'. Schön, dass ihr da seid."
Zielorientierung	Den Teilnehmern wird das Ziel und der Ablauf der Aktivität mitgeteilt.
	Beispiel: „Wir wollen heute ein Blatt mithilfe von Murmeln gestalten."
Motivation	Die Mitwirkungsbereitschaft der Teilnehmer soll positiv beeinflusst werden.
	Beispiel: „Anschließend können wir eure Bilder in der Garderobe aushängen, sodass eure Eltern sie bestaunen können."
Wiederholung	Inhalte / Ergebnisse aus vorherigen Angeboten werden wieder abgerufen.
	Beispiel: „Wer weiß denn noch, wie wir das beim letzten Mal gemacht haben?"
Erarbeitungsphase	Inhalte / Ergebnisse werden durch die Teilnehmer bzw. die pädagogische Fachkraft erarbeitet.
	Beispiel: „Jetzt habt ihr Zeit, um eure Bilder zu gestalten."
Übung	Erarbeitetes wird angewendet und soll gefestigt werden.
	Beispiel: „Jeder kann jetzt noch einmal ganz allein versuchen. Ihr habt ja gesehen, wie man das macht. Jetzt könnt ihr das üben."
Ergebnissicherung	Das Ergebnis einer Erarbeitung soll festgehalten werden. Je nach Ziel steht hier unter Umständen gar nicht das Produkt im Vordergrund, sondern der Arbeitsprozess. (Das Produkt ist aus Sicht der pädagogischen Fachkraft oftmals nur Mittel zum Zweck.)
	Beispiel: „Jetzt gucken wir uns die Bilder alle noch einmal an und jeder von euch kann mal sagen, ob das mit den Murmeln gut funktioniert hat oder nicht."
Ausblick	Den Teilnehmern wird ein Ausblick gegeben, wie es (mit dem Angebot) weitergeht.
	Beispiel: „Wenn euch das gefallen hat, können wir das heute Nachmittag ja auch noch einmal wiederholen."
Abschluss	Das Ende einer Handlung sollte konkret benannt werden. Die pädagogische Fachkraft trägt als Anleitung die Verantwortung und die Teilnehmer orientieren sich an ihr.
	Beispiel: „Ihr habt das klasse gemacht! Wenn eure Eltern die Bilder sehen, werden sie sich freuen. Ich schlage vor, jetzt erst mal aufzuhören. Wir räumen das Material weg und dann könnt ihr bis zum Mittagessen noch spielen!"

Tab. 4.10 Mögliche Phasen und Elemente eines Angebots

Auch die Vorbereitungszeit oder das anschließende Aufräumen können in die Aktivitätsplanung aufgenommen werden. Dies hängt davon ab, ob diese Phasen als Teil der gezielten pädagogischen Arbeit verstanden werden.
Zentrales Element der Planung ist die **Handlung der pädagogischen Fachkraft**. Sie kann im Voraus überlegt und entsprechend festgehalten werden. Auf ihre Aktion folgt in der Regel eine Reaktion der Teilnehmer. Auch diese Reaktion sollte als Phase in der Planung berücksichtigt werden. Die Teilnehmer stehen im Zentrum des Angebots. Ihre Handlungen sind Sinn und Zweck der Aktivitätsplanung.

Oft wird das benötigte Material in der Planung gesondert aufgelistet. So erhält der Planende einen Überblick über die benötigten Materialien. Diese kann auch als Checkliste dienen.

Bevor die Handlung durchgeführt wird, müssen organisatorische Dinge geklärt und geregelt werden. Dazu gehören z. B. Absprachen mit den Kollegen, das Material muss besorgt werden und die Kinder sind rechtzeitig über das stattfindende Angebot zu informieren.

Ist eine pädagogische Handlung sehr komplex (vielschichtig), so ist es in der Regel auch aufwendiger, die **Handlungsbereitschaft** bei den Teilnehmern herzustellen. Hierfür sollte ebenfalls Zeit eingeplant werden.

> **BEISPIEL** Für die Arbeit am Projekt „Cowboys und Indianer" soll jedes Kind einen eigenen Hefter gestalten. Dazu muss jedes Kind zunächst einen Hefter mitbringen, diesen dann gestalten und erst dann wird er mit Inhalt gefüllt.

Rahmenbedingungen
beschreiben den Rahmen, in dem eine Handlung stattfindet. Die vorhandene oder geschaffene Situation wird „Setting" genannt.

Sinnvoll ist es, alle Vorbereitungen vor Beginn der eigentlichen Handlung abzuschließen: Die notwendigen Möbel sollten zusammengestellt, alle anderen entfernt werden. Auch die Materialien sollten beim Eintreffen der Teilnehmer schon bereitliegen. Im Allgemeinen spricht man bei diesen Tätigkeiten vom Schaffen der ›**Rahmenbedingungen**‹.

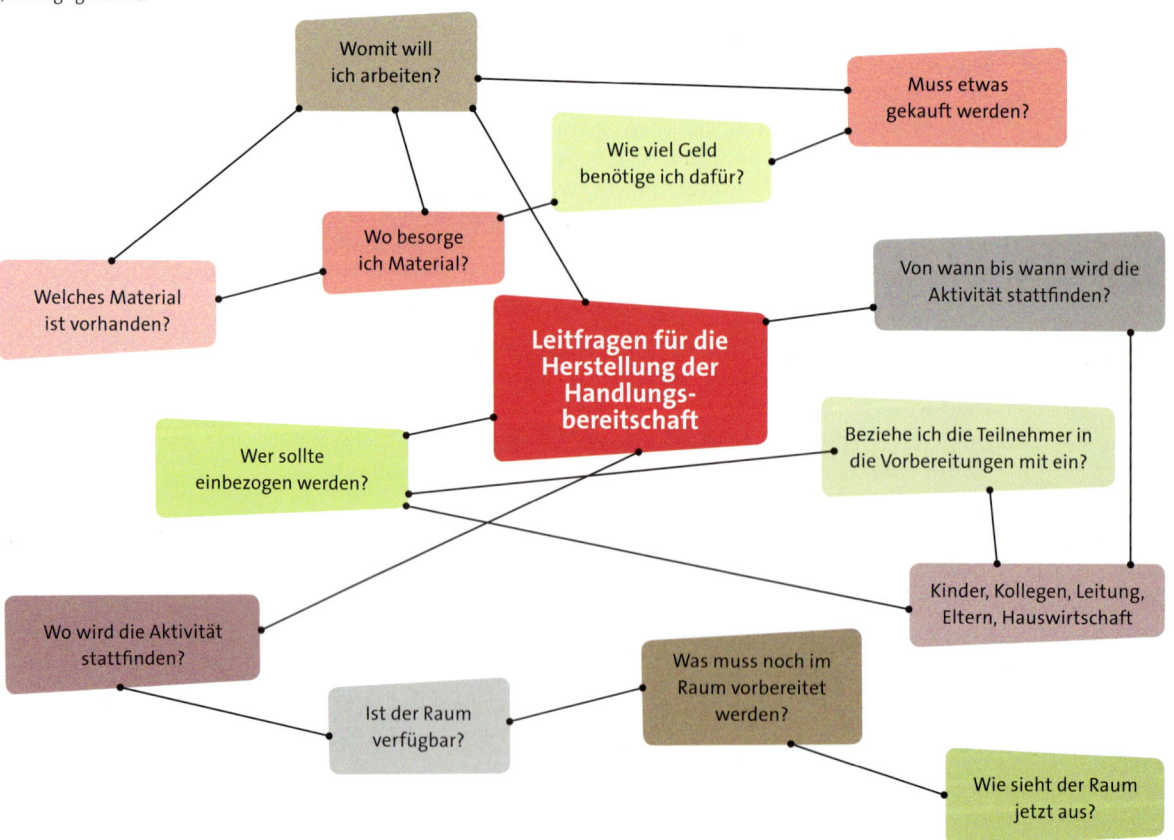

Abb. 4.11 Beispiel für eine Mindmap zur Planung

4.3 Durchführung pädagogischer Angebote

4.3.1 Selbstständiges Handeln ermöglichen

Die Durchführung pädagogischer Angebote stellt den Kern der pädagogischen Arbeit dar. Als pädagogische Fachkräfte sind Kinderpfleger Orientierungspunkte für die Kinder, mit denen sie arbeiten. In ihrer Arbeit müssen sie sich daher bewusst machen, dass jede ihrer Handlungen von den Menschen, mit denen sie arbeiten, interpretiert wird. Das gilt auch für unterlassene Handlungen (›Paul Watzlawick‹). Es ist also wichtig, das eigene Verhalten bei der konkreten Durchführung vorab zu durchdenken und in der Planung zu berücksichtigen.

Paul Watzlawick → S. 195

Kinder werden heute als kompetente Gestalter ihrer Umgebung angesehen. Dies ist auch bei der Durchführung pädagogischer Angebote zu berücksichtigen. Sie sollten dazu angeregt werden, sich die Aufgabe, deren Lösung und den Weg zur Lösung mithilfe der pädagogischen Fachkraft möglichst selbst zu erschließen.

Diese aus der Theorie des ›Konstruktivismus‹ entlehnte Grundhaltung ermöglicht es den Kindern, eigene Problemlösestrategien zu entwickeln und dabei auf die ihnen zur Verfügung stehenden Ressourcen (Mittel) zurückzugreifen bzw. notwendige Ressourcen zu erschließen.

Konstruktivismus → S. 171

Ist ein festgeschriebener Lösungsweg notwendig, sollte die pädagogische Fachkraft tatsächlich mit konkreten Anweisungen (**Instruktionen**) arbeiten.

	Konstruktion	Instruktion
Beispiel bei der Durchführung einer Aktivität	**Lisa (4;2)** und **Max (3;11)** fragen Kinderpflegerin Elke Kernke, wie viele Reiskörner sie in ihre Plastikdose füllen müssen, damit sie diese als Rassel verwenden können. Elke Kernke entgegnet den beiden, dass sie es doch einfach ausprobieren und selbst herausfinden sollen.	Kinderpflegerin Jasmin Navid stellt den Kindern den Bewegungsparcours vor. Sie erklärt die Stationen und erklärt, wie die einzelnen Elemente überwunden werden müssen: „Über die Bank balanciert ihr bitte vorsichtig."
Beispiel im normalen Tagesablauf	**Nicole (3;7)** fragt Kinderpflegerin Jana Lobitz, ob sie mit ihr „Kaufmannsladen" spielen möchte. Jana Lobitz entgegnet: „Aber wir haben keinen Kaufmannsladen." Nicole: „Dann bauen wir einen." Jana Lobitz: „Und woraus willst du den bauen?" Nicole: „Aus dem Tisch und den zwei Stühlen da drüben." Jana Lobitz: „Und was brauchst du noch?" Nicole überlegt kurz, dann räumt sie eifrig Spielsachen zusammen und bringt sie zu ihrem „Laden".	Kinderpfleger Robert Kriebel begleitet die Kinder zum nahegelegenen Spielplatz. Als sie auf eine zu überquerende Straße zulaufen, fordert er noch einmal die Aufmerksamkeit aller Kinder und erklärt: „Wir laufen jetzt bis da vorne zur Ecke. An der Straße bleiben wir stehen und gucken erst einmal, ob ein Auto kommt. Erst wenn ich das Zeichen gebe, gehen wir gemeinsam zügig über die Straße."

4.3.2 Didaktische Prinzipien

Für die Durchführung von erzieherischem Handeln im Allgemeinen und Aktivitäten im Speziellen sollten sogenannte ›didaktische Prinzipien‹ berücksichtigt werden.

> Didaktische Prinzipien sind grundsätzliche Leitgedanken, die das pädagogische Handeln kennzeichnen.

Didaktik

beantwortet als Teil der Pädagogik die Fragen „Was wird gemacht?" und „Warum wird es gemacht?"

Dabei ist die Art und Weise der Durchführung (›**Methodik**‹) davon abhängig, welche Ziele und ›konzeptionellen Anforderungen‹ die Handlung leiten. So kann es sein, dass durch das pädagogische Konzept einer Einrichtung auch bestimmte didaktische Prinzipien in den Vordergrund gerückt werden. In der ›Montessori-Pädagogik‹ gilt z. B. das didaktische Prinzip der **Selbsttätigkeit**.

Methodik → S. 568

pädagogische Konzepte → S. 290

Montessori-Pädagogik → S. 294

Didaktisches Prinzip	Erklärung	Beispiel
Lebensweltorientierung	Die durchgeführte Handlung sollte für die Lebenswelt der Teilnehmer von Bedeutung sein. Erschließt sich für ein Kind nicht, warum es etwas machen soll, wird seine Motivation entsprechend gering sein.	Die pädagogische Fachkraft malt mit den Kindern Winterbilder, weil an diesem Tag die ersten Schneeflocken gefallen sind und von den Kindern bestaunt wurden.
Teilschritte oder Kleinschritte	Schwierige Aufgaben werden in kleine Teilschritte zerlegt und auch so angeleitet. Dies braucht eine Reihe von Anweisungen und setzt eine Lenkung durch die pädagogische Fachkraft voraus.	Die anleitende Fachkraft erklärt, dass zunächst alle Teile einer Figur ausgeschnitten werden müssen. Als alle Kinder damit fertig sind, erklärt sie, wie die Figuren miteinander verklebt werden.
Anschaulichkeit	Das bearbeitete Thema wird mit anschaulichen Hilfsmitteln verdeutlicht. Da Kinder sich stark an Modellen orientieren, kann es dazu kommen, dass sie Vorgegebenes kopieren. Deshalb ist darauf zu achten, was verwendet wird und zu welchem Zeitpunkt der Einsatz erfolgt.	Eine Laterne soll gebastelt werden. Um zu verdeutlichen, wie sie später einmal aussehen kann, stellt die pädagogische Fachkraft mehrere ganz unterschiedlich gestaltete Exemplare auf den Tisch.
Selbsttätigkeit	Teilnehmer werden dazu angehalten, möglichst viele Tätigkeiten selbst durchzuführen. Es sollte darauf geachtet werden, den Kindern schwierigere Handlungen zunächst einmal zuzutrauen.	Beim Gestalten des Osterkörbchens bittet die anleitende Fachkraft die Kinder, zunächst einmal selbst zu versuchen, die Löcher in die Henkel zu machen, in die später eine Musterklammer eingesetzt werden soll.
Lernen mit mehreren Sinneskanälen	Bei der Durchführung wird darauf geachtet, möglichst viele Sinneskanäle (Sehen, Hören, Riechen, Schmecken, Fühlen, Gleichgewichtssinn) anzusprechen. Jeder Mensch lernt auf unterschiedliche Art und Weise. In einer Handlung mehrere Sinnesreize zu senden erhöht den möglichen Lernerfolg.	Beim Erarbeiten des Zahlenraums von eins bis zehn verwendet die pädagogische Fachkraft sowohl Schaubilder, welche die Mengen anzeigen, als auch Merksätze und ein Zahlenlied.
Individualisierung	Bei allen pädagogischen Handlungen ist darauf zu achten, dass jedes Kind die Möglichkeit hat, sich individuell mit der Aufgabe und dem Lösungsweg auseinanderzusetzen.	Während einige Kinder bereits das zweite Fensterbild gestalten, ist ein Kind noch immer damit beschäftigt, sein erstes ganz aufwendig zu gestalten.

Tab. 4.12 Beispiele für didaktische Prinzipien

Je umfangreicher der methodische Fundus der pädagogischen Fachkraft ist, desto besser kann sie auf entstandene Situationen reagieren. Dies nennt man ›**operative Flexibilität**‹. Mögliche Veränderungen, mit denen die pädagogische Fachkraft umgehen muss, können z. B. sein:

- der Einsatz von verschiedenen Sozialformen (z. B. Einzel- oder Gruppenarbeit)
- konkrete Handlungsmuster
- zeitliche Veränderungen (z. B. zeitliche Begrenzung einer Aufgabe)
- wechselnde Teilnehmer (z. B. wenn Kinder spontan nicht mehr am Angebot teilnehmen wollen)
- veränderte Rahmenbedingungen (z. B. Raum oder Material stehen nicht mehr zur Verfügung)

---

operative Flexibilität

die Fähigkeit, in der einzelnen Situation auf Veränderungen angemessen zu reagieren

Für die pädagogischen Fachkräfte entsteht die Herausforderung, Kinder nicht zu unter-, aber auch nicht zu überfordern. Sie müssen den individuellen Befindlichkeiten und Bedürfnissen gerecht werden und dabei auch die Anforderungen aller möglichen Interessengruppen (z. B. Eltern oder Träger) im Blick behalten. Dieser Zusammenhang zeigt, dass sich gerade das Tätigkeitsfeld der Kindertagesbetreuung zu einem höchst herausfordernden und komplexen Arbeitsfeld entwickelt hat.

Abb. 4.13 Selten läuft alles ganz nach Plan.

4.4 Analysieren, Bewerten und Reflektieren

4.4.1 Evaluation als Abschluss pädagogischer Handlungen

Zu jeder geplanten pädagogischen Handlung gehört auch eine abschließende Nachbereitung. Neben organisatorischen Aspekten wie Dokumentation oder Aufräumen gehört auch eine Bewertung (›**Evaluation**‹) der Ereignisse dazu.

Wonach evaluiert, also bewertet wird, hängt davon ab, auf welchen didaktischen oder individuellen Grundlagen die durchgeführte Handlung beruht. In der Regel gibt es einheitliche Kriterien (Merkmale) für die Auswertung (z. B. durch Evaluationsbögen). Diese sind oftmals auch schon vor der Durchführung bekannt.

Wurden konkrete Ziele benannt, so kann z. B. überprüft werden, ob diese erreicht wurden. Wenn die Ziele nicht erreicht wurden, ergeben sich bestimmte Fragen. Andere entstehen aus dem Ergebnis, dass die Ziele erreicht wurden. Mögliche Evaluationsfragen sind z. B.:

- Waren zeitliche Dauer und inhaltlicher Umfang angemessen?
- Haben alle Teilnehmer bis zum Ende des Angebots teilgenommen?
- Haben sich alle Teilnehmer aktiv am Prozess beteiligt?
- Wurden die Vorgaben des Trägers umgesetzt?
- Sind die angestrebten Ziele erreicht worden?
- Hat das Geld gereicht?
- Ist die Aktivität gemäß den didaktischen Prinzipien durchgeführt worden?

Evaluation

Bewertung nach bestimmten Kriterien

Abb. 4.14 Auch die Auswertung gehört zum erzieherischen Handeln.

Weitere Evaluationsfragen ergeben sich durch Vorgaben des Trägers. Sie beschäftigen sich meist vor allem mit der ›Qualität‹ der Durchführung in Bezug auf:
- Ziel und Ergebnis
- Kosten und Nutzen
- Nachhaltigkeit
- praktische Umsetzbarkeit
- Konzepttreue
- Außenwirkung

Es kann sein, dass die Evaluation nicht nur von der anleitenden pädagogischen Fachkraft selbst durchgeführt wird, sondern von anderen Interessengruppen (z. B. eine Fachberaterin des Kitaträgers).

In jedem Fall setzt die Evaluation die ›**Analyse**‹ der Ereignisse voraus. Um einschätzen zu können, ob etwas gelungen oder nicht gelungen, förderlich oder hinderlich ist, müssen **Merkmale** gefunden werden, an denen diese Eigenschaften festgemacht werden können.

Qualität → S. 50

Analyse
Untersuchung eines Sachverhalts nach bestimmten Regeln und Grundsätzen

Reflexion → S. 41

> **BEISPIEL** Als Ziel eines Projekts wurde formuliert, dass die Kinder den Zahlenraum von eins bis zehn sicher beherrschen. Ein Merkmal für das Erreichen des Ziels ist, dass jedes Kind in der Lage ist, auf Aufforderung eine entsprechende Anzahl an Perlen auf einen Teller zu legen.

Die Auswertung einer pädagogischen Handlung ist eng mit der ›Selbstreflexion‹ verbunden. Diese muss allerdings nicht an bestimmten Merkmalen festgemacht werden, sondern kann ganz individuell stattfinden.

4.4.2 Reflexion als Kernaufgabe

Pädagogische Fachkräfte, die ihre eigene Entwicklung vorantreiben wollen, müssen versuchen, sich selbst immer wieder in den Blick zu nehmen. Das ist für viele Menschen sehr ungewohnt, stellt aber im pädagogischen Zusammenhang eine unerlässliche Aufgabe dar.

> Reflexion bedeutet, auf etwas zurückzuschauen, Besonderheiten festzustellen, Gelungenes und Nichterreichtes zu identifizieren sowie entsprechende Erkenntnisse und Konsequenzen daraus abzuleiten. Selbstreflexion nimmt die eigene Person mit ihren Befindlichkeiten und Handlungsweisen in den Blick.

Eine Reflexion kann sehr unterschiedlich aussehen. Leitfragen können dabei helfen, ein leeres Blatt wiederum kann einladen, den eigenen Gedanken zunächst einmal freien Raum zu lassen. Die folgenden Reflexionsfragen haben sich bewährt. Dennoch sollen sie lediglich als Angebot verstanden werden. Jede pädagogische Fachkraft wird im Verlauf ihres Berufslebens ihre eigenen Fragen entwickeln.

Reflexionsfrage	Hintergrund
Wie geht es mir gerade?	Freude oder Ärger, Enttäuschung oder Begeisterung entstehen zumeist unbemerkt durch das Eintreten von Ereignissen. Die als „Bauchgefühl" bezeichnete Reaktion des Menschen kann in den Blick genommen werden. Auch diesem Gefühl liegen in der Regel konkrete Ursachen zugrunde.
Welche besonderen Situationen habe ich beobachtet? Warum waren sie besonders?	Stellt sich die pädagogische Fachkraft diese Fragen, so besitzt sie eine gewisse Analysekompetenz. Sie ist also in der Lage, wahrgenommene Situationen nach pädagogischen Gesichtspunkten einzuordnen.
Was ist mir besonders gelungen? Was eher nicht?	Die kritische Auseinandersetzung mit der eigenen Wirksamkeit ermöglicht es, entsprechende Potenziale (Möglichkeiten) zu erkennen und aktiv zu bearbeiten. Zudem können eigene Stärken als „Handlungsanker" Sicherheit für die weiteren Tätigkeiten geben. Schwächen können abgestellt oder vermindert werden (z. B. durch entsprechende Weiterbildungen, Selbststudium).
Wo bin ich von meiner Planung abgewichen?	Diese Frage zeigt, dass es eine fundierte (also auf Vorüberlegungen und Grundsätzen beruhende) Handlung gab. Abweichungen von der Planung sind keinesfalls nur negativ, sie können auch von operativer Flexibilität zeugen.
Habe ich meine Ziele erreichen können?	Die der Handlung zugrunde liegenden Ziele müssen unbedingt betrachtet werden. Ihr Erreichen oder Nichterreichen zeigt, ob die gewählte Methodik angemessen war.
Was ist außerdem noch durch die Durchführung der Aktivität/der Handlung entstanden?	Die Betrachtung der zusätzlichen Ergebnisse macht deutlich, dass pädagogisches Handeln ganzheitlich verstanden wird. Nicht nur die vorgegebenen Ziele wurden verfolgt, „nebenbei" entstehen meistens noch weitere Ergebnisse und Erkenntnisse.
Was würde ich beim nächsten Mal anders machen?	Diese Frage hilft, Handlungsalternativen zu entwickeln. So stehen nach und nach mehrere Handlungsmöglichkeiten zur Verfügung. Außerdem werden Zusammenhänge zwischen Aktion und Reaktion deutlich.

Warum muss ich das für meinen Beruf wissen?

Sie wissen nun, dass erfolgreiches erzieherisches Handeln eine genaue Planung voraussetzt. Wie und in welchem Umfang Sie Ihre Handlungen vorplanen, ist immer von der konkreten Situation, der Zielstellung und Ihrer persönlichen Arbeitsweise abhängig. Im Praktikum können Sie sich anschauen, wie andere Fachkräfte ihre Handlungen planen und organisieren.
Sie haben gelernt, dass erzieherisches Handeln immer einen Anlass braucht. Erst nach dem gefundenen Anlass formulieren Sie daraus ein Ziel und wählen im Anschluss die geeignete Methodik aus. In der Praxis sollten Sie immer wieder kritisch hinterfragen, ob den pädagogischen Handlungen ein Anlass und ein Ziel zugrunde liegen.
Sie haben erfahren, dass sich erzieherisches Handeln in Teilbereiche untergliedern lässt. Das ermöglicht Ihnen, einzelne Aspekte ganz bewusst zu betrachten. Dabei zeigt es sich möglicherweise, dass Sie in manchen Bereichen stärker sind und in anderen Bereichen noch Entwicklungspotenziale haben. Diese Erkenntnis ermöglicht Ihnen eine zielgerichtete Arbeit an Ihrem wichtigsten Handwerkszeug: sich selbst.

5 AUSGEWÄHLTE PÄDAGOGISCHE KONZEPTE

11. Februar

13:15 — Was ist überhaupt ein pädagogisches Konzept?

13:36 — Welche pädagogischen Konzepte gibt es? Und für welches soll ich mich entscheiden?

14:04 — Wozu brauche ich in meiner Arbeit ein Konzept?

5.1 Was ist ein pädagogisches Konzept?

Jede Tageseinrichtung für Kinder hat ein pädagogisches Konzept oder einen eigenen pädagogischen Ansatz. Üblicherweise ist dieser schriftlich im Konzept der Einrichtung festgehalten. Der pädagogische Ansatz bildet einen verbindlichen Rahmen, der für alle Mitarbeiter der Einrichtung maßgebend ist: für die pädagogischen Fachkräfte, aber auch für Praktikanten und alle weitere Personen, die für die Einrichtung arbeiten.
Pädagogische Ansätze stellen den Ausgangspunkt für jegliche pädagogische Arbeit dar. Sie werden oftmals auch als „Philosophie" oder „Überzeugung" bezeichnet, an der sich einzelne pädagogische Fachkräfte oder auch ganze Kindertageseinrichtungen orientieren. Sie gestalten ihre alltägliche pädagogische Arbeit nach dieser Vorstellung.

ZUM WEITERDENKEN Pädagogische Konzepte sind zwar wichtig, sie können aber keinesfalls als Patentrezepte oder Gebrauchsanweisungen gesehen werden, die Schritt für Schritt vorgeben, wie Bildung und Erziehung in der Kindheit funktionieren kann oder soll. Pädagogische Konzepte sind vielmehr als Orientierungsmöglichkeit gedacht. Man kann sie auch als Grundhaltung verstehen, an der man sich in der pädagogischen Arbeit orientieren kann. Dabei muss sich die pädagogische Arbeit nicht ausschließlich auf ein einzelnes pädagogisches Konzept stützen. Es besteht immer auch die Möglichkeit, unterschiedliche pädagogische Ansätze miteinander zu kombinieren. Daraus kann die jeweilige Einrichtung ein individuelles pädagogisches Konzept für sich entwickeln.

Jeder pädagogische Ansatz steht für sich und vertritt dabei seine eigenen Überzeugungen und Ansichten. Entscheidet sich das Team einer Kindertageseinrichtung für einen bestimmten pädagogischen Ansatz, so bietet dieser eine Art Wegweisung. Pädagogische Fachkräfte, aber auch Kinder und Eltern können sich daran orientieren.

Die Orientierung an einem pädagogischen Ansatz und dessen Umsetzung ermöglicht gleichzeitig eine ›Qualitätssicherung‹ innerhalb der Kindertageseinrichtung. Die pädagogische Arbeit kann mithilfe der Konzeption gemessen und bewertet werden.

Qualität → S. 50

Jeder pädagogische Ansatz hat jeweils eigene Vorstellungen von der Bildung und Erziehung eines Kindes. Diese setzen sich aus folgenden Aspekten (Punkten) zusammen:
- ›anthropologische‹ Vorstellungen vom Menschen
- Vorstellungen vom „richtigen" pädagogischen Handeln
- Vorstellungen von der Gestaltung des Zusammenlebens innerhalb einer Kindertageseinrichtung
- Vorstellungen darüber, wie Räumlichkeiten, Zeit oder auch Materialien innerhalb der Einrichtung genutzt werden sollen und welchen Stellenwert sie haben
- ›Werte, Normen‹ und Regeln, an denen sich der pädagogische Alltag orientiert (z. B. der respektvolle Umgang miteinander)
- Werte, Normen und Regeln, an denen sich die sozialpädagogische Einrichtung orientiert (z. B. in Bezug auf die Gestaltung der Beziehungen nach außen)

Anthropologie → S. 211

Werte und Normen → S. 217

5.2 Klassische Ansätze

5.2.1 Jean-Jacques Rousseau

Jean-Jacques Rousseau (1712–1778) war Schriftsteller, Philosoph, Pädagoge, Naturforscher und Komponist zugleich. Mit seinen Ideen und Ansichten nahm Rousseau großen Einfluss auf die Pädagogik und die Gesellschaft des späten 18. sowie des 19. und 20. Jahrhunderts in ganz Europa.

In seinem Roman „Emile oder über die Erziehung" verdeutlicht Rosseau seine Vorstellungen von Erziehung. Zu dieser Zeit wurde allgemein noch angenommen, dass Kinder kleine Erwachsene sind. Rousseau zeigt dagegen auf, dass sie ein eigenständiges Recht auf ihre Kindheit haben.

Das Kind wird durch die Gesellschaft beeinflusst

> Die Kindheit ist also eine Phase, die sich von der Phase des Erwachsenseins unterscheidet. Sie stellt einen eigenen Lebensabschnitt dar und hat einen eigenen Wert.

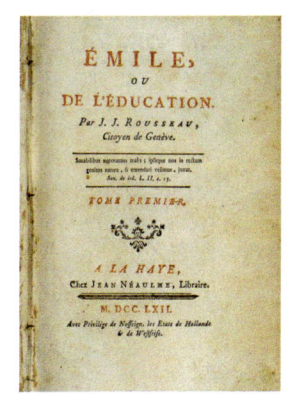

Abb. 5.1 Titelblatt der Erstausgabe des Erziehungsromans „Emile oder über die Erziehung"

Rosseau sieht die Kindheit als grundsätzlich unverdorben und gut an. Durch die Erziehung soll das Kind sein natürlich angelegtes ›Potenzial‹ ausformen. So soll es zu einem freien und selbstbestimmten Menschen werden. Diese Entwicklung findet aber nicht unabhängig von der Gesellschaft statt, in welcher der Mensch lebt. Als ›Bürger‹ wird er von der Gesellschaft beeinflusst und kann dadurch negative Verhaltensweisen lernen, z. B. das Stehlen.

Potenzial
eine noch nicht (vollständig) ausgeschöpfte Möglichkeit, Leistungsfähigkeit

Bürger
die Angehörigen eines Landes oder auch einer Stadt

Laut Rousseau sind alle „negativen" Verhaltensweisen nicht von der Natur im Kind selbst angelegt. Sie entstehen durch den gesellschaftlichen Einfluss. Daher muss das Kind im Rahmen der Erziehung erst zum Menschen reifen. Dann kann es als Bürger Teil der Gesellschaft werden. Wenn das Kind durch die Erziehung sein natürliches positives Potenzial als Mensch entwickeln konnte, kann die Gesellschaft später keinen negativen Einfluss mehr nehmen.

In Rousseaus Roman „Emile oder über die Erziehung" wächst der Junge Emile abgeschottet von der Gesellschaft auf. So reift er zum Menschen, bevor er als Bürger Teil der Gesellschaft wird. Allerdings wird darin nicht erläutert, wie diese Vorstellung mit allen Kindern einer Gesellschaft umgesetzt werden kann.

Negative Erziehung

Rousseau beschreibt in dem Roman den Begriff der „negativen Erziehung". Er meint damit, dass der Erziehende nicht durch Ermahnungen oder Ähnliches auf das Kind einwirken soll. Es soll durch eigene Erfahrungen im Lebensalltag lernen. Die Aufgabe des Erziehenden ist es daher, den Raum für Erfahrungen bereitzustellen. So unterstützt er den natürlichen Prozess der Entwicklung des Kindes.

Wenn ein Kind etwa eine Fensterscheibe zerstört, dann sollte diese laut Rousseau nicht gleich repariert werden. Wenn das Kind friert, erkennt es selbst, dass die Zerstörung einer Fensterscheibe nicht sinnvoll ist.

> **BEISPIEL** Eltern und Kinder kochen gerne miteinander. Anstatt dem Kind Vorschriften zu machen, wie ein bestimmtes Gemüse zu schneiden ist, kann es selbst ausprobieren, wie es das Gemüse schneiden möchte. Dabei lernt das Kind konkret an den eigenen Erfahrungen. Der Erwachsene gibt nicht vor, dass die eine Art zu Schneiden richtig ist und die andere Art falsch. Das Kind wird selbst sehen, wie das Gemüse am besten zu schneiden ist. Der Erwachsene stellt nur den Raum, also das gemeinsame Kochen mit den notwendigen Materialien, zur Verfügung.

Rousseau heute

Mit der Ansicht, dass die Kindheit eine eigene Phase im Leben eines Menschen darstellt, prägt Rousseau noch heute unsere Sicht auf die Kindheit. In Deutschland ist beispielsweise im Jugendarbeitsschutzgesetz geregelt, dass Kinder nicht arbeiten und Jugendliche nur unter bestimmten Bedingungen einer Tätigkeit nachgehen dürfen.

Allerdings ist es in der heutigen Zeit nicht möglich und auch nicht sinnvoll, den Erziehungsprozess komplett von der Gesellschaft abzuschotten. So gehen die Kinder aufgrund der bestehenden Schulpflicht in die Schule, die eine gesellschaftliche Institution ist. Sie ist durchdrungen von gesellschaftlichen Normen und Werten und hat im Rahmen des Bildungs- und Erziehungsauftrags die Verpflichtung, diese Normen und Werte weiterzugeben.

Rousseaus Ansicht, dass das Kind von Natur aus gut sei und über ein eigenes positives Entwicklungspotenzial verfüge, kann bis heute wissenschaftlich nicht bewiesen werden. Dennoch findet sie sich als Grundgedanke in aktuellen pädagogischen Konzepten und psychologischen Ansätzen wieder (z. B. bei ›Carl Rogers‹).

Carl Rogers ➔ S. 422

> **ZUM WEITERDENKEN** In vielen Tageseinrichtungen für Kinder orientiert sich die pädagogische Arbeit an den Vorgaben, was das Kind beim Schuleintritt alles können muss. Wenn wir den Ansatz nach Rousseau ernst nehmen und der Kindheit einen eigenen Wert zuschreiben, muss diese Ausrichtung kritisch hinterfragt werden: Dürfen die Kinder in den Einrichtungen wirklich noch im Hier und Jetzt ihrer Kindheit verweilen und ihr natürliches Potenzial in der Entwicklung ausformen?

Abb. 5.2 Das Kind lernt durch seine eigenen Erfahrungen.

5.2.2 Johann Heinrich Pestalozzi

Auch der Schriftsteller und Pädagoge Johann Heinrich Pestalozzi (1746–1827) hat sich mit der Bildung und Erziehung von Kindern beschäftigt. Zusammen mit seiner Frau Anna nahm er etwa vierzig Kinder auf dem Landgut Neuhof auf und lehrte sie die Tätigkeiten Spinnen, Weben und Landbau. Diese praktische Arbeit verband Pestalozzi mit Schulunterricht und sittlich-religiöser Erziehung.

Er wollte die Kinder als Menschen stärken und sie dazu befähigen, „sich selbst helfen zu können". Seine besondere Aufmerksamkeit galt dabei der grundlegenden Bildung der Kinder. Diese sollte nach seiner Auffassung schon vor der Schule in der Familie beginnen. Pestalozzi verband die Entwicklung der intellektuellen und sittlichen (moralischen) Fähigkeiten der Kinder, die er im Schulunterricht förderte, mit den handwerklichen Fähigkeiten, die sie durch die praktische Arbeit auf dem Hof entwickelten. Damit entstand eine Trias (Dreiheit) von „Kopf", „Herz" und „Hand".

> Pestalozzi strebte eine Erziehung mit „Kopf", „Herz" und „Hand" an. Dieser umfassende Ansatz wird heute als „ganzheitlicher Ansatz" bezeichnet.

Kopf   Herz   Hand

Nachdem er den Hof aufgrund finanzieller Nöte schließen musste, hat Pestalozzi ab 1799 ein Waisen- und Armenhaus im schweizerischen Stans geleitet. Hier hat er weitere pädagogische Erfahrungen gesammelt.

Im Jahr 1800 gründete Pestalozzi das Erziehungsinstitut im Schloss Burgdorf bei Bern. In dieser Phase seines Lebens entwickelte er eigene Unterrichts- und Erziehungsmethoden. Diese erläuterte und begründete er in seinem Hauptwerk „Wie Gertrud ihre Kinder lehrt".

> Die ganzheitliche Förderung von „Kopf", „Herz" und „Hand" hat bis heute Einfluss auf die erzieherischen Prozesse in vielen Tageseinrichtungen für Kinder und in Schulen.

BEISPIEL In der Kindertageseinrichtung „Waldesrand" beschäftigen sich die Kinder gerade sehr intensiv mit dem Thema Vögel und deren Lebensräumen. **Leo (5;6)** interessiert sich besonders für die Vogelnester. Dabei ist ihm aufgefallen, dass es im nahen Wald kaum Stellen gibt, an denen die Vögel ungestört ihren Nistplatz bauen können. Diesen Gedanken greift die pädagogische Fachkraft Beate Lücke auf und bietet den Kindern an, Nistplätze für Vögel zu bauen. Das Bauen der Vogelhäuschen spricht die Kinder ganzheitlich an: Mit der Hand bauen sie das Häuschen, sie sägen und verkleben das Holz. Mit dem Kopf müssen die Kinder vorab überlegen, was sie für den Bau eines Vogelhäuschens benötigen und wie sie vorgehen wollen. Das Herz wird angesprochen, weil die Kinder ein wirkliches Interesse an dem Bau des Vogelhäuschens haben und es nicht einfach ein Auftrag der pädagogischen Fachkraft ist. Durch den gemeinsamen Bau des Vogelhäuschens lernen die Kinder schließlich auch, miteinander verantwortlich umzugehen.

Abb. 5.3 Johann Heinrich Pestalozzi (1746–1827), Pädagoge

5.3 Reformpädagogische Ansätze

Die sogenannten „reformpädagogischen Ansätze" entstanden am Ende des 19. Jahrhunderts. Die Denker, die sie entwickelten, wandten sich bewusst gegen die damals herrschenden ›autoritär‹ geprägten Strukturen in erzieherischen Prozessen. Die Reformpädagogen stellten das Kind und seine Selbsttätigkeit in den Mittelpunkt. Mit Selbsttätigkeit ist dabei der kindliche Antrieb zum selbstständigen Ausprobieren und Erkunden gemeint. Rousseau und Pestalozzi können als Vorläufer der reformpädagogischen Ansätze gesehen werden.

autoritär
den unbedingten Gehorsam des Gegenübers fordernd

5.3.1 Die Pädagogik von Maria Montessori

Maria Montessori lebte von 1870 bis 1952 in Italien. Sie studierte Medizin und Psychologie und erhielt als erste Frau in Italien den Doktortitel der Medizin. Ausgangspunkt für ihre pädagogischen Überlegungen war die Arbeit mit Kindern, die geistig beeinträchtigt waren. Sie erkannte, dass auch diese Kinder sich weiterentwickeln können, wenn sie bestimmte Anregungen erhalten. Hierfür entwickelte Montessori Materialien, die sich auch heute noch in pädagogischen Einrichtungen wiederfinden.

1907 eröffnete sie ihr erstes Kinderhaus in Rom und verwirklichte hier ihre Vorstellung von Bildung. Montessori hatte, typisch für die Reformpädagogen, ein positives Bild vom Kind, das aus ihrer Sicht über ein eigenes Entwicklungspotenzial verfügt. Mit ihrem Leitgedanken „Hilf mir, es selbst zu tun" verdeutlicht sie, wie das Potenzial eines Kindes angeregt werden kann.

Abb. 5.4 Maria Montessori (1870–1952), Ärztin, Psychologin, Philosophin und Pädagogin

> Die Lernprozesse sollen so gestaltet werden, dass die Kinder von Erwachsenen angeregt werden, Dinge aktiv selbst zu lernen. Nur so könnten sie diese später auch selbsttätig ausführen.

> **BEISPIEL** Kindern sollte beigebracht werden, wie eine Schleife am Schuh gebunden wird. Dann können sie ihre Schleife selbstständig binden. Erwachsene sollten die Schleife nicht aus Zeitgründen einfach selbst binden.

Die drei Phasen der kindlichen Entwicklung

Für Maria Montessori gliedert sich die kindliche Entwicklung in drei Phasen. Diese zeigen sich durch bestimmte Entwicklungsschritte und finden in Sechsjahresschritten statt:

- von 0 bis 6 Jahren
- von 6 bis 12 Jahren
- von 12 bis 18 Jahren

Darüber hinaus ist die Kindheit durch sogenannte **sensible Phasen** geprägt, in denen das Kind für bestimmte Lernimpulse besonders empfänglich ist. Es gibt z. B. bestimmte sensible Phasen für den Spracherwerb, die Bewegungsentwicklung oder die Entwicklung von moralischen Vorstellungen.
Werden Kinder in den sensiblen Phasen mit einer Beschäftigung angeregt, die ihren Bedürfnissen in dieser Phase entspricht, entsteht die sogenannte **polarisierte Aufmerksamkeit**. Die Kinder sind dann ganz vertieft in ihre jeweilige Tätigkeit und lassen sich nicht durch andere äußere Reize ablenken.

Montessori-Materialien

Die im Kind angelegte Möglichkeit der Selbstentfaltung soll nach Montessori durch Liebe, Achtung und Respekt unterstützt werden. Die Aufgabe der Erziehenden ist es, eine Umgebung bereitzustellen, in der sich das Kind frei entfalten kann. Dazu hat Maria Montessori Materialien entwickelt, die als Arbeitsmaterialien bezeichnet werden. Sie sollen die Bedürfnisse der Kinder in bestimmten Entwicklungsphasen ansprechen. Für die motorische Entwicklung, aber auch für die Größen- und Volumenwahrnehmung werden z. B. **Einsatzzylinder** verwendet. Für die sprachliche Entwicklung werden **Sandpapierbuchstaben** genutzt, die mit ihren unterschiedlichen Oberflächenstrukturen zugleich die Wahrnehmung fördern.

Abb. 5.5 Kind mit Sandpapierbuchstaben

Abb. 5.6 Kind mit Einsatzzylinder

manuell
von Hand bedient oder durchgeführt

Das Kind beschäftigt sich selbstständig mit den Materialien und kontrolliert selbst die eigenen Lernerfolge. So wird die geistige Entwicklung gefördert und das Kind kann ›manuelle‹ Erfahrungen machen. Dabei werden seine Sinne angesprochen. Die Materialien gibt es in allen Einrichtungen, die nach der Montessori-Pädagogik arbeiten. Viele Tageseinrichtungen für Kinder arbeiten heute nach der Montessori-Pädagogik. Auch Schulen haben diesen Ansatz übernommen. Sie werden dann häufig als Bildungshäuser bezeichnet. Typisch für die pädagogische Arbeit nach Montessori ist die Zeit der sogenannten **Freiarbeit**. In ihr können sich die Kinder oder Schüler frei mit den zur Verfügung gestellten Arbeitsmaterialien auseinandersetzen und sich damit selbstgesteuert entwickeln.

ZUM WEITERDENKEN Maria Montessori steht heute aber auch stark in der Kritik. Sie war der Ansicht, dass die kognitive und motorische Entwicklung einem strengen Bauplan folgt. Diese Vorstellung entspricht nicht den aktuellen entwicklungspsychologischen Erkenntnissen.
Für die Verbreitung ihrer pädagogischen Ideen hat Montessori zudem mit Benito Mussolini zusammengearbeitet, der die faschistische Partei in Italien gründete und damals totalitärer (diktatorischer) Regierungschef war. Diese Zusammenhänge stellt Hélène Leenders in ihrer Studie „Der Fall Montessori. Die Geschichte einer reformpädagogischen Erziehungskonzeption im italienischen Faschismus" dar (Verlag Julius Klinkhardt, Bad Heilbrunn, 2001).

Vertiefende Informationen finden Sie auf den Seiten der Deutsche Korczak Gesellschaft:
www.janusz-korczak.de

5.3.2 Die Pädagogik nach Janusz Korczak

Janusz Korczak (1878–1942) war ein polnischer Arzt, Kinderbuchautor und Pädagoge. Er hieß eigentlich Henryk Goldszmit, nahm aber später den Namen Janusz Korczak an. Korczak studierte 1898–1904 in Warschau Medizin. Danach arbeitete er als Arzt in einer Warschauer Kinderklinik. 1912 eröffnet er das jüdische Waisenhaus Don Sierot, das er 30 Jahre lang leitete.

1940 musste Korczak mit den Waisenhauskindern ins Warschauer Getto übersiedeln. Von dort aus wurden er und seine Mitarbeiter gemeinsam mit über 200 Kindern im Jahr 1942 ins Konzentrationslager Treblinka deportiert und dort ermordet. Korczak lehnte das Angebot zu seiner persönlichen Rettung ab, weil er die Kinder nicht im Stich lassen wollte.

Nach dem Zweiten Weltkrieg wurde Korczak für sein Engagement für die Kinder vielfach geehrt. Unter anderem erhielt er 1972 den Friedenspreis des Deutschen Buchhandels. Sein Leben und Wirken ist in zahlreichen Biografien und Filmen dokumentiert.

Abb. 5.7 Janusz Korczak (1878–1942)

kompetenter Säugling → S. 113

Korczaks Bild vom Kind
Das Kind ist in den Augen Janusz Korczaks ein ›**kompetentes Wesen**‹, ein eigenständiges Individuum.

> Das Kind muss keinem Bild entsprechen. Es kann ganz es selbst sein. Es darf Geheimnisse und Träume haben, es hat ein Recht auf Zeit und Raum, auf Erfahrungen in Gemeinschaft, auf Rückzug, auf alle Gefühle, auf Mitsprache und auf achtsame Erwachsene.

Janusz Korczak nahm in der Diskussion um die ›Kinderrechte‹ eine Vorreiterrolle ein. Er appellierte sehr früh an Erwachsene, Kinder als vollwertige Menschen anzuerkennen. Dabei fordert Korczak auch, die Kinder nicht zu „überpädagogisieren".

Kinderrechte → S. 48

Die pädagogischen Ziele und ihre Umsetzung

Abb. 5.8 Beteiligung an Entscheidungen

Ziel der Pädagogik von Janusz Korczak war es, Kindern zu einem Höchstmaß an Selbstverantwortung und Selbstständigkeit zu verhelfen. Dabei war es für ihn wichtig, dass die Kinder diese Ziele durch **aktive Beteiligung** (›Partizipation‹) erreichen können. In Korczaks Waisenhaus hatten alle Kinder ihre Aufgaben, z. B. das Haus sauber zu halten, sich um die Jüngeren zu kümmern oder in der Werkstatt zu arbeiten.

Partizipation → S. 438

Mit seiner Pädagogik verfolgte Korczak die Umsetzung eines ›ganzheitlichen‹ und mitbestimmenden Ansatzes. Angebote wie Kinderparlament, Kameradschaftsgericht, Kinderzeitung und Anschlagetafel machen dies deutlich. Auf diese Weise werden die kindliche Selbstständigkeit, Selbstverantwortung und das Rechtsbewusstsein der Kinder gefördert.

ganzheitlicher Ansatz → S. 293

Kinderparlament	Die Kinder wählten aus ihren eigenen Reihen ein Gremium, das die Gesetze (Regeln) für das Heim beschloss.
Kameradschaftsgericht	Die Kinder hielten über sich selbst Gericht. Der Richter wurde von den Kindern aus ihren eigenen Reihen gewählt. Korczak selbst brachte sich mehrmals durch Selbstanzeige vor das Kameradschaftsgericht.
Kinderzeitung	Neben Korczak arbeiteten ausschließlich Kinder und Jugendliche an der Zeitung mit. Sie erschien als wöchentliche Beilage einer jüdischen Tageszeitung.

Die Rolle der pädagogischen Fachkraft

In Korczaks Pädagogik ist die Rolle der pädagogischen Fachkraft von großer Bedeutung. Erwachsene dürfen in diesem Verständnis Kindern ihre Erwartungen nicht aufdrücken. Sie müssen ihnen Freiräume und Zeit zur Entfaltung lassen. Dabei sollen sie
- das Kind liebend wahrnehmen,
- die Rechte des Kindes achten,
- für ein partnerschaftliches Miteinander sorgen,
- gemeinsam mit den Kindern klare Strukturen schaffen,
- ›authentisch‹, selbstkritisch und offen für Veränderung sein.

authentisch
echt, zuverlässig

5.3.3 Die Waldorfpädagogik nach Rudolf Steiner

Esoterik
griech. esoterikos: dem inneren Bereich zugehörig
ein innerer spiritueller (geistiger) Erkenntnisweg

Eurythmie
Eurythmie als Bewegungskunst ist der Gleichklang oder Rythmus der Bewegungen.

Abb. 5.9 Rudolf Steiner (1861–1925), Philosoph

Lernen am Modell → S. 100

 Mehr Informationen zur Pädagogik der Waldorfschulen finden Sie unter:
www.waldorfschule.de
und
waldorfkindergarten.de

Reflexion → S. 41

Der Österreicher Rudolf Steiner lebte von 1861 bis 1925 und wird als Esoteriker und Philosoph bezeichnet. Er begründete die **Anthroposophie**, eine ›esoterische‹ Weltanschauung, die sich auch als „Weisheit vom Menschen" bezeichnen lässt und sich auf die inneren Prozesse im Menschen bezieht. Diese Lehre fand Eingang in die Pädagogik, in die Kunst (als ›Eurythmie‹), in die Medizin (als anthroposophische Medizin) und in die Architektur. Trotz der Verbreitung ihrer Ideen ist die Anthroposophie als grundlegende Lehre umstritten, da sie heutigen naturwissenschaftlichen Standards nicht entspricht.

Rudolf Steiner hat seine Ideen auf unterschiedlichen Vortragsreisen verbreitet, 1919 auch in der Waldorf-Astoria-Zigarettenfabrik in Stuttgart. Deren Direktor Emil Molt betraute Steiner mit der Gründung einer Schule für die Kinder der Arbeiter, die nach den Ansichten von Steiner ausgerichtet wurde. Diese Schule war der erste offizielle Ort, an dem Steiner seine Pädagogik realisieren konnte, und seitdem ist der Begriff „Waldorf" mit Rudolf Steiner verbunden. Jahre später wurde der Ansatz dann auch auf Tageseinrichtungen für Kinder ausgeweitet und es entstanden Waldorfkindergärten.

Das Bild vom Kind
Die Grundlage für die Waldorfpädagogik bildeten die anthroposophischen Gedanken Steiners. Für ihn besteht der Mensch aus vier Wesensgliedern:

- dem physischen Leib
- dem ätherischen Leib
- dem Astralleib
- dem Ich

Diese Wesensglieder entwickeln sich laut Steiner in einem Siebenjahresrhythmus. Der **physische Leib** wird zuerst entwickelt. In dieser Zeit bilden sich z. B. die inneren Organe aus. In dieser Entwicklungsphase (1–7 Jahre) ist die pädagogische Fachkraft Vorbild für das Kind und das Kind ist besonders empfänglich für das ›Lernen durch Nachahmen‹.

> **BEISPIEL** Beim gemeinsamen Essen sieht das Kind zum Beispiel, wie die pädagogische Fachkraft die Gabel hält. Es ahmt diese Haltung nach. Auch bei der Lösung von Konflikten ist die pädagogische Fachkraft Vorbild und das Kind ahmt vorgelebte Verhaltensweisen bei der Konfliktlösung nach.

In der zweiten Phase (7–14 Jahre) entwickelt sich laut Steiner der **ätherische Leib**. Die Organbildung ist nun abgeschlossen und das Kind kann mit Denk- und Lernaufgaben konfrontiert werden. Nun entwickeln sich auch die Wertevorstellungen beim Kind. Diese Entwicklung ist mit Eintritt in die Pubertät abgeschlossen.
Im dritten Lebensjahrsiebt (14–21 Jahre) entwickelt sich der **Astralleib** als emotionales (gefühlsmäßiges) Innenleben. Der Mensch entwickelt nun ein eigenes Urteilsvermögen und die intellektuellen Fähigkeiten bilden sich heraus. Hierzu gehört auch das Vermögen, sich selbst zu ›reflektieren‹.
Das **Ich** entwickelt sich als letzter Wesensbereich des Menschen erst nach dem 21. Lebensjahr. In dieser Phase geht es vor allem um Selbsterziehung und die Weiterentwicklung der eigenen Person.

Ziele der Waldorfpädagogik

Kinder lernen gern und wollen die Welt begreifen. Dazu brauchen sie eine Lebenswelt, die es ihnen ermöglicht, sie zu verstehen, sie als sinnhaft zu erleben und in der sie handeln können.

Die gleichberechtigte Förderung von Denken, Fühlen und Wollen wird in der Waldorfpädagogik durch das Angebot von handwerklichen Kursen unterstützt und gefördert. Die Bildung des ganzen Menschen steht in der Waldorfpädagogik im Mittelpunkt. Dabei wird die Persönlichkeit des einzelnen Menschen wahrgenommen und ernst genommen. Ziel der Waldorfpädagogik ist es, die folgenden Aspekte zu stärken:

- Fantasie und Entschlusskraft
- ganzheitliche Gesundheit
- Persönlichkeit
- Kennen der eigenen Lebensideale (›Werte und Normen‹)
- Verantwortungsbewusstsein für sich und andere
- ›soziale Kompetenz‹
- freie Urteilsfähigkeit
- Weltoffenheit
- Interesse an den Fragen und Nöten der Zeit
- Team- und Kooperationsfähigkeit (›Partizipation‹)

Werte und Normen → S. 217

soziale Kompetenz → S. 227

Partizipation → S. 438

Spiel → S. 496

Auch dem ›Spiel‹ kommt in der Waldorfpädagogik besondere Bedeutung zu. Im freien ungezwungenen Spiel kann das Kind seine Fantasie entwickeln. Die Spielmaterialien sollten dabei möglichst funktionsfrei bzw. einfach gestaltet sein.

Die Bedeutung von Rhythmus und künstlerisch-musischer Erziehung

Besonderen Raum in der Waldorfpädagogik nehmen die Prinzipien ›Rhythmus‹ und Wiederholungen, die musisch-künstlerischen Erziehung sowie das nachhaltige Spiels ein. Typisch für die Arbeit im Rahmen der Waldorfpädagogik ist die Rhythmisierung des pädagogischen Alltags. Bestimmte Tages-, Wochen- und Jahresabläufe wiederholen sich immer gleich.

Rhythmus
Gleichmaß, regelmäßige Wiederkehr derselben Vorgänge

> **BEISPIEL** Die Woche in der Kindertagesstätte ist rhythmisiert. So finden immer dieselben Angebote zur selben Zeit innerhalb der Woche statt: am Montag gemeinsames Brotbacken, am Dienstag Malen und so weiter.

Ein Element, das diesen Rhythmus visualisiert (veranschaulicht), ist der Jahreszeitentisch.

Ein weiteres Element der Waldorfpädagogik ist die künstlerisch-musische Erziehung. Der Kunst wird ein heilsamer und bildender Einfluss zugeschrieben. Rudolf Steiner hat eine besondere Kunstform entwickelt, die Sprache und Bewegung rhythmisch vereint: die Eurythmie. Durch klare Schrittfolgen, ausdrucksvolle Gestik und Armbewegungen wird der rhythmischen Gestaltungskraft von Sprache und Ton Raum gegeben.

Abb. 5.10 Jahreszeitentisch

Die Bedeutung der Raumgestaltung

Räume und Materialien sollen nach Rudolf Steiner so konstruiert werden, dass das Kind in seiner Entwicklung unterstützt wird. Nach Steiners Auffassung ist das Kind im ersten Lebensjahrsiebt noch ein Sinneswesen. Die Anordnung und ›Gestaltung der Räume‹ durch Licht, Farben und Materialien sind in Waldorfeinrichtungen nach klaren Maßstäben geregelt. Naturmaterialien wie z. B. Holz und Baumwollstoffe regen die kindliche Fantasie an und laden zum Kennenlernen der Umwelt ein. Sanfte Farbtöne werden an den Wänden in einer bestimmten Technik (Lasurtechnik) aufgetragen, sodass die Farben lebendig wirken.

Auch das Spiel- und Lernmaterial ist aus Naturmaterialien und zumeist frei von vorgegebenen Funktionen. Das soll die Vorstellungskraft der Kinder anregen und sie dazu befähigen, sich der Umwelt auf offene Art und Weise zu nähern und sich mit ihr auseinanderzusetzen. Dies gilt auch für Alltagsgegenstände. In den Kindergärten werden Holzkochlöffel und Rührschüssel dem elektrischen Handrührgerät vorgezogen.

bedürfnisgerechte Raumgestaltung → S. 434

Abb. 5.11 Raumgestaltung in einer Waldorfschule

5.3.4 Die Reggio-Pädagogik nach Loris Malaguzzi

Der Italiener Loris Malaguzzi (1920–1994) studierte Pädagogik und unterrichtete dann als Grundschullehrer. Nach der Eröffnung eines eigenen Volkskindergartens hat er ab 1960 kommunale (städtische) Krippen und Kindergärten im italienischen Reggio Emilia beratend begleitet und die pädagogische Arbeit deutlich mitgeprägt. In Bezug auf den Ortsnamen wird der pädagogische Ansatz von Malaguzzi auch als Reggio-Pädagogik bezeichnet.

Das Grundkonzept der Reggio-Pädagogik

Für Malaguzzi standen vor allem die folgenden drei Aspekte im Mittelpunkt:
- der Dialog
- die Kommunikation
- die Ausdrucksfähigkeit des Kindes

Malaguzzi hat die Kindererziehung als Gemeinschaftsaufgabe aller Bewohner eines Dorfes oder einer Stadt betrachtet. Für ihn gehören das Kind, die Familie und die Umgebung des Kindes zusammen. Malaguzzi vertrat ein ›humanistisches Menschenbild‹. Daher ist es in der Reggio-Pädagogik wichtig, dass Kindern mit Achtung begegnet wird und sie deutlich als Träger eigener ›Rechte‹ wie z. B. Mitentscheidungsrechte gesehen werden.

humanistisches Menschenbild
Vorstellung, dass jeder Mensch eine eigenständige, in sich wertvolle Persönlichkeit ist. Dazu gehört auch der Respekt vor der Verschiedenartigkeit der Menschen.

Kinderrechtskonvention
→ S. 48

> Das Grundkonzept der Reggio-Pädagogik sieht vor, dass sich die pädagogischen Fachkräfte in ihrer Arbeit an den Stärken der Kinder orientieren, nicht an ihre Schwächen. Die Kinder sollen sich individuell nach ihren Möglichkeiten entfalten und selbst verwirklichen.

Das Kind wird als selbstständiger und eifriger Forscher gesehen und darin durch die pädagogischen Fachkräfte unterstützt. Ihre Rolle ist die von Wegbegleitern.
Die Kinder lernen in Projekten, die ihre unterschiedlichen Ausdrucksmöglichkeiten nutzen und fördern.

Der Raum als dritter Erzieher

Besondere Beachtung erhält in der Reggio-Pädagogik der „Raum als dritter Erzieher". Die Räume in einer Einrichtung bieten eine Atmosphäre des Wohlbefindens und eine Vielzahl von Anreizen für die Kinder (bedürfnisorientierte Raumgestaltung). In die Gestaltung werden die Kinder einbezogen.

Der Raum beschränkt sich jedoch nicht nur auf die Einrichtung selbst, sondern umfasst auch Straßen, Plätze, öffentliche Gebäude, also die Umgebung im Allgemeinen (›Sozialraum‹). Die Einrichtungen öffnen sich nach außen und lassen die Außenwelt auch nach innen. In den meisten Reggio-Einrichtungen gibt es z. B. Fenster, die bis auf den Boden gehen, der Eingangsbereich ist offen und einladend gestaltet.

Abb. 5.12 Der Raum als „dritter Erzieher"

Sozialraum → S. 53

> **BEISPIEL** Das Atelier ist ein typischer Raum in einer Kindertagesstätte, die nach der Reggio-Pädagogik arbeitet. Dort gibt es viele unterschiedliche Materialien zum Gestalten und Konstruieren (Bauen), die den Kindern zugänglich sind. Die Kinder finden z. B. unterschiedliche Farben, Alltagsgegenstände wie Stoffe, Draht, Steine, Äste, Tapetenreste und Leinwände.

5.3.5 Der Situationsansatz

Der Situationsansatz ist ein pädagogisches Konzept für vorschulische Bildungseinrichtungen. Er orientiert sich an der individuellen Lebenssituation sowie den Interessen, Bedürfnissen und Erfahrungen der Kinder. Entwickelt wurde das Konzept in der ersten Hälfte der 1970er Jahre von dem Psychologen Jürgen Zimmer (*1938) mit seinem Team. Eine Weiterentwicklung gab es in den 1990er Jahren.

Beim Situationsansatz steht das ›ganzheitliche‹ Menschenbild im Vordergrund: Jedes Kind wird mit seinen individuellen Stärken und Schwächen wahrgenommen und gefördert. Dabei geht der Situationsansatz davon aus, dass jedes Kind nicht nur Pflichten, sondern vor allem auch Rechte hat.

ganzheitlicher Ansatz → S. 293

Ein besonderes Augenmerk liegt dabei auf der Entwicklung von Autonomie (Selbstbestimmung), Solidarität (Zusammenhalt) und demokratischen Kompetenzen.

Der Situationsansatz nimmt das Kind als Wesen wahr, das seine Lern- und Entwicklungsprozesse selbst gestaltet. Aufgabe der Kindertageseinrichtung ist es, die Rahmenbedingungen bereitzustellen, unter denen das Kind sein Wissen selbst ›konstruieren‹ (herstellen) kann. Das kann z. B. ein entsprechend vorbereiteter Raum sein.

Konstruktion → S. 171

> Die Aufgabe der pädagogischen Fachkraft ist, die Lebens- und Lernsituation in der Kindertageseinrichtung so zu gestalten, dass die Kinder sich darin individuell und frei entwickeln können.

Die Kindertageseinrichtung ist für Kinder ein Lebensraum, in dem sie lernen und sich bilden. Die Einrichtung muss daher die Fantasie und Neugierde der Kinder anregen, aber auch Raum für Selbsttätigkeit und Wahlfreiheit geben.

Abb. 5.13 Jürgen Zimmer

Die Lebenssituationen von Kindern sind komplex und verändern sich aufgrund gesellschaftlicher Einflüsse ständig. Sie bilden die Ausgangslage für die pädagogische Arbeit des Situationsansatzes. Kinder, ihre Eltern und auch die pädagogischen Fachkräfte werden als handelnde und selbstständige Subjekte betrachtet. Sie verändern und gestalten ihre Lebenssituationen selbst. Dadurch entstehen Herausforderungen und Chancen, aber auch Hürden und Hindernisse.

Den Situationsansatz praktisch umsetzen
Um den Situationsansatz im pädagogischen Alltag praktisch umsetzen zu können, ist es wichtig, die folgenden Aspekte zu thematisieren:
- Die Inhalte der pädagogischen Arbeit müssen immer wieder daraufhin überprüft werden, ob sie einen Bezug zur Lebenssituation der Kinder haben.
- In altersgemischten Gruppen können Kinder wichtige Erfahrungen machen. So erleben sie sich selbst im Laufe ihrer Kindergartenzeit in unterschiedlichen Rollen.
- Öffnung nach außen, z. B. durch ein Fest, zu dem öffentlich eingeladen wird.
- ›Partizipation‹.
- Um die verschiedenen Lebenswelten wie Familie, Kindertageseinrichtung, Sportverein usw. besser miteinander verknüpfen zu können, ist die Gemeinwesenarbeit ein wesentlicher Bestandteil der pädagogischen Arbeit (z. B. gemeinsamer Besuch eines Bauern).
- Damit die Kindertageseinrichtung zum Lebens- und Erfahrungsraum wird, müssen die Räumlichkeiten genügend unterschiedliche Materialien, Funktionsecken (Kreativecke oder Ruheecke), Spielebenen und Rückzugsmöglichkeiten haben.
- Inklusion: Kinder mit und ohne Behinderung leben zusammen und machen gemeinsame Erfahrungen.
- Interkulturelles Lernen: Zur alltäglichen Lebenswelt von Kindern gehört es auch, unterschiedliche Kulturen, damit verbundenen Wertvorstellungen und Lebensweisen kennenzulernen.
- Der Situationsansatz benötigt eine geplante, gezielte und reflektierte ›Zusammenarbeit im pädagogischen Team‹.

Partizipation → S. 438

Zusammenarbeit im pädagogischen Team → S. 203

Der Situationsansatz geht von vier Planungsschritten aus:
1. Erkunden: Situation analysieren
2. Orientieren: Ziel formulieren
3. Handeln: Situation gestalten
4. Nachdenken: Erfahrungen auswerten

> **BEISPIEL** Kinderpfleger Timo Pache beobachtet am Vormittag, dass die Kindergruppe sehr unruhig ist und einige Kinder nur sehr schwer ins Spiel finden. Gemeinsam mit seiner Kollegin Ayca Kara überlegt er, was der Grund für diese Unruhe sein könnte. Dabei kommt den beiden in den Sinn, dass in der letzten Zeit oft schlechtes Wetter war. Einige Kinder waren möglicherweise nur selten draußen an der frischen Luft. Sie bieten den Kindern einen gemeinsamen Ausflug zum nächsten Spielplatz an. Nach dem Ausflug unterhalten sich Ayca Kara und Timo Pache noch einmal über die von ihnen gestaltete Situation. Sie stellen fest, dass die Kindergruppe am Nachmittag sehr viel ausgeglichener ist.

> **ZUM WEITERDENKEN** Nicht zu verwechseln ist der Situationsansatz nach Jürgen Zimmer mit dem situationsorientierten Ansatz des Sozialpädagogen Armin Krenz (*1952). In beiden pädagogischen Konzepten sind die ›Biografien‹ und Lebensbedingungen der Kinder und nicht etwa die Sichtweise der Erwachsenen Ausgangspunkt der pädagogischen Arbeit. Allerdings grenzt sich Krenz bewusst gegen den Situationsansatz ab, den er selbst als didaktischer und auf die Zukunft ausgerichtet beschreibt. Sein situationsorientierter Ansatz schaut eher in die Vergangenheit, auf das, was die Kinder schon erlebt haben. Die pädagogische Arbeit konzentriert sich auf die Verarbeitung dieses Erlebten.

Biografie
die Beschreibung des bisherigen Lebens eines Menschen und dessen einzelne Abschnitte

5.3.6 Offene Arbeit in der Kindertagesstätte

Das Konzept der Offenen Arbeit entstand in den 1960er und 1970er Jahren. Grundgedanke ist die Partizipation, die alle Beteiligten zu aktiven Gestaltern und Akteuren macht. Der Aufruf des damaligen Bundeskanzlers Willy Brandt (1913–1992) „Mehr Demokratie wagen" im Jahr 1969 galt auch für die Bildungseinrichtungen. Erziehungsmethoden und die Beziehungen zwischen Erwachsenen und Kindern wurden daraufhin kritisch hinterfragt.

Anfang der 1970er Jahre entstand der erste Offene Kindergarten in Hessen und setzte eine Welle der Veränderung in Gang. Diese war zwar nicht groß, aber doch so eindrucksvoll, dass bis heute das Konzept der Offenen Arbeit viel diskutiert wird.

Abb. 5.14 Gemeinsam Entscheidungen treffen

Forderungen wie „Raus aus den einengenden Räumen" oder „Weg von der strikten Einteilung nach dem Alter der Kinder, weg von den engen Vorgaben der Erwachsenen" lösten und lösen noch heute Unsicherheit und Unverständnis aus.

Inspiriert durch die Reformpädagogen wie ›Pestalozzi‹, ›Fröbel‹ oder ›Montessori‹, boomte die Offene Arbeit in den 1980er Jahren. Hinzu kamen andere pädagogische Ansätze, die die Weiterentwicklung der Offenen Arbeit vorantrieben. Hierzu gehören u. a. der ›Situationsansatz‹ und die ›Reggio-Pädagogik‹.

Pestalozzi → S. 293
Fröbel → S. 274
Montessori → S. 294
Situationsansatz → S. 301
Reggio-Pädagogik → S. 300
Inklusion → S. 260

Im Rahmen der Offenen Arbeit war auch die Integration bzw. ›Inklusion‹ ein wichtiges Thema. Statt Normierung soll es gemeinsames Leben und Lernen geben, Unterschiede sollen als Bereicherung wahrgenommen werden. Alte, übernommene Denk- und Arbeitsweisen sollten hier geöffnet werden, um die Strukturen zu verändern. Im Zentrum soll eine Pädagogik der Vielfalt stehen.

Das Bild vom Kind

Das Prinzip der Offenen Arbeit geht von den ›Selbstbildungsprozessen‹ der Kinder aus. Jedes Kind lernt nach seinen eigenen Fähigkeiten und Fertigkeiten. Dabei lebt es im Augenblick, denkt und handelt aus diesem heraus. Dies zu verstehen gehört zur vorbehaltlosen Annahme durch Erwachsene. Kindern wird etwas zugetraut und auch zugemutet. An die eigenen Grenzen zu kommen, hilft dem Kind dabei, Selbstwertgefühl, ›Selbstwirksamkeit‹ und Selbstvertrauen aufzubauen, zu stärken und weiterzuentwickeln. Das Bild vom Kind ist vergleichbar mit dem der Reggio-Pädagogik und dem von Maria Montessori.

Selbstbildungspotenziale → S. 114

Ziele der Offenen Arbeit in der Kindertagesstätte

Ziel der Offenen Arbeit ist es, die Selbstbestimmung der Kinder zu stärken. Dabei sind im besonderen Maße folgende Fähigkeiten wichtig:

- sich organisieren können
- eigene Interessen entwickeln und wahrnehmen
- mit anderen zusammen lernen und arbeiten können

Auch hier steht die Entwicklung von ›Kompetenzen‹ im Vordergrund. Sach- und Methodenkompetenzen, Sozialkompetenzen und Selbstkompetenzen werden in der Offenen Arbeit gefördert. Dies geschieht, indem die Kinder selbst entscheiden dürfen, mit wem sie wo etwas tun wollen.

Abb. 5.15 Kreatives Angebot

Basiskompetenz → S. 226

Die Offene Arbeit umsetzen

> Die Öffnung einer Einrichtung bedeutet in erster Linie die Auflösung von festen Gruppen.

In der Offenen Arbeit wird davon ausgegangen, dass die Kinder in der Lage sind, selbstständig Gruppen zu bilden. Es gibt eine Stamm- oder Bezugsgruppe, aber darüber hinaus auch Interessengruppen, die sich gemeinsam bestimmte Themen erarbeiten. Das gleiche Interesse wird durch unterschiedliche Wissensstände belebt.

Bindung → S. 128

Kinder suchen von sich aus ›Bindung und Bindungspersonen‹. In der Offenen Arbeit stehen Erwachsene den Kindern als Bindungspartner zur Verfügung, ohne ihnen diese Beziehung „aufzuzwingen". Die Bezugsfachkraft ist für das einzelne Kind zuständig und feste Ansprechpartnerin für die Eltern.

Es gibt verschiedene Möglichkeiten, in einer Einrichtung offen zu arbeiten. Die meisten Einrichtungen öffnen zunächst nur zu bestimmten Zeiten am Tag ihre Gruppen, andere an ein oder zwei Tagen in der Woche. Manche Einrichtungen entscheiden sich für eine halboffene Arbeit. In dieser bestehen die Gruppen weiter, aber bestimmte Angebote werden gruppenübergreifend gemacht. Es können auch hier an bestimmten Tagen der Woche die Gruppen für alle geöffnet werden. Die Kinder können sich dann aussuchen, wo sie mit wem spielen.

Ein wichtiges Element in vielen Einrichtungen der Offenen Arbeit sind ›Kinderkonferenzen‹. Den Tagesablauf entwickelt jedes Team im Lauf der Zeit selbst. Dies zeigt, dass die ›Kommunikationsfähigkeit‹ aller Beteiligten große Bedeutung hat. Klare Absprachen und Informationsaustausch bilden eine verbindliche Grundlage für das Leben in Gemeinschaft.

Abb. 5.16 Bauraum

Kinderkonferenz → S. 334
Kommunikation → S. 188

Da die Räume in der Offenen Arbeit klare Funktionen haben, werden ihnen unterschiedliche Materialien zugeordnet. Im Atelier sind alle Materialien zu finden, die zur kreativen Betätigung gehören, im Bauraum gibt es unterschiedliche Baumaterialien. Die angebotenen Materialien orientieren sich an den Bedürfnissen der Kinder.

Die Rolle der pädagogischen Fachkraft

Pädagogische Fachkräfte in der Offenen Arbeit sind ›Beobachter‹, die ihre Arbeit an den Bedürfnissen der Kinder ausrichten und gestalten. Dabei steht die Teilhabe (›Partizipation‹) der Kinder im Mittelpunkt. Die Offene Arbeit ist ein Prozess, der sich ständig weiterentwickelt. Dies geschieht durch regelmäßigen Austausch mit den Kollegen. Die pädagogischen Fachkräfte halten die Balance zwischen klar strukturierten Momenten wie z. B. Essensituationen und Ruhephasen und Momenten, in denen die Kinder selbstbestimmt ihren Lerninteressen nachgehen können.

Beobachtung → S. 59
Partizipation → S. 438

5.3.7 Die Natur- und Waldpädagogik

Die Anfänge der Natur- und Waldpädagogik im Vorschulbereich fanden in Dänemark statt. Die Begründerin dieses Ansatzes, Ella Flatau (1911–1991), ging mit ihren eigenen Kindern jeden Tag in den Wald. Andere Eltern hörten davon und brachten ihre Kinder zu ihr. Daraus entwickelte sich schon bald eine feste Einrichtung. Von dem pädagogischen Ansatz begeisterte Eltern gründeten daraufhin eine Initiative, aus welcher der Waldkindergarten hervorging.

In Deutschland hat Ursula Sube den ersten Waldkindergarten 1968 in Wiesbaden eröffnet.

Abb. 5.17 Waldkindergarten

Pädagogische Grundlagen

Die Natur- und Walpädagogik hat das Ziel, den Wald als Lebensraum, Erlebnis- und Erfahrungswelt gemeinsam mit den Kindern zu erfahren, zu erforschen und zu erleben. Im Waldkindergarten wird mit der Natur gelebt und erlebt und man vertraut sich ihrem Rhythmus an.

Die Natur- und Waldpädagogik hat kein einheitliches pädagogisches Konzept. Das heißt, es gibt keine Richtlinien, auf die sich alle Waldkindergärten berufen. Dennoch gibt es einige grundsätzliche pädagogische Anliegen, welche diesen pädagogischen Ansatz ausmachen.

Umwelterziehung	• Die Kinder für die Natur sensibilisieren • Respekt vor der Umwelt entwickeln • Fragen durch Beobachten und Experimentieren selbstständig beantworten
Förderung der Sinne	• Der Wald spricht alle Sinne auf natürliche Weise an • Im Wald gibt es keine ›Reizüberflutung‹
Lernen durch Freispiel	• Die Kinder eignen sich im Spiel die Welt an • Beziehungen werden aufgebaut • Die Kinder finden sich selbst im Spiel
Motorische Förderung	• Die Natur kommt dem Bewegungsdrang der Kinder entgegen • Die Kinder haben großen Bewegungsfreiraum • Die Persönlichkeitsentwicklung wird gefördert
Werteerziehung/ soziales Lernen	• Die Kinder lernen Empathie (Einfühlungsvermögen) • Die Kinder lernen, sich selbst einzuschätzen • Die Kinder übernehmen Verantwortung • Die Kinder lernen Ehrfurcht vor dem Leben

Reizüberflutung
Zustand, in dem die Sinne so viele Reize (Impulse von außen) gleichzeitig aufnehmen, dass sie nicht mehr verarbeitet werden können

Formen von Waldkindergärten

Da die Natur- und Waldpädagogik kein einheitliches Konzept hat, an dem sich alle Einrichtungen orientieren müssen, gibt es unterschiedliche Formen von Waldkindergärten.

Form des Waldkindergartens	Typische Merkmale
Klassischer/reiner Waldkindergarten	Die Kinder halten sich in einem klassischen Waldkindergarten täglich durchgängig im Wald auf und suchen nur bei sehr schlechtem Wetter gemeinsam mit der pädagogischen Fachkraft Unterschlupf z. B. in einem Bauwagen oder einer Holzhütte. Reine Waldkindergärten sind meist halbtags geöffnet.
Integrierter Waldkindergarten	Dabei handelt es sich um Regelkindergärten mit einer offenen oder festen Waldgruppe.
Naturkindergarten	Die Natur wird in die Einrichtung geholt, z. B. gibt es eigene Tiere, die versorgt werden.
Projektkindergarten	Regelkindergärten mit Projektwochen zum Thema Wald oder regelmäßigen Waldtagen.
Andere Formen	Strandkindergärten. Farmkindergärten.

5.3.8 Die (Kleinkind-)Pädagogik nach Emmi Pikler

Emilie „Emmi" Pikler (1902–1984) war eine österreichische Kinderärztin. 1946 übernahm sie die medizinische Leitung eines Waisenhauses in Budapest. Dort engagierte sie sich sehr dafür, die tägliche Kinderpflege zu verändern. Während dieser Zeit entwickelte sie ihren pädagogischen Ansatz. Dabei war es ihr Anliegen, Rahmenbedingungen zu schaffen, unter denen sich die Waisenkinder zu gesunden und selbstständigen Menschen entwickeln konnten.

Emmi Pikler arbeitete intensiv mit den Kindern und beobachtete sie gezielt. So kam sie zu der Überzeugung, dass Kinder in der Lage sind, sich bedeutsame Schritte in ihrer Entwicklung selbst zu erarbeiten.

Abb. 5.18 Emmi Pikler (1902–1984)

> *Jedes Kind hat ein natürliches Gefühl dafür, wann es körperlich und auch emotional fähig ist, den nächsten Schritt zu gehen. Aufgabe von Erwachsenen ist es, eine Umgebung zu schaffen, die den Entwicklungsbedürfnissen des Kindes gerecht wird, sodass es sich in seinem Tempo frei entfalten kann.*
> Appell, Geneviève/David, Myriam (1995): „Lóczy" – Mütterliche Betreuung ohne Mutter. Zeitler, München, S. 31

Pädagogische Grundlagen und ihre Umsetzung

Der pädagogische Ansatz nach Emmi Pikler hat vier Grundprinzipien:

- In der täglichen pädagogischen Arbeit muss die selbstständige Aktivität des Kindes stets Beachtung finden. Die Erwachsenen sollen dem Kind eine Umgebung schaffen, in der es aktiv und autonom (selbstbestimmt) tätig sein kann.
- Die sichere Beziehung zu einem Erwachsenen innerhalb einer Einrichtung ist grundlegend für eine gesunde Persönlichkeitsentwicklung des Kindes. Sie muss stets gewährleistet sein. Sicherheit und Vertrauen erfährt das Kind durch Beständigkeit und immer wiederkehrende Handlungen der Erwachsenen.
- Die Selbstwahrnehmung des Kindes und sein Vertrauen auf seine direkte Umgebung sollen geschult werden. Dies geschieht, indem der Erwachsene zuverlässig auf die ›Bedürfnisse‹ des Kindes eingeht und es aktiv an Handlungen teilhaben lässt.
- Die Gesundheit des Kindes ist von großer Bedeutung.

Bedürfnis → S. 410

Besondere Aufmerksamkeit schenkt Pikler der Bewegungsentwicklung, der Pflege und dem kindlichen Spiel.

Die ›beziehungsvolle Pflege‹

Säuglinge und Kleinkinder sind ›kompetente Wesen‹, die ihre Umwelt wahrnehmen und verstehen wollen. Emmi Pikler beschrieb viele Situationen, in denen vermeintlich „nur" gepflegt wird. Geht man davon aus, dass ein Kind im Jahr bis zu 1800-mal gewickelt wird, kann es nicht egal sein, wie diese Begegnungen stattfinden.

Tätigkeiten wie Windelnwechseln oder Waschen haben auch pädagogische Anteile. Diese hängen eng mit Berührungen zusammen, die Emmi Pikler als „Fundament" jeder Beziehung sieht. Auch ›Kommunikation‹ ist bedeutend für die ›Bindung‹. Daher ist es wichtig, mit dem Kind in den Dialog zu treten und sich ihm verständlich zu machen. So wird dem Kind in seiner Entwicklung Sicherheit gegeben.

bedürfnisorientierte Pflege → S. 430
kompetenter Säugling → S. 113

Kommunikation → S. 188
Bindung → S. 128

Die eigenständige Bewegungsentwicklung

Hat das Kind eine sichere und stabile Beziehung zu einem Erwachsenen, kann es alle Bewegungsarten von allein entwickeln. Dafür ist es wichtig, dass der Erwachsene die Signale des Kindes versteht und die kindlichen Entwicklungsschritte kennt.

> Eine achtsame Haltung, Respekt und eine genaue Beobachtung unterstützen den Erwachsenen dabei, den Kindern ihr eigenes Tempo zu lassen.

Zugleich sollten überfordernde Anregungen und „Lernprogramme" vermieden werden. Das Kind ist mit großem Eifer dabei, wenn es selbst entdecken und entscheiden kann, womit es sich beschäftigen will. Entscheidend für die Entwicklung des Kindes sind eine gut vorbereitete und übersichtliche Umgebung, die seinem Alter und Entwicklungsstand entspricht, sowie verständliche Bewegungs- und Spielangebote, die das Kind selbst erreichen und auswählen kann.

motorische Entwicklung
→ S. 154

BEISPIEL Der Kinderpfleger Marc Rieckmann stellt gemeinsam mit seiner Kollegin Sarah Ebert fest, dass viele der Kinder in der Käfergruppe in den letzten Wochen einen großen Entwicklungsschritt gemacht haben. Dies ist besonders deutlich in der ›motorischen Entwicklung‹ zu sehen. Um den Kindern eine vorbereitete und anregende Umgebung zu ermöglichen, beschließen sie daher, den Gruppenraum mit weiteren Bewegungsgeräten auszustatten. Diese sollen den Kindern neue Anreize bieten und ein ergänzendes Bewegungsangebot darstellen.

Freies Spiel ermöglichen

Dem Kind soll nach Emmi Pikler das freie Spiel ermöglicht werden. Hierzu dienen Spielmaterialen, die dem jeweiligen Entwicklungsstand entsprechen und zum selbstständigen Entdecken und Erforschen einladen. Sie wecken im Kind Lernbereitschaft und Lernfreude. Im freien Spiel erforschen und entdecken Kinder ihren eigenen Körper und ihre direkte Umwelt. Sie wählen frei, womit sie sich wann beschäftigen wollen. Damit sich die Kinder sicher fühlen, ist es wichtig, dass ihre körperlichen und seelischen Bedürfnisse befriedigt werden. Bei Unsicherheit müssen sie jederzeit auf ihre Bezugsperson zurückgreifen können.

Materialien

In der Pädagogik nach Emmi Pikler soll das Spielmaterial freies Experimentieren erlauben. Eimer, Schaufeln, Löffel, Deckel, Bälle, Kartons und andere Alltagsgegenstände stehen den Kindern zur Verfügung. Emmi Pikler legte Wert auf eine wohlvorbereitete Umgebung. Sie warnte vor einer vorschnellen Förderung kindlicher Entwicklung, wie z. B. beim Erlernen von Hinsetzen oder Hinstellen. Was das Kind von sich aus tut, das tut es zur richtigen Zeit.

Abb. 5.19 Pikler-Labyrinth

Spielgitter ermöglichen es dem Kind, ungestört zu experimentieren. Zudem kann es sich selbstbestimmt daran hochziehen und eigene Möglichkeiten erfahren. Auch beim Wickeln muss das Kind nicht liegen, sondern kann sich hochziehen und im Stehen gewickelt werden. Weitere Ausstattungsmaterialien sind das Essbänkchen, das Podest und die Rampe, der Wickelaufsatz und das Pikler-Labyrinth, ein Krabbel- und Klettertunnel.

Als „Offene Materialien" werden in der Pikler-Pädagogik Materialien bezeichnet, die auch ohne spezielle Unterstützung durch die pädagogische Fachkraft vom Kind genutzt werden können. Sie lassen der Fantasie Freiraum und ermöglichen vielfältigen Gebrauch. Hierzu gehören Kastanien, Eicheln, Eimer, Becher, Tücher und vieles mehr. Bei der Ausstattung sind Einfallsreichtum und Vorstellungskraft seitens der pädagogischen Fachkraft gefragt. Dabei ist darauf zu achten, dass die Spielsachen dem Alter und Entwicklungstand des Kindes entsprechen. Die pädagogische Fachkraft muss also aufmerksam die Entwicklung des Kindes ›beobachten‹.

Beobachtung → S. 59

5.4 Pädagogische Konzepte in der Praxis

In der täglichen Praxis stehen pädagogische Konzepte nicht für sich allein. Sie sind immer im Zusammenhang mit den ›Erziehungszielen‹ und dem Verhalten der pädagogischen Fachkräfte zu sehen. Alle drei Faktoren wirken gegenseitig aufeinander ein.

Erziehungsziel → S. 222

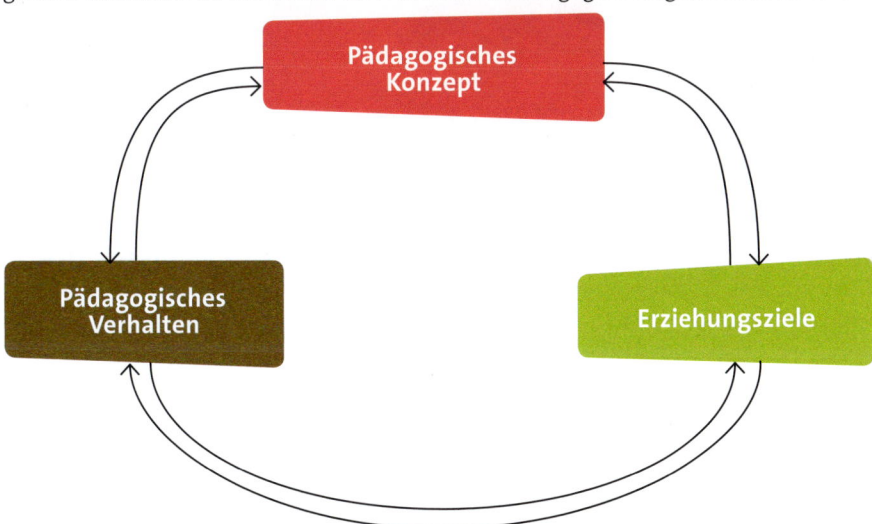

Im ersten Schritt entscheidet sich eine Kindertageseinrichtung, welches pädagogische Konzept der Einrichtung zugrunde liegen soll.

> **BEISPIEL** Die Kindertageseinrichtung „Kinderplatz" liegt mitten im Zentrum Hamburgs. Das Team würde den Kindern gerne Erfahrungen in der Natur ermöglichen. Da das Konzept eines Waldkindergartens in der Großstadt schwer zu verwirklichen ist, überlegt sich das Team, regelmäßige Besuche im Wald zu organisieren. Doch der nächste Wald ist leider sehr weit entfernt. Schließlich schlägt Tina Gohlke, die Leiterin der Kindertageseinrichtung, vor, jährlich eine Waldwoche einzuplanen. Eine Waldwoche könne gut in die Konzeption übernommen und realisiert werden.

Aus dem Konzept, für das sich ein Team entscheidet, ergeben sich bestimmte Erziehungsziele. Auch über sie müssen sich die pädagogischen Fachkräfte austauschen. Jede pädagogische Fachkraft sollte sich ebenfalls mit den eigenen Vorstellungen von einer gelingenden Erziehung und Bildung auseinandersetzen und diese im Austausch mit den Kollegen offen besprechen.

Um Klarheit zu schaffen und Missverständnisse innerhalb des Teams zu vermeiden, sollten die Erziehungsziele ausformuliert und schriftlich festgehalten werden. Dies ist ein gutes Fundament (Grundlage) für die tägliche pädagogische Arbeit.

Abb. 5.20 Im Teamgespräch können Erziehungsziele festgehalten werden.

Schließlich muss sich das pädagogische Handeln in der täglichen Praxis an den festgelegten Erziehungszielen orientieren. Aus diesen ergeben sich klare Verhaltensweisen, welche die pädagogische Fachkraft im Alltag mit den Kindern übernehmen sollte.

> **BEISPIEL** Die neu eröffnete Kindertageseinrichtung „Villa Kunterbunt" hat sich entschieden, nach dem pädagogischen Konzept von Maria Montessori zu arbeiten. Eines der Erziehungsziele wird es daher sein, die Kindertageseinrichtung so zu gestalten, dass die Kinder sich möglichst frei bewegen und sich ihre Umwelt selbst aneignen können („Hilf mir, es selbst zu tun"). Die pädagogischen Fachkräfte machen sich klar, dass sie den Kindern möglichst viel Raum und Zeit einräumen müssen, die Umwelt zu erforschen und zu erkunden. Auch bei kleineren Schwierigkeiten sollten sie nicht vorschnell eingreifen, sondern das Kind motivieren, es noch einmal selbst zu versuchen.

Damit sich das Team einer Kindertageseinrichtung für einen bestimmten pädagogischen Ansatz entscheiden kann, muss es zunächst einmal die besonderen Rahmenbedingungen der Einrichtung in den Blick nehmen:
- Wie gestaltet sich die Umwelt vor Ort?
- Wie sehen die vorhandenen Räumlichkeiten aus?
- Welche Möglichkeiten bieten sie?

Die Rahmenbedingungen können dann mit den Inhalten der verschiedenen Ansätze verglichen werden. Folgende Fragestellungen können hierfür hilfreich sein:
- Welches ›Erziehungsverständnis‹ hat das pädagogische Handlungskonzept?
- Passt das zu unserem Verständnis von Erziehung?
- Welches ›Menschenbild‹ liegt dem Handlungskonzept der Einrichtung und des Trägers zugrunde?
- Wird dieses Menschenbild von allen vertreten?
- Passt das pädagogische Handlungskonzept zu dem gemeinsamen Verständnis zur ›Rolle der pädagogischen Fachkraft‹?

Erziehungsverständnis → S. 274

Menschenbild → S. 256

Rolle der pädagogischen Fachkraft → S. 33

Abb. 5.21 Stimmen die Rahmenbedingungen?

ZUM WEITERDENKEN Egal, welches pädagogische Konzept eine Einrichtung ausgewählt hat: Das Team muss sich trotzdem immer wieder über sein pädagogisches Planen und Handeln austauschen. Um ein pädagogisches Konzept umsetzen zu können, müssen pädagogische Fachkräfte dessen Inhalte und Möglichkeiten der Umsetzung kennen. Zunächst einmal muss das Team sich darüber klar werden, ob das Konzept in der eigenen Einrichtung überhaupt umgesetzt werden kann. Außerdem müssen alle Beteiligten hinter dem Ansatz stehen und ihn auch nach außen vertreten können.

Warum muss ich das für meinen Beruf wissen?

Heutzutage arbeiten nahezu alle Kindertageseinrichtungen nach einem ausgewählten pädagogischen Ansatz oder auch einer Kombination aus verschiedenen Ansätzen. Aus jedem pädagogischem Ansatz lassen sich entsprechende Erziehungsziele und daraus wiederum ein bestimmtes pädagogisches Verhalten ableiten.
Nach welchem pädagogischen Konzept eine Kindertageseinrichtung arbeitet, orientiert sich zuallererst an den Rahmenbedingungen wie beispielsweise der Trägerschaft oder auch den räumlichen Bedingungen der Kindertageseinrichtung. Aber es spielen auch die Ansichten des pädagogischen Teams eine wesentliche Rolle. Daher ist es wichtig, dass Sie als pädagogische Fachkraft die wichtigsten Ansätze kennen. Nur so können Sie einen eigenen persönlichen Standpunkt finden und entscheiden, nach welchem Ansatz Sie arbeiten möchten. Dies ist nicht zuletzt wichtig, wenn Sie sich für eine Stelle bewerben. Als pädagogische Fachkraft müssen Sie mit dem Konzept der Einrichtung übereinstimmen und dieses überzeugt in der Praxis umsetzen.

6 ERZIEHUNGSSTILE: BEWUSSTES ERZIEHUNGSHANDELN

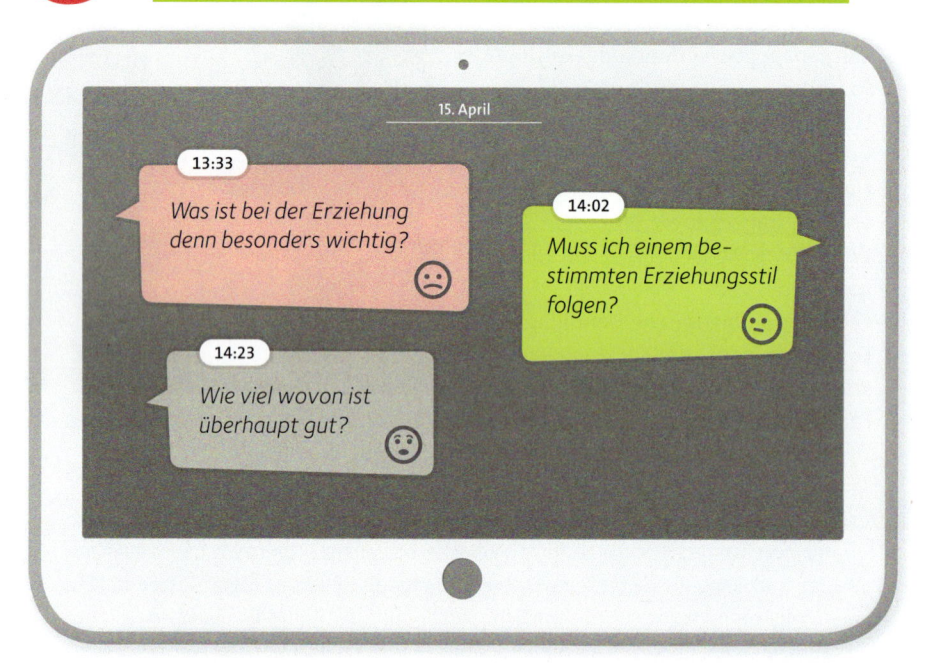

15. April

13:33 Was ist bei der Erziehung denn besonders wichtig?

14:02 Muss ich einem bestimmten Erziehungsstil folgen?

14:23 Wie viel wovon ist überhaupt gut?

6.1 Grundlagen zu Erziehungsstilen

Sozialisation → S. 242

Jeder Mensch wurde im Laufe seines Lebens von einer ganzen Reihe von Menschen erzogen. Das ist Teil der ›Sozialisation‹. Denn ein Mensch wird in einem sozialen Umfeld in der Regel von vielen anderen Menschen geprägt. Dazu zählen in erster Linie die Eltern, Geschwister, weitere Verwandte, Erzieherinnen, Lehrerinnen oder Kinderpflegerinnen. Aber auch Menschen, die sich gar nicht über ihre erzieherische Wirkung bewusst sind, können an dem Prozess beteiligt sein.

> **BEISPIEL** **Johannes (3;1)** und **Christiana (5;5)** spielen auf einem Spielplatz zufällig direkt nebeneinander. Sie haben sich vorher noch nie gesehen. Johannes beugt sich auf dem Spielplatz zu Christiana, um sich eine Schippe zu nehmen. Er fordert mit ausgestreckten Armen und einer unmissverständlichen Handbewegung Christiana dazu auf, ihm das Spielzeug zu geben. Christiana nimmt die Schippe hoch und fragt Johannes: „Wie sagt man da?" Johannes erwidert: „Die Schaufel bitte."
>
> Herr Adetutu steht an einer Fußgängerampel. Neben ihm will **Paula (9;1)** bei Rot über die Straße gehen. Herr Adetutu sagt zu ihr: „Du solltest lieber warten, bis Grün ist. Das kann schlimm ausgehen, wenn du einfach losläufst."

Werte → S. 217
Normen → S. 219
Erziehungsziele → S. 222

Die Beispiele zeigen, dass jeweils fremde Menschen durch eine Handlung (beide haben gesprochen) versucht haben, einen Wert zu vermitteln. Die Vermittlung von ›Werten‹ und ›Normen‹, Regeln und verschiedenen Strategien zur Lebensbewältigung sind zentrale ›Erziehungsziele‹.

6.1.1 Abgrenzung Erziehungsstile und Erziehungskonzepte

Wie diese Menschen bei ihrem Erziehungshandeln vorgehen, ist dabei sehr unterschiedlich und hängt von verschiedenen Faktoren ab. Manche Eltern haben sich belesen und verfolgen ein ganz klares Ziel mit ihrer Art und Weise, die Kinder zu erziehen. Andere machen das eher aus dem Bauch heraus. Es ist wichtig, diese beiden Positionen zu unterscheiden.

| Unterschieden wird zwischen Erziehungsstilen und Erziehungskonzepten.

Erziehungsstile		Erziehungskonzepte
Die verschiedenen Stile entstehen individuell aus der eigenen Persönlichkeit und wesentlichen Temperamentsmerkmalen des Erziehenden heraus. Außerdem spielen eigene Erfahrungen eine wichtige Rolle.	Ursprung	Diese Konzepte sind meist ausgedacht und finden ihren Ursprung in fachlichen Beiträgen in Handbüchern, wissenschaftlichen Theorien, spirituellen oder philosophischen Ideen usw.
Ziele sind nicht klar reflektiert, aber es fühlt sich „irgendwie richtig" an, so zu handeln.	Ziele bzw. erwünschte Effekte	Meist sind Effekte oder Ziele konkret definiert, weshalb sich Menschen auch ganz bewusst für dieses Erziehungskonzept entscheiden
Jeder Mensch entscheidet individuell für sich, wie er in der Situation erzieht. Dabei hängt von der Umgebung und den dort herrschenden Überzeugungen ab, was z. B. als streng gilt. Überall auf der Welt handeln aber Menschen ganz individuell streng oder nachgiebig (gemessen an den Werten der dortigen Gesellschaft).	Handlungsgrundlage	Oft werden mit erzieherischen Konzepten auch pädagogische Konzepte verknüpft. Solche Konzepte sind in verschieden Regionen stärker, in anderen aber gar nicht vertreten. Menschen, die sich für ein Konzept entscheiden, handeln aber in der Regel auch über die Regionen hinaus ähnlich.
Die Art und Weise, wie das erzieherische Handeln stattfindet, ist nicht klar definiert, sondern wird in neuen Situationen immer wieder neu überlegt oder auch einfach völlig unsystematisch durchgeführt.	Methodik	Entlang der Erziehungskonzepte werden Verhaltensweisen der Erziehenden im Konzept vorgeschlagen bzw. vorgeschrieben. Darüber hinaus werden zum Teil auch bestimmte Inhalte konkret in den Fokus gerückt.
Autoritäre Erziehung eines Vaters, der sehr viel kommandiert und keine Widerrede duldet.	Beispiel	Christliche Erziehung mit täglichen Elementen wie gemeinsames Gebet, zahlreichen thematischen Angeboten und Grundsätzen (z. B. Nächstenliebe).

Tab. 6.1 Unterscheidung zwischen Erziehungsstil und Erziehungskonzept

> **BEISPIEL** Herr und Frau Friedländer erziehen ihren Sohn gemäß der jüdischen Sitten und Bräuche – im Judentum nennt man das ‚Chinuch'. Die Rituale zuhause werden ebenso durchgeführt (z.B. das Befolgen der der jüdischen Speise- und Reinheitsvorschriften), wie die gemeinsame Teilnahme an Veranstaltungen (wie regelmäßige Synagogenlesungen) der jüdischen Gemeinde im Ort. Innerhalb des „jüdischen Erziehungskonzeptes" sind Herr und Frau Friedländer ausgesprochen demokratisch, denn sie zwingen ihren Sohn nicht zu einer Lebensweise gemäß jüdischer Tradition. Sie bieten ihm aber immer wieder Möglichkeiten an und sprechen darüber.

6.1.2 Entstehung von Erziehungsstilen

Die Art und Weise, wie Menschen ihre Kinder erziehen, hängt sehr davon ab, wie diese Menschen selbst groß geworden sind. Früher galt es für Jungen zum Beispiel als sehr unangemessen, in der Öffentlichkeit zu weinen. Den Ausspruch „Jungen weinen nicht" fand man lange in unserer Gesellschaft wieder und hört ihn vereinzelt auch heute noch. Dieser Vorgang lässt sich als ›Reproduktion‹ von kulturellen Mustern beschreiben. Wenn Kinder Verhaltens- oder Denkweisen von ihren Eltern übernehmen, nennt man das **Transmission**.

Reproduktion
Wiederholung oder Weitergabe

> **BEISPIEL** **Nadja (12;3)** spricht beim Abendessen mit ihren Eltern darüber, dass sie beobachtet hat, wie Kinder aus ihrer Klasse eine Federmappe versteckt haben. Diese Federmappe gehört der neuen Mitschülerin **Julia (11;8)**. Sie ist erst seit einer Woche in der Klasse und hat noch keinen Anschluss gefunden. Nadjas Vater berichtet daraufhin, dass er sich in seiner eigenen Kindheit sehr für einen schwächeren Jungen eingesetzt hat und daraus eine schöne Freundschaft entstanden ist. Er erklärt Nadja, dass es wichtig ist, Ungerechtigkeiten nicht zu dulden und Schwächeren beizustehen. Am darauffolgenden Tag beobachtet Nadja, dass zwei Mädchen heimlich altes Pausenbrotpapier in Julias Ranzen stopfen. Nadja denkt an die Worte ihres Vaters und fordert die Mädchen auf, das Papier wieder herauszunehmen. Noch bevor sie sehen konnte, ob das Papier wirklich entfernt wurde, bemerkte sie Julia, die plötzlich neben ihr stand und sie freundlich und voller Dankbarkeit anlächelte.

Die Bedingungen, unter denen Menschen aufwachsen und leben, sind ein sehr großer Einflussfaktor auf das eigene Verhalten und somit auch auf den eigenen Erziehungsstil. Die Gegebenheiten in der Umgebung und der Menschen, die uns umgeben, nennt man soziokulturelle Bedingungen. Hinzu kommen Persönlichkeitsmerkmale, die einen direkten Einfluss auf unser Verhalten haben.

Soziokulturelle Bedingungen
- Vorstellungen über Normen und Werte
- soziale Herkunft
- Schulbildung
- gesellschaftliche Verhältnisse

Persönlichkeitsspezifische Bedingungen
- Temperament
- Charaktereigenschaften
- subjektive Theorien

biografische Selbstreflexion
→ S. 22

Es ist wichtig, dass sich pädagogische Fachkräfte ›selbst reflektieren‹ und über die Entstehungsbedingungen ihres eigenen Erziehungsstils bewusst werden, damit sie ihn gegebenenfalls verändern oder anpassen können. Dabei werden ungünstige Strategien zwar nicht wirklich abgelegt, aber um bessere Varianten ergänzt. Die alten Verhaltensweisen werden dann durch die neuen Handlungsmuster ersetzt.

BEISPIEL Lisa (19,4) ist Kinderpflegerin in einer Kindertageseinrichtung. Immer wieder fällt ihr auf, dass bei den Mahlzeiten in der Einrichtung sehr wenig gesprochen wird. Als sie mit ihrer Mutter darüber redet, sagt ihr diese, dass Lisas Familie ja eigentlich ohnehin wenig miteinander und beim Essen eigentlich nie gesprochen wurde. Als Lisa über die Worte nachdenkt, muss sie feststellen, dass diese recht hat. Sie nimmt sich vor, zukünftig mehr mit den Kindern ins Gespräch zu kommen und auch bei den Mahlzeiten bewusst Gesprächsimpulse zu setzen.

6.2 Verschiedene Klassifikationen von Erziehungsstilen

6.2.1 Erziehungsstilforschung und Definition

Aus verschiedenen Forschungsrichtungen heraus haben sich Wissenschaftler und Pädagogen mit der Frage beschäftigt, wie sich das Verhalten des verantwortlichen Leiters einer ›Gruppe‹ auf das Verhalten der ihm anvertrauten Menschen auswirkt. Die entstandene Erziehungsstilforschung hat es sich zur Aufgabe gemacht, die ablaufenden Prozesse und somit eine optimale Erziehung zu beschreiben.

Gruppe → S. 364

Beispiele für Leitungsverhalten:
- Kitaleiterin Manja Tischler bittet ihre Kollegin, sich Gedanken zu machen, wie die Anwesenheitslisten in der Kita verbessert werden könnten.
- Der Leiter des Jugendhauses, Johann Francke, verbietet den Mitarbeitern, im Oktober Urlaub zu nehmen, und begründet seine Entscheidung nicht.
- Schulleiterin Julia Martin bleibt lieber im Büro und versucht, den Kollegen aus dem Weg zu gehen.

Abb. 6.2 und 6.3 Aus Untersuchungen zum Leitungsverhalten hat sich die Erziehungsstilforschung herausgebildet.

All diese Situationen haben gemeinsam, dass ein Mensch direkt die Umgebung eines anderen Menschen beeinflusst. In der Regel hat einer der beiden ›Interaktionspartner‹ die Gestaltungshoheit der Situation, d. h. einer der beiden Menschen darf bestimmen, was zu tun ist. Durch diese Tatsache ist es sehr interessant, sich das Verhalten und dessen Auswirkungen anzuschauen. Dieses Verhalten lässt sich in der Pädagogik auch als Erziehungsstil beschreiben.

Interaktion → S. 188

> Ein Erziehungsstil ist ein Muster von Einstellungen und Handlungsweisen, welche die Art der Interaktion von Eltern, Pädagogen usw. mit dem Kind oder Jugendlichen über eine Vielzahl von Situationen kennzeichnen.

Abb. 6.4 Kurt Lewin (1890–1947)

Gruppe → S. 364

6.2.2 Erziehungsstile nach Kurt Lewin

Als einer der ersten Forscher hat sich Kurt Lewin mit der Forschung zu gruppendynamischen Prozessen befasst und den Begriff „Gruppendynamik" sozusagen erfunden. Der im heutigen Polen geborenen Lewin wohnte lange Zeit in Deutschland, wo er auch studierte und später als Professor arbeitete. Mit Beginn der Naziherrschaft wanderte der jüdische Kurt Lewin in die USA aus, wo er zu einem der bekanntesten und einflussreichsten Psychologen der Welt aufstieg und 1947 auch verstarb. Seine Forschungsergebnisse zum Einfluss des Führungsverhaltens auf ›Gruppen‹ gelten bis heute als grundlegende Klassifizierung der Erziehungsstile.

Das beschriebene Experiment von Lewin, Lippitt und White führte zu erstaunlichen und bis heute sehr grundlegenden Ergebnissen. Vereinfacht dargestellt, sind folgende Dinge zu beobachten gewesen:

Forschungsstelle für Kinderfürsorge Iowa

Bericht Führungsstilexperiment

Mitarbeiter: Lewin, Kurt   Datum: 1937-1938
              Lippitt, Ronald   Dauer: 5 Monate,
              White, Ralph K.   eine Stunde pro Woche

Beschreibung des Experiments:
Es wurden vier Gruppen mit drei verschiedenen Arbeitsbedingungen (Setting) gebildet. Jede Gruppe bestand aus neun- bis zehnjährigen Kindern und einem Leiter. Aufgaben waren die Konstruktion von Modellflugzeugen, das Schnitzen von Seifen, das Basteln von Theatermasken und die Wandgestaltung.
Ein Setting wurde durch ihren Leiter sehr autoritär geführt. Der Leiter entschied alles, bestimmte wer wie und mit wem arbeiten sollte und lobte bzw. kritisierte einzelne Gruppenmitglieder ohne Begründung. Im Sozialverhalten wirkte er zurückgenommen und unpersönlich. Wann immer möglich, blieb er auf Abstand zur Gruppe.
Ein zweites Setting wurde durch den Leiter sehr demokratisch geführt. In dieser Gruppe wurden die Kinder an den Entscheidungen beteiligt und der Leiter integrierte sich Rat gebend aber nicht bevormundend in die Gruppe. Die Kinder konnten selbst entscheiden, mit wem sie zusammenarbeiten wollten.
Bei dem dritten Setting sollte der Leiter nach Möglichkeit gar nicht eingreifen (Laissez-faire, auf Deutsch: Lass sie machen). Er stellte die Aufgaben und das Material zur Verfügung und reagierte ausschließlich, wenn er durch die Kinder angesprochen wurde.
Während des Experiments wurden das Sozialverhalten und der Sprachgebrauch der Kinder untereinander beobachtet. Des Weiteren wurden Interviews mit den Kindern sowie deren Eltern geführt und Videoaufnahmen angefertigt.

Ergebnisse des Experiments:
Das Verhalten eines Kindes wird direkt durch die Art und Weise der Gruppenführung des Leiters und das Verhalten der anderen Kinder bestimmt. Hierzu zählen Handlungen die direkt auf die Gruppe bezogen sind (z. B. Anleitung), als auch Situationen, die sich nicht auf die Gruppe beziehen (z. B. Umgang der Teammitglieder untereinander).

Beobachtungs-gegenstand	Demokratisch geführte Gruppe	Autoritär geführte Gruppe	Laissez-Faire-geführte Gruppe
Reaktion der Kinder	angeregte Unterhaltungen, motiviertes Arbeiten, engagiert	wenig Lachen, Gespräche meist auf aktuelle Aufgaben beschränkt, Gespräche meist mit Leiter, lustloses und unterwürfiges Verhalten, untereinander aggressiv	wenige Kinder arbeiten, kaum Kooperation, die meisten toben oder spielen mit Holzpistolen, Gruppe ist gelangweilt und tendiert zu Aggressivität
Aufräumsituation	alle Kinder räumen am Ende des Treffens auf	alle Kinder räumen am Ende des Treffens auf	ein Junge räumt auf, der Rest nicht
Qualität	höchste Effizienz (d. h. optimale Verwendung der zur Verfügung stehenden Ressourcen)	die erschaffenen Produkte hatten die beste Qualität	nur wenig produziert, Produkte hatten geringe Qualität
Sprache	69 % objektive Sprache, 31 % ›egozentristische Sprache‹	27 % objektive Sprache, 73 % egozentristische Sprache, sechsmal mehr Befehle als in demokratisch geführten Gruppen	keine Angaben
Aggression	20 Handlungen je Treffen	30 Handlungen je Treffen	38 Handlungen je Treffen
Leiter verlässt den Raum	Gruppenmitglieder arbeiten weiter	Gruppenmitglieder stoppen ihre Arbeit	An- oder Abwesenheit des Leiters macht keinen Unterschied

Tab. 6.5 Ergebnisse aus dem Experiment zu Führungsstilen

egozentristische Sprache
Kinder haben vorwiegend über sich, ihre eigenen Bedürfnisse, Ideen und Belange gesprochen und sich nur auf sich konzentriert.

> **ZUM WEITERDENKEN** Welchen Einfluss hat das Verhalten der Pädagogen auf das Verhalten der Kinder und Jugendlichen? Der Kinderpfleger stellt eine wichtige Orientierung für die Kinder, die ihn umgeben, dar. Seine Anforderungen geben den Kindern Orientierung, sein Verhalten liefert den Kindern mögliche Strategien zur Erreichung ihrer Ziele. Bleiben diese Orientierungspunkte aus, kommt es zu Verunsicherung und eventuell auch zu aggressivem Verhalten.

Bezogen auf das pädagogische Handlungsfeld bezieht sich die Einordnung in die verschiedenen Erziehungsstile nicht nur auf das Verhalten gegenüber dem Kind, sondern auch auf den gesamten ›Habitus‹ der pädagogischen Fachkraft. Dies wird z. B. durch die Art und Weise der ›Teamarbeit‹ deutlich.

Habitus
Art und Weise, wie ein Mensch ist. Der Habitus wird durch das Verhalten sichtbar.
Teamarbeit → S. 203

> **BEISPIEL** Erzieherin Karina bittet Kinderpflegerin Ute nicht, sondern gibt ihr den Auftrag, mit den Kindern ins Bad zu gehen und dort Zähne zu putzen. Karina arbeitet nicht nur bei den Kollegen mit viel Kommandos, sondern auch bei der Arbeit mit den Kindern.

Lewin unterscheidet **drei grundsätzliche Erziehungs- bzw. Führungsstile**:

Demokratischer Führungsstil

- Regeln der Gruppe/Familie ergeben sich aus einer Diskussion zwischen den Gruppenmitgliedern. - Entscheidungen werden gemeinsam getroffen und dabei die Interessen des Kindes berücksichtigt. - Der Erziehende lobt und tadelt sachbezogen. - Bei Problemen hilft der Erziehende den Kindern in persönlichen Gesprächen, er fördert die Eigenaktivitäten. - Kinder werden als Partner behandelt, das Miteinander ist durch gegenseitiges Verständnis und Akzeptanz geprägt.	Kinderpfleger Tobias möchte mit der kleinen Alexandra auf den Spielplatz gehen. **Tobias:** „Zieh bitte deine Jacke an." **Alexandra:** „Warum?" **Tobias:** „Weil wir zum Spielplatz gehen und es draußen kalt ist." **Alexandra:** „Warum?" **Tobias:** „Weil du dich sonst erkältest und krank wirst." **Alexandra:** „Okay. Ich zieh sie an."

Auswirkung: Demokratisch geführte Gruppen zeigen ein sehr hohes Maß an schöpferischem und konstruktivem Verhalten. Die Atmosphäre zwischen den Kindern ist eher entspannt, freundlich und zufrieden. Es gibt kaum Außenseiter. Die Kinder beschäftigen sich auch selbstständig. Sie erhalten nicht nur vom Erziehenden Aufmerksamkeit und Anerkennung, sondern auch von anderen Kindern der Gruppe.

Autoritärer Führungsstil

- Der Erziehende lenkt und kontrolliert das Kind übermäßig. - Das Kind führt nur das aus, was der Erziehende vorgibt. - Beziehung zum Kind ist eher distanziert. - Eigeninitiativen des Kindes sind eher unerwünscht. - Es wird viel mit Tadel, Verboten, Drohungen oder sogar körperlichen Züchtigungen gearbeitet.	**Tobias:** „Zieh deine Jacke an." **Alexandra:** „Warum?" **Tobias:** „Zieh sie an!" **Alexandra:** „Warum denn?" **Tobias:** „Mach gefälligst, was ich dir sage!" **Alexandra:** „Ich will aber nicht." **Tobias:** „Zieh dich sofort an, sonst knallt's!"

Auswirkung: In autoritär geführten Gruppen herrscht eher ein aggressives, gereiztes und dominantes Verhalten. Aggressionen richten sich gegen Schwächere oder den Erziehenden. Häufig gibt es Außenseiter, die als „Sündenböcke" fungieren. Sobald Erziehende nicht anwesend sind, halten sich die Kinder nicht mehr an Anweisungen.

Laissez-faire-Stil

- Der Erziehende hält sich völlig zurück, sodass die Gruppe unbeeinflusst entscheidet; er bietet nur Materialien an, damit die Kinder selbstständig weiterarbeiten können. - Ergebnisse werden vom Erziehenden nicht kommentiert, es gibt weder Lob noch Tadel. - Die Beziehung zum Kind ist eher neutral und unpersönlich. - Das Kind kann grundsätzlich alles machen, was es will, es bestimmt selbst und ist selbst für sich verantwortlich. - Der Erziehende greift nur ein, wenn das Kind gefährdet ist.	**Tobias:** „Zieh deine Jacke an." **Alexandra:** „Warum?" **Tobias:** „Weil's einfach so ist." **Alexandra:** „Warum denn?" **Tobias:** „Ist mir egal. Mach's, wie du willst."

Auswirkung: Gruppen, die nach dem Laissez-faire-Stil geführt werden, werden bald regellos. Die Gruppenziele werden nicht konsequent verfolgt, da sich Kinder nicht einig werden. Die Beziehungen der Kinder untereinander sind eher gereizt und aggressiv, der Kontakt lose und instabil. Dem Erziehenden gegenüber verhalten sich die Kinder mal freundlich, mal hilfesuchend oder auch aggressiv.

Tab. 6.6 Führungsstile nach Lewin

6.2.3 Erziehungsstile nach Anne-Marie und Reinhard Tausch

Die beiden deutschen Wissenschaftler Anne-Marie und Reinhard Tausch forschten bereits in den 1960er Jahren zur Frage, wie sich das Verhalten des Erziehenden auf Kinder auswirkt. Dabei bauten sie auf den Ergebnissen von Kurt Lewin auf und ergänzten dessen Erkenntnisse. Gemeinsam veröffentliche das Ehepaar Tausch ein grundlegendes Standardwerk der Erziehungspsychologie.

Anne-Marie und Reinhard Tausch fanden zwei wesentliche Dimensionen pädagogischen Handeln heraus, welche sich auch gut mit den Erkenntnissen von Kurt Lewin vereinbaren lassen.

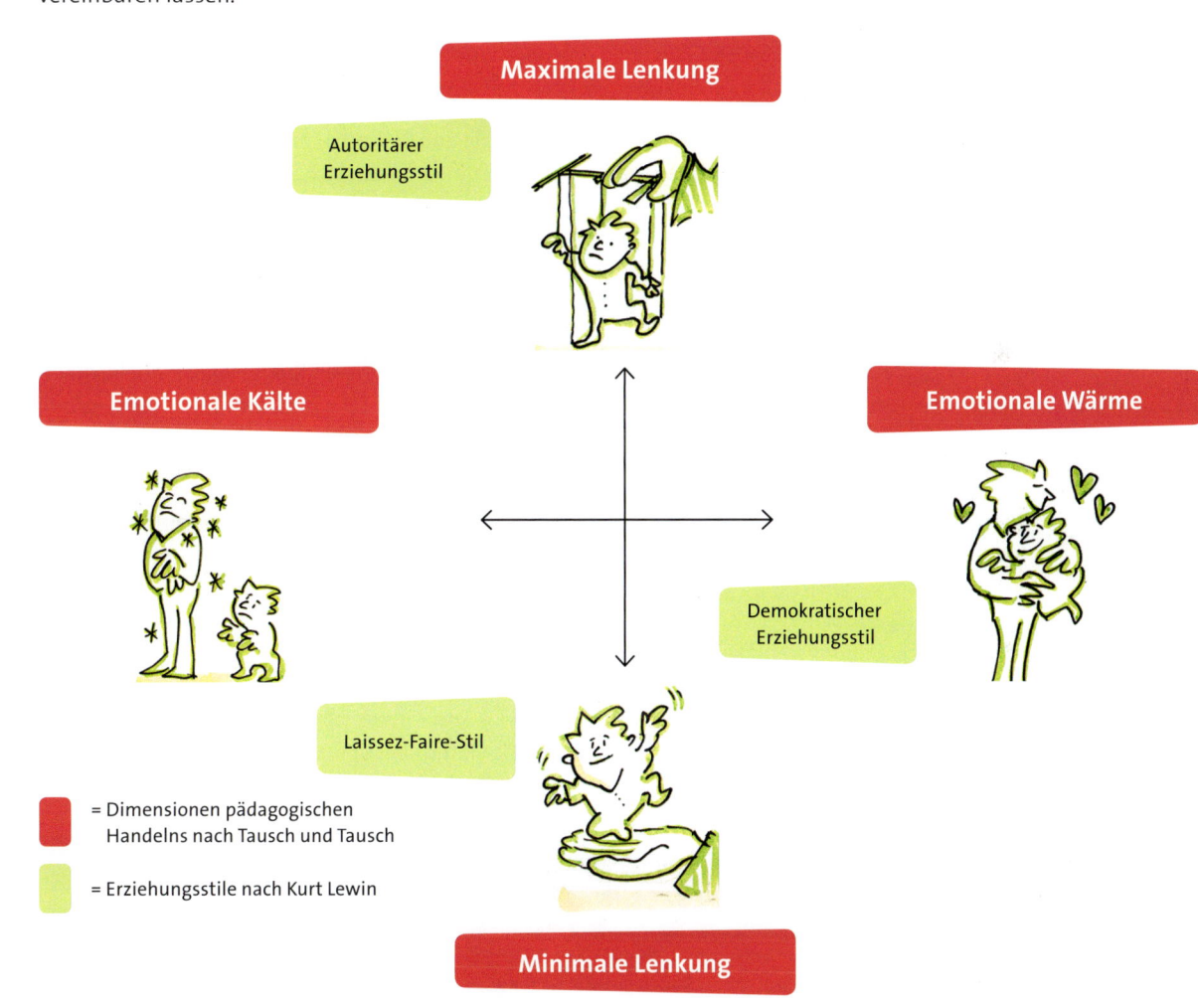

Abb. 6.7 Darstellung der Dimensionen des pädagogischen Handelns nach Tausch und Tausch sowie die Erziehungsstile von Kurt Lewin

Lenkung beschreibt das Maß, wie die pädagogische Fachkraft lenkend in Prozesse einwirkt und diese dadurch steuert. Maximal lenkende Fachkräfte geben Ideen, Lösungen und Handlungsweisen vor, bewerten und korrigierten Prozesse. Bei einer minimalen Lenkung erfolgt nahezu kein Eingriff durch die pädagogische Fachkraft. Die emotionale Dimension bezieht sich auf die Hinwendung des Erziehenden zum Kind: Ist die Fachkraft interessiert und liebevoll (warm) oder distanziert und abweisend (kalt)?

In den 1990er Jahren entwickelte das Ehepaar Tausch **vier neue Dimensionen**, wobei sich ihr erstes Modell bis heute in der Wissenschaft hält.

> **ZUM WEITERDENKEN** Der Schwerpunkt von Tausch und Tausch deckt sich auch mit den neuesten Erkenntnissen des neuseeländischen Bildungsforschers John Hattie, der alle Variablen für guten Unterricht (als eine Art pädagogischen Handelns in der Schule) untersuchte. Hattie fand in seinen Studien heraus, dass vor allem das Lehrerverhalten entscheidet, ob guter Unterricht stattfindet oder nicht. Tausch und Tausch nannten den Mitmenschen die wichtigste „Umweltbedingung" für das Individuum. Jede pädagogische Fachkraft muss sich ihrer besonderen Bedeutung für die sie umgebenden Kinder und Jugendlichen bewusst sein.

pädagogische Konzepte
→ S. 290

Konstruktivismus → S. 171

Wenn man die Erkenntnisse von Anne-Marie und Reinhard Tausch für die pädagogische Arbeit berücksichtigt, sollte die Frage nach der emotionalen Zuwendung und dem Grad der Kontrolle beantwortet werden. Eine ganze Zahl ›pädagogischer Konzepte‹ setzt sich vor allem mit der Frage nach Mitentscheidungsrecht, Selbstgestaltung, Freiwilligkeit und Offenheit von pädagogischen Prozessen auseinander. Zentrale Annahme ist, dass ›Konstruktion‹ Vorrang vor Instruktion (Anleitung durch den Pädagogen) hat. Während die Dimension der ‚Lenkung' also auch konzeptionell erfasst wird, bleibt die Frage nach dem Grad der emotionalen Zuwendung offen. Die meisten Kindertageseinrichtungen formulieren hierzu eher allgemeingültige Aussagen. Eine Abstimmung im Kollegium, wie viel Entscheidungsfreiheit den Kindern übertragen wird und wie professionelle Nähe und Distanz zu den Kindern gestaltet werden sollten, kann im täglichen Handeln allen Kollegen Handlungssicherheit verleihen.

6.2.4 Die fünf Säulen guter Erziehung nach Tschöpe-Scheffler

Homepage des Elternkurses „Starke Eltern – Starke Kinder":
www.sesk.de

Die Sozialwissenschaftlerin Sigrid Tschöpe-Scheffler entwickelte ein Konzept, um die Erziehungsfähigkeit der Eltern zu stärken. Dies erfolgte gemeinsam mit dem Elternkurs „Starke Eltern – Starke Kinder" des Deutschen Kinderschutzbundes und einer Forschergruppe an der Fachhochschule Köln.

Sie wollten damit die Verunsicherung der Eltern bezüglich ihres eigenen Erziehungsverhaltens verhindern bzw. lindern. Ergebnis war das Fünf-Säulen-Modell mit fünf Grundlagen einer guten Erziehung.

5 Säulen guter Erziehung

| Liebe und emotionale Wärme | Achtung und Respekt | Kooperation | Struktur und Verbindlichkeit | Allseitige Förderung |

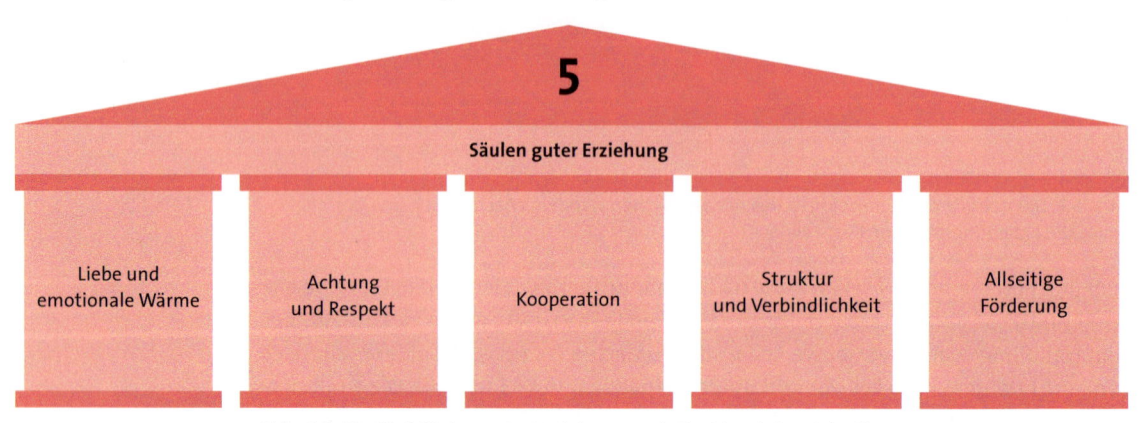

Abb. 6.8 Die fünf Säulen guter Erziehung nach Sigrid Tschöpe-Scheffler

Die fünf Säulen können folgendermaßen erläutert werden:

Liebe und emotionale Wärme	
Der Erziehende begegnet dem Kind wohlwollend und auf eine liebevolle Art. Zuwendung und emotionale Verbundenheit sind für die Erziehung der Kinder sehr förderlich.	Kinderpfleger Lasse sieht **Maria** und **Jörn** miteinander streiten. Als Maria weinend wegläuft, geht Lasse zu ihr, lächelt sie an und legt ihr tröstend die Hand auf die Schulter.
Achtung und Respekt	
Der Erziehende erkennt die individuelle Persönlichkeit des Kindes an. Er wendet sich dem Kind zu und wertschätzt es.	Kinderpflegerin Elli sieht, wie **Maria** allein in einer Ecke sitzt. Elli: „Maria, was ist los? Kann ich dir helfen." Maria: „Lass mich allein. Ich will für mich sein." Elli: „Bist du dir sicher?" Maria: „Ja, lass mich in Ruhe." Elli: „Ok."
Kooperation	
In einem wechselseitigen Miteinander werden Kinder und Erziehende mit ihren jeweiligen Bedürfnissen einbezogen. Entscheidungen werden miteinander besprochen und Kompromisse ausgehandelt. Ein Fehlverhalten oder eine Grenzüberschreitung darf sowohl vom Kind als auch den Erziehenden angesprochen werden.	Alle Kinder und die pädagogischen Fachkräfte sitzen zum Morgenkreis auf dem Teppich. Kinderpflegerin Johanna stellt ihr Angebot für den Vormittag vor. Einige Kinder äußern, dass sie lieber auf das Außengelände gehen würden. Johanna überlegt kurz, stimmt dann aber zu, weil sie keinen Grund sieht, diesen Wunsch zu verwehren.
Struktur und Verbindlichkeit	
Um allen Beteiligten eine klare Orientierung zu geben, werden verbindliche Regeln aufgestellt. Die Regeln sind kein Zeichen von übermäßiger Strenge, sondern signalisieren eine wertschätzende Fürsorglichkeit.	**Lisa** und **Max** spielen auf dem Bauteppich mit Malfarben. Kinderpfleger Leduan kommt zu ihnen und sagt: „Ihr wisst doch, dass wir mit den Farben nur am Tisch arbeiten. Bitte bringt die Farben weg oder malt mit ihnen am Tisch."
Allseitige Förderung	
Es ist die Aufgabe der Erziehenden, den Kindern einen umfangreichen Wissenserwerb zu ermöglichen. Da Kinder zu einem großen Teil selbstgesteuert lernen, muss die Umgebung viele Bildungsthemen und Erfahrungsmöglichkeiten bereithalten. Fragen der Kinder sollten durch die Erziehenden beantwortet werden.	Der kleine **Lauan** fragt Kinderpflegerin Conny beim Blick aus dem Fenster, warum Bäume eigentlich nicht umfallen. Daraufhin holt Conny ein Buch über den Wald und zeigt Lauan, was Wurzeln sind. Auf dem Außengelände schauen sie sich dann echte Wurzeln der Bäume an.

Tab. 6.9 Erklärungen und Beispiele zu den 5 Säulen guter Erziehung nach Tschöpe-Scheffler

Fünf Dimensionen ungünstiger Erziehung

Sigrid Tschöpe-Scheffler und ihre Studenten benannten neben den fünf Säulen, welche sich sehr förderlich auf die Erziehung der Kinder auswirken, auch fünf Dimensionen, welche sich als ungünstig erweisen.

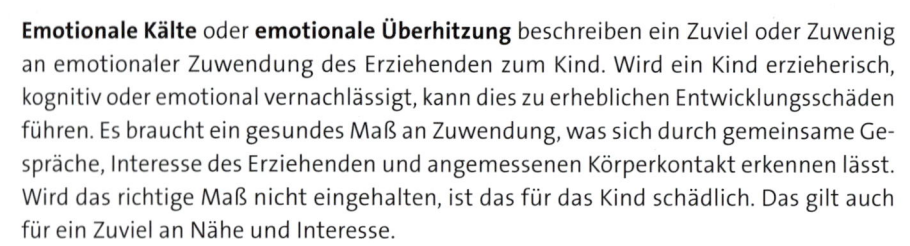

Emotionale Kälte oder **emotionale Überhitzung** beschreiben ein Zuviel oder Zuwenig an emotionaler Zuwendung des Erziehenden zum Kind. Wird ein Kind erzieherisch, kognitiv oder emotional vernachlässigt, kann dies zu erheblichen Entwicklungsschäden führen. Es braucht ein gesundes Maß an Zuwendung, was sich durch gemeinsame Gespräche, Interesse des Erziehenden und angemessenen Körperkontakt erkennen lässt. Wird das richtige Maß nicht eingehalten, ist das für das Kind schädlich. Das gilt auch für ein Zuviel an Nähe und Interesse.

Eine weitere Verhaltensweise, welche die Entwicklung des Kindes hemmt, ist die **Missachtung** des Erziehenden gegenüber dem Kind. Hierbei geht es, anders als bei der emotionalen Kälte, vor allem um eine Herabwürdigung des Kindes. Das Kind wird beleidigt, kleingemacht oder Opfer von Belustigung und Verhöhnung. Auch körperliche Gewalt ist ein Zeichen von Missachtung. Dieses Verhalten darf unter keinen Umständen geduldet werden.

Wenn der Erziehende immer bestimmt, was das Kind zu tun hat, dann beschreibt das Tschöpe-Scheffler als **Dirigismus**. Auch wenn das Kind eigentlich andere Bedürfnisse hat und diese unter Umständen sogar noch äußert, zählen nur die Meinung und die Handlungsanweisungen des Erziehenden.

Ähnlich wie beim ›Laissez-Faire-Erziehungsstil‹ stellen **Chaos** und **Beliebigkeit** extrem ungünstige Rahmenbedingungen für die kindliche Entwicklung dar. Wenn Eltern oder pädagogische Fachkräfte in ihren Aussagen sprunghaft und uneinheitlich sind, droht große Verunsicherung beim Kind. Kinder brauchen Leuchttürme im Tagesablauf und in der sie umgebenden Umwelt. An diesen Leuchttürmen orientieren sie sich und können Sicherheit gewinnen.

Einseitige (Über-)Förderung und **mangelnde Förderung** stellen für viele am Erziehungsprozess beteiligte Personen sicherlich eine große Schwierigkeit dar. Manche wollen ja wirklich nur das Beste für das jeweilige Kind, vergessen dabei aber, dass auch scheinbar unwichtige Bedürfnisse wie „chillen" oder „Freunde treffen" ihren Sinn haben. Eine Überforderung kann die Folge sein, wenn der Leistungsdruck steigt. Die Unterförderung hängt eng mit der Vernachlässigung und einem Desinteresse an der kindlichen Entwicklung zusammen. Es kann aber auch vorkommen, dass aus Unwissenheit heraus nur Teilbereiche des kindlichen Bildungsbedarfs berücksichtigt werden.

Laissez-Faire-Erziehungsstil
→ S. 317

> **ZUM WEITERDENKEN** Durch den gestiegenen Leistungsdruck in unserer Gesellschaft versuchen viele Eltern, ihre Kinder möglichst „perfekt" auf das Leben vorzubereiten: Montag Sport, Dienstag Geige, Mittwoch Reiten, Donnerstag Englisch für Kita-Kinder und Freitag wieder Sport. Diese Problematik macht deutlich, dass eine Orientierung für das gesunde Maß an Förderung schwer zu finden scheint. Außerdem treten Momente für selbstgesteuertes Lernen auf diese Weise in den Hintergrund.

6.3 Kinder beeinflussen den Erziehungsstil

Kinder sind Akteure, die ihre Umwelt aktiv mitgestalten. Das gilt für nahezu alle Bereiche ihres Lebens. Dadurch, dass sie auf unterschiedlichste Art und Weise ihre ›Bedürfnisse‹, ihr Ge- und Missfallen zum Ausdruck bringen, dass sie sich Lebensräume erschließen und versuchen, ihre Wünsche durchzusetzen, ist es wichtig, ihren Einfluss auf die Erziehungsstilistik der Eltern und pädagogischen Fachkräfte zu beleuchten.

Bedürfnis → S. 410

Eine wesentliche Bedingung für das Handeln der Eltern und pädagogischer Fachkräfte stellt das Temperament des Kindes dar. Auch wenn das Temperament der Kinder Reaktionen bei den Erziehenden auslöst, ist nicht klar, wie diese im Einzelnen aussehen. So kann ein und dieselbe Verhaltensweise des Kindes bei unterschiedlichen Erziehenden ganz gegensätzliche Reaktionen auslösen.

> **BEISPIEL** **Lisa (3;11)** äußert gegenüber ihrer Mutter kurz vor dem Abendessen den Wunsch, Nudeln mit Tomatensoße zu bekommen. Ihre Mutter kommt diesem Wunsch gerne nach, da sie keine Veranlassung darin sieht, Lisa den Wunsch zu versagen. In der Kita äußert Lisa den Wunsch, gern Nudeln zu essen. Kinderpflegerin Corinna antwortet darauf: „Du musst lernen, dass es nicht nur nach deinem Kopf geht. Hier kannst du nicht einfach sagen, was du essen willst, und bekommst das dann."

Der Psychologe Marcel Zentner hat auf Grundlage verschiedenster, zum Teil bis in die Antike zurückreichender Erkenntnisse über die Persönlichkeitsmerkmale folgende drei Haupttypen der Temperamentsausprägung herausgefiltert:

Impulsiv-unbeherrschte Kinder		
	• sehr aktiv und lebendig • impulsiv • fordernd/einnehmend • geringe Frustrationstoleranz	**Lisa (4;2)** tobt durch den Sandkasten und schreit laut nach Max, der gerade auf einer Bank sitzt. Als dieser nicht reagiert, läuft sie zu ihm und zieht ihn an einem Arm hinter sich her in den Sandkasten.
Gehemmt-überkontrollierte Kinder		
	• in Gruppen eher passiv • skeptisch bis argwöhnisch • geringes Selbstvertrauen • ängstlich • nur langsam anpassungsfähig	Auf einer Geburtstagsfeier sitzt **Anna-Marie (6;1)** zusammen mit Erwachsenen ganz still am Tisch. Auf Anfragen reagiert sie nur leise und in kurzen Sätzen. Sie lächelt den Ansprechpartner an. Sobald dieser sich aber abwendet, verschwindet auch das Lächeln aus Anna-Maries Gesicht.
Ich-starke Kinder		
	• aktiv und produktiv • belastbar • sozial verträglich • keine Scheu vor unbekannten Personen • hohe Anpassungsfähigkeit	**Tom (5;8)** sitzt auf dem Bauteppich und konstruiert. Als Kinderpfleger Christian ihn bittet beim Tischdecken zu helfen, schließt Tom sein Spiel in wenigen Handgriffen ab, ordnet, räumt kurz auf und geht fröhlich hinüber zum Servierwagen, wo schon das Geschirr bereitsteht.

Tab. 6.10 Haupttypen der Temperamentsausprägung nach Zentner

GRUNDLAGEN DER PÄDAGOGIK

Neben dem **Temperament des Kindes** hat natürlich auch seine individuelle Entwicklung eine entscheidende Bedeutung für das Erziehungshandeln der Eltern und Pädagogen. Ein Kind, das in seiner Entwicklung schon sehr weit gereift ist, kann natürlich auch schon an Entscheidungen beteiligt werden, die für Kinder seines Alters vielleicht unüblich sind. Hängt das Kind seiner Entwicklung womöglich hinterher, dann müssen die Erziehungsberechtigten unter Umständen Entscheidungen treffen, die das Kind eigentlich auch selbst hätte treffen können.

> **ZUM WEITERDENKEN** Die Ergebnisse der Temperamentsforschung relativieren stellenweise die Ergebnisse der Erziehungsstilforschung. Denn die Annahme, dass einige Persönlichkeitsmerkmale der Kinder schlichtweg angeboren sind, stellt die Wirkung der Erziehung infrage. Wenn ein Kind einen geringen Aktivierungsgrad hat, dann können die Eltern noch so demokratisch erziehen und trotzdem wird das Kind nur wenig aktiv teilhaben und mitentscheiden. Es muss also Ziel der Erziehenden sein, die Temperamentseigenschaften der Kinder zu kennen und ihr Erziehungsverhalten darauf abzustimmen. Oftmals empfinden wir aber ein aufgeschlossenes und aktives Kind als „einfacher" als ein sehr energisches oder sehr passives Kind. Sich darüber bewusst zu sein, muss eine Aufgabe aller pädagogischen Fachkräfte im Umgang mit Kindern sein.

Ökosystem
Lebensumwelt eines Lebewesens

Es sind auch ›ökosystemische Faktoren‹ zu nennen, die sich auf die Kinder auswirken. Diese Faktoren beschreiben all jene Dinge, die sich in der Umwelt des Kindes befinden und sich in irgendeiner Art und Weise auf das Kind auswirken. So ist es nur verständlich, dass ein Kind auch abends noch einen großen Bewegungsdrang hat, wenn es am Tag keinerlei Bewegungsraum hatte, weil das Außengelände Kindertageseinrichtung gerade gesperrt ist.

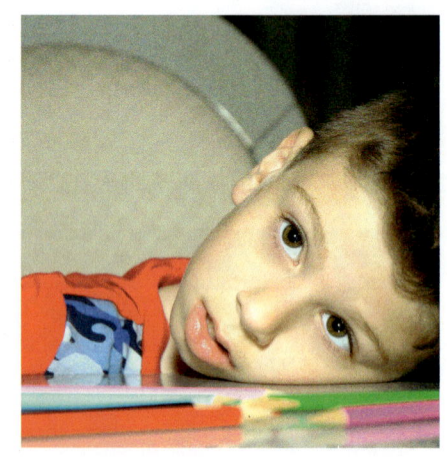

Abb. 6.11 und 6.12 Umweltfaktoren wirken sich auf das Verhalten des Kindes aus.

Bedürfnis → S. 410

Lernumgebung → S. 107

Abschließend sollten auch die ›Bedürfnisse des Kindes‹ das Erziehungshandeln beeinflussen. Kinder haben Wünsche und sind schon von frühester Kindheit an in der Lage, diese auf unterschiedlichste Art und Weise zu äußern. Die Eltern und pädagogischen Fachkräfte sollten darauf achten, dass je nach Bedarf des Kindes eine entsprechende ›Lernumgebung‹ für das Kind geschaffen wird. Dabei spielt der eingenommene Erziehungsstil auch in Bezug auf die persönlichen Bedürfnisse eine bedeutende Rolle.

Erziehungsstile und Bedürfnisse der Kinder

Autoritärer Stil: Die Erziehenden geben Angebote (z. B. kreatives Gestalten, Bewegungsangebot, gemeinsames Musizieren) vor und erwarten von den Kindern eine Teilnahme. Die Interessen der Kinder spielen dabei eine untergeordnete oder gar keine Rolle. Kinder, die nur widerwillig am Angebot teilnehmen, werden als störend oder aggressiv empfunden. Die Kinder werden durch die Erziehenden zurückgewiesen und kritisiert. Auch ein Ausschluss aus dem Angebot kann erfolgen. Ein solches Verhalten des Erziehenden wäre besonders ungünstig, da damit auch gleichzeitig ein Ausschluss aus der Gruppe erfolgen würde.

Fazit: Zwar wird hier die Funktionalität aller Kinder in einem Mindestmaß gewährleistet, aber die Wünsche der Kinder bleiben auf der Strecke. Die Kinder lernen zwar was, haben aber keine Möglichkeit, ihren eigenen Bildungsthemen nachzugehen.

Laissez-faire-Stil: Die Erziehenden geben nichts vor und die Kinder suchen sich selbst eine Beschäftigung. Jedes Kind kann seinen Bedürfnissen nachgehen, bekommt aber auch keinen „Schutzraum", in dem es sich ausprobieren kann. Es muss seine Bedürfnisse und Interessen durchsetzen und gegebenenfalls auch darauf verzichten.

Fazit: Die Freiheit eines Individuums endet dort, wo es die Freiheit eines anderen einschränkt. Dies kann aber beim Laissez-faire-Stil nicht garantiert werden. Hier herrschen die Prinzipien „Wer zuerst kommt, malt zuerst" oder „Der Stärkere hat recht". Zwar ist es sinnvoll, Kindern Raum für Ihre Bedürfnisse zu geben, wie dies z. B. bei ›offenen Konzepten‹ geschieht. Es braucht aber auch klare Regeln und Strukturen, damit alle Kinder zumindest einige ihrer Bedürfnisse erfüllen können.

Demokratischer Stil: Die Kinder werden nach ihrer Meinung gefragt und haben die Möglichkeit, ihre Wünsche und Bedürfnisse zu äußern. Diese werden dann in der Gruppe und unter Regeln der Gleichheit, Fairness und Toleranz umgesetzt.

Fazit: Nicht jedes Kind muss jeden Wunsch erfüllt bekommen. Kinder müssen auch lernen, ihre Bedürfnisse zurückzustecken. Aber Kinder sollten erfahren, dass dies nicht „einfach so" geschieht, sondern Ergebnis gründlicher Überlegungen und Abwägungen ist. Kinder sollen erfahren, das Rücksichtnahme für alle ein Gewinn ist und so jedes Kind früher oder später die Möglichkeit hat, Entscheidungen mitzuprägen. Diese Art, auf die Bedürfnisse der Kinder einzugehen, ist sicherlich die anstrengendste, wohl aber auch die wertvollste.

offenes Konzept → S. 303

> **Warum muss ich das für meinen Beruf wissen?**

Nachdem Sie sich nun mit verschiedenen Erziehungsstilen befasst haben, wissen Sie, dass jeder Mensch durch unterschiedliche Einflüsse in seinem Leben selbst eine bestimmte Art des Handelns bevorzugt. Es ist Ihre Aufgabe als Kinderpfleger, den eigenen Erziehungsstil zu reflektieren und zu überprüfen, ob Sie mit der Art und Weise, wie Sie Kinder erziehen, erfolgreich wirken können.

Durch Ihre Ausbildung wissen Sie, dass ein tolerantes und demokratisches Handeln Ihrerseits günstig, ja sogar erwünscht ist. Dabei geht es nicht darum, Kindern alles zu erlauben, sondern darum, zu überlegen, warum es nicht sinnvoll ist, Entscheidungen der Kinder zu überstimmen oder Regeln auf Biegen und Brechen durchzusetzen. Kinder brauchen Orientierung und Sicherheit. Klare Regeln und feste Strukturen ermöglichen es Kindern, sich in der Welt, die sie umgibt, zu orientieren. Beobachten Sie doch einmal ihre Kolleginnen und Kollegen wie diese ihre Erziehungsziele verfolgen und dabei trotzdem die Bedürfnisse der Kinder berücksichtigen und diese aktiv in demokratischen Strukturen an dem Prozess der Entscheidungsfindung teilhaben lassen.

7 ERZIEHUNG UNTER BESONDEREN BEDINGUNGEN

> **2. Mai**
>
> **09:43** Wann ist schwieriges Verhalten eigentlich eine Verhaltensstörung?
>
> **09:55** Wie geht man mit aggressiven Kindern um?
>
> **10:02** Was machen, wenn das Baby ständig schreit?

Behinderung → S. 441

Kinderpfleger begegnen in ihrem Arbeitsalltag immer wieder Kindern, die sich in ihrem Verhalten von Altersgenossen deutlich unterscheiden. Manchmal sind diese Unterschiede – wie bei schweren ›Behinderungen‹ – offensichtlich. Viel öfter fällt Kinderpflegern aber ein dem Alter nicht angemessenes Verhalten auf, das vielfältige Ursachen haben kann: die kurzzeitige Reaktion auf Erlebnisse oder neue Lebensumstände, eine besondere Begabung oder eine Entwicklungsstörung. In einer solchen Situation ist es Aufgabe des pädagogischen Teams, mögliche Belastungen frühzeitig zu erkennen und zusammen mit den Eltern darauf einzugehen, um das Kind erfolgreich zu fördern und einer Fehlentwicklung vorzubeugen.

7.1 Grundlegendes zu Verhaltensstörungen bei Kindern

Kinderpfleger erleben täglich Situationen, in denen sie das Verhalten der zu betreuenden Kinder an Grenzen kommen lässt. In Kindertageseinrichtungen bilden und erziehen pädagogische Fachkräfte unruhige, ängstliche, aggressive oder auch sozial isolierte Kinder. Sogenanntes herausforderndes Verhalten bei Kindern begegnet Kinderpflegern in Kindertagesstätten häufig. Ca. 10 % aller Kinder sind verhaltensauffällig oder zeigen sogar eine Verhaltensstörung.

> Bei herausforderndem Verhalten bei Kindern handelt es sich um auffälliges Verhalten oder Verhaltensstörungen.

Die häufigsten Verhaltensstörungen sind
- ›Ängste‹,
- ›Aggression‹ und
- die ›Aufmerksamkeitsdefizit-Hyperaktivitätsstörung (ADHS)‹.

Ängste → S. 333
Aggression → S. 338
ADHS → S. 342

Nicht immer sind Verhaltensstörungen deutlich sichtbar. Nach außen gerichtete Störungen wie ADHS werden schnell bemerkt, aber auch nach innen gerichtete Verhaltensauffälligkeiten, wie z. B. Ängste, erfordern das Handeln der Kinderpfleger. Pädagogische Fachkräfte haben mit Kindern zu tun, die andere Kinder angreifen, die nicht gehorchen oder die ihnen nicht in die Augen sehen können. Herausforderndes Verhalten wird oft als Problemverhalten bezeichnet, jedoch liegt nicht immer eine Verhaltensstörung vor. In Phasen ihrer ›Entwicklung‹ verhalten sich Kinder manchmal auffällig.

Wirklich originelles Verhalten!!

Nee: Abweichendes Verhalten.

Naja, interessantes Verhalten...

Wenn ihr mich fragt: Verhaltensgestört!!

Beobachtung → S. 59

Ob das pädagogische Fachpersonal aktiv werden muss und Maßnahmen ergreift, sollte durch sorgfältige ›Beobachtung‹ über einen längeren Zeitraum bestimmt werden. Unerkannte psychische Störungen im Kindesalter können später im Erwachsenenalter weitreichende Folgen haben. Kinderpfleger spielen daher eine wichtige Rolle, wenn es darum geht, solche Störungen möglichst frühzeitig zu erkennen.

Kinderpfleger sind jedoch weder Elternersatz noch Therapeuten und nicht alleinig für das körperliche und seelische Wohl der ihnen anvertrauten Kinder verantwortlich. Sie sind Teil des pädagogischen Teams, das die Eltern und die Kollegen mit einbezieht.

Abb. 7.1 Nach innen gerichtete Verhaltensauffälligkeiten sind nicht immer sichtbar.

III GRUNDLAGEN DER PÄDAGOGIK

7.1.1 Der Unterschied zwischen Verhaltensauffälligkeiten und Verhaltensstörungen

> **BEISPIEL** **Mounir (2)**, kann sich schwer von seinem Vater trennen. Verlässt dieser den Kindergarten, weint Mounir und lässt sich kaum beruhigen. Nur der Kinderpfleger Mirko kann ihn dann trösten.
> **Naomi (6;8)** fiel bereits in der Krippe durch eine verzögerte Sprachentwicklung auf. Noch heute kann sie nicht richtig sprechen und baut keinen Blickkontakt zu anderen Kindern oder den pädagogischen Fachkräften auf. Naomi wurde auf Empfehlung des Kindergartens und des Kinderarztes in der Einschulung ein Jahr zurückgestellt. Die Kontaktaufnahme zu anderen Kindern findet für eine erfolgreiche Einschulung noch zu wenig statt. Naomi liebt es, alleine zu spielen, dabei kann sie stundenlang ein Stofftier streicheln oder Bauklötze nach Farbe und Größe sortieren. Ihre Eltern machen sich große Sorgen, da Naomi so anders ist als andere Kinder.

Um voreilige Annahmen zu verhindern und jedes auffällige Verhalten als therapiebedürftig anzusehen, ist eine Klärung der Begriffe „auffälliges Verhalten" und „Verhaltensstörung" wichtig.
Ein **Verhalten** wird als **„auffällig"** bezeichnet, wenn es erheblich und dauerhaft von dem abweicht, was die meisten Menschen der Bezugsgruppe tun, empfinden oder erwarten.
Von einer **Verhaltensstörung** spricht man, wenn das auffallende Verhalten erheblich und dauerhaft von dem abweicht, was die meisten Menschen der Bezugsgruppe tun, empfinden oder erwarten. Es wird als unangenehm erlebt und der Betroffene ist dadurch in seiner Leistungsfähigkeit eingeschränkt. Der Betroffene leidet unter seiner Störung.

> **ZUM WEITERDENKEN** Es gibt in der Entwicklung von Kindern einige Phasen, die verhaltensauffällig scheinen, aber typisch für das jeweilige Alter und entwicklungsgemäß normal sind. Dies sind z. B. das ›Fremdeln‹, die ›Trotzphase‹ und die ›Pubertät‹. In diesen Entwicklungsphasen passiert es häufig, dass Eltern die Kinderpfleger verunsichert fragen: „Ist das noch mein Kind?", da ihnen die Verhaltensweisen des Kindes fremd sind. Diese Entwicklungsphasen müssen daher bei der Einschätzung von Verhalten berücksichtigt werden.

Fremdeln → S. 175
Trotzphase → S. 425
Pubertät → S. 121

Für die Verhaltensbeobachtung können folgende Checklisten ein guter Startpunkt sein. Es müssen alle Kriterien erfüllt sein:

Verhaltensauffälligkeit	• Weicht das Verhalten von dem ab, was erwartet wird? • Wird das Verhalten mehrmals gezeigt? • Weicht das Verhalten von dem ab, was die Bezugsgruppe zeigt?
Verhaltensstörung	• Weicht das Verhalten stark von dem ab, was erwartet wird? • Wird das Verhalten schon länger als drei Monate gezeigt? • Weicht das Verhalten erheblich von dem ab, was die Bezugsgruppe zeigt? • Finden die übrigen Kinder oder das pädagogische Personal das Verhalten störend oder lehnen sie das Kind deswegen ab? • Kann das Kind seinem Tagesablauf nicht nachgehen? • Kann das Kind Dinge, die es gerne tut oder die altersangemessen sind, nicht tun? • Leidet das Kind unter seinem Verhalten?

Tab. 7.2 Kriterien für Verhaltensauffälligkeiten und Verhaltensstörungen

Herausforderndes Verhalten als Anzeichen einer Verhaltensstörung muss vom pädagogischen Team beachtet und mit den Eltern besprochen werden. Das Verhalten des Kindes sollte von verschiedenen Personen über einen längeren Zeitraum hinweg in unterschiedlichen Situationen beobachtet werden. Über die ›Beobachtungen‹ werden ›Aufzeichnungen‹ geführt. Entscheidend ist auch, wie sich die Bezugsgruppe verhält, d. h. welches Verhalten die Kinder zeigen, die im gleichen Alter sind.

Beobachtung → S. 59
Dokumentation von Beobachtungen → S. 66

Das Erkennen einer Verhaltensstörung ist wichtig, da meist eine therapeutische Maßnahme notwendig ist. Es ist Aufgabe der Erzieher der Einrichtung, die Eltern auf ihre Beobachtungen hinzuweisen und eine Therapie anzusprechen. Das pädagogische Team wirkt unterstützend.

BEISPIEL **Julian (5)** wird im Morgenkreis ständig von der Kinderpflegerin Maria ermahnt, weil er nicht still sitzen kann, ohne sich zu melden hereinruft und aufsteht, um im Raum herumzuspringen. Maria überlegt zusammen mit dem Erzieher Dimitri, was die Ursachen für Julians störendes Verhalten sein könnten. Ob er unterfordert ist? Oder mag er Maria nicht? Die genannten Verhaltensweisen treten bei Dimitri bereits seit vielen Wochen auch in anderen Situationen auf. Die Kindergartengruppe, die untereinander ausgeglichen spielt, fühlt sich dadurch gestört. Kein Kind möchte mit Julian spielen, was diesen verärgert und auch traurig macht. Der Erzieher notiert die Beobachtungen und vereinbart mit den Eltern ein ›Entwicklungsgespräch‹.

Entwicklungsgespräch → S. 52

7.1.2 Ursachen von Verhaltensstörungen

Die Bandbreite von Verhaltensstörungen ist groß. Genauso vielfältig sind ihre Ursachen. Um Kindern helfen zu können, spielt die Ursachenklärung eine große Rolle. Sind den Kinderpflegern die Ursachen bewusst, können Sie das Kind daraufhin beobachten. Kinderpfleger verstehen das Kind in seiner Situation und sein Verhalten besser und sind in der Lage, das Verhalten positiv zu beeinflussen.

Beobachten Kinderpfleger auffälliges Verhalten, suchen sie nach Erklärungen. Eine gestörte Eltern-Kind-Beziehung als alleinigen Grund für eine Verhaltensstörung zu sehen mag zu einer schnellen Erklärung führen und ist alltagspsychologisch sehr beliebt, dabei werden jedoch viele andere mögliche Ursachen wie die Persönlichkeit und das Umfeld des Kindes außer Acht gelassen.

Die ›Lerntheorien‹ sind auch eine Möglichkeit, Verhaltensstörungen zu erklären, da Kinder viel von ihrer Umwelt lernen. Zur Umwelt gehören nicht nur die Eltern, die am häufigsten nachgeahmt werden, sondern auch das pädagogische Personal in Kindertageseinrichtungen. Oft spielen mehrere Faktoren zusammen, die sich gegenseitig verstärken und schließlich zu einer Verhaltensstörung führen.

Lerntheorien → S. 88

BEISPIEL Im Freispiel stößt **Jasper (6)** den Turm aus Bauklötzen von **Anna (6)** um. Sofort ist Anna in Wut und bewirft Jasper mit Bauklötzen. Anna sagt zum Erzieher Yusuff, ihre Mutter werfe auf ihren Vater doch auch Geschirr, Vasen und Besteck, warum sei ihr Verhalten falsch, wenn sie es mit Jasper genauso mache?

multifaktoriell
auf vielen Bereichen beruhend, z. B. Umwelt, Persönlichkeit, Gene

Multifaktorielles Modell als Erklärungsmodell für Verhaltensstörungen

Die Erkenntnisse über Ursachen von Verhaltensstörungen werden in verschiedenen Theorien über deren Entstehung zusammengefasst. Von Experten anerkannt ist das ›multifaktorielle‹ Modell. In diesem Modell werden mehrere Faktoren berücksichtigt, die zu einer Verhaltensstörung führen können. Verhaltensstörungen können ihren Ursprung im Umfeld des Kindes, seiner persönlichen Entwicklung oder im körperlichen Bereich haben.

Viele Therapeuten, Ärzte und Fachleute aus der psychologischen Forschung orientieren sich bei der Erklärung zur Entstehung psychischer Störungen an einem Modell, das unterschiedliche Faktoren berücksichtigt. Mittlerweile wird allgemein angenommen, dass mehrere Ursachen zusammentreffen müssen, damit sich eine Verhaltensstörung entwickelt.

Das multifaktorielle Modell nennt als Risikobereiche für Verhaltensstörungen:
- Umweltfaktoren
- Persönlichkeitsfaktoren
- biologische Faktoren

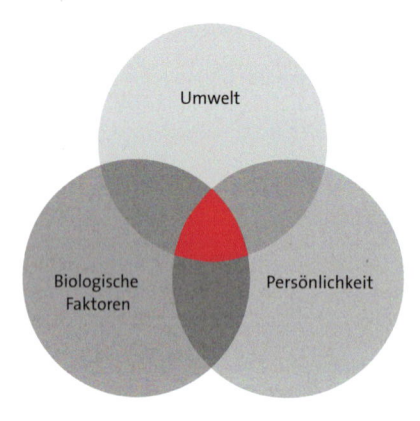

Oft treten diese Risikofaktoren gleichzeitig auf und steigern so die Wahrscheinlichkeit, dass sich eine Störung entwickelt. Ein auslösendes Ereignis wie z. B. der Verlust einer für das Kind wichtigen Bezugsperson wie Mutter oder Vater führt dann dazu, dass sich eine psychische Störung entwickelt. Risikofaktoren sind nicht nur für die Entstehung, sondern auch für die Aufrechterhaltung von Störungen verantwortlich.

Abb. 7.3 Treffen mehrere Faktoren aus den drei Risikobereichen zusammen, besteht eine erhöhte Gefahr für eine psychische Störung.

Risikofaktoren	Beispiele
Umweltfaktoren	- beengter Wohnraum - schlechte Wohnumgebung - ungünstiger Erziehungsstil - psychische Erkrankung der Eltern - Scheidung - Werte- und Normverlust
Persönlichkeitsfaktoren	- fehlende Selbstkontrolle - seelische Verletzungen durch Missbrauch, schweren Unfall u. Ä. - gestörte Eltern-Kind-Interaktion
Biologische Faktoren	- Gene - Hirnschädigung - Intelligenzminderung - Alkohol/Nikotin in der Schwangerschaft - niedriges Geburtsgewicht

Tab. 7.4 Risikofaktoren für Verhaltensstörungen

Umweltfaktoren als Risikofaktoren

Ereignisse, die eine Verhaltensstörung sichtbar werden lassen, liegen häufig im Bereich der Umwelt.

> **BEISPIEL** **Maike (8)** ist mit ihren Eltern vor drei Wochen aus München nach Köln gezogen. Hier besucht sie die zweite Klasse. In ihrer alten Schule war sie gut in den Klassenverband integriert. Seit einigen Tagen klagt sie morgens über Bauchweh und kann nicht in die Schule gehen. Als Frau Hartung, Maikes Mutter, bei der Klassenlehrerin nachfragt, berichtet diese, Maike habe mit den anderen Kindern wegen ihres bayerischen Dialektes Schwierigkeiten. Sie wird ausgelacht und in den Pausen vom Spielen ausgeschlossen.

Umweltfaktoren können psychische Faktoren wie schlechte Stimmung in einer Gruppe oder Leistungsdruck sein, genauso sind Umweltfaktoren wie Hitze oder beengter Wohnraum möglich.

Persönlichkeitsfaktoren als Risikofaktoren

Auch die Persönlichkeit des Betroffenen spielt eine wichtige Rolle. Ein reizbares Kind mit Aufmerksamkeitsproblemen hat ein erhöhtes Risiko, eine Verhaltensstörung zu entwickeln.

> **BEISPIEL** **Kamo (5;9)** war laut seiner Mutter schon als Säugling schwierig: Er schrie nächtelang ohne erkennbaren Grund und war schwer zu beruhigen. Lief im Krippenalter etwas nicht nach seinem Willen, schrie er, warf sich zu Boden und war stundenlang beleidigt. Als vor wenigen Monaten sein Bruder Elias auf die Welt gekommen ist, wurde die Lage für die ganze Familie fast unerträglich: Kamo hat sich gar nicht mehr unter Kontrolle, im Kindergarten streitet er häufig mit anderen Kindern, muss abgeholt werden, weil er vom Klettergerüst fällt, und überhört Anweisungen der pädagogischen Fachkräfte.

Biologische Faktoren als Risikofaktoren

Bereits das schwierige Temperament eines Säuglings kann ein frühes Anzeichen für eine spätere Verhaltensstörung sein. Eltern betroffener Kinder berichten oft, dass das Kind bereits als Säugling Schlafprobleme hatte und viel ›geschrien‹ hat. Biologische Faktoren sind meist mitverantwortlich für eine lange dauernde Therapie.
Daher werden auffällige Kinder vor dem Besuch bei einem Psychologen immer dem Kinderarzt vorgestellt. Dieser kann körperliche Ursachen feststellen und manchmal schnell Abhilfe schaffen.

Abb. 7.5 Exzessives Schreien im Säuglingsalter als mögliches frühes Anzeichen

exzessives Schreien ➔ *S. 348*

> **BEISPIEL** **Pablo (9)** stört ständig den Unterricht. Er sitzt in der letzten Reihe, von dort aus bewirft er die anderen Kinder mit Papierkügelchen statt von der Tafel abzuschreiben. Es fällt ihm schwer, ruhig zu sitzen. Im Sportunterricht weigert er sich, bei Ballspielen mitzumachen. Wegen seines störenden Verhaltens gab es bereits Gespräche mit der Schulleitung. Heute war Pablos Vater mit ihm beim Kinderarzt. Dieser hat eine Sehschwäche festgestellt. Pablo braucht eine Brille, damit er von der Tafel lesen und im Sportunterricht mitmachen kann.

Hat sich eine **Verhaltensstörung** entwickelt, kann sich diese durch weiterbestehende Risikofaktoren verfestigen.

> **BEISPIEL** Mounir (2) lebt seit einigen Wochen bei seinem Vater. Seine Mutter kümmerte sich kaum um ihn. Sein Vater arbeitet und hat wenig Zeit. Mounir hat ein starkes Rückzugsverhalten entwickelt. Er spricht kaum. Oft sitzt er stundenlang in einer Ecke des Zimmers und lutscht heftig an seinem Daumen.

Die Entstehung von Verhaltensstörungen lässt sich anhand des beschriebenen multifaktoriellen Modells erklären. Eine entscheidende Aussage dieses Modells ist, dass ein einzelner Risikofaktor nicht zu einer psychischen Störung führt. Es handelt sich immer um mehrere Risikofaktoren, die aufeinandertreffen. Auch wenn Risikofaktoren vorliegen, muss es nicht zwangsläufig zu einer Störung kommen. Liegen starke Schutzfaktoren vor, werden belastende Lebensereignisse trotz Risikofaktoren erfolgreich gemeistert.

Schutzfaktoren bewahren Kinder vor psychischen Störungen

Kinder verfügen über Schutzfaktoren, die ihnen bei der Bewältigung einer belastenden Situation helfen. Diese werden auch als ›protektive‹ Faktoren bezeichnet. Kinderpfleger können hier viel tun, indem sie die Schutzfaktoren aktivieren und stärken. Verfügt ein Kind über genügend Schutzfaktoren im Sinne von ›Resilienz‹, kann eine Störung trotz schwieriger Ausgangsbedingungen verhindert werden. Maßnahmen, um betroffenen Kindern zu helfen, setzen an den Risikofaktoren und insbesondere den Schutzfaktoren an. Risikofaktoren können von Kinderpflegern nur eingeschränkt beeinflusst werden. Dagegen spielen Kinderpfleger bei der Stärkung der Schutzfaktoren eine wesentliche Rolle. Kinderpfleger können hier viel Positives bewirken.

> Verhaltensauffälligkeiten sind oft eine Reaktion des Kindes auf eine ungünstige Umwelt. Es ist daher in vielen Fällen notwendig, diese Umwelt zu verändern. Kinderpfleger können dies meist nur in Zusammenarbeit mit den Eltern und ›externen‹ Experten erreichen. Eine große Bedeutung hat die Stärkung von Schutzfaktoren des Kindes.

protektiv
schützend
Resilienz → S. 146

extern
von außen kommend
hier: z. B. Psychologe, Erziehungsberatungsstelle

Familie: wertschätzende Kommunikation, Fürsorge, liebevolle körperliche Zuwendung

Umwelt: unterstützendes Netzwerk, positive Schulerfahrungen, gutes Wohnviertel

Person: Selbstbestimmung, soziale Kompetenz, Empathie, Problemlösefähigkeit

Abb. 7.6 Schutzfaktoren finden sich auf drei Ebenen: Person, Familie, Umwelt.

7.1.3 Verhaltenstipps zur Reaktion auf Verhaltensstörungen

Fällt ein Kind durch sein Verhalten wiederholt auf, ist das pädagogische Personal gefordert, darauf zu reagieren. Verhaltensstörungen sind vielfältig und zeigen sich in den unterschiedlichsten Situationen. Es gibt allgemeingültige Grundsätze, was im Umgang mit betroffenen Kindern zu beachten ist und wie Kinderpfleger auf dieses Verhalten reagieren können.

Empfohlene Reaktionen der Kinderpfleger bei Verhaltensstörungen
- Jedes Kind sollte in seiner Persönlichkeit wertgeschätzt und geachtet werden
- Vermeidung von ›Stigmatisierung‹
- Kritisches Nachdenken über eigene Einstellung und Reaktionen auf diese Kinder
- Regelmäßiger Austausch über Beobachtungen im pädagogischen Team
- Austausch mit den Eltern über das Verhalten im Kindergarten und zu Hause
- Absprachen mit den Eltern zu Reaktionen auf das gezeigte Verhalten, „an einem Strang ziehen"
- Zusammenarbeit mit externen Diensten wie Psychotherapeuten, Erziehungsberatungsstellen und Jugendamt
- Individuelle Förderung der Stärken dieser Kinder
- Ein Belohnungssystem für positive Verhaltensweisen einführen
- Klare Regeln mit konsequenter Achtung auf Einhaltung für alle Kinder helfen Kindern mit Verhaltensstörungen, sich an Regeln zu halten
- Kinderkonferenzen helfen, eine ›Perspektivübernahme‹ und soziales Lernen in der Gruppe zu ermöglichen

Stigmatisierung
jemanden in negativer Weise kennzeichnen

Perspektivübernahme
die Sichtweise von jemandem annehmen, sich in jemanden hineinversetzen

7.2 Ausgewählte Verhaltensstörungen

7.2.1 Ängste bei Kindern

Kinder haben schnell Angst, weil viele Situationen für sie ungewohnt sind und sie ständig Neues verarbeiten müssen. Angst zu empfinden, wenn etwas fremd ist, ist normal. Schwierig wird es, wenn die Angst das Kind in seiner Entwicklung behindert. Angst an sich ist nicht krankhaft. Sie ist ein Schutzmechanismus des Menschen, der ihn auf Gefahrensituationen hinweist und hilft, diese zu vermeiden oder sich Strategien anzueignen, wie sie bewältigt werden können.

Was Menschen Angst macht, ist von Mensch zu Mensch sehr verschieden.

Abb. 7.7 In neuen Situationen sind Kinder häufig sehr ängstlich.

Die **Stärke der Angst** unterscheidet sich zwischen Personen. Ein Ereignis, über das sich der eine freut, versetzt einen anderen in Panik.

> **BEISPIEL** Tobias (2) begleitet seinen Vater zum ersten Mal auf den Ponyhof, um seine große Schwester Anna vom Reitunterricht abzuholen. Voller Begeisterung nimmt Anna ihrem Vater Tobias ab und setzt ihren Bruder auf ihr Lieblingspony. Tobias wehrt sich, schreit, weint und ruft mit tränenerstickter Stimme nach seinem Papa.

> Angst wird durch Situationen ausgelöst, die der Mensch als bedrohlich und unkontrollierbar einschätzt. Angst äußert sich in körperlichen Reaktionen, in Denkprozessen und im Verhalten.

Symptom
Kennzeichen, Merkmal

Angst zeigt sich auf verschieden Ebenen und damit gehen bestimmte ›Symptome‹ einher.

Psychische Ebene	Körperliche Ebene	Verhaltensebene
▪ Missstimmung ▪ Hoffnungslosigkeit ▪ Wut	▪ Schwitzen ▪ Herzklopfen ▪ Einnässen	▪ Weglaufen ▪ Weinen ▪ Erstarren

Tab. 7.8 Ebenen der Angst

Ängste kommen im Kindes- und Jugendalter häufig vor. Die Inhalte sind altersabhängig.

Trennungsangst — Kindergartenkind; Leistungsangst — Erstklässler; generalisierte Angst — Viertklässler; soziale Angst — Jugendlicher

Ängste von Kindern sind abhängig von ihrem Alter und Entwicklungsstand

Trennungsangst

Hat ein Kind Trennungsangst, ist die Angst sehr groß, von seiner engsten Bezugsperson getrennt zu werden. Oft ist das die Mutter. In gewissem Umfang weint jedes Kind oder klammert sich an, wenn es im Kindergarten fremd ist und die Mutter geht. Sind diese Symptome sehr stark und halten sie über die Eingewöhnungsphase hinweg an, wird von Trennungsangst gesprochen. Tritt Trennungsangst im Zusammenhang mit dem Schulbesuch auf, wird sie als ›Schulphobie‹ bezeichnet.

Phobie
starker Wunsch, eine gefürchtete Situation zu vermeiden, z. B. Angst vor Dunkelheit, Spinnen oder Hunden

Häufig treten bei Trennungsangst auch Symptome auf verschiedenen Ebenen auf:

Psychische Ebene	Körperliche Ebene	Verhaltensebene
▪ extreme Angst ▪ Wutausbrüche	▪ Bauchweh ▪ Übelkeit ▪ Kopfschmerz	▪ Anklammern ▪ Weinen

Tab. 7.9 Symptome bei Trennungsangst

Ursächlich können Trennungserfahrungen in der Vergangenheit zugrunde liegen. Meist ist jedoch eine Bezugsperson die Ursache, die sich nicht von ihrem Kind trennen kann. Hier sind überwiegend Mütter betroffen. Auch ein überbehütender ›Erziehungsstil‹ kann die Ursache sein. Dies anzusprechen, erfordert viel Fingerspitzengefühl und sollte durch eine erfahrene pädagogische Fachkraft erfolgen.

Es gibt verschiedene Handlungsmöglichkeiten und Aufgaben für Kinderpfleger:
- die Trennung schrittweise herbeiführen
- Rituale einführen: ein Abschiedsritual hilft, z. B. darf das Kind sich an ein Fenster stellen und der Mutter noch einmal zuwinken
- durch ein Spiel oder Bilderbuch ablenken, wenn die Mutter geht
- in der Trennungssituation besonders viel Zuwendung geben

Abb. 7.10 Der Mutter noch einmal zuzuwinken kann den Trennungsschmerz lindern.

Erziehungsstil → S. 312

Schul- und Prüfungsangst

Der Psychologe Manfred Döpfner beschreibt in einer Studie, dass 14 % aller Schüler in Deutschland aus Angst vor schlechten Noten nicht in die Schule gehen. Diese Schulangst, genauso wie Prüfungsangst und Schulschwänzen, führt im schlimmsten Fall dazu, dass Kinder die Schule ohne Abschluss verlassen.

Schulangst	- Angst vor Versagen in Prüfungen - Angst vor Kränkungen durch Lehrer oder Mitschüler
Prüfungsangst	- in der mündlichen oder schriftlichen Prüfungssituation kann Wissen trotz guter Vorbereitung nicht präsentiert werden
Schulschwänzen	- keine Lust auf Schule - Freizeit wird bevorzugt

Tab. 7.11 Gegenüberstellung von Schulangst, Prüfungsangst und Schulschwänzen

Abb. 7.12 Viele Schüler haben Angst vor der Schule.

> **BEISPIEL** Aische ist Praktikantin im Hort „Zur schönen Aussicht", den **Jorathe (7;8)** besucht. Gestern kam Jorathes Mutter, Frau Pawelec, auf sie zu und fragte sie, was mit ihrer Tochter los ist. Obwohl sie immer gut lernt, hat sie nur schlechte Noten. Jorathe erzählt Aische, dass in der letzten Prüfung ihr Kopf wieder völlig leer gewesen ist. Dass sie schweißnasse Hände hatte und ihr Herz wie verrückt geklopft hat, war auch keine Hilfe. Frau Pawelec fragt Aische, wie sie ihrer Tochter helfen kann.

GRUNDLAGEN DER PÄDAGOGIK

Prüfungsangst kann in schriftlichen und mündlichen Prüfungen vorkommen. Dafür verantwortlich ist ein Teufelskreis aus Misserfolg und negativen Gedanken. Der Teufelskreis der Prüfungsangst kann an jedem Folgepfeil durchbrochen werden. Ein Therapeut für Kinder- und Jugendliche kann betroffenen Kindern innerhalb weniger Termine die Prüfungsangst nehmen. Inhalt ist beispielsweise das Erlernen von Entspannungsübungen, um in der Prüfungssituation gegen die Angst anzukommen.

Angst in der Prüfung, körperliche Aufregung → Misserfolg → Negative Gedanken, „ich bin dumm" ← Hoher Anspruch der Eltern/des Kindes, Wissensdefizite, negative Vorerfahrungen → Keine Motivation bei der Vorbereitung → Keine Lerntechniken → Wissensdefizite, negative Vorerfahrungen →

Abb. 7.13 Teufelskreis Prüfungsangst

Entspannungsübungen:
www.tk.de/tk/medizin-undgesundheit/stress/enstpannungstechniken/36170

Lernstrategien → S. 103

multifaktorielles Modell → S. 330

Es gibt verschiedene Handlungsmöglichkeiten und Aufgaben für Kinderpfleger:
- gute Noten mit günstigen ›Lernstrategien‹ und guten Arbeitstechniken begründen
- schlechte Noten nicht auf mangelnde Begabung, sondern auf falsches Lernen zurückführen
- Erfolge betonen
- schulisches Selbstbild positiv bestärken, z. B. das ordentliche Führen von Heften loben
- Lerntechniken einüben, z. B. angemessene Pausen beim Lernen
- im pädagogischen Team und der Erziehungspartnerschaft mit den Eltern den Einbezug eines Therapeuten anregen

Soziale Angst

Soziale Angst tritt vor allem im Jugendalter auf, da soziale Situationen wie Sprechen in der Öffentlichkeit in diesem Alter zunehmen. Die Angst, vor anderen sprechen zu müssen und bewertet zu werden, wird von Herzklopfen, Zittern oder Übelkeit begleitet. Aber bereits Kindergartenkinder können Symptome zeigen. Betroffene versuchen, solche Situationen zu vermeiden und isolieren sich dadurch von Gleichaltrigen.

Die Entstehung ist ›multifaktoriell‹ bedingt. Eine Beteiligung der Gene konnte nachgewiesen werden: Meist haben die Eltern des Kindes bereits Probleme. Ähnliche negative Verhaltensweisen in der Familie und Erlebnisse in der Schule treten als Umweltfaktoren auf, die zur Entstehung beitragen. Erfolgt keine Behandlung, neigt die soziale Angst dazu, lange bestehen zu bleiben oder immer wiederzukehren.

Abb. 7.14 Das Sprechen vor anderen macht vor allem Jugendlichen Angst.

Die soziale Angst sollte nicht mit dem ›Fremdeln‹ verwechselt werden.

Fremdeln → S. 175

Es gibt verschiedene Handlungsmöglichkeiten und Aufgaben für Kinderpfleger:
- Misserfolge in sozialen Situationen wie Theateraufführungen nicht auf mangelnde Fähigkeiten, sondern auf zu große Aufregung zurückführen
- bereits Teilerfolge loben
- regelmäßige Entspannungsphasen in den Alltag der Kinder und Jugendlichen einplanen
- im pädagogischen Team den Einbezug eines Therapeuten anregen

> **ZUM WEITERDENKEN** Betroffenen Kindern hilft oft ein Entspannungsverfahren, z. B. die ›Progressive Muskelentspannung‹, entwickelt von dem Arzt Edmund Jacobson. Durch die erlernte Technik kann das Kind die Situation dann meist ertragen.

Progressive Muskelentspannung
Entspannung durch intensive Muskelan- und entspannung. Der Entspannungszustand kann bei regelmäßigem Üben auch in schwierigen Situationen herbeigeführt werden.

Generalisierte Angst

Eine ›generalisierte‹ Angst heißt, Angst zu haben vor allem und jedem. Bei der generalisierten Angst wird alles als bedrohlich empfunden. Die Angst zeigt sich in körperlichen Zeichen wie Zittern und Schwindel, Zukunftsängsten und Konzentrationsproblemen. Als Ursachen werden Ängste in der Familie, Depressionen und ›traumatische‹ Ereignisse angenommen. Da die Angst nicht an bestimmte Situationen gebunden ist, kann keine situationsspezifische Behandlung stattfinden. Bei einer Angst vor Hunden kann speziell die Begegnung mit einem Hund trainiert werden, was bei der generalisierten Angst nicht möglich ist, da die Person in vielen verschiedenen Situationen Angst hat. Die Prognose ist unterschiedlich: Angstfreie Zeiten wechseln mit Angstzuständen ab.

generalisiert
alles betreffend

traumatisch
seelisch verletzend, z. B. Tod der Eltern

Es gibt verschiedene Handlungsmöglichkeiten und Aufgaben für Kinderpfleger:
- dem Kind in der Situation Zuwendung geben und Sicherheit vermitteln
- bwereits Teilerfolge loben
- regelmäßige Entspannungsphasen in den Alltag der Kinder einplanen
- im pädagogischen Team den Einbezug eines Therapeuten anregen

> **ZUM WEITERDENKEN** Im Laufe ihres Lebens leiden 18 % aller Deutschen mindestens einmal an einer Depression. Lange Zeit wurde die Depression als persönliche Schwäche angesehen, tatsächlich ist es eine Stoffwechselstörung im Gehirn, die Gedanken, Gefühle, Verhalten und die körperliche Gesundheit beeinflusst. Im Jugendalter sind Depressionen besonders häufig. Selten leiden bereits Kinder an einer Depression. Depressionen bei Kindern werden oft übersehen, da sie ihre tiefe Traurigkeit nicht in Worten ausdrücken können. Umso wichtiger ist es daher, dass Kinderpfleger bei Kindern auch daran denken, dass Rückzugsverhalten, Essensverweigerung oder ungewohnt aggressivem Verhalten eine Depression zugrunde liegen könnte.

> Kinderpfleger sollten reagieren, wenn die Angst auffallend stark ist, die Angstinhalte ungewöhnlich sind, die Reaktion im Verhältnis zur Situation übertrieben ist oder das Kind in seinem Tagesablauf gestört wird.

7.2.2 Aggression bei Kindern

BEISPIEL 7:45 Uhr, die Zeit zum Umziehen für den Sportunterricht wird knapp. Einige der Kinder der 3. Klasse toben schon in der Sporthalle, während **Pablo (9)** und **Murat (8;5)** sich in der Umkleide am Boden wälzen. Beide beanspruchen dieselbe Bank zum Umziehen. Die beiden Jungen treten nacheinander und versuchen, sich gegenseitig zu schlagen.

> Aggressives Verhalten ist eine bewusste Handlung, die darauf abzielt, eine Person oder Sache zu schädigen. Massive Ausdrucksformen der Aggression werden als Gewalt bezeichnet.

Kinder mit aggressivem Verhalten machen es ihrer Umwelt nicht leicht. Bezugspersonen fühlen sich durch das Verhalten herausgefordert und laufen Gefahr, mit Strafe zu reagieren und negative Gefühle gegenüber dem Kind zu entwickeln.

Allgemein zeigen Jungen doppelt so häufig aggressive Verhaltensweisen wie Mädchen. Zu bedenken ist, dass aggressives Verhalten von Mädchen schwieriger zu beobachten ist, da es mehr verbal und verdeckt ausgelebt wird.

Aggressives Verhalten hat auch negative Auswirkungen auf die Kinder und ihre Umwelt: Betroffene Kinder haben aufgrund ihres Verhaltens weniger Freunde und werden von anderen Kindern abgelehnt.

ZUM WEITERDENKEN Aggressives Verhalten ist bei Kindern häufig. Es nimmt bis zur ›Pubertät‹ von 3 % auf 8 % zu. Besonders um das elfte Lebensjahr herum treten Aggressionen auf. Dieses herausfordernde Verhalten stellt den häufigsten Grund dar, bei Kindern und Jugendlichen eine psychologische Hilfe in Anspruch zu nehmen.

Pubertät → S. 121

Vandalismus
absichtliches Zerstören von fremdem Eigentum

Abb. 7.15 Beispiele für aggressives Verhalten (Lügen, Diebstahl, Widerstand gegen Autoritätspersonen, Aggressives Verhalten, Erpressung, Körperliche Gewalt, ›Vandalismus‹)

Ursachen von aggressivem Verhalten bei Kindern
Viele Wissenschaftler haben die Ursachen von aggressivem Verhalten untersucht. Eine wichtige Erkenntnis ist, dass genetische Faktoren beteiligt sind und im Lauf des Lebens Erlerntes, z. B. bei ›Bestrafungen‹, eine Rolle spielt.

Bestrafung → S. 97

> Einen entscheidenden Einfluss auf das Verhalten von Kindern hat deren familiäres und soziales Umfeld. Kinder übernehmen von ihren Eltern bestimmte Verhaltensmuster. Erreicht das Kind durch seine aggressiven Handlungen sein Ziel, stabilisiert sich das Verhalten.

BEISPIEL Franz (9) macht häufig seine Hausaufgaben nicht. Da er größer und stärker ist als viele seiner Mitschüler, erpresst er sie, ihn die Hausaufgaben abschreiben zu lassen. Gibt ihm jemand die Hausaufgaben nicht, macht er Fahrräder kaputt, lässt Schulsachen verschwinden oder verprügelt denjenigen auf dem Heimweg. So erreicht er meist sein Ziel und fährt mit diesem Verhalten fort.

Kinder merken an den Reaktionen ihrer Umwelt schnell, dass sie mit aggressivem Verhalten einiges erreichen können. Durch Toben oder Schreien werden Kinder von Pflichten befreit, da es anstrengend ist, sich mit ihnen auseinanderzusetzen. Auch wenn sie unangenehme Situationen nicht vermeiden können, haben sie doch zumindest die ganze Aufmerksamkeit der Umwelt.

Aggressives Verhalten wird nach dem ›multifaktoriellen Modell‹ auch als Ergebnis mehrerer Risikofaktoren aufgefasst. Der Ursprung kann schon im Säuglingsalter liegen. Oft wird von den Eltern betroffener Kinder ein schwieriges Temperament als Säugling mit hektischem Verhalten und viel Schreien beschrieben. Die Eltern reagieren ablehnend und aggressiv, da sie überfordert sind. Durch einen autoritären Erziehungsstil, oft mit körperlicher Bestrafung, versuchen Eltern dann, ihre Kinder zu angepassten Personen zu erziehen.

multifaktorielles Modell
→ S. 330

Biologische Faktoren	- männliches Geschlecht - eingeschränkte Sinnesorgane - niedrige Intelligenz
Umweltfaktoren	- mütterliche Depression - Eltern mit antisozialem Verhalten - ungenügende Aufsicht durch die Eltern - ›autoritärer Erziehungsstil‹ - Gewalterfahrung - Uneinigkeit der Eltern in der Erziehung - beengter Wohnraum, schlechte Wohnumgebung - Arbeitslosigkeit der Eltern
Persönlichkeitsfaktoren	- geringe soziale Fertigkeiten - fehlende Selbstkontrolle - ADHS - Trotzverhalten - schwieriges Temperament - gestörte Eltern-Kind-Interaktion

autoritärer Erziehungsstil
→ S. 317

Tab. 7.16 Risikofaktoren für aggressives Verhalten

Trotz vorhandener **Risikofaktoren** können sich Kinder normal entwickeln, wenn ausreichend starke Schutzfaktoren vorhanden sind. Verfügt das Kind z. B. über ein hohes Selbstwertgefühl, das stabil vorhanden ist, ist es ausgeglichener und zufriedener. Die Notwendigkeit aggressiver Handlungen nimmt ab. Gute Schulleistungen verstärken dieses Gefühl, dadurch empfindet das Kind weniger Stress.

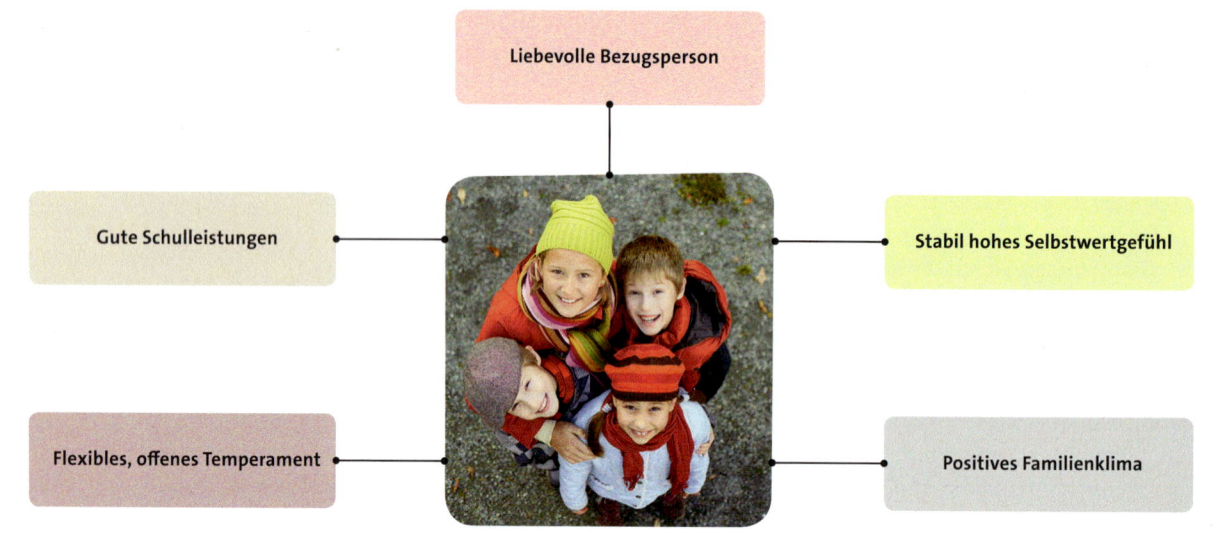

Abb. 7.17 Schutzfaktoren von Kindern, die trotz vorhandener Risikofaktoren keine aggressive Verhaltensstörung entwickeln

Mit steigendem Alter nehmen die Probleme zu. Aggressives Verhalten in der Kindheit kann im Jugendalter zu Straffälligkeit führen, daher ist ein frühes Eingreifen wichtig.

Abb. 7.18 Kinderpfleger können den Kreislauf der Aggression an jedem Punkt unterbrechen.

Tab. 7.19 Handlungsmöglichkeiten im Teufelskreis zwischen Aggression und Ablehnung

Teufelskreis zwischen Aggression und Ablehnung	Handlungsmöglichkeiten und Aufgaben der Kinderpfleger
Kind wird ermahnt, kritisiert und bestraft	Statt das Kind zu ermahnen und zu kritisieren, erklären Kinderpfleger dem Kind, wie es der geschädigten Person geht. Das Kind wird nicht vor der Gruppe zurechtgewiesen. Dem Kind werden Konsequenzen erklärt, falls aggressives Verhalten wieder gezeigt wird. Diese Konsequenzen werden direkt nach einem aggressiven Verhalten umgesetzt, sie sollten in Bezug zum Verhalten stehen, z. B. einer Wiedergutmachung. Das Kind wird für positive Verhaltensweisen belohnt.
Kind wird von der Gruppe ausgeschlossen	Das Kind wird bewusst in die Gruppe integriert. Es werden verstärkt Teamspiele gemacht. Kinderpfleger ermutigen aggressive Kinder, in der Gruppe positiv aktiv zu werden. Dem Kind können in der Gruppe angesehene Aufgaben übertragen werden, um seine Position zu stärken.
Kind fühlt sich nicht angenommen	Aggressive Kinder haben oft eine verzerrte Selbstwahrnehmung. Um Einfühlungsvermögen zu lernen, eignen sich Rollenspiele, auch mithilfe von Puppen oder Stofftieren. Die Kinderpfleger führen mit dem Kind einen ›Perspektivwechsel‹ durch, damit das aggressive Kind weiß, wie es den anderen Kindern geht. Sie binden dafür andere Kinder in das Gespräch mit ein oder lesen mit dem aggressiven Kind Bilderbücher zum Thema.
Kind entwickelt negative Gefühle und Gedanken	Aggressive Kinder neigen dazu, anderen Personen negative Absichten zu unterstellen. Je mehr sich Kinder bedroht fühlen, desto stärker nehmen sie negative Absichten bei anderen an. Kinderpfleger können hier erklärend eingreifen. Sie helfen dem Kind, über seine Bedürfnisse zu sprechen und Vereinbarungen zu treffen. Soziale Situationen können so gewaltfrei geklärt werden. Aggressive Kinder verfügen oft über keine andere Problemlösestrategie als die der Aggression.
Kind zeigt aggressives Verhalten	Kinderpfleger erklären dem Kind mit aggressivem Verhalten, dass sein Verhalten als Angriff gewertet wird und nicht als notwendige Verteidigung seiner Interessen. Kinderpfleger helfen, Bedürfnisse auszusprechen. Sie bieten dem Kind und seinen Eltern Hilfe an, dieses Verhalten zu unterlassen.

Perspektivwechsel
die Sichtweise von jemandem annehmen, sich in jemanden hineinversetzen

Es ist wichtig, zwischen einem entwicklungsgemäßen Verhalten wie Trotzphase oder Pubertät und einem bewusst aggressiven Verhalten zu unterscheiden. Bei aggressivem Verhalten, das wiederholt über einen längeren Zeitraum auftritt, vom Verhalten der Gleichaltrigen stark abweicht und Umwelt und Kind beeinträchtigt, sollten die Eltern das Kind von einem Facharzt für Kinder- und Jugendpsychiatrie untersuchen lassen. Angesprochen wird dies in einem Elterngespräch von Erziehern der Einrichtung.

Abb. 7.20 Es ist wichtig, seine Beobachtungen mit Kollegen zu besprechen.

7.2.3 Kinder mit ADHS

> **BEISPIEL** Die Kinderpflegerin Svetlana sitzt mit einer kleinen Gruppe im Stuhlkreis und liest ein Buch vor. Nach einer Minute steht **Julian (5;2)** von seinem Stuhl auf und läuft herum. Svetlana unterbricht und bittet Julian, sich hinzusetzen. Julian hört ihr nicht zu, sondern spielt mit dem Matchboxauto, das er im Regal neben seinem Stuhl gesehen hat. Erst als Svetlana Julian das Auto wegnimmt, kann die Geschichte weitergehen. Ein paar Minuten später liegt er am Boden und zieht den anderen Kindern die Schuhe aus. Svetlana ist sauer, die Kinder sind genervt.

Der Begriff ADHS (Aufmerksamkeitsdefizit-Hyperaktivitätsstörung) ist mittlerweile in der Bevölkerung bekannt und wird gerne für Verhaltensauffälligkeiten jeder Art verwendet. Die Ausprägung kann unterschiedlich schwer sein.

Es ist nicht immer einfach, ein sehr lebhaftes Kind von einem mit ADHS zu unterscheiden, da einzelne Symptome zeitweise bei vielen Kindern beobachtet werden können. Die Symptome Unaufmerksamkeit, Überaktivität und ›Impulsivität‹ treten im Vorschul- oder Jugendalter auch als ganz normale Entwicklungsphasen auf. Die Diagnose ADHS wird daher nur durch einen Facharzt gestellt, der sie mit speziellen Testverfahren ermittelt. Zusätzlich werden Verhaltensbeobachtungen durchgeführt. Etwa 5 % aller Kinder sind betroffen.

Um ein Kind mit ADHS von einem lediglich lebhaften Kind abzugrenzen, helfen die drei typischen Symptome bei ADHS:

Unaufmerksamkeit
- kurze Konzentrationsfähigkeit, leichte Ablenkbarkeit
- vor allem bei langweiligen, fremdbestimmten Aufgaben
- Aufmerksamkeit über längere Zeit fällt schwer

Impulsivität
- plötzliches, unbedachtes Handeln
- mit der Antwort herausplatzen, andere unterbrechen
- Bedürfnisaufschub fällt schwer

Hyperaktivität
- Ruhelosigkeit, Zappeln mit Händen und Füßen
- nicht altersangemessene ›motorische‹ Unruhe
- Ruhigsitzen ist nicht möglich

Diese Symptome zeigt das Kind seit mindestens sechs Monaten. Sie treten in verschiedenen Lebensbereichen auf, z. B. in der Kindertageseinrichtung und in der Familie. ADHS beginnt vor dem siebten Lebensjahr und beeinträchtigt das Kind in seinen sozialen Beziehungen. Etwa ein Drittel aller ADHS-Kinder behalten die Störung ein Leben lang, allerdings wandelt sie sich im Laufe der Jahre: Überaktivität und Impulsivität verschwinden meist mit der Zeit.

> Eine Aufmerksamkeitsstörung ohne Hyperaktivität (ADS) liegt vor, wenn Kinder nur unaufmerksam sind, aber keine Anzeichen von Impulsivität oder Hyperaktivität zeigen. Mädchen sind doppelt so häufig von einer ADS betroffen wie Jungen.

---

impulsiv
spontan, einer plötzlichen Eingebung folgend

motorisch
die Bewegung betreffend

> **BEISPIEL** Beim Malen oder Basteln braucht **Aneta (5,2)** fast immer doppelt so lange wie die anderen Kinder. Ständig muss sie aufgefordert werden, weiterzuarbeiten und sich auf ihre Arbeit zu konzentrieren. An manchen Tagen ist Aneta sehr traurig und glaubt von sich, sie werde „nie so toll und brav sein können" wie die anderen Kinder.

ADHS ist multifaktoriell bedingt. Einer der stärksten Risikofaktoren ist eine Stoffwechselstörung im Gehirn. Dort fehlt der Botenstoff Dopamin, dadurch werden Impulse ungenügend gehemmt. Die Kinder werden von Reizen überflutet. Ständig entstehen neue Gedanken, begonnene Gedanken werden nicht zu Ende gedacht. Eine geordnete Handlung mit vorausschauendem Blick wird dadurch schwierig. Wegen seines herausfordernden Verhaltens wird das Kind oft bestraft und von Gleichaltrigen gemieden, was die Symptomatik der ADHS verstärkt und aufrechterhält. Ein Teufelskreis entsteht.

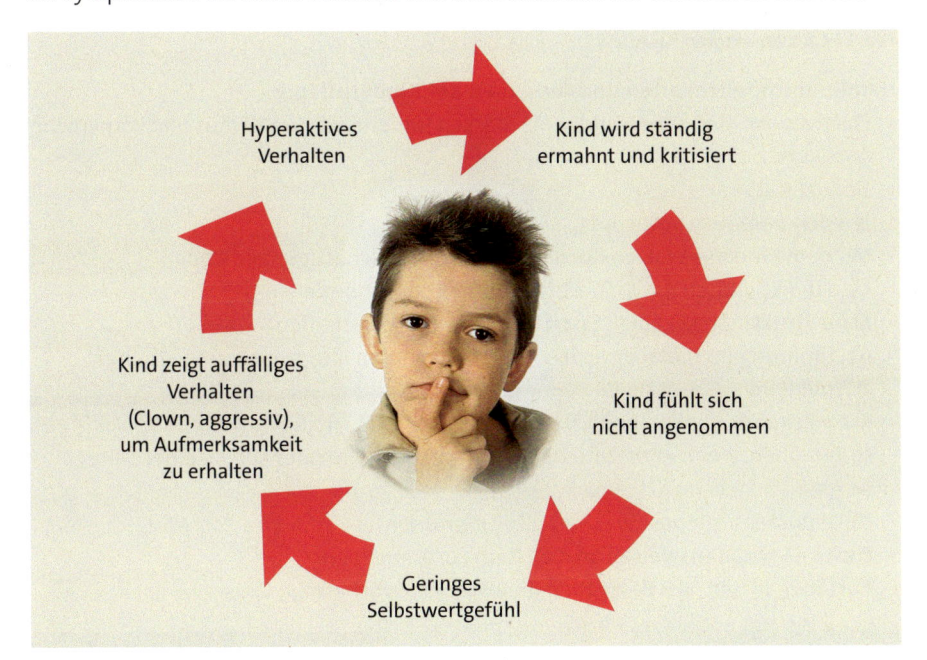

Abb. 7.21 Teufelskreis ADHS

Die Unterversorgung mit dem Botenstoff Dopamin kann durch Medikamente ausgeglichen werden. Am bekanntesten ist das Medikament Ritalin®. Diese Medikamente sind aber keine Heilmittel. Zu einer erfolgreichen Behandlung und langfristig verändertem Verhalten gehören immer pädagogische Maßnahmen und eine professionelle Therapie.

Eine **Aufmerksamkeitsdefizit-Hyperaktivitätsstörung** wird nach dem multifaktoriellen Modell als Ergebnis mehrerer Risikofaktoren aufgefasst. Der Ursprung kann schon im Säuglingsalter liegen. Oft wird das Kind von den Eltern als „schwieriger" Säugling mit hektischem Verhalten und viel Schreien beschrieben. Sind die Eltern überfordert, entwickelt sich ein gestörtes Verhältnis zwischen Kind und Eltern. Eine Vererbung wurde nachgewiesen.
Weitere mögliche Risikofaktoren, die das persönliche und biologische Risiko verstärken, liegen in der Umwelt des Kindes.

Risikofaktoren	Beispiele
Umwelt	- beengter Wohnraum - ungünstiger Erziehungsstil mit vielen Konflikten - psychische Erkrankung der Eltern, vor allem Depression der Mutter - geringer Bildungsstand - geringes Einkommen - Arbeitslosigkeit der Eltern
Persönlichkeit	- Reizbarkeit - schwieriges Temperament des Säuglings: Schlafprobleme, häufiges Schreien, Unruhe, Probleme mit der Ernährung - gestörte Eltern-Kind-Interaktion
Biologische Faktoren	- Gene: meist sind die Eltern selbst betroffen - Alkohol/ Nikotin in der Schwangerschaft - Stoffwechselstörung im Gehirn: Botenstoff Dopamin fehlt

Tab. 7.22 Risikofaktoren für ADHS

Handlungsmöglichkeiten und Aufgaben der Kinderpfleger

- Positives am Kind sehen und seine Stärken fördern, z. B. Kreativität und körperliche Ausdauer
- Geduldig sein
- ›Kinderkonferenz‹ einrichten
- Mit dem Kind das Warten üben und sinnvolle Beschäftigungen finden
- Kind in Aktivitäten der Kindertageseinrichtung einbeziehen
- Klare Strukturen für Spiel, Essen und Ruhephasen schaffen
- Abstimmung im pädagogischen Team und mit den Eltern, welches Verhalten erlaubt wird
- Klare Regeln vorgeben und konsequent auf deren Einhaltung achten
- sofort loben, wenn erwartetes Verhalten gezeigt wird oder Regeln eingehalten werden
- ›Tokensystem‹ für positives Verhalten einführen
- Positive Verhaltensweisen an die Eltern zurückmelden
- Austoben lassen, viel Bewegung draußen ermöglichen

Kinderkonferenz
Alle Kinder der Gruppe haben im Gesprächskreis die Möglichkeit, Kritik und Wünsche anzubringen. Kinderpfleger moderieren und achten auf Einhaltung der Gesprächsregeln.

Tokensystem
Punktesystem zur Belohnung: Für jedes gute Verhalten bekommt das Kind einen Stempel, Klebepunkt oder anderen Platzhalter. Hat es genügend Punkte gesammelt, kann es diese in eine Belohnung eintauschen.

Abb. 7.23 und 7.24 Bewegungsmöglichkeiten und Lob als zwei Handlungsmöglichkeiten

7.2.4 Kinder mit autistischen Störungen

Zwischen 0,5 und 1% aller Kinder sind Autisten, dabei sind Jungen viermal häufiger betroffen als Mädchen. In den vergangenen Jahren ist die Zahl gestiegen, da sich das Verständnis von ›Autismus‹ erweitert hat. Kinder, die früher als seltsam bezeichnet wurden, werden heute zu den leichten Fällen von Autismus gezählt. Dies hängt mit der erhöhten Aufmerksamkeit zusammen, die den autistischen Störungen in den letzten Jahrzehnten zuteil wurde, und den besseren Möglichkeiten einer Diagnose. Es gibt Autisten, die sich sehr gewählt ausdrücken, andere sprechen gar nicht. Autisten können ›hochbegabt‹, aber auch geistig behindert sein.

Autistische Kinder ziehen sich zurück und kapseln sich ab, weil sie meist keine Gesten, kein Lächeln und die Bedeutung von Worten nicht verstehen. Daher kommt der Name. Autismus ist eine psychische Entwicklungsstörung, deren Ursache eine verzögerte Reifung des zentralen Nervensystems ist. Einige Verbindungen zwischen Gehirnregionen sind zu schwach, einige zu stark. Genetische Aspekte spielen dabei eine große Rolle.

Abb. 7.25 Autistische Kinder haben Angst vor neuen Situationen.

Autismus unterscheidet sich im Schweregrad, drei Kernsymptome sind aber immer vorhanden:
- Schwierigkeiten im sozialen Umgang mit Mitmenschen
- Kommunikationsstörung
- eingeschränkte Interessen und sich stets wiederholende Handlungen

Autismus
griech. autós: allein
Hochbegabung → S. 357

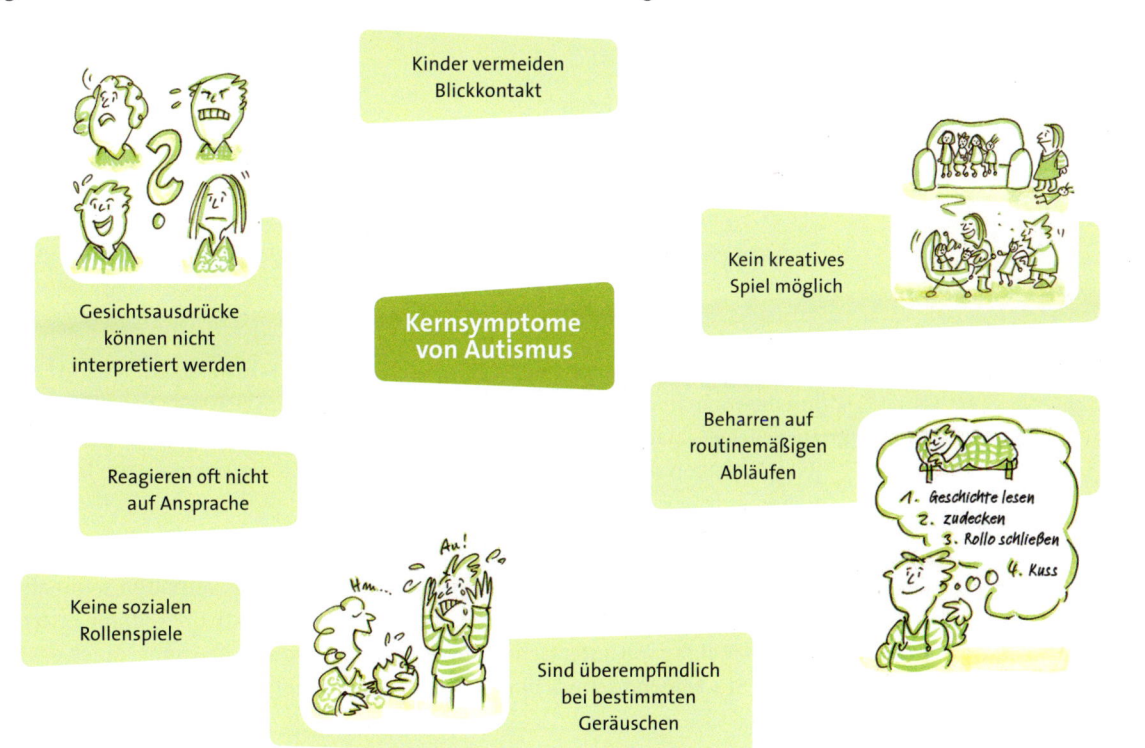

Kernsymptome von Autismus
- Kinder vermeiden Blickkontakt
- Kein kreatives Spiel möglich
- Gesichtsausdrücke können nicht interpretiert werden
- Beharren auf routinemäßigen Abläufen
- Reagieren oft nicht auf Ansprache
- Keine sozialen Rollenspiele
- Sind überempfindlich bei bestimmten Geräuschen

GRUNDLAGEN DER PÄDAGOGIK

Autismus beginnt in der Kindheit, es gibt drei Arten.

Art des Autismus	Anzeichen
Frühkindlicher Autismus: Zeigt sich vor dem dritten Lebensjahr. Die Sprachentwicklung ist bei Kindern mit ›Intelligenzminderung‹ verspätet oder nicht vorhanden. Diese Kinder haben große Angst vor Veränderungen, etwa einer Umstellung des Tagesablaufs oder neuer Kleidung.	Den Eltern fällt auf, dass ihr Kind keinen Blickkontakt aufnimmt. Lächeln kommt kaum vor. Das Kind nimmt von sich aus keinen Kontakt auf, z. B. streckt es nicht die Arme aus und will hochgehoben werden. Sind die Eltern weg, vermisst es diese nicht, und freut sich kaum, wenn die Eltern wiederkommen. In fremden Situationen schauen diese Kinder nicht, ob die Eltern in Sichtweite sind, sondern sie laufen davon. Verletzen sie sich, suchen sie keinen Trost. Betroffene Kinder finden besser Kontakt zu Erwachsenen als zu Kindern. Gestik und Mimik werden nicht verstanden und nicht benutzt, auf Gleichaltrige wird aggressiv reagiert. Häufig sind ›stereotype‹ Verhaltensweisen wie Drehen der Räder eines Spielzeugautos über einen langen Zeitraum oder sich wiederholendes Öffnen von Türen. Einige erfinden neue Wörter, die für sie eine spezielle Bedeutung haben. Bei vielen Kindern ist die Stimme auffällig: sie erscheint abgehackt und wenig melodisch. Viele Kinder scheinen wie taub, obwohl die Ohren gesund sind.
Atypischer Autismus: Stellt eine mildere Form dar, in der die Sprachentwicklung meist normal ist.	Der atypische Autismus unterscheidet sich vom frühkindlichen Autismus dadurch, dass die Kinder nicht alle Kernsymptome erfüllen oder sich Entwicklungsabweichungen erst nach dem dritten Lebensjahr zeigen. Diese Kinder sind häufig stark intelligenzgemindert.
Asperger-Autismus: Wegen der normalen Sprachentwicklung und durchschnittlicher Intelligenz wird er meist erst im Kindergarten erkannt, wenn soziale Kompetenz gefordert ist.	Die Kinder haben einen großen Wortschatz. Sie reden jedoch, wann sie wollen, und führen häufig Selbstgespräche. Oft haben sie ungewöhnliche Interessen. Haben sie ein Spezialgebiet, erbringen sie in vielen Fällen außergewöhnliche Leistung. Sie haben meist ein ausgezeichnetes Gedächtnis und sind in allem sehr genau. Einige sind hochbegabt.

Tab. 7.26 Arten von Autismus

Intelligenzminderung
eingeschränkte kognitive Leistungsfähigkeit
IQ unter 70

stereotyp
ständig wiederkehrend

> **BEISPIEL** Die Kinderpflegerin Ute schickt den **Max (5;2)** mit einer benutzten Tasse aus dem Zimmer. Sie sagt: „Bring doch bitte mal die Tasse raus!" Als Max nicht zurückkommt, findet Ute ihn mit der Tasse wartend auf dem Spielplatz. Mit dem Wort „raus" verband Max den Spielplatz.

Autistische Kinder haben häufig schon als Säuglinge Schwierigkeiten beim Essen und mit dem Schlafen. Sie entwickeln Verhaltensweisen, um sich selbst anzuregen, was bis zur Selbstverletzung reichen kann. Die Probleme werden mit dem Älterwerden weniger, jedoch bleiben die Kommunikationsstörung und die eingeschränkten Interessen erhalten.

Die soziale Interaktion kann mit jahrelangem Training sehr verbessert werden. Problemverhalten, vor allem aggressives und ›autoagressives‹ Verhalten, kann abgebaut werden, wenn z. B. durch Bildkarten die fehlende Perspektivübernahme erlernt wird. Die Behandlung von autistischen Kindern kann nur von Fachpersonal durch ein speziell auf die Stärken und Schwächen des Kindes abzielendes Therapieprogramm erfolgen.

autoaggressiv
selbstverletzend

> (…) Wenn Jaspers Mutter an die Kindertage ihres Sohnes denkt, sieht sie ihn auf Zehenspitzen stehen, die Fäuste ballen und schreien. Kein Kindergeschrei, wie sie es von ihrem jüngeren Sohn Lennert kennt. Schriller, durchdringender, untröstlich. Er schreit mit einem Jahr im Kinderwagen, weil er sich nicht bewegen kann, mit vier im Sandkasten, wenn sich Spielkameraden nicht an Abmachungen halten, mit sieben beim Zelten, weil er nach Hause will.
>
> Als Jasper neun Jahre alt ist, stellt ein Psychologe die Diagnose „Asperger-Syndrom". Die Eltern sind erst einmal erleichtert: Sie wissen jetzt, was mit ihrem Sohn los ist. Jaspers Vater, der als Chemiker in der Forschung arbeitet, wird klar, dass auch er eine leichte Form des Syndroms hat – anzumerken ist ihm das aber kaum. (…)
>
> von Brackel, Benjamin (2014): „Wenn die Welt aus Formeln besteht" in Die Zeit Nr. 1, S. 35, 30.12.2014

Handlungsmöglichkeiten und Aufgaben der Kinderpfleger

- Symptome wie fehlenden Blickkontakt und Kontaktschwierigkeiten von Kindern bemerken
- Beobachtungen im pädagogischen Team ansprechen
- Enge Zusammenarbeit und Austausch mit den Eltern
- Ängste und Sorgen der Eltern anhören
- Feste Bezugsperson in der Kindertageseinrichtung festlegen
- Umgebung anpassen, z. B. kleine Gruppe, derselbe Sitzplatz im Morgenkreis und bei den Mahlzeiten
- Rückzugsmöglichkeiten von der Gruppe schaffen
- Rituale einführen und pflegen, fester Tagesablauf
- Eindeutige Ansagen
- Lebenspraktische Fähigkeiten wie Körperpflege, Anziehen, selbstständiges Essen aufbauen
- Soziales Verhalten einüben und Situationen schaffen, in denen dies eingesetzt werden kann
- Sprachförderung durch Angebote in der Kleingruppe
- Geschwisterkind besonders beachten, da es zu Hause oft zu wenig Aufmerksamkeit bekommt

Abb. 7.27 Aktivitätenplan für ein autistisches Kind

Abb. 7.28 Anleitung zum Decken eines Tisches

7.2.5 Exzessives Schreien bei Säuglingen

BEISPIEL Justus ist seit drei Monaten als Praktikant in der Krippe „Kleine Pfifferlinge", die einer Gärtnerei angeschlossen ist. Gerade ist er mit **Juan (0;7)** beschäftigt. Justus hat ihm seinen Mittagsbrei gegeben, noch ein Fläschchen mit Fencheltee und ihn gewickelt. Vor der Mittagsmahlzeit hat Juan drei Stunden geschlafen. Seit einer Stunde weint er. Justus denkt sich: „Der schreit sich die Seele aus dem Leib. Was mache ich nur?"

So fürsorglich und umsichtig Kinderpfleger auch sind, in den ersten Lebensmonaten gehört Schreien zum normalen Alltag dazu. Säuglinge im ersten Lebensjahr weinen nicht nur, weil sie Hunger haben, müde sind, zahnen oder eine Ohrenentzündung haben.

Bedürfnispyramide → S. 410

Die Bedürfnisse des Säuglings sind die Basisbedürfnisse des Menschen in der ›Maslowschen Bedürfnispyramide‹:
- biologische Bedürfnisse wie Hunger und Sauberkeit
- Bedürfnis nach Sicherheit
- Bedürfnis nach Bindung

Der Säugling hat ein starkes Bedürfnis nach Nähe und Geborgenheit. Er braucht den Körperkontakt und den Geruch der Mutter, um sich geborgen zu fühlen. Um dies zu bekommen, weint er. Er kann seine Bedürfnisse noch nicht mit Worten oder Gesten ausdrücken. Das Weinen erregt die Aufmerksamkeit der Bezugspersonen und löst Bindungsverhalten aus: Mutter oder Vater wenden sich dem Baby zu, sprechen es an, nehmen es hoch und überlegen, was es braucht. Über Zuwendung lassen sich die meisten Babys beruhigen.

Abb. 7.29 Durch die körperliche Nähe einer Bezugsperson beruhigen sich Babys.

Abb. 7.30 Geborgenheit ist ein Grundbedürfnis des Säuglings.

Weint ein Baby ununterbrochen und lässt sich nicht beruhigen, wobei körperliche Ursachen wie eine Erkrankung oder Hunger ausgeschlossen wurden, kann es sich um eine Regulationsstörung handeln. Die Anpassung an ein Leben außerhalb des Mutterleibs gelingt nicht jedem Baby sofort. Der Säugling muss lernen, sich bei innerer Anspannung selbst zu regulieren, damit er sich wohlfühlt. Zunächst klappt diese „Selbstberuhigung" nur mit elterlicher Hilfe, die ein Baby mit lautstarkem Schreien einfordert. Viele Eltern sind verunsichert oder geraten an die Grenzen ihrer Belastbarkeit, wenn sich ein Säugling nicht beruhigen lässt.

Das Baby muss mit seiner Umwelt vertraut werden und die Erfahrung machen, dass es sich auf die elterliche Nähe und Fürsorge verlassen kann. Jedes Kind braucht unterschiedlich lange, das Vertrauen zu entwickeln, dass seine Bedürfnisse nach Liebe und Zuwendung, Nahrung und Pflege zuverlässig befriedigt werden. Manche Babys tun sich schwer damit, ihren Rhythmus zu finden, selbstständig einzuschlafen oder sich mit der Zeit auch selbst zu beruhigen. Sie schreien ohne erkennbaren Grund und lassen sich schwer beruhigen.

Babys, die
- über mindestens drei Wochen und
- an mindestens drei Tagen und
- mindestens drei Stunden

ununterbrochen weinen, gelten als Schreibabys.

Eltern zweifeln an ihren elterlichen Fähigkeiten und finden immer schwerer Zugang zu ihrem Kind, wenn sie es nicht beruhigen können. Mit dieser Belastung kann ein Teufelskreis beginnen, der die Eltern-Kind-Beziehung beeinträchtigt. Fachleute sprechen in einem solchen Fall von frühkindlichen Regulationsstörungen. Die Erzieher der Einrichtung sollten Eltern in einem solchen Fall helfen, für sich und ihr Kind möglichst früh Unterstützung zu suchen:
- Kinderarzt
- Schreiambulanzen in Krankenhäusern oder Beratungsstellen für Eltern

Handlungsmöglichkeiten für Kinderpfleger
- Kind in jedem Fall trösten, Zuwendung geben durch Körperkontakt und Anlächeln
- Durch sanftes Zureden, Streicheln, Wiegen oder Tragen beruhigen
- Stabilität geben durch regelmäßigen Tagesablauf
- Beruhigende Rituale einführen: Vorlesen, Singen
- Reduzierung äußerer Reize wie Licht und Lärm
- Beobachten und dokumentieren, wann das Kind schreit: „Schreiprotokoll" führen
- Sorgen der Eltern ernst nehmen

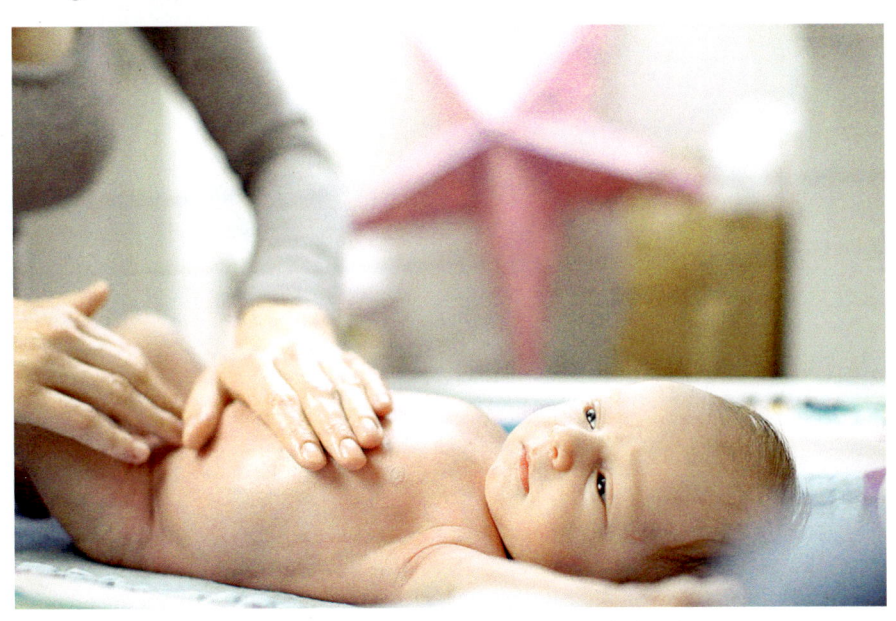

Abb. 7.31 Durch sanftes Streicheln oder Massieren kann man ein Baby beruhigen.

7.3 Kinder in besonderen Lebenssituationen

Kinderpfleger erziehen und bilden in ihrem Arbeitsalltag immer wieder Kindern, die unter besonderen Bedingungen aufwachsen. Diese Bedingungen sind sehr unterschiedlich. Sie reichen von einem Krippenkind, das wegen einer Behinderung nicht krabbeln kann, über Kinder, die kein Deutsch verstehen, bis hin zum Vorschulkind mit Hochbegabung, das eine besonders schnelle Auffassungsgabe hat und sich im Kindergarten langweilt.

Pädagogische Mitarbeiter in Kindertageseinrichtungen sehen die unterschiedliche „Ausstattung" der Kinder mit Fähigkeiten, Begabung und ihrem sozialen Hintergrund als Vielfalt und Bereicherung der täglichen Arbeit. Kinderpfleger haben die Möglichkeit, durch eine anregende Umgebung und frühkindliche Bildung die Entwicklung jedes einzelnen Kindes positiv zu beeinflussen und Benachteiligungen auszugleichen; sie erkennen Belastungen, gehen angemessen darauf ein und beugen so Entwicklungsstörungen und Folgeproblemen vor.

Abb. 7.32 Kinderpfleger haben mit vielen unterschiedlichen Kindern zu tun.

7.3.1 Kinder mit Behinderungen

Kinder mit Behinderungen
→ S. 350

›Kinder mit Behinderung‹ haben einen Anspruch auf Erziehung, Betreuung und Bildung sowie ein Recht auf Teilhabe, genau wie nicht behinderte Kinder auch.

Behinderung und Inklusion

> „Menschen sind behindert, wenn ihre körperliche Funktion, geistige Fähigkeit oder seelische Gesundheit mit hoher Wahrscheinlichkeit länger als sechs Monate von dem für das Lebensalter typischen Zustand abweichen und daher ihre Teilhabe am Leben in der Gesellschaft beeinträchtigt ist." SGB IX „Rehabilitation und Teilhabe" § 2

In den 1970er Jahren waren es noch engagierte Eltern, die in Elterninitiativen um die gemeinsame Betreuung behinderter und nicht behinderter Kinder in den Kindertagesstätten und Schulen kämpften. Seit 2009 gilt in Deutschland aufgrund der unterzeichneten Behindertenrechtskonvention der Vereinten Nationen das Wunsch- und Wahlrecht der Eltern, ob sie ein Kind mit Behinderung in der Regeleinrichtung bzw. Regelschule erziehen und bilden lassen wollen oder in einer speziellen Fördereinrichtung.

> **ZUM WEITERDENKEN** Allein der Umstand, dass gemeinsam beschult wird, erlaubt noch kein Urteil darüber, ob die damit verbundenen Ziele auch erreicht werden. Es sei denn, es gilt nur ein einziges Kriterium, das der Gemeinsamkeit aller, unabhängig von allen sonstigen Folgen.
> Stein warnt deshalb vor voreiligen Schlussfolgerungen: „Die in der Diskussion dominante, sehr schlichte Betrachtung von Integrationsquoten wird der Komplexität der Tatbestände nicht gerecht. Eine hohe Integrationsquote sagt noch nichts über die tatsächliche Integration bzw. die Qualität inklusiver Beschulung von Kindern und Jugendlichen aus." (Stein 2012, S. 191)
>
> Ahrbeck, Bernd (2014): Inklusion. Eine Kritik. 2. Auflage, Kohlhammer, Stuttgart, S. 6

> ›Inklusion‹ bedeutet, dass allen Menschen von Anfang an in allen gesellschaftlichen Bereichen eine selbstbestimmte und gleichberechtigte Teilhabe möglich ist, unabhängig von Geschlecht, Alter oder Herkunft, von Religionszugehörigkeit oder Bildung, von eventuellen Behinderungen oder sonstigen individuellen Merkmalen.

Inklusion → S. 260

In den einzelnen Bundesländern gelten neben Bundesgesetzen die jeweiligen Landesgesetze, teilweise spielen ›kommunale‹ Gesetze noch eine Rolle. Im Bundesland Bayern ist z. B. das Bayerische Kinderbildungs- und Betreuungsgesetz (BayKiBiG) maßgeblich, in Nordrhein-Westfalen das Kinderbildungsgesetz (KiBiz). Die Umsetzung der Öffnung von Regelkindergärten für behinderte Kinder ist daher sehr unterschiedlich.

kommunal
städtisch-/landkreis-/gemeinde-

Erziehung und Bildung werden vom Staat mitfinanziert, damit behinderte Kinder und nicht behinderte Kinder gemeinsam aufwachsen können. Die Förderung ist kindbezogen, d. h., dass die Träger für bestimmte Gruppen von Kindern eine unterschiedliche Förderung erhalten. Für ein Kind mit Behinderung erhält der Träger einen mehrfach höheren Zuschuss von dem, was er für ein Kind ohne Behinderung bekommt. Es muss dafür entsprechend mehr Personal eingestellt werden. Speziell qualifiziertes Fachpersonal, nämlich Heil-, Sonder- und Sozialpädagogen, können davon aber nur zum Teil finanziert werden.

Kinderpflegern kommt daher in der Betreuung eine bedeutende Rolle im pädagogischen Team zu. Eltern mehrfach behinderter Kinder wird oft empfohlen, ihre Kinder in Sondereinrichtungen unterzubringen, damit sie dort eine optimale pädagogische und therapeutische Förderung erhalten. Die meisten Eltern möchten aber, dass ihr Kind wie jedes andere aufwächst und regelmäßigen Kontakt zu Gleichaltrigen hat.

> Inklusion soll zeigen, dass behinderte Menschen nicht in unsere Gesellschaft integriert werden müssen, sondern schon immer ein Teil unserer Gesellschaft sind.

Belastungen von Familien mit einem Kind mit Behinderung

Befindet sich in einer Familie ein Kind mit Behinderung, ändert dies meist alle Abläufe in der Familie. Jedes Mitglied der Familie bewältigt eine besondere Herausforderung: Das Kind mit Behinderung benötigt spezielle Zuwendung und fordert die Eltern in besonderer Weise. Geschwisterkinder müssen oft Rücksicht nehmen und ihre Bedürfnisse zurückstellen.

> Kinderpfleger sollten stets daran denken, dass die Eltern Experten für ihr Kind sind. Sie kennen ihr Kind am besten und sollten in alle Entscheidungen eingebunden werden.

Probleme bereiten der Familie insbesondere:
- Bedürfnisse der Eltern und der Geschwisterkinder bleiben unerfüllt
- die lebenslange Betreuung des Kindes macht den Eltern Sorgen
- die Entwicklung des Kindes ist ungewiss
- hoher Zeitbedarf
- Ausgrenzung vonseiten der Freunde und Nachbarn aus Angst, falsch zu reagieren
- viele Therapietermine wie Logopädie, Ergotherapie oder Physiotherapie müssen organisiert werden
- Überlastung

Die Eltern eines Kindes mit Behinderung sind immer wieder in schwierigen Lebenssituationen. Gerade in der Zusammenarbeit mit Eltern eines behinderten Kindes sind Empathie und Transparenz wesentliche Faktoren, die zu einer gelungenen ›Elternarbeit‹ führen.

Zusammenarbeit mit Eltern → S. 392

Das pädagogische Team sollte außerdem immer wieder die Leistung der Familie würdigen, wie diese ihren Alltag bewältigt und das Leben für alle Familienmitglieder befriedigend gestaltet.

Kinder mit Behinderungen in der Kindertageseinrichtung

Für ein Kind mit Behinderung ist das uneingeschränkte Vertrauen zu seinen Bezugspersonen besonders wichtig, da es eine starke Abhängigkeit von diesen hat. Eine sichere ›Bindung‹ ist grundlegend.

Bindung → S. 128

> **BEISPIEL** Yusuf (2;3) trägt ein Hörgerät und kann sich wegen eines Herzfehlers nur robbend am Boden fortbewegen. Die Eingewöhnungsphase in die Krippe ist bald abgeschlossen. Sein Vater beobachtet heute von der Straße aus, was sich nach dem Abschiednehmen ereignet:
> Yusuf weint, da er traurig über das Weggehen seines Vaters ist. Er nimmt Blickkontakt zur Praktikantin Jasmin auf und robbt zu ihr. Er sucht Schutz und Trost, den er auch bekommt. Yusuf lässt sich beruhigen. Wenig später erkundet er die Umgebung des Gruppenraumes und spielt mit einem Bagger, der neu für ihn ist.

Eingewöhnungsphase → S. 459

Bereits in der ›Eingewöhnungsphase‹ sollte darauf geachtet werden, dass das Kind feste Bezugspersonen hat. In dieser intensiven Phase bekommt das pädagogische Team wichtige Hinweise, welche besonderen Gewohnheiten und Bedürfnisse das Kind hat.

Ressourcenorientierung

Mit dem Verständnis von Behinderung als eingeschränkte Teilhabe am gesellschaftlichen Leben rückt die ›ressourcenorientierte‹ Förderung in den Vordergrund. Es geht nicht darum, was das Kind nicht kann, sondern was gestärkt werden muss, damit es an Aktivitäten teilhaben kann. Hier liefert die ›Heilpädagogik‹ eine hilfreiche Sichtweise. Ein wichtiger Grundgedanke der Heilpädagogik ist die Ganzheitlichkeit. Nicht allein eine Behinderung oder erschwerte Bedingungen sollen im Mittelpunkt stehen, sondern das Kind mit seinen Fähigkeiten und Ressourcen. Das soziale Umfeld ist stets mit einzubeziehen und kann eine wertvolle Ressource sein. Einrichtungen der Heilpädagogik geben Kindern und Jugendlichen Hilfestellung zur Selbstständigkeit, entlasten die Familie in ihrer Erziehungsarbeit und stärken die Eltern in ihrer Erziehungsfähigkeit, um eine stabile Familiensituation zu erreichen.

Abb. 7.33 Den Blick darauf richten, was ein Kind schon kann

> **BEISPIEL** Der Kinderpfleger Roland führt die Praktikantin Isabella durch die Heilpädagogische Wohngruppe Haus Bambi. „Wir betreuen acht Kinder und Jugendliche ab drei Jahren, bei Bedarf bis zur Volljährigkeit. Die Kinder und Jugendlichen leben bei uns, weil sie und ihre Familien Hilfe zur Erziehung benötigen."
> Der Praktikant Philippe macht in der Heilpädagogischen Tagesstätte von Haus Bambi sein Praktikum. Diese besteht aus zwei Gruppen zu je acht Kindern im Alter von sechs bis zwölf Jahren. Jedes Kind weist eine andere Behinderung auf. Ziel der Arbeit ist es, die Entwicklung der Kinder durch heilpädagogische und therapeutische Hilfen, schulische Förderung, soziales Lernen in der Gruppe und eine intensive Elternarbeit zu unterstützen. Die acht Kinder kommen jeden Mittag und bleiben bis zum Nachmittag.

Ressource
Mittel, Quelle

Heilpädagogik
Erziehung und Förderung von Menschen, die aufgrund von Beeinträchtigungen im körperlichen, psychischen, sozialen und geistigen Bereich unter erschwerten Bedingungen leben

Handlungsmöglichkeiten und Aufgaben der Kinderpfleger
- Respekt vor der eigenständigen Persönlichkeit des Kindes zeigen
- Eigene Einstellung zur Vielfalt stets hinterfragen
- Nur so viel Hilfe leisten, wie wirklich notwendig ist
- Förderung der vorhandenen Fähigkeiten
- Geduld und Empathie gegenüber den Eltern zeigen
- Kommunikationsmöglichkeiten des Kindes genau kennen
- Leistungen des Kindes nicht mit anderen vergleichen
- Das Kind motivieren, sich etwas zuzutrauen
- Besuch von Fortbildungen zum Thema
- Geeignete Hilfsmittel verwenden
- Frühförderung anregen und anbieten
- Dem Geschwisterkind Zuwendung und Beachtung geben

7.3.2 Kinder mit chronischen Erkrankungen

Eine Informationsbroschüre der BzgA zu chronischen Erkrankungen im Kindesalter finden Sie hier:

www.uni-rostock.de/fileadmin/UniHome/Gbur/chronische_erkrankungen_von_kindern.pdf

Was sind chronische Erkrankungen?

Immer mehr Kinder mit chronischen Erkrankungen besuchen eine Tageseinrichtung für Kinder. Dabei ist die gesundheitliche Situation von Kindern und Jugendlichen so gut wie noch nie. Die Säuglingssterblichkeit hat in den letzten beiden Jahrhunderten deutlich nachgelassen und in der Regel sterben nur noch wenige Kindern an akuten Krankheiten in der frühen Kindheit. Dafür nehmen die chronischen Erkrankungen von Kindern zu.

> Als chronisch wird eine Krankheit bezeichnet, wenn sie länger als drei Monate andauert und einen besonderen Betreuungsbedarf mit ambulanten oder stationären Behandlungsnotwendigkeiten mit sich bringt.
> American Academy of Pediatrics 1993, Schlack 2000

Welche Krankheiten sind gemeint?

Sieben bis zehn Prozent – je nach Studie, auf die Bezug genommen wird – der Kinder und Jugendlichen sind dauerhaft gesundheitlich beeinträchtigt, weil sie eine sog. chronische Krankheit haben. Es handelt sich um Funktionsstörungen

- eines Organsystems (z. B. von Herz- und Kreislauforganen, der Muskeln oder Knochen oder von Sinnesorganen),
- des Stoffwechsels (z. B. bei Diabetes mellitus /„Zuckerkrankheit"),
- der Immunabwehr (z. B. bei Allergien) oder um
- Tumorerkrankungen, die nicht nur vorübergehend im Rahmen einer Infektion oder nach einem Unfall auftreten, sondern über Monate hinweg, evtl. sogar lebenslang, bestehen.

Die Erkrankung wird entweder bei der Geburt oder in früher Kindheit diagnostiziert. Ob sie angeboren („erblich" oder vorgeburtlich erworben), mit einer vorausgegangenen Infektion oder einem Unfall in Zusammenhang stehen, spielt keine Rolle. Diese Krankheiten sind mehr oder weniger behandlungsbedürftig, in unterschiedlichem Maße behandelbar, in der Regel aber – nach derzeitigem Kenntnisstand – unheilbar.

www.bzga.de/bigpix.php?id=c4c7ca6d691e0e8ee33b1cb4aac97f42&w=523&h=700

Welche chronischen Erkrankungen gibt es im Kindesalter?

Die häufigsten chronischen Erkrankungen sind Allergien und Neurodermitis. 30 % bzw. 10 % der Kinder sind von der Erkrankung betroffen.

Krankheit	Beschreibung	Häufigkeit
Allergien	Reaktion des Immunsystems auf bestimmte Substanzen, z. B. Gräserpollen oder bestimmte Nahrungsmittel	30 %
Neurodermitis	entzündliche, stark juckende Hauterkrankungen mit trockener, rissiger Haut	10 %
Asthma bronchiale	entzündliche Erkrankung der Atemwege, die mit chronischem Husten und Atemnotattacken einhergeht	5 %
Epilepsie	Funktionsstörung im Gehirn, die zu krampfartigen Anfällen führt	0,5 %
Diabetes mellitus	Stoffwechselkrankheit, bei der der Blutzuckerspiegel nicht selbst reguliert werden kann	0,2 %
Weitere Erkrankungen	z. B. entzündliche Darmerkrankungen, Neurofibromatose, angeborene Herzfehler	1 %

Tab. 7.34 Chronische Erkrankungen und ihre Häufigkeit

BEISPIEL **Louisa (3;1)** hat seit ihrer Geburt eine leichte Form der Neurodermitis. Immer wenn sie Orangen oder Zitrusfrüchte isst, beginnt ihre Haut zu jucken und sie kratzt sich an den Stellen blutig. Ihre Eltern haben in der Kita eine Creme hinterlegt, die gekühlt auf die wunden Stellen aufgetragen wird. Beim Essen wird immer darauf geachtet, dass Louisa Lebensmittel isst, die sie gut verträgt.
Im nächsten Kindergartenjahr kommt **Levin (4;2)** in die Gruppe. Er hat seit einem Jahr einen Diabetes mellitus Typ 1 und hat eine Insulinpumpe. Zu jedem Essen muss er seinen Blutzucker messen und dann für die gegessenen Kohlenhydrate Insulin über seine Pumpe abgeben. Der Kinderpfleger hat in einer Schulung das Blutzuckermessen und das Berechnen von Kohlenhydraten erlernt. So kann er Levin sagen, wie viel Einheiten Insulin er mit seiner Pumpe abgeben soll.
Alea (5;3) hat Asthma und benötigt immer ein cortisonhaltiges Spray für Notfälle in ihrer Nähe. Der Kinderpfleger achtet immer darauf, dass Anna das Spray bei Ausflügen in ihre Tasche packt.

Aufgaben des Kinderpflegers

Der Kinderpfleger hat keine medizinische Ausbildung und darf deshalb nur nach ausführlicher Schulung die Pflege chronisch kranker Kinder und die Vergabe von Medikamenten übernehmen. Beispielsweise wird der Kinderpfleger ausführlich bei einer Diabeteserkrankung eines jungen Kindes durch ›Kinderdiabetologen‹ oder Diabetesassistenten über das Blutzuckermessen und die Berechnung von Kohlenhydraten geschult. Er kann dann bei dem Berechnen der Insulindosis mithelfen und unter Umständen die Benutzung einer ›Insulinpumpe‹ regeln.

Für Kinder mit chronischen Erkrankungen ist es wichtig, wie jedes andere Kind aktiv am Leben teilzunehmen. Der Besuch der Tageseinrichtung oder auch eines Sportvereins sollte selbstverständlich sein.

> Für Kinder mit chronischen Erkrankungen gilt der Grundsatz: so viel Normalität wie möglich und nur so viel Sonderbehandlung wie unbedingt nötig.

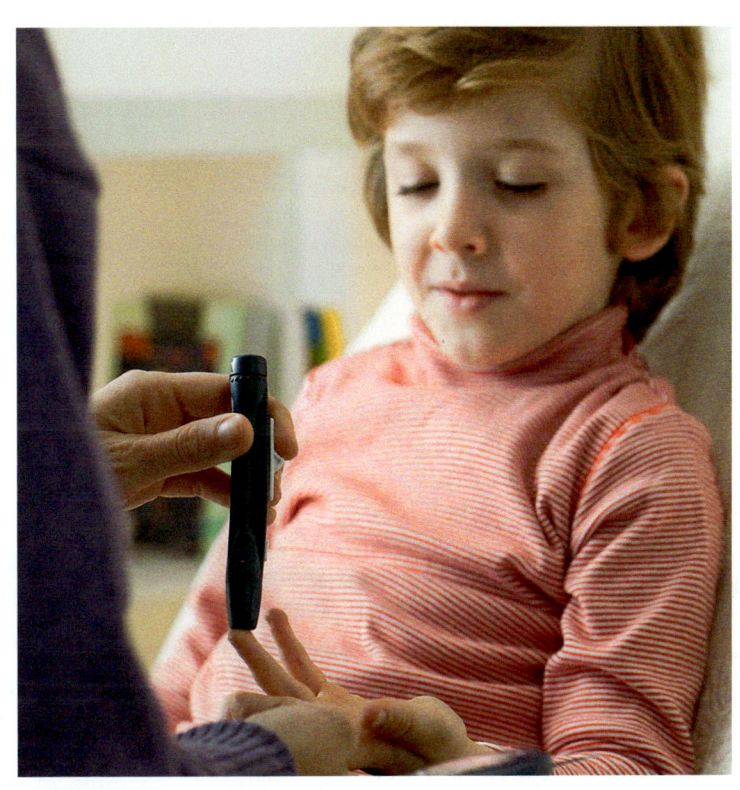

Abb. 7.35 Durch Schulungen kann das Messen des Blutzuckers erlernt werden.

Trotzdem kommen auf den Kinderpfleger besondere Aufgaben bei der Betreuung eines oder mehrerer chronisch kranker Kinder zu:
- genaues Beobachten des Verhaltens des Kindes
- Kenntnisse über die Erkrankung
- Erkennen von kritischen Situationen und Hilfestellung
- Mithilfe bei täglichen medizinischen Vorgängen (z. B. Blutzucker messen)
- praktische Hilfsmittel dabeihaben, z. B. ein Handy für Notfälle

Kinderdiabetologe
Facharzt für Kinder mit Diabeteserkrankung

Insulinpumpe
kleines Gerät, das Menschen mit Diabetes mit Insulin versorgt

Die positive und zugewandte **Begleitung chronisch kranker Kinder** ist eine wichtige Aufgabe im Kindergartenalltag. Nicht die Erkrankung, sondern das Kind sollte gesehen werden und der Alltag ist so gestaltet, dass das Kind an möglichst allen Aktivitäten und Bildungsprozessen teilhaben kann, um den Grundgedanken der Inklusion zu verwirklichen.

Für alle Kinder einer Gruppe soll durch geeignete Methoden die uneingeschränkte Teilhabe am alltäglichen Leben in der Gruppe geschaffen werden. Dabei können Hilfsmittel beim Frühstück wie rutschfeste Teller genauso helfen wie der Bollerwagen bei einem Ausflug, in dem ein gehbehindertes Kind sitzen kann.

Abb. 7.36 und 7.37 Verschiedene Hilfsmittel ermöglichen chronisch kranken Kindern eine fast uneingeschränkte Teilhabe am Alltag.

> **ZUM WEITERDENKEN** Die Studie zur Gesundheit von Kindern und Jugendlichen in Deutschland – kurz KiGGS genannt – ist die erste bundesweit repräsentative Untersuchung zur gesundheitlichen Lage der heranwachsenden Generation. Durch ihren langfristigen Zuschnitt zählt KiGGS zu den international aussagekräftigsten Studien dieser Art. Bereits zwischen 2003 und 2006 hatten sich in ganz Deutschland über 17.000 Jungen und Mädchen gemeinsam mit ihren Eltern an einer umfangreichen Basiserhebung beteiligt. Von 2009 bis 2012 erfolgte nun eine erste, telefonische Folgebefragung (KiGGS1) – ausgewählte Ergebnisse für die Altersgruppen von 0 bis 17 Jahren stellt diese Broschüre vor.
> Demnach verfügen die allermeisten Kinder und Jugendlichen hierzulande über eine gute oder sogar sehr gute allgemeine Gesundheit. Eine große Mehrheit treibt in der Freizeit Sport und spielt bis zum Grundschulalter fast täglich im Freien; zugleich verbringen viele Jugendliche mit der Nutzung von Bildschirmmedien mehrere Stunden pro Tag. ((...))
> Nach wie vor hoch fällt die Belastung durch allergische Erkrankungen aus; knapp ein Sechstel der Kinder und Jugendlichen ist aktuell von Heuschnupfen, Neurodermitis oder Asthma betroffen.
>
> www.kiggs-studie.de

7.3.3 Hochbegabte Kinder

BEISPIEL Melanie (4;6) spricht mit der türkischen Kinderpflegerin Aische Türkisch, mit ihren Eltern Deutsch. Sie kann im Kindergarten „Schwalbennest" jedes Spiel erklären und gewinnt immer, was sie aber nicht gerade zur beliebtesten Spielpartnerin für die anderen Kinder macht. Im Kindergarten ist sie mit Aufgaben immer als Erste fertig und langweilt sich. Meistens hilft sie dann den anderen Kindern und weist sie darauf hin, was diese falsch machen.

🌐 Informationen zu Hochbegabung:
www.bildung-und-begabung.de/begabungslotse/datenbank

Die Begabungen von Kindern sind unterschiedlich verteilt. Manche benötigen individuelle Förderung, da sie mit Dingen des alltäglichen Lebens nicht zurechtkommen. Andere verfügen früh über einen großen Wortschatz und können bereits mehr als ihre Altersgenossen. Entwicklungsvorsprünge können das Ergebnis besonders guter oder ehrgeiziger Förderung durch die Eltern sein und sich auch wieder verlieren. Bei 3 % der Kinder bleibt der Entwicklungsvorsprung in der Informationsverarbeitung, der Merkfähigkeit und im problemlösenden Denken bestehen, diese Kinder sind hochbegabt.

Ein Kind mit Hochbegabung im Kindergarten ist selten. Kinderpfleger können erste Anzeichen erkennen und die Eltern darauf hinweisen, mit dem Kind einen Spezialisten aufzusuchen. Nur Fachärzte für Kinder- und Jugendlichenpsychiatrie können eine Hochbegabung feststellen.

Kinder mit besonderen Begabungen fallen ihrer Umwelt oft durch ihr Verhalten auf: Sie haben andere Interessen als Gleichaltrige, drücken sich sprachlich anders aus und sind ständig auf der Suche nach Neuem. Dieser Wissensdurst stellt die Eltern und das pädagogische Team täglich vor Herausforderungen. Kinder mit Hochbegabung finden oft schwer Anschluss an die Gruppe, da sie Gleichaltrige mit ihren Spielideen überfordern.

Abb. 7.38 Kinder mit Hochbegabung stellen Kinderpfleger vor Herausforderungen.

BEISPIEL Da Melanie (4;6) sich oft im Kindergarten „Schwalbennest" langweilt, kommt jeden Vormittag Herr Schulze vom Schachklub für ein Spiel vorbei. Mit Melanie will kein anderes Kind spielen, da sie rechthaberisch ist und sich nicht für Puppen und Tiere interessiert. Herr Schulze hält geduldig Melanies übertriebenes Benehmen aus, da sie eine würdige Gegnerin im Schach ist.

Von Hochbegabung wird nur gesprochen, wenn es um die intellektuelle Begabung geht. Alle anderen herausragenden Begabungen können zu außergewöhnlichen Leistungen im jeweiligen Gebiet führen, die Personen werden aber nicht als hochbegabt bezeichnet.

> Hochbegabte sind Menschen, deren intellektuelle Begabung deutlich höher ist als bei anderen. Dies sind Personen, deren intellektuelle Fähigkeiten stärker ausgeprägt sind als bei 97 % der Gleichaltrigen bzw. deren ›Intelligenzquotient‹ (IQ) über 130 liegt.

Intelligenzquotient
Der Intelligenzquotient (IQ) ist eine Größe zur Bewertung der Intelligenz eines Menschen. Der IQ ist das Testergebnis eines Menschen in Bezug zu den Testergebnissen vieler anderer gleichaltriger Menschen.

Die Wissenschaft diskutiert immer wieder, ob unter den **Begriff der Hochbegabung** nur intellektuelle Leistungen fallen oder auch Höchstleistungen auf anderen Gebieten, wie Musik oder Sport. Momentan haben sich die Wissenschaftler darauf geeinigt, nur von Hochbegabung zu sprechen, wenn der Intelligenzquotient über 130 liegt. Intelligenz ermöglicht Menschen, flexibel auf neue Situationen zu reagieren und die Umwelt aktiv zu beeinflussen. Der Intelligenzquotient kann von Psychologen bereits bei Kindern ab sechs Jahren zuverlässig berechnet werden. Zeigen Kinder herausragende Leistungen auf anderen Gebieten, wird von einer besonderen Begabung gesprochen, nicht von Hochbegabung. Etwa 10 % der Kinder verfügen über eine besondere Begabung, sei es eine musische, sportliche oder künstlerische Begabung. Begabungen sind jedoch nur Voraussetzungen für besondere Leistungen, sie bedeuten noch nicht die Leistung selbst. Die Vorstellung, dass besonders begabte Kinder ihre Begabung von alleine entfalten, ist zwar weitverbreitet, aber falsch. Dies trifft auch auf hochbegabte Kinder zu.

Beispiel für ein Angebot der Begabtenförderung:
www.langenfeld.de/ccb

Damit hochbegabte Kinder ihre Fähigkeiten entwickeln können, benötigen sie individuelle Förderung und ein offenes Umfeld. Kinder leisten nur dann Herausragendes, wenn sie neben ihren intellektuellen Fähigkeiten auch kreativ und motiviert sind. Unterstützend wirken hier die Anerkennung der Eltern und das Lob der Kinderpfleger. Begabtenförderung beginnt bereits im Kindergarten. Die Eltern und das pädagogische Team stellen eine große Ressource bei der Entfaltung der Hochbegabung dar. Manche Städte verfügen über ein breit gefächertes Angebot an Förderungen, von denen besonders begabte Kinder profitieren können.

Abb. 7.39 Spezielle Förderung im Kindergarten

Eine vorhandene Begabung führt nicht automatisch zu einem erfolgreichen und glücklichen Leben, vielmehr haben auch hochbegabte Kinder mit schwierigen Lebenssituationen zu kämpfen. Grundsätzlich sind hochbegabte Kinder aber beschenkt und haben die besten Voraussetzungen für das Leben.

> **BEISPIEL** Melanie (4;6) fiel ihren Eltern schon mit zwei Jahren dadurch auf, dass sie über einen viel größeren Wortschatz verfügte als die gleichalten Kinder. In der Krippe wechselte sie bald in die Kindergartengruppe, in der sie als jüngstes Kind trotzdem schnell Anschluss fand und mit den deutlich älteren Kindern bei Spielen und Gruppenaktivitäten interessiert mithalten konnte. Den Kinderpflegern fallen ihr außergewöhnlich gutes Gedächtnis und ihre schnelle Auffassungsgabe auf. In diesem Jahr ist sie in der Gruppe der Vorschulkinder und wird ein Jahr früher eingeschult, da ihre unstillbare Neugierde und ihr gutes Konzentrationsvermögen für einen erfolgreichen Schulbesuch sprechen.

Handlungsmöglichkeiten und Aufgaben der Kinderpfleger

- Jungen und Mädchen vielfältige Beschäftigungsmöglichkeiten anbieten, um Hochbegabung entdecken zu können
- Schnelles Entwicklungstempo einzelner Kinder erkennen und mit Aufgaben für ältere Kinder weiter fördern
- Für besondere oder ungewöhnliche Interessen der Kinder offen sein und auf diese eingehen
- Spielmaterial darf nicht nur auf den Durchschnitt ausgerichtet sein, es muss auch Anspruchsvolles vorhanden sein
- Viel Freispielzeit anbieten, um forschendem, kreativem Spiel Raum zu geben
- Viel in Kleingruppen arbeiten, um besondere Interessen zu entdecken und die Kinder ihrer Begabung entsprechend gezielt fördern zu können
- Kinder miteinbinden, indem sie selbst Entscheidungen treffen dürfen, dies fördert das Selbstbewusstsein und die Selbstwirksamkeit
- Kontakt zu älteren Kindern mit ähnlichen Interessen ermöglichen.
- Wechsel in eine ältere Gruppe erwägen
- Den Kindern viel Gelegenheit zu Kreativität geben, dabei ihre eigenen Ideen und abweichenden Lösungswege loben
- Im Morgenkreis oder bei Konflikten Diskussionen anregen, dies fördert eigenständiges Denken und Formulieren
- Lernpatenschaften mit älteren Kindern bilden, um Wissensdurst und besondere Interessen des hochbegabten Kindes zu befriedigen
- Frühere Einschulung anregen, da sich hochbegabte Kinder im Kindergarten oft langweilen

> Weiterbildungslehrgang der Universität Osnabrück „Specialist in Pre-School Gifted Education" richtet sich an pädagogisches Personal:
> **www.icbf.de**

> Institut zur Förderung hochbegabter Vorschulkinder:
> **www.IHVO.de**

7.3.4 Kinder mit Migrationshintergrund

Migrationsbewegungen nehmen weltweit zu, da Menschen gezwungen sind, durch Krieg oder Armut in andere Länder als ihr Herkunftsland zu gehen. Asylbewerberkinder und Kinder von Flüchtlingen leben in einer besonderen Situation, der oft ›traumatische‹ Erlebnisse vorausgegangen sind. Hiervon zu unterscheiden sind Familien, die aufgrund des zunehmenden Fachkräftemangels nach Deutschland kommen, um hier zu arbeiten. Diese Personengruppe ist überwiegend gut ausgebildet und hat sich auf den Umzug und die Integration in Deutschland gut vorbereitet. Viele besitzen bereits deutsche Sprachkenntnisse. Durch Gewalterfahrungen in ihrem Heimatland und die Flucht nach Deutschland können Asylbewerberkinder traumatisiert sein. Das Leben in Notunterkünften auf engstem Raum mit ihren entwurzelten und oft verzweifelten Eltern belastet Kinder.

traumatisch
seelisch verletzend, z. B. Tod der Eltern

> Von Migration spricht man, wenn eine Person ihren Lebensmittelpunkt räumlich verlegt. Von internationaler Migration spricht man dann, wenn dies über Staatsgrenzen hinweg geschieht.
>
> **Bundesamt für Migration und Flüchtlinge (2006)**

Die Aufgaben des pädagogischen Personals in Kindertagesstätten sind, bei beiden Gruppen, Asylbewerberkindern und Kindern von Migranten, die kommen, um zu arbeiten, nicht nur das Erlernen der Sprache zu fördern, sondern eine Identitätsfindung und Eingliederung in das Schulsystem zu ermöglichen. Der ›Spracherwerb‹ ist die entscheidende Voraussetzung, um sich in einem anderen Land zurechtfinden zu können. Darüber hinaus ist die Information der Familie über das Bildungssystem und lebenspraktische Dinge wichtig. Für eine eventuell notwendige psychologische Unterstützung von Asylbewerberkindern stehen Fachdienste der Jugendämter und Beratungseinrichtungen zur Verfügung. Die Kindertagesstätte spielt eine wichtige Rolle, zu einem friedlichen und vielfältigen kulturellen Leben in einer multinationalen Bevölkerung beizutragen. Die Kindertageseinrichtung kann sich zu einem Ort sozialer und interkultureller Begegnung entwickeln. Im Rahmen der ›Inklusion‹ werden alle Kinder von Anfang an unabhängig von ihrer Herkunft, Religionszugehörigkeit oder eventueller Behinderungen in einer gemeinsamen Kindergartengruppe erzogen.

Spracherwerb → S. 466

Inklusion → S. 260

Abb. 7.40 Die Kindertageseinrichtung als Ort, an dem alle Kinder gemeinsam aufwachsen

Probleme eines Kindes mit Migrationshintergrund können sein:
- Sprachschwierigkeiten führen zu Auseinandersetzungen mit anderen Kindern.
- Die Kommunikation zwischen den pädagogischen Fachkräften und den Eltern wird durch Sprachbarrieren erschwert.
- Es können Konflikte zwischen der zu Hause gelebten Kultur des Herkunftslandes und der in der Kindertageseinrichtung vermittelten Kultur entstehen, z. B. bei der Verwendung bestimmter Nahrungsmittel.
- ›Werte‹ und ›Normen‹ der neuen Kultur sind fremd, dadurch kann es zu Missverständnissen und Konflikten kommen.
- Verlust von Freunden im Herkunftsland, es entsteht Einsamkeit.
- In Notunterkünften fehlen Bücher und Spielzeug, den Kindern fehlt Anregung und die Möglichkeit, zu spielen.
- Asylbewerberkinder können mangel- oder fehlernährt sein.
- Der Rechtsanspruch auf einen Kindergartenplatz und die Standorte von Kindertagesstätten sind den Eltern nicht bekannt.
- Bei den Eltern von Asylbewerberkindern fehlt manchmal das Bewusstsein über die Bedeutung vorschulischer Bildung.

Werte → S. 217
Normen → S. 219

Fatu und Kojo

Die Mutter lässt Fatu (4, w) und Kojo (3, m) bei der Großmutter in Ruanda zurück, um die Kinder später nach Deutschland zu holen. Hier geht sie für ihr Bleiberecht eine Scheinehe ein, obwohl sie eine neue Beziehung zu einem afrikanischen Mann hat. Dennoch holt sie ihre Kinder aus dem Unruhegebiet Ruanda in die Scheinfamilie nach Deutschland. Hier eskaliert der Familienkonflikt, als die Mutter ein drittes Kind von ihrem afrikanischen Partner erwartet. Sie schickt Fatu und Kojo, jetzt acht und sieben Jahre alt, wieder zur Großmutter nach Ruanda. Dort wird der Vater vor den Augen seiner Kinder vom `Militär` enthauptet. Danach werden sie mit zehn und neun Jahren wieder nach Deutschland in die Scheinfamilie mit dem sogenannten `Stiefvater` geholt. Inzwischen gehört auch ihr kleiner Halbbruder mit dazu; sie erleben über viele Jahre massivste Familienkonflikte. (…)

Voswinckel, Rita (2014) in Zeitschrift „Pädagogik", Ausgabe Nr.5/2014, S.39

ZUM WEITERDENKEN Zu den Menschen mit Migrationshintergrund zählen „alle nach 1949 auf das heutige Gebiet der Bundesrepublik Deutschland Zugewanderten sowie alle in Deutschland geborenen Ausländer und alle in Deutschland als Deutsche Geborenen mit zumindest einem zugewanderten oder als Ausländer in Deutschland geborenen Elternteil".
Definition im Mikrozensus, Statistisches Bundesamt (2013)

> Als Asylbewerber werden Personen bezeichnet, die in einem fremden Staat Schutz und Aufnahme vor Verfolgung (z. B. politisch) erbitten.

Unabhängig von den Gründen, weswegen eine Familie ihr Heimatland verlassen hat, wird diese Personengruppe als Migranten bezeichnet. Bei Asylbewerbern prüft das Bundesamt für Migration und Flüchtlinge gemäß dem Asylverfahrensgesetz, ob ein Asylanspruch besteht.

Schutzsuchende in Deutschland

Zahl der Asyl-Erstanträge in Tausend

Jahr	1995	96	97	98	99	2000	01	02	03	04	05	06	07	08	09	10	11	12	13	2014
Tsd.	128	116	104	99	95	79	88	71	51	36	29	21	19	22	28	41	46	65	110	173

Hauptherkunftsländer im Jahr 2014 — Veränderung zu 2013 in Prozent

Land	Anzahl	Veränderung
Syrien	39 332	+ 232 %
Serbien	17 172	+ 50
Eritrea	13 198	+ 265
Afghanistan	9 115	+ 18
Albanien	7 865	+ 531
Kosovo	6 908	+ 104
Bosnien u. Herzegowina	5 705	+ 72
Mazedonien	5 614	− 10
Somalia	5 528	+ 46
Irak	5 345	+ 35

Quelle: Bundesamt für Migration und Flüchtlinge
© Globus 10069

Abb. 7.41 Schutzsuchende in Deutschland

GRUNDLAGEN DER PÄDAGOGIK

Bildungs- und Erziehungspartnerschaften mit Eltern verschiedener Kulturen → S. 407

›**Bildungs- und Erziehungspartnerschaften‹ mit Migrantenfamilien** gehören mittlerweile zu den Qualitätsstandards jeder Einrichtung. Die Vielfalt der Kulturen und Unterschiedlichkeiten der Menschen werden als Bereicherung empfunden. Für die pädagogischen Fachkräfte bedeutet dies, eigene Einstellungen und insbesondere Vorurteile regelmäßig kritisch zu überdenken. Kinderpfleger sollten die Familiensituation des Kindes kennen und sich mit dem Kulturkreis des Herkunftslandes beschäftigen, da Vorurteile oft entstehen, wenn Menschen schlecht informiert sind. Das pädagogische Team informiert sich über die Länder, Kulturen und Religionen der Kinder.

Sprachförderung → S. 475

Spracherwerb → S. 466

Ein wesentliches Ziel ist die ›Sprachförderung‹, da dem Kind ohne Sprachkenntnisse der Zugang zum Bildungssystem erschwert ist. Kinder im Vorschulalter lernen eine zweite ›Sprache‹ häufig dann mühelos, wenn bestimmte Voraussetzungen vorliegen. Die Eltern können ihre Kinder am besten mit einer positiven Einstellung gegenüber dem Zweitspracherwerb unterstützen.

Schaut mal: Suzanna kommt aus Polen, Samira kommt aus Syrien, Joachim aus Deutschland, Cigdem aus der Türkei und Abd-al-Quadir aus Marokko.

Handlungsmöglichkeiten und Aufgaben der Kinderpfleger
- Offenheit für andere Kulturen und Sprachen zeigen; Vielfalt als bereichernd erleben
- Achtung und Respekt aller Kulturen, die sich im täglichen Umgang mit den Kindern und Eltern widerspiegelt
- Wird die Lebensgeschichte jeden Kindes berücksichtigt, kann auf individuelle Bedürfnisse besser eingegangen und Integrationsangebote wie psychologische Betreuung gezielt können genutzt werden
- Projekte zu den unterschiedlichen Herkunftsländern fördern die Integration von Kindern aus anderen Kulturen in die Gruppe
- Eltern die Gelegenheit geben, die Kindertageseinrichtung kennenzulernen.
- Gezielte Sprachförderung mit Bilderbüchern und Spielen
- Das eigene Verhalten und die persönliche Einstellung gegenüber Migranten sollte immer wieder kritisch überdacht werden
- Vorurteile können durch Kontakt zu den Eltern abgebaut werden

> **Warum muss ich das für meinen Beruf wissen?**

Für Ihr Praktikum und Ihren Beruf ist es wichtig, Kindern mit auffälligem Verhalten nicht voreilig eine Diagnose zu stellen und sie als gestört abzustempeln. Schauen Sie genau hin, beobachten Sie das Verhalten eines Kindes über mehrere Wochen. Reden Sie mit dem Kind über Probleme. Beziehen Sie auch die Situation zu Hause in Ihre Überlegungen mit ein. Analysieren Sie sorgfältig, notieren Sie Ihre Beobachtungen und tauschen Sie sich mit Kollegen aus. Scheuen Sie sich nicht, Eltern dann auf Ihre Beobachtungen hin anzusprechen und Hilfe anzubieten. Suchen Sie nach Ressourcen, die dem Kind helfen können. Eine wichtige Ressource sind Sie! Sie können dem Kind durch Zuwendung, Verlässlichkeit und Ausgeglichenheit das Gefühl von Geborgenheit geben, die es für eine gesunde Entwicklung braucht.

Für Ihr Praktikum ist es wichtig, sich mit chronischen Erkrankungen von Kindern auseinanderzusetzen und Wissen über diese Erkrankungen zu erlangen. Fragen Sie in Ihrer Einrichtung nach, ob es Kinder mit chronischen Erkrankungen gibt, und begleiten Sie diese einen Tag über. Erfassen Sie die Aufgaben, die von Kinderpflegern und Erziehern übernommen werden dürfen und welche nicht.

Ein Kind mit einer chronischen Erkrankung ist wie jedes andere Kind auch. Es hat nur eine zusätzliche Aufgabe, z. B. das Blutzuckermessen bei Diabetes oder das Verzichten auf unverträgliche Lebensmittel. Sie könne das Kind dabei positiv unterstützen und für einen verantwortungsvollen Umgang mit der Erkrankung loben und bestärken.

Es kann vorkommen, dass Eltern sich an Sie wenden und fragen, ob Sie Ihr Kind für hochbegabt halten. Gehen Sie auf die Eltern ein. Weisen Sie dann darauf hin, dass Hochbegabung nur von einem Spezialisten festgestellt werden kann. Hochbegabung ist sehr selten und zeigt sich meist erst im Schulalter. Entwicklungsvorsprünge sind eher das Ergebnis besonders ehrgeiziger Förderung durch die Eltern.

Der Anteil an Kindern mit Migrationshintergrund in Kindertagesstätten nimmt kontinuierlich zu. Auch Kinder mit Behinderung besuchen in den letzten Jahren vermehrt Regeleinrichtungen. Der Umgang mit dieser Vielfalt gehört zum Arbeitsalltag der Kinderpfleger. Eine professionelle Haltung zu entwickeln gelingt Ihnen, wenn Sie allen Menschen mit Interesse, Respekt und Empathie begegnen, unabhängig von ihrer Herkunft, ihrem Geschlecht oder sonstigen Merkmalen.

8 GRUPPE UND ERZIEHUNG

> **16:45** Die Kinder in meiner Gruppe streiten sich ständig. Muss das sein?
>
> **17:03** Donnerstags ist immer nur Bewegung für die Gruppe der Minis. Warum macht nicht die gesamte Gruppe zusammen was?
>
> **17:10** Warum sind Gruppen so wichtig? Ich lerne lieber alleine.

Der Mensch ist in seinem Leben immer wieder Mitglied in unterschiedlichen Gruppen. Das beginnt bereits mit der Geburt. Wir alle sind Mitglieder einer Familie, viele gehören einem Sportverein oder einer Klassengruppe an.

> **BEISPIEL** **Larissa (8;5)** geht seit ihrem sechsten Lebensjahr in den Sportverein und macht dort dreimal pro Woche Judo. Alle tragen dort den gleichen Judoanzug und fahren gemeinsam zu Wettkämpfen.
> **Ben (5;6)** gehört in der Kindertagesstätte zu der Gruppe der Vorschulkinder. Sie treffen sich einmal pro Woche nachmittags zur „Maxigruppe".
> **Nina (2;4)** geht gemeinsam mit ihrer Mutter dienstags zur Spielgruppe. Dort hat sie zwei Freundinnen in ihrem Alter gefunden.

Der Mensch lebt ständig in sozialen Zusammenhängen, also in Gruppen.

8.1 Was ist eine Gruppe?

Nicht jedes soziale Gebilde wird als Gruppe bezeichnet. Um zu bestimmen, was eine Gruppe ausmacht, gibt es unterschiedliche Merkmale. Zuallererst ist festzuhalten, dass eine Gruppe aus mindestens zwei Personen besteht. Viele für eine Gruppe typische Verhaltensweisen sind bereits bei einer Zweiergruppe erkennbar. Zum Beispiel kommen zwei Personen schnell miteinander ins Gespräch und tauschen sich aus. Es werden auch zu zweit Ausflüge und andere Freizeitaktivitäten unternommen.

Es gibt aber auch Muster, die erst in Gruppen ab drei Personen auftreten. Hierzu gehört etwa die Koalitionsbildung. Das bedeutet, dass sich mindestens zwei Personen zusammenschließen (Koalition) und sich gegen eine oder mehrere andere Personen stellen. Damit aus einer zufälligen Ansammlung von Menschen eine Gruppe wird, müssen noch weitere **Kriterien** (Merkmale) erfüllt sein. Diese sind:

- die gemeinsame ›Interaktion‹
- das Verfolgen gemeinsamer Ziele oder Interessen
- die Entwicklung eines Wir-Gefühls
- zeitliche Stabilität
- eine Organisationsstruktur

Interaktion → S. 188

Merkmal einer Gruppe	Beschreibung
Interaktion	Alle Mitglieder einer Gruppe beeinflussen sich wechselseitig und reagieren aufeinander. Sie nehmen sich gegenseitig wahr und kommunizieren miteinander.
Gemeinsame Ziele oder Interessen	Die Mitglieder einer Gruppe verfolgen ein gemeinsames Ziel oder besitzen gemeinsame Interessen wie z. B. das Trainieren von Judo im Verein oder das Bestehen einer Prüfung. Die Ziele und Interessen können von Gruppe zu Gruppe sehr unterschiedlich sein.
Wir-Gefühl	Die Gruppe nimmt sich als eine Gruppe wahr und grenzt sich gegenüber anderen Personen ab. Es entsteht ein Wir-Gefühl, ein Gefühl der Zusammengehörigkeit. Eine Gruppe wird auch von Außenstehenden als eine Einheit wahrgenommen, z. B. die Mädchengruppe in der Jugendfreizeiteinrichtung.
Zeitliche Stabilität	Eine Gruppe wird erst nach einer gewissen Zeit zu einer Gruppe. Das gemeinsame Sitzen in der Straßenbahn macht aus unterschiedlichen Menschen noch keine Gruppe.
Organisation und Struktur	Die Gruppe hat eine innere Struktur (Ordnung): Die einzelnen Mitglieder übernehmen aufgrund ihrer Eigenheiten und Fähigkeiten unterschiedliche ›Rollen‹ und Positionen. So gibt es den Gruppenführer, den Kritiker, aber auch sogenannte Mitläufer in einer Gruppe.

Rolle → S. 33

ZUM WEITERDENKEN Mit zunehmender Gruppengröße wird die Interaktion immer schwieriger. In der Regel wird deshalb von einer Gruppe gesprochen, wenn sie mindestens zwei, aber nicht mehr als 25 Mitglieder umfasst.

Abb. 8.1 Eine Lerngruppe findet sich zu einem bestimmten Zweck zusammen.

8.2 Gruppen sind nützlich

Alle Menschen gehören unterschiedlichen Gruppen an.

> **BEISPIEL** Ben (5;6) geht schon seit zwei Jahren in die Regenbogengruppe der Kita „Sonnenschein". Er ist dort eines von zwanzig Kindern. In der Gruppe spielt er am liebsten mit seinen drei Freunden in der Bauecke. Sie treffen sich auch am Nachmittag und gehen gemeinsam in die Abenteuerturngruppe des Sportvereins.
> Ben kommt im Sommer in die Schule. In die Vorschulgruppe gehen alle zehn Kinder der Kita, die im Sommer in die Schule kommen.
> Ben hat noch zwei Geschwister. Gemeinsam leben sie mit den Eltern und Großeltern in einem Haus – insgesamt sieben Personen aus drei Generationen. Ben genießt das: Es ist immer jemand für ihn da.

Die Zugehörigkeit zu Gruppen gibt dem Menschen Sicherheit, das Gefühl, Ziele erreichen zu können, und bringt Nutzen. Menschen bilden also Gruppen, um Nutzen für sich zu erzielen.

> **BEISPIEL** Sie gehören der Klasse der Kinderpfleger an und streben alle ein gemeinsames Ziel an: die Abschlussprüfung erfolgreich zu schaffen. Sie helfen sich gegenseitig, lernen zusammen und machen aus jeder Gruppenarbeit das Beste. Ein schwieriges Projekt ist beispielsweise ohne die Mithilfe anderer nicht zu lösen. Jedes Gruppenmitglied bringt unterschiedliche Fähigkeiten ein und hilft so das Ziel zu erreichen.

Abb. 8.2 Eine Gruppe ist eine Interessengemeinschaft.

In einer Lerngruppe liegt der Nutzen in der **Aufteilung der Aufgabe**. Jeder bearbeitet bestimmte Teilaufgaben und stellt sie den anderen vor. Die Mitglieder verlassen sich aufeinander und übernehmen die verteilten Aufgaben.

Eine Gruppe kann auch dazu dienen, eine gemeinsame Überzeugung auszudrücken. Sie gibt einem dann das Gefühl von Macht, also das Gefühl, etwas bewirken zu können.

> **BEISPIEL** Das Team der Kita „Lummerland" will Mitarbeiter, Eltern und Kinder dazu bewegen, weniger Müll zu produzieren und eine bessere Mülltrennung durchzuführen. Das Team fühlt sich stark und kann mit der gemeinsamen Haltung überzeugender auftreten.

Ein wichtiges ›Bedürfnis‹ des Menschen ist das Bedürfnis nach **Kontakt**. Gruppen eignen sich besonders gut, dieses Bedürfnis zu befriedigen. Die Mitglieder einer Gruppe haben Kontakt zueinander und reagieren aufeinander. Man ist nicht alleine. Die Gruppe gibt Sicherheit und Schutz.

Bedürfnis → S. 410

Einer Gruppe anzugehören kann sich auch auf die **soziale ›Identität‹** eines Menschen auswirken. Durch die Zugehörigkeit zu Gruppen weiß man, was oder wer man ist. Dabei orientiert man sich an den ›Normen und Werten‹ einer Gruppe.

Identität → S. 233

Normen und Werte → S. 217

> **BEISPIEL** Sie haben dies bestimmt schon einmal erlebt, indem Sie sich einer Gruppe angeschlossen haben, weil diese aus gleichgesinnten Menschen bestand. Vielleicht sind Sie Mitglied einer Band oder eines Vereins. Keiner aus Ihrem Verein raucht und nach einigen wenigen Versuchen haben Sie auch das Rauchen eingestellt, weil Sie den Normen Ihrer Gruppe entsprechen wollten.

Auch das **Selbstwertgefühl** wird von der Gruppenzugehörigkeit beeinflusst. Die Zugehörigkeit zu einer erfolgreichen, attraktiven Gruppe wirkt sich positiv auf das eigene Selbstbewusstsein aus. Das kann z. B. das erfolgreiche Fußballteam einer Schule sein. Erfolge wie der Gewinn der Vereinsmeisterschaften mit einem Team haben ebenfalls einen positiven Einfluss auf das Selbstwertgefühl. Misserfolge der Gruppe können sich im Umkehrschluss negativ auswirken.

Auch in einer Tageseinrichtung für Kinder ist das gemeinsame Handeln eine wichtige Grundlage. Im gemeinsamen Spiel und Alltag können Kinder voneinander und miteinander lernen.

> **BEISPIEL** Im Projekt „Wir trennen unseren Müll" arbeiten alle Kinder der Vorschulgruppe zusammen mit den pädagogischen Fachkräften an einer besseren Mülltrennung. Die Kinder haben gemeinsam Plakate erarbeitet, auf denen jedes Kind schnell erkennen kann, wohin welcher Müll gehört. Sie haben sich gemeinsam Orte überlegt, an denen sie ihre Plakate aufhängen wollen. Seit zwei Wochen kontrollieren die Vorschulkinder die Mülltonnen in der Tageseinrichtung. Sie stellen richtig gute Erfolge fest. Es kommt kaum noch vor, dass der Müll im falschen Eimer liegt. Sie werden auch von dem Team und den Eltern der Kita sehr gelobt. Sie sind eine Gruppe mit einem erfolgreichen Projekt geworden und überlegen bereits, was sie als Nächstes für die Kita machen wollen.

8.3 Unterschiedliche Formen von Gruppen

Der Mensch erlebt im Laufe seines Lebens die Zugehörigkeit zu unterschiedlichen Gruppen. Dabei spielt es eine Rolle,
- wann man auf diese Gruppe trifft und
- welchen Bezug man zu der Gruppe hat.

> **BEISPIEL** **Anja (23)** kommt neu in Ihre Klasse. Das erste Halbjahr hat sie in einer Schule in einer anderen Stadt verbracht. Jetzt ist sie mit ihrem Freund zusammengezogen und hat Stadt und Schule gewechselt. Sie ist die große Stadt nicht gewohnt, da sie bisher auf dem Land gelebt hat, und findet sich nur schwer zurecht. Auch gelingt ihr der Anschluss an die Klasse nur mühsam. Sie ist eher schüchtern und zurückhaltend. Im Schulchor wirkt sie ganz anders – sie singt gerne mit, hat gute Ideen für Musikstücke und wird nach kurzer Zeit festes Mitglied in der Gruppe.

8.3.1 Primär- und Sekundärgruppen

Abb. 8.4 Primärgruppe Familie

Abb. 8.3 Sekundärgruppe Kindertagesstätte

Primärgruppen sind Gruppen, die zuerst im Leben eines Menschen erscheinen. Die Primärgruppe besteht in der Regel aus der Familie mit Elternteilen und Geschwistern. Nachfolgend kommen Spielgruppen hinzu.

> Diese Gruppen sind meist klein und überschaubar und umfassen in der Regel zwei bis sechs Mitglieder.

Primärgruppen zeichnen sich durch einen **engen, unmittelbaren Kontakt** miteinander aus, der auf unterschiedlichen Wegen geschieht: über Sprache, Blickkontakt und körperliche Berührung. Die Eltern schauen den Säugling an, die Kinder spielen miteinander. Der Kontakt ist häufig emotionaler Art (mit Gefühlen verbunden) und beruht auf gegenseitigen Abhängigkeiten. Das Kind benötigt die Fürsorge der Eltern für eine gelungene Entwicklung.

Sekundärgruppen entstehen erst im weiteren Verlauf des Lebens eines Menschen. Aus dem engen Bezugsrahmen der familiären Primärgruppe kommt das Kind in die Tageseinrichtung und in die Schule.

Diese Gruppen sind bereits deutlich größer und besitzen eine Vielzahl an Mitgliedern. Sie zeichnen sich dadurch aus, dass der Kontakt der Mitglieder weniger eng ist und nicht immer direkter Art. Die ›**sprachliche Kommunikation**‹ nimmt nun einen deutlich höheren Stellenwert ein. Nicht jeder aus dieser Gruppe wird angefasst oder ständig wahrgenommen. Eine solche Gruppe verfolgt nur teilweise gemeinsame Ziele.

Kommunikation → S. 188,
Sprachentwicklung → S. 161

> **BEISPIEL** Nur die Vorschulkinder einer Kindertagesstätte nehmen an dem Waldausflug teil oder nur die Mädchen spielen in der Rollenspielecke.

8.3.2 Formelle und informelle Gruppen

›Formelle‹ Gruppen sind fest organisiert und werden planmäßig geleitet. Dies kann der Vorstand eines Sportvereins oder eine Schulklasse sein. In diesen Gruppen wird ausdrücklich festgelegt, welche Normen, Ziele und Werte verfolgt werden sollen. Ebenso werden Rollen, Aufgaben und Zuständigkeiten festgelegt.
Formelle Gruppen sind in der Regel Mitgliedsgruppen. Dies sind Vereine und Gruppierungen, in denen man ein passives oder aktives Mitglied ist.
Als ›**informelle**‹ Gruppen werden Gruppen bezeichnet die sich spontan bilden. Ziele, Normen und Werte sind nicht ausdrücklich festgeschrieben und die Ordnung und Struktur der Gruppe werden nicht von außen auferlegt. Eine solche Gruppe entwickelt von sich aus im Laufe der Zeit eigene Werte und Normen. Rollen und Fähigkeiten der Mitglieder bilden die Struktur der Gruppe. Informelle Gruppen können sich innerhalb formeller Gruppen bilden, z. B. eine Clique innerhalb einer Schulklasse. Andere Beispiele sind ›Peergroups‹ oder Spielgruppen von Kindern.

formell
einer bestimmten Ordnung folgend

informell
ohne feste Ordnung, nicht offiziell

> **BEISPIEL** **Anna**, **Bea** und **Sofia** sitzen in ihrer Klasse 8c immer nebeneinander. Sie treffen sich jeden Nachmittag und gestalten ihre Freizeit zusammen. Manchmal lernen sie für die Schule, an anderen Tagen gehen sie zusammen shoppen. Bea ist immer sehr ordentlich und pünktlich und ist in der Clique dafür zuständig, an Termine und Klassenarbeiten zu erinnern. Anna ist kreativ und sucht für ihre Freundinnen die besten Anziehsachen aus. Sofia ist einfach nur gerne mit den beiden zusammen und macht viele Dinge einfach mit.

> **ZUM WEITERDENKEN** Die Unterscheidung zwischen formellen und informellen Gruppen ist nicht immer einfach zu treffen. Eine Gruppe kann je nach ihrer Ausrichtung mehr oder weniger formell oder informell sein. Der Einfluss von informellen Gruppen wie z. B. einer Clique auf die gesamte Schulklasse ist nicht zu unterschätzen. Anna, Bea und Sofia könnten als Vorbilder für Trends gelten und so alle Mädchen in ihrer Klasse beeinflussen.

Abb. 8.5 Eine Clique hat ihre eigenen Regeln.

Rangordnung und Bezugsgruppe
In jeder Gruppe besteht eine Rangordnung. Auch dabei kann zwischen formell und informell unterschieden werden.
Die formell festgelegte Rangordnung umfasst etwa
- Lehrer,
- Klassensprecher und
- Schüler.

Eine informelle Rangordnung besteht z. B. aus
- einem heimlicher Führer,
- einer Clique und
- Mitläufern.

Häufig sind informelle Gruppen auch sogenannte **Bezugsgruppen**. Dies sind Gruppen, deren Inhalte und Auffassungen man teilt. Die Verhaltensweisen der Mitglieder entsprechen den eigenen Einstellungen und Ausrichtungen. Der Einzelne fühlt sich in seiner Bezugsgruppe angenommen und ›identifiziert‹ sich in einem hohen Maß mit der Gruppe.

identifizieren
sich gleichsetzen

8.3.3 Eigengruppe und Fremdgruppe

Eine Gruppe, der man sich zugehörig fühlt und mit der man sich identifiziert, wird auch **Eigengruppe** genannt. Andere Bezeichnungen sind Innengruppe oder Ingroup. Man bringt dieser Gruppe eine hohe Sympathie entgegen und will gerne Mitglied in ihr sein. Es herrscht ein Wir-Gefühl vor, alle Gruppenmitglieder vertrauen einander, sind sich sympathisch und handeln zusammen.

Durch den starken Zusammenhalt grenzt sich die Gruppe nach außen und von anderen ab. Die **Loyalität** (innere Verbundenheit) der Gruppenmitglieder ist hoch. Neue Gruppenmitglieder werden nur selten aufgenommen und akzeptiert.

Abb. 8.6 Abgrenzung von einer Fremdgruppe

Die Gruppe der anderen Menschen, die nicht zur Eigengruppe gehören, wird als **Fremdgruppe** wahrgenommen. Diese wird auch Außengruppe oder Outgroup genannt. Das geht meist auch mit einer Bewertung einher, das heißt, die Fremdgruppe wird eher abgelehnt. Die Mitglieder dieser Gruppe werden als fremd und anders wahrgenommen und kaum bis gar nicht akzeptiert. Ihr Verhalten erscheint unverständlich. Daher findet eine Abgrenzung und Ablehnung der Fremdgruppe statt. Häufig kommt es zu negativen Vorurteilen und Rivalitäten mit der Fremdgruppe.

> **BEISPIEL** Auf dem Schulhof der Luisen-Schule kommt es in den Pausen immer wieder zu den gleichen Vorfällen. Die Klasse 7a spielt in der rechten Ecke des Pausenhofs Fußball und ist dabei sehr laut. Die Klasse 7d sitzt in der anderen Ecke und regt sich über das Verhalten der „Idioten aus der 7a" lautstark auf.

8.4 Rollen in der sozialen Gruppe

Eine Gruppe wird in ihrer Organisation auch durch die Erwartungen an die einzelnen Mitglieder bestimmt. Diese Erwartungen unterscheiden sich je nach der Rolle, die ein Mitglied innerhalb der Gruppe einnimmt.

> Eine Rolle besteht aus den gesammelten Erwartungen an das Verhalten einer bestimmten Person innerhalb der Gruppe.

Die Mutter, der Lehrer, die Kita-Leiterin haben jeweils eine eigene Rolle mit daran geknüpften Erwartungen.

BEISPIEL Von einem Trainer wird erwartet, dass er das Regelwerk seiner Sportart kennt, das Team motiviert und anspornt. Er soll seine Mannschaft im Griff haben und gerecht sein. Sein Verhalten soll vorbildlich sein und er soll gutes Verhalten belohnen und negatives bestrafen.

Die Rollen in einer Gruppe entstehen durch die Unterschiede der Mitglieder. Jedes Mitglied bringt eine Vielzahl von Interessen, Bedürfnissen, Fähigkeiten und sogenannten „harten Faktoren" wie Alter, Hautfarbe oder sozialer Status mit sich. Außerdem zeigt es häufig wiederkehrende bestimmte Verhaltensmuster. Mit der Zeit wird dieses Verhalten von dem Gruppenmitglied erwartet. Das kann zur Übernahme einer Rolle führen.

BEISPIEL **Olaf** meldet sich in jeder Kunststunde zu Wort. Er hat kreative Ideen zur Umsetzung des Graffitiprojekts am Tag der offenen Tür in der Schule. Er schlägt Methoden vor und teilt die anderen Schüler zur Arbeit ein. Im Laufe des Projekts wird von ihm erwartet, dass er die Rolle des Anführers in dieser Gruppe übernimmt.

| Der Anführer | Der Mitläufer | Der Außenseiter | Der Clown |

Die Gestaltung einer Rolle wird also durch zwei wesentliche Bestandteile bestimmt:
- die individuellen **Fähigkeiten und Persönlichkeitsmerkmale** des Rollenträgers und
- die **Erwartungshaltung** der Gruppe.

ZUM WEITERDENKEN Rollen sind für eine Gruppe wichtig und dienen der Arbeitsteilung. Sie helfen dabei, Gruppenziele zu erreichen und die Überlastung einzelner Mitglieder zu vermeiden. Jeder übernimmt ihm Rahmen seiner Fähigkeiten eine Aufgabe und Rolle in der Gruppe. Eine Rolle wird aber nur übernommen, wenn sie als positiv und altersangemessen erlebt wird.

8.5 Wie entwickelt sich eine Gruppe?

Eine Gruppe durchläuft während ihres Bestehens verschiedene Phasen. Diese sind notwendig, damit ein Wir-Gefühl entstehen und die Gruppe zielorientiert wirken kann. Die US-amerikanischen Sozialpsychologen Saul Bernstein und Louis Lowy haben 1975 ein **Phasenmodell** entwickelt. Es ist bis heute das gängige Modell zur Darstellung der Gruppenphasen.

> Eine Gruppe durchläuft fünf Phasen, die sich zeitlich und in ihrer Intensität (Stärke) unterscheiden können.

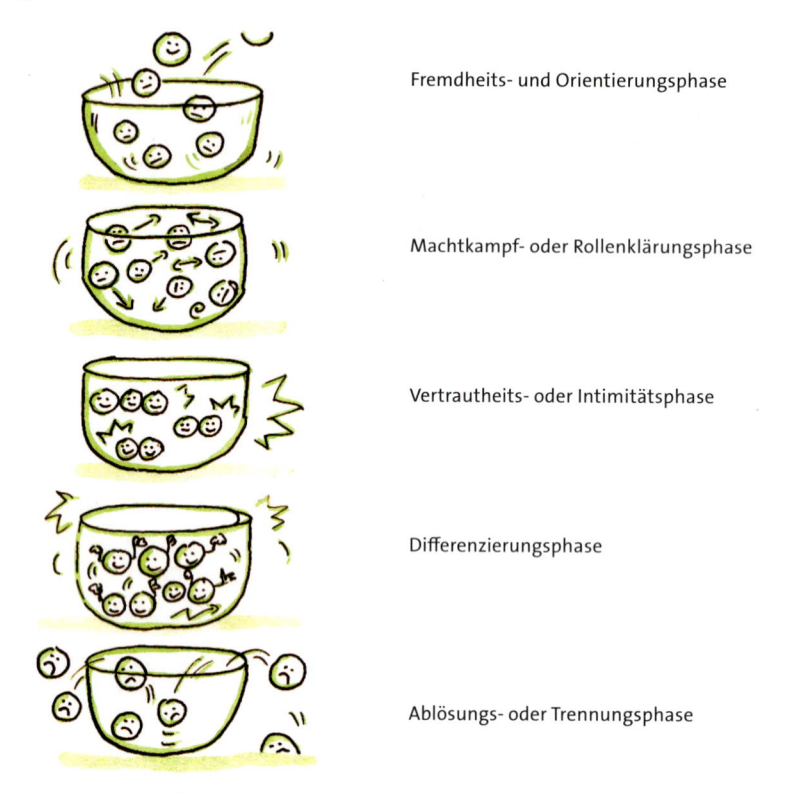

Fremdheits- und Orientierungsphase

Machtkampf- oder Rollenklärungsphase

Vertrautheits- oder Intimitätsphase

Differenzierungsphase

Ablösungs- oder Trennungsphase

Die fünf Phasen nach Bernstein und Lowy sind eine Hilfestellung für Personen, die Gruppen leiten, und bieten eine Arbeitsgrundlage im Rahmen der Gruppenentwicklung.

8.5.1 Die Fremdheits- oder Orientierungsphase

In der Anfangsphase einer Gruppe sind sich alle Beteiligten in der Regel noch fremd. Es herrschen Unsicherheiten und soziale Ängste. Die Beteiligten fragen sich, was in dieser Gruppe auf sie zukommt und welche Menschen sich in der Gruppe befinden.

Vorsichtig erkunden sich die Mitglieder untereinander und es herrscht ein **Wechsel aus Nähe und Distanz** vor. Die Mitglieder wollen zum einen in den Kontakt miteinander treten, zum anderen herrscht noch kaum Vertrauen zueinander. Dies macht die Kontaktaufnahme schwierig. Fragen nach Akzeptanz und Angenommensein spielen bei den einzelnen Mitgliedern eine große Rolle.
Die Gruppe ist noch nicht in der Lage, eine langfristige Aufgabe zu lösen, und kann nur einfache Entscheidungsaufgaben tätigen.

BEISPIEL In die Gruppe einer Kindertagesstätte kommen jedes Jahr einige neue Kinder. Für die neuen Kinder ist dies aufregend und spannend, aber auch mit unbekannten und unsicheren Situationen verbunden. Sie kennen den Tagesablauf und die anderen Kinder der Gruppe nicht und müssen sich schrittweise an die anderen Kinder herantasten. Sie müssen Freunde zum Spielen finden, die Regeln der Gruppe verstehen lernen und Vertrauen zu den pädagogischen Fachkräften der Gruppe aufbauen. Die Kinderpfleger wissen um diese Situation und spielen Kennenlernspiele wie „Mein rechter Platz ist frei" oder das „Zipp-Zapp-Spiel".

Abb. 8.7 Kennenlernphase in einer Gruppe

In dieser Phase ist es hilfreich, wenn die Gruppenleitung eine lockere Atmosphäre schafft und die Gruppe die Möglichkeit hat, sich näher kennenzulernen. Es sollte darauf geachtet werden, dass kein Gruppenmitglied isoliert ist. Der Gruppenleiter sollte geduldig vorgehen und Erkundungs- und Kennenlernspiele anbieten. So können erste Kontakte der Mitglieder untereinander gefördert werden.

8.5.2 Machtkampf- oder Rollenklärungsphase

In der zweiten Gruppenphase bildet sich die Gruppenstruktur aus. Eine erste soziale Organisation der Gruppe wird deutlich. Die einzelnen Mitglieder zeigen Sympathien und Antipathien deutlich. Durch Veränderungen, z. B. in der Sitzordnung, werden Zugehörigkeit und Ablehnung deutlich gemacht.
Die Stimmung in der Gruppe ist gespannt und unbehaglich. Es wird um Funktionen und Positionen in der Gruppe gerungen. Die Mitglieder entwickeln eine erste Ranghierarchie. Es wird über Normen und Werte der Gruppe diskutiert, Ideale werden aufgestellt und wieder verworfen. Die Gruppe befindet sich in einem dynamischen (beweglichen) Prozess der Orientierung.
Die Stärken und Schwächen der einzelnen Mitglieder werden deutlich. Es gibt Menschen, die durch ihr dominantes Verhalten zum Anführer einer Gruppe werden. Andere Gruppenmitglieder beteiligen sich an dem Prozess nur wenig und nehmen eher die Rolle eines Mitläufers ein. Einzelne Positionen werden von mehr als einem Gruppenmitglied beansprucht. Dabei kommt es zu Rangkämpfen, die verbal (sprachlich) ausgetragen werden. Dabei können die Gefühle des anderen verletzt werden.

Es gibt Sieger und Besiegte in dieser Phase. Die Position des Sündenbocks kann durch die Zuschreibungen der Gruppe ebenso entstehen wie die Rolle des Außenseiters oder des Störers.

Im Prozess können sich **Untergruppen** bilden, die sich voneinander abgrenzen und nur aus wenigen Mitgliedern der Gesamtgruppe bestehen.

> **BEISPIEL** Für die Kinder in der Tageseinrichtung geht es darum, einen Platz in der Gruppe zu finden. Die Puppenecke wird von den vierjährigen Mädchen besetzt und jeden Tag verteidigt. **Luisa (4;0)**, **Lene (4;1)** und **Sina (4;0)** haben sich abgesprochen, dass nur sie dort spielen dürfen. Anderen Kindern verweigern sie den Zutritt. Sie spielen die gesamte Freispielzeit dort „Vater, Mutter, Kind". Manchmal versucht **Lara (4;1)** mitzuspielen und setzt sich einfach dazu. Wenn sie Glück hat, darf sie der Hund der Familie sein. Meistens aber wird sie aus der Puppenecke vertrieben.

Auch die pädagogische Fachkraft ist in den Prozess der Orientierung einbezogen und wird von den Gruppenmitgliedern ausgetestet. Sie dient darüber hinaus als Projektionsfläche für die Gefühle der Gruppe. Die Kinder erkennen sehr schnell, welche Haltungen und Gefühle die pädagogische Fachkraft in Bezug auf die kindlichen Handlungen einnimmt. Sie nehmen wahr, ob schwache Kinder unterstützt werden oder ob die pädagogische Fachkraft lieber mit den Bestimmern einer Gruppe Aktivitäten unternimmt.

In dieser Phase muss sie Grenzen setzen, schwache Gruppenmitglieder stützen und starke bremsen. Sie muss neutral bleiben und dient als Vermittler und Schiedsrichter. Dabei sollte sie allen Mitgliedern der Gruppe gegenüber eine positive Grundhaltung einnehmen und allen ermöglichen, am Prozess teilzunehmen.

8.5.3 Vertrautheits- oder Intimitätsphase

Die dritte Phase des Gruppenmodells verspricht mehr Ruhe und Konzentration auf das Wesentliche. Die Machtkämpfe treten in den Hintergrund. Die Gruppenmitglieder haben ihren Platz gefunden und es gibt eine Struktur innerhalb der Gruppe.

Nach der Phase der Auseinandersetzungen wirkt diese Phase sehr harmonisch und positiv. Die Gruppe entwickelt ein **Wir-Gefühl** und grenzt sich gegenüber anderen Gruppen ab. Es besteht in der Gruppe der Wunsch nach Harmonie und Zusammengehörigkeit.

Die einzelnen Gruppenmitglieder suchen innerhalb der Gesamtgruppe Kontakte und es kommt zur Bildung von Kleingruppen. Neue Mitglieder werden nicht gerne in die bestehende Gruppe aufgenommen.

Die Gruppe ist arbeitsfähig geworden. Dabei ist sie in der Lage, längerfristig zu planen und Aufgaben selbst zu verteilen.

Die Kinderpflegerin kann nun teilweise zurücktreten und das gruppeneigene Tun akzeptieren und unterstützen. Alle Mitglieder der Gruppe sollten dabei weiter beobachtet werden, um ungelöste Konflikte zu erkennen und Hilfestellungen anbieten zu können.

> **BEISPIEL** Im Stuhlkreis beobachtet die Kinderpflegerin die Kinder nun stärker und lässt sie zunächst selbstständig handeln. So lässt sie die Kinder das nächste Lied oder Spiel auswählen und gibt diese nicht direkt vor. Sie unterstützt die Kinder bei ihren Entscheidungsprozessen und gibt ihnen Hilfestellungen. Dabei ermutigt sie die Kinder, ihre Konflikte selbstständig zu lösen

8.5.4 Differenzierungsphase

Bei der vierten Phase des Gruppenmodells spricht man von der „goldenen Phase". Die Gruppe ist selbstsicher geworden, sie plant realistisch Projekte und setzt diese um. Das einzelne Gruppenmitglied ist in seiner Rolle akzeptiert, kann seine Individualität entfalten und trotzdem ein Mitglied der Gruppe sein.

Es gibt wenige Machtkämpfe und es herrscht ein ausgesprochen starkes Wir-Gefühl vor. Die Gruppe wirkt stabil und die Mitglieder besitzen gegenseitiges Vertrauen zueinander. Konflikte werden unabhängig vom Gruppenleiter sachlich gelöst.

Kein Gruppenmitglied ist mehr auf seine bisherige Rolle festgelegt, das heißt, auch neues Verhalten kann ausprobiert werden. Mitglieder, die neu hinzukommen, werden integriert und stören den Gruppenprozess nicht mehr.

Abb. 8.8 Eine Gruppe, die sich gefunden hat, kann sich auf neue Aufgaben konzentrieren.

Die Mitglieder der Gruppe können nun selbstständig die Führung übernehmen. Ein Beispiel hierfür ist das Prinzip der wechselnden Führung, bei dem jedes Mal ein anderes Mitglied den Vorsitz übernimmt.

> **BEISPIEL** In der wöchentlichen Teamsitzung der Kita „Lummerland" gibt es jetzt neue Regeln. Jede Woche leitet ein anderes Teammitglied die Sitzung. Dazu gehört es auch, den zeitlichen Rahmen zu beachten, vorher die Getränke zu besorgen und darauf zu achten, dass alle Beiträge in der Sitzung kurz und wertschätzend sind. Einige der Kolleginnen sind sehr aufgeregt, wenn sie die Sitzung leiten müssen. Doch alle stellen fest, dass die Sitzungen immer besser und sinnvoller werden.

8.5.5 Ablösungs- oder Trennungsphase

Keine Gruppe besteht für immer. Daher ist die letzte Phase des Gruppenmodells immer die Auflösung der Gruppe. Vor der konkreten Auflösung steht die Phase der Ablösung.

> **BEISPIEL** Die Froschgruppe der Kita „Lummerland" feiert ihr Abschiedsfest. Es kommen zehn der zwanzig Kinder in die Schule. Die Gruppe löst sich auf. Nach dem Sommer werden neue Kinder in die Tageseinrichtung kommen und der Gruppenfindungsprozess beginnt von vorne.

Die Mitglieder bringen sich nun nicht mehr in die Gruppe ein, da sie um das baldige Ende der Gruppe wissen. Die Gruppenziele sind in der Regel erreicht und die Interessen der Mitglieder verändern sich. Die Bereitschaft zum gemeinsamen Handeln wird immer geringer. Stattdessen werden Beziehungen zu kommenden Gruppen aufgebaut.

Der Gruppenleitung kommt auch in dieser Phase noch einmal eine große Bedeutung zu. Sie sollte der Gruppe einen **sinnvollen Abschluss** ermöglichen. Ein Abschlussfest oder eine Abschlussfahrt erleichtern das Abschiednehmen und ermöglichen einen Blick auf den gemeinsamen Weg der Gruppe.

Abb. 8.9 Den Abschied bewusst gestalten

> **ZUM WEITERDENKEN** Für Ihr Praktikum ist es wichtig, daran zu denken, dass Sie für eine gewisse Zeit Mitglied einer Gruppe sind und sich mit in den Gruppenprozess begeben. Sie werden an den unterschiedlichen Phasen beteiligt sein und sollten sich Ihre Aufgaben als Mitglied oder auch Leiter einer Gruppe bewusst machen.
> Bedenken Sie auch, dass Sie sich am Ende des Praktikums verabschieden müssen und den Ablösungsprozess aus der Gruppe planen können.

Nicht alle Mitglieder der Gruppe befinden sich zur gleichen Zeit in der gleichen Phase. Einzelne Mitglieder können bereits die Phase der Vertrautheit erreicht haben, während sich andere noch in der Phase der Rollenklärung befinden. Auch die Zeit, die ein einzelnes Mitglied benötigt, um eine Phase zu durchlaufen, ist unterschiedlich.

Umgangssprachlich wird meist erst dann von einer Gruppe gesprochen, wenn sie funktioniert. Die Gruppe hat also die ersten beiden Phasen erfolgreich beendet und befindet sich in der dritten Phase, der „Vertrautheitsphase". Viele Gruppen wiederum bleiben in einer der ersten beiden Phasen stecken und durchlaufen nicht den gesamten Prozess der Gruppenphasen. Häufig führt dies zur Auflösung einer Gruppe.

8.6 Mit Konflikten in Gruppen umgehen

Täglich erleben wir Konflikte – sei es in unserer näheren Umgebung in der Nachbarschaft, in der Schule, am Arbeitsplatz oder in der eigenen Familie, aber auch in indirekter Form, z. B. über die Medien.

Konflikte können zwischen einzelnen Personen oder Gruppen entstehen. Wir können aber auch mit uns selbst in einen Konflikt geraten. Bei allen Konflikten kann nach dem Grad der jeweiligen Konflikttiefe unterschieden werden:

Konfliktart	Ursachen
Verteilungskonflikte	Bei der Verteilung von Möglichkeiten wird Ungerechtigkeit wahrgenommen, z. B. bei Absprachen von Urlaubszeiten zwischen Mitarbeitern.
Zielkonflikte	In Bezug auf Absichten bzw. Interessen werden Gegensätze empfunden, z. B. bei der Vereinbarung von Ansprüchen an eine gute Betreuung von Kindern mit der zur Verfügung stehenden Zeit.
Beziehungskonflikte	In Bezug auf Verhaltensweisen werden Gegensätze wahrgenommen, z. B. bei Kollegen, die sich mutmaßlich leichter damit tun, Kontakt zu Kindern und Eltern herzustellen, und von diesen positive Rückmeldungen erhalten.
Persönlichkeitsbasierte Konflikte	Das Selbstbild wird bedroht, z. B. durch verweigerte oder zu wenig gegebene Anerkennung vonseiten Vorgesetzter.

8.6.1 Wie entstehen Konflikte?

Konflikte können verschiedene Ursachen haben und auf unterschiedlichen Ebenen angesiedelt sein. So gibt es Rollenkonflikte, Machtkonflikte und Informationskonflikte.

- **Rollenkonflikte** entstehen z. B., wenn man sich aus einer moralischen Verpflichtung heraus über seine Arbeitszeit hinaus engagiert. Unter Umständen schafft man so für die Kollegen ein Problem, weil diese sich nicht ebenso engagieren. Sie werden aber mit der Erwartung konfrontiert, auch mehr zu arbeiten.

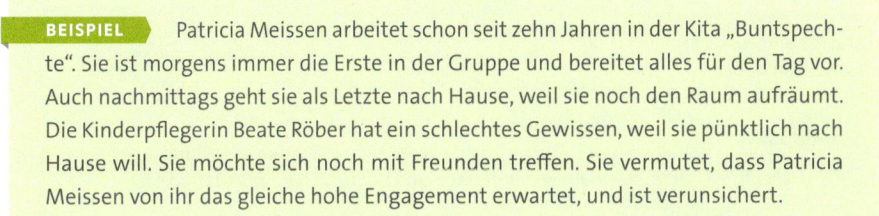

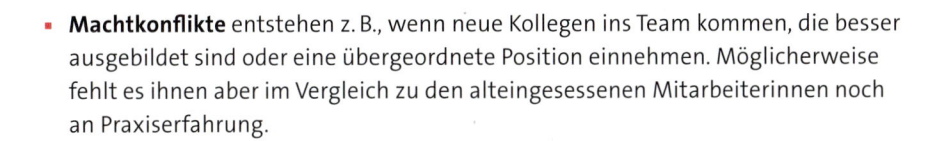

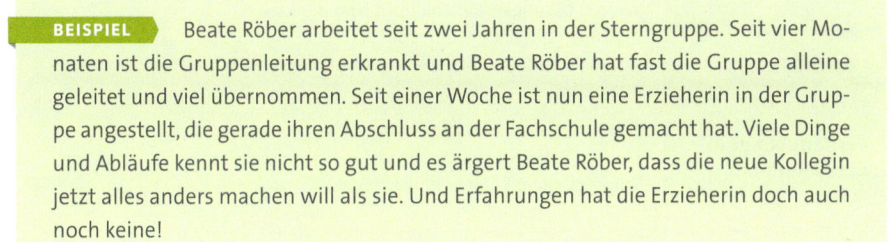

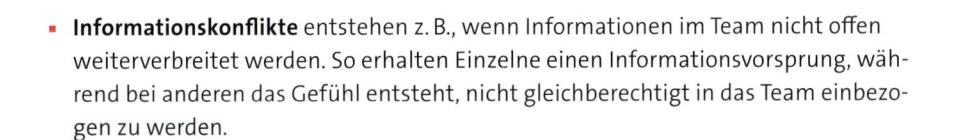

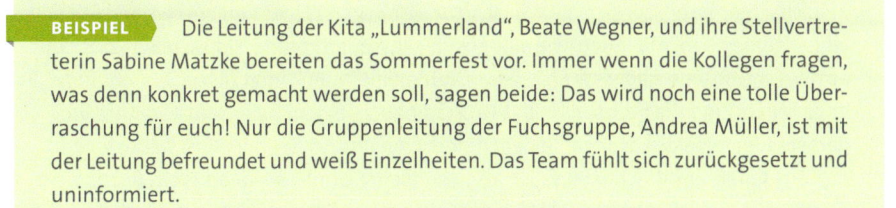

> **BEISPIEL** Patricia Meissen arbeitet schon seit zehn Jahren in der Kita „Buntspechte". Sie ist morgens immer die Erste in der Gruppe und bereitet alles für den Tag vor. Auch nachmittags geht sie als Letzte nach Hause, weil sie noch den Raum aufräumt. Die Kinderpflegerin Beate Röber hat ein schlechtes Gewissen, weil sie pünktlich nach Hause will. Sie möchte sich noch mit Freunden treffen. Sie vermutet, dass Patricia Meissen von ihr das gleiche hohe Engagement erwartet, und ist verunsichert.

Rollenkonflikt

- **Machtkonflikte** entstehen z. B., wenn neue Kollegen ins Team kommen, die besser ausgebildet sind oder eine übergeordnete Position einnehmen. Möglicherweise fehlt es ihnen aber im Vergleich zu den alteingesessenen Mitarbeiterinnen noch an Praxiserfahrung.

> **BEISPIEL** Beate Röber arbeitet seit zwei Jahren in der Sterngruppe. Seit vier Monaten ist die Gruppenleitung erkrankt und Beate Röber hat fast die Gruppe alleine geleitet und viel übernommen. Seit einer Woche ist nun eine Erzieherin in der Gruppe angestellt, die gerade ihren Abschluss an der Fachschule gemacht hat. Viele Dinge und Abläufe kennt sie nicht so gut und es ärgert Beate Röber, dass die neue Kollegin jetzt alles anders machen will als sie. Und Erfahrungen hat die Erzieherin doch auch noch keine!

Machtkonflikt

- **Informationskonflikte** entstehen z. B., wenn Informationen im Team nicht offen weiterverbreitet werden. So erhalten Einzelne einen Informationsvorsprung, während bei anderen das Gefühl entsteht, nicht gleichberechtigt in das Team einbezogen zu werden.

> **BEISPIEL** Die Leitung der Kita „Lummerland", Beate Wegner, und ihre Stellvertreterin Sabine Matzke bereiten das Sommerfest vor. Immer wenn die Kollegen fragen, was denn konkret gemacht werden soll, sagen beide: Das wird noch eine tolle Überraschung für euch! Nur die Gruppenleitung der Fuchsgruppe, Andrea Müller, ist mit der Leitung befreundet und weiß Einzelheiten. Das Team fühlt sich zurückgesetzt und uninformiert.

Informationskonflikt

8.6.2 Konflikte lösen

In Ihrem Beruf als Kinderpflegerin ist es Ihre Aufgabe, Konflikte in der Gruppe, aber auch im ›Team‹ zu lösen bzw. sich an einer Lösung zu beteiligen.

Zusammenarbeit im Team
→ S. 392

> Um einen Konflikt zu lösen, müssen zunächst alle Beteiligten ein Interesse daran haben, den Konflikt beizulegen.

Für eine faire Konfliktlösung im Rahmen von Gruppen bietet sich ein Gespräch an, bei dem folgende Schritte beachtet werden sollten:

Das Problem benennen	**Um welchen Konflikt geht es?** Sowohl die Beteiligten als auch die Gruppenleitung erhalten die Möglichkeit zu schildern, was sie stört.
Standpunkte klären	**Welche Bedürfnisse stehen zur Debatte?** Alle Beteiligten stellen jeweils ihre Sichtweise dar und legen ihre Meinungen, Interessen und Bedürfnisse zur Situation offen.
Gemeinsame Ziele und Interessen bestimmen	**Welche Ziele sollen erreicht werden?** Als Grundlage für weitere Vorgehensweisen werden gemeinsame Ziele und Interessen formuliert.
Wünsche formulieren	**Wer hat welche Wünsche?** Jedes Gruppenmitglied drückt seine Wünsche oder Forderungen konkret, bedürfnisorientiert und Ich-bezogen aus. Die anderen können dazu Stellung nehmen.
Lösungsvorschläge sammeln	**Welche Lösungsmöglichkeiten sind denkbar?** Alle, auch die schwachen oder schüchternen Gruppenmitglieder, sammeln miteinander Lösungsvorschläge, noch ohne sie zu bewerten.
Verhandeln und entscheiden	**Worauf können sich alle einigen?** Klares, bestimmtes, achtsames und kompromissbereites Verhalten bringt positive Entscheidungen.

Tab. 8.10 Konfliktlösung mittels des Sechs-Schritte-Gesprächsmodells

> **BEISPIEL** **Jan (5;8)** und **Finn (5;9)** streiten sich seit einiger Zeit darum, wer das Fahrrad der Kita am Wochenende ausleihen darf. Sie kommen zu keinem Ergebnis und Finn hat Jan schon richtig fest geboxt. Der Kinderpfleger Yannick Bögert hat dies einige Zeit beobachtet und festgestellt, dass beide nicht selbstständig zu einer Konfliktlösung kommen. Er geht zu den Jungen und bietet sich als Gesprächspartner an. Zunächst einmal hört er sich die Wünsche und Anliegen beider Jungen an. Dann überlegt er gemeinsam mit ihnen, wie eine Lösung aussehen könnte. Finn schlägt vor, sich abzuwechseln, er sei aber als Erster dran. Jan meint, man könne sich ja das Wochenende teilen. Einen Tag dürfe Finn das Fahrrad haben, einen Tag er selbst. Yannick Bögert sagt, dass beide Lösungen möglich sind. Finn und Jan wohnen fast nebeneinander. Ein Teilen am Wochenende ist also möglich. Damit es keinen weiteren Streit darum gibt, wer als Erster das Fahrrad haben darf, einigt der Kinderpfleger sich mit den Kindern darauf, das Los entscheiden zu lassen.

Um einen Konflikt in einer Gruppe oder einem Team gut lösen zu können, müssen alle Beteiligten in die Lösung einbezogen werden. Die Leitung der Gruppe muss dabei eine möglichst neutrale Position einnehmen. Sie sollte die Gruppe in ihren Ideen begleiten und am Ende eine Lösung festlegen, mit der alle Gruppenmitglieder einverstanden sind.

Abb. 8.11 In Teambesprechungen können Konflikte gelöst werden.

> **ZUM WEITERDENKEN** Manchmal ist das Interesse an einer Lösung da, aber die Beteiligten sind nicht in der Lage, den Konflikt alleine zu lösen. In solchen Fällen gibt es die Möglichkeit, sich professionelle Hilfe in Form einer ›**Mediation**‹ zu holen. Dabei erhalten die Konfliktparteien Unterstützung von einem neutralen sogenannten Mediator. Er hilft dabei, eine Kompromisslösung zu finden, mit der beide Seiten leben können. Der Mediator trifft keine eigenen Entscheidungen, sondern wacht lediglich über das Verfahren und das Einhalten der Diskussionsregeln.

Mediation
aussöhnende Vermittlung bei Konflikten durch eine außenstehende Person

Warum muss ich das für meinen Beruf wissen?

In diesem Kapitel haben Sie gelernt, dass Menschen immer in sozialen Gruppen leben und lernen. Sie wissen nun, welche Formen von Gruppen es gibt und dass eine Gruppen sich in unterschiedlichen Phasen befinden kann. Sie selber sind in unterschiedlichen Gruppen Mitglied und haben dort eine Rolle und auch Aufgaben.
Als Kinderpflegerin werden Sie in Ihrer Arbeit immer auf Gruppen treffen, die sich bereits gefunden haben. Dabei ist es wichtig, dass Sie die Gruppe anerkennen und sich der eigenen Mitgliedschaft in Gruppen bewusst sind. Sie selber müssen eine Rolle für sich finden und entscheiden, ob Sie ein Macher oder eher ein Mitläufer sind. Im Praktikum gehören Sie für die Kinder bereits zur Gruppe der erziehenden Personen. Als Gruppenleitung müssen sie die Aufgaben in den unterschiedlichen Gruppenphasen kennen. Dabei sollten Sie auch verstehen, warum sich Gruppenmitglieder so und nicht anders verhalten.
Die Auseinandersetzung mit dem eigenen Konfliktlösungsverhalten ist für eine Kinderpflegerin ein wesentlicher Bestandteil ihrer Arbeit. Sie soll Kindern bei der Lösung von Konflikten helfen, diese aber nicht für die Kinder lösen.

IV

Grundlagen der Praxisgestaltung

1

S. 382–391
Konzeptionen und Bildungsschwerpunkte von Kindertageseinrichtungen

Bildungspläne der Bundesländer kennenlernen

Sich einen Überblick über Konzeptionen und Bildungsschwerpunkte verschaffen

2

S. 392–409
Eltern als Bildungs- und Erziehungspartner betrachten

Die Bedeutung einer gelingenden Bildungs- und Erziehungspartnerschaft begreifen

Zusammenarbeit mit Eltern unterstützen

3

S. 410–445
Bedürfnis und Grundbedürfnis

Kindliche Bedürfnisse wahrnehmen und Beteiligung von Kindern fördern

Räume und Lernorte ansprechend gestalten

4

S. 446–465
Übergänge begleiten

Die Bedeutung von Übergängen einordnen

Übergänge als Herausforderung betrachten und mitgestalten

5
S. 464–495
Sprachbildung: Den kindlichen Spracherwerb verstehen und unterstützen
Die Bedeutung der Sprachbildung begreifen
Den Spracherwerb fördern und begleiten

6
S. 496–537
Das Spiel des Kindes
Das kindliche Spiel gestalten
Spielangebote planen und durchführen

7
S. 538–557
Medien und Medienkompetenz
Über Medienerfahrungen von Kindern Bescheid wissen
Kreativ mit Medien umgehen können

8
S. 558–567
Feste und Feiertage gestalten
Besonderheiten und Bräuche im Jahreskreis einordnen
Jahreszeitliche Aktivitäten und Geburtstage gestalten

9
S. 568–615
Didaktische und methodische Hinweise für die Praxisgestaltung
Ansätze für Bildungsangebote kennenlernen
Ideen für Bildungsangebote entwickeln

IV GRUNDLAGEN DER PRAXISGESTALTUNG

1 KONZEPTIONEN UND BILDUNGSSCHWERPUNKTE VON KINDERTAGESEINRICHTUNGEN

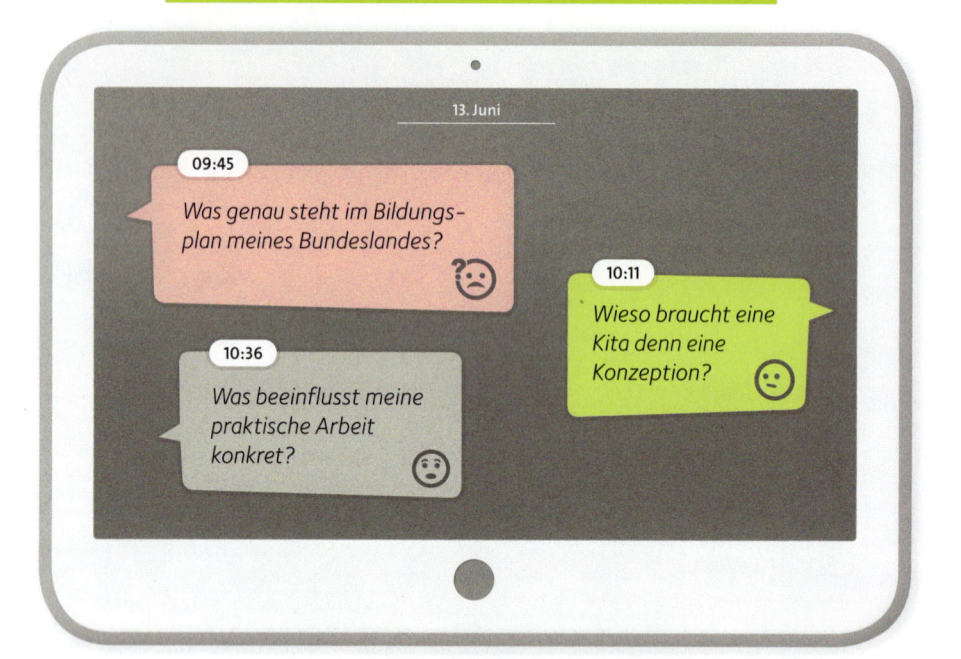

13. Juni

09:45 — Was genau steht im Bildungsplan meines Bundeslandes?

10:11 — Wieso braucht eine Kita denn eine Konzeption?

10:36 — Was beeinflusst meine praktische Arbeit konkret?

1.1 Wie gestaltet sich die Praxis in sozialpädagogischen Einrichtungen?

Die Gestaltung der Praxis in Kindertageseinrichtungen ist von vielen Faktoren abhängig, wie z.B. die Größe der Einrichtung, deren Konzeption und wo sie angesiedelt ist. So wird eine Kita in Waldnähe andere Angebote machen können, als wenn Sie mitten in einer Stadt liegt. Neben den alltäglichen Aktivitäten, wie z. B. dem Mittagessen, gibt es auch besondere Angebote und Aktivitäten im Tagesablauf.

In der Arbeit mit Kindern ist das Angebot bildungsanregender und begleitender Aktivitäten ein zentrales Ziel. Bildung wird dabei in der Regel als Selbstbildung in Verbindung mit dem pädagogischen Fachpersonal verstanden. verstanden.

Grundsätzlich wird in jedem Bundesland nach einem sogenannten Bildungs- und Erziehungsplan gearbeitet, der die Grundlagen für die Bildungsarbeit legt. Weiteres wird in der ›Konzeption‹ der Einrichtung mit den jeweiligen Bildungsschwerpunkten festgelegt. Dies ist individuell für jede Einrichtung bzw. jeden Einrichtungsverbund geregelt.

Selbstverständlich orientiert sich die praktische pädagogische Arbeit auch an den Rahmenbedingungen der Einrichtung, den Interessen der Kinder und am ›pädagogischen Konzept‹ der Einrichtung.

Konzeption → S. 386

pädagogisches Konzept → S. 290

> **BEISPIEL** Die angehende Kinderpflegerin Jana macht ein Praktikum im Waldkindergarten. Sie möchte mit den Kindern Naturmaterialien mit allen Sinnen wahrnehmen und entwickelt einen Sinnespfad auf dem Gelände des Kindergartens.

1.2 Bildungs- und Erziehungspläne der Bundesländer

Seit Anfang 2000 sind in allen 16 Bundesländern Bildungspläne für die Arbeit in Tageseinrichtungen für Kinder entwickelt worden.

Bildungspläne und Bildungsprogramme bilden eine wesentliche Grundlage für die Konzeption einer Einrichtung. Hier wird verbindlich geregelt, wie die pädagogische Arbeit in Krippe, Kindergarten und Nachmittagsbetreuung, z. B. Hort, gestaltet werden soll. Die eingeführten Bildungspläne in den Bundesländern konkretisieren also den Bildungsauftrag der Einrichtung. In den Bildungsplänen werden die Grundsätze der Bildungs- und Erziehungsarbeit und die einzelnen Bildungsbereiche festgelegt und praktische Hinweise zur Umsetzung der Bildungsziele für die Arbeit mit Kindern bis zum Schuleintritt bzw. Abschluss der Grundschulzeit gegeben.

> Die eingeführten Bildungspläne in den Bundesländern konkretisieren den Bildungsauftrag der Kindertageseinrichtungen und sollen dazu beitragen, die fachlichen Anforderungen an die sozialpädagogische Praxis zu verdeutlichen.

Da Bildung Ländersache ist und jedes Bundesland das Recht hat, Bildungspläne für sich zu entwickeln, ergibt sich eine Vielfalt von Vereinbarungen. Sie können auf der Internetplattform des Deutschen Bildungsservers eingesehen werden.

Die Bezeichnungen der Bildungspläne variieren stark, häufig werden Formulierungen gewählt, die den Empfehlungscharakter verdeutlichen.

Beispielhafte Bildungspläne aus verschiedenen Bundesländern sind z. B.:
- Bayerischer Bildungs- und Erziehungsplan für Kinder in Tageseinrichtungen bis zur Einschulung
- Grundsätze zur Bildungsförderung für Kinder von 0–10 Jahren in Kindertageseinrichtungen und Schulen im Primarbereich in Nordrhein-Westfalen
- Orientierungsplan für Bildung- und Erziehung für die baden-württembergischen Kindergärten

Auch wenn die Ausführungen in den einzelnen Bildungsplänen variieren, lässt sich ein gemeinsames Grundverständnis erkennen. Das Kind wird als ein lernmotivierter, aktiver und neugieriger Mensch gesehen, der seine Umwelt mit allen Sinnen erkundet, wenn er dabei feinfühlig und aufmerksam von Bezugspersonen begleitet wird.

Kinder sind Konstrukteure ihrer Bildungsprozesse, die im Laufe ihres Bildungsweges individuelle Stärken und Interessen entwickeln.

www.bildungsserver.de
- Übergreifende Informationen
- Gesamter Themenbereich
- Bildungssysteme der Länder in der Bundesrepublik Deutschland

Abb. 1.1 Das Kind als aktiver, neugieriger Mensch

Beispiel: Bayerischer Bildungs- und Erziehungsplan

Themenübergreifende Bildungs- und Entwicklungsperspektiven
Hochbegabung, Entwicklungsrisiko, Interkuturelle Erziehung, Geschlechtersensible Erziehung, Kinder verschiedenen Alters, Übergänge

Themenbezogene Bildungs- und Erziehungsbereiche
Mathematik, Musik, Ästhetik, Kunst, Kultur, Umwelt, Werteorientierung und Religiosität, Emotionalität, soziale Beziehungen, Konflikte, Medien, Naturwissenschaften, Technik, Bewegung, Rhythmik, Tanz, Sport, Gesundheit, Sprache, Literacy

Förderung der Basiskompetenzen
Personelle Kompetenzen, Kompetenzen zum Handeln in sozialen Kontexten, Lernmethodische Kompetenzen

Menschenbild und Prinzipien
Bild vom Kind, Bildungsverständnis, Bindung, Lernen im Kindesalter, Verhältnis von Spielen und Lernen, Umgang mit Unterschieden, Demokratieprinzip, Entwicklungsangemessenheit

Abb. 1.2 Struktur und Inhalte des bayerischen Bildungs- und Erziehungsplanes

Beispiel: Orientierungsplan für Bildung- und Erziehung für die baden-württembergischen Kindergärten

Im Orientierungsplan für Baden-Württemberg sind konkrete pädagogische Zielvorgaben zu finden, die in sechs sogenannte Bildungs- und Entwicklungsfelder aufgegliedert, aber als miteinander verbunden zu sehen sind.

- Bildungs- und Entwicklungsfeld 1: „Körper"
- Bildungs- und Entwicklungsfeld 2: „Sinne"
- Bildungs- und Entwicklungsfeld 3: „Sprache"
- Bildungs- und Entwicklungsfeld 4: „Denken"
- Bildungs- und Entwicklungsfeld 5: „Gefühl und Mitgefühl"
- Bildungs- und Entwicklungsfeld 6: „Sinn, Werte, Religion"

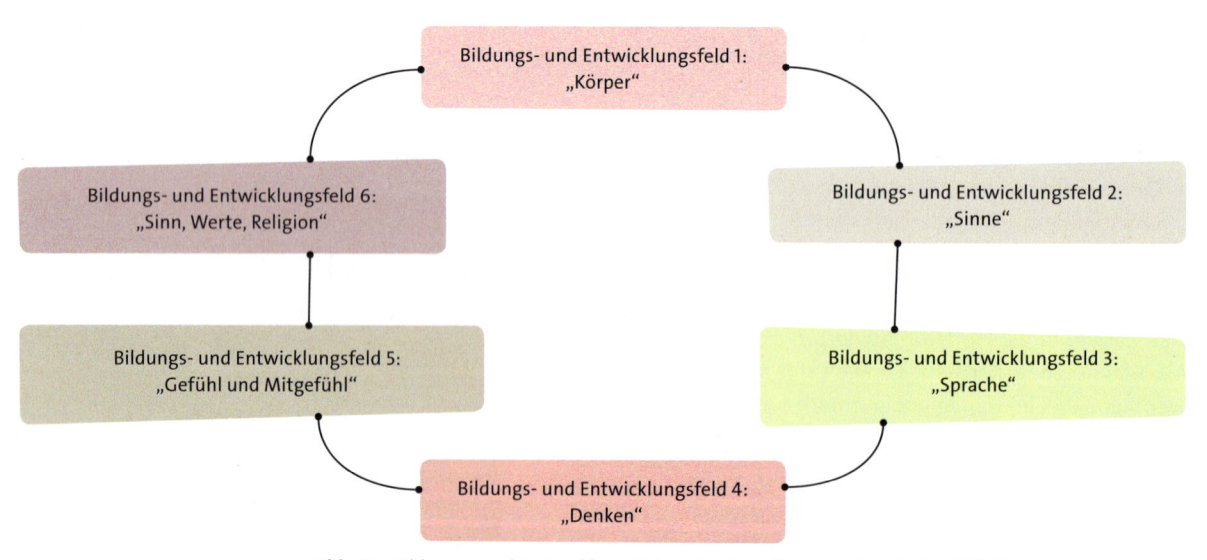

Abb. 1.3 Bildungs- und Entwicklungsfelder im Orientierungsplan Baden-Württemberg

1. Konzeptionen und Bildungsschwerpunkte von Kindertageseinrichtungen

Beispiel: Grundsätze zur Bildungsförderung für Kinder von 0–10 Jahren in Kindertageseinrichtungen und Schulen im Primarbereich in Nordrhein-Westfalen

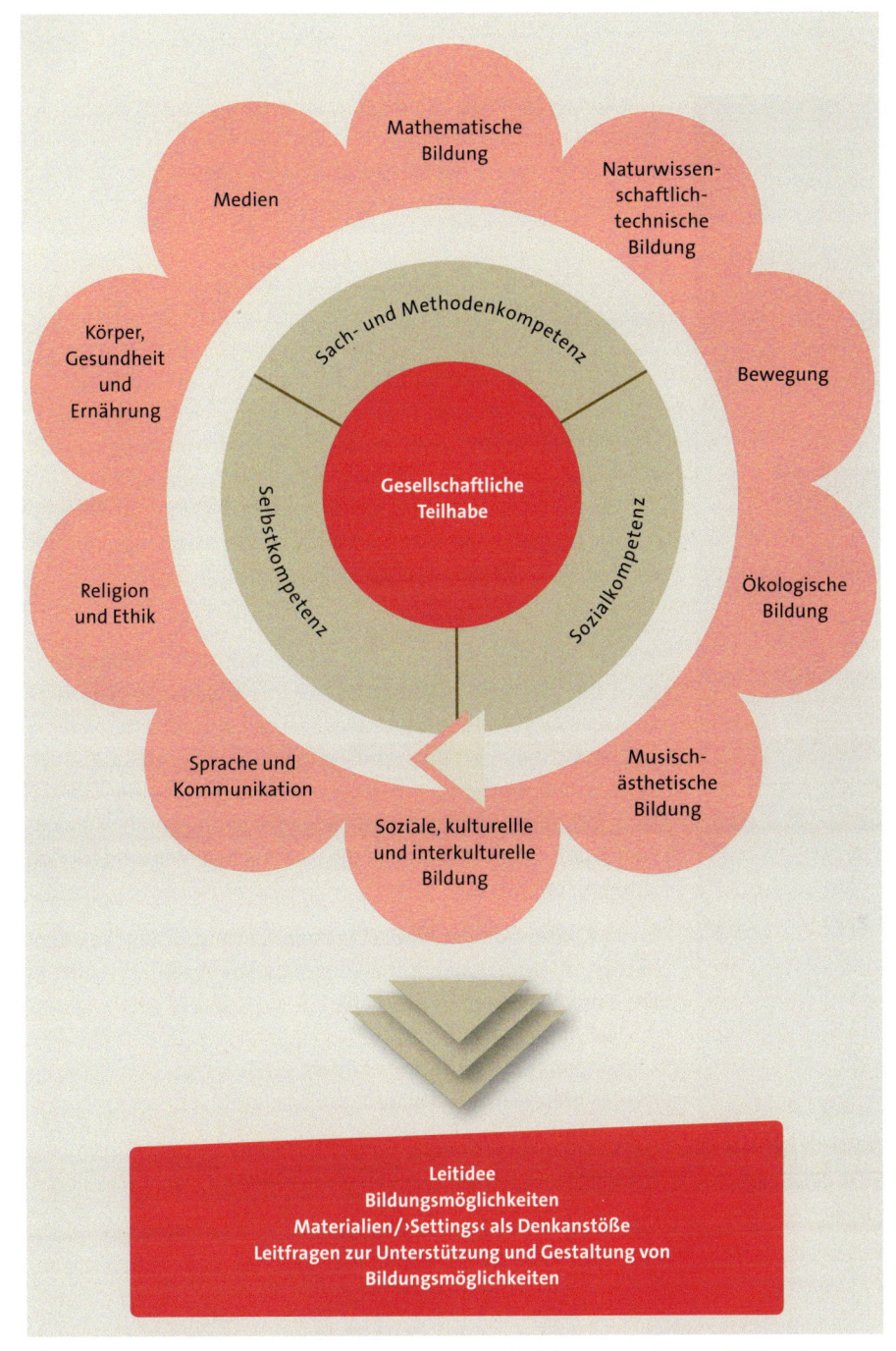

Abb. 1.4 Bildungsbereiche und Basiskompetenzen aus der Bildungsempfehlung NRW, S. 51

Die Abbildung verdeutlicht die übergreifenden Kompetenzen und Bildungsbereiche in Nordrhein-Westfalen. Sie soll dazu beitragen, die Bildungsarbeit inhaltlich zu strukturieren und verlässlich zu planen. Das Schaubild geht jedoch nicht auf Lernformen und die sozialen Hintergründe der Kinder ein.

Setting
engl. Anordnung, Schauplatz; hier: die pädagogischen Gegebenheiten oder eine pädagogische Situation

1.3 Konzeptionen und Bildungsschwerpunkte von Kindertageseinrichtungen

1.3.1 Grundlagen

Die **Konzeption** einer Kindertageseinrichtung bildet das Fundament der pädagogischen Arbeit und dient den Fachkräften als roter Faden für die tägliche Arbeit. Eine Konzeption versteht sich dabei als einrichtungsinterne, verbindliche schriftliche Fassung der bedeutsamen Grundsätze der Einrichtung.

> **BEISPIEL** Während einer Teamsitzung einigen sich die pädagogischen Fachkräfte darauf, eine verbindliche Konzeption für ihre Einrichtung zu entwickeln. Dabei stellen sie sich verschiedene Fragen: Welche Konzeption ist die Richtige? Auf welche Bedürfnisse von Kindern und deren Familie müssen wir heute reagieren? Welche gesetzlichen Grundlagen müssen wir berücksichtigen? Welche Vorgaben gibt es vonseiten des Trägers? Welche Verbindlichkeit hat so eine Konzeption, machen wir dann alle nur noch das Gleiche?

Als das Dach des pädagogischen Hauses kann das ›**pädagogische Konzept**‹ verstanden werden. Hier wird die pädagogische Richtung der Arbeit bestimmt und es werden wesentliche pädagogische Strömungen aufgegriffen. So kann im pädagogischen Konzept z. B. der Bezug auf ›Reggio-Pädagogik‹ in einer Einrichtung formuliert werden. Dabei bildet das pädagogische Konzept weder das Patentrezept noch die Gebrauchsanweisung für den Umgang mit Kindern.

In der **Konzeption der Kindertageseinrichtung** wird neben dem Bezug auf das pädagogische Konzept auch das Miteinander in der Einrichtung definiert. So z. B.
- die Elternarbeit,
- das Qualitätsmanagement oder
- die Öffentlichkeitsarbeit.

Der Gesetzgeber formuliert im SGB VIII die rechtliche Grundlage für die Konzeptionsentwicklung von Kindertageseinrichtungen. Hier heißt es:

> § 22 SGB VIII: Die Einrichtungen sollen durch geeignete Maßnahmen die Qualität der Arbeit sicherstellen und weiterentwickeln. Dazu gehören die Vorlage einer ausgearbeiteten pädagogischen und organisatorischen Konzeption als Grundlage für die Erfüllung des Förderungsauftrages und der Einsatz von Instrumenten und Verfahren zur Evaluation der Arbeit in den Einrichtungen und bei den Trägern. Die Entwicklungs- und Lernprozesse der Kinder sind regelmäßig und systematisch zu dokumentieren.

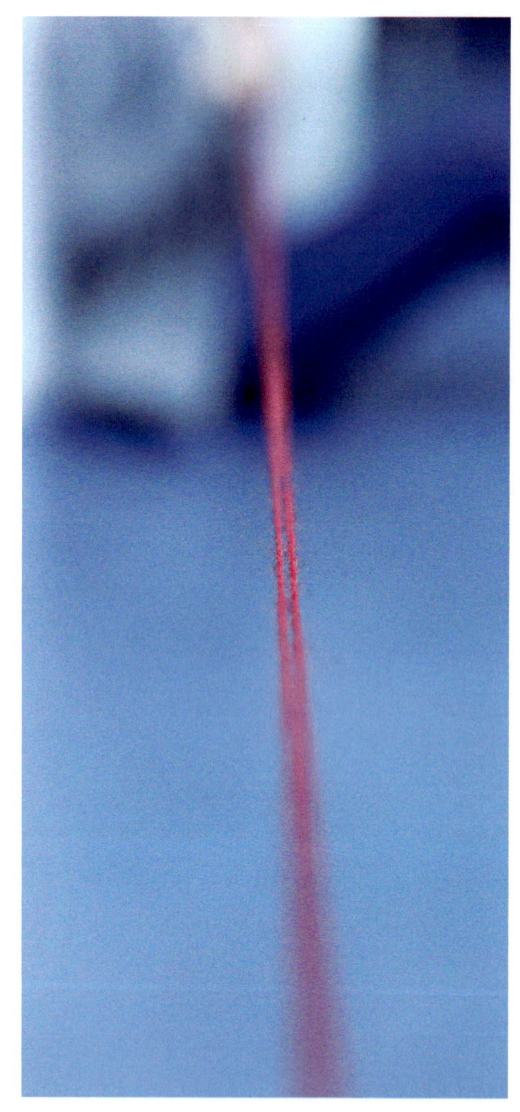

Abb. 1.5 Die Konzeption als roter Faden der pädagogischen Arbeit

pädagogisches Konzept → S. 290

Reggio-Pädagogik → S. 300

1.3.2 Auswirkungen der Trägerschaft auf die Ausrichtung der pädagogischen Arbeit

Neben den ›Gesetzen der Länder‹ und den Bildungsplänen bestimmt auch die Trägerschaft die Ausrichtung der pädagogischen Arbeit. Alle Einrichtungen im Bereich der sozialpädagogischen Arbeit werden von Trägern betrieben. Diese sind verantwortlich für die Umsetzung der bundes- und landesrechtlichen Vorgaben, welche wiederum durch die Kita-Aufsicht überwacht werden.

gesetzliche Grundlagen → S. 44

Man unterscheidet:

Öffentliche Träger	Freie Träger
▪ Bund ▪ Landkreise ▪ kreisfreie Städte ▪ Stiftungen öffentlichen Rechts	▪ Caritas/katholische Kirche ▪ Diakonisches Werk der Evangelischen Kirche ▪ Arbeiterwohlfahrt ▪ Deutscher Paritätischer Wohlfahrtsverband ▪ Elterninitiativen mit eingetragenen Vereinen

Tab. 1.6 Träger von Kindertageseinrichtungen

Homepages einiger freier Träger:

www.caritas.de

www.diakonie.de

www.awo.de

www.der-paritaetische.de

Bundesarbeitsgemeinschft der Elterninitiativen:

www.bage.de

Um eine große Vielfalt an Weltanschauungen und Konzepten pädagogischer Arbeit anbieten zu können, ist ein deutlicher Anteil an Einrichtungen in freier Trägerschaft gewollt. Durch z. B. kirchliche Träger sind bestimmte Grundsätze der pädagogischen Arbeit vorgegeben und in diesem Fall durch die christliche Weltanschauung geprägt.

1.3.3 Inhalte der Konzeption

Der Inhalt, der Umfang sowie die Struktur der Konzeption sind von Folgendem abhängig:
- Art der Einrichtung (Kindertageseinrichtung, Jugendwohngruppe etc.)
- Zielgruppe der Einrichtung (Kleinkinder, Vorschulkinder oder Schulkinder)
- Träger der Einrichtung (staatliche oder freie Träger)
- Sozialraum der Einrichtung (Stadt, Land, weitere Strukturmerkmale)
- Zielsetzung der Einrichtung (Sportkindergarten, Montessori-Krippe, Wohngruppe für Mädchen etc.)
- Menschenbild bzw. Bild vom Kind (z. B. bei Malaguzzi in der Reggio-Pädagogik)

Gliederungspunkte der Konzeption Kita „Schlaumäuse"

1. Gesellschaftlicher Auftrag der Kita/gesetzliche Grundlagen
2. Entwicklungsaufgaben/Kompetenzen der Kinder
3. Zielsetzungen der Kita
4. Pädagogische Leitlinien des Personals
5. Rahmendaten (Öffnungszeiten, Mitarbeiterinnen, Zielgruppen, Einzugsgebiet, Kosten, Verpflegung, Raumkonzept)
6. Tagesablauf (pädagogischer Alltag, Projekte, Feste)
7. Elternarbeit (Formen, besondere Aktivitäten)
8. Zusammenarbeit mit Schule
9. Beobachtung und Dokumentationen/Formen der Qualitätsentwicklung
10. Öffnung nach außen (Kooperationen mit Vereinen)

1.3.4 Konzeptionsentwicklung

In der Konzeptionsentwicklung steht das Sichtbarmachen und Sichbewusstmachen von Theorien und pädagogischen Ansätzen im Mittelpunkt, die in jeder Einrichtung vorhanden sind. In einem zweiten Schritt muss eine Einigkeit mit hoher Verbindlichkeit über die zukünftigen Arbeitsweisen getroffen werden. Viele Mitarbeiterinnen stehen Veränderungen oftmals kritisch und ängstlich gegenüber, deshalb sollten die Ressourcen und Stärken bisheriger Arbeit in die neue Konzeption aufgenommen werden.

Zudem ist es sinnvoll, immer mit den Punkten zu beginnen, die in der Einrichtung gut funktionieren, und dann die blinden Flecke und die Verbesserungspotenziale zu bearbeiten. Eine gute Konzeption ist wie eine gute „Funktionsjacke", sie ist atmungsaktiv, und somit beinhaltet die Konzeption einer Einrichtung immer auch individuellen Spielraum.

Das Team einer Einrichtung sollte maßgeblich an der Entwicklung und Fortschreibung einer Konzeption beteiligt werden. Hierfür benötigen die Mitarbeiterinnen Zeit und Raum, z. B. im Rahmen von Klausurtagen oder Schließzeiten, sowie eine realistische Zielsetzung.

Abb. 1.7 Konzeptionsentwicklung im Team

1.3.5 Konzeptionelle Ansätze in Kindertageseinrichtungen

In sozialpädagogischen Einrichtungen gibt es unterschiedliche konzeptionelle Aspekte des Alltagslebens und besonderer Anlässe, die dargestellt werden müssen.

In der Krippe könnten dies z. B. die Ernährung und die Ruhezeiten sein.

> Das Mittagessen wird jeden Tag von einer Hauswirtschafterin frisch in der Küche zubereitet. Es ist uns sehr wichtig, den Kindern ein vollwertiges und nach ernährungsphysiologischen Grundsätzen gekochtes Mittagessen anbieten zu können. Der Speiseplan wird wöchentlich an der Info-Wand der Einrichtung veröffentlicht. Unsere Mahlzeiten enthalten kein Schweinefleisch. Lebensmittelunverträglichkeiten sind unbedingt bekannt zu geben.
>
> Wir essen gemeinsam mit allen Kindern am Tisch. Jedes Kind hat einen festen Platz, der ihm Orientierung und Sicherheit gibt. Wir wollen die Kinder beim Essen Schritt für Schritt in ihrer Selbstständigkeit unterstützen (z. B. selbst den Löffel halten, alleine essen, Teller zurück zur Küche tragen, gemeinsames Tischdecken). Die Kinder müssen bei uns nicht aufessen und wenn ein Kind die Mahlzeit nicht mag, halten wir Obst und Brote als Alternative bereit.
>
> Im Anschluss gehen die Kinder gemeinsam in den Schlafraum und richten mit den Erzieherinnen ihr Bett her. Die gleiche Uhrzeit, der immer gleichbleibende Rhythmus und das immer gleiche Bett am gleichen Ort dienen dem Sicherheits- und Geborgenheitsempfinden der Kinder. Wichtige Einschlafhilfen wie Kuscheltier oder Schnuller können mitgebracht werden.

Abb. 1.8 Auszug aus der Konzeption „Krippe Kleine Einsteins"

1.4 Bildungsangebote in Kindertageseinrichtungen

Um den Bildungsauftrag, welcher in der ›Konzeption‹ der Einrichtung verbindlich formuliert wird, umzusetzen, werden Bildungsangebote geplant und umgesetzt.

Konzeption → S. 386

Das Bildungsangebot ist tatsächlich als Angebot zu verstehen. Erziehende können Bildungsprozesse nur anregen und initiieren, lernen muss jedoch jeder selbst. Dieser innere Prozess ist nicht direkt von außen steuerbar. Kinder und Jugendliche entscheiden selbst, ob und an welchen Angeboten sie teilnehmen möchten.

›Planung‹, ›Durchführung‹ und ›Auswertung von Bildungsangeboten‹ sind zentrale Aufgaben in der Betreuung von Kindern und Jugendlichen. Die Grundlage der Angebotsplanung sollte die Akzeptanz jedes Kindes in seiner Einzigartigkeit sein. Bildungsarbeit ist geprägt von einer wertschätzenden Haltung gegenüber dem einzelnen Menschen und der Überzeugung, dass Entwicklung möglich ist.

Planung von Bildungsangeboten → S. 279
Durchführung von Bildungsangeboten → S. 385
Auswertung von Bildungsangeboten → S. 287

Unterschiede, z. B. im kulturellen Bereich oder durch die Geschlechtszugehörigkeit, lassen sich gewinnbringend für alle in die Planung von Angeboten einbinden. Eigene Erfahrungsräume werden erweitert und neue Sichtweisen angeregt.

Oft werden Anstöße für Bildungsangebote durch die ›Beobachtung‹ der Kinder gegeben.

Beobachtung → S. 59

1.4.1 Planung von Bildungsangeboten

Vor jeder Planung ist eine differenzierte, professionelle Beobachtung der Bedürfnisse und Interessen der Zielgruppe erforderlich. Dabei können aktuelle Themen aus dem Alltag der Kinder (z. B. Märchen, Jahreszeiten) genauso aufgegriffen werden wie aktuelle Geschehnisse, z. B. wie die Geburt eines Geschwisterkindes oder die Baustelle auf dem Nachbargrundstück.

Abb. 1.9 Themen und Entdeckungen der Kinder bei der Planung von Bildungsangeboten aufgreifen

IV GRUNDLAGEN DER PRAXISGESTALTUNG

Eine **differenzierte Planung** schafft Sicherheit in Bezug auf das pädagogische Vorgehen. Bestimmte Dinge können im Vorfeld durchdacht werden. Fragen entstehen, die schon in der Vorbereitung angemessen beantwortet werden können. Durch eine schriftliche Planung werden Ziele, Rahmenbedingungen und pädagogisches Handeln transparent und übersichtlich.

Dabei ist die Planung kein starres Gerüst, sondern soll auch hier eher als roter Faden verstanden werden. Pädagogische Fachkräfte müssen jederzeit in der Lage sein, auf neue Situationen zu reagieren und sich anzupassen. Gerade in Einrichtungen, welche nach einer ›offenen Konzeption‹ arbeiten bzw. in pädagogischen Kontexten, welche eine offene Angebotsplanung erfordern, wird von den Fachkräften erwarten, dass sie situativ handeln.

Um eine geplante Beschäftigung durchzuführen, muss man sich im Vorfeld zu verschiedenen Fragen Gedanken machen. Die Vorbereitung kann unter Nutzung von W-Fragen erfolgen:

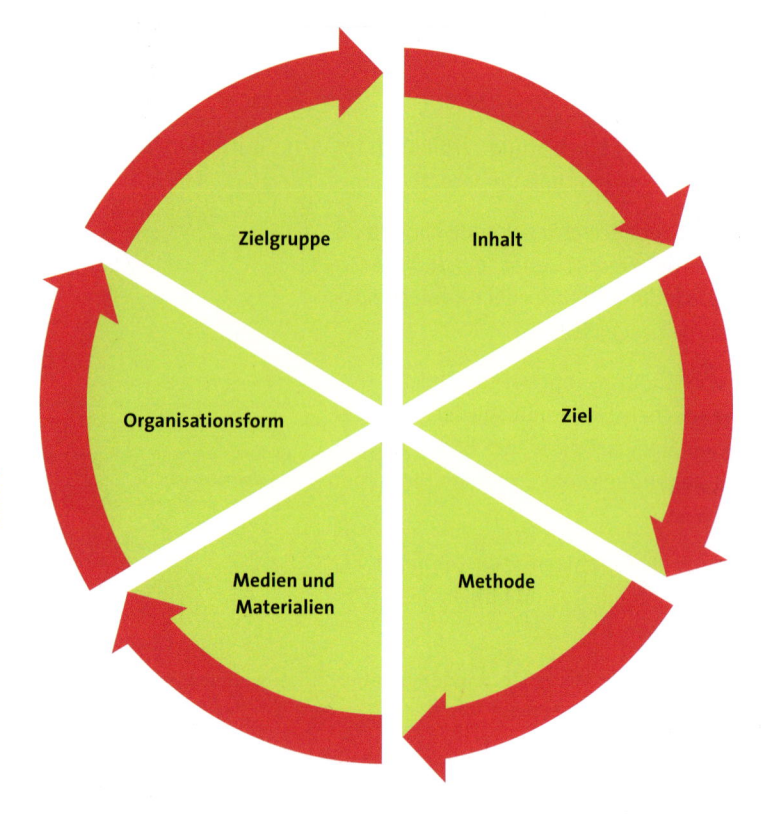

Abb. 1.10 Bei der Planung müssen verschiedene Rahmenbedingungen im Vorfeld bedacht werden.

offenes Konzept → S. 303

- Was soll angeboten werden? Welches Thema soll das Angebot haben? (z. B. Musik, meine Schulzeit, Fit und Gesund)
- Mit wem bzw. für wen soll das Bildungsangebot sein? Welche Voraussetzung bringt das Kind bzw. die Gruppe mit? (z. B. Kleinkinder, Jungen und Mädchen)
- Wozu wird dieses Angebot durchgeführt? Welches Ziel soll damit erreicht werden? (z. B. Förderung der Selbstständigkeit, mehr Abwechslung im Tagesablauf, Kennenlernen anderer Kulturen)
- Wer will das Angebot durchführen? Welche Fähigkeiten und Erfahrungen bringt diese Person mit? (z. B. sportbezogene Kenntnisse)
- Welche Sozialform macht für das geplante Angebot Sinn? (z. B. Einzelbeschäftigung, Paar- oder Gruppenarbeit)
- Welche Möglichkeiten und Materialien stehen zur Verfügung? Was wird in der Einrichtung vorgefunden? (z. B. Gymnastikraum, Trommeln, Malutensilien)
- Wann soll das Angebot stattfinden? Welcher Zeitpunkt im Tagesablauf ist günstig? (z. B. nicht zu den Essens- bzw. Ruhezeiten)
- Wie kann das Angebot umgesetzt werden? Welche Methoden sollen angewandt werden? (z. B. Vormachen, Handführung, Kreisspiele)

1.4.2 Durchführung von Bildungsangeboten

Nun folgt die Durchführung des Angebots. Es kommen die bereits bekannten ›didaktischen Prinzipien‹ zur Anwendung. Hier kann der sogenannte Dreischritt der Didaktik sehr gut angewandt werden. Dieser besteht aus:

didaktische Prinzipien → S. 285

1. Einstieg → **2. Arbeitsphase** → **3. Abschluss**

Nach der Durchführung eines Angebotes vergleicht man das Erlebte mit der Planung und kann so erkennen, welche Aspekte verwirklicht werden konnten oder wo etwas nicht so gut geklappt hat. Eine Entwicklung und Verbesserung der Angebote wird auf diese Weise möglich.

Bei allen Bildungsangeboten gilt es, grundlegende Vorgaben zu berücksichtigen. Es bedarf z. B. eines angemessenen Personalrahmens, damit ein Bildungsangebot auch von den Mitarbeiterinnen begleitet werden kann. Da eine Grundversorgung der betreuten Kinder und Jugendlichen (z. B. im Bereich der Pflege bei Kleinkindern) gewährleistet sein muss, geht Personalmangel häufig auf Kosten zusätzlicher Angebote, die allerdings das Erfahrungsspektrum erhöhen würden. Auch ein gewisser Finanzrahmen sollte vorhanden sein, um z. B. Materialien zu kaufen oder Eintrittsgelder zu bezahlen. So kann das Bildungsangebot vielfältig und abwechslungsreich gestaltet werden.

1.4.3 Auswertung von Bildungsangeboten

> **BEISPIEL** Nach einer erfolgreichen Durchführung ihres Angebotes in der Kita „Klix" erzählt Katja: „Ich bin gefragt worden, wann wir das Angebot noch einmal machen, weil es so viel Spaß gemacht hat! Ich habe mich gut gefühlt, weil ich die Kompetenzen der Kinder richtig eingeschätzt habe und sie durch mein Angebot neue Erfahrungen sammeln konnten."

Im Anschluss an die Durchführung eines Bildungsangebotes ist es wichtig, das Erlebte auch professionell zu reflektieren, es rückblickend zu betrachten und zu analysieren. Oft ist es auch sinnvoll, zu evaluieren, die Durchführung also zu bewerten und zu beurteilen, damit Veränderungen und somit Weiterentwicklungen möglich werden.

Warum muss ich das für meinen Beruf wissen?

Sie kennen den für Ihr Bundesland empfohlenen Bildungs- und Erziehungsplan und können die Bildungsschwerpunkte daraus für Ihre pädagogische Arbeit ableiten.
Was eine Konzeption ist, auf welchen Inhalten und Ansätzen sie beruht, wissen Sie. In Ihrer beruflichen Praxis werden Sie sich mit der jeweiligen Konzeption Ihrer Einrichtung beschäftigen und Ihr Handeln darauf ausrichten.
Sie haben außerdem einen Überblick darüber, welche Rahmenbedingungen Einfluss auf Bildungsschwerpunkte von Kindertageseinrichtungen haben.
Bildungsangebote werden geplant, durchgeführt und ausgewertet und diese Grundsätze können Sie praktisch anwenden.

2 ELTERN ALS BILDUNGS- UND ERZIEHUNGSPARTNER BETRACHTEN

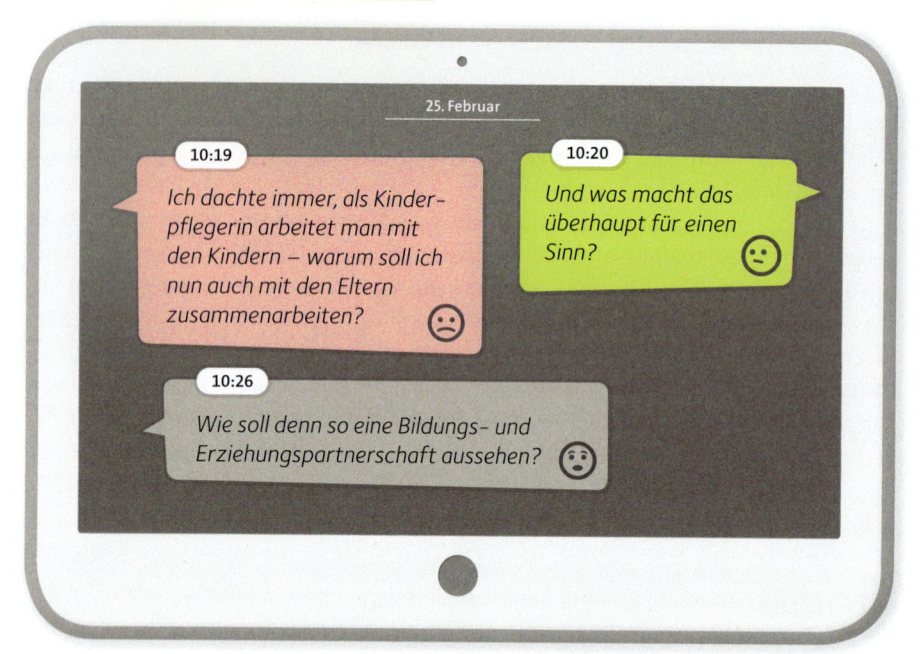

> **10:19** Ich dachte immer, als Kinderpflegerin arbeitet man mit den Kindern – warum soll ich nun auch mit den Eltern zusammenarbeiten? ☹
>
> **10:20** Und was macht das überhaupt für einen Sinn? 😐
>
> **10:26** Wie soll denn so eine Bildungs- und Erziehungspartnerschaft aussehen? 😕

2.1 Die Bedeutung einer gelingenden Bildungs- und Erziehungspartnerschaft

Die Entwicklung der vergangenen Jahre zeigt, dass immer jüngere Kinder in Kindertageseinrichtungen über eine immer länger werdende Zeit betreut werden. Daher ist die Zusammenarbeit mit Eltern und Bezugspersonen in Kindertageseinrichtungen neben dem täglichen ›pädagogischen Handeln‹ ein weiterer wesentlicher Bestandteil der Arbeit pädagogischer Fachkräfte.

erzieherisches Handeln → S. 274

> Die Zusammenarbeit von Eltern und den pädagogischen Fachkräfte einer Kindertageseinrichtung wird als Bildungs- und Erziehungspartnerschaft bezeichnet.

Eltern und Kindertageseinrichtung öffnen sich füreinander, tauschen sich zu den jeweiligen bestehenden Erziehungs- und Bildungszielen aus und gestalten gemeinsam Erziehungs- und Bildungsprozesse.

Diese Art der Zusammenarbeit oder auch Partnerschaft hat deshalb eine hohe Bedeutung, weil
- Eltern und pädagogische Fachkräfte gemeinsam die Verantwortung für das Wohl des Kindes in verschiedenen Lebensbereichen übernehmen.
- durch den wechselseitigen Austausch die bestmöglichen Voraussetzungen für eine gelingende kindliche Entwicklung entstehen.

2. Eltern als Bildungs- und Erziehungspartner betrachten

Gelungene Bildungs- und Erziehungspartnerschaft

Gestörte Bildungs- und Erziehungspartnerschaft

Die Bildungs- und Erziehungspartnerschaft zwischen Eltern und pädagogischen Fachkräften kann man als eine natürliche Partnerschaft bezeichnen. Man spricht deshalb von einer natürlichen Partnerschaft zwischen Eltern und Fachkräften, da diese gemeinsam die Verantwortung der Bildung und Erziehung der Kinder tragen und sich im Laufe einer kindlichen Entwicklung unterstützen und begleiten werden. Durch eine solche Partnerschaft entsteht das Fundament einer gelingenden Zusammenarbeit zur Betreuung, Erziehung und Bildung von Kindern.

2.2 Grundlagen einer gelingenden Bildungs- und Erziehungspartnerschaft

2.2.1 Rechtliche Grundlagen

Verankerung im KJHG

Die Bildungs- und Erziehungspartnerschaft von Eltern und pädagogischen Fachkräften wird im Kinder- und Jugendhilfegesetz (KJHG) sogar indirekt ›rechtlich‹ vorgeschrieben. In § 22a Sozialgesetzbuch VIII lauten die Absätze 2 und 3 „Grundsätze der Förderung von Kindern in Tageseinrichtungen" so:

rechtliche Grundlagen
➔ S. 44

> (2) Die Träger der öffentlichen Jugendhilfe sollen sicherstellen, dass die Fachkräfte in ihren Einrichtungen zusammenarbeiten
> 1. mit den Erziehungsberechtigten und Tagespflegepersonen zum Wohl der Kinder und zur Sicherung der Kontinuität des Erziehungsprozesses,
> (...)
>
> Die Erziehungsberechtigten sind an den Entscheidungen in wesentlichen Angelegenheiten der Erziehung, Bildung und Betreuung zu beteiligen.
>
> (3) Das Angebot soll sich pädagogisch und organisatorisch an den Bedürfnissen der Kinder und ihrer Familien orientieren. (...)

Kindertageseinrichtungen sind als eines der Angebote der öffentlichen Jugendhilfe zu verstehen.

GRUNDLAGEN DER PRAXISGESTALTUNG

Natürliches Erziehungsrecht der Eltern

Eltern haben laut § 9 Sozialgesetzbuch VIII das Recht auf Erziehung ihrer eigenen Kinder. Dieses Recht kann als ein sogenanntes natürliches Erziehungsrecht bezeichnet werden, da dieses allen Eltern von Beginn ihrer Elternschaft an zusteht. Das Erziehungsrecht ist dem Bildungs- und Erziehungsauftrag der Kindertageseinrichtungen übergeordnet, weshalb pädagogische Fachkräfte die Erziehungs- und Bildungsziele der Eltern nicht ignorieren dürfen.

> Bei der Ausgestaltung der Leistungen und der Erfüllung der Aufgaben sind
> 1. die von den Personensorgeberechtigten bestimmte Grundrichtung der Erziehung sowie die Rechte der Personensorgeberechtigten und des Kindes oder des Jugendlichen bei der Bestimmung der religiösen Erziehung zu beachten,
> (...)

Um dem natürlichen Erziehungsrecht der Eltern gerecht zu werden und dieses im alltäglichen pädagogischen Handeln zu berücksichtigen, müssen pädagogische Fachkräfte gemeinsam mit der Elternschaft ihrer Kindertageseinrichtung im Dialog stehen und Raum für einen gemeinsamen Austausch schaffen.

BEISPIEL Um einen Eindruck der elterlichen Vorstellung zur Bildung und Erziehung ihrer Kinder zu bekommen, ist ein gemeinsamer Austausch zwischen Eltern und pädagogischen Fachkräften überaus wichtig. Dieser Austausch kann beispielsweise innerhalb eines gut geplanten Entwicklungsgespräches stattfinden, aber auch z. B. in Tür-und-Angel-Gesprächen erfolgen. Wichtig ist, dass die pädagogischen Fachkräfte einen Raum schaffen, um gemeinsam mit den Eltern ins Gespräch zu kommen und eigene zugrunde liegende Vorstellungen mit den Vorstellungen und Wünschen der Eltern hinsichtlich der Bildung und Erziehung ihrer Kinder auszutauschen. Das pädagogische Team erarbeitet in diesem Zuge Lösungswege, um für den täglichen Austausch mit den Eltern mehr Zeit einräumen zu können.

Erziehungspartnerschaft

Hierbei ist wichtig, zu ergänzen, dass sich die Bildungs- und Erziehungspartnerschaft nicht auf einen bloßen Austausch von ›Beobachtungen‹, Meinungen oder gar die Unterstützung von Eltern an Festen reduzieren darf. Die Eltern „sind an den Entscheidungen in wesentlichen Angelegenheiten der Tageseinrichtung zu beteiligen" (§ 22 Abs. 3 Satz 2 SGB VIII).

Beobachtung → S. 59

2.2.2 Haltung der pädagogischen Fachkraft

Um einen fruchtbaren Boden für eine gelingende Bildungs- und Erziehungspartnerschaft gestalten zu können, bedarf es des Aufbaus einer professionellen Haltung durch die Kinderpflegerin.

> Eine gelingende Bildungs- und Erziehungspartnerschaft baut auf der Begegnung von Eltern und pädagogischer Fachkraft auf gleicher Augenhöhe auf.

Es besteht der Anspruch, Eltern als gleichwertige Partner im Bildungs- und Erziehungsprozess anzuerkennen und als Experten ihrer eigenen Kinder wahrzunehmen. Dies ist nicht immer leicht – schon gar nicht, wenn Eltern grundsätzlich andere, entgegengesetzte Ansichten zum Aufwachsen ihres Kindes haben. Das Gelingen der Zusammenarbeit zwischen Eltern und pädagogischer Fachkraft hängt dabei besonders von der jeweiligen Haltung der pädagogischen Fachkraft ab. Eine besonders reflektierte und professionelle Haltung erleichtert dabei den Zugang zu den Eltern und ermöglicht eine gelingende Zusammenarbeit zum Wohle des Kindes.

Folgendes versteht man unter einer reflektierten, professionellen Haltung:

Respektvoller und wertschätzender Umgang mit den Eltern	Die pädagogische Fachkraft respektiert, akzeptiert und wertschätzt die Eltern als Erziehungs- und Bildungspartner und begegnet den Eltern auf Augenhöhe.
Vorurteilsfreies Gegenübertreten	Das Gegenübertreten zwischen pädagogischen Fachkräften und Eltern findet vorurteilsfrei und frei von Zuschreibungen statt. Zum Beispiel werden vorherige, vielleicht auch schwierige Erfahrungen mit einer Migrationsfamilie nicht generell auf alle ›Familien mit Migrationshintergrund‹ übertragen.
Ressourcenorientierte Denkweise	Die Zusammenarbeit mit Eltern birgt viele Ressourcen und Chancen. Wichtig ist, dass man diese Ressourcen als solche erkennt, für die Zusammenarbeit wahrnimmt und heranzieht. Wenn eine Familie beispielsweise ein sehr großes Interesse an einem gemeinsamen Austausch zum Entwicklungsstand ihres Kindes hat, kann dieses Interesse als Ressource für die weitere Zusammenarbeit betrachtet werden.
Bewusste Gestaltung von Kommunikation, ›Schulz von Thun‹	Jede Aussage kann beim Gegenüber auf unterschiedliche Art und Weise ankommen und damit verschiedene Informationen übermitteln. Je bewusster man seine Aussagen formuliert und deren Wirkung bedenkt, desto gezielter und gekonnter kann ›Kommunikation‹ innerhalb der Zusammenarbeit zwischen Eltern und Fachkräften eingesetzt werden.

Familien mit Migrationshintergrund → S. 407

Schulz von Thun → S. 197
Kommunikation → S. 188

Tab. 2.1 Aspekte einer professionellen Haltung

> **BEISPIEL** Johanna arbeitet als Kinderpflegerin in der Kita „Würmchen". Nun steht ein Gespräch mit den Eltern von **Paul** an. Herr und Frau Schuster sehen vieles anders, was die Erziehung ihres Sohnes angeht, z. B. die Gestaltung der Vespersituation. In der Kita sollen die Kinder Neues und Unbekanntes probieren, werden aber nicht dazu gezwungen, etwas zu essen. Pauls Eltern möchten, dass Paul isst, was auf den Tisch kommt, und seinen Teller leert. Johanna sucht nun mit den Eltern einen gemeinsamen Lösungsweg.

Haltung der Eltern

Jedoch bestimmt nicht allein die Haltung der pädagogischen Fachkraft den Erfolg einer Bildungs- und Erziehungspartnerschaft. Auch die Haltung der Eltern trägt im Wesentlichen zum Gelingen der Partnerschaft bei.

Grundhaltungen von Eltern und pädagogischer Fachkraft: Partnerschaftliche Umgangsformen, Offenheit, Geduld, Dialogbereitschaft, Akzeptanz, Vertrauen, Toleranz, Kontaktfreude

Abb. 2.2 Haltungen von Eltern und pädagogischer Fachkraft zum Gelingen der Bildungs- und Erziehungspartnerschaft

> **BEISPIEL** Die Kindertageseinrichtung reflektiert in einer gemeinsamen Teamsitzung die Zusammenarbeit zwischen ihrem Team und der Elternschaft. Um die Reflexion einfacher gestalten zu können, fragt sich das Team, ob die einzelnen Bereiche einer positiven Grundhaltung gegenüber Eltern jeweils umgesetzt werden. Das Kindergartenteam ist sich einig, dass die Bereiche des Vertrauens, der Toleranz, der Kontaktfreude sowie des partnerschaftlichen Umgangs zwischen ihnen und der Elternschaft bereits auf einem guten Weg sind. Leider wurde in der Reflexion deutlich, dass oft während des pädagogischen Alltags wenig Raum bleibt, sich mit den Eltern auszutauschen. Oft fehlt die Zeit, sich auf die alltäglichen Belange der Eltern einzulassen.
> Das pädagogische Team erarbeitet in diesem Zug Lösungswege, um für den täglichen Austausch mit den Eltern mehr Zeit einräumen zu können.

2.3 Ziele einer gelingenden Bildungs- und Erziehungspartnerschaft

Der Aufbau einer gelingenden Bildungs- und Erziehungspartnerschaft ist neben der täglichen pädagogischen Arbeit mit den Kindern ein umfangreiches und komplexes Tätigkeitsfeld. Für die Zusammenarbeit sind folgende Zielsetzungen ausschlaggebend:

- Offenheit zwischen Kindertageseinrichtung und Familie
- Information und Austausch
- Stärkung der Erziehungs- und Bildungskompetenz
- Beratung, Begleitung und Unterstützung
- Einbezug von Eltern in den Einrichtungsalltag
- Mitverantwortung und Mitgestaltung
- Vernetzung von Familien, Kindertageseinrichtung(en) und anderen Einrichtungen

2.3.1 Offenheit zwischen Kindertageseinrichtung und Familie

Um das Kind in seinem jeweiligen Entwicklungsstand unterstützen und begleiten zu können, ist es wichtig, den jeweilig anderen Bildungs- und Erziehungspartner an dessen Lebenswelt teilhaben zu lassen. So sollten sich die pädagogische Fachkraft ein Bild über die Lebenswelt „Familie" machen können und die Eltern die kindliche Lebenswelt „Kindestageseinrichtung" näher kennenlernen dürfen.

Eltern und pädagogische Fachkräfte haben so die Möglichkeit, sich einander besser kennen- und verstehen zu lernen und darüber hinaus ein gegenseitiges Verständnis füreinander zu entwickeln.

> **BEISPIEL** Natascha, eine frisch ausgelernte Kinderpflegerin, möchte gerne den Eltern ihrer Kindergruppe ermöglichen, den Kindergartenalltag besser kennenzulernen. Gemeinsam mit ihren Kolleginnen plant sie daher einen Hospitationstag, welcher fortan wöchentlich angeboten werden soll. Die Eltern der Kindergruppe dürfen sich frei für diesen Hospitationstag melden und den Tag gemeinsam mit ihrem Kind im Kindergarten erleben. So lernen die Eltern die kindliche Lebenswelt „Kindertageseinrichtung" näher kennen.

Abb. 2.3 Eltern können mehr in den pädagogischen Alltag einbezogen werden als nur während des Bringens und Abholens.

2.3.2 Information und Austausch

Ein weiteres wichtiges Ziel der Bildungs- und Erziehungspartnerschaft ist der gemeinsame Austausch und die gegenseitige Information. Eltern und pädagogische Fachkräfte stimmen sich dabei wechselseitig über ›Bildungs- und Erziehungsziele‹, ›Erziehungsstile‹ und -probleme ab. Auch ermöglicht der gegenseitige Austausch, sich über aktuelle Entwicklungen und das Verhalten des Kindes in den jeweiligen kindlichen Lebenswelten auszutauschen. Dadurch entsteht ein gutes Fundament ›kindlicher Entwicklung‹.

Bildungs- und
Erziehungsziele → S. 222
Erziehungsstil → S. 312

kindliche Entwicklung → S. 110

IV GRUNDLAGEN DER PRAXISGESTALTUNG

Durch diesen Austausch können pädagogische Fachkräfte die aktuellen Wünsche und Bedürfnisse der Eltern verstehen und diese entsprechend unterstützen und begleiten.

> **BEISPIEL** Jakobs Eltern sind gerade sehr besorgt. Jakob beschäftigt sich seit einigen Wochen ausschließlich mit seiner Dinosauriersammlung und kann sich für kein anderes Spielangebot begeistern. Daher suchen Jakobs Eltern Rat bei den pädagogischen Fachkräften seiner Kindertageseinrichtung. Im gemeinsamen Gespräch erarbeiten Jakobs Eltern mit der Kinderpflegerin Natascha die Beobachtungen der beiden Lebenswelten „Familie" und „Kindertageseinrichtung". Natascha erzählt den besorgten Eltern, dass sich Jakob auch in seiner Kindertageseinrichtung viel mit Dinosaurierbüchern und -bildern beschäftigt. Natascha erklärt den Eltern, dass diese intensive Beschäftigung mit einem Thema kein Grund zur Sorge ist. Sie verdeutlicht den Eltern, dass es sehr gut ist, wenn sich Jakob so interessiert einem Thema zuwenden kann, und dies sogar auf unterschiedlichen Entwicklungsbereichen wie der ›Motorik‹ und der ›Kognition‹. Gemeinsam erarbeitet sie mit den Eltern Ziele, um Jakob in seinem Interesse zu unterstützen und ihm weitere Angebote zu ermöglichen.

Motorik → S. 154
Kognition → S. 167

Abb. 2.4 Gemeinsamer Austausch

2.3.3 Stärkung der Erziehungs- und Bildungskompetenz

Eine wichtige Aufgabe ist die Stärkung der elterlichen Erziehungs- und Bildungskompetenz. Pädagogische Fachkräfte haben die Aufgabe, den Eltern zu verdeutlichen, wie wichtig und wertvoll die elterliche Erziehung und Bildung ihrer Kinder ist. Dabei sollten Eltern auf verschiedenen Wegen Zugang zu Fachwissen der kindlichen Entwicklung und Erziehung sowie über entwicklungsförderndes Verhalten und altersangemessene Bildungsmöglichkeiten bekommen.

Tür-und-Angel-Gespräch
→ S. 39

> **BEISPIEL** In den vergangenen Wochen fiel Manuel auf, dass einige Eltern seiner Kindergruppe unterschiedliche Fragen hatten, welche sich auf den Entwicklungsstand ihres Kindes bezogen. Er hatte den Eindruck, dass die Eltern gerne verstehen würden, warum sich ihr Kind gerade so verhält, und sich unsicher dabei fühlten, wie sie ihr Kind unterstützen könnten. Manuel versuchte zuerst, die Fragen jeweils in kurzen ›Tür-und-Angel-Gesprächen‹ zu klären. Er merkte jedoch schnell, dass den Eltern ein kurzes Gespräch oft nicht ausreichte und sie gerne mehr darüber erfahren würden. Daraufhin überlegte er sich gemeinsam mit seinen Kolleginnen und Kollegen, einen monatlichen Informationsabend zu planen, in welchem die Eltern wichtige Informationen zur kindlichen Entwicklung und zur bestmöglichen Förderung bekommen. Hier sollten die Eltern sowohl Fachwissen als auch wertvolle Tipps, beispielsweise zu Bilderbüchern oder anderen entwicklungsfördernden Spielmöglichkeiten, bekommen.

2.3.4 Beratung, Begleitung und Unterstützung

Die kindliche Entwicklung kann für Eltern manchmal belastend sein. Schnell können sie sich bei kleineren Auffälligkeiten oder Verhaltensschwierigkeiten ihrer Kinder verunsichert fühlen. Das Ziel einer Bildungs- und Erziehungspartnerschaft soll gerade hier ansetzen und Eltern in diesen Situationen begleiten und unterstützen.

Bei Erziehungsschwierigkeiten, ›Verhaltensauffälligkeiten‹, ›Entwicklungsverzögerungen‹ oder (drohenden) ›Behinderungen‹ eines Kinders kann eine gelingende Partnerschaft den Eltern Halt bieten. Es entsteht ein Rahmen, in welchem sich Eltern und Fachkräfte gemeinsam ein Bild der Situation erarbeiten können und über gemeinsame Lösungswege beraten. Vor allem die pädagogischen Fachkräfte können hier die Eltern an die Hand nehmen und bestehende Kontakte zu anderen Beratungs- und Unterstützungsangebote nutzen.

Verhaltensauffälligkeit
→ S. 328
Entwicklungsverzögerung
→ S. 151
Behinderung → S. 441

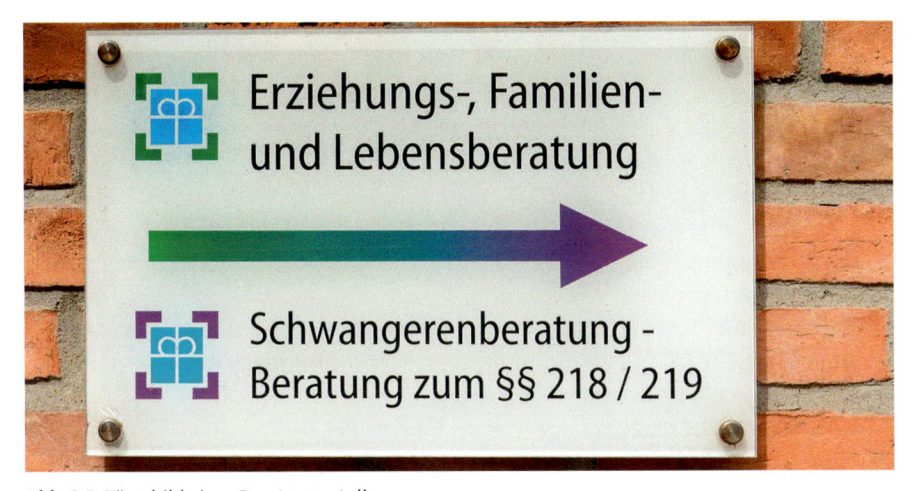

Abb. 2.5 Türschild einer Beratungsstelle

> **BEISPIEL** Luna ist seit einigen Wochen ein Vorschulkind in ihrer Kindertageseinrichtung und weiß, dass sie im kommenden Jahr in die Grundschule eingeschult werden wird. Seit Lunas Eltern mit ihr einen gemeinsamen Ausflug zur baldigen Grundschule gemacht haben, verhält sie sich laut ihren Eltern komisch. Lunas Mutter berichtet von schwierigen Nächten und teilweise von Einnässen in der Nacht. Auch erscheint Luna nicht mehr so fröhlich wie früher und dieses Verhalten löst bei den Eltern große Ängste aus.
> Lunas Eltern suchen daher Rat bei den pädagogischen Fachkräften ihrer Kindertageseinrichtung und erzählen dort von ihren Erlebnissen. Die pädagogischen Fachkräfte erarbeiten gemeinsam mit den Eltern, dass Luna auf den ersten Blick Schwierigkeiten mit der neuen Rolle als Vorschuldkind zu haben scheint und dringend Unterstützung und Begleitung braucht. Da Lunas Eltern mit der neuen Situation nur schwer umgehen können und sich gerne intensiver beraten lassen möchten, zeigen die pädagogischen Fachkräfte Lunas Eltern verschiedene, mit ihnen ›kooperierende‹ Anlauf- und Beratungsstellen auf, welche über das Angebot der Kindertageseinrichtung hinausgehen.

Kooperation → S. 52

> Der Übergang vom Kindergarten in die Grundschule wird auch als ›Transition‹ bezeichnet und als eine wichtige Entwicklungsaufgabe im Kindesalter gesehen.

Transition → S. 446

2.3.5 Einbezug von Eltern in den Einrichtungsalltag

Ein weiteres Ziel der Bildungs- und Erziehungspartnerschaft ist es, Mütter und Väter Bereiche des Alltags in Kindertageseinrichtungen aktiv miterleben und -gestalten zu lassen, ihnen Räume zu schaffen, um gehört und gesehen zu werden. Nicht immer ist es einfach, die Eltern in die Geschehnisse des Alltags einzubeziehen. Schwierigkeiten entstehen jedoch nicht ausschließlich aufgrund von elterlichem Desinteresse. Oftmals ist es den Eltern einfach aufgrund der eigenen Berufstätigkeit nicht möglich, sich mehr in den Alltag der pädagogischen Einrichtung ihres Kindes einzubinden. Andere Eltern hingegen möchten eventuell aufgrund unterschiedlicher Ansichten keinen Einbezug in den pädagogischen Alltag.

> Das Ziel besteht darin, Eltern je nach deren Möglichkeit und Einverständnis für die Mitarbeit zu gewinnen und als Bereicherung und Entlastung der pädagogischen Arbeit anzuerkennen.

BEISPIEL In der Kindertageseinrichtung „Villa Kunterbunt" wurden bisher die Eltern lediglich bei Festen einbezogen und gebeten, bei Vorbereitungen wie beispielsweise Bastelarbeiten oder der Verpflegung zu helfen. Das pädagogische Personal der Kindertageseinrichtung möchte jedoch umdenken und die Eltern seiner Einrichtung mehr in das alltägliche Geschehen einbinden. Hierfür gestaltet es einen Elternabend, um gemeinsam mit den Eltern zu überlegen, in welchen Bereichen sie unterstützen und mitarbeiten könnten.
Nach dem Elternabend steht fest, dass die Bereitschaft zur aktiven Unterstützung der Eltern viel größer als gedacht ist und nun verschiedene Konzepte der Zusammenarbeit entworfen werden können. Die Mehrheit der Elternschaft meldete zurück, dass sie sich über den Einbezug und die Wertschätzung freut.

---

1. Fühlen Sie sich in der Einrichtung wohl?
   ☐ ja ☐ einigermaßen ☐ nicht sehr ☐ nein
2. Hat die Einrichtung eine angenehme Atmosphäre?
   ☐ ja ☐ einigermaßen ☐ nicht sehr ☐ nein
3. Wünschen Sie sich mehr Informationen über die pädagogische Arbeit mit den Kindern?
   ☐ ja ☐ nein
4. Welche Formen der Zusammenarbeit zwischen Eltern und Erzieherinnen sollen vermindert, verstärkt oder neu eingeführt werden?

	vermindern	verstärken	neu einführen
Elternabende	☐	☐	☐
Einzelgespräche (regelmäßig)	☐	☐	☐
Tür-und-Angel-Gespräche	☐	☐	☐
Hospitationen	☐	☐	☐
Hausbesuche	☐	☐	☐
Gemeinsame Aktionen	☐	☐	☐
Eltern-Kind-Nachmittage	☐	☐	☐
Gemütliche Treffen / Basteln	☐	☐	☐
Elterncafé	☐	☐	☐

Abb. 2.6 Beispiel für einen Elternfragebogen

2.3.6 Mitverantwortung und Mitgestaltung

Die Verantwortung der Bildung und Erziehung wurde zum einen bereits als ›natürliches Recht der Eltern‹, zum anderen als Auftrag des Fachpersonals beschrieben. Die gemeinsame Partnerschaft soll Müttern und Vätern die Möglichkeit geben, Erziehungs- und Bildungsziele innerhalb der Kindertageseinrichtung mitzuprägen und zu diskutieren. Die Elternschaft soll auf institutioneller Ebene bei wesentlichen Angelegenheiten der Kindertageseinrichtung einbezogen werden.

Erziehung als natürliches Recht der Eltern → S. 394

BEISPIEL Das pädagogische Fachpersonal der Kindertageseinrichtung „Villa Kunterbunt" entschied sich vergangenen Monat, eine Elternbefragung durchzuführen, um die Zufriedenheit und die aktuellen Belange der Eltern zu erfragen. Bei der Auswertung dieser Befragung wurde deutlich, dass sich die Elternschaft ihrer Kindertageseinrichtung eine veränderte Öffnungszeit der Kindertageseinrichtung wünschen würde, da die bisherigen Öffnungszeiten oftmals mit der elterlichen Berufstätigkeit nur schwer vereinbar seien.
Diese Befragungsergebnisse nahm das Fachpersonal zum Anlass, mit den Eltern ins Gespräch zu kommen und über wichtige Punkte zu diskutieren. Dieser Rahmen ermöglicht den Eltern, mitzubestimmen und gemeinsam Verantwortung für das Konzept der Kindertageseinrichtung zu übernehmen.

Abb. 2.7 Gespräch mit Pädagogen und Elternvertretern

2.3.7 Vernetzung von Familien, Kindertageseinrichtungen und anderen Einrichtungen

Kindertageseinrichtungen ermöglichen es Eltern und ihren Kindern, vielfältige Kontakte zu anderen Kindern und ihren Familien, aber auch anderen Einrichtungen aufzunehmen. Die gemeinsame Bildungs- und Erziehungspartnerschaft zwischen Eltern und pädagogischen Fachkräften hat unter anderem zum Ziel, eine Vernetzung zwischen Familien, Kindertageseinrichtung, anderen Einrichtungen und der umliegenden Gemeinde zu ermöglichen. Diese Vernetzung macht es möglich, gegenseitig im Austausch zu stehen, sich zu unterstützen und voneinander zu profitieren.

IV GRUNDLAGEN DER PRAXISGESTALTUNG

Die einzelnen Lebenswelten von Kindern sind vielfältig. Jenseits von Familie, als wichtigstem Ort des Aufwachsens, und Kindertageseinrichtung, als erster Bildungsinstitution, hat daher auch das direkte soziale Umfeld von Kindern einen wesentlichen Einfluss auf ihre Entwicklung.

> Für ein gesundes Aufwachsen ist eine Vernetzung bzw. Kooperation der einzelnen Lebenswelten von großer Bedeutung.

Nicht nur die Eltern können vom Bildungs- und Beratungsangebot pädagogischer Fachkräfte in Form von beispielsweise Elternabenden oder auch persönlichen Beratungsgesprächen oder dem Kontaktaufbau zu anderen kooperierenden Einrichtungen profitieren. Eltern sind Experten der Lebenswelt Familie und daher auch für die tägliche pädagogische Arbeit eine wichtige Ressource.

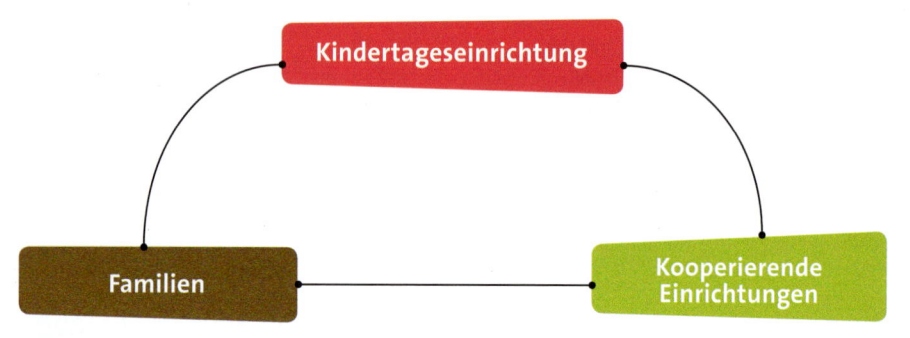

Die Vernetzung bzw. Kooperation zwischen Familie, Kindertageseinrichtung und anderen professionellen Akteuren kann dabei unterschiedlicher Herkunft sein.

Fallbezogene Vernetzung

Seit dem vergangenen Elterngespräch mit der Familie Zimmermann achtet die Kinderpflegerin Lisa besonders auf die ›motorische Entwicklung‹ des vierjährigen Ben. Nach längeren Beobachtungen und verschiedenen Testverfahren kommt Lisa gemeinsam mit ihren Kolleginnen, wie bereits mit den Eltern vorab angesprochen, zu dem Entschluss, dass Ben zusätzlich zum Bildungs- und Erziehungsangebot in der Kindertageseinrichtung Unterstützung im Bereich der motorischen Entwicklung benötigt. Aus diesem Anlass entsteht eine fallbezogene Vernetzung zu anderen Unterstützungs- und Beratungsangeboten.

motorische Entwicklung
→ S. 154

Prozessabhängige Vernetzung

Der Schuleintritt steht kurz bevor und soll nun in der pädagogischen Arbeit der Kindertageseinrichtung „Kinderladen" vorbereitet werden. Um die baldigen Schulkinder jedoch nicht nur auf die bevorstehende Schulzeit vorzubereiten, sondern ihnen auch ein vielfältiges Freizeitangebot zum Ausgleich zu eröffnen, stellen die pädagogischen Fachkräfte Kontakte zu benachbarten Sportvereinen, aber auch zu offenen Jugendeinrichtungen her.

Professionsabhängige Vernetzung

Zum bevorstehenden Elternabend zum Thema „Kinderkrankheiten" lädt das Team der Kindertageseinrichtung „Tulpenweg" die in der Nachbarschaft ansässige Kinderärztin ein.

2. Eltern als Bildungs- und Erziehungspartner betrachten

Ereignisabhängige Vernetzung

Die Kinder der Kindertageseinrichtung „Villa Kunterbunt" beschäftigen sich gerade mit den Tieren auf dem Bauernhof. Besonders gerne schauen sie sich Bücher und Bilder an und bauen Bauernhöfe mit unterschiedlichen Baumaterialien nach. Der Kinderpfleger Manuel möchte den Kindern noch einen weiteren Zugang zum Thema Bauernhof ermöglichen. Dafür nutzt er die bestehenden Kontakte der Kindertageseinrichtung und nimmt Kontakt zu einem in der Nähe wohnenden Bauern auf. Gemeinsam mit ihm organisiert Manuel für die Kinder einen Besuch auf dem Bauernhof und lädt den Bauern zum ersten Kennenlernen für die kommende Woche in die Kindertageseinrichtung ein.

Um einen Überblick über die Chancen und Möglichkeiten einer Vernetzung über den Kindergartenalltag hinaus zu bekommen, erscheint das Erstellen einer Vernetzungslandkarte besonders hilfreich.

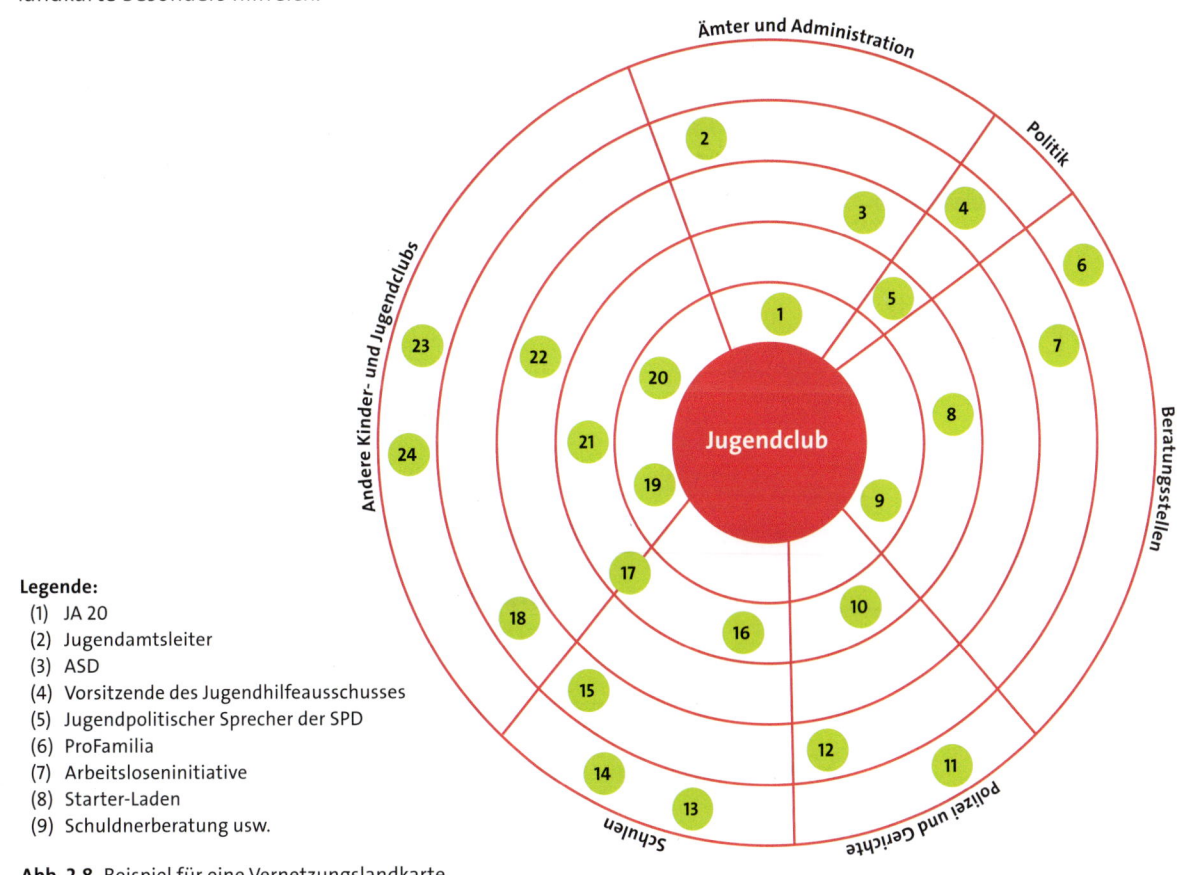

Legende:
(1) JA 20
(2) Jugendamtsleiter
(3) ASD
(4) Vorsitzende des Jugendhilfeausschusses
(5) Jugendpolitischer Sprecher der SPD
(6) ProFamilia
(7) Arbeitsloseninitiative
(8) Starter-Laden
(9) Schuldnerberatung usw.

Abb. 2.8 Beispiel für eine Vernetzungslandkarte

GRUNDLAGEN DER PRAXISGESTALTUNG

Reflexion der Zusammenarbeit

Wichtig bei einer Vernetzung zwischen der Kindertageseinrichtung, der Elternschaft und anderen sozialen Einrichtungen ist, die bestehende Zusammenarbeit stets zu reflektieren und sich gute, aber auch weniger gute Prozesse bewusst zu machen.

Hierfür eignet sich besonders das Erstellen einer Netzwerkmatrix zur Reflexion.

BEISPIEL Die Kindertageseinrichtung „Steinhäusle" nimmt sich zum Ziel, in der nächsten Teambesprechung die aktuelle Vernetzung zwischen der Kindertageseinrichtung, der Elternschaft und anderen sozialen Einrichtungen zu reflektieren. Um die Teambesprechung gut vorbereiten zu können, bittet die Leitung der Einrichtung alle Kolleginnen, folgende Matrix auszufüllen und zu reflektieren:

Bewertung	Netzwerkpartner 1	Netzwerkpartner 2	Netzwerkpartner 3	Netzwerkpartner 4
	Frau Dr. Pillhofer (Kinderärztin)	Sportverein TSV Langenau	Polizei (Vater innerhalb der Einrichtung)	Mühle und Bäckerei
Hintergrund der Vernetzung	Unterstützung bei der Aufklärung zu beispielsweise Kinderkrankheiten ...	Turn- und Sportangebote von U3 bis Grundschulalter ...	Unterstützung bei den Themen rund um den Verkehr ...	Projekt zum Thema „Gesunde Ernährung"
Positiv	bisher guter Kontakt, große Bereitschaft zur Unterstützung		guter Kontakt und große Bereitschaft zur Unterstützung	sehr guter Kontakt, Möglichkeit von Besuchen und gemeinsamen Projekten rund um das Thema „Brot backen"
Negativ		seit dem Wechsel des Ansprechpartners ist es sehr schwer, gemeinsame Themen zur Kooperation zu finden		

Tab. 2.9 Abbildung einer beispielhaften Netzwerkmatrix

2.4 Formen der Bildungs- und Erziehungspartnerschaft

Zum Erreichen der genannten ›Ziele‹ und unter Berücksichtigung der Vielfalt von Familienkonstellationen, unterschiedlichen Bedürfnissen, Interessen und Wünschen gibt es eine Vielzahl an Formen partnerschaftlicher Zusammenarbeit. Neben den „klassischen" Formen der Zusammenarbeit wie beispielsweise Elternabende oder den halbjährlichen Entwicklungsgesprächen sind im Laufe der letzten Jahre viele neue Formen der Zusammenarbeit zwischen Eltern und pädagogischen Fachkräften entwickelt worden.

Besonders vielversprechend sind Formen der Zusammenarbeit, die auf einer ungezwungenen, offenen und partnerschaftlichen Kommunikation und Kooperation zwischen beiden Partnern erfolgen können, aber auch solche, die durch eine aktive Mitwirkung der Eltern, eine gesellige und gemütliche Atmosphäre sowie einen unmittelbaren Erlebnisbezug zur alltäglichen Arbeit in Kindertageseinrichtungen bestimmt sind.

Ziele einer Bildungs- und Erziehungspartnerschaft → S. 396

> **BEISPIEL** Die Eltern von **Maria** sollen in der kommenden Woche zu einem Entwicklungsgespräch in die Kindertageseinrichtung eingeladen werden. Die pädagogische Fachkraft Mediha bereitet sich im Vorfeld auf dieses Gespräch intensiv vor und organisiert eine geeignete Räumlichkeit, um ungestört und in angenehmer Atmosphäre mit den Eltern reden zu können.

Zum Thema „Zusammenarbeit mit Eltern" könnten sich die Mitarbeiter einer Kindertageseinrichtung für ihre Arbeit folgende Fragen stellen:
- Wo stehen wir innerhalb unserer Kindertageseinrichtung?
- Wo wollen wir hin?
- Welche Wege und Formen der Zusammenarbeit mit Eltern gibt es dorthin?
- Welche Wege und Formen erweisen sich in diesem Fall als besonders geeignet?
- Wann und wie setzen wir die ausgewählten Formen um?
- Sind wir auf dem richtigen Weg?

IV GRUNDLAGEN DER PRAXISGESTALTUNG

Bereiche der Zusammenarbeit	Formen der Zusammenarbeit
Formen der Zusammenarbeit vor der Aufnahme des Kindes	• Aufbau von Erstkontakten zu den Eltern • Anmeldegespräch • Vorbesuch des Kindes in der Gruppe • Einführungselternabend
Einzelkontakte zwischen Eltern und pädagogischen Fachkräften	• Tür-und-Angel-Gespräch • Entwicklungs- oder Beratungsgespräch • Besprechung von Portfolios • Telefonkontakte • Information durch Übersendung von Notizen bei besonderen Ereignissen • Hospitation von Eltern
Formen der Zusammenarbeit zwischen Elternschaft oder auch Elternvertretern und pädagogischen Fachkräften	• Elternabende • themenspezifische Gesprächskreise • Elterngruppen zum gegenseitigen Austausch (mit/ohne Kinderbetreuung) • Treffpunkte für Alleinerziehende/Vätergruppen/Eltern mit Migrationshintergrund • Befragungen zur Zufriedenheit von Eltern • gemeinsame Planung von Projekten, Veranstaltungen und besonderen Aktivitäten • Einbezug in die Entwicklung von Jahres- und Rahmenplänen • gemeinsame Besprechung von Zielen und Methoden der pädagogischen Arbeit
Formen der Zusammenarbeit zwischen Familien und pädagogischen Fachkräften	• Feste und Feiern • Basare und Märkte • Freizeit- und Bildungsangebote für Familien (z. B. Ausflüge, Töpferkurse) • Bastel- und Spielnachmittage
Bildungs- und Unterstützungsangebote für Eltern	• Elternstammtisch oder Elterncafé • Treffpunktmöglichkeiten am Abend oder am Wochenende • Elterngruppen und -arbeitskreise zu allgemeinen Themen, Wünschen oder Bedürfnissen der Eltern • Angebote von Eltern für Eltern • regelmäßige Elternbriefe • Information über ein Schwarzes Brett (z. B. Tagesberichte), Fotowand • Ausleihmöglichkeit (Kinderbücher, Spiele, CDs, DVDs, Erziehungsratgeber) • Buch- und Spielausstellung • Beratungs- und Unterstützungsführer für Eltern • Auslegen von Informationsbroschüren • Homepage

Tab. 2.10 Bereiche und Formen der Zusammenarbeit mit Eltern

Abb. 2.11 Postrollen für Elternbriefe in der Garderobe einer Kita

Abb. 2.12 Feiern von gemeinsamen Festen als Form der Zusammenarbeit

2.5 Zusammenarbeit mit Eltern unterschiedlicher kultureller Herkunft

Geht man davon aus, dass die Elternschaft einer Kindertageseinrichtung als eine zusammengehörige und ›homogene‹ Gruppe betrachtet werden kann, wird man sehr schnell feststellen, dass mit dieser Ansicht eine gelingende Bildungs- und Erziehungspartnerschaft nicht möglich ist.

Besonders in Städten wie Frankfurt, Berlin oder Hamburg gibt es eine große kulturelle Vielfalt. Zu dieser kulturellen Vielfalt trägt beispielsweise der Italiener bei, welcher erst seit einigen Monaten in Deutschland lebt, auch die türkische Familie, die schon über Generationen fest innerhalb Deutschland verwurzelt ist, aber auch die Österreicherin, die in Deutschland lebt. Kinder aus diesen Familien besuchen Kindertageseinrichtungen und Tagespflegestellen. Der Aufbau einer gelingenden Bildungs- und Erziehungspartnerschaft zwischen pädagogischen Fachkräften und Eltern anderer Herkunftsländer stellt eine hohe Anforderung dar. Die kulturelle Vielfalt einer Elternschaft kann aber auch bereichernd und fruchtbar für den pädagogischen Alltag sein. Im Umgang mit einer kulturell ›heterogenen‹ Elternschaft benötigt die pädagogische Fachkraft zusätzlich interkulturelle Kompetenzen.

Interkulturelle Kompetenz bedeutet einen sensiblen und gleichberechtigten Umgang mit Menschen anderer Kulturen. Um Menschen unterschiedlicher Kultur sensibel und gleichberechtigt entgegenzutreten, bedarf es zum einen des Wissens über eigenkulturelle Prägung sowie Kenntnisse sozialer Aspekte von Migration und kulturspezifischer Hintergründe.

Zum anderen spielt jedoch auch eine Rolle, wie man den Umgang mit Menschen anderer Kulturen gestaltet. Dabei sind besonders die Kommunikations- und Dialogbereitschaft ausschlaggebend als auch die Bereitschaft überhaupt, gemeinsam in Interaktion zu treten. Interkulturelle Kompetenz bedeutet, offen, empathisch und vorurteilsfrei auf sein Gegenüber zuzugehen und sich auf einen Austausch einlassen zu können.

Homogenität

griech. gleich; verweist auf die Gleichheit einer Menschengruppe (z. B. gleiche Interessen, Wünsche und Bedürfnisse)

Heterogenität

griech. hetero: anders / verschieden; verweist auf die Uneinheitlichkeit von Menschen und die damit einhergehende Vielfältigkeit

Abb. 2.13 Mehrsprachiges Begrüßungsplakat in einer Kita

Abb. 2.14 Austausch mit einer Mutter

IV GRUNDLAGEN DER PRAXISGESTALTUNG

Die Fähigkeit zum **Umgang mit Menschen aus anderen Kulturen** kann schon in jungen Jahren vorhanden sein oder auch entwickelt und gefördert werden. Dies wird als interkulturelles Lernen bezeichnet. Die Basis für erfolgreiche interkulturelle Kommunikation ist emotionale Kompetenz und interkulturelle Sensibilität.

> **BEISPIEL** Muriel arbeitet seit einigen Wochen in der Kindertageseinrichtung „Regenbogen" in der Stadtmitte von Hamburg. Gemeinsam mit ihren Kolleginnen plant sie einen Informationsabend für Eltern zum Thema „Gesundes Essen". Im Vorfeld informieren Muriels Kolleginnen sie bereits darüber, dass zu solchen Veranstaltungen bisher eigentlich nur eine Handvoll Familien gekommen sind und sich der Aufwand kaum gelohnt habe. Die Elternschaft der Kindertageseinrichtung sei oft einfach nur desinteressiert, an Veranstaltungen teilzunehmen. Muriel beschließt, dem angeblichen Desinteresse der Eltern nachzugehen, und tritt mit der Elternschaft in alltäglichen Tür-und-Angel-Gesprächen in den folgenden Tagen näher in Kontakt.

Die Aufgabe der pädagogischen Fachkraft ist es, Eltern unterschiedlicher Herkunft aktiv eine Basis für eine Bildungs- und Erziehungspartnerschaft anzubieten und ihnen das Gefühl zu vermitteln, dass sie willkommen sind und als Eltern geschätzt werden. Als besonders wertvoll erweist sich hierbei der bewusste Aufbau eines Erstkontaktes, um den Eltern die Chance zu geben, die Einrichtung, aber auch die Fachkräfte als wichtige Bezugspunkte näher kennenzulernen. Jedoch muss sich auch die pädagogische Fachkraft die Zeit nehmen, alle Eltern unabhängig von ihrer Herkunft sowie individuellen Ansichten und Einstellungen kennenzulernen und trotz ihrer Unterschiedlichkeiten als gleichberechtigt wahrzunehmen. Die Fachkräfte müssen herausfinden, welche Wünsche, Bedürfnisse und Interessen die Familien haben, um darauf aufbauend Formen der Zusammenarbeit erarbeiten zu können.

Normen und Werte → S. 217

Hürden und Hindernisse verschiedener Art können die Zusammenarbeit beeinflussen. Oftmals entstehen sie in der Zusammenarbeit mit Eltern aufgrund unterschiedlicher ›Normen und Werte‹, aber auch durch individuelle Prägungen von Eltern und Fachkräften. Dies kann sich beispielsweise durch ungleiche pädagogische Einstellungen und Ansichten oder auch durch Verständigungs- oder Verständnisprobleme zeigen.

> **BEISPIEL** **Ali** besucht seit einigen Wochen die Kindertageseinrichtung „Kindertreff". Dort ist es üblich, dass alle Kinder bis 10.30 Uhr gefrühstückt haben sollten, damit die restliche Zeit des Vormittages für andere Aktivitäten wie beispielsweise einen Spaziergang genutzt werden kann.
> Alis Eltern erfahren von dieser offenen Frühstückszeit bereits bei der Anmeldung und nutzen das erste Tür-und-Angel-Gespräch, um der Kinderpflegerin von Ali zu erklären, dass sie nicht möchten, dass Ali sich frei aussuchen kann, wann er frühstücken möchte. Zu Hause essen Ali und seine Eltern immer gemeinsam und zu einer bestimmten Uhrzeit. Sie möchten, dass dies auch in der Kindertageseinrichtung möglich ist. Die Kinderpflegerin verabredet sich mit den Eltern für den Nachmittag, um diese Situation mit ihnen in Ruhe besprechen zu können.

2. Eltern als Bildungs- und Erziehungspartner betrachten

Um die Zusammenarbeit mit Eltern gestalten zu können, ist es für pädagogische Fachkräfte besonders wichtig, sich die eigene ›Wahrnehmung‹, Einstellung und Verhaltensweisen bewusst zu machen. Je nachdem, wie offen und vorurteilsfrei eine Fachkraft Eltern gegenübertreten kann und eigene Verhaltensweisen und Ansichten ›reflektiert‹, umso positiver können Bildungs- und Erziehungspartnerschaften gelingen.

Wahrnehmung → S. 56

Reflexion → S. 41

Gerade für die bestmögliche Bildung und Erziehung der Kinder ist diese Partnerschaft von besonderer Bedeutung, da sie die Brücke zwischen der eigenen kulturellen Herkunft und der gelebten Kultur der Kindertageseinrichtung schlägt. Diese Brücke ist für die kindliche ›Entwicklung‹ von unschätzbarem Wert.

Entwicklung → S. 110

Warum muss ich das für meinen Beruf wissen?

Die Zusammenarbeit von Eltern und pädagogischen Fachkräften in Form einer Bildungs- und Erziehungspartnerschaft stellt den Nährboden einer bestmöglichen kindlichen Entwicklung dar. Damit ist die Zusammenarbeit mit Eltern als Kernaufgabe einer pädagogischen Fachkraft zu sehen. Sowohl Eltern als auch pädagogische Fachkräfte teilen sich damit im Rahmen einer Partnerschaft gemeinsam die Verantwortung für das Wohl des Kindes und haben dessen gesunde Entwicklung als gemeinsames Ziel. Um Kindern eine möglichst ganzheitliche Förderung ermöglichen zu können, sind eine gute und vertrauensvolle Zusammenarbeit und der Austausch mit den jeweiligen Elternteilen unumgänglich. Jede noch so gutgemeinte Initiative und Bemühung aufseiten pädagogischer Fachkräfte droht ins Leere zu laufen, werden die Eltern der Kinder nicht in diese einbezogen.

Die wesentlichen Grundlagen einer gelingenden Partnerschaft sind dabei ein respektvoller und wertschätzender Umgang mit den Eltern, ein vorurteilsfreies Gegenübertreten, eine ressourcenorientierte Denkweise sowie eine bewusste Gestaltung der Kommunikation untereinander.

Die Ziele einer gelingenden Bildungs- und Erziehungspartnerschaft sind dabei:
- Offenheit zwischen Kindertageseinrichtung und Familie herzustellen
- Information und Austausch zu ermöglichen
- die Stärkung der individuellen Erziehungs- und Bildungskompetenz
- die Beratung, Begleitung und Unterstützung von Eltern und Familien
- die Mitarbeit von Eltern zu ermöglichen
- die gemeinsame Verantwortung und Gestaltung des pädagogischen Konzepts
- die Vernetzung von Familien, Kindertageseinrichtungen und anderen Einrichtungen

Auch wenn im Zusammenhang mit einer gelingenden Partnerschaft zwischen Eltern und Fachkräften oftmals von der Elternschaft gesprochen wird, ist es wichtig, sich bewusst zu machen, dass es diese eine Elternschaft nicht gibt.

Je größer die Kindertageseinrichtung ist, desto größer ist die Vielfalt der Elternschaft und damit der bestehenden Wünsche, Bedürfnisse und Interessen.

3 BEDÜRFNIS UND GRUNDBEDÜRFNIS

17:30 Was brauchen Kinder in welchem Alter?

17:49 Wie zeigt ein Baby seine Bedürfnisse? Und wie macht das ein vierjähriges Kind?

18:01 Welchen Stellenwert hat die Bedürfnisbefriedigung in meinem Beruf?

3.1 Der Unterschied zwischen Bedürfnissen und Grundbedürfnissen

Jeder Mensch hat Bedürfnisse. Ganz allgemein gesprochen ist ein Bedürfnis der Wunsch, einen Mangel zu beseitigen. Bedürfnisse lenken und leiten unser Leben. Grundbedürfnisse sichern das menschliche Überleben. Essen, trinken, atmen, schlafen und Sexualität sind solche Grundbedürfnisse. Die Befriedigung dieser Bedürfnisse ist die Voraussetzung für körperliches und seelisches Wohlbefinden. Wird ein Grundbedürfnis nicht befriedigt, erlebt der betroffene Mensch dies als Mangelzustand: Ihm fehlt etwas.

> **BEISPIEL** Joel (1;7) ist weinerlich. Er hat seit längerer Zeit nichts getrunken und gegessen. Die Kinderpflegerin Sophie Kleine gibt ihn etwas zu trinken und zu essen. Danach wirkt Joel wieder zufrieden. Der Mangel, den er empfunden hat, konnte beseitigt werden. Seine primären Bedürfnisse nach Essen und Trinken wurden befriedigt.

Abb. 3.1 Grundbedürfnis Trinken

physiologische Frühgeburt
→ S. 213

Die Grundbedürfnisse sind angeboren. Sie werden auch als **primäre (ursprüngliche) Bedürfnisse** bezeichnet. Ohne ihre Befriedigung ist Leben nicht möglich. Alle anderen Bedürfnisse wie z. B. das Bedürfnis nach Wissen oder Selbstverwirklichung werden zurückgestellt, wenn Grundbedürfnisse nicht erfüllt werden. Vor allem Säuglinge und Kleinkinder sind auf eine optimale Befriedigung ihrer Grundbedürfnisse angewiesen. Sie kommen als ›physiologische Frühgeburt‹ auf die Welt, sind völlig hilflos und auf die Versorgung durch andere angewiesen.

3. Bedürfnis und Grundbedürfnis

Der Mensch kommt anders als viele Säugetiere völlig unfertig auf die Welt. Was das Kind zum selbstständigen Überleben braucht, entwickelt es erst innerhalb mehrerer Jahre durch Reifung und Lernen. Dabei ist der Mensch auf **soziale Kontakte** angewiesen. Durch sie öffnet er sich für seine Umwelt. Eng damit verbunden sind für den Säugling und das Kleinkind die Bedürfnisse nach **Sicherheit und Bindung**. Erst wenn die grundlegenden Bedürfnisse befriedigt sind, fühlt sich der kleine Mensch sicher. Dann kann er sich körperlich, geistig und seelisch gut entwickeln und dem jeweiligen Alter entsprechend Fähigkeiten und Fertigkeiten entfalten.

Damit sich das Kleinkind aus der Hilflosigkeit mit zunehmendem Alter in die Selbstständigkeit weiterentwickeln kann, braucht es eine fortlaufende altersgerechte Förderung mit steigenden Anforderungen. Nur so wird es befähigt, die eigene Bedürfnisbefriedigung selbst zu übernehmen. Im Verlauf der Lebensspanne erwirbt es durch Erziehung und ›Sozialisation‹ weitere Bedürfnisse. Diese werden **sekundäre (zweitrangige) Bedürfnisse** genannt. Zu ihnen zählen unter anderem Sicherheit, Zugehörigkeit, Vertrauen, Wertschätzung und Selbstverwirklichung.

Sozialisation → S. 242

Primäre Bedürfnisse	Sekundäre Bedürfnisse
- Essen - Trinken - Atmen - Schlaf - Sexualität - Bewegung	- Sicherheit - Zugehörigkeit - Vertrauen - Wertschätzung - Selbstverwirklichung - u. a.

Der amerikanische Psychologe **Abraham Maslow** (1908–1970) hat ein Modell zur Veranschaulichung der menschlichen Bedürfnisse entwickelt: die sogenannte **Bedürfnispyramide**. Sie zeigt die menschlichen Bedürfnisse in der westlichen Kultur.

Bedürfnispyramide (von oben nach unten):
- Transzendenz
- Selbstverwirklichung
- Schönheit und Ordnung
- Erweiterung des Wissens
- Vertrauen und Anerkennung
- Bindung, Zusammengehörigkeit, Liebe
- Sicherheit und Angstfreiheit
- Nahrung, Wasser, Luft, Erholung, Sexualität

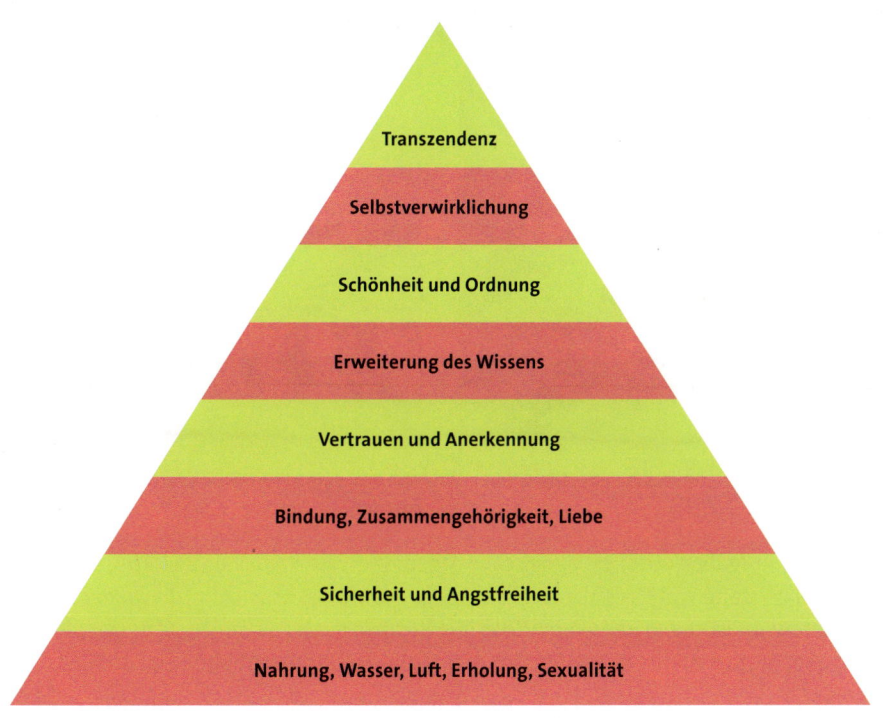

Abb. 3.2 Bedürfnispyramide nach Abraham Maslow

3.2 Kinder äußern ihre Bedürfnisse ihrem Entwicklungsstand entsprechend

> **BEISPIEL** **Hannes (0;2)** schreit herzzerreißend. Seine Mutter trägt und wiegt ihn. Sie summt eine leise Melodie. Doch Hannes schreit weiter. Seine Mutter überlegt: „Geschlafen hat er, gestillt habe ich ihn auch. Was kann denn nur mit dem kleinen Mann sein?" Plötzlich spürt sie, wie ihr Arm langsam feucht wird, und ihr wird klar: „Du möchtest gewickelt werden, Hannes. Das wird es sein. Wer möchte schon gerne in so einer nassen Windel sein?" Sie wickelt ihn und Hannes beruhigt sich.

Hannes hat sein Bedürfnis nach trockener Kleidung nur durch Schreien äußern können, da er noch nicht auf andere Weise kommunizieren kann. Anders ist es bei Jule:

> **BEISPIEL** **Jule (4;3)** steht mit ihrer Mutter an der Supermarktkasse. Sie sagt: „Ich habe Hunger, Mama. Kann ich mir die Schokolade nehmen?" Dabei zeigt sie auf das Regal an der Kasse. Ihre Mutter sagt: „Nein, Jule, die Schokolade kaufen wir nicht." Sofort stimmt Jule ein großes Geheul an: „Ich will aber die Schokolade!"

Jule hat Lust auf Schokolade. Dies ist ein Wunsch, doch es ist kein Bedürfnis nach Nahrung, die den Hunger stillt. Dieses Bedürfnis kann auch anders befriedigt werden. Dennoch kann hinter dem Wunsch nach der Schokolade auch ein grundlegendes Bedürfnis nach Nahrungsaufnahme stehen.

Abb. 3.3 Hannes kann seine Bedürfnisse nur durch Schreien äußern.

Abb. 3.4 Jule kann schon sagen, was sie möchte.

Beobachtung → S. 59

Eine Ihrer Aufgaben in der pädagogischen Arbeit ist es, die kindlichen Bedürfnisse je nach Alter zu verstehen und sich daran zu orientieren. Dafür ist es wichtig, die Kinder zu ›beobachten‹ und anhand ihres Verhaltens ihre Bedürfnisse zu erkennen. Je jünger die Kinder sind, desto mehr ist es erforderlich, sich in das kindliche Verhalten einzufühlen.

> **Kinder brauchen feinfühlige Erwachsene, denen es wichtig ist, sie zu verstehen und ihre Bedürfnisse zu befriedigen.**

3.3 Körperliche, sozial-emotionale und kognitive Bedürfnisse des Kindes

3.3.1 Die körperlichen Bedürfnisse des Kindes

Körperliche Bedürfnisse sind primäre und lebensnotwendige Bedürfnisse. Werden sie nicht erfüllt, kann dies zum Tode führen. Werden sie unzureichend erfüllt, kann das die geistige und körperliche Entwicklung beeinträchtigen und im schlimmsten Fall zu einer Behinderung führen.

Das kindliche Bedürfnis nach Nahrung im ersten Lebensjahr
Gesunde Ernährung ist die Basis für eine gesunde Entwicklung. Daher ist sie lebensnotwendig. Im ersten Lebensjahr wird der Säugling im Idealfall gestillt oder er erhält eine für seinen Bedarf zusammengestellte **Milchnahrung**. Säuglinge vertragen noch keine feste Nahrung. Muttermilch enthält alles, was ein Kind für seine gesunde Entwicklung braucht. Industriell gefertigte Milchprodukte werden mit den notwendigen Nährstoffen angereichert und aufbereitet. Dabei werden sie dem jeweiligen Lebensalter angepasst.

Ab dem sechsten Monat kann es **Babynahrung** in Breiform geben, die den Bedürfnissen des heranwachsenden Säuglings entsprechen sollte. Das Füttern des Babys ist seinem Bedarf anzupassen. Dabei ist jedoch darauf zu achten, ob es wirklich Hunger oder Durst ausdrückt.

Die Nahrungsaufnahme des Kindes sollte ähnlich gestaltet werden wie die Pflegesituation nach ›Emmi Pikler‹:

Emmi Pikler → S. 307

- Nehmen Sie eine ruhige, achtsame Grundhaltung ein.
- Zeigen Sie dem Kind Wertschätzung und liebevollen Respekt.
- Wenden Sie dem Kind ungeteilte Aufmerksamkeit zu und halten Sie Blickkontakt.
- Nehmen Sie die Signale des Kindes wahr.
- Treten Sie in einen Dialog mit dem Kind und begleiten Sie die Essenssituation sprachlich.
- Lassen Sie sich Zeit.
- Beenden Sie das Füttern, wenn das Kind nicht mehr essen möchte.

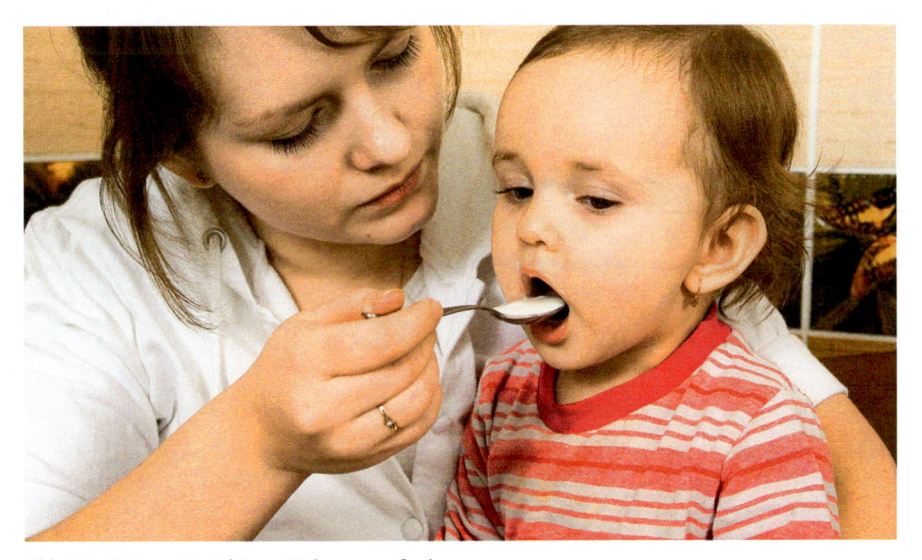

Abb. 3.5 Füttern ist nicht nur Nahrungsaufnahme.

GRUNDLAGEN DER PRAXISGESTALTUNG

Das kindliche Bedürfnis nach Nahrung im zweiten und dritten Lebensjahr
Schon im Alter von einem Jahr können Kleinkinder deutlich machen, was sie essen möchten.

> **BEISPIEL** Die Kinder der Schmetterlingsgruppe spielen im Sandkasten. **Charlotte (1;4)** steht plötzlich auf und sagt „Nane". Kinderpfleger André Kosic weiß, was Charlotte möchte: Sie würde gerne eine Banane essen.

Die Kinder können nun zunehmend **leichte, ungewürzte Kost** essen. Es gibt viele Caterer, die sich auf den Nahrungsbedarf von Kindern einstellen und Tageseinrichtungen beliefern. Die Aufgabe des pädagogischen Personals ist es, für ein möglichst ausgewogenes Essen zu sorgen.

Das kindliche Bedürfnis nach Nahrung ab dem dritten Lebensjahr
In der Regel kann das Kind nun alles essen und sein Nahrungsbedürfnis verbal äußern. Kinder haben allerdings noch keine Vorstellung von gesunder Ernährung. Sie essen gerne Süßes und verlangen auch danach. Durch eine unzureichende, nährstoffarme Nahrung kann es zu Mangelerscheinungen bei Kindern kommen, die wieder die Entstehung von Krankheiten begünstigen. Umso wichtiger ist es, im Kita-Alltag ein **abwechslungsreiches und ausgewogenes Nahrungsangebot** bereitzuhalten.

Frühstück	Vollkornprodukte, Obst, (rohes) Gemüse, Käse, Wurst, Quark oder Joghurt
Mittagessen	warme, frisch zubereitete Mahlzeit mit Gemüse und Salat der Saison, frischer Fisch oder Fleisch
Zwischenmahlzeit	Obst und Gemüse

> **ZUM WEITERDENKEN** Kinder erlernen auch das Ernährungsverhalten von Erwachsenen. Jede pädagogische Fachkraft sollte sich ihrer ›Vorbildfunktion‹ bewusst sein und bei gemeinsamen Mahlzeiten Freude über das gesunde Essen zeigen.

Lernen am Modell → S. 100

Das Bedürfnis nach Schlaf, Ruhe und Entspannungsphasen

Im ersten Lebensjahr hat das Kind ein hohes Schlaf- und Ruhebedürfnis. In den ersten Monaten verläuft der **Schlaf-Wach-Rhythmus** je nach Temperament des Kindes individuell. Wenn das Kind älter wird, verlängern sich die Wachphasen. Kleinkinder schlafen noch bis zu 14 Stunden pro Tag. Säuglinge und Kleinkinder äußern ihr Schlafbedürfnis häufig durch Weinen. Bekommen sie nicht genug Schlaf, werden sie unruhig und weinerlich.
Ein Kind im Alter von drei bis sechs Jahren benötigt etwa 11 bis 13 Stunden Schlaf. Auch dies ist von Kind zu Kind verschieden. Während Dreijährige mittags noch gerne ruhen, verlagert sich der Schlaf des vier- bis sechsjährigen Kindes auf die Abend- und Nachtzeit. Kinder zeigen ebenso wie der Erwachsene unterschiedliche „Tagesformen". Das eine Kind kommt hellwach, fröhlich und ausgeruht in die Kita, während einem anderen Kind deutlich anzumerken ist, dass es noch Ruhe benötigt. Hier sollte sich die pädagogische Fachkraft auf die individuellen Bedürfnisse der Kinder einstellen. Zeigt sich ein Kind müde und zurückhaltend, braucht es möglicherweise noch eine kurze Weile auf dem Schoß, bevor es in den Kita-Alltag starten kann.

Mittags sinkt auch der ›**Biorhythmus**‹ des Kindes ab. Es hat ein Leistungstief und dadurch ein Ruhebedürfnis. Dieses sollte im pädagogischen Alltag berücksichtigt werden. Zwischen 16.00 und 18.00 Uhr ist die Leistungsfähigkeit wieder hoch, bis 20.00 Uhr sinkt sie dann kontinuierlich. Als pädagogische Fachkraft müssen Sie darauf achten, dass Kinder Raum und Zeit haben, um ihrem Ruhebedürfnis nachkommen zu können.

Biorhythmus
individueller Rhythmus im Tagesablauf des Menschen mit Leistungshochs und Leistungstiefs

> **ZUM WEITERDENKEN** Der Körper braucht Schlaf-, Ruhe- und Entspannungszeiten zur Erholung. In dieser Zeit regenerieren sich Körper und Geist. Schlaf ist eine Grundvoraussetzung, um lernen zu können. Im Schlaf verarbeitet der Mensch Gelerntes.

Das kindliche Bedürfnis nach Bewegung

Kinder bewegen sich gerne und viel. In den ersten drei Lebensmonaten bewegt sich der Säugling noch unwillkürlich und unkontrolliert. Mit der ›motorischen Entwicklung‹ nimmt die Bewegungsfreude zu. Zuerst robbt der Säugling z. B., dann krabbelt er, es erfolgt das eigenständige Hinsetzen, und irgendwann zieht sich das Kleinkind an Dingen empor und steht. Die Reihenfolge der zu entwickelnden Bewegungsabläufe ist von Kind zu Kind verschieden. Manche Kinder überspringen etwa das Robben oder Krabbeln.

Bewegungsentwicklung
→ S. 154

Abb. 3.6 Kinder haben ein natürliches Bewegungsbedürfnis.

Raum- und Lernortgestaltung
→ S. 434

Ohne darüber nachzudenken übt das Kind diese Bewegungsabläufe mit großer Ausdauer. Selbst Hinfallen hält es nicht davon ab, sich wieder aufzurichten und das Laufen zu üben. Damit sich Kinder in ihrem Bewegungsdrang entfalten und die Bewegungsabläufe üben können, ist es wichtig, ihre ›Umgebung‹ entsprechend einzurichten. Werden Kinder in ihrem Bewegungsdrang eingeschränkt, bringen sie ihren Unmut durch Weinen zum Ausdruck.

> **BEISPIEL** Joshua (0;9) krabbelt eilig zum Frühstückstisch. Dort steht ein stabiler Stuhl. Er hat herausgefunden, dass er sich daran hervorragend hochziehen kann. Laut kreischend und vor Freude quietschend steht er an dem Stuhl und wippt in den Knien.

Kleinkinder haben Freude an ihrer eigenen Entwicklung. Diese bringen sie durch Lachen und Quietschen zum Ausdruck. Sie nutzen jede Gelegenheit, ihre motorischen Fähigkeiten zu entwickeln.

Abb. 3.7 Freude an der motorischen Entwicklung

> **ZUM WEITERDENKEN** Kinder lernen in Bewegung. So werden alle Entwicklungsbereiche gefördert. Bewegungserfahrungen eröffnen dem Kind den Zugang zur Welt. Durch seine Bewegungsaktivitäten erschließt es sich seine Umwelt und wird so zum Gestalter seiner eigenen Entwicklung.

Koordination
das Zusammenwirken von verschiedenen Aktivitäten, die sinnvoll und zielführend miteinander verknüpft werden

Im Kindergartenalter trainieren Kinder ihre ›Koordinationsfähigkeit‹, Kraft und Ausdauer. Sie rennen, raufen, klettern, schaukeln, schwingen, rutschen, krabbeln, kriechen und hüpfen. So entwickeln sie spielerisch auch die Voraussetzungen zum Lernen und die dafür notwendige Konzentrationsfähigkeit. Aus diesem Grunde soll Kindern ein vielfältiges Bewegungsangebot zur Verfügung gestellt werden.

> Durch unterschiedliche Bewegungserfahrungen entwickeln Kinder Vertrauen in die eigenen Fähigkeiten und lernen ihren Körper besser kennen.

> **ZUM WEITERDENKEN** Im Kindergartenalltag sollten die pädagogischen Fachkräfte dafür sorgen, dass die Kinder täglich ihr Bewegungsbedürfnis im Freien ausleben können. Dabei darf das Wetter keine Rolle spielen. Werden Kinder in ihrem Bewegungsbedürfnis eingeschränkt, werden sie unruhig und missmutig.

3.3.2 Das sozial-emotionale Bedürfnis des Kindes

Bindung → S. 128
soziale Kompetenz → S. 227

Der Mensch ist ein soziales Wesen. Bereits Säuglinge haben ein hohes Bedürfnis nach ›emotionaler Zuwendung‹. Sie zeigen schon sehr früh ›soziale Kompetenz‹ und reagieren mit Lächeln auf freundliche Kontaktaufnahme. Diese Basis wird durch weitere sozial-emotionale Bedürfnisse ergänzt. Hierzu gehören:
- Sicherheit
- Verständnis
- Geborgenheit
- Anerkennung
- Zugehörigkeit

Kinder haben ein Bedürfnis nach Sicherheit

Ein Kind, das sich sicher fühlt, kann Vertrauen entwickeln. Es ist auf Menschen angewiesen, die ihm Sicherheit und Schutz bieten, da es erst lernen muss, mit den Gefahren des Lebens umzugehen. Sicherheit bedeutet für das Kind, dass seine Grundbedürfnisse befriedigt werden, dass es umsorgt wird und alles in Ordnung ist.

Der Alltag bietet viele für ein Kleinkind nicht erkennbare Gefahrenquellen. Das aktive Kleinkind steckt alles in den Mund. Es kann noch nicht unterscheiden, was essbar, ungenießbar oder gar giftig ist. Kinder unter drei Jahren sind besonders gefährdet, da sie umfassende verbale Erklärungen noch nicht verstehen können.

Für die pädagogische Fachkraft bedeutet dies ein hohes Maß an Umsicht und ›Aufsicht‹. Dennoch soll sie das Kind in seinem Entdecker- und Forschungsdrang nicht einschränken. Sie schützt es vor Gefahren, vor körperlichen und seelischen Verletzungen.

Aufsichtspflicht → S. 47

Kinder können viele Gefahren noch nicht realistisch einschätzen. Sie handeln ihrem Entwicklungsstand entsprechend und können die Folgen ihres Handelns noch nicht absehen. Vor allem im Straßenverkehr, z. B. bei einem Ausflug, ist zu beachten, dass Kinder noch keine Vorstellung von den Gefahren haben. Sie sind auf den Schutz durch Bezugspersonen angewiesen, damit sich Körper und Seele gesund entwickeln können.

Kinder haben ein Bedürfnis nach Geborgenheit

Den Begriff „Geborgenheit" verbinden viele Menschen mit der Zeit im Mutterleib. Aus dem Gefühl der Geborgenheit entwickelt das Kind das Gefühl, beschützt zu sein. Kinder brauchen dieses Gefühl der Wärme und Nähe. Dadurch können sie sich entspannen und beruhigen. Es gibt ihnen die Gewissheit, Halt und Unterstützung zu finden, wenn sie es brauchen. In der Entspannung, die Geborgenheit bietet, verlangsamt sich der Atemrhythmus, die Muskelspannung nimmt ab. Der Körper kann sich regenerieren und Abwehrkräfte aufbauen.

Ein Kind erlebt diese Geborgenheit in Situationen der körperlichen Nähe, z. B. auf dem Schoß der Bezugsperson, die es sanft hält. Oftmals haben Kinder auch Kuscheltiere oder Schmusetücher, die einen eigenen Geruch haben und das Gefühl der Geborgenheit verstärken. Säuglinge und Kleinkinder können ihr Bedürfnis nach Nähe gut äußern. Sie strecken ihre Arme nach der Bezugsperson aus, ziehen an ihrer Kleidung, lächeln oder weinen.

Abb. 3.8 Kinder suchen Geborgenheit.

> **BEISPIEL** **Mustafa (1;9)** zieht am Hosenbein der Kinderpflegerin Karen Klatt. Dabei weint er. Er versucht sie zur Kuschelecke zu ziehen. Gestern erst hat er dort, eng an Karen gekuschelt, ein Bilderbuch angeschaut. Nun versucht er ihr klarzumachen, dass er das wiederholen möchte.

Mit zunehmendem Alter sucht das Kind weniger häufig die Geborgenheit. Doch auch für ältere Kinder ist es wichtig, in Situationen, die sie traurig oder ängstlich machen, auf eine vertraute Bezugsperson zugehen zu können, die ihm Zuwendung und körperliche Nähe schenkt.

> Für die pädagogische Fachkraft bedeutet das, körperliche Nähe zuzulassen, um die Bedürfnisse der Kinder befriedigen zu können.

IV GRUNDLAGEN DER PRAXISGESTALTUNG

Kinder haben ein Bedürfnis nach Zuwendung

Das kindliche Ich braucht ebenso Nahrung wie der Körper. Für Kinder ist es Nahrung für das Ich, wenn ihr Bedürfnis nach liebevoller Zuwendung befriedigt wird. Die Zuwendung ist in diesem Fall die Nahrung. Es ist ein wunderbares Gefühl, bedingungslos geliebt zu werden. Das Bedürfnis nach Zuwendung steckt in jedem Menschen, egal wie alt er ist. In dem Moment der Zuwendung fluten Botenstoffe das Gehirn, die landläufig als „Glückshormone" bezeichnet werden. Es entsteht Freude und ein tiefes Wohlbefinden. Dies führt zu Entspannung und dem Gefühl, dass alles in Ordnung ist.

Für Säuglinge und Kleinkinder sind Liebe und Zuwendung lebensnotwendig. Sie sind darauf angewiesen. Neben der körperlichen Pflege und Nahrungsaufnahme benötigen sie Zuwendung und Streicheleinheiten. Nur wenn diese Grundbedingungen stimmen, können kleine Menschen körperlich, emotional und psychisch gesund aufwachsen. Dann entwickeln sie Interesse an ihren Mitmenschen und ihrer Umwelt.

Erhalten Kinder in frühen Jahren keine oder mangelnde Zuwendung, entsteht ein emotionales Defizit. Dieses Gefühl des Mangels setzt sich fort und führt dazu, dass der erwachsene Mensch unter einem geringen Selbstwertgefühl leiden kann.

Abb. 3.9 Abwehrendes Verhalten

> **ZUM WEITERDENKEN** Manche Kinder wehren sich gegen Körperkontakt und Nähe. Häufig heißt es, dass sie keinen Körperkontakt mögen und sich dagegen stemmen. Eltern äußern möglicherweise, dass ihr Kind kein „Schmusekind" sei. Diese Kinder mögen nicht auf dem Schoß sitzen und bleiben dort nur sehr kurz. Sie lassen sich kaum über Körpernähe beruhigen, wenn sie weinen. Oftmals versteifen sich diese Kinder wie ein Brett, wenn sie von Bezugspersonen in den Arm genommen werden.

Wenn ihr Bedürfnis nach Zuwendung missverstanden wird, blockieren Kinder zunehmend. Es können Machtkämpfe im sozialen Umfeld entstehen, die sich in herausforderndem Verhalten des Kindes äußern. Angst, aggressives Verhalten oder soziale Unsicherheit können daraus folgen. Das Kind versucht vermehrt über Machtkämpfe Aufmerksamkeit zu erhalten. Kinder, die dieses Verhalten zeigen, erfordern viel Geduld. Die Bezugspersonen sollten aber immer bedenken, dass Kinder sich nicht bewusst und gezielt so verhalten. Sie leiden selbst und möchten so angenommen werden, wie sie sind. Kinder, die dieses Verhalten zeigen, brauchen geduldige, vorurteilsfreie erwachsene Menschen, die ihnen mit Verständnis begegnen.

Kinder wollen verstanden werden

Neugeborene und Säuglinge können ihre Ängste und Nöte nicht verbalisieren, sondern nur durch Schreien zum Ausdruck bringen. Sie sind darauf angewiesen, dass ihnen Erwachsene mit Einfühlungsvermögen begegnen, die spüren, wie es dem Kind geht. Das Bedürfnis nach Verständnis sichert in diesem Alter das Überleben. Auch das Kleinkind hat noch nicht die Fähigkeit, seine Ängste, Sorgen und Nöte sprachlich zu artikulieren. Je jünger das Kind ist, desto mehr ist es auf eine Bezugsperson angewiesen, die sich Zeit nimmt, um zu ermitteln, welches Bedürfnis das Kind gerade mitteilt.

Kindergartenkinder im Alter von drei bis sechs Jahren befinden sich in der sogenannten **„magischen Phase"**. Diese beeinflusst das Denken und Handeln der Kinder. Der Schweizer Entwicklungspsychologe ›**Jean Piaget**‹ (1896–1980) fand heraus, dass Kinder annehmen, die Dinge würden durch eine höhere Kraft gesteuert. In dieser Phase können sie nicht immer zwischen der Realität und ihrer Fantasie unterscheiden. Viele Kinder haben dann Angst vor der Dunkelheit, vor Ungeheuern, Hexen oder Monstern. Diese Vorstellung kann in der Wahrnehmung des Kindes zu bedrohlichen Situationen führen. Es braucht das Verständnis der Erwachsenen, wenn es davon berichtet. Dazu muss sich die Bezugsperson auf die Gedankenwelt des Kindes einlassen. Sie muss die Sorgen und Ängste ernst nehmen, damit das Kind sich verstanden fühlt.

Jean Piaget → S. 106, 168, 186

> **BEISPIEL** **Jonas (4;3)** sitzt am Maltisch. Er benutzt die Farben Braun und Schwarz. Auf die Frage der Praktikantin Samira Antun, was er da male, antwortet er: „Das sind die Monster, die in meinem Zimmer wohnen. Wenn die nachts rauskommen, fange ich immer an zu schreien, damit Mama und Papa kommen, um sie wegzuscheuchen. Die wollen mich mitnehmen." Samira nickt ernsthaft. Sie schaut Jonas an und fragt: „Gelingt es Mama und Papa, die Monster zu verscheuchen?"

Die pädagogische Fachkraft sollte
- sich Zeit nehmen für das Kind,
- dem Kind zuhören,
- die Ängste und Sorgen ernst nehmen,
- dem Kind mit Wertschätzung und Respekt begegnen.

IV GRUNDLAGEN DER PRAXISGESTALTUNG

Partizipation → S. 438

Je älter das Kind wird, desto besser kann es sein Bedürfnis sprachlich ausdrücken. Dies sollte in der pädagogischen Arbeit berücksichtigt werden. So sollten die Kinder im Rahmen der Möglichkeiten durch ›Partizipation‹ an allen sie betreffenden Themen beteiligt werden. Dadurch fühlen sie sich ernst genommen und verstanden.

Kinder haben ein Bedürfnis nach Anerkennung

Entwicklung des Selbst → S. 175

Damit Kinder ein gutes ›Selbstkonzept‹ und gesundes Selbstbewusstsein entwickeln können, brauchen sie Anerkennung. Sie möchten sich geliebt fühlen und das Gefühl haben: „Ich bin gut, so wie ich bin." Eine wichtige Voraussetzung für das Gefühl der Anerkennung ist Respekt gegenüber dem Kind. Weiterhin ist es wichtig, angemessen und wirksam zu ›loben‹.

Lob → S. 83, 93

Säuglingen und Kleinkindern genügen die liebevolle Zuwendung der Bezugsperson und ein aufmunterndes oder anerkennendes Lächeln. Für das Kind im Alter von drei bis sechs Jahren ist das anerkennende sprachliche Feedback (Rückmeldung) von enormer Bedeutung. In diesem Alter fordern Kindern die **Anerkennung durch Lob** häufig ein.

> **BEISPIEL** Ilana (5;6) beschäftigt sich häufig am Kreativtisch. Sie malt gerne. Doch nach jedem einzelnen Strich geht sie zu Kinderpfleger Michi Braun und fragt: „Habe ich das gut gemacht?" Gerne verschenkt Ilana ihre Bilder an die pädagogischen Fachkräfte. Sie freut sich riesig über das Lob: „Ganz herzlichen Dank, Ilana, das hast du ja toll gemalt." Dies führt dazu, dass immer weniger auf ihren Bildern zu sehen ist und sie diese immer früher verschenkt.

Ilana hat scheinbar ein sehr großes Bedürfnis nach Anerkennung durch erwachsene Personen. Anerkennung und Lob sind wichtige Instrumente der pädagogischen Arbeit. Sie machen dem Kind deutlich, dass es gesehen wird und dass Interesse an seiner Person besteht. Dabei sollte die Kommunikation achtsam gestaltet werden. Die pädagogische Fachkraft kann durch Gestik, Mimik und Worte zum Ausdruck bringen, dass sie Zutrauen in die Fähigkeiten des Kindes hat.

> **BEISPIEL** Michi Braun versucht, mit Ilana ins Gespräch über ihre Bilder zu kommen. Er möchte ihr Anerkennung geben, aber sie auch weiter zur Kreativität anregen. Er fragt: „Du malst gerne, nicht wahr, Ilana? Mich interessiert sehr, was du gemalt hast. Erzähle mir, was du gemalt hast."

Abb. 3.10 Kinder brauchen Anerkennung.

Die pädagogische Fachkraft sollte sich bewusst mit dem Loben auseinandersetzen. Es ist wichtig, konkret zu benennen, was genau das Kind gut gemacht hat. Vermeiden Sie bitte allgemeine Lobesbezeugungen wie: „klasse gemacht", „toll gemacht", „Du bist super". Diese Form des Lobes nutzt sich ab und verliert auf Dauer seine Wirksamkeit. Kinder fühlen sich dann nicht mehr ernst genommen. Sinnvoll eingesetzt und gut platziert, lassen das Lob und die Anerkennung Kinder regelrecht erblühen. Sie werden motiviert und positiv herausgefordert.

Kinder haben ein Bedürfnis nach Zugehörigkeit
Der Mensch ist ein soziales Wesen und möchte sich mitteilen. Auch Kinder jeden Alters möchten nicht alleine sein. Sie möchten dazugehören und sich mit anderen verbunden fühlen.

Die erste ›Gruppe‹, in der sich ein junger Mensch dazugehörig fühlt, ist die Familie. Im nächsten Schritt besucht das Kind eine Gruppe in einer Kindertageseinrichtung. Dort knüpft es erste Freundschaften. Neben der Familie werden nun andere Gruppen wichtig. Im Alter von drei bis sechs Jahren kann die Zugehörigkeit zu Freundschaftsgruppen alle paar Tage wechseln. Das gehört zu einer gesunden Entwicklung dazu. Zunehmend wird das Kind an Stabilität (Festigkeit) gewinnen und seine Zugehörigkeit zu Gruppen wird kontinuierlicher.

In Kitas machen Gruppennamen die Zugehörigkeit deutlich. Tiernamen, Farben oder Zahlen zeigen den Kindern, zu welcher Gruppe sie gehören.

Gruppe und Erziehung → S. 364

> **BEISPIEL** **Florian (3;2)** kommt in den Kindergarten. Stolz berichtet er seiner Oma beim Kaffeetrinken am Sonntagnachmittag: „Du, Oma, ich bin jetzt in der Bärengruppe."

Florian konnte schnell erkennen, in welche Gruppe er geht. Er kann sich mit der Gruppe identifizieren (gleichsetzen). Sein Zugehörigkeitsbedürfnis wird befriedigt.
Auch tägliche gemeinsame Aktivitäten und Feste befriedigen das Zugehörigkeitsbedürfnis. Im letzten Jahr vor dem Schuleintritt genießen es die künftigen Schulkinder, eine eigene Gruppe zu bilden. Sie sind stolz auf ihre Rolle. Mit zunehmendem Alter wird das Zugehörigkeitsgefühl immer wichtiger. Vor allem der Wunsch, einem Freundeskreis anzugehören, nimmt beim Schulkind zu.

Abb. 3.11 Kinder wollen dazugehören.

GRUNDLAGEN DER PRAXISGESTALTUNG

Positive Psychologie
Wurde von dem amerikanischen Psychologen Martin Seligmann begründet. Diese Richtung legt ihr Augenmerk auf positive Faktoren für ein gelingendes Leben, wie Glück, Vertrauen, Optimismus und Geborgenheit.

Kinderrechtskonvention
→ S. 48

Kommunikation → S. 188

Kinder haben ein Bedürfnis nach Wertschätzung

Der Begriff der Wertschätzung kommt aus der Psychotherapie nach **Carl Rogers** (1902–1987) und wird in der ›Positiven Psychologie‹ verwendet. In der Therapie ist es das Ziel der positiven Wertschätzung, den Klienten in seinen positiven Eigenschaften zu bestärken. Daraus bezieht er Zuversicht und Energie, die den therapeutischen Veränderungsprozess fördern.

Auch Kinder haben das Bedürfnis, so angenommen zu werden, wie sie sind. Sie wollen, dass Erwachsene ihren Wert sehen und erkennen, welcher Schatz ihnen gegenübersteht. Viele Erwachsene nennen ihr Kind „Schatz", „Schätzelein" oder „Schätzchen". Auch diese Bedeutung steckt in dem Wort „Wertschätzung".

> **Wertschätzung ist die positive Bewertung des ganzen Menschen mit allem, was zu ihm gehört. Dies sollte auch die einzige Form der Bewertung sein.**

Kinder haben ein ›Recht‹ auf eine gewaltfreie Erziehung. Zu dieser gehört auch, sie mit Wertschätzung und Respekt zu behandeln. Damit das Kind Wertschätzung erfährt, bedarf es einer aufbauenden, zustimmenden und einfühlsamen ›**Kommunikation**‹. Dazu gehört auch die Körpersprache mit Gestik und Mimik. Kinder allen Alters sind aufnahmefähig wie ein Schwamm. Sie spüren, ob der erwachsene Mensch sie ernst nimmt und schätzt.

> **BEISPIEL** **Kai (5;2)**, **Marina (5;8)** und **Carlos (4;11)** spielen in der Puppenecke „Mutter, Vater, Kind". Marina sagt zu Carlos: „Wenn du dir nicht endlich die Hände wäschst, isst du nicht mit." Kai wirft ein: „Der ist zu doof dazu und kapiert das nicht." Carlos spielt das Kind. Er sieht Kai mit großen Augen an und zögert einen Moment. Dann sagt er: „Ich habe keine Lust mehr", und möchte die Puppenecke verlassen. Kai hält ihn am Pullover fest. „Nein, du bleibst hier und spielst weiter mit, klar?"

Kai kennt möglicherweise diese Form der Kommunikation aus anderen Zusammenhängen. Wahrscheinlich hat er Sätze wie diese irgendwo schon einmal oder vielleicht auch öfter gehört. Hört ein Kind öfter Sätze wie „Du bist zu doof dazu" oder „Du kapierst das nicht", verinnerlicht es das Gesagte. Es prägt sie sich ein und beginnt sie als Wahrheit zu übernehmen. Irgendwann denkt das Kind genauso von sich selbst. Es integriert das Gesagte in sein Selbstbild. Dies kann die Entwicklung eines gesunden Selbstbewusstseins beeinträchtigen.

Pädagogische Fachkräfte sollten sich jederzeit ihr eigenes Verhalten bewusst machen und sich selbst dazu anhalten, den Kindern mit echter Wertschätzung und Respekt zu begegnen. Dies können sie, indem sie eine **Grundhaltung** entwickeln, die von Respekt, Wohlwollen und Anerkennung geprägt ist. Erfährt das Kind Wertschätzung, entwickelt sich sein Selbstwertfühl. Es erhält die Möglichkeit, ein offenes und kontaktfreudiges Wesen zu entwickeln. So wird es auch im späteren Leben in der Lage sein, anderen Menschen Wertschätzung entgegenzubringen.

Bedürfnisse von Kindern aus anderen Kulturen

Viele Kinder in Tageseinrichtungen kommen aus Familien mit ›Migrationshintergrund‹. Durch ihre Familien wachsen die Kinder mit den Traditionen, der Kultur und der Religion auf, die schon ihre Eltern geprägt haben. Sie sprechen zu Hause häufig die Sprache des Herkunftslandes. Andere Kulturen und Traditionen sind auch oft mit anderen ›Werten und Normen‹ verbunden.

Migration
lat. migratio: (Aus-)Wanderung, Umzug. Dauerhafter Wohnortwechsel von Menschen
Werte und Normen → S. 217

Beispiele für Wertegrundsätze der arabischen und asiatischen Welt	Beispiele für Wertegrundsätze westlicher Kulturen
• Die Kinder stehen im Schutz der Großfamilie, sind dieser jedoch auch Loyalität (Treue) schuldig. • Das Kind lernt, die Bedürfnisse der familiären Gemeinschaft in den Vordergrund zu stellen. • Im Vordergrund stehen Harmonie und das Vermeiden von Auseinandersetzungen. • Die Interessen der Familie bzw. Gruppe stehen vor den Interessen des Einzelnen. • Das Kind soll mit der Meinung der Familie übereinstimmen.	• Die Kinder werden dazu erzogen, für sich selbst zu sorgen. • Das Kind lernt, seine eigenen Bedürfnisse zum Ausdruck zu bringen. • Die höchsten ›Erziehungsziele‹ sind die Selbstverwirklichung und Mündigkeit des Kindes. • Jedes Kind soll das Recht auf eigene Interessen und Privatsphäre haben. • Mit zunehmendem Alter wird erwartet, dass sich die Kinder eine eigene Meinung bilden.

Erziehungsziel → S. 222

> Für Kinder ist es eine große Herausforderung, sich in einem für sie fremden Land mit anderen Traditionen, einer anderen Sprache und Religion zurechtzufinden. Ihre Eltern müssen oftmals selbst die deutsche Sprache lernen und benötigen Unterstützung, um sich in dem neuen Land zu orientieren. All dies kann betroffenen Kindern die Integration in den Alltag einer Tagesstätte erschweren.

Verhaltensweisen, die die Kinder aus ihrer eigenen Kultur kennen, können bei anderen Kindern Unsicherheit, vielleicht sogar Angst auslösen. Die Kinder werden als „Fremde" erlebt. Dies wiederum kann Unverständnis, Angst, Aggressivität oder gar Ablehnung hervorrufen. Dadurch kann ein Kind schnell in eine Außenseiterposition geraten. Dabei ist das Bedürfnis der Kinder, Teil einer Gemeinschaft zu sein und angenommen zu werden, groß. Kinder aus Familien mit Migrationshintergrund leben in mindestens zwei Kulturen und sprechen zwei oder sogar mehrere Sprachen. Für einige Kinder ist es eine große Herausforderung, eine eigene Identität in beiden Welten zu entwickeln. Andere Kinder finden gute Strategien, den Anforderungen gerecht zu werden und in den jeweiligen Kulturen zu Hause zu sein. Diese Kinder verfügen über ›Resilienz‹.

Resilienz → S. 146

Abb. 3.12 Kinder aus Familien mit Migrationshintergrund leben in mehreren Kulturen.

Abb. 3.13 Kinder aus anderen Kulturen müssen vielfältige Herausforderungen meistern.

> **BEISPIEL** Kinderpflegerin Dörte Falbau arbeitet in der Kita „Mittendrin". Diese Einrichtung besuchen viele Kinder mit Migrationshintergrund. **Bassan (4;6)** ist mit seiner Familie erst vor drei Monaten in Deutschland angekommen. Er spricht noch kein Wort Deutsch und verhält sich insgesamt sehr zurückhaltend. Dörte Falbau bittet **Jan (5;2)** und **Mike (5;4)**, Bassan auf dem Bauteppich mitspielen zu lassen. Mike und Jan antworten: „Der spricht doch gar kein Deutsch, wie will er denn mitspielen?" Geduldig erklärt Dörte Falbau den beiden Jungen, dass Bassan kein Deutsch lernen kann, wenn sie ihm nicht dabei helfen. Sie weist darauf hin, dass er genauso viel Spaß an dem Spiel habe wie sie. Jan geht daraufhin zu Bassan, nimmt seine Hand und zeigt auf den Bauteppich. „Spielst du mit uns?", fragt er. Bassan folgt ihm zögernd.

Die pädagogische Fachkraft kann Kinder darin unterstützen, ihre Entwicklungsaufgaben zu bewältigen. In dem Beispiel ist es die Entwicklungsaufgabe von Bassan, sich in einer neuen Kultur einzuleben und sich zu orientieren.

Der Bayerische Bildungs- und Erziehungsplan sieht beispielsweise vor, dass Kinder bis zur Einschulung folgende interkulturelle ›Kompetenzen‹ entwickeln:

- kulturelle Aufgeschlossenheit und Neugier
- Wertschätzung von Zwei- und Mehrsprachigkeit
- Sensibilität (Aufmerksamkeit) für unterschiedliche Formen der Ausgrenzung
- Kompetenzen im Umgang mit dem Fremden und kulturellen Unterschieden

Kompetenz → S. 30

Für die pädagogische Fachkraft bedeutet das, Kinder mit Wertschätzung und Respekt in eine bestehende Gruppe zu integrieren. So können sie sich als Mitglied einer Gemeinschaft erfahren, ohne ihre Identität zu vernachlässigen.

3.3.3 Kognitive Bedürfnisse von Kindern

Kinder haben ein Bedürfnis nach Selbstbestimmung und Selbstwirksamkeit
Im Alter von etwa 18 Monaten setzt das sogenannte **Autonomiealter** ein, das alltagsprachlich auch Trotzphase genannt wird. Diese Phase macht das Streben des Kindes nach Selbstbestimmung und ›Selbstwirksamkeit‹ deutlich. Es entdeckt sich als eigenständige Person. Dabei geht es auf Entdeckungsreise, probiert seine Fähigkeiten und Fertigkeiten aus und erfährt sich selbst. In seinem Forschungs- und Tatendrang wird es mit den Grenzen konfrontiert, die ihm Bezugspersonen setzen. Wenn etwas nicht so läuft, wie das Kind sich das vorstellt, zeigt es erhebliche Stimmungsschwankungen. Viele Kinder sind in dieser Phase sehr unzufrieden und äußern dies gelegentlich durch Wutausbrüche. Das Kind möchte möglichst alles selbst machen. Das Kind hat ein hohes Autonomiestreben. Seine Autonomie (Unabhängigkeit) fordert es ein, indem es hartnäckig seine Pläne verfolgt.

> **BEISPIEL** **Louisa (2;1)**, wird von der Mutter aus der Krippe abgeholt. Die Mutter hat es eilig. Louisa möchte sich selbst anziehen. Doch die Mutter sagt: „Nein, Louisa, morgen wieder. Wir haben es eilig." Louisa schmeißt sich auf den Boden und schreit aus Leibeskräften: „Nein, ich will alleine!"

Abb. 3.14 Bedürfnis nach Selbstbestimmung

Selbstwirksamkeit → S. 81

Louisa ist stolz darauf, dass sie sich alleine anziehen kann, und möchte dies auch tun. Das Bedürfnis nach Selbstbestimmung ist deutlich. Dies sollten pädagogische Fachkräfte berücksichtigen und genügend Zeit einplanen, um diesem Bedürfnis der Kinder Rechnung zu tragen. Es ist wichtig für Kinder, sich als selbstbestimmt und selbstwirksam zu erleben. Im Alltag sollten sie bei allen Aktivitäten eingebunden werden und ›mitgestalten‹ dürfen.

Partizipation → S. 438

Kinder haben ein Spielbedürfnis
Im Spiel erleben sich Kinder als selbstwirksam und selbstbestimmt. So können sie ihre Fähigkeiten und Fertigkeiten zur Lebensbewältigung entwickeln. Durch das Spiel erfährt und begreift das Kind seine Umwelt. Es übt soziale Verhaltensweisen ein, erforscht, experimentiert und lernt aus den Erfahrungen. Die Auseinandersetzung und Anregung, die das kindliche Spiel bietet, ist eine Grundlage für eine gesunde Entwicklung. Das Spiel ist zweckfrei, es ermöglicht Selbstbestimmung, macht Spaß und kann jederzeit wiederholt werden. Es ermöglicht dem Kind eine **ganzheitliche Förderung**. Durch das Spiel lässt sich die Welt mit allen Sinnen erfahren. Auch Probleme und Alltagserfahrungen werden dabei verarbeitet.

Das Spielbedürfnis ist im Menschen fest verankert. Kinder jeden Alters brauchen es wie die Luft zum Atmen. Zu Beginn erforschen der Säugling und das Kleinkind den eigenen Körper auf spielerische Art und Weise. Nimmt die Beweglichkeit zu, wird die Umgebung erkundet. Alltagsgegenstände wie Holzlöffel oder Plastikdosen bieten Spielmöglichkeiten. Mit zunehmendem Alter gewinnen dann vorgefertigte Spielzeuge an Attraktivität. Kinder brauchen Zeit und Raum, um Erfahrungen im Spiel sammeln zu können. Das angebotene **Spielmaterial** sollte Kreativität und Fantasie anregen.

Zunächst beschäftigt sich das Kleinkind alleine. Mit zunehmendem Alter werden dann Spielpartner wichtiger. Das Miteinander im Spiel gewinnt an Bedeutung. In der magischen Phase sind Kinder in der Lage, vollständig in andere Welten abzutauchen.

Abb. 3.15 Kinder haben ein Spielbedürfnis.

> **ZUM WEITERDENKEN** Für viele Eltern hat das Spiel eine zweitrangige Bedeutung. Die Förderung des Kindes steht für sie im Vordergrund. Pädagogische Fachkräfte sind daher gefordert, Eltern die Bedeutung des Spiels für die kindliche Entwicklung zu verdeutlichen. Es sollte genügend Zeit und Raum für das selbstbestimmte freie Spiel im Alltag eingeplant werden.

3.4 Eine ausgewogene Bedürfnisbefriedigung ermöglichen

Sie haben nun die wichtigsten Bedürfnisse von Kindern kennengelernt. Doch wie können pädagogische Fachkräfte diesen gerecht werden? Welche Rahmenbedingungen im pädagogischen Alltag sind zu schaffen?

3.4.1 Die pädagogische Fachkraft als Bezugsperson

Die pädagogische Fachkraft hat die Aufgabe, die Bedürfnisse der Kinder jeden Alters zu erkennen und sich darauf einzustellen. Säuglinge und Kleinkinder sind auf liebevolle Zuwendung angewiesen.

> Die pädagogische Fachkraft sollte in Kontakt mit dem Kind sein, es so annehmen, wie es ist, und eine respektvolle, wertschätzende Grundhaltung dem Kind gegenüber einnehmen.

Wenn ein Kind neu in die Einrichtung kommt, ist es sinnvoll, ihm eine feste Bezugsperson zuzuordnen. Durch den intensiven Kontakt gelingt dem Kind die Ablösung von den Eltern besser. Wickeln, Schlafen und die Begleitung der Essenssituation ermöglichen es dem Kind, Vertrauen zu fassen. Dann lässt es sich auch z. B. in Abschiedssituationen leichter trösten. Durch die emotionale Zuwendung der pädagogischen Fachkraft lernt das Kind am Modell und entwickelt selbst ›Empathiefähigkeit‹ und ›soziale Kompetenz‹.

Empathie → S. 475
soziale Kompetenz → S. 227

Mit fortschreitendem Alter löst sich das Kind zunehmend von der Bezugsperson. Das Spiel und der Kontakt mit anderen Kindern gewinnen an Bedeutung. Dennoch ist es für Kinder jeden Alters wichtig zu wissen, dass eine ansprechbare Bezugsperson für sie da ist.

3.4.2 Der bedürfnisgerechte Tagesablauf

Der Tagesablauf in einer Kindertageseinrichtung besteht aus immer wiederkehrenden Elementen. Sich wiederholende Tagesphasen geben den Kindern Sicherheit und eine Struktur. Von besonderer Bedeutung sind dabei Rituale. Die Tagesphasen sollten an die Bedürfnisse der Kinder angepasst werden.

> **BEISPIEL** In der Mäusegruppe der städtischen Tageseinrichtung „Am Felde" treffen sich die Kinder regelmäßig um 9.00 Uhr im Morgenkreis, um sich zu begrüßen und zu schauen, wer heute fehlt. Zur Begrüßung singen die Kinder ein Lied. Vor allem die Kinder unter drei Jahren genießen das morgendliche Ritual.

Tagesphasen	Tagesablauf
- Ruhephase - aktive Phase - freies Spiel - Gemeinschaftserleben - Wiederholung durch Rituale	- Bringzeit - Freispielphase - gemeinsames oder fließendes Frühstück - pflegerische Elemente - Spiel im Außengelände - Mittagessen - pflegerische Elemente - Ruhezeit - Pflegezeit - Nachmittagssnack - Freispielphase - Abholzeit

Die Bring- und Abholphase

Diese beiden Phasen bilden den Rahmen für den Tagesablauf. Ihre Gestaltung variiert von Einrichtung zu Einrichtung. In der Bringphase (z. B. 7.00–9.00 Uhr) orientieren sich die Kinder in der Gruppe. Sie kommen an.

Je nach Bedürfnis möchte ein Kind erst mit der pädagogischen Fachkraft kuscheln, ein anderes findet gleich ins Spiel. Die pädagogischen Fachkräfte begrüßen jedes Kind aufmerksam und individuell. An dieser Stelle können sie schon sehr viel über die Stimmung des Kindes erfahren, mit der es in die Einrichtung kommt. Die Bringzeit endet in der Regel gegen 9.00 Uhr.

Die Abholphase findet üblicherweise dreimal täglich statt, da verschiedene Kinder unterschiedliche Betreuungsumfänge haben.

Betreuungsumfang	Abholzeit
25 Stunden	12.15–12.30 Uhr
35 Stunden	14.00 Uhr
45 Stunden	16.00–16.30 Uhr

Es ist sinnvoll, die Gruppen so zusammenzusetzen, dass viele Kinder zur gleichen Zeit abgeholt werden. So werden Störungen in der Ruhe- und der Spielphase vermieden.

Freispiel → S. 524

Die bedürfnisgerechte Freispielphase

In der ›Freispielphase‹ wählen die Kinder ihre Spielpartner, den Spielort, das Spielmaterial und die Spielzeit selbst. Diese Phase ist wichtig und dient der ganzheitlichen Entwicklung des Kindes.

> Die pädagogische Fachkraft begleitet das Spiel, indem sie beobachtet. Wenn es erforderlich ist, bringt sie sich achtsam ins Spiel ein. Sie soll es aber nicht steuern.

BEISPIEL Ugur Agdogan, Kinderpfleger in der blauen Gruppe, beobachtet das Spiel in der Puppenecke. **Lotta (4;9)**, **Berrit (5;1)** und **Acar (4;11)** haben die Puppenecke in einen Einkaufsladen verwandelt. Berrit und Acar wollen beide Verkäuferinnen sein. Das Spiel droht durch den Konflikt beendet zu werden. Ugur Agdogan nimmt die Rolle eines Käufers ein und bringt sich so ins Spiel ein. Erst fragt er Berrit, was sie verkaufen. Dann wendet er sich an Acar und bitte sie, ihm die Waren zu zeigen. Er sagt, dass er froh ist, zwei Verkäuferinnen anzutreffen, da es in einem Laden ja immer sehr viel zu tun gebe.

Selbstbildungspotenziale → S. 114

Es ist wichtig, dass die Kinder mitentscheiden können, wie sie spielen möchten. Auch das Bedürfnis nach Anerkennung wird in dieser Phase befriedigt. Das Kind kann sich als zugehörig erleben. Es beeinflusst Entscheidungen im Spielprozess, ist daran beteiligt und trägt sie mit. Das Kind erlebt offene Lernsituationen, in denen es seine ›Selbstbildungspotenziale‹ entfalten kann. Die pädagogische Fachkraft bereitet die Umgebung für die Freispielphase dem Entwicklungsstand der Kinder entsprechend vor.

Abb. 3.16 Freies Spiel

Das bedürfnisgerechte Frühstück

Das Frühstück wird in den Kindertageseinrichtungen sehr unterschiedlich gehandhabt, u. a. in Abhängigkeit vom Alter der Kinder. In der Betreuung der unter Dreijährigen findet das Frühstück häufig gemeinsam statt und dient als Ritual. In anderen Gruppen wird das Frühstück „flutend" angeboten: Ein Tisch im Raum wird als Frühstückstisch vorbereitet. Die Kinder können hier zu einer festgelegten Zeit das Frühstück einnehmen. In manchen Einrichtungen bringen die Kinder ihr Frühstück selbst mit, in anderen wird es gestellt.

> Die Kinder sollten nicht zum Frühstücken gezwungen werden. Sie haben ein natürliches Hunger- und Durstempfinden, das nicht durch „Essenszwang" aberzogen werden sollte.

BEISPIEL Janosh (4;1), Sebastian (4;11), Merushe (5;5) und Tom (5;9) sitzen am Frühstückstisch. Sie schauen nach, was in ihren Brotdosen ist. Das Frühstück sieht sehr unterschiedlich aus. Sebastian hat eine Brezel vom Bäcker, Merushes Brotdose enthält Apfelschnitze und ein Vollkornbrot mit Kinderwurst, Janosh hat Joghurt und ein Knäckebrot mit Schmierkäse dabei. Tom findet ein Vollkornbrötchen mit Salami.
Die Kinderpflegerin Aylin Güleran setzt sich zu den Kindern. Auch sie packt ihr Frühstück aus. Zum Vorschein kommen Gurken, Möhren und zwei Scheiben Vollkornbrot mit Käse. Sebastian mag seine Brezel nicht essen. Er sagt: „Euer Frühstück sieht viel besser aus. Ich habe Lust auf Apfel." Merushe sagt: „Du kannst meinen haben. Ich mag den heute nicht."
Aylin Güleran lässt die Kinder tauschen und beobachtet sie. Sebastian sagt: „Ich muss meiner Mama sagen, dass sie mir auch mal Apfel mitgibt."

Abb. 3.17 Was gibt es zum Frühstück?

Im Konzept der Einrichtung sollte festgehalten werden, was zu einem „gesunden Frühstück" gehört und was Eltern ihren Kindern mitgeben sollten.

Bedürfnisorientiertes Spiel im Außengelände
Kinder lieben es, im Freien zu spielen. Dabei entdecken sie die Natur und entwickeln kreative Spielideen, sie forschen und probieren aus. Das Spiel im Freien ermöglicht es Kindern, andere Erfahrungen zu machen als in Räumen. Auf dem ›Außengelände‹ lädt der Sandkasten zum Experimentieren ein. Mit Wasser vermischt, wird aus dem Sand Zitroneneis, aus Blättern werden die Hörnchen dazu geformt.

bedürfnisgerechtes Außengelände → S. 437

Auch die ›motorischen Fähigkeiten‹ werden auf spielerische Weise entwickelt. Das Kind kann rennen, hüpfen, klettern und auf kindgerechten Fahrzeugen fahren. Je ansprechender das Außengelände gestaltet ist, desto mehr nutzen es die Kinder.

motorische Entwicklung → S. 154

Die Aufgabe der pädagogischen Fachkraft ist es, unter Berücksichtigung des Alters der Kinder die ›Aufsicht‹ zu führen. Unter dreijährige Kinder bedürfen einer hohen Aufmerksamkeit und Aufsichtsführung. Ältere Kinder können auch schon mal alleine im beobachtbaren nahen Umfeld auf dem Außengelände spielen.

Aufsichtspflicht → S. 47

Das bedürfnisgerechte Mittagessen
Das Mittagessen wird gemeinsam im Gruppenverband eingenommen. Ein Ritual kann diese Phase einläuten.

BEISPIEL Es ist 12.00 Uhr mittags. Astrid Kling, Kinderpflegerin in der Elterninitiative „Storchennest", schlägt eine Klangschale an. Alle Kinder wissen, dass sie nun zum Händewaschen gehen sollen. Dies ist ein tägliches Ritual.

Die Kinder waschen ihre Hände und nehmen dann am Mittagstisch Platz. Auch mittags sollte ein **kinderfreundliches Nahrungsangebot** bereitgestellt werden. Einige Einrichtungen haben einen Koch oder eine Köchin, in anderen kochen die Eltern abwechselnd oder das Essen wird von einem Anbieter geliefert. Das Mittagessen wird in der Küche vorbereitet und zur Essenszeit in die Gruppe geholt. Manche Einrichtungen haben auch eine kleine eigenen Mensa, in der das Mittagessen gruppenweise eingenommen wird. Das Essen sollte in einer ruhigen Atmosphäre stattfinden. Dazu gehören Zeit und ein freundlich gedeckter Tisch, an dem die Kinder ihrem Alter angemessen die Mahlzeit einnehmen können. Kinder unter drei Jahren sollten einen bequemen Sitzplatz haben, der es ihnen ermöglicht, möglichst selbstständig zu essen. Die pädagogische Fachkraft unterstützt die Kinder dabei, sich selbst im Rahmen der Möglichkeiten das Essen auf den Teller zu füllen.

> Das Kind soll spüren, dass ihm zugetraut wird, sich selbst zu bedienen. So kann es auch ein Gefühl dafür entwickeln, wie viel Nahrung es aufnehmen möchte. Es sollte nicht gezwungen werden, den Teller leer zu essen.

Die pädagogische Fachkraft kann ermunternd auf das Kind einwirken, zu essen, was es auf dem Teller hat. Sie sollte aber auch erkennen, wann das Bedürfnis des Kindes befriedigt ist. Säuglinge und Kleinkinder erhalten ihr Essen durch eine pädagogische Fachkraft. In gemischten Gruppen sehen sie, wie die älteren Kinder essen, und können dies je nach Entwicklungsstand nachahmen.

Abb. 3.18 Mittagessen in einem Kindergarten

beziehungsorientierte Pflege
→ S. 430

›Bedürfnisgerechte Pflege‹

Die jüngeren Kinder werden im Verlaufe des Tages regelmäßig gewickelt oder gefragt, ob sie aufs Töpfchen müssen. Die pädagogische Fachkraft sollte darauf achten, dass sich diese Zeiten gut in den Alltag einpassen. Die Kinder sollten nicht aus einem konzentrierten Spiel gerissen werden, um z. B. gewickelt zu werden. Auch Kinder, die bereits selbst zur Toilette gehen können, bedürfen ab und zu noch der Pflege, wenn doch einmal etwas danebengeht oder sie nicht rechtzeitig zur Toilette gehen.

Ein weiterer Punkt kann die tägliche Zahnpflege sein. Ob die Zähne in der Einrichtung geputzt werden, wird meist mit den Eltern abgestimmt. Die pädagogische Fachkraft sollte den Kindern vor allem Spaß am Zähneputzen vermitteln, sodass diese Tätigkeit eine Selbstverständlichkeit wird.

Die bedürfnisorientierte Ruhephase
In Tageseinrichtungen für Kinder, in denen unter Dreijährige betreut werden, gibt es feste Schlaf- und Ruhezeiten. Kinder unter drei Jahren haben ein erhöhtes Ruhebedürfnis. Sie sollten einen festen Schlafplatz haben, der mit eigenen Schmusetieren und eigener Bettwäsche ausgestattet ist.

Für ältere Kinder bildet die **Kuschelecke** einen Rückzugsort, den sie je nach Ruhebedürfnis aufsuchen können. Die pädagogische Fachkraft begleitet einfühlsam die Ruhephase je nach Bedürfnis des Kindes. Bei unter dreijährigen Kindern hält sie sich in der Einschlafphase im Ruheraum auf. Ältere Kinder werden individuell begleitet, z. B. durch Vorlesen in der Kuschelecke.

3.5 Gefahren einer unzureichenden oder übermäßigen Bedürfnisbefriedigung

Werden die im vorherigen Kapitel beschriebenen Bedürfnisse nicht ausreichend befriedigt, kann das dazu führen, dass ein Mangel entsteht. Dieser Mangel kann schwerwiegende Auswirkungen auf die körperliche und seelische Entwicklung des jungen Menschen haben. Werden im Gegensatz dazu die Bedürfnisse von Kindern übermäßig befriedigt, kann sich dies ebenfalls negativ auswirken. Daher ist es wichtig, auf eine ausgewogene Bedürfnisbefriedigung zu achten.

3.5.1 Unzureichende Befriedigung der körperlichen Bedürfnisse

Eine ausgewogene und gesunde Ernährung ist vor allem für Kinder und Jugendliche im Wachstum von großer Bedeutung. Werden jüngere Kinder nicht gut oder nicht ausreichend ernährt, so wirkt sich das auf ihre körperliche, geistige und emotionale Entwicklung aus. Das Gehirn kann sich nicht altersgemäß entwickeln. Entwicklungsstörungen, Lernschwierigkeiten oder sogar geistige Behinderungen können entstehen.
Kinder können bereits sehr früh ihr Bedürfnis nach Nahrung ausdrücken. Zu den Aufgaben der pädagogischen Fachkraft gehört es, die Kinder für eine möglichst ausgewogene Ernährung zu sensibilisieren. Süßigkeiten sollten im Kindergartenalltag nur zu besonderen Anlässen verteilt werden. Der pädagogischen Fachkraft sollte auch bewusst sein, dass das Reichen einer Milch- oder Saftflasche als Trost zu gesundheitlichen Schäden bei Kindern führen kann, z. B. zu Karies oder Übergewicht.

> **BEISPIEL** Pascal (6;4) wird von seiner Mutter in den Kindergarten gebracht. Sie hat ihm einen Rest Kuchen vom Wochenende in eine Tüte gepackt. Zu Sarah Dister, der Kinderpflegerin, sagt sie: „Pascal hat noch nicht gefrühstückt. Er hat aber auch keinen Hunger. Hat gestern den ganzen Tag nicht gegessen, sondern nur am Computer gespielt." Sarah geht in die Hocke und fragt Pascal: „Was hast du denn gestern gespielt? Ich freue mich, wenn du mir das beim Frühstück erzählst. Schau mal, wir haben heute auch wieder einen wunderbaren vollen Obstkorb. Da ist sicher etwas dabei, was dir schmeckt."

Abb. 3.19 Kinder brauchen gesunde Ernährung und Bewegung.

IV GRUNDLAGEN DER PRAXISGESTALTUNG

Viele Schulen, Familienzentren und Tageseinrichtungen für Kinder veranstalten Vorträge oder Kurse zu gesunder Ernährung. Manche Einrichtungen stellen Obstkörbe zur Verfügung oder bieten Frühstücke etwa für Schulkinder an.

In einigen Bundesländern arbeiten Behörden sowie Kinder- und Jugendärzte zusammen, um eine Teilnahme an den **Vorsorgeuntersuchungen** (U1–U11, J1–2) sicherzustellen. Auf diese Weise soll eine mögliche Kindeswohlgefährdung frühzeitig erkannt werden, um ihr mit Angeboten der Jugendhilfe entgegenzuwirken.

3.5.2 Ersatzbefriedigung statt Bedürfnisbefriedigung

Kinder zeigen deutlich, wenn ihre Bedürfnisse nicht befriedigt werden. Sie quengeln und sind weinerlich. Eltern und pädagogische Fachkräfte nehmen zwar wahr, dass das Kind ein Bedürfnis hat, können aber nicht immer einschätzen, welches Bedürfnis es ausdrückt.

> **BEISPIEL** Am frühen Nachmittag weint **Yu-Jin (0;11)** und ist unruhig. Geschlafen hat sie auch nicht. Wally Tietze, die Kinderpflegerin in der Igelgruppe, nimmt an, dass Yu-Jin Hunger hat. Sie macht ihr eine Flasche Milch warm und gibt sie ihr. Erst möchte Yu-Jin nicht trinken und wehrt die Flasche ab. Dann nimmt sie die Flasche und beruhigt sich.

Abb. 3.20 Bedürfnisbefriedigung oder Ersatzbefriedigung?

Die pädagogische Fachkraft ist in diesem Beispiel nicht in der Lage zu erkennen, warum sich das Kind unwohl fühlt. Sie nimmt an, dass das Kind Hunger hat, und reagiert darauf, indem sie ihm die Flasche reicht. Wenn dies öfter geschieht, lernt das Kind auf diesem Weg: „Wenn ich mich nicht wohlfühle, hilft essen." Eine Alternative lernt es nicht kennen. Ein Teufelskreis beginnt, da das eigentliche Bedürfnis des Kindes nach Zuwendung oder Ruhe nicht erkannt und befriedigt wird.

3.5.3 Überbehütung und Verwöhnung

Wenn Eltern oder pädagogische Fachkräfte Kinder verwöhnen oder überbehüten, nehmen sie ihnen über eine lange Lebensspanne Eigenständigkeit und Selbstverantwortung ab.

Der Schweizer Pädagoge **Juerg Frick** nennt einige Faktoren, an denen Verwöhnung erkennbar ist:

- Kindern und Jugendlichen wird wenig zugetraut.
- Dem Kind werden Aufgaben schnell abgenommen.
- Kinder und Jugendliche werden mit Geschenken und Zuwendung überhäuft.
- Kinder und Jugendliche werden unangemessen bewundert.
- Schwierigkeiten und Anforderungen werden dem Kind aus dem Weg geräumt.
- Dem Kind werden Frustrationserlebnisse erspart.
- Von den Kindern und Jugendlichen wird keine Anstrengung erwartet.

Aber woran liegt es, dass Erwachsene Kinder unangemessen verwöhnen? Der Erziehungswissenschaftler **Albert Wunsch** zeigt hierfür einige Gründe auf: Die Bezugspersonen möchten
- die Sympathie des Kindes erhalten,
- Konflikte vermeiden, die sich aus Förderung ergeben,
- mit dem Kind keine neuen Fähigkeiten einüben,
- Ruhe haben,
- sich großzügig zeigen und Dankbarkeit erhalten,
- geliebt werden und keine Aggression erleben,
- ihre eigene lieblose Erziehung kompensieren,
- Schuldgefühle und schlechtes Gewissen gutmachen,
- einem Kind, das durch Krankheit oder Behinderung belastet ist, etwas Gutes tun.

Oftmals führt zusätzlich die Angst um das Kind zu Überbehütung. Es darf kaum einen Schritt alleine tun und wird über alle Maßen gefördert. Sogenannte „Helikopter-Eltern" halten sich ständig in der Nähe des Kindes auf und nehmen ihm so viel wie möglich ab.

Konsequenzen der Verwöhnung
Sind Kinder einem unangemessen verwöhnenden Erziehungsstil ausgesetzt, entwickeln sie keine Bereitschaft, sich anzustrengen. Sie sind es gewohnt, dass ihnen die Anforderungen des Lebens abgenommen werden und sie sich um nichts kümmern müssen. Den Kindern gelingt es dann nicht, ein gesundes Selbstbild aufzubauen. Sie entwickeln vielleicht **Ängste, Misstrauen und Selbstzweifel**. Sie sind häufig nicht in der Lage, Verantwortung für sich und andere zu übernehmen. Stattdessen entwickeln sie Strategien, mit denen sie ohne Anstrengung einen für sie angenehmen Zustand herstellen können.

Die Forderungen verwöhnter Kinder können mit zunehmendem Alter immer stärker werden. Darüber gewinnen sie eine Durchsetzungskraft gegenüber anderen. Das verwöhnte Kind kann seelische Schäden ausbilden und in seiner ›emotionalen Entwicklung‹ gehemmt werden.

emotionale Entwicklung
→ S. 173

Pädagogischer Umgang mit verwöhnten und überbehüteten Kindern

Kinder befinden sich heute häufig in einem Spannungsfeld zwischen Überbehütung, Verwöhnung und überzogenen Anforderungen. Erfahren sie einen verwöhnenden oder überbehütenden Erziehungsstil, sind sie auf pädagogische Fachkräfte angewiesen, die sich **eindeutig, liebevoll, wertschätzend und konsequent** verhalten. Nur so haben sie eine Chance, ›Kompetenzen‹ wie Selbstständigkeit, Verantwortungsbereitschaft und ›Frustrationstoleranz‹ zu entwickeln. Wenn dem Kind konsequent kleine Aufgaben übertragen werden, die es selbstständig ausführen kann, kann es sein erlerntes Verhalten schrittweise verändern.

Den Eltern sollte das pädagogische Fachpersonal vermitteln, wie wichtig es für das Kind ist, selbstverantwortliches Handeln einzuüben.

> Kompetenz → S. 30
>
> **Frustrationstoleranz**
> Die Fähigkeit, eine enttäuschende Situation zu ertragen. Dies ist auch eine Selbstkompetenz.

3.6 Räume und Lernorte anregend gestalten

Der erste Eindruck von einer Tageseinrichtung für Kinder entsteht gleich beim Betreten der Räumlichkeiten. Die Atmosphäre wirkt auf jeden Besucher, vor allem aber auf die Kinder. Daher ist es wichtig, die Räume **hell, offen und freundlich** zu gestalten. So laden sie zum Verweilen ein und werden dem Bedürfnis von Kindern nach Sicherheit und Geborgenheit gerecht.

Die Räume in Kindertageseinrichtungen erfüllen mehrere Funktionen und unterstützen so die pädagogische Arbeit. Sie können
- zu Aktivitäten anregen (z. B. Bewegungsraum),
- bestimmten Funktionen zugeordnet werden (z. B. Schlafraum),
- offen sein und von ihren Benutzern gestaltet sowie mit Leben erfüllt werden (z. B. Gruppenraum).

Kreativ-Bereich   *Lese-Ecke*

> der Raum als dritter Erzieher
> → S. 301

Man kann also sagen, der Raum wirkt als ›**„dritter Erzieher"**‹. Das bedeutet, dass die Räume in einer Kindertagesstätte klare und eindeutige Strukturen aufweisen sollten. So können die Kinder in ihnen mit allen Sinnen forschen, erkunden und lernen.

> **BEISPIEL** In der Kita St. Marien gibt es drei Krippengruppen. Jede Gruppe bietet zwölf Plätze für Kinder bis zum Alter von drei Jahren. Zur Einrichtung gehören drei Gruppenräume mit jeweils einem Wickel- und Sanitärraum und einem Schlafraum. Die Gruppen sind großzügig und mit unterschiedlichen Ebenen durch Podeste gestaltet. Die Farben sind in warmen Gelbtönen gehalten. Es gibt viele farblich abgestimmte Teppiche in den Räumen. Möbel gibt es nur wenige. Das Spielmaterial ist in Regalen untergebracht und für die Kinder selbstständig erreichbar. Es ist so angeordnet, dass die Kinder zum Spiel aufgefordert werden. Die Regale dienen auch als Raumteiler, sodass die Kindern Rückzugsmöglichkeiten haben. So erfahren sie Sicherheit und Geborgenheit. Turnraum, Garten und einzelne Gemeinschaftsräume werden ebenfalls von den Kindern genutzt. Die Krippe verfügt über einen eigenen angrenzenden Außenspielbereich.

Die Räume in einer Kindertageseinrichtung sollen
- eigenständiges und selbstbestimmtes Spielen ermöglichen,
- den sozialen Kontakt der Kinder untereinander erleichtern,
- Bewegung ermöglichen,
- Aufforderungscharakter haben,
- Sicherheit und Geborgenheit vermitteln,
- Rückzugsmöglichkeiten bieten,
- individuelle Bedürfnisbefriedigung ermöglichen,
- ästhetisch gestaltet sein.

3.6.1 Räume ansprechend gestalten

Die Gestaltung von Räumen für Kinder lässt sich besonders durch der Auswahl der Farben beeinflussen. Grundsätzlich nimmt jeder Mensch einen gestalteten Raum individuell anders wahr. Daher ist es wichtig, dass sich das pädagogische Team der jeweiligen Gruppe in Bezug auf die Gestaltung abstimmt.
Aus der Farbpsychologie ist die Wirkung von Farben auf Gefühle und Wahrnehmung bekannt. Dieses Wissen sollte bei der Auswahl der Farben berücksichtigt werden.

> **BEISPIEL** Für den Bewegungsraum eignet sich z. B. Grün, da es beruhigend und doch anregend wirkt. Der Ruheraum kann mit einem schönen Blauton beruhigend wirken.

Abb. 3.20a Gelb ist eine warme, fröhliche Farbe.

Abb. 3.20b Blau ist eine kalte Farbe und wirkt beruhigend.

Die Farben im Gruppenraum sollten aufeinander abgestimmt sein. Pastelltöne und warme Farben wie z. B. Gelb sind grellen Tönen und kalten Farben wie z. B. Blau vorzuziehen. Die Himmelsrichtung, Fenster und der Lichteinfall sollten ebenso Berücksichtigung finden. Wenn etwa ein Raum nach Norden ausgerichtet ist, sollten keine dunklen, kalten Farben wie z. B. Grau verwendet werden. Der Raum sollte möglichst viel natürliches Tageslicht haben. Pflanzen wirken beruhigend und erzeugen ein angenehmes Raumklima. Sie sollten jedoch keine Gefahrenquelle darstellen.

Ein Ruheraum sollte möglichst wenig Anregung bieten. Neben der Farbauswahl kann auch die Dekoration wirken. So sollte es hier keine unruhigen Bilder oder große bunte Muster in den Gardinen geben.

Jeder Raum sollte klar strukturiert (unterteilt) und für Kinder gut überschaubar sein. Dekoration sollte insgesamt zurückhaltend verwendet werden. So werden die Sinne des Kindes in angemessener Weise angeregt. Zu viele Reize können Unruhe auslösen.

> **ZUM WEITERDENKEN** Planen Sie auch freien Platz ein, der es ermöglicht, die Werke der Kinder zu präsentieren. Magnet- oder Bilderleisten und Pinnwände sind hierfür gut geeignet.

3.6.2 Sicherheit und Geborgenheit vermitteln

Spielpodeste, Nischen und Emporen vermitteln ein Gefühl von Geborgenheit und bieten Rückzugsmöglichkeiten, wenn das Kind ein Ruhebedürfnis verspürt. Dabei ist es wichtig, dass diese Elemente der Größe der Kinder angepasst werden. So wird der Raum gegliedert und es entstehen kleine unterschiedliche **Spielbereiche**. Dies hilft den Kindern, sich zu orientieren, und gibt ihnen Sicherheit.

Das Mobiliar sollte der Größe der Kinder angepasst sein, sodass sie eigenständig die Materialien aus dem Regal nehmen und sich ohne Hilfe hinsetzen können. Dies fördert die Selbstständigkeit der Kinder. Jedes Kind sollte einen eigenen Platz für seine persönlichen Dinge wie Kleidung, Windeln, Schnuller oder Kuscheltier haben. In vielen Einrichtungen erhält jedes Kind ein eigenes Symbol oder Foto,

Abb. 3.21 Kindgerechte Raumgestaltung mit verschiedenen Ebenen und Rückzugsmöglichkeiten

das an Haken und Schubladen angebracht wird. Auch diese **feste Zuordnung** vermittelt Sicherheit und Geborgenheit. Das Kind fühlt sich wahrgenommen und angenommen. Den Kindern macht es besonders Freude, wenn sie ihr Symbol selbst aussuchen können. So ist noch einen höhere Identifikation (Sichwiedererkennen) gegeben.

Bei der Raumgestaltung sollte viel Wert auf die **Akustik** (Klangwirkung) gelegt werden. Geräuschdämmende Materialien können dafür sorgen, dass eine angenehme Lautstärke im Raum entsteht. Das können beispielsweise Vorhänge und Teppiche sein.

3.6.3 Soziale Kontakte und Einzelbeschäftigung ermöglichen

Die Räumlichkeiten sollten jedem Kind sowohl Rückzugsmöglichkeiten als auch das gemeinsame Spiel mit anderen Kindern ermöglichen. Dies kann durch unterschiedliche Spielbereiche gewährleistet werden. Diese sollten auch den individuellen Interessen und Bedürfnissen der Kinder entsprechen, die ganz unterschiedlich sein können:
- Beschäftigung am Kreativtisch
- Betrachten von Bilderbüchern
- Gesellschaftsspiele
- Rollenspiele
- Bauen und Konstruieren
- Rückzug und Beobachtung

Die Spielmaterialien sollten übersichtlich in Regalen bereitstehen und Kinder jeden Alters ansprechen. Materialien für Experimente oder kreative Betätigung können im Wechsel in einer eigens dafür vorgesehenen Ecke oder in entsprechenden Räumen angeboten werden.

Abb. 3.22 Kinder am Kreativtisch

3.6.4 Das Außengelände bedürfnisgerecht gestalten

Das Außengelände einer Einrichtung ist ein eigener Spielraum. Als solcher sollte es so oft wie möglich genutzt werden. Vielen Kindern steht heute immer weniger Spielraum in der freien Natur zur Verfügung. Doch für eine ›ganzheitliche Entwicklung‹ sind kindliche Erfahrungen im Freien und in der Natur von großer Bedeutung.

Das Außengelände sollte ebenso wie die Innenräume an die Interessen und Bedürfnisse der Kinder angepasst werden. Zu einer bedürfnisgerechten Gestaltung dieses Bereichs gehören Sandkästen, Wasserspielmöglichkeiten, Hügel, Weidenzelte oder Kletterbäume. Weitere Materialien wie Roller, Sandspielzeug, Rollbretter, Dreiräder, Laufräder, Bälle oder Dosenstelzen können das Angebot ergänzen.

Bei schlechtem Wetter sollte es innerhalb der Einrichtung Möglichkeiten geben, dem Bewegungsbedürfnis der Kinder nachzukommen. Manche Konzeptionen sehen vor, dass die Kinder sich bei jedem Wetter draußen aufhalten, z. B. in ›Waldkindergärten‹.

ganzheitliche Entwicklung
→ S. 293

Natur- und Waldpädagogik
→ S. 305

IV GRUNDLAGEN DER PRAXISGESTALTUNG

3.7 Kinder beteiligen und mitwirken lassen

3.7.1 Verschiedene Möglichkeiten der Beteiligung

Im pädagogischen Alltag ist es wichtig, viel über die Bedürfnisse von Kindern zu wissen und auf sie einzugehen. Eine bedürfnisgerechte Erziehung bedeutet aber auch, die Kinder an Entscheidungen und Planungen im Rahmen ihrer Möglichkeiten zu beteiligen. Kinder haben ein Bedürfnis, sich einzubringen. Eine solche **Partizipation** ist etwa bei der Raumgestaltung denkbar, aber auch bei der Planung von Projekten.

> **BEISPIEL** Die Kinder der Pinguingruppe konnten schon länger nicht mehr in den Sandkasten, weil es anhaltend geregnet hat. Am Dienstagmorgen hält die Gruppe immer eine „Kinderkonferenz" ab. Die älteren Kinder wissen, dass es eine Sandkiste für den Innenbereich gibt. Tanja Mertens, die Kinderpflegerin, leitet heute die Kinderkonferenz. Sie fragt die Kinder: „Ihr konntet schon so lange nicht mehr im Sandkasten spielen. Was können wir denn tun, damit ihr mal wieder ein wenig matschen könnt?" **Tim (5;7)** ruft aufgeregt: „Es gibt doch die Sandkiste für drinnen. Können wir die nicht aufbauen?" Tanja Mertens antwortet: „Daran habe ich gar nicht gedacht. Das ist eine gute Idee, Tim." Tim ist stolz, dass er den Vorschlag gemacht hat.

Über die Möglichkeiten, Hintergründe und Wirkungen von Entscheidungsprozessen mit Kindern kann man sich auf den Seiten der Bundeszentrale für politische Bildung informieren:
www.bpb.de/apuz/136767/partizipation-von-kindern-in-kindergaerten

Es ist wichtig, Kinder früh an Entscheidungsprozessen zu beteiligen. Dies ist sogar gesetzlich verankert:

> *(1) Kinder und Jugendliche sind entsprechend ihrem Entwicklungsstand an allen sie betreffenden Entscheidungen der öffentlichen Jugendhilfe zu beteiligen. Sie sind in geeigneter Weise auf ihre Rechte im Verwaltungsverfahren sowie im Verfahren vor dem Familiengericht und dem Verwaltungsgericht hinzuweisen.*

Bundesministerium der Justiz und für Verbraucherschutz (Hrsg.): Sozialgesetzbuch (SGB VIII) Achtes Buch Kinder- und Jugendhilfe. § 8 Beteiligung von Kindern und Jugendlichen; www.gesetze-im-internet.de/sgb_8/ (Abruf: 12.3.2015)

Die Beteiligung der Kinder in Tageseinrichtungen kann durch unterschiedliche **Methoden der Partizipation** eingeübt werden. Hierzu gehören:
- Projektarbeit (z. B. Wasser erkunden)
- Kinderkonferenz (z. B. Entscheidung über eine neue Regel in der Gruppe)
- Erzähl- und Morgenkreis
- Kinderparlament (z. B. zu Spielplätzen im Stadtviertel)

Abb. 3.23 Abstimmung in einem Kinderparlament

3.7.2 Beteiligung ist soziales Lernen

Wenn Kinder mitbestimmen dürfen, fühlen sie sich ernst genommen. Sie bauen Selbstbewusstsein auf und entwickeln ›**Resilienz**‹ (Widerstandskraft). Je älter die Kinder werden, desto wichtiger werden die Instrumente der Beteiligung und Mitwirkung. Sie lernen so von Anfang an demokratisches Verhalten.

Resilienz → S. 146

Pädagogische Fachkräfte tragen die Verantwortung dafür, dass in ihrer Einrichtung ›demokratische‹ Arbeitsformen umgesetzt werden und die Kinder partizipieren können. Dadurch wird auch die Beziehung zu den Kindern gestaltet. Voraussetzung für diese Lernprozesse ist eine fragende, von Wertschätzung geprägte Grundhaltung der pädagogischen Fachkraft.

Demokratie
Prinzip der freien und gleichberechtigten Mitbestimmung und Willensbildung

Kinder sind neugierig. Sie bestimmen selbst, welches Wissen sie erlernen möchten. Im Sinne der ›**Ko-Konstruktion**‹ lernen die Kinder in sozialer ›Interaktion‹. Das bedeutet, dass Lernen immer in Zusammenarbeit mit anderen Kindern stattfindet. Das Kind und seine Umwelt sind in diesem Lernprozess aktiv.
Kinder lernen

Ko-Konstruktion → S. 171
Interaktion → S. 188

- durch Mitbeteiligung an Entscheidungsfindungen (Partizipation),
- durch den Austausch mit anderen Kindern und pädagogischen Fachkräften (Kooperation),
- durch Neugierde und Forschen,
- durch Hinterfragen.

Wenn Kinder partizipieren dürfen, lernen sie, eigene Ideen zu entwickeln, sich auszutauschen und Probleme zu lösen. Die Aufgabe der pädagogischen Fachkraft ist es, die Kinder in diesem Prozess der Ko-Konstruktion altersgerecht zu begleiten und zu unterstützen.

3.8 Bedürfnisse von Kindern in besonderen Lebenssituationen

Viele Kinder innerhalb Deutschlands leben in ›schwierigen familiären Situationen‹:
- 19 % der Kinder und Jugendlichen sind von **Armut** bedroht.
- Rund 740.000 Kinder haben einen **alkohol- oder drogenabhängigen** Elternteil.
- Mehr als eine Million Kinder haben einen psychisch erkrankten Elternteil.
- Ca. 2,3 Millionen Kinder sind laut statistischem Bundesamt **Trennungskinder**.
- Eine nicht bezifferte Anzahl von Kindern erlebt eine veränderte Lebenssituationen durch den **Tod eines Elternteils**.

Erziehung unter besonderen Bedingungen → S. 326

Die Wahrscheinlichkeit, als Kinderpflegerin einem Kind in einer besonderen Lebenssituation zu begegnen, ist also ziemlich hoch. Aus diesem Grund ist es sinnvoll, sich vorher über einen professionellen Umgang mit solchen Situationen zu informieren.

Abb. 3.24 Die Trennung der Eltern belastet auch die betroffenen Kinder.

Hinzu kommen Kindeswohlgefährdungen durch:

- Vernachlässigungen
- psychische Misshandlungen
- körperliche Misshandlungen
- sexuellen Missbrauch
- Eltern, die ihrem Erziehungsauftrag nicht gerecht werden

Alle Kinder in diesen besonderen Lebenssituationen haben ein hohes **Schutz- und Sicherheitsbedürfnis**. Die Eltern sind oft nicht oder nur eingeschränkt in der Lage, dieses Bedürfnis zu befriedigen. Sie sind selbst überfordert, trauern, sind krank oder durch eigene Erfahrungen belastet. Es ist wichtig, dass die pädagogische Fachkraft die Eltern und ihr Handeln nicht bewertet oder verurteilt. Vielmehr sollte sie im Interesse der Kinder mit den Eltern in einem konstruktiven (aufbauenden) Dialog bleiben.

Im ›Grundgesetz‹ ist festgelegt, dass in erster Linie die Eltern für die Erziehung und den Schutz ihrer Kinder verantwortlich sind. Sind sie dazu nicht in der Lage, nimmt die Jugendhilfe in Zusammenarbeit mit dem Familiengericht diese Aufgabe wahr.

rechtliche Grundlagen → S. 44

3.8.1 Mit Trauer und Trennung umgehen

Wahrnehmung und Beobachtung → S. 56

Die Aufgabe der pädagogischen Fachkraft ist es zunächst, das betroffene Kind zu ›beobachten‹ und festzustellen, wie es z. B. auf Trennung oder Tod von Angehörigen reagiert und diese verarbeitet. Jedes Kind reagiert in solchen Situationen anders. Einige zeigen deutlich Trauer, Aggression und Wut, während andere still leiden und nicht einmal eine Träne vergießen. Auf Grundlage der Beobachtung können dem Kind Angebote gemacht werden.

> **BEISPIEL** Vor sieben Wochen hat **Kai (4;9)** seine Mama verloren. Sie starb unerwartet an einer Lungenembolie. Für Kai ist die Endgültigkeit des Todes nur sehr schwer zu begreifen. Kai erzählt immer wieder, dass seine Mama nun in der Erde liegt und von da aus ein Weg in den Himmel führt. Im Himmel sei sie wieder wach geworden. Die Kinderpflegerin Naomi Floss hört Kai aufmerksam zu und nickt. Sie fragt Kai, wie der Weg in den Himmel aussieht und wie der Ort, an dem seine Mutter nun ist.

Abb. 3.25 Kinder gehen mit Trauer ganz unterschiedlich um.

- Im Alter bis zu drei Jahren haben Kinder noch keine Vorstellung von Trennungen und vom Tod. Sie reagieren auf diese Erfahrungen trotzig, wütend und traurig. Sie vermissen ihre Angehörigen und leiden unter der Trennung.
- Kinder ab drei Jahren haben die Vorstellung, dass der Tod etwas ist, das vorübergeht. Sie reagieren unter Umständen mit Verlustängsten, Verunsicherung und Auffälligkeiten im Verhalten, wie z. B. Aggression, Stottern, Einnässen oder Nägelkauen.
- Im Alter ab etwa sechs Jahren trauern Kinder bereits ähnlich wie Erwachsene. Allerdings beginnen sie häufig erst später, ihre Trauer zu verarbeiten.

Für trauernde Kinder jeden Alters ist es wichtig, dass ihre individuelle Art der Trauerbewältigung von den pädagogischen Fachkräften respektiert wird. Gerade in Situationen der Trauer oder von Trennungserfahrungen brauchen sie verlässliche Bezugspersonen, die ihnen Vertrautheit, Geborgenheit und Sicherheit vermitteln.

3.8.2 Besondere Bedürfnisse von Kindern mit Behinderungen

›Kinder mit Behinderungen‹ im körperlichen, geistigen oder seelischen Bereich haben besondere Bedürfnisse und einen individuellen Förderbedarf. Hierzu gehört auch die Möglichkeit, gleichberechtigt am gesellschaftlichen Leben teilnehmen zu können, also z. B. einen Regelkindergarten oder eine Regelschule zu besuchen.
Diese ›Inklusion‹ ist gesetzlich im Übereinkommen der Vereinten Nationen über die Rechte von Menschen mit Behinderungen verankert. Der Begriff „Inklusion" meint eine gemeinsame Betreuung von Kindern mit Behinderung und ohne Behinderung in Kindertagesstätten und gemeinsamen Unterricht in Schulen.

Kinder mit Behinderungen → S. 350

Inklusion → S. 260

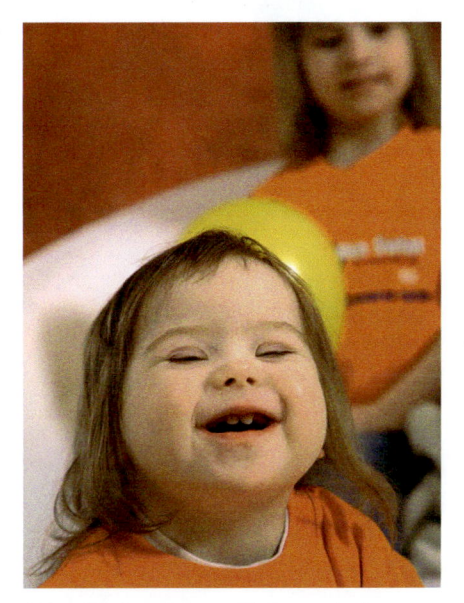

Abb. 3.26 Gemeinsame Förderung in der Kindertagesstätte

3.9 Die Bedürfnisse von Kindern unter drei Jahren

3.9.1 Bindungsbedürfnis

Die erste Erfahrung von ›Bindung‹ macht ein Kind in der Regel in den ersten Lebensjahren mit der Bindung an Vater und Mutter. Diese primäre (erste) Bindung ist von grundlegender Bedeutung und bildet das Fundament für alle weiteren sozialen Beziehungen im Verlauf der Lebensspanne. Eine gelungene Bindung an eine primäre Bezugsperson bietet eine gute Voraussetzung für die körperliche, seelische und geistige Entwicklung. Aus diesem Grund wird das Thema Bindung allen anderen kindlichen Bedürfnissen vorangestellt. Es bildet die Basis für Ihre pädagogische Arbeit.

Bindungs- und Säuglingsforschung → S. 213

Entwicklungspsychologie
→ S. 125

Liselotte Ahnert ist Professorin für ›Entwicklungspsychologie‹ an der Universität in Wien. Sie geht davon aus, dass zuverlässige und vertraute pädagogische Fachkräfte Kindern eine **emotionale Basis** bieten. So werden sie auch in schwierigen Situationen zu wichtigen Bezugspersonen. Dies setzt jedoch eine gelungene **Eingewöhnungsphase** voraus, die durch eine einfühlsame pädagogische Fachkraft begleitet wird.

Abb. 3.27 Mama kommt bald wieder – Eingewöhnung braucht viel Fingerspitzengefühl.

> **BEISPIEL** **Hanna (1;2)** wird seit zwei Wochen von ihrer Mutter in die Kinderkrippe „Sterntaler" gebracht. Die Betreuungszeiten werden nun langsam verlängert. Hanna weint, wenn ihre Mutter sich verabschiedet. Die Kinderpflegerin Yusefa Meissner nimmt Hanna sanft auf den Arm und spricht leise mit ihr: „Hanna, die Mama kommt gleich wieder. Komm, wir winken ihr vom Fenster aus." Die Mutter geht, und Hanna winkt ihr nach. Hanna schluchzt ein letztes Mal und lässt sich dann schnell von Frau Meissner trösten.

Kinder brauchen in einer solchen oder ähnlichen Situationen pädagogische Fachkräfte, die

- Sicherheit vermitteln,
- einfühlsam sind,
- Trost spenden,
- in Beziehung zu ihnen treten,
- Zuwendung schenken,
- Hilfe und Unterstützung geben.

Mit den Bedürfnissen von Säuglingen und Kleinkindern umgehen
Kinder haben **sozial-emotionale, körperliche und kognitive Bedürfnisse.**

Sozial-emotionale Bedürfnisse	z. B. Sicherheit, Anerkennung, Vertrauen
Körperliche Bedürfnisse	z. B. Trinken, Schlafen, Bewegung
Kognitive Bedürfnisse	z. B. Kommunikation, Spiel, Lernen

Diese Einteilung ermöglicht es der pädagogischen Fachkraft, die Bedürfnisse nachzuvollziehen und richtig einzuordnen.

Beobachtung → S. 59

Eine sorgfältige ›Beobachtung‹ der kindlichen Äußerungen, Gestik und Mimik ist der Wegweiser zum Verstehen und Deuten der Bedürfnisse. Auf dieser Grundlage kann die pädagogische Fachkraft angemessen darauf eingehen und reagieren. Dabei sollte sie sich nicht von eigenen Bedürfnissen beeinflussen lassen, sondern sich ganz auf das Kind mit seinen Bedürfnissen konzentrieren.

Erfährt das Kind durch seine Bezugspersonen, dass seine Bedürfnisse verstanden werden und eine zuverlässige Bedürfnisbefriedigung erfolgt, stehen die Weichen gut für eine gesunde Entwicklung. Erfährt es das Gegenteil, kann dies zu kurz- oder langfristigen Beeinträchtigungen der Entwicklung führen.

3.9.2 Beziehungsorientierte Pflege von Kindern unter drei Jahren

> In der Betreuung von Kindern unter drei Jahren nehmen die pflegerischen Tätigkeiten einen großen Raum im Alltag ein. Diese Pflegezeiten sind bedeutungsvolle Beziehungs- und Betreuungszeiten in einer ›Eins-zu-eins-Situation‹. Aus diesem Grund ist der Gestaltung dieser Phase eine hohe Aufmerksamkeit zu schenken.

Eins-zu-eins-Situation
die pädagogische Fachkraft wendet sich einem einzelnen Kind konzentriert zu
Emmi Pikler → S. 307

Die ungarische Kinderärztin ›**Emmi Pikler**‹ (1902–1984) hat festgestellt, dass bei der Pflege Grundbedürfnisse des Kindes befriedigt werden. So fühlt sich das Kind wohl. Das Wickeln sollte als pädagogische Situation so gestaltet werden, dass sich die pädagogische Fachkraft voll und ganz dem Kind zuwendet. Dabei spricht sie mit ihm und begleitet das, was sie tut, auch sprachlich. So wird die Wickel- und Pflegesituation zu einer pädagogisch wertvollen Zeit, in der das Kind **bedeutsame emotionale und sprachliche Erfahrungen** macht.

Durch die sprachliche Begleitung der anstehenden Tätigkeiten kann das Kind Vertrauen entwickeln. Es wird zur Kooperation (Mittätigkeit) und zum Dialog (Zwiegespräch) angeregt. So lernt es, seine Wünsche und Befindlichkeiten mitzuteilen.

Zur beziehungsvollen Pflege nach Emmi Pikler gehören:
- liebevoller Respekt vor dem Kind
- ungeteilte Aufmerksamkeit
- behutsame Berührungen
- sprachliche Ankündigung und Begleitung der Handlungen

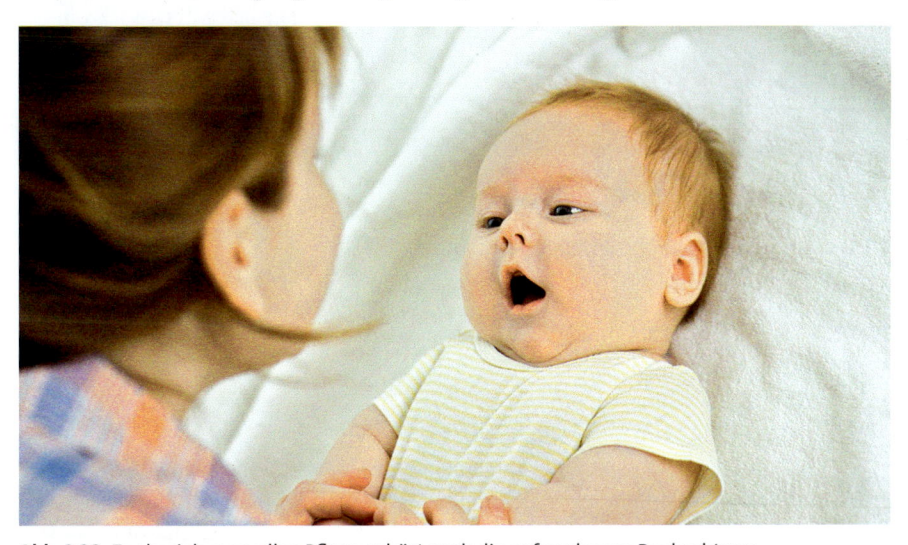

Abb. 3.28 Zur beziehungsvollen Pflege gehört auch die aufmerksame Beobachtung.

Diese Form der beziehungsvollen Pflege gibt der Begegnung und der Erziehung Qualität. Das braucht vor allem auch Zeit. Wenn die pädagogische Fachkraft sich diese Zeit nimmt, kann sich die Beziehung zwischen ihr und dem Kind vertiefen und stärken. Dafür müssen einige weitere Regeln beachtet werden:
- Die Pflege benötigt Ruhe und Zeit.
- Die pädagogische Fachkraft muss bereit sein, sich auf das Kind einzulassen.
- Sie muss die Bedürfnisse des Kindes kennen und erkennen.
- Das Kind wird im Rahmen seiner Möglichkeiten beteiligt und angesprochen.
- Das Kind darf eigene Erfahrungen machen und Lösungen finden.

Die pädagogische Fachkraft sollte die Pflegezeit mit Achtsamkeit und der Bereitschaft zum aktiven Vertrauens- und Beziehungsaufbau nutzen. Dabei sollte die Pflegezeit immer von derselben Bezugsperson gestaltet werden. So wird der Beziehungsaufbau zum Kind erleichtert.

> **BEISPIEL** Dilek Özgedür ist Kinderpflegerin in der Kita „Kleine Strolche". Sie beobachtet **Leonie (1;4)**, die konzentriert am Bautisch steht und augenscheinlich ihr großes Geschäft in die Windel setzt. Als sich Leonie wieder mit den Autos beschäftigt, geht sie zu ihr und sagt in freundlichem Ton: „Leonie, wir beide gehen gleich mal in den Wickelraum. Du möchtest sicher eine frische Windel haben." Leonie lächelt sie zurückhaltend an. Dilek Özgedür reicht ihr einladend die Hand: „Sollen wir jetzt gehen?" Leonie nimmt bereitwillig die Hand und gemeinsam gehen sie in den Wickelraum. Dilek Özgedür bezieht Leonie in die Vorbereitung und das Bereitstellen der Materialien mit ein: „Was brauchen wir denn? Eine Windel, die Feuchttücher, die Creme. Magst du mir tragen helfen, Leonie?" Als alles auf dem Wickeltisch bereitsteht, lässt die Kinderpflegerin Leonie unter ihrer Aufsicht auf den Wickeltisch klettern. Dilek Özgedür beobachtet Leonie und beginnt erst mit der Pflege, wenn sie bemerkt, dass das Kind bereit dazu ist. Während der gesamten Zeit hält sie Blickkontakt und spricht freundlich mit Leonie. Sie beschreibt, was sie tut. Dabei achtet sie auf den Gesichtsausdruck des Kindes und darauf, wie es auf sensible und unangenehme Berührungen reagiert. Gleichzeitig spiegelt sie den Gesichtsausdruck des Kindes: Sie lächelt, wenn das Kind lächelt. Gerne beendet Dilek Özgedür die Situation mit einem Wickelreim oder einem Lied.

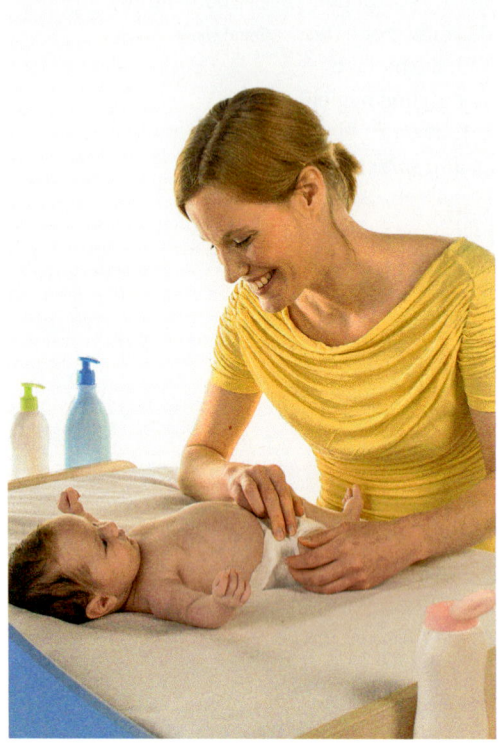

Abb. 3.29 Blickkontakt beim Wickeln

Was tut Dilek Özgedür, um die Pflegesituation anzubahnen?
- Sie kündigt dem Kind die Situation an.
- Sie lädt es ein mitzukommen.
- Sie lässt das Kind beim Bereitstellen der Materialien helfen.
- Sie beobachtet das Kind und nimmt seine Signale wahr, wann sie beginnen kann.
- Sie hält Blickkontakt und begleitet den Prozess verbal (sprachlich).
- Sie spiegelt den Gesichtsausdruck des Kindes bei unangenehmen und sensiblen Berührungen.
- Sie beendet die Wickelsituation durch liebevolle Zuwendung.
- Sie verwendet wiederkehrende Rituale wie Reime oder Lieder.

Im Alltag ist es wichtig, genügend Zeit für diese pädagogisch bedeutsame Aufgabe der Pflege einzuplanen. Außerdem sollte die pädagogische Fachkraft diese Aufgabe gerne übernehmen. Kinder spüren es, wenn Erwachsene sich vor ihren Ausscheidungen ekeln und ungerne wickeln. Das Bindungs- und Beziehungsbedürfnis des Kindes wird in pflegerischen Situationen befriedigt, wenn die oben aufgeführten Punkte berücksichtigt werden.

3. Bedürfnis und Grundbedürfnis

> **ZUM WEITERDENKEN** Eltern sind möglicherweise aus der Vergangenheit heraus erst einmal misstrauisch oder verunsichert, wenn ihr Kind von einem Mann gewickelt wird. Darüber müssen sich pädagogische Fachkräfte im Klaren sein. Hintergrund für diese Vorsicht der Eltern sind viele öffentlich gewordene Missbrauchsfälle in Tageseinrichtungen für Kinder. Sie können dieser Voreingenommenheit begegnen, indem Sie z. B. das theoretisch fundierte (gefestigte) Konzept von Emmi Pikler an einem Elternabend vorstellen. Darüber hinaus sollten Sie sich im Alltag viel Zeit nehmen, um das Vertrauen von Eltern und Kindern zu gewinnen.

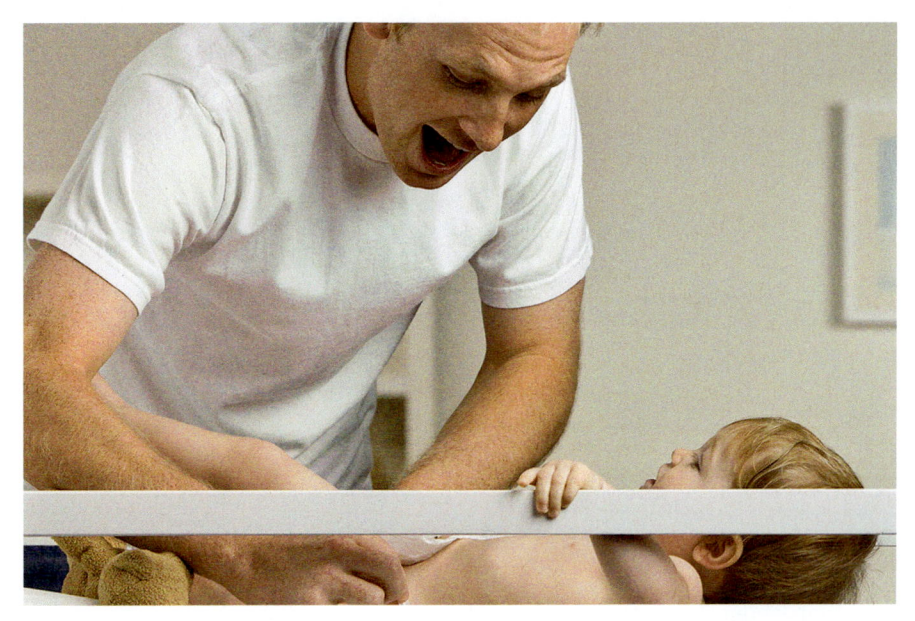

Abb. 3.30 Kinderpfleger beim Wickeln – ein Bild, das noch nicht selbstverständlich ist.

Warum muss ich das für meinen Beruf wissen?

Damit Sie Ihren Beruf gewissenhaft ausführen können, ist es wichtig, dass Sie die vielfältigen Bedürfnisse von Kindern erkennen und unterscheiden können. Dadurch sind Sie in der Lage, angemessen auf die Bedürfnisse zu reagieren.

Insbesondere bei Kindern unter drei Jahren ist die beziehungsvolle Pflege von großer Bedeutung. Es ist wichtig, dass Sie als Kinderpflegerin den Kindern mit Wertschätzung, Respekt und Geduld begegnen, um in Beziehung mit ihnen zu treten. Pflegerische Handlungen sind eine wertvolle pädagogische Aufgabe in Ihrer Arbeit.

Kinder in besonderen Lebenssituationen haben vorübergehend oder dauerhaft spezielle Bedürfnisse. Wenn Sie um diese Bedürfnisse wissen, können Sie entsprechende Angebote machen.

Zu Ihrem Beruf gehört es auch, Spiel- und Lebensräume für Kinder zu gestalten. Dabei ist es wichtig, die Kinder bei der Planung möglichst einzubeziehen. So können Sie die individuellen Bedürfnisse ermitteln und die Ergebnisse in Ihre pädagogische Arbeit einfließen lassen.

4 ÜBERGÄNGE BEGLEITEN

30. April

12:45 — Warum muss ich bestimmte Übergänge überhaupt begleiten?

12:46 — Es ist doch ganz normal, dass ein Kind in die Kita kommt, dann in die Schule geht usw. Das läuft doch bei jedem Kind gleich, oder?

13:00 — Wie war das eigentlich bei mir, als ich in die Schule gekommen bin?

4.1 Übergänge im Kindesalter

4.1.1 Grundlagen zum Transitionsbegriff

Transition ist der Fachbegriff für Übergangsphasen in der Biografie eines Menschen. Übergänge werden dann als Transitionen bezeichnet, wenn sie krisenhaft verlaufen könnten, zeitlich begrenzt sind und den Charakter eines erst- oder einmaligen Ereignisses aufweisen.

Bereits Kinder erleben eine Reihe von Übergängen, mit denen sie sich auseinandersetzen und die sie bewältigen müssen. Einerseits erleben Kinder alltägliche, d. h. immer gleiche und wiederkehrende Übergänge, z. B. Weg zur Schule oder Übergang vom Spiel zur Mahlzeit. Bei Übergängen, die biografisch und von Institutionen bestimmt sind, brauchen Kinder und Eltern Unterstützung. Es ist die Aufgabe pädagogischer Fachkräfte, diese Unterstützung zu leisten.

> **BEISPIEL** **Samira** ist 20 Monate alt. Wenn ihre Mutter Susanne sie abends zu Bett bringt, stimmt sie immer das gleiche Lied an. Dieses Ritual hilft Samira, den Übergang vom Wachsein zum Schlafen gut zu bewältigen. Sie kann sich auf den Ablauf verlassen, der dann folgt.
> Daniel ist 18 Monate alt und wird bald eine Kindertageseinrichtung besuchen. Sein Vater ist seit vier Monaten in Elternzeit. Gemeinsam überlegen die Eltern und die pädagogischen Fachkräften, wie sie Daniel beim Übergang von zu Hause in die Krippe unterstützen können. Sie planen die Gestaltung der Eingewöhnung.

4. Übergänge begleiten

In Deutschland erleben die meisten Kinder folgende Entwicklungsübergänge:
- von der Familie in die Krippe oder in die Kindertagespflege
- von der Familie oder der Krippe in die Kita
- von der Kita in die Schule und den Hort

Übergänge haben für die Bildungs- und Entwicklungsprozesse von Kindern eine große Bedeutung. Erkenntnisse aus der Entwicklungspsychologie, der Motivationspsychologie, aber auch aus der Medizin und der Stressforschung haben gezeigt, dass Übergänge komplexe Wandlungsprozesse sind. Das heißt, dass sich Veränderungen auf mehreren Ebenen vollziehen und das Individuum diese Veränderungen und deren Wechselwirkungen miteinander verbinden und bewältigen muss.

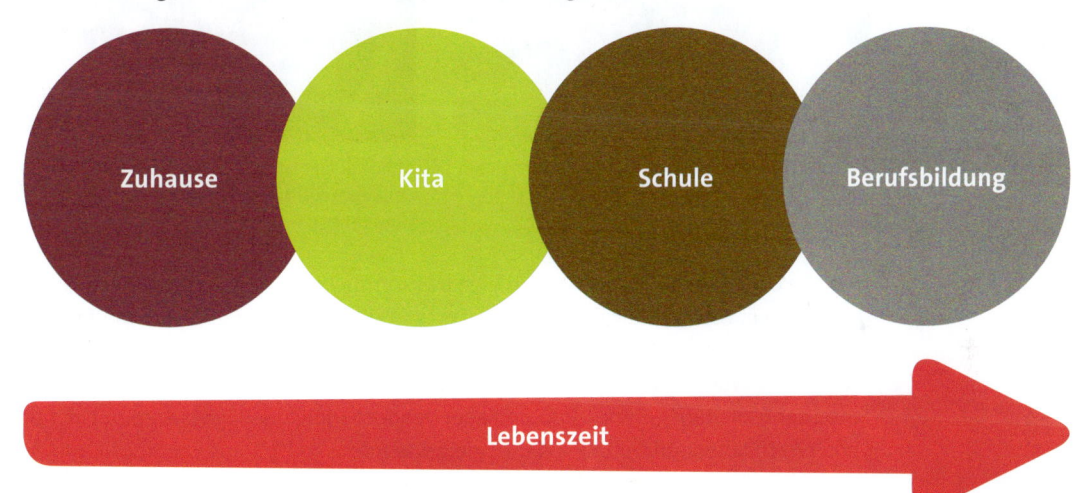

Zuhause — Kita — Schule — Berufsbildung

Lebenszeit

Abb. 4.1 Übergänge gehen ineinander über und überblenden sich.

> **BEISPIEL** **Maria** ist sechs Jahre alt und kommt im Sommer in die Schule. Sie wird dann ein Schulkind. Es werden viele neue Eindrücke auf sie zukommen: Das Schulgebäude kennt sie schon ein bisschen, aber es ist so groß, das man sich darin verlaufen kann. In die Kita hat sie meist eine kleine Tasche mitgenommen, aber wie es sein wird, selbst einen großen Schulranzen zu tragen, dass kann sie sich noch nicht vorstellen – aber neugierig ist sie schon sehr. Traurig ist Maria darüber, dass sie dann ihre beste Freundin Thea nicht mehr jeden Tag treffen kann, Thea wird erst im nächsten Jahr eingeschult werden.

4.1.2 Einordnung von Übergängen

Übergänge sind **individuell** (also von der jeweiligen Person) oder **strukturell** (z. B. durch Institutionen oder gesetzliche Rahmenbedingungen) bestimmt. Viele Übergänge werden durch einen Wechsel der besuchten Institution hervorgerufen. Sie sind damit an das Lebensalter und die Existenz bestimmter Institutionen gebunden.
Übergänge betreffen einzelne Kinder oder ganze ›Gruppen‹.

- Übergänge, von denen nahezu alle Kinder betroffen sind, werden als ›**normative Übergänge**‹ bezeichnet. Dazu gehören der Übergang in die Krippe bzw. den Kindergarten und auch der Übergang von der Kindertageseinrichtung in die Schule.
- Andere Übergänge wie z. B. Veränderungen in der Familienstruktur oder Umzug betreffen nicht alle Kinder und werden als **nichtnormative Übergänge** bezeichnet.

> Gruppe → S. 364
>
> **normative Übergänge**
> Übergänge, die in einem bestimmten sozialen Kontext als normal gelten und gleichzeitig bindend sind

Abb. 4.2 Der Wechsel vom Kindergarten in die Schule ist ein normativer Übergang.

Abb. 4.3 Der Umzug in eine andere Stadt ist ein Beispiel für einen nichtnormativen Übergang.

Manche Übergänge sind typisch für eine bestimmte Lebensaltersspanne. Dies betrifft den Wechsel von der Familie in die Kindertageseinrichtung, von dieser in die Grundschule, von der Grundschule in die weiterführende Schule usw. Übergänge im Alltag wie z. B. der Wechsel zwischen Familie und Einrichtung werden nicht als Übergänge im Sinne der Transition gesehen, müssen aber dennoch individuell bewältigt und im Alltag von Erwachsenen unterstützt oder begleitet werden.

> **ZUM WEITERDENKEN** Transitionen bedeuten für das Kind eine Beschleunigung von Veränderung. Diese Veränderung ist immer verbunden mit starken Gefühlen sowie einer höheren Empfindlichkeit und Verletzbarkeit. Deshalb erfordert die Bewältigung der Veränderung eine große kognitive und emotionale Anstrengung von der jeweiligen Person. Personen, die sich gerade in einem Übergangsprozess befinden, benötigen für die Bewältigung viel Energie. Gleichzeitig führt die damit verbundene Anstrengung auch dazu, dass Bildungsprozesse in besonderer Weise vorangetrieben werden.

Jeder Übergang ist individuell. Im Vordergrund bei der Bewältigung stehen Emotionen und sinnliche Erfahrungen. In der Regel fordert der Übergang vom Kind eine beschleunigte Aneignung seiner neuen Umgebung und der darin enthaltenen sozialen Strukturen. Dies bedeutet die Anpassung an einen neuen Alltag.

> **BEISPIEL** Petro (3) hat eine 14 Monate alte Schwester. Die meiste Zeit des Tages hat er bislang zu Hause mit seiner Mutter und seiner Schwester verbracht. Zu seiner Schwester hat er eine innige Beziehung, er hat gelernt, auf ihre Bedürfnisse Rücksicht zu nehmen und mit ihr zu spielen. Nun hat für Petro ein neuer Lebensabschnitt begonnen. Seit drei Wochen läuft seine Eingewöhnung in den Kindergarten. Nur sehr schwer kann er sich von seiner Schwester trennen, wenn seine Mutter ihn mit ihr in die Kita bringt. Er ist traurig und fragt im Laufe des Tages häufig nach den beiden. Die Orientierung im neuen Alltag fällt ihm schwer. In seiner Kita-Gruppe ist er aber jetzt der Jüngste und das lassen die anderen Kinder ihn spüren. Für die pädagogischen Fachkräfte ist es wichtig, Petro beim Aufbau neuer Beziehungen zu helfen. Gleichzeitig lassen sie seine Traurigkeit zu, versichern ihm aber immer wieder, dass seine Schwester und seine Mutter ihn abholen werden und sich gewiss schon auf ihn freuen.

4.1.3 Bedeutung von Übergängen für das Kind

Jeder Übergang birgt für das Kind große Entwicklungschancen, aber auch Risiken. Innerhalb eines Übergangsprozesses muss das Kind aktiv handeln. Das Kind ist also der Akteur, d. h. der aktiv Handelnde, seiner Transition. Kinder sind von Natur aus neugierig und bereit, sich anzustrengen, um etwas zu erreichen. Sie wollen an der neuen Herausforderung und der neuen Rolle wachsen.

> Übergänge wirken entwicklungsanregend und beeinflussen die Motivation des Kindes positiv.

Als Entwicklungschance können Übergänge verstanden werden, weil durch Brüche und Veränderungen von Gewohnheiten besondere Entwicklungsanreize geschaffen werden. Zudem erwirbt das Kind bei der Bewältigung eines Übergangs vielfältige Kompetenzen, die als Grundlage für weitere Bewältigungsprozesse dienen. Aus einem gut bewältigten Übergang geht das Kind mit gestärktem Selbstvertrauen und neu gewonnenen Sicherheiten hervor.

> **BEISPIEL** Henry ist 18 Monate alt und hat während seiner Eingewöhnung in die Kita die Erfahrung gemacht, dass auch der neue Tagesablauf immer gleich und damit für ihn verlässlich ist. So hat er die Gewissheit gewonnen, dass seine Eltern wiederkommen und ihn abholen. Er hat die Sicherheit, dass die Beziehung zu ihnen bestehen bleibt, auch wenn er jetzt tagsüber in die Kita geht.

Die Erfahrung des Gelingens unterstützt die Motivation. Die Neugier des Kindes wird unterstützt und es begegnet der nächsten Herausforderung mit Offenheit und Interesse. Deshalb ist es wichtig, dass pädagogische Fachkräfte das Gelingen ermöglichen. In Phasen der Bewältigung von Übergängen zeigen Kinder jedoch ebenfalls eine höhere Verletzlichkeit. Sie sind schneller traurig oder ängstlich.

Ein Übergang ist für Kinder aber auch mit Risiken verbunden. Zum Beispiel besteht das Risiko, dass die Auseinandersetzung mit den verbundenen Anforderungen misslingt. Die Erfahrung des Scheiterns kann unter Umständen das Entstehen ›psychischer Störungen‹ begünstigen.

psychische Störungen → S. 330

IV GRUNDLAGEN DER PRAXISGESTALTUNG

Überforderung → S. 81

Gelingt ein **Übergang** nicht, sind Probleme auch bei der Bewältigung nachfolgender Übergänge zu erwarten. Das Risiko einer ›Überforderung‹ für das Kind steigt dann, wenn es mehrere Übergänge gleichzeitig bewältigen muss. Zuviel Neues kann Angst und Unsicherheit erzeugen.

> **BEISPIEL** Kurz vor seinem Schuleintritt ist **Anton (6;1)** mit seinen Eltern umgezogen. Nun wohnen seine Freunde einige Kilometer entfernt und er kann sie nur noch ganz selten treffen. Mit seinem Eintritt in die Schule muss er sich zusätzlich auf die neue Situation mit neuen Anforderungen einstellen.

Abb. 4.4 und 4.5 Viel Neues strömt auf das Kind ein, was zu Überforderung führen kann.

Mit der Bewältigung von Übergängen sind für Kinder vielfältige Veränderungs- und Anpassungsprozesse verbunden. Die Transition findet auf drei Ebenen statt:

Ebene des Individuums

Auf individueller Ebene ist der Übergang mit der Veränderung der Identität verbunden, die einhergeht mit der Bewältigung starker Emotionen. Das Kind setzt sich mit Brüchen und Veränderungen auseinander und erfährt, dass bisherige Erfahrungen und Muster verändert werden müssen. Es werden neue Kompetenzen erworben und eine neue ›Rolle‹ muss übernommen werden. Das Kind ist gefordert, sich sozialräumlich neu zu orientieren und sich die Sinnzusammenhänge des neuen Lebenskontexts (z. B. Schule) zu erschließen.
Wichtig für die Bewältigung auf individueller Ebene ist, dass das Kind die Anforderung erkennt und sich ihrer gewachsen fühlt.

Rolle → S. 33

Ebene der persönlichen Beziehungen

Mit Transitionen sind der Verlust mancher bestehenden Beziehungen und der Aufbau von neuen Beziehungen verbunden. Oftmals werden Beziehungen neu strukturiert und ihnen werden neue Funktionen gegeben. Das Einnehmen neuer Rollen ist für das Kind ein Rollenzuwachs, der auch zu einer Veränderung bestehender Rollen im sozialen Umfeld, z. B. auch innerhalb der Familie, führt.

Ebene der Lebenswelten

Die Veränderung auf dieser Ebene bedeutet für das Kind die Zusammenführung zweier Lebensbereiche. Anforderungen und Erwartungen aus dem einen Lebensbereich müssen mit denen des anderen in Einklang gebracht werden. Dies betrifft z. B. die Tagesstruktur oder das Zeitvolumen für individuelle Interessen.

Tab. 4.6 Ebenen der Transition

4.1.4 Übergängen als Herausforderungen für die Familie

Übergangsprozesse sind soziale Prozesse und können beeinflusst werden. Die Entwicklungs- und Lernprozesse des Kindes vollziehen sich in Auseinandersetzung mit den anderen Menschen seiner sozialen Umgebung. Übergänge wirken nicht auf das Kind alleine. Die Akteure von Übergängen sind einerseits die Kinder und deren Eltern. Sie vollziehen aktiv und erstmalig einen bestimmten Übergang. Andererseits sind ebenfalls die Kinderpfleger als Begleiter und Unterstützer am Übergang beteiligt. Auch die anderen Kinder einer Gruppe spielen beim Übergang eine Rolle.

Eltern sind bei Übergängen ihrer Kinder in einer Doppelfunktion:
- Einerseits begleiten und unterstützen sie den Übergangsprozess ihrer Kinder.
- Andererseits erleben sie aktiv einen eigenen Übergang mit eigenen Bewältigungsanforderungen auf verschiedenen Ebenen.

BEISPIEL **Sonja** kommt in die Schule. Ihre Eltern waren bislang Eltern eines Kindergartenkindes. Ab jetzt sind sie Eltern eines Schulkindes. Dadurch verändern sich ihre Aufgaben im Alltag. Sie müssen akzeptieren, dass Sonja nun immer selbstständiger wird und sie nicht mehr alles erfahren werden, was ihr Kind tagsüber erlebt. Zudem wird von ihnen erwartet, dass sie ihr Kind bei Hausaufgaben unterstützen. Der Ablauf des Alltags wird mehr von der Schule bestimmt sein.

> Auch für Eltern bergen Übergänge Risiken. Transitionen sind besondere Lebensereignisse für die ganze Familie.

Transitionen bringen Veränderungen in der Familienstruktur. Für das Kind und die Eltern kommen neue Rollen und Aufgaben hinzu. Alte Rollen werden abgelegt. Übergangssituationen in Familien führen in der Regel zu mehr Unabhängigkeit des Kindes von den Eltern. Das Kind wird selbstständiger und übernimmt mehr Verantwortung. Die Rolle der Eltern bei Übergängen ist manchmal widersprüchlich: Sie sind als aktive Unterstützer ihrer Kinder gefragt und müssen die Veränderungen akzeptieren, um unterstützen zu können. Sie müssen diese Veränderungen aber auch in ihr eigenes Handeln einfließen lassen. Für Eltern heißt das, bei sich selbst Veränderungen und Anpassungen herbeizuführen und die neue Situation ins Familienleben zu integrieren.

Eltern müssen dem Kind die Gelegenheit geben, selbstständige Entscheidungen zu treffen. Es ist wichtig, dass das Kind dann erlebt, wie seine Entscheidung und das damit verbundene Handeln wirken. Eltern müssen also Selbstständigkeit fordern und unterstützen, aber auch zulassen und manchmal aushalten.

Gleichzeitig müssen die Eltern die veränderte Situation in ihr eigenes Leben integrieren. Aus ihrer Sicht bedeutet dies mitunter, nicht mehr so sehr gebraucht zu werden wie zuvor. Eltern müssen nun auch andere Personen als Partner ihres Kindes akzeptieren, z. B. die Kinderpflegerinnen oder die Freundin. Mit pädagogischen Fachkräften gehen sie eine ›Bildungs- und Erziehungspartnerschaft‹ ein. Eltern und pädagogische Fachkräfte stehen in der gemeinsamen Verantwortung, das Kind in der Transition auf allen Ebenen zu unterstützen. Für den eigenen Übergang brauchen auch Eltern Zeit und Unterstützung.

Bildungs- und Erziehungspartnerschaften
→ S. 392

GRUNDLAGEN DER PRAXISGESTALTUNG

4.1.5 Übergänge und Resilienzentwicklung

Einen wichtigen Beitrag zur Erklärung von Übergängen liefert die Resilienzforschung. Unter ›Resilienz‹ wird verstanden:

Resilienz → S. 146

- die gesunde Entwicklung eines Kindes, obwohl es in einer gefährdeten Situation, wie z. B. in Armut, aufwächst
- die Aufrechterhaltung von Kompetenz, obwohl das Kind bestimmten Belastungen unterliegt, wie z. B. einer schweren Erkrankung
- wenn das Kind eine schwere krisenhafte und belastende Situation wie z. B. eine starke psychische Belastung oder eine schwere Erkrankung bewältigt und neue Kraft und Kompetenzen gewonnen hat

Übergänge sind spezifische Belastungen. Sie fordern von Menschen, sich an einen neuen Lebensalltag anzupassen. Dies geht immer auch mit einer Veränderung des eigenen Verständnisses von sich selbst einher. Übergänge können deshalb zu kritischen Phasen werden. Sie werden auch als **kritische Lebensereignisse** bezeichnet.

Ressourcenorientierung → S. 269

Wichtig für die Bewältigung solcher kritischen Lebensereignisse sind die ›Ressourcen‹, die dem Kind zur Verfügung stehen. Um es bei der Bewältigung eines Übergangs zu unterstützen, können Eltern und pädagogische Fachkräfte
- die Bewältigungsressourcen des Kindes fördern und/oder
- die Risikofaktoren reduzieren.

Zunächst ist zu klären, über welche Ressourcen das Kind verfügt und welche Anforderungen sich aus dem Übergang ergeben. Die Ressourcen bezeichnet die Resilienzforschung als Resilienzfaktoren (Schutzfaktoren). Sie erhöhen die Widerstandskraft gegenüber Belastungen und ermöglichen die Bewältigung.

Zu den Schutzfaktoren zählen personale, familiäre und soziale Ressourcen:

Personale Ressourcen sind z. B.:
- positives Temperament
- kognitive Fähigkeiten wie Erinnern, Planen, Lernen
- ein positives Bild von sich selbst zu haben
- Selbstwirksamkeitserwartung, also die Erwartung, mit dem, was man tut, erfolgreich zu sein
- soziale Kompetenzen wie z. B. Toleranz, Kritikfähigkeit, Kooperationsbereitschaft
- Kreativität und Fantasie

Soziale Ressourcen sind z. B.:
- soziale Unterstützung z. B. von Freunden
- Qualität der pädagogischen Arbeit in der Bildungsinstitution

Familiäre Ressourcen sind z. B.:
- stabile Bindung zu mindestens einer Bezugsperson
- emotional warmes, aber auch klar strukturiertes Erziehungsverhalten
- positive Beziehung zu Geschwistern

Die Familie ist der Ort, der für die Entwicklung von Resilienz beim Kind eine zentrale Rolle spielt. Deshalb ist es für die Arbeit pädagogischer Fachkräfte nicht nur wichtig, Eltern für die Resilienzentwicklung ihres Kindes zu sensibilisieren. Sie sollten auch das Bewältigungsverhalten der Eltern selbst unterstützen. Eine Möglichkeit der Unterstützung bieten Elternkurse. Sie tragen zur Stärkung der Resilienzfaktoren der Eltern bei.

Abb. 4.7 Eltern können ihr Kind im alltäglichen Spiel positiv bestärken.

Die Erkenntnisse aus der Resilienzforschung deuten darauf hin, dass sich folgende Faktoren positiv auf die Bewältigung von Übergängen auswirken:
- Unterstützung und Förderung einer positiven Art und Weise der Konfliktbearbeitung. Kinder können durch das Beobachten des lösungsorientierten und kooperativen Bewältigungsverhaltens in Konflikten und des ›prosozialen Verhaltens‹ der Eltern oder der pädagogischen Fachkraft eigene Verhaltensweisen ›lernen‹.
- Förderung der Eigenaktivität und Eigeninitiative: Übertragen alters- und entwicklungsgerechter bewältigbarer Aufgaben.
- Unterstützung der persönlichen Verantwortungsübernahme: Frühzeitige Beteiligung des Kindes an Entscheidungsprozessen unterstützt ›Selbstwirksamkeitserleben‹ und Autonomie.
- Förderung der positiven Selbsteinschätzung: Erfolge ermöglichen, dadurch entwickelt das Kind Vertrauen in seine eigenen Fähigkeiten und in selbstbestimmtes Agieren.
- Kinder, die die Erfahrung machen, dass sich jemand für sie interessiert, ihnen Dinge zutraut und sie unterstützt, entwickeln eine positive Selbstwahrnehmung und ihre Selbstwirksamkeit wächst.
- Unterstützung der ›Selbstregulationsfähigkeiten‹: Eigene Regeln aufstellen und einhalten und damit Selbstkontrolle und Selbstwertgefühl stärken. Fehler als Lernchance und Möglichkeit der Weiterentwicklung verstehen.
- Förderung sozialer Kompetenzen, Unterstützung in Problemsituationen und organisieren von Hilfe.
- Förderung eines positiven Umgangs mit Stress wie z. B. durch Sport oder autogenes Training; vorleben, wie nach Stresssituationen Erholung, Entspannung und Ruhepausen helfen.

prosoziales Verhalten
Verhalten, das auf das Wohlergehen anderer und der Gemeinschaft gerichtet ist und von der Gruppe als positiv bewertet wird

Lernen → S. 86
Selbstwirksamkeit → S. 81

Selbstregulationsfähigkeit
Fähigkeit des Individuums, seine Gefühle und insbesondere deren Äußerung zu regulieren und zu kontrollieren

4.2 Gestaltung von Übergängen

4.2.1 Anforderungen an pädagogische Fachkräfte

Pädagogische Fachkräfte haben bei der Begleitung und Unterstützung zwei wichtige Aufgaben:
- Sie unterstützen und begleiten die Kinder beim Ankommen am neuen Bildungsort und beim Verlassen der Einrichtung.
- Sie gestalten Bildungs- und Erziehungspartnerschaften mit anderen in der Verantwortung stehenden Erwachsen im Einklang mit den ›kindlichen Bedürfnissen‹. Dazu leben sie Kooperationen mit anderen Einrichtungen und arbeiten partnerschaftlich mit anderen Fachkräften zusammen. Und sie begleiten und beraten Eltern bei ihrer Unterstützung des Kindes.

kindliche Bedürfnisse → S. 410

Wenn Kinder in eine pädagogische Einrichtung kommen, dann bringen sie die Bindung zu ihren Bezugspersonen (meist die Eltern) mit. Pädagogische Fachkräfte sind für das Kind neue Erwachsene, die zu den schon bestehenden Beziehungen hinzukommen. Dies müssen Kinderpfleger beachten. Auf den ersten Blick könnte es so aussehen, dass das Kind hinzukommt. Dies stimmt, wenn der Übergang aus der Sicht der Einrichtung und der Gruppe betrachtet würde. Da es aber darum geht, den Übergang aus Sicht des betroffenen Kindes zu sehen, müssen sich pädagogische Fachkräfte als diejenigen wahrnehmen, die zu den Beziehungen des Kindes hinzukommen.

Kinderpfleger sind in der Kindertageseinrichtung zu Hause, kennen die Personen, die Abläufe und die Rahmenbedingungen. Kinderpfleger sind mit dafür verantwortlich, den bisherigen Alltag des Kindes in die neue Situation in der Einrichtung einzubinden. Das bedeutet z. B., die Erlebnisse, Gewohnheiten, Rituale und Kompetenzen zu integrieren, die Kinder mitbringen.

BEISPIEL Kinderpflegerin Anna hat die Eingewöhnung von **Juri (2)** in die Krippe begleitet. Sie weiß, wie wichtig es für ihn ist, seinen Plüschhasen Stups bei sich zu haben. Deshalb sorgt Anna dafür, dass Juri den Hasen jederzeit bei sich haben kann.

Pädagogische Fachkräfte, die Kinder an Übergängen begleiten und unterstützen, sollten sich der Erstmaligkeit und/oder der Einmaligkeit des Übergangs aus Perspektive des Kindes bewusst sein.

Abb. 4.8 Kinderpfleger unterstützen Kinder bei der Bewältigung von Emotionen.

Kinderpfleger sollten sich darüber im Klaren sein, dass der gleiche Übergang, z. B. von der Kita in die Schule, bei jedem Kind anders verläuft. Diese Individualität gilt es insbesondere beim Umgang mit Gefühlen des Kindes zu berücksichtigen. Übergänge werden zudem kulturell spezifisch begangen.

> **BEISPIEL** **Sahra** ist vier Jahre alt und besucht eine Kita. Sie legt sehr viel Wert auf ihre Kleidung und besteht darauf, sich selbst auszusuchen, was sie anziehen möchte. Ihre Eltern unterstützen sie dabei, auch wenn die Zusammenstellung der Kleidung in ihren Augen manchmal lustig oder unpassend erscheint. Die Kinderpflegerin der Einrichtung stimmt mit den Eltern darin überein, dass es für Sahra wichtig ist, eigene Entscheidungen treffen zu können. Deshalb erkennt sie Sahras Kompetenzen an, respektiert und unterstützt sie.

Diese Unterschiedlichkeit braucht Unterstützung, Anerkennung und Raum. Die jeweiligen Anforderungen des Übergangs bestimmen die pädagogische Unterstützung. Die Gestaltung der Bildungs- und Erziehungspartnerschaft mit Eltern erfordert von pädagogischen Fachkräften:

Einnehmen einer resilienzfördernden Grundhaltung	Pädagogische Fachkräfte sollten selbst offen sein gegenüber Herausforderungen bzw. Veränderungen und so als resilientes Vorbild wirken. Es ist wichtig, dass sich Kinderpfleger ihrer eigenen Einstellung bewusst sind und auf ihre Sprache achten. So lohnt es sich beispielsweise, den Eltern zu schildern, dass ihre Tochter ausdauernd und beharrlich ist, anstatt sie als stur und dickköpfig zu beschreiben.
Zeit für das Los- und Zulassen geben	Der Prozess des Loslassens muss individuell gestaltet werden. Eltern brauchen die Möglichkeit, dabei zu sein, um Sicherheit zu gewinnen.
Einen konstruktiven Umgang mit Sorgen und Ängsten der Eltern leben	Pädagogische Fachkräfte sollten den Sorgen und Ängsten von Eltern mit Verständnis und Besonnenheit begegnen und manche Frage der Eltern keinesfalls persönlich nehmen.
Eltern immer wieder als Experten für ihr Kind anfragen	Der Dialog mit den Eltern muss darauf ausgerichtet sein, viel von ihnen über ihr Kind zu erfahren und die Erklärungen und Deutungen der Eltern aufzunehmen.
Eltern mit Eltern zusammenbringen	Beim Übergang in die Schule ist z. B. nicht nur der Kontakt der Kita-Kinder mit Schulkindern wichtig, sondern Kita-Eltern brauchen die Kommunikation mit Schuleltern.
Eltern in die Räume lassen	Ein wichtiger Faktor für das Gewinnen von Sicherheit ist die Aneignung der Räume durch die Kinder. Wenn sich die Eltern in den Räumen wohl- und sicher fühlen, dann können dies auch die Kinder.
Zugewandte Haltung haben und das Vertrauen der Eltern gewinnen	Pädagogische Fachkräfte können in der Regel auf einen Vertrauensvorschuss bei den Eltern bauen. Allerdings dürfen sie nicht grundsätzlich davon ausgehen. Vielmehr müssen der Dialog und ihr Handeln helfen, dass Eltern Vertrauen in sie und ihre Arbeit gewinnen können.
Sensibler und wertschätzender Umgang mit den Emotionen der Eltern	Die Eingewöhnungszeit ist für Eltern eine Zeit der emotionalen Belastung und Anspannung, begleitet von eventuellen Schuldgefühlen, zumindest von Sorgen und Ängsten. Diese sind berechtigt und müssen zugelassen und thematisiert werden, um mit ihnen arbeiten zu können.
Eltern „eingewöhnen" braucht ebenso wie die Eingewöhnung der Kinder ein Konzept und Zeit	Pädagogische Teams müssen bei der konzeptionellen Arbeit zum Thema Eingewöhnung nicht nur den Übergang des Kindes und dessen Unterstützung in den Blick nehmen, sondern auch darauf schauen, welche Aufgaben Eltern zu bewältigen haben und wie sie dabei unterstützt werden können.
Beobachtung und Dokumentation des Übergangsprozesses	Eine strukturierte und systematische Beobachtung und Dokumentation des Prozesses ist eine wichtige Grundlage für den Dialog mit den Eltern und das Treffen begründeter Entscheidungen.

Tab. 4.9 Aufgaben pädagogischer Fachkräfte bei der Gestaltung von Übergängen

Rituale bei der Gestaltung von Übergängen

Eine wichtige Unterstützung bei der Gestaltung von Übergängen geben Rituale. Durch sie können Veränderungsprozesse nach außen hin sichtbar gemacht und deren Bedeutung unterstrichen werden. Phasen des Übergangs sind zumeist verbunden mit Ablösung und Abschied nehmen. Rituale können diese Prozesse erleichtern, da sie der Bewältigung, z. B. dem Umgang mit Verlust oder Trauer, einen stabilen Rahmen und Formen geben. Abschiede müssen einen Raum haben und gestaltet werden, damit die dazugehörigen Gefühle ihren Platz finden können. Gleiches gilt für den Umgang mit Freude und dem Erleben von Zugehörigkeit. Rituale unterstützen das Schaffen von schönen Erinnerungen und Emotionen.

Rituale haben ihre Gültigkeit vielfach in kultureller Hinsicht. Sie sind abhängig von der jeweiligen sozialen Umgebung, in der sie gepflegt werden. Sie gelten damit nur in einem bestimmten Raum (z. B. einer Region) und zu einer bestimmten Zeit (z. B. zu Weihnachten) und in bestimmten Situationen (z. B. bei Familientreffen). Dieser Kontext bestimmt die Funktion und die Wirkung des Rituals.

Abb. 4.10 und 4.11 Für bestimmte Rituale gelten besondere Symbole.

In Übergangsprozessen haben vor allem Abschiedsrituale und Rituale der Einführung bzw. der Aufnahme in eine Gruppe (auch bezeichnet als Initiationsrituale) eine Bedeutung. Oft sind sie verbunden mit Symbolen des Übergangs bzw. der neuen Zugehörigkeit (z. B. Zuckertüte, Schulranzen).

Für die Gestaltung von Übergängen kann das Wissen um Übergangsphasen bei der Platzierung von Ritualen helfen.
Zu unterscheiden sind:

Phase	Beschreibung	Gefühle
Trennungsphase	Phase des Abschieds vom Vertrauten, Abschied aus Beziehungen	Trauer, Stolz, Vorfreude, Abgrenzung
Schwellenphase	Übergang zum Neuen, Loslösen vom Vorherigen	Freude, Neugier, Sorgen, Ängste, Suche nach Orientierung
Wiedereingliederungsphase	Phase des Ankommens im neuen Kontext, Kontaktaufnahme und Aufbau neuer Beziehungen	Neugier, Sorgen, Orientierung, Anpassungshandeln

Tab. 4.12 Übergangsphasen

Ressourcenorientierung und -stärkung

›Bildungs- und Erziehungspartnerschaften‹ müssen vor und während der Übergangsphasen mit Blick auf die Stärkung der Resilienz des Kindes gestaltet werden. Kinderpfleger sollten im Alltag berücksichtigen, über welche Ressourcen das Kind verfügt und welche Anforderungen sich aus dem Übergang ergeben. Ziel ist es nicht, den Übergang möglichst schnell und „problemlos" zu überwinden, sondern den Kindern die Zeit und die Unterstützung zu geben, selbst aktiv den Übergang zu bewältigen und sich in diesem Prozess als erfolgreich zu erleben. Für Kinder sind soziale Beziehungen und deren Einbindung in räumliche Strukturen wichtig. Die Orientierung daran gibt ihnen Sicherheit und bestimmt den Sinn ihres alltäglichen Handelns. Sowohl Beziehungen als auch Räume unterliegen in Übergangsphasen der Veränderung. Eine Veränderung in den Beziehungen ist z. B. der Aufbau einer neuen Beziehung zur Kinderpflegerin beim Übergang in die Krippe. Eine räumliche Veränderung wäre, dass der Gruppenraum für einen Großteil des Tages die gewohnte Umgebung zu Hause ersetzt. Die Unterstützung durch pädagogische Fachkräfte braucht deshalb eine Beziehungs- und eine Raumperspektive.

Bildung- und Erziehungspartnerschaften → S. 392

Kinderpfleger müssen auf die Übergänge und deren individuelle Bewältigung achten. Vielfach ist zu sehen, wie Kinder sich gegenseitig unterstützen. Ein zu schnelles Eingreifen der Kinderpflegerin würde die Kinder beschränken. Denn es gilt: Was andere geschafft haben, das schaffe ich auch. Pädagogische Fachkräfte sollten die Beziehungen der Kinder untereinander gerade in Übergangsphasen fördern und unterstützen, z. B. indem Freundschaften erhalten bleiben können.

> **BEISPIEL** **Selma** ist 20 Monate alt. Sie ist gerade mit ihrer Familie von Berlin nach München umgezogen. Nun soll Selma bald zur Kita gehen. In ihrer Nachbarschaft hat sie schon Kontakt zu **Konstantin (22 Monate)** gefunden. Selma wird die gleiche Kita besuchen wie er. Bereits bei der Eingewöhnung zeigt sich, wie wichtig der Kontakt zu Konstantin für Selma ist. Die Kinderpflegerin unterstützt dies, indem sie beiden oft die Gelegenheit gibt, etwas gemeinsam zu tun. Außerdem bekommt Selma ihren Schlafplatz neben Konstantin.

Langfristige Vorbereitung und Nachhaltigkeit

Eine langfristige und nachhaltige Begleitung von Übergängen bei Kindern kann nur dann gelingen, wenn die Eltern als längste und stabilste Bildungspartner der Kinder anerkannt werden. Sie sind diejenigen, die ihre Kinder über einen langen Entwicklungszeitraum kennen, die ihr Kind auch schon gekannt haben, als z. B. noch die Kinderpflegerin, aber noch nicht die Lehrerin Bildungspartnerin des Kindes war. Und sie kennen ihr Kind auch dann noch, wenn schon die Lehrerin, aber nicht mehr die Kinderpflegerin Bildungspartnerin des Kindes ist.

Die Kommunikation mit den Eltern muss also für alle am Übergang beteiligten pädagogischen Fachkräfte von besonderer Bedeutung sein. In der Regel entstehen dann an Übergängen Kooperationen aus der abgebenden Institution, der Familie und der aufnehmenden Institution. Wichtig ist, sich im Klaren darüber zu sein, dass die Begleitung und Unterstützung des Kindes nicht durch die Institutionen, sondern durch die verantwortlichen Personen geschieht. Sie sind deshalb diejenigen, die die Bildungs- und Erziehungspartnerschaften an Übergängen auf besondere Weise gestalten müssen. Soll der Übergang gelingen, müssen alle Beteiligten ihre Erwartungen und Ideen austauschen und gleichberechtigt an der Gestaltung des Übergangs mitwirken.

```
                    ┌──────────┐
                    │  Eltern  │
                    └──────────┘
                     ↙        ↘
    ┌─────────────────────┐   ┌─────────────────────┐
    │ Abgebende Einrichtung,│ ↔ │   Aufnehmende       │
    │     z. B. Kita      │   │ Einrichtung, z. B. Schule │
    └─────────────────────┘   └─────────────────────┘
```

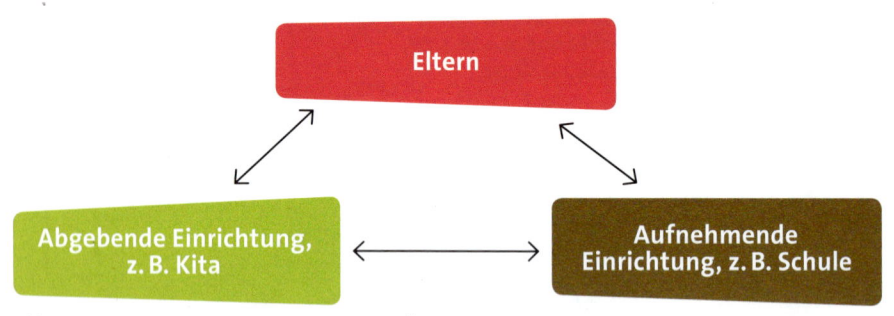

Abb. 4.13 Kooperationen zwischen allen am Übergang Beteiligten

Kooperationen

Die Kooperation zwischen den Institutionen, z. B. Kita und Grundschule, ist ein wichtiges Element bei der Gestaltung von Bildungs- und Erziehungspartnerschaften an Übergängen. Auf diese Weise kann sichergestellt werden, dass die Prozesse in den Einrichtungen mit Blick auf die Übergänge der Kinder nicht unabhängig voneinander, sondern nur miteinander und aufeinander bezogen initiiert werden. Für bestimmte Übergänge, wie z. B. den Übergang von der Kita in die Grundschule, gelten in den Bundesländern ›gesetzliche Bestimmungen‹, die strukturelle Voraussetzungen für das Gelingen schaffen. Dazu gehören beispielsweise die Verzahnung von Schulvorbereitungsjahr und Schuleingangsphase oder die Verpflichtung zum Eingehen von Kooperationsvereinbarungen.

gesetzliche Bestimmungen in den Bundesländern → S. 44

Konzeptionelle Arbeit

Kinderpfleger erleben selbst keinen Übergang, sondern begleiten ihn. Sie bestimmen zusammen mit der Einrichtung die Rahmenbedingungen. Ihre Aufgabe ist es, gemeinsam mit anderen Fachkräften solche Bedingungen zu schaffen, dass Risikofaktoren minimiert und Ressourcen nutzbar gemacht werden können. Die Gestaltung von Übergängen als Aufgabe einer Kindertageseinrichtung ist Bestandteil der ›konzeptionellen‹ Arbeit des Teams. Rahmenbedingungen wie z. B. höherer personeller Aufwand in der Eingewöhnungszeit oder die Art und Weise der ›Dokumentation‹ von Übergangsprozessen sollten festgelegt und regelmäßiger Kontrolle unterzogen werden.

Konzeption → S. 386

Dokumentation → S. 68

4.2.2 Übergang von der Familie in die Kita bzw. Tagespflege

Die erste Transition erleben Kinder in der Regel, wenn sie von der ›Familie‹ in die Kindertagesstätte oder Kindertagespflege übergehen. An diesem Übergang verständigen sich Familie und pädagogische Fachkraft darüber, was der Eintritt des Kindes in die Tageseinrichtung bedeutet. Sie leisten dies vor dem Hintergrund von Erfahrungen in der pädagogischen Arbeit (pädagogische Fachkraft) oder im Zusammenleben mit dem Kind (Eltern). Für das Gelingen des Übergangs ist es wichtig, dass ein gemeinsames Verständnis über die Situation besteht. Die beteiligten Erwachsenen gestalten diesen Übergang gemeinsam mit dem Kind, indem sie sich eine gemeinsame Bedeutung der Situation erschließen.

Pädagogische Fachkräfte und Eltern gestalten den Übergang als gemeinsamen Prozess. Im Vordergrund stehen dabei der Beziehungs- und Bindungsaufbau zur pädagogischen Fachkraft und zur Gruppe sowie die Eingewöhnung in die neue Umgebung.

Abb. 4.14 Beziehungsaufbau zur Kinderpflegerin

Familie → S. 248

Eingewöhnungsmodelle

Für das Gelingen des Übergangs von der Familie in die Krippe oder den Kindergarten ist die Gestaltung der Eingewöhnung von entscheidender Bedeutung. Aus Perspektive des Kindes steht dabei der Aufbau neuer sicherer Bindungen zu anderen Erwachsenen als den Eltern im Vordergrund. Sichere Bindungen sind die Voraussetzung dafür, dass Kinder gut lernen und sich entwickeln können. Sie sind die Grundlage, von der aus Kinder neugierig die Welt entdecken und erkunden. Deshalb kommen heute vor allem bindungsorientierte Eingewöhnungsmodelle wie das Berliner Eingewöhnungsmodell oder das Münchner Eingewöhnungsmodell zur Anwendung.

Münchner Eingewöhnungsmodell	
Vorbereitung: Lange vor der Aufnahme der eigentlichen Eingewöhnung	
Kennenlernen: 4–5 Tage (ohne Montag); zu unterschiedlichen Zeiten für 2–3 Stunden	1. Woche
Sicherheit gewinnen: 6 Tage von Montag zu Montag, regelmäßig die Zeitspannen, die das Kind anschließend in der Kita bleiben soll (z. B. 9 Uhr bis zum Mittagsschlaf). Etwa zur Mitte der Eingewöhnungszeit: Rollentausch (Erzieherin übernimmt das Wickeln, Füttern …)	2. Woche
Vertrauen aufbauen: Grundsatz: keine Trennung in den ersten 6 Tagen! Erste Trennung am 11. oder 12. Tag der Eingewöhnung, wenn das Verhalten des Kindes darauf hinweist, dass es genügend Sicherheit hat. Nach 10 Tagen: Elterngespräch über den weiteren Verlauf und den geeigneten Trennungszeitpunkt; beginnen mit 30–60 Min. Trennung (bewusste, kurze Verabschiedung; Rückkehr und Beendigung der Anwesenheit an diesem Tag); in den nächsten Tagen verlängern sich die Abwesenheitszeiten der Mutter, das Kind bleibt nun meist schon den größten Teil der gebuchten Zeit in der Kita. Variante: nach 6 Tagen verlässt die Mutter den Gruppenraum für kurze Zeitspannen, um dem Kind Sicherheit und Erkundungsfreiräume zu geben; bleibt aber in der Einrichtung, Kind ist darüber informiert	3. Woche / 4. Woche
Auswerten und Eingewöhnung abschließen	

Tab. 4.15 Das Münchner Eingewöhnungsmodell in Anlehnung an: Winner Anna/Erndt-Doll, Elisabeth (2009: Anfang gut? Alles besser! Verlag das netz, Weimar, Berlin, S. 60 ff.)

Das Berliner Eingewöhnungsmodell

Grundphase (3 Tage)
Die Bezugsperson kommt mit dem Kind zusammen in die Krippe und bleibt ca. 1 Stunde lang zusammen mit dem Kind im Gruppenraum. Die Bezugsperson verhält sich eher passiv, drängt das Kind jedoch nicht, sich von ihr zu entfernen.

Die Bezugsperson sollte „sicherer Hafen" für das Kind sein und immer akzeptieren, wenn das Kind ihre Nähe sucht. Das Kind muss das Gefühl haben, dass die Aufmerksamkeit der Bezugsperson jederzeit da ist (die Bezugsperson sollte also möglichst nicht lesen, stricken etc.). Die pädagogische Fachkraft beobachtet das Verhalten zwischen Bezugsperson und Kind und nimmt vorsichtig Kontakt zum Kind auf (am besten über Spielangebote oder über eine Beteiligung am Spiel des Kindes).

In diesen ersten 3 Tagen sollte kein Trennungsversuch unternommen werden.

Trennungsversuch (am 4. Tag; wenn es ein Montag ist, erst am 5. Tag)
Einige Zeit nach der Ankunft im Gruppenraum verabschiedet sich die Bezugsperson vom Kind, verlässt den Raum und bleibt in der Nähe. Ziel dieses Trennungsversuchs ist eine vorläufige Entscheidung über die Dauer der Eingewöhnungsphase. Die Reaktionen des Kindes sind der Maßstab für die Fortsetzung oder den Abbruch des Trennungsversuchs.

a) Kürzere Eingewöhnung:
Das Kind zeigt nach dem Weggang der Bezugsperson gleichmütige, weiterhin an der Umwelt interessierte Reaktionen. Es versucht, selbst mit Belastungssituationen fertigzuwerden, und sucht nur selten Blick- oder Körperkontakt zur Bezugsperson. Beginnt das Kind zu weinen, lässt es sich von der Erzieherin beruhigen. Die Trennung kann in diesem Fall auf bis zu 30 Minuten ausgedehnt werden, die Reaktionen des Kindes sprechen insgesamt für eine kürzere Eingewöhnungszeit von ca. 6 Tagen.

b) Längere Eingewöhnung:
Das Kind wirkt nach dem Weggang der Bezugsperson verstört oder beginnt untröstlich zu weinen. Es lässt sich von der pädagogischen Fachkraft nicht beruhigen und zeigt heftiges Verlangen nach einer Rückkehr der Bezugsperson. Die Bezugsperson sollte in diesem Fall sofort zurückkehren; die Reaktionen des Kindes sprechen für eine längere Eingewöhnungszeit von ca. 2–3 Wochen. Mit dem nächsten Trennungsversuch sollte einige Tage gewartet werden.

Stabilisierungsphase
Ab dem 4. Tag versucht die pädagogische Fachkraft, von der Bezugsperson die Versorgung des Kindes zu übernehmen (füttern, wickeln, sich als Spielpartner anbieten). Die Bezugsperson überlässt es jetzt immer öfter der pädagogischen Fachkraft, auf Signale des Kindes zu reagieren, und hilft nur, wenn das Kind die pädagogische Fachkraft noch nicht akzeptiert.

Wenn das Kind am 4. Tag gelassen auf die Trennung reagierte, sollte die Trennungszeit am 5. und 6. Tag ausgedehnt werden (die Anwesenheit der Bezugsperson ist weiterhin notwendig, damit sie bei Bedarf in den Gruppenraum geholt werden kann).

Wenn sich das Kind am 4. Tag nicht trösten lässt, sollte die Bezugsperson am 5. und 6. Tag mit ihrem Kind wie vorher am Gruppengeschehen teilnehmen und je nach Verfassung des Kindes am 7. Tag einen erneuten Trennungsversuch unternehmen.

Schlussphase
Die Bezugsperson hält sich nicht mehr in der Krippe auf, ist jedoch jederzeit erreichbar, falls die Tragfähigkeit der neuen Beziehung zur pädagogischen Fachkraft noch nicht ausreicht, um das Kind in besonderen Fällen aufzufangen. Das Kind sollte die Krippe in der Zeit der Eingewöhnungsphase möglichst höchstens halbtags besuchen.

Die Eingewöhnung ist beendet, wenn das Kind die pädagogische Fachkraft als „sicheren Hafen" akzeptiert hat und sich in allen Belangen an sie wendet, z. B. sich von der pädagogischen Fachkraft trösten lässt.

Tab. 4.16 Phasen der Eingewöhnung nach dem Berliner Modell (nach Laewen, Hans Joachim / Andres, Beate / Hédervári, Eva (2012): Die ersten Tage – Ein Modell zur Eingewöhnung in Krippe und Tagespflege. 7. Aufl., Cornelsen, Berlin)

Die Eingewöhnung richtet sich an den individuellen Bedürfnissen und dem individuellen zeitlichen Rhythmus des Kindes aus. Letztlich wird es das Kind sein, das deutlich macht, wann die Eingewöhnung vollzogen ist. Das Kind und seine Familie sowie die aufnehmende Gruppe bewältigen diesen Übergang aktiv. Die Aufgabe der pädagogischen Fachkraft liegt vor allem in der Unterstützung und Moderation des Prozesses. Dazu führt sie Gespräche mit den Beteiligten und erläutert, warum die Eingewöhnung für das Kind eine wichtige Phase ist.

Manchmal gehört es auch dazu, in konflikthaften Situationen zwischen verschiedenen Eltern zu vermittelt. Das kann z. B. der Fall sein, wenn Eltern eines schon lange eingewöhnten Kindes nicht verstehen können, warum ein anderes Kind die Aufmerksamkeit der Kinderpflegerin länger beansprucht, als das eigene Kind es getan hat.

Übergänge innerhalb einer Einrichtung wie z. B. von der Krippen- in die Kindergartengruppe oder später in die Hortgruppe müssen mit allen Beteiligten entsprechend den Bedürfnissen der Kinder ebenfalls bewusst gestaltet und moderiert werden. Das Gleiche gilt auch für den Übergang von der Tagesmutter in die Kita.

Beispiele für Entwicklungsaufgaben beim Übergang von der Familie in die Kita

Ebene des Individuums	▪ Identitätswandel von Kind der Eltern zu Kita-Kind ▪ Bewältigung von Verlustängsten
Ebene der persönlichen Beziehungen	▪ Aufbau einer stabilen Bindung an eine andere erwachsene Bezugsperson ▪ Aufnahme neuer Beziehungen zu Erwachsenen und anderen Kindern ▪ Veränderung der Beziehung zu den Eltern/ Bezugspersonen ▪ Erlernen einer neuen Rolle als Kita-Kind ▪ Einpassen in das soziale Gefüge einer Gruppe
Ebene der Lebenswelt	▪ Bewältigung des Lebens in zwei Welten mit unterschiedlichen Tagesrhythmen und Bedeutungen

Tab. 4.17 Entwicklungsaufgaben beim Übergang von der Familie in die Kita

4.2.3 Übergang von der Kita in die Grundschule und in den Hort

Die Gestaltung des Übergangs von der Kindertageseinrichtung in die Grundschule ist als Verzahnung von Schulvorbereitungsjahr und Schuleingangsphase zumeist gesetzlich verankert. Vorbereitung auf die Schule bedeutet für die Kindertageseinrichtung in erster Linie Unterstützung der Resilienzentwicklung der Kinder. Damit schaffen pädagogische Fachkräfte die Voraussetzungen dafür, dass das Kind den Übergang gut bewältigen kann. Dabei stehen die Kompetenzen und Ressourcen im Mittelpunkt, über die das Kind verfügt. Vielfach wird diskutiert, was ein Kind alles können sollte, bevor es in die Schule kommt. Einen solchen verbindlichen Kompetenzkatalog gibt es nicht.

Ganz wichtig für die Bewältigung des Übergangs ist aber, dass das Kind bereit ist, ein Schulkind zu werden. Zu dieser Bereitschaft gehören eine Reihe körperlicher Voraussetzungen wie Entwicklung der Feinmotorik, aber auch kognitive Fähigkeiten wie z. B. sprachliche Kompetenzen und nicht zuletzt soziale Kompetenzen wie Selbstständigkeit.

Es darf aber nicht als die Aufgabe des Kindes gesehen werden, die eigene „Anschlussfähigkeit" herzustellen. Voraussetzung für einen guten Übergang ist ein abgestimmter Prozess, der in der Kommunikation der Fachkräfte beider Institutionen gemeinsam mit Eltern stattfindet. Insbesondere die Anforderungen der Schule vor dem Hintergrund der von den Kindern mitgebrachten Erfahrungen und Kompetenzen wirkt sich auf die Bewältigung dieses Übergangs aus. Deshalb gilt der Wechsel von der Kita in die Grundschule als einer der markantesten Übergänge in der Bildungsbiografie.

Die Kooperation von Kita und Schule wird charakterisiert durch die gemeinsame Verantwortung für die Entwicklung, Begleitung und Förderung jedes einzelnen Kindes. Pädagogische Fachkräfte der Kita und des Hortes und Lehrerinnen der Schule gestalten die Zusammenarbeit als gleichberechtigte Partner und stehen ebenfalls gleichberechtigt in der Verantwortung für Kinder und Eltern.

Abb. 4.18 Abschiedsrituale helfen bei der Bewältigung von Übergängen.

Die Bewältigung des Übergangs erfordert von den Eltern den Aufbau einer neuen Identität: Eltern eines Schulkindes zu sein. Abschiedsrituale, Begrüßungsformen oder die Eingewöhnung in die Schule unterstützen die Eltern genauso wie die Kinder.

Beispiele für Entwicklungsaufgaben beim Übergang von der Kita in die Schule und den Hort

Ebene des Individuums	- Identität als Kita-Kind aufgeben und diese als Schulkind aufbauen - Bewältigung starker Gefühle wie Vorfreude, Trauer und Angst - Verlust von Zuwendung bewältigen - Identität als Kita-Kind aufgeben und diese als Schulkind aufbauen - Bewältigung starker Gefühle wie Vorfreude, Trauer und Angst - Verlust von Zuwendung bewältigen
Ebene der persönlichen Beziehungen	- Einpassen in das soziale Gefüge der Klasse - Lösen von Beziehungen - Aufbau neuer Beziehungen - Übernahme von Aufgaben innerhalb der Klassengruppe - Rollenwechsel vom Kindergarten- zum Schulkind: z. B. Selbstständigkeit, Eigenverantwortung
Ebene der Lebenswelt	- Anpassung an neue Zeitstrukturen mit hoher Verbindlichkeit - Erschließen und Beanspruchen neuer Räume - Anpassen an Organisationsstrukturen der Schule - unterschiedliche (z. B. widersprüchliche) Erwartungen in den Lebenswelten in Einklang bringen

Tab. 4.19 Entwicklungsaufgaben beim Übergang von der Kita in die Schule

> **Warum muss ich das für meinen Beruf wissen?**
>
> Sie wissen nun, dass Übergänge für Kinder besondere und herausfordernde Lebensphasen sind. Eine gute Bewältigung von Übergängen ist eine wichtige Voraussetzung für gute Lern- und Entwicklungsprozesse der Kinder. Gerade in der Phase eines Übergangs müssen Kinder viel leisten, können aber auch entscheidende Fortschritte machen.
>
> Bei Ihrer Arbeit als Kinderpfleger ist es Ihre Aufgabe, das Kind zu begleiten und zu unterstützen, ihm Stabilität, Sicherheit und eine gute Beziehung anzubieten. Bestenfalls gelingt dem Kind der Aufbau einer neuen sicheren Bindung zu ihnen.
>
> Kinder erleben und bewältigen Übergänge ganz individuell. Deshalb ist es für Sie als Kinderpfleger wichtig, genau hinzuschauen, welche Unterstützung das einzelne Kind braucht. Wichtig ist auch, dem Kind die aktive Rolle zu überlassen und ihm seinen eigenen Zeitrhythmus einzuräumen.

5 SPRACHBILDUNG: DEN KINDLICHEN SPRACHERWERB VERSTEHEN UND UNTERSTÜTZEN

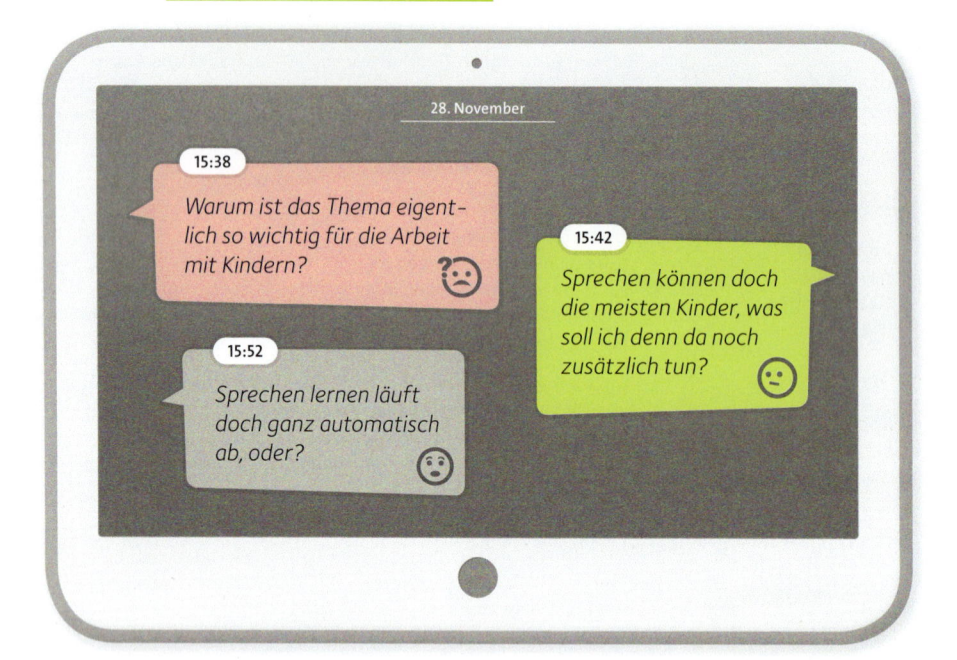

28. November

15:38 Warum ist das Thema eigentlich so wichtig für die Arbeit mit Kindern?

15:42 Sprechen können doch die meisten Kinder, was soll ich denn da noch zusätzlich tun?

15:52 Sprechen lernen läuft doch ganz automatisch ab, oder?

5.1 Bedeutung der Sprachbildung für die pädagogische Arbeit

Stellen Sie sich folgende Situation in einer Kindertageseinrichtung vor:

> **BEISPIEL** Während des Freispiels gerieten einige Kinder auf dem Bauteppich in eine hitzige Diskussion:
> **Leon (4;3):** „Ey, ich habe das Auto genehmt. Ich will jetzt mit das Auto spielen!"
> **Can (2;10):** „Brumbrum, ich haben!"
> **Melina (2;7):** „Ich wollen auch!"
> **Celine (5;1):** „Tutt mal, Leon hat das Auto doch zuerst denommen, der darf das danz für sich allein haben."
> **Mayra (5;8):** „Ist doch kein Problem, wir können doch alle mal das Auto fahren, indem wir uns immer wieder mal abwechseln."

Abb. 5.1 Sprache lässt sich auch im alltäglichen Spiel beobachten.

Entwicklungsstand → S. 122

Fünf Kinder, fünf unterschiedliche Aussagen und ebenso auch fünf individuelle ›Entwicklungsstände‹ und Förderbedarfe. Solche und viele weitere Situationen begegnen dem pädagogischen Personal tagtäglich.

> Jedes einzelne Kind in seiner sprachlichen Entwicklung zu begleiten und bestmöglich zu fördern, gehört zu den zentralen Aufgaben pädagogischer Fachkräfte.

5. Sprachbildung: Den kindlichen Spracherwerb verstehen und unterstützen

Sprachbildung in der pädagogischen Arbeit mit Kindern zieht sich als Querschnittsaufgabe durch alle Bildungsbereiche und nimmt einen besonderen Stellenwert in den ›Bildungsplänen‹ für Tageseinrichtungen der verschiedenen Bundesländer ein. Sprachbildung ist umfassend im pädagogischen Alltag zu verankern, da Kinderpfleger den kindlichen Spracherwerb tagtäglich begleiten und durch ihr Handeln unterstützen können.

Bildungspläne → S. 383

Das folgende Schaubild verdeutlicht, welche Aspekte für pädagogisch Tätige bedeutsam sind, um eine ganzheitliche Sprachbildung in ihrer Einrichtung zu betreiben. Die Basis der ganzheitlichen Sprachbildung bildet die Erkenntnis, wie wichtig Sprache für die kindliche Entwicklung und die Förderung dieser durch das pädagogische Personal ist.

Ganzheitliche Sprachbildung im pädagogischen Alltag

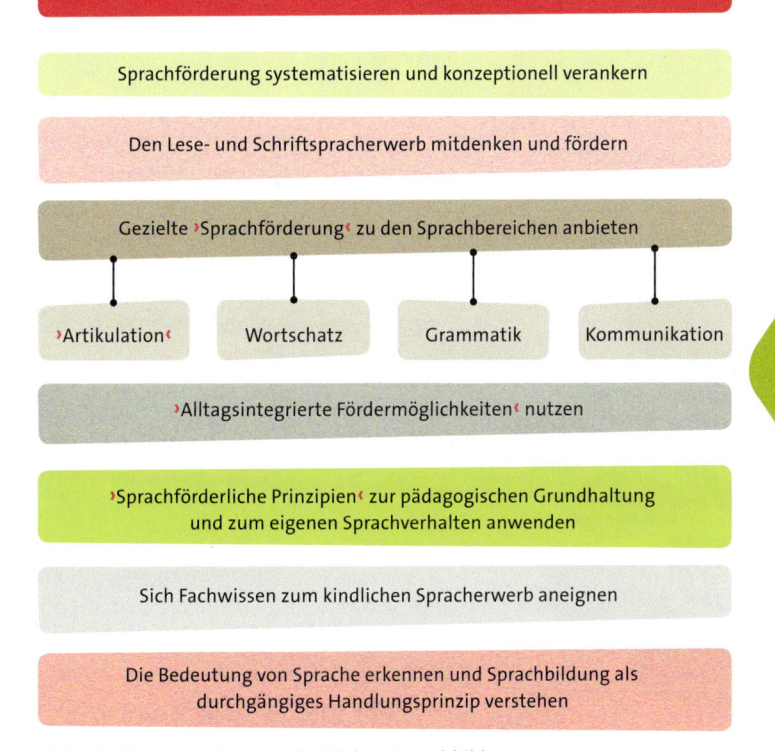

- Sprachförderung systematisieren und konzeptionell verankern
- Den Lese- und Schriftspracherwerb mitdenken und fördern
- Gezielte ›Sprachförderung‹ zu den Sprachbereichen anbieten
  - ›Artikulation‹
  - Wortschatz
  - Grammatik
  - Kommunikation
- ›Alltagsintegrierte Fördermöglichkeiten‹ nutzen
- ›Sprachförderliche Prinzipien‹ zur pädagogischen Grundhaltung und zum eigenen Sprachverhalten anwenden
- Sich Fachwissen zum kindlichen Spracherwerb aneignen
- Die Bedeutung von Sprache erkennen und Sprachbildung als durchgängiges Handlungsprinzip verstehen

Sprachbildung im privaten Alltag des Kindes

Sprachförderung → S. 475

Artikulation
lat. articulare: deutlich aussprechen; Aussprache

alltagsintegrierte Fördermöglichkeiten → S. 478
sprachförderliche Prinzipien → S. 477

Abb. 5.2 Elemente einer ganzheitlichen Sprachbildung

| **Dem Kind dient die Sprache als Schlüssel zur Erschließung seiner Welt.**

- Über das Sprechen vermag das Kind sich anderen mitzuteilen, die eigenen Gefühle, Wünsche und Gedanken zum Ausdruck zu bringen.
- Durch Sprache werden kindliche Denkprozesse geformt. Lernt das Kind z. B. neue Farbwörter kennen, verändert dies seine Fähigkeit, Farben zu unterscheiden. Über Begriffe vermag es das Erlebte einzuordnen und Kategorien zu bilden, z. B. Autos, Busse und Bagger gehören zur Kategorie „Fahrzeuge".
- Sprache ermöglicht es somit auch, über sich selbst und über andere nachzudenken, sich der eigenen und fremden Handlungen und Auswirkungen bewusst zu werden.
- Sprache ist notwendig, um sich bilden und am gesellschaftlichen Leben teilnehmen zu können.

Kommunikation
Strukturierung des Denkens
Bewusstseinsschaffung
Zugang zu Bildung

5.2 Der kindliche Spracherwerb

5.2.1 Der Sprachbaum nach Wendlandt

Die Kinderpflegekraft kann den Spracherwerb als einen bedeutsamen Teilaspekt des kindlichen Entwicklungsprozesses verstehen, indem sie sich ein fundiertes Wissen über den Erwerb von Sprache aneignet.

Wolfgang Wendlandt (*1944), Diplom-Psychologe und Hochschuldozent, nutzt zur Verdeutlichung des kindlichen Spracherwerbs den Sprachbaum, der aufzeigt, welche Voraussetzungen zum Erlernen der Sprache gegeben sein müssen.

Entwicklungsbereiche → S. 150
Wahrnehmung → S. 56
Motorik → S. 154
kognitive Entwicklung → S. 167
soziale Entwicklung → S. 173

Der Sprachbaum verdeutlicht, dass Sprache nicht isoliert zu sehen ist, sondern mit anderen ›Entwicklungsbereichen‹ zusammenhängt.

Die **Baumkrone**, die Sprache in ihren vier Bereichen – Wortschatz, Artikulation (Aussprache), Grammatik und Kommunikation – abbildet, benötigt starke **Wurzeln** zum Wachsen.

Die **Wurzeln** stellen die ›Wahrnehmungsbereiche‹ dar. Mit allen Sinnen erfasst das Kind seine Umwelt, um dann das Erlebte in Sprache umsetzen zu können. Auch die ›Motorik‹ (Grob- und Feinmotorik) steht für einen Wurzelzweig, denn für eine deutliche Aussprache sind feine Bewegungen erforderlich.

Zu den weiteren **Wurzelzweigen** gehören ebenso die ›kognitive und die soziale Entwicklung‹. Die Informationen aus allen Wurzelverzweigungen müssen zusammenfließen, damit das Kind ein ganzheitliches Bild von sich und der Umwelt aufbauen kann. Diese Fähigkeit nennt man „sensomotorische Integration".

Ein solider **Baumstamm** wird durch Sprachverständnis und Sprechfreude gebildet. So wie eine Pflanze nur gedeiht, wenn die **Sonne** sie mit Energie versorgt, braucht das Kind als „Energielieferant" die Wärme, Liebe und Akzeptanz seiner Umgebung.

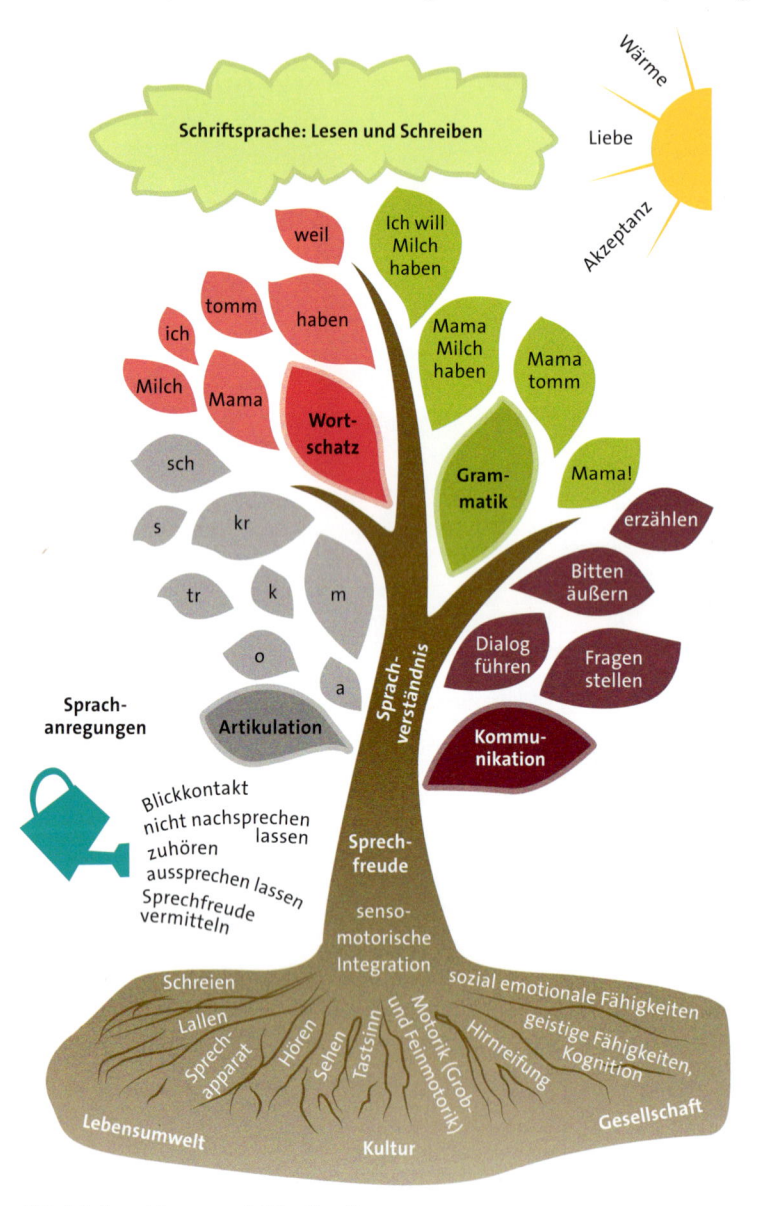

Abb. 5.3 Sprachbaum nach Wendlandt

Für die ›Fotosynthese‹ benötigt der Baum außerdem noch **Wasser**. Die einzelnen Wasserstrahlen stehen für bestimmte sprachförderliche Prinzipien, die sich positiv auf die Kommunikation mit Kindern auswirken.

So wie der Baum in der **Erde** verwurzelt ist, Halt und lebensnotwendige Nährstoffe in ihr vorfindet, so ist auch das Kind in seine soziale Umgebung eingebettet. Durch diese eignet sich das Kind kulturelle und gesellschaftliche Aspekte an, welche auch den Sprachgebrauch beeinflussen.

Fotosynthese
altgriech. φῶς phôs: „Licht", σύνθεσις sýnthesis: „Zusammensetzung" biochemischer Vorgang zur Energiegewinnung

5.2.2 Zwei- oder mehrsprachiger Sprachbaum

Das Modell des Sprachbaums lässt sich ebenso auf ein Kind übertragen, das von Geburt an mit zwei oder gar mehr Sprachen aufwächst. Auch hierbei beeinflusst die Entwicklung der einen den Erwerb der anderen Sprache/-n.

Die Sprachentwicklung ist sehr stark in die gesamte Entwicklung des Kindes eingebettet und hängt von äußeren Einflüssen ab. Findet die Kommunikation verstärkt in einer Sprache statt, entwickeln sich auch die anderen Sprachbereiche gut.

> Um das Kind in seinem Sprachvermögen zu fördern, ist eine frühe, ganzheitliche Unterstützung in möglichst vielen Bereichen unabdingbar.

BEISPIEL **Lilly (3;7)** besucht den Kindergarten seit einem Jahr. In den Sommerferien reist sie zusammen mit ihren Eltern zu ihren Großeltern nach Kasachstan. In Deutschland wieder angekommen, hat sie nach ihrem vierwöchigen Auslandsaufenthalt in den ersten Kindergartentagen sichtlich Schwierigkeiten, sich mitzuteilen. Beim Gespräch mit anderen Kindern fallen ihr selbst einfachere Wörter teilweise nicht mehr ein.

mehrsprachig aufwachsende Kinder → S. 359

Diplom-Psychologin Nicola Küpelikilinc veranschaulicht den Spracherwerb ›zwei- oder mehrsprachig aufwachsender Kinder‹ am Sprachbaum-Modell.

Im Text geht es um ein Kind, das in einer türkischsprachigen Familie aufwächst und erst im Kindergarten der deutschen Sprache begegnet:

„(…) Man sieht, wie die zweite Sprache Deutsch aus dem Stamm der Erstsprache Türkisch entstanden ist. Die zweite Krone ist noch kleiner als die erste, verzweigt sich aber zunehmend. Es ist gut zu erkennen, wie wichtig es ist, dass die zwei Kronen zwar verbunden, aber getrennt bleiben, damit sie sich in ihrem Wachstum nicht behindern. Da die Wurzeln nur einmal entstehen können und das Kind bei der Begegnung mit der zweiten Sprache nicht die frühkindliche Entwicklung wiederholt, ist es selbstverständlich, dass keine zwei Sprachbäume entstehen. Bei näherer Betrachtung des Bodens erkennt man, dass der Boden in unmittelbarer Nähe der Wurzeln vorwiegend die türkische Sprache darstellt, die Sprache, die dieses Kind als Säugling und Kleinkind zu Hause und in der Familie hört. Werden die Wurzeln an dieser Stelle nicht bewässert, werden sie nicht die notwendige Kraft entwickeln können und keine Verbindungen zum entfernteren deutschsprachigen Boden aufbauen können. Von großer Bedeutung ist insbesondere die Stelle, an der die zweite Krone entsteht. Erhält hier das Kind keine Anregung, sich mit den unterschiedlichen Sprachen zu beschäftigen und auf sprachliche Unterschiede neugierig zu werden, wird dieser Knotenpunkt nicht kräftig genug entwickelt. Und schließlich ist ein Gleichgewicht zwischen den Sprachen notwendig, um zu gewährleisten, dass der Baum nicht krumm wird und beim ersten Sturm umstürzen kann. (…)"

www.berufsbildung.schulministerium.nrw.de/cms/upload/fs/download/sozial/lernfeld/umaterial_fsp.pdf (Abruf 14.10.2014)

Abb. 5.4 Zweisprachig aufwachsende Kinder im Kindergarten

5.2.3 Die Sprachebenen

Es gibt vier Sprachebenen, auf denen sich Kinder Sprache aneignen. Kinderpfleger können auf Basis dieser besondere individuelle Fähigkeiten der Kinder erkennen.

Sprachebene	Beispiele
Ebene der Artikulation / der Aussprache (phonetische und phonologische Ebene) Diese Ebene beinhaltet die Sprechbewegungen, Atmung, Stimmgebung und Betonungsmuster (phonetisch) und das Hören/Unterscheiden von Lauten und die Regeln, nach denen Laute zu Worten zusammengestellt werden (phonologisch).	• unterschiedliche Betonung bei einer Fragestellung im Vergleich zur Formulierung einer Aussage • Bildung einfacher Lautkombinationen: „Mama", „Pipi" • Bildung schwieriger Lautkombinationen: „Luftmatratze", „Pflanze"
Ebene des Wortschatzes / der Bedeutung (semantische Ebene) Die Ebene der Bedeutung umfasst den Wortschatz und das Sprachverständnis. Worte zu sprechen würde keinen Sinn machen, hätten sie nicht eine konkrete Bedeutung, die von den Gesprächspartnern geteilt wird. Mit Worten kann das Kind konkrete Dinge seiner Umwelt, aber auch abstraktere Sachverhalte (Nichtgegenständliches) veranschaulichen, Vorstellungen dazu aufbauen, eigene und fremde Gedankengänge nachvollziehen.	• gleiches Sprachverständnis: „Stuhl" = Möbelstück, das vier Beine, eine Lehne und eine Sitzfläche hat • Bezeichnungen für konkrete Dinge: „Ball", „Puppe", „Tisch" • Bezeichnungen für abstrakte (= nicht greifbare) Sachverhalte: „Auto fahren", „Angst", „Hunger" • Erkennen von Zusammenhängen: Katze, Hund, Vogel, Spinne = Tiere Hammer, Säge, Zange = Werkzeuge Hochstuhl, Lätzchen = Essenszeit
Ebene der Grammatik / der Wort- und Satzgestalt (syntaktische und morphologische Ebene) Jede Sprache weist eigene grammatische Strukturen auf. Diese Regeln muss sich das Kind aneignen. Durch die Fähigkeit, Wörter zu Sätzen zusammenzustellen (Syntax), zu beugen bzw. in ihrer Form zueinander anzupassen (Morphologie), bringt das Kind Zusammenhänge und komplexe Sachverhalte zum Ausdruck.	• unterschiedliche Endungen bei der Mehrzahlbildung: „Ball"/„Bälle", „Kind"/„Kinder" „Puppe"/„Puppen" • Beugen des Verbs: „schreien", „ich schreie", „du schreist" etc. • Stellung des Verbs im Satz: Ich habe gestern mit Tim gespielt. Gestern habe ich mit Tim gespielt. Mit Tim habe ich gestern gespielt.
Ebene der Kommunikation / des sozialen Austauschs (pragmatisch-kommunikative Ebene) Die wichtigste Funktion von Sprache ist die, sich mit anderen Menschen auszutauschen. Sprache dient als Mittel, um anderen Gedanken, Gefühle, Erlebnisse usw. mitzuteilen. Das Kind nutzt seine ›Körpersprache‹, mit der es das Gesagte untermauert. Außerdem lernt es, ob die sprachliche Aussage der Situation auch angemessen ist.	• Ausdruck unterschiedlicher Gefühlslagen: Das Kind ... lächelt: „Das macht Spaß." verzieht das Gesicht: „Das ist eklig." schüttelt den Kopf: „Mag ich nicht." • Anpassung einer Aussage an den Gesprächspartner: gegenüber Gleichaltrigen: „Komm mal her!" gegenüber Erwachsenen: „Kannst du bitte zu mir kommen?" / „Könnten Sie bitte zu mir kommen?"

Tab. 5.5 Sprachebenen mit Beispielen

nonverbale Kommunikation
→ S. 190

> **Beim Spracherwerb vollzieht das Kind Entwicklungsschritte auf allen vier Ebenen gleichzeitig, indem es sich stets neue Fähigkeiten und Kenntnisse aneignet.**

- Mit seinen Aussagen verfolgt das Kind ein bestimmtes Ziel (pragmatisch-kommunikative Ebene).
- Um die beabsichtigte Aussage formulieren zu können, sucht es passende Wörter aus dem ihm zur Verfügung stehenden Wortschatz (semantische Ebene).
- Das Kind setzt die einzelnen Wörter sinnvoll zu einem Satz zusammen (syntaktisch-morphologische Ebene).
- Und es formt seine Äußerung, indem es die passenden Laute mit seinem Sprechapparat bildet (phonetisch-phonologische Ebene).

BEISPIEL Karim (4;5) versucht, das auseinandergefallene Auto wieder zusammenzuschrauben. Die Schrauben lassen sich jedoch nicht fixieren, etwas scheint zu fehlen. Aufgeregt läuft er zum Kinderpfleger Metin.
Karim: „Metin, die Schrauben fallen immer wieder aus den Löchern raus."
Metin: „Woran mag das denn liegen?"
Karim: „Ich brauche so ein Dings, das an das Ende der Schraube gedreht werden muss."
Metin: „Aha, du brauchst eine Mutter."
Karim: „Was? Eine Mutter? Was soll denn meine Mutter machen?"
Metin: „Mutter, so heißt das Ding, das aus Metall und rund ist, mit dem du die Schraube von hinten fixieren kannst."
Karim: „Ja, eine Mutter! Genau die suche ich auch!"

Abb. 5.6 Neue Wörter werden beim Spiel erlernt.

5.2.4 Phasen des Spracherwerbs

Spracherwerbsmodelle

Sprachebenen → S. 469
Sprachentwicklung → S. 161

Die vier ›Sprachebenen‹ zeigen auf, welch hochkomplexes, abstraktes System Sprache ist. Jede ›Sprachentwicklung‹ verläuft individuell. Die meisten Kinder beginnen mit ca. ein bis zwei Jahren zu sprechen, manche bereits eher, einige jedoch auch erst später. Was befähigt sie dazu, das Sprechen zu lernen? Wendlandts ›Sprachbaum‹ verdeutlicht, dass kognitive, sozial-emotionale und motorische ›Entwicklungsprozesse‹ sowie die der Wahrnehmung mit dem Spracherwerb zusammenhängen.

Sprachbaum → S. 466
Entwicklungsprozesse → S. 150

Doch was setzt den eigentlichen Erwerb der Sprache in Gang? Verschiedene Spracherwerbsmodelle bieten teils sich widersprechende, teils sich ergänzende Erklärungsansätze an, auf welchem Wege sich das Kind Sprache aneignet.

5. Sprachbildung: Den kindlichen Spracherwerb verstehen und unterstützen

Der Spracherwerb vollzieht sich
- über ›Nachahmung‹ und ›Konditionierung‹ (Behaviorismus),
- dank eines angeborenen Mechanismus (Nativismus),
- auf Grundlage neuronaler Verknüpfungen (Neurobiologie),
- durch die Interaktion mit der Umwelt (Interaktionismus),
- basierend auf ganzheitlicher, konkreter Erfahrung (Kognitivismus).

Lernen durch Nachahmung
→ S. 100
Lernen durch Konditionierung
→ S. 92

Das Tempo, in dem ein Kind lernt, ist individuell und von vielen Faktoren abhängig. Der Erwerb der Sprache beginnt lange vor den ersten Wortäußerungen des Kindes. Bereits im Mutterleib trainiert das Kind Körperteile, die für den Spracherwerb grundlegend sind. Lippen, Zunge und Gaumen sind im Einsatz, wenn es am Daumen lutscht und Fruchtwasser schluckt. Ab dem fünften Schwangerschaftsmonat nimmt das Baby Stimmen und Geräusche von außen wahr. Es reagiert durch Bewegungen auf diese, kann bereits hier die Kommunikation mit seiner Außenwelt aufnehmen.

Eine ausführliche Darstellung aller Spracherwerbsmodelle finden Sie im Internet z. B. unter:

www.sprachfoerderung.info/spracherwerb.htm

www.kindergartenpaedagogik.de/1024.html

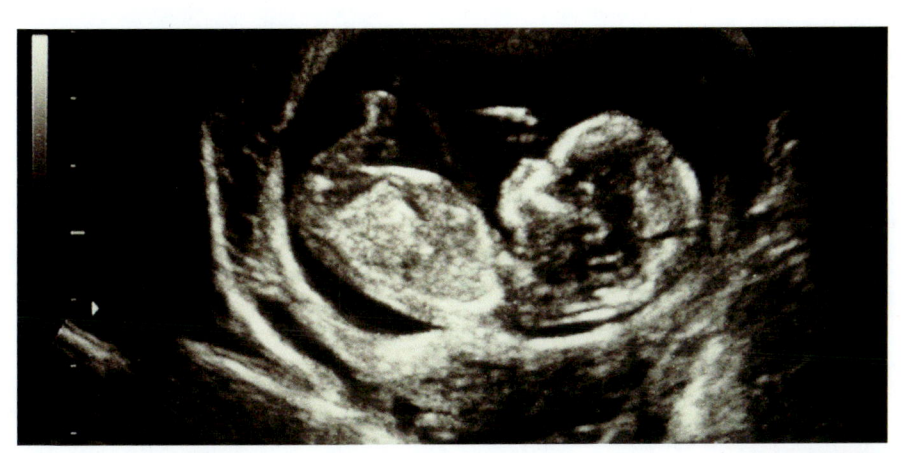

Abb. 5.7 Kinder nehmen schon im Mutterleib Stimmen wahr.

BEISPIEL **Red Cherry**
schrieb am 08.04.2013 14:07

„Hallo zusammen,
reagieren Eure Kleinen im Bauch auf Berührungen, oder wenn ihr am Bauch anklopft? Ich bin jetzt in der 28.SSW und so ganz funktioniert dies nicht, manchmal schon, aber generell nicht. Manchmal wackelt der ganze Bauch, so stark ist es :-) (...)
Lg
Red Cherry"

ElkeK73
schrieb am 08.04.2013 14:36

Hallo Red Cherry,
die Babys im Bauch haben natürlich auch schon ihre kleinen „Allüren" und nicht immer Lust zum Spielen. Unser Kleiner reagiert auch ab und zu, meist, wenn der Papa am Wochenende oder abends zu Hause ist. Dann ist deutlich mehr los im Bauch.
LG, Elke.

Chatprotokoll aus www.wunschkinder.net/forum/read.php?2,7386049 (Abruf 15.10.2014)

IV GRUNDLAGEN DER PRAXISGESTALTUNG

Enwicklungsraster

Auch wenn die sprachliche Entwicklung bei jedem Kind anders verläuft, geben „Zeittafeln" Erziehenden eine Orientierung, welche Fortschritte das Kind jeweils gemacht hat und in welchen Bereichen weitergehender Handlungsbedarf besteht.

Durch das folgende Schaubild der Sprachpyramide zeigt Wolfgang Wendlandt bestimmte Entwicklungsnormen auf, denen durchschnittlich ca. 90 % der Kinder im angegebenen Altersabschnitt entsprechen. Da sich jedes Kind nach einem individuellen Tempo entwickelt, bietet diese Zeittafel nur grobe Anhaltspunkte zum sprachlichen Entwicklungsstand.

Beispiele	Wortschatz	Artikulation	Grammatik	Alter
„Als ich noch kleiner war, bin ich noch nicht alleine in den Kindergarten gegangn"	Differenzierter Ausdruck möglich. Auch abstrakte Begriffe werden auf kindlichem Niveau sicher gehandhabt	Alle Laute werden korrekt gebildet	Grammatik wird soweit beherrscht, Gedankengänge können variiert ausgedrückt werden (Zeiten und Pluralformen). Geschichten können nacherzählt werden	ca. 6 Jahre
„Gestern war ich mit Mama bei Doktor. Die Spritze, die er mir gegeben hat, tat nicht weh."	Wortschatz wächst weiter an. Farben und Füllwörter werden verwendet	Bis auf evtl. Zischlaute und schwierige Konsonantenverbindungen (bl, str, ...) beherrscht das Kind die Laute der Muttersprache	Bildung komplexer Sätze, einfache Satzkonstruktionen, Nebensätze können gebildet werden	ca. 4 Jahre
„Da is ne F(r)au, die guckt aus´n Fenster. Warum?"	Wortschatz nimmt weiter erheblich zu	Kind beginnt, schwierige Lautverbindungen zu lernen (z. B. kn, bl, gr)	2. Fragealter mit Frageworten (warum, wie, was); einfache Sätze können gebildet werden; Beginn der Nebensatzbildung	ca. 3 Jahre
„Da kommen B(r)iefmann." „Anna nicht tönn (sch)lafen."	Wortschatz nimmt zu Wortneuschöpfungen	k, g, ch, r	Zunahme der Mehrwortsätze, Endungen an Haupt- und Tätigkeitswörter beliebig, Gebrauch von „ich"	ca. 2 ½ Jahre
„Is´n das? Papa weg."	Bis zu 50 Wörter, Hauptwörter, einfache Verben und Adjektive	Es kommen weitere Laute hinzu (w, f, t, d)	1. Fragealter mit Satzmelodie Zwei- und Dreiwortsätze	ca. 2 Jahre
„Ball", „mein", „habn"	Einzelne Wörter	m, b, p, n Beginn gezielter Lautbildungen	Einwortsätze (Frage durch Betonung)	ca. 1 ½ Jahre
„Mama", „Wau-wau"		Erste Wörter Palette von Lauten Silbenverdopplung Lallen		ca. 1 Jahr
„gr-gr", „ech-ech"		Lallen, Gurren, Schreien		ca. ½ Jahr

Abb. 5.8 Sprachpyramide nach Wolfgang Wendlandt (monicabgdotcom.files.wordpress.com/2013/07/sprachpyramide.jpg, Abruf 15.10.2014)

5.2.5 Spracherwerb bei zwei- oder mehrsprachigen Kindern

Hintergründe zum Zweitspracherwerb

Die Wege zur Zweisprachigkeit können je nach Lebenssituation der Kinder und Eltern sehr unterschiedlich aussehen. Als ›„echter Bilingualismus"‹ wird der Zweitspracherwerb bezeichnet, bei dem ein Kind von Geburt an zwei Sprachen erlernt. Wächst ein Kind zunächst mit einer Sprache auf und eignet es sich erst später, z. B. im Alter von zwei bis drei Jahren beim Eintritt in den Kindergarten, eine weitere Sprache an, so spricht man von einem „natürlichen Zweitspracherwerb". Dies trifft auf viele ›Kinder aus Familien mit Migrationshintergrund‹ in der Bundesrepublik Deutschland zu, die bis zum Kindergartenbesuch zu Hause ausschließlich ihre Muttersprache erwerben und erst dann mit einer zweiten Sprache, der Umgebungssprache Deutsch, beginnen.

Bilingualismus
lat. lingua: Zunge, Sprache,
bi: zwei
Zweisprachigkeit

Kinder und Familien mit Migrationshintergrund → S. 359

Macht zweisprachige Erziehung Kinder intelligenter?

Kinder, die zweisprachig erzogen werden, unterscheiden sich in ihrer Entwicklung deutlich von Einsprachigen. Das berichten Forscher der York University in der Zeitschrift „Child Development". Mehrere Eigenheiten der Zweisprachigkeit waren schon bisher bekannt. Nun konnten die kanadischen Experten zeigen, was dabei auf den Faktor Sprache und was auf andere Begleitumstände zurückgeht.(…)

„Viele Vorteile wie etwa höhere Intelligenz wurden bisher mit Zweisprachigkeit in Zusammenhang gebracht. Eindeutig bewiesen ist aber nur, dass Kinder mit zwei Sprachen ein erhöhtes Sprachbewusstsein besitzen", erklärt die Zweisprachigkeits-Forscherin Anja Leist-Villis aus Bonn. Kinder, die in zwei Sprachen denken und reden, reflektieren früher über Sprache. „Auch die Inhibition – die Unterdrückung von nicht Relevantem, um sich auf ein Merkmal zu konzentrieren – gelingt ihnen besser. Der Spracherwerb in jeder einzelnen Sprache dauert allerdings etwas länger." (…)

Egal, ob zur Stärkung der verbalen, non-verbalen oder bloß der Fremdsprachenentwicklung: Das frühe Vermitteln einer Zweitsprache ist im Trend. Nicht immer ist die gewählte Vorgangsweise förderlich, glaubt Leist-Villis. „Man sollte als Elternteil mit dem Kind lieber die eigene Muttersprache sprechen. Nur wenige beherrschen eine Fremdsprache derart gut, dass sie dabei alle emotionalen Feinheiten abdecken. Besser ist es, Spaß und Interesse an Sprache zu vermitteln, etwa durch Spiele, Gedichte oder Lieder."

www.t-online.de/eltern/kleinkind/id_53908110/erziehung-macht-zweisprachigkeit-kinder-intelligenter.html (Abruf 15.10.2014)

> **Eltern sollten sich bei der alltäglichen Kommunikation mit ihrem Kind stets der Sprache bedienen, die sie sicher beherrschen, auch wenn sie selbst zwei- oder mehrsprachig aufgewachsen sind.**

Manche Eltern jedoch möchten ihren Kindern einen guten Start ermöglichen, indem sie trotz unzureichender Deutschkenntnisse versuchen, mit ihrem Kind nicht in der Muttersprache, sondern auf Deutsch zu kommunizieren. Dabei geben sie nicht nur einen Teil ihrer eigenen Kultur und Identität auf, sondern hemmen dadurch auch den zuverlässigen Regelaufbau in der Erstsprache.

🌐 Einen interessanten Artikel zur Debatte „Muttersprache vs. Deutsch als Erstsprache" finden Sie im Internet unter:

www.zeit.de/gesellschaft/familie/2011-03/erdogan-deutsch-tuerkisch

BEISPIEL Frau Öger läuft beim Abholen ihrer Tochter **Merve (3;2)** im Eingangsbereich der Sternengruppe suchend hin und her. Frau Öger: „Regenjacke nerede, Merve?" Merve: „Bilmiyorum, Mama. Hab nicht gesehen." Frau Öger: „Nicht gesehen? Tamam, lass suchen, haydi."

IV GRUNDLAGEN DER PRAXISGESTALTUNG

Phasen des Zweitspracherwerbs

Der natürliche Zweitspracherwerb, der meist mit dem Besuch einer Kindertageseinrichtung beginnt, lässt sich nicht einfach als eine Wiederholung des Erstspracherwerbs abbilden. Das Kind hat zu diesem Zeitpunkt bereits verinnerlicht, dass Sprache bestimmten Regeln folgt, die festlegen, wie eine Äußerung zusammenzusetzen ist. Das Kind geht davon aus, dass die zweite Sprache auch über solche Regeln verfügt. Strukturen, die in beiden Sprachen ähnlich sind, verinnerlicht das Kind somit eher.

Kinder, die eine dem Deutschen ähnliche Muttersprache beherrschen, finden sich schneller im neuen Regelsystem zurecht als Kinder, deren Muttersprache und Kultur von der deutschen stark abweichen.

> **BEISPIEL** **Jannes (2;6)** Familie stammt aus Schweden, seine Eltern haben bisher nur Schwedisch mit ihm gesprochen. Nach der zweiwöchigen Eingewöhnungszeit in der Kindertagespflege vermag er es bereits, kurze Sätze auf Deutsch zu formulieren.
> **Zeynep (3;2)** besucht seit vier Wochen den Kindergarten. Bisher hat sie nur zu den beiden ebenso türkisch sprechenden Mädchen ihrer Gruppe Kontakt knüpfen können, die deutsche Sprache der anderen Kinder und des pädagogischen Personals kommt ihr sehr befremdlich vor.

Die Muttersprache bildet das Grundgerüst für das Erlernen der Zweitsprache. Je besser das Kind seine Muttersprache beherrscht, desto leichter wird ihm auch der Erwerb der neuen Sprache fallen.

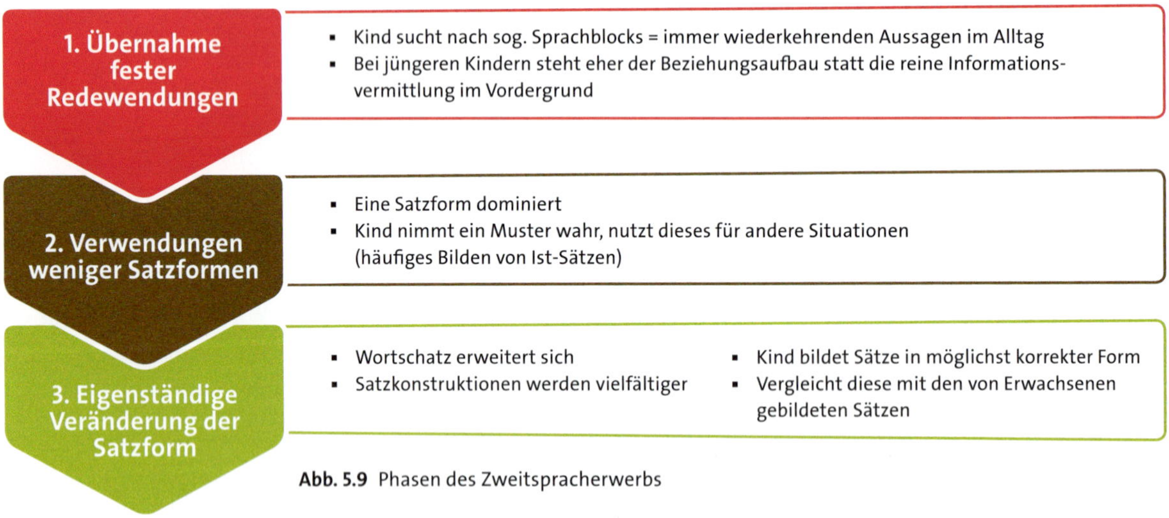

1. Übernahme fester Redewendungen
- Kind sucht nach sog. Sprachblocks = immer wiederkehrenden Aussagen im Alltag
- Bei jüngeren Kindern steht eher der Beziehungsaufbau statt die reine Informationsvermittlung im Vordergrund

2. Verwendungen weniger Satzformen
- Eine Satzform dominiert
- Kind nimmt ein Muster wahr, nutzt dieses für andere Situationen (häufiges Bilden von Ist-Sätzen)

3. Eigenständige Veränderung der Satzform
- Wortschatz erweitert sich
- Satzkonstruktionen werden vielfältiger
- Kind bildet Sätze in möglichst korrekter Form
- Vergleicht diese mit den von Erwachsenen gebildeten Sätzen

Abb. 5.9 Phasen des Zweitspracherwerbs

> **ZUM WEITERDENKEN** Die Muttersprache und Kultur des Kindes müssen besonders wertgeschätzt werden, da diese das Fundament bilden, auf welchem die weitere sprachliche Entwicklung des Kindes aufgebaut werden kann. Die enge Zusammenarbeit mit den Eltern hilft dem pädagogischen Personal dabei, die Erstsprachkompetenzen des Kindes zu fördern. Welche Schlüsse können Sie als Kinderpflegerin daraus für den Umgang mit zwei- oder mehrsprachig aufwachsenden Kindern im pädagogischen Alltag ziehen?

5.3 Den Spracherwerb fördern

5.3.1 Prinzipien zur Sprachförderung

Kinder orientieren sich beim Spracherwerb an ihren Bezugspersonen. In alltäglichen Handlungszusammenhängen und im gemeinsamen Dialog erfahren und erlernen sie Sprache. Während in den ersten Lebensmonaten vorrangig die Eltern und andere nahe Nahestehende die Sprach- und Kommunikationsentwicklung des Kindes beeinflussen, kommen bei der Betreuung durch pädagogisches Personal neue Personen hinzu, die das Kind bei seinem weiteren Spracherwerb begleiten.

Um das Kind in seinem Sprachprozess bestmöglich unterstützen zu können, ist es für pädagogisch Tätige besonders wichtig, bei der täglichen ›Interaktion‹ mit dem Kind bestimmte Prinzipien zu berücksichtigen. Diese Grundsätze basieren auf Forschungsergebnissen zur frühen Sprach- und Kommunikationsentwicklung, aus denen sich die im Folgenden aufgeführten Handlungsempfehlungen ableiten lassen.

Interaktion
lat. inter: zwischen, agere: treiben, betreiben wechselseitig aufeinander bezogenes Handeln von Akteuren

Eingewöhnung → S. 459

Kommunikation → S. 188

Vertiefende Informationen zur personenzentrierten Gesprächsführung nach Carl Rogers finden Sie im Internet unter:
www.carlrogers.de/sites/grundhaltungen-personenzentrierte-gespraechstherapie.html

Pädagogische Grundhaltung

Im Rahmen der ›Eingewöhnung‹ nehmen das Kind und seine Eltern durch erste ›Kommunikationssituationen‹ Kontakt zur Betreuungsperson auf. Pädagogische Fachkräfte legen bereits hier den Grundstein für die weitere Entwicklungsbegleitung: Sie bauen eine positive Beziehung zu Kind und Familie auf.

Abb. 5.10 Bei der Aufnahme des Kindes in die Einrichtung wird der Grundstein für die weitere Beziehung gelegt.

> Je intensiver die Beziehungsbande untereinander geknüpft werden, umso Uneinheitlich, mager und fett? Wenn ja, dann bitte alles so setzen wie im Format Kernaussage setzen.

Kinder erwerben Sprache, wenn sie sich trauen, sich in vielfältigen Kommunikationssituationen zu erproben und sich dabei als erfolgreich zu erleben. Die pädagogische Fachkraft kann das Kind dabei maßgeblich unterstützen, indem sie ihm mit einer **positiven Grundhaltung** entgegentritt.

Durch solch eine positive Zuwendung baut das Kind Vertrauen in sich selbst und zu seiner Bezugsperson auf.

- **Wertschätzung** erfährt das Kind, wenn die Kinderpflegekraft ihm mit Achtung, Wärme und Rücksichtnahme begegnet. Sprachförderung ist nur dann erfolgreich, wenn Kinder die beruhigende Erfahrung machen können, dass sie so, wie sie sind, in Ordnung sind, also um ihrer Selbst willen geschätzt werden.
- **Empathie** bedeutet das Sich-Einfühlen in eine andere Person, die Wahrnehmung und das Verstehen der subjektiven Welt des Gegenübers. Der Erziehende verurteilt nicht, sondern versucht zu verstehen und dem Kind neue Verhaltensweisen aufzuzeigen. Hierdurch fühlen sich Kinder angenommen und unterstützt.
- Unter **Echtheit/Kongruenz** versteht man eine pädagogische Grundhaltung gegenüber dem Kind, in der die pädagogische Fachkraft sich so zeigt, wie sie ist. Das Verhalten der Kinderpflegekraft stimmt mit den eigenen Einstellungen und Gefühlen überein. Sie ist dem Kind gegenüber ehrlich und zeigt aufrichtig, was sie gerade empfindet.

Sprachförderliches Verhalten von Kinderpflegern

Als wichtige Bezugsperson des Kindes ist die Kinderpflegekraft gefordert, auf das eigene Sprach- und Kommunikationsverhalten zu achten. Sie dient den Kindern als Sprachvorbild.

> **BEISPIEL** **Finn (3;6)** und **Ayda (4;1)** sitzen zusammen mit der Kinderpflegerin Melanie am Maltisch.
>
> **Ayda:** „Schau mal, Melanie, ich habe eine Sonnenblume gemalt."
>
> **Melanie:** „Zeig mal, das muss ich mir mal genauer anschauen ... du hast ja sogar die einzelnen Sonnenblumenkerne eingezeichnet."
>
> **Ayda:** „Ja, weil ... ähm ... weil ... weißt du, ich habe mir solche letztes Mal mit Mama im Laden angeguckt."
>
> **Melanie:** „Ach so, du hast Sonnenblumen beim Einkaufen im Blumengeschäft gesehen?"
>
> **Ayda:** „Nö, das war kein Geschäft, das war viel größer! Da konnte ich sogar klettern gehen drinnen."
>
> **Melanie:** „Dann warst du bestimmt in einem Gartencenter."
>
> **Ayda:** „Ja, genau!" (lächelt zufrieden)
>
> **Melanie:** „Finn, hast du die Blume, die du gemalt hast, auch schon einmal in einem Blumengeschäft oder Gartencenter gesehen?"
>
> **Finn:** (schüttelt den Kopf)
>
> **Melanie:** „Aber vielleicht hast du sie ja schon mal auf einer Blumenwiese entdeckt?"
>
> **Finn:** (blickt weg und zuckt mit den Schultern)
>
> **Melanie:** „Die Gänseblümchen, die ich gemalt habe, sind oft auf vielen Rasenflächen zu finden. Auch bei uns im Kindergarten wachsen sie, zum Beispiel unter der Rutsche."

Abb. 5.11 Beim Malen kann man über viele Dinge sprechen.

5. Sprachbildung: Den kindlichen Spracherwerb verstehen und unterstützen

Folgende Handlungsempfehlungen helfen der pädagogischen Fachkraft dabei, ihrer Vorbildfunktion gerecht zu werden und die Sprachkompetenz der Kinder in Kommunikationssituationen optimal fördern zu können.

Sprachniveau: Eigene Sprache dem sprachlichen Entwicklungsstand des Kindes anpassen, dabei jedoch immer ein Stück über diesem Niveau liegen (›Zone der nächsten Entwicklung‹)

Prinzip der Freiwilligkeit: Gespräche anregen, das Sprechen jedoch nicht erzwingen

Echtes Interesse: Durch Blickkontakt, Zuhören und Nachfragen signalisieren

Bewusster Stimmeinsatz: Auf eigene Lautstärke und Stimmklang beim Sprechen achten, Kinder nicht übertönen

Ruhe und Geduld: Kindern Zeit geben, Worte zu finden und auszusprechen

Modellverhalten: Selbst Kommunikationsfreude zeigen und in vollständigen, grammatikalisch richtigen Sätzen sprechen

Sprechtempo: Langsam und deutlich sprechen und Sprechpausen einplanen

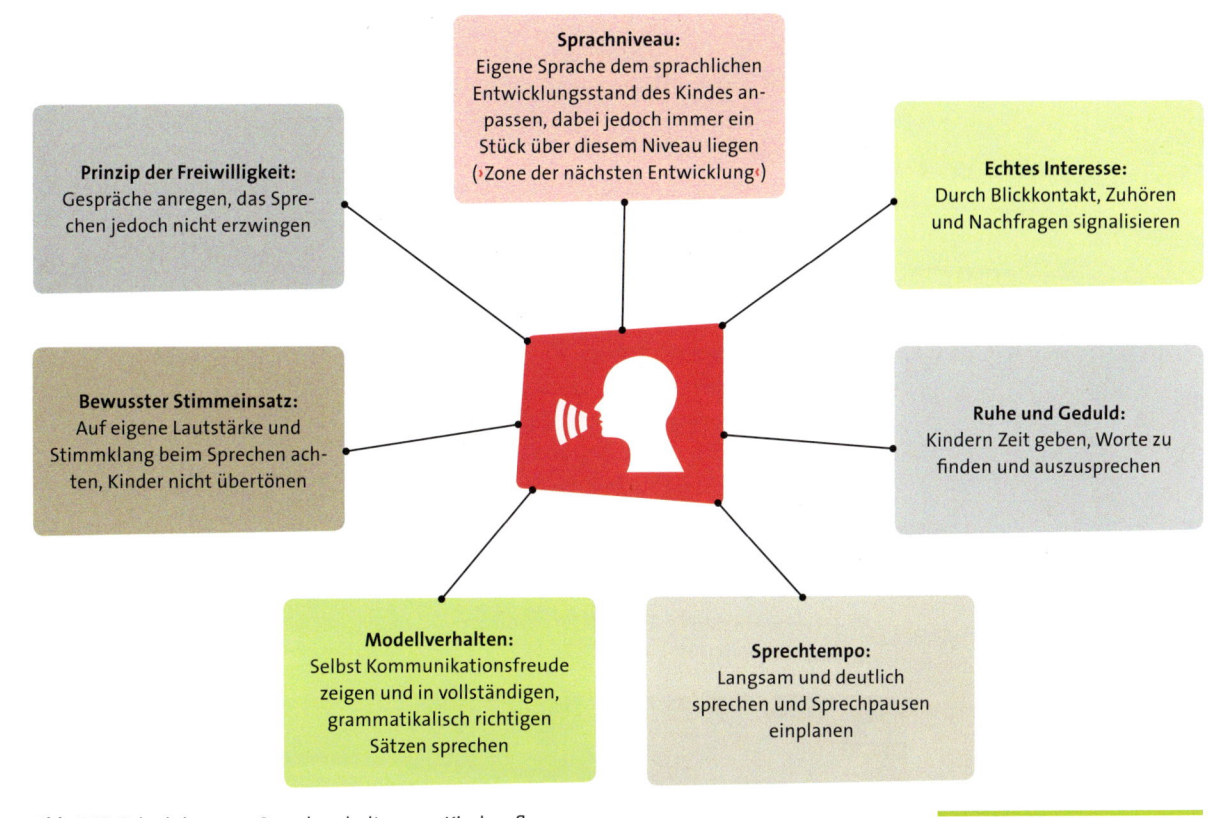

Abb. 5.12 Prinzipien zum Sprachverhalten von Kinderpflegern

> **ZUM WEITERDENKEN** (...) Weitgehend ›Konsens‹ herrscht mittlerweile darüber, dass formale Lernprogramme kaum das richtige Instrument sind. "Es bringt nichts, den Kindern Kärtchen vorzulegen und sie Begriffe nachsprechen zu lassen„, sagt Heidi Keller vom Niedersächsischen Institut für Frühkindliche Bildung und Entwicklung. Eine Sprache lerne man beim ständigen Zuhören und Sprechen, wofür der Kita-Alltag durchaus genug Anlässe biete. Die Erzieher müssten sie jedoch nutzen. Doch die wenigsten von ihnen kennen sich mit kindlichem Spracherwerb aus. Vielen fehlt zudem ein eigenes Sprachbewusstsein. Statt anspruchsvoller Sätze gebrauchen sie einfache Wendungen, im Glauben, die Kinder würden sie dann besser verstehen. Genau das jedoch ist falsch. (...)
>
> www.zeit.de/2012/36/Migranten-Kinder-Sprachfoerderung/seite-2 (Abruf 17.10.2014)

Durch die Umsetzung dieser Förderprinzipien tragen Kinderpfleger maßgeblich zum erfolgreichen Spracherwerb der Kinder bei. Diese beziehen sich grundlegend auf das sprachliche Verhalten der pädagogischen Fachkräfte. Um die kindliche Sprachentwicklung darüber hinaus zielgerichtet anregen zu können, bieten sich bestimmte alltagsintegrierte Fördermöglichkeiten an.

Zone der nächsten Entwicklung

Mit Zone der nächsten Entwicklung bezeichnet der Psychologe Lew Wygotski den Abstand zwischen dem aktuellen und dem des nächstfolgenden Entwicklungsniveaus des Kindes, also dem, was es schon alleine bewältigen kann, und dem, was es aktuell nur in Zusammenarbeit mit einem Erwachsenen oder einem anderen Kind erreicht. Passen pädagogische Fachkräfte ihre Äußerungen an das aktuelle Sprachniveau des Kindes an, lernt es nichts dazu, liegen sie oberhalb der Zone der nächsten Entwicklung, ist das Kind überfordert und reagiert frustriert.

Konsens

Übereinstimmung von Personen hinsichtlich einer Thematik

5.3.2 Alltagsintegrierte Sprachfördermöglichkeiten

Im pädagogischen Alltag können Kinderpfleger vielfältige Methoden und Techniken nutzen, um die Sprach- und Kommunikationsfähigkeiten der Kinder zu erweitern.

> **BEISPIEL** Während eines Waldspazierganges entdeckt Tagesmutter Laura zusammen mit ihren beiden Betreuungskindern Regenwürmer unter einem abgesägten Baumstamm.
> **Laura:** „Oh, was kriecht denn hier hervor?" **Milan (2;1)** und **Sibel (2;6)** schauen fragend Laura an. „Ist das nicht ein Regen..."
> **Milan:** „...wurm."
> **Laura:** „Genau, ganz viele Regenwürmer sind es sogar."
> **Milan:** „Wurm haben?"
> **Laura:** „Willst du einen Regenwurm mal anfassen?"
> **Milan** (nickt), **Sibel (2;6)** springt dazwischen: „Nicht anfassen!"
> **Laura:** „Sibel, möchtest du nicht, dass Milan den Regenwurm anfasst?"
> **Sibel** (aufgebracht): „Milan Wurm kaputt gemacht!"
> **Laura:** „Du machst dir Sorgen, dass Milan den Wurm verletzen könnte. Ich passe aber auf, dass er den Wurm nur ganz vorsichtig berührt, okay?"
> **Sibel** (nickt): „Sibel auch Wurm berühren."
> **Laura:** „Okay, dann lege ich den Regenwurm ganz vorsichtig auf meine Hand und ihr beide könnt ihn dann mal von oben mit euren Fingern vorsichtig berühren."

Abb. 5.13 Sprachförderung in einer konkreten Alltagssituation

Techniken der Gesprächsführung

Besonders bei den Kindern, die sprachlich noch sehr unsicher sind, kann die pädagogische Fachkraft auf Techniken zurückgreifen, die den Aufbau und Ablauf eines Gespräches unterstützen. Statt das Kind auf Fehler aufmerksam zu machen oder es gar zum korrekten Nachsprechen zu animieren, bestärkt die Kinderpflegekraft das sprachliche Bemühen des Kindes, indem sie die kindlichen Aussagen – wenn nötig in korrigierter Fassung – wiederholt und erweitert. Kinder, die eine größere Sprachsicherheit aufweisen, profitieren wiederum von komplexeren Gesprächsimpulsen, die sie zur Verbalisierung weiterführender Gedankengänge anregen.

In jeder Gesprächssituation bildet das Kind sein Sprachvermögen weiter aus. Mit verschiedenen Techniken kann die Kinderpflegekraft unterstützend darauf einwirken.

Fragetechniken			
U3-Kinder/sprachlich unsichere Kinder	**Beispiele**	**Ältere Kinder mit größerer Sprachsicherheit**	**Beispiele**
• einfache „W"-Fragen (Wer? Was? Wo? Wie?)	„Wie heißt du?" „Wo ist der Ball?" „Wer hat das Auto?"	• erweiterte „W"-Fragen (Wer? Was? Wo? Wie? Warum? Weshalb?...)	„Was meinst du, wie das funktioniert?" „Warum hast du dich so gefürchtet?"
• offene Fragen zur Unterstützung durch geschlossene Fragestellung ergänzen	„Welche von diesen Eissorten möchtest du gerne essen?" „Möchtest du Erdbeer-, Vanille- oder Schokoeis haben?"	• offene Fragen • Rück- und Erinnerungsfragen	„Was habt ihr denn da erlebt?" „Wann habt ihr euch denn mal so gefühlt?" „Weißt du noch, was wir gestern dazu gemacht haben?"
Reformulierung und Erweiterung des Gesagten			
• bestätigende Wiederholung der Aussagen	Kind: „Gelb." „Richtig, das ist ein gelbes Auto." Kind: „Warm." „Stimmt, das Wasser ist warm."	• bestätigende Wiederholung der Aussagen • Spiegeln des Gesagten auf der Gefühlsebene	Kind: „Boah, ist die heiß." „Ja, die Suppe ist noch sehr heiß." „Und davor hast du dich gefürchtet?"
• Erweiterung kindlicher Aussagen (Expansion)	Kind: „Da ist wau wau!" „Ja, das ist ein Hund. Der Hund bellt ‚wau wau'."	• Erweiterung kindlicher Aussagen (Expansion) • eine Aussage „auf den Kopf stellen" (Provokation)	Kind: „Das habe ich gemacht." „Ja, das hast du alleine ohne fremde Hilfe geschafft." „Ach was, das hat doch bestimmt dein Papa gemacht."
• korrektives Feedback: Wiedergabe des Gesagten in korrekter Form	Kind: „Guck mal, eine Pinne!" „Ja, da ist eine Spinne."	• korrektives Feedback: Wiedergabe des Gesagten in korrekter Form	Kind: „Das Auto fährte von alleine." „Stimmt, das Auto fuhr von alleine."
Vervollständigung von Aussagen			
• Anregung zur Vervollständigung um ein Wort	„Der Ball ist ..." „Eine Kuh, die macht ..."	• Anregung zur Vervollständigung mehrerer Wörter	„Und wenn es gleich regnet, dann ..."
• Vervollständigung von Sätzen aus bekannten Reimen, Liedern etc.	„Ene mene ... es rappelt in der ..." „Alle meine ... schwimmen auf dem ..."	• einen Gedanken ansprechen und stoppen – Kind spinnt ihn weiter	„Wenn du gleich ohne Gummistiefel nach draußen gehst, dann ..."
		• in eigenen Worten Geschichte zu Ende erzählen lassen	„Was denkst du, wie könnte es weitergehen?"

Tab. 5.14 Techniken der Gesprächsführung

> **BEISPIEL** In der Bärengruppe stecken alle in den Vorbereitungen zum bevorstehenden Karnevalsfest. **Josy (2;4)** schaut Kinderpfleger Jan gebannt beim Maskenbasteln zu. Und fragt ihn: „Wat mach du?" Jan antwortet: „Was ich gerade mache, möchtest du wissen?" Josy nickt daraufhin und fragt weiter: „Mach du Bilder?" Jan: „Ja, ich male gerade die Masken an für unser Karnevalsfest. Willst du mir dabei helfen?"

Methoden zur Sprachförderung

Im Betreuungsalltag sollte das pädagogische Personal Sprachbildung nicht als weitere Aufgabe sehen, die es neben allem anderen zusätzlich zu bewältigen gilt. Vielmehr geht es darum, sensibler für sprachfördernde und sprachhemmende Aspekte zu werden und die Arbeit dementsprechend zu gestalten.

> Kinderpfleger räumen der kindlichen Sprachentwicklung einen besonderen Stellenwert in ihrer pädagogischen Arbeit ein, wenn sie erkennen, welches Potenzial zur Sprachförderung in ihrem Alltagshandeln steckt und wie sie sich dieses systematisch zu Nutze machen können.

Handlungen sprachlich begleiten
- Sprache wird im handelnden Dialog gelernt. Die Kinderpflegerin kann den Lerneffekt beim Spracherwerb steigern, indem sie Handlungen verbalisiert.
- z. B. beim Anziehen der Schuhe: „Zuerst lockere ich die Schnürsenkel, jetzt kannst du mit deinem Fuß ..."

Mehrere Sinneskanäle aktivieren
- Kinder können den Inhalt einer Aussage leichter begreifen, wenn die pädagogische Fachkraft das Gesagte auf vielen Sinnesebenen veranschaulicht.
- z. B. zum Thema „Säure einer Zitrone": Kinder erfühlen eine Zitrone, riechen an ihr, kosten diese ...

Vielfältige Sprechanlässe schaffen
- Die Kinderpflegerin kann durch gemeinsame Aktivitäten und anregende Materialien Gespräche mit und unter den Kindern begünstigen.
- z. B. beim Frühstücken, bei Bilderbuchbetrachtungen, im Stuhlkreis, am Mittagstisch, beim Spielen mit ...

Rituale im Alltag einführen
- Eine feste Tagesstruktur bietet dem Kind Orientierung. Es kann sich auf die immer wiederkehrenden Abläufe verlassen und so Handlungssicherheit gewinnen.
- z. B. Spiel zur Begrüßung, Sprechstein im Stuhlkreis, Gong beim Aufräumen, Lied zur Verabschiedung

Kreative Formen der Nachbereitung nutzen
- Kinder können Besprochenes verfestigen, indem die Kinderpflegekraft ihnen Möglichkeiten bietet, das Gesagte zu verbildlichen.
- z. B. ein Bild dazu malen, etwas aus Ton formen, eine Situation nachspielen, eine Audioaufnahme erstellen

Abb. 5.15 Methoden zur Sprachförderung

> **BEISPIEL** **Medina (3;2)** besucht seit drei Monaten den Kindergarten und gehört zu den schweigsamen Kindern der Einrichtung. Dies ändert sich jedoch an dem Tag, als sie im Rollenspielbereich etwas Neues entdeckt: In einem Korb befinden sich verschiedenfarbige Bauchtanztücher, an denen teilweise goldene Taler, glitzernde Pailletten oder auch Glasperlen hängen. Kinderpfleger Sinan hat sie aus seinem letzten Türkeiurlaub mitgebracht.
> Medinas Freude ist riesengroß. Sofort bindet sie sich eines der Tücher um ihre Hüfte, läuft damit begeistert durch die ganze Einrichtung, singt und plappert fröhlich mit jedem, der ihr begegnet und ihren Hüftschmuck bewundert.

Wie ein roter Faden kann sich Sprachförderung durch den gesamten Betreuungsalltag ziehen, ohne dass die pädagogischen Fachkräfte es als besonderen Mehraufwand erleben. Da bereits in vielen Einrichtungen einige oder gar viele dieser Methoden zum Einsatz kommen, gilt es diese bewusst und zielgerichtet zur Förderung kindlicher Spracherwerbsprozesse in das tägliche Geschehen einzuplanen.

5.3.3 Gezielte Sprachförderangebote zu den Sprachebenen

Kinder bilden ihre sprachlichen Fähigkeiten auf verschiedenen ›Sprachebenen‹ aus, jedoch befindet sich ihr Wachstum nicht immer im Gleichgewicht.
Hierauf kann die pädagogische Fachkraft mit gezielten Sprachförderangeboten einwirken.

Sprachebenen → S. 469

Konkrete Handlungsmöglichkeiten zu den vier Sprachebenen
- Artikulation,
- Wortschatz,
- Grammatik und
- Kommunikation und

werden im Folgenden veranschaulicht.

Ebene der Artikulation

Ein Sprachlaut ist die kleinste Einheit, in die sich ein Wort zerlegen lässt. Laute dienen der Bedeutungsunterscheidung. Besonders deutlich wird dies an Wörtern, die sich nur in einem Laut unterscheiden: Mutter – Butter. Neben der wichtigen Funktion der Bedeutungsunterscheidung gibt es auch Regeln, die festlegen, dass bestimmte Lautkombinationen möglich sind oder nur am Wortanfang oder -ende vorkommen (z. B. bl, gr, ng). Wörter setzen sich aus verschiedenen Kombinationen von Selbstlauten (Vokale) und Mitlauten (Konsonanten) zusammen, die mit dem Sprechapparat jeweils unterschiedlich gebildet werden. Vokale sind Öffnungslaute. Konsonanten sind Verschlusslaute und werden an den Lippen oder zwischen Zunge und Gaumen geformt.

Für Artikulationsstörungen (z. B. Stottern oder Lispeln) gibt es in der Stimm- und Sprachheilkunde verschiedene Klassifikationssysteme, die ausschließlich von dem entsprechenden Fachpersonal genutzt werden sollten.

Bei folgenden Anzeichen sollten Kinderpfleger besonders hellhörig werden:
- Die Kinder artikulieren Laute oder Lautverbindungen nicht entsprechend ihrer Umgangssprache und/oder so, dass sie von unvertrauten Personen nicht oder kaum verstanden werden.
- Kinder bilden Laute sowohl in Silben als auch in Wörtern und Sätzen falsch oder lassen diese aus.
- Ein weiterer Anhaltspunkt ist das Verschlucken von Lauten am Wortanfang oder Wortende.

Das Artikulationsvermögen des Kindes kann die Kinderpflegekraft vor allem durch ihr langsames und deutliches Sprechen unterstützen. Im Tagesablauf kann sie den Sprechwerkzeugen des Kindes vielfältige Bewegungserfahrungen im Rahmen von Sprechbewegungsspielen bieten.

Eine weitere Förderung der Artikulation kann auf drei Ebenen erfolgen:

Förderebene	Beispiele
Übungen zur Stärkung und Lockerung des Sprechapparates	**Pusteparcours:** Einen Wattebausch oder kleinen Plastikball gilt es durch einen Parcours mit verschiedenen Hindernissen wie z. B. Bausteine, Papprohre ins Ziel zu pusten. **Kerzenflackern:** Eine Kerze soll zum Flackern gebracht werden, ohne sie dabei jedoch auszupusten.
Übungen zur Förderung der Mund- und Lautwahrnehmung	**Lippen lecken:** Dem Kind wird mit einem Wattestäbchen Nougatcreme / Marmelade o. Ä. auf einen Teil seines Mundes getupft, z. B. rechter Mundwinkel oder Mitte der Oberlippe. Das Kind versucht diese Tupfer mit seiner Zunge zu erreichen. **Pantomime-Sprechen:** Aus einem Korb zieht jedes Kind reihum eine Bildkarte. Das darauf Abgebildete soll lautlos mit langsamen Sprechbewegungen beschrieben werden. Die anderen Kinder dürfen raten, welchen Begriff das Kind in Zeitlupe vorspricht.
Übungen zur Förderung der Lautproduktion	**Lautmemory:** Bilder, die sich nur in einem Laut unterscheiden, gehören zusammen, z. B. Maus und Haus, Hand und Sand. Das Kind muss dabei die feinsten Lautunterschiede erkennen und selber bilden. **Temposprechen:** Reime mit denselben Anfangslauten, z. B. Zungenbrecher „Fischer Fritz" oder „Milch macht müde Männer munter", werden zunächst langsam, dann immer schneller aufgesagt.

Tab. 5.16 Förderebenen der Artikulation

Ebene des Wortschatzes

Alle Wörter, die wir kennen, sind mit ihrer Lautstruktur, ihrer Bedeutung und ihren grammatischen Informationen wie in einem Lexikon in unserem Gedächtnis (›mentales Lexikon‹) gespeichert. Damit wir einen Satz verstehen können, während er gesprochen wird, müssen wir viele Bedeutungen parallel finden können. Außerdem bietet uns das mentale Lexikon die Funktion, Wörter anhand von Bausteinen neu zusammenzusetzen.

mentales Lexikon
jener Teilbereich des Langzeitgedächtnisses, in dem unser Wortwissen gespeichert ist

Verläuft der Wortschatzerwerb nicht optimal, haben Kinder meist größere Schwierigkeiten, Wörter selbstständig zu produzieren, als das Geäußerte zu verstehen. Somit ist der aktive Wortschatz, die Produktion der Wörter, im Allgemeinen stärker betroffen als der passive Wortschatz, also das Wortverständnis. Charakteristisch dafür ist bereits ein verspäteter Sprechbeginn. Bei Kindern im Alter von zwei Jahren, die nicht über 50 produktive Wörter verfügen und Wörter nicht miteinander kombinieren, z. B. „Milch haben", hat der zu diesem Alterszeitpunkt typische Wortschatzspurt noch nicht eingesetzt.

Kinderpfleger können darüber hinaus bei älteren Kindern zwischen Defiziten auf quantitativer und qualitativer Ebene unterscheiden:

- Quantitative Einschränkungen liegen vor, wenn Kinder sich nicht gut oder genau genug ausdrücken können.
- Qualitativer Förderbedarf besteht bei einer einseitigen Verwendung von Wortarten, wenn Kinder z. B. Nomen deutlich häufiger gebrauchen als Adjektive und Verben.

Der Wortschatz kann grundsätzlich in allen Gesprächssituationen und in allen Formaten erweitert werden, die typisch für den pädagogischen Alltag sind, z. B. Spiele, Bilderbuchlesen, Geschichten erzählen, Exkursionen, Experimentieren oder Rollenspiele.

Die weitere Förderung des Wortschatzes kann auf zwei Ebenen erfolgen:

Abb. 5.17 Der Wortschatz wird beim Vorlesen von Büchern enorm erweitert.

Förderebene	Beispiele
Übungen zur Erweiterung des passiven Wortschatzes (Wortverständnis)	**Wackelpudding:** Das Kind wackelt mit dem Körperteil, z. B. Hand, Fuß, Finger, Bauch, der gerade von der Kinderpflegekraft oder einem anderen Kind genannt wird. **Begriffe zuordnen:** Die pädagogische Fachkraft gibt eine Kategorie wie z. B. Früchte, Kleidungsstücke oder Tiere vor, zu der das Kind passende Bilder aus einem Stapel heraussucht.
Übungen zur Erweiterung des aktiven Wortschatzes (Wortproduktion)	**Lieblingstiere:** Kinder bringen ein Plüsch- oder Plastiktier, das sie gerne mögen, mit. Die Kinderpflegekraft spricht mit dem Kind über äußere Kennzeichen und typische Verhaltensweisen ihres Lieblingstieres. **Koffer packen:** Kinder benennen reihum Gegenstände, die in einem Koffer liegen. Die Schwierigkeitsstufe wird durch das Wiederholen des bereits Gesagten erhöht.

Tab. 5.18 Förderebenen des Wortschatzes

Ebene der Grammatik

Kinder steigen in die grammatische Entwicklung automatisch ein, wenn sie einen genügend großen Wortschatz aufgebaut haben. Beim Grammatikerwerb müssen sie vor allem drei Prinzipien verinnerlichen:

- Sie müssen die Regeln lernen, wie sich die einzelnen Wörter in ihrer Form verändern (Formenbildung), wenn sie im Satz auftauchen.
- Sie müssen Strukturen über die Reihenfolge der Wörter im Satz entwickeln (Satzproduktion).
- Sie benötigen generell ein Verständnis von Sätzen und Formen.

> **Der Grammatikerwerb erfolgt bei den meisten Kindern auf natürlichem Wege. Sprachstörungen bei ca. Vierjährigen gestalten sich jedoch vor allem im Bereich der Grammatik.**

Im Bereich der Formenbildung lassen sich Abweichungen z. B. bei Nomen an der falschen Bildung des Plurals (Mehrzahl) oder einer falschen Zuordnung des ›grammatischen Geschlechts‹ erkennen: „Das Schuh sind kaputt". Auch eine fehlende oder lang anhaltend falsche Verwendung der Zeitformen des Verbs können ein Anzeichen sein: „Letzte Woche fahre ich zum Zoo."

Probleme im Bereich der Satzproduktion werden daran deutlich, dass Kinder z. B. nicht in Mehrwortsätzen reden und/oder dass sie keine komplexen Sätze mit Haupt- und Nebensätzen produzieren können. Einen weiteren Anhaltspunkt zeigen Wortstellungsfehler im Satz auf, z. B. die Position des Verbs betreffend: „Das Auto zum Haus fährt." Im Bereich des Form- und Satzverständnisses deuten sich Lernbedarfe an, wenn Kinder z. B. nicht verstehen, was als Frage und was als Aufforderung gemeint ist, oder sie W-Fragen falsch beantworten: „Wer hat dich geschubst?" – „In der Puppenecke."

Die Förderung der Grammatik erfolgt auf drei Ebenen:

Unterscheidung des grammatischen Geschlechts
(Genus) im Deutschen:
maskulines („männliches") Genus, kurz: Maskulinum, z. B.: der Stuhl
feminines („weibliches") Genus, kurz: Femininum, z. B.: die Lampe
neutrales („sächliches") Genus, kurz: Neutrum, z. B. das Fenster

Förderebene	Beispiele
Übungen zur Formenbildung	**Plural-Memory:** Zwei Bilder passen zusammen, auf denen der jeweilige Gegenstand jeweils einfach und mehrfach abgebildet ist, z. B. ein Auto, viele Autos, eine Dose, viele Dosen, ein Hund, viele Hunde. **Gestern – jetzt – morgen:** Jedes Kind berichtet reihum, was es gestern gemacht hat, was es gerade tut und was es gerne morgen erleben möchte.
Übungen zur Satzproduktion	**Ich sehe was, was du nicht siehst ...:** Das Kind fühlt sich sicherer, wenn es einen vorformulierten Satz zu Ende führen kann und dadurch ein Modell für die richtige Satzbildung erhält. **Bilderrätsel:** Aus unterschiedlichen Bilderkarten soll mithilfe verschiedener Hinweise die ausgewählte Karte gefunden werden. Die pädagogische Fachkraft gibt Hilfestellungen, indem sie beginnt: „Mein Gegenstand ist rot. Mein Gegenstand hat Räder. Mit meinem Gegenstand kann ich ..."
Übungen zum Satz- und Formverständnis	**Mitmachgeschichte:** Beim Erzählen einer Geschichte bindet die Kinderpflegekraft das Kind mit ein, indem sie mal Fragen stellt, die es beantworten soll, oder zu Handlungen auffordert: „Der kleine Zwerg Lilliput klettert den Berg hinauf (Nachahmen der Bewegung). Auf der Bergspitze angekommen, hat er großen Durst. Oh nein, das kann nicht sein! Was hat er wohl vergessen? (Frage an das Kind) ..." **„Stimmt das?":** Bei einer gemeinsamen Betrachtung eines Bilderbuches formuliert die Kinderpflegekraft Aussagen, auf die das Kind mit „stimmt" oder „stimmt nicht" antworten kann.

Tab. 5.19 Förderebenen der Grammatik

Die pädagogische Fachkraft sollte in alltagsnahen Spielhandlungen bei sprachlich unsicheren Kindern einfache Sätze gebrauchen. Dabei kann sie Unterschiede und richtige Formen deutlich betonen. Grundsätzlich unterstützen alle Gedichte und Lieder den Grammatikerwerb. Kinder lernen so auf natürliche Weise Satz- und Wortbildungsmuster zunächst auswendig.

Abb. 5.20 Grammatikerwerb durch Singen und Fingerspiele

Der Umgang mit diesen macht den Kindern Spaß und sie hören und sprechen richtige grammatische Strukturen. Wenn die sprachliche Entwicklung der Kinder schon etwas weiter fortgeschritten ist, bietet sich das freie Erzählen an. Als Strukturierungshilfen können dabei Bilder oder bereits vorgegebene Erzählungen zu schon bekannten Märchen oder Geschichten dienen.

Ebene der Kommunikationsfähigkeit

Kinder bringen von Natur aus eine ›kommunikative‹ Neugier und kommunikative Fähigkeiten mit. Die Bereitschaft zum Austausch mit seinem Gegenüber äußert sich bereits ›vorgeburtlich‹.

Zunehmend lernt das Kind, eigene Gedanken, Gefühle und Wünsche möglichst eindeutig mitzuteilen, sodass diese vom Kommunikationspartner auch richtig verstanden werden können. Hierfür greift das Kind auf verschiedene ›Kommunikationsmittel‹ (verbal, paraverbal und nonverbal) zurück, deren Einsatz zunehmend auch bewusst und zielgerichtet erfolgen kann. Die Botschaften anderer richtig zu interpretieren stellt jedoch die nächste Stufe in der Entwicklung der Kommunikationsfähigkeit dar. Das verlangt vom Kind nicht nur ab, gut zuzuhören, sondern auch alle anderen Signale wie z. B. die der Mimik, Gestik, Körperhaltung oder Stimmmelodie zu entschlüsseln und entsprechend darauf zu reagieren.

Der nächste Schritt ist die Erkenntnis, dass die Art und Weise der Kommunikation von der vorliegenden Situation und den anwesenden Kommunikationspartnern abhängig ist. Das Kind lernt sein Sprach- und Kommunikationsverhalten dem Gesprächsrahmen anzupassen. So spricht es z. B. in Anwesenheit einer schlafenden Person leiser oder drückt sich gegenüber älteren Personen höflicher aus als gegenüber Gleichaltrigen.

Kommunikation → S. 188

vorgeburtlicher Spracherwerb → S. 471

Kommunikationsmittel → S. 190

IV GRUNDLAGEN DER PRAXISGESTALTUNG

sozial-emotionale
Entwicklung → S. 173

Einschränkungen im Bereich der Kommunikationsfähigkeit hängen eng mit einer verzögerten ›sozial-emotionalen Entwicklung‹ zusammen. Kindern, die sich an Gesprächssituationen nicht aktiv beteiligen oder den Austausch gar verweigern, haben in ihrer bisherigen Sprachentwicklung erfahren müssen, dass ihre Kommunikationsbemühungen vom Gegenüber, meist nahestehenden Personen, nicht wahrgenommen oder häufig missverstanden wurden.

Einschränkungen auf der Ebene der Deutung von Mitteilungen oder der situativen Sprachanpassung können auf mangelndes Empathievermögen schließen. Da das Kind noch nicht imstande ist, sich in sein Gegenüber hineinzuversetzen, bereitet es ihm Schwierigkeiten, vor allem versteckte Botschaften seines Kommunikationspartners richtig zu deuten: Zum Beispiel wird die Aussage „Das finde ich nicht lustig" vom Kind nicht als Aufforderung verstanden, mit seinem Verhalten aufzuhören. Ebenso fällt es dem Kind schwer, sein Sprach- und Kommunikationsverhalten auf die vorliegenden Bedürfnisse seines Gesprächspartners anzupassen: Zum Beispiel lächelt das Kind unpassenderweise, während sein Gegenüber ihm von einem Trauerfall berichtet.

Die Förderung der Kommunikationsfähigkeit kann auf drei Ebenen erfolgen:

Förderebene	Beispiele
Übungen zur Steigerung der Kommunikationsfreude bzw. Gesprächsbereitschaft	**Lautmalereien:** Das Kind wird vom Sprechdruck entlastet, indem es beim Tiermemory-Spiel nur die Geräusche produzieren, nicht aber die Tierbezeichnungen benennen muss. **Musikalischer Dialog:** Die Kinderpflegekraft gibt mit einem Musikinstrument oder klatschend einen Rhythmus vor, den die Kinder nachklatschen oder mit einem eigenen Rhythmus antworten. Ohne den Gebrauch von Sprache entsteht so ein Dialog.
Übungen zum Gebrauch verschiedener Kommunikationsmittel und zur Deutung dieser	**Pantomime:** Reihum macht durch Ziehen einer Bildkarte jedes Kind einen Beruf, ein Tier, eine Stimmung etc. pantomimisch vor, was von den Zuschauenden erraten werden muss. **Spiegelbild:** Zwei Kinder stehen sich gegenüber. Eines der Kinder stellt unterschiedliche Gefühlslagen pantomimisch dar, sein Gegenüber versucht diese wie ein Spiegel durch Nutzung ebensolcher Kommunikationskanäle wie Gestik oder Mimik, eins zu eins abzubilden.
Übungen zur situativen Anpassung des eigenen Sprach- und Kommunikationsverhaltens	**Verhaltensquiz:** Die Kinderpflegekraft ist der Quizmaster und versetzt die Kinder in unterschiedliche Situationen: „Wie begrüßt du eine Person, die du kennst/nicht kennst?"; „Was sagst du zu einer Person, die traurig ist?"; „In welchen Situationen darfst du laut sprechen, in welchen leise?" **Rollenspiel:** Die pädagogische Fachkraft schlüpft mit dem Kind in bestimmte Rollen, die auf Karten abgebildet gezogen werden können, z. B. Arzt, Kind, alte Dame, Polizist.

Tab. 5.21 Förderebenen der Kommunikationsfähigkeit

Abb. 5.22 Kinder beim Rollenspiel

Die Kinderpflegekräfte können vielfältige Spielformen und gemeinsame Aktivitäten nutzen, um die Kommunikationsfreude der Kinder zu steigern. Kinder haben besonderen Gesprächsbedarf bei Dingen oder Sachverhalten, die sie interessieren. Pantomimische Spiele bereiten auch den Kindern Spaß, die sich sonst nicht trauen, etwas zu sagen. In Rollenspielen können sie kommunikative Verhaltensweisen im Schutze ihrer eingenommenen Rolle erproben und ihren eigenen Sprachgebrauch erweitern.

5.4 Das Konzept der Literacy-Erziehung

„Literacy" bedeutet wortwörtlich Lese- und Schreibkompetenz und ist als ein Sammelbegriff für kindliche Erfahrungen im Bereich der Lese-, Erzähl- und Schriftkultur zu verstehen. Bereits in der frühen Kindheit werden die Grundlagen hierfür gelegt. Werden dem Kind vielfältige Zugänge zu Büchern, Erzählungen, Reimen und Schriften geboten, entwickeln sich Vorläuferfähigkeiten, die das spätere Lesen und Schreiben lernen in besonderem Maße begünstigen.

Deshalb ist die Literacy-Erziehung in nahezu allen ›Bildungsplänen‹ für Kindertageseinrichtungen verankert worden. Sprachliche Kompetenzen der Kinder sollen gestärkt und dadurch Bildungschancen für alle eröffnet werden. Pädagogische Fachkräfte können durch verschiedene Aktivitäten das Literacy-Konzept in ihrer täglichen Arbeit umsetzen.

5.4.1 Bilderbücher betrachten

Im Rahmen des Literacy-Konzeptes wird das Betrachten von Bilderbüchern als besonders nachhaltige Form der Sprachförderung gesehen, wenn die Kinder dabei selbst aktiv miteinbezogen werden. Die gemeinsame Bilderbuchbetrachtung erfolgt als Dialog, bei dem das Kind zum (Mit-)Erzähler wird und eigene Erfahrungen und Einfälle einbringen kann.

> **Kinder profitieren bei der Bilderbuchbetrachtung am meisten davon, wenn sie sich dabei in einer sehr kleinen Gruppe befinden und so größtmögliche Nähe und Zuwendung durch die pädagogische Fachkraft erfahren.**

Abb. 5.23 Am besten betrachtet man Bilderbücher in kleinen Gruppen.

Bildungspläne → S. 383

Dabei ist das jeweilige Alter zu berücksichtigen:

Gemeinsame Bilderbuchbetrachtung mit verschiedenen Altersgruppen	Mögliche Impulse der pädagogischen Fachkraft
Kleinkinder können auf ihnen bekannte Gegenstände auf den Bildern zeigen oder diese selbst benennen.	„Wo hat sich der Junge versteckt?" „Was ist denn das für ein Tier?" „Wer hält den Ball fest?"
Ältere Kinder sind imstande, den Inhalt der Bilder zu beschreiben und Beziehungen zwischen mehreren Bildern herzustellen.	„Was ist denn hier passiert?" „Warum ist die Mutter denn jetzt so traurig?" „Wie schaut das Mädchen?"
Schulkinder können darüber hinaus den weiteren Verlauf der Geschichte vorausdenken und Bezüge zu ihren eigenen Erlebnissen herstellen.	„Was könnte wohl als Nächstes passieren?" „Wie endet der Streit zwischen den beiden, was meinst du?" „Hast du auch schon einmal so einen Ärger mit deinem besten Freund gehabt?" „Wann hast du dich zuletzt auch so gefürchtet?"

Tab. 5.24 Altersgerechte Bilderbuchbetrachtung

Gestaltung einer Bilderbuchbetrachtung

Ist das Bilderbuch schon bekannt, können schon jüngere Kinder Teile der Handlung mit etwas Hilfe nacherzählen. Grundsätzlich sollte die Kinderpflegekraft den Kindern so viel Freiraum wie möglich zum freien Sprechen bieten.

Voraussetzungen zur Bilderbuchbetrachtung: Planung und Vorbereitung

- Intensive Auseinandersetzung mit dem Bilderbuch (Kriterien heranziehen) und Inhalt zusammenfassen
- Positive Einstellung zum ausgewählten Bilderbuch und Interessenlage der Kinder berücksichtigen
- Atmosphäre bzw. Rahmen schaffen
  ▸ Ort, Zeitpunkt, Anzahl der Kinder

Erweiternde, übergreifende Vermittlungsformen

- Lesepaten: wöchentliche Besuche durch externe Kooperationspartner
- Exkursionen: z. B. Büchereibesuch
  ▸ Vorlesungen nutzen, Austellungen besuchen
- Aktionen bzw. Projekte: z. B. Bilderbuchkino, Fotostory

Gestaltung einer Bilderbuchbetrachtung

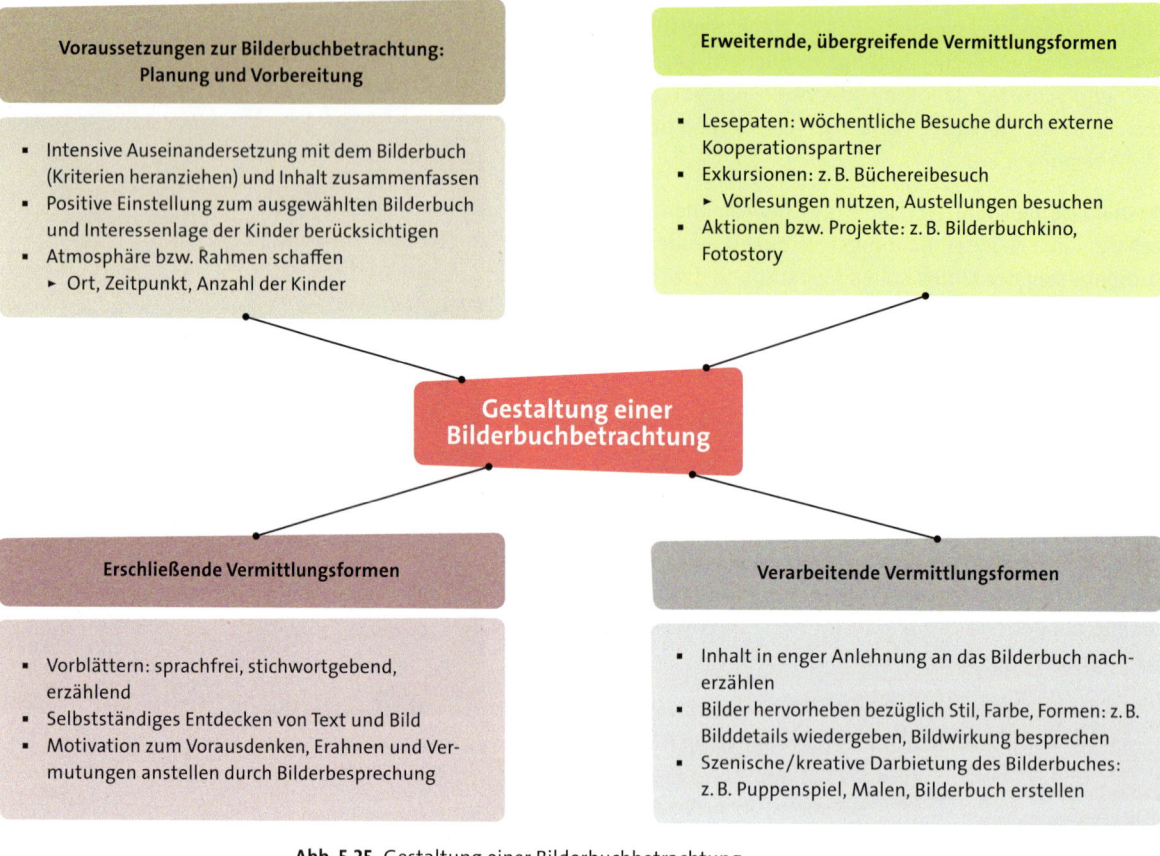

Erschließende Vermittlungsformen

- Vorblättern: sprachfrei, stichwortgebend, erzählend
- Selbstständiges Entdecken von Text und Bild
- Motivation zum Vorausdenken, Erahnen und Vermutungen anstellen durch Bilderbesprechung

Verarbeitende Vermittlungsformen

- Inhalt in enger Anlehnung an das Bilderbuch nacherzählen
- Bilder hervorheben bezüglich Stil, Farbe, Formen: z. B. Bilddetails wiedergeben, Bildwirkung besprechen
- Szenische/kreative Darbietung des Bilderbuches: z. B. Puppenspiel, Malen, Bilderbuch erstellen

Abb. 5.25 Gestaltung einer Bilderbuchbetrachtung

Eine attraktiv gestaltete Leseecke, die den Kindern eine Rückzugsmöglichkeit und Ruheoase bietet, lädt zum selbstständigen Betrachten von Bilderbüchern ein. Freude im Umgang mit Büchern wird so schon von klein auf gefördert. Greifen Kinder von sich aus auf Bücher zurück, fällt ihnen der Lesestart als Schulkind leichter.

Abb. 5.26 Eine gemütliche Leseecke fördert den Spaß an Büchern.

5.4.2 Vorlesen und Erzählen

Durch das Vorlesen oder Nacherzählen von Geschichten und Märchen werden weitere Sprachkompetenzen gefördert. Auch das freie Erzählen zum Beispiel im Rahmen des Stuhlkreises oder in Kleingruppen trägt entscheidend zum Ausbau der sprachlichen und kommunikativen Fähigkeiten bei. Lernprozesse lassen sich dabei in vielerlei Hinsicht festmachen:

- In Kinderbüchern, Märchen und Erzählungen begegnen Kinder einem anderen Sprachniveau. Im Vergleich zur Alltags- bzw. Umgangssprache sind die Sätze länger und inhaltlich komplexer. Durch Adjektive werden detailliert Ereignisse oder Figuren beschrieben, die die Kinder in Alltagsgesprächen eher selten hören oder gebrauchen.
- Über das Vorlesen oder Nacherzählen wird die Fantasie der Kinder in besonderem Maße angeregt, da sie sich zu den erzählten Figuren und Handlungen eigene Bilder und Vorstellungen machen. Sie tauchen in die Erzählwelt ein und lassen sich bei späteren Spielhandlungen davon inspirieren.
- Beim Vorlesen oder Erzählen lernen die Kinder, wie Sachverhalte und Gegebenheiten so beschrieben werden müssen, dass auch diese von Außenstehenden verstanden werden, die das Erzählte nicht miterlebt haben. Dadurch wird die Fähigkeit zur Abstraktion geschult, sich von konkreten Bedingungen und Themen lösen und sie verallgemeinern zu können.
- Kinder erfahren durch das Vorlesen und Erzählen, dass Geschichten stets eine gewisse Struktur aufweisen. Dazu gehören die einzelnen Figuren, die in einer Geschichte unterschiedliche Rollen einnehmen, und der typische Aufbau in Anfang, Hauptteil mit Höhepunkt und Schluss. Diese Geschichtenschemata verinnerlichen die Kinder, um dann auch darauf aufbauend eigene Geschichten gestalten zu können.

Auch für das **Vorlesen und Erzählen** ist eine geringe Anzahl von Kindern sinnvoll, sodass die Aufmerksamkeit auf die einzelnen Kinder gerichtet wird und die pädagogische Fachkraft die Erzählweise und das Erzähltempo individuell anpassen kann. Auch fällt der Blickkontakt mit den Kindern leichter, um einzelne Reaktionen besser beobachten zu können und bei aufkommender Langeweile oder Unklarheiten entgegenzuwirken. Das pädagogische Personal kann sich auch von außen Unterstützung holen, um allen Kindern regelmäßige Vorleserunden anbieten zu können. Eltern oder Großeltern, die als „Vorlesepaten" regelmäßig zur Verfügung stehen, sind hierfür als großer Gewinn zu sehen.

www.vorlesetag.de

Der bundesweite Vorlesetag sucht jedes Jahr Lesepaten für Schulen, Kindergärten, Bibliotheken oder Buchhandlungen, die Kindern vorlesen.

Abb. 5.27 Beim freien Erzählen kann man die Aufmerksamkeit der Kinder durch Blickkontakt erreichen.

Dem **freien Erzählen** können pädagogische Fachkräfte im Rahmen des gemeinsamen Stuhlkreises einen besonderen Stellenwert einräumen. Die Kinder müssen dabei nicht nur lernen, ihre Erlebnisse so zu schildern, dass sie für die anderen Kinder nachvollziehbar sind, sondern sich auch in Geduld und Rücksichtnahme üben, anderen bei ihren Erzählungen zuzuhören und nicht zu stören. Das freie Erzählen kann das pädagogische Personal darüber hinaus über vielfältige Möglichkeiten fördern: Fantasiegeschichten können gemeinsam erfunden, Theaterstücke oder Puppenspiele entwickelt und anschließend aufgeführt werden.

5.4.3 Dichten, Reimen und Singen

Kinderlyrische Texte wie Gedichte, Sprüche und Lieder bereiten Kindern, jeden Alters Freude.

Babys und Kleinkindern geben bestimmte Sprüche oder Reime, die sie durch den Tag begleiten, Sicherheit und Geborgenheit. Trostverse oder Wiegenlieder dienen zur Beruhigung, während Fingerspiele und Kniereiterverse Heiterkeit verbreiten und zum Mitmachen animieren.

> **BEISPIEL** In der Kita Sonnenschein warten die Kinder am Tisch schon auf das Mittagessen. Wenn alle Platz genommen haben, fassen die Mädchen und Jungen sich an den Händen und sprechen gemeinsam mit der Kinderpflegerin Jana: „Piep piep piep – Guten Appetit!" Nun wissen sie, dass das Essen beginnen kann.

Älteren Kindern bereiten Abzählreime, Kinder- und Tanzlieder viel Freude. Der eingängige Rhythmus und die Sprachmelodie schulen die Merkfähigkeit und Konzentration. Die enge Verbindung von Reim, Musik und Bewegung ermöglicht es allen Kindern, direkt einsteigen und mitmachen zu können. Nach mehrmaligem Nach- und Mitsprechen der Reime entwickeln Kinder ein Gespür für den Klang von Sprache und für den Aufbau von Wörtern, z. B. dass diese aus Silben bestehen und durch einen Anfang und ein Ende gekennzeichnet sind. Beim Reimen und Dichten können Kinder mit der Sprache spielen, Wörter verändern oder neu miteinander kombinieren. Dabei kann auch der ein oder andere Nonsensreim entstehen.

Mit zunehmendem Alter und Sprachvermögen zeigen vor allem angehende Schulkinder besonderes Interesse an Zungenbrechern, Lügengedichten und Rätselreimen. Der Reiz dieser kinderlyrischen Formen liegt in der Herausforderung, bestimmte schwierige Wortlaute in schneller Abfolge aussprechen, die darin enthaltene Lüge entlarven bzw. das knifflige Rätsel auflösen zu können.

Die Auswahl geeigneter kinderlyrischer Texte kann nicht nur entsprechend dem jeweiligen Alter und Entwicklungsstand der Kinder erfolgen, oftmals passen gewisse Reime, Sprüche oder Lieder in ganz bestimmte Situationen. Je nach Thematik und aktueller Bedürfnislage vertiefen sie das Erlebte oder dienen als Einstieg oder Abschluss von Spielangeboten. Pädagogische Fachkräfte können sich eine Vielzahl kinderlyrischer Texte in ihrem pädagogischen Alltag zunutze machen.

Kinderlyrische Form	Beispiel	
Trostverse	Heile, heile Segen sieben Tage Regen, sieben Tage Sonnenschein, wird alles wieder heile sein.	
Wiegenlieder	Schlaf, Kindlein, schlaf, Der Vater hüt' die Schaf, Die Mutter schüttelt's Bäumelein, Da fällt herab ein Träumelein. Schlaf, Kindlein, schlaf!	
Fingerspiele	Das ist der Daumen, der schüttelt die Pflaumen, der liest sie auf, der trägt sie heim, und der kleine isst sie ganz allein.	
Kniereiterverse	Hopp, hopp, hopp! Pferdchen, lauf Galopp! Über Stock und über Steine, aber brich dir nicht die Beine! Hopp, hopp, hopp! Pferdchen, lauf Galopp!	
Abzählreime	Ene mene miste, es rappelt in der Kiste. Ene mene meck, und du bist weg.	
Kinderlieder	Alle meine Entchen schwimmen auf dem See, Köpfchen in das Wasser, Schwänzchen in die Höh´.	
Tanzlieder	Ringel, Ringel, Reihe, wir sind der Kinder dreie, wir sitzen unter´m Holderbusch und machen alle husch, husch, husch.	
Nonsensreime	Das rosa Schwein Krambulli strickte ´nen quergestreiften Pulli. Die Schweinemama hat´s geseh´n und sprach mit ernstem Blick: „Du solltest lieber Fressen geh´n, die Streifen machen dick!"	
Zungenbrecher	Fischers Fritze fischte frische Fische, frische Fische fischte Fischers Fritze.	
Lügengedichte	Dunkel war´s, der Mond schien helle, Schnee lag auf der grünen Flur, als ein Auto blitzeschnelle langsam um die Ecke fuhr ...	
Rätselreime	Erst weiß wie Schnee, dann grün wie Klee, dann rot wie Blut, schmeckt allen Kindern gut.	

Tab. 5.28 Beispiele für kinderlyrische Texte

> Die **Nachahmungsfreude** der Kinder kann die Kinderpflegekraft durch eine besonders ausdrucksstarke Mimik und Gestik, den bewussten Einsatz ihrer Stimme und durch eine deutliche Aussprache fördern.

Zudem bieten sich weitere kreative Vermittlungsformen an:
- Akustisch-musikalisch: Der gesprochene Reim wird durch eine passende Melodie oder auch instrumentelle Begleitung verinnerlicht.
- Visuell-bildhaft: Entsprechend der Versabfolge werden Bilder oder Bildkarten gezeigt, die den Inhalt des Gesagten verdeutlichen.
- Gestisch-darstellend: Besonders einprägsam wird der kinderlyrische Text, wenn die Kinder zu den einzelnen Zeilen passende Bewegung ausführen.

5.4.4 Erste Zugänge zur Schrift

Kinder stoßen in verschiedenen Alltagssituationen auf Schriftzeichen ihrer Kultur. In der pädagogischen Arbeit können diese Erfahrungen bewusst unterstützt werden, indem die Kinderpflegekraft im Beisein der Kinder etwas aufschreibt oder tippt, wie z. B. die Einkaufsliste für das gemeinsame Kuchen backen oder Informationen an die Eltern, die auf der Pinnwand ausgehängt werden.

Portfolioarbeit → S. 84

Ebenso interessant für die Kinder ist es, wenn sie erfahren, welche Notizen sich die pädagogischen Fachkräfte im Rahmen ihrer Beobachtungen machen. Besonders bei der ›**Portfolioarbeit**‹ bietet es sich an, die Seiten gemeinsam mit den Kindern zu beschriften, um auch die Sicht der Kinder zu den fotografierten Erlebnissen aufzugreifen und ihre Kommentare hierzu miteinfließen zu lassen.

Bei gemeinsamen Ausflügen können Autokennzeichen, Straßenschilder oder Werbeplakate hinsichtlich ihrer Bedeutung mit den Kindern besprochen werden.

Abb. 5.29 und 5.30 Kinder zeigen Interesse für schriftliche Informationen, z. B. auf Pinnwänden in der Kita oder auf Straßenschildern.

Zur Verfügung stehende Kataloge oder Zeitschriften bieten den Kindern die Möglichkeit, weiteren Schriftzeichen zu begegnen. Zahlen oder Symbole können bereits erkannt und gemeinsam entschlüsselt werden. Im Rahmen von Angeboten oder gar Projekten zum Thema „Schrift" können pädagogische Fachkräfte mit der Kindergruppe eine Druckerei besuchen und so hautnah miterleben, wie die Schriftzeichen auf das Papier kommen. Die Kinder können ihren Erfahrungshorizont erweitern, indem sie verschiedene Schriften wie z. B. lateinische, arabische, chinesische Schriftzeichen, Hieroglyphen oder die Blindenschrift erkunden.

Neben einer Leseecke ist das Einrichten einer Schreibwerkstatt sinnvoll, in der die Kinder nach Wunsch im Rahmen von Rollenspielen Schreibszenen nachspielen können, z. B. das Tippen auf einer Tastatur oder das Stempeln und Beschriften von Dokumenten. Kinder, die eine Fantasieschrift verwenden oder bereits ihren Namen schreiben lernen möchten, können hierbei unterstützt werden – allerdings nicht mit dem Ziel, ihnen das Lesen und Schreiben beibringen zu wollen.

Abb. 5.31 Schreibwerkstatt

5.5 Sprachbildung konzeptionell verankern

Alltagsintegrierte Sprachbildung prägt den pädagogischen Alltag und findet für alle Kinder der Einrichtung von Beginn an statt. Sie ist nicht als starres ›Konzept‹ mit vorgegebenen Materialien und Zeiten zu verstehen. Vielmehr soll sie sich an den individuellen ›Sprachentwicklungsverläufen‹ der Kinder von null bis sechs Jahren orientieren.

Konzept → S. 290

Sprachentwicklung → S. 161

Erfassung sprachlicher und kommunikativer Fähigkeiten
Kinderpfleger können sich bereits durch die tägliche Interaktion einen umfassenden Eindruck über die Sprachentwicklung eines Kindes verschaffen. Durch eine kontinuierliche ›Beobachtung‹ und ›Dokumentation‹ erfährt die pädagogische Fachkraft, wo sich das Kind in seiner sprachlichen Entwicklung gerade befindet und welche Sprachförderimpulse sinnvoll sein können. Hierzu steht dem pädagogischen Personal eine Vielzahl an Beobachtungsverfahren zur Verfügung.

Beobachtung → S. 59
Dokumentation → S. 68

Sogenannte Test- und Screening-Verfahren können sprachliche Fähigkeiten und Ressourcen des Kindes nur punktuell abbilden. Dem pädagogischen Anspruch, alltagsintegriert zu fördern, werden vielmehr Beobachtungsverfahren gerecht, die pädagogische Fachkräfte bei der Beurteilung kindlicher Sprachprozesse im Alltag unterstützen.

Eine Übersicht zu solchen Verfahren bietet Ihnen z. B. folgende Internetseite:
www.bildungsserver.de/Tests-Screenings-Beobachtung-zur-Sprachstandserfassung-2314.html

> Pädagogische Fachkräfte beobachten und dokumentieren die sprachlichen und kommunikativen Fähigkeiten jedes Kindes in realen Alltagssituationen. Sie greifen hierfür in regelmäßigen Abständen auf entwicklungs- und prozessbegleitende Beobachtungsverfahren zurück.

GRUNDLAGEN DER PRAXISGESTALTUNG

🌐 Ausführliche Hinweise zu den aufgelisteten Verfahren finden Sie u. a. unter:

www.kita.nrw.de/sites/
default/files/Broschuere_
Alltagsintegrierte_
Sprachbildung.pdf

Die folgende Übersicht bildet eine Auswahl von **Beobachtungsverfahren zur Sprachentwicklung** basierend auf aktuellen wissenschaftlichen Erkenntnissen ab.

- BaSiK: Begleitende alltagsintegrierte Sprachentwicklungsbeobachtung in Kindertageseinrichtungen
- Liseb 1 und 2: Literacy- und Sprachentwicklung beobachten (bei Kleinkindern)
- DJI-Beobachtungsleitfaden: DJI- Die Sprache der Jüngsten entdecken und begleiten

Verfahren für Kinder unter drei Jahren

- BaSiK: Begleitende alltagsintegrierte Sprachentwicklungsbeobachtung in Kindertageseinrichtungen
- Sismik: Sprachverhalten und Interesse an Sprache bei Migrantenkindern in Kindertageseinrichtungen
- Seldak: Sprachentwicklung und Literacy bei deutschsprachig aufwachsenden Kindern

Verfahren für Kinder über drei Jahren

Abb. 5.32 Entwicklungs- und prozessbegleitende Beobachtungsverfahren zur Sprachentwicklung

Träger → S. 387
Team → S. 203

Welche Beobachtungsverfahren das pädagogische Personal konkret nutzen soll, bestimmen der ›Träger‹ und das ›Team‹ der Einrichtung.

Die Beobachtung und Dokumentation anhand des gewählten Verfahrens führen die pädagogischen Fachkräfte regelmäßig im Abstand von maximal einem Jahr oder bei erhöhtem Förderbedarf halbjährlich durch.

Gibt es Hinweise, dass das Kind nicht ausreichend in seiner Sprachentwicklung durch das pädagogische Personal unterstützt werden kann, sollte den Eltern der kinderärztliche Besuch angeraten werden. Bestätigt sich der Verdacht einer Sprachentwicklungsstörung, wird das Kind durch ›logopädisches‹ Personal sprachtherapeutisch begleitet.

🌐 Nähere Informationen zu Sprachentwicklungsstörungen und ihrer Behandlung finden Sie unter:

www.dbl-ev.de/service/eu-
tag-der-logopaedie/2013/
sprachfoerderung-oder-
sprachtherapie-welche-kinder-
brauchen-was.html

Einbindung der Erziehungsberechtigten

Eine ganzheitliche Sprachbildung zeichnet sich dadurch aus, dass sie von allen Bezugspersonen getragen wird. Dazu gehören an erster Stelle die Eltern.

Um das Sprachvermögen der Kinder erfolgreich fördern zu können, ist das ›Einbinden ihrer Eltern‹ von großer Bedeutung. Bei Entwicklungsgesprächen kann die pädagogische Fachkraft die sprachlichen und kommunikativen Fähigkeiten des Kindes auf Grundlage ihrer Beobachtungsergebnisse veranschaulichen und diese um Erfahrungsberichte der Eltern ergänzen. Vor allem Eltern von mehrsprachig aufwachsenden Kindern können dabei wichtige Hinweise über die Erstsprachentwicklung ihrer Kinder an die pädagogisch Tätigen weitergeben. Von solch einem regelmäßigen Erfahrungsaustausch profitieren langfristig beide Seiten. Das pädagogische Personal erhält weiterführende Informationen zum Kind und kann den Eltern wiederum Möglichkeiten zur Unterstützung der Sprachentwicklung ihrer Kinder aufzeigen, die sich leicht in den privaten Alltag integrieren lassen.

Logopädie
altgriech. λόγος lógos: „Wort",
παιδεύειν paideuein: „erziehen"
Sprecherziehung, medizinische Sprachheilkunde

Bildungs- und Erziehungspartnerschaft
→ S. 392

> **BEISPIEL** Beim Entwicklungsgespräch der Tagespflegegruppe „Kleine Zwerge" bespricht Kinderpflegerin Barbara mit **Alicjas** Eltern, Frau und Herrn Kowalski, ihre letzten Beobachtungen. Barbara: „Alicja steht gerne am Fenster und redet dabei vor sich hin. Dabei sagt sie ganz häufig ‚nie ma', wenn sie hinausschaut." Frau Kowalski (lachend): „Ja, ‚nie ma' ist im Moment ihr Lieblingssatz. Das heißt so viel wie ‚ist nicht da', ‚ist weg'."

Konzeptionelle Verankerung

Sprachbildung stellt ebenso ein wichtiges Kapitel in der schriftlichen ›Konzeption‹ einer Einrichtung dar. Eltern erkennen den Mehrwert alltäglicher Gesprächsanlässe und den Beitrag, den die pädagogischen Fachkräfte zur Förderung ihrer Kinder leisten. Das pädagogische Personal selbst nimmt Sprachbildung als eine bedeutsame Komponente seines pädagogischen Handelns und als verbindlichen Handlungsauftrag wahr. In ihrer Rolle als Expertin für Kommunikation und als Sprachvorbild trägt die Kinderpflegekraft die Verantwortung dafür, das eigene Sprachverhalten kritisch zu prüfen. Dies kann im Austausch mit anderen Kolleginnen und Kollegen oder durch Videoaufnahmen erfolgen. Die ›Reflexion‹ des eigenen Sprachverhaltens ist als ein wesentliches Element jedes Sprachförderkonzeptes zu sehen.

pädagogische Konzeption
→ S. 386

Reflexion → S. 41

Warum muss ich das für meinen Beruf wissen?

Durch das Erarbeiten dieses Kapitels haben Sie sich einen Überblick über alle bedeutsamen Elemente einer ganzheitlichen Sprachbildung verschafft.

Sie wissen nun, wie wichtig Sprache für die kindliche Entwicklung ist und welchen Stellenwert die Sprachförderung in Ihrer pädagogischen Arbeit einnimmt. Um jedes einzelne Kind bestmöglich beim Spracherwerb unterstützen zu können, haben Sie erfahren, welche Bedingungen vorliegen müssen, damit dieser erfolgreich verläuft.

Sie kennen die verschiedenen Ebenen der Sprache und können diese bei der Beobachtung und Einschätzung von sprachlichen Entwicklungsverläufen – auch bei zwei- oder mehrsprachig aufwachsenden Kindern – heranziehen. Bei der Förderung kindlicher Sprachprozesse spielen Sie als pädagogische Fachkraft eine große Rolle. Grundlegend hierfür ist eine positive Grundhaltung gegenüber den Kindern, die sich in Wertschätzung, Empathie und Echtheit ausdrückt. Als Sprachvorbild achten Sie auf Ihr eigenes Sprachverhalten und berücksichtigen dabei wichtige Prinzipien, wie z. B. das Sprechtempo, den Stimmeinsatz oder das Sprachniveau. Für die Gestaltung der Sprachförderung im pädagogischen Alltag können Sie auf vielfältige Gesprächstechniken und Methoden zurückgreifen. Darüber hinaus können Sie durch gezielte Sprachförderangebote die kindlichen Fähigkeiten zu bestimmten Sprachebenen erweitern.

Sie haben das Literacy-Konzept, bei dem der Schwerpunkt auf einer weiteren Förderebene, dem Lesen und Schreiben lernen liegt, als ergänzenden Bildungsauftrag kennengelernt. Sie wissen nun, wie Sie das Betrachten von Bilderbüchern, das Vorlesen und Erzählen und das Dichten, Reimen und Singen zur Förderung der Lesefreude von Kindern nutzen können. Erste Zugänge zur Schrift können Sie in Ihrem pädagogischen Alltag anbieten, um das Interesse am Schreiben in Ihrer Kindergruppe zu wecken.

Im Sinne der Ganzheitlichkeit verstehen Sie, warum Sprachförderung konzeptionell verankert werden muss, welche bedeutsame Rolle dem regelmäßigen Beobachten und Dokumentieren kindlicher Sprachprozesse beizumessen ist und wie hierbei die Eltern eingebunden werden können.

6 DAS SPIEL DES KINDES

15. Februar

16:03 Warum spielen Kinder den ganzen Tag?

16:11 Was spielen Kinder in welchem Alter am liebsten?

16:19 Kann und soll ich eigentlich mitspielen?

6.1 Die Bedeutung des Spiels

6.1.1 Begriffsbestimmung: Was ist Spiel?

Unter dem Begriff „Spiel" kann sich zunächst wohl jeder etwas vorstellen. Allerdings fällt es meist schwer, genau zu definieren (bestimmen), was „Spielen" konkret eigentlich auszeichnet.

> Ganz allgemein formuliert ist Spielen eine Tätigkeit, die von Kindern, Jugendlichen oder Erwachsenen alleine oder mit anderen ausgeführt wird.

Spielhandlungen weisen folgende charakteristische (bezeichnende) Merkmale auf:

- **Intrinsische ›Motivation‹ und Selbstzweck:** Spieltätigkeiten erfolgen aus eigenem Antrieb und entfalten sich ohne Zwang. Der Sinn der Spielaktivität liegt im Spielen selbst.

Motivation → S. 72

- **Fantasie und Loslösung vom Alltag:** Der Spielende kann spielerisch sowohl mit Alltags- als auch mit Fantasievorstellungen umgehen. Dabei verarbeitet er eigene Erfahrungen.
- **Lustvolle Spannung:** Der Ausgang eines Spiels ist unbestimmt. Dies macht den besonderen Reiz des Spielens aus.
- **Spaß und Beteiligung der Emotionalität:** Der Spielende kann sich im Spiel fallen und sich in besonderem Maße von seinen Gefühlen, seiner Stimmung leiten lassen.

Sozialisation → S. 242

- **Erleben von Gemeinsamkeit:** Im Spiel mit anderen werden vielfältige ›soziale Verhaltensweisen‹ erlernt. Ein „Wir-Gefühl" entsteht.

- **Selbstbestimmung und Selbstkontrolle:** Im Spiel erleben Menschen, dass sie Kontrolle über die Wirklichkeit ausüben können. Der Spielende trifft selbst die Entscheidung, ob er spielen möchte.
- **Aktivitätsregulierung:** Spiel kann entweder beruhigen und entspannen oder die eigene Aktivität steigern.
- **Beanspruchung des ganzen Menschen:** Im Spiel ist der Mensch mit all seinen Fähigkeiten, mit Kopf, Herz und Hand gefragt (›ganzheitliche Entwicklung‹).
- **Struktur und Regeln:** Spielen ist zeitlich und räumlich begrenzt und unterliegt bestimmten vorab vereinbarten oder selbst ausgehandelten Regeln.
- **Wiederholung und Ritual:** Spieltätigkeiten sind durch häufige Wiederholungen geprägt. Solch festgelegte Handlungen weisen einen gewissen Ritualcharakter auf: Die Spielenden können sich auf die immer wiederkehrenden Abläufe verlassen.

ganzheitliche Entwicklung
→ S. 293

Beobachtet man alltägliche Spielsituationen, so lassen sich viele dieser Merkmale auf Anhieb erkennen.

> **BEISPIEL** **Luisa (4;8)** und **Zeynep (5;1)** laufen vergnügt in die Puppenecke. Luisa schiebt den Standspiegel in die Mitte und stellt einen Stuhl davor. Zeynep holt die Kiste mit Haarspangen und Bürsten aus dem Schrank und legt sie auf den kleinen Beistelltisch. „So, meine Dame, wie möchte Sie denn Ihre Haare haben?" Zeynep kichert: „Also, ich möchte ganz viele kleine Zöpfe haben. Aber geflochten bitte!" Luisa geht ein paar Mal um Zeynep herum und begutachtet ihre Haare. „Ich empfehle Ihnen aber, nur einen dicken Zopf zu tragen. Das ist jetzt in." Zeynep nickt: „Na gut, dann legen Sie mal los." **Lukas (4;3)** kommt aus der Bauecke dazu: „Bin ich dann als Nächstes dran?" Luisa guckt ihn verwundert an: „Haben Sie denn überhaupt einen Termin?" Lukas schüttelt den Kopf. „Ja, dann müssen Sie später wiederkommen, ich habe gerade viel zu tun." Er schaut den beiden Mädchen noch eine Weile zu. Da ertönt das Schlagen der Triangel. Es ist Aufräumzeit. „Kommen Sie morgen, da haben wir wieder geöffnet." Zeynep und Luisa räumen die Puppenecke wieder um. Lukas hilft ihnen dabei.

6.1.2 Spielen hat Einfluss auf die kindliche Entwicklung

„Kinder spielen den ganzen Tag ja nur!" So sagt es manch ein Erwachsener, wenn er die üblichen Tätigkeiten eines Kindes beschreiben soll. Dadurch wird jedoch auch zum Ausdruck gebracht, was oftmals unterschätzt wird: die wichtige Rolle des Spiels für die Entwicklung des Kindes.

Beobachtet man Kinder beim Spielen, dann wird deutlich, wie ernsthaft und konzentriert sie bei der Sache sind. Scheinbar vergessen sie alles, was um sie herum geschieht. Kinder können jederzeit und überall spielen: Dafür benötigen sie weder bestimmte Materialien noch eine vorbereitete Umgebung. In jeder seiner Spielhandlungen erweitert das Kind vielfältige ›Kompetenzen‹, die maßgeblich zu seiner Entwicklung beitragen.

Kompetenz → S. 30

Spielen hat Einfluss auf das Denken

kognitive Entwicklung → S. 167

Exploration → S. 136

| Kinder entwickeln und trainieren im Spiel ihre ›Fähigkeit zu denken‹.

Sie erfahren beim spielerischen ›Erforschen‹, wie sich die Gegenstände ihrer Umwelt unterscheiden und welche Gebrauchsmöglichkeiten diese bieten. Beim Spielen lernen sie erste physikalische Gesetze kennen, wenn sie z. B. beim Aufeinanderstapeln von Bauklötzen an die Grenzen der Schwerkraft stoßen.

Beim Nachbauen von Gebäuden erweitert das Kind ebenso sein räumliches Vorstellungsvermögen. Im Spiel erprobt das Kind Wenn-dann-Zusammenhänge, zieht daraus Schlüsse für weitere Handlungen, sucht nach Erklärungen und löst dabei Probleme aller Art.

Spielen hat Einfluss auf die Sprache

Kinder setzen sich früh mit der Beschaffenheit von Dingen und ihren Verwendungsmöglichkeiten auseinander. Zugleich hören sie deren Bezeichnungen und entwickeln so erste Begriffsvorstellungen.

> **BEISPIEL** Bewegt sich etwas auf vier Beinen fort, ist es ein Tier, bellt es, handelt es sich dabei um einen Hund, hat es einen langen Hals und lange Beine, ist es eine Giraffe usw.

| Spielen fordert zum Sprechen auf.

Dabei äußern sich Kinder nicht nur im Spiel („Bello hat Hunger"), sondern auch über das Spiel („Ich bin wohl der Hund und bekomme jetzt von dir etwas zu essen"). Die Sprache wird dabei an die jeweilige Spielsituation angepasst.

Kinder tauschen ihre Erlebnisse aus und verarbeiten ihre Erfahrungen spielerisch. Dafür benötigen sie nicht immer ein Gegenüber: Sie reden beim Spielen auch mit sich selbst und steuern so ihr Verhalten, indem sie sich selbst z. B. Anweisungen geben.

In Reimen, Witzen, Wort- und Singspielen spielen die Kinder auch mit ›Sprache‹. Sprachliche und kommunikative Fähigkeiten werden auf vielfältige Weise in Spielsituationen erweitert.

Abb. 6.1 Spielen fördert die Sprachentwicklung.

Sprachentwicklung → S. 161,
Sprachbildung → S. 464

Spielen als soziales Handeln

Kinder können im Spiel leicht miteinander Kontakt aufbauen. Im Laufe der ersten Lebensjahre lernen sie, gemeinsam über einen längeren Zeitraum miteinander zu spielen. In den ersten zwei Lebensjahren entwickeln sich Spielprozesse zunächst über das Einzelspiel hin zum Parallelspiel, wie z. B. dem Nebeneinanderlegen von Bausteinen. Danach gewinnt das **kooperative Spiel** zunehmend an Bedeutung, wie beispielsweise das gemeinsame Bauen eines Gebäudes. Dabei erwerben die Kinder vielfältige ›soziale

soziale Kompetenz → S. 227

Fähigkeiten‹ und Fertigkeiten. Sie lernen, ihre eigenen Wünsche und Bedürfnisse ihrem Gegenüber anzupassen, aber auch, sich bei Bedarf zu behaupten. Konflikte müssen ausgehandelt und Enttäuschungen ertragen werden.

> Das Vermögen, sich in andere hineinversetzen und Verständnis für das Verhalten anderer zu zeigen, wird in gemeinsamen Spielhandlungen ausgebildet.

Durch das häufige gemeinsame Spielen werden sich Kinder zunehmend vertrauter und knüpfen bereits im Vorschulalter intensive Freundschaftsbande.

Spielen, Bewegung und die Entwicklung der Sinne

Die meisten Spiele bieten vielfältige ›Bewegungsmöglichkeiten‹, bei denen Kinder ein Gefühl für ihren Körper und die Kontrolle über diesen erwerben. Sie trainieren ihren Gleichgewichtssinn und nehmen ihre eigenen Bewegungen bewusst wahr. Spielerisch werden die ›Sinne des Kindes‹ geschult.

motorische Entwicklung
→ S. 154

Sinne → S. 167

> **BEISPIEL** Zum Beispiel ertastet das Kind die unterschiedlichen Formen von Nudeln, hört, wie diese im Kochtopf beim Umrühren rascheln, riecht an ihnen und probiert sie vielleicht, um zu erfahren, dass sie ungekocht so gar nicht schmecken.

Das Gehirn organisiert, ordnet, vergleicht und wertet die Sinneseindrücke aus, um eine passende Reaktion darauf zu entwickeln. Das Zusammenspiel der Sinne und ihre effektive (wirkungsvolle) Nutzung werden als **sensorische Integration** bezeichnet. Wenn diese erfolgreich abläuft, kann das Kind sinnvoll, kreativ und befriedigend auf seine Umwelt reagieren.

Abb. 6.2 Spielerisch werden die Sinne trainiert.

Bedürfnis → S. 410

sozial-emotionale
Entwicklung → S. 173

Spielen und seelisches Gleichgewicht

Kinder steuern ihre Handlungen sehr stark aus ihren Gefühlen und ›Bedürfnissen‹ heraus. Das Spielen bietet ihnen die Möglichkeit, diese darzustellen und auszuleben. Dadurch können Kinder ihre Erfahrungen und Erlebnisse aus dem Alltag verarbeiten. So erlangen sie ›emotionale Ausgeglichenheit‹. Besonders aufregende oder gar beängstigende Situationen können nachgespielt und in ihrem Verlauf variiert werden. Fehlt Kindern solch ein Ventil, behindern die unverarbeiteten Eindrücke auf Dauer viele Lern- und Entwicklungsprozesse. Werden spielerische Aktivitäten durch Filme und Videospiele verdrängt, geht die Fantasie zunehmend verloren. Sie aber ist der Motor für produktives Denken und für eine aktive Verarbeitung der Wirklichkeit.

Pädiatrie
Kinderheilkunde

❝ *Durch freies Spielen wird die Entwicklung von Kindern deutlich stärker gefördert als durch vermeintliche Kinderprogramme im Fernsehen und anderen Medien. Eine entsprechende Erklärung veröffentlichte [...] die Amerikanische Akademie für ›Pädiatrie‹ (AAP).*

‚Kleine Kinder lernen am besten durch Interaktion mit Menschen und nicht vor dem Bildschirm' betonen die Kinderärzte. Im freien Spiel lernen Kindern kreatives Denken, Problemlösestrategien und Verantwortung zu übernehmen. Nicht zuletzt entwickeln die Kinder im Spiel auch ihre motorischen Fähigkeiten, so die Akademie in ihrer Erklärung. In einer kürzlich veröffentlichten Studie gaben 90 Prozent aller Eltern von Kindern bis zwei Jahre an, dass ihre Kinder bereits Medien konsumieren, sei es Fernsehen oder Videos. Insbesondere der Medienkonsum am Abend kann zu Schlafstörungen führen, warnt die AAP. Deshalb rät die Organisation, dass Kinder z. B. auf dem Küchenboden sitzend mit Spielzeuggeschirr spielen, während die Eltern beispielsweise das Abendessen vorbereiten.

Kinderturnstiftung Baden-Württemberg (Hrsg.): Forscher fordern freies Spiel statt Fernsehen. www.kinderturnstiftung-bw.de/forscher-fordern-freies-spiel-statt-fernsehen (Abruf: 25.3.2015)

6.2 Die Entwicklung des Spielverhaltens

6.2.1 Entwicklung der Kooperationsformen

Das Spielverhalten entwickelt sich bei allen Kindern sehr ähnlich. Im ersten Lebensjahr spielen Kinder alleine oder haben Erwachsene als Spielpartner, die ihr Erforschen und Entdecken begleiten.

Im zweiten Lebensjahr wächst zunehmend das Interesse am Spiel mit Gleichaltrigen. Die Kinder beginnen, sich gegenseitig bewusst wahrzunehmen, beobachten, was der andere gerade tut, und versuchen es ›nachzuahmen‹. Das **Parallelspiel** ist der Vorläufer für erste gemeinsame Spielaktivitäten. Dabei treten bereits Kleinkinder in Kontakt zu anderen gleichaltrigen Spielpartnern und entwickeln erste gemeinsame Spielideen. Über das **Partnerspiel** erweitern sie ihre ›kooperativen Fähigkeiten‹. Spielpartner entdecken beim Spielen Gemeinsamkeiten und Unterschiede, lernen, sich gegenseitig zu unterstützen, aber auch Interessen miteinander auszuhandeln.

Lernen am Modell → S. 100

Sind diese ›Sozialkompetenzen‹ gefestigt, gehen Kinder zum **Gruppenspiel** über. Hier müssen Abstimmungsprozesse unter mehreren Kindern erfolgen. Jedes Kind will mit seinen Wünschen und Bedürfnissen akzeptiert und verstanden werden. Durch das gemeinsame Spielen werden die Zugehörigkeit zueinander verdeutlicht und der Zusammenhalt gestärkt.

Abb. 6.3 Ab etwa zwei Jahren können Kinder schon zusammen spielen.

6.2.2 Entwicklung der Spielformen

Die Entwicklung der Spielfähigkeit beginnt bereits im Säuglingsalter. Das Kind greift seinem Alter entsprechend auf bestimmte Formen des Spielens zurück. Je älter es wird, desto komplexer (vielschichtiger) werden die bevorzugten Spiele.

Kooperation
Zusammenarbeit, gemeinsame Tätigkeit

Sozialkompetenz → S. 227

> Die Spielformen sind nicht einzeln für sich zu sehen, sondern bauen aufeinander auf, vermischen sich teilweise und bleiben neben den hinzukommenden bestehen.

Regelspiel
Rollenspiel
Symbolspiel
Konstruktionsspiel
Explorationsspiel
Funktionsspiel

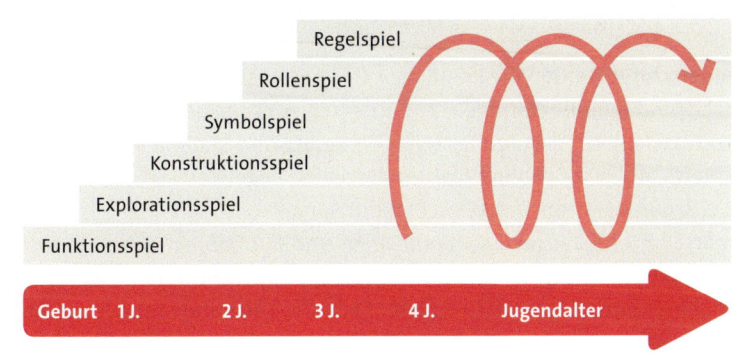

Geburt 1 J. 2 J. 3 J. 4 J. Jugendalter

Abb. 6.4 Die Spielformen lösen sich nicht ab, sondern überschneiden sich, bleiben erhalten und entwickeln sich weiter.

Funktionsspiel und Explorationsspiel

> Funktionsspiele sind am Anfang der Spielentwicklung eines Kindes wichtig. Sie entstehen aus einfachen Handlungen, die das Kind aus Freude an der Bewegung und den damit zufällig bewirkten Veränderungen mehrfach wiederholt.

Der Säugling erprobt seine Bewegungsmöglichkeiten, ohne dabei ein bestimmtes Ziel zu verfolgen. Nach wenigen Lebensmonaten bezieht das Baby Gegenstände in sein Bewegungsspiel mit ein. In der Nähe liegende Gegenstände führt es zum Mund, untersucht und betastet sie. Neben den eigenen Bewegungsmöglichkeiten lernt es auf diesem Wege auch die Eigenschaften von Materialien kennen.

Im **zweiten Lebenshalbjahr** erfolgt das Erkunden (Explorieren) gezielter. Das Kind erprobt, welche Gegenstände sich ziehen lassen, wie sie fallen und sich anhören, wenn man damit klopft. Im Krabbel- und Lauflernalter nutzt es seine zunehmenden Körperfunktionen, um das weitere Umfeld zu erforschen. Durch Klettern, Greifen, Anfassen und Loslassen, Heranziehen, Wegstoßen und zahllose Wiederholungen prägt sich das Kind spezifische Merkmale seiner Umgebung ein: Aussehen, Oberflächenbeschaffenheit, Geruch und Geschmack der Objekte.

Abb. 6.5 Erproben und Erkunden stehen im Mittelpunkt.

Mit steigendem Alter werden die kindlichen Übungsspiele verfeinert. Das Kind kann Stufen hinauf- und hinunterspringen, auf unterschiedliche Ebenen klettern oder von ihnen runterrutschen. Zur Verfügung stehende Geräte und Materialien probiert es auf vielfältige Weise aus. Das Spiel mit Naturmaterialien begeistert das Kind in besonderem Maße, z. B. das Schütten und Matschen mit Sand.

Im **Kindergartenalter** versucht das Kind, Dinge und Funktionen gezielter zu durchschauen. Beim Experimentieren erfährt es, wie unterschiedliche Materialien verwendet werden können. Es entwickelt die ›Fähigkeit‹, Sachverhalte miteinander zu verknüpfen und Dinge zu kombinieren. Dies führt dazu, dass ein Produkt entsteht, das einem echten Gegenstand entspricht. Das funktionale und explorierende Spielen kann zum Konstruktionsspiel oder auch zum Symbol- und Rollenspiel übergehen.

kognitive Entwicklung → S. 167

> **BEISPIEL** Milow (2;7) steckt einzelne Legosteine aufeinander. Nach und nach entsteht so ein hoher Turm, der zunächst umkippt. Beim vierten Versuch fügt Milow zur Verstärkung an den Seiten noch weitere Bausteine als Stützen dazu. Nun bleibt der Turm stehen. Milow lächelt zufrieden. „Guck mal, eine Rakete ist das." Er hebt sie an und lässt sie durch den Gruppenraum fliegen. „Achtung, Achtung, wir landen gleich." Mit voller Wucht wirft er seine Rakete auf den Bauteppich, sodass die Bausteine auseinanderfallen. „Oh nein, ein Totalschaden." In kurzer Zeit hat er seine Rakete wieder zusammengebaut.

Konstruktionsspiel

Im zweiten Lebensjahr entwickelt sich aus dem Funktions- und Explorationsspiel das an Materialien gebundene Konstruktionsspiel.

| Das Bedürfnis, etwas herzustellen und zu erschaffen, steigt.

Es beginnt meist mit einem ungezielten Ausprobieren der entsprechenden Materialien. Diese werden ineinandergesteckt, -geschraubt oder geformt. Beherrscht es die erforderlichen Techniken, beginnt das Kind damit, sich bestimmte Gebilde vorzustellen und sie zu gestalten. Dieser Prozess vollzieht sich bei vielfältigen Konstruktionsspielen, z. B.:

- Sandspiel
- Malen
- Bauen
- Kneten

Zu Beginn probieren die Kinder beim Konstruieren noch viel aus, sodass häufig Zufallsprodukte entstehen, die willkürlich benannt und erläutert werden. So wird erklärt, dass es sich bei dem Erbauten um ein Schloss handele oder dass ein gemaltes Bild einen Drachen darstellen soll. Besonders einfache Materialien unterstützen das Kind dabei, seine Vorstellungen zu verwirklichen. Wachsen Vorstellungskraft und Kreativität, werden die konstruierten Werke auch komplizierter. Das Kind ist imstande, sein Vorhaben vorab zu planen und das Endprodukt im Vorhinein zu benennen. Alleine oder zusammen mit anderen Spielpartnern vermag es mit größerer Ausdauer sein Werk zu Ende zu führen.

Vorlagen benötigt das Kind hierfür meist nicht. Beim Malen können Vorlagen in

Abb. 6.6 Konstruktionsspiel

Form von Schablonen oder Ausmalbildern gar als hinderlich für die Entwicklung der Vorstellungskraft angesehen werden. Das Kind orientiert sich möglicherweise zu stark an dem Ideal und sieht sein eigenes Handwerk als minderwertig an. Beim Bauen mit vorgegebenen Bauteilen hingegen wird die Kreativität weniger eingeschränkt. Dennoch sollte vielmehr die eigene Gestaltungsfähigkeit der Kinder gefördert werden.

> Auf das selbst Erbaute, Gemalte oder Gebastelte ist das Kind besonders stolz. Diese Produkte kann es in ein anschließendes Rollenspiel mit einfließen lassen.

BEISPIEL Lucie (3;3) und Milan (3;9) spielen seit einiger Zeit zusammen in der Bauecke. Immer deutlicher wird ihr Vorhaben erkennbar. Sie möchten einen großen Bauernhof bauen. „Guck mal, Milan, ich habe eine Scheune gebaut", freut sich Lucie. „Aber die ist doch viel zu klein, da passen doch kaum Tiere rein". Milan stellt einige der Holztiere vor Lucies Erbautes. „Du musst sie so breit wie diese Tierreihe hier bauen. Ich baue jetzt mal den Zaun um unseren Hof drumherum." Nach ein paar Minuten ertönen erste Tiergeräusche: „Muh muh". Lucie treibt mit einer Holzfigur alle Kühe in die Scheune. Milan kommt mit einem Traktor auf den Hof gefahren: „Tut tut, hier kommen die Strohballen."

Symbol- und Rollenspiele

Die Anfänge des Symbolspiels sind im **zweiten Lebensjahr** zu erkennen, wenn das Kind damit beginnt, im Spiel „so zu tun, als ob ...". Gegenstände bekommen eine andere Funktion: Einen Kochlöffel gebraucht das Kind als Schlägel, der Kochtopf dient als Trommel.

> Das Kind kann sich den gebrauchten Gegenstand als anderes Objekt vorstellen.

Damit ahmt es Handlungen nach, die es in seiner Umwelt erlebt hat, z. B. greift es zu einer Taschentuchpackung und beginnt damit zu telefonieren.

Der Übergang zum Rollenspiel ist fließend. Darin sieht das Kind sich selbst oder einen Gegenstand, etwa eine Puppe, in einer erdachten ›Rolle‹ und handelt entsprechend in dieser Rolle. **Ab dem dritten**

Abb. 6.7 Symbolspiel „Busfahren"

Rolle → S. 33

Lebensjahr schlüpft das Kind in die Rolle anderer Personen. Es versetzt sich im Spiel in diese Rolle und vollzieht Handlungen, die es selbst als Kind noch nicht ausüben kann, beispielsweise in den Urlaub fliegen oder zur Schule gehen.

Bestimmte Rollenspielmaterialien unterstützen das Kind dabei, eigene Erlebnisse und Erfahrungen oder die der Erwachsenenwelt nachzuspielen und diese zu bewältigen: Puppen, Stofftiere und Alltagsutensilien. Die einzelnen Charaktere und Verhaltensweisen lässt das Kind im Spiel lebendig werden: In der Rolle der Mutter meckert es rum, die Puppe schreit wie das Geschwisterkind, wenn es Hunger hat.

Zwischen dem dritten und vierten Lebensjahr kann das Kind sich im Spiel zwischen der realen und der erdachten Spielwelt bewegen. Es ahmt nicht nur Personen oder Tiere aus seinem Umfeld nach, sondern übernimmt auch gerne Fantasierollen aus der Literatur- oder Medienwelt. Diese bieten dem Kind die Möglichkeit, neue oder gar unerreichbare Verhaltensweisen und Handlungen auszuprobieren. So kann es als Superheld durch die Gegend fliegen oder als Königin ein ganzes Land regieren.

Neue Formen nimmt das Rollenspiel dann **zwischen dem fünften und sechsten Lebensjahr** an. Spielpartner gewinnen an Bedeutung, mit denen das Kind gemeinsam Spielpläne entwirft. Das Rollenspiel findet zunehmend organisierter statt. Die Kinder verteilen untereinander die Rollen, inszenieren die passenden Spielorte, sorgen für die „Requisiten" und geben sich gegenseitig „Regieanweisungen".

Abb. 6.8 Rollenspiel

> Das Kind kann im Schutze seiner eingenommenen Rolle seinen Gefühlen freien Lauf lassen und Erlebtes verarbeiten, ohne sich für seine Handlungen im Rollenspiel schämen oder rechtfertigen zu müssen.

> **BEISPIEL** Nachdem sich **Jeremy (4;5)** und **Nicolai (5;1)** als Piraten verkleidet und eine Höhle gebaut haben, beginnen sie mit ihren Schwertern durch den Gruppenraum zu laufen. „Attacke, gleich habe ich dich, du Schuft!", schreit Nicolai und rennt wild mit dem Schwert fuchtelnd hinter Jeremy her. Dieser versteckt sich schnell in der Höhle. Nicolai schlägt mit dem Schwert auf das Höhlendach: „Komm raus, du Feigling!" Da stürzt die Höhle ein und ein wütend blickender Jeremy kommt zum Vorschein: „Das wirst du mir büßen, du Holzkopf!"

Regelspiel

Regelspiele erwachsen aus den Funktionsspielen. Sind die Fähigkeiten des Kindes, mit verschiedenen Materialien umzugehen, fortgeschritten, entwickelt das Kind zunächst eigene Regeln, an denen es sich selbst messen will. Es versucht z. B., einen Ball in eine Kiste zu werfen, ohne sich dieser zu nähern. Dabei ist es ihm nicht nur wichtig, die Spielart zu bewältigen, sondern auch die aufgestellte Spielregel einzuhalten.

> Mit fortschreitender Entwicklung ist das Kind imstande, vorgelebte Regeln nachzuahmen und zu berücksichtigen. Es lernt, bestimmte Abfolgen des Spiels einzuhalten und seinen Einzelaufgaben gerecht zu werden.

Darauf aufbauend hält es sich zunehmend an aufgestellte Regeln und achtet auch selbst darauf, dass diese eingehalten werden. Verstöße werden entsprechend geahndet.

GRUNDLAGEN DER PRAXISGESTALTUNG

Jean Piaget → S. 106, 168, 186

Die Entwicklung des Regelbewusstseins ist ein langjähriger Prozess, der sich beim Kind etwa über zehn Jahre hinweg erstreckt. Im Kindergartenalter sind Kinder noch sehr Ich-bezogen (sog. Egozentrismus, ›Jean Piaget‹). Eine abwechselnde Betätigung mit einem Spielpartner während eines Regelspiels beginnt meist erst mit vier bis fünf Jahren. Sie gelingt vor allem dann, wenn ein Erwachsener an dem Spiel teilnimmt. Das selbstständige Einhalten der Regeln vollzieht sich erst mit ca. fünf Jahren.

Regelspiele, bei denen es Gewinner und Verlierer gibt, haben auf Kindergartenkinder eine sehr emotionale Wirkung. Sie sind stolz und froh, wenn sie gewonnen haben, aber auch umso trauriger oder gar wütend, wenn sie als Verlierer das Spiel verlassen. Misserfolge können nur schwer ertragen werden. Das Kind lernt so jedoch auch spielerisch

Sozialisation → S. 242

Regeln des ›Zusammenlebens‹ kennen. Es muss sich bestimmten Spielbedingungen und -absprachen unterordnen, sie aber auch mit anderen aushandeln. Konflikte mit den Spielpartnern oder die eigene Niederlage beim Spielen müssen erduldet werden.

> Das Wissen über einzuhaltende Regeln und der Umgang mit einem solchen Regelwerk bereiten das Kind spielerisch auf das spätere Zusammenleben in der Gesellschaft vor.

Abb. 6.9 Regelspiel

BEISPIEL Die fünf Freunde **Pascal (4;6)**, **Salim (5;3)**, **Justin (5;7)**, **Berkan (4;2)** und **Jakup (4;9)** haben sich für ein Brettspiel entschieden. Sieger ist derjenige, der als Erster durch häufiges Würfeln einer hohen Würfelzahl das Ziel erreicht. Über die einzelnen Aufgaben, die es auf dem Weg auf den jeweiligen Feldern zu bewältigen gilt, kommt jedoch Streit auf.
Jakup: „Mann, bei dem weißen Feld musst du drei Schritte zurück gehen, nicht einen!"
Salim: „Stimmt doch gar nicht, Frau Fitzler hat uns das anders erklärt."
Justin: „Jakup, du hast nur Schiss, dass er dich gleich überholt und vor dir ins Ziel läuft. Immer willst du der Gewinner sein, ne?"
Jakup: „Ja, wenn das so ist, spielt doch ohne mich weiter. Ich habe keine Lust mehr."
Wütend steht Jakup auf und verlässt den Raum.

6.3 Das kindliche Spiel gestalten

6.3.1 Bedingungen des kindlichen Spiels

Das Spielen ist stets an bestimmte Bedingungen gebunden. Sind diese gegeben, kann das Kind seine Spielhandlungen vielfältig gestalten. Die Spielbedingungen sollten sich an der persönlichen Situation des Kindes orientieren, seinem aktuellen Entwicklungsstand sowie seinen Bedürfnissen und Vorlieben.

Entscheidungsfreiheit: Mit steigendem Alter entscheiden Kinder am liebsten selbst, was, wann, wo und mit wem sie spielen wollen.

Spielraum: Mit dem Älterwerden vergrößert sich der Aktionsradius des Kindes. Die räumliche Spielumgebung muss abwechslungsreich und großzügig gestaltet sein.

Spielmaterial: Art und Beschaffenheit sind vom jeweiligen Entwicklungsstand des Kindes abhängig. Zunächst eignen sich möglichst einfache, dann immer komplexer werdende Materialien.

Spielzeit: Je jünger das Kind ist, desto mehr Spielzeit steht ihm zur Verfügung. Mit dem Alter nehmen auch Verpflichtungen und Aufgaben zu.

Spielpartner: Während zu Beginn Erwachsene das Spiel unterstützen, gewinnen gleichaltrige Spielpartner im Laufe der Entwicklung an Bedeutung.

Abb. 6.10 Bedingungen des Spiels

> **ZUM WEITERDENKEN** Die Spielbedingungen haben sich in den letzten Jahren und Jahrzehnten stark verändert. Es gibt immer mehr und immer dichter besiedelte Städte und die Gesellschaft wird immer beweglicher. Dies führt dazu, dass es weniger Spielräume für Kinder gibt und diese oft auf den eigenen Wohnraum beschränkt sind. Kinder sind zudem abhängiger von Erwachsenen, die sie zu weiter entfernt wohnenden Freunden bringen. Dies wirkt sich auch auf die Bildung von Spielgruppen aus. Die Wahl der Spielpartner und Spielzeiten wird vielmehr von den Erwachsenen bestimmt, Spielen wird so zum Termingeschäft. Kinder finden weniger natürliche Spielräume vor. Während sie früher die nähere und weitere Umgebung des eigenen Zuhause zum Spielen genutzt haben, ist es heutzutage die elterliche Wohnung. Kindliche Spiel- und Erlebnisräume hängen somit von der Art der Wohnverhältnisse ab. Diese wiederum werden von den Erwachsenen bestimmt und kontrolliert.

6.3.2 Die Rolle der Spielleitung

Um das kindliche Spiel bestmöglich zu fördern, müssen sich pädagogische Fachkräfte ihrer bedeutsamen Rolle als Spielleitung bewusst werden. In dieser Rolle haben sie verschiedene Aufgaben.

Abb. 6.11 Aufgaben einer Spielleitung

Beobachtung → S. 59

Die drei Aufgabenfelder sind miteinander verzahnt. Aufgrund ihrer ›**Beobachtung**‹ leitet die Spielleitung sinnvolle Schritte ab, um die kindlichen Spielprozesse anzuregen und ideal zu unterstützen. So ergeben sich neue Spielsituationen, die die pädagogische Fachkraft wiederum beobachten und bewerten kann: Wie wirken sich ihre Anregungen auf das Spiel aus?

Um diesen Anforderungen gerecht werden zu können, benötigt die Spielleitung folgende ›**Kompetenzen**‹:

Kompetenz → S. 30

- Sie verfügt über Hintergrundwissen zur Theorie des kindlichen Spiels (u. a. Merkmale des Spiels, Phasen der kindlichen Spielentwicklung, Spielarten/Spielformen).
- Sie kennt Spielregeln und Spielmaterialien, insbesondere solche, die für die Arbeit mit Kindern eine Rolle spielen.
- Sie besitzt persönliche Spielfreude und -motivation und kann diese auch zeigen, z. B. über die Körpersprache und das Gesamtauftreten.

Gruppe und Erziehung → S. 364
Rolle → S. 33

- Sie nimmt ›Gruppenprozesse‹ wahr, z. B. bezüglich der Über- oder Unterforderung einzelner Spieler, Einnahme bestimmer ›Rollen‹.
- Sie geht einfühlsam auf die indivuelle Situation der Spielenden ein, z. B. bestärkt sie zurückhaltende Kinder, ohne sie zu bedrängen.

mit Konflikten umgehen → S. 376

- Sie reagiert spontan und flexibel auf Spielsituationen und ›Konflikte‹ (Ruhe bewahren, Lösungen finden, Spielabläufe abändern oder gar abbrechen).

> **BEISPIEL** Kinderpfleger Moritz Büscher beobachtet beim Spielen auf dem Außengelände, wie sich vier Mädchen heftig streiten. Das jüngste Mädchen, **Liliana (3;5)**, wird von den drei älteren Mädchen, **Melina (4;7)**, **Sophie (5;1)** und **Kübra (4;9)**, in die Ecke des Kletterturms gedrängt. Moritz Büscher läuft zu den streitenden Mädchen und stellt sich zwischen sie. Er fragt zunächst alle Beteiligten, was es für ein Problem gibt. Dann verdeutlicht er den Mädchen, wie er die Situation wahrgenommen hat, und bespricht mit ihnen, wie sich jemand fühlt, der so angegriffen wird. Gemeinsam sucht er mit der Mädchengruppe eine Lösung, mit der alle zufrieden sein können. Die Mädchen einigen sich darauf, Liliana mitspielen zu lassen und sich bei Bedarf einen anderen Rückzugsort zu suchen, ohne ein anderes Kind daraus zu vertreiben.

6.3.3 Das kindliche Spiel beobachten

Zu den wichtigsten Aufgaben einer Spielleitung gehört es, das kindliche Spiel regelmäßig zu beobachten. Beobachtungen vollziehen sich im pädagogischen Alltag häufig spontan und eher willkürlich. So schaut die pädagogische Fachkraft z. B. während der Freispielzeit Kindern, die gerade sehr vertieft im Sandkasten spielen, eine längere Zeit zu. Dabei erkennt sie vielleicht gar nicht bewusst, dass sich die Kinder aktuell besonders für das Baggern und Buddeln interessieren.

Eine systematische und methodisch kontrollierte ›Beobachtung‹ liegt vor, wenn
- sich die pädagogische Fachkraft bewusst als Beobachtende wahrnimmt.
- sie die Beobachtungstätigkeit gezielt auf Basis bestimmter Fragestellungen einsetzt.
- sie sich dabei bestimmter Beobachtungsmethoden bedient.

Ausgangspunkte für solch eine Beobachtung können bestimmte **Absichten** oder Ziele sein.

fachliche Beobachtung → S. 59

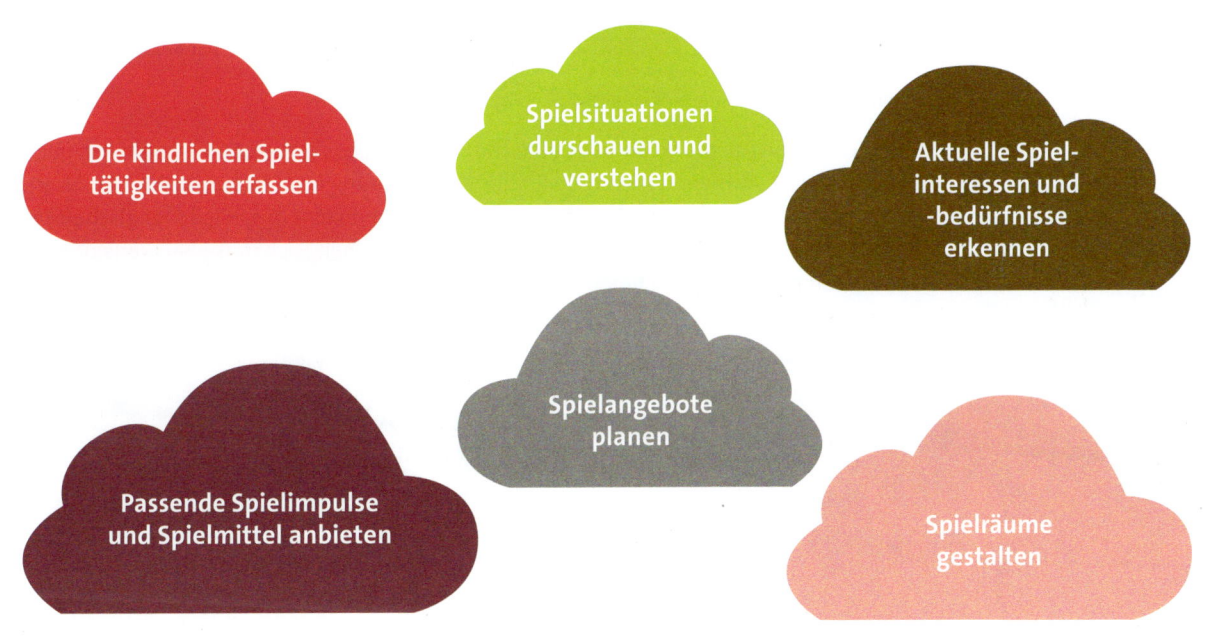

- Die kindlichen Spieltätigkeiten erfassen
- Spielsituationen durchschauen und verstehen
- Aktuelle Spielinteressen und -bedürfnisse erkennen
- Passende Spielimpulse und Spielmittel anbieten
- Spielangebote planen
- Spielräume gestalten

Abb. 6.12 Ziele der Beobachtung

Es gibt verschiedene **Hilfsmittel**, mit denen die Spielleitung ihre Beobachtungen festhalten kann:
- Spielprotokolle: Der Verlauf von beobachteten Spielsituationen wird verschriftlicht.
- Zeittafeln: Die Häufigkeit und zeitliche Verteilung bestimmter Spielmuster wird verdeutlicht. (Wer spielt mit wem, wo, was und womit?)
- Kategoriensysteme: Bestimmte Verhaltensmerkmale zum kindlichen Spiel werden festgehalten. Diese helfen, die Beobachtung auf bestimmte Aspekte zu lenken. (Zeigt das Kind Ausdauer beim Spielen, kann es mit Frustrationen umgehen?)
- ›Ratingskalen‹: Die Beobachtende schätzt ein Verhaltensmerkmal anhand einer Skala ein. (Wie intensiv lässt sich das Kind auf das Spiel ein, wie ausgeprägt ist die Spielbeteiligung?)

Rating
Bewertung, Einstufung

Datum: 15.03.2015　Beobachter:　Luisa Steffens	Person		
Zeit	Stefanie	Marie	Thomas
9.30	beim Memory-Spiel	beim Frühstück	Bauteppich
10.00	Puppenecke mit Olivia	malt allein	Falten, Bekleben eines Drachens
10.30	siehe oben	geht im Raum umher	Bauteppich
11.00 draußen	fährt mit Mariana Dreirad	sitzt allein im Sandkasten	fährt mit Inge Roller
11.30 draußen	spielt alleine im Sandkasten und formt Sand zu Häufchen	sitzt im Sandkasten und schaut den anderen Kindern zu	spielt mit Martin und drei Jungen aus der anderen Gruppe mit Autos im Sand

Tab. 6.13 Beobachtungsdokumentation, Beispiel Zeittafel

Zur Unterstützung kann die pädagogische Fachkraft beobachtete Spielsituationen auch filmen. Diese Aufnahmen kann sie für die Überarbeitung und Ergänzung ihrer Aufzeichnungen nutzen. Alle Dokumente können schließlich in einem **spielpädagogischen Tagebuch** gesammelt werden, welches die pädagogischen Fachkräfte bei ›Reflexionen‹ oder Fallbesprechungen heranziehen können.

Reflexion → S. 41

> **BEISPIEL** Kinderpfleger Lars Temlitz ist unzufrieden mit der aktuellen Gestaltung des Rollenspielbereichs. Mithilfe einer Zeittafel protokolliert er an einem Vormittag, welche Kinder diesen Bereich in der Freispielzeit aufsuchen und wie lange sie dort verweilen. Die Auswertung seiner Beobachtungsbögen bestätigt ihn in seiner Vermutung: Dieser Freispielbereich muss verändert werden. Um die Interessen und Bedürfnisse der Kinder zu ermitteln, setzt er sich erneut an einigen Vormittagen hin. In mehreren Beobachtungsprotokollen hält er fest, womit sich die Kinder aktuell beschäftigen und über welche Themen sie gemeinsam ins Gespräch kommen. Mit seiner Kollegin Leah Menze tauscht er seine Beobachtungsergebnisse aus. Beide beschließen, den Rollenspielbereich zu entrümpeln und den Kindern passend zu ihren Interessensgebieten neue Materialien zur Verfügung zu stellen.

6.3.4 Spiele ordnen und sortieren

Kinder spielen meist das, worauf sie gerade Lust haben und was ihnen besonders gefällt. Daraus ergeben sich die vielfältigsten Spieltätigkeiten. Für pädagogische Fachkräfte stellt sich dabei die Frage, nach welchen Kriterien (Merkmalen) Spiele ausgewählt werden können und welche sich für ihre Kindergruppe besonders eignen. Hilfestellung kann dabei ein **Ordnungssystem** bieten, mit dem sich verschiedene Spielarten und -formen unterteilen lassen. Da jedoch für eine solche Unterteilung unterschiedliche Ausgangspunkte herangezogen werden können, sind in der spielpädagogischen Fachliteratur verschiedene Modelle zu finden.

Bezeichnung	Ausgangspunkt	Einteilung
Spielentwicklungsmodell	der spielende Mensch, der eine bestimmte Entwicklungsstufe erreicht haben muss, um die Spielform durchzuführen zu können	Funktionsspiel Konstruktionsspiel Rollenspiel Regelspiel
Spielmodell	das Spiel selbst und die dafür charakteristischen Merkmale	Wettkampfspiele Glücksspiele Verkleidungsspiele rauschhafte Spiele (z. B. Schaukel, Zirkus, Akrobatik)
Funktionsmodell	neben der Spieltätigkeit oder spielenden Handlungsweise auch der Spielzweck	Bewegungsspiele Wahrnehmungsspiele Konzentrationsspiele Geschicklichkeitsspiele Kontaktspiele Gestaltungsspiele Lernspiele
Spielmaterialmodell	das Spielmaterial	Ballspiele Kartenspiele Würfelspiele Brettspiele Fotospiele
Spielinhaltsmodell	der Spielinhalt und seine erzieherische Bedeutung	ökologische Spiele Antirassismusspiele Emanzipationsspiele Suchtpräventionsspiele
Sozialformmodell	die Art der Zusammenstellung der Spielteilnehmer	Solospiele Paarspiele Kreisspiele Parallelspiele Mannschaftsspiele Großgruppenspiele
Spielortmodell	der Spielort	Spiele für drinnen Spiele für draußen Wald- und Wiesenspiele Wasserspiele Spiele für unterwegs

Die Auswahl an Klassifikationsmodellen macht deutlich, wie schwierig es ist, das kindliche Spiel in seiner Vielfalt zu erfassen. Pädagogische Fachkräfte können auf Grundlage der beschriebenen Modelle jedoch ein eigenes System entwickeln, das ihren individuellen beruflichen Spielanforderungen am meisten entspricht.

In Form einer selbst angelegten Spielekartei können bereits erprobte und neu entdeckte Spiele gesammelt und sortiert werden. So kann das Team jederzeit bei Bedarf auf eine breite Auswahl an Spielen zurückgreifen, z. B. für ein geplantes Sommerfest, für die Geburtstagsfeier eines Kindes oder für ein anstehendes Projekt.

6.3.5 Spiele beurteilen und auswählen

Bei der Auswahl geeigneter Spiele für ein Kind oder eine Kindergruppe sollten drei Einflussgrößen berücksichtigt werden:
- die Spieler und ihre Eigenarten
- die äußeren Bedingungen des Spiels (Rahmenbedingungen)
- die Spielleitung selbst

Spielende
- Anzahl der Spieler
- Alter und Geschlecht
- Kenntnisse und Fähigkeiten
- Wünsche, Interessen und Bedürfnisse
- Spielerfahrungen
- Struktur der Spielgruppe

Spielleitung
- Kenntnisse über die Spieler
- Kenntnisse über die Rahmenbedingungen
- Eigene Zielvorstellungen
- Repertoire an Spielen
- Handlungsvermögen

Rahmenbedingungen
- Zeitpunkt des Spiels und Spieldauer
- Ort des Spielens
- Einbettung des Spielangebotes in andere Aktivitäten der Spieler
- Institutionelle Rahmenbedingungen wie Verhaltensregeln, Abholzeiten etc.

↓ ↓ ↓

Auswahl von Spielen und Durchführung von Spielangeboten

Abb. 6.14 Einflussgrößen bei der Auswahl und Durchführung von Spielen

Für die pädagogische Fachkraft ist es wichtig, sich diese drei Einflussgrößen bewusst zu machen und ihre Wechselwirkungen aufeinander zu erfassen. So kann sie angemessene Spiele für Kinder auswählen.

> Spielangebote sind wirkungsvoll, wenn sie vorrangig die aktuelle Situation der Spielenden berücksichtigen.

Durch regelmäßige Beobachtung kann die Spielleitung die Besonderheiten der Spielgruppe erfassen und passende Spielangebote planen. Hierfür sollte sie möglichst auf ein breites Repertoire (Angebot) an Spielen zurückgreifen können. Ein solches Angebot kann sie sich durch Selbsterfahrung, Erprobung und Literaturrecherche nach und nach aufbauen.

Die pädagogische Fachkraft kann im Umgang mit den Kindern schrittweise lernen, sich auf diese bestmöglich einzustellen und geeignete Angebote aus dem eigenen Spielefundus auszuwählen. Dabei müssen jedoch stets auch die äußeren ›Bedingungen‹ bedacht werden, da sie das Spiel maßgeblich beeinflussen.

Bedingungen des Spiels → S. 507

> **BEISPIEL** In der Großtagespflege „Majas Knirpse" stehen den Kindern im Kreativbereich Blätter, Pinsel und Wasserfarben zur Verfügung. Praktikantin Leonie Röber konnte **Sümra (2;4)** und **Lotte (2;10)** in den letzten Tagen dabei beobachten, wie sie immer wieder versuchten, Gegenstände in die Wasserfarbe einzutauchen und mit diesen auf ihren Blättern zu malen. Die Gruppenleitung Simone Ipsen nahm ihnen jedes Mal die bemalten Gegenstände aus der Hand und wies sie zurecht, nur die Pinsel zu benutzen. Die anderen Gegenstände seien nicht zum Malen gedacht und würden dadurch verschmutzt. Leonie Röber kommt die Idee, den Kreativbereich durch weitere Malutensilien zu ergänzen. Nach einer kurzen Internetrecherche entscheidet sie sich dafür, am nächsten Tag Schwämme mitzubringen, die sie zusammen mit Lotte und Sümra in unterschiedliche Formen schneidet. Hierfür wählt sie den frühen Vormittag, damit die Mädchen vor dem Mittagessen und der anschließenden Ruhephase noch genügend Zeit und Energie zum Experimentieren haben. Voller Begeisterung beginnen Sümra und Lotte, die verschiedenen Schwämme in die Wasserfarbe einzutauchen und damit über ihre Blätter zu wischen.

Ob ein Spielangebot passend zur aktuellen Interessens- und Bedürfnislage der Kinder ausgewählt wurde, erkennt die pädagogische Fachkraft daran, wie viel Spaß und Begeisterung die Kinder beim Spiel entwickeln. Im günstigen Fall befinden sich die Spielenden „im ›Flow‹", lassen sich auf das Spiel ein und blenden andere äußere Reize weitestgehend aus.

Flow

engl. flow: Fließen, Rinnen, Strömen, bezeichnet das als beglückend erlebte Gefühl einer völligen Vertiefung und eines restlosen Aufgehens in einer Tätigkeit.

Abb. 6.15 Im Spiel blendet das Kind seine Umgebung aus.

Kriterien zur Beurteilung und Auswahl von Spielzeug

Die Spielzeugindustrie bietet heutzutage eine große Vielfalt an Spielzeugen an. Allerdings wurden diese vorrangig aus marktwirtschaftlicher Sicht entwickelt und sollen eine möglichst breite Kindermasse ansprechen.

Aus pädagogischer Sicht jedoch spielen andere Beurteilungs- und Auswahlkriterien eine Rolle. Das Spielzeug sollte

- altersgerecht sein und dem Entwicklungsstand entsprechen,
- sicher sein, keine Verschluckungs- oder Verletzungsgefahr aufweisen,
- haltbar sein und einem häufigen langjährigen Gebrauch standhalten können,
- der kindlichen Fantasie viele Freiräume bieten,
- verschiedene Handhabungen zulassen und verschiedene Sinne ansprechen,
- Möglichkeiten des Zusammen- und Auseinanderbauens bieten, um z. B. auch mal das Innenleben erkunden zu können,
- verträglich für Umwelt und Gesundheit sein, entsprechend den gängigen Sicherheitsnormen genügen und Prüfsiegel aufweisen.

Insbesondere bei Konstruktionsspielzeug ist es wichtig, dass es nicht zu wenige Teile von einer Sorte gibt.

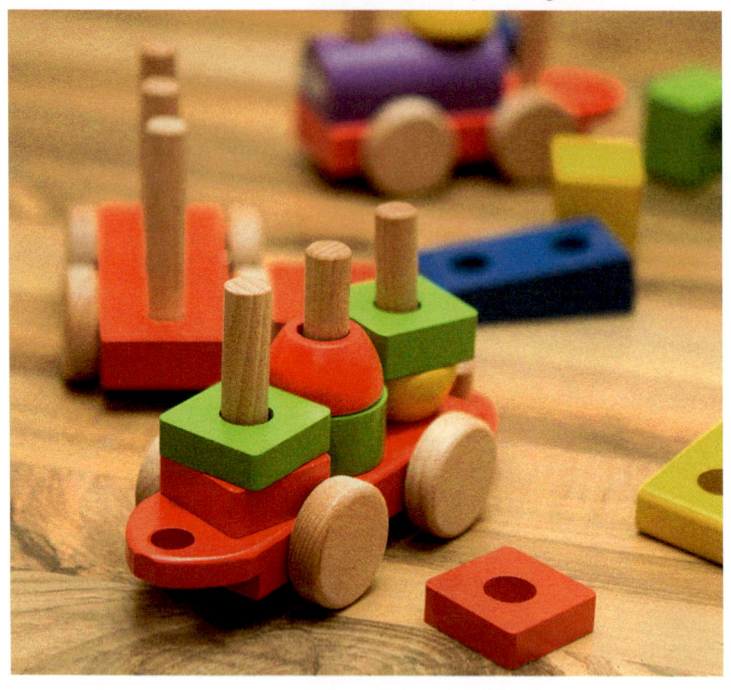

Abb. 6.16 Spielsachen sollten Freiräume für eigene Ideen lassen.

Spielsachen selbst herstellen

Die Anschaffung von Spielzeug ist allerdings oft sehr kostspielig. Außerdem entwickelt sich der Bedarf nach einem bestimmten Spielzeug häufig spontan aus dem Spiel heraus. Daher ist es eine gute Möglichkeit für pädagogische Fachkräfte, zusammen mit den Kindern Spielsachen selbst zu erstellen. Gemeinsam kann überlegt werden, wie man vorgehen sollte und welches Material benötigt wird. Insbesondere bei der Betreuung von Kindern unter drei Jahren können pädagogische Fachkräfte durch selbst hergestellte Spielsachen vielfältige Bildungsprozesse anregen.

Zum Fühlen	Auf ein langes Brett werden verschiedene Materialien mit Klettklebeband geheftet. Sie können beliebig ausgewechselt werden.
Zum Sehen	Alte Schallplatten werden mit unterschiedlichen grafischen Mustern angemalt und so auf einem Brett befestigt, dass sie sich drehen lassen.
Zum Hören	Kleine Filmdöschen oder leere Joghurtflaschen werden mit unterschiedlichen Materialien befüllt.

> Selbst hergestellte Spielmaterialien fördern nicht nur die Fantasie und die Eigeninitiative der Kinder, sondern leisten nebenbei einen wichtigen Beitrag zur Umwelterziehung.

> **ZUM WEITERDENKEN** Das am meisten gefragte Konsumgut von Kindern ist ihr Spielzeug. Jedes Kind besitzt heutzutage Spielsachen im Überfluss. Um das nicht an Materialien gebundene freie Spielen und Handeln zu unterstützen, planen viele Tageseinrichtungen für Kinder zunehmend spielzeugfreie Tage oder gar Wochen. In einer gewissen Zeitspanne steht den Kindern kein Fertigspielzeug zur Verfügung. Die pädagogischen Fachkräfte beobachten, wie sich die Kinder neue Spiel- und Erfahrungsräume erschließen, Spielmittel selbst entwickeln und sich mit anderen Kindern austauschen. Die pädagogischen Fachkräfte selbst werden in einem solchen Konzept unweigerlich mehr gefordert. Sie sollen die Kinder ermutigen, sich bewusst zu werden, wozu sie selbst und alleine in der Lage sind. Auf Dauer lassen alternative Anregungen und Aktivitäten die Kinder ihr heiß geliebtes Spielzeug sogar vergessen.

Abb. 6.17 Spielzeugfreie Tage fördern die Kreativität.

6.3.6 Spielangebote planen und durchführen

Spielsituationen ergeben sich bei Kindern häufig spontan und aus der Lust am Spielen heraus. Pädagogische Fachkräfte können die Spielaktivitäten der Kinder erweitern und bereichern, indem sie passende Spielangebote planen und mit ihnen durchführen.
Die Planung hilft der Spielleitung dabei, möglichst passende Spielangebote für das Kind bzw. eine Kindergruppe zu gestalten. Durch die Planung erweitert die pädagogische Fachkraft ihr Repertoire (Angebot) an Spielen. Außerdem kann sie so ihre Erfahrungen bündeln, wie sich ihre Überlegungen auf die Spielenden ausgewirkt haben. Dadurch lernt die Spielleitung, sich zunehmend besser auf die Ausgangslage der Spielenden einzustellen und flexibel auf deren Vorschläge und ›Bedürfnisse‹ einzugehen.
Der Spielpädagoge Jürgen Fritz spricht von **„flexibler Planungskompetenz"**. Damit ist die Fähigkeit der Spielleitung gemeint, Spielphasen so zu planen und durchzuführen, dass Bedürfnisse und Interessen, die im Spiel geäußert werden, mit einem angemessenen Spielangebot befriedigt werden können.
Der wichtigste Ausgangspunkt für die Planung ist stets das Kind bzw. die Kindergruppe. Weitere Planungsschritte tragen ebenso zum Erfolg eines Spielangebots bei. Das folgende Raster kann der Spielleitung als Planungshilfe dienen.

Bedürfnis → S. 410

IV GRUNDLAGEN DER PRAXISGESTALTUNG

1. Situationsanalyse
- Struktur der Spielgruppe
- Alter und Geschlecht
- Kenntnisse und Fähigkeiten
- Wünsche, Interessen und Bedürfnisse
- Spielerfahrungen

▼

2. Thema und Zielsetzung
Das Thema des Spielangebots auswählen und begründen (auf Grundlage der Ergebnisse aus der Situationsanalyse) sowie Ziele bestimmen, z. B.:
- Erfahrungs- und Wissenshorizont erweitern
- bestimmte Kompetenzen erweitern

▼

3. Organisatorische Vorüberlegungen
- Benötigte Materialien, Medien
- Gestaltung des Spielraums
- Zeitraum und Spieldauer
- Erforderliche Absprachen z. B. mit Kolleginnen oder Eltern

▼

4. Verlauf
- **Einstieg:** Motivation und Hinführung zum Thema des Spielangebots
- **Durchführung:** sinnvolle Abfolge der Spielinhalte, Spannungsaufbau, Dynamik, Freiräume für Vorschläge und Alternativen, mögliche Reaktionen bei Störungen des Spiels
- **Abschluss:** gemeinsamer Ausklang z. B. in Form einer gemeinsamen Vertiefung, Wiederholung, Reflexion

▼

5. Reflexion
Beurteilung des durchgeführten Spielangebots hinsichtlich
- der Erfahrungsmöglichkeiten der Kinder
- der Umsetzung der vorab gesetzten Ziele
- der Zufriedenheit mit der eigenen Rolle als Spielleitung

Nach Möglichkeit Austausch mit Kolleginnen, bei Videoaufnahme während der Durchführung anschließende Analyse

Abb. 6.18 Planungshilfe für ein Spielangebot

Abb. 6.19 Spielangebote für altersgemischte Gruppen müssen besonders gut geplant werden.

Checkliste für die Spielleitung

Bei der Planung und Durchführung von Spielangeboten muss die pädagogische Fachkraft sich der eigenen Rolle als Spielleitung stets bewusst sein und auf bestimmte Aspekte bei der Spielanleitung achten. Eine Checkliste mit wichtigen Hinweisen und Tipps kann dabei behilflich sein.

Vorbereitung	Erklärung	Durchführung	Reflexion	Allgemeines
☑ Regeln kennen ☑ Zielgruppe berücksichtigen ☑ Raum vorbereiten ☑ Materialien bestimmen und vorbereiten ☑ entscheiden, ob selbst mitgespielt wird	☑ motivierenden Einstieg finden ☑ Aufmerksamkeit auf sich ziehen ☑ bei Bedarf Spiel einmal vorspielen ☑ Regeln komplett und bis zum Ende erklären	☑ präsent sein ☑ die Gruppe im Blick haben, auf die Reaktionen achten ☑ flexibel sein: Freiräume für Wünsche und Ideen lassen ☑ klarer Anfang, klares Ende	☑ offen für Anregungen der Kinder sein ☑ mögliche Änderungen besprechen ☑ Spielwünsche und Alternativen sammeln	☑ motiviertes Auftreten ☑ klar und deutlich sprechen ☑ Kompromisse eingehen ☑ Blickkontakt zur Gruppe halten ☑ freundlich und geduldig sein

Tab. 6.20 Checkliste für die Spielleitung

Beispiel für ein konkretes Spielangebot: Das Fingerspiel

Kinder haben an Reimen und Sprachspielen viel Freude. Bei Fingerspielen kommen vorrangig Finger und Hände zum Einsatz. Meist gereimte Texte oder Lieder werden durch die begleitende **Gestik** veranschaulicht. Fingerspiele sind für Kinder unterschiedlichen Alters gedacht, auch kleine Kinder können schon mitspielen. Beim Aufsagen oder Singen wird ein ausdrucksvoller Einsatz der Stimme gefordert: Fingerspiele sind häufig rhythmisch und gesanglich unterlegt. Sie weisen meistens eine inhaltliche oder sprachliche ›Pointe‹ auf und regen zum Nachahmen bzw. Mitmachen an.

Fingerspiele fördern

- den ›sprachlichen Ausdruck‹.
- die ›Fein- und Grobmotorik‹.
- die Koordination (Verbindung) von Sprache und Bewegung.
- die ›Konzentration‹ und Merkfähigkeit.
- die bildliche Vorstellungskraft.
- die Beobachtungsfähigkeit und Wahrnehmung.
- die ästhetische Erziehung.

Abb. 6.21 Fingerspiel

Pointe

frz. pointe: Spitze überraschender, geistreicher Effekt in einem Ablauf, z. B. bei einem Witz

Sprachentwicklung
→ S. 161
motorische Entwicklung
→ S. 154

kognitive Entwicklung → S. 167

GRUNDLAGEN DER PRAXISGESTALTUNG

> **BEISPIEL** In der Krippengruppe „Die Zipfelmützen" zieht sich das Thema „Der Frühling" durch den pädagogischen Alltag. Die Fenster wurden bereits mit Fingerfarbe als bunte Blumenwiese bemalt. Erzieherin Lilly Tomcek und Kinderpfleger Marius Eller haben mit den Kindern dazu passende Frühlingsboten wie Tulpen und Schneeglöckchen gebastelt.
> Seit einigen Tagen wird das bevorstehende Osterfest thematisiert. Alle Kinder freuen sich schon auf den Osterhasen, von dem sie sich Leckereien erhoffen. Echte Hasen haben die Kinder vor dem angrenzenden Waldstück beobachten können. Immer wieder hoppelt ein Hase durch das Außengelände, was von den Kindern mit Begeisterung verfolgt wird. Einige Kinder schauen in den Gebüschen nach, ob der Hase denn nicht ein paar Schokoeier zurückgelassen hat, und sind enttäuscht, wenn sie nichts finden. Auf Grundlage dieser beobachteten Situationen beschließt Marius Eller, sich gemeinsam mit den Kindern spielerisch dieser Tierart und ihren Besonderheiten zu nähern. Im Internet findet er hierzu das Fingerspiel „Hase Flopp". Dieses Fingerspiel gefällt Marius auf Anhieb, da hierdurch einige Merkmale eines Hasen vermittelt werden. Die Jüngsten aus der Gruppe können den Text zwar nicht mitsprechen, doch die Bewegungen bereiten ihnen meist große Freude. Das Gesprochene wird durch die Gestik veranschaulicht, was ein großer Vorteil gerade für die sprachlich noch sehr unsicheren Kinder ist.
> Marius Eller plant, das Fingerspiel zusammen mit seiner Kollegin Lilly Tomcek im Sitzkreis durchzuführen. Zum Einstieg lässt er einen Stoffhasen rumgehen, den die Kinder zunächst einmal begutachten können. Alle Kinder sind dadurch mit ihrer Aufmerksamkeit direkt beim Thema. Marius stellt den Hasen als „Hase Flopp" vor und steigt in das Fingerspiel ein, indem er im ersten Durchgang ganz langsam die einzelnen Zeilen aufsagt und dabei die passenden Bewegungen ausführt. In der zweiten Runde motiviert er die Kinder mitzumachen, beim dritten und vierten Durchlauf steigert er das Tempo etwas.
> Die Kinder kichern und haben sichtlich Spaß. Die fünfte Wiederholung kündigt Marius als letzten Durchgang an. Einige Kinder scheinen bereits abgelenkt zu sein, andere wiederum wünschen sich eine weitere Runde wünschen. Marius Eller schlägt vor, das Fingerspiel vor dem Mittagessen erneut durchzuführen. Er bietet den Kindern an, mit ihnen nun in den Garten zu gehen, um gemeinsam nach einem Hasen Ausschau zu halten und zu überprüfen, ob dieser denn auch so lange Ohren und ein kuschelweiches Fell hat.

Abb. 6.22 Fingerspiele regen zum Mitmachen an.

Text	Anweisung
Hoppel hoppel hoppel hopp,	Zeige- und Mittelfinger als Hasenohren ausstrecken
hier kommt der flinke Hase Flopp.	Hase beginnt sich zu bewegen
Seine Ohren, die sind lang	mit der anderen Hand die Länge der Hasenohren andeuten
Sieh mal, wie er damit wackeln kann.	Zeige- und Mittelfinger wackeln wie Ohren
Er hat ein kuschelweiches Fell	über den Handrücken streicheln
und wenn er rennt, ist er blitzschnell.	der Hase rennt und verschwindet hinter dem Rücken

6.3.7 Komplexe Spielaktionen planen und durchführen

Im pädagogischen Alltag werden nicht nur einzelne Spielangebote von pädagogischen Fachkräften geplant und mit einer Kindergruppe durchgeführt. Verschiedene Spiele können miteinander kombiniert und in einem größeren Rahmen eingebettet sein. Komplexere (umfassendere) Spielaktionen sind z. B. die **Spielkette** oder der **Spielkreis**. Sie erfordern besondere Kenntnisse und Fähigkeiten von der Spielleitung.

Kennzeichen einer Spielkette

> Von Spielketten oder thematischen Spielaktionen ist die Rede, wenn Spiele unter einem gemeinsamen Motto stehen und aufeinander aufbauen, z. B. Frühlingsfest, Dschungelsafari oder Olympiade. Spielketten sind also eine Reihe von Spielen, die in ein gemeinsames Konzept eingebunden werden.

Eine wirkungsvolle Spielkette ähnelt dem Aufbau eines Films. Wichtig ist eine gute ›Dramaturgie‹. Sie soll sich wie ein roter Faden durch die gesamte Spielkette ziehen. Spiele sind nicht mehr bloß Spiele, sondern Teil der Geschichte, etwa wenn sich die Gruppe gemeinsam auf eine abenteuerliche Reise begibt. Die Rahmengeschichte sollte schön ausgeschmückt werden, um darin die Spiele so spannend wie möglich einzufassen und zu erklären. Wird die Geschichte gut erzählt, gibt es nicht so viele Spielaussteiger: Man könnte ja einen Teil der Geschichte verpassen.

Dramaturgie
Aufbau und Struktur eines Dramas, Films oder Theaterstücks

Abb. 6.23 Eine Spielkette braucht einen gut durchdachten Rahmen.

Aufbau einer Spielkette

Spielketten sollten möglichst abwechslungsreich aufgebaut werden. Es gibt mehrere Spielformen, die in einer Spielkette durchgeführt werden können:

- Simultanspiel: Die Spielenden tun z. B. so, als würden sie gerade durch eine Landschaft wandern.
- Paarspiele: Zwei Spielende führen zusammen etwas aus.
- Kleingruppenspiele: Hierfür ist noch mehr Kooperationsvermögen erforderlich.
- Spiel für alle: Die Kindergruppe muss ein Ziel gemeinsam erreichen.

Erstes Spiel: Aufwärmen

- Hierfür sind Spiele geeignet, die wenig Hemmungen und Ängste bei den Teilnehmern hervorrufen → die Spiele sollten nicht zu unbekannt und die Regeln nicht zu kompliziert sein.
- Zu Beginn zusammen spielen → keine Spiele, bei denen Einzelne etwas vorführen müssen oder die zu große gestalterische und kreative Anteile haben.
- Wichtig für den Spielleiter: eine gut ausgeschmückte Geschichte und ein klares, souveränes Spielleiterverhalten → vermittelt der Spielgruppe von Anfang an Sicherheit.

▼

Das zweite und dritte Spiel: Wechsel und Steigerung

- Nach einfachen Spielen sollte sich das Spielniveau steigern bezüglich Lebhaftigkeit, Schwierigkeit, Spannung und Kontakt → der Spannungsbogen wird somit aufgebaut.
- Das Spiel sollte gerade so schwierig sein, das es zwar knifflig wirkt, aber für die Spieler immer die Aussicht besteht, dass sie es bewältigen können.

▼

Das vierte Spiel: Der Höhepunkt

- Die Spannungskurve erreicht die höchste Steigung, indem der Körperkontakt nochmals intensiviert wird, schnelle Reaktionsfähigkeit gefragt ist, Spannung und Bewegung im Spiel dominieren.
- Beteiligung aller Spieler wichtig → Wartezeiten oder Leerläufe für einzelne vermeiden.

▼

Das fünfte bzw. sechste Spiel: Ruhiger Ausklang

- Zeit, vom Höhepunkt herunterzukommen und wieder Ruhe einkehren zu lassen.
- Nur der Kontakt darf zunehmen – Bewegung, Konzentration und Spannung müssen reduziert werden.
- Verabschiedung aller Spielenden, Übergang zum Freispiel gestalten.

Abb. 6.24 Phasen einer Spielkette

Einzelne Spiele der Spielkette können ausgetauscht werden, jedoch sollte die Abfolge den einzelnen Phasen einer Spielkette gerecht werden. Eine Spielkette besitzt einen im Voraus geplanten Aufbau, z. B. muss die Gruppe vom Ausgangspunkt des Aufwärmspiels gemeinsam über das zweite Spiel zum nächsten Ort gelangen. Es sollte aber immer auch Raum für Ideen der Kinder und spontane Spiele bleiben.

Absprachen im Spielleiterteam
Spielketten können je nach Alter und Entwicklungsstand der Kindergruppe auch länger als eine Stunde dauern. Daher ist es für alle Beteiligten sehr entlastend, wenn es zwei oder mehr Spielleiter gibt. Diese müssen sich allerdings vorher gut miteinander absprechen und vorbereiten. Jeder Spielleiter kann einen Ablaufzettel in der Tasche haben, damit er weiß, was wann zu tun ist. Eine Spielleitung kann z. B. das Spiel erklären, die zweite kümmert sich in der Zwischenzeit um das Material und die dritte bietet den Kindern Hilfe an, wenn es noch Unklarheiten bezüglich des Spielablaufs oder der Regeln gibt. Beim nächsten Spiel können die Funktionen dann gewechselt werden.
Die Arbeitsaufteilung ist für jedes Spiel verbindlich. Wer ein Spiel erklärt, besitzt die absolute Autorität über die Regeln. Wenn sich die Spielleitungen gegenseitig unterbrechen und verbessern, wird die Spielkette gestört. Es ist weniger problematisch, wenn ein Spiel durch einen Erklärungsfehler nicht so richtig läuft. Die Spielenden sollen sich ganz auf die Spielkette und ihre Geschichte einlassen können. Offen verhandelte Anleitungs- oder Materialprobleme im Spielleiterteam lenken die Kinder davon ab.

> **BEISPIEL** Die Vorschulkinder der „Gelben Gruppe" haben zusammen mit der Erzieherin Martina Bürgel und dem Kinderpfleger Oktay Solak den Tierpark besucht. Oktay Solak beschließt, das Erlebte gemeinsam mit den Kindern im Rahmen einer Spielkette aufzugreifen. Zusammen mit seiner Kollegin überlegt er, welche Geschichte gesponnen werden könnte und welche Spiele sich anbieten. Gemeinsam suchen sie die erforderlichen Materialien heraus, bereiten den Nebenraum vor und sprechen ab, welche Aufgaben jeder von ihnen innerhalb des Ablaufs übernimmt.
> Am nächsten Tag ist es so weit: Als Busfahrerin verkleidet, holt Martina Bürgel die sechs Vorschulkinder ab. Oktay Solak erwartet die Gruppe im Nebenraum, der mit grünen Vorhängen abgedunkelt und mit einigen Pflanzen bestückt ist. Als die Kindergruppe den Raum betritt, spielt Oktay Solak eine CD mit Tiergeräuschen ab. Als Zoodirektor verkleidet, begrüßt er seine Gäste. „Hört ihr das? Unsere Tiere sind auch schon ganz aufgeregt und freuen sich auf euch. Aber wen könnt ihr denn da alles heraushören?" Schon ist die Gruppe mittendrin im ersten Spiel.
> Nach dem Erraten der verschiedenen Tiergeräusche ahmen die Kinder der Reihe nach ihre Lieblingstiere nach. Die vorgemachten Laute und Gesten müssen sich die Kinder gut merken, denn sobald der Zoodirektor den Namen eines Tieres in seiner Geschichte nennt, sind sie gefordert, das jeweilige Tier zu imitieren. Zum Schluss erzählt Oktay Solak den Kindern, dass Joko, das kleine Affenkind, aus dem Gehege ausgebrochen sei. Gemeinsam machen sich die Kinder auf die Suche nach ihm und müssen auf ihrem Weg einige knifflige Aufgaben bewältigen: über wacklige Brücken gehen, durch ein Spinnennetz krabbeln, sich von Liane zu Liane zum Affengehege schwingen.
> Endlich finden die Kinder Joko, den Plüschaffen. Der Zoodirektor lädt alle nach der abenteuerreichen Reise ein, es sich in der Höhle gemütlich zu machen. Die Busfahrerin kommt hinzu und bringt allen Bananen zur Stärkung. Gemeinsam lassen sie den erlebnisreichen Zooaufenthalt im Rahmen einer ›Traumreise‹ Revue passieren.

Traumreise
Bei einer Traumreise (oder auch Fantasiereise) wird ein Text von einem Sprecher vorgetragen, bei dem Handlungsstränge so genau wie möglich beschrieben werden. So können sich die Zuhörenden diese als innere Bilder vorstellen.

Eine Feinabstimmung im Spielleiterteam ist unumgänglich. Sinnvoll ist es, möglichst oft durch Augenkontakt miteinander zu kommunizieren und sich gemeinsame Zeichen zu überlegen. Damit kann man sich verständigen, ohne dass es die Kinder mitbekommen. Wichtig für eine Spielkette ist auch, dass alle Spielleiter mitspielen, sich in der Gruppe aufteilen und nicht im Pulk herumstehen.

Kennzeichen eines Spielkreises
Spielkreise finden nahezu täglich in fast allen Kindertageseinrichtungen statt. Oftmals sprechen pädagogische Fachkräfte dann von einem **Stuhlkreis**. Nicht immer platzieren sich die Teilnehmenden auf Stühlen – auch Sitz- oder Stehkreise werden je nach Raumsituation durchgeführt. Als fest verankertes **Ritual** trifft sich das pädagogische Fachpersonal täglich zusammen mit der Kindergruppe in einem sogenannten **Morgenkreis**. Bei allen Formen und Abwandlungen beinhalten Spielkreise eine Vielfalt an gemeinsamen Aktivitäten. Neben Liedern und Gesprächen bilden u. a. Sing-, Finger-, Rate-, Tanz- und Bewegungsspiele den Schwerpunkt des Zusammentreffens.

Ablauf eines Spielkreises
Auch bei dieser Spielaktion gilt es, die Spiele auf die Gruppen und die aktuelle Situation einzelner Kinder abzustimmen. Dies gilt auch in Bezug auf die Spieldauer. Länger als 45 Minuten sollte ein Spielkreis nicht dauern. Die Ausdauer und Konzentration jüngerer Kinder ist meist bereits nach 20 Minuten erschöpft. Um die Bereitschaft zur Teilnahme und die Spielfreude zu erhöhen, können pädagogische Fachkräfte den Spielkreis in ein aktuell passendes Rahmenthema einbetten, z. B. „Auf dem Rummelplatz", „Bei den Zwergen" oder „Im Wald". Besonders beliebt bei den Kindern ist es, wenn sie sich im Rahmen des Spielkreises auch selbst Spiele wünschen dürfen.

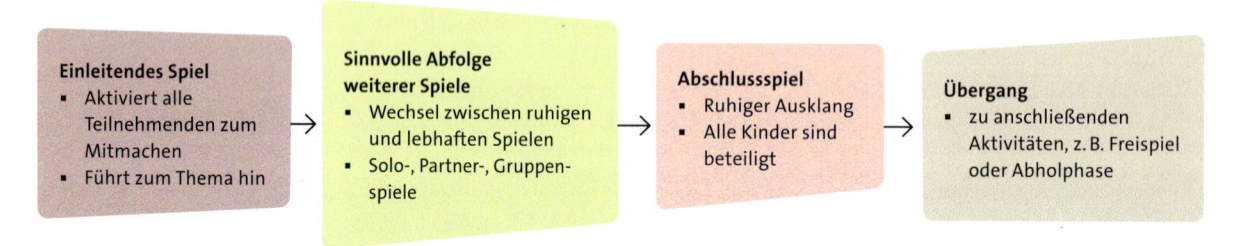

Einleitendes Spiel	Sinnvolle Abfolge weiterer Spiele	Abschlussspiel	Übergang
• Aktiviert alle Teilnehmenden zum Mitmachen • Führt zum Thema hin	• Wechsel zwischen ruhigen und lebhaften Spielen • Solo-, Partner-, Gruppenspiele	• Ruhiger Ausklang • Alle Kinder sind beteiligt	• zu anschließenden Aktivitäten, z. B. Freispiel oder Abholphase

Abb. 6.25 Ablauf eines Spielkreises

Organisatorische Vorüberlegungen
Alle Teilnehmenden sollten in einem geschlossenen Kreis zusammen sitzen oder stehen. Das pädagogische Fachpersonal muss sich im Voraus überlegen, wie viel Platz in der Mitte zum Spielen benötigt wird. Besonders bei bewegungsintensiven Spielen ist der Platzbedarf größer.
Bei der Durchführung des Spielkreises sollten möglichst alle Kinder gleichmäßig beteiligt werden. Manche Kinder beherrschen besonders das Spielgeschehen und lassen zurückhaltende Kinder schnell in den Hintergrund treten. Die pädagogische Fachkraft muss hier für ein ausgewogenes Verhältnis sorgen, indem sie alle Kinder in den Spielverlauf einbezieht.

Bei der Spieldauer sind der Entwicklungsstand und die momentane Belastungsfähigkeit der Kinder zu beachten. Bei Bedarf können einzelne Spiele auch entfallen oder auf Wunsch der Kinder noch zusätzlich durchgeführt werden.

Das Ende des Spielkreises sollte den Kindern frühzeitig angekündigt werden. Dies verringert Proteste oder Enttäuschungen seitens der Spielenden. Den Übergang zu daran anschließenden Tätigkeiten, wie z. B. dem Freispiel, kann die Spielleitung über immer wiederkehrende Elemente schaffen. Dies kann das Singen eines bereits bekannten Abschlussliedes und das gemeinsame Wegräumen der Stühle oder Sitzkissen sein.

BEISPIEL Nach der dreiwöchigen Schließzeit in den Sommerferien führen der Erzieher Jan Pawelczyk und die Kinderpflegerin Nadja Blume mit allen Kindern der „Bärengruppe" einen Sitzkreis zum Thema „Reisen" durch. Hierfür haben sie einen großen Koffer mitgebracht, den sie zum Einstieg in die Mitte des Kreises legen. Alle begeben sich auf eine gemeinsame Reise. Hierfür packen sie zunächst einmal den Koffer. Jedes Kind darf einen Gegenstand aus dem Gruppenraum holen und hineinlegen. Nun können alle in das Flugzeug steigen. Während des Fluges singt die Gruppe das „Fliegerlied", um dann gemeinsam im Rahmen einer Mitmachgeschichte durch den Urwald zu streifen. Dabei begegnen ihnen wild wachsende Pflanzen und gefährliche Tiere. Nach einer turbulenten Floßfahrt kommen sie an einem alten Bahnhof an. Von da aus geht es mit dem Zug Richtung Flughafen: „Chucuchucuchucuchu", singen alle Kinder in einer langen Polonaise mit. Mit dem „Fliegerlied" geht es wieder zurück in den Gruppenraum. Der Koffer wird wieder ausgepackt: Jedes Kind darf den hineingelegten Gegenstand wieder herausnehmen und sich damit ins Freispiel begeben.

Abb. 6.26 Die Spielkette sollte einen eindeutigen Abschluss haben.

6.4 Das Freispiel

6.4.1 Warum ist Freispiel so wichtig?

Freispielphase → S. 428

> Das ›Freispiel‹ nimmt den größten Zeitraum im Betreuungsalltag ein. Die Kinder können in dieser Zeit Spielort, Spielkameraden und Spielmaterialien weitestgehend selbst bestimmen.

Die Kinder setzen sich Ziele und entscheiden im Rahmen der zur Verfügung stehenden Möglichkeiten über den Spielablauf und die Spieldauer. Dies sorgt bei Außenstehenden häufig für Verunsicherung: Alle Kinder rennen wild durcheinander, Spielzeuge liegen kreuz und quer, jeder macht, was er will, im Gruppenraum herrscht absolutes Chaos. Bilder wie diese entsprechen so gar nicht der Vorstellung der Erwachsenen, dass die Kinder lernen und auf das zukünftige Leben vorbereitet werden sollen.

Das Freispiel hat jedoch zu Recht einen besonderen Stellenwert im pädagogischen Alltag. Gerade in diesen Phasen lernen die Kinder, ›selbstständig‹ und unabhängig zu werden. In vielfältigen Spielsituationen üben sie das Leben in einer ›Gemeinschaft‹ ein. Da sie ihre Spielprozesse innerhalb der Freispielzeit weitestgehend selbst bestimmen können, ist das ›**Lernen**‹ besonders wirkungsvoll.

Selbstwirksamkeit → S. 81
Sozialisation → S. 242
Lernen → S. 86

Kinder erforschen und erproben sich im Umgang mit den jeweiligen Anforderungen und im Umgang mit den anderen. Hierfür brauchen sie das Freispiel, das ihnen die Möglichkeiten bietet, sich ihren aktuellen Interessen und ›Bedürfnissen‹ zuwenden zu können. Selbstbestimmung bedeutet jedoch nicht, grenzenlose Freiheit zu genießen. Die Entscheidungsspielräume der Kinder werden auch im Rahmen des Freispiels durch bestimmte Faktoren (Einflussgrößen) begrenzt. Spielorte und Spielmaterialien stehen nur einer begrenzten Anzahl zur Verfügung. Um damit umzugehen, herrschen bestimmte Verhaltensregeln, die von allen einzuhalten sind.

Bedürfnis → S. 410

Auch die Wahl des Spielpartners kann nur in gegenseitigem Einvernehmen erfolgen. Bring- und Abholphasen sowie Essenszeiten bilden den zeitlichen Rahmen des freien Spielens. Die meisten Freispielphasen bewegen sich also in einem kontrollierten und geregelten Rahmen, innerhalb dessen die Kinder die gebotenen Freiräume genießen und individuell für sich nutzen können.

6.4.2 Freispielbereiche

In den meisten pädagogischen Einrichtungen werden die zur Verfügung stehenden Gruppenräume in verschiedene ›**Funktionsbereiche**‹ unterteilt. Diese können von den Kindern im Rahmen der Freispielzeit genutzt werden. Jeder einzelne Bereich ist durch eine bestimmte Farbgestaltung, meist auch räumlich durch (Stell-)Wände, Regale oder Vorhänge von den anderen Spielbereichen abgetrennt.

Die zugänglichen Materialien und Möbelstücke zeigen den Kindern bestimmte Verwendungsmöglichkeiten an. Eine gemütliche Ecke mit Bücherregalen, die mit Vorhängen abgedeckt ist, wird von den Kindern als Rückzugsmöglichkeit wahrgenommen. Hier können sie sich in Ruhe ein Buch anschauen oder sich entspannen. Einen Raum mit verschiedenen Geräten, Matten und Sportutensilien nutzen die Kinder zum lebhaften Spielen und Toben.

Entsprechend der kindlichen Interessens- und Bedürfnislage sind meist folgende Freispielbereiche aufzufinden:

- Konstruktionsbereich
- Rollenspielbereich
- Bewegungsbereich
- Außengelände
- Regelspielbereich
- Lese-/Ruhebereich
- Kreativbereich

Räume und Lernorte anregend gestalten → S. 434

Abb. 6.27 Freispielphase

6.4.3 Die Rolle der pädagogischen Fachkraft im Freispiel

> **BEISPIEL** 10.00 Uhr im Gruppenraum der Kita „Zwergenland": Einige Kinder sitzen in einem Berg von Bausteinen in der Bauecke, ein paar kriechen mit imaginären (vorgestellten) Feuerwehrautos auf dem Boden herum. Drei Mädchen malen Blumenbilder. Ein Junge liegt in der Leseecke und blättert in einem Bilderbuch. Zwei Kinder streiten sich um ein Fahrzeug. Eine kleine Gruppe spielt Fangen. Kinderpflegerin Sertap Dogan macht sich hierzu einige Notizen, Erzieher Frank Messner hält einige Spielmomente mit der Digitalkamera fest.

GRUNDLAGEN DER PRAXISGESTALTUNG

Beobachten → S. 59

> Die Freispielphase ist die spannendste Zeit im Tagesablauf einer pädagogischen Fachkraft. In ihr hat sie die beste Möglichkeit, die Kinder zu beobachten und diese ›Beobachtungen‹ verantwortungsvoll auszuwerten.

Sie kann das soziale Verhalten einer Kindergruppe im Spiel im Einzelnen wahrnehmen. Ebenso erhält sie Einblicke, wie intensiv die verschiedenen Bereiche des Gruppenraums und die jeweiligen Materialien von den Kindern genutzt werden. Aus den Spielsituationen kann sie aktuelle Themen und Bedürfnisse der Kinder ableiten. Ebenso kann sie die Reaktionen der Kinder auf ihr eigenes pädagogisches Verhalten hin ›reflektieren‹. Auf der Grundlage ihrer Beobachtungen kann sie ›**Ziele**‹ festlegen und sinnvolle ›**Maßnahmen**‹ ergreifen, die die kindliche Entwicklung fördern.

Reflexion → S. 41
Erziehungsziele → S. 222
Erziehungsmaßnahmen → S. 236

> Die pädagogische Fachkraft hat im Freispiel die Möglichkeit, sich mit voller Aufmerksamkeit den spielenden Kindern zuzuwenden.

Abb. 6.28 Die pädagogische Fachkraft gibt Anregungen und stellt Materialien zur Verfügung.

Die pädagogischen Fachkräfte können das kindliche Spiel durch indirekte und direkte Verhaltensweisen oder Anregungen unterstützen. Hierzu gibt es sowohl in der spielpädagogischen Forschung als auch in der pädagogischen Praxis unterschiedliche Ansichten.

In vielen Einrichtungen bringen pädagogische Fachkräfte sich selbst nur dann aktiv ins Spiel der Kinder mit ein, wenn die Kinder sie darum bitten oder wenn durch das kindliche Handeln Gefahren oder Schäden befürchtet werden müssen. Sie messen dem selbst gestalteten Spiel der Kinder einen hohen Wert bei und setzen volles Vertrauen in die natürliche Entwicklung des Kindes. Vielmehr konzentrieren sie sich auf das intensive Beobachten der Kinder während der Spielprozesse.

Trotz ihrer Zurückhaltung sorgt die pädagogische Fachkraft für **Anregungen**, mit denen das Spiel der Kinder bereichert wird. Gemeinsame Erlebnisse bieten den Kindern Anknüpfungspunkte für das Freispiel. Ebenso regen angemessene Materialien zum Spiel an.

> **BEISPIEL** Die Kinder der „Bärengruppe" greifen den letzten Besuch der Arztpraxis in vielfältigen Spielsituationen auf. Im Kreativbereich werden passende Bilder dazu gemalt. Andere wiederum schlüpfen immer wieder in die Rolle des Arztes und der Patienten. Die Kinderpflegerin Anna Westermann stellt den Kindern Arztutensilien zur Verfügung, die die Kinder mit großer Begeisterung für ihr Rollenspiel nutzen.

In anderen Einrichtungen bringen sich die pädagogischen Fachkräfte gezielter in das Freispiel der Kinder ein. Dabei ist es das Ziel, den Kindern Chancen und Möglichkeiten zur Erweiterung und Vertiefung des Spiels aufzuzeigen. Die möglichen Impulse (Anregungen) lassen sich in zwei unterschiedliche Hilfsangebote unterteilen:

- **Beraten:** Die pädagogische Fachkraft schlägt einem spielenden Kind oder einer Kindergruppe eine Spielerweiterung vor, zeigt weiterführendes Material, gibt Spielideen, bietet andere Spiellösungen an.

> **BEISPIEL** Anna Westermann rät einigen Kindern, die sich auf dem Bauteppich mit ihren Fahrzeugen immer wieder in die Quere kommen, aus Bausteinen Wege abzustecken, um das Fahren auf bestimmte Bereiche zu begrenzen.

- **Mitspielen:** Die pädagogische Fachkraft schaltet sich als Mitspielerin in das Spiel der Kinder ein, bestärkt die Spielenden oder erweitert das Spiel durch neue Ideen. Ihre Spielbegeisterung kann Vorbild sein und die Kinder motivieren und mitreißen.

> **BEISPIEL** Auf dem Bauteppich greift Anna Westermann nach einem langen Baustein, definiert ihn als Bus, lässt Leute ein- und aussteigen und regt das Kind dazu an, auch mitzufahren.

6.4.4 Impulse geben

Was ist ein Impuls?

> Im pädagogischen Zusammenhang ist unter dem Begriff ›Impuls‹ eine Aufforderung zu einem bestimmten Handeln zu verstehen. Die Person, an die sich der Impuls richtet, kann frei entscheiden, ob und in welchem Umfang sie dem Impuls folgen möchte.

Impuls
lat. impulsus: „Anstoß" oder „Antrieb"

Wissenschaftliche Untersuchungen zum Spielverhalten europäischer Kinder betonen die Bedeutung des institutionalisierten Spiels, das in Kindertageseinrichtungen, Schulen und Vereinen angeboten wird. Kinder der heutigen Generation bringen weniger Bereitschaft auf, sich selbstständig in das Spielen zu vertiefen, als Kinder früher. Das Überangebot an Spielmöglichkeiten überfordert sie vielmehr. Zugleich klagen besonders Kinder, die in Städten aufwachsen, über mangelnde öffentliche Spielorte. Zunehmend ist zu beobachten, dass bei vielen Kindern die Fähigkeit, sich spielend, lernend und verändernd mit ihrer Umwelt auseinanderzusetzen, verkümmert.

In diesem Zusammenhang steigt der Stellenwert der gezielten und gesteuerten Spielaktivierung durch pädagogische Fachkräfte. Dabei geht es weniger um das Anbieten vorstrukturierter Beschäftigungen, sondern vielmehr darum, bei der Planung von Angeboten Freiräume zur Verfügung zu stellen.

GRUNDLAGEN DER PRAXISGESTALTUNG

Impulse bieten eine Vielzahl an pädagogischen Möglichkeiten, Kinder bei der eigenverantwortlichen und kreativen Ausgestaltung von Spielsituationen zu unterstützen. Der Impuls
- fördert die Spielhaltung des Kindes und richtet das Spielinteresse sinnvoll auf eine Spielaktion.
- erweitert, ergänzt und unterstützt Spielprozesse, ohne die Eigenaktivität und Selbstbestimmung der Kinder einzuschränken.
- unterstützt die ganzheitliche Persönlichkeitsentwicklung des Kindes durch intensive Spielerfahrung.

Ein Impuls hat darüber hinaus folgende Merkmale:
- Er beruht auf Freiwilligkeit: Das Kind entscheidet, inwiefern es ihn für sich nutzt.
- Er bietet dem Kind Möglichkeiten zur Mitgestaltung.
- Er lässt die Veränderung des Angebots zu.
- Er setzt neue, erweiterte Spielhandlungen in Gang.
- Er ist immer prozess- bzw. problemorientiert.
- Er regt kreative und fantasievolle Handlungen an.

Im Freispiel der Kinder nutzt die pädagogische Fachkraft eine Vielfalt an Verhaltensweisen, die direkt oder indirekt Einfluss auf das Spielverhalten der Kinder nehmen. Dabei geht sie immer von den Bedürfnissen der Kinder aus.

Als **direkte Impulse** lassen sich Verhaltensweisen der pädagogischen Fachkraft bezeichnen, die unmittelbar in der aktuellen Spielsituation auf das Kind einwirken. Zu den **indirekten Impulsen** zählen Verhaltensweisen, die ohne einen direkten Kontakt zum spielenden Kind das Spiel beeinflussen.

Abb. 6.29 Auch einfache Impulse wie ein Spiegel können effektiv sein.

Beispiele für direkte Impulse	Beispiele für indirekte Impulse
Die pädagogische Fachkraft - gibt einem Kind beim Basteln Hilfestellung. - erklärt die Regeln eines Spiels. - ermahnt ein störendes Kind. - schaltet sich in das Spiel ein, indem sie eine aktive Rolle übernimmt. - schlägt ein Brettspiel vor. - legt Straßen zum Bau einer Autobahn auf dem Bauteppich an. - geht in die Kuschelecke und regt eine Erweiterung der Spielhandlung an, ohne selbst mitzuspielen.	Die pädagogische Fachkraft - räumt Materialien weg oder fügt neue hinzu. - bereitet den Freispielbereich vor, bevor die Kinder kommen. - ergänzt Verkleidungsmaterial im Rollenspielbereich. - trennt einzelne Freispielbereiche durch Vorhänge und Regale räumlich voneinander ab. - sortiert die Materialien in passende Behälter und versieht diese mit dazugehörigen Bildern.

> **BEISPIEL** Die Kinder der Kindertagesstätte „Kleine Strolche" halten sich bei trockenem Wetter am liebsten draußen im Sandkasten auf. Mit Förmchen und Eimern wird Sand ein- und ausgeschüttet, Linien werden mit Stöcken und den Fingern in den Sand gemalt. Wenn die beiden Kinderpflegerinnen Monique Koblow und Serpil Akgül die Gießkannen mit Wasser befüllen, ist die Freude besonders groß. Gerade beim Matschen sind die Jüngsten, **Fenja (1;2)** und **Miroslaw (1;5)**, in ihrem Element. Nun regnet es seit Tagen. Sehnsüchtig schauen die Kinder immer wieder nach draußen. Serpil Akgül bringt eines Morgens eine große Wanne mit in die Gruppe und befüllt diese mit Sand. Einige Alltags- und Naturmaterialien legt sie in greifbarer Nähe dazu. Bei der Ankunft wird die Wanne sofort von den ersten Kindern in Beschlag genommen. Sie bleibt für den Rest des Vormittages ein begehrter Spielbereich. Am nächsten Tag stellt Serpil Akgül kleine, mit Wasser befüllte Flaschen dazu. In die Deckel sticht sie mit einer Nadel unterschiedlich große Löcher hinein, sodass das Wasser heraustropfen kann. Wieder sind die Kinder über eine lange Zeit hinweg in ihr Spiel vertieft. Monique Koblow und Serpil Akgül beobachten währenddessen das Geschehen, dokumentieren einzelne Situationen für die ›Portfoliomappen‹, füllen die Flaschen immer wieder auf und greifen lediglich ein, wenn Konflikte zwischen einzelnen Kinder ausarten.

Portfolio → S. 84

6.4.5 Das Freispiel sprachlich begleiten

Pädagogische Fachkräfte begleiten das Tun und Spiel der Kinder auch durch sprachliche Äußerungen. Häufig lässt sich dabei jedoch beobachten, dass sie diese „negativ" formulieren und den Kindern nur sagen, was sie nicht tun sollen. Aussagen wie „Pass auf, dass du nicht hinfällst", „Ihr sollt doch nicht auf dem Sofa rumspringen" oder „In der Kuschelecke wird nicht getobt" sollen eigentlich zu einer Verhaltensänderung führen, verfehlen jedoch nicht selten ihre Wirkung.

Das „Nein" oder „Nicht" der Erwachsenen zu verarbeiten bedeutet für das kindliche Gehirn wesentlich mehr Aufwand, als eine positiv formulierte Handlungsaufforderung („Halt dich beim Balancieren gut fest" oder „Setzt euch bitte hin") umzusetzen. Ermahnt man ein Kind, nicht auf die Straße zu rennen, vergegenwärtigt sich das Kind zuerst das Rennen auf die Straße. Dieses innere Bild muss erst einmal verdrängt werden, damit es sich überlegen kann, was stattdessen zu tun ist – in diesem Falle auf dem Bürgersteig gehen.

Sogenannte **"Nicht-Sätze"** sorgen besonders bei Kindern für Verwirrung, die sprachlich noch unsicher sind. Sind sie eher zurückhaltend, trauen sich wenig zu und gelingen ihnen viele Dinge oftmals nicht, ziehen sie sich als Reaktion auf solche Äußerungen aus Angst vor Misserfolgen mehr zurück. Diese Form der ›Kommunikation‹ hemmt auf Dauer wichtige Entwicklungsschritte und beeinträchtigt das Selbstwertgefühl eines Kindes. Negative Formulierungen fallen Erwachsenen meist zuerst ein, weil oftmals die negativen Folgen bestimmter kindlicher Handlungsweisen im Vordergrund stehen. Das Bedürfnis, das Kind vor eventuellen Gefahren zu schützen, überwiegt.

Kommunikation → S. 188

Doch gerade für jüngere Kinder müssen Anweisungen so präzise wie möglich sein. Aussagen wie „Alle ziehen sich an" oder „Bitte jetzt zur Ruhe kommen" können bei Kindern zu Irritation und Handlungsunfähigkeit führen. Sie sind zu allgemein formuliert und die auszuführenden Handlungen werden nicht genau genug beschrieben. Leicht verstanden werden dagegen Aufforderungen wie „Ziehe schon einmal deine Hausschuhe aus" oder „Setze dich auf den Stuhl". Die geforderte Tätigkeit ist klar eingegrenzt und kann somit vom Kind leichter nachvollzogen werden.

Beispiele für negative Formulierungen	Beispiele für positive Formulierungen
„Pass auf, dass du nicht hinunterfällst!"	„Halte dich gut mit beiden Händen am Geländer fest!"
„Im Gruppenraum sollt ihr nicht rennen."	„Geht hier bitte langsam. Wenn ihr rennen möchtet, könnt ihr in die Turnhalle gehen."
„Du sollst doch nicht so viel Klebstoff benutzen."	„Drücke nur einzelne Tropfen aus der Klebstoffflasche heraus."
„Hör auf, beim Zähneputzen durch den Waschraum zu laufen."	„Bleibe beim Zähneputzen vor dem Waschbecken stehen."
„Du sollst doch nicht immer mit den Fingern essen."	„Benutze bitte das Besteck zum Essen."
„Ihr sollt doch nicht auf dem Sofa herumspringen."	„Ihr könnt die Matten in der Turnhalle zum Springen benutzen."

> Kinder brauchen positive, klar verständliche und konkrete Handlungsanweisungen. Negative Kommunikation kann Kinder verunsichern oder demotivieren. Verständliche, eindeutige Formulierungen geben Orientierung und schaffen Sicherheit.

6.4.6 Den Spielraum gestalten

Psychologie → S. 56

Aus der ›Psychologie‹ ist es bekannt, dass Räume den Menschen in seinem Verhalten und seinen Gefühlen beeinflussen können. Manche Räume schaffen eine Wohlfühlatmosphäre, stellen eine Rückzugsmöglichkeit und einen Lernort dar. Andere Räume verbreiten Unbehagen und werden gemieden.

> Kinder erleben und erfahren Räume, wenn sie in ihnen lebendig und sie selbst sein dürfen. Die Gestaltung der Spielumgebung spielt darum in unterschiedlichen ›pädagogischen Konzepten‹ eine wichtige Rolle.

pädagogische Handlungskonzepte → S. 290

Reggio-Pädagogik → S. 300
Exploration → S. 136

In der ›**Reggio-Pädagogik**‹ spricht man z. B. vom „Raum als drittem Erzieher". Anregende Materialien und klare räumliche Strukturen regen die Kinder zu freien ›Erkundungen‹ und selbstbestimmten Lernschritten an.

Solch eine Raumnutzung wird begünstigt, wenn die Räumlichkeiten und das Außengelände sich an den Interessen und Aktivitäten der Kinder orientieren. Hierbei steht der Geschmack der pädagogischen Fachkräfte im Hintergrund. Dekorativ ansprechende Elemente der Raumgestaltung sind für Kinder weniger bedeutend. Gerade die Vielfalt an passenden Rückzugs-, Bewegungs- und Aktionsmöglichkeiten fördert intensive und länger andauernde Freispielsituationen.

Forschungsarbeiten belegen, dass die **Raumstruktur** das Spielverhalten der Kinder in besonderem Maße beeinflusst. Sind Räume klar gegliedert und bieten sie genügend voneinander abgegrenzte Spielbereiche, so verläuft das kindliche Spiel ausdauernder und vielfältiger als in weniger untergliederten Räumen. Geschützte Nischen und Ecken suchen Kinder bevorzugt für ihr Spiel in Kleingruppen auf. Auch haben sie mehr positiven Kontakt miteinander. In unstrukturierteren Gruppenräumen herrschen eher das Alleinspiel oder das Parallelspiel vor.

Einen klar strukturierten Gruppenraum zeichnet aus, dass er

- Geborgenheit und Ruhemöglichkeiten bietet, z. B. durch Kissenlandschaften, die zum Entspannen und Verweilen einladen.
- „laute" und „leise" Zonen aufweist, die in Distanz zueinander organisiert werden, um ungestörtes Spiel zu begünstigen, z. B. sind Tobe- und Ruheraum durch Wände und Türen voneinander getrennt.
- durch bewegliche Ständer, Trennwände oder Regale in einzelne Spielbereiche unterteilt ist, z. B. ist der Rollenspielbereich durch Vorhänge in verschiedene Zimmer unterteilt.
- dem natürlichen Bewegungsdrang der Kinder durch Gänge und Bewegungsräume Rechnung trägt, z. B. ist jeder Bereich leicht zu passieren; in einem Toberaum können Aktivitätsbedürfnisse ausgelebt werden.
- mit den Arbeiten und Werken der Kinder ausgestaltet ist, z. B. wird das Gemalte und Erbaute auf Augenhöhe der Kinder ausgestellt.
- genügend Lichteinfall bietet und die Lichtverhältnisse bei der Einteilung berücksichtigt werden, z. B. befindet sich die Leseecke am Fenster,
- veränderbar ist und an die aktuelle Bedürfnis- und Interessenslage der Kinder und pädagogischen Fachkräfte angepasst werden kann, z. B. wenige Tische und Stühle, vielmehr bewegliche und leicht zu verstauende Elemente wie Spielteppiche oder Trennwände.

Abb. 6.30 Lese- und Kuschelecke als Rückzugsmöglichkeit

6.4.7 Materialangebot

Die Auswahl des Spiel- und Beschäftigungsmaterials gehört im Rahmen der Freispielgestaltung zu den wichtigen Aufgaben pädagogischer Fachkräfte. Auch die Auswahl von **Gebrauchsgegenständen** wie Scheren, Besen, Werkzeug, Besteck und Geschirr, mit denen die Kinder selbstständig umgehen können, benötigt Aufmerksamkeit.

> Neben den räumlichen Bedingungen können sich auch die zur Verfügung stehenden Materialien fördernd und bildend oder hemmend auf die Kinder auswirken. Aus diesem Grund erfolgt die Auswahl der Materialien auf Grundlage der aktuellen Wünsche und Bedürfnisse der Kinder.

Partizipation → S. 438

Auch jüngere Kinder können schon an der Sichtung und Auswahl neuer Materialien ›beteiligt‹ werden. Folgende pädagogische Gesichtspunkte können als Kriterien für die Auswahl des Materials und den Umgang damit herangezogen werden:

Das Material sollte
- für unterschiedliche Altersstufen geeignet sein.
- in Abhängigkeit von Entwicklungsstand und Alter der Kinder möglichst frei zugänglich sein.
- in angemessenem Umfang vorhanden sein.
- auf die Bedürfnisse der Kinder abgestimmt sein.
- von Zeit zu Zeit ausgetauscht und erweitert werden.
- anregend sein.
- kreative Nutzungsmöglichkeiten bieten.
- ungefährlich sein.

Abb. 6.31 Das Material sollte auf die Bedürfnisse der Kinder abgestimmt sein.

> **BEISPIEL** Neben großen, leicht aneinanderzusteckenden Bausteinen stehen älteren Kindern auch kleine Bausteine zur Verfügung, die für komplexere Bauten genutzt werden können. Materialien, die für jüngere Kinder geeignet sind, befinden sich in den unteren, leicht zugänglichen Schubläden, Materialien für die älteren Kinder befinden sich außerhalb der Reichweite der Kleineren. Die Stückzahl der Materialien ist so begrenzt, dass kreative Spielverläufe ermöglicht, aber auch Abstimmungsprozesse der Kinder untereinander angeregt werden. Aufgrund des erhöhten Bewegungsbedarfs schließen die pädagogischen Fachkräfte den Kindern im Turnraum den Materialschrank auf, aus dem sich die Kinder verschiedene Sportutensilien herausholen können. Aktuelle Themen werden durch ausgetauschtes Material aufgegriffen, im Rollenspielbereich wird der Arztkoffer durch einen Frisier- und Schminkkoffer ersetzt. Mit den unterschiedlichen Farben und Formen eines Steckspiels erschaffen die Kinder eine Vielzahl an Pflanzen, Tieren und Fahrzeugen. Mit bunter Knetmasse erstellen einige Kinder verschiedene Lebensmittel, die sie anschließend in ihr Rollenspiel einbinden. Beim Kauf neuer Materialien achtet das pädagogische Personal darauf, dass sich weder scharfe noch spitze Ecken und Kanten daran befinden und dass sie frei von Schadstoffen oder anderen bedenklichen Inhaltsstoffen sind.

Besonderheiten bei der Materialauswahl für Kinder unter drei Jahren

> Materialien spielen für Kinder in den ersten drei Lebensjahren eine besondere Rolle, da sie ihnen zur Erkundung ihrer Umwelt dienen. Am besten eignen sich hierfür Alltagsgegenstände und Naturmaterialien.

In diesem Alter sollen die Kinder zunächst alltägliche Dinge ihrer Welt kennenlernen und den passenden Umgang damit erfahren. Durch das eigenständige Experimentieren sammeln sie vielfältige Erfahrungen. Die ›Sinne‹ werden in besonderem Maße angeregt durch

- **Alltagsgegenstände** wie z. B. Küchenutensilien oder Werkzeug,
- **Naturmaterialien** wie z. B. Erde, Sand, Blätter, Kastanien oder Äste.

Alle Materialien sollten sich in ihrem Aussehen und ihren Einsatzmöglichkeiten voneinander unterscheiden. Das Begreifen und Erkennen der unterschiedlichen Beschaffenheiten, Gerüche und Anwendungsformen reicht völlig aus. Industriell hergestelltes Spielmaterial ist oftmals gar nicht mehr nötig.

Abb. 6.32 Naturmaterialien ermöglichen vielfältige Erfahrungen.

Sinne → S. 167

Alltagsmaterialien	Fahrradklingel, Luftpumpe, Kochlöffel, Wäscheklammern, Uhren, Siebe, Strohhalme, Zollstock, Trichter, Messbecher, Schläuche, Taschenlampen, Plastikflaschen mit verschiedenen Verschlüssen
Naturmaterialen	Tannenzapfen, Kastanien, Steine, Baumscheiben, Reis, Bohnen, Linsen, Nudeln zum Um- und Befüllen, Bohnen- oder Kastanienbad, Muscheln, Baumrinde, Schneckengehäuse, Sand, Erde
Materialien zur Bewegung	Rollbretter, Hängematten, Schaukeln, Seile, Bälle, Schaumstoffrollen, Leiter, Schwungtuch, Rutsche, Klettergerüst, Matratzen, Trampolin, Kartons in diversen Größen
Materialien für alle Sinne	Fühl- und Riechsäckchen, Rascheldosen, Spiegel, Lupe, Fernglas, Rasierschaum, Luftballons, Klangkissen, Musikinstrumente, Kugelbahn, Masagebälle
Materialien für das Rollenspiel	verschiedene Kleidungsstücke, Hüte, Schals, Schuhe, Taschen, Kaufladen mit Verpackungen in Originalgröße, Puppen und Puppenwagen, Töpfe, Geschirr, Besteck, Bürsten, Putzlappen
Materialien zum Bauen und Konstruieren	Eisenbahn, Bausteine, Holzklötze in verschiedenen Formen und Größen, Papprollen, Holzbretter, Schläuche, Kissen und Decken
Materialien zum Gestalten	Pappe, Krepppapier, Papiertaschentücher, Toilettenpapier, Fell, Stoff, Samt, Leder, Frottee, Korken, Federn, Tapeten, Holz

Tab. 6.33 Materialbeispiele für unter Dreijährige

Spielmaterialien, die die Kinder selbstständig erreichen und benutzen sollen, werden in leicht zugänglichen Regalen, offenen Kästen oder in mit Symbolen gekennzeichneten Schubläden aufbewahrt.

Abb. 6.34 Für die Kleinsten gelten besondere Sicherheitsanforderungen.

Um mögliche **Gefahrenquellen** zu vermeiden, muss das pädagogische Personal besonders im Bereich der unter Dreijährigen alle Spielgeräte und -materialien regelmäßig überprüfen. Insbesondere verschluckbare Materialien stellen für die Jüngsten eine Gefahr dar und sollten nur bei den älteren Kindern in Anwesenheit einer pädagogischen Fachkraft zum Einsatz kommen. Klettergerüste und Podeste sollten nur so hoch sein, dass beim Fallen keine Verletzungsgefahr besteht. Der Boden darunter ist durch weichen Belag abzufedern.

> **BEISPIEL** **Kolja (1;9)** und **Amine (1;5)** haben eine Kiste mit Küchenutensilien für sich entdeckt. Nacheinander räumen sie die einzelnen Materialien aus und begutachten diese ausgiebig. Amine hat es insbesondere das Teesieb angetan. Sie versucht mehrmals, es auf- und zuzuklappen und in den Mund zu stecken. Schließlich schlägt sie damit energisch auf die Kiste. Kolja nimmt sich daraufhin zwei Kochlöffel und stimmt in das Schlagen mit ein. Als Kolja dabei aus Versehen Amines Finger trifft, lässt diese prompt das Teesieb fallen und fängt lauthals an zu weinen. Kolja nutzt diese Ablenkung, ergreift das Teesieb und probiert nun das Schlagen damit aus.

6.4.8 Grenzen, Regeln und Strukturen des Freispiels

> Auch das Freispiel unterliegt bestimmten Rahmenbedingungen und Regelungen. Sie schränken zwar den Handlungsspielraum der Kinder in gewisser Weise ein, sind aber häufig unerlässlich, um genügend Sicherheit, Vertrautheit, Ruhe und Orientierung zu bieten.

Die Wahlmöglichkeit des **Spielorts** bezieht sich generell auf die zur Verfügung stehenden Räumlichkeiten. Welche von diesen Räumen und Außenflächen die Kinder jeweils nutzen dürfen, unterscheidet sich von Einrichtung zu Einrichtung. Oftmals hängt dies vom jeweiligen ›**Konzept**‹ ab: Manche Einrichtungen arbeiten gruppenbezogen, also eher geschlossen, viele im Rahmen einer zeitweisen Gruppenmischung halboffen oder manche in Form einer Gruppenauflösung sogar offen.

pädagogische Konzepte
→ S. 290

Räumliche Einschränkungen ergeben sich auch im Rahmen der ›**Aufsichtspflicht**‹ und des Schutzes vor Gefahren. Der Turnraum oder das Außengelände dürfen nur in Anwesenheit einer pädagogischen Fachkraft genutzt werden, da hier eine größere Verletzungsgefahr besteht. Sonderregelungen kann das pädagogische Personal auf Grundlage des Entwicklungsstandes und des Alters treffen: Älteren Kindern z. B., die sich verantwortungsbewusst verhalten, kann der Aufenthalt in Kleingruppen für eine begrenzte Zeit auch ohne Aufsicht innerhalb eines abgegrenzten Freispielbereiches gewährt werden.

Aufsichtspflicht → S. 37

Auch in einer offenen oder halboffenen Einrichtung müssen die Kinder bei einem Raumwechsel einer der pädagogischen Fachkräfte Bescheid geben. So behalten diese den Überblick, während die Spielenden Freiräume zum selbstständigen Handeln erhalten. Um diese Regelungen umzusetzen, können folgende Methoden hilfreich sein:
- Übersicht über den aktuellen Aufenthaltsort der Kinder schaffen: Pinnwand mit Geländeplan und Symbolen, Fotos oder Namen der Kinder, die zugeordnet werden können
- an die Hinweise zur Raumnutzung erinnern: maximale Anzahl der Kinder oder bestimmte Verhaltensregeln in Form von Schildern kenntlich machen

Abb. 6.35 Aufräumen kann schon früh eingeführt werden.

Auch in Bezug auf die **Materialwahl** sorgen Verhaltensregeln für eine gewisse Struktur und Ordnung. Dies erleichtert besonders bei größeren Gruppen das gemeinsame Spiel. Um Chaos zu vermeiden, ist die Regel sinnvoll, dass benutztes Spielzeug aufgeräumt und an den zugehörigen Platz gestellt werden muss, wenn ein Kind sein Spiel damit beendet hat. Zu einer verantwortungsvollen Haltung trägt die Vereinbarung bei, mit Spielmaterialien achtsam umzugehen und sie bei Bedarf wiederherzustellen oder zu ersetzen, wenn sie beschädigt wurden.

Für den Umgang mit den Materialien gibt es hilfreiche Methoden:
- Aufrechterhalten der Ordnung erleichtern: Die Spielmaterialien werden in leicht ein- und auszuräumenden Körben oder Kisten aufbewahrt und zur besseren Zuordnung mit Bildern gekennzeichnet.
- Bewussten Umgang mit Spielsachen fördern: Nur eine sinnvoll begrenzte und klar strukturierte Auswahl an Materialien wird für die Freispielzeit zur Verfügung gestellt.

Die **Spielzeit** ist meist durch den ›Tagesablauf‹ in der Einrichtung begrenzt. Abholphasen und gemeinsame Essens- oder auch Schlafenszeiten unterbrechen zwangsläufig den Spielverlauf. Es ist sinnvoll, diese Zeiten rechtzeitig vorher mithilfe eines bekannten Signals anzukündigen. So erhalten die Kinder die Möglichkeit, ihr Spiel zu beenden. Auch absehbare Unterbrechungen, die während der Freispielphase entstehen, können frühzeitig mitgeteilt werden. Hierzu gehören z. B. Kleingruppenangebote oder auch Förderstunden, die einzelne Kinder betreffen.

Abb. 6.36 Ein Signal kann das Ende der Spielzeit ankündigen.

bedürfnisgerechter Tagesablauf → S. 427

Die Begrenzung der Freispielzeit kann durch folgende Methoden vermittelt werden:
- Signal zum Freispielende setzen: Lied singen oder Instrument spielen
- geplante Unterbrechungen bekannt geben: Aktionskärtchen als Hinweis und Erinnerungshilfe im Morgenkreis verteilen
- zeitliche Orientierung insbesondere den Vorschulkindern bieten: eine große Uhr im Gruppenraum aufhängen

> **Regeln schränken die Handlungsspielräume der Kinder in der Freispielzeit zwar ein, sind jedoch für das Zusammenleben in der Gruppe unerlässlich.**

Maria Montessori → S. 294

Die Pädagogin ›Maria Montessori‹ hat den Leitsatz geprägt: „Meine Freiheit endet da, wo deine Freiheit beginnt." Dieser Leitsatz bedeutet für jedes einzelne Kind, dass es die eigenen Bedürfnisse auch einmal zurückstellen und beim Spiel Kompromisse eingehen muss. Eine Begrenzung von Räumlichkeiten und Materialien dient dem Allgemeinwohl und der Sicherheit der Kinder.

Beobachtung → S. 59

Die pädagogischen Fachkräfte müssen dennoch immer wieder überprüfen, ob die gesetzten Regeln auch angemessen und notwendig sind. Regeln, die nicht eingehalten werden, können pädagogischen Fachkräften und auch Kindern den Umgang miteinander erschweren, wenn sie z. B. verunsichern oder unklar formuliert sind. Bei der ›Beobachtung‹ kann sich auch herausstellen, dass bestimmte Vorgaben nicht sinnvoll sind.

Regeln wirken unterstützend auf das Freispiel, wenn sie	Regeln wirken hemmend auf das Freispiel, wenn sie
- Spielprozesse fördern. - Orientierung schaffen und verlässlich sind. - Sicherheit bieten und vor Gefahren schützen. - die Bedürfnisse der Kinder berücksichtigen. - ein verantwortungsvolles Miteinander begünstigen.	- starr sind. - die Kinder in ihrer Bewegungsfreiheit einengen. - Spielprozesse verhindern oder abbrechen. - die Bedürfnisse der Kinder unberücksichtigt lassen. - nicht verständlich und nachvollziehbar für die Kinder sind.

BEISPIEL In der Kindertageseinrichtung „Wirbelwind" ist für die Nutzung der verschiedenen Freispielbereiche festgelegt worden, dass sich maximal vier bis fünf Kinder in einem Bereich aufhalten dürfen. Eine fünfköpfige Mädchengruppe möchte nach einem ausgedehnten Mutter-Vater-Kind-Spiel zusammen zum Frühstücken übergehen. Die Frühstückstische sind so angeordnet, dass jeweils vier Personen zusammen Platz nehmen können. Auch hier soll die Personenbegrenzung zu einem ruhigeren Ablauf beitragen. Die Mädchen bitten Kinderpflegerin Mira Bothe, heute ausnahmsweise mal zu fünft an einem Tisch essen zu dürfen. Mira Bothe möchte die Gruppe in ihrem harmonischen Miteinander bestärken. Sie rückt den Tisch von der Wand etwas weg, sodass das fünfte Mädchen sich an dieser Seite dazusetzen kann.

Wann immer es möglich ist, sollte die Gruppe in die Regelbildung ›einbezogen‹ werden. So erfahren und erproben die Kinder Mitverantwortung für das Zusammenleben. Um eine größtmögliche Freiwilligkeit der Kinder im Freispiel zu ermöglichen, sollten Regeln und Einschränkungen, die den kindlichen Spielfluss unnötig stören, gemieden werden.

Partizipation → S. 438

Warum muss ich das für meinen Beruf wissen?

Sie wissen nun, was das kindliche Spiel und seine unterschiedlichen Ausprägungsformen auszeichnet und wie bedeutsam es für die gesamte Entwicklung des Kindes ist. Diesen theoretischen Hintergrund können Sie in Ihrer pädagogischen Tätigkeit nutzen, um für einzelne Kinder oder Gruppen möglichst passende Spielangebote zu planen.

In Ihrer Rolle als Spiel(beg)leitung nutzen Sie verschiedene Faktoren, die das Spiel des Kindes beeinflussen, wie z. B. die zur Verfügung stehenden Spielmaterialien, -zeiten, -orte und -partner. Ihre Aufgabe als pädagogische Fachkraft ist es, auf diese Bedingungen einzuwirken und Spielprozesse fortlaufend zu beobachten, um daraus Schlüsse für die Planung und Auswahl geeigneter Spielangebote zu ziehen. Sie haben erfahren, welche Beobachtungsmethoden sich hierzu anbieten, wie sich Spielarten und -formen einteilen lassen und was sie bei der Auswahl konkreter Spielideen bedenken sollten. Sie haben in diesem Kapitel verschiedene Angebotsformen kennengelernt und können die genannten praktischen Hinweise für Ihre Spielangebote heranziehen.

Neben diesen angeleiteten Spielangeboten nimmt das Freispiel den größten Stellenwert im pädagogischen Alltag ein. Als Kinderpflegerin begleiten Sie diese Phasen. Hierzu können Sie auf die Empfehlungen zur materiellen und räumlichen Gestaltung und zur sprachlichen Begleitung zurückgreifen. Außerdem können sie gegebenenfalls sinnvolle Impulse setzen, um die vielfältigen und bedeutsamen Spielprozesse der Kinder zu fördern.

7 MEDIEN UND MEDIENKOMPETENZ

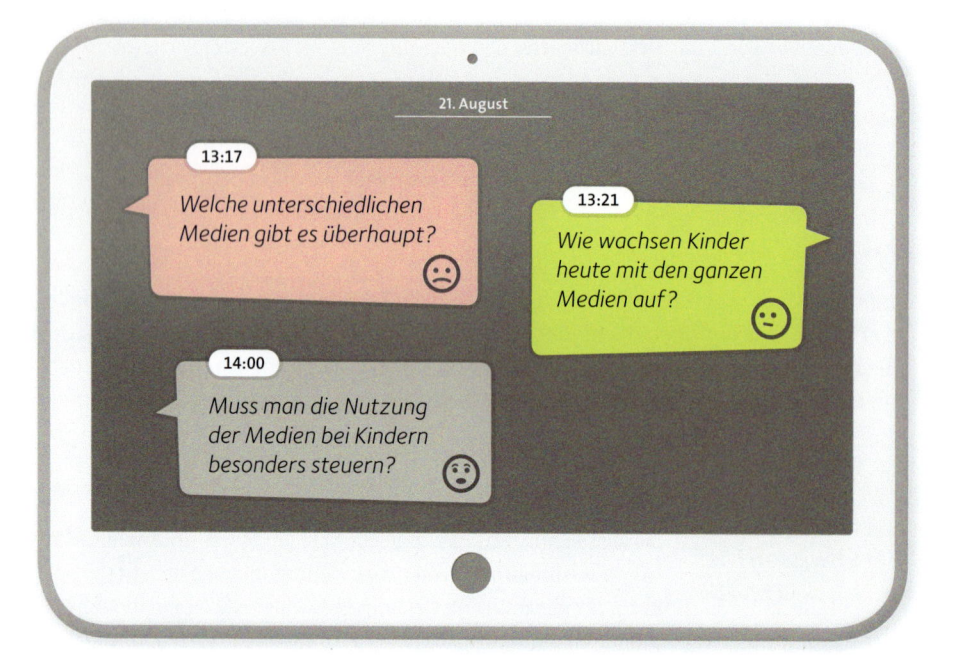

21. August

13:17 Welche unterschiedlichen Medien gibt es überhaupt?

13:21 Wie wachsen Kinder heute mit den ganzen Medien auf?

14:00 Muss man die Nutzung der Medien bei Kindern besonders steuern?

Medien spielen in der heutigen Zeit eine immer größere Rolle. Vor allem in der Lebenswelt der Kinder und Jugendlichen nehmen diese einen immer höher werdenden Stellenwert ein. Aus diesem Grund ist es vor allem für pädagogische Fachkräfte von wesentlicher Bedeutung, im Umgang mit dieser Materie – vor allem im Hinblick auf Medienkompetenz – geschult zu werden.

7.1 Wandel der Medienlandschaft

> **BEISPIEL** Die Nutzung von Medien in der Kindertagesstätte „Regenbogen" hat sich in den letzten Jahren sehr verändert. Früher arbeiteten die pädagogischen Fachkräfte im Hinblick auf die Medienerziehung hauptsächlich mit Bilderbüchern, Trägermedien mit Kinderliedern oder Hörspielen. Heute werden neue Medien wie Computer, Videokamera und auch das Internet häufig genutzt. Erst vor Kurzem hat in der Einrichtung ein Filmprojekt stattgefunden. Die Kinder waren begeistert.

Denken Sie an Ihre eigene Kindheit zurück. Haben Sie Serien über einen Tablet-PC gesehen? Wahrscheinlich nicht. In Ihrer Kindheit sahen Sie Sendungen und Serien höchstwahrscheinlich über den Fernseher. Die Medienformen haben sich im Laufe der Zeit sehr stark verändert. Bereits seit Ihrer Kindheit bis zum heutigen Zeitpunkt haben sich die Medienlandschaft und die Art und Weise der Nutzung extrem gewandelt.

7. Medien und Medienkompetenz

> **ZUM WEITERDENKEN** Im Jahre 1995 kam der erste tragbare MP3-Player auf den Markt und wurde als modernes, neues Medium bezeichnet. 20 Jahre später hört kaum mehr jemand Musik über diesen Player. Heutzutage hören Kinder und Jugendliche ihre Musik über ihre Smartphones.

Der Begriff „Medien" umfasst mittlerweile ein riesiges Gebiet mit unterschiedlichsten Nutzungsmöglichkeiten. Medien werden im Wesentlichen in vier Arten unterschieden:

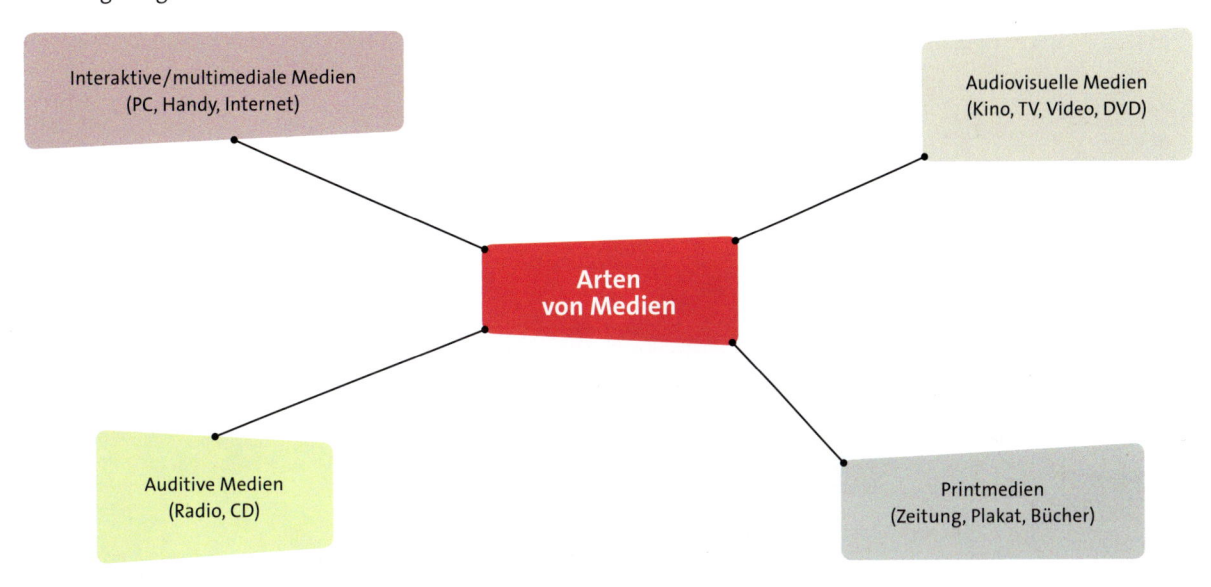

Arten von Medien
- Interaktive/multimediale Medien (PC, Handy, Internet)
- Audiovisuelle Medien (Kino, TV, Video, DVD)
- Auditive Medien (Radio, CD)
- Printmedien (Zeitung, Plakat, Bücher)

Abb. 7.1 Medienarten

Über Medien können Informationen an die Gesellschaft per Ton und Bild (audiovisuell) übertragen werden. Somit stellt jedes Medium ein Kommunikationsmittel zwischen ›Sender‹ und einem oder mehreren Empfängern dar. Wie Sie anhand der Grafik feststellen können, wird grob zwischen audiovisuellen, interaktiven/multimedialen, auditiven Medien und Printmedien unterschieden. In der heutigen Zeit werden von Jugendlichen überwiegend audiovisuelle und interaktive/multimediale Medien genutzt. Ein wesentlicher Bestandteil ›interaktiver‹ Medien sind soziale Netzwerke und Nachrichtendienste, die bei Jugendlichen derzeit wohl die Höchstform der Kommunikation annehmen.

Vor allem der Begriff der „neuen Medien" spielt hierbei eine wesentliche Rolle. Unsere Gesellschaft scheint sich mehr und mehr über eine Zunahme und Vernetzung der Informationen zu definieren.

> Der wachsende Informationsbedarf führt zwangsläufig zu einem gesteigerten Informationsangebot. Um dieser Informationsflut gewachsen zu sein, bedarf es neuer, zeitbezogener Medien.

Während anfangs nur das Radio und das Fernsehen als „neues" Medium bezeichnet wurden, gebraucht man diesen Begriff seit Mitte der 1990er Jahre in erster Linie für alle interaktiven und digitalen Medien.

Sender-Empfänger-Modell
→ S. 192

interaktiv
auf Interaktion beruhend, wechselseitig

7.2 Bedeutung für Kinder und Jugendliche

> **BEISPIEL** **Elias (3)** wächst in einer Familie auf, in der Medien ganz selbstverständlich genutzt werden. Der Haushalt hat einen Fernseher, Mutter und Vater besitzen ein Smartphone. Ein schnurloses Telefon klingelt, wenn die Oma anruft, und das Radio läuft, wenn die Mutter kocht. Abends, wenn Elias nicht schlafen kann, kommt er ins Wohnzimmer, in dem die Eltern fernsehen. Während der Werbepause googelt seine Mama nach dem aktuellen Fernsehprogramm. Währenddessen bekommt der Vater eine Chatnachricht über sein Smartphone.

Medien und Mediennutzung haben in der Lebenswelt aller mittlerweile einen sehr hohen Rang eingenommen. Niemand kann sich dieser Welt gänzlich entziehen. Selbst kleine Kinder wachsen im Umgang und mit der Nutzung von Medien auf. Jugendliche leben in der Medienwelt ganz selbstverständlich.

Abb. 7.2 Lebensrealität von Kindern heute

Die heutige, schnelllebige und technisierte Welt kann sich ein Leben ohne Nutzung von Medien verschiedenster Art kaum mehr vorstellen. Doch welche Bedeutung haben Medien?

7.2.1 Aufgaben von Medien

Medien haben die Aufgabe, die Nutzer über kulturelle, politische, wirtschaftliche und andere Geschehnisse zu informieren. Die Berichterstattung sollte ohne große Wertung erfolgen, z. B. in der Tageszeitung oder in Nachrichtensendungen.

objektiv
sachlich, unvoreingenommen, wertfrei

Da das Informieren nur bedingt ›objektiv‹ erfolgen kann, tragen die Medien immer auch automatisch zur **Meinungsbildung** bei. Sie beeinflussen und festigen die Einstellung einer Person, z. B. als Zeitungskommentar oder in einer TV-Reportage. Medien können nie die ganze Wirklichkeit darstellen, sondern lediglich einen Ausschnitt zeigen. Daher wird ihnen auch eine Kritik- und Kontrollfunktion zugesprochen. So decken sie u. a. Geheimnisse in Wirtschaft und Politik auf, z. B. in Reportagen und Dokumentationen. Weiter dienen Medien Kindern, Jugendlichen und Erwachsenen als Form der **Wissensaneignung** durch Recherche im Internet, Dokumentationssendungen im Fernsehen oder durch Bücher. Zu den sehr bedeutenden Aufgaben der Medien zählt die **Unterhaltung**, z. B. durch Spielshows, Spielfilme, Onlinerollenspiele oder Romane.

7.2.2 Bedeutung der „neuen Medien" in der heutigen Gesellschaft

Die Nutzung „neuer Medien" bringt unterschiedlichste Bedeutungen für die Gesellschaft mit sich. Diese werden im Folgenden näher erläutert:
- Der Hauptnutzungsaspekt von Medien sind, wie oben beschrieben, die Nachrichten. Die neuen Medien ermöglichen hierbei eine höhere Aktualität.
- Neue Medien können aktiv genutzt und mitgestaltet werden (z. B. Chatten, Blogs). Das heißt, es gibt nicht nur eine „One-Way-Nutzung".
- Die Nutzung neuer Medien wird immer billiger (z. B. durch Flatrate-Angebote).
- Ältere Menschen und Menschen in ländlichen Gegenden können sich vernetzen.
- Neue Medien werden zunehmend gebündelt, z. B. TV, Internet, Telefon.
- In der Arbeitswelt werden die neuen Medien gebraucht, z. B. für Terminvereinbarungen, Bewerbungen, Videokonferenzen.
- Neue Medien unterliegen einem Modetrend: Wer auf dem neuesten Stand (z. B. Handy, IPod) ist, ist IN! Medien werden als Statussymbol verstanden.
- Medien werden als Stimmungsregulation eingesetzt, im Jugendalter besonders intensiv. Dies geschieht in erster Linie mithilfe von Musik.
- Medien werden zur Nähe- und Distanzgestaltung eingesetzt, in der Familie, in Freundschaften oder Beziehungen. Der gemeinsame Fernsehabend schafft Nähe, ohne dass eine unter Umständen Distanz schaffende oder Streit erzeugende Kommunikation geführt werden muss.
- Für Jugendliche dienen vor allem die neuen Medien der Abgrenzung zur Erwachsenenkultur. Hauptsächlich die Musik, aber auch bestimmte Filme und Serien. Sie bedeuten somit Selbstdefinition, eine eigene Standortbestimmung.
- Medien sind für Jugendliche oft Lebensberater oder Kummerkasten. Vor allem das Internet. Jugendliche finden in Chatforen Gleichgesinnte und können sich über Schwierigkeiten und Probleme austauschen.

Abb. 7.3 Medien in der Arbeitswelt

Abb. 7.4 Medien als Statussymbol

7.3 Medienerfahrungen von Kindern und Jugendlichen

Die Vielfalt und Weiterentwicklung der Medien gehen mit einem hohen Verbreitungsgrad einher. Fast alle Kinder und Jugendlichen haben bereits im frühen Kindesalter Erfahrungen mit Medien gemacht.
Anhand der folgenden Statistiken der KIM-Studie aus dem Jahr 2014 (Medienpädagogischer Forschungsverbund Südwest) kann man feststellen, dass Mediennutzung ein unumgängliches Thema der heutigen Zeit ist.

IV GRUNDLAGEN DER PRAXISGESTALTUNG

Die **KIM-Studie** bezieht sich auf sechs- bis 13-jährige Kinder und Jugendliche in Deutschland.

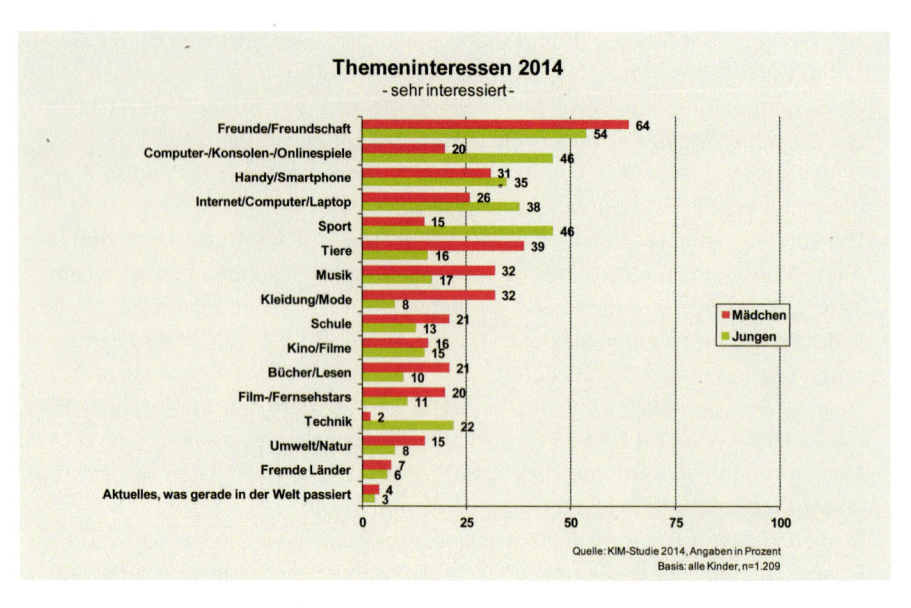

Themeninteressen 2014
- sehr interessiert -

Thema	Mädchen	Jungen
Freunde/Freundschaft	64	54
Computer-/Konsolen-/Onlinespiele	20	46
Handy/Smartphone	31	35
Internet/Computer/Laptop	26	38
Sport	15	46
Tiere	39	16
Musik	32	17
Kleidung/Mode	32	8
Schule	21	13
Kino/Filme	16	15
Bücher/Lesen	21	10
Film-/Fernsehstars	20	11
Technik	2	22
Umwelt/Natur	15	8
Fremde Länder	7	6
Aktuelles, was gerade in der Welt passiert	4	3

Quelle: KIM-Studie 2014, Angaben in Prozent
Basis: alle Kinder, n=1.209

🌐 Die KIM-Studie finden Sie online unter:

www.mpfs.de/?id=646

Anhand dieser Statistik lässt sich erkennen, dass neue Medien, wie Computer, Smartphones und das Internet, auf der Interessenliste von Kindern und Jugendlichen ganz oben stehen. An erster Stelle stehen nach wie vor Freunde und Freundschaften, welche wahrscheinlich oft auch in Verbindung mit den Kommunikationsmitteln Handy und Internet gepflegt werden – mehr als dies noch vor einigen Jahren der Fall war. In der Erhebung der Freizeitaktivitäten lässt sich erkennen, dass Kinder und Jugendliche fast täglich fernsehen.

Die Hälfte der sechs- bis 13-jährigen Jungen in Deutschland besitzen ein Handy oder ein Smartphone. Dicht gefolgt von den Mädchen mit 46 %. Anhand der Statistiken lässt sich erkennen, dass die Nutzung von Medien bei Jungen und Mädchen von sechs bis 13 Jahren eine große Rolle spielt. Mit steigendem Alter nehmen die Zahlen höchstwahrscheinlich zu.

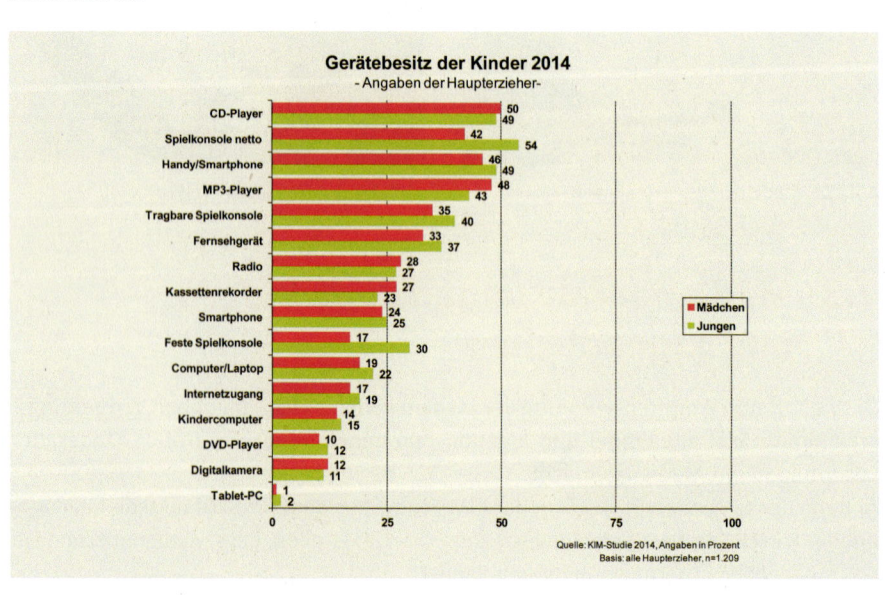

Gerätebesitz der Kinder 2014
- Angaben der Haupterzieher -

Gerät	Mädchen	Jungen
CD-Player	50	49
Spielkonsole netto	42	54
Handy/Smartphone	46	49
MP3-Player	48	43
Tragbare Spielkonsole	35	40
Fernsehgerät	33	37
Radio	28	27
Kassettenrekorder	27	23
Smartphone	24	25
Feste Spielkonsole	17	30
Computer/Laptop	19	22
Internetzugang	17	19
Kindercomputer	14	15
DVD-Player	10	12
Digitalkamera	12	11
Tablet-PC	1	2

Quelle: KIM-Studie 2014, Angaben in Prozent
Basis: alle Haupterzieher, n=1.209

7.4 Chancen und Gefahren moderner Medien

7.4.1 Chancen der Mediennutzung

> **BEISPIEL** Marianne (5) ist Vorschulkind. Sie und noch andere Kinder haben in ihrem Kindergarten zweimal pro Woche „Vorschulstunden". In diesen Stunden werden die Kinder in verschiedensten Bereichen gefördert und auf die Schule vorbereitet. Die Gruppenleitung hat extra für die Vorschulkinder verschiedene Lernspiele auf den Gruppencomputer heruntergeladen, welche die Kinder in ihren Übungsstunden manchmal spielen dürfen. Marianne erzählt dies voller Freude ihrer Mutter. Auch zu Hause darf sie nun diese Lernspiele nutzen.

Schon im frühesten Alter werden Kinder mit den verschiedensten Medien konfrontiert. Bereits im Kindergartenalter haben sie jede Menge Erfahrungen mit Fernseher, CD-Player oder auch dem Computer gemacht.

Abb. 7.5 und 7.6 Kinder nutzen Medien auf verschiedene Art und Weise.

> Grundsätzlich bieten alle Medien, wenn sie je nach Altersgruppe und Entwicklungsstand des Kindes sinnvoll eingesetzt werden, eine Chance, den richtigen Umgang mit ihnen zu lernen.

Insbesondere der Einfluss der Familien spielt hier eine entscheidende Rolle, da die ersten Medienkontakte einen nachhaltigen Einfluss auf das Medienverhalten des Kindes haben. Werden Medien bewusst und umsichtig genutzt, so ergeben sich daraus eine Menge Chancen für Kinder und Jugendliche.

Fernsehen, Kino und DVD
Das Fernsehen gilt bereits seit Jahrzehnten als das Leitmedium in unserer Gesellschaft, weshalb es häufig auch als „neues altes Medium" bezeichnet wird. Es gehört ebenso wie Kino, DVD und Video zu den ›audiovisuellen Medien‹. Heute wachsen die meisten Kinder ganz selbstverständlich mit diesem Medienangebot auf, da es ein wesentlicher Teil unseres Alltags geworden ist. Fernsehen übt deshalb eine so große Faszination auf Kinder aus, weil es für sie eine Art „Fenster zur Welt" ist. Musik, Geräusche, bunte und bewegte Bilder laden sie ein zum Träumen und Dinge zu sehen, die ihnen im Alltag nur bedingt geboten werden.
Fernsehsendungen, in denen Anknüpfungspunkte zum alltäglichen Leben bestehen, sind für sie besonders ansprechend. In den Sendungen und Filmen suchen Kinder und Jugendliche förmlich nach Medienhelden und Identifikationsmöglichkeiten.

audiovisuelle Medien → S. 539

Computer, Internet und PC-Spiele

Sehr viele Jugendliche verfügen in Deutschland über einen PC-Zugang, den sie täglich nutzen. Der Umgang mit dem Computer und dem Internet nach Online- und Offline-Aktivitäten lässt sich nur schwer trennen. Zu den Tätigkeiten am Computer gehören die Bereiche Kommunikation (E-Mails, Blog, Chat, Messenger, soziale Netzwerke), Information (für private, schulische und Ausbildungszwecke), Spiele (PC-, Konsolen und Online-Spiele), konsumbezogene Nutzung (E-Commerce) und Unterhaltung (Videos, Musik, Bilder).

Das Kind am PC ist somit nicht mehr nur Zuschauer bzw. Zuhörer, sondern besitzt selbst handelnde Kompetenz. Vor allem auch Lernspiele, die in verschiedensten Bereichen und Ausführungen angeboten werden, stellen für unsere Kinder eine Chance dar.

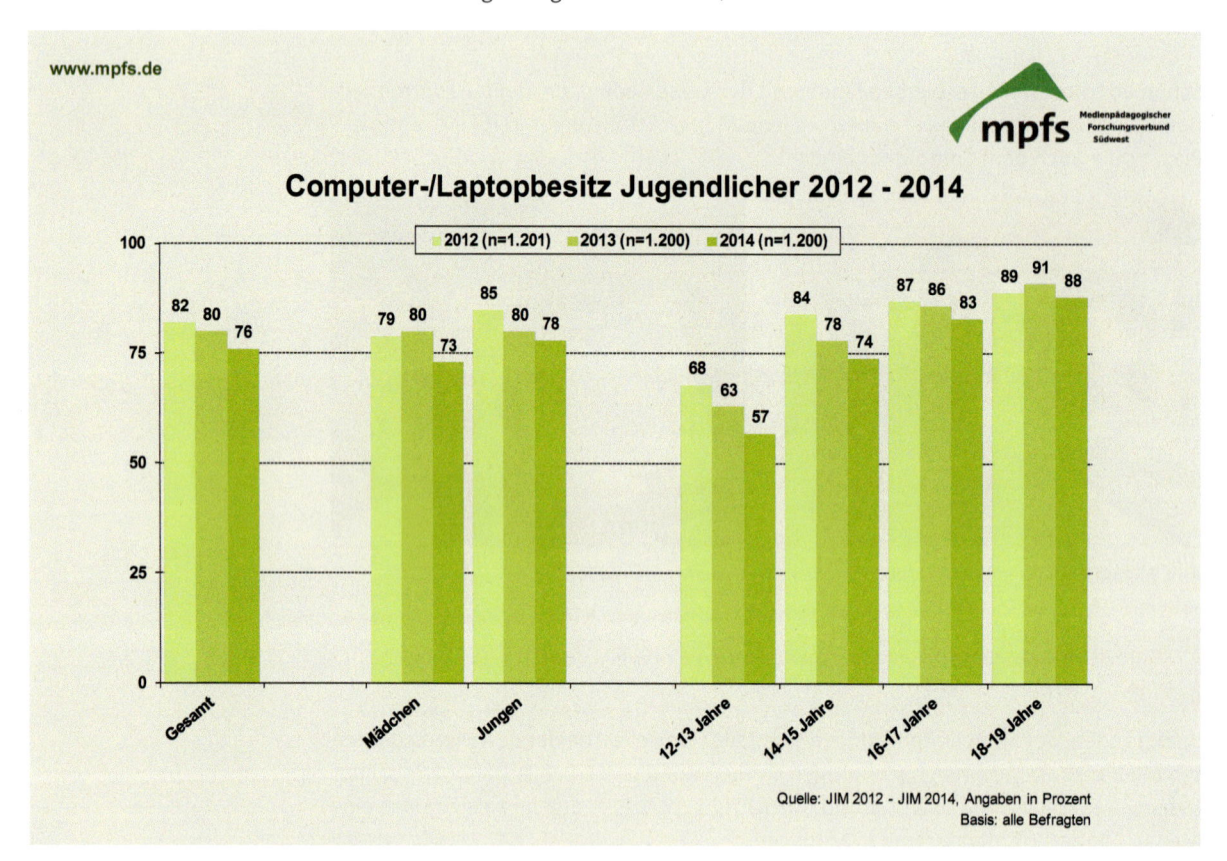

Computer-/Laptopbesitz Jugendlicher 2012 - 2014

	2012 (n=1.201)	2013 (n=1.200)	2014 (n=1.200)
Gesamt	82	80	76
Mädchen	79	80	73
Jungen	85	80	78
12-13 Jahre	68	63	57
14-15 Jahre	84	78	74
16-17 Jahre	87	86	83
18-19 Jahre	89	91	88

Quelle: JIM 2012 - JIM 2014, Angaben in Prozent
Basis: alle Befragten

Handy und Smartphones

Neben dem PC und dem Fernsehen gehört das Handy bzw. das Smartphone zu den technischen Entwicklungen, die sich in den letzten Jahren am deutlichsten verändert haben. Laut der JIM-Studie 2014 besitzen 96 % aller Jungen und 99 % aller Mädchen von zwölf bis 19 Jahren in Deutschland ein eigenes Handy. Das Handy ist – psychologisch gesprochen – der Teddybär vieler Jugendlicher, der ihnen Sicherheit und ein Gefühl der Zugehörigkeit vermittelt. Viele Jugendliche müssen ihr Handy immer zur Verfügung haben. Es vermittelt ihnen die Sicherheit, immer erreichbar und „up to date" zu sein. Wichtige Informationen können ihnen nicht entgehen. Außerdem können sie in Notfällen immer jemanden erreichen. Dies ermöglicht ihnen gleichzeitig, extrem mobil zu sein und sich in „ihre Welt" zu begeben und aus dem für sie oft „stressigen Alltag" zu flüchten.

Jugendliche und auch schon Kinder
- nutzen ihre Geräte, um Nachrichten zu schreiben (SMS),
- sind über ›Messengerdienste‹ (z. B. WhatsApp) im Austausch mit Freunden,
- haben verschiedenste Apps auf ihrem Handy,
- machen Fotos und Filme,
- hören Musik,
- spielen Spiele oder
- gehen ins Internet.

Messenger

auch: Instant-Messaging bzw. Nachrichtensofortdienst; Programm zur Textnachrichtenübermittlung über das Internet

Abb. 7.7 Jugendliche bei der Nutzung unterschiedlicher Medien

ZUM WEITERDENKEN Smartphones dienen zwar in erster Linie der Kommunikation, sie stehen allerdings auch für die Identität des Besitzers. Über den Besitz und die Nutzung des Smartphones glaubt der Jugendliche, einen gewissen „Stand", ein gewisses „Image" zu erreichen. Wer Smartphones nutzt, ist IN. Design, Ausstattung, Klingeltöne, Bilder und Videos, die hochgeladen werden, und Apps spielen dabei eine wesentliche Rolle in der Selbstdarstellung gegenüber den anderen.

Weiter dienen die neuen, modernen Medien auch der Meinungsbildung. Durch die Vielzahl der angebotenen Nachrichten- und Informationsdienste des World Wide Web hat jeder Nutzer die Möglichkeit, unterschiedlichste Standpunkte und Ansichten aufzunehmen und sich daraus seine eigene Meinung zu bilden.

Vor allem im Jugendalter spielt die Ich-Findung mithilfe der Medien eine wichtige Rolle. Durch unterschiedlichste Foren, Gruppen in sozialen Netzwerken und Blogs können die Jugendlichen herausfinden, welcher Gruppe sie sich zugehörig fühlen und zugehörig sein wollen. Dadurch unterstützen die Möglichkeiten der neuen Medienwelt auch die Beantwortung der Frage nach dem „Wer bin ich?" in der ›Pubertät‹. Durch Medien können Jugendlichen sich auch eine „Auszeit von den Eltern und dem stressigen Schulalltag" nehmen.

Pubertät → S. 121

7.4.2 Gefahren der Mediennutzung

> **BEISPIEL** **Lorenz (4)** wird morgens von seiner Mutter in die Kindergartengruppe gebracht. Der Kinderpflegerin fällt auf, dass er dunkle Ränder unter den Augen hat und übernächtigt aussieht. Er gähnt ständig und wirkt etwas abwesend. In einer ruhigen Minute fragt die Kinderpflegerin bei ihm nach, was denn los sei. Lorenz antwortet mit Tränen in den Augen, dass er gestern Abend alleine vor dem Fernseher saß und in einem Spielfilm ein gruseliges Monster auftauchte. Er hatte große Angst und konnte die ganze Nacht nicht schlafen. Er hat auch jetzt noch Angst, dass dieses Monster irgendwo erscheinen könnte.

Abb. 7.8 Allein Sendungen zu schauen, die nicht für Kinder geeignet sind, kann Angst machen.

Natürlich verbergen sich in der Welt der Medien nicht nur Chancen, sondern auch viele Gefahren. Es ist sehr wichtig, sich dieser Gefahren bewusst zu sein, um sich in der Medienlandschaft ›adäquat‹ verhalten und so die Chancen gefahrenlos nutzen zu können. Folgende Abbildung stellt die Gefahren der Medienwelt zusammengefasst vor:

adäquat
angemessen

- Datenschutz- und sicherheit
- Mediensucht
- Rassismus und politischer Extremismus
- Werbung und die Kostenfalle
- **Gefahren**
- Fanatismus
- Aggression und Gewalt(-verherrlichung)
- Computer und Cybersex
- Erotik, Sexualität und Pornografie

Aggression und Gewalt(verherrlichung)

Darstellungen von Gewalt und Aggression wirken vor allem dann jugendgefährdend, wenn sie verherrlicht oder als ein erfolgreiches Konfliktlösungsmittel gezeigt werden. Aktuell gibt es mehrere Studien, die sich des Themas „Medien und Gewalt" angenommen haben. Wie groß der tatsächliche Einfluss von Gewaltdarstellungen auf die Entwicklung von Heranwachsenden ist, wird dabei sehr kontrovers diskutiert.

> Einig sind sich die Studien hingegen in folgendem Punkt: Das Erleben von Gewalt in den Medien wirkt im Zusammenspiel mit ungünstigen Bedingungen bzw. Risikofaktoren gewaltfördernd.

Als nicht förderliche Bedingungen bzw. Risikofaktoren gelten unter anderem:
- ungünstige Milieubedingungen (z. B. anhaltende eigene Gewalterfahrungen, ›delinquente‹ Jugendkultur)
- Leistungsversagen (z. B. Misserfolge in Schule und Beruf)
- Alkohol- und Drogenmissbrauch
- ein niedriger Bildungsgrad
- Entfremdung von sozialen Normen und Werten

delinquent
straffällig, verbrecherisch

ZUM WEITERDENKEN Mediengewalt erzeugt Gewalt (Dr. Rudolph H. Weiß)
„Ein Forscherteam hat mehrere Jahre an einer zweijährigen Längsschnittstudie über die Wirkungen von Mediengewalt auf Kinder und Jugendliche gearbeitet. Mit eindeutigen Ergebnissen: Gemäß der Studie bewirkt der Konsum von Mediengewalt spätere Gewalttätigkeit und Gewaltdelinquenz – und zwar stärker als andere Risikofaktoren."
Studie nachlesbar unter: www.medienheft.ch

Gewalt bezeichnet im Allgemeinen den Einsatz von physischem oder psychischem Zwang gegenüber Menschen oder Gegenständen. In Zusammenhang mit den neuen Medien tritt Gewalt meist in einer subtilen Form auf, die psychisch ausgeübt wird. Folgende Begrifflichkeiten tauchen in Verbindung mit medialer Gewalt auf:

Cyber-Bullying, Cyber-Stalking oder Cyber-Mobbing: Hierbei werden Personen mithilfe elektronischer Kommunikationsmittel drangsaliert und bloßgestellt. Die Täter verbreiten Gerüchte/Unwahrheiten, Gemeinsamkeiten usw. über Handy oder das Internet.

Happy-Slapping: Ein selbst gedrehtes Video einer Körperverletzung, die überwiegend nur wegen des Filmes begangen wird, wird über andere Handys oder das Internet weiterverbreitet.

Sexting: Einer der neuesten Trends aus den USA. Der Begriff setzt sich aus den Wörtern Sex und Texting zusammen. Jugendliche machen Nacktfotos von sich selbst und verschicken diese über ihr Handy oder verbreiten sie im Internet.

Doch nicht nur die mediale Gewalt stellt eine große Gefahr im Umgang mit neuen Medien dar. Auch die folgenden **Risiken** müssen in der Mediennutzung beachtet werden.

Weitere Informationen unter:
www.klicksafe.de

www.jugendinfo.de
→ Gewaltprävention
www.gewaltverzicht.com

Abb. 7.9 Cybermobbing kann weitreichende Folgen haben.

Rassismus und politischer Extremismus

Gerade mit der wachsenden Bedeutung des Internets als Informations- und Kommunikationsplattform haben auch politisch extreme Gruppierungen ihr Gedankengut zunehmend online verbreitet. Auf zahlreichen „Hassseiten" im Internet wird ein feindliches Klima gegenüber gewissen Gruppen geschaffen und versucht, Anhänger zu rekrutieren und zu radikalisieren. Besorgniserregend ist für Aktivisten des Jugendschutzes die Tatsache, dass sich Verfassungsfeinde immer mehr auch in Social Communities bewegen und ihre Seiten sehr ansprechend für Jugendliche gestalten. Auch das Handy ist dabei ein wichtiges Instrument für „Cyber Hate" (Hass, der über das Handy verbreitet wird) geworden. So werden entsprechende Klingeltöne, MP3s, Vidos, Logos oder Hintergrundbilder in Umlauf gebracht. Kinder und Jugendliche, die das Internet nutzen, können ungewollt auf Webseiten stoßen, auf denen für eine bestimmte Gruppierung oder Weltanschauung geworben wird. Unsichere und noch nicht urteilsfähige Heranwachsende können durch extremistische Propaganda sehr leicht beeinflusst werden.

Weitere Informationen unter:

www.innenministerium.bayern.de

www.nazis-im-internet.de
www.jugendschutz.net

Abb. 7.10 Mädchen sind vor allem anfällig für Internetforen.

Fanatismus

Das Internet ist ein Verbreitungsmedium, das leider auch vielen Fanatikern Raum für ihre gefährlichen Weltanschauungen bietet. Hier können sie – von ihrer Idee besessen – ihre Meinung nahezu ungebremst kundtun. Dieser Fanatismus kann, muss aber auch nicht politisch oder religiös begründet sein. Extreme Gruppierungen gibt es mittlerweile auf jedem Gebiet, z. B. zum Thema „Essstörungen". Vor allem Internetforen werden heutzutage missbraucht, um fanatische Ideen zu verbreiten. Die Fanatiker suchen bewusst den Kontakt zu Jugendlichen, da diese in ihrer Identität noch nicht so gefestigt sind und sich noch leichter manipulieren lassen.

Erotik, Sexualität und Pornografie

Die Möglichkeiten, sich im Fernsehen oder gerade übers Internet entsprechendes Bild- und Videomaterial zu beschaffen, werden immer größer. Das Gesetz verbietet es zwar, Darstellungen von sexuellen Handlungen für Kinder und Jugendliche zugänglich zu machen, allerdings können junge Nutzer oft mit einem einfachen Mausklick die „Kindersicherung" umgehen. Oft passiert die Konfrontation mit derartigen Seiten auch ungewollt, z. B. als unerwartetes Ergebnis in der Suchmaschine. Diese Darstellungen können die persönliche Entwicklung Heranwachsender nachhaltig negativ beeinflussen, indem sie ein gestörtes Verhältnis zur Sexualität hervorrufen oder eine falsche Wertevorstellung vermitteln.

Computer- und Cybersex

Unter Computersex – oder auch „Cybersex" genannt – werden sämtliche virtuellen Foren bezeichnet, die mithilfe des Internets bzw. Computers ausgelebt werden. Dazu gehört auch das Anschauen pornografischer Bilder im Netz, z. B. über Chats, oder auch der Austausch sexuell anzüglicher E-Mails. Häufig werden jedoch auch Kinder und Jugendliche Opfer von sexueller Belästigung und Diskriminierung in den Chatrooms. Die Täter suchen gezielt diesen Weg aus, um ihre sexuellen Fantasien auszuleben.

ZUM WEITERDENKEN „Sexuelle Belästigung Minderjähriger ist nach Angaben der Organisation jugendschutz.net in Chaträumen des Internets an der Tagesordnung. Wie aus der Jugendschutzbroschüre „Chatten ohne Risiko?" hervorgeht, berichten 160 von 200 befragten Kindern von sexuellen Belästigungen in den virtuellen Treffpunkten. Vor allem in Chats, die sich an alle Altersgruppen richten, sei mit „Übergriffen" zu rechnen."
www.pcwelt.de

Mediensucht

Die Mediensucht lässt sich der Kategorie der „nicht stoffgebundenen Süchte" zuordnen. Hier handelt es sich um Verhaltensweisen, die Suchtcharakter annehmen können, ohne dass dabei unbedingt ein Suchtmittel eingenommen werden muss. Suchtpotenzial haben z. B. Computer, PC-Spiele, Internet, Fernsehen oder Handy. Allein bei Jugendlichen im Alter von 15 Jahren muss laut eines Forschungsberichts des KFN (Kriminologisches Forschungsinstitut Niedersachsen) deutschlandweit von 15 000 computersüchtigen und weiteren 23 000 suchtgefährdeten Mädchen und Jungen ausgegangen werden. Die Grenzen, ab wann eine Person süchtig ist oder „nur" suchtgefährdetes Verhalten zeigt, sind sehr fließend und häufig schwer voneinander abzugrenzen.

Abb. 7.11 Mediensucht stellt eine ernst zu nehmende Form der Sucht dar.

Mögliche Hinweise, die auf das Vorliegen eines krankhaften Medienverhaltens deuten, sind:
- Die Betroffenen können ihren Umgang mit dem Gerät nicht mehr kontrollieren. Sie können die verbrachte Zeit mit dem Medium nicht mehr abschätzen und steuern.
- Das Medium, meist der Computer, wird nicht mehr ausgeschaltet – häufig mit der Begründung, die langen Startzeiten zu reduzieren.
- Oft sind Hardwarekomponenten bzw. Ersatzteile mehrfach vorhanden, um im Falle eines Ausfalls diesen sofort kompensieren zu können.
- Andere Interessen und Kontakte werden vernachlässigt. Außerdem finden bestimmte Tätigkeiten, wie z. B. Essen, nur noch vor dem PC oder Fernseher statt.
- Entzugserscheinungen treten auf, sobald die Person das Medium nicht mehr nutzen kann, z. B. Angstzustände, Reizbarkeit, schlechte Laune, Nervosität, Aggression.

Weitere Informationen unter:
www.onlinesucht.de
www.nextline.de

GRUNDLAGEN DER PRAXISGESTALTUNG

Merchandising
alle Maßnahmen, die den Verkauf eines Produktes fördern

Werbung und die Kostenfalle

Werbung und ›Merchandising-Produkte‹ sind heute allgegenwärtig. Für die Hersteller von Konsumgütern sind vor allem Kinder eine wichtige Zielgruppe, da sie einerseits einen erheblichen Einfluss auf das Konsumverhalten ihrer Eltern haben und andererseits schon in jungen Jahren über eigene Finanzmittel (z. B. Taschengeld) verfügen. Noch nie konnten Minderjährige über so viel Geld verfügen wie heute.

Egal ob beim Fernsehen oder im Internet, die Werbespots zielen genau auf die Wünsche und Träume der Kinder ab. Mit immer neuen Tricks nutzen Marketing-Fachleute die Neugier und Unerfahrenheit von Kindern aus, um ihnen ihr Taschengeld zu entlocken. Das Problem ist, dass Kinder oft noch nicht in der Lage sind, Werbung als solche zu erkennen und die Absicht von Werbung zu verstehen, weshalb sie leicht zu Opfern werden und in die Kostenfalle geraten.

Abb. 7.12 Kinder lassen sich leicht von Werbung beeinflussen.

Datenschutz und Datensicherheit

Das „World Wide Web" – Land der unbegrenzten Möglichkeiten. Hier kann man sich schnell und bequem informieren, Kontakte aufnehmen, Meinungen austauschen, Nachrichten übermitteln, spielen oder einkaufen. Vielfach werden dabei umfangreiche persönliche Daten abgefragt, wie z. B. Alter, Geschlecht, Wohnsitz, E-Mail-Adresse, persönliche Vorlieben. Leider wissen Kinder häufig nicht, dass sie mit dem Preisgeben persönlicher Daten im Internet ein nicht kalkulierbares Risiko eingehen. Häufig werden diese Daten zu Werbezwecken weiterverkauft und eine Fülle von Spam ist die Folge. Besonders gefährlich ist das Preisgeben persönlicher Daten in Chats. Sie werden auch von Erwachsenen besucht, die dann die Kinder bedrängen oder sexuell belästigen können.

🌐 Für Kinder sichere und empfehlenswerte Seiten sind:

www.pixelkids.de
www.diddl.de
www.lizzynet.de
www.blinde-kuh.de
www.oliswildewelt.de

🌐 Weitere Informationen unter:

www.chatten-ohne-risiko.net

Grundsätzlich kann gesagt werden, dass die neuen, modernen Medien aus unserer heutigen, modernen Gesellschaft nicht mehr wegzudenken sind. Auch wenn sich dahinter viele Risiken verbergen und oft vor diesen gewarnt wird, darf nicht vergessen werden, dass Medien eine Menge Chancen mit sich bringen. Unsere Kinder und Jugendlichen können sich in der technisierten Gesellschaft von heute fast nur noch zurechtfinden, wenn sie gelernt haben, mit Medien verantwortungsbewusst umzugehen. Um den Heranwachsenden diesen kompetenten und verantwortungsbewussten Umgang mit den neuen Medien zu vermitteln, ist die ganze Gesellschaft – Familie, Freunde und Bildungseinrichtungen – gefordert.

7.5 Beurteilungskriterien zur Auswahl und Regeln im Umgang mit Medien

> **BEISPIEL** Die Gruppenleitung der Kindergartengruppe „Gänseblümchen" will, dass die Kinder einen verantwortungsbewussten Umgang mit Medien erlernen. Aus diesem Grund nutzt sie in ihrer Gruppe unterschiedliche Medien, wie z. B. den Computer. Hierbei achtet sie sehr genau auf die rechtlichen Vorgaben und auch auf die pädagogischen Empfehlungen.

Kinder und Jugendliche im Hinblick auf Medien zu schulen und zu erziehen, um einen verantwortungsbewussten Umgang damit zu erreichen, soll Ziel der Gesellschaft, der Eltern und auch der Bildungseinrichtungen sein. Auch werden hier durch die Erlassung verschiedenster Gesetze Richtlinien erschaffen, die den Beteiligten die Erziehung der Kinder im Hinblick auf Medien erleichtern und auch eine gewisse Struktur geben sollen. Auch pädagogische Umgangsregeln sollen den an der Erziehung Beteiligten ein Mittel an die Hand geben, um Kinder und Jugendliche auf dem Weg zum verantwortungsbewussten Umgang mit Medien fördern zu können.

7.5.1 Hinweise zum Umgang mit dem Medium Fernsehen

Falls Sie in Ihrer Einrichtung den Fernseher nutzen, um Sendungen, DVDs usw. abzuspielen, sollten Sie folgende Hinweise beachten:
- Der Fernseher sollte nicht fest in der Gruppe installiert sein. Ein TV-Schrank mit DVD-Player ist stattdessen sinnvoll.
- Der Fernseher soll auf keinen Fall „alltäglich" genutzt werden.
- Setzen Sie den Fernseher nicht als Belohnung oder Bestrafung ein, denn sonst bekommt das Medium einen besonderen Reiz.
- Besprechen Sie mit den Kindern klare Regeln zum Fernsehgebrauch.
- Achten Sie auf Altersfreigaben (Angaben FSK) und problematische Inhalte von Sendungen.

Unter:
www.fsk.de
finden Sie weitere Informationen zur Freiwilligen Selbstkontrolle Filmwirtschaft

In Deutschland müssen nach dem Jugendschutzgesetz (§ 14 JuSchG) alle Filme, die öffentlich gezeigt werden, eine Alterskennzeichnung erhalten. Diese Altersfreigabe-Einstufung erfolgt durch die Freiwillige Selbstkontrolle der Filmwirtschaft (FSK). Sie ist nicht als Empfehlung zu verstehen, sondern als reine Freigabe, die den betreffenden Film für eine bestimmte Altersgruppe als geeignet erscheinen lässt.

Abb. 7.13 Kennzeichnungen der FSK

Entwicklungsstand des Kindes → S. 150

> Im Unterschied zu Erwachsenen erleben Kinder Fernsehen anders. Wie lange und welche Sendungen vertretbar sind, hängt immer vom Kind und dessen ›Entwicklungsstand‹ ab.

Mögliche pädagogische Empfehlungen zu bestimmten Lebensaltern sind:

< 3 Jahre	4–5 Jahre	6–9 Jahre	10–13 Jahre	> 14 Jahre
Babys und Kleinkinder brauchen keinen Fernseher.	Eine kurze Sendung (20–30 Minuten), aber nicht täglich.	45–60 Minuten am Tag sind akzeptabel.	Nicht mehr als 9 Stunden pro Woche.	„Wertvolle" Inhalte ansehen.
Fernsehen schadet eher der Entwicklung als dass es sie fördert. Die schnelle Abfolge von Bildern überfordert die Kinder.	Vorschulkinder können Zusammenhänge in Filmen noch nicht erkennen. Sie picken sich Einzelheiten heraus, die für sie interessant sind. Ihre Gefühle werden stark erregt.	Einfache Filmhandlungen werden verstanden. Schwierig wird es, wenn Rückblenden und Zeitraffer verwendet werden. Die Kinder können zwischen Fiktion und Realität trennen.	Die Kinder können logisch denken und den Handlungen folgen. Sie können sich allerdings von den Inhalten noch nicht distanzieren. Dies ist vor allem bei Gewalt und Sexualität problematisch.	In der Pubertät sind viele unsicher und haben eine instabile Werteordnung. Verherrlichung von Diskriminierung, Gewalt, Drogenkonsum, Ausländerfeindlichkeit etc. sind für die Entwicklung gefährlich.

Tab. 7.14 Pädagogische Empfehlungen für die altersgerechte Nutzung von Medien

7.5.2 Hinweise zum Umgang mit dem Medium Computer

Wenn in Ihren Einrichtungen das Medium Computer mit Internet und Spielen genutzt wird, so sollten folgende Regeln beachtet werden:

- Den Computer nur für die „größeren Kinder" zur Verfügung stellen. Eventuell nur für die Vorschule.
- Hierfür sollten gemeinsam mit den Kindern Regeln im Umgang mit dem Computer vereinbart werden. (Wie oft? Wie lange? Wer?)
- Sie als pädagogische Fachkräfte sollen die Kinder dabei begleiten, wenn sie Computerspiele spielen.
- Die Nutzung eines Computers in Kitas sollte auf jeden Fall einen pädagogischen Nutzen mit sich bringen, z. B. Lernspiele.
- Die Kinder sollen hierbei Schritt für Schritt durch die pädagogischen Fachkräfte herangeführt werden.
- Die Kinder sollen auf keinen Fall alleine über den Computer verfügen können, sondern nur im Beisein einer pädagogischen Fachkraft.
- Computer und Spiele sollten nicht als erzieherische Maßnahme eingesetzt werden.
- Beachtung der Alterskennzeichnung bei Lernspielen!
- Auf Computereinstellungen achten – Jugendschutzfilter aktivieren.

7.5.3 Hinweise zum Umgang mit dem Medium Handy

Das Handy spielt in Kindertageseinrichtungen normalerweise noch keine Rolle, dafür sind die Kinder noch zu klein. Dennoch sollten Sie als pädagogische Fachkraft über die pädagogischen Empfehlungen Bescheid wissen. Falls Sie später einmal in einer Mittagsbetreuung oder auch im Hort tätig sein werden, gewinnt das Handy für Ihre zu Erziehenden mit Sicherheit mehr an Bedeutung.

Die Frage, ab welchem Alter die Nutzung eines Handys sinnvoll ist, beantworten Pädagogen durch eine Gegenüberstellung von Für und Wider. Letztlich obliegt die Entscheidung den Eltern, die hinterfragen sollten, welche Gründe hinter dem Handywunsch des Kindes stecken. Da die ›Bildungs- und Erziehungspartnerschaft‹ in Form von Elterngesprächen für Sie ein großer Aufgabenbereich ist, wäre die folgende Auflistung eine mögliche Orientierung für ein Gespräch mit Eltern zum Thema „Handynutzung ihres Kindes":

Bildungs- und Erziehungspartnerschaft
→ S. 392

< 10 Jahre	11 – 14 Jahre	15 – 18 Jahre
In dieser Altersstufe sollte eine Handynutzung gut überlegt sein. Unter Umständen macht höchstens ein „Notfallhandy" Sinn. Bei der Anschaffung eines speziellen Kinderhandys sollte man sich im Vorfeld gut über die Handhabung und Gesundheitsgefährdung des Modells informieren.	Mit Eintritt in die weiterführende Schule nimmt die Bedeutung des Handys als Kommunikationsmedium stark zu. Es sollten jedoch eine Kontrolle der Kosten, z. B. über Prepaid, sowie das Thematisieren der Gefahren bei der Nutzung durch die Eltern stattfinden.	Das Handy ist wesentlicher Bestandteil des täglichen Lebens. Es dient als Datenspeicher, Adressbuch, Terminkalender, Fotoapparat, MP3-Player und Spielkonsole. Die Jugendlichen sollten hier unbedingt die Regeln des Jugendmedienschutzes kennen und beachten.

Tab. 7.15 Empfehlungen zur altersgerechten Nutzung des Handys

Abb. 7.16 Jugendliche nutzen die Funktionen ihres Smartphones.

Abb. 7.17 Für kleinere Kinder reichen einfache Handys aus.

Eltern sollten ihren Kindern keine Geräte in die Hand geben, die sie selbst nicht verstehen oder bedienen können. Für jüngere Kinder reicht meist ein „Einsteigerhandy" mit den wesentlichen Grundfunktionen aus.

Kinder bis zum Jugendalter benötigen noch kein Smartphone mit Apps und sonstigen Funktionen. Das Handy muss keine Mp3's abspielen oder Fotos machen können. Sinnvoll ist eine Schnellwahltaste, in der die wichtigsten Rufnummern gespeichert sind und das Kind im Notfall schnell darauf zugreifen kann.

Folgende Internetseite gibt Vorschläge, welche Handys für Kinder ab acht Jahren geeignet sind. Außerdem können Sie sich über verschiedene Tarife für Kinder informieren:

www.handy-kinder.de

7.6 Kreativer Umgang mit Medien

7.6.1 Von der passiven zur aktiven Mediennutzung

BEISPIEL Simone (5;3) darf täglich eine von ihr und ihren Eltern gemeinsam gewählte Sendung im Fernsehen ansehen. In ihrem Kindergarten „Regenbogen" erfährt sie eine für sie vollkommen neue Art und Weise, mit Medien umzugehen. In ihrer Gruppe findet eine Projektwoche zum Thema „Hörspiel mal ganz anders" statt. Die Kinder dürfen sich hierfür ein ausgewähltes Hörspiel anhören und dieses dann in Form eines Theaters nachspielen, das gefilmt wird. Den Film sieht sich nach der Fertigstellung der ganze Kindergarten auf einer großen Leinwand an. Als Simone am Tag der Vorführung von ihrer Mutter abgeholt wird, erzählt sie ganz aufgeregt und begeistert davon.

Simone erlebt die Nutzung von Medien zu Hause meist als Unterhaltung. Durch das durchgeführte Projekt im Kindergarten erfährt sie zum ersten Mal, dass Medien auch kreativ genutzt werden können. Sie selbst kann mitgestalten und dabei kreativ werden. Kindertageseinrichtungen können Kindern eine riesige Plattform an unterschiedlichsten Möglichkeiten eröffnen, Medien nicht nur unterhaltend zu nutzen, sondern selbst kreativ zu werden.

7.6.2 Projektideen im Bereich Medien

Foto- und Filmprojekte in Kindertageseinrichtungen mit Ausstellungen
Hier könnte beispielsweise von einem stattgefundenen Projekt eine Fotoausstellung gemacht werden. Der gesamte Projektverlauf wird mit Fotos und kleinen Filmsequenzen dokumentiert. Diese Bilder und Videos könnten entweder in Form einer PowerPoint-Präsentation gezeigt werden. Auch eine Ausstellung mit Stellwänden wäre hier denkbar.

Filmprojekte sind in Kindertageseinrichtungen zu verschiedensten Themen möglich. So könnten beispielsweise die größeren Kinder einer Gruppe gemeinsam mit einer pädagogischen Fachkraft ein kleines Drehbuch schreiben. Dieses Drehbuch mit den unterschiedlichen Rollen, welche von den Kindern gespielt werden, wird gefilmt. Anschließend könnte der Film den Eltern oder den anderen Gruppen gezeigt werden.

Gemeinsame Bildbetrachtung mithilfe der Dokumentenkamera (Visualizer) und Leinwand

„Bilderbuch mal anders": Beispielsweise könnte das Bilderbuch auch unter eine Dokumentenkamera gelegt und vorgelesen werden. So müssen Sie als pädagogische Fachkräfte das Buch nicht die ganze Zeit hochhalten und werden somit entlastet. Durch die Wiedergabe des Buches an der Leinwand sind die Seiten für alle Kinder gut ersichtlich.

Präsentation unterschiedlichster „Werke" von Kindern als Diashow

Im Laufe des Kindergartenjahres können alle Kunstwerke der Kinder gesammelt werden. Am Ende eines Kindergartenjahres könnten Sie gemeinsam in Ihrer Gruppe diese Werke betrachten. Dafür müssen Sie die Kunstwerke einscannen, abspeichern und dann mithilfe einer Diashow abspielen. Sie können die Bilder auch in eine PowerPoint-Präsentation einfügen und dann abspielen.

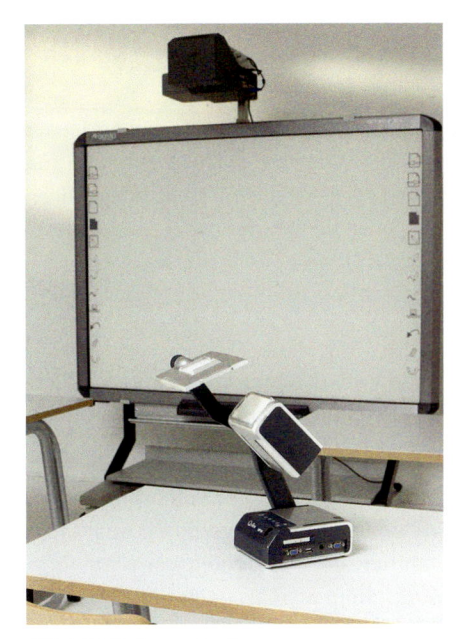

Abb. 7.18 Dokumentenkamera

Malen am Computer mithilfe unterschiedlichster Kreativprogramme

Jeder einfach ausgestattete Computer verfügt über ein Malprogramm. Dieses könnten Sie den Kindern zugänglich machen, um sie selbst kreativ werden zu lassen. Unterschiedlichste Bearbeitungsprogramme könnten hier außerdem noch verwendet werden. Die Kunstwerke können Sie im Anschluss auch drucken.

Tonaufnahme von Liedern und/oder Texten

Lieder oder auch Gedichte, die Sie mit der Gruppe einüben, könnten Sie z. B. mit einem Handy ohne Probleme aufnehmen. Diese Tonaufnahme speichern Sie dann auf einem Computer und brennen diese dann auf eine CD, um sie beispielsweise bei einem Elternabend oder einem Fest abzuspielen. Für die Kinder ist es mit Sicherheit auch sehr interessant, sich einmal selbst zu hören.

Kinder basteln und malen zum Thema „Medienwelt"

Warum die Kinder nicht einmal selbst zum Thema „Medien" befragen. Was verbinden die Kinder mit Computer, Handy und Co.? Die Kinder könnten zu ihren eigenen Erfahrungen im Umgang mit Medien eigenständig malen und basteln.

Der Fantasie sind in der kreativen Umsetzung in der Nutzung unterschiedlichster Medienformen keine Grenzen gesetzt.

> „Der Einsatz von elektronischen Medien und insbesondere von Computern fördert, richtig genutzt, Basiskompetenzen wie Kreativität, Diskussionsfähigkeit, Problemlösefähigkeit und flexibles Denken. Der Computer verbindet in sich alle Formen des Mediengebrauchs, vom digitalen Bilderbuch mit bewegten Bildern, Sprache und Musik bis hin zu selbst erstellten Foto- und Filmsequenzen mit Text und Ton."
> www.muc.kobis.de

Laufende Modellprojekte zur Medienpädagogik im Kiga und Hort:

www.schlaumaeuse.de

www.sin-net.de/RubrikProjekte

7.7 Berufsbezogener Einsatz des Computers

BEISPIEL **Lena (20)** beendete letztes Schuljahr ihre Ausbildung zur Kinderpflegerin. Anfangs fiel es ihr schwer, sich in das Berufsleben einzufinden. Im Internet stieß sie auf ein Forum für Kinderpflegerinnen. Hier tauschte sie sich öfter mit anderen aus, denen der Berufseinstieg auch etwas schwerer fiel. Dieser Austausch mit anderen half ihr sehr, sich in das Berufsleben einzufinden. Außerdem erhielt sie viele brauchbare Tipps, die sie umsetzen konnte.

Neue Medien können von pädagogischen Fachkräften im Berufsalltag sehr gewinnbringend und unterstützend genutzt werden. Hier können Medien unterschiedliche Funktionen erfüllen.

Unterstützung in der Rollenfindung als pädagogische Fachkraft

Vielen Berufseinsteigern fällt es anfangs schwer, sich in ihrer neuen Rolle als Arbeitnehmer zurechtzufinden. Vor allem für angehende Kinderpflegerinnen, die nach ihrer Ausbildung oftmals noch sehr jung sind und bisher meist nur Erfahrungen durch ihr ›Praktikum‹ sammeln konnten, stellt es anfangs eine große Herausforderung dar, sich in ihrer ›Rolle‹ als pädagogische Fachkraft zu finden. Hier können, wie im oben genannten Beispiel, Foren unterstützend wirken. Im Internet gibt es unterschiedlichste Plattformen, in denen sich Gleichgesinnte über ihre derzeitige Lebenssituation, Sorgen und Ängste sowie Erfolgserlebnisse austauschen können.

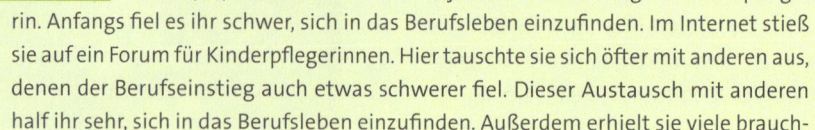

Praktikum → S. 32
Rolle → S. 33

Für Berufsanfängerinnen können solche Foren durchaus gewinnbringend sein. Nicht nur Menschen in denselben Situationen können sich hier finden, auch Fachkräfte, die schon seit Längerem berufstätig sind, können z. B. Tipps geben, die vor allem für den Start in sozialen Einrichtungen und in der Arbeit mit Menschen wichtig sind.

Informationsbeschaffung und Recherche

Foren für Erzieher:
www.erzieherin-online.de
www.paedagogik-klick.de
www.forum-fuer-erzieher.de

Ein sehr großer Bestandteil ist nach wie vor die Informationsbeschaffung und Recherche im Internet. In der heutigen Zeit können verschiedenste Liedtexte, Fingerspiele, Sport- und Bewegungsangebote etc. im Internet recherchiert werden. Hierbei haben die pädagogischen Fachkräfte nicht nur die Möglichkeit, sich selbst neue Anregungen zu beschaffen – auch können sie selbst Angebote/Projektideen usw. online und somit Kolleginnen zur Verfügung stellen. Nicht nur die Beschaffung von Spiel- und Angebotsmaterial ist hierbei relevant. Pädagogische Fachkräfte können sich auch über Verhaltensauffälligkeiten, Lernschwierigkeiten oder andere aktuelle Themen informieren und weiterbilden.

Abb. 7.19 Recherche am PC

Öffentlichkeitsarbeit

Eine weitere, in der heutigen Zeit sehr wichtige Rolle spielt Öffentlichkeitsarbeit über die Medien. Mittlerweile besitzt fast jede Einrichtung eine Homepage. Vor allem für Eltern ist diese sehr wichtig, um sich z. B. vor der Kindergartenanmeldung über unterschiedliche Einrichtungen zu informieren: Nach welchen Leitlinien arbeitet der Kindergarten? Nach welchen pädagogischen Ansätzen arbeitet die Einrichtung? Gibt es eine verlängerte Betreuung? Dies sind alles Fragen, die Eltern vor der Anmeldung ihres Kindes in einer Kindertageseinrichtung interessieren. Aber auch für Eltern, deren Kinder den Kindergarten bereits besuchen, stellt die Homepage eine wichtige Plattform dar: Welche Neuigkeiten gibt es? Welche Termine stehen an? Viele Einrichtungen stellen alle Elternbriefe zum downloaden online.

Für pädagogische Fachkräfte stellt die Öffentlichkeitsarbeit über Medien mittlerweile einen unerlässlichen Bestandteil ihrer Arbeit dar. Nicht nur die Homepage ist hierbei von Bedeutung. Auch soziale Netzwerke finden hier immer mehr Anklang.

Fachlicher und kreativer Austausch

Weiterhin kann das Internet dafür genutzt werden, sich fachlich auszutauschen: Welche Bilderbücher werden zu welchen Themen empfohlen? Welche Projekte wurden in verschiedenen Einrichtungen durchgeführt? Gibt es Hörspiele, die bei Kindern besonders beliebt sind? Derartige Fragen können auf verschiedensten Plattformen/Fachchats usw. behandelt werden. Auch kann (natürlich anonym) der Umgang mit Kindern aus erschwerten Familiensituationen oder „schwieriges Verhalten" angesprochen werden. Wie gehen andere Fachkräfte mit diesen Problematiken um? Vielleicht ist es einmal ganz gut, sich auch außerhalb der eigenen Einrichtung auszutauschen, um somit den eigenen Horizont zu erweitern und veraltete Strukturen zu durchbrechen.

Unterstützende Funktion

Bei Elternabenden, Festen und Veranstaltungen haben Medien mittlerweile oft eine unterstützende Funktion. So veranschaulicht eine PowerPoint-Präsentation bei einem Elternabend beispielsweise einen Vortrag. Auch Feste und Veranstaltungen werden durch eine Bilderdiashow aufgelockert und sprechen die Eltern an.

> **Warum muss ich das für meinen Beruf wissen?**
>
> Medien sind aus der heutigen Zeit kaum mehr wegzudenken. Aus diesem Grund ist es für Kinderpflegerinnen unerlässlich, sich mit diesem Thema auseinanderzusetzen und sich wichtige Inhalte und Grundlagen, die in diesem Kapitel zu finden sind, anzueignen. Sie als angehende pädagogische Fachkräfte erziehen die Kleinsten unserer Gesellschaft und haben einen erheblichen Einfluss auf deren Entwicklung.
>
> Unsere Kinder müssen dazu befähigt werden, mit den neuen Medien der heutigen Zeit verantwortungsvoll und bewusst umzugehen. Damit die Kinder diesen bewussten Umgang erlernen und somit Medienkompetenz erwerben, müssen Sie als pädagogische Fachkräfte in Ihren Kindertageseinrichtungen die ersten Meilensteine dafür legen.

GRUNDLAGEN DER PRAXISGESTALTUNG

8 FESTE UND FEIERTAGE GESTALTEN

18. September

19:36 – Heute im Praktikum hat mich ein Kind gefragt, warum wir überhaupt Ostern feiern.

19:44 – Warum ist es denn so wichtig, dass man die wiederkehrenden Feste zum Thema macht?

20:01 – Hat jemand gute Tipps für Herbstdekorationen, die ich mit den Kindern basteln kann?

8.1 Besonderheiten und Bräuche im Jahreskreis

Eines der bekanntesten Weihnachtslieder beginnt mit den Worten „Alle Jahre wieder ..." und symbolisiert den Beginn der Weihnachtszeit. Aber nicht nur Weihnachten gehört in unserem Jahresablauf zu einem der bekanntesten Feste und Bräuche. Ostern, Pfingsten, Himmelfahrt – all diese Feiertage sind uns bekannt und ein fester Bestandteil unserer christlich geprägten Kultur. Dabei ist es unwichtig, ob man religiös ist oder nicht, denn das Begehen der Feiertage wird immer mehr auch als Zusammenkunft der Familie gesehen. Es wird sich getroffen, gemeinsam gekocht, der Tisch dekoriert und gemeinsam gegessen. Für viele Christen steht an den Festtagen natürlich die Geschichte Jesu im Mittelpunkt.

8.1.1 Rituale

Überall auf der Welt, wo Menschen miteinander leben, sich begegnen und kommunizieren, existieren Rituale. Als Rituale werden auch Veranstaltungen, Feste, religiöse Kulte oder Zeremonien bezeichnet. Aber warum sind Rituale für den Einzelnen und für pädagogische Einrichtungen so wichtig?

jahreszeitliche Dekoration
→ S. 561
Feiertag → S. 560
Geburtstagsfest → S. 565

Werte → S. 217

Ein Ritual in Form einer ›jahreszeitlichen Dekoration‹, eines ›Feiertages‹ oder eines ›Geburtstagsfestes‹ hat viele Funktionen:
- Rituale sind Grundlagen für Tages-, Wochen- oder Jahresabläufe.
- Rituale geben Menschen eine Orientierung.
- Rituale bieten Sicherheit und Verlässlichkeit.
- Rituale vermitteln Regeln und ›Werte‹.

- Rituale fördern die Gemeinschaft und das Zugehörigkeitsgefühl.
- Rituale schaffen Freiräume und Vertrauen.
- Rituale helfen in Krisen.
- Rituale erleichtern Entscheidungen.

Darüber hinaus sind Rituale in Form von individuellen Begrüßungen, wenn z. B. ein neues Kind in die Einrichtung kommt, ein Ausdruck von besonderer Zuwendung. Auch das „Schlaflied" oder eine Geschichte vor dem Mittagsschlaf wird durch die stetige Wiederholung zum Ritual und gibt den Kindern das Signal für die Ruhezeit.

8.1.2 Der Jahreskreis

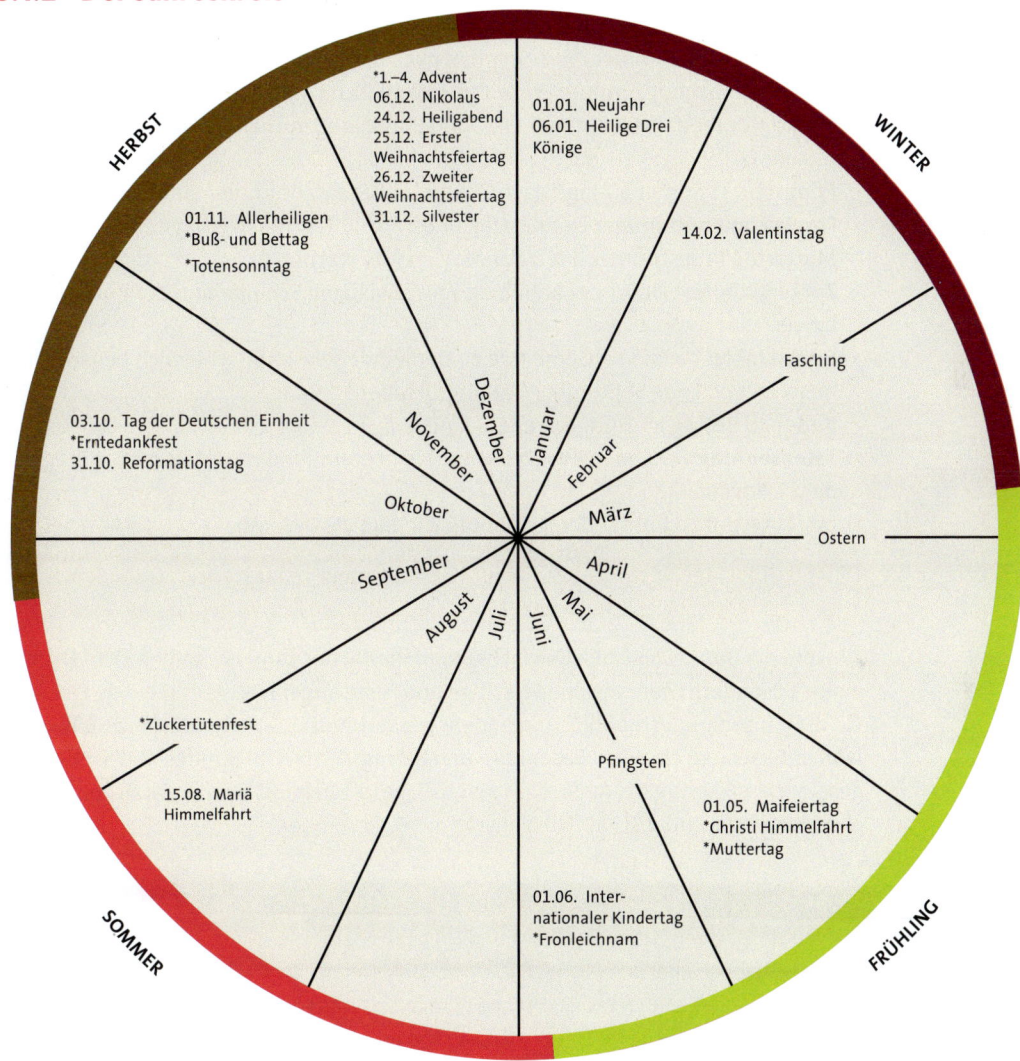

Abb. 8.1 Der Jahreskreis

Im Jahreskreis werden die Zeiträume der einzelnen Jahreszeiten sowie typische Feste und Feierlichkeiten sichtbar, welche die deutsche Kultur seit vielen Jahren beeinflusst haben und weiterhin beeinflussen. Einige Feste wie z. B. der Muttertag, Valentinstag oder Halloween wurden Stück für Stück von anderen Kulturen übernommen und in die deutsche Kultur integriert.

8.1.3 Feier- und Festtage

Wenn man sich den Jahreskreis einmal genauer anschaut, lässt sich erkennen, dass einige Feiertage bzw. Feste mit einem festen Datum versehen sind und andere wiederum nicht. Das heißt, dass z. B. der Valentinstag gleichbleibend immer am 14.2. ist oder der 3.10. jedes Jahr der Tag der Deutschen Einheit.

Die Tage, die einen * haben, sind bezogen auf das Datum jedes Jahr unterschiedlich, also nicht gleichbleibend. Dies hängt einerseits von den Mondphasen und andererseits vom Zeitpunkt anderer Festtage ab.

Für folgende Festtage heißt das:
- **Aschermittwoch** ist immer der Mittwoch vor dem 6. Sonntag vor dem Ostersonntag.
- **Ostersonntag** ist immer der 1. Sonntag nach dem 1. Vollmond nach dem Frühlingsbeginn (demzufolge immer im Zeitraum vom 22.03.–25.04.).
- **Christi Himmelfahrt** ist immer ein Donnerstag, und immer 40 Tage nach dem Ostersonntag.
- **Pfingsten** ist immer 50 Tage nach Ostern und ebenfalls immer ein Sonntag.
- **Fronleichnam** ist immer Donnerstag und zwar 10 Tage nach Pfingsten.
- **Muttertag** findet immer am 2. Sonntag im Mai statt.
- **Zuckertütenfest** ist immer abhängig vom jeweiligen Schulbeginn der Bundesländer.
- **Erntedankfest** wird von Gemeinde zu Gemeinde sehr unterschiedlich begangen, meist jedoch Ende September/Anfang Oktober.
- **Buß- und Bettag** ist 11 Tage vor dem 1. Advent.
- **Totensonntag** wird auch Ewigkeitssonntag genannt und ist der letzte Sonntag vor dem 1. Advent.
- Der **1. Advent** ist immer der 4. Sonntag vor dem 25. Dezember.

> Einige Festtage finden jedes Jahr an einem bestimmten Datum statt. Andere hingegen variieren, weil sie nach dem Mond oder anderen Festen berechnet werden.

Eine Übersicht über gesetzliche, kirchliche und allgemeine Feiertage in allen Bundesländern finden Sie unter:
www.feiertage.net

Obwohl die Bundesrepublik Deutschland einheitliches Land ist, zeigen sich dennoch einige Besonderheiten, was die Feiertage und Feste angeht. So gelten einige Feiertage für die ganze Bundesrepublik und andere wiederum sind von Bundesland zu Bundesland unterschiedlich, wie z. B. der Buß- und Bettag, der nur im Bundesland Sachsen ein gesetzlicher Feiertag ist. Außerdem gibt es Tage, die gefeiert werden, aber keine offiziellen Feiertage sind, z. B. der Nikolaustag am 6. Dezember.

> **BEISPIEL** In der Kindertagesstätte „Marienkäfer" hört die pädagogische Fachkraft den vierjährigen Freundinnen **Ivy** und **Elli** beim Basteln zu. Die beiden Mädchen unterhalten sich über den Muttertag. Ivy ist der Meinung, dieser ist immer im Frühling, aber Elli findet, Muttertag ist erst im Sommer. Spontan kommt Frau Weber der Einfall, mit den Kindern eine Jahresuhr zu basteln, damit sie sich besser orientieren können. Während der Bastelarbeiten hat **Pele** die Idee, auch die Geburtstage der Kinder mit in die Jahresuhr zu integrieren. Frau Weber und die Kinder setzen dies gemeinsam um und hängen die fertige Jahresuhr für alle gut sichtbar in den Gruppenraum.

8.2 Jahreszeitliche Aktivitäten in Kindertageseinrichtungen

8.2.1 Frühling begrüßen

Hintergründe zu Bräuchen und Festen im Frühling

Im Frühling erwacht die Natur, es riecht frisch und an den Bäumen lassen sich die ersten Knospen erkennen. Laut astronomischem Kalender beginnt der Frühling in der Regel am 20. März. Begrüßt wird er in vielen Regionen durch die alljährlichen Frühlingsfeste. Hier steht die Vertreibung des Winters im Mittelpunkt.

Im Christentum wird in dieser Jahreszeit das Osterfest gefeiert, welches an die Wiederauferstehung Jesus Christi erinnert. Aus diesem Grund zählt es zu den bedeutendsten Festen der Christen. Hierbei stehen der Gründonnerstag („Das letzte Abendmahl"), der Karfreitag („Die Kreuzigung Jesus") und der Ostersonntag („Die Auferstehung") in einem engen religiösen Zusammenhang. Darüber hinaus ist es bei vielen Menschen Brauch, Eier bunt zu bemalen. Die Kinder warten auf den „Osterhasen", welcher die Eier bringt und versteckt. In vielen Gegenden wird auch ein „Osterfeuer" entzündet. Das Pfingstfest, welches sich 50 Tage nach Ostern anschließt, wird auch Fest des Heiligen Geistes genannt. Nachdem sich die Jünger in Jerusalem trafen und der Heilige Geist zu ihnen kam, hatten sie Mut, den Menschen von Jesus und seinen Taten zu berichten. Aus diesem Grund ist Pfingsten für viele Christen auch die Geburtsstunde der Kirche.

Als traditionelles mitteleuropäisches Fest gilt die Walpurgisnacht, welche in einigen Regionen auch als „Tanz in den Mai" bekannt ist. Es werden große Feuer entzündet, welche mit Hexen dekoriert sind. Sinnbildlich werden damit die Wintergeister vertrieben und bei der Errichtung eines Maibaumes (1. Mai) die Fruchtbarkeit gefeiert.

Abb. 8.2 Das Färben von Ostereiern ist ein beliebter Brauch.

Gestaltung von jahreszeitlichen Aktivitäten im Frühling

- Nutzen Sie den Frühling, um mit den Kindern die Natur zu entdecken.
- Sammeln Sie bei Spaziergängen Zweige zur Dekoration im Gruppenraum.
- Fotografieren Sie mit den Kindern die verschiedenen Frühblüher und fertigen Sie ein Frühlingsalbum oder einen Frühlingspfad an.
- Beobachten Sie mit den Kindern das Wachstum der Natur, indem Sie Keimlinge aussäen. Gut geeignet sind dafür Kressesamen, weil diese keine Erde benötigen und sehr schnell wachsen. Im Anschluss können diese gemeinsam mit den Kindern verzehrt werden.
- Nutzen Sie die Osterzeit, um mit den Kindern Osterdekorationen zu gestalten, Eier zu bemalen oder Ostergras zu säen.
- Bringen Sie den Kindern durch Gespräche, Spiele oder Projekte, z. B. „Woher kommt das Osterfest?", die Geschichte von Jesus Christus näher.
- Organisieren Sie zum Internationalen Kindertag gemeinsam mit den Eltern z. B. einen Tag „Kulturell bunt sind alle meine Freunde"-Tag. Somit haben alle Eltern und Kinder die Möglichkeit, die Besonderheiten ihrer Kultur den anderen näherzubringen und sich gegenseitig auszutauschen.

Abb. 8.3 Das Zuckertütenfest in der Kita gilt als Abschied für die Schulkinder.

8.2.2 Sommer genießen

Hintergründe zu Bräuchen und Festen im Sommer

Im Sommer werden die Tage länger und die Nächte kürzer. Es ist schön warm, man ist sehr viel im Freien. Es ist somit die beste Zeit für unzählige Veranstaltungen. Deshalb feiern die Menschen viele z. B. Stadtfeste, Dorffeste, Gartenfeste, Schwimmbadfeste oder Musikfeste. Großer Beliebtheit erfreut sich in dieser Zeit auch das gemeinsame Grillfest. Die Menschen treffen ihre Familien oder Freunde und grillen zusammen möglichen Fleisch- und Gemüsearten.

Außerdem ist der Sommer eine beliebte Zeit für den Urlaub. Die Menschen fahren an andere Orte und lernen durch die zahlreichen Feste in den einzelnen Regionen neue Traditionen kennen.

> **BEISPIEL** Das Fischerstechen ist ein weitverbreiteter Brauch in Bayern. Es findet um den 15. August (Mariä Himmelfahrt) unter anderem in den Städten Nürnberg, Bamberg und am Starnberger See statt.

Nach dem Urlaub steht für viele Kinder der Schulbeginn an, welcher in vielen Regionen mit dem Zuckertütenfest gefeiert wird. Die Schulanfänger erhalten, meist nach einem kleinen Programm, eine große Schul- oder Zuckertüte, welche mit vielen Süßigkeiten und Spielsachen gefüllt ist. Symbolisch steht sie dafür, dem Kind den Weg in die Schule zu versüßen.

Gestaltung von jahreszeitlichen Aktivitäten im Sommer

- Gestalten Sie gemeinsam mit den Kindern und auch Eltern ein Neptunfest. Dieses Fest ist eine Art Spaßtaufe, bei der ein Neptun und seine Häscher spielerisch andere Kinder fängt, tauft und „dem Meer übergibt".
- Unternehmen Sie mit den Kindern eine Wald- und Wiesenwanderung. Entdecken Sie auf dieser die verschiedenen Sommerblumen, Käfer und flechten Sie mit den Kindern Blumenkränze.
- Planen Sie mit den Kindern verschiedene Ausflüge, z. B. in einen Tierpark oder Fühl- und Tastgarten.
- Basteln Sie mit den Kindern kleine Papierschiffe und lassen Sie diese in einem nahe gelegen Fluss in oder einem Wasserbecken schwimmen.
- Gestalten Sie einen Experimentiertag mit Wasser und Sand.
- Machen Sie mit den Kindern Eis selbst und verbinden Sie dies mit einem „Alle-werden-nass-Tag" in der Einrichtung.
- Verlagern Sie das gemeinsame Essen und Schlafen ins Freie.
- Machen Sie mit den Kindern einen Waldausflug und bauen Sie kleine Hütten aus Stöcken und Waldmaterialien oder ein Insektenhotel.
- Organisieren Sie zusammen mit den Eltern einen Flohmarkt.
- Treffen Sie sich gemeinsam mit anderen Einrichtungen, z. B. einer Altenpflegeeinrichtung oder einer Einrichtung für Menschen mit Behinderung, zu einem „Picknick der Gemeinschaft" oder einem „Bunten Gemeinschaftsgrillen".
- Außerhalb der Sommerferienzeit eignet sich ein Grundschulbesuch mit den Vorschulkindern, um diesen den Übergang vom Kindergarten in die Schule zu erleichtern. Außerdem sollten Sie ein Abschlussfest für diese Kinder organisieren.

8.2.3 Herbst gestalten

Hintergründe zu Bräuchen und Festen im Herbst

Wenn es draußen wieder kälter wird und die Tage kürzer werden, steht der Herbst vor der Tür. In dieser Zeit färben sich die Blätter der Bäume bunt. Viele Früchte und Getreidesorten sind reif und werden geerntet. Deshalb bezeichnet man den Herbst auch als Erntezeit. Der Reformationstag, Halloween sowie der Martinstag stellen wichtige Feste der herbstlichen Jahreszeit dar.

Der Reformationstag wird in Gedenken an Martin Luther gefeiert. In den Bäckereien werden Reformationsbrötchen verkauft und es finden Gottesdienste statt. Allerdings ist der Tag nicht in ganz Deutschland ein Feiertag. Ein weiteres Fest, welches in Deutschland immer beliebter wird, ist Halloween. Dieses Fest findet wie der Reformationstag am 31.10. statt. An diesem Tag verkleiden sich die Menschen als Gruselgestalten oder höhlen Kürbisse aus.

ZUM WEITERDENKEN Halloween stammt eigentlich aus der irischen Kultur und nicht aus der amerikanischen. Irische Einwohner, die in den USA lebten, haben diesen Brauch in Erinnerung an die Heimat gepflegt. Stück für Stück wurde er dort weiter ausgebaut. Aber grundsätzlich ist es kein Fest, welches seinen Ursprung in den USA hat.

In Erinnerung an den heiligen Martin wird vorrangig in katholischen Gegenden der Martinstag gefeiert. Tradition an diesem Tag sind die zahlreichen Lampionumzüge sowie das Martinsgansessen.

Abb. 8.4 Zum Gedenken an Sankt Martin gibt es im November viele Laternenumzüge.

Gestaltung von jahreszeitlichen Aktivitäten im Herbst

- Gestalten Sie mit den Kindern verschiedene Aktionen zum Erntedankfest. Kochen Sie z. B. gemeinsam eine Kürbissuppe oder Apfelmus. Studieren Sie mit den Kindern ein „Erntedanktheaterstück" ein, bei dem verschiedene Gemüsearten ihr Wachstum darstellen.
- Sammeln Sie mit den Kindern Kastanien und Eicheln. Gestalten Sie im Anschluss daran Figuren oder „Naturschmuck".
- Nutzen Sie die Vielfalt der Naturmaterialien und fertigen Sie mit den Kindern verschiedene Fühlkisten an.
- Führen Sie ein Wochenprojekt, z. B. „Das Geheimnis der Blätter", mit den Kindern durch. Bei der Ausgestaltung können Sie Blätter sammeln, pressen, anmalen oder Collagen gestalten, um so spielerisch den Kindern zu erklären, warum sich die Blätter bunt färben und von den Bäumen fallen.
- Wenn Sie die Möglichkeit haben, kontaktieren Sie einen Förster und planen Sie eine Exkursion in den Wald, um den Kindern zu zeigen, wie sich die Tiere auf den Winter vorbereiten.
- Planen Sie mit den Kindern und Eltern ein „Halloweenfest". Fertigen Sie dazu verschiedene Masken oder Basteleien an, um die Räume zu gestalten.
- Gestalten Sie mit den Kindern Laternen für den Martinstag und nehmen Sie an einem Lampionumzug teil. Sie können diesen aber auch selbst organisieren und mit einem anschließenden Grillen oder Lagerfeuer kombinieren.
- Basteln Sie mit den Kindern Drachen und lassen Sie diese gemeinsam steigen. Zu diesem Thema bietet sich auch ein Drachen- oder Herbstfest an.

8.2.4 Winter: Innehalten

Hintergründe zu Bräuchen und Festen im Winter

Einerseits wird der Winter häufig als kälteste und dunkelste Jahreszeit beschrieben. Andererseits gilt er auch als die gemütlichste Zeit im Jahr. Die Menschen zünden Kerzen an, stellen Weihnachtsdekorationen auf und besuchen Weihnachtsmärkte. Wie auch im Frühling werden im Winter zahlreiche christliche Feste gefeiert. Für Christen zählt das Weihnachtsfest, neben Ostern und Pfingsten, zu den Hauptfesten im Kirchenjahr. Gefeiert wird die Geburt von Jesus Christus. Am Heiligabend findet dazu in der Kirche meist ein Krippenspiel statt, welches häufig von den jungen Kirchenmitgliedern aufgeführt wird.

Aber auch Nichtchristen feiern Weihnachten als Fest der Familie. Brauch ist es, die Wohnung zu schmücken, einen Baum aufzustellen, ein leckeres Festmahl zu kochen und sich gegenseitig Geschenke zu machen. Auch ein Besuch auf dem Weihnachtsmarkt ist in der Adventszeit sehr beliebt.

Abb. 8.5 Weihnachten gilt als Familienfest.

> **ZUM WEITERDENKEN** Feiern Muslime eigentlich auch Weihnachten? Weihnachten als Fest gibt es in der islamischen Religion nicht, da die Muslime an Allah glauben und nicht an Jesus Christus. Allerdings feiern viele Muslime, die in Deutschland leben, ebenso Weihnachten, meist aus kulturellen und nicht aus religiösen Gründen.

🌐 Wie Christen und Muslime gemeinsam Weihnachten feiern, wurde in einem Beitrag der dpa unter folgendem Link zusammengefasst:

www.berlin.de/special/familien/2867532-2864562-weihnachten-auch-muslime-feiern-das-fest.html

🌐 Die Adresse vom Weihnachtsmann, dem Christkind oder dem Nikolaus finden Sie unter:

www.deutschepost.de/de/w/weihnachtspost/weihnachtsmann-christkind.html

🌐 Sind Sie neugierig, wie „Weihnachten im Schuhkarton" funktioniert? Schauen Sie unter:

www.geschenke-der-hoffnung.org/projekte/weihnachten-im-schuhkarton

Nach den Feiertagen steht unmittelbar der Jahreswechsel bevor. Die Menschen glauben, dass am letzten Tag des Jahres böse Geister ihr Unwesen treiben. Aus diesem Grund werden Böller und Raketen angezündet, um die Geister fernzuhalten. Der Winter erstreckt sich aber über den Dezember hinaus. Somit zählt auch die Faschingszeit, welche häufig auch als 5. Jahreszeit bezeichnet wird, zum Winter. In vielen pädagogischen Einrichtungen tragen die Kinder und Erzieher zur Fastnacht Kostüme, essen Pfannkuchen, singen, tanzen und spielen lustige Spiele.

Gestaltung von jahreszeitlichen Aktivitäten im Winter

- Stimmen Sie sich gemeinsam mit den Kindern auf die Adventszeit ein, indem Sie einen Adventskalender mit den Kindern für die Gruppe gestalten.
- Backen Sie mit den Kindern Plätzchen oder Pfefferkuchen. Einige Bäckereien bieten zur Weihnachtszeit Führungen sowie Plätzchen backen vor Ort an.
- Gestalten Sie mit den Kindern Weihnachtsgeschenke für die Eltern oder andere Einrichtungen. Dies können Sie mit einem Weihnachtssingen für alle verbinden.
- Basteln Sie mit den Kindern Wunschzettel und senden Sie diesen an den Weihnachtsmann, das Christkind oder den Nikolaus.
- Besuchen Sie mit den Kindern ein Krippenspiel oder spielen Sie es selbst.
- Engagieren Sie sich mit den Kindern beim Projekt „Weihnachten im Schuhkarton".
- Nach der Weihnachtszeit bieten sich Projekte wie „Warum will der Schneemann nicht mit ins Warme kommen?" oder „Wo sind die Vögel hin?" an.
- Die Faschingszeit eignet sich gut für Aktivitäten in der gesamten Einrichtung. Organisieren Sie z. B. eine Faschingsdisco, einen Fotowettbewerb oder einen Faschingsumzug.

8.3 Kindergeburtstage gestalten

Neben vielen anderen Bräuchen ist das Feiern des Geburtstages hierzulande ein weitverbreitetes ›Ritual‹. Gefeiert wird der Jahrestag der Geburt. Allerdings ist diese Tradition im Gegensatz zu anderen noch nicht sehr alt. Obwohl bereits die Ägypter die Geburtstage zu Ehren des Pharaos zelebrierten, zeigt sich der Ursprung der Tradition erst gegen Ende des Mittelalters. Bis in das 19. Jahrhundert hinein konnten sich meist nur wohlhabende Leute diese Festlichkeit leisten, da sie viel Geld kostete. Bis heute sind zahlreiche Bräuche und Sitten zum Geburtstagsfest erhalten geblieben, wie z. B. das Anzünden von Kerzen oder das Mitbringen von Geschenken.

Ritual → S. 558

Vor allem in der Kindheit spielt der Geburtstag eine wichtige Rolle. Jedes Kind genießt es, einmal im Jahr die Hauptperson des Tages zu sein. Es darf die Spiele bestimmen, das Essen aussuchen und viele Freunde zu einer Feier einladen. In unserer heutigen Gesellschaft spiegelt dieser Brauch die Individualität des Einzelnen wider. Aus diesem Grund sollte auch im pädagogischen Alltag der Geburtstag eines jeden Kindes, unter Berücksichtigung der jeweiligen Kultur, zelebriert werden. Damit die pädagogische Fachkraft einerseits den Kindern die Wichtigkeit ihres Geburtstages symbolisiert und andererseits einen Überblick über die Geburtstage aller Kinder hat, eignet sich die Anfertigung eines Geburtstagskalenders der Gruppe. Je nach Alter kann dies auch gemeinsam mit den Kindern geschehen.

Ideen zur Gestaltung von Geburtstagen in einer pädagogischen Einrichtung sind:
- Die pädagogische Fachkraft gestaltet für jedes Kind individuell ein kleines Geschenk, z. B. bekommen Tom ein Piratenschiff und Susi eine Schmetterlingstasche, gefüllt mit einer Kleinigkeit.
- Die pädagogische Fachkraft singt gemeinsam mit der Gruppe ein kleines Geburtstagslied entweder im Morgenkreis oder zum Frühstück.
- Das Geburtstagskind darf an seinem Geburtstag z. B. Tischdienst sein, wenn es möchte, oder die Gute-Nacht-Geschichte bestimmen.
- Während des gemeinsamen Essens zündet die pädagogische Fachkraft Kerzen, entsprechend dem Alter des Kindes, an.
- Zur Feier des Tages sollte ein kleiner Strauß Blumen oder ein hübsches Gesteck den Tisch schmücken.
- Man kann auch einen bestimmten Stuhl als Geburtstagsstuhl schmücken oder eine Geburtstagskrone basteln, die das Kind aufsetzt.

Abb. 8.6 Der Geburtstag, als besonderer Tag im Jahr, sollte auch dementsprechend begangen werden.

Bei der Ausgestaltung von Kindergeburtstagen in pädagogischen Einrichtungen ist eine Vielzahl von Möglichkeiten gegeben. Je nachdem, wie kreativ man ist, kann gemeinsam mit den Kindern ein schönes Fest gestaltet werden. Wichtig ist, dass die jeweilige Kultur des Kindes bzw. der Eltern berücksichtigt wird. Aus diesem Grund ist es vorteilhaft, mit den Eltern im Gespräch zu sein sowie mit den Kindern gemeinsam Geburtstagsfeiern zu planen.

Interessieren Sie sich für Religionen? Unter

www.religionen-entdecken.de

finden Sie weitere Informationen.

8.4 Feste in anderen Kulturen

Das Christentum, als eine der fünf größten Weltreligionen, hat die deutsche Kultur geprägt. Das ist aber nicht in allen Ländern so. Neben dem Christentum existieren vier weitere große Religionen, die in verschiedenen Ländern die Kultur beeinflusst haben. Dazu zählen: der Islam, der Hinduismus, der Buddhismus sowie das Judentum.

Natürlich gibt es neben diesen großen Glaubensrichtungen noch viele kleinere. Für die Kultur heißt das, dass jede Glaubensrichtung oder Strömung auch ihre individuellen Feste und Rituale hat. An dieser Stelle sollen allerdings nicht die Inhalte der fünf größten Weltreligionen im Mittelpunkt stehen, sondern die wichtigsten Feste sowie die Art, wie sie gefeiert werden.

	Wichtige Feste	Erläuterung
Islam	Opferfest („Id al-Adha")	Dies soll alle Gläubiger auf der ganzen Welt daran erinnern, dass sie Allah vertrauen müssen. Gefeiert wird es 90 Tage nach dem Ramadan.
	Ramadan	Wird als Fastenmonat bezeichnet, weil die Menschen 30 Tage lang von Sonnenauf- bis -untergang auf Essen und Getränke verzichten. Davon befreit sind allerdings Kinder, Schwangere, Kranke, Reisende und Soldaten. Das Ende des Ramadans wird mit einem weiteren Fest, dem „Fest des Fastenbrechens" oder Zuckerfest, zelebriert.
	Zuckerfest	Die Vorbereitungen dafür beginnen bereits an den letzten Ramadan-Tagen. Gemeinsam wird das Haus geputzt sowie unzählige Süßspeisen und andere Spezialitäten zubereitet. Bevor allerdings das Fastenbrechen beginnt, erfolgt ein letztes Festgebet nach Sonnenaufgang.
Hinduismus	Neujahrsfest („Puduvarscha")	Dieses wird im Frühling gefeiert. Das genaue Datum wird jedes Jahr anhand der Sternenkonstellation berechnet. Das Besondere an diesem Fest ist, dass alle Hindus erst ihr ganzes Haus putzen und dann nur neue Kleider tragen. Gefeiert wird ebenfalls sehr laut, um die bösen Geister des alten Jahres hinter sich zu lassen.
	Fest der Farben („Holi")	Dies ist ein Frühlingsfest. Die Menschen ziehen sich alte Kleidung an und bespritzen sich gegenseitig mit farbigem Wasser oder Farbpulver. Damit feiert man den Sieg des Guten und das Beilegen aller Streitigkeiten.
	Lichterfest („Divali")	Mit dem Divali feiern die Hindus den Sieg des Lichtes über die Dunkelheit. Die Straßen, Häuser und Geschäfte werden mit unzähligen Lichtern geschmückt. Damit sollen die Verstorbenen den Weg in den Himmel finden. Um Mitternacht zünden die Menschen Feuerwerkskörper und Knallfrösche. Dieser Teil des Festes erinnert an das deutsche Silvester.
Buddhismus	Geburt Buddhas („Vesakh")	Dies ist eines der bedeutungsvollsten Feste der Buddhisten. Gläubiger schmücken die Tempel mit Lichtern und Laternen. Gemeinsam wird gesungen und es werden zu Ehren Buddhas Blumen und andere Gaben geopfert. In Japan bastelt man sogar ganze Blumengärten aus Papier.
	„Asalha Puja"	Hier wird die Entstehung und Verbreitung des Buddhismus gefeiert.
Judentum	„Rosch Haschana"	Dieses Fest symbolisiert die Erschaffung der Welt und dauert zehn Tage. Zu Beginn wird das Schofar (Horn) geblasen, man wünscht sich ein „süßes Jahr" und isst sehr viele Süßspeisen.
	„Pessachfest"	Ist das höchste jüdische Fest, welches 8 Tage dauert. Die Menschen gedenken der Zeit der Sklaverei sowie ihrem Ende. Sie halten sich dabei an genaue Speisevorschriften. Sie essen und trinken keine Lebensmittel, die Hefe enthalten, wie z. B. Brot und Bier.
	„Schabbat" oder „Sabbat"	Dieser Festtag dauert von Freitagabend bis Samstagabend und gilt als Ruhe- und Gebetstag, an welchem jede Art von Arbeit verboten ist. Aus diesem Grund wird vor Freitagabend das Haus geputzt und drei Mahlzeiten vorbereitet.

Tab. 8.7 Wichtige Feiertage der Weltreligionen (ohne Christentum)

8.5 Voneinander lernen – Vielfalt als Ressource nutzen

Unterschiedlichkeit muss kein Nachteil sein. Vielmehr kann es als etwas Schönes betrachtet oder als Herausforderung angesehen werden, wenn die Vielfalt der Kulturen nebeneinander existiert. Die Menschen haben die Möglichkeit, miteinander und voneinander zu lernen. In unserer multikulturellen Gesellschaft ist es eher die Regel als die Ausnahme, dass Kinder verschiedener Nationalitäten zusammen aufwachsen. Sicherlich ist es wichtig, auch den Kindern anderer Herkunftsländer die deutsche Kultur zu vermitteln, damit sie sich schneller und besser integrieren können. Im Gegenzug ist es aber genauso bedeutsam, dass alle Kinder lernen, welche verschiedenen Kulturen und Glaubensrichtungen es gibt. An dieser ist es vorteilhaft die Vielfalt der eigenen Gruppe zu als ›Ressource‹ zu nutzen.

Abb. 8.8 Kinder unterschiedlicher Herkunft sind gesellschaftliche Realität in der Kita.

Ressourcenorientierung
→ S. 269

BEISPIEL In der Kita „Regenbogen" steht das internationale Kinderfest bevor. Frau Öztürk möchte gern türkische Süßspeisen mitbringen. Herr Wagner will grillen und Frau Basu mit den Kindern einen indischen Tanz einüben.

Für das Kennenlernen anderer Kulturen eignet sich die Ausgestaltung gemeinsamer Feste. Jeder darf sich auf seine Weise einbringen. Damit fördert man nicht nur den Zusammenhalt, sondern vermittelt den Kindern auch Wissen über andere Kulturen sowie Toleranz und Akzeptanz. Vor diesem Hintergrund nimmt die pädagogische Fachkraft eine zentrale Rolle ein. Einerseits muss sie die deutsche Kultur und Tradition pflegen. Andererseits benötigt sie Grundkenntnisse über die verschiedenen Weltreligionen, um allen Bedürfnissen gerecht werden zu können. Außerdem steht sie als Vermittler zentraler Inhalte im Mittelpunkt und legt damit bereits im Kindergarten den Grundstein für ein offenes und tolerantes Denken.

Einen interreligiösen Kalender mit allen wichtigen Festen der größten Religionen finden Sie unter:

www.integration.nrw.de/
Meldungen/pm2014/pm141209/
Interreligioeser_Kalender-2015.
pdf

Warum muss ich das für meinen Beruf wissen?

Eine pädagogische Fachkraft oder Tagespflegeperson hat unter anderem den pädagogischen Auftrag, den Kindern im Alltag eine Struktur und Orientierung zu geben. Über die Tages- und Wochenpläne hinaus sollten Feste und Feiern ebenso einen festen Bestandteil der pädagogischen Arbeit darstellen. Dadurch werden die Hintergründe der deutschen Kultur vermittelt und Feierlichkeiten anderer Kulturen kennengelernt. Die pädagogische Fachkraft sollte aus diesem Grund die wichtigsten Feste anderer Religionen kennen, um den Alltag vielfältig und multikulturell gestalten zu können. Außerdem bietet ihr dies die Möglichkeit, intensiver auf die Eltern und Kinder anderer Kulturen einzugehen und diese in die deutsche Kultur zu integrieren.

9 DIDAKTISCHE UND METHODISCHE HINWEISE FÜR DIE PRAXISGESTALTUNG

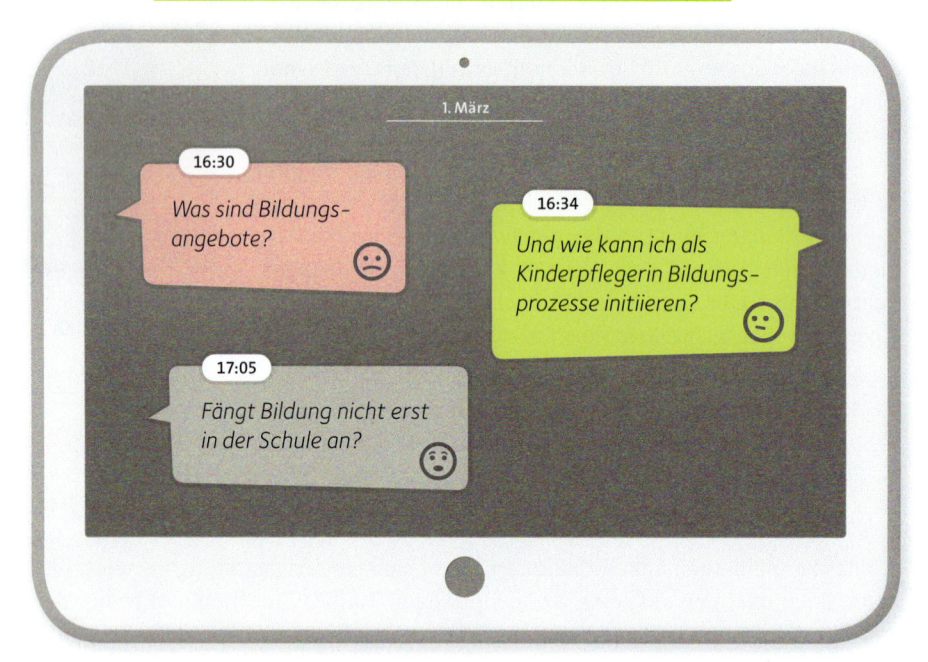

1. März

16:30 Was sind Bildungsangebote?

16:34 Und wie kann ich als Kinderpflegerin Bildungsprozesse initiieren?

17:05 Fängt Bildung nicht erst in der Schule an?

9.1 Gestaltung von Bildungsangeboten

9.1.1 Grundlegende Vorüberlegungen

Für die Auseinandersetzung mit Bildungsangeboten für Kindergartenkinder ist es bedeutsam, sich zunächst mit dem Bildungsverständnis auseinanderzusetzen.

> Kinder erobern ihre Umwelt mit allen Sinnen und bauen sich damit ein Bild der Welt auf, das durch neue Erfahrungen stets verändert und vollständiger wird.

Die Kinderpflegerin unterstützt und begleitet die Kinder in diesem fortlaufenden Prozess, um sie für gegenwärtige und zukünftige Herausforderungen im ›Lernen‹ und Leben stark zu machen.

Lernen → S. 86

Daher ist es wichtig, die Bildungsangebote auf der Grundlage von Einfühlungsvermögen, Kreativität und ausgebildeter ›Beobachtung‹ so aufzubereiten, dass sie dem Entwicklungsstand und Alter der Kinder entsprechen, möglichst eigenständig im Sinne von Selbstbildung, ganzheitlich und mit allen Sinnen erfahrbar werden. Bildungsangebote finden immer im Kontext von Beziehung und ›Kommunikation‹ statt, je positiver und wertschätzender die Grundhaltung, desto höher ist der Entwicklungs- und Lernzuwachs. Die Kinder können erst durch Sicherheit und Geborgenheit der Bezugsperson und das immerwährende Vertrauen sinn- und bedeutungsvolle Erfahrungen machen und verarbeiten sowie eigenes Zutrauen entwickeln.

Beobachtung → S. 59

Kommunikation → S. 188

Für die Umsetzung der Bildungsangebote ist immer das Materialangebot zu berücksichtigen, mit kreativen Ideen der Kinderpflegerin werden sicherlich viele Möglichkeiten umgesetzt werden können. Flexibilität sollte auch bei der Nutzung von Räumen, sowohl drinnen als auch draußen, im Vordergrund stehen.

Die thematische Anpassung der Bildungsangebote ergibt sich aus vielfältigen Gegebenheiten, zum einen spielen Situationsorientierung und Interessen der Kinder eine große Rolle, aus denen Projektthemen erwachsen können. ›Jahreszeitliche Veränderungen‹ können ebenso Grundlage für Bildungsangebote sein. Mit einer offenen Haltung und eigener Neugier sowie hoher Motivation und Begeisterungsfähigkeit kann sich die Kinderpflegerin den Kindern und ihrer Aufgabe der Bildung und Erziehung zuwenden.

jahreszeitliche Aktivitäten in Kindertageseinrichtungen
→ S. 561

9.1.2 Recherche und Ideenfindung

Die Ideenfindung zu Bildungsangeboten gestaltet sich leicht. Bildung findet immer und überall statt, sowohl in den festen Elementen des Tagesablaufes als auch in den gelenkten Impulsen im Freispiel. Besonders bei gezielt eingesetzten Angeboten bzw. Angebotsreihen kann die Weltaneignung der Kinder gut integriert werden und gelingen, wenn die Inhalte kindgerecht reduziert und an den jeweiligen Entwicklungsstand angepasst werden. Das bezieht sich auf alle pädagogischen Bildungsbereiche. Ideen ergeben sich aus den Beobachtungen der Kinder und ihren vielfältigen Fragen. Eine hervorragende Basis bieten Alltagssituationen, die Interessen der Kinder sowie thematische bzw. saisonale Anknüpfungspunkte. Selbst Eltern oder die Fachkräfte können Ideen einbringen, die in einen kindgerechten Austausch münden.

Sehr gute Anregungen finden sich in der Fachliteratur. Recherchen dazu können in der örtlichen Bibliothek oder auch im Internet getätigt werden. In Buchhandlungen sind fachgerechte Beratungen auf Anfrage möglich. In der Praxis sind oft umfangreiche Buchsammlungen vorhanden. Eine weitere gute Möglichkeit, zu neuen Einfällen zu kommen, ist der Austausch im Team der Einrichtung. Weiterhin besteht die Chance, einrichtungs- und/oder trägerübergreifende Studientage zu besuchen oder an Fachtagungen teilzunehmen. Die Fachberaterinnen der Träger sind als Experten Ansprechpartner. Anfragen an die Ausbilder in der berufsbildenden Schule und die vorhandenen Unterrichtsmaterialien bieten weitere Informationsquellen.

Die Kinderpflegerin plant Exkursionen und Ausflüge in die nähere oder auch weitere Umgebung und gibt den Kindern damit Impulse. Oder sie greift Ideen der Kinder auf und stimmt darauf ihre Planungen ab. Der Träger selbst, die Vernetzung und Kooperation mit Institutionen und Verbänden, aber auch Fachkräfte aus dem interdisziplinären Team bieten Anregungen für Bildungsangebote. Damit die Vielfalt der recherchierten Ideen im Gedächtnis bleibt, sollte die Kinderpflegerin eine umfangreiche Dokumentation anlegen. Eine Gliederung nach Bildungsbereichen bietet sich hierfür an. Die Zusammenstellung der Inhalte könnte in Form einer Kartei, einer gegliederten Sammlung oder einer Wandzeitung im Mitarbeiterraum erfolgen.

9.1.3 Planung und Aufbau von Bildungsangeboten

Beobachtung → S. 59
Entwicklungsstand → S. 150

Durch gezielte ›Beobachtungen‹ erfährt die Kinderpflegerin die Interessen und Bedürfnisse sowie den ›Entwicklungsstand‹ der Kinder. Sie kann sich darauf aufbauend für ihre Planungen Ziele setzen und planvoll überlegen, wie sie die Kompetenzen aller Kinder möglichst ganzheitlich erweitern kann und Partizipation in hohem Maß berücksichtigt. Für die Vorplanungen, Unterstützung in der Durchführung und die Rückbesinnung kann Anleitung oder kollegiale Beratung in Anspruch genommen werden.

In der Vorbereitung achtet sie auf rechtzeitige Absprachen im Team für Raumwahl und Zeiteinteilung. Die Materialien sind vollständig bereitzulegen. Die Aktivitäten sollten vorher selbst ausprobiert werden. Das erhöht die eigene Sicherheit und die Empathie für die Reaktionen der Kinder. Falls die Gruppe sehr groß ist oder noch andere Tätigkeiten vor, während oder nach dem Angebot getätigt werden müssen, z. B. Waschen oder Anziehen der Kinder, sollte sich die Kinderpflegerin Unterstützung holen, z. B. von Kolleginnen oder Eltern.

Vor der Durchführung ist für einen kindgerechten Übergang von der Gruppen- zur Angebotssituation zu achten. Für die Durchführung kann der Beginn durch ein Gespräch in einem Kreis mit einer ansprechenden Mittengestaltung erfolgen. Das beabsichtige Vorgehen wird den Kindern transparent gemacht, damit sie wissen, was auf sie zukommt. Während der Durchführung ist es wichtig, den Kindern Regeln für den Umgang in der Gruppe, aber auch mit dem Material zu vermitteln. Schutz der Kleidung und Einrichtung sind zu gewährleisten. Akustische Signale, wie z. B. eine Glocke beim Beginn des Bildungsangebotes, sind hilfreich. In allen Phasen agiert die Kinderpflegerin, auch besonders sprachlich, als Vorbild. Wichtig ist die Schaffung einer offenen, vertrauensvollen und wertschätzenden Atmosphäre.

Am Ende des Angebotes erfolgen das gemeinsame Aufräumen sowie ein Reflexionsgespräch mit den Kindern über das Erlebte bzw. Geschaffene. Gemeinsame Überlegungen zur Anwendung oder Verwendung der Ergebnisse bilden den Abschluss. Die eigene Nachbereitung und Rückbesinnung sollte fester Bestandteil der Angebote sein, um Stärken und Verbesserungspotenziale gezielt herauszuarbeiten.

Um ein geplantes Bildungsangebot durchzuführen, sollte sich die Kinderpflegerin im Vorfeld über bestimmte Fragen Gedanken machen.

Ein Planungsschema bzw. Planungsraster mit entsprechenden vorgegebenen Kategorien erleichtert durch die feste Struktur das Finden geeigneter Angebotsideen. Man kann die Angebotsplanungen auch sammeln und hat somit einen Fundus an Ideen, den man mit allen Kolleginnen nutzen kann.

Angebotsplanung

Thema:
Welches Thema hat mein Angebot?
Zu welchen Motiven und Inhalten möchte ich mit den Kindern arbeiten?

Voraussetzungen:
Welche Voraussetzungen muss ich beim Kind berücksichtigen?
(z. B. Alter, Entwicklungsstand, Interessen)

Ziel:
Was ist das Ziel meines Angebotes?
(z. B. Kind soll den Umgang mit einer Schere erlernen, Bewegungsförderung)

Methoden:
Welche Methoden wähle ich? (z. B. Serviettentechnik, Wischtechnik, Kreistanz)
Wie möchte ich mein Angebot umsetzen? (z. B. Muster zeigen, Vormachen, gemeinsames Tun, Bilder anzeigen)

Materialien/Medien:
Welche Materialien/Medien benötige ich? (z. B. Plakatfarben, Scheren, CD mit Liedern)

Organisatorisches:
Was muss ich bei der Organisation noch bedenken?
(z. B. [Gymnastik-]Raum reservieren, Betreuung der anderen Kinder ansprechen)

Präsentation:
Wie soll eine Präsentation der Ergebnisse aussehen?
(z. B. Aushang, Vorführung auf einem Elternabend, Film)

Abb. 9.1 Planungsraster für Bildungsangebote

9.2 Bildungsangebote im Bereich Sprachförderung

Kommunikation → S. 188

Sprachentwicklung → S. 161

Sprachförderung → S. 475

Sprache ist ein wichtiges ›Kommunikationsmittel‹. Im Kindergartenalltag werden Auffälligkeiten durch die ständige Beobachtung schnell deutlich. Vergleiche zwischen den Kindern und ein fundiertes Fachwissen helfen, die ›Sprachentwicklung‹ besser einschätzen zu können und daraus abgeleitet gezielt zu handeln. Die Bewusstmachung, die Handlungen der Kinder stets sprachlich zu begleiten, ist bereits ein großer Schritt in Richtung ›Sprachförderung‹, weil diese dann in den Alltagshandlungen steter Bestandteil im Ausdruck der Kinderpflegerin ist und wie selbstverständlich gelebt wird. Einen nicht unerheblichen Anteil an der Sprachförderung stellen die Selbst- und Wahrnehmung sowie Reflexionsfähigkeit und -bereitschaft dar.

9.2.1 Ansätze für Bildungsangebote im Bereich Sprachförderung

Sprachförderung richtet ihren Blick oft auf das einzelne Kind, wenn die Kinderpflegerin intensiv beobachtet. Das kann am Frühstückstisch, im Waschraum oder auf dem Bauplatz sein. Ebenso können sich Situationen mit Kleingruppen ergeben, wenn das Rollenspiel der Kinder begleitet wird. Die Einbeziehung der gesamten ›Gruppe‹ ist im Kindergartenalltag oft gegeben.

Gruppe → S. 364

> **BEISPIEL** **Bianca (3;7)** spielt in der Puppenwohnung und legt die Puppe ins Bett. Sie spricht dabei zum Einschlafen des Puppenkindes immer „Slaf". **Assad (5;6)** sitzt mit einer Kindergruppe am Frühstückstisch und sagt: „Gib mal das Dings" und zeigt auf die Milch. Im Gemeinschaftskreis fällt auf, dass einige Kinder beim Kreisspiel den Text von „Dornröschen war ein schönes Kind" nicht richtig mitsprechen.

Angebote aus erlebten Situationen heraus entwickeln

Im Kindergartenalltag ergeben sich Angebote zur Sprachförderung aus den erlebten Situationen. Wenn Kinder aus sich heraus spielen, sind ihre innere Motivation und natürliche Neugier sehr hoch, die dann in die Angebotssituation einfließen. Dieses ist eine gute Basis für die Sprachvermittlung, angeknüpft an diese bestehende Konstellation.

> Durch die pädagogische Arbeit in altersgemischten Gruppen ergänzen sich die Kinder in ihrem sprachlichen Lernen, was bei ›Angebotsplanungen‹ Berücksichtigung finden sollte.

Planung von Angeboten → S. 279

Trotzdem ist in der Vorbereitung von Spielaktionen auf den ›individuellen Entwicklungsstand‹ der Kinder einzugehen.

individueller Entwicklungsstand → S. 150

> **BEISPIEL** Im Rollenspielbereich entwickelt sich ein Eisenbahnspiel. Plötzlich sagt **Johann (6;1)**: „Wie heißt nochmal das Ding, das der Mann hochhält, wenn der Zug anfährt?" Die Kinderpflegerin beobachtet diese Situation und bereitet ein angeleitetes Rollenspiel zum Thema „Bahnhof" mit Bildkärtchen und Worterklärungen zu Begriffen wie Kelle, Trillerpfeife, Gepäckwagen oder Bahnhofsuhr vor.

Hohe Anschaulichkeit durch Materialienvielfalt

In den Bildungsangeboten zur Sprachförderung sollte möglichst hohe Anschaulichkeit erreicht werden, um den Kindern das ›Lernen‹ zu erleichtern, entscheidende Hilfen zu bieten und Verknüpfungen zu schaffen. Die Kinderpflegerin stellt ein großes Spektrum an kindgerechten Beispielen, Gegenständen und Bildern zur Verfügung. Durch das Beschreiben bzw. Sprechen werden die erfassten Gegebenheiten greifbarer und können auf Neues übertragen werden.

Lernen → S. 86

> **BEISPIEL** Im Gemeinschaftskreis zeigt die Kinderpflegerin den Kindern fünf Naturmaterialien, z. B. eine Kastanie, einen kleinen Tannenzapfen, eine Buchecker, einen Tannenzweig, einen Stein. Sie bespricht mit den Kindern die Begriffe. Sie deckt diese mit einem Tuch ab und nimmt verdeckt einen Gegenstand weg. Die Kinder raten einzeln nacheinander, welcher Gegenstand weggenommen wurde.

Sprachförderung im spielerischen Dialog

Wichtig ist beim Lernen von Sprache, dass die Kinder in den Angebotssituationen den Zusammenhang zwischen Gegenstand bzw. Handlung und Sprache erfahren. Daher ist es unabdingbar, möglichst viel aktive Beteiligung einzubauen. Das kann durch praktisches Tun, Spiel, Ausprobieren, Nachahmen und Vergleichen passieren. Durch das Frageverhalten der Kinder kann der Erwachsene als Gesprächspartner dienen und das Kind zum Weiterdenken führen.

> **BEISPIEL** Die Kinder haben im Gruppenraum ein neues Wimmelbilderbuch mit dem Titel „In der Stadt" bekommen. Gemeinsam mit den Kindern schaut die Kinderpflegerin das Buch an. Sie fragt nach Einzelheiten auf den Bildern und fordert die Kinder auf, ebenfalls Fragen zu stellen. Durch das Interesse der Kinder an dem Buch wiederholt sich die ›dialogische Bilderbuchbetrachtung‹ mehrere Tage hintereinander.

dialogische Bilderbuchbetrachtung → S. 487

Wiederholungen

Durch ständiges Üben von Begriffen oder Sätzen in Angebotssituationen festigen sich Ausdrücke und können später im richtigen Zusammenhang angewendet werden.

> Die Kinderpflegerin regt die Kinder durch Wiederholung zum Selbermachen an. Dabei ist es wichtig, dass sie als gutes Sprachvorbild agiert und die Kinder zum Nachahmen anregt.

Erfolgserlebnisse werden den Kindern durch die langsame Steigerung der Sprachanforderungen vermitteln.

> **BEISPIEL** Die Kinderpflegerin nimmt sich vor, dass sie im Kindergartenalltag die verwendeten Gegenstände und Materialien immer wieder mit der Farbbezeichnung benennt. So sagt sie z. B.: „Reich bitte Julian den grünen Krug, Martin" oder „Wir brauchen nun alle blauen Bausteine".

Teilhabe

Erfolge verfestigen sich besonders gut, wenn die Kinder an ihren Entwicklungsschritten aktiv beteiligt werden. Daher sollte das Prinzip der ›Partizipation‹ in den Angeboten Berücksichtigung finden. Dabei ist es wichtig, kleine Schritte zu gehen, um Überforderungen zu vermeiden.

Partizipation → S. 438

> **BEISPIEL** Bei der Geburtstagsfeier eines Kindes besteht in der Gruppe die Regel, dass sich das Geburtstagskind ein Spiel im Morgenkreis aussuchen darf. Dazu haben alle Kinder zu Beginn des Kindergartenjahres Spiele auf einzelnen Karten aufgemalt, diese laminiert und in eine selbst gestaltete Box deponiert.

Medienvielfalt

In der Sprachförderung sollte den Kindern eine breite Palette von Themen- und Medienvielfalt geboten werden. Die Angebote beziehen auf die Bereiche
- Vorlesen und Erzählen bei der Märchen- und Bilderbuchvermittlung,
- Spiel- und Bewegungserziehung durch sprachliche Begleitung von Handlungen,
- Rhythmik, Musik und Entspannung,
- Werkschaffen im hauswirtschaftlichen und künstlerischen Bereich sowie
- naturwissenschaftliche Experimente.

> **BEISPIEL** Das Thema „Spinnen" interessiert die Kinder sehr, weil neulich eine große Spinne in der Fensterecke gefunden wurde. Die Kinderpflegerin greift dieses Interessengebiet in verschiedenen Zusammenhängen auf und begleitet diese sprachlich in intensiver Weise. Sie legt in die Leseecke ein kindgerechtes Sachbuch zum Thema „Spinnen und Insekten", im Bewegungsraum verwandeln sich die Kinder zu Spinnen, die eine Bewegungslandschaft bewältigen. Am Kreativtisch haben die Kinder die Möglichkeit, aus Kastanien, Holzstäben und Wolle Spinnennetze nachzubauen. Eine Massage erfolgt, indem sich die Kinder gegenseitig Spinnennetze auf den Rücken zeichnen und dabei beschreiben, was sie gerade mit den Fingern malen.

Lebenswelt der Kinder

soziale Herkunft → S. 248

Im Vorfeld der Angebote macht sich die Kinderpflegerin gezielt Gedanken über die ›soziale Herkunft‹ und die Lebenswelten der Kinder und bietet mit ihren Anregungen und Spielmaterialien Lebensnähe. Dabei ermöglicht sie dem Kind Erfahrungen mit seiner näheren und weiteren Umwelt. Kinder lernen in den Teilschritten, indem sie vom Einfachen zum Komplizierten geführt werden. Ausgehend von den bekannten Gegebenheiten bekommen die Kinder Gelegenheit, sich Unbekanntes zu erschließen.

> **BEISPIEL** **Yusuf (3;8)** sitzt am Frühstückstisch, zeigt auf die Apfelsine und sagt: „Ich will Apfel." Die Kinderpflegerin reicht ihm die Apfelsine und unterstützt: „Hier ist die Apfel-sine." Sie greift zum Obstkorb, nimmt einen Apfel und sagt: „So sieht der Apfel aus. Du hast eine Apfelsine." Sie bespricht mit ihrer Kollegin, dass am nächsten Mittwoch der Wochenmarkt besucht und ein Obsteinkauf getätigt wird.

Bei der ›Planung von Bildungsangeboten‹ sind viele individuelle Aspekte zu berücksichtigen. Neben dem kindlichen Entwicklungsstand haben Kinder unterschiedliche Bedürfnisse. Dazu kommen altersbedingte Besonderheiten, Gesichtspunkte der Persönlichkeiten und der aktuellen Befindlichkeiten der Kinder. Das Aufgreifen von Wünschen, Neigungen und Interessen der Kinder garantiert erfolgreiche Bildungsprozesse. Durch die initiierten gezielten pädagogischen Angebote erweitern die Kinder ihre ›Ich-, Sach- und Sozialkompetenz‹ und werden darin zunehmend gestärkt. Eigenständigkeit im Handeln steht im Vordergrund.

Planung von Bildungsangeboten → S. 279

Kompetenzbegriff → S. 30

BEISPIEL Clarissa (4;2) kommt in den Gruppenraum und zeigt der Kinderpflegerin eine Murmel. **Ayse (3;6)** interessiert sich im Moment für Papprühren. Um beiden Kindern gerecht zu werden und deren Interessen zu berücksichtigen, bietet die Kinderpflegerin ihnen an, eine Murmelbahn zu bauen. Weitere Kinder kommen hinzu. Beim Angebot werden die Handlungen intensiv von Sprache begleitet.

Rituale und Wiederholungen

> Rituale spielen bei Angeboten eine große Rolle. Die Kinder erlangen Sicherheit und können durch das wiederholte Üben und Anwenden Routine in alltäglichen Situationen erwerben.

Die Sprachförderung gelingt sehr gut durch die Vorgabe der Sätze und die stetige Wiederholung im Spielverlauf. Bei Angeboten können die Kinder durch Rituale auf Einstieg und Schluss eingestimmt werden.

Abb. 9.2 Das Interesse der Kinder berücksichtigen

BEISPIEL Im Gemeinschaftskreis wird das Spiel „Ich bin der kleine Tanzbär und komme aus dem Wald" gewählt. Bei der Wahl des Tanzpartners setzt sich die Abfolge der Sätze mit „Wir sind die kleinen Tanzbären und kommen aus dem Wald" fort, bis alle Kinder in der Mitte zu zweit tanzen.

9.2.2 Erläuterung eines Angebotes im Bereich Sprachförderung

Ausgangssituation

Die Kinderpflegerin Hanna ist für einen Monat als Springerin in der Igelgruppe des Kindergartens „Rappelkiste" eingesetzt. Als sie am Frühstückstisch vorbeikommt, spricht Julius (4;2) sie an: „Die Apfel muss geschnitten werden." Sie ist sehr betroffen, dass Julius Schwierigkeiten mit der Grammatik hat. Trotzdem hält sie ihren ersten Impuls, ihn zu verbessern, zurück und sagt: „Ja, das ist richtig, der Apfel wird verzaubert. Magst du mir dabei helfen?" Sie unterstützt Julius beim Zerteilen des Apfels und Entfernen des Kerngehäuses.

In ihrer Pause geht Hanna diese Situation nicht aus dem Kopf, sie entwickelt eine Idee. Sie möchte den Kindern ein selbst hergestelltes Memory-Spiel anbieten, bei dem die Artikel „der", „die" und „das" spielerisch trainiert werden können. Mit ihrer Kamera erstellt sie im Gruppenraum Fotos von verschiedenen Gegenständen, nachdem die Kinder abgeholt sind.

non-verbale Kommunikation
→ S. 190

verbale Kommunikation
→ S. 190

Erläuterung der Situation

Kinder treten in Aktion mit ›non-verbaler‹ und ›verbaler Kommunikation‹. Es ist wichtig, dieses zu unterstützen und zu fördern. Direkte Verbesserungen wie z. B. „Das heißt aber der Apfel!" führen bei den Kindern zu Verunsicherung. Dadurch sinkt ihr Selbstwertgefühl und sie trauen sich noch weniger zu sprechen, weil sie keine Fehler machen wollen. Die Kinderpflegerin Hanna kennt die Gruppe als Springerin nicht lange genug, um alle Kinder in ihrer Sprachentwicklung dort abzuholen, wo sie stehen. Daher handelt sie korrekt, indem sie ihren ersten Impuls, Julius zu verbessern, unterdrückt und sich an ihre Ausbildungsinhalte erinnert.

> Spielerisch werden die Kinder viel leichter an Sprache und ihren Gebrauch in Alltagssituationen herangeführt, weil dann der Lerneffekt fast nebenbei passiert und ressourcenorientiert gearbeitet werden kann.

Material

Folgende Materialien werden benötigt:
- Fotokamera
- Pappkarten mit Fotos von einzelnen Gegenständen, z. B. Apfel, Puppe, Auto, in doppelter Ausführung
- Schachtel

Angebot „Foto-Klick"

1. Einstieg/Motivation

Hanna setzt sich mit Julius und drei weiteren Kindern an einen Tisch und hat unter einem Tuch ihr selbst hergestelltes Memory-Spiel versteckt. Sie beginnt ein gelenktes Gespräch über ihren Weg mit der Fotokamera durch den Gruppenraum. Sie erhöht die Spannung, indem sie auf ihre besondere Überraschung beim „Foto-Klick" für die Kinder hinweist. Danach fordert sie die Kinder auf, reihum unter dem Tuch zu ertasten, was sich darunter verbirgt. Die Kinder stellen erste Vermutungen an und Julius darf das Tuch wegziehen.

2. Durchführung

Hanna weist die Kinder darauf hin, dass dieses ein selbst hergestelltes Memory-Spiel mit dem Namen „Foto-Klick" ist, bei dem besondere Spielregeln gelten. In der ersten Phase legen die Kinder die Karten offen auf den Tisch und besprechen die Abbildungen. Dann werden die Karten gemischt und verdeckt auf den Tisch gelegt. Das jüngste Kind beginnt zwei Karten aufzudecken und die abgebildeten Gegenstände mit den dazugehörigen bestimmten Artikeln zu benennen. Sind die Gegenstände gleich, behält es das Pärchen und darf erneut zwei Karten aufdecken. Sind die Fotos unterschiedlich, werden diese nach der Artikelzuordnung wieder verdeckt auf den Tisch gelegt. Am Ende des „Foto-Klick"-Spiels stapeln die Kinder ihre Kärtchen übereinander und vergleichen die Höhe der Stapel. Je nach Aufmerksamkeitsspanne wird eine erneute Spielrunde begonnen.

3. Abschluss

Hanna regt die Kinder an, mit ihr gemeinsam einen Platz für das neue Spiel im Spielregal auszuwählen. Sie bereitet die Kinder darauf vor, im Schlusskreis der gesamten Gruppe das Spiel „Foto-Klick" zu zeigen und zu erklären.

Lernerfahrungen

Durch die Betonung der Stärken der Mitspieler wird spielerisch gelernt, durch eigene und die Wiederholungen der anderen festigt sich der Wissensstand. So geht es viel einfacher, Erlerntes zu verinnerlichen, als durch das bloße funktionsorientierte Verbessern von Fehlern, welches nicht zur Persönlichkeitsentwicklung beiträgt.

> Im Spiel erfahren die Kinder Sprachförderung fast nebenbei, weil der Spielspaß im Vordergrund steht.

Es fällt den Kindern leichter, sich in die Spielabfolge eines ihnen bekannten Spiels einzudenken. Wenn dieses dann noch selbst hergestellt ist, steigen die Spielmotivation und die Spiellust. Die Kinder lernen durch den Einstieg, die erzeugte Spannung auszuhalten und sich zurückzuhalten.

Der Entwicklung von ›Selbstkompetenz‹ von Kindern ist es zuträglich, wenn sie sich im regelgebundenen Spiel korrekt verhalten. Gleichzeitig wird ihre Mitbestimmung im Sinne von Partizipation ausgebaut, indem gemeinsam ein Platz für das Spiel gesucht wird.

Selbstkompetenz → S. 30, 223

Methodische Hinweise

Verschiedene Spielregeln für das Memory-Spiel „Foto-Klick" können zur Spielerweiterung herangezogen werden:

- Alle Karten können aufgedeckt präsentiert werden. Nach Schnelligkeit werden Paare identifiziert und regelgerecht benannt.
- Die Kinder spielen zu zweit und haben einen gemischten Kartenhaufen verdeckt vor sich liegen. Die Kinder decken gleichzeitig die jeweils obere Karte ihrer Stapel auf. Wenn dadurch zwei gleiche Karten sichtbar werden, bekommt das Kind das Pärchen, welches zuerst den richtigen Gegenstand mit dem korrekten Artikel benennen kann.
- Die eine Hälfte der Abbildungen wird offen auf den Tisch gelegt, die andere verdeckt an die Kinder verteilt. Die spielenden Kinder decken nacheinander ihre Karten auf und legen unter Benennung des Begriffes die Karte auf das dazugehörige Gegenstück in der Tischmitte. Dann nimmt das Kind das Pärchen an sich.
- Die Kinder decken nacheinander zwei Karten auf, die offen liegen bleiben. Wenn sich dabei zwei gleiche Bilder ergeben, können sie reaktionsschnell auf die zuletzt aufgedeckte Karte mit der flachen Hand klatschen und das Pärchen damit in ihren Besitz nehmen.

Je nach Entwicklungsstand und Merkfähigkeit der Kinder achtet die Kinderpflegerin darauf, dass Kartenanzahl und Abbildungen auf die Bedürfnisse der Kinder abgestimmt sind, damit Erfolgserlebnisse gesichert sind.

Bei der Festlegung, wer mit dem Spiel beginnt, können unterschiedliche Varianten genutzt werden.

Das kann z. B. sein:
- das jüngste bzw. älteste Kind
- das Kind mit dem kleinsten kleinen Fingern
- das Kind mit den hellsten Haaren
- das Kind mit der größten Schuhgröße

Es bietet sich ebenfalls an, Lose zu ziehen oder einen Würfel zu nutzen.

Eine schön gestaltete Schachtel erhöht den **Aufforderungscharakter** zum Spielen. Eine große Identifikation mit dem Spiel kann erreicht werden, wenn die Kinder die Gelegenheit bekommen, sich an der Gestaltung der Spielschachtel zu beteiligen. Schachtel und Karten sollten stabil hergestellt sein, damit viele Spieldurchläufe gewährleistet sind und hohe Nachhaltigkeit erreicht wird.

Abb. 9.3 Ansprechende Bildkarten kann man mit den Kindern auch selbst herstellen.

Die Spielmotivation kann sich noch weiter erhöhen und in eine sinnvolle Beschäftigung münden, wenn die Kinder die Gegenstände selbst fotografieren und die Karten herstellen. Dabei kann nicht nur der Gruppenraum genutzt, sondern auch die nähere Spielumgebung herangezogen werden. Auf diese Weise werden Bewegung und Sprache, die in der Hirnentwicklung eng verknüpft sind, gleichzeitig angeregt.

Erste mathematische Grundkenntnisse werden beim Zählen der Karten erworben. Durch Erweiterung der Abbildungen mit mehreren gleichen Gegenständen werden Zahlenbegriffe und die bestimmten Artikel im Plural gefestigt.

Weitere Ideen für Bildungsangebote im Bereich Sprachförderung

Angebote zur Sprachförderung	Erläuterung
Projekt „Ich bin ich"	Dazu werden die Fotos von den Kindern herangezogen, Ich-Kisten gefüllt, Körperumrisse gemalt, Könnerbücher entwickelt, Portfolioarbeit ausgeweitet.
Kekse backen	Ein Rezept wird mit den Kindern besprochen und kindgerecht bebildert. Anschließend folgen die Teigherstellung und das Backen.
Bilder aus Naturmaterialien	Nach einem Meditationsangebot legen die Kinder dazu Bilder mit vorher selbst gesammelten Materialien aus der Natur, z. B. Zweige, Zapfen, Gräser, Blätter. Das fertige Naturbild wird der Gruppe vorgestellt.
Bilderbuchbetrachtung	Ein Bilderbuch wird den Kindern bis zu einem bestimmten spannenden Punkt vorgetragen. Anschließend werden die Kinder dazu angeregt, den weiteren Verlauf zu erfinden.
Bewegungsangebot mit Luftballons	Jedes Kind bekommt einen aufgepusteten Luftballon, den es mit einem Gesicht versieht und einen Namen gibt. Im angeleiteten Angebot beschreiben die Kinder immer wieder, wo sich der Luftballon befindet, z. B. über den Köpfen, unter dem Kasten.

Tab. 9.4 Ideen für Bildungsangebote zur Sprachförderung

9.3 Bildungsangebote im Bereich Musik

Bei Angeboten zum Thema „Musik" sammelt das Kind vielfältige Erfahrungen über sich und seinen Körper, andere Kinder und Erwachsene und die Umwelt. Der Zusammenhang von Klang, Sprache, Tempo, Körper und Bewegung wird deutlich. Die Kinderpflegerin lenkt und steuert diese Prozesse und lässt den Kindern genügend Raum für individuelle Erlebnisse und Ausdrucksformen.

9.3.1 Ansatzpunkte für Bildungsangebote im Bereich Musikerziehung

Musik spricht die kindliche ›Wahrnehmung‹ auf vielfältige Weise und ganzheitlich an. Sie ermöglicht dem Kind, verschiedene Sinneseindrücke seiner Umwelt zu erfahren, aber auch gewonnene Eindrücke einmal auf andere Art und Weise auszudrücken. Die dadurch angeregten Sinneserfahrungen werden von jedem Kind auf seine Weise mit bisher gemachten verknüpft und sind der Grundstock für die Ausbildung kognitiver Strukturen.

Wahrnehmung → S. 56

> Musikalische Erfahrungen können von frühester Kindheit an bereits ohne den Einsatz von Zeichen und Sprache gemacht werden. In Angeboten können diese Erkenntnisse vielfältig genutzt werden.

BEISPIEL Die Kinderpflegerin hat in der Kindergruppe eingeführt, dass vor dem gemeinsamen Mittagessen ein kurzes Lied gesungen wird. **Elvira (3;2)** sitzt oft staunend dabei, singt aber noch nicht mit. Im Freispiel beobachtet die Kinderpflegerin, wie Elvira in der Puppenwohnung die Puppen um den von ihr gedeckten Tisch platziert und ihren Puppenkindern das Mittagessenlied vorsingt.

Verschiedene musikalische Ausdrucksformen

Die musikalischen Ausdrucksformen sind sehr vielfältig und reichen von Singen über Rhythmuserzeugung hin zu körperlichen Ausdrucksformen wie Tanzen. Kombinationen sind ebenfalls möglich. Die Kinder bekommen in musikalischen Angebotssituationen vielfältige Möglichkeiten, sich individuell und selbstbestimmt auszudrücken. Das situative Handeln und die Beschäftigung mit der Musik stehen im Zentrum der kindlichen Erlebnisse. Die Koordination des Körpers bei musikalischen Aktivitäten fördert die ›Feinmotorik‹ und schult die Konzentrationsfähigkeit. Gleichzeitig wird die Ausdauer geschult und gefordert.

Feinmotorik → S. 156

Abb. 9.5 Tanzende Kinder

BEISPIEL Während der Faschingszeit wird im Kindergarten „Auf der Höhe" oft das Bewegungslied „Meine Tante aus Marokko" gesungen. Die Kinder ahmen die Bewegungen beim Singen nach. **Lukas (5;2)**, der oft nicht lange still sitzen mag, ist von diesem Lied sehr begeistert. Als die Kinderpflegerin einmal schon nach der zweiten Strophe das Singen beenden möchte, fordert er sie auf, bis zum Ende weiterzusingen.

Auseinandersetzung mit Musik

Die Auseinandersetzung mit verschiedenen Werken der Musik stärkt beim Kind die Entwicklung der Sinne und prägt das geschmackvolle und feinsinnige Empfinden aus. Kinder werden durch die Angebote zum Thema Musik angeregt, eigene Melodien oder Rhythmen zu erfinden. Gleichzeitig wird durch die Begegnung mit Musik das Wissen über Epochen, musikalische Ausdrucksformen und die kulturellen Ausdrucksmöglichkeiten erweitert.

> **BEISPIEL** Die Kinderpflegerin war am Abend vor dem nächsten Arbeitstag in der Oper und hat in ihrer Begeisterung eine CD des Stückes erworben. Sie spielt den Kindern im Morgenkreis eine Arie vor. Die Kinder hören erstaunt zu. Im Freispiel fangen einige Kinder auf dem Bauplatz an, ihre Aufforderungen an Spielpartnern zu singen und ahmen dabei die Opernsängerin in Intonation und Ausdruck nach.

Instrumente aus Alltagsmaterialien

Das Kind erforscht den eigenen Körper in seinen Ausdrucksmöglichkeiten und nutzt diesen für Musik, Tanz und Geräuscherzeugung. Sogar ohne zusätzliche Hilfsmittel verfügt das Kind im Angebot über seine Stimme als ureigenes und individuelles Instrument.

> **Die Wahrnehmung von Rhythmus ist vielfältig und beginnt mit dem Erfühlen des eigenen oder des fremden Herzschlages.**

Die Grundelemente der Musik wie Lautstärke, Tonhöhe oder -länge werden leicht erfahrbar und können für Angebote bei Sprechgesang, Liedern sowie Sing- und Kreisspielen wahrgenommen werden. Das Kennenlernen oder selbst Bauen von Instrumenten stärken das Gefühl der ›Selbstwirksamkeit‹.

Selbstwirksamkeit → S. 81

> **BEISPIEL** **Ole (5;4)** bringt in den Kindergarten ein Bild aus der Tageszeitung mit, welches einen Mann mit einer selbst gebauten Flöte aus einer Möhre zeigt. Die Kinderpflegerin ist sehr erstaunt. Als Ole diese nachbauen möchte, erklärt sie ihm, dass die Möhre sehr schnell welk werden wird und dass Spielen mit Nahrungsmitteln nicht der verabredeten Auffassung des Kindergartens entspricht. Sie bietet ihm an, gemeinsam mit einer Gießkanne und einem Schlauch eine Flöte zu bauen. Als diese fertig ist, kann Ole die Kinder musikalisch zum Schlusskreis zusammenrufen.

Gemeinschaftsgefühl durch Musik

Musik schult in den Angebotssituationen das Sozialverhalten und die gegenseitige Rücksichtnahme, wenn sich Kinder in der Gruppe nach einem Einsatz, einer Melodie oder einem Rhythmus richten. Toleranz gegenüber anderen Kulturen und ihren musikalischen Ausdrucksformen wird ausgeprägt und angeregt. Schnell entsteht ein Gemeinschaftsgefühl durch ein gemeinsam gesungenes Lied, welches zu Beginn oder am Ende als Ritual in Angeboten genutzt werden kann.

Abb. 9.6 Gemeinsames Singen verbindet

9.3.2 Erläuterung eines Angebotes im Bereich Musik

Ausgangssituation

Jonas (5;2) sitzt am Frühstückstisch in der „Kakaoteria". Während er an seinem Brot kaut, nimmt er den Teelöffel und schlägt diesen rhythmisch an die Milchkanne. Mira (5;4) setzt sich dazu, nimmt das Obstmesser und stimmt in den Rhythmus mit ein, indem sie auf den Teller klopft. Die Kinderpflegerin kommt dazu, um das Schlagen auf Porzellan zu unterbinden. „Ihr macht ja feine Musik, aber Milchkanne und Teller sind dafür keine geeigneten Instrumente. Wir wäre es, wenn wir uns gleich nach dem Frühstück im Musikraum treffen und überlegen, wie wir eine kleine Musikgruppe gründen können?"

Erläuterung der Situation

Die Bedürfnisse der Kinder sind vorhanden und zeigen sich durch Alltagsbeobachtungen oder in systematischen Verfahren. Hier nutzen die Kinder Alltagsgegenstände zur Rhythmuserzeugung.

> Wenn sich Kinder wohlfühlen, beginnen sie, sich entsprechend auszuleben und zu entfalten. Wenn sie sich dabei unbeobachtet fühlen, experimentieren sie mit Stimme, Körper und Gegenständen.

Die Kinderpflegerin hat die Aufgabe, dieses Interesse zu kanalisieren und in einem oder mehreren Angeboten regelgebunden aufzunehmen. Dabei sollte sie den Kindern Sicherheit und Wertschätzung vermitteln, damit sich diese weiterhin etwas auf diesem Gebiet zutrauen und gerne mitmachen. Wenn dabei Rhythmus und Bewegungen in einem Lied oder einer Geschichte miteinander verbunden werden, fällt es den Kindern leichter, die angedachte Reihenfolge einzuhalten. Der Einsatz von bekannten und unbekannten Instrumenten bzw. Materialien stärkt gleichzeitig Selbstbewusstsein und Wissenszuwachs. Ein Anknüpfungspunkt im Fallbeispiel wäre für die Kinderpflegerin die fantasievolle Nutzung des Bestecks, welches für die Eiweiterung auf selbst gebaute Instrumente genutzt werden kann.

Material

Folgende Materialien werden benötigt:
- verschiedene Percussionsinstrumente, wie z. B. Triangel, Bongos, Trommeln, Klanghölzer, Sambarasseln, Schütteleier
- ein Korb zur Aufbewahrung
- Plakat
- Malstifte

Ablauf einer Klanggeschichte

Eine Klanggeschichte ist eine Verknüpfung zwischen Geschichten und dazu passenden Geräuschen. Im Einstieg werden die Kinder mit den verwendeten Instrumenten vertraut gemacht, damit sie während der Durchführung im Hauptteil wissen, welche erzeugten Klänge zu den Teilen der Geschichte passen. Um die ungeteilte Aufmerksamkeit auf die Geschichte zu lenken, werden die Instrumente noch einmal zur Seite gelegt. Bei der Wiederholung der Geschichte erfolgt die Zusammenführung beider Elemente, indem besprochen wird, welches Instrument an welcher Stelle ein passendes Geräusch erzeugen könnte. Mit einem passenden Schluss endet das Angebot.

Phase	Beschreibung/Begründung	Gestaltungsvorschläge
Einstieg	Das Heranführen zu den Instrumenten ist wichtig, damit die Kinder genügend Gelegenheit haben, sich mit diesen experimentell auseinanderzusetzen. Es ist gut, wenn die Kinderpflegerin in dieser Phase selbst mitmacht, um den Kindern Anregungen durch ihr Agieren zu geben.	Ausgewählte Percussionsinstrumente liegen unter einem Tuch in der Mitte. Die Kinder stehen um diese Mitte im Kreis herum und werden aufgefordert, mit geschlossenen Augen nacheinander unter das Tuch zu greifen. Das gefühlte Instrument wird herausgezogen, benannt und ausprobiert. Jedes Kind bekommt dann die Möglichkeit zur Erprobung des Instrumentes. Dann werden die Instrumente in einen großen Korb gelegt.
Hauptteil	Den Kindern die Geschichte nahezubringen, bietet den Kindern später inhaltliche Sicherheit. Durch die Aufteilung in Abschnitte werden die Kinder angeregt, passende Instrumente für Geräusche auszuwählen. Durch den Ablaufplan regelt sich abwechslungsreich die Reihenfolge der Kinder an den Instrumenten und den passenden Stellen in der Geschichte beim mehrmaligen Durchspielen der Geschichte.	Es wird eine Geschichte ausgewählt, die viele Möglichkeiten zum Untermalen mit Geräuschen bietet. Durch Vorlesen wird diese den Kindern vertraut gemacht. Die Kinder können anschließend eigene Gestaltungsideen mit den vorhandenen Instrumenten einbringen. Wenn die Gruppe sich auf einen Ablauf geeinigt hat, wird gemeinsam ein Ablaufplan gemalt, der den Kindern verschiedene Aufgaben zuweist.
Schluss	Durch das Vortragen vor der gesamten Gruppe bekommen die Kinder Wertschätzung und Aufmerksamkeit, ihr Selbstvertrauen wächst.	Die Durchführung in der Kleingruppe wird reflektiert. In einem gemeinsamen Schlusskreis wird die Klanggeschichte allen Kindern der Gruppe vorgestellt.

Tab. 9.7 Ablauf und Gestaltung einer Klanggeschichte

Methodische Hinweise

Es ist für die Durchführung des Angebotes sehr hilfreich, wenn jedes Kind ein Instrument bekommt und sich daran ausprobieren kann. Dadurch wird die musikalische Kreativität im Finden und Ausprobieren von Klängen ausprobiert. Gleichzeitig ist darauf zu achten, dass unterschiedliche Erfahrungen ermöglicht werden, indem die verwendeten Instrumente nach einem sichtbaren Plan oder nach Absprache ausgetauscht werden. Als Grundregel gilt, dass ein Instrument nur für eine Aufgabe ausgewählt wird. Falls die Kinder sich untereinander nicht einigen können, trägt die Kinderpflegerin zur Konfliktschlichtung bei, indem sie z. B. in Aussicht stellt, dass jedes Kind jedes Instrument ausprobieren kann. Eine Experimentierphase zu Beginn der Durchführung stärkt das Neugierverhalten der Kinder und verhindert späteres Ausprobieren, wenn bereits gezielt gearbeitet werden soll.

Abb. 9.8 Kinder probieren Instrumente aus.

Die Geschichte sollte situationsbezogen auf die Gruppe abgestimmt werden, um die Motivation der Kinder zu nutzen. Die Kinderpflegerin kann ›recherchieren‹, welche Geschichten in der Literatur vorhanden sind, eine vorgegebene abwandeln oder eine Geschichte selbst schreiben. Unter Anleitung sind ältere Kindergartenkinder auch in der Lage, selbst eine passende Geschichte zu erfinden. Nicht immer erzählt die Kinderpflegerin die Geschichte, auch ein Kind kann diese Aufgabe übernehmen.

Recherche und Ideenfindung
→ S. 569

Wenn in der Klanggeschichte Aspekte wie z. B. Gewitter oder Sommertag vertont werden, können mehrere Kinder mit unterschiedlichen Instrumenten zur gleichen Zeit agieren. Kinder, die gemeinsame Aufgaben haben, sitzen zur besseren Abstimmung nebeneinander. Falls Tiere dargestellt werden, hilft es, sich wie das Tier zu bewegen, während ein anderes Kind die Bewegung mit dem Instrument begleitet.

Um das Wissen der Kinder zu erweitern, sollte sich die Kinderpflegerin vorab über die Bezeichnung der Instrumente informieren, das zugehörige Wort deutlich aussprechen und oft wiederholen. Die Kinder werden mit der Handhabung und den Regeln zu den Instrumenten vertraut gemacht. Nach der Durchführung sollte ein Aufbewahrungsort und ein schützendes Behältnis festgelegt werden. Das fördert die Eigenständigkeit beim weiteren Umgang.

Die Kinder bekommen mit der Gestaltung von Klanggeschichten die Möglichkeit, ein eigenes musikalisches Werk zu schaffen. Da keine musikalischen Fähigkeiten vorausgesetzt werden, kann der Umgang mit den Instrumenten erfahrbar gemacht und in ein Erfolgserlebnis umgewandelt werden.

> **ZUM WEITERDENKEN** Kinder können auch ohne Noten- und Instrumentenkenntnisse an die Musik herangeführt werden, indem sie ihren eigenen Körper zur Erzeugung von Geräuschen und Klängen nutzen. Ein Selbsttest für die Kinderpflegerin baut Hemmungen ab. Auf besondere Weise könnte dieses Angebot als Einsteig für einen Elternabend mit dem Thema „Musik" dienen.

Weitere Ideen für Bildungsangebote im Bereich Musik

Angebote im Bereich Musik	Erläuterung
Klanggeschichte zum Bilderbuch (z. B. „Swimmi" von Leo Lionni, Middelhauve-Verlag, Köln, 1972)	Die im Buch dargestellten Tiere und Stimmungen werden durch verschiedene Instrumente dargestellt, z. B. Meeresstimmung mit dem Regenmacher.
Geräuschegeschichte aus dem Kindergartenalltag	Alle regelmäßig vorkommenden Geräusche im Alltag werden gemeinsam mit den Kindern gesammelt.
Klanggeschichte zum Bilderbuch (z. B. „Du hast angefangen! Nein du!" von David McKee, Sauerländer-Verlag, Aarau, 1986)	Es können Naturmaterialien wie z. B. Steine zur Geräuscherzeugung genutzt werden. Die Kinder können auch selbst draußen fündig werden.

Tab. 9.9 Ideen für Bildungsangebote im Bereich Musik

9.4 Bildungsangebote im Bereich Religion und Werteerziehung

Kinder erforschen für sich die Welt und stellen viele Fragen, die den grundlegenden Sinn des Lebens betreffen. Der Kinderpflegerin obliegt die Aufgabe, die Kinder in diesem Bereich sensibel zu leiten, ›Werte‹ und Regeln vorzuleben und zu vermitteln und selbst eine eigene Haltung vorzuleben. In Angebotssituationen lässt sich dieses Thema nachhaltig vermitteln.

Werte → S. 219

Abb. 9.10 Kinder haben viele Fragen über die Welt.

9.4.1 Ansätze für Bildungsangebote im Bereich Religion und Werteerziehung

Um die vielfältigen Überlegungen der Kinder nach grundlegenden Fragen zum Sinnverständnis der Welt, zu Geburt und Tod, Krankheit und Leiden, ›Unterschiedlichkeit‹ der Menschen und ihrer Kulturen zu beantworten, eignen sich Angebote und gezielte Aktivitäten im pädagogischen Alltag. Diese sollen die Kinder anregen und ermutigen, selbst nachzudenken und eigene Antworten zu finden.

Diversität → S. 258

> **BEISPIEL** Als der Wellensittich der grünen Gruppe des Kindergartens Johannisstraße gestorben ist, fragt **Luisann (3;7)**: „Ist er jetzt im Tierhimmel und kann uns sehen?" **Merrit (5;3)** antwortet: „Nein, der liegt ja noch hier und deswegen kann er nicht im Himmel sein." Die Kinderpflegerin lenkt ein und sagt: „Nur der Körper bleibt hier auf der Erde. Viele Menschen glauben, dass die Seele von Menschen und Tieren im Himmel ist. Dort geht es ihnen daher gut."

Geschichten

Neue und traditionelle Geschichten sind sehr hilfreich, um mit den zentralen Gestalten Erfahrungen zu durchleben und die Möglichkeit der Auseinandersetzung mit Themen wie z. B. Glück und Unglück, Mut und Verzweiflung, Zuversicht und Furcht zu geben. Die Kinder werden auf diese Weise bei ihrer Sinnfindung begleitet und bekommen positive Beispiele für eine erfolgreiche Bewältigung.

> **BEISPIEL** In einem Zeitungsartikel, den **Christian (6;2)** mit in den Kindergarten bringt, ist eine große Überschwemmung in Thailand abgebildet. **Franz (4;9)** sagt: „Die armen Leute, die ganzen Häuser sind voll Wasser." **Jesse (5;10)** antwortet darauf: „Vielleicht ist es auch gut so. Wenn das Haus dann später neu gebaut wird, können sie noch neue Ideen für ihr Haus einbauen. Vielleicht einen Fahrstuhl oder so." Christian meint dazu: „Ja, meine Oma sagt immer, jedes Schlechte hat auch etwas Gutes."

Kindgerechte Mitbestimmung und Teilhabe

Rund um die Angebote und in den Angeboten sind den Kindern Wertschätzung und Vertrauen entgegenzubringen und zu vermitteln, damit sie sich wohl, akzeptiert und ernst genommen fühlen. Auf dieser wichtigen Basis lernen die Kinder, Werte zu entwickeln und Gut und Böse zu unterscheiden, sich sozial zu verhalten und andere zu unterstützen. Das Vorbild der Kinderpflegerin ist zentral für die gute Entwicklung von Achtung untereinander und gegenüber der Umwelt. Die Kinder lernen durch kindgerechte Mitbestimmung und Teilhabe, ihre eigene Haltung auszubilden.

Verschiedene Kulturen und Weltanschauungen

In den Kindergruppen treffen verschiedene Weltanschauungen, Religionen und Kulturen aufeinander. Die traditionelle ›Feste‹ mit kirchlichem Ursprung, die unseren Jahresablauf prägen, sind nicht allen Kindern und ihren Erziehungsberechtigten bekannt. Aber die Auseinandersetzung mit der Unterschiedlichkeit kann in den Angebotssituationen genutzt werden, um die Kinder für Toleranz für andere Religionen und Kulturen durch Kennenlernen und Wahrnehmung der Unterschiede von klein auf zu sensibilisieren. Festgestaltung im Jahresverlauf sollte daher bei der Planung und Durchführung von Angeboten und Angebotsreihen einen hohen Stellenwert haben.

Fest → S. 560

> **BEISPIEL** **Ceylan (5;8)** kommt in den Kindergarten und berichtet darüber, dass nächste Woche das Zuckerfest beginnt und sie in der Folgewoche im Kindergarten süße Teigtaschen ausgibt, die ihre Mutters selbst hergestellt hat.

Religiöse Geschichten

Für die Überlegungen zu den Angeboten ist unbedingt zu berücksichtigen, dass die Kinder den Sinn der religiösen Geschichten ihrem Verstehen anpassen und ihre eigene Weltanschauung dazu entwickeln. Aus dieser Orientierung erwachsen eigene Wertvorstellungen, die zunächst stark von der Familie, aber dann auch in der Begegnung mit anderen Kindern in der Einrichtung herausgebildet werden.

Der Kinderpflegerin kommt die Aufgabe zu, das Angebot jeweils kindgerecht zu gestalten und den Kindern Ausbildungsbeispiele zu bieten, aber auch eine eigene (religiöse) Meinung zu vertreten.

> **BEISPIEL** Als die Kinder aufgefordert werden, für das Erntedankfest Nahrungsmittel für bedürftige Familien zu spenden, bringt auch **Mohammed (4;7)** etwas mit. Er kennt das Erntedankfest aus seiner Religion heraus so nicht. Er äußert sich: „Die Nudel habe ich für das Erntefest mitgebracht, andere Familien haben vielleicht nichts zu essen, aber Hunger."

Rituale der Besinnung

Rituale sind in den Angeboten unabdingbar, um den Kindern Orientierung und Struktur zu bieten. Die Auseinandersetzung mit ethischen und religiösen Fragen erfordert Besinnung, die mit ruhiger Atmosphäre und kindgerechter Meditation verbunden sein sollte.

> **BEISPIEL** Im Emmaus-Kindergarten wird erst zu Mittag gegessen, wenn alle Kinder es geschafft haben, ca. eine Minute still zu sein und sich auf ihr Essen zu konzentrieren. Eingeführt war dieses Ritual als Aufmerksamkeitsübung für die Eigenwahrnehmung. Doch die Kinder haben es so verinnerlicht, dass sie es „stilles Beten" nennen.

Abb. 9.11 Klangschalen eignen sich gut als sanftes Signal zur Besinnung.

Interkultureller Kalender
www.bamf.de

9.4.2 Erläuterung eines Angebotes im Bereich Religion und Werteerziehung

Ausgangssituation

Die Kinderpflegerin beobachtet Katharina (4;1) auf dem Spielplatz und bemerkt, dass sie auch auf freundliche Nachfrage von anderen Kindern keines ihrer ausgewählten Sandspielzeuge abgeben möchte. Aufgrund der ›Beobachtung‹ kommt sie zu Überlegungen, wie sie das Thema pädagogisch nachhaltig in den Gruppenalltag übertragen kann.

Beobachtung → S. 59

Erläuterung der Situation

Die Kinderpflegerin ist oft mit diesem Verhalten zum Teilen und Abgeben der Kinder konfrontiert. Sie kommt hier zum Rückschluss, dass es den Kindern schwerfällt, etwas abzugeben. Dieser Entwicklungsprozess ist normal. Es bedarf aber im Zusammenleben in einer ›Gruppe‹ der Unterstützung, Aushandlung und Regelfindung für soziale Umgangsformen.

Gruppe → S. 364

Material

Folgende Materialien werden benötigt:
- für jedes Kind in der Gruppe eine genähte Umhängetasche
- gemischte Stoffstücke in der Größe 20 x 10 cm, für jedes Kind ca. 5

Geschichte „Die Filzzwerge" zum Nachspielen

Die Filzzwerge

Vor langer Zeit gab es ein Volk von Zwergen. Sie lebten glücklich und fröhlich. Es gab eine Sache, die sie besonders liebten, das waren Filzstücke. Jeder Zwerg trug ein Täschchen um den Hals und das war prall gefüllt mit Filzstücken. Wenn z. B. ein Ei zum Kuchen backen fehlte und sie dieses von einem anderen Zwerg bekamen, gaben sie als Dank ein Filzstückchen. Es gab aber auch Filzstückchen für ein freundliches Lächeln. Alle Zwerge liebten es, wieder ein kuscheliges Filzstück in ihr Täschchen stopfen zu können. Dieses Geben und Nehmen machte das Leben der Zwerge so glücklich.

Außerhalb des Dorfes gab es einen Troll, der sich sehr einsam fühlte. Heimlich hatte er die Zwerge schon beobachtet, fand aber die Tauscherei mit den Filzstücken sehr merkwürdig.

Einmal, als er am Waldrand stand, kam ein Zwerg vorbei und fragte ihn, ob es nicht ein schöner Abend sei. Da zog der Troll seine grimmigste Grimasse und grummelte. Da gab der Zwerg ihm ein Filzstück und sagte: „Hier nimm das weiche Filzstück!" Aber der Troll flüsterte dem Zwerg zu: „Sei nicht so großzügig mit deinen Filzstücken, sonst hast du bald keine mehr."

Der Zwerg machte ein unglückliches Gesicht, es war ihm noch nie passiert, dass jemand sein Filzstück nicht annehmen wollte. Er wusste gar nicht, wie das passieren sollte, was der Troll gesagt hatte, jeder Zwerg hatte schon immer sein Leben lang Filzstücke gehabt. Der Troll fühlte ebenfalls, dass er den kleinen Zwerg enttäuscht und sogar etwas Falsches behauptet hatte. Nun wartete er in seiner Höhle, was passieren würde.

Der Zwerg grübelte, bis ein Freund vorbei kam. Als er ihm freudestrahlend ein Filzstückchen abgeben wollte, wies der Zwerg ihn mit den Worten zurück: „Behalt es lieber für dich, wer weiß, wie schnell dein Vorrat sonst abnimmt." Der Freund zuckte ratlos mit den Schultern und ging. So kam es, dass jeder Zwerg seine Filzstücke für sich behalten wollte. Manche versteckten sogar ihre Täschchen unter dem Bett in der Nacht.

An einem dämmerigen Abend hatten sie Angst, dass im Dunkeln jemand Filzstücke klauen würde. Die Filzstücke wurden farblos und lappig. Oben im Wald saß der Troll und beobachtete alles. Er war zufrieden. Er besuchte das Dorf jetzt öfter, nur niemand grüßte ihn.

Als einige Zwerge krank wurden, überlegte der Troll, was man nun machen könnte. In seiner Höhle hatte er viele speckige Steine. Einen ganzen Handkarren packte er voll und fuhr damit ins Dorf. Die Zwerge waren sehr froh, weil sie nun wieder etwas zum Verschenken hatten.

Ablauf des Angebotes

1. Einstieg:
Jedes Kind bekommt ein im Vorfeld gefertigtes Täschchen zum Umhängen mit farbigen Filzstückchen ausgehändigt. Die Kinder setzen sich im Halbkreis vor die Kinderpflegerin in die Leseecke. Sie untersuchen und beschreiben die Täschchen mit Inhalt. Die Kinderpflegerin leitet mit motivierender Stimme zum Hauptteil über.

2. Hauptteil:
Sie erzählt die Geschichte. Im zweiten Schritt ermutigt sie die Kinder, die Geschichte nachzuerzählen und nachzuspielen.

3. Schluss:
Die Kinder setzen sich zurück in den Halbkreis. Die Kinderpflegerin befragt die Kinder nach bisherigen Erfahrungen zu Teilen und Abgeben. Sie regt an, dass die Täschchen im Kindergarten genutzt werden, bevor die Kinder diese nach Hause tragen.

Lernerfahrungen

Die Kinder erfassen konzentriert einen Geschichteninhalt und spielen diesen nach, indem sie das Gehörte mit Handlung in ein Rollenspiel umsetzen. Sie stellen einen Bezug zwischen der Geschichte und ihrem eigenen Verhalten im Kindergarten her. Sie können im gelenkten Gespräch aus ihren eigenen Erfahrungswerten berichten. Sie nutzen Filzstückchen, um Wertschätzung zu äußern. Sie bauen ihre Sozialkompetenz nicht nur während des Rollenspiels aus.

Abb. 9.12 Durch Rollenspiele wird die Kreativität angeregt und Sozialkompetenz gefördert.

Methodische Hinweise

Aufgrund des vorgesehenen Rollenspiels und der Konzentrationsspanne der Kinder sollte die Kindergruppe nicht mehr als sieben Kinder umfassen. Die Täschchen können nicht nur als Gesprächsanlass zu Beginn des Angebotes dienen, sondern auch als Einladung. Im Gruppenalltag kann das Teilen und Abgeben in Form einer rollenspielartigen Weiterführung der Geschichte gefestigt werden.

Die Kinderpflegerin erzählt die Geschichte möglichst frei, damit sie uneingeschränkt Blickkontakt zu den Kindern halten kann. Sie kann dabei ggf. Wiederholungen einbauen, wenn an der Körpersprache der Kinder abzulesen ist, dass sie einen Teil der Geschichte nicht verstehen. Außerdem kann die Kinderpflegerin mit ihrer Stimme Spannung erzeugen, wenn der Spannungsbogen erhöht werden muss, weil die Kinder unruhig werden. Evtl. kann sie die Geschichte an bestimmten Stellen unterbrechen und die Kinder Vermutungen über den Fortgang anstellen lassen.

Abb. 9.13 Durch freies Erzählen und lebendige Körpersprache wird eine Geschichte noch spannender.

Während des Rollenspiels ist es methodisch sinnvoll, wenn die Kinderpflegerin erst einmal die Rolle des bösen Trolls übernimmt. Vielleicht möchte kein Kind diese negativ besetzte Rolle spielen. Je nach Kindergruppe wird die Geschichte ein bis zwei Male durchgespielt. Für die Reflexion überlegt sich die Kinderpflegerin vorab einige dem Alter entsprechende Fragen.

Weitere Ideen für Bildungsangebote im Bereich Religion und Werteerziehung

Angebote zu Religion/Werte	Erläuterung
Rollenspiel zum Sankt-Martins-Tag	Das Rollenspiel ermöglicht den Kindern, den Aspekt des Teilens zu begreifen, im Spiel selbst zu erproben und in den Alltag zu übertragen.
Festkalender für die Gruppe	Den Kindern wird im Jahresverlauf anschaulich visualisiert, welche Feste wann anstehen.
Spendensammlung	Weihnachten im Schuhkarton Abgeben vom Spielzeug.
Achtsamkeitsspiele	Die Kinder lernen, ihre Aufmerksamkeit nicht nur auf sich, sondern auch auf ihre Mitmenschen zu lenken.

Tab. 9.14 Ideen für Bildungsangebote im Bereich Religion und Werteerziehung

9.5 Bildungsangebote im Bereich Bewegung

Kinder durchdringen die Umwelt durch Bewegung. Die Kinderpflegerin schafft in ihren Angeboten förderliche Bedingungen für den Bewegungsdrang der Kinder. Sie kann die Kinder gezielt in ihrer Entwicklung fördern und ihnen Erfolgserlebnisse vermitteln.

9.5.1 Ansätze für Bildungsangebote im Bereich Bewegung

In der Hirnforschung wird betont, dass die Hirnentwicklung der Kinder durch Bewegung und Sinneswahrnehmung differenzierter voranschreitet und besser ausgebildet wird.

> Abwechslungsreiche und motivierende Bewegungsangebote bieten Antrieb und Ansporn für die Kinder, gleichzeitig werden damit ihre körperliche und geistige Entwicklung vorangebracht.

Abb. 9.15 und 9.16 Vielfältige Bewegungsangebote für Kinder

Entwicklung → S. 110

Somit bekommt ständige Bewegung eine Schlüsselfunktion für die gesunde ›Entwicklung‹ und das körperliche Wohl von Kindern.

> **BEISPIEL** **Julian (4;4)** balanciert auf dem Spielhof der Kindertagesstätte Bahnhofstraße in Wamsdorf auf den Fugen, die sich durch die verlegten Verbundsteinplatten im Eingangsbereich ergeben. **Lisa (5;2)** nutzt nur die grauen Gehwegplatten, um zur Rutsche zu gelangen, und **Erkan (3;7)** fährt mit dem Dreirad Schlangenlinien über diesen freien Platz. Dabei kommt er **Sabine (6;2)** ins Gehege, die mit Kreide ein Hüpfspiel aufzeichnen möchte.

Natürliche Neugierde
Wenn Kindern in Bewegungsangeboten regelmäßig bekannte und neue Herausforderungen geboten werden und der Schwierigkeitsgrad variiert und individuell angepasst werden kann, erleben sie Selbstwirksamkeit. Sie empfinden sich als stark und mutig, sie entwickeln ein hohes Selbstvertrauen und sie fühlen sich letztlich durch ihre Erfolgserlebnisse in ihrem Körper wohl. Die natürliche Neugier der Kinder kann gut genutzt werden.

> **BEISPIEL** Die Kinderpflegerin hat eine Schatzsuche für die Vorschulkinder vorbereitet und bekannte Aufgaben, wie z. B. Schritte zählen bis zur großen Kastanie, mit neuen Herausforderungen verknüpft. Die Kinder bekommen die Aufgabe, im Sandkasten zuerst Puzzleteile zu suchen und diese in Teamarbeit zusammenzulegen. Eine weitere Anforderung stellt die Überquerung eines imaginären Sumpfes dar, bevor die Schatzkiste gesucht werden kann.

Prävention durch Bewegungsangebote

Durch ihre unterschiedlichen Lebenswelten bekommen Kinder oft in ihrer häuslichen Umgebung nicht die gewünschten Bewegungsanregungen. Teilweise leben sie in beengten Verhältnissen oder verharren durch frühe fehlgeleitete ›Mediengewohnheiten‹ in ihrem Zuhause. Körperliche Geschicklichkeit und Sicherheit in den Bewegungen nehmen ab. Die Kinderpflegerin hat daher in der Kindertagesstätte die Aufgabe, diesem entgegenzuwirken und präventiv zu handeln, um den Kindern ein gesundes Bewegungsverhalten aufzuzeigen und einzuüben.

Mediengewohnheiten → S. 541

BEISPIEL Der Kindergarten „Bergwiese" veranstaltet regelmäßig „Indoor-Bewegungsaktivitäten", die die Kinder auch im häuslichen Umfeld nachahmen können. Das große Treppenhaus der Einrichtung wird montags zur Sportstätte, da ein Treppenlauf gefordert ist. Die Kinder gehen dazu nach strengen Regeln die Treppe rechts hinauf und links hinunter. Für jede absolvierte Runde machen sie auf ihrem Fitnessbogen einen Strich. Von Woche zu Woche steigern sie ihre Leistung. Dienstags von 08.30–09.30 Uhr ist „Känguru-Stunde". Alle Wege in der Einrichtung legen Kinder und Personal hüpfend zurück. Die beiden Tage haben selbst die Jüngsten bereits so verinnerlicht, dass sie sich selbst gegenseitig erinnern.

Lust auf Bewegung nutzen

Die Lust auf Bewegung kann drinnen und draußen gezielt gefördert werden. Vielfältige Bewegungsformen, wie z. B. Laufen, Kriechen, Hüpfen oder Springen, werden in der Turnhalle bzw. im Bewegungsraum sowie auf dem Außengelände oder im Wald bzw. in öffentlichen Grünanlagen erprobt. Experimentieren mit Fahrzeugen wie Rollbrettern, Rollern oder Laufrädern schult wieder andere Bewegungsabläufe. Erfahrungen in Angeboten mit Wasser, z. B. beim Plantschen oder Schwimmen im Frei- bzw. Hallenbad unter sicherer Aufsicht, tragen zur Bewegungsfreude der Kinder bei.

Abb. 9.17 Rollbretter laden zum kreativen Bewegen ein.

BEISPIEL Als **Hermann (5;3)** aus dem Urlaub wieder in den Kindergarten kommt, berichtet er davon, dass es in Italien immer etwas mit den Füßen zu fühlen gab. Die Kinderpflegerin greift diese Aussage auf und entwickelt mit drei Kindern einen Wahrnehmungspfad mit großen, flachen Holzkästen, der mit Füßen genauso erlebbar ist wie kriechend mit Händen und Knien bzw. beim Rückwärtsgehen, rollen oder robben. Als die Kinder den Vorschlag machen, den Pfad für einige Tage stehen zu lassen, damit alle Kinder der Einrichtung diesen erproben können, findet diese Umsetzung bei allen Einrichtungsnutzern großen Anklang. Im Team entsteht die Idee, dass jede Mitarbeiterin pro Woche eine Station im Pfad austauscht. Die Einfälle reichen von Naturmaterialien über kostenfreie Wegwerfgegenstände bis hin zu Wassererfahrungen, Ton- und Knetfüllungen.

Einüben von Sozialverhalten

Grob- und Feinmotorik → S. 156
Sozialverhalten → S. 60

Bewegungsangebote schulen neben der ›Grob- und Feinmotorik‹ gleichzeitig auch in hohem Maß das ›Sozialverhalten‹.

> Das gemeinsame Agieren mit anderen Kindern erfordert Rücksichtnahme und Toleranz, Kinder lernen, sich selbst zurückzunehmen und gezielt einzubringen.

BEISPIEL **Marie (4;2)** brachte nach Weihnachten ihr neues Steckenpferd mit in den Kindergarten. Sofort wollte eine Kleingruppe von Kindern auf den Spielhof hinaus und veranstaltete dort mit Pferdeleinen aus der Einrichtung Reitspiele. Dabei übernahmen einige Kinder die Rolle von Pferden und Eseln, andere waren Reiter oder Tierführer. Die Ideen sprudelten beim Rollenspiel nur so aus Marie heraus und das Spiel mündete in ein Pferdeturnier mit aufgebauten Hindernissen.

Die Kinder üben sich in der Regeleinhaltung. Sie dosieren ihre Körperkraft im Körperkontakt mit anderen. Sie lernen Rücksicht zu nehmen auf die unterschiedlichen Entwicklungsstände bzw. körperliche Ungleichheiten der Kinder. Die Kinderpflegerin berücksichtigt diese Aspekte durch den Einsatz von Kooperationsspielen. Allerdings sollten die Mannschaftsspiele aufgrund des geistigen Entwicklungsstandes der Kindergartenkinder noch nicht auf Konkurrenz ausgelegt sein.

BEISPIEL In der Turnhalle ist seit Tagen ein Bewegungsparcours mit verschiedenen Stationen aufgebaut. Die Kinder haben diesen bereits mehrfach erprobt. **Julius (6;1)** bringt die Idee auf, dass ein Kind ja blind sein und ein zweites Kind es durch den Parcours führen könnte. Die Kinder finden diese Kooperationsidee gut und agieren in Teams, sie tauschen nach einem Durchlauf die Rollen.

9.5.2 Erläuterung eines Angebotes im Bereich Bewegung

Ausgangssituation

Als Clarissa (5;8) im Turnraum hinter ein Tuch schaut, sieht sie die Gymnastikreifen und möchte diese gleich mit in die gerade beginnende Bewegungsstunde einbringen. Gemeinsam mit der Kinderpflegerin zählt sie sieben Reifen. Da aber vierzehn Kinder im Turnraum sind, reichen diese nicht aus, damit jedes Kind einen bekommt. Erdogan (4;7), der auch gerne mit den Reifen spielen möchte, hat zwei Ideen: „Abwechseln oder noch was dazu!" Die Kinderpflegerin entgegnet: „Erst mal lauft ihr durch den Raum, um euch aufzuwärmen, und ich schaue, was wir noch auswählen."

Erläuterung der Situation

Die Kinderpflegerin ist sich bewusst, welche Faszination die Gymnastikreifen in dieser Situation auf die Kinder ausüben. Sie möchte diese Motivation mit einem Bewegungsangebot verbinden. Sie hat kürzlich in einem Buch gelesen, dass die Kombination von zwei Turngeräten durchaus viel Sinn macht. Sie nimmt daher noch kleine Bälle dazu. So kann sie auf Clarissas Wunsch eingehen und gleichzeitig Erdogans Idee aufgreifen.

Material

Folgende Materialien werden benötigt:
- pro Kinderpaar jeweils ein Gymnastikreifen und ein kleiner Ball
- ein Triangel

Abb. 9.18 Bälle und Gymnastikreifen in einer Bewegungsspielsituation

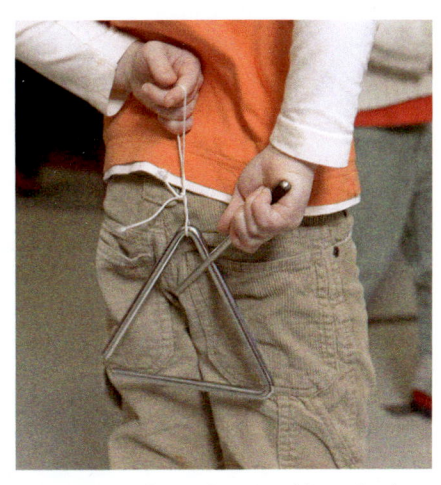

Abb. 9.19 Ein akustisches Signal kann durch einen Triangel gegeben werden.

Ablauf eines Bewegungsangebotes „Reifen und Bälle"

1. Einstieg

Die Kinderpflegerin bittet alle Kinder in einen Sitzkreis und erläutert, dass die Turnzeit mit zwei Turngeräten stattfinden wird und alle Kinder zu zweit arbeiten werden. Als die Kinder diese Einleitung gehört haben, zählen sie für Gruppenbildung mit den Zahlen 1 und 2 ab. Die Kinder mit der Ziffer 1 nehmen sich einen der bereitgelegten Bälle und die Kinder mit der Ziffer 2 einen Gymnastikreifen. Dann bilden die Kinder Paare.

2. Hauptteil

Die Kinder wissen, dass sie nun bis zum Triangelschlag im gesamten Turnraum Zeit zum Experimentieren allein oder zu zweit haben. Dann bekommen die Kinder die Aufforderung, den Reifen auf den Boden zu stellen und zu drehen. Der Partner versucht dabei, den Ball durch den sich drehenden Reifen zu werfen. Nachdem wieder ein Triangelsignal ertönt, wird die Aufgabenstellung verändert. Der Ball wird durch den gehaltenen Reifen geworfen, das werfende Kind krabbelt hinterher. Wenn das Triangelgeräusch wieder ertönt, werden für beide Übungen die Turngeräte getauscht.

Dann stellt die Kinderpflegerin eine neue Übung vor, indem der Ball auf verschiedene Arten durch den unterschiedlich hoch gehaltenen Reifen geworfen wird. Wieder werden nach dem Klang des Triangel die Turngeräte getauscht.

Danach werden die Kinder aufgefordert, sich hinzustellen, den Reifen zwischen sich zu legen und den Ball zu prellen. Dabei soll der Ball jeweils bei der Übergabe an das andere Kind im Reifen aufkommen. Abschließend rollen sich die Kinder die Sportgeräte gleichzeitig zu.

3. Schluss

Zum Schluss legt sich ein Kind in den Reifen, das andere massiert vorsichtig mit dem Ball den Rücken des liegenden Kindes. Nach dem Rollentausch wird die Turnstunde mit dem Wegräumen der Geräte beendet.

Methodische Hinweise

Am Anfang der Turnstunde ist eine Aufwärmphase zu bedenken, am Ende ist es wichtig, dass die Kinder durch eine Entspannungsphase wieder zur Ruhe gebracht werden und ein Ausklang der Bewegungseinheit erreicht wird. Die Kinderpflegerin bietet den Kindern zu Beginn in einem Bewegungsangebot mit Geräten eine Experimentierphase, damit sie den gestellten Anforderungen gut folgen können. Sie achtet auf einen ausgewogenen Aktionswechsel, indem die Aufgabenstellungen variiert.

Entwicklungsstand → S. 150

> Die Kinder bekommen im Angebot die Chance, sich gemäß ihrem individuellen ›Entwicklungsstand‹ zu bewegen. Je mehr Zutrauen den Kindern entgegengebracht wird, desto sicherer können sie sich erproben.

Beim Einsatz von Bällen ist auf genügend Freiraum zu achten, damit andere Kinder nicht getroffen werden. Musik kann Bewegungsabläufe beflügeln.

Die Kinderpflegerin kann unter Umständen Übungen selbst vormachen, damit die Kinder es schneller verstehen und dann leichter nachahmen können. Ansonsten beobachtet sie die Kinder und gibt ggf. neue Impulse. Sie begleitet das Tun der Kinder sprachlich. Da sich die Kinder bei Bewegungsangeboten körperlich verausgaben, ist es ratsam, eine Trinkpause einzulegen.

ZUM WEITERDENKEN Die Kinderpflegerin muss im Vorfeld überlegen, welche weiteren Kombinationen von Geräten praktikabel sind und den Kindern ein hohes Maß an Anregung und Bewegungsfreude geben.

Weitere Ideen für Bildungsangebote im Bereich Bewegung

Angebote zu Bewegung	Erläuterung
Spielideen rund um Tischtennisbälle in Form einer Olympiade	Tischtennisbälle können in großen Mengen beschafft werden und bieten vielfältige Nutzungsmöglichkeiten für Bewegung. Werfen und Zielen, Tragen und Transportieren, Pusten und Schieben sowie vieles mehr sind als Angebotsformen möglich.
Zeitungsturnen	Blätter von Tageszeitungen bieten ungeahnte Bewegungsanlässe. Im Lauf kann das Blatt ohne Hände getragen werden, gefaltet kann es ohne Hände an Partner mittels der Knie weitergegeben werden, bei einem Zeitungstanz verkleinert sich die Aktionsfläche beim Musikstopp jeweils um die Hälfte. Zeitungspapier eignet sich auch für Wurfübungen durch Zusammenknüllen.
Kartonsport	Kartons in unterschiedlichen Größen können in einem Bewegungsangebot geschoben, gestapelt, geworfen, gefangen und hochgehoben werden. Sie können ebenfalls als Versteck oder als Barriere dienen.
Bewegungsbaustelle	Allen Kindern werden gleichzeitig unterschiedliche Erprobungsmöglichkeiten an Geräten geboten. Die Kinder bauen diese selbst auf und um.

Tab. 9.20 Ideen für Bildungsangebote im Bereich Bewegung

9.6 Bildungsangebote im Bereich Umwelt und Gesundheit

Umweltbewusstsein und Gesundheitsförderung sind Themen, die mit Nachhaltigkeit und Verantwortung verbunden sind. Die Bewusstmachung dieser Mitverantwortung für die Welt und sich als Mensch ist eine lebenslange Aufgabe, die bereits von klein auf angelegt werden kann. Nach dem Motto "Große Ziele beginnen mit vielen kleinen Schritten" können bereits drei- bis sechsjährige Kinder an die Materie herangeführt werden.

Abb. 9.21 Natur bestaunen

9.6.1 Ansätze für Bildungsangebote im Bereich Umwelt und Gesundheit

Die nahe und weitere Umwelt bietet Kindern vielfältige Erfahrungen. Die Unterschiedlichkeit und die Auseinandersetzung damit vergrößern ihr Wissen, regen ihren Forscherdrang an und tragen zur Ausbildung ihrer lebenspraktischen Kompetenzen bei. Sie setzen sich mit dem wirklichen Leben auseinander, welches zum Lernen als unmittelbare Erfahrung sehr wertvoll ist und wie vorhanden nicht nachgeahmt werden kann.

> **BEISPIEL** **Stefan (3;1)** besucht eine Kindertagesstätte mit offenem Konzept. Nachdem er sich in der Stammgruppe zurechtgefunden hat, ist er neugierig, seine weitere Umwelt zu erkunden. Er geht in die Küche, indem er die Kinderpflegerin mit dem Teewagen dorthin begleitet. Er bewegt sich eigenständig zum Konstruktionsraum und sieht sich anschließend im Bewegungsraum um. Als die Kinderpflegerin, die dort Aufsicht führt, ihn anspricht und auffordert, dort mitzuspielen, läuft er schnell in seine Stammgruppe zurück.

Naturwissenschaftliche Erlebnisse
Vielfältige Aspekte begegnen den Kindern in ihrer Umwelt. Die Jahreszeiten weisen auf einen immer wiederkehrenden Rhythmus der Natur hin, die Elemente Feuer, Wasser, Luft und Erde bieten mannigfaltige Anregungen zum Spielen, physikalische, chemische und biologische Abläufe laden zum Forschen ein. Die Kinder setzen sich mit den Eigenschaften der Stoffe in der Umwelt sowie deren natürlichen Formen und Kräften auseinander. Alle erlebten Begegnungen können in Angeboten vertiefend thematisiert werden.

> **BEISPIEL** Für ein hauswirtschaftliches Angebot gehen vier Kinder mit der Kinderpflegerin in die Küche. Dadurch, dass auch die Hauswirtschaftskraft gleichzeitig dort das Mittagessen zubereitet, beschlagen die Fensterscheiben neben dem Angebotstisch der Kindergruppe. **Silvana (4;5)** malt auf die Scheibe ihren Namen. **Konstantin (4;9)** fragt: „Wie kommt das denn, dass die Scheibe so aussieht?" Die Kinderpflegerin sagt zu, nach dem Kochangebot mit ihnen darüber zu sprechen.

emotionale Entwicklung
→ S. 173

Ganzheitliches Erleben

Die Erlebnisse in der Natur sprechen nicht nur die ganzheitliche Sinneswahrnehmung an, sondern wirken auch auf die ›emotionale Entwicklung‹ ein. Je näher die Kinder der natürlichen Umwelt sind und je mehr sie darüber wissen, desto mehr werden sie diese schätzen lernen und schützen wollen. Gleichzeitig erlernen die Kinder, Verantwortung für die gegebenen Ressourcen zu übernehmen. Nachhaltigkeit wird gefördert und in der Einrichtung vorgelebt.

> Beim Spielen in und mit der Umwelt können die Kinder Selbstwirksamkeit erleben, wenn sie eigene Handlungen steuern und Zusammenhänge erkennen.

BEISPIEL Das Vorschulprojekt der Kindertagesstätte „Löwenherz" findet dieses Jahr bei jedem Wetter im angrenzenden Wald statt. Die fünf- und sechsjährigen Kinder haben bereits eine Abenteuertour mit dem ortsansässigen Förster erlebt und ihn gefragt, ob sie sich eine Hütte aus Ästen, ähnlich einem Indianerzelt, bauen dürfen. Da er das befürwortet hat, sind die Kinder fleißig dabei, das Zelt aufzubauen. Bei jedem Waldbesuch nehmen sie die Veränderungen wahr. Diese Beobachtungen sind sehr vielfältig, entweder entdecken sie dabei den Wandel in der Natur wie neulich **Simon (6;1)**: „Guck mal, da am Busch wachsen jetzt auf Beeren." Oder sie überprüfen, ob der letzte starke Wind irgendetwas am Zelt zerstört hat.

Gesundheitsförderung

Die Kinder lernen sich als Teil der Welt zu sehen und kümmern sich liebevoll um sich und ihren Körper genauso wie um andere Menschen und ihre Umwelt. Sie übernehmen Verantwortung für ihre Gesundheit, ihren Körper und ihre Ernährung. Sie lernen, dass sie sich in einem gesunden Körper wohlfühlen. Da Kinder sich gerne und viel bewegen, sind ihnen die Unterschiede von Anspannung und Entspannung zur Förderung der Gesundheit ebenso nahezubringen.

BEISPIEL Als **Hakoon (5;7)** Sprossen zum gemeinsamen Frühstück mitbringt, sind einige Kinder neugierig und fragen nach, was denn das sei. Hakoon antwortet: „Das sind Radieschensprossen, die sind scharf, aber auf Butterbrot meine Lieblingsspeise. Meine Mutter und ich züchten diese in der Küche. Meine Mutter sagt, dass man davon stark wird und gesund bleibt." **Elisabeth (4;3)** bittet freundlich um die Schale mit den „Gesundmachersprossen".

Vorbildwirkung

Die Kinderpflegerin hat die Aufgabe, den Kindern die Umwelt und Natur nahezubringen und ihnen unmittelbare Erlebnisse zu ermöglichen. Sie zeigt ihnen die „richtige Welt" und geht möglichst oft hinaus. Sie bereitet Ausflüge vor und nach und begleitet die Kinder sensibel, indem sie Äußerungen, Fragen und Emotionen ernst nimmt. Sie fördert dabei die Selbstständigkeit der Kinder. Sie fungiert als Vorbild in Bezug auf Umweltbildung und Gesundheitsförderung und reflektiert sich und ihre Haltung regelmäßig.

9.6.2 Erläuterung eines Angebotes im Bereich Umwelt und Gesundheit

Ausgangssituation

Die Kinderpflegerin sitzt während der Abholphase mit vier Kindern im Flur und beobachtet, wie Hasan (4;3) ein Bonbonpapier, das aus seiner Jackentasche gefallen ist, hinter die Heizung wirft. Sie sieht, wie Tim seine triefende Nase am Handschuh abputzt und dann mit Klara ein Handklatschspiel macht. Weiterhin beobachtet sie, wie Jeanette mit leeren Joghurtbechern einen Turm baut und immer wieder versucht, Becher herauszuziehen, ohne dass der Turm umfällt. Sie macht sich Gedanken und möchte versuchen, den Kindern ein Quiz mit Fragen und Antwortmöglichkeiten als selbst hergestellt Spielidee näherzubringen.

Erläuterung des Angebotes „Quiz"

Kinder handeln impulsiv. Diese Impulsivität wird mit Neugierde gepaart und regt Bildungsprozesse an. Diese Fähigkeit kann genutzt werden, indem die Kinderpflegerin aus ihren Beobachtungen ein Fragespiel entwickelt und beobachtete Verhaltensweisen in Fragestellungen umwandelt, ohne als Moralinstanz zu wirken, z. B. „Du weißt doch, dass man sich mit einem Taschentuch die Nase putzt". Spielerisch können die Kinder ihr Wissen abrufen, erweitern, anderen respektvoll zuhören und voneinander lernen. Die Ausdrucksfähigkeit wird in dem Quiz erweitert. Die Kinder wirken selbst mit und können im zweiten Schritt eigene Fragen entwickeln.

Lernerfahrungen

Die Kinder hören bei den Fragestellungen genau zu, sie wählen eine Antwort aus den Vorschlägen aus. Sie kommen durch unterschiedlich gewählte Antworten in die Diskussion und erweitern dabei ihre Toleranz sowie Ausdrucksfähigkeit. Die vorformulierten Antworten können als sprachliches Vorbild dienen. Wenn die Kinderpflegerin die Erweiterungsmöglichkeit nutzt und die Antwortmöglichkeiten nicht sofort vorliest, bekommen die Kinder die Möglichkeit, freie Formulierungen abzugeben. Das Quiz bietet durch die kindgerechten Fragen einen Lebensweltbezug, durch die Spielsituation ist es eine interessante Herausforderung.

Material

Folgende Materialien werden benötigt:
- Fragekarten und bebilderte Antwortkarten
- pro Kind ein Magnet
- Metallplatten, auf denen die Antwortkarten befestigt werden können
- Blankokarten für neu entwickelte Frage- und Antwortkarten

IV — GRUNDLAGEN DER PRAXISGESTALTUNG

Fragespiel, das vor dem Spielen hergestellt wird:

Dijana musste niesen und hielt die Hand vor Nase und Mund. Soll sie sich danach die Hände waschen?

a) Ja, damit sie möglichst keine anderen Menschen mit der Erkältung ansteckt.
b) Nein, das braucht sie nicht.

Thomas spielt draußen und hat in seiner Jackentasche noch einen Schokoriegel. Als er ihn aufgegessen hat, schmeißt er das Papier auf die Straße.

a) Ja, das ist richtig so.
b) Nein, falsch, er muss es in einen Mülleimer werfen oder mit nach Hause nehmen.

Hans läuft die Nase. Er zieht hoch und wischt sich die Nase mit dem Pulloverärmel ab.

a) Das ist falsch. Es ist besser, ein Taschentuch zu benutzen.
b) Das hat Hans richtig gemacht.

Annika möchte zum Ausflug des Kindergartens ein Frühstück in ihren Rucksack einpacken. Sie weiß nicht, ob sie sich den Saft in ihre Getränkeflasche abfüllen oder ein Getränkepäckchen mit Strohhalm mitnehmen soll.

a) Eine Getränkeflasche kann mehrmals benutzt werden. Ein Getränkepäckchen ist, wenn es ausgetrunken ist, nur noch Müll, der vermieden werden kann.
b) Annika kann sich aussuchen, was sie mitnehmen möchte.

Lisa kann zu ihrer Wohnung in der ersten Etage mit dem Fahrstuhl fahren. Was ist besser für Lisa?

a) Treppenlaufen ist gesünder.
b) Fahrstuhl fahren ist sehr gut.

Lars füllt sich am Frühstückstisch seinen Becher mit Milch ganz voll. Oft mag er diesen nach der Hälfte nicht mehr austrinken. Die restliche Milch wird dann jedes Mal weggeschüttet, wenn er vom Kindergarten nach Hause geht.

a) Lars macht das gut so.
b) Lars kann sich erst nur ein wenig einschenken und wenn er dann ausgetrunken hat und nochmals Durst bekommt, schenkt er sich nach.

Frederik möchte im Winter ohne seine Jacke auf den Hof zum Spielen laufen.

a) Das ist nicht richtig, er kann sich erkälten, seine Jacke schützt ihn davor.
b) Wenn Frederik warm ist, kann er das tun.

Sarira bringt zum Frühstück eine Nussmischung mit. Tim sagt: „Das darf man hier im Kindergarten nicht essen."

a) Tim hat recht. Nüsse sind im Kindergarten verboten.
b) Nüsse sind gesund und deshalb zu allen Mahlzeiten erlaubt.

Achmed und eine Kindergruppe essen zu Mittag. Er möchte mit seinem benutzten Löffel in die Saucenschale tauchen und sich dann damit auch noch Gemüse auftun. Ist das richtig?

a) Nein, er soll einen unbenutzten Löffel nehmen.
b) Er kann mit seinem Löffel in alle Schalen und Töpfe hineintauchen.

Zwei Mädchen sitzen am Knettisch, als eine Spinne an der Wand herunterläuft. Johanna schreit: „Die muss man totmachen." Svetlana antwortet: „Meine Mutter sagt immer, das ist auch ein Lebewesen. Sie nimmt dann ein Glas und eine Pappe und schmeißt die Spinne aus dem Fenster."

a) Kleine Insekten kann man töten.
b) Svetlanas Mutter handelt richtig.

Methodische Hinweise
Das Quiz kann vielfältig genutzt werden: Die Themen Gesundheit, Ernährung, Umwelt, Hygiene können nach aktueller Gruppensituation bzw. Interesse der Kinder jederzeit ergänzt werden. Wenn die Antworten bebildert sind, fällt es den Kindern leichter, die richtige Antwort mittels ihres Magneten zu kennzeichnen. Bei selbst erdachten Fragen sollte darauf geachtet werden dass nicht immer nur a) die richtige Antwort bietet, sondern auch einmal gewechselt wird, damit das Frageniveau an den Entwicklungsstand der Kinder angepasst ist. Bei älteren Kindern können auch vier mögliche Antworten verwendet werden. Das Spiel sollte für das Kindergartenalter nicht mehr als 20 Minuten in Anspruch nehmen.

1. Einstieg
Die Kinderpflegerin lädt die Kinder mit einem Magneten zu ihrem Angebot ein. Alle setzen sich im Halbkreis vor eine magnetische Tafel.

2. Durchführung
Die Kinderpflegerin erläutert den Kindern, dass sie Fragen stellen wird, zu denen es zwei Antwortmöglichkeiten gibt. Sie zeigt die beiden Antwortwortmöglichkeiten anhand von Symbolen auf. Die Kinder sollen auf der Antwortkarte, von der sie glauben, dass sie die richtige ist, ihren Magneten befestigen. Ggf. tauschen sich die Kinder über abweichende Vermutungen aus.
Falls noch Zeit ist, können die Kinder selbst Fragen stellen.

3. Schluss
Nun wird überlegt, welche der Fragestellungen bzw. Themen im Quiz im Gruppenalltag bewusster gemacht werden sollen, z. B. indem diese im Gemeinschaftskreis besprochen werden. Abschließend erhält das Spiel einen Platz im Spielregal des Gruppenraumes.

Weitere Ideen für Bildungsangebote aus dem Bereich Umwelt und Gesundheit

Angebote	Erläuterung
Leere Spülmittelflaschen werden im Sommer auf dem Außengelände zum Weitspritzen genutzt.	Gesammeltes, kostenloses Material führt zu Spielsituationen, in denen besonders im Sommer eine kostengünstige Alternative zu Wasserpistolen gelingen kann.
Die Spielaktionen auf dem Außengelände werden immer mit fünf Minuten Laufen begonnen, um die Bewegung an frischer Luft für die Gesundheit zu nutzen.	Den natürlichen Bewegungsdrang der Kinder mit Ritualen zu verknüpfen, erleichtert die Sensibilisierung für Sport und Bewegung, eine Säule der Gesundheitsförderung.
Aus leeren Konservendosen werden Laufdosen hergestellt und für Stelzspaziergänge genutzt.	Spielmaterial selbst herzustellen löst eine hohe Motivation der Kinder aus. Sie erkennen die Arbeit, die investiert wird, und gehen sorgsamer mit dem Material um. Diese Erfahrungen tragen die Kinder mit nach Haus und können die Angebote dort nachahmen oder eigene Ideen aus kostenfreiem Material verwirklichen.
Leere Plastikdöschen werden für ein Hörmemory genutzt und so zu Spielmaterial umgewandelt.	Wahrnehmungsangebote kommen sehr gut bei Kindern an und fördern viele Teilbereiche, die auch das spätere Schulleben erleichtern. Die Kinder bekommen einen geschärften Blick für die Nachnutzung von Materialien.

Tab. 9.22 Ideen für Bildungsangebote im Bereich Umwelt und Gesundheit

9.7 Bildungsangebot im Bereich Naturwissenschaft und Technik

Bisher sind im Kindergartenalter oft Naturbeobachtungen die Themen, die Kindern nähergebracht werden, z. B. was der Regenwurm in der Erde macht oder wie aus einem Samen eine Pflanze wird. Themen wie Elektrizität oder physikalische und chemische Zusammenhänge kommen nur selten vor. Der Kinderpflegerin sollte versuchen, den Kindern ein möglichst großes Spektrum von Naturwissenschaft und Technik näherzubringen.

9.7.1 Ansätze für Bildungsangebote im Bereich Naturwissenschaft und Technik

Besonders im Bereich der Naturwissenschaften und Technik werden die kognitiven Kompetenzen der Kinder herausgefordert. Aus den anfänglichen Sinneserfahrungen gekoppelt mit Bewegung schaffen sich die Kinder spielerisch Grundlagen für die Ordnung der Welt, die dann durch den ›Spracherwerb‹ immer weiter ausgebaut werden können. Die Kinderpflegerin hat die Aufgabe, die kognitive Entwicklung in den Angeboten möglichst optimal zu fördern und zu begleiten. Dabei geht es um ganzheitliches Lernen und Behalten, bei dem die Kinder selbst aktiv werden und ihren Lernprozess als junge Forscher ergebnisoffen arrangieren.

> **Spracherwerb** → S. 464

Lernarrangements

Im Bildungsbereich „Naturwissenschaft und Technik" können die Kinder in den Angeboten Lernstrategien erwerben. Die Lernarrangements in Form von Versuchen oder Beobachtungen regen zum Nachdenken an. Gleichzeitig können Begriffe vermittelt werden. Die Kinder mutmaßen kreativ über das Auftreten von Dingen und leiten daraus kindgemäße ›Hypothesen‹ ab. Als nächster Schritt schließt sich die Überprüfung ihrer Vermutung an. Im letzten Schritt erfolgt der Abgleich zwischen der Hypothese und dem tatsächlich beobachteten Ergebnis. Die Fähigkeit, Probleme zu lösen und Ergebnisse zu ordnen, wird auf diese Weise schrittweise ausgebaut.

> **Hypothese**
> Annahme, die man für wahrscheinlich hält, aber nicht genau weiß, ob diese sich beweisen lässt

> **BEISPIEL** Lena (4;2) und Ibrahim (5;8) bekommen von der Kinderpflegerin einen Versuchsaufbau mit drei Porzellanuntertassen, drei Teelichtern und drei unterschiedlich großen Gläsern vorgestellt. Als die Gläser über die brennenden Kerzen gestülpt werden, stellt die Kinderpflegerin die Frage: „Was meint ihr, unter welchem Glas geht die Kerze zuerst aus?" Ibrahim meint, dass die Kerzen in allen drei Gläsern gleichzeitig ausgehen. Lena zeigt auf das kleinste Glas und freut sich, dass ihre Vermutung stimmt.

Abb. 9.23 Skizze Versuchsaufbau

Offene Prozesse

Es ist wichtig, dass die Kinderpflegerin so oft wie möglich mit den Kindern über ihren Lernprozess spricht und sie durch Fragen zum Nach- und Weiterdenken anregt. Sie lässt den offenen Prozess wertschätzend zu, betrachtet Fehler als Weg zur Erkenntnis und bewertet diese nicht negativ. Die Kinder bekommen Vertrauen in die eigenen Fähigkeiten. Durch Ermutigung und Unterstützung der Erwachsenen werden sie darauf vorbereitet, die für das spätere Leben wichtigen Fähigkeiten erfolgreich umzusetzen.

> **BEISPIEL** Durch Zufall fallen **Tina (5;2)** beim Frühstück im Kindergarten drei Rosinen vom Müsli in ihr Mineralwasserglas. Sie beobachtet, dass sich feine Bläschen um die Rosinen bilden und diese allmählich nach oben treiben. Als sich die Rosinen an der Wasseroberfläche schnell drehen, lacht sie auf und sieht zu, wie diese wieder nach unten sinken. Sie ruft die Kinderpflegerin mit den Worten: „Die Rosinen tanzen, schau mal. Wieso tanzen die?" **Mirko (4;7)**, der das Ganze still beobachtete, möchte wissen: „Und wie ist das bei Reis oder Erbsen?"

Die Kinderpflegerin kann in ihren Angeboten durch die Hypothesenbildung Spannung erzeugen und die Kinder zum Mitmachen und Forschen motivieren. Die Kinder erfahren, dass Lernen Spaß machen kann. Konzentrationsspanne und Ausdauer werden quasi nebenbei erweitert. Wichtig ist dabei, dass der ›Entwicklungsstand‹ der Kinder beachtet und die vorgestellten naturwissenschaftlichen bzw. technischen Gegebenheiten an den Interessen der Kinder ausgerichtet werden. Noch wertvoller ist es, die Kinder an der Themenwahl im Sinne von Partizipation zu beteiligen.

Entwicklungsstand → S. 150

> **BEISPIEL** Naturerkundungen werden mit Becherlupen zum Experiment. Diese werden problemlos zum Spaziergang oder auf das Außengelände mitgenommen werden. **Lars (5;2)** sagte neulich: „Und schau mal, das kleine Blatt hier drinnen in der Lupe, das hat feine Härchen. Wenn wir gleich reingehen, presse ich es und klebe es in ein Blätterbuch." Die Kinderpflegerin greift diese Idee auf und reicht Lars etwas später ein Buch mit Abbildungen von Pflanzen. Sofort ist seine Neugierde noch größer geworden. Er ist damit über zwei Stunden beschäftigt.

Beobachtbare Alltagsphänomene

Zur Ausbildung von lebenspraktischen Kompetenzen ist es wichtig, dass die Kinder in der Kindertagesstätte die Handhabung von verschiedenen Geräten, Materialien und Werkzeugen erlernen. Dadurch werden ihr handwerkliches Können und zusätzlich ihre ›Feinmotorik‹ ausgebaut. Die Beteiligung bei alltäglichen Arbeiten, z. B. Vorbereitung von Gerichten, Backen, Reparatur von Geräten, erweitert ihre naturwissenschaftlichen und technischen Kenntnisse und regt gleichzeitig den Forschergeist an, indem neue Fragen gestellt werden oder für beobachtete Alltagsphänomene bereits eine Erklärung aus dem erworbenen Wissen gefunden werden kann.

Feinmotorik → S. 156

Abb. 9.24 Becherlupe

9.7.2 Erläuterung eines Angebotes im Bereich Naturwissenschaft und Technik

Ausgangssituation

Kurz vor den Ostertagen bringt Samantha (5;7) einen Zauberkasten mit in den Kindergarten. Als alle Kinder diesen anschauen möchten, wird das Samantha zu viel. Sie deponiert diesen in ihrem Eigentumsfach. Mit der Kinderpflegerin sehen sich die Kinder anschließend ein Buch an, in dem es um zwei Jungen geht, die experimentieren. Charles (5;3) schlägt vor, auch einmal Forscher zu sein. Als die Kinderpflegerin in der Verfügungszeit darüber nachdenkt und in den Büchern stöbert, fallen ihr einige Experimente mit Eiern auf. Als sie wenig später den Kindern davon erzählt, wollen alle gerne Forscher sein.

Erläuterung der Situation

jahreszeitliche Feste → S. 560
Situationsansatz → S. 301

›Jahreszeitliche Feste‹ und der ›Situationsansatz‹ kommen sich bei diesem Beispiel fast ins Gehege. Doch die Kinderpflegerin hat den Start ins Experimentieren mit dem Thema „Ostern" sehr gut verknüpfen können. Sie lässt die Kinder in Kleingruppen forschen, damit diese stärker selbst Erprobungen machen können und mehr Gelegenheiten haben, selbst Deutungen zu finden. Samanthas Zauberkasten war für die Kinder nur der Aufhänger, um ihre Neugier formulieren zu können. Als durch das Buch über die beiden Jungen das Thema Naturwissenschaft in den Mittelpunkt gerückt wurde, konnte die Kinderpflegerin Charles Idee sehr gut aufgreifen.

Ablauf eines Projektes „Neugierige Kinder forschen gern rund ums Ei"

1. Experiment: „Eierschalen sind stabil"

Ausgangsfrage	Können Eierschalen das Gewicht eines gefüllten Blumentopfes halten?
Material	Zwei hart gekochte Eier, ein Teelöffel, Klebestreifen, ein Messer, ein mit Blumen und Erde gefüllter Blumentopf, ein Kunststoffset als Unterlage.
Versuchsverlauf	Die Eier werden hart gekocht und abgekühlt. Um die Mitte der Eier wird ein Klebestreifen geklebt und das Ei in der Mitte des Klebestreifens durchgeschnitten. Der Klebestreifen verhindert dabei, dass die Eierschale zerbröselt. Nun dürfen die Eierhälften vorsichtig ausgelöffelt werden, wenn die Kinder es mögen. Falls nicht, kann das Eiinnere für eine spätere Verwendung genutzt werden. Die leeren Schalen werden mit der Öffnung nach unten auf die Unterlage gelegt. Vorsichtig wird der Blumentopf daraufgestellt.
Erläuterung/ Deutung	Dass Eier viel robuster sind, als wir denken, liegt am Aufbau der Eier. Ihre Schalen sind aus Kalk und nur wenige Millimeter dünn, aber das Ei ist oval geformt. Diese Form ist für die Hühner zum Eierlegen eine Erleichterung, später bei Brüten kann es nicht so leicht zerdrückt werden. Wenn Druck auf die Eierspitze kommt, wird er verteilt. Das Ei ist so robust und kann vier bis sechs Kilogramm in der Längsachse aushalten.

2. Experiment: „Eier können schwimmen und schweben"

Ausgangsfrage	Können Eier schwimmen?
Material	Ein frisches, rohes Ei, ein Esslöffel, ein hohes, möglichst durchsichtiges Gefäß, das mehr als einen Liter Wasser fassen kann, 1 1/2 Liter Wasser, 300 g Salz.
Versuchsverlauf	Ein Liter Wasser wird in das Gefäß gefüllt. Das Ei wird vorsichtig in das Wasser gelegt. In dieser Phase des Versuches wird es auf den Boden sinken. Für die zweite Phase wird das Ei wieder vorsichtig aus dem Wasser geholt. Nun werden in das Wasser 300 g Salz eingerührt. Zuerst ist die Lösung etwas trüb, doch nach einer Weile wird sie klar. In dieses Salz-Wasser-Gemisch wird das Ei hineingelegt und schwimmt. In der dritten Phase wird das Ei wieder herausgenommen und vorsichtig etwas klares Wasser in die Salzlösung gefüllt. Wenn das Ei nun wieder hineingelegt wird, schwebt es.
Erläuterung/ Deutung	Das Ei ist schwerer als das Wasser und sinkt herab. Wenn das Wasser mit dem Salz „schwerer" gemacht wird, also die Dichte des Wassers vergrößert wird, kann das Ei an der Oberfläche schwimmen. Wenn die Dichte des Eies und des Wassers annähernd gleich ist, kann es im Wasser schweben.

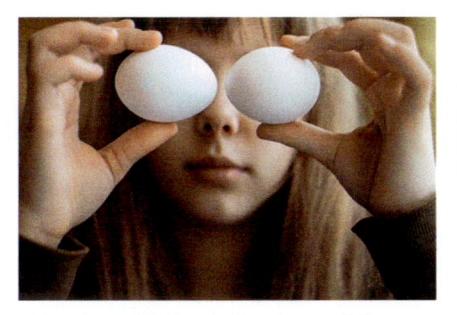

Abb. 9.25 und 9.26 Mit Eiern lassen sich spannende Experimente durchführen.

3. Experiment: „Das hüpfende Ei"

Ausgangsfrage	Kann ein Ei hüpfen, ohne kaputtzugehen?
Material	Ein hart gekochtes Ei, ein Eierbecher, in den das Ei genau hineinpasst, aber nicht hineinfällt.
Versuchsverlauf	Das Ei wird in den Eierbecher gestellt. Ohne die Hände zu nutzen, wird kräftig auf das Ei gepustet, plötzlich hüpft es heraus.
Erläuterung/ Deutung	Die Oberfläche des Eies ist relativ rau und hat kleine Dellen. Wenn das Ei im Becher liegt, kann es diesen nicht ganz verschließen. Strömt nun etwas Luft am Ei vorbei in den Becher, entsteht dort ein so großer Druck, dass die Luft wieder heraus möchte und das Ei nach oben drückt.

Lernerfahrungen

Hühnereier sind ein oft gegessenes und verwendetes Nahrungsmittel. Die Kinder sammeln erste Erfahrungen mit der Wirkung von Salzwasser, der Dichte von Flüssigkeiten und dem Luftdruck. Sie lernen den Aufbau und die Eigenschaften von Hühnereiern kennen, die auf andere Gegebenheiten übertragen werden können. Sie erweitern ihre mathematischen Formen im räumlichen Sinn mit dem ovalen Ei.

> Die Kinder werden an das Forschen im Sinne von Problemlösung, Hypothesenbildung und Erkenntnissen herangeführt. Sie lernen, Gegebenheiten zu hinterfragen und ihre Beobachtungsgabe auszubauen. Sie machen erste Schritte, eigenständig zu forschen, und entwickeln dabei mehr Selbstvertrauen.

Methodische Hinweise

Die Kinderpflegerin arbeitet nur in Kleingruppen, damit stillere Kinder genügend Möglichkeiten bekommen, ihre Ausdrucksfähigkeit auszubilden. In Kleingruppen kann jedes Kind an die Reihe kommen und es entsteht nur geringe Wartezeit. Sie beachtet die Konzentrationsspanne der Kinder gemäß ihrem Entwicklungsstand. Es ist wichtig, dass alle notwendigen Versuchsgegenstände in ausreichender Anzahl vorhanden sind und die Kinder ggf. Schutzkleidung tragen.

Mit den Eiern zu experimentieren bedeutet aber nicht, dass dieses Nahrungsmittel anschließend nicht noch verspeist werden kann, z. B. in einem Salat oder als Backzutat in einem Kuchen. Auch bei anderen Schwerpunkten sollte auf die nachhaltige Verwendung geachtet werden.

> **ZUM WEITERDENKEN** Die Kinderpflegerin sollte ihr Repertoire an Experimenten breit fächern und alle Bereiche der Naturwissenschaften abdecken. Themenbezogenes Arbeiten, z. B. Feuer, Erde, Wasser und Luft, kann bereits vielfältige Anregungen geben.

Weitere Ideen für Bildungsangebote aus dem Bereich Naturwissenschaft und Technik

Angebote zu Naturwissenschaften	Erläuterung
Ein Solarauto bauen	Dazu finden sich Bausätze in Spielzeugkatalogen.
Kleine Stromkreise mit Glühleuchten herstellen	Die Kinder werden dadurch an Elektrizität herangeführt.
Einen Flaschentornado starten	Die Kinder lernen spielerisch Wasserkraft und -druck kennen und können es sehr gut zu Hause nachbauen.
Mit Oberflächenspannung experimentieren	Die Stärke der Spannung von Wasser und ggf. verschiedenen Zusätzen kann erprobt und auf alltägliche Gegebenheiten übertragen werden.

Tab. 9.27 Ideen für Bildungsangebote aus dem Bereich Naturwissenschaft und Technik

9.8 Bildungsangebote im Bereich Kunst

Die Angebote zum Thema Kunst bieten den Kindern zahlreiche Bildungsmöglichkeiten und Sinneswahrnehmungen. Die Kinderpflegerin bereitet mit einer reflektierten Bildungsbegleitung den Kindern den Weg zum künstlerischen Schaffensprozess.

9.8.1 Ansätze für Bildungsangebote im Bereich Kunst

Kunst spricht ganzheitlich die Sinne und Emotionen an. Die Wahrnehmung im Prozess des Schaffens umfasst Sehen, Hören, Schmecken, Riechen und Fühlen. Diese Sinneseindrücke sind individuell und werden mit bisherigen Erfahrungen verknüpft, sodass daraus eigene Kreativität erwächst. In den Angeboten gibt die Kinderpflegerin den Kindern Möglichkeiten, ihre Sinneswahrnehmungen auf ihre eigene Art und Weise auszudrücken.

Abb 9.28 Das Kneten von Ton als sinnliche Erfahrung

> **BEISPIEL** Als **Mariella (4;8)** beim Erstellen eines Kleisterbildes mit den Fingern im Kleister malt, beginnt sie zu singen. Die Kinderpflegerin ermuntert sie und fragt: „Ist es schön, an den Fingern Kleister zu haben?" Als Mariella antwortet: „Ja, das macht gute Laune!", fällt die Kinderpflegerin in das Lied mit ein.

Kunst kann als Fundament für die Entwicklung kognitiver Strukturen angesehen werden. Da in frühester Kindheit die Ausdrucksfähigkeit der Kinder noch nicht über Zeichen und Symbolsysteme wie Schrift abläuft, kommt den künstlerischen Tätigkeiten in Angeboten eine große Bedeutung zu. Der Bezug zur Kunst umfasst vielfältige Ausdrucksmöglichkeiten, z. B. in Form von bildnerischem Gestalten, Bildhauerei, Tanz, Musik, Theater. Durch die Auseinandersetzung mit diesem Bildungsangebot erweitern die Kinder ihr Wissen über die Welt, indem sie diese erkunden und abbilden. Zu beachten ist dabei der ›kognitive Entwicklungsstand‹ der Kinder.

kognitive Entwicklung → S. 167

> Durch das Schaffen künstlerischer Werke in den Angeboten schulen die Kinder ihre Fein- und Grobmotorik, bauen ihre Koordinationsfähigkeit aus, trainieren ihre Ausdauer und erweitern ihre Konzentrationsspanne.

Die Kinder erleben **Selbstwirksamkeit durch die Schaffung eigener Werke** und erlangen dadurch Selbstvertrauen. Die sozialen Fähigkeiten der Kinder werden im gemeinsamen Schaffen bei Gemeinschaftswerken geübt, aber auch beim Abwechseln mit den Werkzeugen und Teilen der Materialien.

> **BEISPIEL** Vom letzten Kindergartenfest sind noch viele Kunststoffbecher übrig geblieben. Vier Kinder der Bärengruppe haben sich vorgenommen, aus den Plastikbechern einen hohen Turm zu bauen. Sie stellen dazu unten einen großen Kreis mit auf dem Kopf stehenden Bechern. Darauf kommen nach gleichem Prinzip versetzt über die Lücken die nächsten Schichten. Die Kinder nutzen erst Stühle, dann Tische und zuletzt eine Leiter, um den Turm bis fast zur Zimmerdecke zu bauen. Als die Kinderpflegerin vorschlägt, von dem Kunstwerk ein Foto zu machen, sagt **Line (4;9)**: „Ja, mach ein Bild von unserem Gemeinschaftsleuchtturm."

Vielfältige künstlerische Ausdrucksformen

In den Angeboten lernen die Kinder durch gezielte Anleitung verschiedene Ausdrucksformen und Techniken sowie Werkzeuge und Materialien kennen. Der Kinderpflegerin kann eine vielfältige Palette von künstlerischen Aktivitäten anbieten, z. B.:

- Malen
- Zeichnen
- Herstellen von Collagen
- modellierendes Gestalten
- Konstruieren

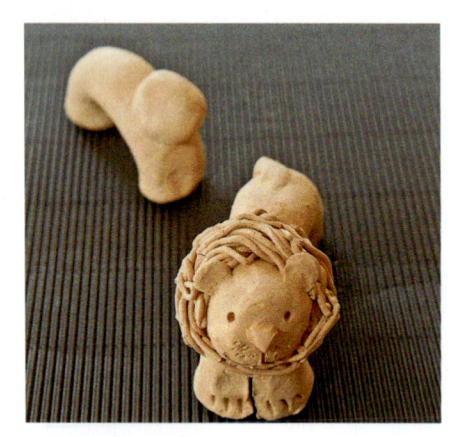

Abb 9.29 Tonmodell

Abb 9.30 Collage

Medienarten → S. 539

Dadurch erfolgt ein Fundament für handwerkliches Gestalten und die damit verbundenen Fähigkeiten. Technische ›Medien‹, z. B. Computer, Fotoapparat, Filmkamera, bieten ebenfalls vielfältige Ausdrucksformen an.

> **BEISPIEL** **Roberto (6;3)** entwickelt ein Murmelbild, indem er in einen flachen Pappkarton ein passend zugeschnittenes Papier legt und eine in Farbe getauchte Murmel auf dem Blatt im Kasten so lange hin und her rollt, bis die Farbe von der Murmel abgerollt ist. Bevor er eine weitere Farbe einbringt, ruft er die Kinderpflegerin und bittet sie, Fotos von den einzelnen Stadien des Bildes zu machen.

Anregende Naturmaterialien

Wichtig ist hierfür, dass die Kinder Zugriff auf die verschiedensten Materialien haben und durch gute Anleitung im Umgang mit dem Werkzeug und den Materialien Sicherheit erlangen. Auch sollte den künstlerischen Aktivitäten in der Kindertagesstätte genügend Platz eingeräumt werden, z. B. durch einen Kreativ- bzw. Werkraum oder ein Atelier. Auf dem Außengelände oder in der freien Natur können ebenfalls künstlerische Aktivitäten ermöglicht werden, z. B. durch Skulpturen aus Naturmaterialien.

> **BEISPIEL** Auf dem abgesägten Baumstamm im Kindergartenhof stand bis zum Herbst eine bepflanzte Schale. Der Hausmeister hat diese über das Winterhalbjahr entfernt. Die kahle, runde Holzfläche regt zwei Mädchen an, dort mit gesammelten Stöckchen, Eicheln und Laubresten ein Bild zu legen. Jeden Tag gehen **Ranghild (4;7)** und **Svea (5;3)** wieder dorthin und vergewissern sich, was von ihrem Kunstwerk noch daliegt, sie erweitern bzw. erneuern ihr Bild.

Abb 9.31 Landart

Alltagsmaterialien

Der Kinderpflegerin kommt durch ihre persönliche Haltung und Offenheit gegenüber den künstlerischen Aktivitäten und Ergebnissen der Kinder Vorbildfunktion zu. Die eigene Motivation überträgt sich auf die Kinder. Sie wertet nicht die Werke, sondern gibt ein differenziertes Feedback bzw. lobt in wertschätzender Weise die Kinder im Prozess und am Ende die Ergebnisse. Sie gibt Anregungen für die Gestaltung. Sie sorgt für die Vielfalt von Materialien, für einen hohen Aufforderungscharakter und für Ordnung. Sie vermeidet Vorgaben oder Anschauungsstücke, um den kreativen Schaffensprozess der Kinder nicht einzuschränken oder zu unterbinden.

> **BEISPIEL** Die Kinderpflegerin Tina ist bei ihren Verwandten und Freunden dafür bekannt, dass sie alle Werkstoffe sammelt, um im Kindergarten die Vielfalt der Materialien zu erweitern. Ihre Großmutter hat bei häufigen Besuchen im Eisgeschäft viele Kunststofflöffel gesammelt. Als die Kinderpflegerin diese mit in den Kindergarten bringt, fangen die Kinder sofort an, sie zu stapeln, zu zählen und Formen daraus zu legen. Sie regt die Kinder an, selbst Gegenstände zu sammeln und mit in die Einrichtung für das Kunstatelier zu bringen.

9.8.2 Erläuterung eines Angebotes im Bereich Kunst

Ausgangssituation

Susann (3;1) nimmt noch gerne Sachen in den Mund. Am Maltisch sind es für sie bevorzugt die Buntstifte. Da sie sich von der Kinderpflegerin beobachtet fühlt, möchte sie etwas Nützliches machen und beginnt, mit dem Stift im Mund ein Bild zu malen. Marius (5;7) macht sich über dieses „Krikel-Krakel" lustig und meint, dass er das viel besser kann. Die Kinderpflegerin greift die Idee von Susann auf und entwickelt ein Kunstangebot zum Thema „Mund- und Fußmaler".

Beobachtung → S. 59
Inklusion → S. 260

Erläuterung der Situation

Durch ihre ›Beobachtung‹ und die Reaktion des Kindes ergibt sich für die Kinderpflegerin eine gute Möglichkeit, ›Inklusion‹ für die Kinder erfahrbar zu machen. Malen wird von den Kindern im pädagogischen Alltag gerne umgesetzt. In dieser Situation erweitert das Kind von sich aus das Malen mit der Hand durch die Mundmalerei. Um auch Marius zu zeigen, dass es andere Möglichkeiten gibt, den Stift zu führen, als mit der Hand, sei es aus Spaß oder durch Handicaps, und ihm den Toleranzgedanken nahezubringen, ist dieser Plan für ein Angebot sehr hilfreich. Das Kunstverständnis kann gleichzeitig ausgeweitet werden.

Material

Folgendes Material wird benötigt:
- große Plastikplane zum Abdecken des Fußbodens
- große Malblätter
- Klebeband zum Fixieren des Papiers
- Buntstifte

Ablauf eines Angebotes „Malen mit Füßen"

1. Einstieg:
Die Kinder sitzen im Gruppenraum im Kreis und ziehen ihre Socken aus. Die Kinderpflegerin trägt ein Gedicht vor, beim dem die Kinder passend zu den Zeilen die Füße anschauen bzw. bewegen.

2. Hauptteil:
Nach dem Gedicht wechselt die Kinderpflegerin mit den Kindern das vorbereitete Kunstatelier. Sie hat im Vorfeld eine große Plane ausgebreitet und auf dem Fußboden fixiert. Für jedes teilnehmende Kind ist ein großes Blatt Papier vorhanden, das auf der Plane mit Klebestreifen befestigt ist. Sie bespricht mit den Kindern die gezeigten Materialien und Regeln zur Durchführung.

> Der Fuß, der hat fünf Zehen. Ohne Fuß kannst du nicht gehen.
> Ein Zeh ist dick und groß, sieht aus wie ein Kartoffelkloß.
>
> Die anderen Zehen sind klein und krumm, aber auf keinen Fall dumm.
> Sie können winken und auch greifen und beim Socken ausziehen gar nicht keifen.
>
> Oben auf den Zehen ist der Fußnagel zu sehen.
> Einer groß, die anderen klein, schön und sauber sollen sie sein.
>
> Auf dem Fuß stehen Maus und Mann immerwährend, lebenslang.
> Die Ferse und der Ballen sorgen dafür, dass wir nicht fallen.
>
> Um die Fußsohle zu sehen, musst du zwischen Ferse und Zehen gehen.
> Weißt du mal nicht, wo sie sitzt, zeig darauf, wo es kitzelig ist.

Die Kinder werden angeregt, mit den Stiften zwischen den Zehen im Stehen oder Sitzen künstlerisch tätig zu werden. Bei notwendigen Impulsen kann die Mundmalerei mit anderen Buntstiften neue Anreize geben.

3. Schluss:

Auf ein vorher verabredetes Signal hin beenden die Kinder ihre Kunstwerke. Die Stifte werden beiseitegelegt und die Bilder gemeinsam angeschaut. In einem Gespräch wird reflektiert, dass Menschen auch ohne Hände leben müssen und dann mit Mund und Füßen viele Tätigkeiten vollbringen können, die sonst mit den Händen erledigt werden.

Lernerfahrungen

Durch das Angebot wird der Fokus auf eines unserer wichtigsten Körperteile gelenkt. Die Kinder lernen, dass der Fuß nicht nur das Gewicht des Körpers trägt und dafür sorgt, dass wir stehen und gehen können, sondern sich auch für andere Aktivitäten eignet. Kinder erproben sich künstlerisch als Mund- und Fußmaler und verinnerlichen dabei Pädagogik der Vielfalt. Sie werden eingestimmt mit einem Gedicht, welches auf die Einzelheiten des Fußes eingeht. Die Kinder sammeln Erfahrungen, wie der Druck des Stiftes mit dem Mund oder den Zehen verändert werden kann. Die bisherigen Erkenntnisse im Bereich des Malens mit der Hand erweitern sich durch das Angebot. Die Option, dass es beim Malen kein Falsch oder Richtig gibt, vermittelt Erfolgserlebnisse.

Abb 9.32 Malen mit den Füßen

Methodische Hinweise

Die Kinderpflegerin probiert die Technik vorher aus und stellt sicher, dass der Raum rechtzeitig für die Vorbereitung zur Verfügung steht. Sie legt genügend Materialien zurecht, auch eine entsprechende Anzahl von Ersatzmalblättern. Sie achtet auf weiche Buntstifte, mit denen das Malen relativ leichtfällt, auch wenn nicht so viel Druck ausgeübt wird. Als Alternative zu den Stiften bieten sich ebenso Wasserfarben, Fingerfarben etc. mit und ohne Pinsel an. Das Papier sollte eine entsprechende Stärke haben und relativ reißfest sein. Sie ermutigt die Kinder in ihrem Tun und stärkt sie durch Lob und Anerkennung. Sie bereitet sich ggf. intensiver auf das Reflexionsgespräch vor, z. B. durch ein Bild eines Fußmalers.

> **ZUM WEITERDENKEN** Die Kinderpflegerin macht sich vorab Gedanken über die vielfältige Verwendung der Werke der Kinder. So können die Einzelwerke als Kalender zusammengefasst werden. Die Umschlaggestaltung von Büchern, Sammelmappen oder Geschenkpapier ist ebenfalls denkbar. Als Grundlage kann anstelle von Papier Stoff, Holz oder Folie genutzt werden. Im Rollenspielbereich gibt es ebenso vielfältige Möglichkeiten, die Arbeiten der Kinder z. B. als Kulisse, Verkleidungen, Requisiten, Schmuck und Kopfbedeckungen zu verwenden.

Weitere Ideen für Bildungsangebote im Bereich Kunst

Angebote	Erläuterung
Fußabdrücke in Gips	In Schalen gefüllter Gips dient zum Herstellen von Abdrücken der Füße.
Mundabdrücke mit Lippenstift auf Papier	Die Kinder bemalen ihre Lippen und drücken den Mund je nach eigener Vorstellung auf ein Blatt Papier oder Taschentuch.
Wanderbild	Vier Kinder malen je eine Minute an ihrem Bild und wechseln dann einen Platz nach links, um auf dem Bild des Nachbarn jeweils eine weitere Minute weiterzumalen.

Tab. 9.33 Ideen für Bildungsangebote im Bereich Kunst

9.9 Bildungsangebote im Bereich Verkehrserziehung

Wahrnehmung → S. 56
Motorik → S. 154

Die Förderung der ›Wahrnehmung‹, die Schulung der ›Motorik‹, die Ausbildung des Reaktionsvermögens und die Erweiterung der Konzentrationsspanne sind wichtige Aspekte der Verkehrserziehung von Kindergartenkindern. Die Tüchtigkeit im Straßenverkehr gehört zu den lebenspraktischen Kompetenzen.

Abb 9.34 Kind im Straßenverkehr

9.9.1 Ansätze für Bildungsangebote im Bereich Verkehrserziehung

Die kleinere Körpergröße und die damit verbundene fehlende Übersicht, der engere Blickwinkel und die Problematik beim Einschätzen der Geschwindigkeit und Entfernungen aufgrund der kognitiven Entwicklung sind in Angeboten zur Verkehrserziehung zu berücksichtigen. Zusätzlich kommt hinzu, dass die Koordination der Wahrnehmung und Motorik nur teilweise für die Beteiligung am Straßenverkehr ausgeprägt ist und jüngere Kinder leicht ablenkbar sind.

> **BEISPIEL** Jördis (5;9) kommt mit ihrer Mutter mit dem Fahrrad zum Kindergarten und berichtet, wie blöd ein Autofahrer war, der aus der Parklücke fuhr, nachdem ihre Mutter an dem Fahrzeug vorbeigefahren war. Jördis musste scharf bremsen, weil er sie hinter ihrer Mutter übersehen hat.

Erziehung zu Selbstverantwortung

Unter Verkehrserziehung versteht man die pädagogische Einflussnahme auf die Kinder, damit sie unterstützt werden, angemessenes Verhalten im Straßenverkehr zu zeigen. Es geht dabei um eine auf die Entwicklung abgestimmte Autonomie, die nur schrittweise erreicht werden kann. Eine Behütung durch die Kinderpflegerin entspricht nicht der offenen Haltung, Kinder zu mündigen Menschen zu erziehen, die ihr eigenes Leben gestalten können. Die Kinderpflegerin ist sensible Begleiterin in den Bildungsangeboten und achtet darauf, dass die Kinder keinen Gefahren ausgesetzt werden.

> **BEISPIEL** **Melanie (5;3)** erzählt, dass ihre **Schwester (8;4)** beim Überqueren des Zebrastreifens jetzt immer einen Arm vorstreckt, um die Autofahrer auf sich aufmerksam zu machen, weil sie das so in der Kita gelernt hat.

Reflektion des Verhaltens im Straßenverkehr

Die kindgerechte Vermittlung ist ein wichtiger Gesichtspunkt bei der Verkehrserziehung. Die Inhalte in Form der Verkehrsregeln sollten nicht zu kompliziert dargeboten werden, sondern auf das Alter und den Entwicklungsstand der Kinder heruntergebrochen werden. Die persönlichen Erfahrungen der Kinder können dabei gut eingebunden werden. Außerdem gilt es, mit den Kindern die Verkehrssituationen oft zu üben, damit sich die Inhalte einprägen. Rasches Reagieren auf Unvorhergesehenes, das schnelle Erkennen von Symbolen sowie der Austausch von Zeichen und Gesten können spielerisch imitiert werden. Dazu eigenen sich Rollenspiele, aber auch Handpuppenspiele sehr gut. Bilderbücher oder farbige Bildkarten mit richtigem und falschem Verhalten können eingesetzt werden.

Bereits jüngere Kinder werden immer mobiler und nehmen im Straßenverkehr allein oder in Begleitung verschiedene Rollen ein, z. B. als Fußgänger, Rollerfahrer, Radfahrer, Mitfahrer. Am besten lernen die Kinder die eigenständige Beherrschung von Inhalten zum Straßenverkehr in konkreten und aktiven Übungssituationen, die tatsächlich im Straßenverkehr abgehalten werden. Außerdem sollten sie in einem Angebot begreifen können, was ein gutes Verhalten im Straßenverkehr ausmacht, um ihr Engagement und ihre Motivation einprägsam auszubauen.

> **BEISPIEL** **Kele (5;6)** hat von der Verkehrswacht ein Reflektormännchen geschenkt bekommen und bringt dieses mit in den Kindergarten. Bei Tageslicht kann er die Wirkung des Männchens den anderen Kindern nicht zeigen. Er fragt daher die Kinderpflegerin, ob sie eine Idee hätte, wie man es im Raum dunkel machen könnte. Sie lädt die Kinder mit Taschenlampen am nächsten Tag zu einem Experiment in den Turnraum ein, den sie vorab verdunkelt hat.

Abb 9.35 Reflektorbären

Vorbildrolle der Erwachsenen

Erwachsene übernehmen eine Vorbildrolle. Hier sind natürlich die Eltern, ältere Geschwister, Bekannte und Freunde sehr gefragt, ihren Kindern das regelgerechte und vorausschauende Verhalten als Verkehrsteilnehmer vorzuleben. Das bezieht sich nicht nur auf Situationen als Fußgänger, sondern auch als Auto- und Fahrradfahrer.

> Bei Spaziergängen oder Einkäufen können alle Situationen genutzt und die Kinder auf nicht regelgerechtes Verhalten im Straßenverkehr hingewiesen werden.

Die pädagogischen Fachkräfte sollten sich ebenso vorbildhaft verhalten. In der Einrichtung sollte abgesprochen werden, ob alle Mitarbeiterinnen eine Schulung erhalten oder es „Verkehrsbeauftragte" gibt.

BEISPIEL Claudio (4;9) kommt stolz in den Kindergarten. Seit einiger Zeit kommt er mit seinem Roller in die Einrichtung. Da er beim Rollerfahren einen Helm tragen soll, hat er auch seinen Vater darauf angesprochen, dass dieser ebenso seinen Kopf beim Fahrradfahren schützen müsste. Seit dem Gespräch trägt der Vater immer einen Helm.

9.9.2 Erläuterung eines Angebotes im Bereich Verkehrserziehung

Ausgangssituation
Die Kinderpflegerin beobachtet auf dem Außengelände folgende Situation: Die Kinder der Mäusegruppe fahren mit den zur Verfügung stehenden Fahrzeugen. Valentin (5;7) fährt mit einem Kettcar den Gehweg entlang und ruft sehr laut: „Du musst mir Vorfahrt geben, du musst mir Vorfahrt geben!" Die jüngeren Kinder wissen häufig nicht, wie sie reagieren sollen. Kathrin (4;8) fährt mit dem Roller und schreit noch lauter: „Ich hatte aber grün, ich darf fahren." Sie steigt aber trotzdem ab. Die Kinderpflegerin nimmt sich vor, in der nächsten Bewegungsstunde diese Thematik spielerisch zu bearbeiten.

Erläuterung der Situation
Kinder bekommen viel vom Verkehrsverhalten ihrer Eltern mit und ahmen es nach. Kinder sind Teilnehmer im Verkehr, Fußgänger, aber auch bereits mit kleinen Fahrzeugen unterwegs. Sie sind impulsiv und haben im Verkehr noch keinen Überblick, können Entfernungen und Geschwindigkeiten nicht einschätzen.

Angebot „Bobbycar-Führerschein"
Voraussetzungen:
- Sensibilisierung der Kinder für Straßenverkehrssituationen mit Fußgängern und Fahrzeugen
- Anpassung des Angebotes an die Fähigkeiten der Kinder
- Differenzieren des Anforderungsniveaus
- mehrfache Nutzung von einzelnen Übungsstationen

Ziel:
Die Kinder lernen, mit dem Bobbycar regelgebunden umzugehen und einen Parcours zu durchlaufen. Sie bauen ihre Merkfähigkeit zu Rechts und Links aus und trainieren ihre Reaktionsschnelligkeit. Sie aktivieren ihre Kondition und ihr Durchhaltevermögen. Sie erweitern ihre Rücksichtnahme gegenüber anderen „Verkehrsteilnehmern".

Vorbereitung:
Der Parcours wird vorher aufgebaut und ist für sechs Kinder vorgesehen. Dazu gibt es folgende Stationen und einspurige Verbindungsstraßen, die mit Klebeband kenntlich gemacht sind und mit vorhandenen Geräten gestaltet werden:
Bobbycar-Parkplatz, Slalomstrecke, Zebrastreifen, Tunnel, schräge Ebene.

Ablauf
1. Einstieg
Der vorab von der Kinderpflegerin aufgebaute Parcours wird von den Kindern erst einmal als Fußgänger besucht. Gemeinsam bespricht die Gruppe im gelenkten Gespräch, welche Stationen vorhanden sind, wie diese am besten bewältigt werden und welche Regeln eingehalten werden.

2. Hauptteil
Sie leitet zum Hauptteil über, indem sie mit den Kindern zum Bobbycar-Parkplatz geht und jedes Kind bittet, sich ein Bobbycar auszuwählen. Sie weist im Vorfeld darauf hin, dass die Kinder bis zum Ton der Trillerpfeife Zeit für den Parcours haben. Die Kinder absolvieren den Parcours, die Kinderpflegerin beobachtet intensiv, greift bei Bedarf als Verkehrspolizistin ein und fungiert als Fußgängerin am Zebrastreifen. Kinder, die eine Pause benötigen, können die Fußgängerrolle übernehmen.

3. Schluss
Nach dem Ertönen des Signals bittet die Kinderpflegerin die Kinder, die Bobbycars auf dem Parkplatz zu parken. Sie bespricht rückblickend mit ihnen den Schwierigkeitsgrad des Parcours. Als Abschluss verteilt sie Urkunden in Form eines Bobbycar-Führerscheins.

Materialien
Folgende Materialien werden benötigt:
- für jedes Kind ein Bobbycar
- Pylonen
- Kunststoffkisten
- Klebeband
- Urkunden als Bobbycar-Führerscheine
- Verkleidungsrequisiten als Polizist

Lernerfahrungen
Zum Einstieg wird die Strecke zuerst als Fußgänger von den Kindern erfasst. Dabei bauen die Kinder ihre Raumwahrnehmung aus. Sie lernen im Hauptteil den Umgang mit dem Bobbycar im Stehen, Sitzen und Liegen. Sie manövrieren das Bobbycar um Hindernisse, testen dabei Kurvenfahrten, trainieren Losfahren und Anhalten und reagieren auf akustische Signale. In der Schlussphase erweitern sie ihre Ausdrucksfähigkeit bei der Reflexion. Ihr Selbstwertgefühl wird durch den Erhalt der Urkunde gestärkt.

GRUNDLAGEN DER PRAXISGESTALTUNG

Methodische Hinweise

Der gewählte Raum sollte so vorbereitet sein, dass die Kinder gleich anfangen können, mit dem Bobbycar zu üben. In größeren Einrichtungen bietet es sich an, den aufgebauten Parcours zeitversetzt mit mehreren Gruppen zu nutzen. Die Kinderpflegerin hat die Aufgabe, den Kindern einen Transfer von den Bobbycarübungen in der Turnhalle zur realen Teilnahme im Straßenverkehr zu vermitteln. Dies erfolgt z. B. durch einen Zebrastreifen im Parcours oder eine Pappampel sowie weitere Verkehrszeichen. Kinder können die Fußgängerrolle oder die Autofahrerrolle mit dem Bobbycar übernehmen.

Abb 9.36 Kinder spielerisch an Straßenverkehrsregeln heranführen

Die Kinderpflegerin kann u. U. selbst mit einem Bobbycar den Parcours absolvieren. Dadurch kann sie sehr gut als Modell wirken. Falls sie beobachtet, dass die Kinder eigenständig ohne Störungen oder Anstrengungen agieren, zieht sie sich zurück. Je nach Situation greift sie sensibel in der Rolle des Verkehrspolizisten ein. Bildungs- und Lerngeschichten können aus den Beobachtungen bei diesem Angebot oder bei weiteren zur Verkehrserziehung abgeleitet werden, weil die Kinder große Entwicklungsschritte durchlaufen.

> **ZUM WEITERDENKEN** Meist denken Verkehrsteilnehmer nur an ihren eigenen Vorteil, z. B. parken sie „für nur ganz kurze Zeit" in einer Feuerwehreinfahrt, schnallen sich oder ihre Mitfahrer für den kurzen Weg nicht an, lassen kleine Kinder auf der Straßenseite aussteigen oder nehmen Kinder als Fahrer unangeschnallt auf den Schoß. Diese Szenarien können sich auch direkt vor dem Kindergarten abspielen. Viele Erwachsene sind sich ihrer Vorbildrolle in diesen Momenten nicht bewusst. Die Kinderpflegerin bezieht diese Beobachtungen in ihre Arbeit zur Bildungs- und Erziehungspartnerschaft bei einem Elternabend mit ein.

Weitere Ideen für Bildungsangebote im Bereich Verkehrserziehung

Angebote zu Verkehrserziehung	Erläuterung
Herstellen von Verkehrsschildern	Ausgewählte Verkehrszeichen werden mit den Kindern erläutert und für mögliche Rollenspiele und Verkehrsangebote im Großformat standfest und wetterfest hergestellt.
Kreidestraßen	Auf dem Außengelände werden mit Straßenmalkreide Straßen und Wege aufgezeichnet. Sie bekommen die Aufgabe, sich mit Rollern und Dreirädern auf den Straßen regelgerecht zu bewegen.
Verkehrsschildermemory	Das selbst hergestellte Memoryspiel mit Verkehrsschildern hat für die Kinder einen hohen Aufforderungscharakter. Da die Regeln bekannt sind, fällt es den Kindern leicht, dieses Spiel zu handhaben.

Tab. 9.37 Ideen für Bildungsangebote im Bereich Verkehrserziehung

> **Warum muss ich das für meinen Beruf wissen?**
>
> Die Kinderpflegerin plant auf der Grundlage von situationsorientierten Beobachtungen und den Interessen, Bedürfnissen sowie dem Entwicklungsstand der Kinder die Bildungsangebote. Sie schafft für die Kinder anregende und stimulierende Räume und teilt die Zeit in der Einrichtung ein. Sie lässt die Kinder partizipieren und stellt sich als Partnerin für das gemeinsame Lernen zur Verfügung. Sie legt mit ihrem Team auf der Grundlage von Bildungs- und Orientierungsplänen konzeptionelle Schwerpunkte ihrer Arbeit fest. Wenn sie sich ihres Bildungsauftrages auf diese Weise voll bewusst ist und dieser gemeinsam mit dem Team zugunsten der Kinder abgestimmt und umgesetzt wird, kann sie ihre wertvolle pädagogische Arbeit nach außen hin im Sinne von starker Identität und Festigung der Berufsrolle sehr fundiert vertreten.
>
> Die Kinderpflegerin legt gegenüber den Eltern als wichtigste Erziehungspartner dar, wie sie in der Kindertagesstätte in ihrer sozialpädagogischen Arbeit den Bildungsauftrag versteht und umsetzt. Sie hat ebenso die Aufgabe, allen Einrichtungen und Institutionen, die eng mit dem Kindergarten kooperieren, die Bildungsarbeit in den einzelnen Zielen und Bereichen näherzubringen. Dieses trifft besonders auf die Grundschulen zu, da letztlich die Kinder befähigt werden, die mit dem Schuleintritt verbundenen Entwicklungsaufgaben zu bewältigen. Das geht am besten mit dem gegenseitigen Verständnis für die Arbeit der jeweils anderen Fachkräfte. Aber auch für die eigene Weiterbildung ist es wichtig, sich die Zielsetzungen und Abschnitte für die individuelle Bildung der anvertrauten Kinder bewusst zu machen. Die Kinderpflegerin sollte sich ebenso für die jeweils neuesten wissenschaftlichen Erkenntnisse für das Lernen von Kindern interessieren, nur so kann sie ihre Arbeit immer wieder erneuern und anpassen. Daran kann angeknüpft werden, um eine berufliche Weiterentwicklung im persönlichen und im institutionellen Bereich auf der Grundlage von Reflexion zu erreichen. Diese Schritte dienen der unabdingbaren Qualitätsentwicklung und -sicherung in der Einrichtung.
>
> Letztlich ist die Auseinandersetzung mit der Bildungsarbeit ein großer Schatz für die eigene Berufsmotivation und Haltung gegenüber den Kindern, indem sie der Kinderpflegerin berufliche Identität verschafft und ihre professionellen Sichtweisen immer weiter entwickelt.

Lernsituationen und Aufgaben

S. 618–619
Lernsituation 1
„Finn ist aggressiv"

S. 620–621
Lernsituation 2
„Julia kommt in die Krippe"

3

S. 622–623
Lernsituation 3
„Marlene benötigt Sprachförderung"

4

S. 624–625
Lernsituation 4
„Ben hat Trisomie 21"

5

S. 626–627
Lernsituation 5
„Passt Frau Reuter nicht ins Team?"

Lernsituation 1

Finn ist aggressiv

Finn ist vier Jahre alt. Seit seinem dritten Lebensjahr geht er in die Kita „Sonnenkinder", eine zweigruppige Einrichtung in einer Kleinstadt. Finn hat eine jüngere Schwester – Lena, zwei Jahre alt. Finns Vater arbeitet im Vertrieb und ist häufig auf Auslandsdienstreisen, sodass er seine Kinder nur selten sieht.

Die Mutter von Finn und Lena ist erneut schwanger. Da es Komplikationen in der Schwangerschaft gibt, muss sie viel liegen. Deshalb kann sie sich nur noch wenig mit Finn und Lena beschäftigen. Die Eltern haben mehrere Babysitterinnen engagiert, die sich abwechselnd um die Kinder kümmern. Die Großeltern wohnen in einer anderen Stadt.

Lena ist ein „Wirbelwind" und braucht viel Aufmerksamkeit.

Am Dienstagmorgen bastelt die Kinderpflegerin Anja in der Kita mit drei Kindern Laternen für den bevorstehenden St. Martins-Zug. Finn kommt plötzlich auch an den Tisch und haut Lukas ohne erkennbaren Grund mit einem großen Holzbauklotz auf den Rücken und schreit: „Ich will auch basteln!" Lukas weint. Anja schimpft mit Finn und sagt zu ihm: „Das darfst du nicht, wir hauen hier nicht. Entschuldige dich, bitte!" Finn möchte sich nicht entschuldigen, deshalb schickt Anja ihn nach draußen.

Im Außenbereich der Kita haben zwei Kinder eine Sandburg gebaut und sie mit Stöcken und Kastanien verziert. Finn geht zu den Kindern und sagt: „Was ist das denn für eine blöde Burg?!" Dann reißt er die Stöcke und Kastanien runter und tritt die Burg kaputt. Jakob schreit: „Hör sofort auf, das ist unsere Burg!" Er schubst Finn, sodass dieser in den Sand fällt. Finn steht auf und beißt Jakob in die Hand.

Solche und ähnliche Situationen gab es in den letzten vier Wochen immer wieder. Finn spielt sehr wenig mit anderen Kindern, sondern stört diese nur und verhält sich aggressiv. Deshalb beginnen ihn die anderen Kinder mehr und mehr zu hänseln. Kein Kind möchte mehr mit Finn spielen und er steht häufig alleine da.

In der nächsten Teamsitzung besprechen Anja und ihre Kolleginnen und Kollegen das Verhalten von Finn. Alle sind sich einig, dass es Finn immer schlechter geht und er nur noch ungern in den Kindergarten kommt. Dies hat er auch schon zu Kinderpflegerin Anja gesagt: „Es macht mir hier überhaupt keinen Spaß mehr - morgen komme ich nicht!" Auch die anderen Kinder fühlen sich zunehmend unwohl, da Finn mittlerweile auch ohne ersichtlichen Grund andere Kinder beißt. Mehrere kleinere Kinder haben Angst vor Finn und laufen vor ihm weg, wenn er sich nähert. Einige Eltern haben sich sogar schon bei der Leitung des Kindergartens beschwert.

MATERIALIEN

Verhaltensauffällige Kinder

Kinderpflegerinnen und Kinderpfleger sollten möglichst schon auf die ersten Anzeichen von Verhaltensauffälligkeiten reagieren, indem sie z. B. auf Regeln hinweisen („Wir lösen unsere Konflikte, indem wir miteinander reden!"). Ansonsten sollte so schnell wie möglich eingegriffen werden, indem Grenzen gesetzt werden („Hört sofort auf, euch zu schlagen!") und ein anderes Verhalten „vorgeschrieben" wird („Martin, spiele bitte in der Bauecke weiter, und du, Michael, geh bitte in das Nebenzimmer zu Gabi!"). Letzteres ist eher Erfolg versprechend als ein Verbot, da hier eine Handlungsalternative eröffnet wird und Trotzreaktionen ausbleiben – insbesondere, wenn die Aufforderungen mit einem „bitte" verbunden sind. Reagieren die Kinder nicht, müssen Konsequenzen angedroht und die Drohungen auch wahr gemacht werden (ohne dabei selbst aggressiv zu werden: Vorbildfunktion!). Dabei sollte aber die Person des Kindes nicht abqualifiziert werden – es bleibt „okay". Wenn ein Kind extrem ausagiert (also z. B. andere Kinder schlägt, tritt oder beißt), ist es vorrangig, es zu isolieren und die anderen Kinder vor ihm zu schützen. Da Aufmerksamkeit ein störendes oder aggressives Verhalten verstärken kann, sollten sich die Kinderpflegerinnen und Kinderpfleger möglichst schnell wieder den anderen Kindern zuwenden – vor allem den „Opfern".

Textor, Martin R. (2006): „Verhaltensauffällige Kinder". In: Stutzer, Erich (Hrsg.) Praxisratgeber Kindertagesbetreuung. Merching: Forum-Verlag Herkert. Aktualisierungslieferung Juni 2006, Teil 5.5. www.kindergartenpaedagogik.de/1486.html (Abruf 20.11.2014)

AUFGABEN

- Diskutieren Sie das Verhalten der Kinderpflegerin Anja in der „Bastelsituation".
- Überlegen Sie, welche Ursachen das Verhalten von Finn haben könnte.
- Entwickeln Sie einen Lösungsansatz, der die belastende Situation in der Gruppe entspannt und sowohl Finn als auch den anderen Kindern gerecht wird.
- Greifen Sie für die Lösung der Aufgaben auf die Inhalte aus den **Kapiteln II.3 Lernen: Kindliche Lernwege verstehen (S. 86), Wahrnehmen und Beobachten (S. 56), II.5 Sich verständigen: Kommunikation und Interaktion (S. 188) und III.7 Erziehung unter besonderen Bedingungen (S. 326)** sowie auf den Fremdtext „Verhaltensauffällige Kinder" zurück.

Lernsituation 2

Julia kommt in die Krippe

Julia (1;7) besucht seit sechs Wochen eine Kinderkrippe. Sie lebt mit ihren Eltern in einer kleinen Stadt, nicht weit weg von der Einrichtung. Der Vater ist Architekt, die Mutter ist im Moment Hausfrau, beabsichtigt aber, ihren Beruf als Unternehmensberaterin demnächst mit 50 % der Arbeitszeit wieder aufzunehmen.

Die Kinderkrippe hat ein genaues Konzept für die Eingewöhnungszeit. Diese erstreckt sich über zwei Wochen. Nachdem Julia zunächst eine Woche zusammen mit ihrer Mutter die Einrichtung besucht hat, bleibt sie jetzt vormittags alleine dort. Meistens ist sie traurig und weint, wenn ihre Mutter morgens nach dem Bringen die Einrichtung verlässt. Julia lässt sich von Kinderpflegerin Isabel aber auf den Arm nehmen und trösten. Dann beruhigt sie sich schnell. Isabel zeigt ihr, was sie spielen könnte, und erklärt ihr, dass sie bis zum Start im Morgenkreis noch etwas Zeit hat. Häufig möchte Julia erstmal mit Isabel ein Bilderbuch anschauen, dabei setzt sie sich auf Isabels Schoß. Julia kann bereits sicher alleine laufen. Das Klettern fällt ihr aber noch schwer. Wenn sie auf eine Kiste klettern soll, wirkt sie unsicher und etwas ängstlich. Sie schaut aber interessiert den größeren Kindern beim Klettern zu. Julia kann auch schon etwas sprechen, allerdings ist ihre Aussprache relativ undeutlich, sodass sie häufig nur schwer zu verstehen ist. Auch scheint ihr Wortschatz erstaunlich eingeschränkt zu sein. Viele Dinge kann sie nicht benennen.

Julia beobachtet den deutlich älteren Moritz, wie dieser mit Bauklötzen spielt. Plötzlich geht sie zu Moritz und versucht ihm einen Bauklotz aus der Hand zu reißen. Da Moritz deutlich stärker ist, hält er diesen aber fest. Julia fängt an zu schreien und zu weinen. Kinderpflegerin Isabel hat diese Situation beobachtet. Sie kniet sich neben Julia und spricht im ruhigen Ton mit ihr. „Hallo Julia, möchtest du auch mit Bauklötzen spielen? Sollen wir Moritz fragen, ob er dir ein paar Bauklötze abgibt?"

Etwas später möchte Julia puzzeln. Sie weiß bereits, wo die Puzzles liegen, läuft zum Schrank und schafft es, alleine ein sehr einfaches Puzzle herauszuziehen. Nachdem sie das Puzzle umgedreht hat und die Teile herausgefallen sind, versucht sie, diese wieder in die einzelnen Formen zu sortieren. Dabei tut sie sich aber sehr schwer.

Selbst wenn sie das passende Puzzleteil für eine Form gefunden hat, schafft sie es häufig nicht, das Teil so zu drehen, dass es in die Form passt. Dann legt sie es auf die Form und beginnt mit der Faust darauf einzuhämmern. Dabei schreit sie aufgeregt: „Passt nicht!" Isabel setzt sich zu Julia und fragt sie: „Soll ich dir beim Puzzeln helfen, Julia?" Sie zeigt ihr behutsam, wie sie die einzelnen Teile drehen muss, damit sie in die Form passen. Dabei lobt sie Julia für ihre Anstrengungen: „Toll gemacht, Julia!"

Am Morgenkreis und dem darauffolgenden Frühstück nimmt Julia gerne teil. Sie beobachtet dabei alle Kinder aufmerksam und versucht zum Teil deren Verhalten nachzuahmen. Gerne macht sie auch bei den verschiedenen Singspielen mit. Julia möchte im Kreis immer neben Isabel sitzen.

Die Krippenleitung und die Eltern beschließen, die Anwesenheitszeit noch etwas weiter auszudehnen. Julia wird dann vor 9 Uhr gebracht und bleibt bis nach dem Mittagessen um 13 Uhr.

MATERIAL

Die deutsche Entwicklungspsychologin Lieselotte Ahnert hat typische Merkmale von Bindungserfahrungen auf die Bindungsbeziehungen zwischen pädagogischen Fachkräften und Kind übertragen und dazu fünf Eigenschaften beschrieben:

- **Zuwendung:** Grundlage für den Aufbau einer Erziehenden-Kind-Bindung ist eine liebevolle und emotional warme Kommunikation, in der sich das Kind wohlfühlt und das Zusammensein und die Interaktion mit der pädagogischen Fachkraft genießt.
- **Sicherheit:** Zentrale Funktion einer sicheren Bindungsbeziehung ist es, dem Kind ein Gefühl der Sicherheit zu vermitteln. Wenn das Kind die pädagogische Fachkraft als verlässlich erlebt, spielt es intensiver und kann aufgeschlossener und eigenaktiv die Umwelt erkunden.
- **Stressreduktion:** Die pädagogische Fachkraft hat die Aufgabe, dem Kind Unterstützung und Trost zu gewähren, wenn es sich in einer misslichen Lage befindet; sie hilft dem Kind, seine negativen Emotionen zu regulieren und zu einer positiven emotionalen Stimmungslage zurückzufinden.
- **›Explorationsunterstützung‹:** Das Kind kann seine Umwelt besser erkunden, wenn es bei Unsicherheit oder Angst zur pädagogischen Fachkraft zurückkehren oder sich rückversichern kann. In besonderer Weise wird die pädagogische Fachkraft dieser Aufgabe gerecht, wenn sie das Kind gleichzeitig zu neuem Erkunden anregt.
- **Assistenz:** Stößt ein Kind an die Grenzen seiner Handlungsfähigkeit, benötigt es zusätzliche Informationen und Unterstützung. Hat das Kind eine sichere Bindung zur pädagogischen Fachkraft aufgebaut, so wird es diese Hilfen vorrangig bei ihr suchen und von ihr auch akzeptieren.

Albrecht, Brit (2014): „Bindungstheorie". In: Gartinger, Silvia / Janssen, Rolf (Hrsg.): Erzieherinnen + Erzieher Band 1, Professionelles Handeln im sozialpädagogischen Berufsfeld. Cornelsen, Berlin, S. 172

Exploration
Erkundung

AUFGABEN

- Stellen Sie unterschiedliche Modelle der Eingewöhnung von „U3-Kindern" dar. Nutzen Sie dabei das **Kapitel IV.4 Übergänge begleiten (S. 446)**.
- Beschreiben Sie mögliche Aufgaben von Kinderpflegerinnen und Kinderpflegern bei der Eingewöhnung unter Verwendung des Fremdtextes und Ihrer Erfahrungen.
- Überlegen Sie, welche Möglichkeiten Isabel hat, um Julia zu unterstützen.

Lernsituation 3

Marlene benötigt Sprachförderung

Marlene (3;5) besucht seit fünf Monaten einen Kindergarten. Marlenes Eltern haben schon bei den ersten Besuchen im Kindergarten mitgeteilt, dass Marlene Probleme mit dem Spracherwerb hat. Sie sprach von Beginn an deutlich weniger als ihr älterer Bruder. Bei einer Vorsorgeuntersuchung durch den Kinderarzt wurde dieses Problem ebenfalls besprochen. Der Kinderarzt hat empfohlen, mit Marlene zu einem Logopäden zu gehen. Auch der Logopäde vermutet, dass bei Marlene eine Sprachentwicklungsstörung vorliegt. Ihren Eltern wurde aber geraten, die weitere Entwicklung von Marlene zunächst zu beobachten.

Marlenes Eltern bitten die Erzieherinnen, sie gezielt beim Spracherwerb zu unterstützen. Ein besonderes Sprachförderprogramm wird in der Kita nicht eingesetzt. Einige Erzieherinnen haben sich aber in diesem Bereich schon fortgebildet.

Die Kolleginnen besprechen in einer Teamsitzung, wie Marlene gefördert werden könnte:

- Marlene soll zum Sprechen ermutigt werden.
- Dafür eignen sich besonders bestimmte Spiele, die Kinder zum Sprechen motivieren.
- Marlene soll ihr Sprechen als erfolgreich erleben.
- Sie soll nicht den Eindruck bekommen, dass sie „speziell" behandelt wird.
- Den Eltern soll davon abgeraten werden, zu Hause in Eigenregie eine spezielle Förderung durchzuführen.

Kinderpfleger Tobias wird gebeten, beim nächsten Frühstück eine Handpuppe mit beweglicher Zunge einzusetzen. Die Handpuppe Ernie stellt den Kindern beim Decken des Tisches Fragen: „Was machst du da?" Ernie greift die Antworten auf, zum Beispiel, indem fehlerhafte Äußerungen nicht korrigiert, aber korrekt wiedergegeben werden. Marlene sagt: „Ich Becher holt!" Und Ernie sagt: „Was für einen Becher holst du denn? Ich hole mir auch einen Becher!"

Ernie will natürlich auch unbedingt wissen, was die Kinder zum Frühstück dabeihaben. „Was ist denn das Grüne da in deiner Dose?" Marlene antwortet: „Weiß nicht!" Ernie kann den Gegenstand aber benennen: „Ist das vielleicht ein Stück Gurke?" Marlene ruft erfreut: „Ja, Guke!" Ernie spricht noch einmal klar und betont „Hmmm lecker, ein Stück GuR-ke hast du da!"

MATERIALIEN

Spielerische Sprachförderung in Kindertageseinrichtungen

Seien Sie ein gutes Sprachvorbild: Sprechen Sie bitte selbst langsam und deutlich mit dem Kind bzw. den Kindern. Achten Sie hierbei auf gut sichtbare Mundbewegungen. Versuchen Sie rhythmisch und mit Betonung zu sprechen. Dieses ist für alle Kinder wichtig. Kindern im Zweitspracherwerb hilft es besonders, da diese hierdurch auf den evtl. anderen Rhythmus und die Betonung der Zweitsprache aufmerksam werden. Beides ist für den Erwerb einer Sprache von großer Bedeutung. Variieren Sie Ihre Lautstärke beim Sprechen. Eine permanent laute Stimme führt bei Ihnen sehr rasch zu einer Stimmermüdung. (...) Zudem lässt die Aufmerksamkeit der Kinder bei gleichbleibender Lautstärke sehr schnell nach. Sprechen Sie ständig leise, können die Kinder Ihre Sprache nicht mehr richtig wahrnehmen, was zur Sprachförderung aber notwendig ist. Sie sind für die Kinder ein Sprachvorbild. Sprechen Sie daher nach Möglichkeit selbst in vollständigen Sätzen! Halten Sie sich hierbei an möglichst klare Satzstrukturen, bilden Sie also keine „Schachtelsätze" o. Ä.

Christiansen, Christiane (2009): „Spielerische Sprachförderung in Kindertageseinrichtungen". Ministerium für Bildung und Frauen des Landes Schleswig-Holstein. 2. Aufl., S. 10; www.schleswig-holstein.de/MSGWG/DE/Service/Broschueren/Kita/SpielerischeSprachfoerderung__blob=publicationFile.pdf (Abruf 31.1.2015)

AUFGABEN

- Informieren Sie sich in **Kapitel IV.5 Sprachbildung: Den kindlichen Spracherwerb verstehen und unterstützen (S.464)** über das Thema **Spracherwerb.** Beschreiben Sie, wann ein Spracherwerb nicht mehr „normal" ist.
- Überlegen Sie, wie der Spracherwerb bestmöglich gefördert werden kann. Sammeln Sie Beispiele.
- Die Eltern von Marlene sind zunehmend verzweifelt, weil es – ihrer Meinung nach – mit der Sprachentwicklung von Marlene nicht so richtig vorangeht. Als sie Marlene aus der Kita abholen, sprechen sie Tobias darauf an, da sie ihn kennen und er eine gute Beziehung zu Marlene hat. Was sollte Tobias den Eltern sagen? Arbeiten Sie diese Situation in einem Rollenspiel auf.

Lernsituation 4

Ben hat Trisomie 21

Der vierjährige Ben hat Trisomie 21. Seine Eltern sind seit seiner Geburt sehr um eine gezielte Förderung von Ben bemüht und haben dafür alle Hebel in Bewegung gesetzt. So bekommt er seit etwa zwei Jahren gezielt Sprachtherapie. Außerdem wird er ergotherapeutisch und physiotherapeutisch behandelt. Eine Auswirkung der Trisomie 21 ist auch eine Hörstörung bei Ben. So ist sein Hörvermögen deutlich herabgesetzt, was die Kommunikation mit ihm häufig sehr schwierig macht. Außerdem hat Ben einen Herzfehler, der immer wieder ärztlich beobachtet werden muss.

Ben geht seit einem Jahr in eine integrative Kita. Dort ist er gut angekommen. Allerdings ist er bei Aufgaben und Spielen sehr schnell überfordert, dann reagiert er mit Rückzug. Da die Trisomie 21 auch Auswirkungen auf das Immunsystem hat, ist er häufig krank und muss zu Hause bleiben. Richtige Freunde hat er eigentlich noch nicht gefunden und er war auch erst einmal zu einem Kindergeburtstag eingeladen.

Kinderpflegerin Sandra ist seit kurzer Zeit in der Einrichtung, die auch Ben besucht. Ihr ist sofort aufgefallen, dass mit Ben etwas nicht stimmt und er „behindert" ist. Beim nächsten Mittagessen sitzen die Kinder zusammen und es gibt Kartoffelsuppe. Nachdem Ben zwei Teller Suppe gegessen hat, sagt die Erzieherin Maike zu ihm: „So, jetzt hast du aber genug, Ben, du bekommst doch auch noch Nachtisch." Sandra rutscht daraufhin die Bemerkung heraus: „Ach, lassen Sie ihn doch noch einen Teller Suppe essen – wenn es ihm doch so gut schmeckt!"

Nach dem Essen spricht Erzieherin Maike mit Sandra: „Weißt du denn nicht, dass Kinder wie Ben häufig kein Sättigungsgefühl haben? Sie essen immer weiter und sind deshalb manchmal übergewichtig." Sandra merkt, dass sie über das Thema noch zu wenig weiß. Sie beschließt, sich eingehender über Trisomie 21 zu informieren, und fragt Maike, ob sie sich in den nächsten Wochen gezielt mit Ben beschäftigen kann.

MATERIAL

Was ist Inklusion

Inklusion – Was ist das eigentlich? Viele Menschen haben den Begriff schon gehört. Aber was genau steckt dahinter? Und was bedeutet Inklusion für jeden von uns persönlich?

Inklusion heißt wörtlich übersetzt Zugehörigkeit, also das Gegenteil von Ausgrenzung. Wenn jeder Mensch – mit oder ohne Behinderung – überall dabei sein kann, in der Schule, am Arbeitsplatz, im Wohnviertel, in der Freizeit, dann ist das gelungene Inklusion.
In einer inklusiven Gesellschaft ist es normal, verschieden zu sein. Jeder ist willkommen. Und davon profitieren wir alle: zum Beispiel durch den Abbau von Hürden, damit die Umwelt für alle zugänglich wird, aber auch durch weniger Barrieren in den Köpfen, mehr Offenheit, Toleranz und ein besseres Miteinander.
Inklusion ist ein Menschenrecht, das in der UN-Behindertenrechtskonvention festgeschrieben ist. Deutschland hat diese Vereinbarung unterzeichnet – mit der Umsetzung von Inklusion stehen wir aber noch am Anfang eines langen Prozesses. Die Aktion Mensch will diese Entwicklung unterstützen. Wir setzen uns dafür ein, dass Menschen mit und ohne Behinderung ganz selbstverständlich zusammen leben, lernen, wohnen und arbeiten: Wir fördern zum Beispiel Wohnprojekte mitten in der Gemeinde, unterstützen inklusive Freizeitprogramme oder Seminare, die mehr Selbstständigkeit und Unabhängigkeit ermöglichen. Mit Aktionen und Kampagnen tragen wir das Thema in die Öffentlichkeit.
Inklusion ist kein Expertenthema – im Gegenteil. Sie gelingt nur, wenn möglichst viele mitmachen. Jeder kann in seinem Umfeld dazu beitragen. Und je mehr wir über Inklusion wissen, desto eher schwinden Berührungsängste und Vorbehalte.

www.aktion-mensch.de/themen-informieren-und-diskutieren/
was-ist-inklusion?et_cid=28&et_lid=86206
(Abruf 13.2.2014)

AUFGABEN
- Informieren Sie sich über Trisomie 21, z. B. auf der Homepage www.kinderaerzte-im-netz.de.
- Recherchieren Sie, welche ergotherapeutischen und physiotherapeutischen Behandlungen Ben bekommen könnte und wie diese aussehen.
- Analysieren Sie, welche Möglichkeiten Sandra hat, Ben zu fördern.
- Der Text „Was ist Inklusion?" informiert Sie über das Thema Inklusion. Lesen Sie dazu auch das **Kapitel III.3 Grundprinzipien der Erziehung (S. 256)**. Beschreiben Sie in Ihren eigenen Worten, was Inklusion für Sie bedeutet.

Lernsituation 5

Passt Frau Reuter nicht ins Team?

Kinderpfleger Cem arbeitet seit einem halben Jahr in der Kita „Igelkinder". Das Team der Igelkinder besteht aus der Leiterin Frau Schmitt (Ende 50), der stellvertretenden Leiterin Frau Engelbach (Anfang 50), einer weiteren Erzieherin Frau Lennartz (Mitte 40) und dem Kinderpfleger Cem (18).

Für das Team wurde eine weitere pädagogische Fachkraft in Teilzeit gesucht. Da es nur wenige Bewerbungen gab, fiel die Wahl auf die Ergotherapeutin Frau Reuter (25), die sich als Quereinsteigerin beworben hatte. Sie hat viel mit Kindern in Sportvereinen gearbeitet.

Das Team um Frau Schmitt arbeitet schon sehr lange erfolgreich zusammen. Es ist ein eingespieltes Team, das sich auch privat gut versteht.

Frau Reuter beginnt ihren Dienst und ist schnell bei den Kindern beliebt. Die anderen Teammitglieder begegnen ihr aber zunehmend mit Skepsis. Sie übertragen ihr nur wenige Aufgaben. Vier Wochen, nachdem Frau Reuter in der Kita angefangen hat, hört Cem folgenden Dialog zwischen Frau Schmitt, Frau Engelbach und Frau Lennartz:

Frau Schmitt: „Frau Reuter arbeitet irgendwie gar nicht so engagiert mit …"
Frau Engelbach: „Ja, genau, eigentlich knetet und puzzelt sie nur den ganzen Tag mit den Kindern. Sie könnte doch auch mal selbstständig Angebote machen."
Frau Lennartz: „Ich finde auch, dass sie sich nicht gut bei uns integriert hat. Sie macht manchmal ja auch Vorschläge, unsere Programmpunkte und Abläufe zu ändern, das nervt mich."
Frau Engelbach: „Stimmt! Dabei haben sich doch unsere Strukturen seit Jahren bewährt, da muss schon was ganz Besonderes kommen, damit wir das verändern, oder?"
Frau Schmitt: „Kommt ihr in zwei Wochen eigentlich auch zur Fortbildung Yoga mit Kindern? Dann können wir ja abends noch zusammen essen gehen."

Am nächsten Tag trifft Cem Frau Reuter am späten Nachmittag beim Verlassen der Einrichtung und fragt, wie es ihr in der Kita gefällt. Frau Reuter antwortet: „Eigentlich gefällt es mir sehr gut, die Arbeit mit den Kindern macht mir viel Spaß. Ich finde es nur schade, dass ich so wenig machen kann – außer mit den Kindern zu spielen. Ich würde gerne auch eigene Aktionen anbieten."

Cem überlegt, ob er in der nächsten Teamsitzung dazu etwas sagen soll.

MATERIALIEN

Auswirkungen positiver Arbeitsatmosphäre

Mitglieder effizienter Arbeitsgruppen haben weniger Stress, sind gesünder, weniger krank und zufriedener als andere. Außerdem genießen sie den guten Ruf ihrer Gruppe, an dem sie selbst ihren Anteil haben. Die Atmosphäre in einer Gruppe ist immer dann besonders gut, wenn alle Mitglieder Erfolge aufweisen und sich ihres eigenen Beitrags zur Erreichung der Gruppenziele bewusst sind (Selbstwirksamkeit). Auch die formelle und informelle Anerkennung von erbrachten Leistungen durch Kolleginnen ist eine wichtige Form, über die Selbstwirksamkeit erfahren werden kann. Die Bedingungen dafür stellen alle Gruppenmitglieder in gemeinsamer Verantwortung sicher, sowohl Führungskräfte als auch jede einzelne Mitarbeiterin. Kennzeichnend für helfende Berufe ist dabei sicherlich, dass Kriterien für „Erfolg" und „Leistung" sich hier in der Regel nicht in finanziellen oder ökonomischen Dimensionen berechnen und vermessen lassen. Mithin ist eine Diskussion und Einigung im Team über Erfolgskriterien der eigenen Arbeit hilfreich, um einen gemeinsam geteilten Maßstab für das Erreichen von Gruppenzielen zu erhalten.

Dr. Dorrance, Carmen (2011): „Gruppe". In: Nicklas-Faust, Jeanne / Scharringhausen, Ruth (Hrsg.): Heilerziehungspflege Band 1, Grundlagen und Kernkonzepte der Heilerziehungspflege. Cornelsen, Berlin, S. 628

AUFGABEN

- Beschreiben Sie, was im oben genannten Team nicht funktioniert. Stellen Sie zusammen, welche Prozesse grundsätzlich für ein funktionierendes Team wichtig sind. Nutzen Sie dafür auch den Text „Auswirkungen positiver Arbeitsatmosphäre".
- Überlegen Sie, was Cem zu der Situation in der nächsten Teamsitzung sagen könnte. Berücksichtigen Sie dabei die Kommunikationsregeln **(Kapitel II.5.4.1)**.
- Planen Sie ein Rollenspiel mit den Personen aus der Lernsituation und finden Sie eine Lösung der Situation, die allen Beteiligten gerecht wird.
- Greifen Sie für die Lösung der Aufgaben auf die Inhalte aus dem **Kapitel II.5 Sich verständigen: Kommunikation und Interaktion (S. 188)** zurück.

STICHWORTVERZEICHNIS A–B

A

Abholzeit 427
Ablösungsphase 375
Abraham Maslow 75, 411
Abzählreime 491
ADHS 342
Adoleszenz 121, 178
Adolf Portmann 213
Aggression 338, 547
aggressives Verhalten 338
Ainsworth, Mary 128
aktive Mediennutzung 554
Aktivitäten, jahreszeitliche 561
Aktivitätsplanung 282
Albert Bandura 100
Allergien 354
Alltagsbeobachtung 60
alltagsintegrierte Sprachfördermöglichkeiten 478
Alltagsmaterialien 533
altersgerechte Bilderbuchbetrachtung 487
ambulante Angebote 26
ambulante Dienste 27
Analyse 287
Aneignungsphase 102
Angebote, ambulante 26
Angebote, stationäre 26
Angebote, unterstützende 26
Angebotsformen 26
Angebotsplanung 571
Angst, Ebenen 334
Angst, generalisierte 337
Angst, soziale 336
Ängste 333
Anlage 214, 216
Anlagen, innere 113
Anlässe für Planung von Angeboten 280
Anleitungsgespräch 39, 40
Anne-Marie Tausch 319
Ansätze, klassische 291
Ansätze, konzeptionelle 388
Ansätze, reformpädagogische 294
Anthropologie 211

Anthroposophie 298
Apell-Ohr 198
Arbeit, offene 303
Arbeiten, professionelles 44
Arbeitgeber 46
Arbeitnehmer 45
Arbeitsatmosphäre 627
Arbeitsbereiche 26
Arbeitsfelder 27
Arbeitsgrundlagen 45
Arbeitsvertrag 45
Arbeitszeitgesetz (ArbZG) 45
Armut 250
Arnold Gehlen 211
Arten der Medien 539
Arten von Autismus 346
Artikulation 465
Arzt 52
Assimilation 106
ästhetischer Leib 298
Asthma bronchiale 354
Astralleib 298
Asylbewerber 361
asymmetrische Bewegungen 157
audiovisuelle Medien 539
auditive Medien 539
Aufbau einer Spielkette 520
Aufbau von Bildungsangeboten 570
Aufgaben der Erziehung 210
Aufgaben der Spielleitung 508
Aufgaben von Medien 540
Aufgaben im Praktikum 36
Aufmerksamkeitsdefizit-Hyperaktivitätsstörung (ADHS) 342
Aufnahmegespräch 52
Aufsichtspflicht 47
Ausbildung 20
Ausbildungsleitfaden 38
Ausführungsphase 102
ausgewählte Verhaltensstörungen 333
Außengelände 437
äußere Bedingungen 113
äußere Einflüsse auf die Erziehung 278

Auswahl von Medien, Beurteilungskriterien 551
Auswahl von Spielzeug 514
Auswertung von Beobachtungen 68
Auswertung von Bildungsangeboten 391
Autismus 345
Autismus, Arten 346
autistische Störungen 345
autogene Faktoren 114
Autonomiealter 425
autoritär geführte Gruppe 317
Axiome 195

B

baden-württembergischer Orientierungsplan für Bildung und Erziehung 384
Bandura, Albert 100
Basiskompetenzen 226
bayerischer Bildungs- und Erziehungsplan 384
Bedeutung der Motivation 72
Bedeutung der Sprachbildung 464
Bedeutung von Medien 540
Bedeutung von Übergängen 449
Bedingungen des Spiels 507
Bedingungen, äußere 113
Bedürfnis 410
Bedürfnis nach Anerkennung 420
Bedürfnis nach Bewegung 415
Bedürfnis nach Geborgenheit 417
Bedürfnis nach Nahrung 414
Bedürfnis nach Schlaf, Ruhe und Entspannungsphasen 415
Bedürfnis nach Sicherheit 417
Bedürfnis nach Wertschätzung 422
Bedürfnis nach Zugehörigkeit 421
Bedürfnis nach Zuneigung 418
Bedürfnis, sozial-emotionales 416
Bedürfnisbefriedigung 426
Bedürfnisbefriedigung, übermäßige 431

Bedürfnisbefriedigung, unzureichende 431
bedürfnisgerechte Freispielphase 428
bedürfnisgerechtes Frühstück 428
bedürfnisgerechte Pflege 430
bedürfnisgerechtes Mittagessen 429
Bedürfnishierarchie nach Maslow 75
bedürfnisorientierte Ruhephase 431
bedürfnisorientiertes Spiel 429
Bedürfnispyramide 410
Bedürfnisqualität, unsicher-ambivalente 134
Bedürfnisse unter drei Jahren 441
Bedürfnisse von Kindern mit Behinderungen 441
Bedürfnisse, kognitive 425
Bedürfnisse, körperliche 413
Bedürfnisse, primäre (ursprüngliche) 410
Bedürfnisse, sekundäre (zweitrangige) 411
Behaviorismus 95
Behinderung, Entstehung 264
Behinderung, Formen 265
Behinderung, Ursachen 263
Behinderungen, Definitionen 262
Behinderungen, Kinder 350
Belehrungspflicht 47
Beller, Kuno 176
beobachten 56
Beobachtung, fachliche 59
Beobachtung, nicht teilnehmende 63
Beobachtung, offene 63
Beobachtung, strukturierte 64
Beobachtung, teilnehmende 63
Beobachtung, unstrukturierte 64
Beobachtung, verdeckte 63
Beobachtungen dokumentieren 66
Beobachtungen durchführen 66
Beobachtungen planen 66
Beobachtungsergebnisse 70
Beobachtungsfelder 69
Beobachtungsmethoden 62
Beobachtungsprozess 65
Beobachtungsthemen 65
Beobachtungsziele 61
Beratung 399
Beratungsgespräch 39, 52
Berliner Eingewöhnungsmodell 460
Bernstein, Saul 372
Beruf 20
berufliche Handlungskompetenz 30
berufsbezogener Einsatz von Computern 556
Berufsfeld Sozialpädagogik 26
Berufsmotivation 20
Berufswunsch 20
Beseitigung von Gefahrenquellen 47
Bestärkung, positive 83
Bestrafung 97
Beteiligung 438
Betreuungsumfang 427
Betriebsvereinbarungen 45
Betriebsverfassungsgesetz (BetrVG) 45
Beurteilung von Spielzeug 514
Beurteilungskriterien zur Auswahl von Medien 551
Bewegung 167, 590, 592
Bewegungen, asymmetrische 157
Bewegungen, symmetrische 157
Bewertung 287
Beziehungsbiografie 23
Beziehungskonflikte 376
Beziehungs-Ohr 198
beziehungsorientierte Pflege 443
Bezugsgruppe 369
Bezugspersonen, primäre 244
Bilderbuchbetrachtung, altersgerechte 487
Bilderbücher 487
Bildungs- und Erziehungsplan, bayerischer 384
Bildungsangebote 359
Bildungsangebote im Bereich Bewegung 590
Bildungsangebote im Bereich Kunst 605
Bildungsangebote im Bereich Musik 579
Bildungsangebote im Bereich Naturwissenschaft und Technik 600
Bildungsangebote im Bereich Religion und Werterziehung 584
Bildungsangebote im Bereich Sprachförderung 572
Bildungsangebote im Bereich Umwelt und Gesundheit 595
Bildungsangebote im Bereich Verkehrserziehung 610
Bildungsangebote, Aufbau 570
Bildungsangebote, Auswertung 391
Bildungsangebote, Durchführung 391
Bildungsangebote, Gestaltung 568
Bildungsangebote, Planung 389
Bildungsbiografie 23
Bildungsempfehlung, Nordrhein-Westphalen 385
Bildungskompetenz 398
Bildungspartner 392
Bildungspartnerschaft 392
Bildungspartnerschaft, Formen 405
Bildungspartnerschaft, Ziele 396
Bildungspläne 49, 383
Bildungsschwerpunkte 382
Bilingualismus 473
Bindung 128
Bindungsbedürfnis 441
Bindungsbeziehungen 133
Bindungserfahrungen 135
Bindungsqualität, sicher-gebundene 134
Bindungsqualität, unsicher-vermeidende 134
Bindungssystem, desorganisiertes 134
Bindungstypen 134
Biografie 21

STICHWORTVERZEICHNIS C–F

Biografiearbeit 24
biografische Erfahrungen 23
biografische Selbstreflexion 21
biologisches Geschlecht 270
Biorhythmus 415
Bowlby, John 128
Bräuche im Jahreskreis 558
Bring- und Abholphase 427
Bundesurlaubsgesetz (BUrlG) 45
Burrhus F. Skinner 95

C

Carl Rogers 422
Chancen der Mediennutzung 543
chronische Erkrankungen 354
Clark Hull 74
Computer 544, 551
Computersex 549
Cyber-Bullying 547
Cyber-Mobbing 547
Cyber-Stalking 547
Cybersex 549

D

Datenschutz 46, 67, 550
Datensicherheit 550
Definitionen von Behinderung 262
demokratisch geführte Gruppe 317
Depression 337
Deutscher Qualifikationsrahmen (DQR) 29
desorganisiertes Bindungssystem 134
Diabetes mellitus 354
Dichten 490
Didaktik 285
didaktische Prinzipien 285
Dienst, mobiler sonderpädagogischer 27
Dienste, ambulante 27
differenzierte Planung 390

Differenzierungsphase 375
Dimensionen der Ressourcenorientierung 269
Dokumentation 68
Down-Syndrom 264
DQR 29
Du-Botschaften 201
Durchführung komplexer Spielaktionen 519
Durchführung pädagogischer Angebote 285
Durchführung von Bildungsangeboten 391
DVD 543

E

Ebbinghaus, Hermann 105
Ebene der Artikulation 469
Ebene der Grammatik 469
Ebene der Kommunikation 469
Ebene des Wortschatzes 469
Ebene, morphologische 469
Ebene, phonetische 469
Ebene, phonologische 469
Ebene, pragmatisch-kommunikative 469
Ebene, semantische 469
Ebene, syntaktische 469
Ebenen der Angst 334
Edward L. Thorndike 91
Ehe- und Familienberatungsstelle 52
Eigengruppe 370
Eindruck, letzter 69
Ein-Eltern-Familien 250
Einflussfaktoren auf die Wahrnehmung 58
Eingewöhnungsmodell, Berliner 460
Eingewöhnungsmodelle 459
Einrichtung, kindgerechte 436
Einrichtung, schulvorbereitende 52
Einsatz von Computern, berufsbezogener 556

Einstellungsfehler 69
Einzelintegration 266
Einzelkinder 250
Eisberg-Modell 194
Eltern 392
Eltern unterschiedlicher kultureller Herkunft, Zusammenarbeit 407
Emmi Pikler 307
Empathie 475
Empfindung der Haut 167
endogene Faktoren 113
endogene Risikofaktoren 146
Enkulturation 225
Entgeltfortzahlungsgesetz (EntgFG) 45
Entstehung von Behinderung 264
Entwicklung 110
Entwicklung der kindlichen Sexualität 183
Entwicklung der Leistungsmotivation 77
Entwicklung des Spielverhaltens 501
Entwicklung, kindliche 110
Entwicklung, kognitive 167
Entwicklung, körperliche 153
Entwicklung, moralische 185
Entwicklung, motorische 154
Entwicklung, psychosexuelle 180
Entwicklung, sozial-emotionale 173
Entwicklung, sprachliche 161
Entwicklungsaufgaben 122
Entwicklungsbereiche 150
Entwicklungsbiografie 23
Entwicklungsgespräch 52
Entwicklungsphasen 121
Entwicklungspsychologie 125
Entwicklungsstufen 178
Entwicklungsstufen, kognitive, nach Piaget 170
Entwicklungsstufen, nach Erikson 178
Entwicklungsvielfalt 150
Epigenetik 117, 217
Epilepsie 354

Erbtheorie 216
ereignisabhängige Vernetzung 403
Erfahrungen, biografische 23
Ergotherapeut 52, 267
Erikson, Erik Homburger 177
Erkrankungen, chronische 354
erlernte Hilflosigkeit 98
erlernte Hilflosigkeit, Experiment 79
Ermutigung 239
Erotik 548
Ersatzbefriedigung 432
Erwartungen 24
erzählen 489
Erzählen, freies 490
erzieherisches Handeln 274
Erziehung, Aufgaben 210
Erziehung, äußere Einflüsse 278
Erziehung, funktionale 229
Erziehung, funktional-unbewusste 231
Erziehung, geschlechtsbewusste 270
Erziehung, Grundgedanke 210
Erziehung, Grundlagen 210
Erziehung, Grundprinzipien 256
Erziehung, intentionale 229
Erziehung, intentional-planvolle 230
Erziehung, künstlerisch-musische 299
Erziehung, Grundlagen 210
Erziehungsbedürftigkeit 213
Erziehungsbegriff früher 212
Erziehungsbegriff heute 212
Erziehungsberatungsstelle 52
Erziehungsbiografie 23
Erziehungshandeln 312
Erziehungskompetenz 398
Erziehungskonzepte 313
Erziehungsmaßnahmen 236
Erziehungspartner 392
Erziehungspartnerschaft 392
Erziehungspartnerschaft, Formen 405
Erziehungspartnerschaft, Ziele 396
Erziehungspläne 49, 383
Erziehungsrecht, natürliches 394
Erziehungsstile 312
Erziehungsstile, Klassifikationen 315
Erziehungsstilforschung 315
Erziehungsziele 222
Esoterik 298
Eurythmie 298
Evaluation 287
Exklusion 261
exogene Faktoren 113
exogene Risikofaktoren 146
Experiment der erlernten Hilflosigkeit 79
Exploration 136
Explorationsspiel 501, 502
Explorationsverhalten 136
Extremismus, politischer 548
exzessives Schreien 348

F

Fachkompetenz 30
Fachkräfte, heilpädagogische 268
fachliche Beobachtung 59, 60
Faktoren, autogene 114
Faktoren, endogene 113
Faktoren, exogene 113
fallbezogene Vernetzung 402
familiäre Ressourcen 452
Familie 248
Familienbildungsstätte 52
Familienzentrum 27
Fanatismus 548
Feedback 204
Feiertage 558, 560
Feiertage der Weltreligionen 566
Feingefühl 131
Ferienheime 27
Fernsehen 543, 551
Fertigkeiten 30
Feste 558

Feste in anderen Kulturen 566
Festtage 560
Fingerspiele 491, 517
Förderebenen der Artikulation 482
Förderebenen der Grammatik 484
Förderebenen der Kommunikationsfähigkeit 486
Förderebenen des Wortschatzes 483
formal-operationale Stufe 170
formelle Gruppen 369
Formen der Bildungspartnerschaft 405
Formen der Erziehungspartnerschaft 405
Formen der Lokomotion 159
Formen von Behinderung 264
Formen von Gruppen 368
freier Träger 387
freies Erzählen 490
Freispiel 524
Freispielbereiche 525
Freispielphase 525
Freispielphase, bedürfnisgerechte 428
Fremdeln 175
Fremdgruppe 370
Fremdheitsphase 372
Friedemann Schulz von Thun 197
Friedrich Fröbel 274
Fröbel, Friedrich 274
frühe Sprachentwicklung 162
Frühförderstelle 52
frühkindliche Entwicklung 111
frühkindliche Reflexe 155
frühkindliche Sozialisation 214
Frühling 561
Frühstück, bedürfnisgerechtes 428
Frustrationstoleranz 434
Fthenakis, Wassilios 49
Führungsstile 318
Führungsstilexperiment 316
fünf Dimensionen ungünstiger Erziehung 322
fünf Gesetze der Kommunikation 195

STICHWORTVERZEICHNIS G–L

fünf Säulen guter Erziehung 320
funktional-unbewusste Erziehung 231
funktionale Erziehung 229
Funktionsmodell 511
Funktionsspiel 501, 502

G

ganzheitliche Sprachbildung 465
Geborgenheit 417
Gefahren der Mediennutzung 546
Gefahrenquellen 535
Gefahrenquellen, Beseitigung 47
Gehirn 87
Gehlen, Arnold 211
geistige Werte 220
Genderforschung 270
gendersensible Erziehung 257
generalisierte Angst 337
Geruch 167
Geschlecht, biologisches 270
Geschlecht, soziales 270
geschlechtsbewusste Erziehung 257, 270
Geschlechtsstereotype 270
Geschmack 167
Geschwisterbeziehungen 250
Gesetz der Ähnlichkeit 59
Gesetz der gemeinsamen Bewegung 59
Gesetz der Geschlossenheit 59
Gesetz der Kontinuität 59
Gesetz der Nähe 59
Gesetz der Prägnanz 59
Gesetz der Wahrnehmung 59
Gesetze und Verordnungen zum Arbeits- und Gesundheitsschutz 45
Gespräch 39
Gesprächsformen 39
Gesprächsführung, Techniken 479
Gestaltung einer Bilderbuchbetrachtung 488

Gestaltung von Bildungsangeboten 568
Gestaltung von Übergängen 454
Gesundheit 595
Gesundheitsamt 52
Gewalt 547
Gewaltverherrlichung 547
gezielte Sprachförderangebote 481
Gleichgewicht 167
Greifreflex 155
Grundbedürfnis 410
Grundgedanke der Erziehung 210
Grundgesetz (GG) 45, 47
Grundhaltung, pädagogische 256
Grundlagen der Erziehung 210
Grundlagen der fachlichen Beobachtung 61
Grundlagen der Praxisgestaltung 380
Grundlagen der Psychologie 56
Grundlagen, Arbeits- 45
Grundlagen, rechtliche 44
Grundlagen, tarifrechtliche 45
Grundprinzipien der Erziehung 256
Gruppe 364
Gruppe, autoritär geführte 317
Gruppe, demokratisch geführte 317
Gruppe, Laissez-Faire-geführte 317
Gruppen, formelle 368
Gruppen, Formen 368
Gruppen, informelle 369
Gruppen, integrative 266
Gruppenkonflikte 376
Gruppenphasen 372

H

Habitus 317
Halo-Effekt 69
Haltung der pädagogischen Fachkraft 395
Haltung, professionelle 395
Handeln, erzieherisches 274

Handeln, planvolles 274
Handlungskompetenz 37
Handlungskompetenz, berufliche 30
Handy 544, 551
Hans Rudolf Leu 62
Happy-Slapping 547
Heilpädagogen 267
heilpädagogische Fachkräfte 268
heilpädagogische Tagesstätte 52
Heime 27
Herbst 561
Herman Nohl 212
Hermann Ebbinghaus 105
Heterogenität 407
Hilfeplangespräch 52
Hilflosigkeit, erlernte 98
hochbegabte Kinder 357
Hochbegabung 357
Homogenität 407
Hören 167
Humankompetenz 30

I

Ich-Botschaften 201
Ideenfindung 569
Identität, personale 233
Identität, soziale 233
Immanuel Kant 211
Impuls 527
Informationsgespräch 52
Informationskonflikte 377
Informationspflicht 47
Informationsverarbeitung, Theorien 171
informelle Gruppen 369
Inhalte der Konzeption 387
Inklusion 257, 625, 260, 350
Inklusion, Rahmenbedingungen 266
inklusive Kindertagesstätte 265
inklusive Pädagogik 260
innere Anlagen 113
Instruktion 285

Integration 261
integrative Gruppen 266
integrative Kindertagesstätten 266
intentionale Erziehung 229
intentional-planvolle Erziehung 230
Interaktion 188
interaktive Medien 539
interkulturelle Kompetenz 407
Internet 544
Intimitätsphase 374
intra-individuelle Perspektive 126
Intuition 129
Ivan P. Pawlow 92

J

Jahreskreis 559
jahreszeitliche Aktivitäten 561
Janusz Korczak 296
Jean Piaget 106, 168
Jean-Jacques Rosseau 125, 212, 291
Johann Heinrich Pestalozzi 293
John B. Watson 95
John Bowlby 128
Jugendamt 52
Jugendamt, Mitarbeiter 267

K

Kant, Immanuel 211
KIM-Studie 542
Kinder mit Behinderungen 350
Kinder mit Migrationshintergrund 359
Kinder- und Jugendhilfe 27
Kinder- und Jugendhilfegesetz (KJHG) 393
Kinder- und Jugendlichenpsychotherapeuten 52
Kinder- und Jugendtreff, offener 27
Kinder, hochbegabte 357
Kinder, verhaltensauffällige 619

Kinderarzt 52
Kindergarten 27
Kindergeburtstage 565
Kinderhaus 27
Kinderhort 27
Kinderkonferenz 344
Kinderkrippe 27
Kinderkurkliniken 27
Kinderlieder 491
kinderlyrische Reime 491
Kindertagespflege 27
Kindertagesstätte 27
Kindertagesstätte, inklusive 265
Kindertagesstätte, integrative 266
kindgerechte Einrichtung 436
kindliche Entwicklung 110
kindliche Lernwege 86
kindliche Sexualität, Entwicklung 183
kindliches Spiel beobachten 509
kindliches Spiel gestalten 507
Kino 543
KJHG 393
Klassifikationen von Erziehungsstilen 315
klassische Ansätze 291
klassisches Konditionieren 92
Klaus Mollenhauer 212
Kleinkind-Pädagogik 307
Kniereiterverse 491
kognitive Bedürfnisse 425
kognitive Entwicklung 167
kognitive Entwicklungsstufen nach Piaget 170
Kohlberg, Lawrence 186
Ko-Konstruktion 171
Kommunikation 188
Kommunikation mit Kollegen 203
Kommunikationsstörungen 200
kompetenter Säugling 113
Kompetenz, personale 30
Kompetenzbegriff 30
Kompetenzen 29
Kompetenzmodell 276
Kompetenzquadrant 37

komplexe Spielaktionen, Durchführung 519
komplexe Spielaktionen, Planung 519
Konditionieren, klassisches 92
Konditionieren, operantes 95
Konflikte 376
Konflikte, persönlichkeitsbasierte 376
Konfliktgespräch 39
Konfliktlösung 378
konkret-operationale Stufe 170
Konstruktion 285
Konstruktionsspiel 501, 502
Konstruktivismus 171
Kontrastfehler 69
Konzept, pädagogisches 290
Konzeption, Inhalte 387
konzeptionelle Ansätze 388
Konzeptionen 382, 386
Konzeptionsentwicklung 388
Kooperationen 52
Kooperationsformen 501
Korczak, Janusz 296
körperliche Bedürfnisse 413
körperliche Entwicklung 153
kreativer Umgang mit Medien 554
Krisen 146
KschG 45
kulturelle Unterschiede 229
Kündigungsschutzgesetz (KschG) 45
Kuno Beller 176
Kunst 605
künstlerisch-musische Erziehung 299
Kurt Lewin 316

L

Laissez-Faire-geführte Gruppe 317
Langzeitgedächtnis 104
Largo, Remo 159
Lawrence Kohlberg 186
Lebenswelten 258

STICHWORTVERZEICHNIS M–R

Leib, ästhetischer 298
Leib, physischer 298
Leistungsmotivation 76
Leistungsmotivation, Entwicklung 77
Lernen 86, 118
Lernbiografie 23
Lernen als Konstruktion von Wissen 88
Lernen als Verhaltensänderung 88
Lernen als Wissenserwerb 88
Lernen am Erfolg 91
Lernen am Modell 100
Lernen durch Assoziationsbildung 88
Lernen, Modelle zur Erklärung 88
Lerngeschichten 85
Lernkompetenz 224
Lernorte 434
Lernsituationen 616
Lernwege, kindliche 86
Letzter Eindruck 69
Leu, Hans Rudolf 62
Lew Wygotski 171
Lewin, Kurt 316
Literacy-Erziehung 487
Lob 83, 93
Loben 236
Loben, pauschales 84
Loben, übermäßiges 84
Loben, übertriebenes 84
Logopäde 52, 267
Lokomotion, Formen 159
Loris Malaguzzi 300
Louis Lowy 372
Lowy, Louis 372
Lügengedichte 491

M

Machtkampfphase 373
Machtkonflikte 377
Malaguzzi, Loris 300
Marcel Zentner 323
Maria Montessori 294
Mary Ainsworth 128
Maslow, Abraham 75, 411
Maslows Bedürfnishierarchie 75
Materialangebot 532
Materialauswahl 533
Materialien für alle Sinne 533
Materialien für das Rollenspiel 533
Materialien zum Bauen und Konstruieren 533
Materialien zum Gestalten 533
Materialien zur Bewegung 533
Medien 538
Medien, Arten 539
Medien, audiovisuelle 539
Medien, auditive 539
Medien, Aufgaben 540
Medien, Bedeutung 540
Medien, interaktive 539
Medien, multimediale 539
Medien, Regeln im Umgang 551
Medienerfahrungen 541
Medienkompetenz 538
Medienlandschaft, Wandel 538
Mediennutzung, aktive 554
Mediennutzung, Chancen 543
Mediennutzung, Gefahren 546
Mediennutzung, passive 554
Mediensucht 549
Mehrspeichermodell 90
mehrsprachiger Sprachbaum 467
Messenger 545
Metakognition 90
Methoden der Partizipation 438
Methoden zur Sprachförderung 480
Migration 360
Migrationshintergrund, Kinder 359
Mildeeffekt 69
Mitgestaltung 401
Mittagessen, bedürfnisgerechtes 429
Mitverantwortung 401
mobiler sonderpädagogischer Dienst 52
Modell, multifaktorielles 330
Modelle zur Erklärung des Lernens 88
Mollenhauer, Klaus 212
Monatsbruttoeinkommen 28
Montessori, Maria 294
Montessori-Materialien 295
moralische Entwicklung 185
Moro-Rereflex 155
morphologische Ebene 469
Motivation 72
Motivation, Bedeutung 72
Motivation, persönliche 20
Motivationstheorien 74
motorische Entwicklung 154
motorische Entwicklung, Prinzipien 157
multifaktorielles Modell 330
multimediale Medien 539
Musikerziehung 579
Muskelentspannung, progressive 337

N

natürliches Erziehungsrecht 394
Naturmaterialien 533
Naturpädagogik 305
Naturwissenschaft 600
negative Verstärkung 96
Netzwerkmatrix 404
Neurodermitis 354
nicht teilnehmende Beobachtung 63
nichtnormative Übergänge 448
Nicht-Sätze 530
Niveaustufen 29
Nohl, Herman 212
Nonsensreime 491
normative Übergänge 448
Normen 217, 219

O

offene Arbeit 303
offene Beobachtung 63
offener Kinder- und Jugendtreff 27
öffentlicher Träger 387
Öffentlichkeitsarbeit 557
operantes Konditionieren 95
Orientierungsphase 372
Orientierungsplan für Bildung und Erziehung, baden-württembergischer 384
Orientierungspläne 49
Orientierungsqualität 51

P

Pädagogik 48
Pädagogik, inklusive 260
pädagogische Angebote, Durchführung 285
pädagogische Fachkraft, Haltung 395
pädagogische Grundhaltung 256
pädagogische Zielvorstellungen 240
pädagogisches Konzept 290
Pädiatrie 500
Partizipation, Methoden 438
passive Mediennutzung 554
Paul Watzlawick 195
pauschales Loben 84
Pawlow, Iwan P. 92
PC-Spiele 544
Peergroups 253
personale Identität 233
personale Kompetenz 30
personale Ressourcen 452
Personalisation 225
Personalkompetenz 30
Personalvertretungsgesetz (PersVG) 45
persönliche Motivation 20
persönlichkeitsbasierte Konflikte 376
Persönlichkeitsentwicklung 232
Perspektive, intra-individuelle 126
PersVG 45
Pestalozzi, Johann Heinrich 293
Pflege, bedürfnisgerechte 430
Pflicht zum Eingreifen 47
Pflicht zur Aufsichtsführung 47
Pflichten 43
Planung 279
Phase, sensible 295
Phasen des Zweitsprachenerwerbs 474
phonetische Ebene 469
phonologische Ebene 469
physischer Leib 298
Piaget, Jean 106, 168
Piagets Stufenmodell 170
Pikler, Emmi 307
Pikler-Labyrinth 308
Planung 186, 279
Planung komplexer Spielaktionen 519
Planung von Angeboten, Anlässe 280
Planung von Bildungsangeboten 389, 570
Planung, differenzierte 390
Planungsraster 571
planvolles Handeln 274
politischer Extremismus 548
Pornografie 548
Portfolio 84
Portmann, Adolf 213
positive Bestärkung 83
positive Verstärkung 96
pragmatisch-kommunikative Ebene 469
Praktikum 32
Praktikum, Aufgaben 36
Praktikumsvertrag 43
pränatale Entwicklung 111, 152
präoperationale Stufe 170
Praxis 382
Praxisanleiter 32, 35
Praxisgestaltung 568
Praxisgestaltung, Grundlagen 380
Primacy-Effekt 69
primäre (erste) Sozialisation 246
primäre (grundlegende) Werte 220
primäre (ursprüngliche) Bedürfnisse 410
primäre Bezugspersonen 244
Primärgruppen 368
Printmedien 539
Prinzipien der motorischen Entwicklung 157
Prinzipien, didaktische 285
private Werte 220
professionelle Haltung 395
professionelles Arbeiten 44
professionsabhängige Vernetzung 402
progressive Muskelentspannung 337
Prozess der Wahrnehmung 56
prozessabhängige Vernetzung 402
Prozessqualität 51
Psychologie, Grundlagen 56
psychosexuelle Entwicklung 180
psychosoziale Beratungsstelle 52
Psychotherapeuten 267
Pygmalion-Effekt 69
Pubertät 121

Q

Qualifikationsrahmen, Deutscher 29
Qualität 50
Qualitätsstandard 50
quartäre Sozialisation 246

R

Rahmen, rechtlicher 45
Rassismus 548
Rätselreime 491
Raum 301, 434
Raumgestaltung 300
Recherche 569

STICHWORTVERZEICHNIS S–U

Rechte 43
rechtliche Grundlagen 44
rechtlicher Rahmen 45
Reflex 155
Reflexe, frühkindliche 155
Reflexion 41, 287, 288
Reflexionsgespräch 41
reformpädagogische Ansätze 294
Regeln im Umgang mit Medien 551
Regelspiel 501, 505
Reggio-Pädagogik 300
Reifung 118
Reime, kinderlyrische 491
Reimen 490
Reinhard Tausch 319
Reizaufnahme 57
Reizgeneralisierung 94
Reizverarbeitung 57
Religion 584
religiöse Werte 220
Remo Largo 159
Resilienz 146
Resilienzforschung 452
Ressourcen, familiäre 452
Ressourcen, personale 452
Ressourcen, soziale 452
Ressourcenorientierung 257, 269, 353, 457
Ressourcenorientierung, Dimensionen 269
Ressourcenstärkung 457
Rhythmus 299
Risikofaktoren, endogene 146
Risikofaktoren, exogene 146
Risikofaktoren, soziale 146
Rituale 456, 558
Rocky-Experiment 101
Rogers, Carl 422
Rolle 24, 33, 371
Rolle der Spielleitung 508
Rolle, sozial 33
Rollen in der sozialen Gruppe 371
Rollenerwartungen 25
Rollenklärungsphase 373
Rollenkonflikte 376

Rollenspiel 501, 503
Rollenvorstellungen 270
Rosseau, Jean-Jacques 125, 212, 291
Rücksicherung, soziale 136
Rudolf Steiner 298
Ruhephase, bedürfnisorientierte 431

S

Sachkompetenz 223
Sach-Ohr 198
Saug- und Schluckreflex 155
Säugling, kompetenter 113
Saul Bernstein 372
Scheidungsfamilien 251
Schreien, exzessives 348
Schreitreaktion 155
Schreitreflex 155
Schrift 492
Schul- und Prüfungsangst 335
Schuldnerberatungsstelle 52
schulvorbereitende Einrichtung 52
Schulz von Thun, Friedemann 197
Schutzfaktoren 332
Schweigepflicht 46
Schwellenphase 456
Sehen 167
sekundäre (untergeordnete) Werte 220
sekundäre (zweite) Sozialisation 246
sekundäre (zweitrangige) Bedürfnisse 411
Sekundärgruppen 368
Selbstbestimmung 425
Selbstbildungspotenziale 114
Selbsthilfegruppe 52
Selbstkompetenz 30, 223
Selbstkonzept 174
Selbstkundgabe-Ohr 198
Selbstreflexion, biografische 21
Selbstwert 78
Selbstwertschätzung 81

Selbstwirksamkeit 81, 425
Seligman, Martin E. P. 79, 98
semantische Ebene 469
Sender-Empfänger-Modell 192
sensumotorische Stufe 170
sensible Phase 295
Sexting 547
Sexualität 548
sicher-gebundene Bindungsqualität 134
Sigrid Tschöpe-Scheffler 320
Singen 490
Sinne 167
Sinngebung 57
sittliche Werte 220
Situationsansatz 301
Skinner, Burrhus F. 95
Skinner-Box 96
Smartphone 544
Sommer 561
Sozialamt 52
Sozialberatungsstelle 52
Sozialdaten 43
soziale Angst 336
soziale Identität 233
soziale Ressourcen 452
soziale Risikofaktoren 146
soziale Rolle 33
soziale Rücksicherung 136
sozial-emotionale Entwicklung 173
sozial-emotionales Bedürfnis 416
soziales Geschlecht 270
Sozialformmodell 511
Sozialgesetzbücher 262
Sozialisation 225, 242
Sozialisation, frühkindliche 214
Sozialisation, primäre (erste) 246
Sozialisation, quartäre 246
Sozialisation, sekundäre (zweite) 246
Sozialisation, tertiäre (dritte) 246
Sozialisationsinstanzen 218, 242
Sozialisationsphasen 245
Sozialkompetenz 30, 224
Sozialpädagogen 267

Sozialpädagogik, Berufsfeld 26
Sozialraum 53
sozio-kulturelle Theorien 171
Soziologie 33
Spiel 496
Spiel, bedürfnisorientiertes 429
Spielangebote durchführen 515
Spielangebote planen 515
Spielbedürfnis 425
Spieleentwicklungsmodell 511
Spielformen 501
Spielinhaltsmodell 511
Spielkette 519
Spielkette, Aufbau 521
Spielleitung, Aufgaben 508
Spielleitung, Rolle 508
Spielmaterial 507
Spielmaterialmodell 511
Spielmodell 511
Spielortmodell 511
Spielpartner 507
Spielraum 507, 530
Spielraum gestalten 530
Spielverhalten, Entwicklung 501
Spielzeit 507, 536
Spielzeug, Auswahl 514
Spielzeug, Beurteilung 514
spielzeugfreie Tage 515
Sprachbaum nach Wendlandt 466
Sprachbaum, mehrsprachiger 467
Sprachbaum, zweisprachiger 467
Sprachbildung 464
Sprachbildung, Bedeutung 464
Sprachbildung, ganzheitliche 465
Sprachebenen 469
Sprachentwicklung, frühe 162
Spracherwerb 464
Spracherwerb, Phasen 470
Spracherwerbsmodelle 470
Sprachförderangebote, gezielte 481
sprachförderliches Verhalten 476
Sprachfördermöglichkeiten, alltagsintegrierte 478
Sprachförderung 475, 572, 622

Sprachförderung, Methoden 480
Sprachlernbuch 67
sprachliche Entwicklung 161
Sprachpyramide nach Wolfgang Wendlandt 472
stationäre Angebote 26
Steiner, Rudolf 298
Stigmatisierung 333
Störungen, autistische 345
strukturierte Beobachtung 64
Strukturqualität 51
Stufe, formal-operationale 170
Stufe, konkret-operationale 170
Stufe, präoperationale 170
Stufe, sensomotorische 170
Stufenmodell, Piagets 170
Suchreflex 155
Symbolspiel 501, 503
symmetrische Bewegungen 157
syntaktische Ebene 469

T

Tadel 93
Tagesablauf 427
Tagesphase 427
Tagesstätte, heilpädagogische 52
Tanzlieder 491
tarifrechtliche Grundlagen 45
Tarifvertrag öffentlicher Dienst 28
Tarifverträge 45
Tätigkeitsfelder 26
Tausch, Anne-Marie 319
Tausch, Reinhard 319
Technik 600
Techniken der Gesprächsführung 479
Teilhabe 262
teilnehmende Beobachtung 63
Telefonat 207
Temperamentsausprägung 323
tertiäre (dritte) Sozialisation 246
Theorien der Informationsverarbeitung 171

Theorien, sozio-kulturelle 171
Thorndike, Edward L. 91
Tietze, Wolfgang 50
Träger, freier 387
Träger, öffentlicher 387
Trägerschaft 387
Transition 446
Transitionsbegriff 446
Trauer 440
Traumreise 522
Treibtheorie 74
Trennung 440
Trennungsangst 334
Trennungsphase 375, 456
Trisomie 21 264, 624
Trostverse 491
Trotzphase 425
Tschöpe-Scheffler, Sigrid 320
Tür-und-Angel-Gespräch 39
TVöD 28

U

Überbehütung 432
Überforderung 81
Übergänge 139, 446
Übergänge, Bedeutung 449
Übergänge, Gestaltung 454
Übergänge, nicht normative 448
Übergänge, normative 448
Übergangsphasen 456
übermäßige Bedürfnisbefriedigung 431
übermäßiges Loben 84
übertriebenes Loben 84
Umgang mit Medien, kreativer 554
Umklammerungsreflex 155
Umwelt 214, 216, 595
Umwelteinflüsse 214
Umwelttheorie 215
UN-Kinderrechtskonvention 48
unsicher-ambivalente Bindungsqualität 134

STICHWORTVERZEICHNIS V–Z

unsicher-vermeidende Bindungsqualität 134
unstrukturierte Beobachtung 64
Unterforderung 81
Unterschiede, kulturelle 229
unterstützende Angebote 26
unzureichende Bedürfnisbefriedigung 431
Ursachen von Behinderung 263
Ursachen von Verhaltensstörungen 329

V

verdeckte Beobachtung 63
Verdienstmöglichkeiten 28
Vereinte Nationen 48
Vergessenskurve 105
Verhalten, aggressives 338
Verhalten, sprachförderliches 476
Verhaltensänderungen 95
verhaltensauffällige Kinder 619
Verhaltensauffälligkeiten 328
Verhaltensstörungen 326
Verhaltensstörungen, ausgewählte 333
Verhaltensstörungen, Ursachen 329
Verkehrserziehung 610
Vernetzung 53, 401
Vernetzung, ereignisabhängige 403
Vernetzung, fallbezogene 402
Vernetzung, professionsabhängige 402
Vernetzung, prozessabhängige 402
Vernetzungslandkarte 403
Verstärkung, negative 96
Verstärkung, positive 96
Versuch und Irrtum 238
Verteilungskonflikte 376
Vertrautheitsphase 374
Verwöhnung 432
Vorbild 82, 238
Vorlesen 489
Vorrangeffekt 69
Vorurteile 258

W

Wachstum 118
Wahrnehmen 56
Wahrnehmung, Einflussfaktoren 58
Wahrnehmung, Prozess 56
Wahrnehmungsfelder 69
Waldkindergarten 305
Waldorfpädagogik 298
Waldpädagogik 305
Wandel der Medienlandschaft 538
Wandel, Erziehungsziele 221
Wandel, Werte 221
Wassilios Fthenakis 49
Watson, John B. 95
Watzlawick, Paul 195
Weiterbildungsmöglichkeiten 28
Wendlandt, Wolfgang 162, 466
Werte 217, 220
Werte, geistige 220
Werte, primäre (grundlegende) 220
Werte, private 220
Werte, religiöse 220
Werte, sekundäre (untergeordnete) 220
Werte, sittliche 220
Werterziehung 584
WHO 262
Widerstandskräfte 146
Wiedereingliederungsphase 456
Wiegenlieder 491
Winter 561
Wissen 30
Wissenserwerb 103
Wissensnetzwerk 90
Wolfgang Tietze 50
Wolfgang Wendlandt 162, 466
World Health Organization (WHO) 262
Wygotski, Lew 171

Z

Zentner, Marcel 323
Ziele der Bildungspartnerschaft 396
Ziele der Erziehungspartnerschaft 396
Zielkonflikte 376
Zielvorstellungen, pädagogische 240
Zone der nächsten Entwicklung 477
Zungenbrecher 491
Zusammenarbeit mit Eltern unterschiedlicher kultureller Herkunft 407
zweisprachiger Sprachbaum 467
Zweitspracherwerb 473

BILDQUELLENVERZEICHNIS

S. 4/1: Berger, S., München; S. 4/2: Gärtel, N., Pulheim; S. 4/2: Gartinger, S., Berlin; S.4/4: Grybeck, C., Köln; ; S. 4/5: Dirk Heinze Torgau; S. 4/6: Hoffmann, S. ; Hameln; S. 4/7: Köhler-Dauner, F., Ulm; S. 4/8: Kessler, A., Hameln; S. 4/9: Lambertz, T., Düsseldorf; S. 4/10: Liebscher-Schebiella, P., Dresden; S. 4/11: Fotostudio Lichtecht/Ben Pfeifer ; S. 4/12: Menzel, L., Leipzig, S. 4/13: Ribic, B., Düsseldorf; S. 4/14: Rödel, B., Pulheim; S. 4/15: Röser, S. , Leipzig; S. 4/16: Stöger, K., Reichersbeuern; S. 4/17: Schleth-Tams, E., Köln; S. 4/18: Vollmer, A., Köln; S. 18/1: Shutterstock/oliveromg; S. 18/2: Shutterstock/Mila Supinskaya; S. 19: Fotolia/drubig-photo; S. 20: Shutterstock/oliveromg; S. 21/1: Welz, N., Berlin; S. 21/2: Krüper, W., Bielefeld; S. 21/3: Shutterstock/dotshock; S. 23: Your photo today/A1 pix - superbild; S. 24/1: Shutterstock/d13; S. 24/2: SOFAROBOTNIK GbR, Augsburg; S. 25: Welz, N., Berlin; S. 27/1: Shutterstock/Lorimer Images; S. 27/2: Shutterstock/Tyler Olson; S. 27/3: Shutterstock/MNStudio; S. 27/4: Shutterstock/Monkey Business Images; S. 27/5: Shutterstock/nunosilvaphotography; S. 27/6: Shutterstock/Pressmaster; S. 27/7: Shutterstock/AVAVA; S. 27/8: Shutterstock/Darko Zeljkovic; S. 27/9: Shutterstock/Pixel Memoirs; S. 28: Diakonie Neudettelsau; S. 29: Shutterstock/Pressmaster; S. 30: Krüper, W., Bielefeld; S. 32: Shutterstock ; S. 33: Fotolia/Oksana Kuzmina; S. 34: Krüper, W., Bielefeld; S. 35: Shutterstock/Shestakoff; S. 38: Shutterstock/Tyler Olson; S. 39: Shutterstock/Golden Pixels LLC; S. 40: Shutterstock/Marcin Balcerzak; S. 41: Shutterstock/lightpoet; S. 42: Shutterstock/93911272 ; S. 43: N. Welz, Berlin; S. 44: Fotolia/Fotowerk; S. 45: SOFAROBOTNIK Gbr, Augsburg; S. 46: Welz, N., Berlin; S. 47: Fotolia/nadianb; S. 48/1: Welz, N., Berlin; S. 48/2: Fotolia/Claudia Paulussen; S. 49: Picture Alliance/dpa; S. 50: Tietze, W., Berlin; S. 52: SOFAROBOTNIK Gbr, Augsburg; S. 53: Fotolia/Copyright: Peter Fuchs; S. 54/1: Shutterstock/StockLite; S. 54/2: Shutterstock/IndigoLT; S. 54/3: Shutterstock/vgm; S. 55/1: Fotolia/muro #68390016; S. 55/2: Shutterstock/Levranii; S. 57: N. Welz, Berlin; S. 58: N. Welz, Berlin; S. 59/1: Hartmann, P., Berlin; S. 59/2: Hartmann, P., Berlin; S. 61: N. Welz, Berlin; S. 63: Shutterstock/StockLite; S. 64: N. Welz, Berlin; S. 65: Fotolia/Yvonne Bogdanski; S. 68: Shutterstock/Pressmaster; S. 69: N. Welz, Berlin; S. 70: Fotolia/Roland Frommknecht; S. 71: Telschow-Malz, S., Berlin; S. 73: Shutterstock/Oleg Mikhaylov; S. 74/1: Shutterstock/Levranii; S. 74/2: Shutterstock/IndigoLT; S. 74/3: Shutterstock/Kzenon; S. 75: Shutterstock/Ermolaev Alexander; S. 76/1: Shutterstock/Wasu Watcharadachaphong; S. 76/2: Shutterstock/KN; S. 78: Shutterstock/Robert Kneschke; S. 80: Shutterstock/Halfpoint; S. 82: Shutterstock/Orange-studio; S. 83: Welz, N., Berlin; S. 84: Welz, N., Berlin; S. 87/1: Welz, N., Berlin; S. 87/2: Shutterstock/Christos Georghiou; S. 89: Welz, N., Berlin; S. 91/1: akg/Science Photo Library; S. 91/2: picture-alliance/dpa; S. 92/1: akg-images; S. 92/2: Shutterstock/Darren Pullmann; S. 92/3: Shutterstock/Jack Jelly; S. 93: Welz, N., Berlin; S. 94: Shutterstock/In Green; S. 95/1: picture-alliance/United Archiv; S. 95/2: image United Archives; S. 96: mauritius images/age; S. 97: Shutterstock/Ruslan Guzov; S. 98: Shutterstock/Aksana Yakupava; S. 99: Shutterstock/Dmitry Naumov; S. 100: getty images; S. 101: Welz, N., Berlin; S. 102: Shutterstock/vgm; S. 106: Picture alliance/dpa/UPI; S. 107: Shutterstock/Lilla Czesznak; S. 108: Welz, N., Berlin; S. 109/1: Shutterstock/Vitalinka; S. 109/2: Shutterstock/CroMary; S. 110: Shutterstock/Peter Bernik; S. 111: Shutterstock/Zurijeta; S. 112: Fotolia/Alena Ozerova; S. 113: Shutterstock/Jovan Nikolic; S. 114: Shutterstock/FamVeld; S. 115: Shutterstock/Pavla; S. 116: Shutterstock/Sklep Spozywczy; S. 117: Fotolia/Andres Rodriguez; S. 118: N. Welz, Berlin; S. 119: Shutterstock/waldru; S. 120: Fotolia/natasnow; S. 121/1: Shutterstock/Maryna Pleshkun; S. 121/2: Shutterstock/bikeriderlondon; S. 121/3: Shutterstock/auremar; S. 122: Fotolia/Jean Kobben; S. 123: N. Welz, Berlin; S. 125: Picture Allliance/dpa; S. 126: Shutterstock/bikeriderlondon; S. 127: Shutterstock/Diego Cervo; S. 128: Fotolia/Andrey Bandurenko; S. 129/1: Shutterstock/Oksana Kuzmina; S. 129/2: N. Welz, Berlin; S. 130: Fotolia/Alexander Paul Thomass; S. 131: Fotolia/Aliaksei Lasevich; S. 132: Fotolia/Monkey Business; S. 133: Fotolia/goodluz; S. 134: Klinikum der Universität München/Kinderklinik, Foto: Juli Lambert; S. 135: Fotolia/www.delightimages.com; S. 136: Shutterstock/Mikadun; S. 137: Shutterstock/AAraujo; S. 138: Shutterstock/Milles Studio; S. 139: Fotolia/Karel Miragaya; S. 140: Shutterstock/Olga Pink; S. 141: Shutterstock/Kzenon; S. 142: Shutterstock/Brocreative; S. 143: Shutterstock/Pressmaster; S. 144: Shutterstock/Zurijeta; S. 145: Fotolia/muro; S. 146: Shutterstock/photomak; S. 147: Shutterstock/Andrzej Wilusz; S. 148: Shutterstock/BMJ; S. 149: Fotolia/Brocreative; S. 150: Shutterstock/iofoto; S. 151: Shutterstock/2xSamara.com; S. 152: Fotolia/Sergejs Rahunoks @ YekoPhotoStudio; S. 153: Mair, J., München; S. 154: Shutterstock/Tracy Whiteside; S. 155: Fotolia/Haramis Kalfar; S. 156: Getty Images/Michael Steele; S. 157: Jörg Mair, München; S. 159: Jörg Mair, München; S. 160: Fotolia/www.ingo-bartussek.de; S. 161: Shutterstock/Chubykin Arkady; S. 163: Fotolia/DNF-Style; S. 164: Fotolia/Oksana Kuzmina; S. 165: Fotolia/Anna Maloverjan; S. 166: Fotolia/Pavla Zakova; S. 168: Shutterstock/Olga_Phoenix; S. 169: N. Welz, Berlin; S. 171: Shutterstock/Monkey Business Images; S. 172/1: Shutterstock/Olesya Feketa; S. 172/2: Mauritius Images/Alamy; S. 173: Shutterstock/Jacek Chabraszewski; S. 174: Shutterstock/Borisoff; S. 175: Shutterstock/kondrytskyi; S. 176: Shutterstock/Khamidulin Sergey; S. 177: corbis; S. 179: Shutterstock/Tracy Whiteside; S. 180: Fotolia/Robert Emprechtinger; S. 181: Shutterstock/alekso94; S. 185: N. Welz, Berlin; S. 186: Getty Images/The LIFE Images Collection/Lee Lockwood; S. 189: N. Welz, Berlin; S. 190: Fotolia/hurricane; S. 191: N. Welz, Berlin; S. 192: N. Welz, Berlin; S. 194: N. Welz, Berlin; S. 195: Huth, R., Berlin; S. 196: Picture Allliance/DB Beck; S. 197: Shutterstock/Phase4Photography; S. 197: Shutterstock/racorn; S. 198: Huth, R., Berlin; S. 198: Schulz von Thun, F., Hamburg; S. 199: N. Welz, Berlin; S. 200: Shutterstock/Michal Kowalski; S. 201: Koch-Dabbert, A., Berlin; S. 202: Shutterstock/bikeriderlondon; S. 203: Shutterstock/Diego Cervo; S. 203: Shutterstock/Kzenon; S. 204: Fotolia/Adam Gregor; S. 205: Shutterstock/Levranii; S. 206: Fotolia/Wanja Jacob; S. 207: Fotolia/orelphoto; S. 210: Shutterstock/RimDream; S. 208/1: Shutterstock/CroMary; S. 208/2: Shutterstock/Kzenon; S. 208/3: Shutterstock/Pavel L Photo and Video; S. 208/4: Shutterstock/Monkey Business Images; S. 211/1: N. Welz, Berlin; S. 211/2: N. Welz, Berlin; S. 209/1: Shutterstock/kletr; S. 209/2: Shutterstock/Halfpoint; S. 209/3: Shutterstock/Pressmaster; S. 209/4: Shutterstock/Tracy Whiteside; S. 212: bpk; S. 213: Shutterstock/Nina Vaclavova; S. 214: N. Welz, Berlin; S. 215: Shutterstock/oliveromg; S. 216: Shutterstock/Natalia Melnychuk; S. 218/1: N. Welz, Berlin; S. 218/2: Shutterstock/Monkey Business Images; S. 219: Shutterstock/Catz; S. 220: Fotolia/WavebreakmediaMicro; S. 222: bpk; S. 223: Statista 2014/IFD Allensbach; S. 224: Shutterstock/smiltena; S. 225: Shutterstock/blessings; S. 226: Shutterstock/Anna Barburkina; S. 228: N. Welz, Berlin; S. 229: Shutterstock; S. 230: Shutterstock/Dave Clark Digital Photo; S. 231: Shutterstock/CroMary; S. 232: Shutterstock/DNF style; S. 233: N. Welz, Berlin; S. 234: N. Welz, Berlin; S. 235: Shutterstock/Pressemaster; S. 236: N. Welz, Berlin; S. 237: Böhm, B., Berlin; S. 238: Shutterstock/graja; S. 239: Fotolia/lagom; S. 240: Shutterstock/Tyler Olson; S. 241: N. Welz, Berlin; S. 242: Shutterstock/Denizo; S. 243/1: Shutterstock/Daniel Wiedemann; S. 243/2: Hartleb, R., Berlin; S. 244: Shutterstock/BlueOrange Studio; S. 245: Fotolia/CARLO BUTTINONI FOTOGRAFO; S. 246/1: Shutterstock/Piotr Marcinski; S. 246/2: Shutterstock/Kupreeva Svetlana; S. 246/3: Fotolia/MAST - Fotolia; S. 246/4: Shutterstock/PT Images; S. 247: Picture Alliance/dpa; S. 248/1: Shutterstock/Ionia; S. 248/2: Shutterstock/Monkey Business Images; S. 248/3: Shutterstock/Lisa F. Young; S. 249: N. Welz, Berlin; S. 250/1: Shutterstock/Phase4Photography; S. 250/2: Fotolia/JackF; S. 251: Zahlen: Statistisches Bundesamt; S. 252: Shutterstock/rSnapshotPhotos; S. 253: Shutterstock/Mandy Godbehear; S. 254: Krüper, W., Bielefeld; S. 255: Shutterstock/oliveromg; S. 257/1: Shutterstock/wavebreakmedia; S. 257/2: Shutterstock/MNStudio; S. 257/3: Shutterstock/strelka; S. 259: Shutterstock/Eric Cote; S. 261: SOFAROBOTNIK GbR, Augsburg; S. 264/1: Shutterstock/Mopic; S. 264/2: Shutterstock/Mopic; S. 264/3: Shutterstock/emin kuliyev; S. 264/4: Shutterstock/Kzenon; S. 264/5: Shutterstock/Tressie Davis; S. 265: Corbis/Guntmar Fritz/Corbis; S. 266/1: Krüper, W., Bielefeld; S. 266/2: Shutterstock/Monkey Business Images; S. 269: Welz, N., Berlin; S. 270: Shutterstock/conrado; S. 271/1: Shutterstock/sergign; S. 271/2: Shutterstock/CroMary; S. 271/3:/Welz, N., Berlin; S. 272: Shutterstock/Pavel L Photo and Video; S. 273/1: Shutterstock/siamionau pavel; S. 273/2: Shutterstock/Iakov Filimonov; S. 273/3: Shutterstock/StockLite; S. 273/4: Shutterstock/Iakov Filimonov; S. 274: Friedrich-Fröbel-Museum Bad Blankenburg; S. 275: SINA Spielzeug GmbH Neuhausen; S. 276: Fotolia/Feketa; S. 278: bpk/Gert Koshofer; S. 279: Shutterstock/Robert Kneschke, S. 282:/N. Welz, Berlin; S. 287: Shutterstock/Monkey Business Images; S. 288: Shutterstock/Andresr; S. 291: bpk/Staatsbibliothek Berlin/Carola Seifert; S. 293/1: Shutterstock/Maryna Pleshkun; S. 293/2: N. Welz, Berlin; S. 294/1: bpk; S. 294/2: ullstein bild; S. 295: Shutterstock/Monkey Business Images; S. 296: bpk; S. 297: Shutterstock/Rene Jansa; S. 298: bpk/; S. 299: Waldorf-Integrationskindergarten Schleißheim e.V., Unerschleißheim; S. 300: imago; S. 301: Picture Allliance/

BILDQUELLENVERZEICHNIS

dpa; S. 302: Prof. e. m. Dr. Jürgen Zimmer; S. 303: Fotolia/Monkey Business; S. 304/1: Alice-Salomon-Fachhochschule, Hannover; S. 304/2: Hilde Ross, Kindergarten Ratz & Rübe, Lennestadt; S. 305: Shutterstock/kletr; S. 307: Pikler-Lóczy-Gesellschaft Ungarn, Budapest; S. 308: Pikler-Hengstenberg-Gesellschaft Österreich, Wien/Foto: Pilo Pichler; S. 310: Krüper, W., Bielfeld; S. 311: Shutterstock/Zurijeta; S. 314: Welz, N., Berlin; S. 315/1: Shutterstock/George Muresan; S. 315/2: Shutterstock/wavebreakmedia; S. 316: Ullstein/ullstein bild - Jan Rieckhoff; S. 319: Welz, N., Berlin; S. 322: Welz, N., Berlin; S. 323/1: Shutterstock/Nikolay Bassov; S. 323/2: Shutterstock/Anastasia Shilova; S. 323/3: Shutterstock/Halfpoint; S. 324/1: Shutterstock/Odua Images; S. 324/2: Shutterstock/Scott Rothstein; S. 327/1: Welz, N., Berlin; S. 327/2: Shutterstock/Paul Vasarhelyi; S. 331: Shutterstock/MidoSemsem; S. 333: Shutterstock/Voyagerix; S. 334: Welz, N., Berlin; S. 335/1: Shutterstock/Olga Sapegina; S. 335/2: Krüper, W., Bielefeld; S. 336: Shutterstock/Kamira; S. 340/1: Shutterstock/Pressmaster; S. 340/2: Shutterstock/Franck Boston; S. 341: Krüper, W., Bielefeld; S. 342: Welz, N., Berlin; S. 343: Project Photos, Augsburg; S. 344/1: Shutterstock/dotshock; S. 344/2: Shutterstock/Smailhodzic; S. 345/1: Shutterstock/BestPhotoStudio; S. 345/2 bis 5: Welz, N., Berlin; S. 347: Autismuszentrum Kleine Wege, Nordhausen; S. 348/1: Shutterstock/Anton Zabielskyi; S. 348/2: Shutterstock/Maria Sbytova; S. 349: Shutterstock/Uber Images; S. 350: Shutterstock/Golden Pixels LLC; S. 353: Shutterstock/Monkey Business Images; S. 355: Shutterstock/Image Point Fr; S. 356/1: Shutterstock/wavebreakmedia; S. 356/2: Laif/Andreas Teichmann/laif; S. 357: Shutterstock/mangostock; S. 360: Shutterstock/Sergey Novikov; S. 361: picture-alliance/picture-alliance/ dpa-infografik; S. 362: Welz, N., Berlin; S. 365: Shutterstock/Tyler Olson; S. 366: Shutterstock/Solovyova Lyudmyla; S. 368/1: Shutterstock/Andresr; S. 368/2: Fotolia/Fotowerk; S. 369: Shutterstock/CandyBoxImages; S. 370: Shutterstock/Tracy Whiteside; S. 371: N. Welz, Berlin; S. 372: N. Welz, Berlin; S. 373: Shutterstock/mangostock; S. 374: N. Welz, Berlin; S. 375/1: Shutterstock/Monkey Business Images; S. 375/2: Albrecht, B., Münster; S. 377: N. Welz, Berlin; S. 379: Fotolia/Monkey Business; S. 380/1: Shutterstock/Monkey Business Images; S. 380/2: Shutterstock/bikeriderlondon; S. 380/3: Shutterstock/StockLite; S. 380/4: Shutterstock/gorillaimages; S. 381/1: Shutterstock/Tyler Olson; S. 381/2: Shutterstock/d13; S. 381/3: Shutterstock/Kekyalyaynen; S. 381/4: Shutterstock/Pressmaster; S. 381/5: Shutterstock/Serhiy Kobyakov; S. 383: Shutterstock/Joyce Marrero; S. 386: Krüper, W., Bielefeld; S. 388: Shutterstock/Monkey Business Images; S. 389: Shutterstock/bikeriderlondon; S. 393: Welz, N., Berlin; S. 394: Welz, N., Berlin; S. 397: © PhotoAlto/images.de; S. 398: Krüper, W., Bielefeld; S. 399: picture-alliance/dpa; S. 400: SOFAROBOTNIK GbR, Augsburg; S. 401: Shutterstock/bikeriderlondon; S. 403: Welz, N., Berlin; S. 405: Welz, N., Berlin; S. 406/1: Hartleb, K., Berlin; S. 406/2: Ingimages/Image Source/J. Geoffrey Canon; S. 407/1: Hartleb, K., Berlin; S. 407/2: Krüper, W., Bielefeld; S. 410: Fotolia/Aliaksei Lasevich; S. 412/1: Fotolia/Gleam; S. 412/2: Shutterstock/Pavel I. Photo and Video; S. 413: Shutterstock/Pavlov Mikhail; S. 414: N. Welz, Berlin; S. 415: Fotolia/Karsten Schmid; S. 416: Shutterstock/pavla; S. 417: Shutterstock/StockLite; S. 418: Krüper, W., Berlin; S. 419: N. Welz, Berlin; S. 420: Shutterstock/Poznyakov; S. 421: Fotolia/fotoperle; S. 422: N. Welz, Berlin; S. 423: Fotolia/fuxart; S. 424: Fotolia/Monkey Business; S. 425: Shutterstock/Olesia Bilkei; S. 426: Shutterstock/Hal P; S. 428: Shutterstock/kondratyuk; S. 429: Fotolia/Heike Rau; S. 430: Fotolia/arvisserg; S. 431: Shutterstock/matka Wariatka; S. 432: Fotolia/Africa Studio; S. 433: N. Welz, Berlin; S. 434: N. Welz, Berlin; S. 435/1: Fotolia/frenta; S. 435/2: Shutterstock/Pakhnyushchy; S. 436: Fotolia/ehrenberg-bilder; S. 437: Shutterstock/Poznyakov; S. 438: Shutterstock/hxdbzxy; S. 439: Shutterstock/CandyBoxImages; S. 440: Fotolia/vsurkov; S. 441: Shutterstock/Tomasz Markowski; S. 442: Shutterstock/Stokmen; S. 443: Shutterstock/Okzana Kuzmina; S. 444: Fotolia/Markus W. Lambrecht; S. 445: Shutterstock/AVAVA; S. 447: Welz, N., Berlin; S. 448/1: Shutterstock/Brocreative; S. 448/2: Shutterstock/bikeriderlondon; S. 450/1: Shutterstock/auremar; S. 450/2: Shutterstock/Alinute Silzeviciute; S. 452: Shutterstock/Brian A Jackson; S. 453: Shutterstock/Miriam Doerr; S. 454: Shutterstock/Suzanne Tucker; S. 456/1: Imago; S. 456/2: Shutterstock/gorillaimages; S. 457: Welz, N., Berlin; S. 459: Shutterstock/Ingrid Balabanova; S. 461: Welz, N., Berlin; S. 462: Shutterstock/Kzenon; S. 464: Shutterstock/2xSamara.com; S. 467: Welz, N., Berlin; S. 468: Shutterstock/Rob Hainer; S. 470: Shutterstock/Oksana Kuzmina; S. 471: Shutterstock/Eric Fahrner; S. 475: Krüper, W., Bielefeld; S. 476: Shutterstock/Robert Kneschke; S. 478: Shutterstock/Oleg Mikhaylov; S. 481: Welz, N., Berlin; S. 483: Shutterstock/Diego Cervo; S. 485: Shutterstock/Diego Cervo; S. 486: Shutterstock/bikeriderlondon; S. 487: Shutterstock/Tyler Olson; S. 488: Shutterstock/SchubPhoto; S. 489: Shutterstock/Monkey Business Images; S. 491: Welz, N., Berlin; S. 492/1: Krüper, W., Bielefeld; S. 492/2: Shutterstock/Angelo Giampiccolo; S. 493: Ruff, A., Hannover; S. 497: N. Welz, Berlin; S. 498: Shutterstock/Luis Molinero; S. 499: Fotolia/A.N.K.E.; S. 500: N. Welz, Berlin; S. 501: Fotolia/MNStudio; S. 502: Fotolia/st-fotograf; S. 503: Fotolia/Drivepix; S. 504: Fotolia/Oksana Kuzmina; S. 505: Shutterstock/Olesya Feketa; S. 506: Fotolia/2010 Darko Zeljkovic; S. 513: Shutterstock/d13; S. 515: Shutterstock/Jacek Chabraszewski; S. 516: Fotolia/SHS PHOTOGRAPHY; S. 517: Shutterstock/Ilike; S. 518: Fotolia/klickerminth; S. 519: Fotolia/Nicola De Mitri; S. 523: Shutterstock/gpointstudio; S. 524: N. Welz, Berlin; S. 525: Shutterstock/Emese; S. 526: Fotolia/Petro Feketa; S. 528: Imago; S. 529: N. Welz, Berlin; S. 531: Fotolia/chasingmoments; S. 532: Fotolia/pmartike; S. 532: Fotolia/misha_ru; S. 533: Shutterstock/Og Tatiana; S. 534: Fotolia/Claudia Paulussen; S. 535: Fotolia/st-fotograf; S. 536: Fotolia/fesenko; S. 540: Shutterstock/Nikolay Bassov; S. 541/1: Shutterstock/g-stockstudio; S. 541/2: Shutterstock/Antonio Guillem; S. 542: Medienpädagogischer Forschungsverbund Südwest/KIM-Studie 2014; S. 543/1: Shutterstock/Kekyalyaynen; S. 543/2: Shutterstock/Panom Pensawang; S. 544: Medienpädagogischer Forschungsverbund Südwest/JIM-Studie 2014; S. 545: Shutterstock/Syda Productions; S. 546: Shutterstock/smikeymikey1; S. 547: Shutterstock/Action Sports Photography; S. 548: Shutterstock/Shestakoff; S. 549: Shutterstock/Chepko Danil Vitalevich; S. 550: Shutterstock/michaeljung; S. 551: FSK; S. 553/1: Shutterstock/nenetus; S. 553/2: Shutterstock/DoublePHOTO studio; S. 554: Welz, N., Berlin; S. 555: Mauritius images/mauritius images/André Pöhlmann; S. 556: Shutterstock/Minerva Studio; S. 561: F1 online/F1online; S. 562: Fotolia/viccel; S. 563: GlowImages/imagebroker.com; S. 564: Shutterstock/Monkey Business Images; S. 565: Shutterstock/Pressmaster; S. 567: Shutterstock/Tracy Whiteside; S. 569: N.Welz, Berlin; S. 570: N.Welz, Berlin; S. 575: Shutterstock/Jared Wilson; S. 578: Corbis/RW Photographic/Masterfile; S. 579: Shutterstock/Nina Vaclavova; S. 580: Shutterstock/Tracy Whiteside; S. 582: Shutterstock/matka_Wariatka; S. 584: Shutterstock/Monkey Business Images; S. 585: N.Welz, Berlin; S. 586: Shutterstock/Wolfgang Zwanzger; S. 588: Shutterstock/AVAVA; S. 589: Shutterstock/file404; S. 590/1: Shutterstock/Marcel Mooij; S. 590/2: Shutterstock/Andrea Slatter; S. 591: Krüper, W., Bielefeld; S. 593: Corbis/Erica Shires; S. 594: VISUM/Sebastian Pfuetze; S. 595: Shutterstock/Serhiy Kobyakov; S. 597: N.Welz, Berlin; S. 598: SOFAROBOTNIK GbR, Augsburg; S. 600: SOFAROBOTNIK GbR, Augsburg; S. 601: Mauritius images/Alamy; S. 603/1: Shutterstock/Artem Bilyk; S. 603/2: Shutterstock/Irina Gomane; S. 605: Mauritius images/Alamy; S. 606/1: Krüper, W., Berlin; S. 606/2: Rott-König,C., Berlin; S. 607: Rott-König,C., Berlin; S. 609: Shutterstock/Vira Mylyan-Monastyrska; S. 610: Shutterstock/Dieter Hawlan; S. 611: Fotolia/Nenov Brothers; S. 613: Welz, N., Berlin; S. 614: Shutterstock/ISchmidt; S. 616/1: Shutterstock/Cresta Johnson; S. 616/2: Shutterstock/Oksana Kuzmina; S. 617/1: Shutterstock/Africa Studio; S. 617/2: Shutterstock/Tomasz Markowski; S. 617/3: Shutterstock/Iakov Filimonov; S. 618: Shutterstock/Cresta Johnson; S. 620: Shutterstock/Oksana Kuzmina; S. 622: Shutterstock/Africa Studio; S. 624: Shutterstock/Tomasz Markowski; S. 626: Shutterstock/Iakov Filimonov

VERTIEFENDES WISSEN MIT DEN THEMENBÄNDEN:

Sozialpädagogik
SÄUGLINGSBETREUUNG
ISBN 978-3-06-451177-4

Sozialpädagogik
HAUSWIRTSCHAFT
ISBN 978-3-06-451175-0

Sozialpädagogik
GESUNDHEIT UND ÖKOLOGIE
ISBN 978-3-06-451179-8